DANIELS BUCH

1

In jener Nacht träumte ich, ich kehrte in den Friedhof der Vergessenen Bücher zurück. Ich war wieder zehn Jahre alt und erwachte in meinem alten Zimmer in dem Bewusstsein, dass mir die Erinnerung an das Gesicht meiner Mutter abhandengekommen war. Und so, wie man im Traum alles weiß, wusste ich, dass die Schuld bei mir lag und nur bei mir, weil ich es nicht verdient hatte, mich daran zu erinnern, weil ich unfähig gewesen war, ihr Gerechtigkeit widerfahren zu lassen.

Kurz danach kam mein Vater herein, alarmiert durch meine Angstschreie. Im Traum war er noch jung, war er es, der auf alle Fragen der Welt eine Antwort hatte. Jetzt umarmte er mich tröstend. Danach, als die ersten Lichter ein Barcelona im Dunst zeichneten, wollten wir auf die Straße hinaustreten, aber aus einem mir unerfindlichen Grund begleitete er mich nur bis zur Haustür. Dort ließ er meine Hand los, als wollte er mir zu verstehen geben, dass ich diese Reise allein antreten müsse.

Ich zog los, erinnere mich aber, dass die Kleider, die Schuhe und selbst die Haut schwer an mir zogen. Ein Schritt war anstrengender als der andere. Als ich auf die Ramblas gelangte, sah ich, dass die Stadt in einem Augenblick der Unendlichkeit verharrte. Die Menschen waren stehen geblieben, eingefroren wie die Gestalten auf einer alten Fotografie. Der Flügelschlag einer auffliegenden Taube war nur gerade eine verschwommene Skizze. Pollenfäserchen hingen unbeweglich wie pulverisiertes Licht in der Luft. Das Wasser des Canaletas-Brunnens glitzerte im Leeren gleich einem Kollier aus gläsernen Tränen.

Ganz langsam, als versuchte ich mich unter Wasser fortzubewegen, gelang es mir, in die Beschwörung dieses in der Zeit eingefrorenen Barcelonas einzudringen, bis ich den Eingang des Friedhofs der Vergessenen Bücher erreichte. Dort blieb ich erschöpft stehen. Ich begriff nicht, was für eine unsichtbare Last ich da mitschleppte, unter der ich mich kaum bewegen konnte. Ich packte den Türklopfer und ließ ihn aufs Portal fallen, aber niemand öffnete mir. Immer wieder hämmerte ich mit den Fäusten auf das große Holztor ein, doch der Wärter überhörte mein Drängen. Schließlich sank ich entkräftet in die Knie. Erst jetzt, als ich den Zauber betrachtete, den ich mitgeschleppt hatte, befiel mich die schreckliche Gewissheit, dass die Stadt und mein Schicksal für immer in diesem Spuk festgefroren bleiben würden und ich mir das Gesicht meiner Mutter nie wieder würde vergegenwärtigen können.

Als ich bereits jede Hoffnung fahrenlassen wollte, entdeckte ich es. Das Stück Metall war in der Innentasche meines Schülerjacketts mit den blau aufgestickten Initialen verborgen. Ein Schlüssel. Ich fragte mich, wie lange er da ohne mein Wissen schon stecken mochte. Er war rostig und wog fast so schwer wie mein Gewissen. Mit Müh und Not konnte ich ihn zum Schloss emporstemmen, und ihn zu drehen kostete mich fast den letzten Atem. Als ich schon dachte, ich würde es nie schaffen, gab das Schloss nach, und das Tor glitt nach innen auf.

Eine gewundene Galerie führte in den alten Palast hinein, mit einer Spur brennender Kerzen, die den Weg markierten. Ich tauchte in die Dunkelheit ein und hörte, wie sich die Tür hinter mir wieder verriegelte. Da erkannte ich den von Fresken mit Engeln und Fabelwesen gesäumten Gang wieder, die aus dem Schatten spähten und sich gleichzeitig mit mir zu bewegen schienen. Ich durchschritt den Gang bis zu einem Bogen, hinter dem sich ein mächtiges Gewölbe auftat, und blieb hier stehen. Vor mir erhob sich das große Labyrinth wie eine unendliche Luftspiegelung. Eine Spirale aus Treppen, Tunneln, Brücken und Bögen verflocht sich zu einer ewigen, aus sämtlichen Büchern der Welt errichteten Stadt und stieg zu einer riesigen Glaskuppel an.

Dort, am Fuß dieses Gefüges, wartete meine Mutter. Die Hände auf der Brust verschränkt, lag sie in einem offenen Sarg, die Haut so blass wie das weiße Kleid, das ihren Körper verhüllte. Ihre Lippen waren wie versiegelt, die Augen geschlossen. Leblos lag sie in der abwesenden Ruhe der toten Dinge und verlorenen Seelen. Ich tastete mich mit einer Hand vor, um ihr Gesicht zu streicheln. Ihre Haut war kalt wie Marmor. Da schlug sie die Augen auf, und ihr von Erinnerungen verhexter Blick bohrte sich in meine Augen. Als sie ihre überschatteten Lippen öffnete und sprach, klang ihre Stimme so donnernd, dass sie auf mich zuraste wie ein Güterzug, mich vom Boden riss und in einem endlosen Fall in der Schwebe hielt, während das Echo ihrer Worte die Welt zum Schmelzen brachte.

Du musst die Wahrheit erzählen, Daniel.

Schlagartig erwachte ich, in kalten Schweiß gebadet, im Dämmerlicht meines Zimmers und sah Bea neben mir liegen. Sie umarmte mich und streichelte mein Gesicht.

»Schon wieder?«, flüsterte sie.

Ich nickte und atmete tief.

»Du hast gesprochen – im Traum.«

»Was hab ich gesagt?«

»Unverständliche Dinge«, log sie.

Ich betrachtete sie, und sie lächelte mich an, mitleidig, wie mir schien, aber vielleicht auch nur geduldig.

»Schlaf noch ein bisschen. Der Wecker klingelt erst in anderthalb Stunden, und heute ist Dienstag.«

Dienstag hieß, dass es an mir war, Julián in die Schule zu bringen. Ich schloss die Augen und tat so, als schliefe ich ein. Als ich sie nach ein paar Minuten wieder öffnete, sah ich, dass Bea mich beobachtete.

»Was ist?«, fragte ich.

Sie beugte sich über mich und küsste mich zärtlich auf die Lippen. Ihr Mund schmeckte nach Zimt.

»Ich bin auch nicht mehr müde«, sagte sie leise.

Ich begann sie ohne Hast auszuziehen. Eben wollte ich die Laken wegziehen und auf den Boden werfen, als ich vor der Tür des Schlafzimmers leise Schritte hörte. Bea hielt meine Hand zurück, die zwischen ihren Schenkeln vordrang, und stützte sich auf den Ellbogen.

»Was ist denn, mein Herz?«

Der kleine Julián beobachtete uns in der Tür stehend mit einem Anflug von Scham und Ungeduld.

»Da ist jemand in meinem Zimmer«, flüsterte er.

Bea seufzte und streckte ihm die Arme entgegen. Eilig flüchtete er sich in die Umarmung seiner Mutter, und ich musste jede Hoffnung auf *in Sünde empfangen* fahren lassen.

»Der Scharlachprinz?«, fragte Bea.

Julián nickte zerknirscht.

»Papa geht jetzt sofort in dein Zimmer und verpasst ihm ein paar ordentliche Fußtritte, so dass er nie mehr wiederkommt.«

Julián warf mir einen verzweifelten Blick zu. Wozu ist ein Vater gut, wenn nicht für derlei Heldentaten. Ich lächelte ihm augenzwinkernd zu.

»Ordentliche Fußtritte«, wiederholte ich und setzte meine finsterste Miene auf.

Julián ließ den Anflug eines Lächelns sehen. Ich sprang aus dem Bett und lief durch den Gang zu seinem Zimmer. Es erinnerte mich so sehr an dasjenige, das ich in seinem Alter einige Stockwerke tiefer bewohnt hatte, dass ich mich einen Moment fragte, ob ich nicht doch noch im Traum gefangen war. Ich setzte mich auf die Bettkante und knipste die Nachttischlampe an. Julián lebte inmitten von Spielzeugen – darunter einigen Erbstücken von mir –, vor allem aber von Büchern. Sogleich fand ich den Verdächtigen, der sich unter der Matratze versteckt hatte. Ich ergriff das kleine, schwarz eingebundene Buch und schlug es auf der ersten Seite auf.

Das Labyrinth der Lichter VII
Ariadna und der Scharlachprinz

Text und Illustration von Víctor Mataix

Ich wusste einfach nicht mehr, wohin noch mit diesen Büchern. Sosehr ich mir auch das Hirn zermarterte, um neue Verstecke zu finden, spürte mein Sohn sie doch unfehlbar auf. Schnell blätterte ich das Buch durch, und wieder bestürmten mich die Erinnerungen.

Als ich ins Schlafzimmer zurückkam, nachdem ich den Band einmal mehr zuoberst in den Küchenschrank verbannt hatte – wo ihn der Kleine über kurz oder lang finden würde, das wusste ich genau –, fand ich Julián in den Armen seiner Mutter vor. Beide waren wieder eingeschlafen. Ich betrachtete sie von der Türschwelle aus. Ich vernahm ihr tiefes Atmen und fragte mich, was der größte Glückspilz auf Erden geleistet haben mochte, um sein Glück zu verdienen. Ich sah sie schlafen, ineinander verschlungen, weit weg von der Welt, und unwillkürlich erinnerte ich mich an die Angst, die ich verspürt hatte, als ich sie das erste Mal in dieser Umarmung sah.

2

In der Nacht, in der mein Sohn Julián geboren wurde und ich ihn zum ersten Mal in den Armen seiner Mutter sah, ganz in der gesegneten Ruhe derer, die noch nicht recht wissen, an was für einen Ort es sie verschlagen hat, verspürte ich den Drang, davonzurennen, immer weiter, bis ans Ende der Welt. Damals war ich selbst noch fast ein Kind, und sicherlich war das Leben einige Nummern zu groß für mich, aber wie viele Entschuldigungen ich auch vorbringen mag, ich spüre noch immer einen bitteren Nachgeschmack von Scham, wenn ich an diesen Anflug von Feigheit zurückdenke, die derjenigen zu beichten, der ich es am meisten schuldig war, ich auch nach all diesen Jahren noch nicht den Mut hatte.

Die Erinnerungen, die man im Schweigen begräbt, sind die, die einen unaufhörlich verfolgen. Die meine besteht in einem Raum mit unendlich hohen Decken und einem Hauch ockerfarbenen Lichts von einer herabhängenden Lampe, das die Umrisse eines Bettes erahnen ließ, auf dem ein erst siebzehn Jahre altes Mädchen mit einem Kind in den Armen lag. Als Bea, halb im Schlaf, aufschaute und mich anlächelte, füllten sich meine Augen mit Tränen. Ich kniete neben dem Bett nieder und vergrub das Gesicht in ihrem Schoß. Ich spürte, wie sie meine Hand ergriff und mit einem letzten Rest Kraft drückte.

»Hab keine Angst«, flüsterte sie.

Aber ich hatte Angst, und einen Augenblick lang, für den ich mich bis zum heutigen Tag schäme, hätte ich lieber an einem x-beliebigen Ort gesteckt als in diesem Zimmer und in dieser Haut. Fermín hatte die Szene von der Tür aus beobachtet, und wie üblich musste er meine Gedanken gelesen haben, ehe ich sie formulierte. Noch bevor ich den Mund öffnen konnte, nahm er mich am Arm, überließ Bea und den Kleinen der guten Gesellschaft seiner Verlobten Bernarda und führte mich zum Gang, einer langen Galerie, die sich im Halbdunkel verlor.

»Leben Sie noch, Daniel?«, fragte er.

Ich nickte vage, während ich versuchte, die Luft wiederzuerlangen, die ich unterwegs verloren hatte. Als ich Anstalten machte, ins Zimmer zurückzugehen, hielt er mich fest.

»Passen Sie auf: Wenn Sie das nächste Mal da hineingehen, dann bitte mit etwas besserer Laune. Zum Glück ist Señora Bea noch ein wenig weggetreten, so dass sie vermutlich nichts mitbekommen hat. Aber wenn Sie mir die Anregung gestatten, würde uns jetzt ein frisches Lüftchen gut bekommen, um den Schre-

cken loszuwerden und die zweite Gelegenheit feuriger anzu-
packen.«

Ohne eine Antwort abzuwarten, nahm mich Fermín beim Arm
und führte mich durch den Gang auf einen zwischen Barcelona
und dem Himmel schwebenden Balkon. Eine frische Brise, die ich
dankbar empfing, umschmeichelte mir das Gesicht.

»Schließen Sie die Augen und atmen Sie dreimal tief ein. Ganz
ruhig, als würde Ihre Lunge bis auf die Schuhe hinunterreichen«,
riet er. »Das ist ein Trick, den mir ein höchst durchtriebener tibe-
tanischer Mönch gezeigt hat, den ich in meiner Zeit als Empfangschef und Buchhalter eines kleinen Hafenbordells kennengelernt
habe. Ein cleveres Kerlchen …«

Ich atmete dreimal tief ein wie verordnet und als Zugabe gleich
noch dreimal, saugte die von Fermín und seinem tibetanischen
Guru verheißenen Wohltaten der reinen Luft ein. Mir wurde ein
wenig schwindelig, aber Fermín stützte mich.

»Sie müssen jetzt nicht in sich versinken. Kommen Sie wieder
zu sich – die Lage verlangt Ruhe, aber nicht Entrückung.«

Ich öffnete die Augen, und mein Blick fiel auf die menschenleeren Straßen und die schlafende Stadt zu meinen Füßen. Es
war etwa drei Uhr früh, und das San-Pablo-Krankenhaus lag in
schwarzer Lethargie da, seine Zitadelle aus Kuppeln, Türmen und
Bögen bildete Arabesken in dem Dunst, der vom Carmelo-Hü-
gel herabstieg. Schweigend betrachtete ich dieses gleichgültige
Barcelona, das nur von den Krankenhäusern aus zu sehen ist, so
fern von den Ängsten und Hoffnungen des Beobachters, und ließ
die Kälte langsam in mich eindringen, bis mein Geist wieder klar
wurde.

»Sie halten mich bestimmt für einen Feigling«, sagte ich.

Fermín schaute mich unverwandt an und zuckte mit den
Schultern.

»Dramatisieren Sie nicht. Ich denke viel eher, Sie haben einen
niedrigen Blutdruck und einen hohen Beklemmungspegel, was
auf dasselbe hinausläuft, Sie aber nicht der Verantwortung und
des Spottes enthebt. Zum Glück habe ich die Lösung bei mir.«

Er knöpfte die Gabardine auf, einen unergründlichen Basar an Wunderdingen, der als ambulante Kräutersammlung, Raritätenkabinett und Aufbewahrungsort für Gerätschaften und Reliquien diente, welche er auf tausend Trödelmärkten oder bei halbseidenen Versteigerungen geborgen hatte.

»Es ist mir ein Rätsel, wie Sie so viel Kram mitschleppen können, Fermín.«

»Fortgeschrittene Physik. Da meine magere Anatomie mehrheitlich aus Muskel- und Knorpelfasern besteht, verstärkt dieses kleine Arsenal mein Gravitationsfeld und gewährt mir bei Wind und Gezeiten eine stabile Verankerung. Und glauben Sie nicht, dass Sie mich mit diesen Randbemerkungen, mit denen Sie neben den Topf urinieren, so leicht aus dem Konzept bringen – wir sind nicht hier heraufgekommen, um Abziehbildchen auszutauschen oder Süßholz zu raspeln.«

Nach dieser Klarstellung zog Fermín aus einer seiner unzähligen Taschen einen blechernen Flachmann und schraubte den Deckel ab. Er schnupperte daran, als handle es sich um die Ausströmungen des Paradieses, und lächelte zufrieden. Dann reichte er mir die Flasche, schaute mich feierlich an und nickte.

»Trinken Sie jetzt, oder es soll Ihnen ewig leidtun.«

Widerwillig ergriff ich den Flachmann.

»Was ist das? Es riecht nach angereichertem Uran …«

»Dummes Zeug. Es ist bloß ein Cocktail, dank dessen Zusammensetzung Tote und feige Milchgesichter ins Leben zurückgerufen werden, die die vom Schicksal auferlegte Verantwortung scheuen. Es ist eine auf meinem Mist gewachsene Magistralformel auf der Basis von Branntwein und Affenanis, die einem ordinären Brandy zugesetzt werden, den ich beim einäugigen Zigeuner vom Schnapskiosk kaufe, das Ganze mit einigen Tropfen Nuss- und Montserratlikör abgeschmeckt, um ihm das unvergleichliche Bouquet des katalanischen Schwemmlandes zu verleihen.«

»Du lieber Gott!«

»Kommen Sie schon, hier zeigt sich, wer Mumm hat oder wer

nichts taugt. Und zwar ex, als wären Sie ein bei einem Hochzeits-mahl eingeschleuster Legionär.«

Ich gehorchte und schluckte dieses Höllengebräu hinunter, das nach gezuckertem Benzinhack schmeckte. Der Likör entzündete meine Innereien, und noch bevor ich wieder zu Verstand kam, hieß mich Fermín mit einer auffordernden Handbewegung das Ganze wiederholen. Trotz der Proteste und meiner erdbebenden Gedärme schluckte ich auch die zweite Dosis, dankbar für die Be-nommenheit und die Stimmungsaufhellung, die mir das Gesöff bescherte.

»Na?«, fragte Fermín. »Besser, nicht wahr? Das ist die Wegzeh-rung der Sieger.«

Ich nickte überzeugt, während ich schnaubend die Kragen-knöpfe öffnete. Fermín nutzte die Chance und trank einen Schluck von seinem Mix; dann verwahrte er die Flasche wieder in seiner Gabardine.

»Es geht nichts über die Chemie, um die Lyrik zu zähmen. Aber kommen Sie mir ja nicht auf den Geschmack – mit dem Schnaps ist es wie mit dem Rattengift oder der Großzügigkeit: Je häufiger die Anwendung, desto geringer die Wirkung.«

»Seien Sie unbesorgt.«

Er deutete auf die beiden Havannazigarren, die aus einer ande-ren Tasche hervorlugten, schüttelte aber gleich mit einem Augen-zwinkern den Kopf.

»Diese beiden als letzte Rettung aus dem Humidor meines am-tierenden künftigen Schwiegervaters Don Gustavo Barceló sti-bitzten Cohibas hatte ich eigentlich für heute reserviert, aber ich glaube, wir verschieben sie besser auf einen anderen Tag, denn wie ich sehe, sind Sie nicht in Form, und es darf ja nicht sein, dass das Baby bei seiner Uraufführung schon zur Halbwaise wird.«

Fermín tätschelte mir liebevoll den Rücken und ließ einige Se-kunden verstreichen, damit sich die Elemente seines Cocktails in meinem Blut verteilten und eine Wolke alkoholischer Gelassen-heit das Gefühl dumpfer Panik verschleiern konnte, das mich im Bann hielt. Sowie er den glasigen Ton in meinem Blick und die geweiteten Pupillen bemerkte, die die Gesamtverblödung der Sinne einleiten, stürzte er sich in den Vortrag, an dem er zweifellos den ganzen Abend schon geschmiedet hatte.

»Mein lieber Daniel, Gott – oder wer immer in dessen Ermangelung dieses Amt bekleidet – hat gewollt, dass Vater werden und ein Kind zur Welt bringen leichter ist, als den Führerschein zu erwerben. Dieser unheilvolle Umstand führt dazu, dass sich Trottel, Armleuchter und Leichtfüße sonder Zahl zur Fortpflanzung bemüßigt fühlen und, das Banner der Vaterschaft vor sich hertragend, die armen Geschöpfe, die sie mit ihren Genitalien erzeugen, auf ewig ins Unglück stürzen. Aus diesem Grund muss ich mit der Autorität behaupten, die darauf fußt, dass auch ich meine geliebte Bernarda schwängern werde, sobald die Keimdrüse und der heilige Ehestand, welchen sie von mir als *conditio sine qua non* fordert, es erlauben, und Ihnen damit auf dieser Reise der großen Vaterverantwortung folgen werde, muss ich also behaupten, und ich behaupte es auch, dass Sie, Daniel Sempere Gispert, Grünschnabel auf der Schwelle zum Erwachsenenalter, trotz Ihres derzeitigen kümmerlichen Selbstvertrauens und fehlenden Glaubens an Ihre Tauglichkeit als *pater familias* zwar ein etwas ungeschickter Novize, aber dennoch ein beispielhafter Vater sind und sein werden.«

Schon in der Hälfte seines Vortrags war ich auf der Strecke geblieben, entweder wegen der Wirkung seines explosiven Rezepts oder wegen des grammatischen Feuerwerks, das mein guter Freund gezündet hatte.

»Fermín, ich weiß nicht genau, was Sie meinen.«

Er seufzte.

»Ich wollte sagen, dass ich natürlich weiß, dass Sie jetzt gerade die Kontrolle über Ihren Schließmuskel zu verlieren drohen und dass das alles zu viel für Sie ist, Daniel, aber wie Ihnen die Heilige, die Ihre Frau Gemahlin ist, zu verstehen gegeben hat, brauchen Sie sich nicht zu fürchten. Dass die Kinder, wenigstens Ihres, mit einem Brot und einem Lot unter dem Arm daherkommen und dass, wenn man in seiner Seele ein Minimum an Anstand und

Schicklichkeit hat und dazu noch etwas im Oberstübchen, sich Mittel und Wege finden werden, ihr Leben nicht zu ruinieren und ein Vater zu sein, dessen Sie sich nie zu schämen brauchen.«

Verstohlen schaute ich dieses Männchen an, das sein Leben für mich hergegeben hätte und immer ein Wort oder auch zehntausend hatte, um alle Schwierigkeiten und meinen gelegentlichen Hang zur existentiellen Erschlaffung aus dem Weg zu räumen.

»Wäre es doch so einfach, wie Sie es darstellen, Fermín.«

»Nichts, was in diesem Leben die Mühe lohnt, ist einfach, Daniel. Als ich jung war, dachte ich, um durch die Welt zu ziehen, müsse man nur drei Dinge beherrschen lernen. Eins: die Schnürsenkel binden. Zwei: eine Frau gewissenhaft ausziehen. Und drei: lesen, um jeden Tag einige mit Geist und Geschick komponierte Seiten zu genießen. Ich dachte, ein Mensch, der selbstbewusst auftritt, zärtlich sein und der Musik der Wörter lauschen kann, lebe länger und lebe vor allen Dingen besser. Doch mit den Jahren habe ich gelernt, dass das nicht genügt und dass uns das Leben manchmal die Chance gibt, etwas Höheres anzustreben, als nur ein Zweibeiner zu sein, der isst, defäkiert und für eine gewisse Zeit einen Raum auf dem Planeten einnimmt. Und heute hat Ihnen das Schicksal in seiner unendlichen Unbewusstheit diese Chance bieten wollen.«

Ich nickte, nicht sehr überzeugt.

»Und wenn ich dem nicht gewachsen bin?«

»Daniel, wenn wir uns in einem ähnlich sind, dann darin, dass Ihnen und mir das Glück zuteilgeworden ist, eine Frau zu finden, die wir gar nicht verdienen. Es ist sonnenklar, dass auf dieser Reise sie den Ton angibt, und wir müssen einfach versuchen, dabei nicht zu versagen. Was meinen Sie?«

»Dass ich Ihnen liebend gern aufs Wort glauben würde, aber es fällt mir schwer.«

Fermín schüttelte langsam den Kopf, um das Ganze herunterzuspielen.

»Haben Sie keine Angst. Das ist der Spirituosenverschnitt, mit dem ich Sie abgefüllt habe und der nun Ihr beschränktes Verständnis für meine hochfliegende Rhetorik noch mehr vernebelt. Aber wie Sie wissen, habe ich in diesen Kämpfen mehr Kilometer auf dem Buckel als Sie, und normalerweise trage ich mehr Grips mit mir herum als ein Fuhrwerk voller Heiliger.«

»Das will ich nicht in Abrede stellen.«

»Und Sie tun gut daran, denn Sie würden schon beim ersten Angriff verlieren. Haben Sie Vertrauen zu mir?«

»Aber natürlich, Fermín. Mit Ihnen würde ich bis ans Ende der Welt gehen, das wissen Sie doch.«

»Dann hören Sie auf mich, und haben Sie auch zu sich selbst Vertrauen, so wie ich.«

Ich schaute ihn an und nickte langsam.

»Sind Sie wieder bei Verstand?«, fragte er.

»Ich glaube schon.«

»Dann bringen Sie diese traurige Gestalt in Ordnung, vergewissern Sie sich, dass Ihre Hodenmasse am richtigen Ort hängt, und gehen Sie ins Zimmer zurück, um Señora Bea und den Sprössling zu umarmen als der Mann, den die beiden eben aus Ihnen gemacht haben. Denn zweifeln Sie nicht daran, dass der junge Bursche, den ich vor Jahren eines Nachts unter den Bögen der Plaza Real kennenzulernen die Ehre hatte und der mir seither so viele Schrecken eingejagt hat, im Präludium dieses Abenteuers zurückzubleiben hat. Wir haben noch viel Geschichte zu durchleben, Daniel, und die, die uns erwartet, ist kein Kinderspiel mehr. Sind Sie an meiner Seite? Bis zu diesem Ende der Welt, das vielleicht gleich um die Ecke lauert?«

Ich konnte nicht anders, als ihn zu umarmen.

»Was würde ich ohne Sie tun, Fermín?«

»Sich oft täuschen. Und wenn wir bereits auf dieser Spur der Vorsicht sind: Bedenken Sie, dass das Einnehmen dieses Mischmaschs als eine der häufigsten Nebenwirkungen eine vorübergehende Lockerung des Schamgefühls sowie ein gewisses Überschäumen im Gefühlsmuskel nach sich zieht. Wenn also Señora Bea Sie jetzt eintreten sieht, dann schauen Sie ihr in die Augen, damit Sie weiß, dass Sie sie wirklich lieben.«

»Das weiß sie bereits.«

Geduldig schüttelte er den Kopf.

»Hören Sie auf mich. Sie brauchen es ja nicht unbedingt auszusprechen, wenn Sie sich genieren, wir Männer sind so, und das Testosteron befördert nicht unbedingt das Wort. Aber sie soll es spüren. Solche Dinge soll man weniger aussprechen als zeigen. Und zwar nicht nur hie und da, sondern jeden Tag.«

»Ich werd's versuchen.«

»Tun Sie etwas Besseres als versuchen, Daniel.«

Und dergestalt von Fermín der ewigen, zerbrechlichen Zuflucht meiner Jugend beraubt, ging ich ins Zimmer zurück, wo mich mein Schicksal erwartete.

Viele Jahre später sollte ich mich wieder an diese Nachtstunden erinnern, als ich, zurückgezogen im Hinterraum der alten Buchhandlung in der Calle Santa Ana, ein weiteres Mal den Kampf mit der weißen Seite aufnehmen wollte und nicht wusste, wo ich anfangen sollte, mir selbst die wahre Geschichte meiner Familie zu erklären – ein Unterfangen, mit dem ich mich seit Monaten oder Jahren herumschlug, ohne auch nur eine einzige brauchbare Zeile zustande gebracht zu haben.

Fermín, eine aufkeimende Schlaflosigkeit nutzend, hatte beschlossen, mir einen nächtlichen Besuch abzustatten. Als er mich, bewaffnet mit einer Füllfeder, aus der es tropfte wie aus einem Gebrauchtwagen, dahinsiechend vor einem weißen Blatt sitzen sah, nahm er neben mir Platz und betrachtete das Meer zerknüllter Blätter zu meinen Füßen.

»Nehmen Sie es mir nicht übel, Daniel, aber haben Sie auch nur die geringste Vorstellung von dem, was Sie da tun?«

»Nein«, gab ich zu. »Vielleicht wäre alles anders, wenn ich's mit einer Schreibmaschine versuchte. Laut den Annoncen soll die Underwood die Wahl der Profis sein.«

Fermín erwog die Verheißung der Werbung, schüttelte aber langsam den Kopf.

»Zwischen Tippen und Schreiben liegen Lichtjahre.«

»Danke für die Ermutigung. Und was tun eigentlich Sie hier zu dieser Stunde?«

Er betastete seinen Bauch.

»Die Einnahme eines ganzen frittierten Spanferkels hat mir den Magen durcheinandergebracht.«

»Möchten Sie ein wenig Bikarbonat?«

»Besser nicht, das beschert mir eine Nachtlatte, mit Verlaub, und dann kann ich erst recht kein Auge zutun.«

Ich legte den Füller weg und mit ihm meinen x-ten Versuch, einen brauchbaren Satz niederzuschreiben. Ich suchte den Blick meines Freundes.

»Alles in Ordnung hier, Daniel? Abgesehen von Ihrer fruchtlosen Kampagne gegen die Erzählkunst, meine ich.«

Ich zuckte mit den Schultern. Wie immer war Fermín in einem schicksalhaften Moment erschienen und machte seiner Eigenschaft als *Schalcus ex Machina* alle Ehre.

»Ich weiß nicht recht, wie ich Sie etwas fragen soll, was mir seit längerem durch den Kopf geht«, sagte ich.

Er hielt sich die Hand vor den Mund, um einen kurzen, aber innigen Rülpser fahrenzulassen.

»Wenn es um eine spezielle Technik im Schlafgemach geht, dann nur zu, ohne Scham – ich erinnere Sie daran, dass ich auf diesem Gebiet so was wie ein diplomierter Arzt bin.«

»Nein, es ist kein Bettthema.«

»Schade, ich habe frische Informationen zu ein paar neuen Kniffs, die …«

»Fermín«, unterbrach ich ihn, »glauben Sie, ich habe das Leben gelebt, das ich leben musste, dass ich ihm gewachsen war?«

Fermín blieb das Wort im Mund stecken. Seufzend senkte er den Blick.

»Sagen Sie mir nicht, das sei das, wovon in Wirklichkeit diese Ihre Phrase vom gestrandeten Balzac handelt. Die Suche nach dem Geist und so …«

»Schreibt man denn nicht, um sich selbst und die Welt besser zu verstehen?«

»Nicht, wenn man weiß, was man tut, etwas, was Sie …«

»Sie sind ein denkbar schlechter Beichtvater, Fermín. Helfen Sie mir doch ein wenig.«

»Ich dachte, Sie würden Romancier, nicht ein Frömmler.«

»Sagen Sie mir die Wahrheit. Sie, der Sie mich von Kindesbeinen an kennen – habe ich Sie enttäuscht? Bin ich der Daniel gewesen, den Sie erwartet haben? Der, den sich meine Mutter gewünscht hätte? Sagen Sie mir die Wahrheit.«

Er verdrehte die Augen.

»Die Wahrheit, das sind die Dummheiten, die die Leute von sich geben, wenn sie etwas zu wissen meinen, Daniel. Ich weiß von der Wahrheit etwa so viel wie von der Größe des Büstenhalters, den dieses großartige Weib mit spitzem Namen und Busen verwendet, das wir neulich im Kino Capitol gesehen haben.«

»Kim Novak.«

»Die Gott und das Gesetz der Schwerkraft selig haben mögen. Nein, Sie haben mich nicht enttäuscht, Daniel. Nie. Sie sind ein guter Mensch und ein guter Freund. Und wenn Sie meine Meinung wissen wollen, ja, ich glaube, dass Ihre verstorbene Mutter Isabella stolz auf Sie gewesen wäre und Sie für einen guten Sohn gehalten hätte.«

»Aber nicht für einen guten Romancier«, sagte ich lächelnd.

»Schauen Sie, Daniel, von einem Romancier haben Sie etwa so viel wie ich von einem Dominikanermönch. Und Sie wissen es auch. Das ändert keine Füllfeder oder Underwood unter der Sonne.«

Ich seufzte und versank in einem langen Schweigen. Fermín betrachtete mich nachdenklich.

»Wissen Sie, was, Daniel? Was ich wirklich denke, ist, dass nach allem, was Sie und ich durchgemacht haben, ich noch immer der arme Pechvogel bin, den Sie auf der Straße liegend gefunden und aus Nächstenliebe zu sich mitgenommen haben, und dass Sie noch immer dieser hilflose Junge sind, der verloren durch die Welt ging und über ein Geheimnis nach dem anderen stolperte im Glauben, wenn er sie löste, würde er vielleicht wie durch ein Wunder das Antlitz seiner Mutter wiederfinden und die Erinnerung an die Wahrheit, die die Welt ihm gestohlen hatte.«

Ich wog seine Worte ab, die mir bis ins Mark gedrungen waren.

»Und wäre es so schrecklich, wenn das zuträfe?«

»Es könnte schlimmer sein. Sie könnten ein Romancier sein, wie Ihr Freund Carax.«

»Vielleicht müsste ich ihn finden und dazu bringen, dass *er* diese Geschichte schreibt. Unsere Geschichte.«

»Das sagt manchmal Ihr Sohn Julián.«

Ich schaute ihn argwöhnisch an.

»*Was* sagt Julián? Was weiß Julián von Carax? Haben Sie mit meinem Sohn über Carax gesprochen?«

Er setzte sein offizielles Gesicht eines geschlachteten Lämmleins auf.

»Ich?«

»Was haben Sie ihm erzählt?«

Er schnaubte verharmlosend.

»Kleinigkeiten. Höchstens ganz unbedeutende Fußnoten. Aber der Junge ist eine Forschernatur und hat einen blendenden Verstand, und so schnappt er natürlich alles auf und macht sich seinen Reim darauf. Es ist nicht meine Schuld, wenn der Kleine aufgeweckt ist. Ganz offensichtlich schlägt er nicht nach Ihnen.«

»Mein Gott … Und weiß Bea schon, dass Sie mit ihm über Carax gesprochen haben?«

»In Ihr Eheleben mische ich mich nicht ein. Aber ich bezweifle, dass es viel gibt, was Señora Bea nicht weiß oder ahnt.«

»Ich verbiete Ihnen strikt, mit meinem Sohn über Carax zu sprechen, Fermín.«

Er legte sich die Hand auf die Brust und nickte feierlich.

»Meine Lippen sind versiegelt. Es möge die schwärzeste Schande auf mich fallen, sollte ich in einem Moment geistiger Umnachtung dieses feierliche Schweigegelübde brechen.«

»Und da wir schon dabei sind, lassen Sie auch Kim Novak aus dem Spiel – ich kenne Sie.«

»Da bin ich so unschuldig wie das Lämmchen, das die Sünde der Welt auf sich nimmt, denn dieses Thema bringt der Junge zur Sprache, der alles andere als auf den Kopf gefallen ist.«

»Sie sind unmöglich.«

»Ich akzeptiere selbstlos Ihre ungerechten Sticheleien, denn ich weiß, dass sie der Frustration über Ihre eigene magere Erfindungsgabe entspringen. Haben Euer Exzellenz der Liste der nicht zu Erwähnenden außer Carax noch einen weiteren Namen beizufügen? Bakunin? Estrellita Castro?«

»Warum gehen Sie nicht schlafen und lassen mich in Frieden, Fermín?«

»Und Sie hier alleinlassen, Auge in Auge mit der Gefahr? Kommt nicht in Frage, wenigstens ein vernünftiger Erwachsener muss sich unter den Anwesenden befinden.«

Er taxierte fasziniert den Füllfederhalter und den Stapel weißer Blätter auf dem Schreibtisch, als handle es sich um ein Arsenal chirurgischer Instrumente.

»Und wissen Sie schon, wie Sie das Ganze angehen wollen?«

»Nein. Ich war eben dabei, als Sie kamen und angefangen haben, dummes Zeug zu quasseln.«

»Unsinn. Ohne mich können Sie nicht mal die Einkaufsliste erstellen.«

Schließlich war er überzeugt, riss sich angesichts der titanischen Aufgabe, die unser harrte, zusammen, pflanzte sich auf einen Stuhl neben mir und sah mir so intensiv in die Augen, wie es nur Menschen tun, die sich fast wortlos verständigen können.

»Wenn wir schon bei Listen sind: Schauen Sie, von der Romanproduktion verstehe ich weniger als von der Herstellung und Verwendung des Büßergürtels, aber ich denke, ehe man überhaupt etwas zu erzählen beginnt, sollte man eine Liste dessen anlegen, was man erzählen will, also ein Inventar.«

»Eine Marschroute?«

»Eine Marschroute entwirft man, wenn man nicht recht weiß, wohin man gehen will, und so sich selbst und ein paar weitere Dummköpfe überzeugt, dass man irgendwohin geht.«

»Das ist gar keine so schlechte Idee. Selbsttäuschung ist das Geheimnis jedes unmöglichen Unterfangens.«

»Sehen Sie? Wir sind ein unschlagbares Team. Sie schreiben, und ich denke.«

»Dann denken Sie laut.«

»Und befindet sich genug Tinte in diesem Dings da für die Hin- und Rückfahrt zur Hölle?«

»Genug, um loszumarschieren.«

»Jetzt müssen wir nur noch entscheiden, wo wir mit dem Erstellen der Liste beginnen sollen.«

»Wir wär's, damit, wie Sie sie kennengelernt haben?«

»Wen?«

»Wen wohl, Fermín? Unsere Alicia im Wunderbarcelona.«

Ein Schatten wanderte über Fermíns Gesicht.

»Ich glaube, diese Geschichte habe ich niemandem erzählt, nicht einmal Ihnen, Daniel.«

»Durch welche Tür könnte man also besser ins Labyrinth einsteigen?«

»Ein Mensch müsste, wenn er stirbt, das eine oder andere Geheimnis mitnehmen dürfen«, warf Fermín ein.

»Allzu viele Geheimnisse bringen einen Menschen vorzeitig ins Grab.«

Überrascht hob Fermín die Brauen.

»Wer hat das gesagt? Sokrates? Ich?«

»Nein. Ausnahmsweise Daniel Sempere Gispert, der *Homo Naivus Naivi*, vor wenigen Sekunden.«

Fermín lächelte zufrieden, schälte ein Zitronensugus aus dem Papier und steckte es sich in den Mund.

»Es hat Sie zwar Jahre gekostet, aber allmählich lernen Sie vom Meister, Sie kleiner Gauner. Wollen Sie auch eins?«

Ich nahm das Sugus, weil ich wusste, dass es von allen Besitztümern meines Freundes Fermín das wertvollste Stück war und es mich ehrte, seinen Schatz zu teilen.

»Haben Sie diesen abgedroschenen Satz auch einmal gehört, dass in der Liebe und im Krieg alles erlaubt ist, Daniel?«

»Ein paarmal. Normalerweise aus dem Mund derer, die eher für den Krieg sind als für die Liebe.«

»So ist es, denn im Grunde ist es eine faule Lüge.«

»Ist das nun also eine Liebes- oder eine Kriegsgeschichte?«

Fermín zuckte mit den Schultern.

»Worin besteht der Unterschied?«

Und so begann Fermín im Schutz der Mitternacht, zweier Sugus und eines Zaubers der Erinnerungen, die sich im Nebel der Zeit zu verflüchtigen drohten, die Fäden zu spinnen, aus denen das Gewebe von Ende und Anfang unserer Geschichte gewirkt werden sollte.

Auszug aus
Das Labyrinth der Lichter
(*Der Friedhof der Vergessenen Bücher*, Band IV)
von Julián Carax
Éditions de la Lumière, Paris 1992
Herausgegeben von Émile de Rosiers Castellaine

DIES IRAE

Barcelona
März 1938

1

Er wurde von den Attacken des Meers geweckt. Als der blinde Passagier die Augen öffnete, blickte er in ein Dunkel, das sich in der Unendlichkeit verlor. Das Schaukeln des Schiffs, der Salpetergestank und das Scheuern des Wassers am Rumpf riefen ihm in Erinnerung, dass er sich nicht auf dem Festland befand. Er warf die Säcke von sich, die ihm als Lager gedient hatten, richtete sich langsam auf und versuchte, die Flucht von Säulen und Bögen zu ergründen, die den Laderaum des Schiffs bildeten. Es kam ihm vor wie ein Traum, eine versunkene Kathedrale, gefüllt mit der in hundert Museen und Palästen geraubten Beute. Zwischen einer Batterie von Skulpturen und Gemälden zeichneten sich die Umrisse zahlreicher Luxuswagen unter halb durchsichtigen Planen ab. Neben einer riesigen Uhr mit Glockenspiel erkannte man einen Käfig, zwischen dessen Stäben hindurch ihn ein prächtig gefiederter Papagei streng musterte, seinen Status als blinder Passagier offenbar missbilligend. Etwas weiter entfernt erspähte er eine Replik von Michelangelos David, den ein Spaßvogel mit einem Dreispitz der Guardia Civil gekrönt hatte. Dahinter eine geisterhafte Armee von Schaufensterpuppen, die in Kleidern der Epoche steckten und in einem endlosen Wiener Walzer festgefroren schienen. An einer Seite lehnte ein Stapel gerahmter Plakate an einer Luxustrauerkutsche mit verglaster Karosserie samt Sarg. Eines der Plakate, noch aus Vorkriegszeiten, kündigte einen Stierkampf in Las Arenas an. Auf der Liste der Stierkämpfer zu Pferd figurierte der Name eines gewissen *Fermín Romero de Torres*. Seine Augen strichen liebevoll über die Buchstaben, und der blinde Passagier, damals noch unter anderem Namen bekannt, den er in der Asche dieses Krieges bald würde zurücklassen müssen, bildete stumm mit den Lippen die Wörter:

Fermín
Romero de Torres

Ein guter Name, dachte er. Musikalisch. Opernhaft. Ganz der epischen, vom Leben zerrissenen Existenz des ewigen blinden Passagiers entsprechend. Fermín Romero de Torres oder das hagere, an einer riesigen Nase hängende Männchen, das eines nicht so fernen Tages diesen Namen annehmen sollte, hatte die letzten beiden Tage im Bauch dieses Frachters verbracht, der vor zwei Nächten in Valencia ausgelaufen war. Wie durch ein Wunder war es ihm gelungen, sich an Bord zu schmuggeln, versteckt in einer riesigen Kiste voller alter Gewehre, die getarnt zwischen allen möglichen anderen Waren stand. Teilweise schützten zugeknotete Säcke die Gewehre vor der Feuchtigkeit, aber die meisten waren unverpackt aufeinandergeschichtet, so dass er den Eindruck hatte, eher als den Feind zu Fall bringen, würden sie einem unglücklichen Milizangehörigen oder auch ihm selbst, wenn er sich am falschen Ort abstützte, ins Gesicht hinein explodieren.

Um sich die Beine zu vertreten und die von der Kälte und der aus den Wänden des Rumpfs sickernden Feuchtigkeit taub gewordenen Glieder zum Leben zu erwecken, wagte sich Fermín jede halbe Stunde ins Gewirr von Containern und Versorgungsmaterial auf der Suche nach etwas Essbarem oder doch zumindest einem Zeitvertreib. Auf einem seiner Gänge hatte er mit einem Mäuschen Freundschaft geschlossen, das schon lange in diesem abenteuerlichen Geschäft war und sich ihm nach anfänglichem Misstrauen scheu näherte und mit ihm in der Wärme seines Schoßes einige Stückchen herben Käse teilte, den Fermín in einer der Lebensmittelkisten gefunden hatte. Der Käse – oder was immer diese schwammig-fette Substanz sein mochte – schmeckte nach Seife, und soweit Fermíns gastronomische Kompetenz reichte, gab es keinen Hinweis darauf, dass bei seiner Herstellung eine Kuh, oder sonst ein Wiederkäuer, ihre Hand oder Klaue im Spiel gehabt hätte. Aber weise Menschen wussten, dass sich über Geschmack nicht streiten ließ, und sollte dem doch so sein, änderte das Elend jener Tage diese Aussage nachdrücklich, so dass die beiden ihr Festmahl mit einer Begeisterung genossen, wie sie nur in Monaten chronischen Hungers möglich ist.

»Mein lieber Nager, einer der Vorteile von Kriegen ist, dass einem der Schlangenfraß von einem Tag auf den anderen wie eine Götterspeise vorkommt, und sogar eine klug aufgespießte Scheiße beginnt ein sensationelles Bouquet von Pariser Boulangerie zu verströmen. Diese halbmilitärische Kost von auf Schmutzwasser und mit Sägemehl gestreckten Brotkrumen basierenden Suppen härtet den Geist ab und fördert die Sensibilität des Gaumens bis zu dem Punkt, an dem man eines Tages merkt, dass selbst der Kork an den Wänden nach iberischer Schweineschwarte schmecken kann, wenn uns das Glück nicht lacht.«

Das Mäuschen hörte Fermín geduldig zu. Manchmal schlief es, wenn es satt war, zu seinen Füßen ein. Fermín betrachtete es und vermutete, sie beide hätten sich angefreundet, weil sie sich im Grunde ähnlich waren.

»Sie und ich, wir sind einer wie der andere, Herr Kollege, wir erdulden stoisch die Plage des aufrecht gehenden Affen und kratzen zusammen, was möglich ist, um sie zu überleben. So Gott will, sterben die Primaten eines nicht allzu fernen Tages auf einen kräftigen Backenstreich hin aus und besehen sich alsdann, zusammen mit dem Diplodocus, dem Mammut und dem Riesenpinguin, die Radieschen von unten, damit Sie, arbeitsame, friedliche Wesen, die sich mit Essen, Bumsen und Schlafen begnügen, die Erde erben oder wenigstens mit der Schabe und dem einen oder anderen Käfer teilen können.«

Falls das Mäuschen Einwände hatte, ließ es nichts davon verlauten. Es wollte bloß ein freundschaftliches und unverstelltes Zusammenleben, ein Gentlemen's Agreement. Tagsüber hörten sie das Echo der Schritte und die Stimmen der Matrosen im Kielraum widerhallen. In den seltenen Momenten, da sich ein Besatzungsmitglied herunterwagte – fast immer, um etwas zu stehlen –, versteckte sich Fermín wieder in der Gewehrkiste und machte, eingelullt von Meer und Schießpulverduft, ein Nickerchen. Als er an seinem zweiten Tag an Bord das Sortiment an Wunderdingen auskundschaftete, die im Bauch dieses Leviathans verborgen waren, fand er, ganz moderner Jonas und Teilgelehrter der heiligen Schriften, eine Kiste voller Bibeln in erlesenen Einbänden. Der Fund erschien ihm zumindest kühn und pittoresk, aber mangels eines anderen literarischen Menüs lieh er sich ein Exemplar aus und las im Licht einer ebenfalls stibitzten Kerze sich selbst und seinem Reisegefährten ausgewählte Teile des Alten Testaments vor, das ihm immer sehr viel ansprechender und blutrünstiger vorgekommen war als das Neue.

»Passen Sie auf, Offizier, jetzt kommt eine unsagbare Parabel von tiefer Symbolik, angerichtet mit Inzesten und Verstümmelungen, die sogar den Brüdern Grimm einen blitzschnellen Wechsel der Unterhosen nahelegen.«

So vergingen die Stunden und Tage des Asyls auf See, bis am frühen Morgen des 17. März 1938 Fermín die Augen öffnete und feststellte, dass sein Freund, der Nager, verschwunden war. Vielleicht war es die Lesung einiger Abschnitte aus der Offenbarung des Johannes am Vorabend gewesen, die das Mäuschen erschreckt hatte, oder vielleicht auch die Vorahnung, dass die Überfahrt zu Ende ging und dass es angezeigt war, sich dünnzumachen.

Fermín, dessen Glieder nach einer weiteren Nacht in der knochendurchbohrenden Kälte taub waren, wankte zum Aussichtspunkt, als der ihm eines der Bullaugen diente, durch die der Hauch einer scharlachroten Morgendämmerung drang. Die runde Luke lag nur zwei Handbreit über der Wasserlinie, und Fermín konnte die Sonne über einem weinfarbenen Meer aufgehen sehen. Den Munitionskisten und einem Schwarm rostiger, zusammengebundener Fahrräder ausweichend, ging er quer durch den Laderaum auf die andere Seite und warf einen Blick hinaus. Der dunstige Strahl des Hafenleuchtturms bestrich den Schiffsrumpf und projizierte momentweise eine Garbe von Lichtnadeln durch sämtliche Bullaugen des Laderaums. Etwas weiter entfernt breitete sich die Stadt Barcelona aus, ein Blendwerk aus Dunst, der sich zwischen Wachtürmen, Kuppeln und Türmen hindurchwand. Fermín lächelte vor sich hin und vergaß für einen Augenblick die Kälte und die Quetschungen, die er sich in den Geplänkeln und unglücklichen Begegnungen in seinem letzten Durchgangshafen eingehandelt hatte.

»Lucía …«, flüsterte er und vergegenwärtigte sich die Zeichnung dieses Gesichts. Die Erinnerung daran hatte ihn in den kritischsten Situationen am Leben erhalten.

Aus der Innentasche seines Jacketts zog er den Brief hervor, den er seit seiner Abfahrt aus Valencia dort aufbewahrte, und seufzte. Der Traum verflüchtigte sich fast auf der Stelle. Das Schiff befand sich schon sehr viel näher am Hafen, als er angenommen hatte. Jeder blinde Passagier, der etwas auf sich hält, weiß, dass die Schwierigkeit nicht darin besteht, sich an Bord zu schmuggeln, sondern die Überfahrt heil zu überstehen und das Schiff ungesehen wieder zu verlassen. Wenn er die Hoffnung hatte, eigenen Fußes und mit sämtlichen Knochen an Ort und Stelle festen Boden zu betreten, dann war es höchste Zeit, sich jetzt eine Fluchtstrategie zurechtzulegen. Während er die Schritte und Aktivitäten der Besatzung auf dem Deck sich verdoppeln hörte, spürte er, dass das Schiff beizudrehen begann und die Motoren beim Passieren der Hafeneinfahrt gedrosselt wurden. Er steckte den Brief wieder ein und beseitigte eilig die Spuren seiner Anwesenheit, versteckte die niedergebrannten Kerzenstümpfe, die Säcke, die ihm als Lager gedient hatten, die Bibel seiner kontemplativen Lesungen und die Krumen von Käseersatz und ranzigen Plätzchen, die noch übrig geblieben waren. Dann verschloss er die Kisten, die er auf der Suche nach Lebensmitteln geöffnet hatte, indem er die Nägel mit dem nackten Absatz seiner entseelten Stiefel wieder einschlug. Als er so sein karges Schuhwerk betrachtete, sagte er sich, sobald er festen Boden unter den Füßen und sein Versprechen eingelöst hätte, wäre sein nächstes Ziel die Beschaffung von Schuhen, die nicht wie aus einem Leichenhaus entwendet aussähen. Während der blinde Passagier im Schiffsbauch zugange war, konnte er durch die Bullaugen sehen, wie das Schiff langsam ins Barceloner Hafenwasser einfuhr. Noch einmal drückte er die Nase ans Glas, und es lief ihm kalt den Rücken hinunter, als er oben auf dem Hügel die Umrisse des Kastells und Militärgefängnisses Montjuïc erblickte, das wie ein Raubvogel über der Stadt dräute.

»Wenn du dich nicht vorsiehst, landest du dort …«, sagte er zu sich.

In der Ferne zeichnete sich die Nadel des Kolumbusdenkmals ab, der Zeigefinger wie immer in die falsche Richtung gereckt, als wäre der balearische Archipel der amerikanische Kontinent. Hinter dem orientierungslosen Entdecker öffneten sich die Ramblas und stiegen sanft zum Zentrum der Altstadt an, wo Lucía wartete. Einen Augenblick stellte er sie sich parfümiert zwischen den Laken vor. Schuld- und Schamgefühle verdrängten das Bild aus seinen Gedanken. Er hatte sein Versprechen gebrochen.

»Schuft«, sagte er zu sich selbst.

Dreizehn Monate und sieben Tage waren vergangen, seit er sie zum letzten Mal gesehen hatte – dreizehn Monate, die auf ihm lasteten wie dreizehn Jahre. Das letzte Bild, das er vor der Rückkehr in sein Versteck noch aufschnappen konnte, war das der Jungfrau de la Merced, der Stadtheiligen, oben auf der Kuppel ihrer Basilika gegenüber dem Hafen und in dauernder Bereitschaft, gleich über die Dächer Barcelonas davonzufliegen. In ihre Hände legte er seine Seele und seine traurige Gestalt; zwar hatte er keinen Fuß mehr in eine Kirche gesetzt, seit er als Neunjähriger die Kapelle seines Geburtsdorfs mit der Gemeindebibliothek verwechselt hatte, doch jetzt schwor Fermín jedem, der es hören konnte und wollte, dass er, wenn sich die Jungfrau (oder irgendein in Himmelsangelegenheiten befugter Delegierter) für ihn verwende und ihm helfe, ohne schweren Zwischenfall und zwangsläufig tödliche Verletzungen den sicheren Hafen zu erreichen, sein Leben auf die geistige Kontemplation hin neu ausrichten und beflissener Kunde der Messbuchindustrie werden würde. Nach getanem Gelübde bekreuzigte er sich zweimal und verschwand eilends wieder in der Gewehrkiste, wo er auf dem Bett aus Waffen lag wie ein Toter in seinem Sarg. Als er eben den Deckel schließen wollte, erblickte er seinen Reisegefährten, das Mäuschen, das ihn von der Höhe der bis zur Decke des Laderaums aufeinandergestapelten Truhen beobachtete.

»*Bonne chance, mon ami*«, sagte es leise.

Eine Sekunde später versank er in der nach Schießpulver riechenden Dunkelheit, an der Haut das kalte Metall der Gewehre. Die Würfel seines Schicksals waren unwiderruflich gefallen.

2

Nach einer Weile bemerkte Fermín, dass das Motorengeräusch allmählich verstummte und das Schiff sich im sanften Hafenwasser wiegte. Nach seinen Berechnungen war es noch zu früh, um schon die Mole erreicht zu haben. Nach den zwei, drei Zwischenhalten auf der Fahrt hatten seine Ohren das Protokoll und die Kakophonie des Anlegemanövers deuten gelernt, von den rollenden Ankertauen und der hämmernden Ankerkette bis zum Ächzen des Schiffsgerippes unter dem Druck des Rumpfes, wenn er gegen die Mole prallte. Außer einem ungewöhnlichen Gewirr von Schritten und Stimmen auf Deck konnte er kein solches Anzeichen erkennen. Aus irgendeinem Grund hatte der Kapitän offensichtlich beschlossen, das Schiff vorzeitig zu stoppen, und Fermín, der in den fast zwei vorangegangenen Kriegsjahren gelernt hatte, dass das Unerwartete oft mit dem Bedauerlichen Hand in Hand ging, presste die Zähne zusammen und bekreuzigte sich erneut.

»Liebste Jungfrau, ich verzichte auf meinen unbezähmbaren Agnostizismus und die tückischen Anregungen der modernen Physik«, flüsterte er in seinem sargähnlichen Versteck, das er mit Gewehren aus dritter Hand teilte.

Sein Flehen wurde rasch beantwortet. Er hörte, wie sich etwas näherte, das ein anderes, kleineres Boot zu sein schien, und den Schiffsrumpf berührte. Augenblicke später fielen schwere, fast martialische Schritte aufs Deck und brachten die Besatzung in Aufruhr. Fermín erschrak. Sie waren geentert worden.

3

Dreißig Jahre zur See, und immer ist das Schlimmste bei der Landung passiert, dachte Kapitän Arráez, während er von der Brücke aus die Gruppe Männer betrachtete, die eben das Backbordfallreep heraufgeklettert waren. Sie fuchtelten drohend mit Gewehren und stießen die Besatzung beiseite, so dass der Weg frei war für den, in dem der Kapitän ihren Anführer vermutete. Arráez war einer dieser Seebären, deren Gesicht und Haar von Sonne und Salpeter flambiert und deren flüssiger Blick immer wie von einem Tränenschleier getrübt ist. Als junger Mann hatte er geglaubt, dass man zur See geht, um Abenteuer zu erleben, doch die Jahre hatten ihn gelehrt, dass einen das Abenteuer immer im Hafen erwartete, und zwar auf hinterhältige Art. Auf dem Meer gab es nichts, was er fürchtete; auf dem Festland jedoch wurde er, vor allem in diesen Tagen, von Übelkeit gepackt.

»Bermejo, gehen Sie ans Funkgerät und benachrichtigen Sie den Hafen, dass wir einstweilen angehalten worden sind und mit einiger Verspätung eintreffen.«

Bermejo, sein erster Offizier, erblasste neben ihm und verfiel in das Zittern, das er in den letzten Monaten der Bombardierungen und Gefechte entwickelt hatte. Ehemals Obermaat auf Kreuzfahrten auf dem Guadalquivir, fehlte dem armen Bermejo jetzt der Magen für diese Art Tätigkeit.

»Was soll ich sagen, wer uns angehalten hat, Käpt'n?«

Arráez fasste den Mann ins Auge, der gerade sein Deck betreten hatte. In einem schwarzen Regenmantel steckend und mit

Handschuhen und breitkrempigem Hut ausgerüstet, schien er als Einziger unbewaffnet zu sein. Arráez beobachtete, wie er langsam übers Deck schritt. Seine Bewegungen verrieten eine perfekt einstudierte Bedächtigkeit und Gleichgültigkeit. Obwohl seine Augen hinter dunklen Gläsern verborgen waren, bemerkte man, dass sie über die Gesichter der Besatzung glitten, wobei sein eigenes nicht den geringsten Ausdruck zeigte. Schließlich blieb er mitten auf dem Deck stehen, schaute zur Brücke hinauf, zog zur Begrüßung den Hut und stellte ein reptilhaftes Grinsen zur Schau.

»Fumero«, sagte der Kapitän leise.

Bermejo, der um zehn Zentimeter geschrumpft war, seit dieser Mann übers Deck geschlängelt war, schaute ihn an, weiß wie Gips.

»Wer?«, brachte er knapp heraus.

»Politische Polizei. Gehen Sie runter und sagen Sie den Männern, es soll sich keiner dumm anstellen. Und dann geben Sie die Meldung an den Hafen durch, wie ich Ihnen gesagt habe.«

Bermejo nickte, machte aber keine Anstalten, sich vom Fleck zu rühren. Arráez sah ihn scharf an.

»Bermejo. Sie sollen runtergehen. Und versuchen Sie bitte sehr, sich nicht in die Hose zu machen.«

»Jawohl, Käpt'n.«

Arráez blieb einige Momente allein auf der Brücke. Es war ein klarer Tag mit kristallenem Himmel, an dem wie Pinselstriche einige Wolken zogen, die jeden Aquarellisten entzückt hätten. Einen Augenblick zog er in Erwägung, den im Spind seiner Kajüte eingeschlossenen Revolver zu holen, doch der Gedanke war so naiv, dass ein bitteres Lächeln auf seine Lippen trat. Er atmete tief ein, knöpfte sein abgetragenes Jackett zu und stieg von der Brücke die Treppe hinunter aufs Deck, wo ihn sein alter Bekannter mit einer Zigarette zwischen den Fingern erwartete.

4

»Willkommen in Barcelona, Kapitän Arráez.«

»Danke, Oberleutnant.«

Fumero lächelte.

»Jetzt Kommandant.«

Arráez nickte und hielt dem Blick dieser dunklen Gläser stand, hinter denen man schwer ausmachen konnte, wohin Fumeros scharfe Augen schauten.

»Glückwunsch.«

Fumero bot ihm eine Zigarette an.

»Nein, danke.«

»Es ist Qualitätsware. Blonder amerikanischer Tabak.«

Arráez nahm die Zigarette entgegen und steckte sie in die Tasche.

»Möchten Sie die Papiere und Lizenzen prüfen, Kommandant? Es ist alles à jour mit den Genehmigungen und Stempeln der Regierung der Generalitat …«

Fumero zuckte mit den Schultern, stieß desinteressiert einen Mundvoll Rauch aus und betrachtete mit leichtem Lächeln die Glut seiner Zigarette.

»Ich bin überzeugt, dass Ihre Papiere in Ordnung sind. Sagen Sie, was für eine Art Ware haben Sie an Bord?«

»Versorgungsartikel. Medikamente, Waffen und Munition. Und mehrere Posten konfisziertes Privateigentum zur Versteigerung. Das Inventar mit dem Regierungsstempel des Zollamts Valencia steht zu Ihrer Verfügung.«

»Ich habe nichts anderes von Ihnen erwartet, Kapitän. Aber das ist eine Sache zwischen Ihnen und den Hafen- und Zollbehörden. Ich bin ein schlichter Diener des Volkes.«

Arráez nickte ruhig und rief sich ständig in Erinnerung, dass er seine Augen keinen Moment lang von diesen beiden undurchdringlichen schwarzen Gläsern abwenden durfte.

»Wenn der Kommandant so freundlich wäre, mir zu sagen, was er sucht – mit größtem Vergnügen …«

Fumero lud ihn mit einer Handbewegung ein, ihm zu folgen, und unter den erwartungsvollen Augen der Besatzung schritten sie übers Deck. Schließlich blieb Fumero stehen, zog noch einmal an der Zigarette und warf den Stummel über Bord. Er stützte sich auf die Reling und betrachtete Barcelona, als hätte er die Stadt zuvor noch nie gesehen.

»Riechen Sie es, Kapitän?«

Arráez wartete einen Augenblick, bevor er antwortete.

»Ich weiß nicht genau, was Sie meinen, Kommandant.«

Fumero klopfte ihm freundschaftlich auf den Arm.

»Atmen Sie tief ein. Ganz ohne Eile. Dann werden Sie es schon merken.«

Arráez wechselte einen Blick mit Bermejo. Verwirrt schauten sich die Besatzungsmitglieder an. Fumero wandte sich um und forderte sie mit einer Handbewegung auf einzuatmen.

»Nein? Keiner?«

Der Kapitän versuchte ein Lächeln zustande zu bringen, aber es gelangte ihm nicht bis auf die Lippen.

»Ich kann es aber sehr wohl riechen«, sagte Fumero. »Sagen Sie nicht, Sie hätten es nicht bemerkt.«

Arráez nickte vage.

»Aber natürlich doch«, drängte Fumero. »Natürlich riechen Sie es. Genauso wie ich und wie alle, die sich hier befinden. Es stinkt nach Ratte. Nach dieser ekelhaften Ratte, die Sie an Bord verstecken.«

Bestürzt runzelte Arráez die Stirn.

»Ich kann Ihnen versichern …«

Mit einer Handbewegung brachte ihn Fumero zum Schweigen.

»Wenn sich eine Ratte einschmuggelt, gibt es keine Möglichkeit, sie loszuwerden. Man gibt ihr Gift, und sie frisst es. Man stellt ihr Fallen auf, und sie scheißt rein. Nichts ist so schwierig zu beseitigen wie eine Ratte. Weil sie feige ist. Weil sie sich verbirgt. Weil sie sich cleverer fühlt als alle anderen.«

Einige Sekunden genoss Fumero seine Worte.

»Und wissen Sie, was die einzige Methode ist, eine Ratte zu

beseitigen, Kapitän? Wie man sie wirklich und ein für alle Mal beseitigt?«

Arráez schüttelte den Kopf.

»Ich weiß es nicht, Kommandant.«

Fumero grinste und entblößte seine Zähne.

»Natürlich nicht. Denn Sie sind ein Mann der See und haben keine Veranlassung, es zu wissen. Das ist meine Arbeit. Das ist der Grund, warum mich die Revolution in die Welt gesetzt hat. Schauen Sie zu, Kapitän. Schauen Sie zu und lernen Sie.«

Bevor Arráez etwas sagen konnte, ging Fumero Richtung Bug, gefolgt von seinen Leuten. Da sah der Kapitän, dass er sich geirrt hatte – Fumero war doch bewaffnet. Er spielte mit einem blitzenden Revolver, einem Sammlerstück. Er ging quer über das Deck und stieß rücksichtslos jedes Besatzungsmitglied beiseite, das ihm begegnete; den Eingang zu den Kajüten ignorierte er. Er wusste, wohin er wollte. Auf ein Zeichen von ihm hin bauten sich seine Leute um die Schottentür herum auf, die den Laderaum verschloss, und warteten auf weitere Anweisungen. Fumero beugte sich über die Metallplatte und klopfte sanft daran, als stünde er an der Tür eines alten Freundes.

»Überraschung«, ließ er hören.

Als seine Leute die Schottentür sozusagen aus den Angeln rissen und das Innere des Schiffs dem Tageslicht ausgesetzt war, ging Arráez auf die Brücke zurück und versteckte sich dort. Er hatte in den beiden bisherigen Kriegsjahren genug gesehen und gelernt. Das Letzte, was er eben noch sah, war, wie sich Fumero wie eine Katze die Lippen leckte, eine Sekunde bevor er mit dem Revolver in der Hand im Schiffsbauch verschwand.

5

Nachdem er tagelang in der Verbannung des Laderaums dieselbe verbrauchte Luft geatmet hatte, spürte Fermín, wie der Duft der frischen, durch die Schottentür eindringenden Brise zwischen den Ritzen seiner Waffenkiste zu ihm durchsickerte. Er neigte den Kopf leicht auf eine Seite und sah durch den Spalt zwischen Deckel und Seitenwand einen Fächer stauberfüllter Lichtstrahlen durch den Laderaum streichen. Laternen. Das milchig weiße Licht wanderte über die Ladung und machte die Planen stellenweise durchsichtig, die Autos und Kunstwerke verhüllten. Das Geräusch der Schritte und das metallene Echo im Kielraum kamen langsam näher. Fermín presste die Zähne zusammen und ging im Geist sämtliche Schritte noch einmal durch, die er unternommen hatte, bevor er in sein Versteck zurückgekehrt war. Die Säcke, die Kerzen, die Speisereste oder die Fußspuren, die er vielleicht längs der Galerie der Ladung hinterlassen hatte. Er glaubte nicht, dass er etwas vergessen hatte. Nie würde man ihn hier finden. Nie.

Und genau da hörte er diese saure, vertraute Stimme seinen Namen aussprechen, als würde sie eine Melodie summen, und seine Knie wurden zu Gelatine.

Fumero.

Die Stimme und die Schritte klangen nahe. Fermín schloss die Augen wie ein Kind, wenn ein seltsames Geräusch im Zimmer es erschreckt. Nicht, weil es denkt, das würde es schützen, sondern weil es die Gestalt nicht sehen will, die am Bett steht und sich über es beugt. In diesem Augenblick hörte er die langsamen Schritte wenige Zentimeter neben ihm. Die behandschuhten Finger strichen über den Deckel der Kiste, als glitte eine Schlange darüber hinweg. Fumero pfiff eine Melodie. Fermín hielt den Atem an und die Augen geschlossen. Kalter Schweiß rann ihm in großen Tropfen über die Stirn, und er musste die Fäuste ballen, damit seine Hände nicht zitterten. Er traute sich nicht, auch nur einen Muskel zu bewegen, da er fürchtete, die Berührung seines Körpers mit den Säcken, in denen einige der Gewehre steckten, könnte ein wenn auch nur minimales Geräusch erzeugen.

Vielleicht hatte er sich geirrt. Vielleicht würde man ihn tatsächlich finden. Vielleicht gab es auf der ganzen Welt keinen Winkel, wo er sich verstecken und einen weiteren Tag überleben konnte. Vielleicht war das letzten Endes ein Tag so gut wie jeder andere, um die Bühne zu verlassen. Und wenn es schon einmal so weit war, konnte ihn niemand daran hindern, den Deckel mit Fußtritten von der Kiste zu sprengen und sich der Herausforderung zu stellen, indem er eines dieser Gewehre schwang, auf denen er lag. Besser, in zwei Sekunden von Schüssen durchsiebt zu sterben als durch die Hand von Fumero und dessen Spielzeug, nachdem er zwei Wochen an der Decke eines Verlieses im Kastell von Montjuïc gehangen hatte.

Tastend suchte er an einer der Waffen den Abzug und hielt sie kräftig fest. Bis dahin war ihm nicht in den Sinn gekommen, dass sie höchstwahrscheinlich nicht geladen war. Egal, dachte er. Mit seiner Zielsicherheit hätte er sich vermutlich nur einen halben Fuß zerschmettert oder dem Kolumbusdenkmal ins Auge geschossen. Das brachte ihn zum Grinsen, und er hielt das Gewehr mit beiden Händen auf der Brust fest, während er den Schlagbolzen suchte. Noch nie hatte er eine Waffe abgefeuert, aber er sagte sich, dass man sich immer auf das Anfängerglück verlassen könne und der Versuch es wert sei. Er spannte den Schlagbolzen und schickte sich an, Don Francisco Javier Fumeros Kopf auf den Weg ins Paradies oder in die Hölle zu schießen.

Einen Augenblick später entfernten sich jedoch die Schritte, so dass seine Ruhmeschance schwand und er daran erinnert wurde, dass die großen Liebenden, ob praktizierende oder nur berufene, nicht als Helden der letzten Stunde geboren worden waren. Er gestattete es sich, tief einzuatmen, und hielt die Hände an die Brust. Die Kleider klebten ihm am Körper wie eine zweite Haut. Fumero und seine Schergen entfernten sich. Fermín stellte sich vor, wie sich ihre Gestalten im Schatten des Laderaums verloren, und lächelte erleichtert. Vielleicht war er wirklich nicht verpfiffen worden. Vielleicht war es bloß eine Routinekontrolle.

Genau in diesem Moment hielten die Schritte an. Grabesstille trat ein, und für Sekunden hörte Fermín als Einziges sein Herz schlagen. Dann drang ihm in einem kaum wahrnehmbaren Seufzer das leiseleise Trippeln von etwas sehr Kleinem und Leichtem, das sich wenige Zentimeter von seinem Gesicht entfernt auf dem Kistendeckel bewegte, ans Ohr. Er erkannte es an seinem schwachen, süßsauren Geruch. Sein Reisegefährte, das Mäuschen, schnupperte zwischen den Brettern, da es vermutlich seinen Freund gewittert hatte. Fermín wollte gerade leise zischen, damit die Maus sich entfernte, da erfüllte ein ohrenbetäubender Lärm den Schiffsbauch.

Die großkalibrige Kugel zerfetzte den Nager auf der Stelle und bohrte ein sauberes Eintrittsloch in den Kistendeckel, wenige Zentimeter neben Fermíns Gesicht. Blutstropfen sickerten durch die Ritzen auf seine Lippen. Da spürte er ein Jucken im rechten Bein, und als er an sich hinunterschielte, stellte er fest, dass das Geschoss auf seiner Bahn fast sein Bein erwischt hätte, einen Schnitt in den Hosenstoff gebrannt und schließlich ein Austrittsloch ins Holz geschlagen hatte. Eine dunstige Lichtlinie durchquerte, die Flugbahn der Kugel nachzeichnend, die Dunkelheit seines Verstecks. Fermín hörte die Schritte zurückkommen und neben der Kiste stehen bleiben. Fumero kniete nieder. Im schmalen Spalt zwischen Deckel und Kiste erspähte Fermín den Glanz seiner Augen.

»Wie immer die Freunde im Abschaum ausgesucht, was? Du hättest die Schreie deines Kollegen Amancio hören sollen, als er uns erzählt hat, wo wir dich finden würden. Zwei Kabel in die Eier, und schon singt ihr Helden wie Distelfinken.«

Diesem Blick ausgesetzt und allem, was er von ihm wusste, spürte Fermín, dass er, hätte er nicht das bisschen Mut ausgeschwitzt, das ihm in der Gefangenschaft dieses Sarges mit all den Gewehren geblieben war, sich vor Panik in die Hose gepinkelt hätte.

»Du riechst übler als deine Gefährtin, die Ratte«, sagte Fumero leise. »Ich glaube, du brauchst ein Bad.«

Er hörte das Hin und Her von Schritten und das Getümmel von Fumeros Leuten, die Kisten umherschoben und im ganzen Laderaum Gegenstände umwarfen. Unterdessen rührte sich Fumero keinen Zentimeter von der Stelle. Seine Augen versuchten, geduldig wie die einer Schlange vor einem Nest, im Halbdunkel der Kiste etwas zu erkennen. Nach einer Weile spürte Fermín kräftige Hammerschläge auf dem Deckel. Zunächst dachte er, sie wollten die Kiste mit den Fäusten aufbrechen. Als er jedoch an den Rändern des Deckels die Nagelspitzen herausragen sah, wurde ihm klar, dass sie dabei waren, alle Ränder und damit die ganze Kiste zu vernageln. In einer Sekunde verschwanden die wenigen Millimeter Öffnung zwischen Kiste und Deckel. Man hatte ihn in seinem eigenen Versteck begraben.

Da merkte er, dass die Kiste langsam vorwärtsgeschoben wurde und auf Fumeros Befehl hin mehrere Besatzungsmitglieder in den Laderaum herunterkamen. Den Rest konnte er sich ausmalen. Ein Dutzend Männer hob die Kiste mit Hebeln an und schlang Segeltuchriemen darum. Er hörte das Gerassel der Ketten und spürte den plötzlichen Zug des Krans in die Höhe.

6

Arráez und seine Besatzung sahen zu, wie sich die sechs Meter über dem Deck hängende Gewehrkiste in der Brise wiegte. Sich mit einem zufriedenen Lächeln die dunkle Brille wieder aufsetzend, kam Fumero aus dem Laderaum herauf. Er schaute zur Kommandobrücke empor und imitierte spöttisch einen militärischen Gruß.

»Mit Ihrer Erlaubnis, Kapitän, schreiten wir zur Vernichtung der Ratte, die Sie an Bord hatten, und zwar auf die einzige wirksame Art.«

Fumero bedeutete dem Kranführer, die Kiste einige Meter bis auf seine Augenhöhe herunterzulassen.

»Ein letzter Wille oder einige Worte der Reue?«

Die Besatzung beobachtete die Kiste stumm. Das Einzige, was herauszudringen schien, war ein Wimmern, das an ein kleines verschrecktes Tier erinnerte.

»Na komm, musst nicht weinen, so schlimm ist es auch wieder nicht«, sagte Fumero. »Zudem werde ich dich nicht allein lassen. Du wirst sehen, dass dich ein Haufen Freunde sehnsüchtig erwarten …«

Die Kiste wurde wieder hochgezogen, und der Krahn drehte sich langsam zur Reling hin. Als die Kiste etwa zehn Meter über dem Wasserspiegel hing, wandte sich Fumero noch einmal der Brücke zu. Arráez beobachtete ihn mit gläsernem Blick und brummte etwas in den Bart.

Verdammter Schweinehund, konnte Fumero entziffern.

Da nickte er, und der Behälter mit zweihundert Kilo Gewehren und etwas über fünfzig Kilo Fermín Romero de Torres im Inneren sauste ins dunkle Eiswasser des Barceloner Hafens hinunter.

7

Der Fall ins Leere ließ ihm kaum Zeit, sich an den Wänden der Kiste abzustützen. Als sie auf dem Wasser aufprallte, wurden die ganzen Gewehre an den Kistendeckel hinaufgeschleudert. Einige Sekunden lang wiegte sie sich wie eine Boje an der Wasseroberfläche. Fermín versuchte, sich von den Dutzenden Gewehren, die ihn zugeschüttet hatten, zu befreien. Ein intensiver Geruch nach Salpeter und Benzin drang ihm in die Nase. Da hörte er, wie das Wasser durch das Loch hereinsprudelte, das Fumeros Kugel ins Holz geschossen hatte. In Sekundenschnelle spürte er die kalte Berührung des Wassers, das den Kistenboden überschwemmte. Von Panik erfasst, versuchte er, sich zusammenzukrümmen, um zum Einschussloch am unteren Ende der Kiste zu gelangen. Dabei glitten die Gewehre mit ihrem ganzen Gewicht auf eine Seite, und die Kiste krängte. Fermín fiel bäuchlings auf die Waffen. In absoluter Dunkelheit tastete er nach dem Gewehrhaufen unter seinen Händen und begann, ihn beiseitezudrücken, um das Loch zu finden, durch das das Wasser eindrang. Sowie er es geschafft hatte, ein Dutzend Gewehre hinter sich zu bringen, fielen sie wieder auf ihn und drückten ihn auf den Boden der Kiste, die noch immer Schlagseite hatte. Das Wasser bedeckte seine Füße und rann zwischen den Zehen hindurch. Es reichte ihm bereits bis zu den Knien, als er endlich das Loch fand und es mit beiden Händen verschloss, so gut es ging. Da hörte er die Schüsse vom Deck des Schiffs und ihren Aufschlag auf der Kiste. Hinter ihm öffneten sich drei neue Löcher, und eine grünliche Helligkeit sickerte herein, so dass er sah, wie das Wasser nun kräftig hereinströmte und ihm in wenigen Augenblicken bis zur Hüfte stand. Er schrie vor Angst und Wut und versuchte, mit der anderen Hand eines der Löcher zu erreichen, aber ein plötzlicher Stoß warf ihn nach hinten. Der Lärm in der Kiste ließ ihn erschauern, als verschlänge ihn ein Tier. Das Wasser stieg ihm schon bis zur Brust, die Kälte schnitt ihm den Atem ab. Es wurde wieder dunkel, und er begriff, dass die Kiste rettungslos versank. Seine rechte Hand hielt dem Druck des Wassers nicht mehr stand. Das Eiswasser spülte seine Tränen weg. Er versuchte, ein letztes Mal nach Luft zu schnappen.

Die Strömung saugte den Holzkasten an und zog ihn unablässig dem Grund entgegen. Im oberen Teil gab es noch eine Handbreit Luft, und Fermín kämpfte sich verzweifelt dorthin, um einen Hauch Sauerstoff zu erhaschen. Kurz darauf schlug die Kiste auf dem Grund auf, und nachdem sie sich auf eine Seite geneigt hatte, blieb sie im Schlamm stecken. Fermín hämmerte mit Fäusten und Füßen gegen den Deckel, doch das Holz, nietfest angenagelt, gab kein bisschen nach. Die letzten Kubikzentimeter Luft entwichen durch die Ritzen. Diese kalte, absolute Finsternis lud ihn ein, sich aufzugeben, doch seine Lunge brannte, und er dachte, gleich werde sein Kopf unter dem Druck explodieren. In blinder Panik, da er sicher war, dass ihm nur noch Sekunden an Leben blieben, packte er eines der Gewehre und schlug mit dem Kolben auf den Rand des Deckels ein. Beim vierten Schlag fiel ihm die Waffe in den Händen auseinander. Seine Finger tasteten sich durch die Dunkelheit und berührten eine Art Sack, in dem eines der Gewehre dank der in seinem Inneren gefangenen Luftblase frei schwamm. Er ergriff es mit beiden Händen, und während er damit und mit seinen letzten Kräften wieder auf den Deckel einschlug, flehte er um das Wunder, das nicht geschah.

Die Kugel löste ein dumpfes Vibrieren aus, als sie im Inneren des Sacks explodierte. Der aus nächster Nähe abgegebene Schuss riss ein handgroßes rundes Loch ins Holz. Ein Hauch Helligkeit drang herein. Seine Hände reagierten schneller als sein Hirn. Er zielte mit dem Gewehr auf denselben Punkt und drückte ein ums andere Mal ab. Das Wasser hatte den Sack jetzt überschwemmt, so dass keine Kugel mehr explodieren konnte. Fermín ergriff ein weiteres Gewehr und drückte durch den Sack hindurch auf den Abzug. Die beiden ersten Schüsse blieben wirkungslos, aber beim dritten spürte er den Rückschlag und sah, wie die Öffnung im Holz größer wurde. Er schoss die Munition leer, bis das Loch so groß war, dass sich sein schmächtiger, misshandelter Körper hindurchzwängen konnte. Die zersplitterten Ränder der Kiste bissen ihn in die Haut, aber die Verheißung der geisterhaften Helligkeit und der Lichtfolie an der Oberfläche hätte ihn sogar befähigt, ein ganzes Feld von Messern zu durchqueren.

Das trübe Hafenwasser brannte ihm in den Augen, trotzdem behielt er sie offen. Ein Unterwasserwald von Licht und Schatten wallte im grünlichen Dunkel. Ein Netz von Schutt, Schiffsskeletten und jahrhundertealtem Schlamm tat sich zu seinen Füßen auf. Er blickte zu den Säulen dunstigen Lichts empor. Der Rumpf des Frachters schnitt ein großes schwarzes Loch in die Oberfläche. Er schätzte die Tiefe in diesem Teil des Hafens auf mindestens fünfzehn Meter, vielleicht sogar mehr. Wenn er auf der anderen Seite des Schiffsrumpfs an die Oberfläche gelangen konnte, würde ihn vielleicht niemand bemerken. Er stieß sich mit den Beinen von der Kiste ab und begann zu schwimmen. Erst jetzt, während er der Oberfläche entgegenschwamm, erfassten seine Augen für einen Moment den geisterhaften Anblick, der sich im Wasser verbarg. Er begriff, dass das, was er für Algen und liegengelassene Netze gehalten hatte, Leichen waren, die sich im Halbdunkel wiegten. Dutzende von Leichen mit Handschellen, die Beine zusammengebunden und an Steine oder Zementblöcke gekettet, bildeten einen Unterwasserfriedhof. Die Aale, die sich zwischen ihren Gliedern hindurchschlängelten, hatten ihre Gesichter vom Fleisch befreit, und die Haare wellten sich in der Strömung. Fermín erkannte die Konturen von Männern, Frauen und Kindern. Zu seinen Füßen lagen halb im Schlamm begrabene Koffer und Bündel. Einige der Leichen waren schon so zersetzt, dass in den Kleiderfetzen kaum noch Knochen zu sehen waren. Die Toten bildeten eine endlose, sich in der Finsternis verlierende Galerie. Fermín schloss die Augen und kehrte eine Sekunde später ins Leben zurück, um festzustellen, dass das reine Atmen das wundervollste Erlebnis seiner ganzen Existenz war.

8

Eine Weile blieb er wie eine Seepocke am Schiffsrumpf haften, während er wieder zu Atem zu kommen versuchte. In etwa zwanzig Meter Entfernung schwamm eine Signalboje. Sie sah aus wie ein kleiner Leuchtturm, ein Zylinder, bestehend aus einer kreisrunden Basis mit einer Kabine und darauf einer Laterne als Krone. Sie war weiß mit roten Streifen und schaukelte gemächlich wie eine metallene Insel auf Abdrift. Wenn er es schaffte, dorthin zu gelangen, könnte er sich darin verstecken und den geeigneten Moment abwarten, um ungesehen das Festland zu erreichen. Niemand schien ihn bemerkt zu haben, aber er mochte das Schicksal nicht herausfordern. Er atmete so viel Luft ein, wie seine malträtierte Lunge es erlaubte, tauchte wieder unter und schwamm mit unkoordinierten Armbewegungen auf die Boje zu. Dabei vermied er es hinunterzuschauen und redete sich ein, sein Geist sei das Opfer eines Deliriums geworden und der makabre Garten der in der Strömung zu seinen Füßen treibenden Körper sei nichts weiter als in Trümmern festhängende Fischernetze. Wenige Meter von der Boje entfernt tauchte er auf und schwamm eilig auf die andere Seite, um nicht gesehen zu werden. Er spähte zum Deck des Schiffs hinüber und wiegte sich vorerst in Sicherheit, da alle an Bord, Fumero eingeschlossen, ihn bestimmt für tot hielten. Er erklomm eben die Plattform, als er auf der Kommandobrücke eine Gestalt sah, die ihn reglos beobachtete. Einen Moment lang hielt er ihrem Blick stand. Er konnte den Mann nicht identifizieren, aber aufgrund seiner Kleidung vermutete er in ihm den Schiffskapitän. Eilig versteckte er sich in der winzigen Kabine und ließ sich fallen, zitternd vor Kälte und in der festen Annahme, in wenigen Sekunden geschnappt zu werden. Er wäre besser in dieser Gewehrkiste umgekommen. Nun brächte ihn Fumero in eine seiner Zellen und nähme sich alle Zeit der Welt.

Er wartete ewig auf diesen Augenblick, als er hörte, wie die Motoren angelassen wurden und die Schiffshupe dröhnte. Zaghaft schaute er aus dem Guckloch der Kabine und sah, dass sich das Schiff Richtung Pier entfernte. Erschöpft legte er sich hin und ließ sich von der lauen Sonne umschmeicheln, die durchs Fenster hereinschien. Vielleicht hatte sich die Jungfrau der Ungläubigen seiner am Ende doch erbarmt.

9

Er blieb auf seiner kleinen Insel, bis die Dämmerung den Himmel verfärbte und die Hafenleuchttürme ein flimmerndes Netz über dem Wasser ausbreiteten. Er spähte zu den Molen hinüber und kam zum Schluss, dass er am besten zu dem Schwarm von Booten schwamm, die gegenüber der Fischbörse vertäut waren, und an einem Ankertau oder Abschleppriemen im Heck eines verankerten Kahns an Land kletterte.

Da erblickte er im Dunst über dem Hafenbecken ein sich langsam näherndes Ruderboot mit zwei Männern an Bord. Einer ruderte, der andere, mit einer Laterne in der Hand, horchte in die Schatten hinein. Fermín erschrak. Er hätte sich ins Wasser stürzen und beten können, die zunehmende Dunkelheit möge ihn zudecken, so dass er einmal mehr entkommen könnte, aber er war mit seinem Gebetslatein am Ende, und auch der letzte Rest Kampfeslust in seinem Körper war aufgezehrt. Er verließ sein Versteck mit erhobenen Händen und wandte sich dem näher kommenden Boot zu.

»Nehmen Sie die Hände runter«, sagte der mit der Laterne.

Fermín kniff die Augen zusammen. Der Mann vorn im Boot war derselbe, der ihn einige Stunden zuvor von der Schiffsbrücke aus beobachtet hatte. Fermín schaute ihm in die Augen und nickte. Er ergriff die ihm entgegengestreckte Hand und sprang an Bord. Der Mann an den Rudern reichte ihm eine Decke, und Fermín hüllte sich in sie ein.

»Ich bin Kapitän Arráez, und das ist mein Erster Offizier, Bermejo.«

Fermín versuchte, etwas zu stottern, doch Arráez unterbrach ihn.

»Sagen Sie uns nicht, wie Sie heißen. Das ist nicht unser Bier.«

Der Kapitän schenkte ihm aus einer Thermosflasche eine Messingtasse Glühwein ein. Fermín umklammerte die Tasse mit beiden Händen und leerte sie bis auf den letzten Tropfen. Arráez schenkte ihm nach, einmal, zweimal. Fermín spürte, wie die Wärme in seine Eingeweide zurückkehrte.

»Fühlen Sie sich besser?«, fragte der Kapitän.

Fermín nickte.

»Ich werde Sie nicht fragen, was Sie in meinem Schiff zu suchen hatten, noch was Sie mit diesem Ungeziefer Fumero verbinden, aber es ist wohl besser, Sie sehen sich vor.«

»Das versuche ich bereits, glauben Sie mir. Es ist das Schicksal, das nicht mitspielt.«

Arráez gab ihm einen Beutel. Als Fermín hineinschaute, sah er trockene Kleider, offensichtlich sechs Nummern größer als die seinen, und ein wenig Geld.

»Warum tun Sie das, Kapitän? Ich bin doch bloß ein blinder Passagier, der Sie in eine schreckliche Klemme gebracht hat ...«

»Weil ich es so will«, antwortete Arráez, was Bermejo bekräftigte.

»Ich weiß nicht, wie ich Ihnen das vergelten kann ...«

»Mir reicht es, wenn Sie sich nicht noch einmal als blinder Passagier auf mein Schiff schmuggeln. Na los, ziehen Sie sich um.«

Arráez und Bermejo schauten zu, wie er die klatschnassen Lumpen auszog, und halfen ihm dann in seine neue Festkleidung, eine alte Matrosenuniform. Bevor er sich seines abgetragenen Jacketts für immer entledigte, nestelte er aus einer Innentasche den Brief hervor, den er seit Wochen bewacht hatte. Das Meerwasser hatte die Tinte verwischt, und das Kuvert war zu einem Stück nassen Papiers geschrumpft, das sich zwischen den Fingern auflöste. Fermín schloss die Augen und begann zu weinen. Verdutzt schauten sich Arráez und Bermejo an. Der Kapitän legte Fermín die Hand auf die Schulter.

»Stellen Sie sich nicht so an, Mann, das Schlimmste ist doch überstanden!«

Fermín schüttelte den Kopf.

»Es ist nicht das ..., es ist nicht das.«

Im Zeitlupentempo zog er sich fertig an und steckte die Überreste des Briefes in seine neue Jacke. Als er sah, wie seine beiden Wohltäter ihn verwirrt betrachteten, trocknete er sich die Tränen und lächelte sie an.

»Entschuldigen Sie bitte.«

»Sie sind ja nur noch Haut und Knochen«, bemerkte Bermejo.

»Das liegt an diesem augenblicklichen kriegerischen Missgriff«, sagte Fermín entschuldigend und versuchte, einen munteren Ton zu finden. »Aber nun, da sich mein Schicksal wendet, sehe ich eine Zukunft reichlichen Essens und kontemplativen Lebens voraus, so dass ich vor lauter Speck erblinden werde, während ich die exquisiteste Verskunst des Goldenen Zeitalters lese. In zwei Tagen werde ich dank Blutwurst und Zimtkeksen zur Boje. Ob Sie es glauben oder nicht, wenn sich die Gelegenheit ergibt, setze ich mehr Speck an als eine Sopranistin.«

»Wenn Sie es sagen … Wissen Sie denn, wohin Sie gehen können?«, fragte Arráez.

Fermín, stolz auf seinen neuen Anzug eines Kapitäns ohne Schiff und mit pochendem Bauch nach dem Glühwein, nickte eifrig.

»Erwartet Sie eine Frau?«, fragte der Seemann.

Fermín lächelte traurig.

»Erwarten tut sie schon, aber nicht mich.«

Arráez nickte.

»Hm. Und dieser Brief war für sie?«

Fermín nickte.

»Und dafür haben Sie Ihr Leben aufs Spiel gesetzt und sind nach Barcelona zurückgekehrt? Um einen Brief zu überbringen?«

Fermín zuckte mit den Schultern.

»Sie ist es wert. Und ich habe es einem guten Freund versprochen.«

»Tot?«

Fermín schaute zu Boden.

»Manchmal gibt es Nachrichten, die man besser für sich behält«, sagte Arráez.

»Verspochen ist versprochen.«

»Wie lange haben Sie sie nicht mehr gesehen?«

»Etwas über ein Jahr.«

Der Kapitän sah ihn lange an.

»In diesen Zeiten ist ein Jahr sehr lang. Die Menschen vergessen rasch. Es ist wie ein Virus, der aber zu überleben hilft.«

»Dann seh ich mal zu, dass ich ihn kriege, das käme mir mehr als gelegen«, sagte Fermín.

10

Es war beinahe Nacht, als ihn das Boot vor der Treppe des Atarazanas-Piers absetzte. Fermín tauchte in den Dunst des Hafens ein, einer unter vielen, Stauern, Matrosen, die sich zu den Straßen des Barrio Chino aufmachten. Als er sich unter sie mischte, entnahm er ihren halblaut geführten Gesprächen, dass die Stadt am Vortag von der Luftwaffe heimgesucht worden war, zum x-ten Mal in diesem Jahr schon, und dass in der kommenden Nacht weitere Bombardierungen erwartet wurden. Man konnte die Angst in den Stimmen und Blicken der Männer förmlich riechen, aber nachdem er diesen schrecklichen Tag überlebt hatte, war Fermín überzeugt, dass, was auch immer diese Nacht bescheren mochte, nicht schlimmer sein konnte. Die Vorsehung schickte ihm einen bebrillten fliegenden Händler über den Weg, der mit seinem Wägelchen voller Schleckereien schon den Rückzug antrat. Fermín hielt ihn an und studierte mit größter Aufmerksamkeit seine Ware.

»Ich habe kandierte Früchte genau wie vor dem Krieg«, sagte der Händler. »Möchte der Herr versuchen?«

»Ein Königreich für ein Sugus«, erklärte Fermín.

»Ich habe hier noch eine Tüte mit Erdbeergeschmack.«

Fermíns Augen wurden groß wie Wagenräder, und allein die Erwähnung dieser Leckerei ließ ihm das Wasser im Mund zusammenlaufen. Dank der Mittel, die ihm Kapitän Arráez geschenkt hatte, konnte er sich die ganze Tüte leisten, die er mit der Gier eines zum Tode Verurteilten aufriss.

Das dunstige Licht der Straßenlaternen auf den Ramblas hatte für ihn, genauso wie das erste Lutschen an einem Sugus, immer zu den Dingen gehört, für die es sich lohnte, einen weiteren Tag zu leben. An diesem Abend jedoch bemerkte er, als er den Mittelstreifen der Ramblas betrat, dass eine Brigade Nachtwächter, alle mit Leitern ausgerüstet, von Laterne zu Laterne ging und die Lichter löschte, die sich noch auf dem Pflaster spiegelten. Er näherte sich einem von ihnen und beobachtete ihn bei seinem Tun.

Als der Nachtwächter die Leiter herabstieg und Fermín bemerkte, hielt er inne und schaute ihn misstrauisch an.

»Guten Abend, Chef«, begann Fermín in freundschaftlichem Ton. »Bitte seien Sie nicht gekränkt, wenn ich Sie frage, aus welchem Grund Sie die Stadt im Dunkeln lassen.«

Der Nachtwächter deutete bloß mit dem Zeigefinger gen Himmel, ergriff seine Leiter und ging zur nächsten Laterne. Fermín blieb einen Augenblick stehen, versunken ins seltsame Schauspiel der nach und nach im Schatten versinkenden Ramblas. Rundherum begannen Cafés und Läden ihre Türen zu schließen, und die Fassaden tauchten langsam ins schwache Mondlicht. Ein wenig besorgt ging er weiter, und kurz darauf erblickte er eine Art nächtliche Prozession. Eine vielköpfige Gruppe Leute steuerte, mit Bündeln und Decken ausgerüstet, den Metroeingang an. Einige hatten brennende Kerzen und Öllampen mit, andere gingen im Halbdunkel dahin. Als er an der Treppe vorbeikam, die zur Metro hinabführte, wechselte Fermín einen Blick mit einem kleinen Jungen, der kaum fünf Jahre alt sein durfte. Er klammerte sich an die Hand seiner Mutter oder Großmutter – im fehlenden Licht wirkten all diese Seelen vorzeitig gealtert. Fermín wollte ihm zuzwinkern, doch der Junge starrte zum Himmel hinauf. Er beobachtete das Netz schwarzer Wolken, das sich über dem Horizont zusammenzog, als könnte er in ihrem Inneren etwas Verborgenes erraten. Fermín folgte seinem Blick und spürte einen kalten Wind im Gesicht, der durch die Stadt zu fegen begann und nach Phosphor und verbranntem Holz roch. Kurz bevor ihn die Mutter die Treppe hinunterzog, warf der Junge Fermín einen Blick zu, der ihm das Blut in den Adern gefrieren ließ. Diese kaum fünfjährigen Augen spiegelten das nackte Entsetzen und die Verzweiflung eines Greises. Fermín wandte den Blick ab und ging weiter; er begegnete einem Stadtpolizisten, der den Metroeingang überwachte und mit dem Finger auf ihn deutete.

»Falls Sie jetzt noch gehen wollen – nachher werden Sie keinen Platz mehr finden, und die Schutzräume sind voll.«

Fermín nickte, beschleunigte aber seine Schritte. So drang er immer tiefer in ein geisterhaftes Barcelona ein, dessen Konturen im Flackern der Öllampen und Kerzen auf Balkonen und in Hauseingängen kaum zu erahnen waren. Als er endlich zur Rambla de Santa Mónica gelangte, erspähte er in der Ferne den Bogen eines düsteren, engen Portals. Er seufzte bekümmert und schritt seinem Wiedersehen mit Lucía entgegen.

11

Während er langsam die schmale Treppe hinaufstieg, spürte er, wie mit jeder Stufe seine Entschlossenheit und sein Mut schwanden, Lucía gegenüberzutreten und ihr mitzuteilen, der Mann, den sie liebte, der Vater ihrer Tochter und das Gesicht, das sie seit über einem Jahr zu erblicken hoffte, sei in einer Gefängniszelle in Sevilla gestorben. Als er den Treppenabsatz des dritten Stocks erreichte, blieb er vor der Tür stehen; er getraute sich nicht anzuklopfen. Er setzte sich auf die Treppenstufen und vergrub den Kopf in den Händen. Er erinnerte sich noch haargenau an die Worte, die er hier vor dreizehn Monaten gesprochen hatte, als Lucía seine Hände gefasst, ihm in die Augen geschaut und gesagt hatte: »Wenn du mich liebst, dann verhindere, dass ihm etwas zustößt, und bring ihn her.« Er zog die Reste des Umschlags aus der Tasche und betrachtete sie in dem spärlichen Licht. Dann zerknüllte er sie und warf sie in die Schatten. Er war wieder aufgestanden und wollte eben die Treppe hinunter flüchten, als er hörte, dass sich die Tür hinter ihm öffnete, und stehen blieb.

Ein Mädchen von sieben oder acht Jahren stand auf der Schwelle und schaute ihn an. Sie hatte ein Buch in den Händen und einen Finger als Lesezeichen zwischen die Seiten gesteckt. Fermín lächelte ihr zu und hob die Hand zum Gruß.

»Hallo, Alicia«, sagte er. »Weißt du noch, wer ich bin?«

Das Mädchen schaute ihn leicht misstrauisch an und schien zu überlegen.

»Was liest du denn da?«

»*Alice im Wunderland.*«

»Na schau! Darf ich mal sehen?«

Sie zeigte ihm das Buch, erlaubte ihm aber nicht, es zu berühren.

»Es gehört zu meinen Lieblingsbüchern.« Ihr Misstrauen war noch nicht ganz überwunden.

»Auch zu meinen«, antwortete er. »Wo immer durch ein Loch gefallen und auf Spinner und mathematische Probleme gestoßen wird, ist es wie autobiographisch für mich.«

Sie biss sich auf die Lippen, um das Lachen zurückzuhalten.

»Ja, aber das ist für mich geschrieben worden«, sagte sie spitzbübisch.

»Natürlich. Ist deine Mutter auch da?«

Sie gab keine Antwort, öffnete die Tür aber ein wenig weiter. Fermín tat einen Schritt auf sie zu. Sie machte kehrt und ging wortlos in die Wohnung hinein. Er blieb auf der Schwelle stehen. Die Wohnung lag im Dunkeln, und man nahm kaum das Flackern am Ende des engen Flurs wahr, das von einer Öllampe auszugehen schien.

»Lucía?«, rief er.

Seine Stimme verlor sich im Schatten. Er klopfte an die Tür und wartete.

»Lucía? Ich bin's …« Er klopfte noch einmal.

Als er nach einigen Sekunden keine Antwort bekam, trat er ein. Er durchschritt langsam den Flur. Die Türen zu beiden Seiten waren geschlossen. Hinten angekommen, fand er sich in einem Raum, der als Esszimmer diente. Die Öllampe auf dem Tisch verströmte ein schwaches gelbes Licht. Vor dem Fenster saß mit dem Rücken zu ihm eine alte Frau auf einem Stuhl. Fermín blieb stehen. Erst jetzt erkannte er sie.

»Doña Leonor …«

Die Frau, in der er eine Alte vermutet hatte, konnte nicht älter als fünfundvierzig sein. Ihr Gesicht war faltig vor Verbitterung und die Augen glasig, müde vom Hassen und einsamen Weinen. Leonor schaute ihn an, ohne etwas zu sagen. Fermín nahm einen Stuhl und setzte sich neben sie. Er ergriff ihre Hand und lächelte schwach.

»Sie hätte dich heiraten sollen«, sagte sie. »Du bist zwar hässlich, aber du hast wenigstens einen Kopf.«

»Wo ist Lucía, Doña Leonor?«

Die Frau wandte den Blick ab.

»Sie haben sie mitgenommen, vor etwa zwei Monaten.«

»Wohin?«

Leonor antwortete nicht.

»Wer waren sie?«

»Dieser Mann …«

»Fumero?«

»Sie haben nicht nach Ernesto gefragt. Sie haben *sie* gesucht.«

Fermín umarmte sie, doch Leonor rührte sich nicht.

»Ich werde sie finden, Doña Leonor. Ich werde sie finden und nach Hause bringen.«

Leonor schüttelte den Kopf.

»Er ist tot, nicht wahr? Mein Sohn?«

Fermín schwieg. Dann sagte er:

»Ich weiß es nicht, Doña Leonor.«

Sie schaute ihn wütend an und verpasste ihm dann eine Ohrfeige.

»Geh.«

»Doña Leonor …«

»Geh«, wimmerte sie.

Fermín stand auf und trat ein paar Schritte zurück. Die kleine Alicia beobachtete ihn vom Flur aus. Fermín lächelte, und sie ging langsam auf ihn zu. Sie ergriff seine Hand und drückte sie kräftig. Fermín kniete neben ihr nieder. Er wollte ihr sagen, er sei ein Freund ihrer Mutter gewesen, oder sonst irgendetwas, um den Ausdruck von Verlassenheit zu tilgen, der ihr Gesicht verhexte, aber genau in diesem Augenblick, während Leonor ihre Tränen in den Händen erstickte, hörte man entfernt Lärm vom Himmel herabregnen. Als er zum Fenster aufschaute, sah er, dass die Scheibe zu vibrieren begann.

12

Fermín trat ans Fenster und schob den Vorhang beiseite. Er schaute zu dem schmalen Ausschnitt Himmel empor, der zwischen den Dachterrassen der engen Gasse gefangen war. Inzwischen war der Lärm angeschwollen und sehr viel näher gekommen. Zuerst dachte er, ein Unwetter ziehe vom Meer her auf, und stellte sich vor, wie sich schwarze Wolken über den Hafen wälzten und allenthalben Segel und Masten in Stücke rissen. Aber noch nie hatte er ein Unwetter nach Metall und Feuer klingen hören. Der Dunst teilte sich in Fetzen, und da sah er sie. Wie große Stahlinsekten tauchte das Geschwader aus der Dunkelheit auf. Er erschrak und sah sich zu Leonor und Alicia um, die zitternd noch immer mit ihrem Buch in den Händen dastand.

»Besser, wir verschwinden hier«, murmelte er.

Leonor schüttelte den Kopf.

»Sie werden vorbeifliegen«, sagte sie kaum hörbar. »So wie gestern Abend auch.«

Fermín schaute wieder zum Himmel hinauf und sah, dass sich eine Gruppe von sechs, sieben Flugzeugen vom Geschwader löste. Er öffnete das Fenster, und indem er den Kopf hinausstreckte, schien ihm, das Motorengedröhn peile die Ramblas an. Dann vernahm man ein schrilles Pfeifen, als bahne sich ein Bohrer einen Weg vom Himmel herunter. Alicia hielt sich die Ohren zu und suchte eilig unter dem Tisch Zuflucht. Leonor streckte die Arme aus, um sie zurückzuhalten, aber etwas stoppte sie. Ein Pfeifen, so grell, dass es aus den Wänden zu dringen schien. Fermín dachte, es werde ihm das Trommelfell zerreißen.

Doch genau in dem Moment trat Stille ein.

Er spürte einen plötzlichen Aufprall, der das Haus erschütterte, als wäre eben ein Zug aus den Wolken gestürzt und sauste durch das Dach und sämtliche Stockwerke wie durch Zigarettenpapier. Leonors Lippen bildeten ein paar Worte, aber er konnte sie nicht hören. Erstarrt vor einer Mauer kompakten Lärms, der die Zeit gefrieren ließ, sah er, wie in einem Sekundenbruchteil die Wand hinter Leonor in einer weißen Wolke einstürzte und eine Feuergarbe ihren Stuhl umzüngelte und sie verschluckte. Die Saugkraft der Explosion riss die Hälfte der Möbel in die Luft, wo sie ebenfalls in Flammen aufgingen. Ein Luftschwall, der schmerzte wie brennendes Benzin, schleuderte ihn so heftig gegen das Fenster, dass er die Scheibe durchbrach und an die Metallstangen des Balkons prallte. Die Jacke von Kapitän Arráez rauchte und verbrannte ihm die Haut. Als er aufspringen wollte, um sie auszuziehen, spürte er, wie der Boden unter seinen Füßen erzitterte. Sekunden später stürzte das zentrale Gefüge des Hauses vor seinen Augen in einem Wirbel von Schutt und Glut in sich zusammen.

Er rappelte sich auf und schlüpfte eilig aus der Joppe. Als er sich dem Zimmer näherte, sah er schwärzlichen, bissigen Rauch über die noch stehenden Wände streichen. Die Explosion hatte das Innerste des Hauses in Staub verwandelt, so dass eben noch die Fassade stand und eine vorderste Linie an Räumen einen Krater säumte, an dessen Rand heraufführte, was von der Treppe übrig geblieben war. Jenseits des ehemaligen Flurs, durch den er eingetreten war, gab es nichts mehr.

»Verdammte Schweine«, spuckte er aus.

Im Kreischen, das ihm das Trommelfell verätzte, konnte er seine eigene Stimme nicht hören, doch auf der Haut spürte er die Welle einer neuen Explosion unweit von hier. Ein saurer, nach Schwefel, Elektrizität und verbranntem Fleisch stinkender Wind wehte durch die Straße, und er konnte den Abglanz der Flammen sehen, die den Himmel Barcelonas sprenkelten.

13

Ein beißender Schmerz stach ihm in die Muskeln. Er wankte ins Wohnzimmer. Die Explosion hatte Alicia gegen die Wand geschleudert. Sie saß, über und über mit Staub und Asche bedeckt, zwischen einem umgestürzten Sessel und der Zimmerecke eingeklemmt. Fermín kniete vor ihr nieder und fasste sie unter den Schultern. Als sie seine Berührung spürte, öffnete sie die Augen. Sie waren rot und die Pupillen geweitet. In ihnen spiegelte sich seine übel zugerichtete Gestalt.

»Wo ist meine Großmutter?«, flüsterte Alicia.

»Sie musste weg. Du wirst mit mir gehen müssen. Du und ich. Wir gehen hier weg.«

Alicia nickte. Fermín nahm sie auf die Arme und tastete über ihren Kleidern nach Wunden oder Brüchen.

»Tut es dir irgendwo weh?«

Sie hielt sich eine Hand an den Kopf.

»Das geht vorüber. Bist du bereit?«

»Mein Buch …«

Fermín suchte im Schutt das Buch und fand es ziemlich versengt, aber noch einigermaßen intakt. Er reichte es ihr, und Alicia klammerte sich daran wie an einen Talisman.

»Du darfst es nicht verlieren, ja? Du musst mir doch erzählen, wie es endet …«

Das Kind in den Armen, stand Fermín auf. Entweder war Alicia schwerer, als er angenommen hatte, oder ihm war noch weniger Kraft geblieben, als er aufzubringen gehofft hatte, um von da wegzukommen.

»Halt dich gut fest.«

Er wandte sich um und ging am Rand des riesigen Lochs entlang, das die Explosion gerissen hatte, auf die Mitte der Fliesen im jetzt auf einen bloßen Sims reduzierten Gang zu, bis er zur Treppe gelangte. Hier konnte er sehen, dass die Granate bis in den Keller des Hauses vorgedrungen war und ein Feuer entfacht hatte, von dem die beiden untersten Stockwerke aufgezehrt wurden. Stufe um Stufe näherten sich ihnen die Flammen. Er hielt Alicia kräftig fest und stürmte die Treppen hinauf, in der Hoffnung, es auf die Dachterrasse zu schaffen, von dort aufs Dach des Nachbarhauses zu springen und auf diese Weise vielleicht zu überleben.

14

Die Tür zur Terrasse bestand aus solidem Eichenholz, aber die Explosion hatte sie aus den Angeln gerissen, und Fermín konnte sie mit einem Fußtritt zu Boden werfen. Als sie draußen waren, setzte er Alicia auf dem Boden ab und ließ sich an die Fassade fallen, um wieder zu Atem zu kommen. Er holte tief Luft. Es roch nach entzündetem Phosphor. Einige Sekunden verharrten beide in Schweigen – sie trauten ihren Augen nicht, als sie das Panorama vor sich sahen.

Barcelona war eine Decke aus Dunkelheit, durchsiebt von Feuersäulen und Rauchfedern, die sich zum Himmel schlängelten wie Tentakel. Zwei Straßen weiter zeichneten die Ramblas einen Fluss aus Flammen und Rauchwolken, der dem Stadtzentrum entgegenwallte. Fermín nahm Alicia bei der Hand und zog sie weiter.

»Los, wir dürfen nicht hierbleiben.«

Nach wenigen Schritten überschwemmte ein neues Krachen den Himmel und erschütterte die Mauern unter ihren Füßen. Fermín schaute zurück und sah nahe der Plaza de Cataluña einen hellen Schein aufsteigen. In einem Sekundenbruchteil fegte der rötliche Blitz über die Dächer der Stadt. Das Lichtgewitter erlosch in einem Ascheregen, dem erneut das Brüllen der Flugzeuge entstieg. Das Geschwader flog sehr niedrig und durchquerte den dichten Rauchwirbel, der sich über der Stadt ausbreitete. An den Flugzeugrümpfen blitzte die Spiegelung der Flammen auf. Fermín schaute ihnen nach und sah, wie es büschelweise Bomben auf die Dächer des Raval regnete. Etwa fünfzig Meter von der Dachterrasse entfernt zerplatzte eine ganze Häuserreihe vor ihren Augen, als hätte man den Docht eines Feuerwerkskörpers angezündet. Die Druckwelle verwandelte Hunderte von Fenstern in einen Glasregen und machte alles, was sie auf den anliegenden Terrassen fand, dem Erdboden gleich. Ein Taubenschlag auf dem Nachbarhaus stürzte übers Gesims und warf auf seinem Weg einen Wassertank um, der ins Leere sauste und auf dem Pflaster mit Getöse zerschellte. Fermín hörte die Panikschreie auf der Straße.

Sie waren wie gelähmt, unfähig, noch einen Schritt zu tun. Mehrere Sekunden blieben sie so stehen, ihre Blicke auf den Schwarm Flugzeuge gerichtet, die weiterhin die Stadt durchlöcherten. Fermín sah, dass das Hafenbecken übersät war mit halb untergegangenen Schiffen. Große Flächen brennenden Diesels breiteten sich langsam auf der Oberfläche aus und verschluckten die, die sich ins Wasser gestürzt hatten und verzweifelt um ihr Leben schwammen. Die Schuppen und Hangars auf den Molen loderten wild. Eine Kettenexplosion von Brennstofftanks warf eine Reihe Lastkräne um. Eines nach dem anderen stürzten die gigantischen Metallgerüste auf Frachter und an der Mole vertäute Fischerboote und begruben sie im Wasser. In der Ferne zogen die Flugzeuge im Schwefel- und Dieselnebel eine Schleife über dem Meer und leiteten einen weiteren Überflug ein. Fermín schloss die Augen und ließ sich von dem brennenden, schmutzigen Wind den Schweiß auf dem Leib trocknen. »Da bin ich, ihr Schufte. Ob ihr es verdammt nochmal endlich schafft?«

15

Er dachte, er höre bloß den Lärm der sich von neuem nähernden Flugzeuge, da drang die Stimme des Mädchens neben ihm an sein Ohr. Er öffnete die Augen und erblickte Alicia. Das Mädchen versuchte, ihn mit allen Kräften fortzuzerren, und schrie mit panikerfüllter Stimme. Fermín drehte sich um. Was vom Haus noch stand, fiel in den Flammen zusammen wie eine Sandburg in der Flut. Sie rannten zum anderen Ende der Dachterrasse, von wo es ihnen gelang, über die Mauer aufs Dach des Nachbarhauses zu springen. Fermín landete über den Boden rollend und spürte einen plötzlichen Stich im linken Bein. Alicia zog weiter an ihm und half ihm aufzustehen. Er tastete seinen Schenkel ab und spürte das lauwarme Blut zwischen seinen Fingern durchsickern. Der Glanz der Flammen erleuchtete die Mauer, über die sie gesprungen waren, und enthüllte einen mit blutigen Scherben gespickten Kamm. Die Übelkeit trübte seinen Blick, aber er atmete tief durch und blieb nicht stehen. Alicia zog ihn immer weiter. Das Bein nachschleppend, das eine dunkelglänzende Spur auf den Fliesen hinterließ, folgte ihr Fermín übers Dach bis zur Mauer, die es von dem Haus trennte, welches auf die Calle del Arco del Teatro hinausging. So gut er konnte, stieg er auf einige Kisten, die an der Mauer aufgestapelt waren, und schaute zum Nachbargebäude hinüber. Dort erhob sich ein unheimlicher alter Palast mit fest verschlossenen Fenstern und einer monumentalen Fassade, der aussah, als hätte er jahrzehntelang auf dem Grund eines Stausees gelegen. Das Gebäude wurde von einer großen verschleierten Glaskuppel gekrönt, die aussah wie eine Laterne und noch überragt wurde von einem Blitzableiter, an dessen Nadelspitze sich die Figur eines Drachen im Wind drehte.

Die Wunde am Bein pochte in dumpfem Schmerz, und Fermín musste sich am Kranzgesims festhalten, um nicht zusammenzubrechen. Er spürte das warme Blut in seinem Schuh, und erneut befiel ihn Übelkeit. Ihm war klar, dass er von einem Moment auf den anderen das Bewusstsein verlieren konnte. Alicia schaute ihn entsetzt an. Er versuchte zu lächeln.

»Es ist nichts«, sagte er, »bloß ein Kratzer.«

In der Ferne hatte das Geschwader seine Schleife über dem Meer beendet, den Hafendamm überflogen und näherte sich jetzt mit voller Geschwindigkeit von neuem der Stadt. Fermín streckte Alicia die Hand entgegen:

»Halt dich fest.«

Sie schüttelte langsam den Kopf.

»Wir sind hier nicht sicher. Wir müssen über das Dach des Nachbarhauses gehen und einen Weg suchen, um auf die Straße hinunterzugelangen und von dort zur Metro«, sagte Fermín ohne große Überzeugung.

»Nein«, murmelte sie.

»Gib mir die Hand, Alicia.«

Sie zögerte, gab aber schließlich nach. Fermín nahm ihre Hand, zog kräftig und half ihr so auf die oberste Kiste hinauf. Von dort hob er sie auf den Rand der Mauer.

»Spring«, sagte er.

Alicia drückte das Buch an die Brust und schüttelte den Kopf. Fermín hörte das Geknatter der Maschinengewehre, die die Dächer hinter ihm durchsiebten, und gab dem Mädchen einen Schubs. Als sie auf der anderen Seite der Mauer landete, wandte sie sich um und wollte Fermín die Hand reichen, doch der klammerte sich noch immer auf seiner Seite der Mauer ans Kranzgesims. Er war wachsbleich und hielt die Lider geschlossen, als könnte er sich kaum bei Bewusstsein halten.

»Lauf!«, rief er ihr mit dem letzten bisschen Luft zu. »Lauf!«

Er brach in die Knie und fiel dann auf den Rücken. Er hörte die Flugzeuge genau über sie beide hinwegdröhnen, und bevor er die Augen schloss, sah er, wie ein weiterer Schwall Bomben vom Himmel fiel.

16

Alicia rannte verzweifelt übers Dach auf die große verglaste Kuppel zu. Sie erfuhr nie, wo genau die Granate explodierte, ob bei der Berührung mit einer der beiden Hausfassaden oder in der Luft. Das Einzige, was sie wahrnahm, war der brutale Stoß einer Wand aus komprimierter Luft in ihrem Rücken, ein ohrenbetäubender Sturm, der sie hochwirbelte und nach vorn warf. Ein Schwall glühender Metallteile streifte sie. In diesem Augenblick spürte sie, wie ihr mit Wucht ein faustgroßer Gegenstand in die Hüfte fuhr. Unter dem Aufprall drehte sie sich in der Luft und wurde gegen die Glaskuppel geschleudert. Sie sauste durch einen Vorhang zersplitternden Glases und stürzte ins Leere. Das Buch entglitt ihren Händen.

Während einer halben Ewigkeit fiel sie senkrecht durchs Halbdunkel, bis eine aufgespannte Segeltuchplane den Sturz bremste. Unter ihrem Gewicht faltete sich das Gewebe zusammen, und sie blieb auf einer Art Holzplattform auf dem Rücken liegen. Weit über sich konnte sie das Loch sehen, das ihr Körper ins Glas der Kuppel geschlagen hatte. Sie versuchte, sich auf eine Seite zu neigen, merkte aber, dass ihr rechtes Bein gefühllos war und sie von der Hüfte an abwärts den Körper kaum bewegen konnte. Sie schaute auf die andere Seite und sah, dass das Buch, das sie schon verloren geglaubt hatte, am Rand der Plattform lag.

Auf den Ellbogen robbte sie näher und berührte mit den Fingern schon den Buchrücken. Da erschütterte eine neue Explosion das Gebäude, und das Buch fiel ins Leere. Alicia schaute über den Rand hinaus und sah es in den Abgrund flattern. Der Widerschein der Flammen auf den Wolken warf Lichtbündel herunter, die sich in die Finsternis ergossen. Ungläubig kniff Alicia die Augen zusammen. Wenn der Anblick sie nicht trog, war das Buch zuoberst auf einer riesigen Spirale gelandet, die sich um ein unendliches Labyrinth aus Gängen, Passagen, Bögen und Galerien wand, das an eine große Kathedrale erinnerte. Aber im Gegensatz zu den Kathedralen, die sie kannte, bestand diese nicht aus Steinen.

Sie bestand aus Büchern.

Das durch die Kuppel einfallende Licht enthüllte vor ihren Augen ineinander verknotete Treppen und Brücken, flankiert von Tausenden und Abertausenden übereinandergeschichteter Bände. Zuunterst im Abgrund konnte sie einen Lichtkegel erkennen, der sich langsam fortbewegte. Auf einmal blieb das Licht an Ort und Stelle, und als sie genauer hinsah, bemerkte Alicia einen weißhaarigen Mann mit einer Laterne, der zu ihr heraufschaute. Ein heftiger Schmerz schnitt ihr wie ein Messer in die Hüfte, und ihr Blick trübte sich. Gleich darauf schloss sie die Augen und verlor jedes Zeitgefühl.

Sie erwachte, als jemand sie vorsichtig auf die Arme nahm. Sie öffnete ein wenig die Augen und sah, dass sie durch einen unendlich langen Gang hinabstiegen, der sich in allen Richtungen in Dutzende Galerien verzweigte, welche aus Wänden und noch mehr Wänden von Büchern bestanden. Der Mann mit dem schütteren Haar und dem Raubvogelgesicht, den sie am Fuß des Labyrinths gesehen hatte, hielt sie in seinen Armen. Unten angelangt, trug er sie durch das große Gewölbe in einen Winkel und bettete sie auf eine Pritsche.

»Wie heißt du?«, fragte er.

»Alicia«, stammelte sie.

»Ich bin Isaac.«

Nun untersuchte der Mann mit ernstem Gesicht die in ihrer Hüfte pulsierende Wunde. Er hüllte sie in eine Decke und stützte ihren Kopf, so dass er ihr ein Glas Wasser an die Lippen halten konnte, das sie gierig schlürfte. Seine Hände betteten ihren Kopf anschließend auf ein Kissen. Isaac lächelte ihr zu, doch seine Augen verrieten Bestürzung. Was sich hinter ihm erhob, erschien ihr wie eine aus sämtlichen Bibliotheken der Welt gehauene Basilika, aus der heraus das Labyrinth anstieg, das sie von weit oben gesehen hatte. Isaac setzte sich auf einen Stuhl neben sie und ergriff ihre Hand.

»Und jetzt ruh dich aus.«

Er knipste die Lampe aus, und beide wurden in ein bläuliches Halbdunkel getaucht, das durchsetzt war von den von oben aufblitzenden Feuerstrahlen. Die unmögliche Geometrie des Bücherlabyrinths verlor sich in der Unermesslichkeit, und Alicia dachte, das alles sei nur ein Traum, die Bombe sei im Esszimmer der Großmutter explodiert und sie und ihr Freund hätten dieses brennende Haus nie verlassen.

Isaac betrachtete sie traurig. Der Lärm der Bomben, der Sirenen und des Todes, der Barcelona überzog, drang durch die Mauern zu ihnen. Man hörte eine Explosion in der Nähe, die die Mauern und den Boden unter ihren Füßen erschütterte und Staubwolken aufwirbelte. Alicia fuhr auf ihrer Pritsche zusammen. Der Wärter zündete eine Kerze an und stellte sie auf ein Tischchen neben ihrem Lager. Langsam zeichnete der Abglanz der Flamme die Konturen der wundersamen Struktur, die sich mitten im Gewölbe erhob. Isaac bemerkte, dass sich dieses Bild in Alicias Blick heftete, Momente bevor sie das Bewusstsein verlor. Er seufzte.

»Alicia«, sagte er schließlich. »Willkommen im Friedhof der Vergessenen Bücher.«

17

Fermín öffnete die Augen in ein unermessliches himmlisches Weiß. Ein Engel in Uniform verband ihm den Schenkel, und eine lange Reihe Tragen verlor sich in einer unendlichen Flucht.

»Ist das das Fegefeuer?«, fragte er.

Die Krankenschwester schaute auf und blickte ihn aus dem Augenwinkel an. Sie konnte höchstens achtzehn sein, und als Erstes dachte Fermín, für einen Engel auf der göttlichen Gehaltsliste sehe sie bedeutend besser aus, als man aufgrund der bei Taufen und Kommunionen verteilten Bildchen annehmen musste. Das Aufkommen unkeuscher Gedanken konnte nur zweierlei bedeuten: Besserung im physischen Tonus oder unmittelbar bevorstehende ewige Verdammnis.

»Ich möchte vorausschicken, dass ich von meinem schurkischen Unglauben abtrünnig werde und Wort für Wort die Testamente unterschreibe, das Neue und das Alte, ganz in der Reihenfolge, die Euer engelhaften Gnaden am angemessensten scheint.«

Als sie sah, dass der Patient wieder zu Bewusstsein und Sprache kam, gab die Schwester ein Zeichen, worauf ein Arzt, der aussah, als hätte er seit einer Woche nicht mehr geschlafen, an die Liege trat. Mit den Fingern hob er Fermíns Lider an und untersuchte seine Augen.

»Bin ich tot?«, fragte Fermín.

»Übertreiben Sie nicht. Sie sind ein wenig angeschlagen, aber grundsätzlich ziemlich lebendig.«

»Dann ist das also nicht das Fegefeuer?«

»Das würde Ihnen so passen. Wir sind im Hospital Clínico. Also in der Hölle.«

Während der Arzt seine Wunde untersuchte, dachte Fermín darüber nach, welche Wende die Ereignisse genommen hatten, und versuchte sich zu erinnern, wie er hierhergekommen war.

»Wie fühlen Sie sich?«, fragte der Arzt,

»Etwas in Sorge, ehrlich gesagt. Ich habe geträumt, dass mich Jesus Christus besucht und wir ein langes, tiefgehendes Gespräch geführt haben.«

»Worüber?«

»Hauptsächlich über Fußball.«

»Das kommt vom Beruhigungsmittel, das wir Ihnen gegeben haben.«

Fermín nickte erleichtert.

»Das dachte ich mir schon, als der Herr sagte, er sei von Atlético Madrid.«

Der Arzt lächelte leicht und erteilte der Krankenschwester flüsternd einige Anweisungen.

»Wie lange bin ich schon da?«

»Etwa acht Stunden.«

»Und das Kind?«

»Das Jesuskind?«

»Nein. Das kleine Mädchen, das bei mir war.«

Die Krankenschwester und der Arzt wechselten einen Blick.

»Tut mir sehr leid, aber da war kein Kind bei Ihnen. Soviel ich weiß, hat man Sie wie durch ein Wunder auf einer Dachterrasse im Raval gefunden, wo Sie beinahe verblutet wären.«

»Und man hat kein kleines Mädchen mit mir hergebracht?«

Der Arzt senkte den Kopf.

»Lebend nicht.«

Fermín machte Anstalten aufzustehen. Der Arzt und die Schwester drückten ihn auf die Liege zurück.

»Doktor, ich muss hier raus. Da gibt es ein hilfloses Kind, das meine Hilfe braucht.«

Der Arzt nickte der Schwester zu, die rasch ein Fläschchen vom Medikamenten- und Verbandswägelchen nahm, mit dem sie zwischen den Betten die Runde machte, und eine Spritze aufzuziehen begann. Fermín schüttelte den Kopf, doch der Arzt hielt ihn kräftig fest.

»Ich fürchte, ich kann Sie jetzt noch nicht gehen lassen. Ich muss Sie um ein wenig Geduld bitten. Ich möchte uns einen Schrecken ersparen.«

»Machen Sie sich keine Sorgen, ich habe mehr Leben als eine Katze.«

»Und weniger Schamgefühl als ein Minister – und aus diesem Grund muss ich Sie auch darum bitten, die Krankenschwestern nicht mehr in den Hintern zu kneifen, wenn sie Ihnen den Verband wechseln. Ist das klar?«

Fermín spürte den Einstich der Nadel in der rechten Schulter und die Kälte, die sich in seinen Adern ausbreitete.

»Könnten Sie noch einmal fragen, Doktor? Sie heißt Alicia.«

Der Arzt lockerte den Druck und ließ ihn auf der Liege ruhen. Fermíns Muskeln wurden weich wie Butter, und die Pupillen weiteten sich, so dass die Welt zu einem Aquarell wurde, das in Wasser zerfloss. Die ferne Stimme des Arztes verlor sich in seinem Hinabsinken. Er spürte, dass er durch Wattewolken fiel und das Weiß der langen Flucht zu feinem Lichtstaub zerbröselte, das im flüssigen Balsam verdunstete, den das Paradies der Chemie verhieß.

18

Gegen Abend wurde er entlassen, da das Krankenhaus hoffnungs-
los überfüllt war, und wer nicht gerade im Sterben lag, galt als
gesund. Mit einer Holzkrücke und in frischer Wäsche, Leihgabe
eines Verstorbenen, erwischte Fermín vor den Toren des Hospital
Clínico eine Straßenbahn, die ihn in die Straßen des Raval zu-
rückbrachte. Dort suchte er sämtliche Cafés, Lebensmittel- und
anderen Geschäfte auf, soweit sie noch geöffnet waren, und fragte
lauthals, ob jemand ein Mädchen namens Alicia gesehen habe.
Als die Leute dieses schmächtige, abgezehrte Männchen sahen,
verneinten sie im Glauben, der arme Unglückliche suche wie so
viele andere vergeblich seine tote Tochter – eine von rund neun-
hundert Leichen, darunter rund hundert Kinder, die an diesem
18. März 1938 eingesammelt werden sollten.

Als es Abend wurde, durchschritt er von oben nach unten die
Ramblas. Die Bomben hatten Straßenbahnen aus den Schienen
geworfen, die noch immer rauchend und mit toten Fahrgästen im
Innern dalagen. Cafés, eben noch voller Gäste, waren nun geisterhafte Galerien lebloser Körper. Die Bürgersteige waren blutbefleckt, und während man die Verletzten wegzuschaffen, die Toten
zuzudecken oder schlicht nach nirgendwo zu fliehen versuchte,
konnte sich niemand an ein kleines Mädchen erinnern, wie er es
beschrieb.

Trotzdem verlor er nicht einmal die Hoffnung, als er eine Reihe
von leblosen kleinen Körpern vor dem Liceo-Theater liegen sah.
Keines der Kinder konnte älter als acht oder neun Jahre sein.
Fermín kniete nieder. Neben ihm streichelte eine Frau die Füße
eines kleinen Jungen mit einem faustgroßen Loch in der Brust.

»Er ist tot«, sagte sie. »Sie sind alle tot.«

Die ganze Nacht lang, während die Stadt die Trümmer weg-
schaffte und die Ruinen Dutzender Häuser zu brennen aufhörten,
ging Fermín in den Straßen des Raval von Tür zu Tür und fragte
nach Alicia.

Als schließlich der Morgen graute, wurde ihm klar, dass er keinen weiteren Schritt gehen konnte, und er ließ sich auf die Stufen vor der Belén-Kirche fallen. Kurz danach setzte sich ein Polizist in blutbefleckter Uniform, dessen Gesicht noch immer voller Ruß war, neben ihn. Als er Fermín fragte, warum dieser weine, klammerte sich Fermín an ihn und sagte, er wolle sterben, weil ihm das Schicksal das Leben eines Kindes anvertraut und er es verraten und nicht zu schützen gewusst habe. Wenn Gott oder der Teufel auch nur einen Rest Anstand im Leib hätten, sagte er, dann sollte diese Scheißwelt morgen oder übermorgen für immer zugrunde gehen, sie verdiene es nicht, weiterzuexistieren.

Der Polizist, der seit vielen Stunden nicht mehr geschlafen hatte, da er Leichen aus den Trümmern geborgen hatte, darunter die seiner Frau und seines sechsjährigen Sohnes, hörte ihn ruhig an.

»Mein Freund«, sagte er schließlich. »Verlieren Sie die Hoffnung nicht. Wenn ich in dieser grauenhaften Welt etwas gelernt habe, dann, dass das Schicksal immer gleich um die Ecke lauert. Als wäre es ein Taschendieb, eine Hure oder ein Losverkäufer, seine drei abgegriffensten Verkörperungen. Und sollten Sie sich eines Tages entschließen, es zu suchen – denn Hausbesuche macht das Schicksal nicht –, dann werden Sie sehen, dass es Ihnen eine zweite Chance gibt.«

MASKENBALL

Madrid
1959

Seine Exzellenz

Don Mauricio Valls y Echevarría

und

Doña Elena Sarmiento de Fontalva

geben sich die Ehre, Sie zu einem

Maskenball

einzuladen.

Ort:

Palast Villa Mercedes

in Somosaguas
am 24. November 1959,
ab 7 Uhr abends

RSVP bis zum 1. November an den protokol-
larischen Dienst des Ministeriums für
Nationale Bildung

1

Der Raum lag im immergleichen Dämmerlicht. Seit Jahren waren die Vorhänge zugezogen und so gefertigt, dass auch nicht der geringste Hauch von Helligkeit hereindringen konnte. Die einzige Lichtquelle, die es mit der Dunkelheit aufzunehmen wagte, war eine kupferne Wandleuchte. In ihrem fahlen ockerfarbenen Schimmer erkannte man die Umrisse eines Bettes mit einem Baldachin, von dem ein durchsichtiger Schleier herabfiel. Dahinter erriet man ihre Gestalt, reglos.

Mauricio Valls betrachtete die Silhouette seiner Gattin Elena. Seit einem Jahrzehnt war dieses Bett ihr Gefängnis, in dem sie krank darniederlag, ohne sich zu bewegen, nachdem es unmöglich geworden war, sie in den Rollstuhl zu setzen. Mit den Jahren hatte die Krankheit, die ihren Körper aufzehrte, Doña Elenas Skelett zu einem unentwirrbaren Gliederknäuel in Daueragonie verkrümmt. Ein Mahagonikruzifix wachte vom Kopfende des Bettes aus über sie, doch der Himmel in seiner unendlichen Grausamkeit gestand ihr den Segen des Todes nicht zu. Es ist meine Schuld, dachte Valls, sie tut es, um mich zu bestrafen.

Durch den Widerhall der Orchesterakkorde und der Stimmen der über tausend Geladenen unten im Garten hörte er ihren gequälten Atem. Die Nachtschwester stand von ihrem Stuhl neben dem Bett auf und trat leise zu Valls. Er erinnerte sich nicht an ihren Namen. Die Krankenschwestern an der Seite seiner Frau blieben nie länger als zwei oder drei Monate, wie hoch der für die Stelle angebotene Lohn auch sein mochte. Er konnte es ihnen nicht verdenken.

»Schläft sie?«, fragte er.

Die Schwester schüttelte den Kopf.

»Nein, Herr Minister, aber der Doktor hat ihr schon die Nacht-spritze gegeben. Sie war den ganzen Nachmittag unruhig. Jetzt geht es ihr besser.«

»Lassen Sie uns allein«, sagte er.

Die Krankenschwester nickte und schloss beim Hinausgehen die Tür hinter sich. Valls trat ans Bett. Er schob den Gazeschleier beiseite und setzte sich auf die Bettkante. Einen Moment schloss er die Augen und hörte ihrem rasselnden Atem zu, während ihn der säuerliche, von ihrem Körper ausgehende Gestank einhüllte. Er hörte, wie ihre Fingernägel auf dem Laken schabten. Als er sich zu ihr drehte, auf den Lippen das gekünstelte Lächeln und auf dem Gesicht festgefroren der heitere Ausdruck von Ruhe und Zunei-gung, sah er, dass ihn seine Frau mit Feueraugen anschaute. Diese Krankheit, für die die teuersten Ärzte Europas weder ein Kraut noch einen Namen gefunden hatten, hatte ihre Hände zu Knoten aus rauer Haut verformt, die ihn an die Klauen eines Reptils oder eines Raubvogels erinnerten. Valls ergriff, was einmal ihre rechte Hand gewesen war, und stellte sich diesem zorn- und schmerzglü-henden Blick. Vielleicht Hass, wünschte er sich. Die Vorstellung, dass dieses Wesen auch nur noch ein bisschen Zuneigung zu ihm oder der Welt hegen könnte, erschien ihm allzu grausam.

»Guten Abend, mein Schatz.«

Elena hatte vor etwas über zwei Jahren die Funktion ihrer Stimmbänder praktisch eingebüßt, und ein Wort zu formulieren forderte ihr eine fast übermenschliche Kraft ab. Trotzdem beant-wortete sie seinen Gruß mit einem gutturalen Wimmern, das sie aus den tiefsten Tiefen ihres verkrüppelten Körpers zu ziehen schien, den man unter den Laken erahnte.

»Man hat mir gesagt, du hast einen schlechten Tag gehabt«, fuhr er fort. »Das Mittel wird bald wirken, und dann kannst du schlafen.«

Weder lockerte Valls sein Lächeln, noch ließ er ihre Hand los, obwohl sie ihn abstieß und erschreckte. Die Szene würde sich so abspielen wie jeden Tag. Er würde einige Minuten leise zu ihr sprechen und dabei ihre Hand festhalten, und sie würde ihn mit diesem brennenden Blick beobachten, der sich erst milderte, wenn das Morphium den Schmerz und die Wut einschläferte und er also das Zimmer zuhinterst im Korridor des dritten Stocks verlassen konnte, um bis zum folgenden Abend nicht mehr zu erscheinen.

»Alle Welt ist gekommen. Mercedes hat zum ersten Mal ihr langes Kleid angezogen, und man sagt mir, sie habe mit dem Sohn des britischen Botschafters getanzt. Alle haben sich nach dir erkundigt und lassen dir ihre herzlichsten Grüße ausrichten.«

Während er das Ritual an Banalitäten abschnurrte, fiel sein Blick auf das Tablett mit silbernen Instrumenten und Spritzen auf einem metallenen, mit rotem Samt überzogenen Tischchen neben dem Bett. Die Morphiumampullen glänzten im schwachen Licht wie Edelsteine. Seine Stimme verstummte, die hohlen Worte verklangen in der Luft. Elena war seinem Blick gefolgt, und jetzt hefteten sich ihre Augen flehentlich auf ihn, ihr Gesicht war tränenüberströmt. Valls betrachtete seine Frau und seufzte. Er beugte sich nieder, um sie auf die Stirn zu küssen.

»Ich liebe dich«, flüsterte er.

Als sie diese Worte vernahm, wandte Elena das Gesicht ab und schloss die Augen. Er streichelte ihre Wange und stand auf. Er zog den Schleier wieder zu, und während er durch das Zimmer schritt, knöpfte er sich den Cutaway zu und wischte sich mit einem Taschentuch die Lippen ab, das er vor dem Verlassen des Raums zu Boden fallen ließ.

2

Wenige Tage zuvor hatte Valls seine Tochter Mercedes in sein Arbeitszimmer zuoberst im Turm bestellt, um sie zu fragen, was sie sich zum Geburtstag wünsche. Die Zeit der auserlesenen Porzellanpuppen und Märchenbücher war bereits vorbei. Mercedes, die sich aus der Mädchenzeit nur das Lachen und die Verehrung ihres

Vaters bewahrt hatte, erklärte, ihr größter und einziger Wunsch sei es, am Maskenball teilzunehmen, der in zwei Wochen im Garten des Palasts, der ihren Namen trug, stattfinden sollte.

»Das werde ich mit deiner Mutter besprechen müssen«, log Valls.

Mercedes umarmte ihn und besiegelte mit einem Kuss die stillschweigende Zustimmung, deren sie sich schon gewiss war. Bereits vor dem Gespräch mit ihrem Vater hatte sie ihr Kleid ausgesucht, ein hinreißendes, weinrotes Gewand der Pariser Haute Couture, das für ihre Mutter geschneidert worden war, von ihr aber nie hatte getragen werden können. Dieses Kleid war, ebenso wie die Hunderte Galaroben und Juwelen eines geraubten Lebens, seit fünfzehn Jahren in einen der Schränke der luxuriösen, verlassenen Garderobe neben der ehemaligen und nicht mehr genutzten Suite des Ehepaars im zweiten Stock verbannt. Jahrelang schlich sich Mercedes, wenn alle sie schlafend in ihrem Zimmer wähnten, ins Schlafzimmer ihrer Mutter und lieh sich den in der vierten Schublade einer Kommode beim Eingang verwahrten Schlüssel aus. Die einzige Nachtschwester, die so kühn gewesen war, ihr Eindringen zu verraten, wurde ohne Zeremoniell und Entschädigung entlassen, als Mercedes sie beschuldigte, vom Toilettentisch ihrer Mutter ein Armband gestohlen zu haben, das sie selbst im Garten hinter dem Engelsbrunnen vergraben hatte. Die nachfolgenden Schwestern wagten nie, den Mund zu öffnen, und gaben vor, sie im ewigen Dämmerlicht des Raums nicht zu sehen.

Mit dem Schlüssel schlich sie um Mitternacht in die Garderobe, einen großen, im Westflügel des Hauses liegenden Raum, der nach Staub, Naphthalin und Verlassenheit roch. Mit einer Kerze schritt sie durch die von Vitrinen voller Schuhe, Kleinode, Kleider und Perücken gesäumten Gänge. Die Winkel dieses alten Museums aus Kleidern und Erinnerungen waren von Spinnweben verschleiert, und die kleine Mercedes, die in der wohlhabenden Isoliertheit erwählter Prinzessinnen aufgewachsen war, stellte sich vor, all diese wundervollen Gegenstände gehörten einer zerbrochenen, verfluchten Puppe, die in eine Zelle zuhinterst im

Gang verbannt worden war und diese Flitterstoffe und Juwelen nie tragen würde.

Manchmal stellte Mercedes im Schutz der Mitternacht die Kerze auf den Boden und hüllte sich in eines dieser Kleider, um allein im Halbdunkel im Takt einer alten Musikdose zu tanzen, die sie aufzog und aus der die Traumnoten von Scheherazade quollen. Ein wohliger Schauer durchfuhr sie, wenn sie sich dabei vorstellte, wie ihr Vater sie um die Taille fasste und durch einen großen Ballsaal führte, während alle ihr neidvoll und bewundernd nachschauten. Wenn sich zwischen den Vorhängen die Morgendämmerung ankündigte, legte sie den Schlüssel wieder in die Kommode und ging eilig in ihr Bett zurück, wo sie zu schlafen vorgab, wenn das Dienstmädchen sie pünktlich um sieben Uhr weckte.

Am Ballabend kam niemand auf die Idee, dieses Kleid, das ihre Figur wie mit dem Pinsel nachzeichnete, könnte für jemand anders als für sie angefertigt worden sein. Während sie in den Armen von Angehörigen und Fremden zum Klang des Orchesters über die Tanzfläche glitt, spürte Mercedes, wie die Augen Hunderter Geladener sie lüstern und verlangend liebkosten. Sie wusste, dass ihr Name auf aller Lippen war, und lächelte, wenn sie im Vorbeitanzen Fetzen von Gesprächen aufschnappte, deren Gegenstand sie war.

Es war gegen halb neun Uhr an diesem lang erwarteten Abend, als Mercedes wider Willen die Tanzfläche verließ und auf die Treppen des Hauptgebäudes zuging. Sie hatte gehofft, mindestens ein Stück mit ihrem Vater tanzen zu können, doch Don Mauricio war nicht auf dem Ball erschienen, und niemand hatte ihn bisher gesehen. Der Vater hatte ihr als Bedingung für die Teilnahme das Versprechen abgenommen, sich um neun auf ihr Zimmer zurückzuziehen, und sie hatte nicht die Absicht, ihm an diesem Abend zuwiderzuhandeln, an dem alle gekommen waren, um ihn zu feiern. Im kommenden Jahr …

Unterwegs hörte sie zwei Regierungskollegen ihres Vaters, zwei schon bejahrte Patrizier, die sie den ganzen Abend nicht aus den glasigen Augen gelassen hatten. Sie tuschelten darüber, wie sich

Don Mauricio alles im Leben mit dem Vermögen seiner armen Gattin hatte kaufen können, selbst einen erstaunlich frühlingshaften Abend mitten im Madrider Herbst, um das Flittchen von Tochter vor der gegenwärtigen Crème de la Crème zu präsentieren. Berauscht vom Champagner und den Drehungen des Walzers, wandte Mercedes sich um und wollte ihnen eine Antwort geben, als jemand sie liebevoll am Arm nahm.

Irene, die Erzieherin, die in den letzten zehn Jahren Schatten und Trost für sie gewesen war, lächelte sie warm an und küsste sie auf die Wange.

»Hör nicht auf sie«, sagte sie.

Mercedes zuckte errötend mit den Schultern.

»Du bist wunderschön. Lass mich dich genau anschauen.«

Mercedes senkte die Augen.

»Dieses Kleid ist prächtig und steht dir wie angegossen.«

»Es hat meiner Mutter gehört.«

»Nach diesem Abend wird es für immer dir und niemandem sonst gehören.«

Mercedes nickte errötend bei der Schmeichelei und spürte einen bitteren Nachgeschmack von Schuld.

»Haben Sie meinen Vater gesehen, Doña Irene?«

Irene verneinte.

»Alle fragen nach ihm …«

»Sie werden sich gedulden müssen.«

»Ich habe ihm versprochen, nur bis neun zu bleiben. Drei Stunden weniger als Aschenputtel.«

»Dann beeilen wir uns besser, bevor ich zum Kürbis werde«, scherzte die Erzieherin.

Sie gingen über den schmalen Weg, der den Garten unter einer Girlande mit Lampions durchquerte; in ihrem Licht zeichneten sich die Gesichter von Fremden, die bei Mercedes' Anblick lächelten, als kennten sie sie, und blitzende Champagnerkelche wie vergiftete Dolche in der Hand hielten.

»Wird mein Vater zum Ball noch herunterkommen, Doña Irene?«, fragte Mercedes.

Die Erzieherin wartete mit der Antwort, bis sie vor indiskreten Ohren und flüchtigen Blicken sicher waren.

»Ich weiß es nicht, Mercedes. Ich habe ihn den ganzen Tag über nicht gesehen …«

Mercedes wollte etwas antworten, als sie hinter sich eine gewisse Aufregung wahrnahmen. Sie wandten sich um und sahen, dass das Orchester zu spielen aufgehört hatte und dass einer der beiden Herren, die bei ihrem Vorbeigehen maliziös getuschelt hatten, aufs Podium gestiegen war und sich anschickte, zu den Anwesenden zu sprechen. Noch bevor Mercedes fragen konnte, um wen es sich handelte, raunte ihr die Erzieherin ins Ohr:

»Das ist Don José María Altea, der Innenminister …«

Ein Untergebener reichte dem Minister das Mikrophon, und das Geraune der Gäste gerann zu respektvoller Stille. Die Musiker setzten eine feierliche Miene auf und blickten zum Minister empor, der lächelnd zum erwartungsvollen Publikum herabschaute. Er musterte flüchtig die Hunderte Gesichter und nickte leise vor sich hin. Ohne Eile, mit der gelassenen, autoritären Stimmung des Pastors, der um die Gefügigkeit seiner Schäfchen weiß, hielt er schließlich das Mikrophon an den Mund und setzte zu seiner Predigt an.

3

»Liebe Freunde, es ist mir ein Vergnügen und eine Ehre, heute Abend diese kurzen Worte an ein distinguiertes Publikum richten zu dürfen, das sich hier und jetzt versammelt hat, um einem der großen Männer dieses neuen, der eigenen Asche entstiegenen Spaniens eine aufrichtige, verdiente Huldigung darzubringen. Und es erfüllt mich mit Genugtuung, es genau jetzt tun zu dürfen, da bereits zwanzig Jahre vergangen sind seit dem glorreichen Siegeszug der nationalen Befreiung, die unser Land zuoberst auf das Podium der Nationen der Welt gestellt hat. Eines von Gott durch den Generalísimo geführten Spaniens, geschmiedet durch den Charakter von Männern wie dem, der uns heute in seinem Heim empfängt und dem wir so vieles zu verdanken haben. Einem Mann, der eine Schlüsselrolle gespielt hat in der Entwicklung dieser großen Nation, auf die wir heute stolz sind und die der Neid des Abendlandes ist, und in deren unsterblicher Kultur. Eines Mannes, den zu meinen besten Freunden zählen zu dürfen mich mit Demut und Dankbarkeit erfüllt: Don Mauricio Valls y Echevarría.«

Tosender Applaus durchlief das Publikum von einem Ende des Gartens zum anderen. Bei der Ovation fehlten weder das Gesinde noch die Leibwächter, noch die Orchestermusiker. Altea nahm den Applaus und die Bravorufe mit wohlwollendem Lächeln entgegen, nickte väterlich und dämpfte dann die Begeisterungskundgebungen mit der Geste eines Kardinals.

»Was soll man über Mauricio Valls sagen, was nicht schon gesagt worden wäre? Seine tadellose, beispielhafte Laufbahn gründet bereits in den Anfängen der Bewegung und ist unserer Geschichte mit Goldbuchstaben eingeprägt, aber vielleicht war es, wenn Sie gestatten, besonders auf dem Gebiet der Literatur und der Kunst, wo unser bewunderter und geliebter Don Mauricio sich außerordentlich ausgezeichnet und uns mit Errungenschaften beschenkt hat, die die Kultur dieses Landes in neue Höhen geführt hat. Nicht zufrieden damit, zur Errichtung solider Grundlagen eines Regimes beigetragen zu haben, das dem spanischen Volk Frieden, Gerechtigkeit und Wohlstand gebracht hat, war Don Mauricio sich auch bewusst, dass der Mensch nicht vom Brot allein lebt, und hat sich zum leuchtendsten Licht unserer Literatur erhoben. Autor unsterblicher Titel und vorzügliche Feder unserer Literatur, Gründer des Institutes Lope de Vega, das unsere Literatur und Sprache in die ganze Welt hinausgetragen und allein in diesem Jahr Vertretungen in zweiundzwanzig Hauptstädten der Welt eröffnet hat, unermüdlicher Verleger von feinstem Geschmack, Entdecker und Verfechter der großen Literatur und der erhabensten Kultur unserer Zeit, Architekt einer neuen Art,

die Künste und das Denken zu verstehen und zu praktizieren ...
Es fehlt an Worten, um auch nur ansatzweise den enormen Beitrag unseres Gastgebers zur Ausbildung und Unterrichtung der Spanier von heute und morgen zu beschreiben. Seine Arbeit an der Spitze des Ministeriums für Nationale Bildung hat die Grundstrukturen unseres Wissens und Schaffens vorangetrieben. Es ist also nur recht und billig, festzustellen, dass ohne Don Mauricio Valls die spanische Kultur gestern und heute nicht dieselbe wäre. Sein Gepräge und seine geniale Vision werden uns noch über Generationen begleiten, und seinem unsterblichen Werk wird der Platz zuoberst im spanischen Parnass für alle Zeiten sicher sein.«

Die Pause der Rührung führte zu einer neuen Ovation, und viele Blicke in der Masse suchten nach dem abwesenden Geehrten, dem Manne des Augenblicks, den an diesem Abend bisher noch niemand gesehen hatte.

»Ich will mich nicht weiter auslassen – ich weiß, dass viele Don Mauricio ihre Dankbarkeit und Bewunderung, denen ich mich anschließe, persönlich zum Ausdruck bringen wollen. Nur möchte ich mit Ihnen noch die persönliche Botschaft von Zuneigung, Dankbarkeit und tiefempfundener Ehrung gegenüber meinem Kabinettskollegen und liebsten Freund Mauricio Valls teilen, die mir vor wenigen Minuten der Staatschef, Generalísimo Francisco Franco, aus dem Pardo-Palast hat zukommen lassen, wo ihn Staatsangelegenheiten in letzter Sekunde zurückgehalten haben.«

Ein enttäuschter Seufzer, Blicke zwischen den Anwesenden und ein lastendes Schweigen waren die Präambel zum Verlesen der Note, die Altea aus der Tasche zog.

»Mein lieber Freund Mauricio, universaler Spanier und unentbehrlicher Mitarbeiter, der du so viel für unser Land und unsere Kultur getan hast, Doña Carmen und ich selbst möchten dir im Namen aller Spanier unseren allerherzlichsten Gruß und unsere Dankbarkeit für zwanzig Jahre beispielhaften Dienst zukommen lassen ...«

Altea erhob den Blick und die Stimme, um seine Mission mit einem *Es lebe Franco* und *Auf geht es, Spanien* zu krönen, in das die Zuhörer kräftig einstimmten und das nicht wenige Arme zum Gruß in die Höhe riss und feuchte Augen hinterließ. Dem tobenden, den Garten überflutenden Applaus schloss sich auch Altea an. Bevor er das Podium verließ, nickte er dem Dirigenten zu, der den Beifall nicht zum Gemurmel verebben lassen mochte, sondern ihn in einen klangmächtigen Walzer hinüberrettete, in dem er während des restlichen Abends in der Luft zu schweben schien. Nun, da klar war, dass der Generalísimo nicht mehr kommen würde, ließen viele ihre Augenmasken und Larven zu Boden fallen und defilierten dem Ausgang zu.

4

Valls hörte, wie das Echo der Ovation am Ende von Alteas Ansprache beim Spiel des Orchesters verklang. Altea, »sein großer Freund und geschätzter Kollege«, der ihn seit Jahren hinterrücks zu meucheln versuchte und dem diese Note des Generalísimo, in der er sich für sein Nichterscheinen auf dem Ball entschuldigte, süß wie Honig geschmeckt haben musste. Innerlich verfluchte er Altea und sein Gefolge übler Gesellen, eine Meute neuer Zenturionen, die schon von mehr als einem die *vergifteten Blumen* genannt wurden, welche in den Schatten des Regimes blühten und in der Verwaltung Schlüsselpositionen zu besetzen begannen. Die meisten von ihnen schlenderten eben jetzt im Garten umher, nippten an ihrem Champagner und knabberten an ihren Kanapees. Witterten sein Blut. Valls führte seine Zigarette zum Mund und stellte fest, dass gerade noch ein Anflug von Asche übrig war. Vicente, der Kopf seiner Leibwache, beobachtete ihn vom anderen Ende des Korridors aus und trat nun zu ihm, um ihm eine von seinen Zigaretten anzubieten.

»Danke, Vicente.«

»Herzlichen Glückwunsch, Don Mauricio«, murmelte sein treuer Zerberus.

Valls nickte mit einem bitteren inneren Lachen. Vicente, treu und respektvoll wie immer, ging auf seinen Posten am Ende des Korridors zurück, wo er, wenn man sich nicht anstrengte, ihn im Auge zu behalten, mit den Wänden zu verschmelzen und in der gemusterten Tapete unterzugehen schien.

Valls nahm einen ersten Zug von der Zigarette und betrachtete diesen weitläufigen Korridor, der sich vor ihm durch den bläulichen Rauchvorhang aus seinem Mund auftat. Mercedes nannte ihn die Porträtgalerie. Er durchlief den ganzen dritten Stock und war übersät mit Bildern und Skulpturen, die ihn wie ein großes verwaistes Museum aussehen ließen. Lerma, der Konservator aus dem Prado, der für Valls' Sammlung sorgte, erinnerte ihn immer wieder daran, dass er hier nicht rauchen durfte und dass das Sonnenlicht den Gemälden schadete. Valls nahm einen weiteren Zug auf Lermas Wohl. Er wusste genau, was Lerma meinte, aber weder zu sagen den Mut noch die Nerven hatte: dass es diese Stücke nicht verdienten, in ein Privathaus verbannt zu sein, wie grandios die Bühne und wie mächtig der Inhaber auch sein mochte, sondern dass sie in ein Museum gehörten, wo sie vom Publikum genossen und bewundert werden konnten, diesen unbedeutenden Menschen, die bei Zeremoniellen klatschten und auf Beerdigungen Schlange standen.

Manchmal setzte sich Valls gern in einen dieser Bischofssessel, die in der Porträtgalerie standen, und ergötzte sich an seinen Schätzen, viele von ihnen aus Privatsammlungen geliehen oder direkt entwendet, wenn ihre Besitzer auf der falschen Seite der Streitsache gestanden hatten. Andere waren Dauerleihgaben aus seinem Ministerium unterstellten Museen oder Palästen. Gern erinnerte er sich an die Sommernachmittage, als die kleine Mercedes noch keine zehn Jahre alt war und sich, auf seinen Knien sitzend, die Geschichten anhörte, die sich hinter jedem einzelnen dieser Wunderdinge verbargen. Valls flüchtete sich in diese Erinnerungen, in den verzauberten Blick seiner Tochter, wenn sie ihn von Sorolla und Zurbarán, von Goya und Velázquez sprechen hörte.

Mehr als einmal hatte er fest daran geglaubt, wenn er hier im Schutz des Leuchtens und des Traums dieser Gemälde verharre, würden die mit Mercedes geteilten Tage, Tage der Seligkeit und der Fülle, seinen Händen nie entgleiten. Aber schon seit längerer Zeit kam seine Tochter nicht mehr, um den Nachmittag bei seinen meisterlichen Schilderungen des Goldenen Zeitalters der spanischen Malerei zu verbringen. Doch allein die Zuflucht in dieser Galerie erquickte ihn noch und ließ ihn vergessen, dass Mercedes schon eine Frau war, die er in ihrem Galakleid nicht mehr erkannte, als sie unter gierigen und lüsternen, argwöhnischen und bösartigen Blicken tanzte. Bald, sehr bald könnte er sie nicht mehr vor dieser Schattenwelt schützen, die ihrer nicht würdig war und ihr jenseits der Palastmauern hungrig auflauerte.

Still rauchte er seine Zigarette zu Ende und stand auf. Hinter den halb zugezogenen Vorhängen erahnte man das Raunen des Orchesters und der Stimmen im Garten. Ohne zurückzuschauen, ging er auf die breite Treppe zu, die zum Turm hinaufführte. Vicente löste sich aus der Dunkelheit und folgte ihm mit unhörbaren Schritten.

5

Sowie er den Schlüssel ins Schloss seines Arbeitszimmers steckte, wusste Valls, dass die Tür offen war. Er blieb stehen, den Schlüssel noch in den Fingern, und wandte sich um. Vicente, der neben der Treppe wartete, las seinen Blick und trat ganz leise näher, während er den Revolver aus seinem Jackett zog. Valls trat einige Schritte beiseite, und Vicente wies ihn mit einer Handbewegung an, sich eng an die Wand zu schmiegen, fern von der Schwelle. Als Valls in Sicherheit war, spannte Vicente den Schlagbolzen und drehte ganz langsam den Türknauf. Von seinem eigenen Gewicht in Schwung versetzt, glitt das bearbeitete Eichenholzblatt sanft nach innen ins Dämmerlicht.

Den Revolver im Anschlag, spähte Vicente einige Augenblicke ins Halbdunkel. Ein bläulicher Schimmer drang durch die Fenster herein und ließ die Umrisse von Valls' Arbeitszimmer erkennen. Seine Augen folgten der Form des großen Schreibtischs, des Obristensessels, des ovalen Bücherregals und des ledernen Sofas auf dem Perserteppich. Nichts rührte sich im Schatten. Vicente tastete an der Wand nach dem Schalter und knipste das Licht an. Niemand war zu sehen. Langsam ließ er die Waffe sinken und verwahrte sie wieder im Jackett, während er einige Schritte in den Raum hineinging. Valls beobachtete ihn von der Tür aus. Vicente drehte sich ihm zu und schüttelte den Kopf.

»Ich habe wohl abzuschließen vergessen, als ich heute Nachmittag rausgegangen bin«, sagte Valls ohne große Überzeugung.

Vicente besah sich gründlich jeden Winkel des Raums. Valls trat ebenfalls ein und ging zum Schreibtisch. Der Leibwächter prüfte gerade die Verschlüsse der Fenster, als Valls es entdeckte. Vicente hörte ihn unversehens stehen bleiben und wandte sich um.

Der Blick des Ministers war auf den Schreibtisch geheftet. Ein cremefarbener Umschlag im Folioformat lag auf der Lederunterlage, die den Mittelteil der Tischplatte bedeckte. Valls spürte, dass sich ihm die Haare an den Händen sträubten und ein eisiger Hauch ihm durch die Eingeweide fuhr.

»Alles in Ordnung, Don Mauricio?«, fragte Vicente.

»Lass mich allein, Vicente.«

Der Leibwächter zögerte einige Sekunden. Valls' Blick haftete auf dem Umschlag wie verankert.

»Ich bin draußen, falls Sie mich brauchen.«

Valls nickte. Widerwillig zog sich Vicente zur Tür zurück, und nachdem er sie hinter sich zugezogen hatte, blieb der Minister reglos vor dem Schreibtisch stehen und starrte den Pergamentumschlag an, als wäre er eine Viper, die ihm jeden Moment an die Gurgel springen könnte.

Dann ging er um den Tisch herum und setzte sich in seinen Sessel, die geballten Hände unter dem Kinn. Er ließ beinahe eine Minute verstreichen, ehe er eine Hand auf das Kuvert legte. Er tastete den Inhalt ab und spürte, wie sich sein Puls beschleunigte. Dann steckte er den Finger unters Siegel und brach es auf. Es war noch feucht und gab sofort nach. Er griff den Umschlag an einer Ecke und hielt ihn in die Höhe, so dass der Inhalt auf den Schreibtisch glitt. Valls schloss die Augen und seufzte.

Das Buch war in schwarzes Leder gebunden und trug auf der Vorderseite keinen Titel, nur die Prägung einiger hinabführender Stufen einer Wendeltreppe aus der Vogelperspektive.

Seine Hand zitterte, und er ballte sie mit aller Kraft zur Faust. Zwischen den Seiten lugte ein Stück Papier hervor. Er zog es heraus. Es war ein vergilbtes, aus einem Buchhaltungsheft gerissenes Blatt mit roten horizontalen Linien in zwei Spalten. Jede Spalte beinhaltete eine Liste mit Zahlen. Zuunterst stand in roter Tinte:

Deine Zeit ist um.
Du hast eine letzte Chance.
Beim Eingang zum Labyrinth.

Valls spürte, dass ihm die Luft wegblieb. Bevor ihm klar wurde, was er tat, wühlten seine Hände in der mittleren Schublade des Schreibtischs und ergriffen den Revolver, den er hier verwahrte. Er führte sich den Lauf in den Mund und spannte den Schlagbolzen. Die Waffe schmeckte nach Fett und Schießpulver. Ihm wurde übel, aber er umklammerte sie mit beiden Händen und hielt die Augen geschlossen, um die Tränen zu stoppen, die ihm übers Gesicht rannen. Da hörte er Schritte auf der Treppe und ihre Stimme. Vor der Tür des Arbeitszimmers unterhielt sich Mercedes mit Vicente. Er legte den Revolver in die Schublade zurück und trocknete sich mit dem Ärmel des Cut die Tränen. Vicente klopfte leise an. Valls atmete tief ein und wartete einen Augenblick. Vicente klopfte erneut.

»Don Mauricio? Es ist Ihre Tochter Mercedes …«

»Lass sie rein«, sagte er mit gebrochener Stimme.

Die Tür ging auf, und Mercedes trat in ihrem weinroten Kleid und mit einem entzückten Lächeln ein, das erstarb, sowie sie ihren Vater erblickte. Auf der Schwelle beobachtete Vicente sie besorgt aus dem Augenwinkel. Valls nickte und gab ihm ein Zeichen, sie allein zu lassen.

»Papa, geht's dir gut?«

Valls setzte ein breites Lächeln auf und erhob sich, um Mercedes zu umarmen.

»Natürlich geht es mir gut. Und jetzt noch besser, wo ich dich sehe.«

Sie spürte die kräftige Umarmung ihres Vaters, während er sein Gesicht in ihren Haaren vergrub und an ihr schnupperte, wie er es bei dem kleinen Mädchen immer getan hatte, als hätte er geglaubt, wenn er den Duft ihrer Haut einatmete, wäre er vor allen Gefahren der Welt geschützt. Als er sie endlich aus seiner Umarmung entließ, schaute ihm Mercedes in die Augen und sah seinen geröteten Blick.

»Was ist los, Papa?«

»Nichts.«

»Du weißt doch, dass du mir nichts vormachen kannst. Den anderen vielleicht, aber mir nicht …«

Valls lächelte. Die Uhr auf seinem Schreibtisch zeigte fünf Minuten nach neun.

»Wie du siehst, erfülle ich meine Versprechen«, sagte Mercedes, die seine Gedanken las.

»Das habe ich nie bezweifelt …«

Sie stellte sich auf die Zehenspitzen und warf einen Blick auf den Schreibtisch.

»Was liest du denn da?«

»Nichts. Dummes Zeug.«

»Darf ich es auch lesen?«

»Das ist keine Lektüre für junge Mädchen.«

»Ich bin kein junges Mädchen mehr.« Mercedes lächelte mit kindlicher Bosheit und drehte sich um ihre eigene Achse, um ihr Kleid und ihre Erscheinung zu zeigen.

»Das sehe ich. Du bist eine Frau.«

Mercedes legte ihrem Vater die Hand an die Wange.

»Und das macht dich traurig?«

Er küsste ihre Hand und schüttelte den Kopf.

»Natürlich nicht.«

»Gar kein bisschen?«

»Na – ein bisschen schon.«

Mercedes lachte. Er stimmte in das Lachen ein, während er noch den Schießpulvergeschmack auf den Lippen spürte.

»Alle haben auf dem Fest nach dir gefragt …«

»Es ist mir am Abend plötzlich einiges dazwischengekommen. Du weißt ja, wie so was ist.«

Mercedes nickte schelmisch.

»O ja, das weiß ich schon …«

Sie spazierte im Arbeitszimmer ihres Vaters umher, einer geheimen Welt voller Bücher und abgeschlossener Schränke, und strich mit den Fingerspitzen über die Buchrücken im Regal. Sie bemerkte, wie ihr Vater sie mit umflorten Augen ansah, und blieb stehen.

»Du willst mir nicht sagen, was mit dir los ist, nicht wahr?«

»Mercedes, du weißt, dass ich dich mehr liebe als alles andere auf der Welt und dass ich sehr stolz auf dich bin, ja?«

Sie zögerte. Seine Stimme schien an einem Faden zu hängen, sein Selbstbewusstsein und seine Arroganz auf den Nullpunkt gefallen zu sein.

»Natürlich, Papa … Und ich liebe dich.«

»Das ist das Einzige, was zählt. Geschehe, was immer geschehen möge.«

Er lächelte ihr zu, aber Mercedes sah, dass er weinte. Sie hatte ihn noch nie weinen sehen, und ihr wurde angst und bange, als würde gleich die Welt einstürzen. Ihr Vater trocknete seine Tränen und wandte ihr den Rücken zu.

»Sag Vicente, er soll reinkommen.«

Mercedes zog sich zur Tür zurück, blieb aber stehen, bevor sie sie öffnete. Ihr Vater stand noch immer mit dem Rücken zu ihr und schaute durchs Fenster in den Garten hinunter.

»Papa, was wird geschehen?«

»Nichts, mein Schatz. Nichts wird geschehen.«

Mercedes öffnete die Tür. Vicente wartete schon auf der anderen Seite, mit diesem metallisch-undurchdringlichen Blick, der ihr die Haare zu Berge stehen ließ.

»Gute Nacht, Papa«, flüsterte sie.

»Gute Nacht, Mercedes.«

Vicente nickte ihr respektvoll zu und trat ins Arbeitszimmer. Sie wandte sich um, doch der Leibwächter schloss ihr leise die Tür vor der Nase. Sie presste das Ohr ans Holz und lauschte.

»Er ist hier gewesen«, hörte sie ihren Vater sagen.

»Ausgeschlossen. Sämtliche Eingänge sind bewacht. Nur das Hauspersonal hatte Zugang zu den oberen Stockwerken. Ich habe an sämtlichen Treppen Leute postiert.«

»Und ich sage dir, dass er hier gewesen ist. Und er hat eine Liste. Ich weiß zwar nicht, wie er an sie gekommen ist, aber er hat eine Liste ... Mein Gott.«

Mercedes erschrak.

»Da muss ein Irrtum vorliegen, Señor.«

»Schau doch selbst ...«

Ein langes Schweigen trat ein. Mercedes hielt den Atem an.

»Die Zahlen scheinen korrekt zu sein, Señor. Ich verstehe es nicht ...«

»Die Stunde ist gekommen, Vicente. Ich kann mich nicht länger verstecken. Jetzt oder nie. Kann ich auf dich zählen?«

»Selbstverständlich, Señor. Wann?«

»Im Morgengrauen.«

Wieder trat Schweigen ein, und gleich darauf hörte Mercedes Schritte auf die Tür zukommen. Sie eilte die Treppe hinunter und blieb erst stehen, als sie in ihrem Zimmer war. Dort lehnte sie sich an die Tür und rutschte dann auf den Boden; sie spürte, dass ein Fluch die Luft vergiftet hatte und dass diese Nacht die letzte in diesem trüben Märchen wäre, das sie allzu lange Jahre inszeniert hatten.

6

Immer sollte es in ihrer Erinnerung ein grauer, kalter Morgen sein, als hätte der Winter beschlossen, schlagartig hereinzubrechen und die Villa Mercedes in einen See aus Dunst zu tauchen, der sich vom Waldrand her ausbreitete. Sie erwachte, als erst ein Hauch von Helligkeit an die Fenster ihres Zimmers drang. Sie hatte zwar auf dem Bett, aber noch immer in ihrem Kleid geschlafen. Als sie das Fenster öffnete, schlug ihr die feuchte Morgenkälte ins Gesicht. Ein dichter Nebelteppich schlängelte sich zwischen den Überresten des Festes vom Vorabend durch den Garten. Am bedeckten Himmel wanderten langsam schwarze Wolken, die ein Gewitter in sich zu bergen schienen.

Mercedes trat barfuß auf den Korridor hinaus. Das Haus lag in tiefster Stille. Sie lief durch den schummrigen Korridor und durch den Ostflügel zum Schlafzimmer ihres Vaters. Weder Vicente noch einer von seinen Leuten stand an der Tür Wache, wie es in den letzten Jahren üblich gewesen war, seit ihr Vater im Verborgenen zu leben begonnen hatte, immer beschirmt von den Revolverhelden seines Vertrauens, als fürchtete er, etwas könnte aus den Wänden dringen und ihm einen Dolch in den Rücken bohren. Nie hatte sie sich getraut, ihn nach dem Grund für diese Praxis zu fragen. Es genügte ihr, ihn ab und zu mit abwesendem Ausdruck und kummervergiftetem Blick zu ertappen.

Ohne anzuklopfen, öffnete sie die Tür zu seinem Schlafzimmer.

Das Bett war unbenutzt. Die Tasse Kamillentee, die das Dienstmädchen allabendlich auf Don Mauricios Nachttischchen stellte, war noch voll. Manchmal fragte sie sich, ob ihr Vater noch schlief oder mehr oder weniger alle Nächte wachend in seinem Arbeitszimmer oben im Turm verbrachte. Ein Schwarm Vögel, der im Garten aufflog, alarmierte sie mit seinem Geflatter. Sie trat ans Fenster und sah zwei Männer zur Garage gehen. Sie drückte das Gesicht an die Scheibe. Einer der beiden blieb stehen, drehte sich um und schaute in ihre Richtung, als hätte er gespürt, wie sich Mercedes' Blick auf ihn legte. Mercedes lächelte ihrem Vater zu, der sie ausdruckslos anschaute, das Gesicht bleich und älter, als sie es je gesehen hatte.

Schließlich senkte Mauricio Valls die Augen und ging mit Vicente, der einen kleinen Koffer bei sich hatte, in die Garage hinein. Panik befiel sie. Tausendmal hatte sie von diesem Moment geträumt, ohne seine Bedeutung zu verstehen. Sie lief die Treppen hinunter, sich in der stählernen Morgendunkelheit an Möbeln stoßend und über Teppiche stolpernd. Als sie den Garten erreichte, spuckte ihr die schneidende kalte Brise ins Gesicht. Sie stieg die Marmortreppe hinunter und lief durch ein Ödland umherliegender Masken, umgeworfener Stühle und Lampiongirlanden, die sich noch flackernd im Nebel wiegten, auf die Garagen zu. Sie hörte, wie der Motor angelassen wurde und die Räder über die Kiespiste rollten. Als sie zum Hauptweg gelangte, der zum Eingangstor des Grundstücks führte, entfernte sich das Auto schon mit hoher Geschwindigkeit. Sie rannte ihm nach, ohne sich darum zu kümmern, dass ihr die spitzen Steine auf dem Weg in die Füße schnitten. Gerade bevor der Nebel das Auto für immer verschluckte, konnte sie erkennen, wie sich ihr Vater ein letztes Mal umdrehte und ihr einen verzweifelten Blick zuwarf. Sie lief weiter, bis sich der Motorenlärm in der Ferne verlor und das Tor mit den Lanzen sich vor ihr erhob.

Eine Stunde später fand Luisa, das Mädchen, das sie jeden Morgen weckte und anzog, sie am Rand des Schwimmbeckens sitzend. Ihre Füße hingen ins von ihren Blutrinnsalen gerötete Wasser, das von Dutzenden wie Papierschiffchen auf Abdrift schwimmenden Masken bedeckt war.

»Señorita Mercedes, um Gottes willen …«

Mercedes zitterte vor Kälte, als Luisa sie in eine Decke hüllte und ins Haus brachte. Sowie sie an der Treppe ankamen, setzte Schneeregen ein, und ein feindseliger Wind fuhr in die Bäume, riss die noch hängenden Girlanden herunter und warf Tische und Stühle um. Mercedes, die auch von diesem Augenblick geträumt hatte, wusste, dass das Haus zu sterben begonnen hatte.

KYRIE

Madrid
Dezember 1959

1

Kurz nach zehn Uhr vormittags bog in einem Wolkenbruch ein schwarzer Packard in die Gran Vía ein und hielt vor dem Eingang des alten Hotels Hispania. Das Fenster von Alicias Zimmer war von Regenschlieren verschleiert, aber sie konnte trotzdem sehen, wie die beiden Emissäre, kalt und frostig wie der Tag, mit ihren vorschriftsgemäßen Trenchcoats und Hüten ausstiegen. Sie schaute auf die Uhr. Der gute Leandro hatte keine Viertelstunde gewartet, um die Hunde auf sie zu hetzen. Dreißig Sekunden später klingelte das Telefon, und Alicia nahm gleich beim ersten Mal ab. Sie wusste genau, wer am anderen Ende der Leitung wäre.

»Señorita Gris, guten Tag und so weiter«, sagte Mauras heisere Stimme in der Rezeption. »Da haben sich eben zwei Schweine, die nach der Politischen riechen, ruppig nach Ihnen erkundigt und sind in den Aufzug gestiegen. Ich hab sie in den vierzehnten geschickt, damit Sie zwei Minütchen haben, falls Sie sich dünnmachen möchten.«

»Sehr lieb von Ihnen, Maura. Was lesen Sie denn heute? Was Gutes?«

Kurz nach dem Fall Madrids war Joaquín Maura im Gefängnis von Carabanchel gelandet. Als er sechzehn Jahre später entlassen wurde, stellte er fest, dass er ein alter Mann war, dass er keine Lunge mehr hatte und dass seine Frau, die bei seiner Verhaftung im sechsten Monat schwanger gewesen war, die Annullierung der Ehe hatte durchsetzen können und jetzt mit einem ordengeschmückten Oberstleutnant verheiratet war, der sie mit drei Kindern und einer bescheidenen Villa außerhalb der Stadt beglückt hatte. Aus dieser ersten, kurzlebigen Ehe stammte eine Tochter, Raquel, die im Glauben aufwuchs, er sei noch vor ihrer Geburt gestorben. An dem Tag, da sich Maura, um sie wenigstens einmal zu sehen, heimlich vor den Ausgang des Ladens in der Calle Goya gestellt hatte, wo sie Stoffe verkaufte, hielt ihn Raquel für einen Bettler und gab ihm ein Almosen. Seither vegetierte er im Keller des Hispania in einem elenden Zimmer neben den Heizkesseln dahin, machte den Nachtdienst und sämtliche Dienste, die man ihn machen ließ, las drittklassige Krimis zum x-ten Mal und zündete in seinem Kabäuschen eine filterlose Celta an der anderen an, während er darauf wartete, dass der Tod die Dinge zurechtrücken und ihn ins Jahr 1939 zurückbefördern würde, das er nie hätte verlassen dürfen.

»Ich lese grade eine Romanze ohne Hand und Fuß mit dem Titel *Die karmesinrote Tunika* von einem gewissen Martín«, erklärte Maura. »Sie stammt aus einer alten Sammlung, *Die Stadt der Verdammten*. Ich hab's von Dickerchen Tudela, Zimmer 426, der findet auf dem Rastro immer so merkwürdige Sachen. Es spielt in Ihrer Stadt, Barcelona. Vielleicht gefällt's Ihnen.«

»Da sag ich nicht nein.«

»Ganz zu Ihren Diensten. Und Vorsicht mit diesen beiden, ich weiß zwar, dass Sie allein zurechtkommen, aber die zwei sind ganz üble Gesellen.«

Alicia legte auf, setzte sich ruhig hin und wartete darauf, dass Leandros Schakale ihre Spur witterten und die Schnauzen hereinstreckten. In höchstens zwei bis drei Minuten, rechnete sie sich aus. Sie ließ die Zimmertür offen, steckte sich eine Zigarette an und setzte sich in den Sessel, von dem aus sie den Eingang im Auge behalten konnte. Der lange, dunkle Gang, der zu den Aufzügen führte, begann genau gegenüber. Der Geruch nach Staub, altem Holz und dem abgetretenem Teppich im Gang erfüllte ihr Zimmer.

Das Hispania war eine exquisite Ruine im Zustand unaufhörlichen Verfalls. Zu Beginn der zwanziger Jahre erbaut, hatte das Hotel als eines der großen Madrider Luxusetablissements seine Glanzzeit erlebt, um nach dem Bürgerkrieg seine Gäste einzubüßen und in zwei Jahrzehnte des Niedergangs zu versinken, bis es zu einer Katakombe wurde, in welcher Ausgestoßene und Verdammte strandeten, Menschen, die nichts und niemand hatten im Leben, die in düsteren, wochenweise gemieteten Zimmern dahindarbten. Die Hälfte der Hunderte von Zimmern war unbewohnt, und zwar seit vielen Jahren. Mehrere Stockwerke waren ganz geschlossen, und unter den Gästen zirkulierten makabre Legenden darüber, was in diesen langen dunklen Gängen geschah, wo manchmal der Aufzug stehenblieb, ohne dass jemand auf den Knopf gedrückt hatte, und wenn sie für einige Sekunden vom gelblichen Licht der Fahrstuhlkabine beleuchtet wurden, erkannte man die Innereien von etwas, das wie ein untergegangener Kreuzer aussah. Maura hatte ihr erzählt, oft kämen tief in der Nacht an der Rezeption Anrufe an aus Zimmern, in denen seit dem Krieg niemand mehr gewohnt habe. Wenn er abnehme, sei nie jemand dran, mit einer Ausnahme, da habe er eine Frau weinen hören, und als er sie gefragt habe, was er für sie tun könne, habe eine andere, tiefe dunkle Stimme gesagt: »Komm zu uns.«

»Seither hab ich wirklich keine Lust mehr, Anrufe zu beantworten, die nach zwölf Uhr aus keinem Zimmer stammen«, gestand Maura. »Manchmal denke ich, dieser Ort ist wie eine Metapher, wissen Sie. Fürs gesamte Land, meine ich. Das verhext ist durch all das vergossene Blut, das an unseren Händen klebt, wiesehr wir uns auch alle bemühen, mit dem Finger auf den Nächsten zu zeigen.«

»Sie sind ein Dichter, Maura. Nicht einmal diese ganzen Krimis vermögen Ihre lyrische Ader abzuwürgen. Was Spanien braucht, das sind Denker wie Sie, die die große nationale Kunst der Literatengespräche wiederaufleben lassen.«

»Ja, ja, lachen Sie nur. Wie sehr man doch merkt, dass Sie im Solde des Regimes stehen, Señorita Gris. Obwohl Sie mit dem, was man jemandem wie Ihnen zahlt, sicher genug hätten, um woandershin zu ziehen, anstatt in diesem Verlies zu vermodern. Das ist kein Ort für eine feinfühlige junge Dame mit Klasse wie Sie. Hierher kommt man nicht, um zu leben, sondern um zu sterben.«

»Wie gesagt, ein Dichter.«

»Scheren Sie sich zum Teufel.«

Maura war nicht ganz schief gewickelt mit seinen philosophischen Anmerkungen, und mit der Zeit wurde das Hispania in gewissen Kreisen als das *Selbstmordhotel* bekannt. Jahrzehnte später, als es schon lange geschlossen war und zu guter Letzt die Abbruchingenieure Stock um Stock die Sprengladungen platzierten, die es für immer zum Einsturz bringen sollten, ging das Gerücht um, in mehreren Zimmern seien Leichen gefunden worden, die seit Jahren mumifiziert auf Betten oder in Badewannen gelegen hätten, darunter die seines ehemaligen Nachtportiers.

2

Sie sah sie aus den Schatten des Gangs auftauchen als das, was sie waren – zwei geschminkte Marionetten, um Leute zu erschrecken, die das Leben wörtlich nahmen. Sie hatte sie schon gesehen, sich aber nie die Mühe gemacht, sich ihre Namen zu merken. All diese Hampelmänner der Politischen Polizei sahen für sie gleich aus. Sie blieben auf der Schwelle stehen und widmeten dem Zimmer einen einstudiert verächtlichen Blick, bevor sie Alicia ins Auge fassten und das wölfische Lächeln aufsetzten, das Leandro ihnen allen offenbar am ersten Unterrichtstag beibrachte.

»Ich weiß nicht, wie Sie hier leben können.«

Alicia zuckte mit den Schultern, und ein letztes Mal an ihrer Zigarette ziehend, deutete sie aufs Fenster.

»Wegen der Aussicht.«

Einer von Leandros Männern lachte lustlos, und der andere schüttelte den Kopf. Sie traten ins Zimmer, warfen einen Blick ins Bad und untersuchten das Zimmer von oben bis unten, als erwarteten sie, irgendetwas zu finden. Der Jüngere der beiden, der noch nach Novize roch und es mit seiner Pose kompensierte, hielt sich damit auf, die Büchersammlung zu studieren, die eine ganze Wand einnahm, und verächtlich mit dem Zeigefinger über die Buchrücken zu streichen.

»Sie werden mir eines Ihrer Liebesromänchen ausleihen müssen.«

»Ich wusste gar nicht, dass Sie lesen können.«

Der Novize wandte sich um und tat mit einer feindseligen Gebärde einen Schritt auf sie zu, doch sein Kollege und mutmaßlicher Vorgesetzter hielt ihn zurück und seufzte gelangweilt. Er kannte seinen Pappenheimer.

»Na los, pudern Sie sich die Nase. Man erwartet Sie seit zehn Uhr.«

Alicia machte keine Anstalten, aus ihrem Sessel aufzustehen.

»Ich bin zwangsbeurlaubt. Anweisung von Leandro.«

Der Novize, der sich in seiner Männlichkeit angegriffen gefühlt hatte, pflanzte seine neunzig und mehr Kilo Muskeln und Zorn eine Handbreit vor Alicia auf und entblößte ein Grinsen, dem man seinen Ursprung in Gefängnissen und mitternächtlichen Durchsuchungen ansah.

»Erzählen Sie keinen Scheiß, meine Süße, dafür hab ich heute gar keinen Sinn. Zwingen Sie mich nicht, Sie mit Gewalt hier rauszuschaffen.«

Alicia sah ihm fest in die Augen.

»Die Frage ist nicht, ob Sie Sinn dafür haben, sondern ob Sie Manns genug dazu sind.«

Einige Sekunden hielt Leandros Scherge ihrem Blick stand, aber als ihn sein Kollege am Arm wegzog, beschloss er, ein höfliches Lächeln aufzusetzen und die Hände zum Zeichen des Waffenstillstands zu heben. Fortsetzung folgt, dachte Alicia.

Der Anführer des Duos schaute auf die Uhr und schüttelte den Kopf.

»Kommen Sie, Señorita Gris, es ist nicht unsere Schuld. Sie wissen ja, wie das läuft.«

Ich weiß es, dachte Alicia. Ich weiß es sehr genau.

Sie stützte sich mit den Händen auf die Sessellehnen und stand auf. Die beiden Spürhunde sahen sie zu dem Stuhl wanken, auf dem etwas lag, das wie ein Geschirr aus feinen Stoffstreifen und Lederriemen aussah.

»Soll ich Ihnen helfen?«, fragte der Novize maliziös.

Alicia beachtete ihn nicht. Sie ergriff das Gebilde und ging damit ins Bad; die Tür ließ sie angelehnt.

Der Ältere blickte weg, doch der Novize kam nicht umhin, für seine Augen einen Winkel zu finden, aus dem er Alicia im Spiegel sehen konnte. Er sah, wie sie aus dem Rock schlüpfte und sich das Ledergeschirr wie ein merkwürdiges Stück Miederware um die Hüfte und das rechte Bein schnürte. Als sie die Schließen anpasste, legte sich das Geschirr um ihren Körper wie eine zweite Haut, so dass sie wie eine mechanische Puppe aussah. Da blickte sie auf, und der Novize traf im Spiegel auf ihre Augen, die kalt waren und vollkommen ausdruckslos. Er grinste wollüstig und wandte sich nach einer langen Pause wieder dem Zimmer zu, nicht ohne vorher einen flüchtigen Blick auf den schwarzen Fleck an Alicias Flanke erhascht zu haben, einen Strudel aus Narben, der tief in ihrem Fleisch eingelassen schien, als hätte ihr ein rotglühender Bohrer die Hüfte rekonstruiert. Er bemerkte, dass ihn sein Vorgesetzter streng anschaute.

»Trottel«, raunte er ihm zu.

Einen Augenblick später kam Alicia aus dem Bad.

»Haben Sie kein anderes Kleid?«, fragte der Anführer.

»Was ist an diesem nicht recht?«

»Ich weiß nicht … Etwas Diskreteres.«

»Warum? Wer wird auf der Sitzung noch dabei sein?«

Als einzige Antwort reichte ihr der Mann einen Stock, der an der Wand lehnte, und deutete auf die Tür.

»Ich bin ungeschminkt.«

»Sie sind perfekt. Sie können sich im Auto schminken, wenn Sie wollen, wir sind schon reichlich spät dran.«

Alicia lehnte den Stock ab und ging, leicht hinkend, in den Gang, ohne auf sie zu warten.

Wenige Minuten später fuhren sie im schwarzen Packard schweigend im Regen durch die Straßen von Madrid. Vom Rücksitz aus betrachtete Alicia die Umrisse von Spitzen, Kuppeln und Statuen, die die Dachterrassengesimse der Gran Vía bildeten. Viergespanne mit Engeln und Schildwachen aus schwarz gewordenem Stein wachten aus den Höhen. Vom bleigrauen Himmel herab ergoss sich ein schlängelndes Riff aus düsteren Häuserkolossen, die in ihren Augen versteinerten Wesen glichen, welche, so übereinandergelagert, ganze Städte hätten verschlucken können. Zu ihren Füßen glänzten die Markisen von großen Theatern und altehrwürdigen Cafés und Warenhäusern im strömenden Regen. Die Menschen, nur eben winzige Andeutungen mit dampfendem Atem, defilierten in einem Schwarm Regenschirme dicht über dem Boden. An solchen Tagen, fiel ihr ein, begann man wie der gute Maura zu denken und glaubte, die Düsterkeit des Hispania erstrecke sich von einem Ende des Landes ans andere, ohne einen einzigen Lichtstrahl durchzulassen.

3

»Erzählen Sie mir von diesem neuen Mitarbeiter, den Sie mir vorschlagen. Gris, sagten Sie?«

»Alicia Gris.«

»Alicia? Eine Frau?«

»Ist das ein Problem?«

»Ich weiß nicht. Ist es eins? Ich habe schon einige Male von ihr gehört, aber immer als *Gris*. Ich wäre nie auf den Gedanken gekommen, es könnte eine Frau sein. Möglicherweise gibt es Leute, die diese Wahl in Frage stellen.«

»Ihre Vorgesetzten?«

»Unsere Vorgesetzten, Leandro. Wir dürfen uns nicht noch einmal einen Fehler erlauben wie mit Lomana. Im Pardo wird man langsam nervös.«

»Bei allem Respekt – der einzige Fehler bestand darin, mir nicht von Anfang an klar und deutlich zu erklären, wozu man jemand von meiner Einheit brauchte. Wenn ich gewusst hätte, worum es ging, hätte ich einen anderen Kandidaten ausgesucht. Das war keine Aufgabe für Ricardo Lomana.«

»In dieser Sache diktiere ich weder die Regeln, noch kontrolliere ich die Information. Das kommt alles von oben.«

»Ich nehme es zur Kenntnis.«

»Erzählen Sie mir von Gris.«

»Señorita Gris ist neunundzwanzig Jahre alt, von denen sie schon zwölf für mich arbeitet. Kriegswaise. Mit acht hat sie ihre Eltern verloren. Sie ist in der Ribas-Stiftung aufgewachsen, einem Barceloner Waisenhaus, bis sie mit fünfzehn aus disziplinarischen Gründen ausgewiesen wurde. Zwei Jahre lang lebte sie mehr schlecht als recht auf der Straße und hat für einen halbseidenen Schwarzhändler und Kriminellen namens Baltasar Ruano gearbeitet, der eine Bande von jugendlichen Dieben anführte, bis ihn die Guardia Civil festnahm und er im Kastell Campo de la Bota garrottiert wurde.«

»Ich habe gehört, sie sei …«

»Kein Problem. Sie kommt allein zurecht, und ich kann Ihnen versichern, sie weiß sich zu verteidigen. Es ist bloß eine Kriegsverletzung, die ihr während der Bombardierung von Barcelona zugefügt wurde. Das hat sie nie an der Ausübung ihrer Arbeit gehindert. Alicia Gris ist von allen Mitarbeitern, die ich in zwanzig Dienstjahren rekrutiert habe, die Beste.«

»Warum ist sie dann nicht pünktlich erschienen?«

»Ich verstehe Ihre Frustration und bitte Sie noch einmal um Entschuldigung. Alicia kann manchmal ein wenig widerspenstig sein, aber fast alle außergewöhnlichen Mitarbeiter in diesem Arbeitsbereich sind es. Vor einem Monat hatten wir eine routinemäßige Meinungsverschiedenheit wegen eines Falls, an dem sie arbeitete. Ich habe sie vorübergehend vom Dienst suspendiert und die Lohnzahlung eingestellt. Heute nicht rechtzeitig zur Vorladung zu erscheinen ist ihre Art, mir zu sagen, dass sie mir noch böse ist.«

»Ihre Beziehung klingt eher persönlich als beruflich, wenn Sie mir die Feststellung erlauben.«

»Auf meinem Gebiet gibt es das eine nicht ohne das andere.«

»Mir macht diese Geringschätzung der Disziplin Sorge. In dieser Angelegenheit darf es keine weiteren Missverständnisse mehr geben.«

»Wird es auch nicht.«

»Besser so. Das kann uns den Hals brechen. Ihnen und mir.«

»Überlassen Sie es ganz mir.«

»Erzählen Sie mir mehr von Gris. Was macht sie so besonders?«

»Alicia Gris sieht, was die anderen nicht sehen. Ihr Geist funktioniert anders als der der anderen. Wo alle eine verschlossene Tür sehen, sieht sie einen Schlüssel. Wo die anderen die Fährte verlieren, findet sie die Spur. Das ist eine Gabe, um es mal so zu sagen. Und das Beste ist, dass keiner sie kommen sieht.«

»Hat sie auf diese Art den sogenannten Fall der Barceloner Puppen gelöst?«

»Der Wachsbräute. Das war der erste Fall, bei dem Alicia für mich gearbeitet hat.«

»Immer habe ich mich gefragt, ob das wohl stimmt mit dem Zivilgouverneur …«

»Das liegt schon Jahre zurück.«

»Aber wir haben doch Zeit, nicht wahr? Während wir auf die junge Dame warten.«

»Selbstverständlich. Das war im Jahr siebenundvierzig. Ich war damals nach Barcelona abgeordnet. Wir bekamen einen Hinweis, dass die Polizei in den letzten drei Jahren an verschiedenen Orten der Stadt die Leichen von mindestens sieben jungen Frauen gefunden hatte. Sie saßen auf einer Parkbank, einer Straßenbahnhaltestelle, einem Café im Paralelo … Eine wurde sogar im Beichtstuhl der Pino-Kirche kniend gefunden. Alle waren perfekt geschminkt und weiß gekleidet. Sie hatten keinen einzigen Tropfen Blut im Körper und rochen nach Kampfer. Sie sahen wie Wachspuppen aus. Daher der Name.«

»Wusste man, wer sie waren?«

»Niemand hatte sie als vermisst gemeldet, so dass die Polizei annahm, es handle sich um Prostituierte, was sich später bestätigen sollte. Danach vergingen Monate, ohne dass eine weitere Leiche erschien, und die Barceloner Polizei erklärte den Fall für abgeschlossen.«

»Und dann tauchte eine weitere auf.«

»Genau. Margarita Mallofré. Sie wurde in einem Sessel in der Lounge des Hotels Oriente sitzend gefunden.«

»Und diese Mallofré war das kleine Mädchen von …«

»Margarita Mallofré war in einem eher noblen Freudenhaus in der Calle Elisabets angestellt, das auf, sagen wir, besondere Neigungen zu einem gehobenen Preis spezialisiert war. Da sickerte durch, dass der damalige Zivilgouverneur dieses Etablissement besuchte und die Verstorbene sein Lieblingsmädchen gewesen war.«

»Aus welchem Grund?«

»Anscheinend war Margarita Mallofré diejenige, die trotz der speziellen Aufmerksamkeiten des Gouverneurs am längsten bei Bewusstsein bleiben konnte.«

»Da schau her, seine Exzellenz …«

»Jedenfalls wurde aufgrund dieser Verbindung das Ermittlungsverfahren wiederaufgenommen und gelangte wegen der heiklen Natur des Themas in meine Hände. Alicia hatte eben für mich zu arbeiten angefangen, und ich übergab es ihr.«

»War das nicht ein zu schlüpfriges Thema für ein junges Mädchen?«

»Alicia war ein sehr ungewöhnliches junges Mädchen und kaum sehr zu beeindrucken.«

»Und wie hat die Geschichte geendet?«

»Relativ schnell. Alicia verbrachte mehrere Nächte im Freien, um das Kommen und Gehen in den wichtigsten Bordellen des Raval zu beobachten. Sie entdeckte, dass oft, wenn eine Routinekontrolle stattfand, die Kunden durch eine Geheimtür entwischten und einige der dort beschäftigten Mädchen – oder Burschen – genauso. Alicia beschloss, ihnen zu folgen. Sie versteckten sich vor der Polizei in Hauseingängen, in Cafés und sogar in den Abwasserkanälen. Die meisten wurden gefasst und ins Gefängnis abgeführt, um dort die Nacht zu verbringen und die eine oder andere schlimme Sache zu erleben, die nichts mit dem Fall zu tun hat. Anderen aber gelang es immer, die Polizei an der Nase herumzuführen. Und diejenigen, die das taten, schafften es immer am selben Ort, dort, wo sich die Straßen Joaquín Costa und die Peu de la Creu treffen.«

»Was war dort?«

»Scheinbar nichts Besonderes. Zwei Kornspeicher. Ein Lebensmittelladen. Eine Garage. Und eine Weberei, deren Inhaber, ein gewisser Rufat, offenbar schon mehrfach mit der Polizei zu tun gehabt hatte wegen seiner Tendenz, bei der Anwendung von Prügelstrafen bei einigen seiner Arbeiterinnen zu weit zu gehen – eine von ihnen hatte ein Auge verloren. Zudem war Rufat Stammgast in dem Haus, wo Margarita Mallofré bis zu ihrem Verschwinden tätig gewesen war.«

»Die Kleine arbeitet rasch.«

»Daher schloss sie als Erstes Rufat aus, der zwar ein Kaffer war, mit dem Fall aber nichts zu tun hatte, außer dass er zufällig ein Lokal frequentierte, das nur einige Straßen von seinem Geschäft entfernt war.«

»Und dann? Musste man wieder von vorn anfangen?«

»Alicia sagt immer, dass die Dinge nicht der offensichtlichen Logik gehorchen, sondern der inneren.«

»Und was kann es in einem Fall wie diesem ihrer Meinung nach für eine Logik geben?«

»Das, was sie die Logik des Trugbilds nennt.«

»Jetzt habe ich aber den Faden verloren, Leandro.«

»Die Kurzversion ist die, dass Alicia glaubt, alles, was in der Gesellschaft, im öffentlichen Leben geschieht, sei inszeniert, ein Trugbild dessen, was wir als Wirklichkeit begreifen wollen, was aber nicht die Wirklichkeit ist.«

»Das klingt marxistisch.«

»Keine Bange, Alicia ist das skeptischste Geschöpf, das ich kenne. Ihrer Meinung nach sind alle Ideologien und Credos ohne Unterschied vom Denken eingeimpfte Entzündungen. Trugbilder eben.«

»Das ist ja noch schlimmer. Ich weiß nicht, warum Sie lächeln, Leandro. Ich finde das Ganze überhaupt nicht lustig. Diese Dame gefällt mir immer weniger. Hoffentlich ist sie wenigstens hübsch.«

»Ich leite keine Stewardessenagentur.«

»Seien Sie nicht gleich eingeschnappt, Leandro, das habe ich im Scherz gesagt. Wie endet die Geschichte?«

»Nachdem Rufat als Verdächtiger ausgeschieden war, begann Alicia, die Zwiebel zu häuten, wie sie es nennt.«

»Noch eine Theorie von ihr?«

»Sie sagt, jedes Verbrechen ist wie eine Zwiebel: Man muss sich durch viele Schichten schälen, um zu sehen, was sie verbirgt, und unterwegs einige Tränen vergießen.«

»Leandro, manchmal muss ich mich schon wundern, was für eine Fauna Sie hier rekrutieren.«

»Meine Arbeit besteht darin, für jede Aufgabe das geeignete Werkzeug zu finden. Und seine Klinge scharf zu halten.«

»Passen Sie auf, dass Sie sich nicht eines Tages schneiden. Aber fahren Sie mit der Zwiebelgeschichte fort, das hat mir gefallen.«

»Indem sie die Schichten jedes einzelnen Geschäfts und Etablissements an jener Kreuzung abtrug, wo die Opfer zum letzten Mal gesehen wurden, fand Alicia heraus, dass die Garage Eigentum des Armenhauses war.«

»Noch ein totes Gleis.«

»In diesem Fall lautet das Schlüsselwort *tot*.«

»Ich komme schon wieder nicht mehr mit.«

»In dieser Garage stand ein Teil der Trauerkutschenflotte des städtischen Bestattungsamts, und ebenso war sie ein Sarg- und Skulpturenlager. In jenen Jahren lag die Abwicklung des städtischen Bestattungswesens noch in den Händen des sogenannten Armenhauses, und die meisten unteren Angestellten, von Bestattern bis zu Trägern, waren in der Regel vereinsamte Menschen: Waisen, Zuchthäusler, Bettler und so weiter, kurzum, unglückliche Seelen, die da gelandet waren, weil sie niemanden mehr auf dieser Welt hatten. Alicia, zu einer ihrer Listen greifend – und sie hat deren viele –, schaffte es, in der Verwaltungsabteilung als Stenotypistin eingestellt zu werden. Kurz darauf bemerkte sie, dass in den Nächten, in denen eine Razzia stattfand, einige Mädchen aus den nahen Bordellen sich in der Garage des Bestattungsamts versteckten. Hier war es immer einfach, einen dieser unglücklichen Angestellten zu überreden, sich blind zu stellen, wenn sie sich in einer der Kutschen versteckten und ihm dafür ihre Gunst gewährten. Sobald die Luft rein war, gingen sie noch vor Sonnenaufgang wieder an die Arbeit zurück.«

»Aber …«

»Aber nicht alle taten es. Alicia fand heraus, dass es unter allen, die dort arbeiteten, einen Mann anderer Veranlagung gab. Kriegswaise, wie sie. Quimet nannte man ihn, weil er ein Kindergesicht und ein so sanftes Wesen hatte, dass ihn die Witwen adoptieren und nach Hause mitnehmen wollten. Jedenfalls war dieser Quimet ein begabter und in Bestattungskünsten schon versierter Schüler. Ihr fiel auf, dass er ein Sammler war und in seinem Schreibtisch ein Album mit Fotos von Porzellanpuppen verwahrte. Er sagte, er wolle heiraten und eine Familie gründen und dazu suche er die passende Frau, reinen und sauberen Geistes und Fleisches.

»Das Trugbild?«

»Eher der Lockvogel. Alicia begann, ihn jede Nacht zu überwachen, und stellte bald fest, was sie schon vermutet hatte. Wenn eines dieser vom rechten Weg abgekommenen Mädchen bei Quimet um Hilfe nachsuchte und die Erfordernisse von Wuchs, Hautfarbe, Gesicht und Konstitution erfüllte, verlangte er von ihnen nicht etwa eine fleischliche Entschädigung, sondern betete mit ihnen und versicherte ihnen, mit seiner und der Muttergottes Hilfe werde sie nie jemand finden. Das beste Versteck, so Quimet, sei ein Sarg. Niemand, nicht einmal die Polizei, getraut sich, einen Sarg zu öffnen. Die Mädchen, hingerissen von Quimets kindlichem Gesicht und seinem freundlichen Wesen, legten sich in den gepolsterten Sarg und lächelten ihn an, wenn er den Deckel schloss und sie darin versiegelte. Dort ließ er sie den Erstickungstod sterben. Dann zog er sie aus, rasierte ihnen die Schamhaare, wusch sie von Kopf bis Fuß, ließ sie ausbluten und spritzte ihnen eine balsamierende Flüssigkeit ins Herz, die er von dort in den ganzen Körper pumpte. Wenn sie als Wachspuppen auferstanden waren, schminkte er sie und kleidete sie in Weiß. Alicia hatte ebenfalls festgestellt, dass sämtliche an den Leichen gefundenen Kleidungsstücke aus demselben Laden mit Hochzeitskleidern in der Ronda San Pedro stammten, zweihundert Meter von da entfernt. Einer der dort Beschäftigten erinnerte sich, Quimet mehr als einmal bedient zu haben.

»Was für ein Juwel.«

»Quimet verbrachte mit den Leichen zwei Nächte, in denen er, um es irgendwie auszudrücken, eine Art Eheleben spielte, bis die Leichen nach verwelkten Blumen zu riechen begannen. Dann brachte er sie, immer vor dem Morgengrauen, wenn die Straßen noch menschenleer waren, in den Kutschen des Bestattungsamts zu ihrem neuen ewigen Leben und inszenierte sie so, wie man sie schließlich gefunden hatte.«

»Heilige Mutter Gottes … Solche Dinge geschehen nur in Barcelona.«

»Alicia fand all das heraus und noch mehr, genau zum richtigen Zeitpunkt, um aus einem von Quimets Särgen sein potentielles achtes Opfer zu bergen.«

»Und hat man rausgefunden, warum er das tat?«

»Alicia konnte feststellen, dass Quimet als kleiner Junge eine ganze Woche mit der Leiche seiner Mutter in einer Wohnung in der Calle Cadena eingeschlossen war, bevor der Geruch die Nachbarn alarmierte. Offenbar hatte die Mutter ein Gift geschluckt, nachdem sie erfahren hatte, dass ihr Mann sie verlassen hatte. All das konnte nicht bestätigt werden, denn bedauerlicherweise nahm sich Quimet in der ersten Nacht im Gefängnis von Campo de la Bota das Leben, nachdem er noch seinen Letzten Willen auf die Zellenwand gekritzelt hatte. Man solle seinen Köper rasieren, waschen, einbalsamieren und dann, in Weiß gekleidet, lebenslänglich in einem Glassarg neben einer seiner Wachsbräute im Schaufenster eines großen Warenhauses ausstellen. Anscheinend hatte seine Mutter hier als Verkäuferin gearbeitet. Aber wenn man vom Teufel spricht … Señorita Gris sollte jeden Augenblick hier sein. Ein Schlückchen Brandy, um den schlechten Geschmack der Anekdote hinunterzuspülen?«

»Noch ein Letztes, Leandro. Ich will, dass einer meiner Leute mit Ihrer Mitarbeiterin zusammenarbeitet. Ich will kein zweites unangekündigtes Verschwinden wie bei Lomana.«

»Ich halte das für einen Fehler. Wir haben unsere eigenen Methoden.«

»Das ist eine nicht verhandelbare Bedingung. Und Altea stimmt mit mir darin überein.«

»Bei allem Respekt …«

»Leandro, Altea wollte schon Hendaya mit der Sache betrauen.«

»Noch ein Fehler.«

»Das sehe ich auch so. Deshalb habe ich ihn davon überzeugt, mich es im Moment auf meine Art versuchen zu lassen. Aber die Bedingung ist, dass einer meiner Leute Ihre Mitarbeiterin überwacht. Das – oder Hendaya.«

»Verstehe. An wen denken Sie?«

»An Vargas.«

»Ich dachte, er wäre pensioniert.«

»Nur vorläufig.«

»Ist das eine Bestrafung?«

»Für Ihre Mitarbeiterin?«

»Für Vargas.«

»Eher eine zweite Chance.«

4

Der Packard fuhr um die Plaza de Neptuno herum und bog dann in die Carrera de San Jerónimo ein in Richtung der weißen, französisch angehauchten Fassade des Gran Hotel Palace. Der Wagen hielt vor dem Haupteingang, und als der Portier mit einem großen Regenschirm herbeieilte und die hintere Tür öffnete, wandten sich die beiden Beamten der Politischen Polizei um und schauten Alicia halb drohend, halb bittend an.

»Können wir Sie hier absetzen, ohne dass Sie eine neue Nummer abziehen, oder müssen wir Sie reinschleppen, damit wir nicht wieder wie Trottel dastehen?«

»Keine Angst, ich werde dafür sorgen, dass Sie einen guten Eindruck hinterlassen.«

»Ihr Wort?«

Alicia nickte. An ihren schlechten Tagen in ein Auto ein- und wieder auszusteigen war keine leichte Aufgabe, aber sie wollte nicht, dass diese beiden sie für angeschlagener hielten, als sie war, und so ertrug sie den stechenden Schmerz in der Hüfte und stieg mit einem Lächeln aus. Der Portier begleitete sie unter dem Regenschirm zum Eingang, wo ein Bataillon weiterer Portiers und Zimmermädchen sie zu erwarten schien, um sie durch die Halle zu ihrer Verabredung zu geleiten. Als sie die beiden Treppen erblickte, die vom Foyer zum großen Speisesaal hinaufführten, dachte sie, sie hätte den Stock nicht ablehnen dürfen. Sie zog die Pillendose aus der Tasche und schluckte eine. Dann atmete sie tief ein und machte sich an den Aufstieg.

Zwei Minuten und Dutzende Stufen später blieb sie vor dem Eingang zum Speisesaal stehen, um wieder zu Atem zu kommen. Der Portier, der sie bis hierher begleitet hatte, bemerkte den Schweißfilm auf ihrer Stirn. Alicia schenkte ihm bloß ein künstliches Lächeln.

»Von hier aus schaffe ich es, glaube ich, allein, wenn es Ihnen nichts ausmacht.«

»Selbstverständlich. Ganz wie die Señorita wünscht.«

Er zog sich diskret zurück, aber sie brauchte sich nicht umzudrehen, um zu wissen, dass er sie weiterhin beobachtete und kein Auge von ihr lassen würde, bevor sie den Salon beträte. Sie wischte sich den Schweiß ab und studierte die Szenerie.

Nur ein Hauch von Stimmen und das Klingeln eines Teelöffelchens, das langsam in einer Porzellantasse kreiste. Der Speisesaal des Palace lag vor ihr, verzaubert durch die tanzenden Spiegelungen des unbarmherzig auf die große Kuppel trommelnden Regenwassers. Diese Struktur war ihr immer wie eine riesige gläserne Trauerweide vorgekommen, schwebend wie ein Zelt voller im Namen der Belle Époque aus Hunderten Kathedralen entwendeter Rosetten. Niemand würde Leandro je eines schlechten Geschmacks bezichtigen können.

Von den zahlreichen Tischen unter der bunten Glasblase war nur einer besetzt. Die beiden Gäste wurden dienstfertig von einem halben Dutzend Kellnern beobachtet, die genau den richtigen Abstand wahrten, um ihr Gespräch nicht zu hören, aber ihre Mienen lesen zu können. Schließlich war das Palace im Gegensatz zu ihrer momentanen Unterkunft im Hispania ein Hotel ersten Ranges. Als ein Mensch mit herrschaftlichen Gepflogenheiten wohnte und arbeitete Leandro hier. Buchstäblich. Seit vielen Jahren schon belegte er die Suite 814, und mit Vergnügen erledigte er seine Geschäfte in jenem Saal, der ihm, wie Alicia vermutete, vorgaukelte, er lebe in Prousts Frankreich und nicht in Francos Spanien.

Sie konzentrierte ihren Blick auf die beiden Gäste. Leandro Montalvo, wie immer dem Eingang zugewandt. Mittelgroß und von der sanften, abgerundeten Konstitution eines wohlhabenden Buchhalters. Hinter einer Hornbrille verschanzt, die ihm zu groß war, aber trotzdem dazu diente, rasiermesserscharfe Augen dahinter zu verstecken. Er hatte das entspannte, freundliche Gesicht eines Provinznotars mit einer Vorliebe für Zarzuelas aufgesetzt oder eines Bankkarrieristen, der sich nach Feierabend gern in Museen ergeht. Der gute alte Leandro.

Neben ihm saß in einem Anzug britischen Zuschnitts, der nicht zu diesem groben Gesicht eines Bewohners der Hochebene passte, ein Typ mit pomadisiertem Haar und Schnurrbart und einem Kognakschwenker in der Hand. Sein Gesicht kam ihr bekannt vor. Eine dieser omnipräsenten Figuren in den Zeitungen, ein Veteran gestellter Fotos, wo immer eine Art Adler auf der Flagge prangte und ein Bild mit ewiggleichen Reiterszenen zu sehen war. Gil von

Sowieso, dachte sie. Generalsekretär von Brotwürfel & Co. KG oder was Ähnlichem.

Leandro blickte auf und lächelte ihr aus der Ferne zu. Mit einer Handbewegung wie für ein Kleinkind oder Hündchen lud er sie ein, näher zu treten. Um nicht zu hinken, nahm sie den dolch-stoßartigen Schmerz in der Hüfte in Kauf und schritt langsam durch den großen Saal. Dabei erblickte sie im Hintergrund zwei Männer aus dem Ministerium. Bewaffnet. Reglos wie Reptilien auf der Lauer.

»Alicia, ich freue mich, dass du eine Lücke in deinem Termin-kalender gefunden hast, um mit uns Kaffee zu trinken. Hast du schon gefrühstückt?«

Noch bevor sie antworten konnte, hob Leandro die Brauen, und zwei Kellner lösten sich von der Wand, um ein Gedeck für sie vorzubereiten. Während sie ein Glas frischgepressten Orangen-saft einschenkten, spürte sie, wie der scharfe Blick des Mächtigen sie auf niedrigem Feuer briet. Es fiel ihr nicht schwer, sich durch diese Augen zu sehen. Die meisten Männer, selbst die Berufsbe-obachter, verwechselten Sehen mit Anschauen und hielten sich fast immer bei offensichtlichen Details auf, die ein Lesen jenseits des Unbedeutenden unmöglich machten. Leandro sagte immer, im Blick des Gegners zu verschwinden sei eine Kunst, die zu er-lernen mitunter ein ganzes Leben dauerte.

Sie hatte ein altersloses, schmales, anpassungsfähiges Gesicht, das nur wenig Schatten oder Farbe preisgab. Alicia zeichnete sich täglich neu im Hinblick auf die Rolle, die sie in der von Leandro ausgesuchten Fabel zu spielen hatte, um seine Kniffs und Tricks zu inszenieren. Sie konnte Schemen oder Licht sein, Landschaft oder Gestalt, je nach Drehbuch. An Tagen der Waffenruhe löste sie sich auf und zog sich in das zurück, was Leandro die Transpa-renz ihrer Dunkelheit nannte. Sie hatte schwarzes Haar und eine blasse, für kalte Sonnen und Innenräume bestimmte Haut. Ihre grünlichen Augen konnten sich wie Stecknadeln auf ihren Ge-genstand heften, um von ihrem zerbrechlichen, aber schwer zu übersehenden Körper abzulenken, den sie, wenn nötig, in weiten

Kleidern ertränkte, um auf der Straße keine flüchtigen Blicke zu provozieren. Aus der Nähe aber trat ihre Präsenz in den Mittelpunkt und strahlte etwas Schwermütiges und, nach Leandros Meinung, leicht Beunruhigendes aus, das möglichst verborgen zu halten ihr Mentor ihr nahegelegt hatte. »Du bist ein Nachtgeschöpf, Alicia, aber hier verstecken wir uns alle im Tageslicht.«

»Alicia, darf ich dir den ehrenwerten Señor Don Manuel Gil de Partera vorstellen, Leiter des Nationalen Polizeikorps?«

»Es ist mir eine Ehre, Exzellenz«, sagte Alicia und reichte ihm die Hand, die der Polizeichef übersah, als fürchte er, sie könnte ihn beißen.

Gil de Partera betrachtete sie, als hätte er noch nicht entschieden, ob sie eine Schülerin mit einer perversen Seite war, die ihn durcheinanderbrachte, oder ein Exemplar, für dessen Einstufung er nicht einmal einen Anhaltspunkt fand.

»Seine Exzellenz hat es für angebracht gehalten, uns um unsere guten Dienste nachzusuchen, um ein einigermaßen heikles Problem zu lösen, das ein außergewöhnliches Maß an Diskretion und Sorgfalt erfordert.«

»Selbstverständlich«, pflichtete Alicia in so gefügigem, engelhaftem Ton bei, dass er ihr einen sanften Tritt Leandros unter dem Tisch eintrug. »Wir stehen zu Ihrer Verfügung, um bei allem, was uns möglich ist, zu helfen.«

Gil de Partera beobachtete sie weiterhin mit der Mischung aus Argwohn und Habsucht, die ihre Erscheinung bei Herren gewissen Alters hervorzurufen pflegte, als wüsste er noch nicht, welchem von beidem er zuneigte. Das, was Leandro den Duft ihres Aussehens oder die Nebenwirkungen ihres Gesichts nannte, war seiner Meinung nach ein zweischneidiges Schwert, das sie noch nicht unter absoluter Kontrolle hatte. In diesem Fall und da sich Gil de Partera in ihrer Nähe sichtlich unwohl fühlte, glaubte Alicia, die Klinge schneide nach innen. Da kommt die Offensive, dachte sie.

»Verstehen Sie etwas von der Jagd, Señorita Gris?«, fragte er.

Alicia zögerte einen Moment und suchte den Blick ihres Mentors.

»Alicia ist grundsätzlich ein Stadttier«, sagte dieser.

»Bei der Jagd lernt man eine ganze Menge«, dozierte der Polizeichef. »Ich hatte das Privileg, bei einigen Jagden Seine Exzellenz den Generalísimo zu begleiten, und er war es, der mir die Grundregel enthüllte, die sich jeder Jäger zu eigen machen sollte.«

Alicia nickte wiederholt, als fände sie das alles faszinierend. Unterdessen hatte ihr Leandro eine Scheibe Toast mit Marmelade beschmiert und hielt sie ihr hin. Sie nahm sie entgegen, ohne sie groß zu beachten. Der Polizeichef dozierte weiter.

»Ein Jäger muss begreifen, dass in einem kritischen Moment der Jagd die Grenze zwischen der Rolle der Beute und der des Jägers fließend wird. Die Jagd, die wirkliche Jagd, ist ein Duell zwischen zwei Ebenbürtigen. Man weiß nicht, wer man wirklich ist, bevor kein Blut fließt.«

Eine Pause trat ein, und nach den Sekunden szenischen Schweigens, die die tiefschürfende Reflexion erforderte, die man ihr soeben enthüllt hatte, komponierte Alicia einen ehrfürchtigen Ausdruck.

»Ist das auch eine Maxime des Generalísimo?«

Sie empfing jetzt einen derben Warntritt von Leandro unter dem Tisch.

»Ich will Ihnen gegenüber aufrichtig sein, junge Frau. Sie gefallen mir nicht. Es gefällt mir nicht, was ich über Sie gehört habe, und es gefallen mir weder Ihr Ton, noch dass Sie glauben, Sie können mich hier den halben Vormittag warten lassen, als wäre Ihre Scheißzeit mehr wert als meine. Ihr Blick gefällt mir nicht und noch weniger der schnippische Ton, den Sie gegenüber den hohen Rängen anschlagen. Wenn es in diesem Leben etwas gibt, was mir auf die Eier geht, dann sind es Leute, die nicht wissen, wo ihr Platz auf der Welt ist. Und was mir noch mehr auf die Eier geht, ist, dass ich es ihnen in Erinnerung rufen muss.«

Alicia senkte unterwürfig den Blick. Mit einem Federstrich schien die Temperatur im Saal um zehn Grad gesunken zu sein.

»Ich bitte den Herrn um Verzeihung, wenn …«

»Unterbrechen Sie mich nicht. Wenn ich hier bin, um mit Ihnen zu sprechen, dann wegen des Vertrauens, das ich zu Ihrem Vorgesetzten habe, welcher aus irgendeinem mir nicht einsehbaren Grund glaubt, Sie seien die richtige Person für die Aufgabe, mit der ich Sie betrauen muss. Aber täuschen Sie sich nicht in mir: Von diesem Moment an sind Sie mir gegenüber verantwortlich, und ich habe weder die Geduld noch die großzügige Natur von Señor Montalvo hier.«

Gil de Partera fixierte sie mit seinem Blick. Er hatte schwarze Augen, und seine Hornhaut war von einem Netz feiner roter Kapillargefäße überzogen, die gleich platzen zu wollen schienen. Alicia stellte sich vor, wie er mit einem gefiederten Hut und Marschallstiefeln angetan dem Staatschef auf einer seiner Jagden den königlichen Hintern küsste, auf denen die Väter des Vaterlandes die Beute zerschossen, die ihnen ein Geschwader von Dienern vor die Flinte setzte, und wie sie sich dann die Genitalien mit dem Duft nach Schießpulver und dem Blut von zahmen Vögeln salbten, um sich zum höheren Ruhme Gottes und des Vaterlandes das Gefühl von wahren Eroberern zu geben.

»Ich bin überzeugt, dass Alicia Sie nicht beleidigen wollte, mein Freund«, stellte Leandro fest, der die Szene wahrscheinlich über alle Maßen genoss.

Alicia bestätigte die Worte ihres Vorgesetzten mit ernstem, zerknirschtem Nicken.

»Müßig zu erwähnen, dass das, was ich darlegen werde, streng vertraulich ist und dass dieses Gespräch hier keinesfalls stattgefunden haben wird. Irgendeine Frage in dieser oder einer anderen Hinsicht, Gris?«

»Absolut keine.«

»Also gut, dann tun Sie mir den Gefallen und essen Sie verdammt nochmal endlich diesen Toast, damit wir zur Sache kommen können.«

5

»Was wissen Sie von Don Mauricio Valls?«

»Dem Minister?«, fragte Alicia.

Sie schwieg einen Augenblick, um die Lawine von Bildern einzustufen, die ihr von Don Mauricio Valls' langer, werbewirksam inszenierter Karriere in den Sinn kamen. Ein stolzes, herausgeputztes Profil, von den Kameras immer im besten Winkel und in der besten Gesellschaft eingefangen, Ehrenbezeugungen entgegennehmend und unbestrittene Weisheit verkündend, applaudiert und bewundert von der höfischen Claque. Ein Heiliger schon zu Lebzeiten, eigenen Fußes und von der Hand der selbsternannten Intellektuellenriege des Landes auf die Altäre gehoben, war Mauricio Valls unter den Sterblichen der spanische Prototyp des Homme de Lettres, des Grandseigneurs der Künste und des Denkens. Unendlich oft ausgezeichnet und geehrt. Dem ohne Ironie zum Inbild der kulturellen und politischen Elite des Landes erklärten Minister Valls gingen seine Zeitungsmeldungen und das ganze Gepränge des Regimes voraus. Seine Vorträge auf den bedeutenden Madrider Bühnen zogen immer die Crème der Gesellschaft an. Seine meisterlichen Zeitungsartikel über aktuelle Themen kamen Glaubensdogmen gleich. Die ganze Meute der Zeitungsschreiberlinge, die ihm aus den Händen fraß, überbot sich an Verehrung. Seine gelegentlichen Poesierezitationen und die aus seinen gefeierten Theaterstücken exzerpierten Interpretationen im Duo mit den Großen der nationalen Bühne und mit eigenen Monologen waren immer ausverkauft. Seine literarischen Werke galten als unüberbietbar, und sein Name war bereits den Plejaden der Meister eingeschrieben. Mauricio Valls, Licht und Intellekt von Keltiberien, der die Welt erleuchtete.

»Wir wissen, was wir in der Presse lesen«, kam ihr Leandro zu Hilfe. »Was, ehrlich gesagt, seit einiger Zeit eher wenig ist, im Vergleich zu früher.«

»Eher gar nichts«, bestätigte Gil de Partera. »Sicherlich ist Ihnen nicht entgangen, Señorita, dass seit November 1956, also seit über drei Jahren, Mauricio Valls, Nationaler Bildungsminister – oder Kulturminister, wie er sich selbst gern nennt – und, wenn Sie gestatten, Hätschelkind der spanischen Presse, praktisch aus dem Licht der Öffentlichkeit verschwunden ist und man ihn bei sozusagen keiner offiziellen Veranstaltung mehr gesehen hat.«

»Jetzt, da der Herr es erwähnt …«, stimmte Alicia bei.

Nachdem er mit Gil de Partera einen einvernehmlichen Blick gewechselt hatte, wandte sich Leandro Alicia zu, um sie über die Ereignisse ins Bild zu setzen.

»Fest steht, Alicia, dass der Herr Minister weder zufällig noch freiwillig darauf verzichtet hat, uns mit seinem scharfsinnigen Intellekt und seinen makellosen Unterweisungen zu beschenken.«

»Wie ich sehe, hatten Sie Gelegenheit, mit ihm Umgang zu pflegen, Leandro«, sagte Gil de Partera.

»Ich hatte diese Ehre vor langer Zeit, wenn auch nur kurz, während meiner Barceloner Jahre. Ein großer Mann, der die Werte und den Tiefgang unserer vorzüglichsten Intellektualität am besten zu exemplifizieren gewusst hat.«

»Ich bin sicher, dass der Minister vollkommen mit Ihnen übereingestimmt hätte.«

Leandro lächelte höflich und richtete seinen Blick wieder auf Alicia, bevor er das Wort ergriff.

»Leider ist die Angelegenheit, die uns heute hier zusammenführt, nicht die unbestrittene Bedeutung unseres geschätzten Ministers noch sein beneidenswert gesundes Ego. Mit der Erlaubnis von Euer Hochwohlgeboren glaube ich, nichts preiszugeben, worauf wir später nicht ohnehin werden eingehen müssen, wenn ich sage, dass der Grund für Don Mauricio Valls' langes Fernbleiben von der öffentlichen Bühne in letzter Zeit in dem Verdacht zu suchen ist, dass es jahrelang ein Komplott gegeben hat und immer noch gibt, dem Minister nach dem Leben zu trachten.«

Alicia hob die Brauen und wechselte mit Leandro einen Blick.

»Um die vom Nationalen Polizeikorps angestrengte Untersuchung zu unterstützen und auf Ersuchen unserer Freunde im Innenministerium hat unsere Einheit einen Mitarbeiter abkommandiert, der sich an der Untersuchung beteiligen sollte, obwohl wir offiziell nicht mit einbezogen und tatsächlich auch nicht über deren Einzelheiten unterrichtet waren«, erklärte Leandro.

Alicia biss sich auf die Lippen. Die Augen ihres Vorgesetzten machten ihr klar, dass die Fragerunde noch nicht eröffnet war.

»Dieser Mitarbeiter hat aus Gründen, die wir noch nicht haben klären können, den Kontakt abgebrochen und ist seit zwei Wochen unauffindbar«, fuhr Leandro fort. »Das möge den Kontext zu der Mission bilden, für die uns um unsere Mitarbeit zu bitten Seine Exzellenz so freundlich war.«

Leandro schaute den altgedienten Polizisten an und überließ ihm mit einer Handbewegung das Wort. Gil de Partera räusperte sich und legte sein Gesicht in trübsinnige Falten.

»Was ich Ihnen erzählen werde, ist streng vertraulich und darf auf keinen Fall diesen Tisch verlassen.«

Alicia und Leandro nickten unisono.

»Wie Ihr Vorgesetzter vorausgeschickt hat, wurde am 2. November 1956 während eines Festaktes zu seinen Ehren im Círculo de Bellas Artes in Madrid Minister Valls Gegenstand eines fehlgeschlagenen Anschlags auf sein Leben, anscheinend nicht zum ersten Mal. Die Nachricht sickerte nicht durch, da sowohl das Kabinett als auch Minister Valls selbst es so für besser hielten – er wollte seine Familie und Mitarbeiter nicht in Alarmstimmung versetzen.

In diesem Moment wurde ein Untersuchungsverfahren eingeleitet, das noch immer andauert, und trotz aller Bemühungen des Obersten Polizeikorps und einer Sondereinheit der Guardia Civil konnten die Umstände dieses und ähnlicher Vorfälle, die sich möglicherweise ereignet hatten, bevor die Polizei darüber in Kenntnis gesetzt wurde, noch nicht geklärt werden. Natürlich wurden von diesem Augenblick an die Leibwache und die Sicherheitsmaßnahmen rund um den Minister verstärkt und seine öffentlichen Auftritte bis auf weiteres abgesagt.«

»Was hat die Untersuchung in diesem Zeitraum ergeben?«, unterbrach ihn Alicia.

»Hauptsächlich konzentrierte sie sich auf eine Reihe anonymer Briefe, die Don Mauricio offenbar seit längerer Zeit erhalten und denen er keine Bedeutung beigemessen hatte. Kurz nach dem fehlgeschlagenen Attentat setzte der Minister die Polizei in Kenntnis von diesen anonymen Drohbriefen, die er im Lauf der Jahre bekommen hatte. Eine erste Untersuchung ergab, dass sie höchstwahrscheinlich von einem gewissen Sebastián Salgado stammten, einem Dieb und Mörder, der bis vor wenigen Jahren seine Strafe im Barceloner Montjuïc-Gefängnis verbüßte. Wie Ihnen sicherlich bekannt ist, war Minister Valls zu Beginn seiner Karriere im Dienste des Regimes Leiter dieser Institution gewesen, konkret von 1939 bis 1944.«

»Warum hat der Minister die Polizei nicht schon vorher über diese anonymen Briefe informiert?«, fragte Alicia.

»Wie ich sagte, er führte an, zu Beginn habe er ihnen keine Bedeutung beigemessen, aber er gab zu, dass er es vielleicht hätte tun sollen. Seinerzeit sagte er uns, die Botschaften seien so kryptisch, dass er ihren Sinn nicht wirklich habe verstehen können.«

»Und welcher Art sind diese Bedrohungen?«

»Größtenteils unklares Geschwätz. In den Briefen sagt der Schreiber, ›die Wahrheit‹ könne nicht vertuscht werden, es nahe ›die Stunde der Gerechtigkeit‹ für ›die Kinder des Todes‹ und ›er‹, gemeint ist wohl der angebliche Verfasser, erwarte ihn ›beim Eingang zum Labyrinth‹.«

»Zum Labyrinth?«

»Ich sagte ja, die Botschaften sind kryptisch. Möglicherweise spielen sie auf etwas an, das nur Valls und der Schreiber kannten, obwohl laut dem Minister auch er sie nicht deuten konnte. Vielleicht sind sie das Werk eines Spinners. Diese Möglichkeit können wir nicht ausschließen.«

»War Sebastián Salgado schon Gefangener im Kastell, als Valls Gefängnisdirektor war?«

»Wir haben Salgados Lebenslauf überprüft. Er wurde im Jahr 39 eingeliefert, kurz nachdem Valls zum Direktor ernannt worden war. Der Minister gab an, er habe ihn vage als einen angriffslustigen

Menschen in Erinnerung, was unsere Theorie glaubhaft machte, dass höchstwahrscheinlich er der Verfasser der Briefe war.«

»Wann genau wurde er entlassen?«

»Vor etwas über zwei Jahren. Offensichtlich stimmen die Daten nicht mit dem Mordversuch im Círculo de Bellas Artes noch mit den vorherigen überein. Entweder hatte Salgado mit jemandem außerhalb gearbeitet, oder er wurde ganz einfach als Lockvogel missbraucht, um die Spur zu verwischen. Mit fortschreitender Untersuchung hat letztere Möglichkeit an Wahrscheinlichkeit gewonnen. Wie Sie dem Dossier entnehmen werden, das ich Ihnen mitgebe, sind sämtliche Briefe vom Postamt von Pueblo Seco in Barcelona abgeschickt worden, wohin alle Post der Insassen des Montjuïc-Gefängnisses gebracht wird.«

»Woher weiß man, welche von den in diesem Postamt frankierten Briefe aus dem Gefängnis stammen und welche nicht?«

»Alle im Kastell verfassten tragen auf dem Umschlag einen Stempel, der im Gefängnisbüro zur Identifizierung angebracht wird, bevor sie im Postsack landen.«

»Wird die Post der Gefangenen nicht kontrolliert?«

»Theoretisch schon. Praktisch nur in bestimmten Situationen, wie uns die Verantwortlichen selbst bestätigt haben. Jedenfalls war niemandem bekannt, dass an den Minister gerichtete Drohbotschaften entdeckt worden wären. Möglich ist auch, dass die Gefängniszensoren bei der unverständlichen Sprache der Briefe nichts von Bedeutung entdeckten.«

»Falls Salgado draußen einen oder mehrere Komplizen hatte, wäre es dann möglich gewesen, dass die ihm die Briefe zukommen ließen, damit er sie aus dem Gefängnis absenden konnte?«

»Könnte sein. Salgado hatte Anrecht auf einen Besuch pro Monat. Aber wie auch immer, es ergäbe keinen Sinn, wenn dem so gewesen wäre. Es war sehr viel einfacher, die Briefe auf normalem Weg zu schicken, ohne sich der Gefahr auszusetzen, dass die Gefängniszensoren sie entdeckten«, sagte Gil de Partera.

»Außer es sollte klar ersichtlich sein, dass die Briefe aus dem Gefängnis stammten«, sagte Alicia.

Gil de Partera stimmte mit einem Nicken zu.

»Da gibt es etwas, was ich nicht verstehe«, fuhr Alicia fort. »Wenn Salgado diese ganze Zeit im Montjuïc-Gefängnis war und erst vor zwei Jahren freikam, bedeutet das wohl, dass er zur Höchststrafe von dreißig Jahren verurteilt war. Was hat er da auf der Straße verloren?«

»Das verstehen nicht nur Sie nicht, das versteht keiner. Tatsächlich nahm man an, dass Sebastián Salgado mindestens noch zehn Jahre abzusitzen hatte, als ihm ganz unerwartet eine außerordentliche Begnadigung gewährt wurde, und zwar unterzeichnet vom Staatschef, der seine Strafe umwandelte. Da gibt es noch etwas. Die genannte Begnadigung wurde auf Verlangen und unter der Schirmherrschaft von Minister Valls ausgehandelt.«

Alicia entfuhr ein verblüfftes Lachen. Gil de Partera schaute sie streng an.

»Aus welchem Grund hätte Valls so etwas tun sollen?«, kam ihr Leandro zu Hilfe.

»Entgegen unserem Rat und mit dem Argument, die Untersuchung führe nicht zum erwarteten Erfolg, befand der Minister, Salgado freizulassen könnte zur Entlarvung der Person oder Personen führen, die in die Sendung der Drohbriefe und die mutmaßlichen Anschläge auf sein Leben involviert waren, und zu ihrem Aufenthaltsort.«

»Euer Gnaden spricht von diesen Ereignissen als von mutmaßlichen …«, warf Alicia ein.

»Nichts an dieser ganzen Sache ist klar«, unterbrach sie Gil de Partera. »Das heißt nicht, dass ich das Wort des Ministers in Frage stelle oder dass wir das tun dürften.«

»Natürlich. Um auf Salgados Freilassung zurückzukommen: Führte sie zu den Ergebnissen, die der Minister erwartet hatte?«, fragte Alicia.

»Nein. Nachdem er das Gefängnis verlassen hatte, haben wir ihn vierundzwanzig Stunden am Tag überwacht. Als Erstes mietete er ein Zimmer in einer verlotterten Pension im Barrio Chino, das er einen Monat im Voraus zahlte. Und sonst tat er nur eines: Er ging jeden Tag zum Nordbahnhof, wo er Stunden damit verbrachte, die Schließfächer der Gepäckaufbewahrung in der Halle zu betrachten beziehungsweise zu überwachen. Zweimal besuchte er eine alte Buchhandlung in der Calle Santa Ana.«

»Sempere & Söhne«, murmelte Alicia.

»So ist es. Sie kennen sie?«

Alicia nickte.

»Der gute Salgado scheint dem Profil des Gewohnheitslesers nicht unbedingt zu entsprechen«, sagte Leandro. »Weiß man, was er in der Gepäckaufbewahrung des Bahnhofs zu finden hoffte?«

»Wir vermuten, dass er dort die Beute irgendeines seiner Verbrechen versteckt hatte, bevor er 1939 verhaftet wurde.«

»Hat sich diese Vermutung bestätigt?«

»In der zweiten Woche nach seiner Freilassung hat Salgado die Buchhandlung Sempere & Söhne zum letzten Mal aufgesucht und ist danach wie jeden Tag zum Nordbahnhof gegangen. An jenem Tag aber setzte er sich nicht in die Halle, um die Schließfächer zu beobachten, sondern trat an eines heran und steckte einen Schlüssel ins Schloss. Er zog einen Koffer heraus und öffnete ihn.«

»Und was enthielt er?«, fragte Alicia.

»Luft«, sagte Gil de Partera. »Nichts. Seine Beute oder was immer er dort versteckt haben mochte, war verschwunden. Die Barceloner Polizei wollte ihn beim Verlassen des Bahnhofs verhaften, aber Salgado brach im Regen zusammen. Die Beamten hatten festgestellt, dass ihm, sowie er die Buchhandlung verlassen hatte, zwei Angestellte dorthin gefolgt waren. Als er auf dem Boden lag, kniete einer der beiden einige Sekunden neben ihm nieder und verließ dann den Ort. Als die Polizei hinzutrat, war Salgado schon tot. Es könnte sich um einen Fall göttlicher Gerechtigkeit handeln, der bestohlene Dieb und so weiter, doch die Autopsie zeigte Spuren von Punktionen am Rücken und an den Kleidern sowie Strychninüberreste im Blut.«

»Hätten das die beiden Angestellten der Buchhandlung sein können? Die Komplizen entledigen sich des Lockvogels, sobald er ihnen nichts mehr nützt oder sie ihre Sicherheit gefährdet sehen, wenn sie merken, dass ihn die Polizei überwacht.«

»Das war eine der Theorien, sie wurde aber verworfen. Tatsächlich hätte ihn irgendwer im Bahnhof ermorden können, ohne dass er es auch nur gemerkt hätte. Die Polizei überwachte die beiden Angestellten sehr aufmerksam, und dabei entdeckten sie keinen direkten Kontakt zwischen ihnen und Salgado, bis dieser, vermutlich schon tot, zusammenbrach.«

»Hätten sie ihm das Gift in der Buchhandlung verabreichen können, bevor Salgado zum Bahnhof ging?«, fragte Leandro.

Diesmal beantwortete Alicia die Frage.

»Nein. Strychnin wirkt sehr schnell, vor allem bei einem Mann dieses Alters und in der Verfassung, in der er sich nach zwanzig Jahren Kerker vermutlich befand. Zwischen der Punktion und dem Tod konnten nicht mehr als eine oder zwei Minuten liegen.«

Gil de Partera schaute sie an, ohne eine anerkennende Miene ganz unterdrücken zu können.

»So ist es«, bestätigte er. »Höchstwahrscheinlich befand sich an diesem Tag noch jemand im Bahnhof, der den Beamten nicht auffiel und der den Moment für gekommen hielt, Salgado loszuwerden.«

»Was wissen wir über die beiden Angestellten der Buchhandlung?«

»Der eine ist ein gewisser Daniel Sempere, Sohn des Inhabers. Der andere heißt Fermín Romero de Torres, dessen Spur im Personenregister verwirrend ist und auf Dokumentenfälschung hinweist, möglicherweise um eine falsche Identität aufzubauen.«

»Welche Beziehung gibt es zwischen ihnen und dem Fall, und was taten sie dort?«

»Das konnte nicht festgestellt werden.«

»Und hat man sie nicht verhört?«

Gil de Partera verneinte.

»Wiederum ausdrückliche Anweisungen von Minister Valls. Entgegen unserer Empfehlung.«

»Und die Spur des oder der Komplizen von Salgado?«

»Auf totem Gleis.«

»Vielleicht ändert der Minister seine Meinung jetzt und gibt seine Zustimmung, um …«

Gil de Partera grub das wölfische Grinsen des altgedienten Polizisten aus.

»Genau darauf wollte ich zu sprechen kommen. Vor exakt neun Tagen, am frühen Morgen nach dem Maskenball in seiner Residenz von Somosaguas, hat Don Mauricio Valls sein Domizil in einem Auto und in Begleitung des Chefs seiner persönlichen Leibwache, Vicente Carmona, verlassen.«

»Verlassen?«, fragte Alicia.

»Seither hat ihn niemand mehr gesehen oder etwas von ihm gehört. Spurlos vom Antlitz der Erde verschwunden.«

Ein langes Schweigen brach über den Saal herein. Alicia suchte Leandros Blick.

»Meine Leute arbeiten ununterbrochen, aber bis jetzt haben wir noch nichts. Es ist, als hätte sich Mauricio Valls mit dem Einsteigen in dieses Auto verflüchtigt …«

»Hat er vor dem Verlassen seines Domizils irgendeine Nachricht hinterlassen, ein Indiz, wohin er gegangen sein könnte?«

»Nein. Die Theorie, die wir nun erwägen, ist, dass er aus irgendeinem bislang unerfindlichen Grund schließlich herausgefunden hat, wer ihm die Drohbriefe schickte, und beschlossen hat, ihm mit der Unterstützung des Leibwächters seines Vertrauens auf eigene Faust gegenüberzutreten.«

»Und so vielleicht in eine Falle zu tappen«, ergänzte Leandro. *Der Eingang zum Labyrinth …«*

Gil de Partera nickte wiederholt.

»Woher wissen wir, dass der Minister nicht von Anfang an wusste, wer ihm diese Briefe schickte und warum?«, fragte Alicia.

Sowohl Leandro als auch Gil de Partera warfen ihr einen tadelnden Blick zu.

»Der Minister ist das Opfer, nicht der Verdächtige«, stoppte Gil de Partera sie. »Bringen Sie das nicht durcheinander.«

»Wie können wir Ihnen helfen, mein Freund?«, fragte Leandro.

Gil de Partera atmete tief ein und ließ sich einen Augenblick Zeit, bevor er antwortete.

»Die Methoden meines Departements sind Beschränkungen unterworfen. Man hat uns bei diesem Thema im Dunkeln gelassen, bis es schon zu spät war. Ich gebe zu, dass wir vielleicht Fehler gemacht haben, aber wir tun das Menschenmögliche, um den Fall zu lösen, bevor er an die Öffentlichkeit gelangt. Einige meiner Vorgesetzten glauben, Ihre Einheit könne angesichts der Natur des Falls ein zusätzliches Teil zum Puzzle beisteuern, das uns hilft, den Fall raschestmöglich zu lösen.«

»Und Sie glauben das auch?«

»Wenn ich ehrlich sein soll, Leandro, so weiß ich nicht mehr, was ich wem glauben soll. Hingegen bezweifle ich nicht, dass, wenn wir Minister Valls nicht innerhalb kurzer Zeit wohlbehalten finden, Altea die Donnerkiste öffnen und seinen alten Freund Hendaya mit der Geschichte betrauen wird. Und das wollen weder Sie noch ich.«

Alicia richtete einen forschenden Blick auf Leandro, der leicht den Kopf schüttelte. Gil de Partera verzog unauffällig den Mund zu einem bitteren Lächeln. Seine Augen waren blut- oder kaffeeunterlaufen, und er sah aus, als hätte er eine Woche lang nur zwei Stunden pro Nacht geschlafen.

»Ich erzähle Ihnen alles, was ich weiß, was ich aber nicht weiß, ist, ob man mir die ganze Wahrheit erzählt hat. Deutlicher kann ich nicht werden. Seit neun Tagen handeln wir ins Blaue hinein, und jede Stunde, die vergeht, ist eine verlorene Stunde.«

»Glauben Sie, dass der Minister noch am Leben ist?«, fragte Alicia.

Gil de Partera senkte den Blick und ließ ein langes Schweigen folgen.

»Es ist meine Pflicht, zu denken, dass er es ist und dass wir ihn wohlbehalten finden werden, bevor etwas von alledem bekannt wird oder man uns den Fall wegnimmt.«

»Und wir sind einer Meinung mit Ihnen«, sagte Leandro. »Bitte haben Sie keinen Zweifel daran, dass wir alles tun werden, um Ihnen bei der Klärung des Falls beizustehen.«

Gil de Partera nickte und blickte Alicia mehrdeutig an.

»Sie werden mit Vargas arbeiten, einem meiner Leute.«

Alicia zögerte einen Augenblick. Sie suchte mit dem Blick Leandros Komplizenschaft, doch ihr Vorgesetzter zog es vor, sich in seiner Kaffeetasse zu verlieren.

»Bei allem Respekt, Señor, ich arbeite immer allein.«

»Sie werden mit Vargas arbeiten. Darüber gibt es keine Diskussion.«

»Selbstverständlich«, stimmte Leandro zu, als sähe er Alicias funkelnden Blick nicht. »Wann können wir anfangen?«

»Gestern.«

Auf ein Zeichen seines Vorgesetzten hin trat einer der Beamten zu ihnen und reichte de Partera einen dicken Umschlag. Dieser legte ihn auf den Tisch und stand auf, ohne ein Hehl aus seinem Verlangen zu machen, woanders als in diesem Saal zu sein.

»Sämtliche Details stehen im Dossier. Halten Sie mich auf dem Laufenden.«

Er gab Leandro die Hand und entfernte sich entschlossenen Schrittes, ohne Alicia auch nur eines letzten Blicks gewürdigt zu haben.

Sie sahen ihn, seine Leute im Schlepptau, durch den großen Saal gehen. Mehrere Minuten saßen sie schweigend da; Alicia hatte den Blick ins Leere gerichtet, während Leandro peinlich genau ein Hörnchen aufschnitt, mit Butter und Erdbeermarmelade bestrich und dann gemächlich mit geschlossenen Augen verzehrte.

»Danke für die Unterstützung«, sagte Alicia.

»Sei doch nicht so. Ich gehe davon aus, dass Vargas ein talentierter Mann ist. Er wird dir gefallen. Und vielleicht lernst du sogar was.«

»Was habe ich für ein Glück. Wer ist er?«

»Ein Korpsveteran. Früher ein Schwergewicht. Seit einiger Zeit ist er in Reserve, anscheinend wegen Meinungsverschiedenheiten mit dem Ministerialdirektorium. Etwas war vorgefallen, heißt es.«

»Ein Paria? Bin ich so wenig wert, dass ich nicht mal einen Anstandswauwau von Rang verdiene?«

»Rang hat er, zweifle nicht daran. Aber sein Glaube an und seine Treue zur Bewegung ist mehr als einmal in Frage gestellt worden.«

»Man wird wohl kaum erwarten, dass ich ihn bekehre.«

»Das Einzige, was man erwartet, ist, dass wir geräuschlos sind und dafür sorgen, dass sie am Ende gut dastehen.«

»Großartig.«

»Es könnte schlimmer sein.«

»Schlimmer heißt, *Ihren alten Freund* Hendaya einzuladen?«

»Unter anderem.«

»Wer ist Hendaya?«

Leandro schaute weg.

»Sei froh, wenn du es gar nicht erst rausfinden musst.«

Wieder trat ein langes Schweigen ein, das Leandro nutzte, um sich eine weitere Tasse Kaffee einzuschenken. Er hatte die widerliche Angewohnheit, beim Kaffeetrinken die Untertasse mit einer Hand unters Kinn zu halten und den Kaffee in kleinen Schlucken zu schlürfen. An Tagen wie diesem erschienen Alicia fast alle seine Angewohnheiten, die sie in- und auswendig kannte, widerlich. Leandro bemerkte ihren Blick und schenkte ihr ein väterlich-wohlwollendes Lächeln.

»Wenn Blicke töten könnten«, sagte er.

»Warum haben Sie dem Herrn nicht gesagt, dass ich vor zwei Wochen zurückgetreten und nicht mehr im Dienst bin?«

Leandro stellte die Tasse auf den Tisch zurück und wischte sich mit der Serviette die Lippen ab.

»Ich wollte dich nicht beschämen, Alicia. Ich erlaube mir, dich daran zu erinnern, dass wir kein Brettspielverein sind und dass man nicht in den Dienst ein- oder aus ihm austrat, indem man einfach ein Gesuch stellt. Wir haben dieses Gespräch schon mehrfach geführt, und wenn ich ehrlich sein soll, schmerzt mich deine Einstellung. Ich kenne dich besser als du selbst, und wegen der großen Wertschätzung, die ich für dich hege, habe ich dir zwei

Wochen Urlaub gewährt, damit du ausruhen und über deine Zukunft nachdenken kannst. Ich verstehe, dass du müde bist. Auch ich bin es. Ich verstehe, dass dir manchmal nicht zusagt, was wir machen. Es sagt auch mir nicht zu. Aber es ist unsere Arbeit und unsere Pflicht. Das hast du schon bei deinem Eintritt gewusst.«

»Damals war ich siebzehn. Und ich bin nicht aus freien Stücken eingetreten.«

Leandro lächelte wie ein Lehrer, der stolz ist auf seinen brillantesten Schüler.

»Deine Seele ist alt, Alicia. Du bist nie siebzehn gewesen.«

»Wir hatten vereinbart, dass ich aussteige. Das war das Abkommen. Zwei Wochen ändern nichts daran.«

Leandros Lächeln wurde kalt wie sein Kaffee.

»Tu mir diesen letzten Gefallen, und danach kannst du tun, was du willst.«

»Nein.«

»Ich brauche dich bei dieser Sache, Alicia. Mach mich nicht zum Bittsteller. Und bring mich nicht dazu, dich zu zwingen.«

»Übergeben Sie den Fall Lomana. Sicherlich stirbt er vor Lust, Punkte zu schinden.«

»Es hat lange gedauert, bis das Thema zur Sprache kam. Ich habe nie verstanden, was für ein Problem es zwischen Ricardo und dir gibt.«

»Unvereinbarkeit der Charaktere.«

»Jedenfalls ist Ricardo Lomana der Mitarbeiter, den ich vor einigen Wochen der Polizei ausgeliehen habe, wie ich jetzt annehme, aufgrund des mutmaßlichen Attentats gegen Valls im Círculo de Bellas Artes, und den man mir noch nicht zurückgegeben hat. Und jetzt höre ich, er sei verschwunden.«

»Das wäre zu schön, um wahr zu sein. Wo hat er sich verkrochen?«

»Wenn man verschwindet, gehört es dazu, dieses Detail nicht preiszugeben.«

»Lomana ist nicht einer von denen, die einfach verschwinden.

Es muss einen Grund geben, dass er kein Lebenszeichen von sich gibt. Er hat was gefunden.«

»Das denke ich auch, aber solange wir keine Nachricht von ihm haben, können wir nur spekulieren. Und dafür werden wir nicht bezahlt.«

»Wofür werden wir bezahlt?«

»Um Probleme zu lösen. Und das ist ein sehr schwerwiegendes Problem.«

»Und könnte ich nicht ebenfalls verschwinden?«

Leandro schüttelte den Kopf. Er setzte ein beleidigtes Gesicht auf und sah sie lange an.

»Warum hasst du mich, Alicia? Bin ich dir nicht ein Vater gewesen? Ein guter Freund?«

Alicia betrachtete ihren Mentor. Sie hatte einen Knoten im Magen, und die Worte kamen ihr nicht über die Lippen. Zwei Wochen lang hatte sie versucht, ihn aus ihrem Geist zu verdrängen, und jetzt, da sie sich ihm wieder gegenübersah, ging ihr auf, dass sie, wie sie hier unter der großen Kuppel des Palace saß, wieder die unglückliche Halbwüchsige war, die höchstwahrscheinlich nie zwanzig geworden wäre, wenn Leandro sie nicht aus dem Loch gezogen hätte.

»Ich hasse Sie nicht.«

»Vielleicht hasst du dich selbst, das, was du tust, wem du dienst, und diesen ganzen Dreck um uns herum, der uns innerlich mit jedem Tag, der vergeht, ein wenig mehr verfaulen lässt. Ich verstehe dich, weil ich das auch durchgemacht habe.«

Er lächelte wieder, dieses warme Lächeln, das alles vergab, das alles verstand. Er legte seine Hand auf ihre und drückte sie kräftig.

»Hilf mir, diese letzte Geschichte zu lösen, und ich verspreche dir, dass du danach gehen kannst. Für immer verschwinden.«

»So einfach?«

»So einfach. Du hast mein Wort.«

»Was ist der Haken?«

»Es gibt keinen Haken.«

»Es gibt immer einen Haken.«

»Diesmal nicht. Und ich kann dich auch nicht für immer bei mir behalten, wenn du nicht bleiben willst. So weh es mir tut.«

Leandro reichte ihr die Hand.

»Sind wir Freunde?«

Alicia zauderte, gab ihm aber schließlich die ihre. Er führte sie an die Lippen und küsste sie.

»Ich werde dich vermissen, wenn das alles zu Ende ist«, sagte er. »Und du mich auch, auch wenn du es jetzt nicht so siehst. Wir beide sind ein gutes Team.«

»Gleich und gleich gesellt sich gern.«

»Hast du schon darüber nachgedacht, was du dann machen wirst?«

»Wann?«

»Wenn du frei bist. Wenn du verschwindest, wie du sagst.«

Sie zuckte mit den Schultern.

»Ich habe es mir noch nicht überlegt.«

»Ich dachte, ich hätte dich besser lügen gelehrt, Alicia.«

»Vielleicht tauge ich zu nichts anderem.«

»Du hast doch immer schreiben wollen ... Eine neue Laforet?«

Sie machte eine desinteressierte Geste. Leandro lächelte.

»Wirst du über uns schreiben?«

»Nein. Natürlich nicht.«

Er nickte.

»Das wäre auch keine gute Idee. Das weißt du ja. Wir wirken im Schatten. Ohne gesehen zu werden. Das gehört zum Service, den wir bieten.«

»Ich weiß. Daran brauchen Sie mich nicht zu erinnern.«

»Schade – es gäbe so viele Geschichten zu erzählen, nicht wahr?«

»Mir die Welt ansehen.«

»Verzeihung?«

»Was ich gern tun würde, wäre reisen und mir die Welt ansehen. Meinen Platz finden. Falls es den gibt.«

»Du allein?«

»Brauche ich sonst noch jemanden?«

»Vermutlich nicht. Für Geschöpfe wie uns kann die Einsamkeit die beste aller Gesellschaften sein.«

»Für mich jedenfalls ist sie gut.«

»Eines Tages wirst du dich verlieben.«

»Was für ein schöner Titel für einen Bolero.«

»Besser, du gehst langsam. Entweder täusche ich mich sehr, oder Vargas wartet schon da draußen.«

»Das ist ein Fehler.«

»Diese Einmischung stört mich mehr als dich, Alicia. Es ist klar, dass sie uns nicht trauen. Weder dir noch mir. Sei diplomatisch und erschreck ihn nicht. Tu es mir zuliebe.«

»Das bin ich immer. Und ich erschrecke niemand.«

»Du weißt schon, was ich meine. Außerdem wollen wir nicht mit der Polizei wetteifern. Es nicht einmal versuchen. Sie haben ihre Ermittlung, ihre Methoden und ihre Vorgehensweisen.«

»Was soll ich also tun? Lächeln und Zuckermandeln verteilen?«

»Ich will, dass du tust, was du zu tun verstehst. Dass du das siehst, was die Polizei nicht sieht. Dass du deinem Instinkt folgst, nicht dem Prozedere. Dass du all das tust, was die Polizei nicht tun wird, weil sie die Polizei ist und nicht meine Alicia Gris.«

»Ist das ein Kompliment?«

»Ja, und auch ein Befehl.«

Alicia nahm den Umschlag mit dem Dossier vom Tisch und stand auf. Leandro sah, dass sie sich die Hand an die Hüfte hielt und die Zähne zusammenbiss, um sich den Schmerz nicht anmerken zu lassen.

»Wie viel nimmst du?«, fragte er.

»In den beiden letzten Wochen nichts. Zwei Tabletten ab und zu.«

Leandro seufzte.

»Das haben wir schon oft besprochen, Alicia. Du weißt, dass du das nicht tun darfst.«

»Ich tu's aber.«

Leandro schüttelte den Kopf.

»Ich lasse dir diesen Nachmittag vierhundert Gramm ins Hotel bringen.«

»Nein.«

»Alicia …«

Sie wandte sich um und entfernte sich vom Tisch, ohne zu hinken, sich auf die Zunge beißend und den Schmerz und die Tränen der Wut hinunterschluckend.

6

Als Alicia das Palace verließ, hatte der wolkenbruchartige Regen aufgehört, und dem Straßenbelag entstieg ein Dampfschleier. Aus dem Gewölbe der dahinziehenden Wolken stachen große Lichtbündel auf das Zentrum von Madrid nieder wie Scheinwerfer, die einen Gefängnishof durchkämmen. Eines strich über die Plaza de las Cortes und beleuchtete die Karosserie eines wenige Meter vom Hoteleingang entfernt geparkten Fords. Ein silberhaariger Mann in schwarzem Mantel stand gegen die Kühlerhaube gelehnt da, rauchte eine Zigarette und schaute gelassen den Passanten nach. Sie schätzte ihn auf mindestens fünfzig Jahre, für die er erstaunlich gut in Form und noch erstaunlicher muskulös war. Seine straffe Haltung verriet, dass er den Wehrdienst mit Gewinn absolviert hatte und nicht allzu oft an seinem Schreibtisch Station machte. Als hätte er sie in der Luft gewittert, blickte er Alicia an und lächelte wie der Liebhaber in einem Film der Nachmittagsvorstellung.

»Kann ich Ihnen irgendwie behilflich sein, Señorita?«

»Das hoffe ich. Mein Name ist Gris.«

»Gris? Sie sind Gris?«

»Alicia Gris. Von Leandro Montalvos Einheit. Gris wie Grau. Und Sie sind vermutlich Vargas.«

Vargas nickte vage.

»Man hatte mir nicht gesagt …«

»Überraschungen der letzten Minute«, unterbrach sie ihn. »Brauchen Sie einen Augenblick, um die Fassung wiederzugewinnen?«

Der Polizist zog ein letztes Mal an seiner Zigarette und betrachtete Alicia eingehend durch den Rauchvorhang, der aus seinen Lippen strömte.

»Nein.«

»Wunderbar. Wo sollen wir anfangen?«

»Man erwartet uns in der Villa in Somosaguas. Wenn es Ihnen recht ist.«

Alicia nickte. Vargas warf den Stummel in den Rinnstein und ging ums Auto herum. Alicia nahm auf dem Beifahrersitz Platz. Vargas setzte sich hinters Steuer, mit in der Ferne verlorenem Blick, den Wagenschlüssel auf dem Schoß.

»Ich habe viel von Ihnen gehört«, begann er. »Ich dachte nicht, dass Sie so – jung sind.«

Alicia schaute ihn frostig an.

»Das wird kein Problem sein, nicht wahr?«, fragte Vargas.

»Problem?«

»Sie und ich.«

»Dafür gibt es keinen Grund.«

Vargas schaute sie eher neugierig als argwöhnisch an. Alicia schenkte ihm eines ihrer sanften Katzenlächeln, die Leandro so aufbrachten. Vargas schnalzte mit der Zunge und setzte den Wagen erheitert in Bewegung.

»Ein schönes Auto«, sagte Alicia nach einer Weile.

»Mit freundlicher Genehmigung des Polizeipräsidiums. Nehmen Sie es als Zeichen dafür, dass diese Sache ernst genommen wird. Fahren Sie Auto?«

»In diesem Land kann ich ohne Erlaubnis eines Ehemannes oder Vaters gerade mit Müh und Not ein Bankkonto eröffnen.«

»Verstehe.«

»Sie erlauben, dass ich das bezweifle.«

Einige Minuten lang fuhren sie schweigend. Vargas ließ Alicia immer wieder flüchtige Blicke zuteilwerden, die sie nicht zu bemerken vorgab. Die methodische Beobachtung des Polizisten machte unter Ausnutzung von Ampeln und Fußgängerübergängen ein Röntgenbild in Fortsetzungen von ihr. Als sie mitten in der Gran Vía auf einen Verkehrsstau trafen, zog Vargas ein dünnes silbernes Zigarettenetui hervor und hielt es ihr geöffnet hin. Blonder Importtabak. Sie lehnte ab. Vargas steckte sich eine Zigarette zwischen die Lippen und zündete sie mit einem goldenen Feuerzeug an, von dem Alicia hätte schwören können, dass es ein Dupont war. Vargas mochte schöne und teure Dinge. Sie bemerkte, dass er ihre im Schoß liegenden Hände musterte, vielleicht nach einem Ehering Ausschau haltend. Er selbst trug einen bemerkenswert ausladenden.

»Familie?«, fragte er.

Sie verneinte.

»Und Sie?«

»Mit Spanien verheiratet.«

»Vorbildlich. Und der Ring?«

»Aus anderen Zeiten.«

»Wollen Sie mich nicht fragen, warum jemand wie ich für Leandro arbeitet?«

»Geht mich das etwas an?«

»Nein.«

»Eben.«

Sie verfielen wieder in das unangenehme Schweigen, während sie den dichten Verkehr der Innenstadt hinter sich ließen und Richtung Casa de Campo fuhren. Vargas' Augen erforschten sie weiterhin faszikelweise. Er hatte einen kalten, metallischen Blick, die grauen Pupillen leuchteten wie frischgeprägte Münzen. Alicia fragte sich, ob ihr ungewollter Kollege wohl, bevor er in Ungnade gefallen war, ein getreuer Schatten oder bloß ein Söldner gewesen war. Erstere verseuchten sämtliche Schichten des Regimes und vermehrten sich im Schutz von Flaggen und öffentlichen Verlautbarungen wie eiternde Warzen; Letztere hielten den Mund und sorgten einfach dafür, dass die Maschinerie funktionierte. Sie fragte sich, wie viele Menschen er im Lauf seiner Karriere im

Korps wohl liquidiert hatte, ob Schuldgefühle zu seinem täglichen Brot gehörten oder ob er den Überblick schon verloren hatte. Oder vielleicht war mit den silbernen Haaren sein Gewissen gewachsen, und das hatte seine Chancen zunichtegemacht.

»Woran denken Sie?«, fragte Vargas.

»Ich habe mich gefragt, ob Ihnen Ihre Arbeit gefällt.«

Vargas lachte in sich hinein.

»Wollen Sie mich nicht fragen, ob mir meine gefällt?«, schlug Alicia vor.

»Geht mich das etwas an?«

»Vermutlich nicht.«

»Eben.«

In Hinblick darauf, dass das Gespräch keine Zukunft versprach, zog Alicia das Dossier aus dem Umschlag, den ihr Gil de Partera gegeben hatte, und begann es durchzusehen. Auf den ersten Blick stand nichts Weltbewegendes drin. Notizen der Beamten. Die Erklärung der Privatsekretärin des Ministers. Zwei Seiten über das fehlgeschlagene Attentat auf Valls. Allgemeinplätze des Prozederes vonseiten der Inspektoren, die den Fall übernommen hatten, und einige Auszüge aus der Akte Vicente Carmona, Valls' Leibwächter. Entweder traute ihnen Gil de Partera noch weniger, als Leandro angedeutet hatte, oder die Spitze seiner Abteilung hatte in der letzten Woche auf der faulen Haut gelegen.

»Haben Sie mehr erwartet?«, fragte Vargas, der ihre Gedanken las.

Sie starrte in die Bäume von Casa de Campo.

»Ich habe nicht weniger erwartet«, murmelte sie. »Wen werden wir besuchen?«

»Mariana Sedó, seit zwanzig Jahren Valls' Privatsekretärin. Sie war es, die vom Verschwinden des Ministers Meldung erstattet hat.«

»Das sind viele Jahre für eine Sekretärin«, bemerkte Alicia.

»Böse Zungen behaupten, sie sei weit mehr als das.«

»Geliebte?«

Vargas verneinte.

»Ich habe den Eindruck, Doña Marianas Geschmack liegt eher am anderen Ufer. Nein, es heißt, sie sei es, die am Steuer des Schiffs stehe, und nichts geschehe oder werde in Valls' Büro entschieden ohne ihre Zustimmung.«

»Hinter jedem Bösewicht steht immer eine noch bösere Frau. Auch das heißt es.«

Vargas lächelte.

»Das habe ich noch nie gehört. Man hat mich schon darauf vorbereitet, dass Sie ein wenig respektlos sind.«

»Worauf hat man Sie noch vorbereitet?«

Vargas drehte sich zu ihr und blinzelte ihr zu.

»Wer ist Hendaya?«, fragte sie.

»Wie bitte?«

»Hendaya. Wer ist das?«

»Rodrigo Hendaya?«

»Vermutlich.«

»Warum wollen Sie das wissen?«

»Wissen schadet nicht.«

»Hat Montalvo im Zusammenhang mit dieser Geschichte Hendaya erwähnt?«

»Der Name ist im Gespräch gefallen, ja. Wer ist er?«

Vargas seufzte.

»Hendaya ist ein Schlächter. Je weniger Sie über ihn wissen, desto besser.«

»Kennen Sie ihn?«

Er ignorierte ihre Frage. Den Rest des Weges legten sie zurück, ohne ein weiteres Wort zu wechseln.

7

Sie waren fast eine Viertelstunde durch Alleen gefahren, die ein Regiment uniformierter Gärtner wie mit dem Pinsel gemalt hatte, als sich vor ihnen ein zypressengesäumter Boulevard auftat, der zum Tor mit den Lanzen der Villa Mercedes führte. Der Himmel hatte wieder die Farbe von Blei angenommen, und kleine Regentropfen besprritzten die Windschutzscheibe. Bei der Einfahrt zum Grundstück wartete ein Diener und öffnete das Tor, um sie durchzulassen. Auf der einen Seite befand sich ein Häuschen, aus dem ein Wärter mit Gewehr Vargas' Gruß mit einem Nicken erwiderte.

»Waren Sie schon mal da?«, fragte Alicia.

»Zweimal seit vergangenem Montag. Sie werden entzückt sein.«

Der Wagen glitt über den fein gekiesten Weg, der sich zwischen Baumpflanzungen und Teichen hindurchschlängelte. Alicia betrachtete die Skulpturengärten, die Teiche und Brunnen und die welken Rosenpflanzungen, die sich im Herbstwind auflösten. Zwischen Sträuchern und abgestorbenen Blumen sah man die Schienen einer Modelleisenbahn. Zuhinterst im Grundstück waren undeutlich die Umrisse eines mutmaßlichen Miniaturbahnhofs zu erkennen. Unter dem Sprühregen wartete am Bahnsteig eine Dampflokomotive mit zwei Waggons.

»Ein Spielzeug für die Kleine«, erklärte Vargas.

Kurz danach trat das Haupthaus in ihr Blickfeld, ein Palast maßloser Größe, der dazu bestimmt schien, den Besucher klein zu machen und einzuschüchtern. Beiderseits standen im Abstand von je hundert Metern zwei große alte Häuser. Vargas hielt vor der ausladenden Freitreppe, die zum Haupteingang hinaufführte. Neben ihr erwartete sie ein livrierter Butler mit einem Regenschirm und bedeutete ihnen, bis zu einer Anlage etwa fünfzig Meter vom Haus entfernt zu fahren. Vargas bog in den Weg zu den Garagen ein, und Alicia konnte sich der Betrachtung des Haupthauses widmen.

»Wer bezahlt all das?«, fragte sie.

Vargas zuckte mit den Schultern.

»Vermutlich Sie und ich. Und vielleicht die Señora Valls, die von ihrem Herrn Vater, Enrique Sarmiento, ein Vermögen geerbt hat.«

»Dem Bankier?«

»Einem der Bankiers des Kreuzzugs, wie die Zeitungen sagten«, präzisierte Vargas.

Alicia erinnerte sich, gehört zu haben, wie Leandro den Namen Sarmiento und eine Gruppe Bankiers erwähnte, die während des Bürgerkriegs die Nationalen finanziert hatte, indem sie ihnen in einem für beide Seiten einträglichen Abkommen vor allem das Geld der Besiegten geliehen hatte.

»Soviel ich weiß, ist die Frau des Ministers krank«, sagte Alicia.

»Krank, ja, so nennt man das wohl …«

Der Garagenwärter öffnete ihnen eines der Tore und hieß sie hineinfahren. Vargas kurbelte die Scheibe hinunter, und der Wärter erkannte ihn.

»Lassen Sie ihn stehen, wo Sie wollen, Chef. Und die Schlüssel stecken lassen, bitte …«

Vargas nickte und fuhr in die Garage hinein, eine Konstruktion aus miteinander verbundenen, auf Schmiedeeisensäulen ruhenden Gewölben, die sich in eine unergründliche Dunkelheit hineinzogen. Eine Luxuskarosse stand hinter dem anderen, der Glanz ihrer verchromten Teile verlor sich im Unendlichen. Vargas fand eine Lücke zwischen einem Hispano-Suiza und einem Cadillac. Der Wärter war ihnen gefolgt und machte eine anerkennende Geste.

»Mit einem schönen Wagen kommen Sie heute, Chef«, kommentierte er, als sie ausstiegen.

»Da mich heute die Señorita begleitet, haben mich die Chefs den Ford entführen lassen.«

Der Wärter war eine Art Skizze zwischen Homunkulus und Mäuschen und schien sich in seinem blauen Overall dank einem Knäuel schmutziger, am Gürtel hängender Lappen und einer Fettschicht, die ihn vor den Elementen schützte, auf den Beinen zu halten. Nachdem er Alicia ausgiebig von Kopf bis Fuß in Augenschein genommen hatte, ergab er sich in einer Verneigung, und als er dachte, sie bemerke es nicht, zwinkerte er Vargas kumpelhaft zu.

»Feiner Typ, dieser Luis«, sagte Vargas. »Ich glaube, er wohnt hier in der Garage, in einem Schuppen hinten in der Werkstatt.«

Sie schritten diese rollende Sammlung von Museumsstücken Richtung Ausgang ab, und hinter ihnen hielt sich Luis damit auf, den Ford mit Lappen und Speichel auf Hochglanz zu polieren und sich gleichzeitig an Alicias sanftem Wiegen und der Form ihrer Fesseln zu weiden.

Der Butler eilte herbei, um sie in Empfang zu nehmen, und Vargas überließ Alicia den Platz unter dem Schirm.

»Ich hoffe, Sie hatten eine angenehme Fahrt von Madrid hierher«, sagte er feierlich. »Doña Mariana erwartet sie.«

Er zeigte das frostige, herablassende Lächeln jener Bediensteten, die mit den Jahren allmählich glauben, die Abstammung ihres Herrn habe ihr Blut blau gesprenkelt und ihnen somit das Privileg verschafft, die anderen von oben herab anzusehen. Während sie zum Hauptgebäude gingen, bemerkte Alicia, dass er sie heimlich musterte, um ihren Gebärden und ihrer Kleidung zu entnehmen, was diese Figur in der Aufführung zu suchen hatte.

»Die Señorita ist Ihre Sekretärin?«, fragte er, ohne den Blick von ihr abzuwenden.

»Die Señorita ist meine Vorgesetzte«, erwiderte Vargas.

Der Butler verzog sein Gesicht zu einer einrahmenswürdigen Grimasse. Seine Lippen pressten sich aufeinander, und sein Blick haftete für das restliche Wegstück an seinen Schuhen.

Der Haupteingang führte in eine große Halle mit Marmorboden, von der Treppen, Korridore und Galerien ausgingen. Sie folgten dem Butler zu einem Lesezimmer, wo sie, den Rücken der Tür zugewandt und den Blick auf den Garten unter dem Regen gerichtet, eine Frau mittleren Alters erwartete, die sich umdrehte, kaum hörte sie sie eintreten, und ihnen ein tiefgekühltes Lächeln schenkte. Der Butler schloss hinter sich die Tür und zog sich zurück, um sich in seiner Verblüffung zu ergehen.

»Ich bin Mariana Sedó, Don Mauricios Privatsekretärin.«

»Vargas, vom Polizeipräsidium, und meine Mitarbeiterin, Señorita Gris.«

Mariana nahm sich Zeit, die obligate Röntgenaufnahme von ihr zu machen. Sie begann bei Alicias Gesicht, schleifte den Blick über die Farbe ihrer Lippen, fuhr mit dem Schnitt ihres Kleides fort und hörte bei den Schuhen auf, die ein tolerant-verächtliches Lächeln ernteten, das sie rasch in den nüchternen, zerknirschten Ausdruck übergehen ließ, den die Umstände geboten. Sie bedeutete ihnen, Platz zu nehmen. Sie setzten sich auf ein Ledersofa, und Mariana entschied sich für einen Stuhl, den sie an das Tischchen rückte, auf dem ein Tablett mit einer dampfenden Teekanne und drei Tassen ruhte, die sie nun füllte. Alicia wog das aufgesetzte Lächeln ab, hinter dem sich Doña Mariana verschanzte, und dachte, Valls' ewige Wärterin verströme eine böse Aura irgendwo auf halbem Weg zwischen guter Fee und ausgehungerter Gottesanbeterin.

»Bitte sagen Sie mir doch, wie ich Ihnen behilflich sein kann. In den letzten Tagen habe ich mit so vielen Ihrer Kollegen gesprochen, dass ich gar nicht mehr weiß, ob es überhaupt noch etwas Ungesagtes gibt.«

»Wir danken Ihnen für Ihre Geduld, Doña Mariana. Wir sind uns bewusst, dass das für die Familie und für Sie eine schwierige Zeit ist«, begann Alicia.

Mariana stimmte mit geduldiger Gebärde und einem Raureiflächeln zu – das perfekt einstudierte Bild der treuen Dienerin. Doch ihre Augen ließen einen Anflug von Gereiztheit erkennen, da sie es mit unbedeutenden Subalternen zu tun hatte. Wie sie vor allem Vargas anschaute und Alicia geflissentlich übersah, verriet einen zusätzlichen Grad an Verachtung. Alicia beschloss, die Initiative Vargas zu überlassen, dem das alles nicht entgangen war, und zuzuhören.

»Doña Mariana, dem Protokoll und Ihrer Erklärung gegenüber der Polizei ist zu entnehmen, dass Sie es waren, die als Erste Don Mauricio Valls' Verschwinden gemeldet hat …«

Die Sekretärin bejahte.

»Am Tag des Maskenballs hatte Don Mauricio mehreren Mitgliedern des festangestellten Personals freigegeben. Ich nutzte die

Gelegenheit, um mein Patenkind in Madrid zu besuchen und den Tag mit ihm zu verbringen. Obwohl mir Don Mauricio nicht gesagt hatte, dass er mich benötigen würde, kam ich am nächsten Tag am frühen Morgen zurück, so gegen acht, und begann wie immer die Korrespondenz und Don Mauricios Terminkalender vorzubereiten. Um neun ging ich ins Büro hinauf und sah, dass der Herr nicht da war. Kurz darauf sagte mir eines der Mädchen, seine Tochter Mercedes habe ihr mitgeteilt, ihr Vater sei sehr früh mit dem Auto weggefahren, in Begleitung von Señor Vicente Carmona, dem Chef seiner Leibwache. Das erschien mir merkwürdig, denn als ich seinen Kalender konsultierte, sah ich, dass er eigenhändig für diesen Vormittag um zehn Uhr hier, in der Villa Mercedes, ein informelles Treffen mit dem kaufmännischen Leiter von Ariadna, Señor Pablo Cascos Buendía, eingetragen hatte.

»Ariadna?«, fragte Vargas.

»So heißt der Verlag, der Don Mauricio gehört«, erklärte die Sekretärin.

»Dieser Punkt steht nicht in Ihrer Erklärung gegenüber der Polizei«, sagte Alicia.

»Verzeihung?«

»Die Sitzung, die Don Mauricio an diesem Morgen selbst vereinbart hatte. Die haben Sie gegenüber der Polizei nicht erwähnt. Darf ich fragen, warum?«

Doña Mariana lächelte ein wenig unfreundlich, als erscheine ihr die Frage trivial.

»Da diese Sitzung nie stattgefunden hat, erschien es mir irrelevant. Hätte ich es tun sollen?«

»Sie haben es jetzt getan, und das zählt«, sagte Vargas freundlich. »Man kann sich unmöglich an sämtliche Details erinnern. Aus diesem Grund nutzen wir Ihre Freundlichkeit aus und insistieren so sehr. Fahren Sie bitte fort, Doña Mariana.«

Valls' Sekretärin akzeptierte die Entschuldigung und fuhr fort, Alicia ignorierend und nur Vargas anblickend.

»Wie gesagt, fand ich es merkwürdig, dass sich der Minister entfernte, ohne mich vorher davon in Kenntnis gesetzt zu haben. Ich befragte die Bediensteten, die mir sagten, anscheinend habe der Minister in der Nacht zuvor nicht in seinem Zimmer geschlafen, sondern die ganze Zeit in seinem Arbeitszimmer verbracht.«

»Verbringen Sie die Nächte hier, in dem Hauptgebäude?«, unterbrach Alicia sie.

Doña Mariana setzte ein beleidigtes Gesicht auf und verneinte mit zusammengepressten Lippen.

»Selbstverständlich nicht.«

»Entschuldigen Sie. Fahren Sie fort, wenn Sie so freundlich sein wollen.«

Valls' Sekretärin schnaubte ungeduldig.

»Kurz darauf, etwa um neun, teilte mir Señor Revuelta, der Sicherheitschef des Hauses, mit, er wisse nichts davon, dass Vicente Carmona und der Herr Minister an diesem Vormittag irgendwo hinzugehen beabsichtigt hatten und dass es jedenfalls höchst ungewöhnlich sei, dass sie ohne eine weitere Leibwache zusammen weggefahren seien. Auf mein Ersuchen hin besprach sich Señor Revuelta zuerst mit dem Personal des Ministeriums und unterhielt sich danach mit dem Innenministerium. Niemand wusste etwas von Don Mauricio, aber man sagte uns, wir würden sofort benachrichtigt, sobald man ihn gefunden hätte. Es verstrich ungefähr eine halbe Stunde, ohne dass wir etwas hörten. Da kam Mercedes, Don Mauricios Tochter, zu mir. Sie weinte, und als ich sie fragte, was sie denn habe, sagte sie, ihr Vater sei gegangen und werde nie mehr wiederkommen …

»Hat Mercedes gesagt, warum sie das annahm?«, fragte Vargas.

Doña Mariana zuckte mit den Schultern.

»Was taten Sie dann?«

»Ich habe die Chefsekretärin des Innenministeriums angerufen und zuerst mit Don Jesús Moreno und später mit dem Obersten Polizeichef gesprochen, Señor Gil de Partera. Alles andere wissen Sie bereits.«

»Und da haben Sie die anonymen Briefe erwähnt, die der Minister bekommen hatte?«

Doña Mariana nahm sich einen Augenblick Zeit.

»So ist es. Das Thema kam im Gespräch mit Señor Gil de Partera und seinem Untergebenen zur Sprache, einem gewissen García ...«

»García Novales«, ergänzte Vargas.

Die Sekretärin nickte.

»Natürlich war die Polizei schon von der Existenz dieser Briefe unterrichtet und hatte seit mehreren Monaten auch Kopien von ihnen. Der Zufall wollte es, dass ich an diesem Morgen, während ich den Terminkalender des Ministers durchging, in seinem Arbeitszimmer auf die Mappe stieß, in der er sie verwahrte.«

»Wussten Sie, dass er sie aufbewahrte?«, fragte Alicia.

Doña Mariana verneinte.

»Ich dachte, er hätte sie vernichtet, nachdem er sie der Polizei gezeigt hatte und nach der Untersuchung hinsichtlich des Zwischenfalls im Círculo de Bellas Artes, aber ich sah, dass ich mich geirrt und Don Mauricio offenbar in ihnen auch später noch gelesen hatte. So habe ich es Ihren Vorgesetzten gegenüber erwähnt.«

»Warum hat Ihrer Meinung nach Don Mauricio die Polizei oder das Sicherheitskorps erst nach so langer Zeit von diesen Briefen unterrichtet?«, fragte Alicia.

Für einen Augenblick wandte Doña Mariana den Blick von Vargas ab und lenkte ihn wie ein Raubvogel auf sie.

»Señorita, Sie müssen begreifen, dass der Umfang der Korrespondenz, die ein Mann von Don Mauricios Bedeutung erhält, ungeheuer groß ist. Zahlreiche Menschen und Vereinigungen wenden sich an den Minister, und oft werfe ich täglich extravagante oder auch einfach verschrobene Briefe weg, die Don Mauricio nicht einmal zu sehen bekommt.«

»Aber diese Briefe haben Sie nicht weggeworfen.«

»Nein.«

»Kannten Sie den Mann, den die Polizei stark verdächtigt, sie geschickt zu haben, Sebastián Salgado?«

»Nein, natürlich nicht«, sagte die Sekretärin kurz angebunden.

»Aber Sie wussten, dass es ihn gab?«, insistierte Alicia.

»Ja. Ich erinnerte mich an ihn von damals, als der Minister die Begnadigung verhandelte, und danach, als die Polizei ihn über das Ergebnis ihrer Untersuchung der Briefe informierte.«

»Natürlich, aber davor, wissen Sie noch, ob Don Mauricio irgendwann den Namen Salgado erwähnt hat? Vielleicht Jahre früher?«

Doña Mariana machte eine lange Pause.

»Das kann sein. Ich bin nicht sicher.«

»Ist es möglich, dass er ihn erwähnte?« Alicia ließ nicht locker.

»Ich weiß nicht. Vielleicht. Ich glaube, ja.«

»Und das wäre wann gewesen?«

»Im März 1948.«

Mit einem Stirnrunzeln drückte Alicia ihr Befremden aus.

»Sie erinnern sich genau an das Datum, aber sind nicht sicher, ob er den Namen Salgado nannte?«

Doña Mariana errötete.

»Im März 1948 bat mich Don Mauricio, ein informelles Treffen mit seinem Nachfolger als Direktor des Montjuïc-Gefängnisses anzuberaumen, Luis Bolea.«

»Worum sollte es gehen?«

»Soweit ich es mitbekam, handelte es sich um ein informelles, um ein Höflichkeitstreffen.«

»Und waren Sie bei diesem, wie Sie sagen, Höflichkeitstreffen zugegen?«

»Nur in einem bestimmten Moment. Es war ein privates Gespräch.«

»Aber vielleicht hatten Sie die Möglichkeit, irgendwas aufzuschnappen, rein zufällig, als Sie den Raum betraten und wieder hinausgingen … Mit dem Kaffee … Vielleicht von Ihrem Schreibtisch aus beim Eingang zu Don Mauricios Arbeitszimmer …«

»Es gefällt mir nicht, was Sie da andeuten, Señorita.«

»Woran immer Sie sich erinnern können, es wird uns helfen, den Minister zu finden, Doña Mariana«, sagte Vargas. »Seien Sie so gut.«

Doña Mariana zögerte.

»Ich erinnere mich, dass sich Don Mauricio bei Señor Bolea nach einigen Gefangenen erkundigte, die während seines Mandats dort waren. Er wollte Einzelheiten erfahren darüber, ob sie noch dort oder entlassen worden waren, ob sie verlegt worden oder gestorben waren.«

»Können Sie sich an Namen erinnern, die zur Sprache kamen?«

»Da fielen viele Namen. Und es liegt Jahre zurück …«

»War Salgado darunter?«

»Ja, ich glaube schon.«

»Können Sie sich an irgendeinen anderen Namen erinnern?«

»Der einzige, der mir deutlich haften geblieben ist, ist David Martín.«

Alicia und Vargas tauschten einen Blick. Vargas machte sich Notizen in seinem Heft.

»Sonst noch ein Name?«

»Vielleicht einer, der französisch oder sonst ausländisch klang. Ich kann mich nicht erinnern. Ich sagte ja, es sind so viele Jahre vergangen. Was kann das jetzt noch für eine Bedeutung haben?«

»Das wissen wir nicht, Doña Mariana. Unsere Pflicht ist es, sämtliche Möglichkeiten zu prüfen. Um auf das Thema der Briefe zurückzukommen: Als Sie ihm den ersten zeigten, können Sie sich da an seine Reaktion erinnern? Sagte der Minister etwas, was Ihnen auffiel?«

Doña Mariana verneinte.

»Er sagte nichts Besonderes. Er schien ihm keine Bedeutung beizumessen. Er steckte ihn in eine Schublade und wies mich an, wenn weitere solche Briefe kommen sollten, sie ihm persönlich auszuhändigen.«

»Ungeöffnet?«

Mariana nickte.

»Hat Sie Don Mauricio gebeten, mit niemandem über die Existenz dieser Briefe zu sprechen?«

»Das war nicht nötig. Ich pflege Don Mauricios Angelegenheiten nicht mit Leuten zu besprechen, die sie nichts angehen.«

»Bittet Don Mauricio Sie manchmal darum, Geheimnisse für sich zu behalten, Doña Mariana?«, fragte Alicia.

Valls' Sekretärin presste die Lippen zusammen, gab aber keine Antwort.

»Haben Sie sonst noch eine Frage, Hauptmann?«, herrschte sie Vargas ungeduldig an.

Alicia ging nicht auf Doña Marianas Fluchtversuch ein. Sie lehnte sich vor, so dass sie direkt in ihr Gesichtsfeld geriet.

»Wussten Sie, dass Don Mauricio die Absicht hatte, die Begnadigung für Sebastián Salgado beim Staatschef zu beantragen?«, fragte sie.

Die Sekretärin musterte sie von oben bis unten, jetzt ohne ihre Abneigung und die Feindseligkeit zu verbergen, die Alicia in ihr auslöste. Sie suchte Vargas' bekräftigenden Blick, doch der starrte in sein Notizbuch.

»Natürlich wusste ich das.«

»Hat Sie das nicht überrascht?«

»Warum sollte es mich überrascht haben?«

»Hat er Ihnen gesagt, aus welchem Grund er das tun wollte?«

»Aus humanitären Gründen. Es war ihm zu Ohren gekommen, dass Sebastián Salgado sehr krank war und nicht mehr lange zu leben hatte. Er wollte ihn nicht im Gefängnis sterben lassen, sondern dass er seine Angehörigen besuchen und im Kreise der Familie sterben konnte.«

»Laut Polizeibericht hatte Sebastián Salgado nach zwanzig Jahren Gefängnis keine Familie mehr, von der man etwas wusste, noch sonstige Angehörige«, sagte Alicia kühn.

»Don Mauricio ist ein glühender Verfechter der nationalen Versöhnung und der Heilung vergangener Wunden. Vielleicht können Sie das nur schwer begreifen, aber es gibt Menschen, die in christlicher Nächstenliebe und Großzügigkeit des Geistes leben.«

»Da dem so ist, wissen Sie, ob Don Mauricio im Lauf der Jahre, die Sie für ihn gearbeitet haben, weitere Begnadigungen dieser Art beantragt hat? Vielleicht für einen der Hunderte oder Tausende politischer Gefangener, die in der von ihm mehrere Jahre lang geleiteten Strafanstalt einsaßen?«

Doña Mariana zeigte ein eiskaltes Lächeln, schneidend wie eine vergiftete Klinge.

»Nein.«

Alicia und Vargas schauten sich kurz an. Vargas gab ihr zu verstehen, sie solle es gut sein lassen. Es war klar, dass dieser Weg nirgendwohin führte. Alicia beugte sich wieder vor und fing so noch einmal gegen deren Willen Doña Marianas Blick auf.

»Wir sind schon fast am Ende, Doña Mariana. Vielen Dank für Ihre Geduld. Das Treffen des Ministers, das Sie vorher erwähnt haben, mit dem kaufmännischen Leiter des Verlags Ariadna ...«

»Señor Cascos.«

»Señor Cascos, danke. Wissen Sie, worum es da gehen sollte?«

Doña Mariana schaute sie an, als wollte sie zeigen, wie absurd sie die Frage fand.

»Verlagsangelegenheiten, wie anzunehmen ist.«

»Natürlich. Kommt es oft vor, dass sich der Herr Minister mit Angestellten seiner Privatgeschäfte in seinem Wohnsitz trifft?«

»Ich verstehe nicht, was Sie meinen.«

»Können Sie sich erinnern, wann das zum letzten Mal vorgekommen ist?«

»Nein, ehrlich gesagt, nicht.«

»Und das Treffen mit Señor Cascos, haben Sie das organisiert?«

Doña Mariana schüttelte den Kopf.

»Wie ich Ihnen schon sagte, hat es der Minister eigenhändig in seinen Kalender eingetragen.«

»Vereinbart Don Mauricio öfter ohne Ihr Wissen ein Treffen oder eine Sitzung? ›Eigenhändig‹?«

Die Sekretärin schaute sie kühl an.

»Nein.«

»Und trotzdem haben Sie diesen Umstand in Ihrer Erklärung gegenüber der Polizei nicht erwähnt.«

»Ich habe schon gesagt, dass ich es nicht relevant fand. Señor Cascos ist ein Angestellter und Mitarbeiter von Don Mauricio. Ich habe nichts Ungewöhnliches in dieser Zusammenkunft gesehen. Das war nicht das erste Mal.«

»Ach nein?«

»Nein. Zuvor hatten sie sich schon mehrmals zusammengesetzt.«

»In diesem Haus?«

»Meines Wissens nicht.«

»Waren Sie es, die diese Treffen organisierte, oder tat das Don Mauricio selbst?«

»Daran erinnere ich mich nicht. Da müsste ich meine Notizen durchsehen. Spielt es eine Rolle, ob es so oder anders war?«

»Verzeihen Sie mein Beharren, hat Ihnen vielleicht Señor Cascos gesagt, worüber der Minister an diesem Morgen mit ihm sprechen wollte?«

Doña Mariana überlegte einige Sekunden.

»Nein. In diesem Moment galt unsere Sorge nur dem Auffinden des Ministers, und es kam mir nicht in den Sinn, dass Geschäfte mit einem Angestellten des mittleren Kaders vordringlich sein könnten.«

»Ist Señor Cascos ein Angestellter des *mittleren Kaders*?«, fragte Alicia.

»Ja.«

»Nur um einen Anhaltspunkt zu haben, welchem Kader würden Sie angehören, Doña Mariana?«

Vargas verpasste ihr einen diskreten Fußtritt. Die Sekretärin stand mit ernster, Abschluss und Verabschiedung ausdrückender Miene auf – die Audienz war beendet.

»Wenn Sie mich entschuldigen wollen und ich Ihnen bei nichts Weiterem mehr behilflich sein kann«, sagte sie und bedeutete ihnen mit einer höflichen, aber bestimmten Kopfbewegung Richtung Tür, sie möchten das Haus verlassen. »Selbst während seiner Abwesenheit erfordern Don Mauricios Geschäfte meine Aufmerksamkeit.«

Vargas stand vom Sofa auf und nickte, um Doña Mariana zum Ausgang zu folgen. Er hatte bereits die ersten Schritte getan, als er merkte, dass Alicia noch immer auf dem Sofa saß und ihren Tee genoss, den sie während des ganzen Gesprächs nicht beachtet hatte. Vargas und Doña Mariana wandten sich zu ihr um.

»Tatsächlich gibt es da noch etwas, bei dem Sie uns behilflich sein können, Doña Mariana«, sagte sie.

Sie folgten Doña Mariana durch ein Labyrinth von Gängen durchs ganze Haus bis zu der Treppe, die zum Turm hinaufführte. Valls' Sekretärin ging voran, ohne sich umzublicken oder etwas zu sagen, und verströmte eine fast greifbare Feindseligkeit hinter sich. Die Regenschichten, die die Fassade peitschten, projizierten durch die Vorhänge und Fenster eine düstere Aura, so dass man das Gefühl hatte, die Villa Mercedes sei tief in einem See versunken. Unterwegs begegneten sie Heerscharen von Dienern und anderem Personal aus Valls' kleinem Reich, die bei Doña Marianas Anblick den Kopf senkten und mehr als einmal stehen blieben und zur Seite traten, um mit einem Knicks ihre Ergebenheit zu bekunden. Vargas und Alicia sahen sich dieses Ritual von Hierarchien und Förmlichkeiten an, das die Diener und Lakaien des Ministers hier inszenierten, und wechselten ab und zu einen verdutzten Blick.

Am Fuß der spiralförmigen Treppe, die zum Arbeitszimmer im Turm hinaufführte, nahm Doña Mariana eine Öllampe von der Wand und regulierte die Flamme. In diese bernsteinfarbene Lichtblase gehüllt, die ihren Schatten über die Wände zog, stiegen sie hinauf. Vor der Tür des Arbeitszimmers wandte sich Doña Mariana um, ignorierte ausnahmsweise Vargas und heftete ihre giftigen Augen auf Alicia. Diese lächelte ihr gelassen zu und streckte ihr die Handfläche entgegen. Mit zusammengepressten Lippen übergab ihr Doña Mariana den Schlüssel.

»Rühren Sie nichts an. Lassen Sie alles so, wie Sie es vorfinden. Und wenn Sie fertig sind, geben Sie den Schlüssel dem Butler, bevor Sie gehen.«

»Vielen Dank, Doña …«, stimmte Vargas an.

Doña Mariana drehte sich wortlos um und stieg mit der Öllampe die Treppe hinunter, so dass sie auf der dunklen Schwelle standen.

»Besser hätte es nicht laufen können«, sagte Vargas. »Wir werden ja sehen, wie lange es dauert, bis die Frau García Novales anruft, der uns dann die Haut in Streifen vom Leib reißt, vor allem Ihnen.«

»Weniger als eine Minute«, bestätigte Alicia.

»Irgendetwas sagt mir, dass die Zusammenarbeit mit Ihnen die reine Wonne sein wird.«

»Licht?«

Vargas zog sein Feuerzeug hervor und hielt die Flamme ans Schlüsselloch, damit Alicia den Schlüssel hineinstecken konnte. Als sie den Türknauf drehte, gab er ein metallisches Wimmern von sich.

»Das klingt wie eine Mausefalle«, kommentierte Vargas.

Im Licht der Flamme schenkte ihm Alicia ein maliziöses Lächeln, das er lieber nicht gesehen hätte.

»Lasst, die ihr durch diese Tür tretet, alle Hoffnung fahren …«, sagte er.

Er blies die Flamme aus und stieß die Tür auf.

8

Gräuliche Helligkeit schwebte schwach in der Luft. Der bleiern tränende Himmel versiegelte die Fenster. Alicia und Vargas betraten einen Raum, der ihnen wie die Heckkajüte einer Luxusyacht erschien. Das Arbeitszimmer hatte die Form eines Ovals, dessen Mitte ein großer Edelholzschreibtisch einnahm. Darum herum bedeckten spiralförmig aufgebaute Bücherregale den größten Teil der Wände und verknoteten sich gleichsam in einer Schlaufe, die zu einer verglasten, die Turmspitze abstützenden Laterne hinaufführte. Nur ein kleines Stück Wand war bücherlos, direkt gegenüber dem Schreibtisch, an dem Dutzende von Fotografien in kleinen Bilderrahmen hingen. Alicia und Vargas traten heran, um sie unter die Lupe zu nehmen. Sämtliche Aufnahmen zeigten dasselbe Gesicht und bildeten eine Art Fotobiographie von der Kindheit über das Teenageralter bis zur Adoleszenz. Dem Auge des Betrachters enthüllte ein Mädchen mit bleichem Teint und hellem Haar in hundert Schnappschüssen ein heranwachsendes Leben.

»Offenbar liebt der Minister jemanden noch mehr als sich selbst«, sagte Alicia.

Vargas blieb in die Betrachtung der Porträts versunken stehen, während Alicia an Valls' Schreibtisch trat. Sie schob den Obristensessel zurück und setzte sich. Sie legte die Hände auf die Lederunterlage, die die Tischplatte bedeckte, und besah sich den Raum.

»Wie sieht die Welt von dort aus?«, fragte Vargas.

»Klein.«

Alicia knipste die Schreibtischlampe an. Ein warmer Glanz staubigen Lichts erfüllte den Raum. Sie zog die erste Schublade auf und fand darin eine geschnitzte Holzschatulle. Vargas trat zu ihr und setzte sich auf die Schreibtischkante.

»Wenn es ein Humidor ist, bitte ich um die erste Montecristo«, sagte er.

Alicia öffnete das Kästchen. Es war leer. In der Samtauskleidung erkannte man den Abdruck eines Revolvers. Vargas beugte sich vor und strich über den Rand der Schatulle, dann roch er an den Fingern und nickte.

Alicia zog die zweite Schublade auf. Eine Sammlung von Etuis war sorgfältig wie für eine kleine Ausstellung angeordnet.

»Sieht aus wie kleine Särge«, sagte Alicia.

»Zeigen Sie mir den Toten«, lud Vargas sie ein.

Sie öffnete eines der Etuis. Es enthielt einen schwarzlackierten, von einer Verschlusskappe mit dem weißen Stern der Marke an der Spitze gekrönten Kolben. Sie nahm ihn heraus und wog ihn lächelnd ab. Dann zog sie die Kappe ab und drehte langsam an einem der Enden. Eine Feder aus Gold und Platin, die von einer Kabbala von Weisen und Goldschmieden geschaffen schien, glänzte in ihren Händen.

»Fantomas' verhexte Feder?«, fragte Vargas.

»Sozusagen. Das ist die erste vom Haus Montblanc hergestellte Füllfeder«, erklärte Alicia. »Aus dem Jahr 1905. Ein sündhaft teures Stück.«

»Und woher wissen Sie das?«

»Leandro hat die gleiche.«

»Zu Ihnen passt sie besser.«

Sie legte die Füllfeder ins Etui zurück und schob die Schublade zu.

»Ich weiß. Er hat sie mir für den Tag versprochen, an dem ich in Pension gehe.«

»Und wann wäre das?«

»Bald.«

Als sie die dritte und letzte Schublade aufziehen wollte, stellte sie fest, dass sie verschlossen war. Sie schaute Vargas an, der den Kopf schüttelte.

»Wenn Sie den Schlüssel wollen, gehen Sie runter und bitten Sie Ihre Freundin Doña Mariana darum.«

»Ich möchte sie nicht stören, wo sie doch so viel zu tun hat mit *Don Mauricios Geschäften* …«

»Und nun?«

»Ich dachte, auf dem Präsidium gibt man Ihnen Kurzlehrgänge in roher Gewalt.«

Vargas seufzte.

»Lassen Sie mich ran.«

Er kniete vor den Schubladen nieder und zog einen Elfenbeingriff aus dem Jackett, den er zu einer doppelseitig gezackten Klinge entfaltete.

»Damit Sie nicht glauben, Sie sind die Einzige, die eine Ahnung von Sammlerstücken hat. Geben Sie mir den Brieföffner.«

Alicia reichte ihn ihm, und Vargas begann, mit der Klinge das Schloss und mit dem Brieföffner die Spalte zwischen der Schublade und der Schreibtischplatte aufzubrechen.

»Irgendetwas sagt mir, dass Sie das nicht zum ersten Mal machen«, bemerkte Alicia.

»Es gibt Leute, die zum Fußball gehen, und es gibt Leute, die Schlösser aufbrechen. Irgendein Hobby muss man schließlich haben ...«

Die Operation dauerte wenig mehr als zwei Minuten. Mit einem metallischen Knacken versank die Klinge des Brieföffners in der Schublade, nachdem das Schloss klein beigegeben hatte. Vargas zog die Schneide seines Dolchs aus dem Schloss. Auf der Klinge war weder eine Spur noch eine Scharte zu sehen.

»Gehärteter Stahl?«, fragte Alicia.

Mit kundiger Hand klappte Vargas den Dolch zusammen, indem er die Spitze auf dem Boden abstützte, und verwahrte ihn wieder in der Jackettinnentasche.

»Eines Tages müssen Sie mich mit diesem Ding spielen lassen«, sagte Alicia.

»Wenn Sie sich anständig benehmen.« Vargas zog die Schublade auf.

Sie schauten voller Erwartung hinein – gähnende Leere.

»Sagen Sie mir bitte nicht, ich hätte umsonst den Schreibtisch eines Ministers aufgebrochen.«

Alicia gab keine Antwort. Sie kniete neben Vargas nieder und tastete das Innere der Schublade ab, klopfte auf die Holzlamellen, aus denen sie sich zusammensetzte.

»Solide Eiche«, sagte Vargas. »So was wird heute nicht mehr hergestellt ...«

Verblüfft runzelte Alicia die Stirn.

»Hier werden wir nichts mehr finden.« Vargas stand auf. »Wir gehen besser aufs Präsidium und untersuchen Salgados Briefe.«

Alicia hörte nicht auf ihn. Sie tastete noch immer die Schublade und die Unterseite der oberen ab. Zwischen der Platte, die die obere Schublade nach unten abschloss, und dem unteren Teil der Seitenwände gab es zwei Fingerbreit Spielraum.

»Helfen Sie mir, sie herauszuziehen.«

»Nicht zufrieden damit, das Schloss zu erledigen, wollen Sie jetzt auch noch den ganzen Schreibtisch demontieren«, murmelte Vargas.

Er hieß sie mit einer Handbewegung beiseitetreten und zog die ganze Schublade heraus.

»Sehen Sie? Nichts.«

Alicia packte die Schublade und stellte sie auf den Kopf. Auf der Unterseite des Bodens fand sie, mit zwei Streifen Isolierband über Kreuz befestigt, ein Buch. Sorgfältig zog sie das Band ab und ergriff das Buch. Vargas betastete die Klebeseite des Streifens.

»Frisch«, sagte er.

Alicia legte das Buch auf den Schreibtisch, setzte sich wieder in den Sessel und rückte ihn näher zur Lampe. Vargas kniete neben ihr nieder und schaute sie mit fragendem Ausdruck an.

Das Buch umfasste schätzungsweise zweihundert Seiten und war in schwarzes Leder gebunden. Auf dem Titelblatt und dem Rücken stand kein Titel. Das einzige Merkmal war auf der Vorderseite ein goldgeprägtes Bild in Form einer Spirale. Die Prägung schuf eine Art optische Täuschung, so dass der Betrachter, wenn er das Buch in der Hand hielt, eine Wendeltreppe zu sehen glaubte, die ins Buch hineinführte. Als sie es aufschlug, sah sie drei unbedruckte Seiten, mit je einer Federzeichnung von einer Schachfigur: einem Läufer, einem Bauern und einer Königin. Die Figuren trugen vage erkennbar menschliche Züge. Die Augen der Königin waren schwarz mit vertikalen Pupillen wie bei einem Reptil. Alicia blätterte um und stieß auf eine Seite mit dem Titel des Buches.

Das Labyrinth der Lichter VII
Ariadna und der Scharlachprinz

Text und Illustrationen von Víctor Mataix

Unter dem Titel folgte über zwei Seiten eine erlesene schwarze Federzeichnung. Das Bild zeigte eine geisterhaft aussehende Stadt,
wo die Häuser ein Gesicht hatten und die Wolken sich wie Schlan-
gen zwischen den Dächern dahinzogen. In den Straßen erhoben
sich große Holzfeuer und Rauchsäulen, und von einer Bergspitze
schaute ein Flammenkreuz auf die Stadt herab. Alicia erkannte
in der Zeichnung die Physiognomie Barcelonas. Aber eines an-
dersartigen Barcelonas, einer in eine Art Albtraum verwandelten,
durch die Augen eines Kindes gesehenen Stadt. Sie blätterte weiter
und hielt bei einer Illustration inne, auf der die Sagrada Familia
zu sehen war. Auf der Zeichnung schien die unvollendete Kathedrale aber zum Leben erweckt und schleppte sich wie ein Drache
dahin, die vier Türme auf der Seite der Geburtsfassade wellten
sich Schwefelhimmeln entgegen und endeten in feuerspeienden
Köpfen.

»Haben Sie so was schon einmal gesehen?«, fragte Vargas.

Alicia schüttelte langsam den Kopf. Einige Minuten lang versank sie in dem fremdartigen Universum, das diese Seiten heraufbeschworen. Bilder eines Wanderzirkus voller lichtscheuer Geschöpfe, eines unendlichen Friedhofs, der sich in einem Schwarm
von Mausoleen und Seelen erhob und durch die Wolken hindurch
zum Himmel emporstieg, die Überreste eines Schiffswracks, aus
dessen Bauch eine Flut von Leichen an den Strand gespült worden
war. Und herrschend in diesem phantasmagorischen Barcelona,
aus der Höhe des Kuppelgewölbes der Kathedrale die dichtge-
drängten Straßen zu ihren Füßen betrachtend, eine Gestalt, in ein
im Wind flatterndes Gewand gehüllt, mit dem Gesicht eines Engels und den Augen eines Wolfs: der Scharlachprinz.

Alicia klappte das Buch zu, berauscht von der seltsamen, ungeheuerlichen Kraft der Bilder und Worte. Erst da wurde ihr klar, dass sie nichts anderes als ein Kindermärchen in der Hand hielt.

9

Als sie die Turmtreppe hinabstiegen, nahm Vargas sie sanft am Arm und hielt sie zurück.

»Wir werden Doña Mariana sagen müssen, dass wir dieses Buch gefunden haben und mitnehmen.«

Alicia heftete den Blick auf Vargas' Hand, so dass er sie mit entschuldigender Miene losließ.

»Wenn ich richtig verstanden habe, würde sie lieber nicht mehr gestört werden.«

»Wenigstens wird man es ins Protokoll aufnehmen müssen …«

Alicia bedachte ihn mit einem undurchdringlichen Blick.

Vargas bemerkte, dass diese grünen Augen im Halbdunkel glänzten wie in einem Teich versinkende Münzen, was ihr ein leicht geisterhaftes Aussehen gab.

»Ich meine, als Beweisstück«, präzisierte er.

»Wofür?« Alicias Ton war schneidend kalt.

»Was die Polizei im Verlauf einer Ermittlung eben so findet …«

»Technisch gesehen hat nicht die Polizei es gefunden. *Ich* habe es gefunden. Sie haben dabei bloß den Schlosser gespielt.«

»Hören Sie …«

Alicia glitt treppab, so dass ihm die Worte im Mund steckenblieben. Er folgte ihr im Dunkeln.

»Alicia …«

Im Garten empfing sie ein Sprühregen, der sich in den Kleidern verfing wie Glasstaub. Eines der Mädchen hatte ihnen einen Schirm ausgeliehen, doch bevor Vargas ihn öffnen konnte, war Alicia schon unterwegs zur Garage, ohne auf ihn zu warten. Er beschleunigte seine Schritte, so dass er den Schirm über sie halten konnte.

»Gern geschehen«, sagte er. Er sah, dass Alicia leicht hinkte und die Lippen zusammenpresste.

»Was ist mit Ihnen?«

»Nichts. Eine alte Verletzung. Die Feuchtigkeit ist nicht grade hilfreich. Nichts von Bedeutung.«

»Wenn es Ihnen recht ist, warten Sie hier, und ich komme mit dem Wagen.«

Einmal mehr schien sie seine Worte zu überhören. Ihre Augen hatten sich in der Ferne verloren und spähten nach einer wie eine Fata Morgana aussehenden, vom Regen und den Bäumen halb versteckten Konstruktion.

»Was ist?«, fragte Vargas.

Sie marschierte los und ließ ihn mit dem Schirm in der Hand stehen.

»Heilige Muttergottes«, murmelte er und folgte ihr erneut.

Als er sie eingeholt hatte, deutete sie mit dem Kopf auf etwas, was aussah wie ein in den Tiefen des Gartens versunkenes Treibhaus.

»Da war jemand«, sagte sie. »Jemand, der uns beobachtet hat.«

»Wer?«

Sie blieb einen Augenblick stehen und zögerte.

»Gehen Sie schon mal zur Garage vor«, sagte sie. »Ich komme in einer Minute nach.«

»Sind Sie sicher?«

Sie nickte.

»Nehmen Sie wenigstens den Schirm …«

Er sah sie leicht hinkend im Regen davongehen, bis sie im Dunst verschwand, einer von vielen Schatten im Garten.

Vor ihr tat sich ein Pfad aus weißlichen Steinen auf. In den Spalten zwischen den behauenen Stücken nisteten Moosstreifen. Alicia dachte, der Weg sehe aus, als hätte man zu seiner Anlage die Grabsteine von einem Friedhof gestohlen. Als sie zwischen den Trauerweiden hindurchging, streichelten sie die mit Regentropfen behängten Äste wie Arme, die sie zurückhalten wollten. Auf der anderen Seite sah man jetzt undeutlich das vermeintliche Treibhaus, das aus der Nähe den Eindruck eines Pavillons in klassizistischem Stil machte. Die Schienen der ums Grundstück herumführenden Modelleisenbahn säumten den Pavillon, und ein Bahnsteig direkt vor dem Haupteingang diente als Bahnhof. Alicia umging die Gleise und stieg die Stufen zur Tür hinauf, die nur angelehnt war. Der Schmerz pulsierte in ihrer Hüfte und versetzte ihr Stiche, die ihr wie um die Knochen gebundener Stacheldraht vorkamen. Nach Atem ringend, blieb sie einige Augenblicke stehen und stieß dann die Tür auf, die mit einem leichten Ächzen nachgab.

Als Erstes dachte sie, sie befinde sich in einem seit Jahren verlassenen Ballsaal. Unzählige Fußspuren zeichneten sich in der Staubschicht ab, die einen Holzboden mit Rhombenmustern bedeckte, darüber zwei glaskugelbestückte, wie Raureifblumen an der Decke hängende Lampen.

»Hallo?«, rief sie.

Das Echo ihrer Stimme hallte durch den Saal, blieb aber ohne Antwort. Die Fußspuren verloren sich im Halbdunkel. Noch weiter entfernt erkannte man eine die ganze Wand einnehmende Vitrine aus dunklem Holz, die in kleine Kabäuschen wie Grabnischen unterteilt war. Alicia ging einige Schritte weiter, immer der Spur zu ihren Füßen nach, blieb aber stehen, als sie bemerkte, dass sie beobachtet wurde. Aus dem Schatten eines Elfenbeingesichts, das maliziös und herausfordernd lächelte, traf sie ein glasiger Blick. Die Puppe hatte rotes Haar und trug ein schwarzes Seidenkleid. Alicia ging ein paar Meter weiter und sah, dass die

Puppe nicht allein war. Jede einzelne dieser Mauernischen beherbergte eine Figur in Festgewandung. Sie glaubte über hundert Figuren zu sehen, alle lächelnd, alle beobachtend, ohne mit den Wimpern zu zucken. Die Puppen waren so groß wie Kinder, und selbst in diesem Dämmerlicht konnte man sehen, dass sie ebenso präzis wie preziös gearbeitet waren, vom Glanz der Fingernägel über die weißen, zwischen den bemalten Lippen sichtbaren Zähnchen bis zur Iris der Pupillen.

»Wer sind Sie?«

Die Stimme kam vom hinteren Ende des Saals. Alicia kniff die Augen zusammen und machte eine Gestalt aus, die in der Ecke auf einem Stuhl saß.

»Ich bin Alicia. Alicia Gris. Ich wollte dich nicht erschrecken.«

Die Gestalt erhob sich und trat ganz langsam näher, bis zur Schwelle des fahlen Lichts, das vom Eingang hereinsickerte, und Alicia erkannte das Gesicht des Mädchens aus der Porträtsammlung in Valls' Büro.

»Du hast eine hübsche Puppensammlung.«

»Sie gefallen fast niemandem. Mein Vater sagt, sie sehen aus wie kleine Vampire. Den meisten machen sie Angst.«

»Darum gefallen sie mir«, sagte Alicia.

Mercedes betrachtete diese merkwürdige Erscheinung eingehend. Einen Moment lang dachte sie, sie hätte etwas mit den Stücken ihrer Sammlung gemeinsam, als wäre eine von ihnen in ihrer Elfenbeinkindheit nicht tiefgefroren worden, sondern zu einer Frau aus Fleisch und Blut und Schatten herangewachsen. Alicia lächelte sie an und reichte ihr die Hand.

»Du bist Mercedes, nicht wahr?«

Das Mädchen bejahte und drückte ihr die Hand. Etwas in Alicias eiskaltem, durchdringendem Blick beruhigte sie und flößte ihr Vertrauen ein. Sie schätzte die Frau auf etwas weniger als dreißig, aber es war wie bei ihren Puppen – je näher man sie betrachtete, desto schwieriger war ihr Alter zu bestimmen. Sie hatte eine schmale Figur und war so angezogen, wie sich Mercedes insgeheim gern angezogen hätte, wenn sie nicht sicher gewesen wäre, dass sowohl ihr Vater als auch Doña Irene es ihr nie erlauben würden. Alicia verströmte diesen undefinierbaren Atem, von dem sie wusste, dass er die Männer betörte und sich wie Kinder – oder wie alte Knacker – benehmen und sich die Lippen lecken ließ. Sie hatte sie in Begleitung des Polizisten kommen und ins Haus treten sehen. Die Vorstellung, dass jemand von hoher Instanz gedacht hatte, dieses Geschöpf wäre ideal, ihren Vater zu finden, erschien ihr ebenso unbegreiflich wie verheißungsvoll.

»Sie sind wegen meinem Vater hier, nicht wahr?«

Alicia bejahte.

»Du musst mich nicht siezen, ich bin nicht sehr viel älter als du.«

Mercedes zuckte mit den Schultern.

»Man hat mich so erzogen, dass ich zu allen Leuten Sie sage.«

»Und mich hat man so erzogen, dass ich mich benehme wie eine junge Frau aus gutem Hause, und hier stehe ich nun.«

Mercedes deutete ein leicht verschämtes Lächeln an. Alicia dachte, das Mädchen sei es wohl sehr wenig gewohnt zu lachen und wenn, tue sie es so, wie sie die Welt betrachtete: als ein im Körper einer Frau verstecktes Kind oder als eine Frau, die fast ihr ganzes Leben lang in einem Märchen voller Bediensteter und Puppen mit gläsernem Innenleben verbracht hatte.

»Sind Sie Polizistin?«

»So was Ähnliches.«

»Sie sehen nicht so aus.«

»Niemand ist, was er zu sein scheint.«

Mercedes dachte über diese Worte nach.

»Vermutlich nicht.«

»Können wir uns setzen?«, fragte Alicia.

»Natürlich …«

Eilig holte Mercedes zwei Stühle aus der Ecke und stellte sie in die schmale Lichtspur, die vom Eingang hereindrang. Alicia setzte sich vorsichtig hin. Sogleich las das Mädchen den Ausdruck des Schmerzes in ihrem Gesicht und half ihr. Alicia lächelte schwach, ein Schweißfilm bedeckte ihre Stirn. Nach einem Augenblick des

Zögerns wischte Mercedes sie mit einem Taschentuch trocken. Dabei stellte sie fest, dass Alicias Haut so fein und blass war, dass sie das Bedürfnis verspürte, sie zu streicheln. Der Gedanke war einfach so in ihren Kopf gefallen, und Mercedes spürte, wie sie errötete, ohne genau zu wissen, warum.

»Geht es Ihnen besser?«

Alicia nickte.

»Was haben Sie?«

»Es ist eine alte Verletzung. Als ich noch ein Kind war. Manchmal, wenn es regnet oder sehr feucht ist, tut sie mir weh.«

»Ein Unfall?«

»So ungefähr.«

»Das tut mir leid.«

»So was kommt halt vor. Macht es dir was aus, wenn ich dir ein paar Fragen stelle?«

Der Blick des Mädchens füllte sich mit Unruhe.

»Über meinen Vater?«

Alicia nickte.

»Werden Sie ihn finden?

»Ich werde es versuchen.«

Mercedes schaute sie sehnsüchtig an.

»Die Polizei wird nicht imstande sein, ihn zu finden. Das werden Sie tun müssen.«

»Warum sagst du das?«

Das Mädchen senkte den Blick.

»Weil ich glaube, er will gar nicht gefunden werden.«

»Was bringt dich auf diesen Gedanken?«

Mercedes ließ noch immer den Kopf hängen.

»Ich weiß nicht …«

»Doña Mariana sagt, an dem Morgen, als dein Vater wegging, hättest du zu ihr gesagt, du dächtest, er wäre für immer gegangen und würde nie mehr wiederkommen …«

»Das stimmt.«

»Hat dir dein Vater an jenem Abend etwas gesagt, was dich auf diesen Gedanken gebracht hat?«

»Ich weiß nicht.«

»Hast du am Ballabend mit ihm gesprochen?«

»Ich habe ihn in seinem Büro oben besucht. Er ist den ganzen Abend nicht zum Fest hinuntergegangen. Er war mit Vicente zusammen.«

»Mit Vicente Carmona, dem Leibwächter?«

»Ja. Er war traurig. Merkwürdig.«

»Hat er dir gesagt, warum?«

»Nein. Mein Vater sagt mir nur das, von dem er glaubt, dass ich es hören will.«

Alicia lachte.

»Das machen alle Väter.«

»Ihrer auch?«

Alicia lächelte nur, und Mercedes fragte nicht weiter.

»Ich erinnere mich daran, dass er ein Buch anschaute, als ich eintrat.«

»Weißt du noch, ob es ein Buch mit schwarzen Deckeln war?«

Mercedes machte ein überraschtes Gesicht.

»Ich glaube, ja. Ich habe ihn gefragt, was es ist, und er sagte, das sei keine Lektüre für junge Mädchen. Ich hatte den Eindruck, er wollte nicht, dass ich es sehe. Vielleicht war es ein verbotenes Buch.«

»Hat dein Vater denn verbotene Bücher?«

Mercedes nickte, abermals ein wenig verschämt.

»In einem abgeschlossenen Schrank seines Büros im Ministerium. Er weiß nicht, dass ich es weiß.«

»Na, von mir wird er es nicht erfahren. Nimmt dich dein Vater denn oft mit in sein Büro im Ministerium?«

Mercedes schüttelte den Kopf.

»Ich war nur zweimal da.«

»Und in der Stadt?«

»In Madrid?«

Alicia nickte.

»Hier habe ich alles, was ich brauche«, sagte sie ohne große Überzeugung.

»Vielleicht können wir mal zusammen in die Stadt fahren. Spazieren gehen. Oder ins Kino. Magst du Filme?«

Mercedes biss sich auf die Lippen.

»Ich war noch nie im Kino. Aber ich möchte schon gern. Mit Ihnen hingehen, meine ich.«

Alicia tätschelte ihr mit ihrem bestmöglichen Lächeln die Hände.

»Wir werden uns einen mit Cary Grant ansehen.«

»Ich weiß nicht, wer das ist.«

»Der vollkommene Mann.«

»Warum?«

»Weil es ihn nicht gibt.«

Mercedes lachte wieder ihr gefangenes, trauriges Lachen.

»Was hat dein Vater in dieser Nacht sonst noch gesagt, Mercedes? Erinnerst du dich noch?«

»Nicht viel. Er sagte, er liebe mich. Und er werde mich immer lieben, was auch geschehen möge.«

»Sonst noch etwas?«

»Er war nervös. Er wünschte mir eine gute Nacht und unterhielt sich dann weiter mit Vicente.«

»Konntest du etwas hören?«

»Der Horcher an der Wand …«

»Ich habe immer gedacht, auf diese Art hört man die aufschlussreichsten Gespräche«, sagte Alicia.

Mercedes kicherte schelmisch.

»Mein Vater glaubte, jemand wäre dort gewesen. Während des Balls. In seinem Büro.«

»Hat er gesagt, wer?«

»Nein.«

»Was noch? Ist dir noch etwas aufgefallen?«

»Etwas von einer Liste. Er sagte, jemand habe eine Liste. Ich weiß nicht, wer.«

»Weißt du, was für eine Art Liste er meinte?«

»Nein. Eine mit Zahlen, glaube ich. Tut mir leid. Ich möchte Ihnen gern helfen, aber das ist alles, was ich hören konnte …«

»Du hilfst mir sehr, Mercedes.«

»Wirklich?«

Alicia nickte und streichelte ihr die Wange. Niemand hatte sie so liebkost, seit ihre Mutter vor so vielen Jahren ins Bett verbannt worden war und die Knochen ihrer Hände sich zu Angelhaken verkrümmt hatten.

»Was glaubst du, was dein Vater gemeint hat mit *was auch geschehen möge*?«

»Ich weiß es nicht …«

»Hat er das schon vorher einmal gesagt?«

Mercedes schwieg und schaute sie fest an.

»Mercedes?«

»Darüber möchte ich nicht reden.«

»Worüber?«

»Mein Vater sagte, darüber soll ich mit niemandem reden.«

Alicia beugte sich zu ihr und ergriff ihre Hand. Das Mädchen zitterte.

»Aber ich bin niemand. Mit mir darfst du reden.«

»Wenn mein Vater erfahren würde, dass ich es Ihnen gesagt habe …«

»Er wird es nicht erfahren.«

»Schwören Sie es mir?«

»Ich schwöre es. Und ich soll tot umfallen, wenn ich lüge.«

»Das dürfen Sie nicht sagen.«

»Erzähl es mir, Mercedes. Was du mir sagst, wird unter uns bleiben. Du hast mein Wort.«

Mercedes schaute sie aus tränenverschleierten Augen an. Alicia drückte ihre Hand.

»Ich war wohl sieben oder acht Jahre alt. Ich weiß nicht. Es war in Madrid, auf der Schule der Schwarzen Damen. Jeden Nachmittag nach Schulschluss kam mich die Leibwache meines Vaters abholen. Alle Mädchen warteten im Zypressenhof darauf, von ihren Eltern oder den Bediensteten abgeholt zu werden. Um halb sechs. Die Señora kam oft. Immer ist sie auf der anderen Seite des Gitters geblieben, schaute mich an. Manchmal hat sie mir auch zugelächelt. Ich wusste nicht, wer sie war. Aber sie war fast jeden Nachmittag da. Sie bedeutete mir, näher zu treten, aber sie machte mir Angst. Eines Nachmittags hatte die Leibwache Verspätung. In Madrid war irgendwas passiert, im Zentrum. Ich kann mich erinnern, dass die Autos mit den anderen Mädchen wegfuhren, bis nur noch ich da war und wartete. Ich weiß auch nicht, wie es geschah, aber als eines der Autos rausfuhr, schmuggelte sich die Señora wohl durchs Gittertor herein. Sie kam zu mir und kniete vor mir nieder. Sie umarmte mich und begann zu weinen. Und mich zu küssen. Ich erschrak und stieß einen Schrei aus. Die Nonnen kamen heraus. Da traf die Leibwache ein, und ich erinnere mich, dass zwei der Männer sie an den Armen packten und fortschleiften. Die Señora schrie und weinte. Ich weiß noch, dass ihr einer der Leibwächter mit der Faust ins Gesicht schlug. Da zog sie etwas aus ihrer Tasche hervor, eine Pistole. Die Leibwächter gingen auf Abstand, und sie rannte auf mich zu. Ihr Gesicht war blutüberströmt. Sie umarmte mich und sagte, sie liebe mich und ich solle sie nie vergessen.«

»Und was geschah dann?«

Mercedes schluckte.

»Da kam Vicente und schoss ihr in den Kopf. Die Señora brach in einer Blutlache vor mir zusammen. Ich erinnere mich, dass mich eine der Nonnen in die Arme schloss und mir die Schuhe auszog, die voll von dem Blut der Señora waren. Sie übergab mich einem der Leibwächter, der mich mit Vicente zum Auto brachte. Vicente fuhr mit Vollgas los, aber ich konnte durch die Scheibe sehen, wie zwei der Leibwächter die Leiche der Señora wegschleppten …«

Mercedes suchte den Blick Alicias, die sie in den Arm nahm.

»An jenem Abend sagte mir mein Vater, diese Señora sei eine Verrückte. Die Polizei habe sie schon mehrmals festgenommen, weil sie versucht hatte, aus Madrider Schulen Mädchen zu rauben. Er sagte, nie würde mir jemand weh tun und ich müsse mir über nichts mehr Sorgen machen. Und er sagte, ich dürfe niemandem erzählen, was vorgefallen sei. Was auch geschehen möge. Ich bin nie wieder in diese Schule gegangen. Doña Irene wurde meine

Hauslehrerin, und den Rest meiner Ausbildung habe ich hier, in diesem Haus, bekommen …«

Alicia ließ sie in ihren Armen weinen und streichelte ihr übers Haar. Gerade als eine verzweifelte Ruhe das Mädchen befiel, hörte sie in der Ferne die Hupe von Vargas' Wagen und stand auf.

»Jetzt muss ich gehen, Mercedes. Aber ich werde wiederkommen. Und wir werden diesen Spaziergang durch Madrid machen und ins Kino gehen. Aber du musst mir versprechen, dass du bis dahin auf dich aufpasst.«

Mercedes nahm ihre Hände und nickte.

»Werden Sie meinen Vater finden?«

»Ich verspreche es dir.«

Sie küsste sie auf die Stirn und hinkte zum Ausgang. Mercedes setzte sich auf den Boden, die Arme um die Knie geschlungen, in die Schatten ihrer für immer zerstörten Puppenwelt versunken.

11

Die Rückfahrt nach Madrid war in Regen und Schweigen getaucht. Alicia hatte die Augen geschlossen, den Kopf an die beschlagene Scheibe gelehnt und war weit weg. Vargas schaute sie aus dem Augenwinkel an und warf dann und wann kleine Köder aus, um sie in ein Gespräch zu verwickeln und so das Vakuum aufzulösen, das sie seit dem Verlassen der Villa Mercedes begleitete.

»Sie haben Valls' Sekretärin aber hart angefasst«, wagte er sich vor. »Um es mal so zu sagen.«

»Sie ist eine Harpyie«, murmelte Alicia in nicht sehr freundlichem Ton.

»Wenn Sie wollen, können wir uns auch übers Wetter unterhalten«, bot Vargas an.

»Es regnet. Über was möchten Sie sich noch unterhalten?«

»Sie könnten mir erzählen, was dort im Puppenhaus vorgefallen ist.«

»Es ist nichts vorgefallen.«

»Sie sind aber eine halbe Stunde dort geblieben. Ich hoffe, Sie haben nicht noch mal jemandem die Daumenschrauben angelegt. Es wäre nicht schlecht, wenn wir nicht gleich am ersten Tag alle gegen uns aufbrächten. Finde ich wenigstens.«

Alicia sagte nichts.

»Schauen Sie, diese Geschichte funktioniert nur, wenn wir zusammenarbeiten. Informationen austauschen. Ich bin nicht Ihr Fahrer.«

»Dann funktioniert sie vielleicht nicht. Ich kann ein Taxi nehmen, wenn es Ihnen lieber ist. Das mache ich sonst auch immer.«

Vargas seufzte.

»Beachten Sie mich nicht, ja? Es geht mir nicht sehr gut.«

Vargas schaute sie aufmerksam an. Alicia hatte die Augen noch immer geschlossen und umklammerte mit schmerzverzerrtem Gesicht ihre Hüfte.

»Sollen wir bei einer Apotheke halten oder so?«

»Wozu?«

»Ich weiß nicht. Sie sehen nicht sehr gut aus.«

»Danke.«

»Kann ich Ihnen was besorgen? Gegen die Schmerzen?«

Sie schüttelte den Kopf und atmete stoßweise.

»Können wir einen Moment anhalten?«, fragte sie schließlich.

Etwa hundert Meter weiter lag ein Rastplatz mit Restaurant und Tankstelle, wo ein Dutzend Lastwagen in Reih und Glied standen. Vargas bog von der Straße ab und hielt vor dem Restauranteingang. Er stieg aus, ging um den Wagen herum und bot ihr seine Hand an.

»Ich schaff's allein.«

Nach zwei vergeblichen Versuchen fasste Vargas sie unter den Schultern und hievte sie aus dem Auto. Er hängte ihr die Tasche an den Arm, die sie auf dem Sitz hatte liegenlassen.

»Können Sie gehen?«

Sie nickte. Langsam gingen sie auf den Eingang zu. Vargas hielt sie sacht am Arm, und ausnahmsweise unternahm sie nichts, um sich zu lösen. Nachdem sie eingetreten waren, nahm Vargas gewohnheitsmäßig das Lokal in den Blick, registrierte die Lage der Ein- und Ausgänge, die Anzahl der Gäste. Eine Gruppe Lastwagenfahrer unterhielt sich an einem Tisch mit Papierdecke, Hauswein und Siphonflaschen. Einige wandten sich um und musterten sie kurz, doch sowie sie Vargas' Blick begegneten, tauchten sie mit Augen und Geist wieder in ihren Eintopf, ohne einen Mucks von sich zu geben. Der an einen Zarzuelawirt erinnernde Ober ging mit einem Tablett Kaffees an ihnen vorbei und bot ihnen mit einer Kopfbewegung den offensichtlichen Ehrentisch des Lokals an, abgesondert von der Plebs und mit Aussicht auf die Landstraße.

»In einer Sekunde bin ich bei Ihnen«, sagte er.

Vargas führte Alicia zum Tisch und setzte sie auf einen Stuhl mit dem Rücken zu den Gästen. Dann nahm er ihr gegenüber Platz und schaute sie erwartungsvoll an.

»Sie fangen an, mich zu erschrecken.«

»Machen Sie sich keine Illusionen.«

Der Ober kam schnell zurück, ganz Lächeln und Vornehmheit, um derart distinguierte, unerwartete Gäste zu empfangen.

»Guten Tag. Werden die Herrschaften essen? Heute haben wir einen ganz vorzüglichen Eintopf, den meine Frau Gemahlin macht, aber wir können Ihnen bringen, was Sie wollen. Ein schönes Filet …«

»Ein wenig Wasser, bitte«, sagte Alicia.

»Sofort.«

Der Ober holte eine Flasche Mineralwasser und kam mit zwei Speisekarten in Form von laminierten, handbeschriebenen Pappdeckeln zurück. Er schenkte zwei Gläser Wasser ein und zog sich, da ihm die Intuition sagte, dass er seine Anwesenheit nicht herauszögern sollte, mit einer Verneigung zurück.

»Ich lasse Ihnen die Karten da, falls Sie sie studieren wollen.«

Vargas murmelte dankend und sah Alicia ihr Glas leeren, als hätte sie gerade die Wüste durchquert.

»Haben Sie Hunger?«

Sie nahm ihre Tasche und stand langsam auf.

»Ich gehe einen Moment zur Toilette. Bestellen Sie für mich.«
Bevor sie sich umdrehte, legte sie ihm die Hand auf die Schulter
und lächelte schwach.

»Machen Sie sich keine Sorgen. Es geht mir bald wieder gut ...«
Vargas sah sie zur Toilette humpeln und hinter der Tür verschwinden. Von der Theke aus beobachtete sie der Kellner und
fragte sich wahrscheinlich, welcher Art Vargas' Beziehung zu diesem Geschöpf sein mochte.

Alicia verriegelte die Tür hinter sich. Der Raum stank nach
Desinfektionsmittel und glich mit den verblassten, mit obszönen
Zeichnungen vollgekritzelten Kacheln und den wenig geglückten
Sprüchen einer Zelle. Ein schmales Fenster rahmte einen Venti-
lator, zwischen dessen Flügeln sich staubiges Licht wie Klingen
hereinzwängte. Alicia trat ans Waschbecken, stützte sich ab und
ließ das nach Rost stinkende Wasser laufen. Sie klappte ihre Tasche auf, zog das Metalletui heraus und öffnete es mit zitternden
Händen. Sie nahm die Spritze und das Glasfläschchen mit dem
Gummideckel. Sie stach die Nadel tief ins Fläschchen und füllte
sie halb. Mit den Fingern klopfte sie darauf und drückte leicht auf
den Kolben, bis sich an der Nadelspitze ein dicker, glänzender
Tropfen bildete. Dann ging sie zum Klosett und klappte den Deckel zu. Sich an der Wand abstützend, setzte sie sich und lüftete
den Rock bis zur Hüfte. Sie tastete die Innenseite des Schenkels
ab und atmete tief ein. Dann stieß sie die Nadel zwei Fingerbreit
vom Strumpfansatz hinein und leerte den Inhalt. Nach wenigen
Sekunden spürte sie den Schub. Die Spritze fiel ihr aus der Hand,
und ihr Geist trübte sich, während sich das Kältegefühl in ihren
Adern ausbreitete. Sie lehnte sich an die Wand und ließ einige
Minuten verstreichen, ohne an etwas anderes zu denken als an
diese Eisschlange, die sich durch ihren Körper wand. Einen Moment lang glaubte sie das Bewusstsein zu verlieren. Sie öffnete
die Augen zu einem übelriechenden, düsteren Raum hin, den sie
nicht wiedererkannte. Ein Geräusch in der Ferne von jemandem,
der an die Tür klopfte, holte sie zurück. Sie hörte Vargas' Stimme
auf der anderen Seite der Tür.

»Alicia, geht's Ihnen gut?«

»Ja«, sagte sie mit Mühe. »Ich komm gleich raus.«

Es dauerte ein paar Sekunden, bis Vargas' Schritte sich entfernten. Alicia wischte das Blut weg, das ihr über den Schenkel rann, und zog den Rocksaum herunter. Sie las die Teile der zerbrochenen Spritze auf und verwahrte sie im Etui. Dann wusch sie sich das Gesicht und trocknete es mit einem Fetzen Industriepapier, das an einem Nagel an der Wand hing. Bevor sie den Raum verließ, stellte sie sich ihrem Spiegelbild. Sie sah aus wie eine von Mercedes' Puppen. Sie trug neuen Lippenstift auf und zupfte sich die Kleider zurecht. Dann atmete sie tief ein und schickte sich an, in die Welt der Lebenden zurückzukehren.

Wieder am Tisch, setzte sie sich Vargas gegenüber und schenkte ihm das lieblichste Lächeln, das sie zustande brachte. Vargas hielt ein Glas Bier in der Hand, von dem er noch keinen Schluck getrunken zu haben schien, und betrachtete sie mit unverhohlener Sorge.

»Ich habe ein Filet für Sie bestellt«, sagte er schließlich. »Nicht durchgebraten. Proteine.«

Mit einem Nicken gab sie zu verstehen, dass die Wahl nicht trefflicher hätte sein können.

»Ich wusste nicht, was ich für Sie bestellen sollte, aber da ist mir in den Sinn gekommen, dass Sie eine Fleischfresserin sind.«

»Blutiges Fleisch ist das Einzige, was ich zu mir nehme«, sagte sie. »Wenn möglich von unschuldigen Geschöpfen.«

Er fand das nicht lustig. Alicia erkannte ihre Spiegelung in Vargas' Blick.

»Sie dürfen es ruhig sagen.«

»Was denn?«

»Was Sie denken.«

»Und was denke ich?«

»Dass ich Ihnen wie Draculas Braut vorkomme.«

Vargas runzelte die Stirn.

»Das sagt Leandro immer«, sagte Alicia freundlich. »Es macht mir nichts aus, ich bin es gewohnt.«

»Ich habe nicht so was gedacht.«

»Entschuldigen Sie wegen vorhin.«

»Da gibt es nichts zu entschuldigen.«

Der Ober kam mit zwei Tellern und zuvorkommender Grimasse.

»Ein Filet für die Señorita ... und der Eintopf für den Herrn. Haben Sie sonst noch einen Wunsch? Noch ein wenig Brot? Ein Gläschen Wein aus der Kooperative?«

Vargas verneinte. Alicia warf einen Blick auf das von Kartoffeln gesäumte Stück Fleisch auf ihrem Teller und seufzte.

»Wenn Sie es ein wenig mehr durch möchten ...«, sagte der Ober.

»Ist schon gut, danke.«

Sie begannen, schweigend zu essen, und wechselten gelegentlich einen Blick oder ein versöhnliches Lächeln. Alicia hatte keinen Appetit, riss sich aber zusammen und tat, als genieße sie ihr Filet.

»Schmeckt gut. Und Ihr Eintopf? So gut, dass man die Köchin ehelichen möchte?«

Vargas legte den Löffel hin und lehnte sich zurück. Alicia wusste, dass er ihre geweiteten Pupillen und das schläfrige Gesicht betrachtete.

»Wie viel haben Sie sich gespritzt?«

»Das geht Sie nichts an.«

»Was ist das für eine Verwundung?«

»Eine von der Art, die eine manierliche Señorita nicht kommentiert.«

»Wenn wir zusammenarbeiten wollen, muss ich wissen, woran ich mich zu halten habe.«

»Wir sind kein Paar. Das Ganze wird zwei Tage dauern. Sie brauchen mich nicht Ihrer Mutter vorzustellen.«

Vargas zeigte auch nicht einen Anflug von Lächeln.

»Sie stammt aus meiner Mädchenzeit. Während der Bombardierungen, im Krieg. Der Arzt, der meine Hüfte zurechtgeschustert hat, hatte vierundzwanzig Stunden nicht geschlafen und tat, was er konnte. Ich glaube, ich habe da sogar noch ein paar Souvenirs von der italienischen Luftwaffe.«

»In Barcelona?«

Sie nickte.

»Ich hatte einen Korpskameraden, aus Barcelona, der zwölf Jahre mit einem Stück Schrapnell von der Größe einer gefüllten Olive lebte, direkt neben der Aorta«, sagte Vargas.

»Und dann ist er gestorben?«

»Von einem Zeitungsausträger überfahren, gegenüber dem Atocha-Bahnhof.«

»Der Presse ist nicht zu trauen. Wo immer sie kann, verscheißert sie einen. Und Sie? Wo haben Sie den Krieg verbracht?«

»Da und dort. Größtenteils in Toledo.«

»Inner- oder außerhalb des Alcázar?«

»Tut das zur Sache?«

»Souvenirs?«

Vargas knöpfte sich das Hemd auf und zeigte ihr eine kreisrunde Narbe rechts auf der Brust.

»Darf ich?«, fragte Alicia.

Er nickte. Sie beugte sich vor und tastete die Narbe ab. Dem Ober hinter der Theke fiel das Glas zu Boden, das er gerade abtrocknete.

»Die kann sich sehen lassen«, sagte Alicia. »Tut sie weh?«

Vargas knöpfte sich das Hemd wieder zu.

»Nur wenn ich lache. Im Ernst.«

»Mit dieser Arbeit brauchen Sie vermutlich nicht viel Aspirin.«

Endlich lächelte er. Alicia hob ihr Wasserglas.

»Ein Toast auf unsere Leiden.«

Vargas ergriff sein Glas und stieß mit ihr an. Sie aßen schweigend weiter, Vargas seinen Eintopf leer und sie das Fleisch da und dort anknabbernd. Sobald sie den Teller beiseiteschob, begann er die restlichen Kartoffeln zu stibitzen, die noch reichlich vorhanden waren.

»Was haben wir also für einen Plan für den Nachmittag?«, fragte er.

»Ich dachte, Sie könnten aufs Präsidium gehen und sich die Kopien von Salgados Briefen besorgen, und um zu sehen, ob es an dieser Front was Neues gibt. Und falls Sie noch Zeit haben, diesem Cascos im Verlag Ariadna einen Besuch abstatten. Da gibt es etwas, was nicht passt.«

»Sollen wir ihn nicht zusammen besuchen?«

»Ich habe andere Pläne. Ich gedachte, einem alten Freund einen Besuch abzustatten, der uns womöglich behilflich sein kann. Es ist besser, wenn ich allein hingehe. Er ist eine sehr eigenwillige Persönlichkeit.«

»Um ein Freund von Ihnen zu sein, ist das offenbar eine Conditio sine qua non. Geht es um das Buch?«

»Ja.«

Mit einem Handzeichen verlangte Vargas die Rechnung.

»Wollen Sie keinen Kaffee oder einen Nachtisch oder sonst etwas?«

»Im Auto dürfen Sie mich zu einer Ihrer Importzigaretten einladen«, sagte Alicia.

»Das ist doch kein Trick, um mich bei der erstbesten Gelegenheit loszuwerden, oder?«

Sie schüttelte den Kopf.

»Um sieben sehen wir uns im Gijón und ›tauschen Informationen aus‹.«

Vargas schaute sie ernst an, Alicia hob feierlich die Hand.

»Großes Ehrenwort.«

»Besser für Sie. Wo soll ich Sie absetzen?«

»Auf dem Paseo de Recoletos. Der liegt auf Ihrem Weg.«

12

In dem Jahr, in dem Alicia Gris nach Madrid kam, lehrte sie ihr Mentor und Spielmeister Leandro Montalvo, dass jeder, der seinen Verstand intakt zu halten trachtete, einen Ort auf der Welt brauchte, an dem er sich verlieren konnte und wollte. Dieser Ort, das letzte Refugium, sei ein kleines Anhängsel der Seele, wo man, wenn die Welt in ihrer absurden Komödie Schiffbruch erleide, immer hinlaufen, sich einschließen und den Schlüssel verlieren könne. Eine von Leandros ärgerlichsten Gewohnheiten war, dass er immer recht hatte. Mit der Zeit schickte sich Alicia ins Offensichtliche und hielt den Moment für gekommen, ihr eigenes Refugium zu finden, denn das Absurde der Welt war für sie jetzt keine gelegentliche Komödie mehr, sondern zur schlichten Routine geworden. Ausnahmsweise hatte ihr das Schicksal gute Karten in die Hand gegeben. Wie alle bedeutenden Begegnungen fand auch jene im unerwartetsten Moment statt.

Eines fernen Tages, in ihrem ersten Herbst in Madrid, als sie bei einem Spaziergang auf dem Paseo de Recoletos von einem Platzregen überrascht wurde, erblickte sie zwischen den Bäumen einen Palast in klassischem Stil. Sie hielt ihn für ein Museum und beschloss, sich dort unterzustellen, bis das Gewitter vorbeigezogen wäre. Nass bis auf die Knochen, stieg sie die von Prachtstatuen gesäumte Haupttreppe hinauf, ohne den Namen auf dem Türsturz zu beachten. Ein Mann mit phlegmatischem Auftreten und Uhublick war herausgekommen, um sich vor dem Eingang das Spektakel des Wolkenbruchs anzuschauen, und sah sie näher kommen. Der gefräßige Vogelblick setzte sich auf sie wie auf ein niederes Nagetier.

»Guten Tag. Was wird hier ausgestellt?«, fragte Alicia, um etwas zu sagen.

Sichtlich unbeeindruckt saugte der Mann sie mit seinen Pupillen wie mit einer Lupe auf.

»Wir stellen Geduld aus, Señorita, und gelegentlich auch Staunen bei so viel dreister Ignoranz. Das ist die Nationalbibliothek.«

Sei es aus Mitleid oder Langeweile, der Mann mit dem Uhublick informierte sie darüber, dass sie soeben den Fuß in eine der größten Bibliotheken der Welt gesetzt habe, in deren Eingeweiden sie über fünfundzwanzig Millionen Bände erwarteten, und dass sie, wenn sie in der Absicht gekommen sei, die Toiletten aufzusuchen oder im großen Lesesaal Modezeitschriften durchzublättern, gleich wieder umkehren und sich auf die Jagd nach einer Lungenentzündung begeben könne.

»Darf ich Euer Hochwohlgeboren fragen, wer Sie sind?«, entgegnete Alicia.

»Hochwohlgeborene habe ich seit Jahren keine mehr gesehen, wenn Sie aber meine bescheidene Person meinen, möge es genügen, zu sagen, dass ich der Direktor dieses Hauses bin und als einen meiner Lieblingszeitvertreibe Einfaltspinsel und Eindringlinge auf die Straße hinausbefördere.«

»Ich möchte aber Mitglied werden.«

»Und ich *David Copperfield* geschrieben haben, und da stehe ich, weiße Haare aus dem Kamm ziehend und ohne bemerkenswerte Bibliographie. Wie heißen Sie denn, schönes Kind?«

»Alicia Gris, Ihnen und Spanien zu dienen.«

»Für die Nachwelt keine Klassiker firmiert zu haben hindert mich nicht daran, Ironie oder Impertinenz zu würdigen. Für Spanien bin ich nicht verantwortlich, da es von entsprechenden Großmäulern nur so wimmelt, aber was mich selbst betrifft, so sehe ich nicht, was Sie für mich tun könnten, außer mich daran erinnern, wie alt ich bin. Aber ebenso wenig bin ich ein Menschenfresser, und wenn Ihr Wunsch, Mitglied zu werden, ehrlich ist, werde ich nicht der sein, der Sie im funktionalen Analphabetismus belässt. Mein Name ist Bermeo Pumares.«

»Es ist mir eine Ehre. In Ihre Hände gebe ich mich, um die Ausbildung zu erhalten, die mich aus der Ignoranz errettet und mir die Tore zu diesem Ihnen unterstellten Arkadien öffnet.«

Bermeo Pumares runzelte die Stirn und begann sein Gegenüber neu einzuschätzen.

»Allmählich habe ich den vagen Eindruck, dass Sie sich allein und ohne irgendwelche Hilfe erretten können und dass Ihre Ignoranz weniger tief reicht als Ihre Keckheit, Señorita Gris. Ich bin mir bewusst, dass die enzyklopädische Gefräßigkeit meinen Diskurs mit der Zeit ins Barocke verdrechselt hat, deswegen brauchen Sie sich aber über einen alten Professor nicht gleich lustig zu machen.«

»Es käme mir nicht im Traum in den Sinn, dergleichen zu tun.«

»Hm. An ihren Worten werdet ihr sie erkennen. Alicia, Sie sind mir sympathisch, obwohl es Ihnen nicht so erscheinen mag. Gehen Sie hinein zum Schalter, und sagen Sie der Puri, dass Pumares gesagt hat, sie soll Ihnen den Ausweis ausstellen.«

»Wie kann ich Ihnen dafür danken?«

»Indem Sie herkommen und gute Bücher lesen, die, die Ihnen gefallen, nicht die, von denen ich oder sonst jemand sagt, Sie sollen sie lesen – ich mag zwar ein wenig affektiert sein, aber ein Pedant bin ich nicht.«

»Zweifeln Sie nicht daran, dass ich es tun werde.«

In der Folge kam Alicia zu ihrem Leseausweis der Nationalbibliothek und verbrachte diesen ersten von vielen weiteren Nachmittagen im großen Lesesaal, wo sie einige der Schätze zum Tanz aufforderte, die das mit Jahrhunderten Menschheitsgeschichte angereicherte Hirn barg. Mehr als einmal schaute sie von den Seiten auf und traf auf den Uhublick Don Bermeo Pumares', der gern ab und zu durch den Saal spazierte, um zu sehen, was die Anwesenden lasen, und kurzerhand diejenigen rauszuschmeißen, die gekommen waren, um ein Nickerchen zu halten oder zu tuscheln, denn für dösende Geister und abgeschmacktes Stammtischgeplauder stand, wie er sagte, die ganze Außenwelt zur Verfügung.

Nachdem Alicia ein Jahr lang bestätigt hatte, dass sie eine interessierte, genuine Leserin war, lud Bermeo Pumares sie eines Tages ein, ihn in die hinteren Räume des Palastes zu begleiten, und machte ihr die Türen zu einer nicht öffentlichen Abteilung auf. Da, erklärte er, lagerten die wertvollsten Stücke der Bibliothek, und Zutritt hätten nur die Privilegierten mit einem Spezialausweis, wie er gewissen Intellektuellen und Gelehrten zu Forschungszwecken gewährt werde.

»Sie haben mir zwar nie gesagt, was Ihre irdische Facette tut, aber meine Nase sagt mir, dass Sie etwas von einer Forscherin haben, und damit meine ich weder die Erfindung von Penicillinderivaten noch das Auffrischen von in Vergessenheit geratenen Versen des Erzpriesters von Hita.«

»Sie sind nicht ganz auf dem Holzweg.«

»Ich war mein ganzes Leben lang nie auf dem Holzweg, obwohl das Problem in diesem unserem geliebten Land die Wege sind, nicht der Wanderer.«

»In meinem Fall sind die Wege nicht des Herrn, sondern dessen, was seine Exzellenz den Sicherheitsapparat des Staates nennen würde.«

Bermeo Pumares nickte langsam.

»Sie sind eine Wundertüte, Alicia. Eine von denen, die man besser nicht öffnet, sonst entdeckt man am Ende noch die Überraschung, die sie verbirgt.«

»Eine weise Entscheidung.«

Pumares reichte ihr einen Ausweis mit ihrem Namen.

»Jedenfalls wollte ich mich, bevor ich gehe, versichern, dass Sie auch den Forscherausweis hätten, damit Sie, wenn es Sie eines Tages dahin treibt, auch da nach Belieben Zutritt haben.«

»Bevor Sie gehen?«

Pumares verzog das Gesicht.

»Der Sekretär des Ministers Don Mauricio Valls hat es für richtig befunden, mich davon in Kenntnis zu setzen, dass ich rückwirkend meines Amtes enthoben bin und mein letzter Tag an der Spitze dieser Institution gestern, Mittwoch, war. Offenbar ist die Entscheidung des Herrn Ministers auf verschiedene Faktoren zurückzuführen, zu denen einerseits die anscheinend von meiner unvollkommenen Wenigkeit an den Tag gelegte mangelhafte Inbrunst gegenüber den sakrosankten Prinzipien der Bewegung, welcher Art diese auch seien, und andererseits das vom Schwager eines herausragenden Vertreters des Vaterlandes zum Ausdruck gebrachte Interesse gehört, die Leitung der Nationalbibliothek zu übernehmen, da anscheinend in bestimmten Kreisen der Klang des Amtes fast ebenso viel Gewicht hat wie eine Einladung in die Präsidentenloge von Real Madrid.«

»Das tut mir aufrichtig leid, Don Bermeo.«

»Es soll Ihnen nicht leidtun. Nur selten hat sich in diesem Land an der Spitze einer kulturellen Institution eine qualifizierte oder zumindest nicht rettungslos inkompetente Persönlichkeit befunden. Es werden strenge Kontrollen durchgeführt durch ein gutdotiertes Personal, das darauf spezialisiert ist, zu verhindern, dass solches geschieht. Meritokratie und spanisches Klima sind notwendigerweise unvereinbar. Das ist vermutlich der Preis, den wir dafür bezahlen, das beste Olivenöl der Welt zu haben. Dass ein erfahrener Bibliothekar es an die Spitze der Spanischen Nationalbibliothek gebracht hat, wenn auch nur für vierzehn Monate, war ein unvorhergesehener Unfall, dem die illustren Geister, die unsere Geschicke lenken, Abhilfe geschaffen haben, umso mehr, als es Spezis und Angehörige sonder Zahl gibt, mit denen man den Posten besetzen kann. Ich kann nur sagen, dass ich Sie vermissen werde, Alicia. Sie, Ihre Geheimnisse und Ihre neckischen Bemerkungen.«

»Das gilt auch für mich.«

»Ich gehe in mein schönes Toledo zurück, oder was davon noch übrig ist, in der Hoffnung, in irgendeinem ruhigen Haus mit Garten auf einem Hügel mit Blick auf die Stadt ein Zimmer zu mieten, um dort den Rest meiner welken Existenz zu fristen, in den Tajo zu urinieren und Cervantes samt all seinen Feinden wiederzulesen, die mehrheitlich nicht sehr weit von dort entfernt lebten und trotz alles Goldes und aller Verse ihres Jahrhunderts daran scheiterten, die Abdrift dieses Bootes auch nur anflugsweise zu ändern.«

»Und könnte ich Ihnen nicht behilflich sein? Mein Gebiet ist zwar nicht der Vers, aber Sie würden staunen, mit wie viel stilistischer Gewandtheit ich das Unbewegliche in Bewegung setze.«

Pumares sah sie lange an.

»Ich würde nicht staunen, sondern erschrecken, und ich nehme es nur mit Narren auf. Zudem haben Sie mir schon genug geholfen, obwohl Sie es gar nicht merken. Viel Glück, Alicia.«

»Viel Glück, Meister.«

Bermeo Pumares setzte ein breites Lächeln auf. Das war das

erste und das letzte Mal, dass Alicia ihn dabei ertappte. Er drückte ihr kräftig die Hand, senkte die Stimme und sagte:

»Sagen Sie mir eines, Alicia. Aus reiner Neugier – außer Ihrer Vorliebe für den Parnass, das Wissen und all diese exemplarischen Angelegenheiten, was zieht Sie wirklich an diesen Ort?«

Alicia zuckte mit den Schultern.

»Eine Erinnerung«, antwortete sie.

Neugierig hob der Bibliothekar die Brauen.

»Eine Kindheitserinnerung. Etwas, was ich einmal geträumt habe, als ich beinahe gestorben wäre. Das ist lange her. Eine Kathedrale ganz aus Büchern …«

»Und wo war das?«

»In Barcelona. Während des Krieges.«

Der Bibliothekar nickte langsam und lächelte in sich hinein.

»Und Sie sagen, Sie haben das geträumt? Sind Sie sicher?«

»Fast sicher.«

»Gewissheiten flößen Mut ein, aber lernen tut man nur mit dem Zweifel. Noch etwas. Es wird der Tag kommen, an dem Sie an einem unerlaubten Ort stöbern und den Grund eines trüben Teiches aufwühlen müssen. Ich weiß das, weil Sie weder die Erste noch die Letzte sind, die mit einem gewissen Schatten in den Augen hier hereinschaut. Und wenn dieser Tag kommt, und er wird kommen, sollen Sie wissen, dass dieses Haus sehr viel mehr verbirgt, als es den Anschein hat, und dass Leute wie ich kommen und wieder gehen, dass es hier aber jemanden gibt, der Ihnen eines Tages vielleicht nützlich sein könnte.«

Pumares deutete auf eine schwarze Tür im Hintergrund dieser ausgedehnten Galerie von Bögen und bücherschweren Regalen.

»Hinter jener Tür befindet sich die Treppe, die in die Keller der Nationalbibliothek hinabführt. Stock um Stock mit unendlichen Gängen und Millionen von Büchern, viele davon Inkunabeln. Allein während des Krieges kamen eine halbe Million Bücher zur Sammlung hinzu, um sie vor dem Verbrennen zu retten. Aber das ist nicht alles, was es da unten gibt. Vermutlich haben Sie nie von der Legende des Vampirs des Recoletos-Palastes gehört.«

»Nein.«

»Aber Sie müssen zugeben, dass der Gedanke Sie neugierig macht, und sei es nur, weil er so nach Sensation klingt.«

»Das bestreite ich nicht. Aber sprechen Sie im Ernst?«

Pumares zwinkerte ihr zu.

»Ich habe Ihnen damals schon gesagt, dass ich allem Anschein zum Trotz Ironie schätze. Ich überlasse Sie diesem Gedanken, damit er reifen kann. Und ich hoffe, Sie werden nie aufhören, an diesen Ort zu kommen – oder an einen ähnlichen.«

»Ich werde es auf Ihr Wohl tun.«

»Besser auf das Wohl der Welt, die sich in einem Tief befindet. Passen Sie gut auf sich auf, Alicia. Mögen Sie den Weg finden, den ich verpasst habe.«

Und so schritt Don Bermeo Pumares ohne ein weiteres Wort zum letzten Mal durch die Galerie der Forscher und danach den großen Lesesaal der Nationalbibliothek und ging weiter durch das Eingangstor, ohne auch nur einmal zurückzublicken, bis er auf dem Paseo de Recoletos stand und Richtung Vergessen losmarschierte, einer von vielen Tropfen in der Flut gescheiterter Existenzen im Grau des Spaniens jener Zeiten.

Und so kam es, dass Monate später, an einem Tag, da die Neugier stärker war als die Vorsicht, Alicia beschloss, durch diese schwarze Tür zu gehen und ins Dunkel der Keller unter der Nationalbibliothek einzutauchen, um ihre Geheimnisse zu ergründen.

13

Eine Legende ist eine Lüge, dazu erfunden, eine allgemeine Wahrheit zu erklären. Die Orte, wo Lüge und Illusion die Erde vergiften, sind für ihr Gedeihen besonders fruchtbar. Das erste Mal, dass Alicia Gris auf der Suche nach dem angeblichen Vampir und seiner Legende durch die finsteren Kellergänge der Nationalbibliothek irrte, fand sie nichts weiter als eine unterirdische

Stadt mit Hunderttausenden Büchern, die in aller Stille zwischen Spinnweben und Echos verharrten.

Nur selten gestattet einem das Leben, durch seine eigenen Träume zu spazieren und eine verlorene Erinnerung mit den Händen zu liebkosen. Während sie sich dort bewegte, blieb sie mehrmals im Halbdunkel stehen und wartete darauf, noch einmal die Explosion der Bomben und das metallische Brausen der Flugzeuge zu hören. Nachdem sie zwei Stunden durch einen Stock nach dem anderen gegangen war, war sie auf keine weiteren Seelen als die von zwei Würmchen gestoßen, die, Papiergourmets, auf der Suche nach einem kleinen Imbiss über den Rücken einer Schiller'schen Gedichtsammlung krochen. Bei ihrem zweiten Aufenthalt, diesmal mit einer in einer Eisenwarenhandlung auf der Plaza del Callao gekauften Taschenlampe ausgestattet, traf sie nicht auf ihre Wurmkollegen, aber nach anderthalb Stunden des Auskundschaftens entdeckte sie, mit einer Stecknadel aufgespießt, eine Notiz am Ausgang:

Schöne Taschenlampe,
Wechseln Sie nie Ihr Jackett?
In diesem Lande ist das fast eine Extravaganz.
Mit ergebensten Grüßen
Virgilio

Am nächsten Tag stattete Alicia der Eisenwarenhandlung erneut einen Besuch ab, um eine zweite Taschenlampe wie ihre und eine Packung Batterien zu kaufen. Im selben mitgenommenen Jackett drang sie bis in die tiefsten Tiefen des untersten Stocks vor und setzte sich neben eine Sammlung Romane der Schwestern Brontë, ihre Lieblingsbücher seit den Jahren in der Ribas-Stiftung. Dort packte sie das Brötchen mit marinierter Schweinelende und das Bier aus, das man ihr im Café Gijón gezapft hatte, und begann zu essen. Als der Magen gefüllt war, machte sie ein Nickerchen.

Schritte im Schatten, leicht wie durch den Staub ziehende Federn, weckten sie. Sie öffnete die Augen und sah schwach die Na-

deln bernsteinfarbenen Lichts, die von der anderen Seite des Korridors zwischen den Büchern hindurchsickerten. Die Lichtblase
bewegte sich langsam vorwärts wie eine Meduse. Alicia stand
auf und wischte sich die Brotkrumen von den Revers. Sekunden
später bog die Gestalt um die Ecke des Gangs und kam näher,
jetzt rascher. Das Erste, was ihr auffiel, waren die Augen, blau und
im Dunkeln zu Hause. Die Haut war blass wie die Seiten eines
noch ungelesenen Buches und das Haar glatt nach hinten ge-
kämmt.

»Ich habe Ihnen eine Taschenlampe mitgebracht«, sagte Alicia.
»Und Batterien.«

»Sehr aufmerksam von Ihnen.«

Die Stimme war heiser und seltsam schrill.

»Mein Name ist Alicia Gris. Ich ahne, dass Sie Virgilio sind.«

»In Person.«

»Es ist eine reine Formalität, aber ich muss Sie fragen, ob Sie
ein Vampir sind.«

Virgilio lächelte erstaunt. Alicia dachte, dabei sehe er aus wie
ein brauner Aal.

»Wäre ich einer, ich wäre längst gestorben bei dem Knoblauch-
geruch des Sandwichs, das Sie grade verdrückt haben.«

»Also trinken Sie auch kein Menschenblut.«

»Ich habe TriNaranjus lieber. Erfinden Sie diese Fragen, oder
haben Sie sie schriftlich vorbereitet?«

»Ich fürchte, ich bin das Opfer eines plumpen Scherzes geworden«, sagte Alicia.

»Wer ist das nicht? Das ist die Essenz des Lebens. Sagen Sie, was
kann ich für Sie tun?«

»Señor Bermeo Pumares hat mir von Ihnen erzählt.«

»Das hab ich mir schon gedacht. Scholastischer Humor.«

»Er sagte, vielleicht könnten Sie mir helfen, wenn es so weit ist.«

»Und ist es so weit?«

»Ich bin mir nicht sicher.«

»Dann ist es noch nicht so weit. Darf ich mir diese Taschenlampe anschauen?«

»Sie gehört Ihnen.«

Virgilio nahm das Geschenk entgegen und untersuchte es.

»Wie viele Jahre arbeiten Sie schon hier?«, fragte Alicia.

»Ungefähr fünfunddreißig. Ich habe bei meinem Vater angefangen.«

»Ihr Vater hat auch in diesen Tiefen gelebt?«

»Ich glaube, Sie verwechseln uns mit einer Familie Krustentiere.«

»Hat so die Legende vom Vampirbibliothekar ihren Anfang genommen?«

Virgilio lachte vergnügt. Es klang wie Schmirgelpapier.

»So eine Legende hat es nie gegeben«, erklärte er.

»Also hat Señor Pumares sie erfunden, um mich auf den Arm zu nehmen?«

»Rein technisch hat nicht er sie erfunden. Er hat sie aus einem Roman von Julián Carax.«

»Von dem habe ich noch nie etwas gehört.«

»Wie fast alle. Schade. Der Roman ist überaus spannend. Er handelt von einem diabolischen Mörder, der in den Kellern der Pariser Nationalbibliothek verborgen haust und das Blut seiner Opfer benutzt, um ein dämonisches Buch zu schreiben, mit dem er Satan höchstpersönlich zu beschwören hofft. Ein Hochgenuss. Wenn ich es finden kann, leih ich es Ihnen aus. Sagen Sie, sind Sie Polizistin oder so was?«

»Eher so was.«

In diesem Jahr, in dem Leandro sie mit krummen Geschäften und schmutzigen Arbeiten beauftragte, suchte und fand Alicia Gelegenheiten, zu Virgilio in sein unterirdisches Reich zu gehen, wann immer sie konnte. Mit der Zeit wurde der Bibliothekar ihr einziger wirklicher Freund in der Stadt. Er hatte immer Bücher zum Ausleihen für sie bereit, und immer traf er ins Schwarze.

»Hören Sie, Alicia, verstehen Sie mich nicht falsch, aber hätten Sie nicht Lust, an einem der nächsten Abende mit mir ins Kino zu gehen?«

»Vorausgesetzt, es ist kein Film über Heilige oder vorbildliche Leben.«

»Möge mich Don Miguel de Cervantes' unsterblicher Geist auf der Stelle mit einem Blitz niederschmettern, sollte es mir eines Tages in den Sinn kommen, Ihnen vorzuschlagen, ein Epos über den Sieg des menschlichen Geistes anzuschauen.«

»Amen«, fügte Alicia hinzu.

Manchmal, wenn sie keinen Auftrag hatte, gingen sie zusammen in die Spätvorstellung eines Kinos in der Gran Vía. Virgilio entzückten biblische Geschichten und römische Abenteuer in Technicolor, da er so die Sonne sehen und sich vorbehaltlos an den muskulösen Oberkörpern der Gladiatoren ergötzen konnte. Eines Abends, als er Alicia nach *Quo vadis* ins Hispania zurückbegleitete und sie vor dem Schaufenster einer Buchhandlung in der Gran Vía stehen blieb, schaute er sie lange an.

»Alicia, wenn Sie ein junger Bursche wären, würde ich um Ihre Hand für ein unerlaubtes Konkubinat anhalten.«

Sie reichte ihm die Hand, und er küsste sie.

»Was Sie für schöne Sachen sagen, Virgilio.«

Er errötete, die ganze Trauer der Welt im Blick.

»Das hat man davon, wenn man sehr belesen ist – man kennt sämtliche Verse und Tricks des Schicksals.«

Eines Samstagnachmittags kaufte Alicia einige Fläschchen TriNaranjus und ging damit in die Bibliothek, um Virgilios Geschichten über obskure Autoren zu lauschen, von denen nie jemand etwas gehört hatte und deren verfluchte Biographien in der Krypta des untersten Stocks versiegelt waren.

»Alicia, ich weiß, dass es mich nichts angeht, aber die Sache mit Ihrer Hüfte – was ist geschehen?«

»Der Krieg.«

»Erzählen Sie.«

»Ich rede nicht gern darüber.«

»Gerade darum. Erzählen Sie, es wird Ihnen guttun.«

Nie hatte Alicia jemandem die Geschichte anvertraut, wie ein Unbekannter ihr in der Nacht das Leben gerettet hatte, in der

Mussolinis im Dienst der nationalen Armee aufgebotene Luftwaffe erbarmungslos Barcelona bombardierte. Staunend hörte sie
sich selbst reden und stellte fest, dass sie nichts vergessen hatte
und immer noch den Schwefelgeruch und den Gestank verbrannten Fleisches in der Luft wahrnehmen konnte.

»Und haben Sie nie erfahren, wer dieser Mann war?«

»Ein Freund meiner Eltern. Jemand, der sie wirklich geliebt
hat.«

Erst als Virgilio ihr ein Taschentuch reichte, merkte sie, dass
sie weinte und trotz aller Scham und Wut, die sie empfand, nicht
aufhören konnte.

»Ich habe Sie noch nie weinen sehen.«

»Weder Sie noch sonst jemand. Das soll auch nicht wieder vorkommen.«

Nach dem Besuch in der Villa Mercedes und nachdem sie Vargas zum Schnüffeln aufs Präsidium geschickt hatte, ging Alicia
an jenem Nachmittag wieder in die Nationalbibliothek. Da man
sie längst kannte, musste sie nicht einmal den Ausweis vorzei-
gen. Sie durchquerte den Lesesaal und ging zum Forscherflügel.
Eine ganze Schar Intellektueller wachträumte über den Schreib-
tischen, als Alicia unhörbar vorbei- und auf die schwarze Tür am
Ende der Galerie zuging. Mit den Jahren hatte sie Virgilios Gewohnheiten entschlüsseln gelernt und rechnete sich aus, dass er
jetzt, am frühen Nachmittag, vermutlich die an diesem Morgen
von den Wissbegierigen im dritten Untergeschoss konsultierten
Inkunabeln ordnete. Dort fand sie ihn auch, ausgerüstet mit der
Taschenlampe, die sie ihm geschenkt hatte, und eine Melodie aus
dem Radio mitpfeifend, während er vage mit seinem abgemager-
ten Skelett wackelte. Das Bild erschien ihr einmalig und verdiente
ihrer Meinung nach seine eigene Legende.

»Ihr tropischer Rhythmus fasziniert mich, Virgilio.«

»Der Rhythmus der Conga geht unter die Haut. Hat man Sie
heute sehr früh gehen lassen, oder bringe ich die Tage durcheinander?«

»Ich komme in halboffizieller Mission.«

»Sagen Sie mir nicht, ich sei verhaftet.«

»Nein, aber Ihre Weisheit ist vorübergehend entführt und steht im Dienste des nationalen Interesses.«

»Wenn dem so ist, sagen Sie mir, was ich für Sie tun kann.«

»Ich möchte, dass Sie einen Blick auf etwas werfen.«

Alicia zog das Buch hervor, das sie in Valls' Schreibtisch verborgen gefunden hatte, und gab es ihm. Virgilio nahm es entgegen und knipste die Taschenlampe an. Sowie er die Gravur der Wendeltreppe auf dem vorderen Deckel erblickte, starrte er Alicia an.

»Aber haben Sie auch nur die leiseste Ahnung, was das ist?«

»Ich vertraute darauf, dass Sie es mir erklären würden.«

Virgilio schaute über die Schulter zurück, als fürchte er, es könne sich noch jemand im Gang befinden, und gab ihr mit dem Kopf ein Zeichen.

»Wir gehen besser in mein Büro.«

Virgilios Büro war ein enges, zuhinterst in einem der Gänge des untersten Stocks eingepferchtes Räumchen, das überhaupt nur infolge des Drucks der Tausende aufeinandergehäufter Bücher auf die Wände entstanden zu sein schien, eine Art aus Büchern, Aktenordnern und allerlei seltsamen Gegenständen gezimmerte Kabine, von Gläsern mit Pinseln über Nähnadeln bis zu Linsen, Lupen und Farbtuben. Alicia vermutete, hier führe Virgilio die eine oder andere Notfalloperation durch, um moribunde Bücher zu retten und zu restaurieren. Das Herzstück des Ganzen war ein kleiner Kühlschrank. Virgilio öffnete ihn, und Alicia sah, dass er überbordete von TriNaranjus. Ihr Freund schenkte ihnen zwei Gläser ein, setzte sich seine Lupenbrille auf, bettete das Buch auf ein Stück roten Samt und streifte sich dünne Seidenhandschuhe über.

»Ich entnehme diesem ganzen Zeremoniell, dass es sich um ein seltenes Stück handelt …«

»Pscht!«

Mehrere Minuten lang beobachtete Alicia, wie der Bibliothekar faszniert Víctor Mataix' Buch untersuchte, jede einzelne Seite genoss, zärtlich über jede Illustration strich, jede Gravur auskostete, als handle es sich um einen Teufelsleckerbissen.

»Virgilio, Sie machen mich ganz nervös. Sagen Sie verdammt nochmal endlich was.«

Virgilio wandte sich um, seine eisblauen Augen waren unter der Uhrmacherlupe riesig.

»Ich vermute, Sie dürfen mir nicht sagen, woher Sie es haben«, begann er.

»Sie vermuten richtig.«

»Das ist ein Sammlerstück. Wenn Sie wollen, sage ich Ihnen, wer es Ihnen zu einem sehr guten Preis unterbringen könnte. Aber man muss vorsichtig sein, denn das ist ein verbotenes Buch, nicht nur durch die Regierung, sondern auch durch die Heilige Mutter Kirche.«

»Das da und Hunderte weitere. Was können Sie mir darüber sagen, was ich mir nicht selbst ausmalen kann?«

Virgilio nahm die Lupenbrille ab und leerte in einem Schluck das halbe Glas TriNaranjus.

»Verzeihung, ich habe mich von den Gefühlen mitreißen lassen. Seit mindestens zwanzig Jahren habe ich kein solches Bonbon mehr gesehen …«

Er lehnte sich in seinem durchlöcherten Sessel zurück. Seine Augen glänzten, und da wusste Alicia, dass der von Bermeo Pumares prophezeite Tag gekommen war.

14

»Soviel ich weiß«, begann Virgilio, »sind in Barcelona in den Jahren 1931 bis 1938 acht Bände der Serie *Das Labyrinth der Lichter* erschienen. Über ihren Autor, Víctor Mataix, kann ich Ihnen nicht viel sagen. Ich weiß, dass er gelegentlich als Kinderbuchillustrator arbeitete, dass er unter Pseudonym in einem elenden, inzwischen aufgelösten Verlag namens Barrido & Escobillas einige Romane veröffentlicht hatte und dass man munkelte, er sei das uneheliche Kind eines nach Kuba ausgewanderten und als reicher Mann zurückgekehrten Barceloner Industriellen, der sich von ihm und seiner Mutter losgesagt habe, einer seinerzeit in den Theatern des Paralelo relativ populären Schauspielerin. Mataix hatte auch als Bühnenbildner gearbeitet und für einen Spielzeughersteller in Igualada Kataloge entworfen. Im Jahr 31 veröffentlichte er unter dem Titel *Ariadna und die versunkene Kathedrale* die erste Folge von *Das Labyrinth der Lichter*. Sie erschien bei Ediciones Orbe, wenn ich nicht irre.«

»Hat für Sie die Formulierung ›der Eingang zum Labyrinth‹ irgendeinen Sinn?«

Virgilio neigte den Kopf zur Seite.

»Nun, in diesem Fall ist das Labyrinth die Stadt.«

»Barcelona.«

»Das andere Barcelona. Das aus den Büchern.«

»Eine Art Hölle.«

»Was auch immer.«

»Und welches ist der Eingang?«

Virgilio zuckte nachdenklich mit den Schultern.

»Eine Stadt hat viele Eingänge. Ich weiß es nicht. Darf ich darüber nachdenken?«

Alicia nickte.

»Und diese Ariadna? Wer ist sie?«, fragte sie.

»Lesen Sie das Buch. Es lohnt sich.«

»Geben Sie mir schon mal einen Abriss.«

»Ariadna ist ein kleines Mädchen, die Hauptperson in allen Romanen der Serie. Ariadna war der Name von Mataix' ältester Tochter, für die er vermutlich die Bücher geschrieben hat. Die Figur ist eine Spiegelung dieser Tochter. Mataix wurde zum Teil auch von *Alice im Wunderland* inspiriert, dem Lieblingsbuch der Tochter. Finden Sie das nicht faszinierend?«

»Sehen Sie denn nicht, wie ich vor Erregung zittere?«

»Wenn Sie so sind, erträgt Sie kein Mensch.«

»Sie ertragen mich, Virgilio, und darum hab ich Sie so gern. Erzählen Sie mir mehr.«

»Was für ein Kreuz! Junggeselle und keine weiteren Zukunftsaussichten als die Carmilla von Le Fanu.«

»Das Buch, Virgilio, das Buch …«

»Also, Ariadna war seine Alicia, und für das Wunderland erfand Mataix das Schreckensbarcelona, höllisch, ein Albtraum. Mit jedem Buch wird das Szenario schrecklicher, und es spielt ebenso oder noch mehr eine Hauptrolle wie Ariadna und die skurrilen Figuren, die sie bei ihren Abenteuern kennenlernt. Der letzte bekannt gewordene Band, der schon mitten im Bürgerkrieg erschien und *Ariadna und die Maschinen der Unterwelt* oder so ähnlich hieß, spricht davon, wie die belagerte Stadt schließlich von der feindlichen Armee eingenommen wird, und verglichen mit dem daraus folgenden Gemetzel, nimmt sich der Fall von Konstantinopel wie eine Einlage von Dick und Doof aus.«

»Sie sagen, der letzte bekannt gewordene Band?«

»Es gibt Leute, die glauben, Mataix sei, als er nach dem Krieg verschwand, dabei gewesen, den neunten und letzten Band der Serie abzuschließen. Tatsächlich war vor vielen Jahren unter gut informierten Sammlern ein hoher Preis für den ausgesetzt, der dieses Manuskript beschaffen könnte, aber meines Wissens ist es nie gefunden worden.«

»Und wie ist Mataix verschwunden?«

Virgilio zuckte erneut mit den Schultern.

»Das Barcelona nach dem Bürgerkrieg – gibt es einen besseren Ort zum Verschwinden?«

»Und wäre es möglich, noch mehr Bücher aus der Serie zu finden?«

Virgilio trank sein TriNaranjus aus und schüttelte langsam den Kopf.

»Das scheint mir sehr schwierig. Vor zehn oder zwölf Jahren soll jemand zuunterst in einer Kiste in der Buchhandlung Cervantes in Sevilla zwei oder drei Exemplare von Bänden des *Labyrinths* gefunden haben, und für die wurde sehr, sehr viel bezahlt.

Heutzutage, würde ich sagen, ist die einzige Möglichkeit, so was zu finden, das Antiquariat Costa in Vic. Oder in Barcelona, vielleicht bei Gustavo Barceló, und möglicherweise mit viel Glück bei Sempere, aber ich würde mir keine Illusionen machen.«

»Sempere & Söhne?«

Virgilio schaute sie überrascht an.

»Kennen Sie sie?«

»Nur vom Hörensagen.«

»Ich würde es zuerst bei Barceló versuchen, der hat am meisten mit einmaligen Stücken zu tun und unterhält Kontakte zu bedeutenden Sammlern. Und wenn Costa es hat, wird Barceló es wissen.«

»Und wäre dieser Señor Barceló bereit, mit mir zu sprechen?«

»Soviel ich weiß, ist er schon halb pensioniert, aber für eine gutaussehende Señorita findet er immer Zeit. Sie verstehen, was ich meine.«

»Ich werde mich hübsch machen.«

»Wie schade, dass ich nicht dort sein und es sehen kann. Sie werden mir nicht sagen, worum es bei alledem geht, nicht wahr?«

»Ich weiß es noch nicht, Virgilio.«

»Darf ich Sie um einen Gefallen bitten?«

»Aber selbstverständlich.«

»Wenn diese Geschichte zu Ende ist, mit der Sie befasst sind, falls sie denn überhaupt endet und Sie heil davonkommen und dieses Buch immer noch haben, bringen Sie es mir. Ich würde gern einige Stunden mit ihm allein sein.«

»Und warum sollte ich nicht heil davonkommen?«

»Wer weiß. Wenn diese Labyrinthbücher von Mataix etwas haben, dann das, dass jeder, der mit ihnen in Berührung kommt, übel endet.«

»Ist das noch so eine Legende von Ihnen?«

»Nein, das ist eine wahre Legende.«

Am Ende des 19. Jahrhunderts fiel eine Insel in Form eines Literatencafés und Geistersalons von der Welt ab. Seither streift sie, tiefgefroren in der Zeit, den Strömungen der Geschichte ausgeliefert, in den großen Boulevards des imaginären Madrid umher, wo man sie manchmal, wenige Schritte vom Nationalmuseum entfernt, mit der wehenden Fahne des Café Gijón gestrandet sieht. Dort wartet sie, bereit, jeden vom Schiffbruch zu erretten, der hungrig an Geist und Gaumen zu ihr kommt, als wäre sie eine große Sanduhr auf Abdrift, wo sich für den Preis eines Kaffees jedermann im Spiegel der Erinnerung anschauen und einen Augenblick lang glauben darf, er werde ewig leben.

Es wurde schon dunkel, als Alicia, den Paseo de Recoletos überquerend, das Café Gijón ansteuerte. Vargas erwartete sie an einem Fenstertisch, rauchte genüsslich eine seiner Importzigaretten und beobachtete mit den Augen des Polizisten die Passanten. Als sie eintrat, winkte er ihr. Alicia setzte sich und bestellte bei einem vorbeihuschenden Ober einen Milchkaffee, um die Kälte von sich abzuschütteln, die ihr in den Kellern der Nationalbibliothek in die Knochen gedrungen war.

»Warten Sie schon lange?«

»Das ganze Leben lang«, entgegnete Vargas. »Ergiebiger Nachmittag?«

»Je nachdem. Und Sie?«

»Ich kann nicht klagen. Nachdem ich Sie abgesetzt hatte, bin ich zu Valls' Verlag gegangen, um diesem Pablo Cascos Buendía einen Besuch abzustatten. Sie hatten recht. Da ist irgendwas faul.«

»Und dann?«

»Cascos selbst ist ein rechter Einfaltspinsel, ein sehr aufgeblasener allerdings.«

»Je einfältiger, desto schneidiger«, kommentierte Alicia.

»Zuerst hat mir der liebe Cascos eine exklusive Führung durch die Räumlichkeiten angeboten, und danach hat er Don Mauricios Persönlichkeit und vorbildhaftes Leben kommentiert, als hinge sein eigenes Dasein davon ab.«

»Möglicherweise irren Sie sich nicht. Leute wie Valls haben immer einen unendlichen Hofstaat von Günstlingen und Speichelleckern im Schlepptau.«

»Dort hat es natürlich weder an den einen noch den anderen gefehlt. Trotzdem habe ich Cascos als unruhig empfunden. Es war, als hätte er den Braten gerochen – er hörte nicht auf, Fragen zu stellen.«

»Hat er gesagt, warum Valls ihn in seine Villa beordert hat?«

»Ich habe ziemlich Dampf machen müssen, am Anfang war er sehr zugeknöpft.«

»Und da beschweren Sie sich über mich.«

»Für eingebildete Typen und Karrieristen habe ich besondere Kräutchen bereit, wozu es leugnen.«

»Erzählen Sie.«

»Lassen Sie mich mein Notizbuch zu Hilfe nehmen, das Ganze hat es in sich«, begann Vargas. »Voilà. Aufgepasst. Don Pablito war in jungen Jahren verlobt mit einem Dämchen namens Beatriz Aguilar. Als der Ärmste seinen Militärdienst absolvierte, ließ diese Beatriz ihn sitzen und heiratete schließlich, wie man so sagt, unterwegs zur Mutterschaft einen gewissen Daniel Sempere, Sohn des Inhabers der Barceloner Buchhandlung Sempere & Söhne, der Lieblingsbuchhandlung Sebastián Salgados, der sie, kaum war er aus dem Gefängnis raus, ein paarmal aufsuchte, sicherlich um sich in Bezug auf die literarischen Neuerscheinungen der letzten zwanzig Jahre auf den neusten Stand zu bringen. Wenn Sie sich an den Bericht im Dossier erinnern – zwei Angestellte dieser Buchhandlung, einer davon Daniel Sempere, waren Salgado am Tag seines Todes zum Nordbahnhof gefolgt.«

Alicias Blick begann zu glühen.

»Fahren Sie bitte fort.«

»Zurück zu Cascos: Unser verbitterter Held, Cascos Buendía, Leutnant und Gehörnter, verlor den Kontakt zu seiner geraubten Braut, der allerliebsten Beatriz, von der Pablito schwört, dass sie eine Schönheit ist, die in einer gerechten Welt bei ihm geblieben wäre und nicht bei einem armen Schlucker wie Daniel Sempere.«

»Das wäre Perlen vor die Säue geworfen«, bemerkte Alicia.

»Ohne sie zu kennen – nach einer halben Stunde mit Cascos

habe ich mich für Doña Beatriz gefreut. So weit die Vorgeschichte. Überspringen wir einige Zeit bis Mitte 1957. Nachdem Pablo Cascos mit seinem Curriculum und Empfehlungen von Angehörigen in halb Spanien hausieren gegangen ist, bekommt er unerwartet einen Anruf vom Verlag Ariadna, der 1947 von Don Mauricio Valls gegründet worden war und dessen Mehrheitsaktionär und Präsident er heute noch ist. Man lädt ihn zu einem Gespräch ein und bietet ihm an, ihn als Vertreter für Aragonien, Katalonien und die Balearen in die Verkaufsabteilung aufzunehmen. Guter Lohn, Aufstiegsmöglichkeiten. Pablo Cascos nimmt mit Freuden an und beginnt zu arbeiten. Es vergehen Monate, und eines Tages erscheint ohne besonderen Grund Valls in seinem Büro und sagt, er will ihn ins Horcher zum Mittagessen einladen.«

»Sieh an. Der gehobeneren Art.«

»Cascos kommt es schon merkwürdig vor, dass der Verlagspräsident und die meistgefeierte Persönlichkeit der spanischen Kultur einen Angestellten des, wie Doña Mariana sagen würde, mittleren Kaders, den er nie persönlich kennengelernt hat, zum Mittagessen einlädt und überdies ins Stammlokal des glorreichen Faschismus, in dessen Keller möglicherweise die Mumie des Duce begraben ist. Beim Aperitif kommentiert Valls, wie viel Gutes man ihm über Cascos und seine Arbeit in der Verkaufsabteilung berichtet habe.«

»Und das hat Cascos geschluckt?«

»Nein. Er ist zwar ein Trottel, aber ganz so blöd ist er doch nicht. Es schwant ihm, dass da etwas nicht koscher ist, und er stellt sich die Frage, ob das Stellenangebot, das er angenommen hatte, das ist, was er erwartet hatte. Valls fährt mit dem Theater fort bis zum Kaffee. Dann, als die beiden schon gute Freunde sind und Valls ihm eine goldene Zukunft im Unternehmen ausgemalt und ihm gesagt hat, er denke an ihn als Verkaufsdirektor des Verlags, lässt er die Katze aus dem Sack.«

»Ein kleiner Gefallen.«

»Ganz genau. Völlig unerwartet erzählt Valls von seiner Liebe zu den altehrwürdigen Buchhandlungen, Stützen und Heiligtümer des Wunders der Literatur, insbesondere zu der der Semperes, für die er eine ganz spezielle Zuneigung verspürt.«

»Sagt Valls, woher diese Zuneigung stammt?«

»Das lässt er offen. Wo er konkreter wird, betrifft es sein Interesse für die Familie Sempere und besonders für einen alten Freund der verstorbenen Gattin des Inhabers, also Daniels Mutter, Isabella.«

»Hatte Valls diese Isabella Sempere gekannt?«

»Laut Cascos nicht nur Isabella, sondern auch den guten Freund von ihr. Wetten, Sie wissen nicht, wer das ist? Ein gewisser David Martín.«

»Bingo.«

»Merkwürdig, nicht wahr? Der geheimnisvolle Name, an den sich Doña Mariana in jenem weit zurückliegenden Gespräch des Ministers mit seinem Nachfolger an der Spitze des Montjuïc-Gefängnisses erinnerte.«

»Weiter.«

»Jedenfalls wurde Valls mit seinem Anliegen nun deutlich. Der Minister wäre ihm ewig dankbar, wenn Cascos unter Zuhilfenahme seines Charmes, seines Geistes und seiner ehemaligen Zuneigung zu Beatriz mit ihr wieder Kontakt aufnehmen und sozusagen die abgebrochenen Brücken wiederaufbauen könnte.«

»Also sie verführen?«

»So könnte man es auch sagen.«

»Wozu?«

»Um herauszufinden, ob dieser David Martín noch lebt beziehungsweise in irgendeinem Moment in all diesen Jahren mit der Familie Sempere Kontakt aufgenommen hat.«

»Und warum hat Valls die Semperes nicht direkt gefragt?«

»Das wollte auch Cascos wissen.«

»Und was hat der Minister geantwortet?«

»Das sei ein sehr heikles, persönliches Thema, und aus Gründen, die nichts zur Sache täten, würde er lieber zuerst das Terrain erkunden, um zu erfahren, ob sein Verdacht begründet sei, dass dieser Martín hinter den Kulissen seine Fäden ziehe.«

»Und was geschah dann?«

»Nun, Cascos begann seiner ehemaligen Liebsten kurzerhand schwülstige Briefe zu schreiben.«

»Und bekam er eine Antwort?«

»Oh, Sie Frivole, Schlafzimmerintrigen interessieren Sie offenbar ...«

»Zur Sache, Vargas.«

»Verzeihung. Also – am Anfang nicht. Frischgebackene Mutter und Ehefrau, ignoriert Beatriz die Avancen dieses trotteligen Don Juan. Doch Cascos gibt nicht klein bei und kommt auf den Gedanken, dass er eine einmalige Chance hat wiederzubekommen, was ihm weggenommen worden war.«

»Schwarze Wolken über der Ehe von Daniel und Beatriz?«

»Wer weiß. Ein allzu junges Paar, eine übereilte Heirat und ein vor der kirchlichen Trauung in Auftrag gegebenes Kind ... Das perfekte Bild der Zerbrechlichkeit. Nun, die Wochen vergehen, und Bea beantwortet seine Briefe nicht. Aber Valls lässt nicht locker. Cascos wird allmählich nervös. Valls stellt ihm ein Ultimatum. Cascos schickt einen letzten Brief, in dem er Beatriz zu einem heimlichen Treffen in einer Suite des Hotels Ritz lädt.«

»Und Beatriz geht hin?«

»Nein. Aber Daniel.«

»Der Ehemann?«

»Der Ehemann.«

»Hatte Beatriz ihm denn von den Briefen erzählt?«

»Vielleicht hatte er sie auch gefunden ... Es kommt nicht darauf an. Daniel Sempere geht jedenfalls ins Ritz, und sowie ihn Cascos empfängt, ganz kokett mit einem parfümierten Hausmantel und Pantoffeln angetan und einem Glas Champagner in der Hand, verpasst ihm der gute Daniel eine Abreibung, die sich gewaschen hat, und ein neues Gesicht.«

»Dieser Daniel gefällt mir.«

»Seien Sie nicht so voreilig. Laut Cascos, den das Gesicht immer noch schmerzt, war Daniel drauf und dran, ihn ganz umzulegen, wenn der Schlägerei nicht von einem Zivilpolizisten, der dort vorbeikam, Einhalt geboten worden wäre.«

»Wie denn das?«

»In diesem Punkt wackelt die Geschichte. Mein Eindruck geht dahin, dass der Polizist gar keiner war, sondern ein Verbündeter von Daniel Sempere.«

»Und dann?«

»Dann fuhr Cascos nach Madrid zurück, das Gesicht ein Eierkuchen, den Schwanz eingezogen und Schiss bei dem Gedanken, was er Valls erzählen sollte.«

»Und was sagte Valls?«

»Er hörte ihn schweigend an und nahm ihm den Schwur ab, niemandem zu sagen, was geschehen war noch worum er ihn gebeten hatte.«

»Und das war's dann?«

»So sah es aus – bis wenige Tage vor Valls' Verschwinden dieser ihn wieder anrief und ihn zu seinem privaten Wohnsitz zitierte, um über ein Thema zu sprechen, das er nicht näher ausführte, das aber möglicherweise mit den Semperes, Isabella und dem geheimnisvollen David Martín in Zusammenhang stand.«

»Eine Verabredung, die Valls nicht einhielt.«

»Das wäre alles«, schloss Vargas.

»Was wissen wir eigentlich von diesem David Martín? Haben Sie noch Zeit gehabt, etwas über ihn rauszufinden?«

»Nicht viel. Aber was ich habe rausfinden können, ist ziemlich vielversprechend. Vergessener Schriftsteller und, aufgepasst, von 1939 bis 1941 Gefangener im Kastell Montjuïc.«

»Also in zeitlicher Übereinstimmung mit Valls und Salgado.«

»Mitgehangen, mitgefangen, wie man so treffend sagt …«

»Und nachdem er aus dem Gefängnis entlassen wird – was geschieht mit David Martín nach 1941?«

»Es gibt kein Nachher. Die Polizeiakte erklärt ihn für bei einem Fluchtversuch umgekommen.«

»Und übersetzt bedeutet das was?«

»Wahrscheinlich ohne Urteil hingerichtet und in irgendeinem Graben oder Massengrab verscharrt.«

»Auf Valls' Geheiß?«

»Höchstwahrscheinlich. In jenem Augenblick wäre nur er befugt gewesen, das zu tun.«

Einige Momente lang ließ sich Alicia all das durch den Kopf gehen.

»Aus welchen Gründen sollte Valls einen Toten suchen, den er selbst hatte hinrichten lassen?«

»Manchmal gibt es Tote, die nicht ganz tot sind. Nehmen Sie nur den Cid.«

»Gehen wir also davon aus, dass Valls denkt, Martín ist noch am Leben …«, sagte Alicia.

»Das könnte hinhauen.«

»Am Leben und rachedurstig. Vielleicht im Schatten Salgados Strippen ziehend und wartend, bis der Moment der Rache gekommen ist.«

»Die alten Freundschaften, die im Gefängnis geschlossen werden, kann man nicht so leicht vergessen«, stimmte Vargas zu.

»Was nach wie vor nicht klar ist, ist, was für eine Beziehung es zwischen Martín und den Semperes geben kann.«

»Etwas muss es sein, vor allem da Valls persönlich die Polizei daran gehindert hat, an diesem Faden zu ziehen, und dafür lieber Cascos als Spürhund angesetzt hat.«

»Vielleicht ist dieses *Etwas* der Schlüssel zu alledem«, sagte Alicia.

»Sind wir nun ein gutes Team oder nicht?«

Sie bemerkte das katzenhafte Grinsen, das Vargas' Mundwinkel umspielte.

»Was noch?«

»Halten Sie das für wenig?«

»Schießen Sie los.«

Vargas steckte sich eine Zigarette an und tat einen ersten Zug, während er die Rauchkringel beobachtete, die sich ihm zwischen den Fingern durchwanden.

»Also, anschließend, da Sie noch immer auf Bekanntenbesuch waren und nachdem ich den Fall sozusagen im Alleingang gelöst hatte, damit Sie sich nachher mit den Lorbeeren schmücken können, bin ich aufs Präsidium gegangen, um die Briefe des Gefangenen Sebastián Salgado zu holen, und habe mir die Freiheit genommen, meinen Freund Ciges zu konsultieren, den Graphologen des Hauses. Keine Sorge, ich habe ihm nicht gesagt, worum es geht, und er hat auch nicht danach gefragt. Ich habe ihm aufs Geratewohl vier Blätter gezeigt, und nachdem er sie sich sehr genau angeschaut hatte, sagte er, es gebe zahlreiche Anzeichen bei den Tilden und bei mindestens vierzehn Buchstaben und Verbindungen, die einen Rechtshänder ausschlössen. Und ich weiß nicht, was noch vom Winkel und der verlaufenen Tinte auf dem Papier und der *Attacke* oder so ähnlich.«

»Und wohin bringt uns das?«

»Dahin, dass derjenige, der Valls die Drohbriefe schickte, Linkshänder ist.«

»Und?«

»Und wenn Sie sich die Mühe nehmen, Sebastián Salgados Überwachungsbericht zu lesen, den die Barceloner Polizei nach seiner überraschenden Entlassung im Januar jenes Jahres erstellt hat, wird dort ausgeführt, der Kamerad habe in seinen Gefängnisjahren die linke Hand verloren und trage eine Porzellanprothese. Offenbar ist jemandem in den Verhören die Hand ausgerutscht, wenn Sie mir die alberne Bemerkung erlauben.«

Er hatte den Eindruck, Alicia wolle etwas sagen, doch sie blieb stumm, der Blick geistesabwesend. Vargas entdeckte einen Film Schweißtropfen auf ihrer Stirn.

»Auf jeden Fall konnte Salgado, der clevere Einhänder, diese Briefe nicht geschrieben haben. Alicia, hören Sie mich? Geht es Ihnen gut?«

Unvermittelt stand sie auf und hüllte sich in ihren Mantel.

»Alicia?«

Sie nahm die Mappe mit Salgados Briefen vom Tisch und bedachte Vargas mit einem abwesenden Blick.

»Alicia?«

Sie ging auf den Ausgang zu, Vargas' verdutzter Blick war auf ihren Rücken geheftet.

15

Der Schmerz wurde stärker, kaum trat sie auf die Straße hinaus. Vargas sollte sie nicht so sehen, niemand sollte sie so sehen. Eine der ganz üblen Phasen war im Anzug. Verdammte Madrider Kälte. Mit der Dosis vom Mittag hatte sie sich einzig ein wenig Zeit erkauft. Sie versuchte, die ersten Stiche in der Hüfte wegzustecken, indem sie langsam atmete und den Fuß bei jedem Schritt ganz sacht aufsetzte. Sie war noch nicht einmal bei der Plaza Cibeles, als sie stehen bleiben und sich an einem Laternenpfosten festhalten musste, um den Krampf vorbeigehen zu lassen, der sie quälte, als ob ihr ein Stromstoß die Knochen zerfräße. Sie spürte, wie die Leute vorbeigingen und sie misstrauisch betrachteten.

»Geht es Ihnen gut, Señorita?«

Sie nickte, ohne zu wissen, wem das Nicken galt. Als sie wieder zu Atem kam, hielt sie ein Taxi an und bat, ins Hispania gebracht zu werden. Der Fahrer schaute sie ein wenig beunruhigt an, sagte aber nichts. Es war dunkel geworden, und die Lichter der Gran Vía schwemmten bereits Einheimische und Fremde in der grauen Flut derer mit, die die Bürohöhlen verließen, um nach Hause zurückzukehren, und derer, die kein Ziel hatten. Alicia presste das Gesicht an die Scheibe und schloss die Augen.

Vor dem Hispania bat sie den Fahrer, ihr beim Aussteigen behilflich zu sein. Sie gab ihm ein großzügiges Trinkgeld und ging, sich an den Wänden abstützend, auf den Eingang zu. Sowie er sie eintreten sah, sprang Maura auf und eilte mit besorgtem Gesicht zu ihr. Er stützte sie an der Hüfte und half ihr zu den Aufzügen.

»Schon wieder?«, fragte er.

»Es wird gleich vorbei sein. Es ist das Wetter …«

»Sie sehen sehr schlecht aus. Soll ich einen Arzt rufen?«

»Nicht nötig. Oben habe ich das Mittel, das ich brauche.«

Maura nickte, nicht sehr überzeugt. Alicia tätschelte ihm die Hand.

»Sie sind ein guter Freund, Maura. Ich werde Sie vermissen.«

»Gehen Sie denn irgendwo hin?«

Alicia lächelte ihm zu und stieg mit einem Gutenachtgruß in den Aufzug.

»Übrigens, ich glaube, Sie haben Gesellschaft ...«, sagte Maura, als sich eben die Türen schlossen.

Sich an der Wand abstützend, humpelte sie im Halbdunkel den langen Korridor entlang zu ihrem Zimmer. Dutzende leere Zimmer versiegelnde Türen flankierten den Gang. In Nächten wie dieser dachte Alicia, sie sei der einzige lebende Gast auf ihrem Stockwerk, obwohl sie zugleich immer das Gefühl hatte, beobachtet zu werden. Wenn sie im Schatten verweilte, konnte sie manchmal fast den Atem der Dauermieter im Nacken oder die Berührung von Fingern im Gesicht spüren. Als sie hinten im Gang bei ihrem Zimmer ankam, blieb sie einen Augenblick keuchend stehen.

Sie öffnete die Tür, ohne sich die Mühe zu machen, das Licht anzuknipsen. Die Neonleuchtreklamen der Kinos und Theater in der Gran Vía projizierten flackerndes Licht in ihr Zimmer, das die Dunkelheit mit Technicolor aufhellte. Die Gestalt im Sessel saß mit dem Rücken zur Tür, die Hand hielt eine brennende Zigarette, und blauer Rauch wob Arabesken in die Luft.

»Ich dachte, du würdest mich am späten Nachmittag besuchen«, sagte Leandro.

Alicia wankte zum Bett und ließ sich erschöpft darauf fallen. Leandro wandte sich um und seufzte kopfschüttelnd.

»Soll ich sie dir zubereiten?«

»Ich will nichts.«

»Ist das eine Form der Sühne für deine Sünden, oder genießt du unnötiges Leiden?«

Er stand auf und trat zu ihr.

»Lass mich sehen.«

Er beugte sich über sie und tastete mit klinischer Nüchternheit ihre Hüfte ab.

»Wann hast du dich zum letzten Mal gespritzt?«

»Heute Mittag. Zehn Milligramm.«

»Das ist ja nicht mal ein Anfang. Das weißt du doch.«

»Vielleicht waren es auch zwanzig.«

Leandro schüttelte den Kopf. Er ging ins Bad zum Schränkchen. Dort fand er ein weiteres Metalletui und kam damit zu Alicia zurück. Er setzte sich auf die Bettkante, klappte das Etui auf und begann, die Injektion vorzubereiten.

»Du weißt, dass ich es nicht mag, wenn du das tust«, sagte er.

»Das ist meine Sache.«

»Wenn du dich so quälst, ist es auch meine. Dreh dich um.«

Alicia schloss die Augen und drehte sich auf die Seite. Leandro hob ihr den Rock bis zur Hüfte. Er öffnete die Schließen des Ledergeschirrs und zog es langsam ab. Alicia wimmerte vor Schmerz, presste die Augen zu und atmete stockend.

»Mir tut das mehr weh als dir«, sagte Leandro.

Er hielt den Schenkel fest und drückte sie aufs Bett. Alicia zitterte, als er die Nadel in der Narbe an der Hüfte versenkte. Ein dumpfes Heulen entfuhr ihr, und einige Sekunden lang straffte sich ihr ganzer Körper wie ein Seil. Langsam zog Leandro die Nadel heraus und legte die Spritze aufs Bett. Allmählich lockerte er den Druck auf ihr Bein und drehte sie wieder in Rückenlage. Dann zog er ihr den Rock zurecht und bettete ihren Kopf sanft aufs Kissen. Ihre Stirn war schweißbedeckt. Er trocknete sie ihr mit einem Taschentuch. Sie schaute ihn mit glasigen Augen an.

»Wie spät ist es?«, stammelte sie.

Leandro streichelte ihr die Wange.

»Noch früh. Schlaf.«

16

Sie erwachte im spärlichen Licht des Zimmers und entdeckte Leandros Scherenschnitt im Sessel neben dem Bett. Er hatte Víctor Mataix' Buch in der Hand und las darin. Sie vermutete, dass Leandro, während sie geschlafen hatte, ihre Jackett- und die Handtasche und möglicherweise jede einzelne Schublade im Zimmer gefilzt hatte.

»Besser?«, fragte er, ohne vom Text aufzublicken.

»Ja.«

Das Aufwachen ging immer mit einer seltsamen geistigen Klarheit und dem Gefühl gefrorener Gelatine einher, die durch ihre Adern glitt. Leandro hatte sie mit einer Wolldecke zugedeckt. Sie betastete sich und stellte fest, dass sie immer noch fürs Ausgehen angezogen war. Sie richtete sich auf und stützte sich im Sitzen am Kopfende des Bettes ab. Der Schmerz war nur noch ein in der Kälte begrabenes schwach-dumpfes Pochen. Leandro beugte sich vor und gab ihr ein Glas. Sie trank zwei Schlucke. Es schmeckte nicht nach Wasser.

»Was ist das?«

»Trink es aus.«

Sie nahm langsame Schlucke. Leandro klappte das Buch zu und legte es auf den Tisch.

»Deine literarischen Vorlieben habe ich nie wirklich begriffen, Alicia.«

»Ich hab's im Schreibtisch von Valls' Arbeitszimmer versteckt gefunden.«

»Und du glaubst, es könnte mit unserem Fall in irgendeinem Zusammenhang stehen?«

»Im Moment schließe ich keine Möglichkeit aus.«

Er nickte zustimmend.

»Du klingst schon fast wie Gil de Partera. Wie läuft's denn mit deinem neuen Kollegen?«

»Vargas? Er scheint effizient zu sein.«

»Kann man ihm vertrauen?«

Alicia zuckte mit den Schultern.

»Da das von jemandem kommt, der nicht einmal seinem eigenen Schatten traut, weiß ich nicht, ob ich dein Zögern für ein Zeichen dafür halten soll, dass du mit dem Regime zu sympathisieren beginnst.«

»Halten Sie es, wofür Sie wollen.«

»Stehen wir immer noch auf Kriegsfuß?«

Seufzend schüttelte Alicia den Kopf.

»Das war kein Höflichkeitsbesuch, Alicia. Ich habe viel zu tun, und im Palace erwarten mich einige Leute schon eine ganze Weile zum Abendessen. Was hast du mir zu erzählen?«

Sie resümierte knapp die Ereignisse des Tages und ließ Leandro die Zusammenfassung schweigend verdauen, wie es seine Gewohnheit war. Er stand auf und trat ans Fenster. Alicia betrachtete seine reglosen, von den Lichtern der Gran Vía scharf gezeichneten Umrisse. Die schwächlichen Arme und Beine gaben ihm zusammen mit dem unproportionierten Oberkörper das Aussehen einer in ihrem Netz lauernden Spinne. Alicia unterbrach seine Meditation nicht. Sie hatte gelernt, dass er sich gern seine Zeit nahm, um zu tüfteln und Vermutungen anzustellen, wobei er jedes Häppchen Information genoss und sich ausrechnete, wie er damit den größtmöglichen Schaden anrichten konnte.

»Ich nehme an, du hast Valls' Sekretärin nicht erzählt, dass du dieses Buch gefunden und mitgenommen hast«, sagte er schließlich.

»Nein. Nur Vargas weiß, dass ich es habe.«

»Es wäre nicht schlecht, wenn es dabei bliebe. Meinst du, du kannst ihn dazu überreden, seinen Vorgesetzten nichts davon zu sagen?«

»Ja. Wenigstens ein paar Tage lang.«

Leandro seufzte leicht verdrießlich. Dann wandte er sich vom Fenster ab und ging gemächlich zum Sessel. Er setzte sich wieder hin, schlug die Beine übereinander und musterte Alicia einige Sekunden mit den Augen eines Gerichtsmediziners.

»Ich möchte gern, dass dich Dr. Vallejo untersucht.«

»Darüber haben wir doch schon gesprochen.«

»Er ist der beste Spezialist des Landes.«

»Nein.«

»Lass mich für dich einen Termin ausmachen. Eine Konsultation ohne jede Verpflichtung.«

»Nein.«

»Wenn du weiterhin so einsilbig bist, dann bring wenigstens ein bisschen Abwechslung rein.«

»Okay.«

Leandro nahm das Buch wieder vom Tisch, blätterte darin und lächelte vor sich hin.

»Gefällt es Ihnen?«

Er schüttelte langsam den Kopf.

»Nein. Im Gegenteil, mir sträuben sich die Haare. Ich dachte bloß, es sei ganz auf dich zugeschnitten.«

Er ließ die Augen über die Seiten gleiten und hielt da und dort mit skeptischem Ausdruck inne. Schließlich gab er es ihr zurück und beobachtete sie. Er hatte den Blick jener Jesuiten, die eine Sünde witterten, ehe sie überhaupt gedacht wurde, und die Buße mit einem schlichten Blinzeln verabreichten.

»Dieses so wichtige Dinner im Palace wird wahrscheinlich langsam kalt«, sagte Alicia.

Leandro gewährte ihr seine ökumenische Zustimmung.

»Bleib liegen und ruh dich aus. Ich habe dir zehn Hunderter-Fläschchen ins Badezimmerkästchen gestellt.«

Sie presste wütend die Lippen zusammen, sagte aber nichts. Leandro nickte und ging zur Tür. Bevor er das Zimmer verließ, blieb er stehen und deutete mit dem Zeigefinger auf sie.

»Mach keine Dummheiten«, warnte er.

Alicia hielt die Hände wie zum Gebet zusammen und lächelte.

17

Befreit von Leandros Anwesenheit und der ihn überallhin beglei-tenden Befehlston-Aura, schob Alicia den Riegel vor, stellte sich unter die Dusche und überließ sich fast vierzig Minuten lang den Nadeln und dem Dampf des heißen Wassers. Sie knipste nicht einmal das Licht an, sondern blieb in der schwachen Helligkeit stehen, die durch das Badezimmerfenster hereindrang, und ließ sich vom Wasser den Tag vom Körper spülen. Die Heizkessel des Hispania waren vermutlich irgendwo in der Hölle begraben, und das metallische Scheppern der Leitungen in den Wänden erzeugte eine hypnotisierende Musik. Als sie das Gefühl hatte, ihre Haut schäle sich allmählich ab, drehte sie den Wasserhahn zu, blieb aber noch zwei Minuten stehen und hörte dem Tropfen der Dusche und dem Verkehrslärm auf der Gran Vía zu.

Später, in ein Handtuch gehüllt und begleitet von einem randvollen Glas Weißwein, legte sie sich mit dem Dossier, das Gil de Partera ihr an diesem Vormittag gegeben hatte, und der Mappe mit den mutmaßlichen Briefen Sebastián Salgados oder des vielleicht verstorbenen David Martín an den Minister Valls aufs Bett.

Sie begann mit dem Dossier und verglich das, was sie im Lauf des Tages herausgefunden hatte, mit der offiziellen Version des Präsidiums. Wie bei vielen Polizeiberichten war, was darin stand, das Unwichtigste; das einzig Interessante war das Unerwähnte. Das Protokoll des Attentats auf den Minister im Círculo de Bellas Artes war ein Meisterwerk des Genres ›haltlose und ausgefallene Vermutung‹. Da gab es nichts Weiteres als eine nicht überprüfte Widerlegung der Worte Valls', der anführte, im Publikum jemanden gesehen zu haben, der die Absicht gehabt habe, ihm nach dem Leben zu trachten. Das Auffälligste war die Aussage eines der angeblichen Zeugen des angeblichen Komplotts, der ein angebliches Individuum angeblich hinter den Kulissen mit einer Art Maske oder etwas Ähnlichem, was einen Teil des Gesichts verdeckte, gesehen haben wollte. Alicia seufzte voller Überdruss.

»Fehlt nur noch Zorro«, murmelte sie vor sich hin.

Nach einer Weile, als sie es satthatte, Dokumente ungelesen wegzulegen, die nur zu existieren schienen, um dem Dossier den Anstrich von Effizienz zu verleihen, legte sie die Mappe weg und widmete sich den Briefen.

Es waren deren zwölf, alle auf gelblichen, mit einer launischen Schrift besprenkelten Blättern. Der längste bestand gerade mal aus zwei kurzen Absätzen. Der Schriftzug schien einem abgenutzten Füller zu entstammen, aus dem die Tinte unregelmäßig floss und gesättigte Zeilen neben solchen produzierte, die mit Mühe das Papier ankratzten. Die Hand des Schreibers verband nur selten einen Buchstaben mit dem nächsten, so dass der Eindruck entstand, der Text sei Buchstabe um Buchstabe zusammengesetzt worden. Das Thema war immer wieder das gleiche, und Brief um Brief erwähnte der Autor »die Wahrheit« und »die Kinder des Todes« und das Treffen »beim Eingang zum Labyrinth«. Valls hatte diese Briefe über Jahre hinweg bekommen, aber erst jetzt hatte ihn etwas zum Handeln bewogen.

»Aber was?«, murmelte Alicia.

Die Antwort lag fast immer in der Vergangenheit. Das war eine von Leandros ersten Lektionen gewesen. Als sie einmal von der Beerdigung einer der obersten Führungskräfte der Politischen Polizei in Barcelona kamen, zu der sie Leandro hatte begleiten müssen (als Teil ihrer Ausbildung, wie er angeführt hatte), sprach ihr Mentor diesen Satz aus. Seine These lautete, von einem gewissen Punkt des Lebens an liege die Zukunft eines Menschen unabänderlich in der Vergangenheit.

»Ist das nicht eine Binsenwahrheit?«, hatte Alicia gefragt.

»Es würde dich überraschen, wie sehr man die Antworten, die in der Vergangenheit liegen, immer in der Gegenwart oder Zukunft sucht.«

Leandro hatte einen gewissen Hang zu didaktischen Aphorismen. Damals hatte Alicia gedacht, er spreche vom Verstorbenen oder vielleicht sogar von sich selbst und von der Flut aus Schatten, die ihn an die Macht gespült hatte. Er war einer *der Auserwählten*, wie man sie mit der Zeit nannte. Eine Schar von Helden, von einer Schicht Verwesung erzeugt, die dieses Brachland überschwemmten wie ein Fluss voller Blut, das aus den Gullys quoll. Alicia bemerkte, dass sie dieses Bild dem in Valls' Arbeitszimmer gefundenen Buch entliehen hatte. Blut, das aus den Gullys quoll und langsam die Straßen überflutete. *Das Labyrinth*.

Sie ließ die Briefe zu Boden fallen und schloss die Augen. Die Kälte dieses Gifts in den Adern tat ihr immer den Hinterraum ihres Geistes auf. Das war der Preis, den sie zu bezahlen hatte, um den Schmerz zum Verstummen zu bringen. Leandro wusste das. Er wusste, dass unter dieser gefrorenen Schicht, wo es weder Schmerz noch Bewusstsein gab, ihre Augen in der Lage waren, die Dunkelheit zu durchdringen, zu hören und zu fühlen, was andere sich nicht einmal vorstellen konnten, die Geheimnisse derer zu durchkämmen, die glaubten, sie hinter sich begraben zu haben. Leandro wusste, dass Alicia jedes Mal, wenn sie in diese schwarzen Wasser eintauchte und mit einer Trophäe in den Händen wiederkam, einen Teil ihrer Haut und ihrer Seele einbüßte. Und dafür hasste sie ihn. Sie hasste ihn mit der Wut, die nur ein Geschöpf, das seinen Schöpfer und sein Inventar an Schäbigkeiten kennt, empfinden kann.

Abrupt stand sie auf und ging ins Bad. Sie öffnete den kleinen Spiegelschrank und fand die Fläschchen, die ihr Leandro säuberlich nebeneinandergereiht hatte. Ihr Preis. Sie ergriff sie mit beiden Händen und schmiss sie mit aller Kraft ins Waschbecken. Die durchsichtige Flüssigkeit verflüchtigte sich zwischen den Scherben.

»Mistkerl«, murmelte sie.

Kurz darauf klingelte das Telefon. Alicia betrachtete sich einige Augenblicke im Badezimmerspiegel und ließ es klingeln. Sie hatte den Anruf erwartet. Langsam ging sie ins Schlafzimmer zurück und hob ab. Sie horchte, ohne etwas zu sagen.

»Valls' Wagen ist gefunden worden«, sagte Leandro.

Alicia schwieg weiter. Schließlich sagte sie:

»In Barcelona.«

»Ja.«

»Und von Valls keine Spur.«

»Auch nicht von seinem Leibwächter.«

Sie setzte sich aufs Bett, den Blick in den Lichtern verloren, die das Fenster rot färbten.

»Alicia? Bist du noch da?«

»Ich werde morgen den ersten Zug nehmen. Ich glaube, er fährt um sieben vom Bahnhof Atocha ab.«

Sie hörte Leandro seufzen und stellte ihn sich vor, zurückgelehnt auf dem Bett seiner Suite im Palace.

»Ich weiß nicht, ob das eine gute Idee ist, Alicia.«

»Überlassen Sie das Ganze lieber der Polizei?«

»Es macht mir Sorgen, dich allein in Barcelona zu wissen, Alicia. Das weißt du ja. Das ist nicht gut für dich.«

»Es wird schon nichts geschehen.«

»Wo wirst du wohnen?«

»Wo wohl?«

»Die Wohnung in der Aviñón …«, seufzte Leandro. »Warum nicht in einem guten Hotel?«

»Weil das mein Zuhause ist.«

»Dein Zuhause ist hier.«

Alicia umfasste mit dem Blick das Zimmer um sich, ihr Gefängnis der letzten Jahre. Nur Leandro konnte auf die Idee kommen, dieser Sarg sei ein Zuhause.

»Weiß es Vargas?«

»Die Nachricht kommt vom Präsidium. Wenn er es noch nicht weiß, wird er es morgen früh erfahren.«

»Noch was?«

Sie hörte Leandro tief atmen.

»Ich will, dass du mich jeden Tag anrufst, ohne Ausnahme.«

»Einverstanden.«

»Ohne Ausnahme.«

»Ja, das habe ich doch schon gesagt. Gute Nacht.«

Sie wollte eben auflegen, als Leandros Stimme noch einmal durch den Hörer drang. Sie hielt ihn wieder ans Ohr und hörte zu:

»Alicia?«

»Ja.«

»Sei vorsichtig.«

18

Sie hatte immer gewusst, dass sie eines Tages nach Barcelona zurückkehren würde. Dass sie es ausgerechnet bei ihrem letzten Auftrag von Leandro tat, überzog das Ganze mit einem Anstrich von Ironie, die ihrem Mentor nicht entgangen sein konnte. Sie stellte sich vor, wie er in seiner Suite in Gedanken versunken auf und ab tigerte und aufs Telefon starrte. Ständig in Versuchung, den Hörer abzunehmen und sie noch einmal anzurufen und sie anzuweisen, in Madrid zu bleiben. Leandro mochte es gar nicht, wenn seine Marionetten die Fäden durchzuschneiden versuchten. Mehr als einer hatte bei diesem Bemühen entdeckt, dass das kein Beruf für Liebhaber von Happy Ends war. Alicia indessen war immer anders gewesen. Sie war seine Lieblingsmarionette. Sein Meisterwerk.

Sie schenkte sich noch ein Glas Wein ein und legte sich in Erwartung des Anrufs hin. Einen Moment lang war sie versucht, den Telefonstecker herauszuziehen. Das letzte Mal, als sie das getan hatte, waren zwei von seinen Hanswursten in ihrer Tür erschienen und hatten sie in die Eingangshalle eskortiert, wo ein Leandro sie erwartete, wie sie ihn noch nie gesehen hatte, ohne seine sonst so gelassene Miene und von Unruhe verzehrt. Er hatte sie mit einer Mischung aus Argwohn und Verlangen angeschaut, als schwanke er, ob er sie umarmen oder aber sie an Ort und Stelle von seinen Leuten mit den Gewehrkolben zu Brei schlagen lassen sollte. »So etwas machst du nicht noch einmal mit mir«, hatte er dann gesagt. Seither waren zwei Jahre vergangen.

Sie wartete bis Mitternacht auf seinen Anruf, doch nichts geschah. Leandros Wunsch, Valls zu finden und damit den hohen staatlichen Instanzen einen Gefallen zu erweisen, musste sehr stark sein, dass er ihr das Käfigtürchen öffnete. In der Gewissheit, dass diese Nacht keiner von beiden ein Auge zutun würde, beschloss sie, am einzigen Ort der Welt Zuflucht zu suchen, wo Leandro noch nie bis zu ihr hatte vordringen können, in den Seiten eines Buches. Sie nahm den schwarzen Band vom

Tisch und schlug ihn auf, um in Víctor Mataix' Geist einzudringen.

Kaum hatte sie den ersten Abschnitt gelesen, vergaß sie, dass sie ein Ermittlungsstück in den Händen hielt. Sie ließ sich vom Duft der Worte einlullen, und nach kurzer Zeit hatte sie sich in den Seiten verloren, war in die Fülle von Bildern und Rhythmen eingetaucht, die die Schilderung der Abenteuer Ariadnas verströmte, als sie in die Tiefen jenes verhexten Barcelonas hinabstieg. Die Komposition jeder Passage, jedes Satzes schien von der musikalischen Metrik bestimmt. Die Erzählung verknüpfte die Worte mit goldgeschmiedeten Bändern und zog die Augen in eine Lektüre von Timbres und Farben hinein, die im Geist ein Schattentheater schufen. Sie las zwei Stunden durch, genoss jeden Satz und fürchtete sich, ans Ende zu gelangen. Als sie nach dem Umblättern der letzten Seite auf die Zeichnung eines sich senkenden Bühnenvorhangs stieß, der den Text in Staub auflöste, klappte sie das Buch auf der Brust zu und streckte sich in der Dunkelheit aus, den Blick noch immer verloren in Ariadnas Abenteuern in ihrem Labyrinth.

Entzündet vom Zauber dieser Geschichte, schloss sie die Augen und suchte den Schlaf. Sie stellte sich Valls in seinem Arbeitszimmer vor, wie er dieses Buch unter einem Schubladenboden versteckte und die Schublade dann abschloss. Von allem, was es vor seinem Verschwinden zu verstecken gegeben hätte, hatte er ausgerechnet dieses Buch versteckt. Allmählich tropfte ihr die Müdigkeit auf den Körper. Sie löste das Handtuch und glitt nackt zwischen die Laken. Zusammengeknäuelt und die Hände zwischen den Schenkeln verschränkt, legte sie sich auf die Seite. Es kam ihr in den Sinn, dass das wahrscheinlich ihre letzte Nacht in diesem Zimmer war, das jahrelang auch ihre Zelle gewesen war. Sie lag reglos da, wartete und hörte die Geräusche und Klagelaute des Hauses, das ihr Gehen schon erahnte.

Kurz vor dem Morgengrauen stand sie auf, eben noch rechtzeitig, um das Unerlässliche in einen Koffer zu packen; alles andere ließ sie als Abschiedsspende für die unsichtbaren Hotelgäste dort. Sie betrachtete ihre kleine, an den Wänden aufgestapelte Bücherstadt und lächelte traurig. Maura wüsste schon, was er mit ihren Freunden anfangen sollte.

Es tagte noch kaum, als sie durch die Eingangshalle schritt, ohne die Absicht, sich von den verlorenen Seelen des Hispania zu verabschieden. Kurz vor dem Ausgang hörte sie hinter sich Mauras Stimme:

»So stimmt es also«, sagte der Pförtner. »Sie gehen.«

Alicia blieb stehen und wandte sich um. Auf einen Mopp gestützt, der etwa so viele Kilometer auf dem Buckel hatte wie er selbst, betrachtete Maura sie. Um nicht zu weinen, lächelte er, in seinem Blick lag tiefe Traurigkeit.

»Ich gehe heim, Maura.«

Der Pförtner nickte wiederholt.

»Und Sie tun gut daran.«

»Ich habe meine Bücher oben gelassen. Sie sind für Sie.«

»Ich werde ihnen Sorge tragen.«

»Und die Kleider – stellen Sie damit an, was Sie wollen. Irgendjemand im Haus wird sie brauchen können.«

»Ich werde sie zur Caritas bringen, denn hier gibt's viele Schleimer, und ich möchte nicht den Klugscheißer Valenzuela an irgendwas rumschnuppern sehen, was ihn nichts angeht.«

Alicia trat auf das Männchen zu und umarmte es.

»Danke für alles, Maura«, raunte sie ihm ins Ohr. »Sie werden mir fehlen.«

Er ließ den Moppstiel fallen und schlang seine zitternden Arme um sie.

»Vergessen Sie uns, sobald Sie zu Hause angekommen sind«, sagte er mit gebrochener Stimme.

Maura hätte ihr gern einen Abschiedskuss gegeben, doch, ganz Ritter von der traurigen Gestalt und alten Schule, reichte er ihr die Hand, die Alicia drückte.

»Möglicherweise ruft ein gewisser Vargas an und erkundigt sich nach mir …«

»Seien Sie unbesorgt. Ich werde ihn Ihnen vom Leib halten. Los, gehen Sie schon.«

Sie stieg in ein Taxi, das vor der Tür wartete, und bat den Fahrer, sie zum Atocha-Bahnhof zu bringen. Eine bleierne Decke lag über der Stadt, und die Scheiben des Taxis waren reifverschleiert. Der Fahrer, der aussah, als hätte er die ganze Nacht oder die ganze Woche am Steuer verbracht und stünde nur noch dank dem Anflug eines Zigarettenstummels auf den Lippen in der Wirklichkeit, schaute sie im Rückspiegel an.

»Hin- oder Rückreise?«, fragte er.

»Ich weiß es nicht.«

Als sie auf dem Bahnhof eintraf, sah sie, dass Leandro ihr zuvorgekommen war. Er saß an einem der Cafétische neben den Schaltern und las die Zeitung, während er mit dem Kaffeelöffelchen spielte. Wenige Meter entfernt waren zwei seiner Zerberusse vor je einer Säule postiert. Als er sie kommen sah, faltete er die Zeitung zusammen und lächelte väterlich.

»Früh aufstehen macht nicht eher tagen«, sagte Alicia.

»Sprichwörter passen nicht zu dir, Alicia. Setz dich. Hast du gefrühstückt?«

Sie verneinte, setzte sich aber. Sie hatte nicht vor, sich Leandro genau dann entgegenzustellen, wenn sie sich anschickte, sechshundert Kilometer zwischen ihn und sich zu bringen.

»Es gibt allgemeine Gepflogenheiten unter den Sterblichen, die auch dir guttäten, Alicia, beispielsweise zu frühstücken oder Freunde zu haben.«

»Haben Sie viele Freunde, Leandro?«

Sie sah den stählernen Glanz in den Augen ihres Chefs, eine Andeutung von Warnung, und senkte den Blick. Gehorsam akzeptierte sie das Gebäck und die Tasse Milchkaffee, die ihr auf Leandros Geheiß vom Kellner serviert wurden, und schlürfte unter seinem aufmerksamen Blick einige Tropfen.

Er zog einen Umschlag aus dem Mantel und gab ihn ihr.

»Ich habe ein Erste-Klasse-Abteil für dich allein gebucht. Ich hoffe, das ist in Ordnung so. Und da hast du auch ein wenig Geld. Heute überweise ich noch etwas aufs Konto der Hispano. Wenn du mehr brauchst, gib mir Bescheid.«

»Danke.«

Alicia knabberte am Gebäck, das sich am Gaumen trocken und rau anfühlte, so dass sie es kaum herunterbrachte. Leandro wandte kein Auge von ihr. Verstohlen schielte Alicia nach der Uhr an der Decke.

»Noch zehn Minuten«, sagte Leandro. »Ganz ruhig.«

In Gruppen zogen Fahrgäste langsam Richtung Bahnsteig. Alicia bettete die Hände um die Tasse, um sie irgendwo unterzubringen. Die Stille zwischen ihnen tat weh.

»Danke, dass Sie gekommen sind, um sich zu verabschieden.«

»Tun wir das? Uns voneinander verabschieden?«

Alicia schüttelte den Kopf. Wortlos blieben sie noch ein paar Minuten sitzen. Schließlich, als sie schon dachte, gleich werde sie mit dem Druck ihrer Hände die Tasse zerbrechen, stand Leandro auf, knöpfte sich in aller Ruhe den Mantel zu und band den Schal um den Hals zu einem Knoten. Er schlüpfte in seine Lederhandschuhe und beugte sich mit wohlwollendem Lächeln zu ihr hinunter, um sie auf die Wange zu küssen. Seine Lippen waren kalt, und sein Atem roch nach Pfefferminze. Alicia regte sich nicht und wagte kaum zu atmen.

»Ich will, dass du mich jeden Tag anrufst. Ohne Ausnahme. Und zwar schon heute Abend, nachdem du angekommen bist, damit ich weiß, dass alles gutgegangen ist.«

Sie sagte nichts.

»Alicia?«

»Jeden Tag, ohne Ausnahme.«

»Dieser Unterton ist nicht nötig.«

»Verzeihung.«

»Wie geht's mit den Schmerzen?«

»Gut. Besser. Viel besser.«

Leandro zog ein Fläschchen aus der Manteltasche und reichte es ihr.

»Ich weiß, dass du nicht gern etwas nimmst, aber du wirst mir dankbar sein. Es ist weniger stark als das für die Spritze. Eine Pille, nichts weiter. Nimm sie nicht auf leeren Magen, und schon gar nicht mit Alkohol.«

Sie ergriff das Fläschchen und steckte es in ihre Handtasche. Sie mochte jetzt nicht wieder einen Streit vom Zaun brechen.

»Danke.«

Leandro nickte und ging, flankiert von seinen Leuten, langsam auf den Ausgang zu.

Der Zug wartete unter dem großen Bahnhofsgewölbe. Ein kaum zwanzigjähriger Bursche bat sie vorn am Bahnsteig um die Fahrkarte und führte sie zum leeren Erste-Klasse-Waggon. Als er bemerkte, dass sie ein wenig hinkte, half er ihr beim Einsteigen und begleitete sie bis zum Abteil, wo er ihren Koffer ins Gepäcknetz hob und den Vorhang am Fenster hinaufzog. Die Scheibe war beschlagen, und er wischte sie mit dem Jackettärmel trocken. Ein Ballett von Fahrgästen glitt über den Bahnsteig, der von der Morgenfeuchte zum Spiegel geworden war. Alicia gab dem Burschen ein Trinkgeld, bevor er mit einer Verbeugung die Abteiltür schloss und sich entfernte.

Sie ließ sich auf den Sitz fallen und betrachtete geistesabwesend die Lichter des Bahnhofs. Nach kurzer Zeit setzte sich der Zug in Bewegung, und Alicia überließ sich dem sanften Wiegen des Waggons und malte sich aus, wie über einem im Nebel verankerten Madrid die ersten Lichter angingen. Da erblickte sie ihn. Vargas rannte den Bahnsteig entlang und versuchte, den Zug zu erwischen. In seinem vergeblichen Wettlauf konnte er beinahe den Waggon berühren und Alicias Blick erhaschen, die ihn völlig ausdruckslos durchs Fenster beobachtete. Schließlich gab er auf, die Hände auf die Knie gestützt, ein atemloses, bitteres Lächeln auf den Lippen.

Die Stadt verschwand in der Ferne, und kurz darauf gelangte der Zug auf eine Ebene ohne Horizont, die sich unendlich nach nirgendwo ausdehnte. Alicia spürte, dass hinter dieser Mauer Barcelona schon Witterung von ihr aufgenommen hatte. Sie stellte sich vor, wie sich die Stadt gleich einer schwarzen Rose öffnete, und für einen Augenblick befiel sie die Gelassenheit des Unvermeidlichen, die die Verdammten tröstet, oder vielleicht, dachte sie, war es auch nur die Müdigkeit. Das spielte jetzt keine große Rolle mehr. Sie schloss die Augen und überließ sich dem Schlaf, während der Zug, die Schatten aufreißend, dem Labyrinth der Lichter entgegenglitt.

DIE STADT DER SPIEGEL

Barcelona
Dezember 1959

1

Kalt. Eine Kälte, die die Haut verätzt, ins Fleisch schneidet und die Knochen durchbohrt. Eine feuchte, die Muskeln peinigende und die Eingeweide versengende Kälte. Kalt. In diesem ersten Moment des Bewusstseins ist das das Einzige, woran er denken kann.

Die Dunkelheit ist nahezu vollkommen. Nur ein Schimmer Helligkeit sickert von oben herein. Ein Hauch fahlen Lichts, der sich wie glänzender Staub an die Schatten haftet und die Begrenzungen des Raums andeutet, in dem er sich befindet. Seine Pupillen weiten sich, und undeutlich erkennt er ein Geviert vom Ausmaß eines kleinen Zimmers. Die Wände sind aus nacktem Stein. Sie geben eine Feuchtigkeit ab, die im schwachen Licht glänzt, als glitte ein dunkles Weinen über sie. Der Boden ist felsig und voller Pfützen, die nicht aus Wasser zu bestehen scheinen. In der Luft hängt ein intensiver Gestank. Vorn erkennt man eine Reihe dicker rostiger Gitterstäbe und jenseits von ihnen einige Stufen, die in die Finsternis hinaufführen.

Er befindet sich in einer Zelle.

Valls versucht aufzustehen, doch die Beine versagen ihm den Dienst. Er schafft kaum einen Schritt, und schon knicken ihm die Knie ein und er fällt auf die Seite. Sein Gesicht schlägt auf den Boden, und er flucht. Er versucht, wieder zu Atem zu kommen. Einige Minuten bleibt er so auf dem Boden liegen, das Gesicht in dem schleimigen Film, der einen metallisch-süßlichen Geruch ausströmt. Sein Mund ist trocken, als hätte er Erde geschluckt, und die Lippen sind gesprungen. Er versucht, sie mit der rechten Hand zu betasten, aber er spürt keine rechte Hand, als gäbe es unterhalb des Ellbogens nichts mehr.

Sich mit dem linken Arm aufstützend, schafft er es, sich hinzusetzen. Er hebt die rechte Hand vors Gesicht und betrachtet sie im Gegenlicht des gelblichen Helligkeitsschleiers. Sie zittert. Er sieht zwar, wie sie zittert, spürt sie aber nicht. Er versucht, die Faust zu ballen und wieder zu öffnen, aber die Muskeln gehorchen ihm nicht. Erst da bemerkt er, dass ihm zwei Finger fehlen, der Zeige- und der Mittelfinger. Ihre Stellen nehmen zwei schwärzliche Flecken ein, von denen Haut- und Fleischfetzen hängen. Valls will schreien, doch seine Stimme versagt, und er bringt nur ein hohles Wimmern hervor. Er lässt sich auf den Rücken fallen und schließt die Augen. Er beginnt, durch den Mund zu atmen, um den giftigen Gestank in der Luft zu meiden. Dabei erinnert er sich an ein Kindheitserlebnis, in einem Sommer vor vielen Jahren, auf dem Gut, das seine Eltern in der Umgebung von Segovia hatten, mit einem alten Hund, der sich zum Sterben in den Keller des Hauses schlich. Valls erinnert sich, dass der ekelerregende Gestank, der sich des ganzen Hauses bemächtigte, dem glich, der ihm jetzt den Hals verbrennt. Aber der hier ist noch viel schlimmer und lässt ihn kaum nachdenken. Nach einer Weile, Minuten oder vielleicht Stunden, übermannt ihn die Müdigkeit, und er fällt in eine trübe Benommenheit zwischen Wachen und Schlafen.

Er träumt, er sei als einziger Fahrgast in einem Zug unterwegs. Auf schwarzen Dampfwolken rast die Lokomotive einer labyrinthischen Zitadelle aus kathedralenhaften Fabriken, spitzen Türmen und einem Gewirr von unmöglich verwinkelten Brücken und Dächern unter blutendem Himmel entgegen. Kurz bevor der Zug in einen scheinbar endlosen Tunnel eintaucht, schaut Valls aus dem Fenster und sieht, dass die Einfahrt von den Statuen zweier großer Engel mit ausgebreiteten Flügeln und zwischen den Lippen sichtbaren spitzen Zähnen bewacht wird. Auf einem klapprigen Schild über dem Schlussstein steht:

Barcelona

Mit höllischem Lärm taucht der Zug in den Tunnel ein, und als er am anderen Ende wieder ans Tageslicht gelangt, erhebt sich vor ihm die Silhouette des Montjuïc-Hügels mit dem scharf ge-schnittenen Kastell in einer Aura karmesinroten Lichts. Valls spürt, wie sich seine Eingeweide zusammenziehen. Ein Schaffner, in sich gekrümmt wie ein vom Sturm gepeitschter alter Baum-stamm, kommt durch den Gang daher und bleibt vor seinem Ab-teil stehen. An der Uniform befestigt ist ein Schildchen, darauf der Name SALGADO.

»Ihre Haltestelle, Herr Direktor …«

Der Zug erklettert die kurvenreiche Straße, an die Valls sich so gut erinnert, und fährt ins Gefängnisgelände ein. In einem dunklen Korridor bleibt er stehen, und Valls steigt aus. Der Zug fährt weiter und verliert sich im Dunkeln. Valls dreht sich um und entdeckt, dass er in eine der Gefängniszellen eingesperrt ist. Von der anderen Seite der Gitterstäbe aus beobachtet ihn eine Gestalt. Als Valls ihr erklären will, hier handle es sich um einen Irrtum, er befinde sich auf der falschen Seite, er sei der Gefängnisdirektor, gelangt seine Stimme nicht bis zu den Lippen.

Der Schmerz kommt später und reißt ihn aus dem Traum wie ein Stromstoß.

Am Aasgeruch, an der Dunkelheit und Kälte hat sich nichts ge-ändert, aber jetzt nimmt er sie kaum wahr. Das Einzige, woran er denken kann, sind die Schmerzen. Schmerzen, wie er sie noch nie erlebt hat. Wie er sie sich niemals hätte ausmalen können. Seine rechte Hand steht in Flammen. Sie fühlt sich an, als hätte er sie in einen Scheiterhaufen gehalten und nicht mehr zurückziehen können. Er fasst seinen rechten Arm mit der linken Hand. Selbst im Schatten kann er sehen, dass die beiden dunklen Flecken an der Stelle der beiden Finger eitern, eine dicke, blutige Flüssigkeit. Er schreit lautlos.

Der Schmerz hilft ihm, sich zu erinnern.

In seinen Gedanken beginnen sich die Bilder des Vorgefallenen abzuzeichnen. Er erinnert sich an den Moment, da sich in der Ferne unter der Dämmerung die Umrisse Barcelonas abzeichne-ten. Valls sieht sie durch die Windschutzscheibe des Autos sich erheben wie die große Kulisse einer Jahrmarktsaufführung und erinnert sich, wie sehr er diesen Ort hasst. Sein treuer Leibwächter Vicente fährt schweigend und auf den Verkehr konzentriert. Wenn er Angst hat, zeigt er es nicht. Sie fahren durch Boulevards und Straßen, wo man dick eingemummte Leute unter einem wie Glasnebel in der Luft hängenden Schneevorhang ihre Schritte beschleunigen sieht. Sie biegen in eine breite Straße in Richtung des höher gelegenen Teils der Stadt ein und gelangen bald auf eine Überlandstraße, die über unzählige Kurven zum Gesims von Vallvidrera ansteigt. Valls erkennt diese seltsame Zitadelle von Fassaden, die vom Himmel hängen. Barcelona liegt jetzt zu seinen Füßen, ein dunkler, mit dem Meer verschmelzender Teppich. Die Zahnradbahn klettert wie eine Schlange aus goldenem Licht herauf, das die Umrisse der großen modernistischen Villen zeichnet, die den Berg abstützen. Dort, zwischen den Bäumen verborgen, erkennt man das alte Haus. Valls ist sprachlos. Vicente schaut ihn an, und er nickt. Alles wird sehr schnell vorbei sein. Valls spannt den Schlagbolzen des Revolvers. Als sie vor den Eingang der Villa gelangen, ist es schon dunkel. Das Gittertor ist offen. Der Wagen fährt in den unkrautbewachsenen Garten hinein und um den trockenen, efeubedeckten Brunnen herum. Vicente hält vor der Treppe an, die zum Eingang hinaufführt. Er stellt den Motor ab und zieht seinen Revolver. Vicente benutzt nie eine Pistole, immer einen Revolver. Ein Revolver verklemmt sich nie, sagt er.

»Wie spät ist es?«, fragt Valls mit fadendünner Stimme.

Vicente kommt nicht mehr dazu, zu antworten. Alles geht sehr schnell. Kaum hat der Leibwächter den Zündschlüssel herausgezogen, sieht Valls eine Gestalt vor dem Wagenfenster. Er hat sie nicht kommen sehen. Wortlos drängt Vicente ihn beiseite und schießt. Die Scheibe zerspringt wenige Zentimeter von seinem Gesicht entfernt. Valls spürt, wie ihm die Splitter ins Gesicht geweht werden und in die Haut eindringen. Der Knall des Schusses hat ihn taub gemacht, seine Ohren sind wie von einem dröhnenden Pfeifen erstochen. Noch bevor sich der im Auto hängende Pulverdampf verflüchtigt hat, wird die Fahrertür aufgerissen.

Den Revolver in der Hand, schießt Vicente um sich, doch bevor er zum zweiten Mal abdrücken kann, durchbohrt ihm etwas die Gurgel. Er greift sich mit beiden Händen an den Hals. Zwischen seinen Fingern schießt das dunkle Blut hervor. Einen Augenblick lang begegnen sich ihre Blicke, der von Vicente wie verhext vor Ungläubigkeit. Eine Sekunde danach fällt er aufs Steuerrad und setzt die Hupe in Gang. Valls versucht, ihn festzuhalten, doch Vicentes Körper neigt sich zur Seite, so dass er halb aus dem Wagen hängt. Valls hält den Revolver mit beiden Händen fest und zielt in die Schwärze jenseits der offenen Fahrertür. Da nimmt er hinter sich einen Atem wahr, und als er sich umdreht, um zu schießen, spürt er nur noch einen raschen, eiskalten Schlag auf die Hand. Das Metall dringt ihm bis auf den Knochen, und ihm wird so übel, dass sich seine Augen trüben. Der Revolver fällt ihm in den Schoß, und er bemerkt, dass Blut über seinen Arm strömt. Die Gestalt tritt näher, das Messer in der Hand, von dessen Schneide das Blut tropft. Sie versucht, die Tür zu öffnen, aber der erste Schuss muss das Schloss verklemmt haben. Die Hände packen ihn am Hals und zerren wütend an ihm. Valls spürt, wie er durch die Fensteröffnung gerissen und über den Kiesweg zu den gesprungenen Marmorstufen geschleift wird. Er hört leichte Schritte näher kommen. Das Mondlicht zeichnet etwas, was ihm in seinem Delirium wie ein Engel vorkommt und was er sich anschließend als den Tod vorstellt. Valls stellt sich diesem Anblick und erkennt seinen Irrtum.

»Worüber lachst du, du Dreckskerl?«, fragt die Stimme.

Valls lächelt.

»Du gleichst so sehr …«, murmelt er.

Er schließt die Augen und wartet auf den Gnadenschuss, der ihm jedoch nicht zuteilwird. Er spürt, wie ihm sein Engel ins Gesicht spuckt. Seine Schritte entfernen sich. Gott, oder der Teufel, erbarmt sich seiner, und irgendwann verliert er das Bewusstsein.

Er kann sich nicht daran erinnern, ob das alles vor Stunden, Tagen oder Wochen geschehen ist. In dieser Zelle gibt es keine Zeit mehr. Alles ist jetzt Kälte, Schmerz und Dunkelheit. Plötzlich wird er von Wut geschüttelt. Er schleppt sich zu den Gitterstäben und schlägt ans eiskalte Metall, bis die Faust aufgeschürft ist. Er hängt noch am Eisen, als sich oben eine Bresche Licht öffnet, in der man die zur Zelle herabführende Treppe erkennt. Valls vernimmt Schritte und schaut erwartungsvoll hinauf. Flehend streckt er die Hand zwischen den Stäben hindurch. Sein Wärter beobachtet ihn aus dem Halbdunkel, reglos. Etwas bedeckt sein Gesicht, so dass Valls an die eingefrorene Miene der Schaufensterpuppen in der Gran Vía denken muss.

»Martín? Sind Sie es?«, fragt er.

Er bekommt keine Antwort. Der Wärter beobachtet ihn bloß und sagt nichts. Schließlich nickt Valls, als wolle er zu verstehen geben, dass er die Spielregeln begriffen hat.

»Wasser, bitte«, ächzt er.

Lange steht der Wärter regungslos. Dann, als Valls schon denkt, er habe sich alles nur eingebildet und der Mann sei nur ein Teil seines Deliriums aus Schmerzen und der Infektion, die ihn bei lebendigem Leib aufzehrt, tritt der Wärter ein paar Schritte näher. Valls lächelt unterwürfig.

»Wasser«, fleht er.

Der Urinstrahl trifft ihn mitten ins Gesicht und bringt die Schnitte, mit denen es übersät ist, zum Glühen. Valls entfährt ein Heulen, und er schleppt sich nach hinten, bis sein Rücken die Wand berührt, wo er sich zusammenkauert. Der Wärter entfernt sich treppauf, und das Licht verschwindet wieder mit dem Echo einer sich schließenden Tür.

Erst jetzt merkt er, dass er nicht allein ist. Vicente, sein treuer Leibwächter, sitzt angelehnt in der Ecke. Er bewegt sich nicht. Man sieht nur die Umrisse seiner Beine. Und die Hände. Die Handflächen und die Finger sind geschwollen und zeigen einen Purpurton.

»Vicente?«

Valls schleppt sich zu ihm, hält aber inne, als der Gestank immer stärker wird. Er flüchtet sich in die gegenüberliegende Ecke, umklammert seine Knie und vergräbt das Gesicht zwischen den

Beinen, um dem Gestank zu entkommen. Dann versucht er das Bild seiner Tochter Mercedes heraufzubeschwören. Er stellt sich vor, wie sie in ihrem Puppenhaus spielt und in ihrem Privatzug durch den Garten fährt. Er stellt sie sich als kleines Mädchen vor, den Blick an seinem haftend, um alles zu verzeihen und Licht zu bringen, wo es nie welches gegeben hatte.

Kurz darauf ergibt er sich der Kälte, den Schmerzen und der Müdigkeit und merkt, dass er allmählich wieder das Bewusstsein verliert. Vielleicht ist das der Tod, denkt er hoffnungsvoll.

2

Fermín Romero de Torres erwachte hinterrücks. Sein Herz pumpte so schnell wie eine Maschinenpistole, und er hatte den Eindruck, eine Wagner-Sopranistin habe sich ihm auf die Brust gesetzt. Er öffnete die Augen in samtenes Halbdunkel und versuchte, wieder zu Atem zu kommen. Die Zeiger des Weckers bestätigten seinen Verdacht. Es war noch nicht einmal Mitternacht. Er hatte gerade mal eine Stunde schlecht schlafen können, und schon griff ihn die Schlaflosigkeit wieder wie eine führerlose Straßenbahn an. Neben ihm schnarchte die Bernarda wie ein Jungtier und lächelte selig in Morpheus' Armen.

»Fermín, ich glaube, du wirst Vater.«

Die Schwangerschaft hatte sie für ihn begehrenswerter denn je gemacht, ihre Schönheit war in voller Blüte, und sie war von Kopf bis Fuß ein Festschmaus aus Kurven, den er sich am liebsten auf der Stelle häppchenweise einverleibt hätte. Er hätte Lust gehabt, das Tagewerk mit seinem charakteristischen *Nachtexpress* abzuschließen, aber er getraute sich nicht, sie zu wecken und den himmlischen Frieden zu zerstören, den ihr Gesicht verströmte. Er wusste, dass es zwei Möglichkeiten gab, wenn er es tat: Entweder explodierte die Hormonbombe, die ihre Poren ausschwitzten, und die Bernarda wurde zur wilden Tigerin, die ihn in Scheiben teilte, oder der Funke sprang angesengt heraus, und seine heilige Gattin wurde von allen denkbaren Ängsten heimgesucht, eingeschlossen der, dass jeglicher Versuch, in ihrem Untergeschoss zu landen, eine Gefahr für das ungeborene Wesen bedeutete. Fermín sah es ihr nach. Die Bernarda hatte das erste Kind verloren, das sie kurz vor ihrer Eheschließung gezeugt hatten. Da hatte eine derartige Traurigkeit sie ergriffen, dass er befürchtet hatte, sie für immer zu verlieren. Mit der Zeit aber war die Bernarda, wie der Arzt es ihnen versprochen hatte, wieder in den Zustand guter Hoffnung und damit ins Leben zurückgekehrt. Aber jetzt lebte sie in beständiger Angst, das Kind erneut zu verlieren, und manchmal hatte man das Gefühl, sogar das Atmen mache ihr Angst.

»Engel meines Lebens, der Arzt hat doch gesagt, es wird nichts passieren.«

»Der ist ein ziemlich schamloser Kerl. Genau wie du.«

Weise ist der Mann, der keine Vulkane, Revolutionen oder schwangeren Frauen weckt. Leise schlich sich Fermín aus dem Ehebett und dann auf Zehenspitzen ins Esszimmer der bescheidenen Wohnung in der Calle Joaquín Costa, wo sie sich nach der Hochzeitsreise niedergelassen hatten. Er hatte vorgehabt, seine Not und Lüsternheit mit einem Sugus zu stillen, aber ein rascher Blick in die Speisekammer zeigte, dass der Vorrat auf null stand. Er spürte, dass ihm die Seele in die Pantoffeln fiel. Das war bedenklich. Da erinnerte er sich, dass es in der Halle des Francia-Bahnhofs immer einen fliegenden Händler mit Näschereien und Zigaretten gab, der bis Mitternacht im Dienst war, Diego der Blinde, und stets eine große Auswahl an Bonbons und dreisten Witzen hatte. Die Aussicht auf ein Zitronensugus ließ seinen Speichel schon im Voraus fließen, und er verlor keine Sekunde, um aus dem Pyjama zu schlüpfen und sich in genügend Warmes zu hüllen, um in einer sibirischen Nacht den Masern den Hof zu machen. So hergerichtet, trat er auf die Straße hinaus, um seine niedrigen Instinkte zu befriedigen und die Schlaflosigkeit mit Füßen zu treten.

Das Raval-Viertel ist die engste Heimat des Schlaflosen, denn obwohl es ebenfalls nicht schläft, lädt es doch zum Vergessen ein, und wie viel Kümmernisse einer auch buckeln mag, so genügen einige Schritte, um auf jemanden oder etwas zu stoßen, der oder das ihn daran erinnert, dass es immer einen Menschen gibt, der im Spiel des Lebens noch schlechtere Karten gezogen hat. In jener Nacht sich überkreuzender Schicksale hing ein gelbliches Miasma aus Urin, Gaslaternen und sepiafarbenen Echos über dem Straßengewirr wie ein Zauber oder auch eine Warnung, je nach persönlicher Vorliebe.

Er bewegte sich durch Geschrei, Gestank und andere Auswüchse des Pöbels, die einige Gassen, so düster und gewunden wie die Phantasien eines Bischofs, belebten. Schließlich kam er beim Kolumbusdenkmal wieder ans Licht. Eine Möwenverschwörung hatte es in einer schmutzigen Hommage an die mediterrane Kost guanoweiß eingefärbt. Fermín bog in die Promenade Richtung Francia-Bahnhof ein, ohne einen Blick zurück zu wagen und die unheilvolle Silhouette des oben auf dem Montjuïc lauernden Kastells zu sehen.

Horden von US-Marines strichen im Hafengebiet umher auf der Suche nach Kurzweil und Möglichkeiten kulturellen Austauschs mit Damen schwereloser Tugend, die bereit waren, ihnen das Grundvokabular und drei, vier Tricks nach dem Gusto des Küstengebiets beizubringen. Die Rociíto kam ihm in den Sinn, Labsal so vieler trüber Nächte in seiner Jugend und weiße Seele mit großzügigem Busen, die ihn mehr als einmal aus der Einsamkeit errettet hatte. Er stellte sie sich mit ihrem Prätendenten vor, einem erfolgreichen Geschäftsmann aus Reus, der sie im Vorjahr aus dem Aktivdienst gezogen hatte, und wie sie jetzt als die Señora, die sie immer gewesen war, durch die Welt reiste und vielleicht zum ersten Mal spürte, dass ihr das Leben lachte.

Mit dem Gedanken an die Rociíto und diese immer mehr vom Aussterben bedrohte Spezies der gutherzigen Menschen gelangte er zum Bahnhof. Da sah er, wie Diego der Blinde eben dabei war, die Segel zu reffen, und eilte zu ihm.

»Mensch, Fermín, um diese Zeit solltest du doch deiner Angetrauten auf die Nerven fallen«, sagte Diego der Blinde. »Sugusknappheit?«

»Auf historischem Tiefststand.«

»Ich habe Zitrone, Ananas und Erdbeere.«

»Dann Zitrone. Fünf Tüten.«

»Und eine kleine Gabe des Hauses.«

Fermín zahlte und fügte ein Trinkgeld hinzu. Ohne sie zu zählen, steckte Diego die Münzen in einen Lederbeutel, den er wie ein Straßenbahnschaffner am Gürtel trug. Fermín hatte nie begriffen, wie Diego wissen konnte, ob man ihn betrog oder nicht, aber er wusste es. Mehr noch, er rechnete sogar damit. Er war ohne Augen und mit dem Pech eines Infanteriekadetten geboren worden. Er lebte allein in einem fensterlosen Zimmer einer Pension in der Calle Princesa, und sein bester Freund war ein Transistorradio, aus dem er Fußball und die Nachrichten hörte, die ihn so zum Lachen brachten.

»Bist du gekommen, um dir die Züge anzusehen?«

»Alte Gewohnheiten«, sagte Fermín.

Er sah Diego in Richtung seiner Pension davongehen, wo nicht einmal die Wanzen auf ihn warteten, und dachte an die Bernarda, die in ihrem Bett und ihrem Rosenwasserduft schlief. Eigentlich wollte er heimgehen, beschloss aber, in das Bahnhofsgebäude zu treten, diese riesige Kathedrale aus Dampf und Eisen, wo er einst in einer Nacht des Jahres 1941 nach Barcelona zurückgekehrt war. Er hatte immer gedacht, das Schicksal, abgesehen von seinem Hang, die Unschuldigen hinterrücks und wenn möglich mit heruntergelassener Hose anzugreifen, niste sich in seinen Erholungspausen gern in den Bahnhöfen ein. Da begannen und endeten Tragödien und Romanzen, Fluchten und Rückkehren, Treuebrüche und Abwesenheiten. Das Leben, dachte er, ist ein Bahnhof, wo man sich fast immer in den falschen Zug setzt oder gesetzt wird.

Solche Gedanken, so tief wie eine Kaffeetasse, bestürmten ihn normalerweise gegen Morgengrauen, wenn sein Körper vom

Grübeln müde geworden war, aber der Kopf sich weiterdrehte wie ein Kreisel. Fest entschlossen, die Ramschphilosophie gegen den bescheidenen Komfort einer Holzbank einzutauschen, betrat Fermín das Bahnhofsgewölbe mit seinen Bögen, ein eindeutiger Hinweis des listigen Architekten darauf, dass die Zukunft in Barcelona krumm geboren wird.

Er machte es sich auf der Bank bequem, wickelte ein Sugus aus und steckte es sich in den Mund. Versunken in sein Naschnirwana, ließ er seinem Blick freien Lauf in die Flucht der Gleise, die sich in der Nacht verloren. Kurz danach erzitterte der Boden unter seinen Füßen, und er erblickte das Licht einer Lokomotive, das die Mitternacht aufriss. Der Zug peilte den Bahnhof an und fuhr wenige Minuten später in eine Dampfwolke gehüllt ein.

Ein vom Meer her kommender Nebelschleier fegte über die Bahnsteige hinweg und hüllte die nach einer langen Reise aussteigenden Fahrgäste in ein Trugbild. Glückliche Gesichter waren wenige zu sehen. Fermín beobachtete sie, als sie an ihm vorbeidefilierten, erforschte ihre müden Mienen und ihre festliche Kleidung, phantasierte über ihre wechselhaften Schicksale und die Umstände, die sie in diese Stadt spülten. Diese neue Facette des Kurzbiographen anonymer Bürger begann ihm zu gefallen, da erblickte er sie.

Sie stieg in einem dieser weißen Dunstschleier aus, wie Fermín seit Jahren seine geliebte Marlene Dietrich gern in einem Bahnhof von Berlin, Paris oder sonst einem Ort hätte aussteigen sehen, den es in diesem glorreichen zwanzigsten Schwarzweißjahrhundert und den Matineen im Kino Capitol nie gegeben hatte. Die Frau – obwohl er ihr keine dreißig Jahre gab, wäre es ihm nie in den Sinn gekommen, sie als Mädchen, junge Frau oder mit sonst einem gebräuchlichen Ersatzwort zu bezeichnen – hinkte beim Gehen ein klein wenig, was ihr einen die Neugier weckenden, aber auch verletzlichen Anstrich gab.

Ihr Gesicht und ihre Figur waren schmal und strahlten Licht und Schatten zugleich aus. Hätte er seinem Freund Daniel ihr Aussehen beschreiben müssen, so hätte er ihm gesagt, sie gleiche einem dieser geisterhaften Mitternachtsengel, die manchmal zwischen den Seiten der Romane seines ehemaligen Zellenkollegen im Kastell Montjuïc, David Martín, hervorlugten, besonders die unsagbare Chloé, die in so vielen nicht durchweg schicklichen Geschichten im düsteren Fortsetzungsroman *Die Stadt der Verdammten* die Hauptperson gewesen war und ihm so viel Schlaf geraubt hatte in den langen, fiebrigen Lektürestunden, in denen er sich enzyklopädische Kenntnisse über die Kunst des Vergiftens, die trüben Leidenschaften krimineller Geister und die Wissenschaft von der Anfertigung und Pracht weiblicher Unterwäsche angeeignet hatte. Vielleicht war es an der Zeit, diese fiebernden gotischen Romanzen wiederzulesen, dachte er, bevor ihm Geist und Keimdrüse rettungslos zusammenschrumpften.

Fermín sah sie auf sich zukommen und wechselte einen Blick mit ihr. Es war nur ein flüchtiger Augenblick, ein zufälliger Moment, dem er sich schnell wieder entzog, um den Kopf zu senken und sie vorbeigehen zu lassen. Er vergrub das Gesicht im Mantel und schaute in die andere Richtung. Die Fahrgäste strebten dem Ausgang zu und die Frau mit ihnen. Er blieb wie angenagelt dort sitzen, fast zitternd, bis der Bahnhofsvorsteher auf ihn zutrat.

»Hören Sie, Chef, heute Abend kommen keine Züge mehr, und hier können Sie nicht übernachten …«

Fermín nickte und schlurfte davon. In der Halle blickte er sich suchend um, aber da war nichts mehr von ihr zu sehen. Er lief auf die Straße hinaus, wo eine kalte Brise wehte, die ihn in die Wirklichkeit des Winters zurückholte.

»Alicia?«, fragte er den Wind. »Bist du es?«

Er seufzte, marschierte im Schatten der Straßen los und sagte sich, dass das unmöglich war, dass er nicht in dieselben Augen gefallen sein konnte wie in die, die er in jener weit zurückliegenden Feuernacht während des Krieges im Stich gelassen hatte, und dass jenes kleine Mädchen, das er hätte retten können, Alicia, bestimmt noch in jener Nacht, wie so viele andere, gestorben war. Nicht einmal seine Nemesis, das Schicksal, konnte so viel Sinn für schwarzen Humor haben.

Vielleicht ist es ein Geist, der von den Toten zurückgekehrt ist, um dich daran zu erinnern, dass jemand, der ein Kind sterben lässt, es nicht verdient, Nachkommenschaft in diese Welt zu setzen. Die Winke des Allerhöchsten sind unerforschlich, das sagen schließlich schon die Geistlichen.

»Dafür muss es eine wissenschaftliche Erklärung geben«, sagte er sich laut. »Genauso wie für die Morgenlatte.«

Fermín klammerte sich an dieses empirische Prinzip, schlug die Zähne in zwei Sugus gleichzeitig und marschierte los, zurück ins warme Bett, wo ihn die Bernarda erwartete, in der Überzeugung, dass nichts dem Zufall entsprang und dass er über kurz oder lang dieses Rätsel lösen würde oder dass dieses Rätsel ein für alle Mal ihn lösen würde.

3

Auf dem Weg zum Ausgang bemerkte Alicia diese vorn am Bahnsteig auf einer Bank sitzende Gestalt, die sie verstohlen beobachtete. Es war ein dürres Männchen, dessen Gesicht um einen Riesenzinken herum angeordnet war, was ihn ein wenig wie eine Figur von Goya aussehen ließ. Er trug einen zu großen Mantel, der an eine Schnecke mit ihrem Haus erinnerte. Alicia hätte schwören können, dass er unter den Kleidern zusammengefaltete Zeitungsseiten trug, um sich vor der Kälte oder vor weiß Gott was zu schützen, eine Praxis, die sie seit den ersten Nachkriegsjahren nicht mehr gesehen hatte.

Am einfachsten wäre es gewesen, ihn zu vergessen und anzunehmen, er sei bloß einer aus der Flut der Ausgestoßenen, die zwanzig Jahre nach Kriegsende immer noch in den düsteren Teilen der großen Städte herumhingen, in der Hoffnung, die Geschichte möge sich Spaniens erinnern und es aus der Vergessenheit erretten. Am einfachsten wäre es gewesen, zu glauben, Barcelona gewähre ihr wenigstens einige Stunden Waffenruhe, ehe es sie mit ihrem Schicksal konfrontierte. Sie ging an ihm vorüber, ohne zurückzuschauen, schickte ein Stoßgebet zur Hölle, er möge sie nicht erkannt haben, und peilte den Ausgang an. Zwanzig Jahre waren seit jener Nacht vergangen, und sie war damals ein kleines Mädchen gewesen.

Vor dem Bahnhof stieg sie in ein Taxi und bat den Fahrer, sie zur Nummer 12 der Calle Aviñón zu bringen. Ihre Stimme bebte, als sie diesen Satz aussprach. Einem Ballett von Straßenbahnen ausweichend, die den Dunst mit tiefblauem, im Kabelwerk Funken schlagendem Pulsieren entzündeten, fuhr der Wagen über den Paseo de Isabel II Richtung Vía Layetana. Alicia studierte durchs Fenster das trübe Profil der Stadt, die Bögen und Türme, die in die Altstadt hineinführenden Gassen und die fernen Lichter des Kastells oben auf dem Montjuïc. Trautes Heim, Pech allein, dachte sie.

Zu dieser späten Stunde war der Verkehr nur noch spärlich, und in fünf Minuten erreichten sie ihr Ziel. Der Fahrer setzte sie vor dem Eingang zur Nummer 12 der Calle Aviñón ab, und nachdem er sich für das Trinkgeld, das Doppelte des Fahrpreises, bedankt hatte, fuhr er die Straße hinunter Richtung Hafen davon. Alicia ließ sich von der kalten Brise einhüllen, die diesen Geruch nach ihrem Viertel, nach dem alten Barcelona mittrug, den nicht einmal der Regen wegzuspülen vermochte. Sie ertappte sich bei einem Lächeln. Mit der Zeit verschwinden sogar die schlechten Erinnerungen hinter einer weißen Maske.

Ihr ehemaliges Zuhause befand sich nur wenige Schritte unterhalb der Kreuzung mit der Calle Fernando, gegenüber dem alten Gran Café. Sie suchte in ihrer Manteltasche nach den Schlüsseln, als sie die Tür aufgehen hörte. Sie schaute auf und sah sich dem heiteren Gesicht von Jesusa, der Pförtnerin, gegenüber.

»Jesus, Maria und Josef«, rief diese sichtlich gerührt.

Noch bevor Alicia antworten konnte, umschlang sie sie in einer ihrer Boa-constrictor-Umarmungen und übersäte ihr das Gesicht mit Küssen, die nach Anisschnaps rochen.

»Ich muss Sie genau anschauen«, sagte die Pförtnerin und ließ sie los.

Alicia lächelte sie an.

»Sagen Sie bitte nicht, ich sei zu mager.«

»Das werden Ihnen die Männer sagen, und einmal im Leben werden sie recht haben.«

»Sie wissen gar nicht, wie sehr ich Sie vermisst habe, Jesusa.«

»Sie Schmeichlerin, Sie schämen sich wohl gar nicht! Lassen Sie mich Ihnen einen Kuss geben, obwohl Sie ihn gar nicht verdienen – sich so lange herumzutreiben, ohne mal vorbeizuschauen oder anzurufen oder zu schreiben – nix, gar nix.«

Jesusa Labordeta war eine von diesen Kriegswitwen mit dem Geist und dem Mut für neun Leben, die nie hatten leben können. Seit fünfzehn Jahren arbeitete sie als Pförtnerin in diesem Haus, wo sie hinter dem Eingangsraum in einer winzigen Zweizimmerwohnung hauste, die sie mit einem Radio, auf dem stets ein Sender mit einer romantischen Hörspielreihe eingestellt war, und einem klapprigen Kläffer teilte, den sie auf der Straße aufgelesen und Napoleon getauft hatte, obwohl er gerade noch mit größter Mühe die nächste Ecke eroberte, um frühmorgens rechtzeitig seine Blase zu erleichtern, und die halbe Zeit seine Ladung unter den Briefkästen beim Eingang deponierte. Jesusa ergänzte ihr kärgliches Einkommen mit Flickarbeiten fürs halbe Viertel. Die Lästerzungen – und in jenen Tagen waren das fast alle – sagten gern, Jesusa sei der Anisschnaps sogar lieber als die Matrosen in ihren engen Hosen, und manchmal, wenn sie zu tief in die Flasche gucke, höre man sie in ihrer mickrigen Wohnung weinen und schreien, während der arme Napoleon erschrocken heule.

»Los, kommen Sie herein, es ist teuflisch kalt.«

Alicia folgte ihr ins Haus.

»Señor Leandro hat heute Morgen angerufen, um mir zu sagen, dass Sie zurückkommen.«

»Immer so zuvorkommend, der Señor Leandro.«

»Er ist ein richtiger Herr«, bestätigte Jesusa, die größte Hochachtung vor ihm hatte. »Er spricht so schön …«

Das Haus hatte keinen Aufzug, und die Treppe schien vom Architekten als abschreckendes Element eingebaut worden zu sein. Jesusa ging voraus, und Alicia folgte ihr, so gut sie konnte, und hievte ihren Koffer von Stufe zu Stufe.

»Ich habe die Wohnung gelüftet und sie ein wenig in Ordnung gebracht, was sehr nötig war. Fernandito hat mir geholfen, hoffentlich macht Ihnen das nichts aus. Sobald er erfahren hat, dass Sie kommen, hat er keine Ruhe mehr gegeben, bis ich ihn das eine oder andere habe machen lassen …«

Fernandito war Señora Jesusas Neffe. Eine makellos weiße Seele, von der sich sogar ein Heiliger eine Scheibe hätte abschneiden können, litt Fernandito an der chronischen Krankheit des leicht entflammbaren Jugendlichen. Um das Maß vollzumachen, hatte sich Mutter Natur damit amüsiert, ihn mit den Zügen eines Einfaltspinsels auszustatten. Er wohnte bei seiner Mutter im Nachbarhaus und arbeitete als Laufbursche in einem Lebensmittelladen, obwohl der Hauptteil seiner Mühen und Talente der Komposition hochfliegender Lyrik galt, allesamt Alicia gewidmet, in der er eine unwiderstehliche Kreuzung von Kameliendame und der bösen Königin in *Schneewittchen* sah, Letztere indessen um einiges anzüglicher. Kurz bevor sie drei Jahre zuvor Barcelona verlassen hatte, hatte Fernandito ihr seine ewige Liebe und seine Bereitschaft erklärt, eine mindestens fünfköpfige Nachkommenschaft zu zeugen, so Gott wolle, und ihr versprochen, mit Körper, Seele und übrigem Zubehör ihr für immer anzugehören, und das Ganze für einen einzigen Abschiedskuss.

»Fernandito, wir sind zehn Jahre auseinander. Du sollst nicht an solche Dinge denken …«, hatte ihm Alicia da gesagt, während sie seine Tränen trocknete.

»Warum lieben Sie mich nicht, Señorita Alicia? Bin ich nicht Manns genug für Sie?«

»Fernandito, du bist übergenug Manns, um die unbesiegbare Kriegsmarine zu versenken, aber du musst dir eine Freundin in deinem Alter suchen. In zwei Jahren wirst du sehen, dass ich recht hatte. Ich kann dir nur meine Freundschaft anbieten.«

Fernanditos Stolz war wie der eines Boxerlehrlings mit mehr gutem Willen als Qualitäten: Wie viel er auch ausgeteilt bekäme, er würde immer wiederkehren, um noch mehr einzustecken.

»Niemand wird Sie jemals so lieben wie ich, Alicia. Niemand.«

An dem Tag, als sie den Zug nach Madrid nahm, erwartete Fernandito, dem dank der Boleros aus dem Radio das Melodram im Blut floss, sie im Sonntagsanzug, mit frisch gewichsten Schuhen und der unwahrscheinlichen Anmut eines Carlos Gardel en miniature im Bahnhof. Er brachte ihr einen Strauß roter Rosen mit, die ihn vermutlich ein ganzes Monatseinkommen gekostet hatten, und war fest entschlossen, ihr einen Liebes- und Leidenschaftsbrief zu übergeben, der Lady Chatterley vor Scham zum Schmelzen gebracht hätte, Alicia aber nur zu Tränen rührte, und nicht so, wie es der arme Fernandito ersehnt hatte. Bevor sie in den Zug steigen und sich vor dem Casanovaanwärter in Sicherheit bringen konnte, raffte Fernandito seinen ganzen seit dem Ansturm der Pubertät in die Flasche gesperrten Mut zusammen und verpasste ihr einen dicken Kuss von der Art, wie man sie nur mit sechzehn Jahren geben kann und die einen, wenn auch nur kurz, glauben machen, dass es auf der Welt noch Hoffnung gibt.

»Sie zerstören mein Leben, Señorita Alicia«, schluchzte er. »Ich werde an meinen Tränen ersticken. Ich habe gelesen, dass das manchmal vorkommt. Die Trockenheit der Tränenkanäle lässt schließlich die Aorta platzen. Das haben sie neulich im Radio gesagt. Man wird Ihnen die Todesanzeige schon zuschicken, damit sie in Ihrer Erinnerung lastet.«

»Fernandito, in einer von deinen Tränen ist mehr Leben, als ich es je leben könnte, selbst wenn ich erst mit hundert Jahren sterben würde.«

»Das klingt, als hätten Sie es aus einem Buch.«

»Dir wird kein Buch gerecht, Fernandito, es sei denn ein Biologielehrbuch.«

»Gehen Sie endlich mit Ihrer Niedertracht und Ihrem Herzen aus Stein. Eines Tages, wenn Sie allein auf weiter Flur stehen, werden Sie mich vermissen.«

Alicia küsste ihn auf die Stirn. Sie hätte ihn auf die Lippen geküsst, aber das hätte ihn umgebracht.

»Ich vermisse dich jetzt schon. Pass auf dich auf, Fernandito. Und versuch, mich zu vergessen.«

Endlich kamen sie vor der Dachgeschosswohnung an. Als Alicia wieder vor der Tür ihres ehemaligen Zuhauses stand, fiel die Trance von ihr ab. Jesusa schloss auf und knipste das Licht an.

»Machen Sie sich keine Sorgen«, sagte sie, als hätte sie Alicias Gedanken gelesen, »der Junge hat sich eine ganz reizende Freundin zugelegt und sich ordentlich gemausert. Los, kommen Sie rein.«

Alicia ließ den Koffer stehen und trat in die Wohnung. Jesusa wartete auf der Schwelle. Beim Eingang standen frische Blumen in einem Krug, und die Wohnung roch wie vor kurzem saubergemacht. Langsam ging sie durch die Zimmer und Gänge, als durchschritte sie sie zum ersten Mal.

Hinter sich hörte sie Jesusa die Schlüssel auf den Tisch legen und ging ins Esszimmer zurück. Die Pförtnerin schaute sie mit einem leichten Lächeln an.

»Als wären nicht drei Jahre vergangen, nicht wahr?«

»Als wären dreißig vergangen …«, erwiderte Alicia.

»Wie lange werden Sie bleiben?«

»Das weiß ich noch nicht.«

Jesusa nickte.

»Na, Sie werden müde sein. In der Küche finden Sie was fürs Abendessen. Fernandito hat Ihnen die Speisekammer gefüllt. Wenn Sie was brauchen, wissen Sie ja, wo Sie mich finden.«

»Vielen Dank, Jesusa.«

Die Pförtnerin schaute weg.

»Ich freue mich, dass Sie wieder zu Hause sind.«

»Ich mich auch.«

Jesusa schloss die Tür, und Alicia hörte, wie sich ihre Schritte treppab verloren. Sie zog die Vorhänge zurück und öffnete die Fenster, um auf die Straße hinunterzuschauen. Unter ihr erstreckte sich der Ozean von Dachterrassen des alten Barcelonas, und in der Ferne erhoben sich die Türme der Kathedrale und der Santa-María-del-Mar-Kirche. Sie folgte der Calle Aviñón und machte eine Gestalt aus, die sich in das Halbdunkel des Eingangs von La Manual Alpargatera auf der gegenüberliegenden Straßenseite zurückzog. Wer es auch sein mochte, er rauchte, und der Rauch stieg in silberfarbenen Kringeln die Hausfassade empor. Alicia hielt den Blick eine Zeitlang starr auf diesen Punkt gerichtet, gab es dann aber auf. Es war zu früh, um sich schon lauernde Schatten vorzustellen. Dafür würde es noch genügend Zeit geben.

Sie schloss die Fenster wieder, und obwohl sie keinen Hunger hatte, setzte sie sich an den Küchentisch und aß ein wenig Brot mit Käse und Trockenfrüchten. Dann entkorkte sie eine mit einer roten Schleife dekorierte Flasche Weißwein, die sie auf dem Tisch vorgefunden hatte. Diese Aufmerksamkeit roch sehr nach Fernandito, der sich noch an ihre Schwächen erinnerte. Sie schenkte sich ein Glas ein und schlürfte mit geschlossenen Augen.

»Hoffen wir, dass er nicht vergiftet ist«, sagte sie. »Auf dein Wohl, Fernandito.«

Der Wein war vorzüglich. Sie schenkte sich ein zweites Glas ein und verkroch sich damit in den Wohnzimmersessel.

Sie stellte fest, dass ihr Radio noch funktionierte. Wieder nippte sie am Wein, einem Penedès eines guten Jahrgangs, ohne Eile, und nach einer Weile, gelangweilt von der Nachrichtensendung, die die Zuhörerschaft daran erinnerte, sollte sie es etwa vergessen haben, dass Spanien Neid und Licht unter den Nationen der Welt war, schaltete sie das Radio aus und schickte sich an, den Koffer auszupacken. Sie schleifte ihn in die Mitte des Esszimmers und klappte ihn auf dem Boden auf. Als sie den Inhalt betrachtete, fragte sie sich, warum sie sich wohl die Mühe gemacht hatte, Kleider und Überreste eines anderen Lebens mitzubringen, die sie eigentlich nicht wieder zu benutzen beabsichtigte. Sie war versucht, ihn zu schließen und Jesusa zu bitten, ihn am nächsten Tag als milde Gabe den Barmherzigen Schwestern zu bringen. Als Einziges nahm sie einen Revolver und zwei Schachteln Kugeln heraus.

Das Stück war ihr in ihrem zweiten Dienstjahr von Leandro geschenkt worden, und sie vermutete, die Waffe habe eine Vorgeschichte, die ihr Mentor lieber verschwieg.

»Was ist denn das? Die Kanone des großen Kapitäns?«

»Wenn es dir lieber ist, beschaffe ich dir eine Pistole für Señoritas, mit Elfenbeingriff und zwei vergoldeten Läufen.«

»Und was fange ich damit an, außer das Pudelschießen zu üben?«

»Dafür sorgen, dass niemand an dir übt.«

Am Ende hatte Alicia dieses sperrige Ding akzeptiert wie so vieles, was von Leandro kam, in einem stillschweigenden Unterwerfungs- und Vortäuschungsabkommen, wo das Unnennbare mit einem frostigen Höflichkeitslächeln und einem Schleier des Schweigens besiegelt wurde, der es ihr erlaubte, sich im Spiegel anzuschauen und sich einen weiteren Tag über den Sinn und Zweck ihres Lebens etwas vorzumachen. Sie nahm die Waffe in die Hände und wog sie ab. Sie öffnete die Trommel, sah sich bestätigt, dass sie nicht geladen war, leerte eine der Munitionsschachteln auf dem Boden aus und füllte bedächtig die sechs Kugeln ein. Dann stand sie auf und ging zum übervollen Bücherregal, das auch hier eine ganze Wand einnahm. Jesusa und ihre Staubwedelarmee hatten das Regal behandelt, so dass nirgends ein Staubfäserchen oder sonst ein Zeichen ihrer Abwesenheit übrig geblieben war. Sie zog die ledergebundene Bibel heraus, die neben einer französischen Übersetzung des *Doktor Faustus* stand, und schlug sie auf. Die Seiten waren mit dem Messer herausgeschnitten worden und boten ein perfektes Etui für ihre Privatartillerie. Sie versteckte ihre Waffe in der Bibel und stellte diese ins Regal zurück.

»Amen«, sagte sie vor sich hin.

Danach klappte sie den Koffer wieder zu und ging ins Schlafzimmer. Die frischgebügelten und parfümierten Laken nahmen sie auf, und die Müdigkeit der Zugfahrt und die Wärme des Weins im Blut besorgten den Rest. Sie schloss die Augen und lauschte den Geräuschen der Stadt, die ihr ins Ohr flüsterten.

In dieser Nacht träumte sie wieder, dass es Feuer regnete. Sie sprang über die Dächer des Raval, um dem Dröhnen der Bomben zu entkommen, während um sie herum die Häuser in Säulen aus Feuer und schwarzem Rauch einstürzten. Schwärme von Flugzeugen sausten vorüber und schossen alles nieder, was in den Gässchen Zuflucht suchte. Als sie übers Kranzgesims in der Calle Arco del Teatro schaute, sah sie eine Frau und vier Kinder in panischer Angst Richtung Ramblas fliehen. Ein Geschosshagel fegte durch die Gasse, und ihre Körper zerbarsten während des Laufens in Lachen von Blut und Eingeweiden. Sie schloss die Augen, und da kam die Explosion. Sie spürte sie, bevor sie sie hörte, als hätte ein Zug sie von hinten erfasst. Ein stechender Schmerz setzte ihre Hüfte in Brand, und die Flammen hoben sie hoch und warfen sie gegen ein Oberlicht, durch das sie in schneidend glühenden Scherben stürzte. Sie fiel ins Leere.

Sekunden später hielt etwas ihren Sturz auf. Sie war auf eine Holzbalustrade gefallen, die in der Spitze eines großen Gebildes hing. Sie schleppte sich auf die eine Seite, und als sie in die Tiefe blickte, erahnte sie in der Dunkelheit den Umriss eines spiralförmig geschmiedeten Gerüsts. Sie rieb sich die Augen und erforschte im rötlichen, von den Wolken reflektierten Widerschein das Halbdunkel. Zu ihren Füßen erstreckte sich eine Zitadelle aus Büchern in einer unmöglichen Architektur. Kurz danach hörte sie, wie sich auf einer der Treppen des Labyrinths Schritte näherten, und sah undeutlich einen Mann mit schütterem Haar, der neben ihr niederkniete und die Wunden an ihrem Körper untersuchte. Er nahm sie auf die Arme und ging mit ihr durch Tunnel, Treppen und Brücken zur Basis des Gebildes. Da legte er sie sanft auf ein Bett und behandelte ihre Wunden, und während sie zwischen Leben und Tod schwebte, ließ er sie nicht los, bis die Raserei des Bombenhagels aufhörte. Durch die Kuppel hoch oben drang der Schein des Feuers herein, so dass sie flackernde Bilder dieser Stätte erkennen konnte, der schönsten, die sie je erblickt hatte. Eine Basilika aus Büchern, verborgen in einem Palast, der nie existiert hatte, einer Stätte, zu der sie nur im Traum würde zurückkehren können, denn so etwas konnte nur der anderen Seite angehören, wo ihre Mutter Lucía wartete und wo ihre Seele in Gefangenschaft geraten war.

Als es Tag wurde, nahm der Mann mit dem schütteren Haar sie wieder auf die Arme, und zusammen gingen sie zwischen Blut und Flammen durch die Straßen zu einem Hospiz, wo ein asche-bedeckter Mann sie anschaute und langsam den Kopf schüttelte.

»Diese Puppe ist zerbrochen«, sagte er und wandte ihnen den Rücken zu.

Und da schaute Alicia, wie sie es so oft geträumt hatte, ihren eigenen Körper an und erkannte in ihm diese angesengte, rauchende hölzerne Marionette, von der abgeschnittene Fäden hingen. Die augenlosen Krankenschwestern lösten sich von den Wänden, entrissen die Marionette den Händen des Barmherzigen Samariters und schleppten sie zu einem unendlichen Hangar, wo sich ein riesiger Berg aus Teilen Hunderter, Tausender Puppen gleich ihr erhob. Sie warfen sie auf den Haufen und machten sich lachend davon.

4

Alicia wurde von der stählernen Wintersonne geweckt, die zwischen den Dächern emporstieg. Sie öffnete die Augen und dachte, das wäre wohl ihr erster und letzter Tag, den sie in Barcelona in Freiheit verbringen würde. Vermutlich würde Vargas noch diesen Abend seine Nase hier hereinstecken. Sie beschloss, als Erstes Gustavo Barcelós Buchhandlung aufzusuchen, die ganz in der Nähe lag, in der Calle Fernando. Eingedenk der Ratschläge Virgilios im Hinblick auf den Buchhändler und seine Vorliebe für Señoritas mit gewinnendem Äußerem beschloss sie, sich entsprechend zu kleiden. Als sie vor ihrem alten Schrank stand, stellte sie fest, dass Jesusa vor ihrem Kommen ihre gesamte Garderobe gewaschen, gebügelt und in Lavendelduft getaucht hatte. Sie strich mit den Fingern über ihre alten Kriegsfarben und wählte tastend eine der Aufgabe gerechte Galakleidung aus. Den während ihrer Abwesenheit im Haus eingebauten Dampfkessel nutzend, nahm sie eine Dusche und durchflutete die Wohnung mit Dampf.

In ein Handtuch mit dem aufgestickten Monogramm des Hotels Windsor gehüllt, ging sie ins Esszimmer, schaltete das Radio ein und drehte den Abstimmungsknopf, bis sie auf das Orchester von Count Basie stieß. Wenn eine Zivilisation solche Klänge hervorbrachte, musste sie auch eine Zukunft haben. Im Schlafzimmer ließ sie das Handtuch fallen und zog Nahtstrümpfe an, die sie sich auf einer ihrer Selbstbelohnungsexpeditionen ins La Perla Gris gekauft hatte. Dann schlüpfte sie in Schuhe mit halbhohen Absätzen, die zweifellos auf Leandros Ablehnung gestoßen wären, und glitt in ein schwarzes Wollkleid, das sie noch nie getragen hatte und das ihr Profil bestens zur Geltung brachte. Ohne Eile schminkte sie sich und schmeichelte ihren Lippen mit Karminrot. Das Tüpfelchen auf dem i setzte ihr weinroter Mantel. Danach ging sie, wie fast allmorgendlich, als sie in Barcelona gelebt hatte, zum Frühstück ins Gran Café hinunter.

Miquel, altgedienter Kellner und offizielles Gesichtergedächtnis des Viertels, erkannte sie, kaum hatte sie die Schwelle überschritten, und grüßte sie hinter der Theke hervor, als wären seit ihrem letzten Besuch nicht drei Jahre verflossen. Sie setzte sich an einen der Fenstertische und betrachtete das alte, zu dieser frühen Stunde menschenleere Café. Ohne dass sie auch nur ein Wort zur Bestellung verschwenden musste, kam Miquel mit einem Tablett und servierte ihr das Alicia-Spezial: einen Milchkaffee, zwei Scheiben Toast mit Butter und Erdbeermarmelade sowie die noch druckfrische *Vanguardia*.

»Wie ich sehe, haben Sie es noch nicht vergessen, Miquel.«

»Man hat Sie hier zwar seit Ewigkeiten nicht mehr gesehen, Doña Alicia, aber so lange auch wieder nicht. Willkommen zu Hause.«

Alicia frühstückte gemächlich, während sie die Zeitung durchblätterte. Sie hatte ganz vergessen, wie gern sie den Tag begann, indem sie sich eine verschwenderische halbe Stunde lang in der

Vanguardia über die Veränderungen im Bühnenbild des öffentlichen Lebens Barcelonas informierte und dabei in vollen Zügen
die Erdbeermarmelade genoss, als hätte sie überschüssige Zeit.

Nach vollzogenem Ritual trat sie an die Theke, wo Miquel im
trüben Morgenlicht die Weingläser auf Hochglanz polierte.

»Was schulde ich, Miquel?«

»Ich schreibe es Ihnen an. Morgen um die gleiche Zeit?«

»So Gott will.«

»Sie sind sehr elegant. Galabesuch?«

»Noch besser. Bücherbesuch.«

5

Sie wurde von einem dieser Barceloner Wintermorgen empfangen, die Sonnenstaub rieseln lassen und zur Kunst des Spazierens
laden. Gustavo Barcelós Buchhandlung lag gegenüber den Bögen
der Plaza Real, wenige Minuten vom Gran Café entfernt. Auf
dem Weg dorthin sah sich Alicia eskortiert von einer Brigade
Straßenkehrer, die mit Schlauch und Bürste die Straße zum Glän-
zen brachte. Die Gehsteige der Calle Fernando waren flankiert
von Geschäften, die eher Heiligtümern als Läden glichen: Süß-
warengeschäfte wie aus der Goldschmiede, als Opern inszenierte
Schneidereien und, im Fall der Buchhandlung Barceló, ein Museum, wo man weniger eintreten wollte, um sich umzuschauen,
als sich versucht fühlte, sich dort gleich häuslich niederzulassen.
Bevor sie hineinging, blieb Alicia einen Augenblick stehen, um
das Schauspiel fein säuberlich gegliederter Vitrinen und Regale
zu genießen, das man hinter dem Schaufenster erraten konnte.
Beim Eintreten sah sie einen jungen Verkäufer in blauem Kittel,
der auf einer Leiter dem Höhenstaub zu Leibe rückte. Sie tat, als
bemerke sie ihn nicht, und ging ein paar Schritte weiter in den
Laden hinein.

»Guten Morgen«, grüßte der Verkäufer.

Sie wandte sich um und schenkte ihm ein Lächeln, das einen
Tresor geknackt hätte. Der junge Mann stürzte förmlich die Leiter
herunter und pflanzte sich, den Lappen über der Schulter, hinter
dem Verkaufstisch auf.

»Womit kann ich der Señora dienen?«

»Señorita«, präzisierte sie und zupfte langsam die Handschuhe
von den Fingern.

Der junge Mann nickte verzaubert. Die Schlichtheit solcher Situationen überraschte sie immer wieder. Gesegnet sei die Dummheit der Menschen guten Willens auf Erden.

»Könnte ich bitte mit Don Gustavo Barceló sprechen?«

»Señor Barceló ist in diesem Moment nicht da …«

»Und wüssten Sie, wann man ihn antreffen kann?«

»Nun … Eigentlich kommt er sozusagen nicht mehr in den Laden, außer wenn er mit einem Kunden verabredet ist. Don Felipe,
der Geschäftsführer, ist nach Pedralbes gefahren, um eine Sammlung zu taxieren, aber am Mittag wird er zurück sein.«

»Wie heißen Sie?«

»Benito, zu dienen.«

»Passen Sie auf, Benito, Sie sehen aufgeweckt aus und können
mir sicher helfen.«

»Ganz zu Ihren Diensten.«

»Also, es ist ein heikles Thema. Ich möchte dringend mit Señor
Barceló sprechen, weil ein naher Verwandter, ein großer Sammler
vor dem Herrn, kürzlich ein einzigartiges Stück bekommen hat,
an dessen Verkauf er interessiert wäre, und er möchte, dass Don
Gustavo bei dem Vorgang als Zwischenhändler und Berater fun-
giert, um die Anonymität zu wahren.«

»Verstehe«, stammelte der junge Mann.

»Das fragliche Stück ist ein perfekt erhaltenes Exemplar eines
der Bände aus der Reihe *Das Labyrinth der Lichter* von einem gewissen Víctor Mataix.«

Der junge Mann riss die Augen tellergroß auf.

»Mataix, sagen Sie?«

Alicia nickte.

»Sagt Ihnen der Name etwas?«

»Wenn die Señorita so freundlich ist, eine Minute zu warten – ich werde sogleich versuchen, Don Gustavo zu lokalisieren.«

Alicia lächelte artig. Der Verkäufer verschwand im hinteren Ladenraum, und nach wenigen Sekunden hörte sie die Wählscheibe eines Telefonapparats sich drehen. Die Stimme des Verkäufers drang nervös und verschleiert durch den Vorhang.

»Verzeihen Sie, Don Gustavo, wenn ich Sie … Ja, ich weiß, wie viel Uhr es ist … Nein, ich bin nicht verr… Jawohl, Señor, ja, Señor, ich bitte Sie … Nein, ich bitte … Natürlich gefällt mir meine Arbeit … Nein … Bitte … Eine Sekunde …, nur eine Sekunde … Danke.«

Der junge Mann schöpfte Atem und setzte dann die Debatte mit seinem Chef fort.

»Da ist eine Señorita, die sagt, sie hat einen Víctor Mataix in perfektem Zustand zu verkaufen.«

Langes Schweigen.

»Nein, das habe ich mir nicht aus den Fingern gesaugt. Wie? Nein. Ich weiß nicht, wer sie ist. Nein, ich habe sie noch nie gesehen. Ich weiß nicht. Jung …, sehr elegant … Nun, ziemlich … Nein, für mich sind nicht alle … Jawohl, Señor, sofort, Señor …«

Mit breitem Lächeln erschien der junge Mann auf der Schwelle zum Hinterraum.

»Don Gustavo fragt, wann es Ihnen denn passen würde, ihn zu treffen.«

»Heute am frühen Nachmittag?«, schlug Alicia vor.

Der junge Mann nickte und verschwand wieder.

»Sie sagt, heute Nachmittag. Ja. Das weiß ich nicht. Ich frage sie … Dann frage ich eben nicht … Wie Sie meinen, Don Gustavo. Jawohl, Señor. Sofort. Ganz sicher. Jawohl, Señor. Sie auch.«

Als der Verkäufer wieder erschien, wirkte er erleichtert.

»Alles in Ordnung, Benito?«

»Ausgezeichnet. Entschuldigen Sie die Umstände – Don Gustavo ist eine Seele von Mensch, aber er hat seine Eigenheiten.«

»Ich verstehe.«

»Er hat gesagt, er wäre erfreut, Sie diesen Nachmittag im Círculo Ecuestre zu treffen, wenn es Ihnen recht ist. Er isst heute dort zu Mittag und wird bis zum Abend anwesend sein. Sie wissen, wo das ist? Die Casa Pérez Samanillo, an der Kreuzung Balmes und Diagonal.«

»Ich kenne das Haus. Ich werde Don Gustavo sagen, dass Sie mir sehr geholfen haben.«

»Vielen Dank.«

Sie wollte gehen, aber der junge Mann, vielleicht darauf erpicht, ihren Besuch noch etwas hinauszuzögern, kam um den Ladentisch herum und bot ihr dienstfertig an, sie zum Ausgang zu begleiten.

»Was es nicht alles gibt«, bemerkte er nervös. »Da hat so viele Jahre niemand ein einziges Buch des *Labyrinths* gesehen, und bisher sind in diesem Monat schon zwei Personen mit dem Thema Mataix in den Laden gekommen ...«

Alicia blieb stehen.

»Ach ja? Und wer war der andere?«

Benito setzte eine ernste Miene auf, als hätte er schon zu viel gesagt. Alicia legte mit liebevollem Druck die Hand auf seinen Arm.

»Keine Sorge, das bleibt unter uns. Reine Neugier.«

Der Verkäufer zauderte. Alicia neigte sich ihm ein wenig zu.

»Es war ein Señor aus Madrid, der wie ein Polizist aussah. Er hat mir irgendeinen Ausweis gezeigt ...«

»Hat er Ihnen vielleicht seinen Namen genannt?«

Benito zuckte mit den Schultern.

»Jetzt weiß ich gerade nicht ... Ich erinnere mich an ihn, weil er einen Schnitt im Gesicht hatte.«

Alicia lächelte auf eine Art und Weise, die Benito noch mehr verunsicherte.

»Auf der rechten Wange? Eine Narbe?«

Der junge Mann wurde blass.

»War der Name vielleicht Lomana?«, fragte Alicia. »Ricardo Lomana?«

»Kann sein ... Ich bin nicht sicher, aber ...«

»Danke, Benito. Sie sind ein Goldstück.«

Sie entfernte sich schon die Straße hinunter, als der Verkäufer in die Tür trat und nach ihr rief.

»Señorita? Sie haben mir Ihren Namen gar nicht genannt …«

Alicia drehte sich um und hauchte ihm ein Lächeln zu, das ihm den ganzen Tag und einen Teil der Nacht andauerte.

6

Nach ihrem Besuch in Barcelós Buchhandlung ließ sie sich von alten Wegen verführen und ohne Hast durch die Windungen des Gotischen Viertels der zweiten Etappe des Tages entgegentreiben. Dabei gingen ihr Ricardo Lomana und sein sonderbares Verschwinden nicht aus dem Kopf. Im Grunde überraschte es sie nicht, bereits auf seine Spur gestoßen zu sein. Die Jahre hatten ihr gezeigt, dass sich Lomana und sie oft auf Schritt und Tritt folgten, wenn sie derselben Fährte nachgingen. In neun von zehn Fällen gelangte sie als Erste ans Ziel. Das einzig Bemerkenswerte diesmal war, dass Lomana, der, wie ihnen Gil de Partera bei der Auftragserteilung erklärt hatte, mit den Ermittlungen im Fall der anonymen Briefe an Valls begonnen hatte, nur wenig zuvor Fragen zu Víctor Mataix' Büchern gestellt hatte. Lomana mochte vieles sein, ein Dummkopf war er nicht. Die gute Nachricht bei alledem war, dass Alicia, wenn Lomana auf eigene Faust zu den *Labyrinth*-Büchern gelangt war, darin eine Bestätigung sehen konnte, dass ihr Instinkt sie nicht trog. Die schlechte war die, dass sie früher oder später mit ihm zusammenprallen würde. Und ihre Zusammenstöße endeten selten gut.

Ricardo Lomana war, wie es in der Einheit gerüchteweise hieß, ein ehemaliger Schüler des unheilvollen Inspektors Fumero der Politischen Polizei Barcelonas, eine der unheimlichsten aller von Leandro über die Jahre hinweg ausgehobenen Marionetten, und das waren nicht wenige. In ihren Jahren in Leandros Dienst hatte

Alicia mehr als eine Reiberei mit Lomana gehabt. Die letzte lag zwei Jahre zurück, als er ihr eines Nachts, trunken von Schnaps und Groll, nachdem sie einen Fall gelöst hatte, an dem er monatelang erfolglos laboriert hatte, bis auf ihr Zimmer im Hispania gefolgt war und ihr versprochen hatte, eines Tages, wenn Leandro nicht seine schützende Hand über sie hielte, werde er den Moment und Ort finden, sie an der Decke aufzuhängen und sich mit einer Kiste Werkzeuge Zeit für sie zu nehmen.

»Du bist weder die erste noch die letzte Luxusnutte, die sich Leandro aussucht, Schätzchen, und wenn er dich satthat, werde ich dich erwarten. Und ich verspreche dir, dass wir einen Mordsspaß haben werden, vor allem du, deren Fleisch fürs Eisen wie gemacht ist ...«

Bei diesem Treffen hatte Lomana von Alicia einen Kniestoß in seinen Stolz verpasst bekommen, der ihn für zwei Wochen aus dem Verkehr zog, sowie einen doppelt gebrochenen Arm und einen Schnitt in der Wange, der mit achtzehn Stichen genäht werden musste. Alicia ihrerseits bezahlte den Zusammenstoß mit zwei schlaflosen Wochen, in denen sie im Dunkeln ihre Zimmertür nicht aus den Augen ließ, mit dem Revolver auf dem Nachttisch und der düsteren Ahnung, dass das Schlimmste sie im Rückspiel erwartete.

Sie beschloss, Lomana aus ihren Gedanken zu verbannen und diesen ersten Vormittag in Barcelonas Straßen zu genießen. Gemächlich setzte sie ihren Spaziergang an der Sonne fort, maß jeden Schritt ab und blieb beim geringsten Anzeichen von Druck in der Hüfte vor einem Schaufenster stehen. Mit den Jahren hatte sie gelernt, die Zeichen zu lesen und das Unvermeidliche zu vermeiden oder wenigstens hinauszuzögern. Der Schmerz und sie waren längst alte Feinde, Veteranen, die sich gut kannten, sich gegenseitig erkundeten und sich an die Spielregeln hielten. Und trotzdem war dieser erste Spaziergang ohne das am Körper haftende Geschirr den Preis wert, den sie, wie ihr bewusst war, dafür würde bezahlen müssen. Sie würde es noch früh genug bereuen können.

Es war noch nicht zehn Uhr, als sie in die Puerta del Ángel einbog und von der Ecke der Calle Santa Ana aus das Schaufenster der alten Buchhandlung Sempere & Söhne erblickte. Auf der anderen Straßenseite gab es ein kleines Café. Sie trat ein und setzte sich an einen der Fenstertische. Die Pause würde ihr guttun.

»Was darf's denn sein, Señorita?«, fragte der Kellner, der das Lokal seit mindestens zwanzig Jahren nicht verlassen zu haben schien.

»Einen schwarzen Kaffee. Und ein Glas Wasser.«

»Aus der Leitung oder Mineralwasser aus der Flasche?«

»Was empfehlen Sie?«

»Kommt drauf an, wie viel Kalzium Sie im Blut haben.«

»Dann aus der Flasche. Nicht kalt, bitte.«

»Sofort.«

Zwei Kaffee und eine halbe Stunde später hatte Alicia festgestellt, dass kein Mensch vor der Buchhandlung stehen geblieben war, nicht einmal um sich das Schaufenster anzusehen. Die Buchhaltungsbücher von Sempere & Söhne mussten im Tempo des Vergessens Spinnweben ansetzen. Die Versuchung, die Straße zu überqueren, diesen verzauberten Basar zu betreten und ein Vermögen auszugeben, zehrte sie innerlich auf, aber sie wusste, dass das nicht der richtige Zeitpunkt war. Jetzt galt es zu beobachten. Es verging eine weitere halbe Stunde, und da sich nichts ereignete, erwog Alicia, die Anker zu lichten, als sie ihn erblickte. Er kam zerstreut daher, den Kopf in den Wolken, ein Lächeln um die Lippen und mit der heiteren Miene derer, die es sich leisten können, nicht zu wissen, wie die Welt funktioniert. Nie hatte sie ein Foto von ihm gesehen, aber noch bevor er auf die Tür der Buchhandlung zuging, wusste sie, wer er war. *Daniel.*

Sie lächelte unbewusst. Als Daniel Sempere sich anschickte einzutreten, ging die Tür nach außen auf, und eine junge, kaum zwanzig Jahre alte Frau trat aus der Buchhandlung. Sie war von dieser makellosen Schönheit, von der die Hörspielserienautoren sagen würden, sie komme aus dem Inneren und bringe die leicht entflammbaren Einfaltspinsel zum Seufzen, die süchtig sind nach den Fabeln von Engelchen goldenen Herzens. Sie hatte genau den Grad an Unschuld – oder Züchtigkeit –, wie er Mädchen aus gutem Hause eigen war, und war auf eine Weise angezogen, als wüsste sie halbwegs um die Klasse ihres Chassis unter den Kleidern, könnte aber nicht wirklich dazu stehen. Die berühmte Beatriz, dachte sie, ein mit Unschuld parfümiertes Schneewittchen im Land der sieben Zwerge.

Beatriz stellte sich auf die Zehenspitzen und küsste ihren Mann auf die Lippen. Es war ein züchtiger Kuss, die Lippen geschlossen, die Berührung kurz. Alicia stellte fest, dass Beatriz zu denen gehörte, die beim Küssen die Augen schlossen, auch wenn es sich um ihren rechtmäßigen Angetrauten handelte, und sie ließ sich um die Taille fassen. Daniel wiederum küsste noch wie ein Schüler; die früh geschlossene Ehe hatte ihn noch nicht gelehrt, wie man eine Frau anfasste, wohin die Hände gehörten und was man mit seinen Lippen anstellte. Ganz offensichtlich hatte ihm das niemand beigebracht. Alicia spürte, wie ihr Lächeln erlosch und eine Spur Bosheit in sie fuhr.

»Würden Sie mir bitte ein Glas Weißwein bringen?«, bat sie den Kellner.

Auf der gegenüberliegenden Straßenseite verabschiedete sich Daniel Sempere von seiner Frau und trat in den Laden. Beatriz, geschmackvoll, aber mit knappem Budget gekleidet, verlor sich zwischen den Leuten Richtung Puerta del Ángel. Alicia beobachtete ihre Figur und die Linie ihrer Hüften.

»Ach, wenn *ich* dich anzöge, Prinzesschen«, murmelte sie.

»Wie belieben, bitte?«

Sie drehte sich um und sah sich dem Kellner gegenüber, der ein Glas Weißwein in der Hand hielt und sie halb verblüfft, halb besorgt ansah.

»Wie heißen Sie?«

»Ich?«

Sie schaute sich nach allen Seiten um – sie waren allein.

»Sehen Sie sonst noch jemand?«

»Marcelino.«

»Warum setzen Sie sich nicht zu mir, Marcelino? Ich mag nicht allein trinken. Nein, das ist gelogen. Aber lieber tue ich es in Gesellschaft.«

Der Kellner schluckte.

»Wenn Sie wollen, lade ich Sie zu irgendwas ein. Ein Bierchen?«

Erstarrt schaute Marcelino sie an.

»So setzen Sie sich doch, Marcelino, ich beiße nicht.«

Der Kellner nickte und setzte sich ans andere Tischende. Sie lächelte ihm herzlich zu.

»Haben Sie eine Freundin, Marcelino?«

Er schüttelte den Kopf.

»Es gibt Mädchen, die wissen nicht, was ihnen entgeht. Sagen Sie, dieses Lokal, kann man es auch anders als durch den Haupteingang verlassen?«

»Verzeihung?«

»Ob Sie einen Hinterausgang haben, der auf irgendein Gässchen hinausgeht oder ins Treppenhaus des Nachbarhauses führt …«

»Es gibt einen auf den Hof hinaus und von dort zur Calle Bertrellans. Warum?«

»Ich frage nur, weil mir jemand folgt.«

Beunruhigt warf Marcelino einen Blick auf die Straße.

»Soll ich die Polizei rufen?«

Sie legte die Hand auf die des Kellners, der fast zur Salzsäule erstarrte.

»Nicht nötig. Es ist nichts Ernstes. Aber ich würde lieber einen diskreteren Ausgang benutzen, wenn das für Sie kein Problem ist.«

Er schüttelte wieder den Kopf.

»Sie sind ein Schatz. Was schulde ich bitte?«

»Das geht aufs Haus.«

»Sind Sie sicher?«

Er nickte.

»Wie ich eben sagte – es gibt welche, die nicht wissen, was es hier Gutes gibt. Sagen Sie, haben Sie Telefon?«

»Hinter der Theke.«

»Stört es Sie, wenn ich einen Anruf mache? Es ist ein Fernge-spräch, das ich aber bezahle, einverstanden?«

»Sie können so viele Anrufe machen, wie Sie wollen.«

Sie ging zur Theke, wo ein altes Wandtelefon hing. Marcelino, der am Tisch angeleimt schien, betrachtete sie. Sie winkte ihm zu, während sie wählte.

»Verbinden Sie mich bitte mit Vargas.«

»Sie sind Gris, nicht wahr?«, fragte am anderen Ende der Lei-tung eine Stimme mit leicht vorwurfsvollem Unterton. »Der Hauptmann hat auf Ihren Anruf gewartet. Ich verbinde Sie.«

Sie hörte, wie der Hörer auf den Tisch gelegt und nach ihrem Kollegen gerufen wurde.

»Vargas, Doña Inés«, sagte einer der Beamten, während der an-dere den Refrain *Diese grünen Augen* anstimmte.

»Hier Vargas. Wie geht es Ihnen? Tanzen Sie schon Sardana?«

»Wer ist Doña Inés?«

»Sie. Hier hat man uns schon Spitznamen gegeben. Ich bin Don Juan ...«

»Wie witzig Ihre Kollegen sind.«

»Sie machen sich gar keine Vorstellung. Hier gibt es Talent im Überfluss. Was haben Sie mir zu erzählen?«

»Ich dachte, Sie würden mich vermissen.«

»Mich haben schon bessere Partien sitzenlassen, und ich hab's überlebt.«

»Freut mich, dass Sie es so gut verkraften. Ich dachte, Sie wären bereits unterwegs hierher.«

»Wenn es nach mir ginge, würden Sie bis zu Ihrer Pensionie-rung allein dort bleiben.«

»Und was meinen Ihre Vorgesetzten?«

»Ich soll mich in ein Auto setzen und den Tag und die halbe Nacht durchfahren, um morgen bei Ihnen zu sein.«

»Apropos Auto: Was Neues über das von Valls?«

»Nichts Neues. Man hat es verlassen auf ... Lassen Sie mich nachschauen ..., auf der Carretera de las Aguas gefunden, in Vall-vidrera. Ist das in Barcelona?«

»Eher über Barcelona.«

»Darüber? Wie der Himmel?«

»Ungefähr so. Irgendeine Spur von Valls oder seinem Leibwächter?«

»Blutstropfen auf dem Beifahrersitz. Anzeichen von Gewalt.
Von den beiden selbst keine Spur.«

»Was sonst?«

»Das ist alles. Und was haben Sie mir zu sagen?«

»Dass ich Sie vermisse.«

»Die Rückkehr nach Barcelona macht Sie kindisch. Wo befinden Sie sich jetzt? Auf Wallfahrt zu Unserer Lieben Frau von
Montserrat?«

»Fast. Im Augenblick betrachte ich das Schaufenster von Sempere & Söhne.«

»Sehr produktiv. Haben Sie zufällig mit Leandro gesprochen?«

»Nein. Warum?«

»Weil er mich den ganzen Morgen verfolgt und sich nach Ihnen erkundigt. Bitte rufen Sie ihn an und gehen Sie ihm ein wenig
um den Bart. Sonst lässt er mich nicht mehr atmen.«

Alicia seufzte.

»Ich werd ihn anrufen. Übrigens, Sie müssen etwas für mich
tun.«

»Das ist offensichtlich meine neue Aufgabe im Leben.«

»Es ist ein heikles Thema«, präzisierte sie.

»Meine Spezialität.«

»Sie müssen Ihre Kontakte im Präsidium nutzen und diskret
herauszufinden versuchen, womit ein gewisser Ricardo Lomana
befasst war, bevor er sich französisch verabschiedet hat.«

»Lomana? Der Verschwundene? Hinterhältiger Kerl.«

»Sie kennen ihn?«

»Nur aus Berichten. Kein guter dabei. Mal sehen, was sich machen lässt.«

»Mehr verlange ich auch nicht von Ihnen.«

Vargas seufzte.

»Ich rechne damit, morgen früh dort zu sein. Wenn Sie wollen, frühstücken wir zusammen, und ich erzähle Ihnen, was ich über Ihren Freund Lomana herausgefunden habe, falls ich was herausfinde. Werden Sie sich anständig benehmen und sich nicht in Schwierigkeiten bringen, bis ich komme?«

»Versprochen.«

7

Marcelino betrachtete sie vom Tisch aus mit übermäßiger Faszination; nur ab und zu warf er flüchtige Blicke auf die Straße, um nach dem mysteriösen Verfolger Ausschau zu halten. Alicia blinzelte ihm zu und gab ihm mit dem Daumen ein Zeichen.

»Noch ein kleiner Anruf, und das wär's dann …«

Sie wählte direkt die Suite an und wartete. Noch vor dem ersten Klingeln wurde der Hörer abgenommen. Er musste wartend neben dem Apparat gesessen haben, dachte sie.

»Ich bin's«, murmelte sie.

»Alicia, Alicia, Alicia …«, klang Leandros Stimme sanft. »Ich mag es nicht, wenn du mir aus dem Weg gehst. Das weißt du ganz genau.«

»Ich wollte Sie eben anrufen. Dafür brauchten Sie mir keinen Anstandswauwau beizugesellen.«

»Ich verstehe dich nicht.«

»Sie haben doch jemanden auf mich angesetzt?«

»Hätte ich es getan, dann sicher nicht so eine Niete, die du schon am ersten Morgen entdeckst. Wer ist es?«

»Das weiß ich noch nicht. Ich habe damit gerechnet, dass er von Ihnen kommt.«

»Tut er aber nicht. Es werden doch wohl nicht die Kollegen vom zentralen Polizeirevier gewesen sein?«

»Dann muss die lokale Talentquelle sehr dürftig sprudeln, wenn man diese Type auf mich angesetzt hat.«

»Fähige Leute zu finden ist nicht einfach. Davon kann ich ein

Lied singen. Soll ich einen Anruf machen und ihn dir vom Hals schaffen?«

Alicia dachte nach.

»Eher nicht. Mir ist da was eingefallen.«

»Sei lieb zu ihm. Ich weiß nicht, wen sie dir zugeteilt haben, aber wahrscheinlich ist es der blutigste Anfänger, den sie auftreiben konnten.«

»So einfach ist es mit mir?«

»Im Gegenteil. Ich dachte eher, dass kein anderer in den sauren Apfel beißen wollte.«

»Sie wollen andeuten, ich hätte keine guten Erinnerungen hinterlassen?«

»Ich habe dir schon immer gesagt, es ist wichtig, die Form zu wahren. Du siehst ja, was sonst passiert. Hast du mit Vargas gesprochen?«

»Ja.«

»Dann weißt du ja über das Auto Bescheid. Alles in Ordnung bei dir zu Hause?«

»Ja. Señora Jesusa hat alles wie ein Schmuckkästchen hergerichtet und sogar mein Erstkommunionskleid gebügelt. Danke, dass Sie das arrangiert haben.«

»Dir soll es an nichts mangeln.«

»Und darum schicken Sie mir Vargas?«

»Es wird seine eigene Initiative gewesen sein. Oder die von Gil de Partera. Ich hab dir ja gesagt, dass sie uns nicht trauen.«

»Warum wohl?«

»Was für Pläne hast du heute?«

»Ich war in einer Buchhandlung, und heute Nachmittag bin ich mit jemandem verabredet, der mir mehr über Víctor Mataix erzählen kann.«

»Also beschäftigt dich noch immer dieses Buch?«

»Bis ich einen Zusammenhang ausschließen kann.«

»Kenne ich ihn? Deine Verabredung?«

»Ich weiß nicht. Ein Buchhändler. Gustavo Barceló.«

Die Pause war fast unmerklich, aber Alicia registrierte sie.

»Sagt mir nichts. Ruf mich an, wenn du was herausfindest. Und wenn nicht, rufst du mich ebenfalls an.«

Sie grübelte über eine stichelnde Antwort nach, da hörte sie Leandro schon aufhängen. Sie legte einige Münzen auf die Theke für den Verzehr und die beiden Anrufe und hauchte einen Abschiedskuss für Marcelino in die Luft.

»All das bleibt unter uns, Marcelino, ja?«

Der Kellner nickte entschlossen und begleitete Alicia zu einer Hintertür, die auf einen offenen Patio hinausging. Von dort führte ein verschlungener Gang zwischen zwei Blocks des Häusergevierts hindurch auf eine dieser düsteren Straßen hinaus, wie man sie nur im alten Barcelona findet.

Die Gasse stieg von der Calle Canuda zur Santa Ana hinauf. Alicia ging um den Häuserblock herum und blieb an der letzten Ecke stehen, um das Szenarium zu studieren. Eine Frau schob mit der einen Hand einen Kinderwagen vor sich her und versuchte mit der anderen, einen kleinen Jungen weiterzuziehen, dessen Schuhe am Boden wie festgeklebt waren. Ein Schnösel in Anzug und mit Schal begutachtete sich im Schaufenster eines Schuhladens und schaute dabei aus dem Augenwinkel zwei zierlichen Dämchen in Nahtstrümpfen nach, die eben lachend vorbeigingen. Ein Stadtpolizist spazierte in der Mitte der Straße und säte argwöhnische Blicke aus. Und dort, in einem Hauseingang fast wie ein Plakat an die Tür gepinnt, erkannte sie einen kleinen Mann, dessen nichtssagendes Aussehen ihn mehr oder weniger unsichtbar machte. Er rauchte eine Zigarette, beobachtete nervös den Eingang des Cafés und schaute immer wieder auf die Uhr. Keine schlechte Wahl, dachte sie. Er sah derart unbedeutend aus, dass ihn nicht einmal die Langeweile wahrgenommen hätte. Alicia trat auf ihn zu und blieb wenige Zentimeter hinter seinem blassen Nacken stehen. Dann formte sie die Lippen zu einem O und blies.

Der Mann tat einen Satz und hätte um ein Haar das Gleichgewicht verloren. Er wandte sich um, und als er Alicia erblickte, verlor er auch noch seinen letzten Rest Farbe.

»Wie heißt du denn, mein Süßer?«, fragte sie.

Falls das Männchen überhaupt eine Stimme hatte, fand er sie nicht. Sein Blick drehte hundert Runden, ehe er zu ihr zurückkehrte.

»Wenn du davonläufst, bohre ich dir einen Pfriem in den Bauch, verstanden?«

»Ja.«

»Das war ein Scherz. So was mache ich nicht.«

Der Arme trug einen geborgt aussehenden Mantel und wirkte wie ein in die Enge getriebener Nager. Einen schönen Spion hatte man ihr da zugeteilt. Alicia packte ihn am Revers und führte ihn bestimmt, aber freundlich zur nächsten Ecke.

»Wie heißt du?«

»Rovira«, flüsterte er.

»Warst du das gestern Abend vor dem Eingang zu La Manual Alpargatera?«

»Woher wissen Sie das?«

»Man sollte nie im Gegenlicht einer Straßenlaterne rauchen.«

Rovira nickte und schien sich insgeheim zu verfluchen.

»Sag mal, Rovira, wie lange bist du schon im Korps?«

»Morgen wären es zwei Monate, aber wenn sie auf dem Revier erfahren, dass Sie mich entdeckt haben …«

»Es gibt keinen Grund, warum sie es erfahren sollten.«

»Nein?«

»Nein. Weil du und ich uns gegenseitig helfen werden, Rovira. Und weißt du, wie?«

»Ich kann Ihnen nicht folgen, Señorita.«

»Da liegt der Hase im Pfeffer, aber nenn mich Alicia, wir stehen doch auf derselben Seite.«

Sie nestelte in seinen Manteltaschen und fand eine Schachtel Zigaretten der Art, wie man sie in Eckkneipen zum schwarzen Kaffee mit Schuss bekam. Sie zündete eine an und steckte sie ihm in den Mund. Sie ließ ihn zwei Züge machen und lächelte ihn freundschaftlich an.

»Etwas ruhiger?«

Er nickte.

»Sag mal, Rovira, warum hat man gerade dich auf mich angesetzt?«

Er zögerte.

»Seien Sie nicht gekränkt, aber außer mir wollte keiner den Auftrag übernehmen.«

»Warum denn nicht?«

Rovira zuckte mit den Schultern.

»Nur mal nicht so zaghaft, guter Mann. Sprich dich aus.«

»Es heißt, Sie stiften die Leute zu üblen Dingen an und bringen Unglück.«

»Aha. Und das hat dich ganz offensichtlich nicht erschreckt.«

»Größeres Unglück als meins ist schwer zu finden. Ich hatte auch keine andere Wahl.«

»Und worin besteht dein Auftrag genau?«

»Sie von fern zu beschatten und Bericht zu erstatten, wo Sie sind und was Sie tun, ohne dass Sie es merken. Und Sie sehen ja, wie gut mir das gelingt. Ich hatte denen gesagt, dass das nicht meine Stärke ist.«

»Und warum bist du überhaupt Polizist geworden?«

»Eigentlich wollte ich was mit Graphik machen, aber mein Schwiegervater ist Hauptmann auf dem zentralen Revier.«

»Hm. Und deine Señora mag Uniformen, nicht wahr?« Sie legte ihm mütterlich die Hand auf die Schulter. »Rovira, es gibt Momente, wo ein Mann den Mumm aufbringen und der Welt zeigen muss, dass er, ich sag's nicht gern, geboren ist, um im Stehen zu pinkeln. Und damit du siehst, dass du zu sehr viel mehr fähig bist, als du meinst, will ich dir eine Chance geben, es zu beweisen. Mir, dem obersten Polizeikorps, dem Schwiegervater und deiner Frau Gemahlin, die, wenn sie sieht, was sie für ein Mannsbild im Hause hat, einen guten Kräuterschnaps brauchen wird, um wieder zu Atem zu kommen.«

Rovira schaute sie an, am Rande eines Schwindelanfalls.

»Von jetzt an wirst du mich beschatten, wie man es dir aufgetragen hat, aber du kommst mir nie näher als hundert Meter und passt auf, dass ich nichts von dir sehe. Und wenn man dich fragt, wo ich gewesen sei und was ich getan hätte, wirst du sagen, was ich dir sagen werde, dass du sagen sollst.«

»Aber … Ist das legal?«

»Rovira, du bist die Polizei. Du bestimmst, was legal ist.«

»Ich weiß nicht …«

»Natürlich weißt du. Du bist gerissen. Was dir fehlt, ist das Selbstvertrauen.«

Verblüfft blinzelte er mehrmals.

»Und wenn ich nein sage?«

»Mann, sei doch nicht so, jetzt, wo wir uns gerade anfreunden. Denn wenn du nein sagst, werde ich mich gezwungen sehen, zu deinem Hauptmannschwiegervater zu gehen und ihm zu sagen, dass ich dich auf einer Mauer der Theresianerinnenschule gesehen habe, wie du dir in der großen Pause einen runtergeholt hast.«

»Dazu wären Sie nicht fähig.«

Sie schaute ihm fest in die Augen.

»Du hast nicht die geringste Scheißahnung, wozu ich fähig bin, Rovira.«

Ein klagender Laut entfuhr ihm.

»Sie sind ein böser Mensch.«

Alicia presste die Lippen zusammen und machte ein weinerliches Gesicht.

»Wenn ich beschließe, böse zu sein mit dir, wirst du es sofort merken. Morgen früh wirst du vor dem Gran Café warten, und dann sage ich dir, wie dein Tagesprogramm aussieht. Haben wir uns verstanden?«

Rovira schien während des Gesprächs um mehrere Zentimeter geschrumpft zu sein und warf ihr einen flehentlichen Blick zu.

»Das alles ist doch ein Scherz, nicht wahr? Sie ziehen mich durch den Kakao, weil ich ein Anfänger bin …«

Sie nahm Leandros bestes Gebaren an und borgte sich dessen eisigen Blick aus. Langsam schüttelte sie den Kopf.

»Es ist kein Scherz, es ist ein Befehl. Enttäusch mich nicht. Spanien und ich rechnen mit dir.«

8

Zu Beginn des 20. Jahrhunderts, als das Geld noch gleichsam parfümiert war und die großen Vermögen nicht einfach vererbt, sondern zur Schau gestellt wurden, stürzte ein modernistischer Palast vom Himmel, Produkt der verworrenen Romanze zwischen der Phantasie kreativer Geister und der Eitelkeit eines Potentaten, und blieb für immer in der unwahrscheinlichsten Enklave der Barceloner Belle Époque haften.

Die sogenannte Casa Pérez Samanillo belegte seit einem halben Jahrhundert die Straßenecke Balmes und Diagonal wie eine optische Täuschung oder vielleicht wie eine Mahnung. Ursprünglich als Familienwohnsitz in einer Epoche erbaut, da fast sämtliche altadeligen Familien ihre Palästchen bereits aufgaben, behielt diese Ode an den Reichtum ihren Charakter als Bollwerk im Pariser Stil bei und beleuchtete die Straßen aus großen Fenstern mit kupfernem Licht und entblößte vor den gewöhnlichen Sterblichen vollkommen schamlos ihre Treppen, Salons und Kristalllüster. Alicia war das Gebäude immer wie eine Art Aquarium vorgekommen, wo man durch Glaslamellen exotische, ungeahnte Organismen und Lebensformen beobachten konnte.

Seit Jahren beherbergte dieses opulente Fossil keine Familie mehr, und in jüngerer Zeit war es der Sitz des Círculo Ecuestre von Barcelona geworden, einer dieser uneinnehmbaren, eleganten Institutionen, die in jeder großen Stadt fermentieren, damit sich die Leute mit klingenden Namen vor dem Schweißgeruch derjenigen schützen können, auf deren Schultern ihre illustren Vorfahren ihr Vermögen angehäuft haben. Leandro, feinsinniger Beobachter dieser Situation, sagte immer, wenn einmal das Thema Essen und Wohnen gelöst sei, sei es für den Menschen das Vordringlichste, Gründe und Mittel zu finden, um sich anders als die anderen und diesen überlegen zu fühlen. Der Sitz des Círculo Ecuestre schien genau dafür geschaffen, und Alicia vermutete, wenn Leandro nicht schon vor Jahren nach Madrid gezogen wäre, wären diese vornehmen, exquisit angeordneten Edelholzsalons für ihren Mentor die perfekte Bühne gewesen, um hier Quartier zu beziehen und seine dunklen Geschäfte mit weißen Handschuhen abzuwickeln.

Ein bis an die Ohren uniformierter Lakai bewachte den Eingang und öffnete ihr das riesige Eisentor. In der Vorhalle stand ein beleuchtetes Stehpult, hinter dem sie einen Mann im Anzug sah, der sie zweimal von oben bis unten musterte, bevor er seinem mageren Antlitz eine gefügige Grimasse aufsetzte.

»Schönen guten Tag«, sagte Alicia, »ich bin hier mit Señor Gustavo Barceló verabredet.«

Der Angestellte tauchte den Blick in das Heft auf dem Stehpult und tat so, als prüfe er es einige Augenblicke, um dem Ritual das nötige Gewicht zu verleihen.

»Und Ihr Name ist …?«

»Verónica Larraz.«

»Wenn die Señora so freundlich wäre, mir zu folgen …«

Der Mann führte sie durch das prachtvolle Interieur des kleinen Palasts. Als sie an den Tischen vorbeiging, unterbrachen die Klubmitglieder ihre Gespräche und blickten überrascht, manche fast empört. Ganz offensichtlich wurden an diesem Ort nicht gewohnheitsmäßig Vertreterinnen des weiblichen Geschlechts empfangen, und mehr als ein Patrizier schien ihre Anwesenheit als Affront gegen seine altehrwürdige Männlichkeit zu empfinden. Alicia bedachte ihre Aufmerksamkeiten mit einem höflichen Lächeln. Schließlich gelangten sie zu einem großen Lesesaal mit ausladendem Fenster zur Avenida Diagonal hinaus. Dort saß in einem kaiserlichen Sessel und vor einem fischglasgroßen Kognakschwenker ein in einem Dreiteiler und Dandyschuhen steckender Herr mit majestätischen Zügen und ebensolchem Schnurrbart. Der Empfangschef blieb ein paar Meter vor ihm stehen und zerfloss in einem kleinmütigen Lächeln.

»Don Gustavo? Der Besuch, den Sie erwartet haben …«

Don Gustavo Barceló, Ehrendekan des Barceloner Buchhändlerverbandes und Gelehrter in der Materie des ewig Weiblichen und seiner erlesensten Requisiten, erhob sich, um sie mit einer warmen, ehrerbietigen Verbeugung zu empfangen.

»Gustavo Barceló, zu Ihren Füßen.«

Alicia reichte ihm die Hand, die er küsste, als sei sie die des Papstes, sehr gemächlich, um gleichzeitig eine Generalinspektion vorzunehmen, die ihm vermutlich sogar ihre Handschuhgröße offenbarte.

»Verónica Larraz«, stellte sie sich vor. »Sehr erfreut.«

»Ist Larraz der Name Ihres Sammlerverwandten?«

Alicia vermutete, sein Angestellter Benito habe ihn, sobald sie die Buchhandlung verlassen hatte, angerufen und haarklein über ihren Besuch informiert.

»Nein. Larraz ist mein Ehename.«

»Ich verstehe. Vor allem Diskretion. Ist mir klar. Aber so setzen Sie sich doch, bitte.«

Sie nahm im gegenüberstehenden Sessel Platz und genoss die aristokratische, exklusive Einrichtung.

»Willkommen bei den Neureichen und beim verarmten Adel, der seine Nachkommenschaft mit Ersteren verheiratet, um das Geschlecht am Leben zu erhalten«, antwortete Barceló, der ihrem Blick folgte.

»Sind Sie kein ordentliches Mitglied des Hauses?«

»Aus Gründen der Hygiene habe ich mich jahrelang dagegen gesträubt, aber mit der Zeit haben mich die Umstände dazu gezwungen, den Realitäten der Stadt nachzugeben und mit dem Strom zu schwimmen.«

»Das hat bestimmt seine Vorteile.«

»Zweifeln Sie nicht daran. Man lernt Leute kennen, die ihr ererbtes Vermögen für Dinge ausgeben müssen, die sie weder verstehen noch brauchen, man wird von jeglicher romantischen Traumvorstellung von den selbsternannten Eliten des Landes kuriert, und der Brandy ist unübertrefflich. Außerdem ist es ein großartiger Ort, um soziale Archäologie zu betreiben. In Barcelona wohnen über eine Million Menschen, aber in der Stunde der Wahrheit gibt es nur etwa vierhundert Lordsiegelbewahrer, die über die Schlüssel zu allen Türen verfügen. Und das ist eine Stadt der verschlossenen Türen, wo alles davon abhängt, wer den Schlüssel hat, wem aufgetan wird und auf welcher Seite der Schwelle man schließlich steht. Aber ich bezweifle, dass das eine Neuigkeit für Sie ist, Señora Larraz. Darf ich Ihnen etwas anbieten, außer Diskursen und dem Moralin eines alten Buchhändlers?«

Alicia verneinte.

»Natürlich. Zur Sache, nicht wahr?«

»Wenn es keine Umstände macht.«

»Ganz im Gegenteil. Haben Sie das Buch bei sich?«

Alicia zog das in ein seidenes Tuch gewickelte Exemplar von *Ariadna und der Scharlachprinz* aus der Handtasche und reichte es ihm. Barceló ergriff es mit beiden Händen, und sowie seine Finger den Umschlag berührten, begannen seine Augen zu leuchten, und ein wonniges Lächeln breitete sich auf seinen Lippen aus.

»*Das Labyrinth der Lichter* …«, flüsterte er. »Vermutlich wollen Sie mir nicht sagen, wie Sie dazu gekommen sind.«

»Der Besitzer möchte dieses Geheimnis wahren.«

»Ich verstehe. Wenn Sie gestatten …«

Er schlug das Buch auf und ließ langsam die Seiten durch die Finger gleiten; er genoss diese Begegnung mit dem Gesicht eines Feinschmeckers, der sich an einem einzigartigen, nicht wiederholbaren Geschenk ergötzt. Alicia dachte schon, der altgediente Buchhändler habe sie vergessen und sich in den Seiten des Buches verloren, als dieser in seiner Prüfung innehielt und ihr einen fragenden Blick zuwarf.

»Verzeihen Sie die Dreistigkeit, Señora Larraz, aber ich muss Ihnen gestehen, dass ich nicht ganz begreife, warum jemand, in diesem Fall der von Ihnen vertretene Sammler, ein solches Stück loswerden will …«

»Glauben Sie, dass es schwierig wäre für Sie, einen Käufer zu finden?«

»Überhaupt nicht. Geben Sie mir ein Telefon, und in zwanzig

Minuten lege ich Ihnen mindestens fünf sich steigernde Angebote vor, minus meine Kommission von zehn Prozent. Das ist nicht der Punkt.«

»Welches ist denn der Punkt, Don Gustavo, wenn das nicht zu viel gefragt ist?«

Barceló nahm einen großen Schluck Brandy.

»Der Punkt ist, ob Sie dieses Stück wirklich verkaufen wollen, Señora L-a-rr-a-z ...« Barceló zog den fiktiven Namen ironisch in die Länge.

Alicia lächelte nur schüchtern.

Barceló nickte.

»Sie brauchen mir nicht zu antworten – und mir auch Ihren richtigen Namen nicht zu nennen.«

»Mein Name ist Alicia.«

»Wussten Sie, dass die zentrale Figur der Serie *Das Labyrinth der Lichter*, Ariadna, eine Hommage an eine andere Alicia ist, die von Lewis Carroll, und ihr Wunderland, in diesem Fall Barcelona?«

Sie gab sich überrascht und schüttelte sanft den Kopf.

»Im ersten Buch der Serie findet Ariadna ein Zauberbuch auf dem Dachboden des alten Hauses in Vallvidrera, wo sie mit ihren Eltern wohnt, bis diese in einer Gewitternacht auf rätselhafte Weise verschwinden. In der Annahme, wenn sie einen Schattengeist heraufbeschwöre, könne sie sie vielleicht wiederfinden, öffnet Ariadna unbewusst eine Tür zwischen dem realen Barcelona und seiner Kehrseite, einem verdammten Widerschein der Stadt. Der Stadt der Spiegel ... Zu ihren Füßen bricht der Boden auf, und sie fällt über eine nicht enden wollende Wendeltreppe in die Dunkelheit, bis sie in dieses andere Barcelona gelangt, wo sie dazu verdammt wird, durch die Kreise der Hölle zu streifen, die der Scharlachprinz errichtet hat, und wo sie auf verdammte Seelen stößt, die sie zu retten trachtet, während sie ihre verschollenen Eltern sucht ...«

»Und gelingt es ihr, die Eltern zu finden und eine dieser Seelen zu erretten?«

»Leider nein. Aber sie bemüht sich sehr. Auf ihre Art ist sie eine Heldin, aber durch ihre Liebelei mit dem Scharlachprinzen wird auch sie nach und nach ein dunkel-perverser Widerschein ihrer selbst, ein gefallener Engel sozusagen …«

»Das scheint eine exemplarische Geschichte zu sein.«

»Das ist es. Sagen Sie, Ali-c-i-a, ist das Ihr Tätigkeitsgebiet, auf der Suche nach Problemen in die Unterwelt hinabzusteigen?«

»Warum sollte ich Probleme suchen wollen?«

»Weil, wie Ihnen dieser Dummkopf Benito bestimmt schon erzählt hat, kürzlich ein Mann in die Buchhandlung gekommen ist mit der Visage eines Schlächters der Politischen Polizei, der ähnliche Fragen gestellt hat wie Sie, und irgendetwas sagt mir, dass Sie beide sich kennen …«

»Der Mann, den Sie meinen, heißt Ricardo Lomana, und Sie sind nicht auf dem Holzweg.«

»Ich bin nie auf dem Holzweg, Señorita. Das Problem sind die anderen Wege, auf denen ich mich manchmal befinde.«

»Was hat Lomana Sie genau gefragt?«

»Er wollte wissen, ob in letzter Zeit jemand ein Buch von Víctor Mataix gekauft hatte, sei es auf einer Versteigerung, durch einen privaten Kauf oder auf dem internationalen Markt.«

»Hat er Sie nicht zu Víctor Mataix befragt?«

»Señor Lomana hat nicht gerade wie ein Büchernarr ausgesehen, aber ich hatte den Eindruck, dass er über Mataix alles wusste, was er wissen musste.«

»Und was haben Sie ihm gesagt?«

»Ich habe ihm die Adresse des Sammlers gegeben, der in den letzten sieben Jahren sämtliche Exemplare von *Das Labyrinth der Lichter* gekauft hat, die 1939 nicht vernichtet wurden.«

»Ein und dieselbe Person hat alle Bücher von Mataix' Serie gekauft, die es auf dem Markt gegeben hat?«

Barceló nickte.

»Alle außer dem Ihren.«

»Und wer ist dieser Sammler?«

»Ich weiß es nicht.«

»Nun haben Sie mir doch eben gesagt, Sie hätten Lomana seine Adresse gegeben ...«

»Ich habe ihm die Adresse des Anwalts gegeben, der ihn vertritt und sämtliche Transaktionen in seinem Namen vornimmt, ein gewisser Brians. Fernando Brians.«

»Haben Sie selbst mit Anwalt Brians gesprochen, Don Gustavo?«

»Höchstens ein- oder zweimal. Telefonisch. Ein anständiger Mann.«

»Im Zusammenhang mit Mataix' Büchern?«

Barceló nickte.

»Was können Sie mir über Víctor Mataix sagen, Don Gustavo?«

»Sehr wenig. Ich weiß, dass er oft als Illustrator gearbeitet hat, dass er bei diesen beiden unverschämten Kerlen Barrido und Escobillas mehrere Romane veröffentlicht hat, bevor er mit der Arbeit an den *Labyrinth*-Büchern begann, und dass er sehr zurückgezogen in einem Haus in der Carretera de las Aguas gewohnt hat, zwischen Vallvidrera und dem Fabra-Observatorium, denn seine Frau hatte eine seltsame Krankheit, und er konnte oder wollte sie nicht alleinlassen. Nicht viel mehr. Ja, und dass er nach dem Krieg verschwand.«

»Und wo könnte ich ein wenig mehr über ihn in Erfahrung bringen?«

»Das ist nicht ganz einfach. Die einzige Person, die mir einfällt und Ihnen helfen könnte, ist Vilajuana, Sergio Vilajuana, ein Journalist und Schriftsteller, der Mataix noch gekannt hat. Er ist Stammkunde der Buchhandlung und derjenige, der über diese Themen am meisten weiß. Ich erinnere mich, mal gehört zu haben, er arbeite an einem Buch über Mataix und die ganze Generation der verdammten Schriftsteller des Barcelonas, das sich nach dem Krieg in Luft auflöste ...«

»Gibt es denn noch mehr?«

»Verdammte Schriftsteller? Das ist eine lokale Spezialität wie das *Allioli*.«

»Und wo kann ich diesen Señor Vilajuana finden?«

»Versuchen Sie es in der Redaktion der *Vanguardia*. Aber wenn Sie mir einen Rat gestatten: Denken Sie sich eine bessere Geschichte aus als die von Ihrem geheimnisvollen Sammler. Vilajuana ist nicht auf den Kopf gefallen.«

»Was raten Sie mir also?«

»Führen Sie ihn in Versuchung.«

Alicia grinste schelmisch.

»Mit dem Buch. Wenn er immer noch an Mataix interessiert ist, wird er sich die Gelegenheit nicht entgehen lassen, einen Blick in dieses Exemplar zu werfen. In diesen Zeiten einen Mataix zu finden ist fast so schwer wie in einer angesehenen Stellung einen anständigen Menschen.«

»Danke, Don Gustavo. Sie waren mir eine große Hilfe. Darf ich Sie bitten, das Geheimnis dieses Gesprächs zu wahren?«

»Seien Sie unbesorgt. Geheimnisse zu wahren erhält mich jung. Das und teurer Brandy.«

Alicia hüllte das Buch wieder in das seidene Tuch und steckte es in die Handtasche. Dabei nestelte sie ihren Lippenstift hervor, um ihr Lächeln zu umreißen, als wäre sie allein, ein Schauspiel, das Barceló fasziniert und ein wenig beunruhigt beobachtete.

»Wie sehe ich aus?«, fragte sie.

»Sehenswert.«

Sie stand auf und schlüpfte in den Mantel.

»Wer sind Sie, Alicia?«

»Ein gefallener Engel.« Sie gab ihm die Hand und blinzelte ihm zu.

»Dann sind Sie an den richtigen Ort gekommen.«

Don Gustavo Barceló drückte ihr die Hand und schaute ihr nach, wie sie Richtung Ausgang schritt. Dann nahm er nachdenklich wieder in seinem Sessel Zuflucht und verlor sich in seinem fast leeren Kognakschwenker. Kurz darauf sah er durch das große Fenster, wie sie davonging. Die Dämmerung hatte eine Decke rötlicher Wolken über Barcelona gezogen, und die untergehende Sonne zeichnete die Silhouetten der Passanten auf den Bürgersteigen der Diagonal und der Autos, die wie glühende Metalltränen glitzerten. Barceló heftete seinen Blick auf diesen sich entfernenden roten Mantel, bis Alicia zwischen den Schatten der Stadt zu verdunsten schien.

9

Nachdem sie an diesem Nachmittag Barceló in der Obhut seiner Mutmaßungen und des Brandys zurückgelassen hatte, bog Alicia auf dem Heimweg in die Rambla de Cataluña und das Defilee der Luxusgeschäfte ein, in denen bereits die Schaufensterbeleuchtung eingeschaltet wurde. Sie erinnerte sich an die Tage, als sie gelernt hatte, diese Läden und die geschniegelten Respektspersonen zu observieren, die sie voller Habgier und Argwohn zugleich aufsuchten.

Sie erinnerte sich an die Läden, die sie zum Stehlen betreten hatte, und an das, was sie hatte mitgehen lassen, an das Gezeter des Geschäftsführers und der Kunden hinter sich, an das Feuer in den Adern, wenn sie sich verfolgt wusste, und den süßen Geschmack nach Rache, Gerechtigkeit, wenn sie ihnen etwas entrissen hatte, was sie aufgrund eines Rechts von Gottes Gnaden zu besitzen wähnten. Sie erinnerte sich an den Tag, da ihre Diebeslaufbahn in einem feuchten, dunklen Raum im Kellergeschoss des zentralen Polizeireviers in der Vía Layetana endete. Es war ein Keller ohne Fenster und nur mit einem am Boden festgeschraubten Metalltisch und zwei Stühlen ausgestattet. Mitten im Raum gab es einen Abfluss, und der Boden war noch feucht. Es roch nach Scheiße, Blut und Lauge. Die beiden Polizisten, die sie festgenommen hatten, hatten sie an Füßen und Händen an den Stuhl gekettet und ließen sie stundenlang so sitzen, damit sie Zeit hätte, sich auszumalen, was alles man mit ihr anstellen würde.

»Wie Fumero sich freuen wird, wenn er erfährt, dass er hier eine blutjunge Neunmalkluge hat! Er wird dir ein neues Gesicht verpassen.«

271

Sie hatte schon von Fumero gehört. Auf der Straße wurden Geschichten über ihn erzählt, vor allem darüber, was mit den Unglücklichen geschah, die in einem Kerker wie diesem in den Kellern des Reviers landeten. Sie wusste nicht, ob sie vor Kälte oder vor Angst zitterte, und als sie Stunden später Schritte und Stimmen hörte und die Metalltür aufging, schloss sie die Augen und spürte, wie ihr der Urin zwischen den Beinen hinunterlief.

»Mach die Augen auf«, sagte die Stimme.

Das Gesicht eines mittelgroßen Mannes, der aussah wie ein Provinznotar, lächelte ihr freundlich durch ihre Tränen hindurch zu. Sonst war niemand im Raum.

Der Mann, in einem sauberen Anzug steckend und ein Duftwölkchen von Kölnischwasser mit Zitronennote verbreitend, betrachtete sie einige Augenblicke schweigend, ging dann langsam um den Tisch herum und stellte sich hinter sie. Sie presste die Lippen zusammen, um das Angstwimmern zu verbeißen, das ihr den Hals entflammte, als sie seine Hände auf ihren Schultern spürte und seine Lippen fast ihr linkes Ohr berührten.

»Hab keine Angst, Alicia.«

Sie begann sich heftig zu bewegen und schwankte auf dem Stuhl, an dem sie festgekettet war, hin und her. Sie spürte die Hände des Mannes ihren Rücken hinunterwandern, und als sie feststellte, dass der Druck um die Handgelenke schwand, brauchte sie einige Sekunden, um zu begreifen, dass ihr die Handschellen abgenommen worden waren. Nach und nach zirkulierte das Blut wieder in ihren Händen und damit auch der Schmerz. Der Mann hob sacht ihre Arme an und legte sie auf den Tisch. Er setzte sich zu ihr und begann, ihr die Handgelenke zu massieren.

»Mein Name ist Leandro«, sagte er. »Geht's besser?«

Sie nickte. Leandro lächelte und gab ihre Hände frei.

»Nun werde ich dir die Fußeisen von den Knöcheln lösen. Auch das wird ein wenig schmerzen. Doch vorher muss ich wissen, dass du keine Dummheiten machen wirst.«

Sie schüttelte den Kopf.

»Niemand wird dir weh tun«, sagte er, während er ihr die Eisen abnahm.

Als sie frei war, stand Alicia vom Stuhl auf und verkroch sich in einem Winkel des Raums. Sein Blick fiel auf die Urinlache unter dem Stuhl.

»Tut mir leid, Alicia.«

»Was wollen Sie?«

»Mich mit dir unterhalten. Sonst nichts.«

»Worüber?«

»Über den Mann, für den du in diesen beiden letzten Jahren gearbeitet hast, Baltasar Ruano.«

»Ich schulde ihm nichts.«

»Ich weiß. Und du musst wissen, dass Ruano festgenommen worden ist und mit ihm die meisten deiner Kumpane.«

Sie schaute ihn argwöhnisch an.

»Was wird man mit ihm machen?«

Leandro zuckte mit den Schultern.

»Ruano ist am Ende. Nach einem langen Verhör hat er gestanden. Jetzt erwartet ihn die Garrotte. Es ist nur noch eine Frage von Tagen. Das ist eine gute Nachricht für dich.«

Sie schluckte.

»Und die anderen?«

»Sind noch beinahe Kinder. Besserungsanstalt oder Gefängnis. Das bei denen, die Glück haben. Diejenigen, die wieder auf die Straße gehen, werden nicht mehr lange leben.«

»Und ich?«

»Das kommt drauf an.«

»Worauf?«

»Auf dich.«

»Versteh ich nicht.«

»Ich möchte, dass du für mich arbeitest.«

Sie schaute ihn schweigend an. Leandro machte es sich auf dem Stuhl bequem und betrachtete sie lächelnd.

»Ich beobachte dich schon lange, Alicia. Ich glaube, du hast Potential.«

»Wofür?«

»Zum Lernen.«

»Was lernen?«

»Zu überleben. Und dein Talent für etwas mehr zu nutzen, als einem unbedeutenden Dieb wie Ruano in die Tasche zu arbeiten.«

»Und wer sind Sie?«

»Ich bin Leandro.«

»Sind Sie von der Polizei?«

»So ungefähr. Stell dir mich als einen Freund vor.«

»Ich habe keine Freunde.«

»Wir alle haben Freunde. Man muss sie nur zu finden wissen. Was ich dir vorschlage, ist, dass du die nächsten zwölf Monate mit mir zusammenarbeitest. Du wirst eine würdige Unterkunft und einen Lohn haben. Du wirst die Freiheit haben zu gehen, wann du willst.«

»Und wenn ich jetzt gehen will?«

Leandro deutete auf die Tür.

»Wenn es das ist, was du willst, kannst du gehen. Zurück auf die Straße.«

Alicia fasste die Tür ins Auge. Leandro stand auf und öffnete sie. Dann kehrte er zum Stuhl zurück und gab ihr den Weg frei.

»Niemand wird dich aufhalten, wenn du beschließt, durch diese Tür zu gehen, Alicia. Aber die Chance, die ich dir biete, wird hierbleiben.«

Sie tat einige Schritte auf den Ausgang zu. Leandro machte keinerlei Anstalten, sie zurückzuhalten.

»Und wenn ich bei Ihnen bleibe?«

»Wenn du dich dafür entscheidest, mir ein Vertrauensvotum zu geben, dann werden wir als Erstes dafür sorgen, dass du zu einem warmen Bad und zu neuen Kleidern kommst und danach zu einem Abendessen im Siete Puertas. Warst du da schon mal?«

»Nein.«

»Da gibt es einen wunderbaren schwarzen Reis.«

Alicia spürte, wie ihr Magen knurrte.

»Und dann?«

»Dann wirst du in dein neues Heim übernachten gehen, wo du ein Zimmer und ein Bad für dich allein haben wirst und in deinem eigenen Bett und in neuer, sauberer Bettwäsche schlafen kannst. Und morgen, in aller Ruhe, werde ich dich abholen, und wir werden in mein Büro gehen, damit ich dir erklären kann, was ich mache.«

»Und warum sagen Sie es mir nicht gleich?«

»Sagen wir, ich widme mich der Lösung von Problemen und sorge dafür, dass Kriminelle wie Baltasar Ruano und andere, sehr viel schlimmere aus dem Verkehr gezogen werden, damit sie niemandem mehr Schaden zufügen können. Aber das Wichtigste, was ich mache, ist, außergewöhnliche Menschen zu finden, die, wie du, nicht wissen, dass sie es sind, und ihnen beizubringen, wie sie ihr Talent gebrauchen können, um Gutes zu tun.«

»Gutes tun …«, antwortete sie frostig.

»Die Welt ist nicht der unmoralische Ort, den du bisher gekannt hast, Alicia. Die Welt ist schlicht ein Spiegel von uns, die wir sie bilden, und sie ist nicht mehr und nicht weniger als das, was wir alle gemeinsam mit ihr anstellen. Aus diesem Grund haben Menschen, die, wie du und ich, mit einer Gabe auf die Welt kommen, auch die Verantwortung, sie zum Guten für die anderen zu nutzen. Meine Gabe ist die, bei den anderen das Talent zu entdecken und sie zu führen, so dass sie gegebenenfalls die richtige Entscheidung treffen können.«

»Ich habe kein Talent. Keine *Gabe* …«

»Natürlich hast du. Vertraue mir. Und vor allem, vertraue dir selbst, Alicia. Denn wenn du willst, kann heute der erste Tag des Lebens sein, das man dir gestohlen hat und das ich dir zurückgeben werde, wenn du mir die Chance dazu gibst.«

Leandro lächelte warm, und Alicia verspürte den verwirrenden, schmerzlichen Wunsch, ihn zu umarmen.

Er streckte ihr die Hand entgegen. Schritt für Schritt ging sie durch den Raum auf ihn zu. Sie legte ihre Hand in die dieses Fremden und verlor sich in seinem Blick.

»Danke, Alicia. Ich schwöre dir, dass du es nicht bereuen wirst.«

Nach und nach verlor sich das Echo dieser so weit zurückliegenden Worte. Der Schmerz begann seine Krallen zu zeigen, so dass Alicia ihre Schritte verlangsamte. Sie wusste, dass jemand sie observierte, seit sie den Círculo Ecuestre verlassen hatte. Sie konnte seine Anwesenheit und seine Augen förmlich spüren, die aus der Ferne abwartend über ihre Gestalt streiften. Bei der Ampel an der Calle Rosellón blieb sie stehen und wandte sich langsam um, durchkämmte die Straße hinter sich wie zufällig mit dem Blick und musterte die Dutzende Passanten, die auf die Ramblas gekommen waren, um zu flanieren, mit ihren Uniformen zu prahlen und zu sehen und gesehen zu werden. Sie wünschte, es wäre der arme Rovira, fragte sich aber ständig, ob sich zwischen ihnen, vielleicht dreißig Meter weiter hinten geschickt in einem Hauseingang verborgen oder von einer Gruppe Passanten verdeckt, nicht Lomana befand, sie beobachtete, ihr auf den Fersen war und in der Manteltasche gierig über die Klinge strich, die er schon lange für sie bereithielt. Einen Häuserblock weiter unten erblickte sie die Schaufenster der Konditorei Mauri, wo bergeweise Köstlichkeiten meisterlich ausgestellt waren, um den Damen aus guter Familie die Herbstmelancholie zu versüßen. Sie spähte erneut hinter sich und beschloss, hier ein paar Minuten Zuflucht zu suchen.

Ein junges Mädchen mit mürrischem, jungfräulichem Gesicht führte sie an einen Fenstertisch. Die Konditorei Mauri war ihr immer wie eine gezuckerte Drogenhöhle vorgekommen, wohin sich gutgestellte reifere Damen im Schutz erlesener Kamillentees und Konditoreiwaren am Rande der Sünde zu konspirativen Zwecken zurückzogen. An diesem Spätnachmittag sah sie ihre Diagnose durch die anwesende Klientel bestätigt und bestellte, um sich wie eine der Auserwählten zu fühlen, einen Milchkaffee und einen Massini mit Schlagsahne, den sie beim Eintreten erspäht hatte und auf dem ihr Name stand. Während sie wartete, steckte sie mit geistesabwesendem Lächeln die Blicke ein, die ihr die schmuckbehängten und in Galakleider von Modas Santa Eulalia eingepanzerten Matronen zuwarfen, und las ihnen die *sotto-voce*-Kommentare, zu denen ihre Anwesenheit sie inspiriert hatte, von den Lippen ab. Wenn sie mir die Haut in Streifen vom Leib reißen und sich daraus eine Maske basteln könnten, würden sie es tun, dachte sie.

Sowie die Süßspeise vor ihr auf dem Tisch stand, verschlang sie gierig die Hälfte, und in Sekundenschnelle spürte sie den Zucker im Blut. Sie zog das Fläschchen aus der Tasche, das ihr Leandro beim Abschied auf dem Atocha-Bahnhof gegeben hatte, und öffnete es. Sie nahm eine der Tabletten heraus und untersuchte sie einige Augenblicke auf der Handfläche, ehe sie sie in den Mund steckte. Ein neuer Anfall von stechendem Schmerz in der Hüfte überzeugte sie vollends. Sie spülte die Pille mit einem großen Schluck Milchkaffee hinunter und verzehrte dann den Rest des Massini, vor allem um den Magen auszukleiden. Sie blieb eine halbe Stunde sitzen, betrachtete die Vorbeigehenden und wartete darauf, dass die Tablette wirkte. Sowie sie spürte, dass der Schmerz in dem trüben Schleier von Schläfrigkeit erstickte, der sich über ihren ganzen Körper ausbreitete, stand sie auf und beglich die Rechnung an der Kasse.

Vor der Konditorei hielt sie ein Taxi an und nannte dem Fahrer ihre Adresse. Er war gesprächslustig und widmete ihr einen langen Monolog, dem sie bloß vage zustimmte. Je mehr das Narkotikum ihr Blut gefrieren ließ, desto mehr schienen sich die Lichter der Stadt in einer wässrigen Schicht aufzulösen, als tanzten sie wie Aquarellflecken über eine Leinwand. Die Verkehrsgeräusche drangen aus großer Entfernung an ihr Ohr.

»Geht es Ihnen gut?«, fragte der Taxifahrer, als er vor der Tür ihres Hauses in der Calle Aviñón hielt.

Sie nickte und bezahlte die Fahrt, ohne auf das Wechselgeld zu warten. Der Fahrer, nicht ganz von ihrem einwandfreien Zustand überzeugt, wartete, bis es ihr gelang, den Hausschlüssel ins Schloss zu stecken. Sie hoffte, nicht auf Jesusa oder sonst einen Nachbarn zu stoßen, der nach einem Wiedersehensgespräch auf dem Treppenabsatz lechzte. Mit leichten Schritten tastete sie die Treppen ab, und nach einem endlosen Aufstieg zwischen Schatten und Schwindel stand sie vor ihrer Wohnungstür, fand wie durch ein Wunder den Schlüssel und trat ein.

Drinnen entnahm sie dem Fläschchen mit zittrigen Fingern zwei weitere Tabletten. Sie ließ die Tasche zu Boden fallen und ging in die Küche. Die Flasche Weißwein, die ihr Fernandito hingestellt hatte, war noch da. Sie füllte das Glas randvoll, hielt sich mit einer Hand am Tisch fest, schluckte die beiden Tabletten und trank das Glas in einem Zug aus; dann hob sie es zu Ehren Leandros und seines *Und schon gar nicht mit Alkohol.*

Sie schwankte durch den Korridor Richtung Schlafzimmer und zog sich unterwegs aus. Ohne auch nur das Licht anzuknipsen, ließ sie sich aufs Bett fallen. Mit größter Mühe schaffte sie es, die Decke über sich zu ziehen. Die Glockenschläge der Kathedrale hallten in der Ferne wider, und erschöpft schloss sie die Augen.

10

Im Traum hatte der Fremde kein Gesicht. Er war ein schwarzer Umriss, der sich aus den flüssigen, von der Zimmerdecke tropfenden Schatten gelöst zu haben schien.

Anfänglich glaubte sie gesehen zu haben, wie er sie vom Bettende aus betrachtete, doch dann merkte sie, dass er sich auf die Bettkante gesetzt hatte und die Laken über ihr wegzog. Ihr war kalt. Der Fremde streifte in aller Ruhe die schwarzen Handschuhe ab. Sie spürte, wie er ihr mit eiskalten Fingern über den nackten Bauch strich und die ausgedehnte Narbe auf der rechten Hüfte suchte. Seine Hände erkundeten sie Falte um Falte, und seine Lippen setzten sich auf ihren Körper. Die warme Berührung der Zunge, die den Kamm dieses Wundmals liebkoste, verursachte ihr Übelkeit. Erst als sie Schritte durch den Korridor davongehen hörte, drang ihr ins Bewusstsein, dass sie sich nicht allein in der Wohnung befand.

Sie tastete im Halbdunkel nach dem Schalter und knipste die Nachttischlampe an. Das Licht blendete, und sie hielt sich die Hände vor die Augen. Sie hörte Schritte im Esszimmer und dann eine Tür zugehen. Sie öffnete die Augen wieder und sah, dass sie nackt auf dem Bett lag. Die Laken lagen zusammengeknäuelt am Boden. Den Kopf stützend, stand sie langsam auf. Ein Schwindel hatte sie gepackt, so dass sie einen Augenblick befürchtete, ohnmächtig zu werden.

»Jesusa?«, rief sie mit brüchiger Stimme.

Sie hob ein Laken auf und wickelte es sich um den Körper. Sich blind an den Wänden entlangtastend, ging sie durch den Korridor. Die Kleider, die sie Stunden zuvor auf dem Weg zum Schlafzimmer verstreut hatte, waren spurlos verschwunden. Das Esszimmer war in ein stählernes Halbdunkel getaucht, die Konturen von Möbeln und Bücherregal im blauen, durchs Fenster hereinsickernden Raster nur angedeutet. Sie schaltete die Deckenlampe ein, und nach und nach gewöhnten sich ihre Augen an die Helligkeit. Sowie sie begriff, was sie erblickte, weckte die Angst ihr klares Denken, und sie sah die Szene ganz genau vor sich, als hätte sie bis dahin alles durch eine unscharfe Linse betrachtet.

Ihre Kleider lagen fein säuberlich auf dem Esstisch, der rote Mantel auf einem der Stühle. Das Kleid war fast professionell zusammengelegt. Die Strümpfe waren gewissenhaft mit der Naht auf der Seite angeordnet. Die Unterwäsche, glattgestrichen auf dem Tisch, sah aus, als hätte man sie für den Ladentisch eines Kurzwarengeschäfts hergerichtet. Wieder verspürte sie einen Anflug von Brechreiz. Sie trat ans Bücherregal, zog die Bibel heraus und entnahm ihr die Waffe. Dabei entglitt ihr das ausgeweidete Buch und landete auf dem Boden. Sie machte keine Anstalten, es aufzuheben, sondern spannte den Bolzen und hielt den Revolver mit beiden Händen fest.

Erst jetzt fiel ihr Blick auf die an der Rückenlehne eines Stuhls hängende Handtasche. Sie konnte sich erinnern, dass sie sie auf dem Boden hatte liegen lassen, nachdem sie die Wohnung betreten hatte. Die Tasche war verschlossen. Als sie sie öffnete, erschauderte sie. Sie ließ sie fallen und verfluchte sich. Mataix' Buch war weg.

Den Rest der Nacht verbrachte sie im Halbdunkel, zusammengekauert in einer Sofaecke, die Waffe in den Händen und die Augen auf die Tür geheftet, und lauschte den tausendundein ächzenden Lauten, die das Gerippe des alten Hauses von sich gab wie ein Schiff vor dem Kentern. Die Morgendämmerung überraschte sie, als ihr eben die Lider zuzufallen begannen. Sie stand auf und betrachtete ihr Spiegelbild im Fenster. Draußen überzog eine purpurne Decke den Himmel und hob die zwischen den Dächern und Türmen der Stadt vorbeiziehenden Schatten hervor. Sie trat ans Fenster und sah, dass die Lichter des Gran Café schon das Pflaster sprenkelten. Barcelona hatte ihr nur eben einen Tag Aufschub gewährt.

Willkommen zurück, sagte sie zu sich.

11

Vargas wartete im Gran Café auf sie, die Hände um eine dampfende Tasse gelegt, und übte ein Waffenstillstandslächeln, um sie zu empfangen. Kaum war Alicia aus der Haustür getreten, erblickte sie ihn mitsamt seiner doppelten Spiegelung im Fenster des Cafés. Er hatte denselben Tisch gewählt wie sie am Vortag und saß vor den Resten eines offenbar üppigen Frühstücks und zwei Zeitungen. Sie überquerte die Straße und atmete tief durch, bevor sie eintrat. Als er sie in der Tür sah, stand Vargas auf und winkte ihr nervös zu. Sie erwiderte den Gruß und ging zum Tisch, während sie Miquel mit einer Geste bat, ihr das übliche Frühstück zu servieren. Der Kellner nickte.

»Wie war die Fahrt?«, fragte Alicia.

»Lang.«

Er wartete, bis sie sich gesetzt hatte, um dann ebenfalls wieder

Platz zu nehmen. Sie sahen sich schweigend an. Er betrachtete sie verwirrt und mit gerunzelter Stirn.

»Was ist?«, fragte sie.

»Ich habe eine Verwünschung oder sonst einen Empfang à la Alicia erwartet«, sagte er.

Sie zuckte mit den Schultern.

»Wenn ich ein wenig dümmer wäre, würde ich beinahe sagen, Sie freuen sich, mich zu sehen«, fügte er hinzu.

Sie lächelte schwach.

»Übertreiben Sie nicht.«

»Sie erschrecken mich, Alicia. Ist etwas passiert?«

Behutsam trat Miquel mit Alicias Toasts, der Butter, der Erd-beermarmelade, ihrem Milchkaffee und der *Vanguardia* an den Tisch. Sie bedankte sich mit einem Nicken, und er zog sich schnell zurück und verschwand diskret hinter der Theke. Sie nahm einen Toast und biss ohne Appetit hinein. Vargas schaute ihr ein wenig besorgt zu.

»Also?«, fragte er schließlich ungeduldig.

Alicia berichtete von ihren Abenteuern am Vortag und in der Nacht. Je weiter sie kam, desto mehr verdüsterte sich Vargas' Miene. Als sie ihm schilderte, wie sie die Stunden bis Tagesan-bruch verbracht hatte, den Revolver in der Hand und in der Er-wartung, dass die Tür wieder aufginge, schüttelte er langsam den Kopf.

»Da gibt es etwas, was ich nicht verstehe. Sie sagen, während Sie schliefen, sei ein Mann eingedrungen und habe das Buch mit-genommen.«

»Und was soll daran nicht zu verstehen sein?«

»Wie können Sie wissen, dass es ein Mann war?«

»Weil ich es weiß.«

»Dann haben Sie nicht geschlafen.«

»Ich stand unter der Wirkung der Medikamente, das habe ich doch gesagt.«

»Und was haben Sie mir verschwiegen?«

»Das, was Sie nichts angeht.«

»Hat er Ihnen was angetan?«

»Nein.«

Er schaute sie ungläubig an, mochte aber nicht insistieren.

»Während ich auf Sie gewartet habe, hat mir Ihr Freund da, Miquel, die Dachkammer hier angeboten, sozusagen mit Sicht auf Ihr Haus. Ich werde ihm sagen, er soll meinen Koffer rauftragen, und ihm zwei Wochen im Voraus bezahlen.«

»Es ist nicht nötig, dass Sie hierbleiben, Vargas. Nehmen Sie sich ein gutes Hotel. Geht auf Leandros Rechnung.«

»Entweder hier, oder ich richte mich auf Ihrem Sofa ein. Sie haben die Wahl.«

Alicia seufzte; sie hatte nicht den Elan, einen weiteren Kampf auszutragen.

»Sie haben mir nicht gesagt, dass Sie eine Waffe besitzen.«

»Sie haben mich ja nicht danach gefragt.«

»Und wissen Sie auch, wie man sie benutzt?«

Sie bedachte ihn mit einem vielsagenden Blick.

»Und ich, der ich Sie eher mit Nadel und Zwirn gesehen habe … Tun Sie mir bitte den Gefallen und haben Sie sie immer bei sich? Inner- und außerhalb des Hauses?«

»Zu Befehl, der Herr. Haben Sie etwas über Lomana herausbekommen?«

»Im Innenministerium geben sich alle zugeknöpft. Ich hatte den Eindruck, die wissen nichts. Im Korps zirkuliert die Version, die Sie bestimmt schon gehört haben. Man hat ihn vor ungefähr einem Jahr von seiner Einheit abgezogen, damit er im Fall der anonymen Briefe an Valls mitarbeite. Er hat auf eigene Faust recherchiert und hatte eigentlich Gil de Partera Bericht erstatten sollen. Irgendwann hat er damit aufgehört. Er ist wie vom Erdboden verschwunden. Was ist zwischen Ihnen beiden vorgefallen?«

»Gar nichts.«

Vargas runzelte die Stirn.

»Sie denken doch nicht etwa, dass er es war, der letzte Nacht bei Ihnen eingedrungen ist, um das Buch mitgehen zu lassen und zu tun, was immer Sie mir nicht erzählen wollen?«

»Das alles sagen Sie …«

Er betrachtete sie verstohlen.

»Diese Medikamente – sind die wegen Ihrer Verletzung?«

»Nein, ich schlucke sie zum Vergnügen. Wie alt sind Sie, Vargas?«

Überrascht zog er die Brauen in die Höhe.

»Wahrscheinlich doppelt so alt wie Sie, aber ich denke lieber nicht dran. Warum?«

»Sie werden doch wohl nicht denken, Sie seien mein Vater oder so ähnlich, was?«

»Machen Sie sich keine Illusionen.«

»Schade.«

»Werden Sie nicht rührselig. Das passt nicht zu Ihnen.«

»Das sagt auch Leandro.«

»Sehen Sie. Und da wir jetzt das sentimentale Intermezzo hinter uns haben, warum sagen Sie mir nicht, welche Pläne wir für heute haben?«

Sie trank ihren Kaffee aus und bedeutete Miquel, ihr noch einen zu bringen.

»Sie wissen schon, dass der Körper außer Koffein und Zigaretten auch Kohlehydrate, Proteine und all das braucht, oder?«

»Ich verspreche Ihnen, dass wir heute zum Mittagessen in die Casa Leopoldo gehen und dass Sie mich einladen.«

»Jetzt bin ich erleichtert. Und vorher?«

»Vorher treffen wir meinen Privatspion, den guten Rovira.«

»Rovira?«

Sie fasste kurz ihre Begegnung mit Rovira vom Vortag zusammen.

»Er muss sich irgendwo halb erfroren da draußen rumtreiben.«

»Zum Teufel mit ihm! Und wenn Sie Ihrem Lehrling die Tagesaufgaben bekanntgegeben haben?«

»Ich dachte, wir könnten einen Anwalt aufsuchen, Fernando Brians.«

Vargas nickte lustlos.

»Wer ist das?«

»Brians vertritt einen Sammler, der seit Jahren sämtliche Exemplare von Víctor Mataix' Romaneserie aufkauft.«

»Also sind Sie noch immer bei dieser Geschichte mit dem Buch. Nehmen Sie es mir nicht übel, aber glauben Sie nicht, es wäre vernünftig, uns anzuhören, was man auf dem Revier zu dem Auto zu sagen hat, mit dem Valls Madrid verlassen hat? Um ein Beispiel zu nennen, das wirklich mit unserem Fall zu tun hat.«

»Dafür werden wir schon noch Zeit haben.«

»Entschuldigen Sie, Alicia, aber versuchen wir eigentlich weiterhin, Minister Valls zu finden, während es noch eine Chance gibt, dass er lebt?«

»Das Auto ist reine Zeitverschwendung.«

»Für mich oder für Sie?«

»Für Valls. Aber wenn es Sie beruhigt, einverstanden. Sie haben gewonnen. Gehen wir uns sein Auto anschauen.«

»Danke.«

12

Getreu seinem Versprechen wartete Rovira auf der Straße, schlotternd vor Kälte und mit einem Gesicht, als verfluche er den Tag seiner Geburt und alle darauffolgenden ebenfalls. Seit dem Vortag schien er gute zehn Zentimeter geschrumpft. Seine Miene war angstverzerrt, als machten sich gerade die ersten Anzeichen eines Geschwürs bemerkbar. Alicia brauchte nicht auf ihn zu zeigen, damit Vargas ihn erkannte.

»Ist der das Intrigen-Ass?«

»Ganz genau.«

Als Rovira Schritte auf sich zukommen hörte, schaute er auf. Bei Vargas' Anblick wurde er ganz aufgeregt und suchte mit zittriger Hand seine Zigarettenschachtel. Alicia und Vargas nahmen ihn in die Mitte.

»Ich dachte, Sie kämen allein«, stammelte er.

»Du bist ein Romantiker, Rovira.«

Dieser deutete ein nervöses Lachen an. Alicia riss ihm die Zigarette von den Lippen und warf sie in hohem Bogen weg.

»Was soll das«, protestierte Rovira schwach.

Vargas neigte sich leicht über ihn, so dass Rovira noch um einige Zentimeter mehr schrumpfte.

»Mit der Señorita sprechen Sie nur, wenn Sie von ihr gefragt werden. Ist das klar?«

Der andere nickte.

»Rovira, heute ist dein Glückstag«, sagte Alicia. »Schluss mit dem Frieren. Du wirst ins Kino gehen. Die Vormittagsvorstellungen im Capitol beginnen um zehn, und sie zeigen einen Zyklus mit Filmen des Schimpansen Cheeta, der dich begeistern wird.«

»Oscarwürdig«, bestätigte Vargas.

»Verzeihen Sie, Doña Alicia, aber bevor Ihr Kollege da mir das Genick bricht, möchte ich Sie bitten, wenn es nicht allzu viele Umstände macht und mit bestem Dank im Voraus für Ihre Großzügigkeit, dass Sie ein wenig *mir* helfen. Es ist wenig, worum ich Sie bitte. Schicken Sie mich nicht ins Kino. Ich würde zwar schon gern gehen, aber wenn mich jemand vom Präsidium erwischt, werden mir auch noch die letzten Haare ausfallen. Lassen Sie mich Sie beschatten. Mit sehr großem Abstand. Wenn Sie wollen, sagen Sie mir schon jetzt, wohin Sie gehen, so dass ich Ihnen nicht lästig falle. Ich versichere Ihnen, dass Sie mich nicht einmal sehen werden. Aber am Ende des Tages muss ich einen Bericht abliefern, wo Sie gewesen sind und was Sie unternommen haben, sonst macht man Frikassee aus mir. Sie haben ja keine Ahnung, wie diese Leute sind. Ihr Kollege da kann sicher ein Lied davon singen …«

Vargas schaute diesen armen Teufel mit einer gewissen Sympathie an. Auf jedem Polizeirevier schien es einen Unglücksraben wie ihn zu geben – die Fußmatte, auf der alle ihre Schuhe vom Schmutz befreiten –, und mit dem es sogar die Putzfrauen aufnahmen.

»Sie werden mir sagen, welche Orte ich erwähnen darf und

welche nicht. Und dabei gewinnen wir alle. Ich bitte Sie auf Knien darum …«

Bevor Alicia etwas sagen konnte, deutete Vargas mit dem Zeigefinger auf ihn und sagte:

»Passen Sie auf, junger Mann, Sie erinnern mich an Charlot und sind mir sympathisch. Ich schlage Ihnen Folgendes vor: Sie werden uns beschatten, aber halten großen Abstand. Etwa so wie zwischen Rioja und Gibraltar. Wenn ich Sie sehe, rieche oder Sie mir näher als zweihundert Meter auch nur vorstelle, werden wir beide ein Gespräch von Mann zu Mann führen, und ich glaube nicht, dass man es im Präsidium gut aufnimmt, wenn Sie mit einer von gesegneten Backenstreichen renovierten Visage reinspazieren.«

Rovira schien es während einiger Sekunden den Atem zu verschlagen.

»Reicht das so, oder möchten Sie vielleicht einen Vorschuss?«, ergänzte Vargas.

»Zweihundert Meter. Das ist ja gelacht. Zweihundertfünfzig, Geschenk des Hauses. Herzlichen Dank für Ihre Großzügigkeit und Ihr Verständnis. Sie werden es nicht bereuen. Man soll Rovira nicht nachsagen, dass er nicht hält, was …«

»Ziehen Sie endlich Leine, mir läuft schon die Galle über, wenn ich Sie bloß sehe«, sagte Vargas in seinem bedrohlichsten Ton.

Der andere deutete eine flüchtige Verbeugung an und machte sich schleunigst aus dem Staub. Vargas sah ihn in der Menge verschwinden und grinste.

»Sie sind ein Gefühlsmensch«, murmelte Alicia.

»Und Sie ein Engelchen. Lassen Sie mich Linares anrufen, ob wir uns das Auto gleich heute Vormittag ansehen können.«

»Wer ist Linares?«

»Einer von den Guten. Wir haben gemeinsam angefangen, und er ist immer noch ein guter Freund. Von wie vielen Leuten kann man so etwas schon sagen nach zwanzig Jahren Polizeidienst.«

Sie traten wieder ins Café, und Miquel überließ ihnen das Telefon. Vargas rief das Polizeirevier in der Vía Layetana an und setzte ein Gespräch in Gang, in dem sich Männerfreundschaft, Scherze fragwürdigen Geschmacks und gekünstelte Kumpanei im Dreivierteltakt drehten, bis sein Kamerad Linares seine Einwilligung gab, dass er kommen, sich umschauen und einen Blick auf das Auto werfen könne, das Mauricio Valls und sein Fahrer, Revolverheld und Zuträger vermutlich für die Fahrt von Madrid nach Barcelona benutzt hatten. Alicia war dem Gespräch gefolgt, als lauschte sie einem Vaudeville, und genoss Vargas' erfahrene Metrik und seinen Charme, mit dem er seinen Kollegen einseifte und ein hochtrabendes, aber strikt inhaltsloses Plauderstündchen inszenierte.

»Alles in Butter«, schloss er nach dem Gespräch.

»Sind Sie sicher? Haben Sie nicht gedacht, dieser Linares hätte vielleicht erfahren wollen, dass ich Sie begleite?«

»Natürlich habe ich das gedacht. Darum habe ich es ja nicht erwähnt.«

»Und was werden Sie sagen, wenn die mich sehen?«

»Dass wir ein Paar sind. Ich weiß nicht. Mir wird schon was einfallen.«

Vor dem Rathaus nahmen sie ein Taxi und fuhren genau dann los, als sich der Verkehr in der Vía Layetana zur verschlungenen Zeitlupe des allmorgendlichen Chaos zu verdichten begann. Nachdenklich betrachtete Vargas die vorbeiziehenden Monumentalfassaden, die wie Schiffe aus dem Morgendunst auftauchten. Der Fahrer warf gelegentlich einen flüchtigen Blick durch den Rückspiegel auf sie und schien zu spekulieren, was das wohl für ein seltsames Paar war, doch dann wurden seine Mutmaßungen durch eine Radiogesprächsrunde sportlichen Charakters abgelenkt, wo ungestüm darüber gestritten wurde, ob die Fußballliga schon verloren war oder ob es doch noch Gründe fürs Weiterleben gab.

13

Man nannte es *Das Museum der Tränen*. Der riesige Pavillon erhob sich im Niemandsland zwischen dem Zoo und dem Strand. Um ihn herum erstreckte sich, mit dem Rücken zum Meer erbaut, eine Zitadelle aus Fabriken und Hangars, überragt vom großen Wasserturm, einer Art am Himmel aufgehängter kreisförmiger Burg. *Das Museum der Tränen* war eine Reliquie, eine vor dem Abbruch errettete Ruine, dem sonst fast alle für die Weltausstellung von 1888 errichteten Bauten zum Opfer gefallen waren. Nach Jahren der Verwahrlosung hatte die Stadtregierung den Pavillon der Obersten Polizeidirektion zugeteilt, die ihn als Lager und Katakombe in Gebrauch genommen hatte. Dort stapelten sich in einem immensen Sammellager Unterlagen von Ermittlungsverfahren, Beweis- und Beutestücke, beschlagnahmte Gegenstände, Waffen und Plunder aller Gattungen, Memoranden und Schätze aus über sieben Jahrzehnten Staub, Schuld und Sühne der Stadt Barcelona.

Das Bauwerk war in ein ähnliches Gewölbe eingefügt wie der Francia-Bahnhof in der Nähe. Seine aus Platten gefertigte Decke ließ scharfe Lichtstreifen einfallen, die das Dunkel durchbohrten und sich über ein Gewirr von Hunderte Meter langen Gängen ergossen, die höher waren als die meisten Häuser im Ensanche-Viertel. Ein komplexes System von Treppen und Stegen hing wie eine geisterhafte Bühnenmaschinerie herunter, über die man in die Höhen gelangen konnte, wo die Dokumente und Gegenstände lagerten, die von Barcelonas geheimer Geschichte seit dem Ende des 19. Jahrhunderts erzählten. Unter den gestrandeten Stücken gab es so gut wie alles, von Kutschen über vorsintflutliche, für Verbrechen benutzte Autos bis hin zu einem enzyklopädischen Arsenal von Waffen und Giften. Das Gebäude enthielt genügend zum Inventar unlösbarer Gerichtsverfahren gehörende Kunstwerke, um mehrere Museen zu füllen. Einen besonderen Ruf unter den Forschern genoss eine makabre Sammlung ausgestopfter Leichen, die in den Kellern der großen Villa eines schwerreichen Magnaten im San-Gervasio-Viertel gefunden worden war, welcher in seinen kubanischen Jahren von Glanz und Gloria eine Leidenschaft fürs Jagen und Foltern von Sklaven entwickelt hatte und nach dessen Rückkehr zahllose Angehörige des Lumpenproletariats, die in den Salons und Cafés des Paralelo verkehrt hatten, auf immer spurlos verschwanden.

In einer Galerie befanden sich ausschließlich Fläschchen mit einer vielfältigen Fauna von Dauermietern, die in gelblichem Formol schwammen. Ferner beherbergte der Palast eine formidable Sammlung an Waffen wie Dolche, Stichel und eine Unzahl von Schneidegeräten, die dem abgebrühtesten Metzger die Haare hätten zu Berge stehen lassen. Eine der berühmtesten Abteilungen war der hermetisch verschlossene Pavillon (zu dem nur eine Genehmigung der allerhöchsten Instanzen Zugang verschaffte), wo die bei den Ermittlungen von Verbrechen und sonstigen Fällen religiöser und okkultistischer Natur konfiszierten Materialien und Dokumentationen gehortet wurden. Man munkelte, dieses Archiv enthalte pikante Dossiers über Mitglieder der Barceloner High Society im Zusammenhang mit der sogenannten *Vampirin des Raval* sowie Korrespondenzen und Rechnungsbelege im Fall der Exorzismen von Pfarrer Cinto Verdaguer, die nie ans Licht kamen noch kämen.

Der Aufenthalt in einer solchen Kalamitätengalerie pflegt im Besucher eine Düsternis zu erzeugen, die in ihm den Wunsch auslöst, schleunigst wieder zu verschwinden, um nicht gefangen und dann in die Sammlung integriert zu werden. *Das Museum der Tränen* war keine Ausnahme, und obwohl es in den Polizeiakten bei seinem richtigen Namen genannt wurde, Abteilung dreizehn, hatten ihm sein Ruf und seine geisterhafte Anhäufung von Elend diesen allgemein bekannten Spitznamen eingetragen.

Als das Taxi sie vor der Abteilung dreizehn absetzte, erwartete sie deren offensichtlicher Zerberus bereits auf der Schwelle mit einem Schlüsselbund am Gürtel und einer preiswürdigen Leichenbittermiene.

»Das muss Florencio sein«, sagte Vargas leise, bevor er die Wagentür öffnete. »Lassen Sie mich reden.«

»Aber gerne«, entgegnete Alicia.

Sie stiegen aus, und Vargas reichte dem Wächter die Hand.

»Guten Tag, ich bin Juan Manuel Vargas vom Zentralpräsidium. Ich habe vor wenigen Minuten mit Linares gesprochen. Er hat gesagt, er werde Sie anrufen und Ihnen meinen Besuch ankündigen.«

Florencio nickte.

»Hauptmann Linares hat mich aber nicht davon in Kenntnis gesetzt, dass Sie in Begleitung kommen.«

»Die Señorita ist meine Nichte Margarita, die so freundlich gewesen ist, sich mir in diesen Barceloner Tagen als Führerin und Sekretärin zur Verfügung zu stellen. Ist Ihnen das nicht ausgerichtet worden?«

Florencio schüttelte den Kopf und richtete seinen Blick auf Alicia.

»Margarita, sag Don Florencio guten Tag – Sie heißen doch Florencio, nicht wahr? –, er ist die unangefochtene Autorität der Abteilung dreizehn.«

Alicia trat einige Schritte vor und reichte ihm schüchtern die Hand. Florencio runzelte die Stirn, sagte jedoch nichts, sondern führte sie zum Haupteingang und bat sie herein.

»Sind Sie schon lange hier, Florencio?«, fragte Vargas.

»Zwei Jahre. Vorher war ich zehn Jahre im Depot.«

Vargas schaute ihn verwirrt an.

»Im Leichendepot«, ergänzte er. »Wenn Sie so freundlich sein wollen, mir zu folgen. Das Gesuchte befindet sich im Pavillon neun. Ich habe es schon für Sie vorbereitet.«

Was von außen wie ein stillgelegter großer Bahnhof aussah, entpuppte sich im Innern als enorme Basilika, die sich im Unendlichen verlor. Die elektrische Beleuchtung bestand aus einer Girlande aufgehängter Glühbirnen, die dem Halbdunkel einen goldenen Anstrich verliehen. Florencio führte sie durch unzählige Galerien voll der unterschiedlichsten Geräte, Kisten und Truhen. Alicia erspähte im Vorbeigehen von einer Sammlung ausgestopfter Tiere bis zu einem Bataillon Schaufensterpuppen alles nur

Denkbare, Möbel, Fahrräder, Bilder, Heiligenstatuen und eine gespenstische Abteilung ausschließlich für Jahrmarktsroboter.

Florencio musste bemerkt haben, mit welch staunenden Blicken Alicia die Atmosphäre dieses Orts in sich aufnahm. Er trat zu ihr und deutete auf etwas, das wie ein Kirmeszelt aussah.

»Sie würden nicht glauben, was wir hier alles haben. An bestimmten Tagen glaube ich es selber nicht.«

Je tiefer sie ins Raster von Gängen eindrangen, desto deutlicher hörten sie eine merkwürdige Litanei wie von tierischen Lauten in der Luft schweben. Einen Moment lang dachte Alicia, sie kämpften sich durch einen Dschungel mit tropischen Vögeln und Raubkatzen auf der Lauer. Florencio ergötzte sich an der Bestürztheit, die ihre Gesichter ausdrückten, und ließ ein kindliches Gekicher hören.

»Nein, Sie sind nicht verrückt geworden, obwohl dieser Ort alle Voraussetzungen hat, um einen die Orientierung verlieren zu lassen«, erklärte er. »Das ist wegen dem Zoo, der sich gleich dahinten befindet. Hier kann man alles hören, Elefanten, Löwen, Kakadus. Nachts beginnen die Panther zu jaulen, dass einem die Haare zu Berge stehen. Aber am schlimmsten sind die Äffinnen. Wie die Menschen, aber ohne das ganze Schmierentheater. Wir sind gleich da …«

Das Auto war mit einer dünnen Plane zugedeckt, die seine Umrisse erkennen ließ. Florencio zog sie mit kundiger Hand weg und faltete sie zusammen. Er hatte bereits zwei an Stativen hängende Scheinwerfer beidseits des Wagens angeordnet. Nachdem er sie an ein Verlängerungskabel angeschlossen hatte, das vom Beleuchtungsfachwerk hing, projizierten sie zwei potente gelbliche Lichtbündel auf das Auto, das so zur glänzenden Metallskulptur wurde. Zufrieden mit dem Ergebnis seiner Inszenierung öffnete Florencio die vier Türen des Fahrzeugs und trat mit einer Verbeugung einige Schritte zurück.

»Da haben Sie ihn.«

»Haben Sie vielleicht das Sachverständigengutachten zur Hand?«, fragte Vargas.

Der andere nickte.

»Im Büro. Ich hol es Ihnen gleich.«

Er huschte davon, fast eine Handbreit vom Boden abhebend.

»Sie übernehmen die Beifahrerseite«, befahl Vargas.

»Ja, lieber Onkel.«

Als Erstes fiel ihr der Geruch auf. Sie schaute Vargas an, der nickte.

»Schießpulver«, sagte er.

Er deutete auf die dunklen Blutflecke, mit denen der Beifahrersitz übersät war.

»Das ist wenig Blut für eine Kugel«, sagte Alicia. »Vielleicht nur ein Streifschuss …«

Vargas schüttelte nachdenklich den Kopf.

»Ein Schuss im Wagen hätte ein Ausschussloch hinterlassen, und die Kugel würde in der Karosserie stecken, in einem der Sitze. So wenig Blut kommt wahrscheinlich von einer anderen Wunde, vielleicht von einer Stichwaffe. Oder von einem Schlag.« Vargas tastete den Kreis kleiner Löcher auf der Rückenlehne ab. »Schmauchspuren«, murmelte er. »Der Schuss ging von innen nach außen.«

Alicia stand auf und drehte an der Kurbel des Fensters. Dabei kam nur ein Rahmen gläserner Kanten zum Vorschein. Neben dem Fenster erkannte man pulverisierte Glassplitter.

»Sehen Sie?«

Einige Minuten lang untersuchten sie schweigend den Wagen von oben bis unten. Die lokale Polizei hatte ihn gewissenhaft durchkämmt und kaum noch etwas von Interesse für sie zurückgelassen, außer einem Bündel alter Straßenkarten im Handschuhfach und einem Spiralheft ohne Deckel vorn und hinten. Alicia blätterte es durch.

»Gibt's da was?«

»Leere Seiten.«

Florencio, der auf leisen Sohlen mit dem Sachverständigengutachten zurückgekommen war, beobachtete sie aus dem Halbdunkel.

»Sauber wie ein Hostienteller, nicht wahr?«, sagte er.

»War irgendwas im Wagen, als man ihn herbrachte?«

Florencio übergab ihnen das Gutachten.

»Er war schon so, als er gebracht wurde.«

Vargas nahm das Gutachten und begann, das Inventar aufge-
führter Artikel durchzugehen.

»Ist das normal?«, fragte Alicia.

»Verzeihen Sie?« erwiderte Florencio beflissen.

»Ich habe gefragt, ob es normal ist, dass das Auto nicht hier
untersucht wurde.«

»Kommt drauf an. Normalerweise gibt es eine erste Inspektion
am Tatort und dann eine genauere hier.«

»Und hat es die gegeben?«

»Soviel ich weiß, nicht.«

»Da steht, dass der Wagen in der Carretera de las Aguas aufgefunden wurde. Ist das eine sehr verkehrsreiche Straße?«, fragte
Vargas.

»Nein. Es ist vielmehr ein mehrere Kilometer langer nicht
asphaltierter Weg, der den Hügelabhang entlangführt«, sagte
Florencio. »Es gibt weder Wasser noch eine Überlandstraße im
eigentlichen Sinn.«

Die Erklärung richtete sich an Vargas, aber Florencio zwinkerte
Alicia beim Sprechen zu. Sie schenkte ihm ein ironisches Lächeln.

»Die Ermittler glauben, dass der Wagen erst hinterher dort
stehengelassen wurde, dass also der Zwischenfall woanders stattfand«, fügte Florencio hinzu.

»Irgendeine Idee?«

»In den Rillen der Reifen hat man feine Kiesreste gefunden,
Kalkstein. Nicht von der Art, wie er auf der Carretera de las Aguas
liegt.«

»Was bedeutet das?«

»Wenn Sie die Ermittler fragen, werden sie Ihnen sagen, dass
man ihn an Dutzenden Orten findet.«

»Und wenn wir Sie fragen, Florencio?«, sagte Alicia.

»Ein begrünter Bereich. Vielleicht ein Park. Möglicherweise der Hof eines Privathauses.«

Vargas deutete auf das Gutachten.

»Ich sehe, dass Sie beide den Fall schon gelöst haben«, unterbrach Vargas sie, »aber wenn es nicht zu viel verlangt ist, könnte ich eine Kopie bekommen?«

»Das ist schon eine Kopie, Sie können sie behalten. Kann ich sonst noch etwas für Sie tun?«

»Wenn Sie so nett wären und ein Taxi für uns bestellen würden …«

14

Wieder im Taxi, gab Vargas keinen Ton von sich und starrte aus dem Fenster, so dass seine Übellaunigkeit allmählich die Luft vergiftete. Alicia stupste ihn leicht mit dem Knie.

»Machen Sie nicht so ein Gesicht wie sieben Tage Regenwetter, Mensch, wir gehen doch in die Casa Leopoldo.«

»Die lassen uns unsere Zeit verplempern«, murmelte er.

»Und das überrascht Sie?«

Er schaute sie wütend an. Sie lächelte sanft.

»Willkommen in Barcelona.«

»Ich weiß nicht, was Sie so amüsant finden.«

Alicia öffnete ihre Handtasche und zog das Notizheft hervor, das sie in Valls' Auto gefunden hatte. Vargas seufzte.

»Sagen Sie mir, dass das nicht das ist, was ich glaube, dass es ist.«

»Na, kriegen Sie langsam Appetit?«

»Ohne weiter darauf einzugehen, dass das Unterschlagen von Beweisstücken in einem Verfahren an sich schon ein grober Verstoß ist, sehe ich hier nichts als ein Heft mit weißen Seiten.«

Alicia steckte den Fingernagel zwischen die Metallspiralen und zog zwei Papierstreifen heraus, die im Heft haftengeblieben waren.

»Und?«

»Herausgerissene Seiten«, sagte sie.

»Zweifellos von großem Nutzen.«

Sie presste das erste Blatt des Buches flach auf die Scheibe des Taxis. Im Gegenlicht der Sonne zeichneten sich die Formen der Schriftzüge auf dem Papier ab. Vargas neigte sich dem Fenster zu und kniff die Augen zusammen.

»Zahlen?«

Sie nickte.

»Es gibt zwei Spalten. Die erste besteht aus Gruppen von Zahlen und Buchstaben, die zweite nur aus Zahlen. Gruppen von fünf bis sieben Zahlen. Schauen Sie genau hin.«

»Ich seh es. Und?«

»Die Zahlen sind aufeinanderfolgend. Sie beginnen mit vierzigtausenddreihundert und etwas und enden mit vierzigtausendvierhundertsieben oder -acht.«

Vargas Blick leuchtete auf, obwohl auf seinem Gesicht immer noch ein zweifelnder Schatten lag.

»Das könnte irgendwas sein«, sagte er.

»Mercedes, Valls' Tochter, hat sich daran erinnert, dass ihr Vater in der Nacht seines Verschwindens zu seinem Leibwächter etwas von einer Liste gesagt hatte, einer Liste mit Zahlen.«

»Ich weiß nicht, Alicia. Höchstwahrscheinlich ist es nichts.«

»Vielleicht. Wie steht's denn mit Ihrem Appetit?«

Endlich lächelte er, geschlagen.

»Wenn Sie zahlen, lässt sich da was machen.«

Der Besuch im *Museum der Tränen* und die Verheißung – die vielleicht bloß ein Wunsch blieb –, dass dieses unwahrscheinliche, als Abdruck auf einer weißen Seite gefundene Indiz sie irgendwohin führen konnte, hatte Alicia mächtig Auftrieb gegeben. Eine neue Spur zu erschnüffeln war immer ein geheimes Vergnügen: der Duft von Zukunft, wie Leandro es gern nannte. Die gute Laune mit Appetit verwechselnd, trat sie der Speisekarte der Casa Leopoldo nach Kosakenart entgegen und bestellte für beide und noch für zwei weitere. Vargas ließ sie gewähren, ohne zu mucksen, und als die leckeren Speisen eine nach der anderen Einzug hielten und Alicia ihrer nur mit größter Mühe Herr werden konnte, schüttelte er bloß den Kopf und machte sich über seine Portion her und noch über einige weitere.

»Auch in Sachen Essen bilden wir ein gutes Team«, kommentierte er, während er einen wundersam köstlich schmeckenden Ochsenschwanz kleiner werden ließ. »Sie bestellen, und ich verschlinge.«

Lächelnd pickte Alicia wie ein Vögelein an ihrem Gericht.

»Ich will ja kein Spielverderber sein, aber machen Sie sich nicht allzu große Illusionen«, sagte Vargas. »Vielleicht sind diese Zahlen nur Belege für Ersatzteile, die der Fahrer bei sich hatte, oder weiß der Kuckuck was.«

»Das sind aber eine Menge Ersatzteile. Wie schmeckt der Ochsenschwanz?«

»Wie aus dem Bilderbuch. Wie einer, den ich im Frühjahr 1949 in Córdoba aß und von dem ich heute noch träume.«

»Allein oder in Begleitung?«

»Ermitteln Sie gegen mich, Alicia?«

»Reine Neugier. Haben Sie Familie?«

»Jedermann hat Familie.«

»Ich nicht.«

»Verzeihung, ich habe nicht …«

»Da gibt es nichts zu verzeihen. Was hat Ihnen Leandro über mich erzählt?«

Vargas schien die Frage zu überraschen.

»Irgendwas wird er Ihnen doch gesagt haben. Oder Sie haben was gefragt.«

»Ich habe nicht gefragt. Und er hat nicht groß was gesagt.«

Alicia lächelte kühl.

»Unter uns. Los. Was hat er Ihnen über mich erzählt?«

»Schauen Sie, Alicia, das Spiel, das Sie beide miteinander spielen, geht mich nichts an.«

»Nanu, dann hat er Ihnen also mehr erzählt, als Sie zugeben.«

Gereizt schaute Vargas sie an.

»Er hat mir gesagt, dass Sie Waise sind. Dass Sie im Krieg Ihre Eltern verloren haben.«

»Was noch?«

»Dass Sie eine Verletzung haben, die Ihnen chronische Schmerzen bereitet. Und dass das einen Einfluss auf Ihren Charakter hat.«

»Auf meinen Charakter.«

»Lassen wir es.«

»Was noch?«

»Dass Sie eine Einzelgängerin sind und dass Sie Mühe haben, Gefühlsbindungen einzugehen.«

Sie lachte lustlos.

»Das hat er gesagt? Mit diesen Worten?«

»Ich erinnere mich nicht mehr haargenau. Können wir das Thema wechseln?«

»Okay. Sprechen wir also von meinen Gefühlsbindungen.«

Er verdrehte die Augen.

»Glauben Sie, ich habe Probleme, Gefühlsbindungen einzugehen?«

»Das weiß ich nicht, und es geht mich auch nichts an.«

»Einen solchen Satz, so voller Gemeinplätze, würde Leandro nie aussprechen. Man könnte glauben, er stamme von der Briefkastentante einer Schnittmusterzeitschrift.«

»Dann muss ich es gewesen sein, ich habe mehrere abonniert.«

»Was hat er genau gesagt?«

»Warum tun Sie sich das an, Alicia?«

»Was tue ich mir an?«

»Sie quälen sich.«

»So sehen Sie mich also? Als Märtyrerin?«

Er schaute sie schweigend an und verneinte dann.

»Was hat Leandro gesagt? Ich verspreche Ihnen, dass ich nicht mehr weiterfrage, wenn Sie mir die Wahrheit sagen.«

Vargas wog die Alternative ab.

»Er hat gesagt, dass Sie nicht glauben, dass jemand Sie lieben kann, weil Sie sich selbst nicht lieben und glauben, dass nie jemand Sie geliebt hat. Und dass Sie das der Welt nicht verzeihen.«

Sie senkte den Blick und rang sich ein leichtes Lachen ab. Vargas bemerkte, dass ihre Augen glasig wurden, und räusperte sich.

»Ich dachte, ich sollte Ihnen von meiner Familie erzählen«, sagte er.

Alicia zuckte mit den Schultern.

»Meine Eltern stammten aus einem kleinen Dörfchen in …«

»Ich meinte, ob Sie Frau und Kinder haben«, unterbrach sie ihn.

Vargas schaute sie an, seine Augen waren leer und ausdruckslos.

»Nein«, sagte er nach einer Pause.

»Ich wollte Sie nicht quälen. Entschuldigen Sie.«

Er lächelte unlustig.

»Sie quälen mich nicht. Und Sie?«

»Ob ich Frau und Kinder habe?«

»Oder was immer.«

»Ich fürchte nein.«

Vargas erhob sein Glas zu einem Toast.

»Auf uns Einzelgänger.«

Alicia ergriff ihr Glas und berührte damit das von Vargas, wich aber seinem Blick aus.

»Leandro ist ein Dummkopf«, sagte Vargas nach einer Weile.

Sie schüttelte langsam den Kopf.

»Nein, er ist schlicht grausam.«

Bis die Mahlzeit beendet war, fiel kein einziges Wort mehr.

15

Valls erwacht im Dunkeln. Vicentes Leiche ist nicht mehr da. Martín muss sie geholt haben, während er schlief. Nur dieser Schuft konnte auf die Idee kommen, ihn mit einer Leiche zusammen einzuschließen. Ein schleimiger Fleck markiert auf dem Boden die Stelle, wo man sie hingesetzt hatte. An ihrer Stelle befinden sich ein Stapel alter, aber trockener Wäsche und ein kleiner Eimer Wasser. Es schmeckt metallisch und riecht schmutzig, obwohl es Valls, sobald er seine Lippen damit befeuchtet und einen Schluck trinken kann, wie die köstlichste Delikatesse seines ganzen Lebens vorkommt. Er trinkt, bis sein Durst, den er für unstillbar gehalten hat, gestillt ist, bis ihn Magen und Hals schmerzen. Dann befreit er sich von den blutigen, schmierigen Lumpen, in denen er steckt, und zieht einige der Kleider aus dem Stapel an. Sie riechen nach Staub und Desinfektionsmittel. Der Schmerz in seiner rechten Hand ist eingeschlafen; stattdessen spürt er ein dumpfes Pulsieren. Zuerst getraut er sich nicht, seine Hand anzuschauen, doch als er es schließlich tut, sieht er, dass der schwarze Fleck größer geworden ist und jetzt bis zum Handgelenk reicht, als hätte er die Hand in einen Eimer mit Teer getaucht. Er kann die Infektion riechen und spürt, wie sein Körper lebend verfault.

»Das ist der Brand«, sagt die Stimme in der Dunkelheit.

Das Herz fällt ihm in die Hose, und er dreht sich um, so dass er seinen Wärter am Fuß der Treppe sitzen sieht. Valls fragt sich, wie lange er schon so dasitzt und ihn beobachtet.

»Du wirst die Hand verlieren. Oder das Leben. Das hängt ganz von dir ab.«

»Helfen Sie mir bitte. Ich werde Ihnen geben, was Sie wollen.«

Der Wärter betrachtet ihn ungerührt.

»Wie lange sind Sie schon hier?«

»Nicht lange.«

»Arbeiten Sie für Martín? Wo ist er? Warum besucht er mich nicht?«

Der Wärter steht auf. Der Hauch Licht, der oben von der Treppe hereinsickert, fällt auf sein Gesicht. Jetzt kann Valls die Maske ganz deutlich sehen, ein Stück Porzellan, das ihm die Hälfte des Gesichts bedeckt. Sie ist fleischfarben bemalt. Das Auge ist immer offen und blinzelt nicht. Der Wärter tritt an die Gitterstäbe, damit er ihn genau sehen kann.

»Du erinnerst dich nicht, oder?«

Valls verneint.

»Du wirst dich schon wieder erinnern, wir haben ja Zeit.«

Er dreht sich um, und als er sich anschickt, die Treppe hinaufzusteigen, streckt Valls flehentlich die linke Hand zwischen den Stäben hindurch. Der Wärter bleibt stehen.

»Bitte – ich brauche einen Arzt.«

Der Wärter zieht ein Paket aus der Manteltasche und wirft es in die Zelle.

»Entscheide du, ob du leben oder nach und nach verfaulen willst, so wie du unzählige Unschuldige hast verfaulen lassen.«

Bevor er geht, zündet er eine Kerze an und stellt sie in einen kleinen, aus der Wand herausgekratzten Hohlraum, ähnlich einer Mauernische.

»Bitte gehen Sie nicht.«

Valls hört, wie sich die Schritte verlieren und die Tür zufällt. Da kniet er nieder, um das in Packpapier eingeschlagene Paket aufzuheben. Er öffnet es mit der linken Hand. Zuerst kann er nicht erkennen, was es ist. Erst als er den Gegenstand in die Hand nimmt und im Kerzenschein anschaut, erkennt er ihn. Eine Tischlersäge.

16

Barcelona, Mutter aller Labyrinthe, beherbergt im düstersten Teil seines Zentrums ein Wirrwarr von in einem Riff gegenwärtiger und künftiger Ruinen verknüpften Gassen, wo beherzte Reisende und allerhand verirrte Geister einem Distrikt in die Falle gehen, den ein einfältiger Kartograph mangels eines exakteren Hinweises auf den Namen Raval getauft hatte. Beim Verlassen der Casa Leopoldo empfing sie in seinem ganzen finsteren Glanz ein Netz von Gassen, in dem es von Kaschemmen und Bordellen wimmelte, und ein Arsenal von Basaren und Läden, wo Krämer aller Art Artikel unter dem vom Radar der Legalität Erfassten feilboten.

Das Gelage hatte Vargas einen leichten Schluckauf eingetragen, den er mit Schnauben und Brustbeklopfen zu bezähmen suchte.

»Das haben Sie jetzt davon, dass Sie so ein Vielfraß sind«, sagte Alicia.

»Ist es die Möglichkeit! Zuerst mästen Sie mich, und dann nehmen Sie mich auf den Arm.«

Eine gefräßige Dirne mit runden Reizen beobachtete sie aus rein kommerziellem Interesse von einem Hauseingang aus, hinter dem ein Transistorradio den katalanischen Rumba in seinem ganzen gemischtrassigen Glanz gebar.

»'ne kleine Siesta fürn Herrn, im Duo mit deiner Spindel und 'nem waschechten Weibsbild, mein Süßer?«, fragte die Spätnachmittagsdame einladend.

Leicht erschrocken lehnte Vargas ab und beschleunigte seine Schritte. Alicia folgte ihm lächelnd; dabei wechselte sie einen Blick mit der Matrone im Hauseingang, die, als sie ihre Beute entschwinden sah, mit den Schultern zuckte und Alicia von Kopf bis Fuß musterte, als fragte sie sich, ob das das war, was Herren in elegantem Schuhwerk jetzt so trugen.

»Dieses Viertel ist eine soziale Katastrophe«, sagte Vargas.

»Soll ich Sie eine Weile allein lassen? Vielleicht können Sie sie lösen …«, sagte Alicia. »Ich glaube, Sie haben eben eine Freundin gewonnen, die Ihnen diesen Schluckauf im Nu vom Hals schaffen würde.«

»Ärgern Sie mich nicht, ich platze gleich.«

»Möchten Sie einen Nachtisch?«

»Eine Lupe. Wenn möglich mit Riesenvergrößerung.«

»Ich dachte, Sie trauten den Zahlen nicht.«

»Man glaubt, woran man kann, nicht, woran man will. Außer man ist ein Idiot, dann ist es genau umgekehrt.«

»Ich wusste nicht, dass eine Magenverstimmung Sie zum Philosophen macht.«

»Es gibt vieles, was Sie nicht wissen, Alicia.«

»Aus diesem Grund lerne ich jeden Tag etwas Neues.« Sie hakte sich bei ihm unter.

»Machen Sie sich keine Illusionen«, warnte er sie.

»Das haben Sie mir schon vorhin gesagt.«

»Es ist der beste Rat, den man auf dieser Welt jemandem geben kann.«

»Was für ein trauriger Gedanke, Vargas.«

Er schaute sie an, und sie konnte von seinen Augen ablesen, dass es ihm ernst war. Das Lächeln verschwand von ihren Lippen, und spontan stellte sie sich auf die Zehenspitzen und drückte ihm einen Kuss auf die Wange. Es war ein keuscher Kuss, zärtlich und freundschaftlich, ein Kuss, der nichts erwartete und noch weniger forderte.

»Tun Sie das nicht«, sagte Vargas und marschierte los.

Alicia bemerkte, dass die Dirne vom Hauseingang sie immer noch beobachtete und die Szene mitverfolgt hatte. Sie blickten sich kurz an, und die Altgediente schüttelte mit einem bitteren Lächeln den Kopf.

17

Im Lauf des Nachmittags hatten niedrige Wolken den Himmel verschleiert und ein grünliches Licht geschaffen, das dem Raval den Anschein eines in einem Sumpf versunkenen Weilers verlieh. Sie bogen in die Calle Hospital Richtung Ramblas ein, von wo Alicia Vargas durch die Müßiggänger hindurch zur Plaza Real führte.

»Wohin gehen wir?«, fragte er.

»Wir besuchen die Lupe, von der Sie gesprochen haben.«

Sie überquerten den Platz und gingen auf den Laubengang zu, der ihn auf allen vier Seiten einfasste. Dort blieb Alicia vor dem Schaufenster eines Ladens mit verglaster Tür stehen, in dessen Innerem man einen kleinen Dschungel von wilden Tieren erkannte, die in einem Augenblick des Zorns festgefroren schienen und die Ewigkeit durch Glasaugen betrachteten. Vargas schaute zu der

Tafel über der Tür hinauf und las dann den auf der Glastür eingravierten Text:

MUSEUM
Wwe. von L. Soler Pujol
Tel. 40 44 51

»Was hat das zu bedeuten?«

»Die Leute nennen es das Museum der Tiere, aber eigentlich ist es das Etablissement eines Tierpräparators.«

Als sie eintraten, fiel Vargas sofort die Vielfalt der Sammlung an ausgestopften Tieren auf. Tiger, Vögel, Wölfe, Affen und eine ganze Reihe exotischer Gattungen bevölkerten dieses improvisierte naturwissenschaftliche Museum, das jedem Erforscher der exotischen Fauna auf allen fünf Kontinenten größtes Vergnügen bereitet – oder schlimmste Albträume verursacht – hätte. Vargas spazierte langsam zwischen den Vitrinen hindurch und bewunderte die meisterhaft ausgestopften Stücke.

»Jetzt ist Ihr Schluckauf wirklich weg«, sagte Alicia.

Sie hörten Schritte hinter sich, wandten sich um und erblickten eine bleistiftdünne Señorita, die sie mit über der Brust gefalteten Händen beobachtete. Vargas dachte, sie habe Aussehen und Blick einer Gottesanbeterin.

»Guten Abend. Was kann ich für Sie tun?«

»Guten Abend. Ich würde gern mit Matías sprechen, wenn es möglich ist«, sagte Alicia.

Die Gottesanbeterin verdoppelte die Dosis Misstrauen in ihrem Blick.

»Worum geht es?«

»Um eine fachliche Frage.«

»Und darf ich fragen, von wem?«

»Alicia Gris.«

Die Gottesanbeterin musterte beide gewissenhaft, verzog missbilligend das Mäulchen und ging gemächlich zum Hinterraum.

»Sie enthüllen mir ein überaus heimeliges Barcelona«, flüsterte Vargas. »Am liebsten würde ich gleich herziehen.«

»Gibt es denn in der Hauptstadt nicht genügend ausgestopfte Prachtstücke?«

»Schön wär's. Viele lebende, das schon. Wer ist dieser Matías? Ein ehemaliger Freund?«

»Eher Anwärter.«

»Ein Schwergewicht?«

»Mehr Richtung Fliegengewicht. Matías ist einer der Fachmänner des Hauses. Hier gibt es die besten Lupen der Stadt, und er hat die besten Augen.«

»Und die Lamia?«

»Ich glaube, sie heißt Serafina. Vor vielen Jahren war sie seine Verlobte. Wahrscheinlich ist sie jetzt seine Frau.«

»Vielleicht stopft er sie eines Tages aus und stellt sie in dieses Regal zu den Löwen, um das Museum des Schreckens zu vervollständigen …«

»Alicia!« Matías' Stimme klang euphorisch.

Der Tierpräparator empfing sie mit warmem Lächeln. Er war ein kleiner Mann mit nervösen Bewegungen, steckte in einem weißen Kittel und trug kreisrunde Linsen vor den Augen, die sie vergrößerten und ihm ein leicht komisches Aussehen gaben.

»Lang ist's her!« Das Wiedersehen erregte ihn sichtlich. »Ich dachte, du lebst nicht mehr in Barcelona. Wann bist du zurückgekommen?«

Halb hinter dem Vorhang zum Hinterraum verborgen, überwachte Serafina die Szene mit pechschwarzen Augen und eher unfreundlicher Miene.

»Matías, das ist mein Kollege Don Juan Manuel Vargas.«

Matías drückte seine Hand, während er ihn musterte.

»Sie haben da eine beeindruckende Sammlung, Don Matías.«

»Oh, die meisten Stücke sind von Señor Soler, dem Gründer des Hauses, meinem Lehrer.«

»Matías ist sehr bescheiden«, sagte Alicia. »Erzähl ihm das mit dem Stier.«

Der Tierpräparator schüttelte abwehrend den Kopf.

»Sagen Sie nicht, dass Sie auch wilde Stiere ausstopfen!«, bemerkte Vargas.

»Für Matías gibt es keinen unmöglichen Auftrag«, kommentierte Alicia. »Vor einigen Jahren kam ein berühmter Stierkämpfer mit dem Auftrag zu ihm, ein Tier von über fünfhundert Kilo auszustopfen, das er am selben Nachmittag in der Monumental-Arena besiegt hatte und einem Filmstar schenken wollte, in den er unsterblich verliebt war … War es nicht Ava Gardner, Matías?«

»Was wir für Frauen nicht alles tun, nicht wahr?« Matías mochte das Thema offensichtlich nicht weiterverfolgen.

Serafina hustete drohend an ihrem Wachtposten, und Matías nahm Haltung an, sein Lächeln verlor sich.

»Und was kann ich für Sie tun? Haben Sie ein Schoßhündchen zu verewigen? Haustiere oder eine denkwürdige Jagdbeute?«

»Eigentlich haben wir eine etwas unübliche Bitte«, begann Alicia.

»Das Unübliche ist hier das Übliche. Vor einigen Monaten ist Don Salvador Dalí höchstpersönlich hereinspaziert, um zu fragen, ob wir ihm zweihunderttausend Ameisen ausstopfen könnten. Das ist kein Witz. Als ich ihm sagte, das sei nicht machbar, erbot er sich, meine Serafina auf einem Altarbild mit Insekten und Kardinälen zu porträtieren. Einfälle des Genies. Wie Sie sehen, langweilen wir uns hier nicht …«

Alicia zog die Seite des Notizbuchs aus ihrer Handtasche und faltete sie auseinander.

»Worum wir dich bitten wollten, ist, ob du uns mit deinen Linsen helfen könntest, den Text zu entziffern, von dem die Abdrücke auf dieser Seite zurückgeblieben sind.«

Behutsam ergriff Matías das Papier und hielt es gegen das Licht.

»Alicia immer mit ihren Geheimnissen, was? Kommen Sie bitte mit in die Werkstatt. Mal sehen, was sich da machen lässt.«

Die Werkstatt war eine kleine Alchemie- und Wunderhöhle.

Von der Decke hing an Metallseilen ein komplexes Geflecht aus Linsen und Lampen. Die Wände waren mit Vitrinen bestückt, in denen unzählige Fläschchen mit chemischen Lösungen standen. Große ockerfarbene Tafeln aus Anatomieatlanten hingen rund um den Raum und boten Einblick in Eingeweide, Skelette und Muskulaturen von Geschöpfen der verschiedensten Gattungen. Zwei große Marmorplatten dominierten die Mitte des Raums, der aussah wie ein Operationssaal für extraterrestrische Arten; daneben mit einem karmesinroten Tuch bedeckte Metalltischchen, auf denen die ausgefallensten chirurgischen Instrumente lagen, die Vargas je gesehen hatte.

»Achten Sie nicht auf den strengen Geruch«, sagte der Tierpräparator. »Nach einigen Minuten gewöhnt man sich daran und nimmt ihn nicht mehr wahr.«

Das bezweifelte Alicia, aber da sie Matías nicht widersprechen mochte, setzte sie sich auf den angebotenen Stuhl neben einem der Tische und lächelte warm; das Verlangen, das im Blick ihres ehemaligen Bewunderers zutage trat, war ihr sehr wohl bewusst.

»Serafina kommt nie hier rein. Sie sagt, es rieche nach Tod. Für mich ist es jedoch entspannend. Hier sieht man die Dinge, wie sie sind, ohne Illusionen und Verhüllungen.«

Er legte das Blatt auf eine Glasplatte. Mit einem Regler neben dem großen Marmortisch dimmte er das von außen hereindringende Licht auf eine winzige Spur Helligkeit und knipste zwei Scheinwerfer an, die von der Decke hingen. Dann zog er an einer an Rollen hängenden Stange und führte einen durch Gelenkarme verbundenen Satz Linsen heran.

»Du hast dich nie verabschiedet«, sagte er, ohne von der Arbeit aufzublicken. »Ich musste es von der Pförtnerin erfahren, Jesusa.«

»Es war alles ein wenig überstürzt.«

»Aha …«

Matías platzierte die Glasplatte zwischen einen der Scheinwerfer und ein Vergrößerungsglas. Das Lichtbündel zeigte die Abdrücke der Zeichen auf der Seite.

»Zahlen«, kommentierte er.

Er justierte den Winkel der Linse und studierte das Blatt noch einmal sorgfältig.

»Ich könnte dem Papier ein Kontrastmittel applizieren, aber das würde es sicher beschädigen, und vielleicht gingen die Nummern teilweise verloren …«

Vargas trat zu dem Schreibtisch in einer Ecke des Raums und nahm ein paar Blätter und einen Bleistift.

»Sie gestatten?«, fragte er.

»Aber selbstverständlich, fühlen Sie sich wie zu Hause.«

Vargas stellte sich neben den Arbeitstisch, fixierte die Linse und schrieb sich nach und nach die Zahlengruppen auf.

»Sieht aus wie Seriennummern«, meinte Matías.

»Warum sagst du das?«, fragte Alicia.

»Sie stehen in einer Beziehung zueinander. Wenn du die drei ersten Zahlen der Spalte links anschaust, scheinen sie eine Serie zu bilden. Auch der Rest ist eine Abfolge. Die letzten beiden Ziffern ändern sich nur bei jeder dritten oder vierten Zahl.«

Matías schaute die beiden ironisch an.

»Vermutlich brauche ich Sie gar nicht erst zu fragen, was Ihre Tätigkeit ist, nicht wahr?«

»Ich bin ein Befehlsempfänger«, sagte Vargas, der weiter Zahlen abschrieb.

Matías nickte und schaute Alicia an:

»Ich hätte dir gern eine Hochzeitseinladung geschickt, aber ich wusste nicht, wohin.«

»Tut mir leid, Matías.«

»Nicht weiter wichtig. Die Zeit heilt alle Wunden, nicht?«

»So sagt man.«

»Und dir geht's gut?«

»Ich bin quietschfidel.«

»Alicia, wie sie leibt und lebt.«

»Leider Gottes. Ich hoffe, es macht Serafina nichts aus, dass ich vorbeigekommen bin.«

Matías seufzte.

»Nun ja, ich denke, sie hat eine Vorstellung davon, wer du bist. Das Ganze wird mich heute Abend beim Essen ein paar unangenehme Minuten kosten, aber nichts weiter. Serafina wirkt ein wenig barsch, wenn man sie nicht näher kennt, aber sie hat ein gutes Herz.«

»Ich freue mich, dass du jemand gefunden hat, der dich verdient.«

Matías schaute ihr wortlos in die Augen. Vargas hatte versucht, nicht auf dieses halblaut geführte Gespräch zu achten, indem er die Rolle des steinernen Gastes spielte, der Zahlen auf ein Blatt Papier schrieb und sich kaum zu atmen getraute. Der Tierpräparator wandte sich ihm zu.

»Haben Sie alles?«, fragte er.

»Bin gleich so weit.«

»Vielleicht könnten wir die Seite auf einer Folie befestigen und so in den Projektor schieben.«

»Ich glaube, ich bin jetzt so weit.«

Alicia stand vom Stuhl auf, streifte durch den Raum und studierte die Instrumente, als ginge sie in den Korridoren eines Museums spazieren. Matías beobachtete sie von seinem Platz aus und senkte dann den Blick.

»Und Sie beide kennen sich schon lange?«, fragte er.

»Erst seit ein paar Tagen. Wir arbeiten gemeinsam an einer Verwaltungssache, das ist alles«, sagte Vargas.

»Eine echte Persönlichkeit, nicht wahr?«

»Wie belieben?«

»Alicia.«

»Sie hat ihre Eigenheiten, ja.«

»Benutzt sie das Geschirr immer noch?«

»Geschirr?«

»Das habe ich für sie angefertigt, müssen Sie wissen. Nach Maß. Ein Meisterwerk, obwohl es mir nicht zusteht, es zu sagen. Ich habe Fischbein und Wolframstreifen benutzt. Es ist das, was wir ein Exoskelett nennen. So fein, leicht und gelenkig, dass es beinahe eine zweite Haut ist. Heute trägt sie es nicht. Das sehe ich daran, wie sie sich bewegt. Erinnern Sie sie daran, dass sie es tragen muss. Zu ihrem eigenen Besten.«

Vargas nickte, als wäre ihm alles sonnenklar, und notierte sich die letzten Zahlen.

»Danke, Matías. Sie sind uns eine große Hilfe gewesen.«

»Dafür sind wir da.«

Vargas stand auf und räusperte sich. Alicia wandte sich um, und sie wechselten einen Blick. Vargas nickte. Sie trat zu Matías und schenkte ihm ein Lächeln, von dem Vargas dachte, es müsse weh tun wie ein Dolchstoß.

»Gut«, sagte Matías angespannt. »Ich hoffe, es dauert nicht wieder Jahre, bis wir uns wiedersehen.«

»Hoffentlich nicht.«

Sie umarmte ihn und flüsterte ihm etwas ins Ohr. Matías nickte, aber seine Arme hingen hinunter, und er fasste Alicia nicht um die Taille. Danach wandte sie sich zum Ausgang, ohne etwas zu sagen. Matías wartete, bis er sie hinausgehen hörte, und drehte sich erst dann um. Vargas gab ihm die Hand, die der Tierpräparator drückte.

»Passen Sie gut auf sie auf, Vargas, sie selbst wird es nicht tun.«

»Ich werd's versuchen.«

Matías lächelte kraftlos und nickte, ein Mann, der jugendlich wirkte, bis man ihm in die Augen blickte und in ihnen eine durch Traurigkeit und Gewissensbisse gealterte Seele sah.

Als Vargas den Ausstellungsraum mit den im Dunkeln posierenden Tieren durchquerte, trat ihm Serafina entgegen. Ihre Augen waren wutentzündet, und sie sagte warnend und mit bebenden Lippen:

»Bringen Sie sie nicht wieder her.«

Vargas trat auf die Straße hinaus und sah Alicia sich am Rand des Brunnens auf dem Platz anlehnen und sich mit schmerzverzerrtem Gesicht die Hüfte reiben. Er stellte sich neben sie.

»Warum gehen Sie nicht nach Hause und ruhen sich aus? Morgen ist auch noch ein Tag.«

Ein Blick genügte, und er bot ihr eine Zigarette an, die sie schweigend gemeinsam rauchten.

»Glauben Sie, ich bin ein schlechter Mensch?«, fragte sie schließlich.

Vargas stand auf und reichte ihr den Arm.

»Kommen Sie, stützen Sie sich auf mich.«

Sie hielt sich an ihm fest, und hinkend und alle zehn oder fünfzehn Meter stehen bleibend, schaffte sie es bis zu ihrer Haustür. Als sie die Schlüssel aus der Handtasche ziehen wollte, fielen sie ihr zu Boden. Vargas las sie auf, öffnete die Tür und half ihr beim Eintreten. Wimmernd lehnte sie sich an die Wand. Er horchte ins Treppenhaus hinein und nahm sie ohne ein weiteres Wort auf die Arme und stieg mit ihr treppauf.

Als sie im Dachgeschoss ankamen, war Alicias Gesicht nass von Schmerzens- und Wutränen. Er führte sie ins Schlafzimmer und legte sie behutsam aufs Bett. Dann zog er ihr die Schuhe aus und deckte sie zu. Das Fläschchen mit den Pillen stand auf dem Nachttisch.

»Eine oder zwei?«

»Zwei.«

»Sicher?«

Er gab ihr die Pillen mit einem Glas Wasser aus dem Krug auf der Kommode. Sie schluckte die Medizin und atmete stockend. Vargas nahm ihre Hand und wartete, bis sie etwas ruhiger war. Sie schaute ihn aus geröteten Augen an, das Gesicht tränenüberströmt.

»Lassen Sie mich bitte nicht allein.«

»Ich gehe nirgends hin.«

Sie versuchte zu lächeln. Er löschte das Licht.

»Schlafen Sie.«

Im Halbdunkel hielt er ihre Hand; er spürte, wie sie die Tränen hinunterschluckte und vor Schmerzen zitterte, bis sie eine halbe Stunde später den Druck ihrer Hand lockerte und in einen Zustand zwischen Delirium und Schlaf hinüberglitt. Sie murmelte Worte, die für ihn keinen Sinn ergaben, dann schlief sie langsam ein oder verlor das Bewusstsein. Die Abenddämmerung drang vom Fenster herein und beleuchtete ihr Gesicht auf dem Kissen. Einen Augenblick dachte Vargas, sie sehe aus wie tot, und maß ihr den Puls. Er fragte sich, ob diese Tränen durch die Verletzung an der Hüfte ausgelöst worden waren oder aus größerer Tiefe stammten.

Nach einer Weile packte die Müdigkeit auch ihn, und er zog sich ins Esszimmer zurück und legte sich aufs Sofa. Er schloss die Augen und atmete Alicias Parfüm in der Luft ein.

»Ich glaube nicht, dass Sie ein schlechter Mensch sind.« Er ertappte sich dabei, wie er vor sich hin murmelte. »Aber manchmal machen Sie mir Angst.«

18

Mitternacht war vorbei, als Vargas die Augen aufschlug und Alicia in eine Decke gehüllt auf einem Stuhl neben sich sitzen sah, wo sie ihn im schwachen Licht beobachtete.

»Wie ein Vampir«, brachte er heraus. »Wie lange sitzen Sie schon da?«

»Eine Weile.«

»Ich hätte Sie vorwarnen sollen, dass ich schnarche.«

»Das macht mir nichts aus. Mit den Pillen würde ich nicht mal mitbekommen, wenn es ein Erdbeben gäbe.«

Vargas stand auf und rieb sich das Gesicht.

»Mit Verlaub, dieses Sofa ist furchtbar.«

»Für Möbel habe ich kein gutes Auge. Ich werde neue Kissen kaufen. Lieblingsfarben?«

»Da Sie es sind: schwarz mit Spinnen- oder Totenschädelmustern.«

»Haben Sie etwas zu Abend gegessen?«

»Ich habe für eine ganze Woche gegessen. Wie fühlen Sie sich?«

Sie zuckte mit den Schultern.

»Ich schäme mich.«

»Ich wüsste nicht, wofür. Und die Schmerzen?«

»Besser. Viel besser.«

»Warum gehen Sie nicht ins Bett zurück und schlafen noch eine Weile?«

»Ich muss Leandro anrufen.«

»Um diese Zeit?«

»Leandro schläft nicht.«

»Wenn wir schon von Vampiren sprechen …«

»Wenn ich nicht anrufe, wird es nur noch schlimmer.«

»Soll ich in den Gang raus?«

»Nein«, sagte sie ein wenig spät.

Er nickte.

»Passen Sie auf, ich gehe in meine Luxusresidenz auf der gegen-überliegenden Straßenseite, nehme eine Dusche und ziehe frische Wäsche an. Dann komme ich zurück.«

»Das ist nicht nötig, Vargas. Sie haben diese Nacht schon genug für mich getan. Gehen Sie und schlafen Sie eine Weile, wir haben einen langen Tag vor uns. Wir sehen uns am Morgen beim Frühstück.«

Er schaute sie an, nicht sehr überzeugt. Alicia lächelte.

»Es wird mir gutgehen. Ich versprech's Ihnen.«

»Haben Sie den Revolver in Reichweite?«

»Ich werde mit ihm schlafen, als wär's mein neues Plüschbär-chen.«

»Sie haben nie ein Plüschbärchen gehabt. Allenfalls ein Plüsch-teufelchen …«

Alicia bedachte ihn mit einem dieser Lächeln, die Türen öff-neten und Vorsätze zum Schmelzen brachten. Vargas senkte den Blick.

»Sehr schön. Los, rufen Sie den Fürsten der Dunkelheit an, und erzählen Sie sich gegenseitig Ihre kleinen Geheimnisse«, sagte er auf dem Weg zur Tür. »Und verrammeln Sie alles.«

»Vargas?«

Er drehte sich auf der Schwelle um.

»Danke.«

»Danken Sie mir nicht für Lappalien.«

Sie wartete, bis sich seine Schritte im Treppenhaus verloren, und griff zum Telefon. Vor dem Wählen atmete sie tief ein und schloss die Augen. Die Durchwahl in seine Suite blieb stumm. Sie wusste, dass Leandro noch andere Zimmer im Hotel Palace hatte; allerdings hatte sie ihn nie fragen mögen, wofür er sie benutzte. Sie rief die Rezeption an. Die Nachttelefonistin kannte ihre Stimme schon, so dass sie nicht einmal ihren Namen zu nennen brauchte.

»Einen Augenblick, Señorita Gris. Ich verbinde Sie mit Señor Montalvo.« Trotz der vorgerückten Stunde verlor sie ihren musikalischen Glockenton nicht.

Alicia hörte es nur einmal klingeln, dann wurde am anderen Ende der Leitung abgehoben. Sie stellte sich vor, wie Leandro irgendwo im Palace im Dunkeln saß und auf die Plaza de Neptuno zu seinen Füßen hinunterschaute, während der mit schwarzen Wolken verhängte Madrider Himmel auf die Morgendämmerung wartete.

»Alicia«, sagte er langsam und ohne die geringste Tönung in der Stimme. »Ich dachte, du würdest nicht mehr anrufen.«

»Entschuldigen Sie. Ich hatte einen Anfall.«

»Tut mir leid, das zu hören. Geht's jetzt wieder besser?«

»Perfekt.«

»Ist Vargas bei dir?«

»Ich bin allein.«

»Alles in Ordnung mit ihm?«

»Ja. Kein Problem.«

»Wenn ich ihn dir vom Leib schaffen soll, könnte ich …«

»Das wird nicht nötig sein. Es ist mir fast lieber, er ist hier, man weiß nie.«

Pause. In den Pausen war von Leandro weder ein Atmen noch sonst ein Laut zu hören.

»Du bist nicht wiederzuerkennen, wenn du mir die Bemerkung erlaubst. Jedenfalls freut es mich, dass ihr gut miteinander auskommt. Ich dachte, vielleicht würde es nicht funktionieren zwischen euch, wenn ich an seine persönliche Geschichte denke …«

»Was denn für eine Geschichte?«

»Nichts. Es hat keine Bedeutung.«

»Wenn Sie das sagen, mache ich mir erst recht Gedanken.«

»Hat er dir denn das mit seiner Familie nicht erzählt?«

»Wir reden nicht über persönliche Themen.«

»Dann möchte nicht ich derjenige sein, der …«

»Was ist mit seiner Familie?«

Wieder gab es eine der Leandro'schen Pausen. Fast konnte sie sich ausmalen, wie er lächelte und sich die Lippen leckte.

»Er hat vor etwa drei Jahren bei einem Verkehrsunfall Frau und Tochter verloren. Er saß betrunken am Steuer. Seine Tochter war in deinem Alter. Er hat eine schwere Zeit hinter sich und wäre beinahe aus dem Korps hinausgeworfen worden.«

Alicia sagte nichts. Sie hörte Leandros Atem, während er ins Telefon flüsterte.

»Hat er es dir nicht erzählt?«

»Nein.«

»Vermutlich mag er nicht in der Vergangenheit wühlen. Jedenfalls hoffe ich, dass es kein Problem gibt.«

»Was für ein Problem sollte es geben?«

»Alicia, du weißt, dass ich mich nie in dein Liebesleben einmische, obwohl ich manchmal weiß Gott deinen Geschmack und deine persönlichen Neigungen nur schwer verstehen kann.«

»Ich weiß nicht, was Sie meinen.«

»Du weißt ganz genau, was ich meine, Alicia.«

Sie biss sich auf die Lippen und schluckte die Worte hinunter, die ihr den Mund verbrannten.

»Es wird überhaupt kein Problem geben«, sagte sie schließlich.

»Sehr gut. Und nun sag, was hast du für mich?«

Sie atmete tief ein und ballte die Hand zur Faust, bis ihr die Nägel ins Fleisch drangen. Als sie mit ihrem Bericht begann, hatte ihre Stimme wieder den gefügigen, melodischen Tonfall angenommen, den sie im Umgang mit Leandro zu kultivieren gelernt hatte.

Mehrere Minuten lang fasste sie zusammen, was sich seit ihrem letzten Gespräch ereignet hatte. Ihr Bericht hatte weder Farbe noch Details; sie beschränkte sich darauf, die sukzessiven Schritte aufzuzählen, ohne die Gründe oder Absichten zu nennen, die dahinter gestanden hatten. Die bemerkenswerteste Auslassung war die Episode, wie ihr in der Nacht zuvor Víctor Mataix' Buch in ihrer Wohnung abhandengekommen war. Leandro hörte wie immer geduldig und ohne zu unterbrechen zu. Als sie fertig war, verstummte sie und genoss die lange Pause, ein Zeichen dafür, dass er ihre Worte verdaute.

»Warum habe ich den Eindruck, dass du mir nicht alles erzählst?«

»Ich weiß nicht. Ich glaube, ich habe nichts von Bedeutung ausgelassen.«

»Zusammengefasst: Die Durchsuchung des mutmaßlich für die, nennen wir es so, Flucht verwendeten Autos lässt keine eindeutigen Schlüsse zu, abgesehen von den Spuren nicht tödlicher Gewalt und einer vermutlichen Liste von Zahlen, die wir mit nichts in Zusammenhang bringen können und die vielleicht gar nichts mit dem Fall zu tun hat. Außerdem ist da nach wie vor dein Beharren auf dem Buch dieses Mataix, eine Richtung, die, und das bereitet mir Sorge, in eine Reihe bibliographischer Rätsel von höchstem Interesse abgleiten kann, aber ohne jeglichen Nutzen ist in unserem Bemühen, Mauricio Valls zu finden.«

»Irgendeine Nachricht von den offiziellen polizeilichen Ermittlungen?«, fragte sie in der Hoffnung, die Gesprächsachse verschieben zu können.

»Keine relevante Nachricht, und man erwartet sie auch nicht. Mag genügen, wenn ich sage, dass es einigen Leuten ein Dorn im Auge ist, dass wir ebenfalls zum Fest geladen worden sind, wenn auch durch die Hintertür.«

»Überwacht man mich deshalb?«

»Deshalb und weil sie möglicherweise einfach nicht glauben können, dass es uns natürlich freudig stimmen wird, dass unsere Freunde von der Polizei die ganze Anerkennung und die Medaillen einheimsen an dem Tag, da wir den Minister wohlbehalten auffinden und ihnen mit einer bunten Schleife um den Leib aushändigen.«

»Wenn wir ihn denn finden.«

»Ist die fehlende Zuversicht schlichte Geziertheit, oder hast du etwas zu erwähnen vergessen?«

»Ich wollte bloß sagen, dass es schwierig ist, jemanden zu finden, der vielleicht gar nicht gefunden werden will.«

»Gestehen wir uns also das Privileg des Zweifels zu und lassen wir die möglichen Wünsche des Ministers beiseite. Oder die unserer Kollegen im Präsidium … Aus diesem Grund empfehle ich dir eine gewisse Vorsicht mit Vargas. Loyalität ist eine Gewohnheit, die sich nicht von einem Tag auf den anderen ändert.«

»Vargas kann man trauen.«

»Sagt die Frau, die nicht einmal sich selbst traut. Ich sage dir nichts, was du nicht ohnehin schon weißt.«

»Seien Sie unbesorgt. Ich werde vorsichtig sein. Sonst noch etwas?«

»Ruf mich an.«

Alicia wollte ihm eben eine gute Nacht wünschen, als sie feststellte, dass er einmal mehr bereits aufgehängt hatte.

19

Die kleine blassblaue Flamme schwimmt in einer Wachspfütze und ist kurz vorm Erlöschen. Valls hält die mittlerweile gefühllose Hand in ihren Schein. Die Haut ist violett-schwärzlich. Die Finger sind geschwollen, und die Nägel lösen sich allmählich an den Rändern, wo eine gallertartige, unbeschreiblich stinkende Flüssigkeit fließt. Er versucht, die Finger zu bewegen, aber die Hand gehorcht ihm nicht. Sie ist nur noch ein Stück an seinem Körper hängendes Fleisch, das schwarze Striemen auf dem Arm auszubreiten beginnt. Er spürt das faulige Blut in den Adern, wie es sein Denken vernebelt und ihn in einen trüben, fieberhaften Schlaf treibt. Er weiß, dass er endgültig das Bewusstsein verlieren wird, wenn er noch einige Stunden wartet. Er wird im narkotischen Schlaf des Brandes sterben, ein Körper aus einer Masse Aas, der nie wieder das Tageslicht erblicken wird.

Er hat die Säge, die ihm der Wärter in die Zelle geworfen hat, mehrmals in Betracht gezogen. Er hat versucht, damit auf die Finger zu drücken, die ihm nicht mehr gehören. Anfänglich empfand er einen gewissen Schmerz. Jetzt spürt er außer Übelkeit nichts mehr. Seine Kehle ist aufgeraut vom Rufen, Wimmern, Mitleiderflehen. Er weiß, dass ihn manchmal jemand besucht. Wenn er schläft. Wenn er deliriert. Es ist meistens der Mann mit der Maske, sein Wärter. Manchmal ist es auch der Engel, der in seiner Erinnerung an der Autotür stand, bevor ihm ein Messer die Hand durchstach und er das Bewusstsein verlor.

Irgendetwas ist schiefgelaufen. An irgendeiner Stelle lag er mit seinen Einschätzungen und Annahmen falsch. Martín ist nicht da, oder er hat sich ihm nicht stellen wollen. Valls weiß, muss glauben, dass all das David Martíns Werk ist, denn nur so einem kranken Geist könnte es einfallen, jemandem das anzutun.

»Sagen Sie Martín, dass es mir leidtut, dass ich ihn um Vergebung bitte«, hat er den Wärter tausendmal angefleht.

Er erhält nie eine Antwort. Martín wird ihn hier sterben, Quadratzentimeter um Quadratzentimeter verfaulen lassen, ohne zu geruhen, auch nur ein einziges Mal zu seiner Zelle herunterzukommen und ihm ins Gesicht zu spucken.

Irgendwann wird er wieder ohnmächtig.

Er erwacht, nass im eigenen Urin sitzend und in der Überzeugung, dass er sich im Jahr 1942 und im Kastell Montjuïc befindet. Das vergiftete Blut hat ihm noch den letzten Rest Verstand genommen. Er lacht. Ich habe die Zellen besucht und bin in einer von ihnen eingeschlafen, denkt er. Da bemerkt er, dass eine Hand, die nicht ihm gehört, mit seinem Arm verbunden ist. Panik befällt ihn. Er hat viele Leichen gesehen, im Krieg und in seinen Jahren als Gefängnisdirektor, und ohne dass es ihm jemand zu sagen braucht, weiß er, dass das die Hand eines Toten ist. Er schleift sich auf dem Boden durch die Zelle, weil er denkt, dass so die Hand von ihm abfallen wird, doch sie folgt ihm. Er schlägt mit ihr an die Wand, sie fällt nicht ab. Es ist ihm nicht bewusst, dass er schreit, als er diese Säge packt und oberhalb des Handgelenks zu sägen beginnt. Das Fleisch gibt nach wie nasse Tonerde, aber als die Sägezähne auf den Knochen stoßen, steigt tiefe Übelkeit in ihm auf. Er gibt nicht nach. Er müht sich mit seiner ganzen Kraft ab. Sein Geheul übertönt das Knirschen des unter der Säge brechenden Knochens. Zu seinen Füßen breitet sich eine schwarze Blutlache aus. Jetzt sieht Valls, dass die Hand nur noch mit einem Hautfetzen an seinem Körper hängt. Der Schmerz kommt später, wie ein Brecher des Meers. Das erinnert ihn daran, wie er einmal als kleiner Junge das nackte Kabel berührte, an dem im Keller seines Elternhauses eine Glühbirne hing. Er lässt sich nach hinten fallen und spürt, dass ihm etwas den Hals heraufsteigt. Er kann nicht atmen. Er erstickt an seinem eigenen Erbrochenen. Das wird höchstens noch eine Minute dauern, sagt er sich. Er denkt an Mercedes und verwendet seine ganze Kraft darauf, ihr Gesicht in seinen Gedanken festzuhalten.

Er merkt kaum, dass die Zelle geöffnet wird und der Wärter neben ihm niederkniet. Er ist mit einem Eimer flüssigen Teers gekommen, packt den Arm und taucht ihn in den Eimer. Valls spürt Feuer. Der Wärter schaut ihm in die Augen.

»Erinnerst du dich jetzt?«, fragt er.

Valls nickt.

Der Wärter steckt ihm eine Nadel in den Arm. Die Flüssigkeit, die in seine Adern dringt, ist kalt und weckt den Gedanken an reines Blau. Die zweite Injektion bringt ihm Frieden und einen boden- und bewusstlosen Schlaf.

20

Sie wurde vom Wind geweckt, der durch die Ritzen der Fenster pfiff und die Scheiben zum Vibrieren brachte. Die Uhr auf dem Nachttisch zeigte zwei vor fünf. Ein Seufzer entrang sich ihr. Erst dann bemerkte sie es. Die Dunkelheit.

Alicia erinnerte sich, dass sie im Esszimmer und im Gang das Licht hatte brennen lassen, bevor sie nach dem Gespräch mit Leandro einige Stunden Schlaf zusammengekratzt hatte, doch jetzt lag die Wohnung in bläulichem Dunkel. Sie drückte auf den Knopf der Nachttischlampe, doch es passierte nichts. Da glaubte sie Schritte im Esszimmer zu hören und das Geräusch einer Tür, die sich langsam in den Angeln drehte. Eisige Kälte befiel sie. Sie ergriff den Revolver, der mit ihr die Nacht unter den Laken verbracht hatte, und spannte den Schlagbolzen.

»Vargas?«, fragte sie mit heiserer Stimme. »Sind Sie es?«

Das Echo ihrer Stimme zog durch die Wohnung, ohne auf eine Antwort zu stoßen. Sie schob die Laken beiseite, stand auf und trat auf den Gang hinaus, den eiskalten Boden unter ihren nackten Füßen. Ein Lichtschimmer drang aus dem Esszimmer. Mit erhobener Waffe ging sie Schritt für Schritt durch den Gang. Ihre Hand zitterte. Als sie beim Esszimmer anlangte, tastete sie mit der Linken nach dem Schalter und drückte. Nichts. Es gab keinen Strom in der Wohnung. Sie versuchte, die Schatten, die Umrisse der Möbel und die schwarzen Winkel im Raum zu erkennen. Ein saurer Geruch hing in der Luft. Es riecht nach Tabak, dachte sie. Oder vielleicht waren es die Blumen, die ihr Jesusa in den Krug auf dem Tisch gestellt hatte und von denen jetzt die trockenen Blätter abfielen. Da sie keine Bewegung bemerkte, trat sie zur Kommode im Esszimmer und kramte aus der obersten Schublade eine Packung Kerzen und eine Schachtel Streichhölzer, die noch aus der Zeit stammten, bevor Leandro sie nach Madrid versetzt hatte. Sie zündete eine der Kerzen an und hielt sie in die Höhe. Langsam ging sie durch die Wohnung, die Kerze in der einen, den Revolver in der anderen Hand. Sie kam zur Tür und stellte fest, dass sie geschlossen war. Sie versuchte, Lomanas Bild zu verdrängen, wie er lächelnd und reglos wie eine Wachsfigur mit einem Fleischermesser in einem Schrank oder hinter einer Tür lauerte.

Nachdem sie sämtliche Ecken und Winkel der Wohnung abgesucht und sich versichert hatte, dass niemand da war, nahm sie einen der Esszimmerstühle und klemmte ihn unter die Klinke der Wohnungstür. Sie ließ die Kerze auf dem Tisch stehen und trat ans Fenster zur Straße. Das ganze Viertel lag im Dunkeln. Die wie ausgesägten Umrisse von Dächern und Taubenschlägen hoben sich vor dem trüben Himmel ab, der den Tagesanbruch ankündigte. Sie hielt das Gesicht dicht an die Scheibe und spähte in die Schatten auf der Straße. Unter den Bögen der Manual Alpargatera war ein schwaches Licht zu sehen. Die Glut einer brennenden Zigarette. Sie hätte gern geglaubt, dass es sich einfach um den unglücklichen Rovira handelte, der zu dieser frühen Morgenstunde schon seine Beschattungsaufgabe aufgenommen hatte. Sie zog sich ins Innere des Esszimmers zurück und nahm zwei weitere Kerzen aus der Kommode. Es würde noch eine ganze Weile dauern, bis sie ins Gran Café hinuntergehen konnte, um sich mit Vargas zu treffen, und sie wusste, dass sie nicht wieder würde einschlafen können.

Sie trat an das Regal mit einigen ihrer Lieblingsbücher, die meisten davon wiederholt gelesen. Seit Jahren hatte sie ihren absoluten Favoriten, *Jane Eyre*, nicht wiederbesucht. Sie zog das Buch heraus und strich liebevoll mit den Fingern über den Deckel. Dann schlug sie es auf und lächelte, als sie den Stempel mit dem kleinen, auf einem Bücherstapel sitzenden Teufelchen erblickte, ein altes Exlibris, das ihr in ihrem ersten Jahr unter Leandros Kommando zwei Kollegen der Einheit geschenkt hatten, als man in ihr noch das geheimnisvolle, aber harmlose junge Mädchen sah, eine Schrulle des Chefs, die noch nicht die Eifersucht, den Neid und den Groll unter den ältesten Korpsangehörigen geweckt hatte.

Das waren Tage des Weins und der vergifteten Rosen gewesen, als Ricardo Lomana aus eigenem Antrieb beschlossen hatte, sie als seinen persönlichen Schützling anzusehen, und ihr jeden Freitag Blumen schenkte, bevor er sie ins Kino oder zum Tanzen einlud, wofür Alicia immer eine Entschuldigung einfiel. Tage, an denen Lomana sie verstohlen ansah, wenn er glaubte, sie bemerke es nicht, um dann Anspielungen und Komplimente zu machen, die selbst die Ältesten erröten ließen. Was schlecht beginnt, endet auch schlecht, hatte sie damals gedacht. Sie hatte zu kurz gegriffen.

Wieder versuchte sie, sich Lomanas Gesicht aus dem Kopf zu schlagen, und ging mit dem Buch ins Bad. Dort steckte sie das Haar hoch und ließ heißes Wasser einlaufen, bis die Wanne voll war. Sie zündete die beiden Kerzen auf der Konsole am Kopfende der Wanne an und glitt ins dampfende Wasser. Langsam vertrieb es die Kälte aus ihren Knochen, und sie schloss die Augen. Kurz danach glaubte sie, Schritte im Treppenhaus zu vernehmen. Sie fragte sich, ob es wohl Vargas sei, der sich vergewissern wollte, ob sie noch lebte, oder ob sie wieder irgendwelche Halluzinationen hatte. Die dunkle Lethargie, in die sie die Schmerztabletten versetzten, hinterließ beim Erwachen immer eine Spur schwacher Trugbilder, als versuchten sich die Träume, die sie nicht hatte träumen können, im Nachhinein zwischen den Winkeln des Bewusstseins einen Weg zu bahnen. Sie öffnete die Augen und setzte sich so hin, dass das Kinn auf der Wannenkante ruhte. Zwei Stimmen schwebten in der Luft, keine davon die Vargas'. Sie streckte die Hand aus, bis sie den Revolver auf dem Schemel neben der Wanne berührte, und lauschte den Tropfen, die aus dem geschlossenen Hahn fielen. Sie wartete einige Sekunden. Die Stimmen waren verstummt. Oder vielleicht hatte es sie gar nie gegeben. Augenblicke später entfernten sich die Schritte treppab. Wahrscheinlich ein Nachbar, der zur Arbeit ging, dachte sie.

Sie legte den Revolver wieder auf den Schemel und steckte sich eine Zigarette an. Sie beobachtete die Raucharabesken zwischen ihren Fingern. Dann streckte sie sich in der Wanne wieder aus und betrachtete durchs Fenster die bläuliche Wolkendecke, die über der Stadt dahinglitt. Sie ergriff das Buch und kehrte zum ersten Absatz zurück. Je weiter sie las, desto mehr fiel die Unruhe von ihr ab. Nach einer Weile verlor sie jedes Zeitgefühl. Nicht einmal Leandro vermochte ihr zu folgen und sie im Wald von

Wörtern zu finden, die dieses Buch immer vor ihren Augen eröffnete. Sie lächelte und las weiter mit dem Gefühl, heimzukommen. Sie hätte den ganzen Tag so verbringen können. Oder das ganze Leben.

Nachdem sie aus der Wanne gestiegen war, stellte sie sich vor den Spiegel und betrachtete die Dampffäden, die ihren Körper emporwanderten. Der schwarze Fleck ihrer alten Verletzung auf der rechten Hüfte war wie eine vergiftete Blume, die ihre Wurzeln unter der Haut ausbreitete. Sie tastete sie ab und spürte einen leichten Stich wie eine Mahnung. Sie löste ihr Haar und rieb sich Arme, Beine und Bauch mit einer Rosenwassercreme ein, die ihr seinerzeit Fernandito in einer Anwandlung pubertärer Brunst geschenkt hatte und die den eigentümlichen Namen *Péché Originel* trug. Als sie wieder ins Schlafzimmer trat, kehrte plötzlich der Strom zurück, und sämtliche Lampen, die sie anzuknipsen versucht hatte, leuchteten gleichzeitig auf. Alicia hielt sich die Hände vor die Brust und spürte ihr Herz vor Schreck wie wild schlagen. Unter Verwünschungen knipste sie eine Lampe nach der anderen aus.

Danach, als sie nackt vor dem Schrank stand, ließ sie sich Zeit für die Wahl. Barcelona sah einem vieles nach, aber niemals schlechten Geschmack. Sie schlüpfte in die von Señora Jesusa gewaschene und parfümierte Unterwäsche und musste lächeln bei der Vorstellung, wie die Pförtnerin diese Stücke zusammenfaltete, während sie sich bekreuzigte und sich fragte, ob das nun also die modernen jungen Mädchen der Stadt heutzutage trugen. Es folgten Nylonstrümpfe, die Leandro sie hatte für Gelegenheiten kaufen lassen, bei denen sie als elegante Señorita in der Calle Príncipe de Vergara fungieren oder sich für eine der von ihrem Chef ausgeheckten Intrigen in den Salons des Ritz opfern musste.

»Reicht dir eine gängige Marke nicht?«, hatte Leandro protestiert, als er den Preis sah.

»Wenn Sie eine gängige Marke wollen, soll jemand anders die Arbeit machen.«

Leandro dazu zu bringen, ein Vermögen für ihre Galakleider

und Bücher auszugeben, war eine ihrer wenigen Vergnügungen bei dieser Arbeit. In der Absicht, das Schicksal nicht wieder herauszufordern, beschloss sie, an diesem Tag ihr Geschirr anzulegen. Sie zog den Verschluss ein Loch enger an als üblich und drehte sich vor dem Spiegel um sich selbst, um zu prüfen, ob dieses Stück richtig saß, das ihr in ihren Augen das Aussehen einer perversen Puppe verlieh, einer Marionette von dunkler Schönheit, woran sie sich nie hatte gewöhnen können, weil das anzudeuten schien, dass Leandro im Grunde recht hatte.

»Jetzt fehlen dir nur noch die Schnüre«, sagte sie zu sich.

Als Bekleidung des Tages wählte sie ein dunkelviolettes, formell geschnittenes Kleid und italienische Schuhe, die seinerzeit in einem Edelschuhladen der Rambla de Cataluña so viel gekostet hatten, wie die Verkäuferin, die sie Kindchen genannt hatte, in einem Monat verdiente. Sie schminkte sich gewissenhaft, wodurch sie ihre Persönlichkeit hervorhob, und zog zum Schluss die Lippen mit einem dunkelglänzenden Burgunderrot nach, das ihr ganz gewiss Leandros Missbilligung eingetragen hätte. Sie wollte nicht, dass Vargas auch nur einen Schimmer Schwäche in ihrem Gesicht erspähte, wenn er sie kommen sähe. Jahrelange Erfahrung hatte sie gelehrt, dass Schlichtheit zu umso genauerer Prüfung einlud. Bevor sie die Wohnung verließ, schaute sie sich im Spiegel der Garderobe noch einmal an und erteilte sich die Einwilligung. Du würdest dir selbst das Herz brechen, dachte sie. Wenn du eins hättest.

Der Tag brach gerade an, als Alicia die Straße überquerte. Bevor sie ins Gran Café eintrat, erblickte sie Rovira, der sich bereits an seiner Ecke postiert hatte. Er trug einen Schal, der ihm bis zur Nase reichte, und rieb sich die Hände. Sie wusste nicht recht, ob sie zu ihm gehen und ihm den Tag sauer machen sollte, doch sie unterließ es. Rovira grüßte sie aus der Ferne und verkrümelte sich dann eilig. Als sie das Café betrat, sah sie Vargas bereits an ihrem mittlerweile offiziellen Tisch sitzen. Er verschlang ein nahrhaftes Brötchen mit Tomate und Schweinelende zu einer Tasse Kaffee, während er offenbar die Liste mit den Zahlen noch einmal durchging. Als er sie kommen hörte, schaute er auf und musterte sie von oben bis unten. Wortlos setzte sie sich zu ihm.

»Sie riechen sehr gut«, begrüßte er sie. »Wie ein Törtchen.« Und unverzüglich widmete er sich wieder seinem köstlichen Frühstück und seiner Liste.

»Wie können Sie bloß zu dieser frühen Stunde so was essen?«, fragte sie.

Er zuckte nur mit den Schultern und bot ihr einen Bissen an. Sie wandte das Gesicht ab, und er hieb einen weiteren Bissen aus dem Brötchen.

»Haben Sie gewusst, dass die belegten Brötchen auf Katalanisch *entrepanes* heißen, *Zwischen den Broten*?«, fragte er. »Finden Sie das nicht lustig?«

»Zum Kaputtlachen.«

»Und die Flaschen nennen Sie, Achtung!, *ampollas*, *Blasen*! Wie das, was man an den Füßen kriegt, wenn man zu enge Schuhe trägt.«

»Zwei Tage in Barcelona, und schon sind Sie ein Sprachkünstler.«

Vargas verzog den Mund zu einem Haifischgrinsen.

»Ich freue mich, dass Sie die Sanftheit von gestern Abend verloren haben. Das ist ein Zeichen dafür, dass es Ihnen besser geht. Haben Sie Jiminy Grille gesehen, der sich da draußen in die Hose macht vor Kälte?«

»Er heißt Rovira.«

»Ich habe ganz vergessen, dass Sie ihn so schätzen.«

Miquel war schüchtern an den Tisch getreten und brachte auf einem Tablett zwei Scheiben Toast, Butter, Erdbeermarmelade und einen dampfenden Milchkaffee sowie die *Vanguardia*. Es war halb acht, und sie befanden sich allein im Lokal. Miquel, die Diskretion in Person, hatte sich wie immer ans am weitesten entfernte Ende der Theke zurückgezogen, wo er sich beschäftigt gab. Alicia trank einen Schluck Kaffee, und Vargas widmete sich wieder seiner Liste, wo er eine Zahl nach der anderen studierte, als hoffte er, ihr Sinn würde sich vor seinen Augen spontan materialisieren. Die Minuten schleppten sich in zäher Stille dahin.

»Sie haben sich sehr elegant angezogen«, sagte er schließlich. »Gehen wir an einen vornehmen Ort?«

Sie war verlegen und räusperte sich. Er blickte auf.

»Wegen gestern Abend …«, setzte sie an.

»Ja?«

»Ich wollte Sie um Verzeihung bitten. Und mich bedanken.«

»Da gibt es nichts zu verzeihen und noch weniger zu bedanken.«

Ein Schatten von Beschämung legte sich über seinen strengen Ausdruck. Alicia lächelte ihm schwach zu.

»Sie sind ein guter Mensch.«

Er senkte den Blick.

»Sagen Sie das nicht.«

Appetitlos knabberte sie einen ihrer Toasts an. Vargas beobachtete sie.

»Was ist?«

»Nichts. Ich sehe Sie gern essen.«

Sie biss kräftig in den Toast und lächelte.

»Was haben Sie denn für heute geplant?«

»Den gestrigen Tag haben wir dem Auto gewidmet. Lassen Sie uns heute dem Anwalt Brians einen Besuch abstatten.«

»Wie Sie wünschen. Wie wollen Sie das angehen?«

»Ich dachte, ich könnte eine junge, naive Erbin mimen, der ein Band von Víctor Mataix' Serie *Das Labyrinth der Lichter* in die Hände gelangt und die daran interessiert ist, ihn zu verkaufen. Don Gustavo Barceló hat mir gesagt, er vertritt einen Sammler, der unbedingt sämtliche auf dem Markt vorhandenen Bände aufkaufen will.«

»Sie als naives Mädchen. Vielversprechend. Und wen soll ich geben? Den Knappen?«

»Ich dachte, Sie könnten mein treusorgender, reifer und liebender Gatte sein.«

»Fabelhaft. Die Katzenfrau und der alte Kapitän, das Paar des

Jahres. Ich glaube nicht, dass der Anwalt darauf reinfällt, selbst wenn er der Klassenletzte gewesen ist.«

»Ich erwarte auch nicht, dass er es glaubt. Die Idee ist eher, dass er den Braten riecht und einen Fauxpas begeht.«

»Aha. Was tun wir also? Beschatten wir ihn?«

»Sie haben ja echt eine telepathische Begabung, Vargas.«

Eine Sonne wie aus dem Bilderbuch hatte sich durchgesetzt und bestrich die Dächer, als sie die Straße hinuntergingen. Vargas betrachtete die Fassaden und Winkel links und rechts der Calle Aviñón mit dem zufriedenen Ausdruck eines Provinzseminaristen auf einem Wochenendausflug. Nach kurzer Zeit fiel ihm auf, dass sich Alicia alle paar Meter umdrehte und über die Schulter zurückschaute. Er wollte sie schon fragen, ob irgendetwas los sei, als er ihrem Blick folgte und ihn erblickte. Erfolglos versuchte Rovira in rund fünfzig Meter Entfernung, seine Anwesenheit in einem Hauseingang zu kaschieren.

»Mit dem werde ich mal eben Klartext reden«, murmelte Vargas.

Sie hielt ihn am Arm fest.

»Nein, besser, Sie lassen ihn.«

Sie winkte ihm aus der Ferne lächelnd zu. Rovira schaute sich nach allen Seiten um, zögerte einen Augenblick, und als er sich entdeckt sah, erwiderte er schüchtern den Gruß.

»Das ist vielleicht ein Taugenichts«, sagte Vargas.

»Besser der als ein anderer. Wenigstens steht er auf unserer Seite, in seinem eigenen Interesse.«

»Wenn Sie meinen …«

Er bedeutete ihm mit der Hand, mehr Abstand zu halten. Rovira nickte und streckte den Daumen in die Höhe.

»Schauen Sie ihn an. Das muss er im Kino gesehen haben.«

»Ist es nicht dort, wo man heute zu leben lernt, im Kino?«

»So steht's um die Welt.«

Sie ließen Rovira hinter sich und gingen weiter.

»Ich mag diesen Idioten nicht als Anhängsel. Ich weiß auch

nicht, warum Sie ihm trauen. Ich möchte ja wissen, was er im Präsidium erzählt.«

»Im Grunde tut er mir ein wenig leid.«

»Ich glaube, ein paar wohlplatzierte Ohrfeigen wären nicht überflüssig. Sie brauchen ja nicht hinzusehen, wenn Sie nicht wollen. Ich schnapp ihn mir allein und weiche ihn ein.«

»Sie essen zu viel Proteine, Vargas. Das verdirbt den Charakter.«

21

Wenn Kleider Leute machen, dann machen Kanzlei und Adresse Rechtsanwälte – oder auch nicht. In einer Stadt, die reich dotiert war mit Anwälten, welche in Prachtkanzleien in Prachtgebäuden auf dem herrschaftlichen Paseo de Gracia oder in anderen Nobelstraßen residierten, hatte sich Don Fernando Brians für eine unendlich viel bescheidenere, im Protokoll des Gewerbes ziemlich ungewöhnliche Adresse entschieden.

Alicia und Vargas erblickten das Haus schon von weitem, ein hundertjähriges, leicht krängendes Gebäude an der Kreuzung Mercé und Aviñón. Im Erdgeschoss befand sich ein Tapaslokal, das aussah wie die Heimstätte für in Vergessenheit geratene Stierkämpfer und Fischer am Zahltag. Der Gastwirt, ein Männchen wie ein Kreisel mit rundem Schnauzbart, war vor dem Eingang mit einem Wischmopp und einem dampfenden, nach Lauge stinkenden Eimer zugange. Er pfiff ein Liedchen und jonglierte einen Zahnstocher zwischen den Zähnen hin und her, während er den Plattenbelag bepinselte und bedächtig von Pissepfützen, Rauschkotze und anderen für die zum Hafen führenden Straßen typischen Cocktails befreite.

Der Hauseingang war umzingelt von aufgestapelten Kartons und staubigen Möbelstücken. Ein Trio junger Burschen, die Blut und Wasser schwitzten, hatte die Arbeit unterbrochen, um wieder zu Atem zu kommen und flötenlange Brötchen zu verzehren, aus denen Mortadellastreifen quollen.

»Befindet sich hier das Büro von Anwalt Brians?«, fragte Vargas den Wirt, der in seinem morgendlichen Wischen innegehalten hatte, um sie ausgiebig zu beaugapfeln.

»Im Dachgeschoss.« Er deutete mit dem Zeigefinger nach oben. »Aber sie ziehen gerade um.«

Als Alicia an ihm vorbeiging, entblößte sein Lächeln ein gelbliches Gebiss.

»Einen schönen Milchkaffee mit einer Madeleine, meine Hübsche? Geht aufs Haus.«

»Ein andermal. Wenn Sie sich dieses Gestrüpp abrasiert haben«, antwortete sie, ohne stehenzubleiben.

Das Trio zollte der bissigen Bemerkung Beifall, den der Wirt sportlich wegsteckte. Vargas folgte ihr ins Treppenhaus hinein, eine Art Spirale, die eher einem Darmtrakt glich als einem architektonischen Werk.

»Gibt's hier auch einen Aufzug?«, fragte Vargas einen der Burschen.

»Falls es einen gibt, haben wir ihn noch nicht entdeckt.«

Sie stiegen die fünf Stockwerke hinauf, bis sie auf den entsprechenden Absatz gelangten, den Kartons, Aktenordner, Kleiderbügel, Stühle und Gemälde mit Schäferidyllen überschwemmten, die man auf dem Encantes-Markt für einen Pappenstiel erstehen konnte. Alicia streckte den Kopf in die Kanzlei, eine Wohnung wie ein Schlachtfeld, wo sich nichts an seinem Ort zu befinden schien und fast alles in randvolle Kartons gepackt war oder gerade abtransportiert wurde. Vargas versuchte zu klingeln, scheiterte und klopfte dann an die Tür.

»Guten Morgen?«

Eine zur stabilen Dauerwelle geknetete wasserstoffblonde Mähne erschien auf dem Gang. Die Señorita mit diesem Wunderhelm trug ein geblümtes Kleid und dazu passendes Rouge.

»Guten Morgen«, sagte Alicia, »ist das das Büro von Anwalt Brians?«

Die Señorita trat einige Schritte näher und schaute die beiden Besucher überrascht an.

»So ist es. Oder war es. Wir ziehen eben um. Was kann ich für Sie tun?«

»Wir wollten mit dem Anwalt sprechen.«

»Haben Sie einen Termin?«

»Ich fürchte nein. Ist Señor Brians da?«

»Er kommt immer erst ein wenig später. So ist das bei den feinen Herren. Wenn Sie in der Kneipe unten warten wollen …«

»Wenn es Ihnen nichts ausmacht, würden wir fast lieber hier warten. Es sind viele Stockwerke.«

Mit einem Seufzer willigte die Sekretärin ein.

»Wie Sie möchten. Sie sehen, hier bleibt kein Stein auf dem anderen.«

»Das sehen wir«, sagte Vargas. »Wir versuchen, so wenig wie möglich zu stören.«

Alicias sanftes Lächeln und insbesondere Vargas' Auftreten schienen ihr Misstrauen beschwichtigt zu haben.

»Folgen Sie mir bitte.«

Sie führte sie durch einen langen Korridor ans Ende der Wohnung. Beidseits des Gangs sah man in von Kartons überquellende Räume. Der von der Hektik aufgewirbelte Staub hatte einen Dunst glänzender Partikel hinterlassen, der in der Nase kitzelte. Der Weg durch die Reste des Schiffbruchs endete in einem großen Eckzimmer, offensichtlich die letzte noch aufrecht stehende Bastion der ganzen Kanzlei.

»Wenn Sie so freundlich sein wollen«, sagte die Sekretärin.

Der Raum war das Wenige, was von Brians' Kanzlei übriggeblieben war, und bestand in einem Durcheinander von Regalen und in prekärem Gleichgewicht aufeinandergeschichteter Mappen, die die Wände abzustützen schienen. Das dominierende Stück war ein Schreibtisch aus Edelholz, der aussah wie aus einem Brand errettet, und dahinter ein verglaster Schrank mit dem willkürlich aufgestapelten gesammelten Aranzadi.

Alicia und Vargas setzten sich auf zwei improvisierte Hocker neben einem großen Fenster, das auf einen Balkon hinausging, von dem man die heilige Jungfrau Mercé auf der Kuppel der Basilika gegenüber sehen konnte.

»Beten Sie zur Jungfrau, vielleicht erbarmt sie sich unser dann, mir schenkt sie überhaupt keine Beachtung«, sagte die Sekretärin. »Wen darf ich melden?«

»Jaime Valcárcel und Frau«, sagte Alicia, bevor Vargas auch nur blinzeln konnte.

Die Frau nickte dienststeifrig, streifte Vargas aber mit einem leicht schelmischen Blick, als wollte sie ihn zum Altersunterschied beglückwünschen und ihm zu verstehen geben, dass sie von einem Mannsbild mit einem so hübschen Gesicht auch nichts anderes erwartete.

»Ich bin Puri, zu dienen. Ich glaube nicht, dass er noch lange auf sich warten lässt. Darf ich Ihnen inzwischen etwas anbieten? Mariano, das ist der von der Kneipe unten, bringt mir jeden Morgen einige Madeleines und eine Thermosflasche mit Milchkaffee rauf, falls Sie Lust haben …«

»Da würde ich nicht nein sagen«, antwortete Vargas.

Puri lächelte zufrieden.

»Kommt sofort.«

Als sie sich entfernte, blieb Vargas' Auge das kokette Wiegen ihrer Hüfte nicht verborgen.

»Der gute Mariano und seine Madeleines«, sagte Alicia leise.

»Wer hat, der hat.«

»Wie können Sie noch Hunger haben, wo Sie doch gerade ein ganzes Spanferkel verspeist haben?«

»Es gibt eben Leute, die noch Blut in den Adern haben.«

»Vielleicht ist es ja auch die Señorita Puri, die das wilde Tier in Ihnen weckt.«

Bevor Vargas etwas erwidern konnte, kehrte die Genannte mit einem Teller voller Madeleines und einer dampfenden Tasse Milchkaffee zurück.

»Entschuldigen Sie, dass ich es Ihnen einfach so bringe, aber wir haben schon alles verpackt.«

»Nicht der Rede wert, tausend Dank.«

»Und wie kommt es, dass Sie umziehen?«, fragte Alicia.

»Der Hausbesitzer will mit der Miete rauf ... Raffgieriger Kerl. So leert sich das Haus und wird von Gekreuch und Gefleuch aufgefressen.«

»Amen«, stimmte Vargas bei. »Und wo ziehen Sie jetzt hin?«

»Das möchte ich auch gern wissen. Man hatte uns hier in der Nähe Büroräume zugesagt, hinter dem Postgebäude, aber dann sind sie mit den Renovierungsarbeiten in Verzug geraten, so dass wir mindestens noch einen Monat warten müssen. Im Moment wandert das alles in ein Möbellager im Pueblo Nuevo, das der Familie des Anwalts gehört.«

»Und wo werden Sie in der Zwischenzeit arbeiten?«

Puri seufzte.

»Eine vor kurzem verstorbene Tante des Anwalts hatte eine Wohnung in der Mallofré-Passage in Sarriá, und es sieht so aus, als würden wir für den Moment dorthin gehen. Sie sehen ja, alles Hals über Kopf.«

Alicia und Vargas ließen die Blicke erneut durch Brians' ehemaliges Büro schweifen und nahmen die Bankrottatmosphäre in sich auf. Alicias Augen trafen auf ein Bild, das sie an die Parodie eines Gruppenbilds von Studienabgängern erinnerte, mit dem Porträt des mutmaßlichen Juristen Brians in jungen Jahren, inmitten von zerlumpten Leuten und ausgehungerten und bis zum Hals in Ketten gelegten Gefangenen. Unter dem Foto stand:

Fernando Brians,
Anwalt für hoffnungslose Fälle

Alicia stand auf und trat zu dem Retabel, um es sich aus der Nähe anzusehen. Puri stellte sich neben sie, lächelnd und den Kopf schüttelnd.

»Da haben Sie ihn, diese Seele von Mensch der Barceloner Gerichte ... Das ist ein Scherz, den sich seine Kommilitonen vor vielen Jahren mit ihm erlaubt haben. Aber so ist er immer noch.

Und wie Sie sehen, scheint es ihn zu amüsieren, sonst würde er es kaum dorthin hängen, wo es die Mandanten sehen können …«

»Hat der Anwalt denn keine Mandanten, die …«

»… im Geld schwimmen?«

»Oder zumindest solvent sind.«

»Ab und zu gibt es einen, aber Don Fernando braucht nur auf der Straße irgendeinen von Gott verlassenen armen Teufel zu entdecken, und schon bringt er ihn mit ins Büro … Er ist ein herzensguter Mensch. Und entsprechend geht es uns.«

»Machen Sie sich keine Sorgen, wir zahlen gut«, sagte Vargas.

»Gott segne Sie. Wie schmecken die Madeleines?«

»Hervorragend.«

Während er zu Puris Entzücken eine praktische Demonstration seines Appetits und Geschmacks lieferte, hörte man vom Eingang her ein Getöse, gefolgt von einem wie einstudierten, in einen lautstarken Fluch mündenden Stolpern. Puri verdrehte die Augen und wandte sich Richtung Ausgang.

»Der Anwalt wird Sie sogleich empfangen.«

Fernando Brians sah aus wie ein staatlich besoldeter Schullehrer und trug einen Anzug aus zweiter Hand mit einer verschossenen Krawatte, die er wahrscheinlich seit Wochen nicht neu geknotet hatte, und abgetragene Schuhe. Er war schlank und zappelig und hatte sich trotz der vielen Jahre im Beruf eine ordentliche Fülle grauen Haars bewahrt. Seine durchdringenden Augen waren hinter den Gläsern einer schwarzen Hornbrille verschanzt, wie man sie vor dem Krieg getragen hatte. Er sah ungefähr so sehr nach Barceloner Anwalt aus wie seine Sekretärin Puri nach Klosternovizin, und Alicia dachte, Fernando Brians habe sich trotz des bescheidenen Szenariums, in dem sich sein Berufsleben abwickelte, das jugendlich-lebhafte Aussehen eines Mannes bewahrt, der nicht altert, weil ihm niemand gesagt hat, dass die Jahre vergangen sind und es an der Zeit wäre, sich ein wenig anständig und gesetzt zu benehmen.

»Ich höre«, sagte Brians.

Er hatte sich auf die Schreibtischecke gesetzt und betrachtete die beiden mit einer Mischung aus Neugier und Skepsis. Er mochte eine Schwäche für hoffnungslose Fälle haben, aber auf den Kopf gefallen zu sein schien er keineswegs. Vargas preschte vor und deutete auf Alicia.

»Wenn es Ihnen recht ist, wird Ihnen meine Frau unseren Fall darlegen, sie hat zu Hause das Zepter in der Hand.«

»Wie Sie wünschen.«

»Soll ich Notizen machen, Don Fernando?«, fragte Puri, die der Szene im Türrahmen folgte.

»Das wird nicht nötig sein. Behalten Sie besser die Umzugsleute im Auge, die die Straße mit Kartons blockieren, so dass der Transporter nicht wird hereinfahren können.«

Puri nickte enttäuscht und machte sich auf den Weg.

»Was sagten Sie noch?«, nahm Brians den Faden wieder auf. »Oder Ihre Frau Gemahlin, die ja zu Hause das Zepter in der Hand hat.«

Brians' leicht schneidender Ton weckte in Alicia die Frage, ob Gustavo Barceló Brians nicht ihren möglichen Besuch angekündigt hatte.

»Señor Brians«, begann sie, »eine Tante meines Mannes Jaime ist kürzlich gestorben und hat uns eine Sammlung von Kunstwerken sowie eine Bibliothek mit einigen sehr wertvollen Büchern vermacht.«

»Mein herzliches Beileid. Benötigen Sie vielleicht Hilfe bei der Testamentsvollstreckung?«

»Der Grund, warum wir zu Ihnen kommen, ist der, dass es in der erwähnten Sammlung ein Buch eines Autors namens Víctor Mataix gibt. Es handelt sich um eine der Folgen einer Reihe von Romanen, die in den dreißiger Jahren in Barcelona erschienen sind.«

»*Das Labyrinth der Lichter*«, ergänzte Brians.

»Genau. Wir haben erfahren, dass Sie einen Sammler vertreten, der sehr daran interessiert ist, die noch vorhandenen Bände zu erwerben, und aus diesem Grund haben wir es für angebracht gehalten …«

»Verstehe«, sagte Brians, der von der Schreibtischecke in seinen Sessel rutschte.

»Vielleicht könnten Sie so liebenswürdig sein, uns einen Kontakt zu Ihrem Mandanten herzustellen, oder, wenn es Ihnen lieber ist, uns seine Adresse zu geben, damit wir uns selbst …«

Brians nickte, eher für sich als zu Alicias Vorschlägen.

»Das kann ich leider nicht.«

»Bitte?«

»Ich kann Ihnen diese Information nicht geben und auch keinen Kontakt zu meinem Mandanten herstellen.«

Alicia lächelte versöhnlich.

»Und darf ich fragen, warum?«

»Weil ich ihn nicht kenne.«

»Entschuldigen Sie, aber das verstehe ich nicht.«

Brians lehnte sich in seinem Sessel zurück, faltete die Hände auf der Brust und rieb die Daumen aneinander.

»Meine Beziehung zu diesem Mandanten spielt sich ausschließlich über den Postweg und über eine Sekretärin ab. Ich habe ihn nie getroffen und kenne auch seinen Namen nicht. Wie bei Sammlern nicht unüblich, will er anonym bleiben.«

»Selbst gegenüber seinem eigenen Anwalt?«

Brians lächelte kühl und zuckte mit den Schultern.

»Solange er die Rechnungen bezahlt, nicht wahr?«, wagte sich Vargas vor.

»Aber wenn Sie sich mit seiner Sekretärin verständigen, werden Sie ja mindestens einen Namen und eine Adresse haben, an die Sie sich wenden«, sagte Alicia.

»Es handelt sich um ein Postfach, dessen Nummer ich Ihnen, müßig, es zu sagen, aus Gründen der Vertraulichkeit nicht geben kann. Wie ich Ihnen auch den Namen seiner Sekretärin nicht nennen darf, da ich nicht ermächtigt bin, Informationen über meine Mandanten zu verbreiten, die sie selbst nicht publik machen wollen. Das ist zwar eine reine Formalität, aber Sie werden verstehen, dass ich sie respektieren muss.«

»Wir verstehen. Trotzdem, wie können Sie denn die Bücher für die Sammlung Ihres Mandanten erwerben oder beschaffen, wenn es keine Möglichkeit gibt, in direkten Kontakt zu ihm zu treten, um ihm die Möglichkeit eines Kaufs anzubieten?«

»Glauben Sie mir, Señora – *Valcárcel*?, wenn mein Mandant am Kauf eines Exemplars interessiert ist, das Sie besitzen, wird er es mir mitteilen. Ich bin nur ein schlichter Vermittler.«

Alicia und Vargas schauten sich an.

»Nanu«, sagte Vargas. »Da haben wir uns klar geirrt, Liebes.«

Brians stand auf, ging um den Schreibtisch herum und reichte ihnen die Hand mit einem herzlichen, aber deutlich mit Abschied getönten Lächeln.

»Es tut mir aufrichtig leid, Ihnen in dieser Sache nicht helfen zu können, und ich muss Sie für Aussehen und Zustand der Kanzlei um Verzeihung bitten. Wir befinden uns mitten im Umzug, und ich habe heute keine Mandanten erwartet …«

Sie gaben ihm die Hand. Während er sie zum Ausgang führte, wich er mit kleinen Hüpfern den Hindernissen aus und bahnte ihnen einen Weg.

»Wenn Sie mir einen uneigennützigen Rat gestatten, würde ich an Ihrer Stelle die Dienste eines guten Antiquars beanspruchen, der es weitersagt. Wenn Sie im Besitz eines echten Mataix sind, wird es Ihnen nicht an Kaufinteressenten mangeln.«

»Hätten Sie einen Vorschlag?«

»Barceló, bei der Plaza Real, oder Sempere & Söhne, in der Calle Santa Ana. Oder Costa, in Vic. Das sind die drei besten Optionen.«

»So werden wir es machen. Herzlichen Dank.«

»Gern geschehen.«

Alicia sagte keinen Ton, bis sie unten in der Eingangshalle ankamen. Vargas folgte ihr in vorsichtigem Abstand. Vor der Haustür blieb sie stehen und studierte einen der Stapel Kartons.

»Und was nun?«, fragte Vargas.

»Jetzt warten wir.«

»Worauf?«

»Bis sich Brians bewegt. Jetzt ist er am Zug.«

Alicia beugte sich über einen zugeklebten Karton. Sie warf einen Blick auf die Haustür, und als sie sah, dass die Luft rein war, riss sie ein darauf klebendes Etikett ab und steckte es ein.

»Darf man erfahren, was Sie da machen?«, fragte Vargas.

Alicia trat auf die Straße hinaus, ohne zu antworten. Zu seiner Überraschung sah Vargas, kaum stand er ebenfalls auf der Straße, Alicia die Bar betreten. Mariano, der Wirt und Barde morgendlicher Madeleines, der noch immer mit dem Wischmopp den Gehweg auf Hochglanz zu bringen versuchte, schien noch überraschter als Vargas, als er sie in sein Etablissement hineingehen sah, und lehnte das Wischwerkzeug an die Wand, um ihr geschäftig zu folgen, während er sich die Hände an dem von seinem Gürtel hängenden Lappen trockenrieb. Seufzend folgte ihnen Vargas.

»Einen schönen Milchkaffee und Madeleines für die Señorita?«

»Ein Glas Weißwein.«

»Um diese Zeit?«

»Ab wie viel Uhr schenken Sie Weißwein aus?«

»Für Sie vierundzwanzig Stunden am Tag. Ein schöner Penedès?«

Sie nickte. Vargas setzte sich auf den Hocker daneben.

»Glauben Sie wirklich, Ihr Plan wird funktionieren?«

»Einen Versuch ist es wert.«

Mariano kam mit einem Glas Wein und einem Teller Oliven auf Rechnung des Hauses zurück.

»Ein Bierchen für den Herrn?«

Vargas schüttelte den Kopf. Er schaute Alicia zu, wie sie genussvoll ihren Wein kostete. In der Geometrie ihrer Lippen, wenn sie zärtlich das Glas berührten, und in der Linie ihres blassen Halses, der im Rhythmus des herabfließenden Weins pulsierte, lag etwas, was den Tag zum Leuchten brachte. Sie bemerkte seinen Ausdruck und zog eine Braue in die Höhe.

»Was denn?«

»Nichts.«

Sie erhob das Glas.

»Missbilligen Sie das?«

»Gott bewahre.«

Alicia trank eben den letzten Schluck, als sie Brians vor dem Fenster vorbeihasten sahen. Sie wechselten einen Blick, legten einige Münzen auf den Tisch und verließen wortlos das Lokal.

22

Jedermann im Korps wusste, dass Vargas in der Kunst des Beschattens freier oder unverdächtiger Bürger seinesgleichen suchte. Nach seinem Geheimnis gefragt, sagte er immer, wesentlich sei nicht so sehr die Diskretion als vielmehr das Anwenden optischer Gesetze. Der springende Punkt sei nicht das, was der Beschatter sehen oder erahnen könne, sondern das, was sich im Gesichtsfeld des Beschatteten befinde. Das und gute Beine. Sowie sie Brians zu beschatten begannen, stellte Vargas fest, dass Alicia diese Disziplin nicht nur bis ins Detail beherrschte, sondern sie auf eine Art und Weise verfeinert hatte, für die er nur Bewunderung verspüren konnte. Ihre offensichtliche Kenntnis jedes Winkels in den verworrenen Gassen, Gässchen und Breschen, die die Altstadt bildeten, erlaubte es ihr, parallele Wege einzuschlagen und Brians' Schritten zu folgen, ohne dass dieser auf den Gedanken gekommen wäre, dass Jagd auf ihn gemacht wurde.

Sie bewegte sich sicherer als am Vortag, was Vargas vermuten ließ, dass sie an diesem Morgen das von dem Tierpräparator erwähnte Geschirr angelegt hatte. Das Spiel ihrer Hüfte war anders, und sie ging aufrechter. Sie führte ihn durch dieses Maschenwerk, indem sie Pausen diktierte, den Schutz toter Winkel suchte oder die Route vorgab, die auch Brians wählte, ehe er sich bewusst wurde, dass er es tat. Beinahe zwanzig Minuten lang verfolgten sie die Schritte des Anwalts durch das dichte Netzwerk von Passagen und Gassen, das sich vom Hafen zum Stadtzentrum hinaufzog. Mehrmals sahen sie ihn auf einer Kreuzung stehen bleiben, um zurückzuschauen und sich zu vergewissern, dass ihm niemand folgte. Dummerweise blickte er immer in die falsche Richtung. Schließlich bog er in die Calle Canuda Richtung Ramblas ein, wo er sich in der Menge verlor, die bereits den Boulevard überschwemmte. Erst jetzt blieb Alicia ein paar Sekunden stehen und hielt Vargas am Arm zurück.

»Er nimmt die Metro«, murmelte sie.

Etwa zehn Meter voneinander entfernt mischten sie sich unter die Menge auf den Ramblas und folgten Brians bis zum Eingang der Metro beim Canaletas-Brunnen. Der Anwalt stürmte die Treppen hinunter und trat in das Netz von Tunneln, die in die sogenannte Avenida de la Luz mündeten.

Mehr Straße der Dunkelheit und des Elends als Allee des Lichts, war dieser gespenstisch wirkende, ausgefallene Boulevard von einem Schwärmer projektiert worden, der sich, mit wenig Glück, ein unterirdisches Barcelona im Gaslicht ersonnen hatte. Indessen hatte das Projekt den erträumten Ruhm nie auch nur gestreift. Eine Katakombe in spe, durch die aus den Metrotunneln ein kohlenstaub- und elektrizitätsgesättigter Wind wehte, war die Avenida de la Luz Unterkunft und Versteck für Leute geworden, die die Oberfläche und die Sonne scheuten. Vargas sah diese düstere Reihung von Säulen aus falschem Marmor, die von Billigläden und leichenfahl beleuchteten Cafés flankiert wurde, und wandte sich zu Alicia um.

»Die Stadt der Vampire?«

»So ungefähr.«

Brians nahm den Hauptgang. Alicia und Vargas folgten ihm, verborgen hinter den seitlich aufgereihten Säulen. Brians brachte fast den ganzen Boulevard hinter sich, ohne nach links oder rechts zu schauen.

»Vielleicht hat er eine Sonnenallergie«, meinte Vargas.

Brians ging an den Schaltern der Katalanischen Eisenbahnen vorbei und bis ans Ende der großen unterirdischen Galerie. Erst jetzt wurde klar, welches Ziel er ansteuerte.

Das Kino *Avenida de la Luz* war wie eine düstere Sinnestäuschung, gestrandet in diesem unterirdischen Barcelona, das es nie gegeben hatte. Mit seinen Lichtern, die an eine Jahrmarktsbude erinnerten, und seinen alten Filmplakaten lockte es die Geschöpfe der Tunnel – entlassene Kontoristen, Schulschwänzer und armselige Zuhälter – bereits seit dem Ende des Bürgerkriegs in seine Matineen. Brians trat an den Schalter und kaufte eine Eintrittskarte.

»Sagen Sie nicht, der Herr Anwalt geht mitten am Tag ins Kino«, sagte Vargas.

Der Platzanweiser, der auch den Eingang bewachte, öffnete ihm die Tür, und Brians schritt unter der Markise hindurch hinein, auf der das Wochenprogramm angekündigt war: Doppelvorführung von *Der dritte Mann* und *Der Fremde*. Das rätselhafte Lächeln eines diabolisch wirkenden Orson Welles schaute von dem von blinkenden Glühbirnen eingerahmten Plakat herab.

»Wenigstens hat er einen guten Geschmack«, erwiderte Alicia.

Als sie durch die den Eingang verschließenden Samtvorhänge traten, hüllte sie ein Geruch nach altem Kino und unaussprechlichem Elend ein. Der Lichtstrahl des Projektors durchschnitt eine dicke Wolke, die seit Jahrzehnten über dem Parkett festzuhängen schien. Die leeren Sesselreihen fielen gegen die Leinwand hin ab, wo der perfide Harry Lime durch die Phantasmagorie der Wiener Abwasserkanäle floh. Der gespenstische Ton dieser Bilder erinnerte Alicia an die Szenen aus Víctor Mataix' Buch.

»Wo ist er?«, flüsterte Vargas ihr ins Ohr.

Sie deutete auf den untersten Teil des Kinosaals; Brians hatte sich in einen Sessel der vierten Reihe gesetzt. Im ganzen Kino saßen nicht mehr als drei, vier Zuschauer. Sie wählten den Seitengang, der entlang dem Parkett hinabführte und mit einer Reihe seitlich an der Wand platzierter Sessel ausgestattet war wie ein U-Bahnwagen. Als sie auf halber Höhe des Parketts angelangt waren, trat Alicia in eine der Reihen und setzte sich in die Mitte. Vargas nahm neben ihr Platz.

»Haben Sie diesen Film schon gesehen?«

Sie nickte. Sie hatte ihn schon mindestens sechsmal gesehen und kannte ihn auswendig.

»Wovon handelt er?«

»Von Penizillin. Schweigen Sie jetzt.«

Das Warten dauerte weniger lang als vermutet. Der Film war gerade auf seinem Höhepunkt, als Alicia über die Schulter eine dunkle Gestalt durch den Seitengang gehen sah. Vargas schien ganz von der Handlung in Bann geschlagen, und sie stieß ihn mit dem Ellbogen an. Der Unbekannte trug einen dunklen Mantel und in der Hand einen Hut. Alicia ballte die Fäuste. Der Mann blieb vor der Reihe stehen, in der der Anwalt saß. Er schaute gemächlich auf die Leinwand, und einen Augenblick später trat er in die Reihe dahinter und setzte sich schräg hinter Brians' Sessel.

»Rösselsprung«, murmelte Vargas.

Zwei Minuten lang war dem Anwalt nicht anzumerken, dass er den Unbekannten wahrgenommen hatte, noch diesem, dass er mit dem Anwalt irgendwie in Verbindung stand. Vargas schaute Alicia skeptisch an, und sie dachte schon, vielleicht sei doch alles nur ein Werk des Zufalls. Zwei Fremde in einem Kino ohne weitere Gemeinsamkeit als eine mögliche Kurzsichtigkeit, die sie die vordersten Reihen bevorzugen ließ. Erst als die Schüsse, die den tausend Leben des bösen Harry Lime ein Ende setzen sollten, durchs Kino hallten, neigte sich der Unbekannte zu Brians vor, der sich seinerseits ein wenig umwandte. Der Soundtrack übertönte seine Worte, und Alicia erhaschte gerade einmal, dass der Anwalt ein paar Worte sprach und dem Unbekannten einen Zettel überreichte. Danach ignorierten sie sich wieder, lehnten sich in ihren Sesseln zurück und widmeten sich ganz dem Film.

»Zu meinen Zeiten hätten man sie als Schwule festgenommen«, bemerkte Vargas.

»Welch goldenes Steinzeitalter«, antwortete sie.

Als der Projektor die Leinwand mit der monumentalen Schlussszene des Films füllte, stand der Unbekannte auf. Er zog sich langsam zum Seitengang zurück, und während die enttäuschte Heldin durch die trostlose Straße des Wiener Zentralfriedhofs schritt, setzte er seinen Hut auf und glitt dem Ausgang zu. Alicia und Vargas drehten weder den Kopf, noch zeigten sie, dass sie ihn wahrnahmen, doch ihre Blicke hafteten auf dieser vom milchigen Licht des Projektors gesprenkelten Gestalt. Die Hutkrempe warf einen Schatten auf sein Gesicht, der jedoch nicht dessen seltsame, glänzende Elfenbeinoberfläche verbarg. Es schien wie das Gesicht einer Porzellanpuppe. Alicia überlief ein Schauer. Vargas wartete, bis der Unbekannte hinter den Vorhängen verschwunden war, und neigte sich dann zu Alicia hinüber.

»Spinne ich, oder trägt dieser Typ eine Maske?«

»So was Ähnliches«, bestätigte sie. »Los, gehen wir, bevor er uns durch die Lappen geht.«

In diesem Augenblick, bevor sie auch nur aufstehen konnten, ging die Saalbeleuchtung an, und der Filmabspann verblasste auf der Leinwand. Brians war aufgestanden und steuerte den Seitengang an. In wenigen Sekunden würde er auf dem Weg zum Ausgang an ihnen vorbeigehen und sie hier sitzen sehen.

»Was nun?«, murmelte Vargas mit gesenktem Kopf.

Alicia packte ihn am Nacken und zog sein Gesicht zu ihrem heran.

»Umarmen Sie mich«, flüsterte sie.

Vargas schlang die Arme um sie mit der Bestimmtheit eines Pennälers im Praktikum. Alicia zog ihn näher, und sie waren in einem flüchtigen fingierten Kuss ineinander verschlungen, wie sie damals nur in den hintersten Reihen von Vorstadtkinos und um Mitternacht in dunklen Hauseingängen zu sehen waren, die Lippen höchstens einen Zentimeter voneinander entfernt. Vargas schloss die Augen. Sowie Brians den Saal verlassen hatte, schob ihn Alicia sanft weg.

»Los!«

Beim Verlassen des Kinos entdeckten sie Brians, der sich in der Mitte des unterirdischen Boulevards in derselben Richtung entfernte, aus der er gekommen war. Vom Unbekannten mit dem Porzellanpuppengesicht keine Spur. Alicia sah die Treppen, die in rund zwanzig Meter Entfernung zur Kreuzung Balmes und Pelayo hinaufführten. Sie eilten auf sie zu. Ein Stich durchfuhr ihr rechtes Bein, und sie hielt den Atem an. Vargas stützte sie am Arm.

»Ich kann nicht schneller laufen«, sagte sie. »Gehen Sie schon voran, schnell.«

Vargas stürzte die Treppe hinauf, während sie sich an die Wand lehnte und wieder zu Atem zu kommen versuchte. Als er ans Tageslicht kam, sah Vargas sich der endlosen Häuserreihe der Calle Balmes gegenüber. Verwirrt schaute er um sich. Er kannte die Stadt nicht sehr gut und hatte die Orientierung verloren. Um diese Zeit war der Verkehr schon dicht und das Stadtzentrum überflutet von Autos, Bussen und Straßenbahnen. Mauern von Fußgängern füllten die Gehwege in staubigem Licht. Vargas schirmte die Augen mit der Hand ab und ließ den Blick über die Kreuzung schweifen, ohne sich um die Püffe der Passanten zu kümmern. Einen Augenblick glaubte er tausend schwarze, mit einem Hut gekrönte Mäntel in allen Richtungen vorbeiziehen zu sehen; nie würde er ihn finden.

Die besondere Beschaffenheit seines Gesichts verriet ihn. Der Unbekannte war bereits auf der anderen Straßenseite und schritt auf ein an der Ecke zur Calle Vergara geparktes Auto zu. Vargas versuchte, die Straße zu überqueren, doch die Meute der Fahrzeuge und ein vielstimmiges Gehupe trieben ihn wieder auf den Bürgersteig zurück. Er identifizierte den Wagen als Mercedes-Benz, ein mindestens fünfzehn oder zwanzig Jahre altes Modell. Als die Ampel auf Grün schaltete, fuhr der Wagen los. Vargas rannte ihm hinterher und konnte einen ausgiebigen Blick auf ihn werfen, bevor er im Verkehrsfluss verschwand. Wieder beim Metroeingang, begegnete er einem Stadtpolizisten, der ihn vorwurfsvoll anschaute. Vargas vermutete, er habe ihn dabei beobachtet, wie er bei Rot über die Straße zu gehen und sich dann zwischen die Fahrzeuge zu stürzen versucht hatte. Er nickte gehorsam und hob die Hand zum Zeichen der Entschuldigung. Alicia erwartete ihn mit erwartungsvollem Blick auf dem Bürgersteig.

»Wie geht es Ihnen?«, erkundigte er sich.

Sie überhörte die Frage und schüttelte ungeduldig den Kopf.

»Ich habe ihn eben noch in ein Auto steigen sehen. Ein schwarzer Mercedes«, sagte Vargas.

»Kennzeichen?«

Er nickte.

23

Sie setzten sich an einen Fenstertisch in der Cafeteria Nuria. Alicia bestellte ein Glas Weißwein, das zweite an diesem Tag. Dann zündete sie sich eine Zigarette an und ließ ihren Blick durch die Menge wandern, die die Ramblas hinabströmte. Vargas schaute ihr zu, wie sie mit zitternden Fingern das Glas hob und an die Lippen führte.

»Standpauke?«, fragte sie, ohne den Blick vom Fenster abzuwenden.

»Auf Ihr Wohl.«

»Sie haben nichts über den Typ mit der Maske gesagt. Denken Sie dasselbe wie ich?«

Vargas zuckte skeptisch mit den Schultern.

»Der Bericht über das mutmaßliche Attentat gegen Valls im Círculo de Bellas Artes erwähnte einen Mann mit verdecktem Gesicht …«, sagte Alicia.

»Könnte sein. Ich werde ein paar Anrufe machen.«

Als sie allein war, entfuhr Alicia ein Schmerzensseufzer, und sie legte die Hand an die Hüfte. Sie erwog die Möglichkeit, eine halbe Tablette zu schlucken, verwarf sie aber wieder. Sie nutzte den Umstand, dass Vargas weit hinten telefonierte, um dem Kellner zu bedeuten, ihr noch ein Glas zu bringen und das erste mitzunehmen, das sie in einem Zug austrank. Nach einer Viertelstunde kam Vargas mit seinem kleinen Notizheft in der Hand und einem Glanz in den Augen zurück, der Neuigkeiten verhieß.

»Glück muss der Mensch haben. Der Wagen ist auf den Namen von Metrobarna S. L. registriert. Das ist eine Immobilienkapital-

gesellschaft, oder so steht es wenigstens im Register. Die Hauptge-
schäftsstelle befindet sich in Barcelona, Paseo de Gracia 6.«

»Das ist gleich hier nebenan. Geben Sie mir zwei Minuten, bis
ich wieder auf dem Damm bin, dann gehen wir hin.«

»Warum überlassen Sie das nicht mir, während Sie eine Weile
nach Hause gehen und sich ausruhen, Alicia? Dann komme ich zu
Ihnen und erzähle, was ich herausgefunden habe.«

»Sind Sie sicher?«

»Ganz sicher. Los, gehen Sie.«

Als sie auf die Ramblas hinaustraten, hatte der Himmel aufge-
klart und leuchtete in dem tiefen Blau, das manchmal die Barceloner Winter verzaubert und den Leichtgläubigen überzeugt, dass
nichts schiefgehen kann.

»Direkt nach Hause, ja? Ohne Boxenstopp, ich kenne Sie«,
mahnte er.

»Zu Befehl, Hauptmann. Lösen Sie den Fall nicht ohne mich!«

»Seien Sie unbesorgt.«

Sie sah ihn zur Plaza de Cataluña gehen und wartete wenige
Minuten. Seit Jahren stellte sie immer wieder fest, dass sie mit
dem Übertreiben von Schmerzsymptomen und einem erschöpf-
ten Gesicht à la Kameliendame die gefügige, kindliche Seite jedes
Mannes herausfordern konnte, der sich dann nur zu gerne als ihr
Beschützer und Führer sah – was sozusagen die Gesamtheit der
männlichen Gattung einschloss, mit Ausnahme Leandro Montalvos, der ihr die meisten Tricks seines Repertoires beigebracht
hatte und unweigerlich diejenigen witterte, die auf ihrem Mist
gewachsen waren. Sobald sie sicher war, Vargas losgeworden zu
sein, schlug sie eine andere Richtung ein. Nach Hause gehen und
ausruhen, das konnte warten. Sie brauchte Zeit zum Nachdenken
und um aus dem Schatten zu beobachten. Und vor allem gab es da
etwas, was sie allein und auf ihre Art erledigen wollte.

Die Büros von Metrobarna befanden sich im obersten Stock eines
monumentalen modernistischen Gebäudes mit Anklängen an
ein Traumschloss. Neu hergerichtet mit ockerfarbenem Stein und

gekrönt von Mansarden und riesigen Türmen, war es unter dem Namen Casa Rocamora bekannt und ein typisches Beispiel für diese Stücke mathematischer Goldschmiedekunst und großen Melodrams, wie sie sich nur in den Straßen Barcelonas finden. Vargas blieb einen Augenblick stehen und schaute sich von der Straßenecke aus dieses Schauspiel von Emporen, Galerien und byzantinischen Geometrien an. Ein Aquarellmaler hatte an der Ecke seine Staffelei aufgebaut und stellte eben ein Bild des Hauses in impressionistischer Manier fertig. Als er Vargas neben sich stehen sah, schenkte er ihm ein höfliches Lächeln.

»Schönes Bild«, lobte Vargas.

»Man tut, was man kann. Polizist?«

»Merkt man das so sehr?«

Der Maler grinste sauer. Vargas deutete auf das Bild.

»Ist es zu kaufen?«

»In einer knappen halben Stunde ist es so weit. Interessieren Sie sich für das Haus?«

»Zunehmend. Muss man Eintritt bezahlen?«

»Bringen Sie sie nicht auf dumme Gedanken.«

Ein Fahrstuhl aus den Träumen Jules Vernes setzte ihn vor den Türen eines Büros ab, an denen ein hochkarätig goldenes Schild mit folgendem Text prangte:

METROBARNA

Immobilienkapitalgesellschaft mbH

Er klingelte. Ein Glockenspiel ertönte, gleich darauf ging die Tür auf, und im Rahmen eines prunkvollen Vorzimmers erschien eine Empfangssekretärin mit erlesener Figur und in hochformeller Kleidung. Bei einigen Unternehmen teilte sich die Opulenz vorzeitig und hinterhältig mit.

»Guten Tag«, sagte Vargas in amtlichem Ton, während er seinen Ausweis zeigte. »Vargas, Oberpolizeidirektion. Ich würde gern mit dem Geschäftsführer sprechen, bitte.«

Die Empfangssekretärin musterte ihn überrascht. Vermutlich waren die üblicherweise in diesen Räumen empfangenen Besucher größtenteils distinguierter.

»Sie meinen Señor Sanchís?«

Vargas nickte nur und trat einige Schritte ins Vorzimmer hinein, einen Raum mit blauer Samttapete, auf der exquisite Aquarelle von Barceloner Fassaden und repräsentativen Gebäuden prangten. Vargas verkniff sich ein Lächeln, als er den Stil des Malers an der Ecke erkannte.

»Darf ich fragen, worum es geht, Wachtmeister?«, fragte die Empfangssekretärin hinter ihm.

»Hauptmann«, korrigierte er, ohne sich umzudrehen.

Sie räusperte sich und seufzte, als es bei dieser Antwort blieb.

»Señor Sanchís befindet sich augenblicklich in einer Sitzung. Wenn Sie wünschen …«

Vargas wandte sich um und schaute sie frostig an.

»Ich gebe ihm sogleich Bescheid, Hauptmann.«

Vargas nickte trocken. Die Empfangssekretärin enteilte, um Verstärkung zu holen. Es folgte ein rasches Hin und Her gedämpfter Stimmen, sich öffnender und schließender Türen und hastiger Schritte durch die Gänge. Eine Minute später war sie zurück, diesmal mit sanftem Lächeln, und lud ihn ein, ihr ins Innere zu folgen.

»Wenn Sie so freundlich sein wollen, der Herr Direktor wird Sie im Sitzungsraum empfangen.«

Er durchschritt einen langen Gang mit bombastischen Büros zu beiden Seiten, wo eine Brigade adretter Anwälte in Dreiteilern feierlich ihren Obliegenheiten nachging. Großartige Statuen, Bilder und Teppiche säumten den Weg, der ihn zu einem großen Saal mit verglastem Erker führte, von dem aus man den ganzen Paseo de Gracia aus der Engelperspektive überblickte. Ein imposanter Sitzungstisch dominierte ein Ensemble aus Sesseln, Vitrinen und Edelholzleisten.

»Señor Sanchís wird sogleich kommen. Darf ich Ihnen inzwischen etwas anbieten? Einen Kaffee?«

Vargas lehnte ab. Die Sekretärin verdrückte sich, so schnell sie konnte, und ließ ihn allein.

Er nahm die Szenerie in Augenschein. Die Büros von Metrobarna rochen beziehungsweise stanken nach Geld. Wahrscheinlich hatte allein der Teppich unter seinen Füßen weit mehr gekostet, als er in mehreren Jahren verdiente. Er ging um den Sitzungstisch herum, strich mit den Fingern über das lackierte Eichenholz und nahm den Duft von Luxus und Pomp in sich auf. Die Bühne und die Prosodie der Formen strahlten die beklemmende, exklusive Atmosphäre der Institutionen aus, die sich der Geldalchemie widmeten, und erinnerten den Besucher in jedem Moment daran, dass er sich, auch wenn er sich drinnen wähnte, draußen und auf der anderen Seite des Schalters befand.

Der Saal war mit zahlreichen Porträts unterschiedlicher Größe dekoriert. Mehrheitlich handelte es sich um Fotografien, aber es gab auch Ölbilder und Kohleskizzen mit den Namenszügen der Auslese offizieller, renommierter Porträtisten der letzten Jahrzehnte. Vargas betrachtete die Sammlung eingehend. Auf allen Bildern war dieselbe Person zu sehen, ein Herr mit Silberhaar und Patriziergesicht, der mit heiterem Lächeln und eiskaltem Blick in die Kamera – oder in die Augen des Künstlers – schaute. Der Protagonist dieser Porträts verstand zweifellos zu posieren und seine Begleitung auszuwählen. Vargas beugte sich vor, um ein Foto eingehender zu betrachten, auf dem der Herr mit dem kalten Blick in Gesellschaft einer Gruppe prominenter Männer in prächtigen Jagdkostümen und mit dem Lächeln jahrzehntelanger Freunde zu sehen war, alle einen noch jungen General Franco umringend. Vargas studierte die Besetzungsliste dieser Vorstellung, wobei ihm einer der Jagdgenossen auffiel. Er stand in der zweiten Reihe und lächelte begeistert, als bemühte er sich, in der Szene hervorzutreten.

»Valls«, murmelte er.

Hinter ihm öffnete sich die Tür, und als er sich umwandte, sah er sich einem Mann mittleren Alters gegenüber, so schlank, dass man ihn fast als zerbrechlich hätte bezeichnen können, und mit schütterem feinem, blondem Babyhaar. Er trug einen makellos geschnittenen Alpakaanzug und dazu passende graue Augen, kaltblütig und durchdringend. Der Direktor lächelte ihm freundlich zu und gab ihm die Hand.

»Guten Tag. Mein Name ist Ignacio Sanchís, ich bin der Generaldirektor dieses Hauses. Wenn mich María Luisa richtig informiert hat, wünschen Sie mich zu sprechen. Entschuldigen Sie, dass ich Sie habe warten lassen. Wir sind mit den Vorbereitungen für die alljährliche Aktionärsversammlung beschäftigt und wissen nicht mehr recht, wo uns der Kopf steht. Womit kann ich Ihnen dienen, Hauptmann?«

Sanchís verströmte kultivierte Herzlichkeit und Professionalität gehobenen Bouquets. Sein Blick vermittelte Wärme und Autorität, während er Vargas genau einsortierte. Der bezweifelte nicht im Geringsten, dass Sanchís noch vor dem Ende seines Begrüßungssatzes bereits seine Schuhmarke und das Alter seines abgetragenen Anzuges kannte.

»Dieses Gesicht kommt mir bekannt vor«, sagte Vargas und deutete auf eines der Ölbilder.

»Das ist Don Miguel Ángel Ubach«, erwiderte Sanchís mit einem wohlwollenden Lächeln angesichts von Vargas' Ignoranz oder Naivität. »Unser Gründer.«

»Von der Ubach-Bank? Der *Pulverbankier*?«

Der andere deutete ein diplomatisches Lächeln an, doch sein Blick wurde kälter.

»Don Miguel Ángel hat dieser Beiname nie gefallen, der, wenn Sie gestatten, seiner Persönlichkeit keine Gerechtigkeit widerfahren lässt.«

»Ich habe gehört, dass der Generalísimo selbst ihn ihm gegeben hat, für die geleisteten Dienste.«

»Ich fürchte, dem ist nicht so. Den Spitznamen hat ihm eine gewisse rote Presse während des Krieges verpasst. Die Ubach-Bank hat zusammen mit anderen Institutionen zur Finanzierung der Kampagne der nationalen Befreiung beigetragen. Ein großer Mann, dem Spanien viel schuldet.«

»Was er zweifellos auch kassiert hat …«, murmelte Vargas.

Sanchís überhörte diese Worte und verlor kein bisschen von seiner Freundlichkeit.

»Und welches ist Don Miguel Ángels Beziehung zu dieser Gesellschaft?«

Sanchís räusperte sich und setzte eine geduldige, didaktische Miene auf.

»Nach dem Tode von Don Miguel Ángel, 1948, spaltete sich die Ubach-Bank in drei Gesellschaften auf. Eine war die Katalanische Hypotheken- und Industriebank, die vor nunmehr acht Jahren der Hispanoamerikanischen Kreditbank einverleibt wurde. Und da wurde Metrobarna gegründet, um das Immobilienportefeuille zu verwalten, das in der Bilanz der Bank figurierte.«

Sanchís sprach diese Worte aus, als hätte er sie schon oft rezitiert, in der erfahrenen und abwesenden Art eines Museumsführers, der eine Touristengruppe belehrt und dabei ständig verstohlen auf die Uhr schaut.

»Aber ich bin sicher, dass die Firmengeschichte nicht von großem Interesse für Sie ist. Womit kann ich Ihnen dienen, Hauptmann?«

»Es geht um ein eher belangloses Thema, vermutlich ganz ohne Bedeutung, Señor Sanchís, aber Sie wissen ja, was die Routine in solchen Angelegenheiten verlangt. Man muss alles überprüfen.«

»Selbstverständlich. Ich höre.«

Vargas zog sein Heft hervor und tat, als gehe er einige Zeilen durch.

»Könnten Sie bestätigen, dass ein Automobil mit Kennzeichen B-74325 der Metrobarna gehört?«

Sanchís schaute ihn verblüfft an.

»Das weiß ich, ehrlich gesagt, nicht … Diese Frage müsste ich dem …«

»Ich nehme an, die Gesellschaft hat einen ganzen Fuhrpark, oder irre ich mich?«

»Nein, Sie haben recht. Wir haben vier oder fünf Wagen, wenn …«

»Darunter einen Mercedes-Benz? Schwarz? Ein fünfzehn oder zwanzig Jahre altes Modell?«

Ein besorgter Schatten huschte über Sanchís' Gesicht.

»Ja, das ist der Wagen, den Valentín fährt. Ist etwas passiert?«

»Valentín, sagen Sie?«

»Valentín Morgado, ein Fahrer, der für dieses Haus arbeitet.«

»Ihr Privatfahrer?«

»Ja, schon seit Jahren … Darf ich fragen, was …?«

»Befindet sich Señor Morgado derzeit im Büro?«

»Ich glaube nicht. Heute Morgen musste er Victoria früh zum Arzt bringen …«

»Victoria?«

»Victoria ist meine Gattin.«

»Und wie lautet der Nachname Ihrer Gattin?«

»Ubach. Victoria Ubach.«

Vargas hob überrascht die Brauen. Sanchís nickte ein wenig gereizt.

»Die Tochter von Don Miguel Ángel, ja.«

Vargas zwinkerte ihm zu, als wolle er ihm zu verstehen geben, dass er die Geldheirat bewunderte, die ihn an die Spitze der Gesellschaft befördert hatte.

»Hauptmann, ich bitte Sie, mir zu sagen, worum es bei dieser Sache geht …«

Vargas lächelte freundlich und entspannt.

»Wie ich bereits erwähnte, nichts von Belang. Wir ermitteln in einem Verkehrsunfall, der sich heute Morgen in der Calle Balmes ereignet hat. Das verdächtige Fahrzeug hat Fahrerflucht begangen. Machen Sie sich keine Sorgen, es geht nicht um Ihres. Aber zwei Augenzeugen haben ausgesagt, sie hätten an dieser Kreuzung einen Wagen geparkt gesehen, der in der Beschreibung und im Kennzeichen mit dem schwarzen Mercedes übereinstimmt, den …«

»… Valentín fährt.«

»Genau. Tatsächlich haben beide ausgesagt, dass sich in dem Moment des Zusammenstoßes der Fahrer des Mercedes in seinem Fahrzeug befand. Von daher sind wir daran interessiert, ihn zu finden, um festzustellen, ob vielleicht er etwas gesehen hat, was uns helfen könnte, den flüchtigen Fahrer zu identifizieren …«

Bei diesem Bericht machte Sanchís ein zerknirschtes Gesicht, schien aber sichtlich erleichtert, dass sein Wagen und sein Fahrer nicht in den Unfall verwickelt waren.

»Schrecklich. Hat es ein Todesopfer gegeben?«

»Leider ja. Eine ältere Dame, die ins Hospital Clínico gebracht wurde. Sie war bei der Einlieferung schon tot.«

»Das tut mir sehr leid. Natürlich werden wir alles tun, um zu helfen …«

»Es würde uns genügen, mit Ihrem Angestellten Valentín zu sprechen.«

»Natürlich, selbstverständlich.«

»Wissen Sie, ob Señor Morgado Ihre Gattin nach dem Arztbesuch heute Morgen vielleicht noch anderswohin gefahren hat?«

»Da bin ich nicht sicher. Ich glaube es aber nicht. Victoria hat mir gestern gesagt, heute Mittag empfange sie einige Gäste zu Hause … Möglicherweise ist Valentín noch einmal losgefahren, um ein paar Besorgungen zu machen. Manchmal liefert er Dokumente oder Post des Büros ab, wenn meine Frau oder ich ihn vormittags nicht brauchen.«

Vargas zog eine Karte hervor und gab sie ihm.

»Wären Sie so liebenswürdig, Señor Morgado zu sagen, er soll sich so rasch wie möglich mit mir in Verbindung setzen?«

»Aber natürlich. Ich gebe gleich Anweisung, ihn zu suchen und zu benachrichtigen.«

»Wahrscheinlich kann er uns nicht helfen, aber die Formalitäten wollen erfüllt sein.«

»Selbstverständlich.«

»Noch etwas. Hat Señor Morgado vielleicht irgendein charakteristisches körperliches Merkmal?«

Sanchís nickte.

»Ja, Valentín wurde im Krieg verwundet. Ein Teil seines Gesichts ist infolge einer Mörserexplosion entstellt.«

»Steht er schon viele Jahre in Ihren Diensten?«

»Mindestens zehn. Valentín hat schon für die Familie meiner Gattin gearbeitet und genießt im Haus vollstes Vertrauen. Das kann ich nur bestätigen.«

»Einer der Zeugen hat etwas von einer Maske gesagt, die teilweise sein Gesicht verdeckt, kann das sein? Ich möchte nur auf Nummer Sicher gehen, dass es sich um die richtige Person handelt.«

»Dem ist so. Valentín trägt eine Prothese, die ihm den Unterkiefer und das linke Auge verdeckt.

»Ich möchte Ihnen nicht noch mehr Zeit stehlen, Señor Sanchís. Vielen Dank für Ihre Hilfe. Es tut mir leid, Ihre Sitzung gestört zu haben.«

»Keine Ursache, gern geschehen. Es ist für jeden Spanier eine Pflicht und eine Ehre, mit den Sicherheitskräften des Staates zusammenzuarbeiten.«

Sanchís begleitete ihn schon zum Ausgang, als sie an einer großen Tür aus gearbeitetem Holz vorbeikamen, hinter der sich eine monumentale Bibliothek mit Blick auf den Paseo de Gracia auftat. Vargas blieb einen Augenblick stehen und schaute hinein. Die Bibliothek erstreckte sich in eine palastartige Galerie, die den ganzen Seitenteil des Hauses einzunehmen schien. Boden und Decke waren mit derart auf Hochglanz poliertem Holz ausgekleidet, dass sie den Eindruck von zwei einander gegenüberliegenden Spiegeln erweckten, in denen sich die Bücherreihen ins Unendliche vervielfachten.

»Beeindruckend«, sagte Vargas. »Sind Sie Sammler?«

»Ein bescheidener«, erwiderte Sanchís. »Größtenteils stammen die Bücher aus dem Fundus der Ubach-Stiftung, aber ich muss zugeben, dass Bücher meine Schwäche sind und der Ort, wohin ich mich vor der Finanzwelt flüchte.«

»Ich verstehe Sie. Ich tue dasselbe, auf meine bescheidene Art. Ich suche seltene Bücher und Unikate und nehme sie fest. Meine Frau sagt, das sei eine Berufskrankheit.«

Sanchís nickte, behielt den höflich-geduldigen Gesichtsausdruck bei, aber seine Augen verrieten bereits einen gewissen Überdruss und den Wunsch, den Polizisten so bald wie möglich loszuwerden.

»Sind Sie an seltenen Büchern interessiert, Señor Sanchís?«

»Mehrheitlich besteht die Sammlung aus Texten des 18. und 19. Jahrhunderts, spanischen, französischen und italienischen, aber wir haben auch eine hervorragende Auswahl an deutscher Literatur und Philosophie und englischer Poesie. Vermutlich würde das in gewissen Kreisen schon als selten genug angesehen.«

Sanchís nahm ihn sanft, aber entschieden am Arm und führte ihn weiter durch den Korridor Richtung Ausgang.

»Ich beneide Sie, Señor Sanchís. Wer kann das schon von sich sagen … Meine Mittel sind beschränkt, und ich muss mich mit bescheidenen Stücken abfinden.«

»Es gibt keine bescheidenen Bücher, Hauptmann, nur hochmütige Ignoranz.«

»Natürlich. Genau das habe ich einem Antiquar gesagt, der für mich eine Reihe Romane eines vergessenen Autors sucht. Vielleicht sagt Ihnen der Name etwas. Mataix. Víctor Mataix.«

Gleichmütig hielt Sanchís seinem Blick stand und schüttelte langsam den Kopf.

»Tut mir leid, aber ich habe nie von ihm gehört.«

»Das sagen mir alle. Ein Mann widmet sein ganzes Leben dem Schreiben, und kurze Zeit später erinnert sich keiner mehr an seine Worte …«

»Die Literatur ist eine grausame Geliebte, die leicht vergisst …«

Sanchís öffnete die Tür zum Treppenhaus.

»Genau wie die Gerechtigkeit. Glücklicherweise gibt es immer jemanden wie Sie und mich, bereit, die Erinnerung an beides aufzufrischen.«

»So ist das Leben, das uns alle vorzeitig vergisst. Und nun, wenn ich nichts weiter für Sie tun kann …«

»Nein, noch einmal herzlichen Dank für Ihre Hilfe, Señor Sanchís.«

24

Beim Verlassen des Hauses sah Vargas, wie der Aquarellmaler soeben seine Utensilien zusammenpackte und sich eine Seebärentabakpfeife anzündete. Er sandte ein Lächeln vorweg und trat zu ihm.

»Mann, Sie sind ja Kommissar Maigret!«, rief der Künstler.

»Mein Name ist Vargas.«

»Dalmau«, stellte sich der andere vor.

»Wie sieht's aus, Meister Dalmau? Ist das Werk inzwischen fertig?«

»Die Werke werden nie fertig. Der Dreh besteht darin, zu wissen, an welchem Punkt man sie unvollendet lassen soll. Sind Sie immer noch daran interessiert?«

Er lüftete das Tuch, das über dem Aquarell hing.

»Scheint eine Traumgeburt zu sein …«

»Für zehn Duros plus freiwillige Zugabe gehört die Traumgeburt Ihnen.«

Vargas zückte die Brieftasche. Des Künstlers Augen leuchteten auf wie die Glut seiner Pfeife. Vargas gab ihm einen Hundert-Peseten-Schein.

»Das ist zu viel.«

Vargas schüttelte den Kopf.

»Betrachten Sie mich als Ihren Tagesmäzen.«

Der Maler hüllte ihm das Aquarell in Packpapier und verschnürte es.

»Kann man davon leben?«

»Die Postkartenindustrie hat uns sehr zugesetzt, aber es gibt immer noch Leute mit Geschmack.«

»Wie Señor Sanchís?«

Der Künstler zog eine Braue in die Höhe und sah ihn argwöhnisch an.

»Dachte ich mir doch, dass da was faul ist. Hoffentlich bringen Sie mich jetzt nicht in die Bredouille.«

»Ist Sanchís schon lange Ihr Kunde?«

»Seit einigen Jahren.«

»Haben Sie ihm viele Bilder verkauft?«

»Ziemlich.«

»So sehr gefällt ihm Ihr Stil?«

»Er kauft sie mir aus Mitleid ab, glaube ich. Er ist ein sehr großzügiger Mann, wenigstens für einen Bankier.«

»Vielleicht hat er ein schlechtes Gewissen.«

»Der Einzige wäre er nicht. Die Sorte gibt's in diesem Land wie
Sand am Meer.«

»Und da zählen Sie mich auch dazu?«

Dalmau verneinte knapp und klappte die Staffelei zusammen.

»Sie gehen schon? Ich dachte, Sie könnten mir etwas über Señor
Sanchís erzählen.«

»Hören Sie, wenn Sie wollen, geb ich Ihnen Ihr Geld zurück.
Und das Bild können Sie behalten. Hängen Sie es in eine der Zellen auf Ihrem Revier.«

»Das Geld gehört Ihnen, Sie haben es sich verdient.«

Der Künstler schien unschlüssig.

»Was haben Sie denn mit Sanchís?«

»Nichts. Reine Neugier.«

»Dasselbe hat auch der andere Polizist gesagt. Sie sind alle
gleich.«

»Der andere Polizist?«

»Ja, genau. Tun Sie nur so, als wüssten Sie nicht, wovon ich
rede.«

»Können Sie mir meinen Kollegen beschreiben? Vielleicht
springt noch ein Scheinchen mehr raus, wenn Sie mir helfen.«

»Da gibt es wenig zu beschreiben. Auch so ein Schlägertyp, wie
Sie. Bloß hatte der ein zerschnittenes Gesicht.«

»Hat er Ihnen gesagt, wie er heißt?«

»So vertraut wurden wir nicht miteinander.«

»Und wann war das?«

»Vielleicht vor drei, vier Wochen.«

»Hier?«

»Ja, hier. In meinem Büro. Kann ich jetzt gehen?«

»Sie haben nichts von mir zu befürchten, Meister.«

»Ich habe keine Angst vor Ihnen. Ihresgleichen kann mich längst nicht mehr erschrecken. Aber ich möchte lieber eine andere Luft atmen, wenn es Ihnen nichts ausmacht.«

»Haben Sie mal gesessen?«

Der Künstler lachte verächtlich.

»Im Modelo-Gefängnis?«

»Montjuïc. Von 39 bis 42. Sie und Ihre Kumpane können mir nichts mehr antun, was mir nicht schon angetan worden wäre.«

Vargas nahm die Brieftasche, um eine zweite Rate zu bezahlen, doch der Maler schüttelte den Kopf. Er zog seinerseits den Schein hervor, den ihm Vargas gegeben hatte, und ließ ihn zu Boden fallen. Dann ergriff er die zusammengeklappte Staffelei und das Farbenköfferchen und humpelte davon. Vargas schaute ihm nach, bis er sich den Paseo de Gracia hinauf verlor. Er bückte sich, um das Geld aufzuheben, und marschierte mit dem Bild unter dem Arm in entgegengesetzter Richtung davon.

Ignacio Sanchís trat ans Fenster des Sitzungsraums und beobachtete den Polizisten, der sich mit dem Maler an der Ecke unterhielt. Nach ein paar Minuten ging der Polizist mit dem Bild, das er ihm offenbar abgekauft hatte, Richtung Plaza de Cataluña davon. Sanchís wartete, bis er in der Menge verschwunden war. Dann trat er auf den Gang hinaus und ging zum Empfang.

»Ich geh mal ein paar Minuten weg, María Luisa. Wenn Lorca vom Madrider Büro anruft, stellen Sie ihn zu Juanjo durch.«

»Jawohl, Señor Sanchís.«

Er wartete nicht auf den Fahrstuhl, sondern stieg zu Fuß das Treppenhaus hinunter auf die Straße, wo ihn eine Brise empfing und darauf aufmerksam machte, dass seine Stirn schweißbedeckt war. Er ging zur Cafeteria neben dem Studio von Radio Barcelona in der Calle Caspe und bestellte einen kleinen Milchkaffee. Während er gebrüht wurde, wählte er am öffentlichen Fernsprecher hinten im Lokal eine Nummer.

»Brians«, antwortete die Stimme am anderen Ende der Leitung.

»Mich hat soeben ein Polizist besucht, der angeblich Vargas heißt.«

Langes Schweigen.

»Ist das der Anschluss des Büros?«, fragte Brians.

»Natürlich nicht.«

»Sie waren heute Morgen auch hier. Er und eine junge Frau. Sie sagten, sie hätten einen Mataix zu verkaufen.«

»Wissen Sie, wer sie waren?«

»Er war offensichtlich von der Polizei. Sie hat mir überhaupt nicht gefallen. Sobald sie weg waren, habe ich getan, was Sie mir gesagt haben. Ich hab die Nummer angerufen, die Sie mir gegeben haben, und gleich wieder aufgelegt, um Morgado zu avisieren und mich mit ihm am üblichen Ort zu treffen. Ich habe ihn vor einer knappen Stunde gesehen. Ich dachte, er hätte Sie schon benachrichtigt.«

»Es ist etwas Unvorhergesehenes geschehen. Morgado musste nach Hause zurückfahren«, sagte Sanchís.

»Was wollte der Polizist von Ihnen wissen?«

»Er hat sich nach Morgado erkundigt. Irgendeine Albernheit mit einem Unfall. Sie müssen Ihnen gefolgt sein.«

Sanchís hörte den Anwalt seufzen.

»Glauben Sie, die haben die Liste?«

»Ich weiß es nicht. Aber wir dürfen kein Risiko eingehen.«

»Was soll ich also tun?«, fragte Brians.

»Kein Treffen mit Morgado mehr und kein Anruf bis auf weiteres. Wenn nötig, werde ich mich mit Ihnen in Verbindung setzen. Bleiben Sie in Ihrem Büro, als wäre nichts geschehen. An Ihrer Stelle würde ich für eine Weile aus der Stadt verschwinden.«

Der Bankier hängte auf. Blass ging er an der Theke vorbei.

»Chef, Ihr Kaffee!«, sagte der Kellner. Sanchís blickte ihn an, als wüsste er nicht, was er hier tat, und verließ das Café.

25

Mauricio Valls hat zu viele Menschen sterben sehen, um an ein Jenseits zu glauben. Er aufersteht aus dem Fegefeuer der Antibiotika, Narkotika und hoffnungslosen Albträume. Er öffnet die Augen in die Not seiner Zelle und merkt, dass seine Kleidung verschwunden ist. Er ist nackt in eine Decke gehüllt. Er hebt die Hand, die er nicht hat, vors Gesicht und sieht den mit Teer kauterisierten Stumpf. Er betrachtet ihn lange, wie um herauszufinden, wem dieser Körper gehört, in dem er erwacht ist. Tropfenweise kehrt die Erinnerung an Bilder und Geräusche zurück. Bald kommt ihm alles wieder in den Sinn außer dem Schmerz. Vielleicht gibt es am Ende doch einen barmherzigen Gott, denkt er.

»Worüber lachst du?«, fragt die Stimme.

Die Frau, die er in seinem Delirium für einen Engel gehalten hat, beobachtet ihn von der anderen Seite der Gitterstäbe aus. In ihrem Blick liegt weder Mitleid noch sonst ein Gefühl.

»Warum hat man mich nicht sterben lassen?«

»Der Tod ist zu gut für dich.«

Valls nickt. Er ist sich nicht sicher, mit wem er spricht, obwohl ihm etwas an dieser Frau unglaublich vertraut vorkommt.

»Wo ist Martín? Warum ist er nicht gekommen?«

Die Frau, so scheint ihm, schaut ihn irgendwie verächtlich und zugleich traurig an.

»David Martín erwartet dich.«

»Wo?«

»In der Hölle.«

»Ich glaube nicht an die Hölle.«

»Nur Geduld. Du wirst schon an sie glauben.«

Die Frau zieht sich in den Schatten zurück und steigt langsam die Treppen hinauf.

»Warten Sie. Gehen Sie nicht. Bitte.«

Sie bleibt stehen.

»Gehen Sie nicht. Lassen Sie mich nicht wieder hier allein.«

»Dort hast du saubere Kleider. Zieh dich an«, sagt sie, ehe sie treppauf verschwindet.

Valls hört eine Tür zugehen. In einer Zellenecke liegt ein Sack mit Kleidern – alte Kleider, zu groß für ihn, aber einigermaßen sauber, obwohl sie nach Staub riechen. Er wickelt sich aus der Decke und betrachtet im Halbdunkel seinen Körper. Unter der Haut kann er jetzt Knochen und Sehnen lesen, wo es vorher einen Fingerbreit Fett gegeben hat. Er zieht sich an. Es ist nicht einfach, sich mit einer Hand anzukleiden, und auch nicht, mit nur fünf Fingern eine Hose oder ein Hemd zuzuknöpfen. Am dankbarsten ist er für die Socken und die Schuhe, in denen er seine Füße vor der Kälte verstecken kann. Zuunterst in der Tüte ist noch etwas. Ein Buch. Sogleich erkennt er den schwarzen Ledereinband und die Umrisse einer scharlachrot eingravierten Wendeltreppe auf der Vorderseite. Er stützt das Buch auf den Schoß und schlägt es auf.

Das Labyrinth der Lichter III
Ariadna und das Schattentheater

Text und Illustrationen von Víctor Mataix

Valls blättert bis zur ersten Illustration, wo er innehält. Sie zeigt die Ruinen eines alten Theaters, auf dessen Bühne ein weißgekleidetes Mädchen mit verletzlichem Blick steht. Selbst im Kerzenlicht erkennt er sie.

»Ariadna«, flüstert er.

Er schließt die Augen und umklammert mit seiner Hand einen der Gitterstäbe.

Vielleicht gibt es die Hölle doch.

26

Eine samtene Sonne überzog die Straßen mit Unschuld. Alicia spazierte zwischen den Menschen im Stadtzentrum hindurch und ließ sich eine Szene durch den Kopf gehen, die sie auf den letzten Seiten von *Ariadna und der Scharlachprinz* gelesen hatte. Darin begegnete Ariadna einem Straßenhändler, der am Eingang zur Stadt der Toten, der großen Nekropolis des Südens, Masken und welke Blumen feilbot. Sie war in einer Geisterstraßenbahn ohne Führer und ohne weitere Fahrgäste dahin gelangt; vorn war ein Schild angebracht, auf dem stand:

SCHICKSAL

Der Verkäufer war blind, hörte Ariadna aber kommen und fragte sie, ob sie eine Maske kaufen wolle. Die Masken auf seiner Karre, erklärte er, seien aus Resten verdammter Seelen gefertigt, die den Friedhof bewohnten und dazu da seien, das Schicksal an der Nase herumzuführen und vielleicht einen weiteren Tag zu überleben. Ariadna gestand ihm, dass sie nicht wusste, welches ihr Schicksal war, und dass sie es verloren zu haben glaubte, als sie in dieses geisterhafte, unter der Herrschaft des Scharlachprinzen stehende Barcelona hinuntergefallen war. Der Maskenverkäufer lächelte und antwortete mit folgenden Worten:

Die meisten von uns Sterblichen lernen ihr wirkliches Schicksal nie kennen; wir werden ganz einfach von ihm überrollt. Wenn wir dann den Kopf heben und sehen, wie es sich auf der Landstraße entfernt, ist es schon zu spät, und den Rest des Weges müssen wir im Straßengraben dessen zurücklegen, was die Träumer die Reife nennen. Die Hoffnung ist nichts weiter als der Glaube, dass dieser Moment noch nicht gekommen ist, dass es uns gelingt, unser wirkliches Schicksal zu sehen, wenn es heranrückt, und dass wir an Bord springen können, ehe sich die Chance, wir selbst zu werden, auf ewig verflüchtigt

und uns dazu verdammt, leer zu leben und uns nach dem zu seh-
nen, was hätte sein müssen und nie war.

Alicia erinnerte sich an diese Worte, als wären sie ihr in die Haut
geritzt. Nichts überrascht und erschreckt mehr als das, was man
schon weiß. Als sie an diesem Mittag die Hand auf die Türklinke
der alten Buchhandlung Sempere & Söhne legte, spürte sie, wie
dieses noch zu lebende Leben sie berührte, und sie fragte sich, ob
es nicht schon zu spät war.

Als sie eintrat, wurde sie vom Glöckchen an der Tür empfangen, dem von Tausenden Seiten ausgehenden Duft von Büchern,
die auf ihre Chance warteten, und einer nebligen Helligkeit, die
die Szenerie mit einem Traumgewebe überzog. Alles war so, wie
sie es in Erinnerung hatte, von der Vielzahl der hellen Holzregale
bis zum letzten im Licht des Schaufensters gefangenen Stäubchen.
Alles außer ihr.

Sie betrat diesen Raum, als kehrte sie in eine wiedergefundene
Erinnerung zurück. Einen Augenblick lang dachte sie, dieser Ort
hätte ihr Los sein können, wenn es nicht einen Krieg gegeben
hätte, der ihr alles genommen hatte, was ihr gewesen war, der sie
verstümmelt und in den Straßen einer verdammten Erde alleingelassen hatte. Einen Krieg, an dessen Ende sie eine unter vielen
Marionetten in einer Vorstellung geworden war, der sie, wie sie
wusste, nie würde entrinnen können. Sie begriff, dass diese Sinnestäuschung, die sie in den Wänden der Buchhandlung Sempere
& Söhne vorausspürte, das ihr geraubte Leben war.

Der Blick eines kleinen Jungen riss sie aus dieser Träumerei.
Er konnte nicht älter als zwei, drei Jahre sein und war in einem
kleinen Laufgitter aus weißem Holz neben dem Ladentisch untergebracht. Der Knabe, mit einem Schopf blonder Haare, so
fein, dass es Goldschmiedekunst zu sein schien, war aufgestanden, klammerte sich an die obere Leiste des Laufstalls und beobachtete sie unverwandt, als gehörte sie einer exotischen Spezies
an. Sie schenkte ihm eines dieser ehrlichen Lächeln, die einem
unmerklich entschlüpfen. Der Kleine schien das Mienenspiel ab-

zuschätzen, während er mit einem Gummikrokodil spielte. Dann schoss er in einem beachtlichen Akt aeronautischer Akrobatik das Gummitier auf eine parabolische Bahn, so dass es zu ihren Füßen landete. Sie bückte sich, um das Krokodil aufzulesen, und da vernahm sie ihre Stimme.

»Julián, du lieber Himmel, es ist einfach unglaublich …«

Alicia hörte die Schritte um den Ladentisch herumgehen, und als sie sich wieder aufrichtete, sah sie sie. Beatriz. Aus der Nähe erschien sie ihr so schön, wie die Berichte von Dummköpfen und Schnüfflern sie darstellten, die, wie vorauszusehen, kaum sehr viel mehr über sie zu sagen wussten. Sie strahlte diese gesegnete, verfrühte Weiblichkeit einer Frau aus, die vor ihrem zwanzigsten Geburtstag Mutter geworden ist, hatte aber den Blick eines doppelt so alten Menschen, durchdringend und forschend. Niemand weiß eine Frau so zu lesen wie eine andere Frau, und in diesem kurzen Augenblick, in dem ihre Hände sich berührten, als Alicia ihr das Spielzeug des kleinen Julián reichte und ihre Augen sich trafen, spürten beide, dass sie einer Art Spiegel gegenüberstanden.

Alicia betrachtete dieses Wesen und dachte, in einem anderen Leben hätte sie gut und gern dieses heitere, engelhafte Weibchen sein können, das in der Nachbarschaft bestimmt Sehnsüchte und Seufzer weckte, Ausbund der perfekten Gattin aus den Modeanzeigen. Beatriz, sine peccato concepta, betrachtete ihrerseits diese Fremde, die ihr wie ein dunkles Abbild ihrer selbst erschien, eine Bea, die sie nie würde sein können oder zu sein wagen würde.

»Entschuldigen Sie wegen des Kleinen«, sagte sie. »Er will unbedingt, dass die Krokodile allen so gefallen wie ihm. Es können keine Hündchen oder Teddybären sein wie bei anderen Kindern, nein …«

»Ein Zeichen guten Geschmacks«, sagte Alicia. »Die anderen Kinder sind alles affektierte Persönchen, nicht wahr?«

»Kokodil«, sagte der Kleine und nickte wiederholt, als hätte er endlich eine verständnisvolle Seele auf dieser Welt gefunden. Bea runzelte die Stirn. Die Züge dieser Frau erinnerten sie an die stilisierten, exquisit bösen Hexen aus den Märchen, die Julián so gern hatte. Ihr Sohn musste dasselbe gedacht haben, denn er hatte die Hände nach ihr ausgestreckt, als wollte er von ihr in die Arme genommen werden.

»Da haben Sie offensichtlich eine Eroberung gemacht«, sagte Bea. »Und glauben Sie ja nicht, dass Julián sich mit jedem einlässt.«

Alicia schaute den Jungen an. Noch nie im Leben hatte sie ein Kind in den Armen gehalten. Sie hatte keine Vorstellung, wie man so etwas machte. Bea musste spüren, wie perplex sie war, denn sie nahm Julián in die Arme.

»Haben Sie keine Kinder?«

Alicia verneinte.

Wahrscheinlich frisst sie sie, dachte Bea in einem boshaften Ausrutscher. Julián betrachtete sie noch immer fasziniert.

»Julián heißt er?«

»Ja.«

Langsam ging Alicia auf den Kleinen zu und bückte sich, damit sie in Augenhöhe waren. Julián lächelte entzückt. Bea, überrascht von der Reaktion ihres Sohnes, erlaubte ihm, die Hand bis zum Gesicht dieser Frau auszustrecken. Julián strich ihr über Wangen und Lippen. Bea glaubte zu sehen, wie ihr bei dieser Berührung die Tränen kamen – vielleicht war es aber auch nur der Abglanz des mittäglichen Lichts. Die Frau zog sich rasch zurück und wandte sich ab.

Sie war erlesen und, soweit Bea es beurteilen konnte, teuer angezogen. Sie trug die Art Kleider, die Bea manchmal in den besten Schaufenstern Barcelonas bestaunte, um dann tagträumend weiterzugehen. Sie war von schmalem Wuchs und hatte eine leicht theatralische Miene. Ihre Lippen waren in einer Farbe und einem Glanz geschminkt, die öffentlich zu zeigen sie sich nie getraut hätte und die sie zu besonderen Gelegenheiten allein für Daniel aufgetragen hatte, wenn er sie mit Muskateller bezirzte und sie bat, für ihn ein *Defilee* zu machen, wie er es nannte.

»Ihre Schuhe gefallen mir sehr«, sagte sie.

Die Frau drehte sich wieder zu ihr und lächelte, so dass zwischen dem Burgunderrot die Zähne zum Vorschein kamen.

»Schuhe … schööön«, sagte auch Julián, der alles zu mögen schien, auch die Samtaugen, die hypnotisch waren wie die einer Schlange.

»Suchen Sie etwas Bestimmtes?«

»Das weiß ich nicht. Ich musste bei einem Umzug fast alle meine Bücher zurücklassen, und jetzt, wieder in Barcelona, fühle ich mich als Schiffbrüchige.«

»Sind Sie von hier?«

»Ja, aber ich habe einige Jahre woanders gelebt.«

»In Paris?«

»Paris? Nein.«

»Ich dachte, wegen der Kleider. Und dem Aussehen. Sie sehen ein wenig wie eine Pariserin aus.«

Alicia wechselte einen Blick mit dem kleinen Julián, der immer noch fasziniert war, und nickte, als stammte die Idee von der Pariser Herkunft von ihm und nicht von seiner Mutter.

»Kennen Sie Paris?«, fragte Alicia.

»Nein. Nun, bloß aus Büchern. Aber im nächsten Jahr werden wir dort unseren Hochzeitstag feiern.«

»Das ist vielleicht ein Ehemann!«

»Oh, er weiß es noch gar nicht.«

Bea lachte nervös. Etwas im Blick dieser Frau löste ihr die Zunge. Alicia blinzelte ihr verschwörerisch zu.

»Noch besser. Es gibt Dinge, die zu wichtig sind, um sie den Männern zu überlassen.«

»Sind Sie zum ersten Mal hier in der Buchhandlung?« Bea wünschte sehnlichst das Thema zu wechseln.

»Nein. Als Kind bin ich immer mit meinen Eltern hergekommen. Hier hat mir meine Mutter mein erstes Buch gekauft. Doch das ist viele Jahre her. Vor dem Krieg. Aber da ich eine so gute Erinnerung an die Buchhandlung habe, dachte ich, das wäre der richtige Ort, um mit dem Wiederaufbau meiner verlorenen Bibliothek zu beginnen.«

Bea verspürte einen tiefen Kitzel angesichts der impliziten Verheißung eines bevorstehenden Geschäfts. Sie steckten schon lange in einer Dürrezeit, so dass diese Worte Sphärenklänge für sie waren.

»Wir sind gern für Sie da – und was wir nicht am Lager haben, besorgen wir Ihnen in wenigen Tagen oder Stunden.«

»Es freut mich, das zu hören. Sind Sie die Inhaberin?«

»Ich bin Bea. Das ist die Buchhandlung meines Schwiegervaters, aber die ganze Familie arbeitet hier.«

»Auch Ihr Mann arbeitet mit Ihnen? Was für ein Glücksfall …«

»Ich weiß nicht, ob ich das unterschreiben könnte«, scherzte Bea. »Sind Sie verheiratet?«

»Nein.«

Bea wusste nicht, was sie sagen sollte, einmal mehr schlingerte ihre Zunge. Schon zum zweiten Mal hatte sie dieser vielversprechenden Kundin eine persönliche Frage gestellt, die nichts zur Sache tat. Alicia las ihren Blick und lächelte.

»Keine Sorge, Bea. Ich heiße Alicia.«

Sie gab Bea die Hand. Julián, der sich nicht das Geringste entgehen ließ, hob die seine ebenfalls. Alicia drückte sie auch ihm. Bea lachte.

»Mit Ihrem Händchen für Kinder müssten Sie eigentlich welche haben.«

Sowie sie diesen Satz ausgesprochen hatte, biss sie sich auf die Zunge. *Bea, halt den Mund, ja?*

Alicia schien sie nicht gehört zu haben, sondern war in die Betrachtung der von Büchern überquellenden Regale versunken, hob die Hand und streichelte sie beinahe, jedoch ohne sie zu berühren. Da sie ihr den Rücken zugewandt hatte, konnte Bea sie erneut gründlich mustern.

»Sie müssen wissen, dass wir für Sammlungen Sonderpreise machen …«

»Darf ich hier einziehen?«, fragte Alicia.

Bea lachte wieder, diesmal ohne große Überzeugung, und sah

ihren Sohn an, der dieser Fremden ganz offensichtlich bereits die Schlüssel gegeben hätte.

»Steinbeck«, hörte sie sie murmeln.

»Wir haben hier eine Neuausgabe von mehreren seiner Romane, soeben eingetroffen …«

Alicia schlug einen der Bände auf und las aufs Geratewohl einige Zeilen.

»Als läse man Musik auf den fünf Notenlinien«, sagte sie leise.

Bea nahm an, dass sie mit sich selbst sprach, sich in den Büchern verloren und sie und den Jungen vergessen habe. Sie ließ sie in Ruhe und erlaubte dem Knaben, nach Lust und Laune durch den Laden zu laufen. Alicia zog da und dort ein Buch hervor und legte es auf den Ladentisch. Nach einer Viertelstunde hatte sich ein ansehnlicher Turm gebildet.

»Wir machen auch Hauslieferungen …«

»Machen Sie sich keine Gedanken, Bea. Ich werde heute Nachmittag jemanden vorbeischicken, um sie abzuholen. Aber das hier nehme ich gleich mit. Das Kärtchen da hat mich überzeugt: *Fermíns Empfehlung: Früchte des Zorns des durchtriebenen Johnny Steinbeck ist eine Buchstabensinfonie, um bei Verschlossenheit Linderung zu verschaffen und in Fällen von durch eine exzessive Befolgung des offiziellen Vertrottelungskanons hervorgerufener geistiger Verstopfung die Aktivität der Hirnwindungen zu fördern.*«

Bea verdrehte die Augen und löste das Kärtchen vom Umschlag.

»Verzeihen Sie, die Sache mit diesen *Verordnungen* ist einer der letzten Spleens von Fermín. Ich versuche schon die ganze Zeit, sie alle zu finden und zu entfernen, bevor die Kunden darauf stoßen, aber er versteckt sie überall …«

Alicia lachte. Sie hatte ein kaltes, gläsernes Lachen.

»Ist dieser Fermín einer Ihrer Angestellten?«

Bea nickte.

»Das könnte man so sagen. Er definiert sich selbst als literarischen Berater und bibliographischen Detektiv von Sempere & Söhne.«

»Offenbar eine echte Persönlichkeit.«

»Sie machen sich keine Vorstellung. Nicht wahr, Julián, so einen wie Fermín gibt's gar nicht?«

Julián klatschte in die Hände.

»Die beiden sind einer wie der andere. Ich weiß nicht, welcher von beiden mehr Stroh im Kopf hat …«

Sie begann, die Preise der Bücher durchzugehen und im Rechnungsbuch zu notieren. Alicia sah, dass sie es mit einer Eleganz tat, die keinen Zweifel daran aufkommen ließ, wer in diesem Laden über die Zahlen wachte.

»Mit dem Rabatt des Hauses kommt es Sie auf …«

»Ohne Rabatt, bitte. Für Bücher Geld auszugeben ist ein Vergnügen, das mir nicht beschnitten werden soll.«

»Sind Sie sicher?«

»Absolut.«

Alicia bezahlte ihren Einkauf, den Bea für den Boten vorbereitete, welcher die Bücher am Nachmittag abholen sollte.

»Da nehmen Sie aber einige Schätze mit«, sagte Bea.

»Ich hoffe, es sind die ersten einer langen Liste.«

»Sie wissen, wo Sie uns finden.«

Alicia gab ihr noch einmal die Hand.

»Es war mir ein Vergnügen, Bea. Ich werde bald wiederkommen.

Bea nickte zufrieden, dachte aber, das klinge fast nach einer Drohung.

»Wir sind gern für Sie da. Was auch immer Sie benötigen …«

Alicia hauchte Julián einen Kuss zu, der ihn in eine Art Trance fallen ließ. Mutter und Sohn schauten zu, wie Alicia mit katzenhafter Miene in die Handschuhe schlüpfte und auf den Boden malträtierenden Absätzen zum Ausgang stolzierte. In dem Augenblick, da sie zur Tür hinausging, traf Daniel ein. Bea beobachtete, wie ihr Mann ihr verdutzt die Tür aufhielt und in einem Lächeln zerfloss, das allermindestens eine Ohrfeige verdiente. Sie verdrehte die Augen und seufzte. Julián plapperte aufgeregt neben ihr, wie immer, wenn ihn etwas begeisterte, sei es eine Geschichte seines Onkels Fermín oder ein heißes Bad.

»Ihr seid alle gleich«, murmelte sie.

Daniel trat in die Buchhandlung und stieß auf Beas Blick, der ihn mit seiner Kälte durchbohrte.

»Wer war denn die?«, fragte er.

27

Erst als sie an der Ecke zur Puerta del Ángel angekommen war, blieb Alicia stehen, versteckt in der Menge, und trocknete vor einem Schaufenster der Casa Jorba die Tränen, die ihr übers Gesicht flossen. *Das ist mein Leben.* Sie trat ihrem Spiegelbild in der Scheibe gegenüber, und die Wut verbrannte sie innerlich.

Idiotin, dachte sie.

Wieder bei sich, schlug sie ihre ehemalige Lieblingsroute ein und ließ sich treiben. Wie vor Jahren legte sie in zwanzig Minuten zwanzig Jahrhunderte zurück. Sie spazierte die Puerta del Ángel hinunter zur Kathedrale und bog dann in die Calle de la Paja ein, die an den Überresten der römischen Stadtmauer entlangführte, und ging schließlich durchs jüdische Viertel El Call bis zur Calle Aviñón hinunter. Immer waren ihr die Straßen lieber gewesen, die sie weder mit Trambahnen noch Autos teilen musste. Hier, mitten im alten Barcelona, wo die Maschinen und ihre Adepten nicht einzudringen vermochten, nährte sie den Glauben, die Zeit verlaufe kreisförmig, und wenn sie nicht weiter als bis zu dem Gässchenlabyrinth ginge, wo sich die Sonne nur auf Zehenspitzen hineintraute, würde sie vielleicht nie altern und könnte in eine verborgene Zeit zurückkehren, um den Weg wiederzufinden, den sie nie hätte verlassen dürfen. Vielleicht war ihr Moment noch nicht vorbei. Vielleicht hatte sie doch noch einen Grund weiterzuleben.

Vor dem Krieg war sie diesen Weg oft an der Hand ihrer Eltern gegangen. Sie erinnerte sich, dass sie mit ihrer Mutter am Schaufenster von Sempere & Söhne vorbeigekommen und einen Augenblick stehen geblieben war, um den Blick eines kleinen Jungen mit hilflosem Gesicht zu erwidern, der sie von der anderen Seite der Scheibe aus anschaute. Daniel vielleicht? Sie entsann sich des Tages, da ihre Mutter ihr das erste Buch kaufte, das sie in ihrem Leben gelesen hatte, eine Gedicht- und Legendensammlung von Gustavo Adolfo Bécquer. Sie erinnerte sich an die vielen Nächte, die sie schlaflos verbracht hatte im Glauben, der Organist Maese Pérez streiche um Mitternacht vor ihrer Zimmertür herum, und mit dem Wunsch, wieder zu dem verzauberten Buchladen zurückzukehren, wo tausendundeine zu erlebende Geschichten auf sie warteten. Vielleicht hätte Alicia in diesem anderen, verlorenen Leben jetzt auf der anderen Seite des Ladentischs gestanden, hätte aller Welt Bücher in die Hände gegeben, im Rechnungsheft Titel und Preis notiert und von dieser Reise nach Paris mit Daniel geträumt.

Je näher sie ihrem Haus kam, desto mehr stieg wieder der trübe Groll in ihr auf, der sie zu dem düsteren Bereich ihrer Seele ohne Spiegel noch Fenster zog, in dem sie lebte. Einen Moment stellte sie sich vor, wie sie umkehrte und zur Buchhandlung zurückging, um wieder vor diesem märchenhaften Weibchen und ihrem Cherub mit dem geschenkten Lächeln zu stehen. Beatriz die Reine. Sie schaute sich dabei zu, wie sie sie am Hals packte und an die Wand drückte, ihr die Fingernägel in die samtene Haut bohrte und das Gesicht dem dieser weißen Seele näherte, damit Bea in den Abgrund sehen könnte, der sich in ihren Augen verbarg, während sie ihr die Lippen leckte, um zu erraten, wonach der Honig des Glücks schmeckte, der das Leben derer segnete, zu denen sie, wie Leandro immer gesagt hatte, nie gehören würde: *zu den normalen Leuten.*

Auf der Kreuzung Aviñón und Fernando blieb sie stehen, wenige Meter von ihrer Haustür entfernt, und senkte den Blick. Schamgefühl erfüllte sie. Fast hörte sie Leandro in einem Winkel seines Geistes über sie lachen. »Meine liebe Alicia, Geschöpf der

Dunkelheit, tu dir nicht weh mit dem Traum, die kleine Prinzessin ihres Heims zu sein, die auf die Rückkehr des Helden wartet und mit Freudensprüngen die reizenden Sprösslinge umsorgt. Du und ich, wir sind, was wir sind, und je weniger wir uns im Spiegel anschauen, desto besser.«

»Geht es Ihnen gut, Señorita Alicia?«

Sie öffnete die Augen und erblickte ein vertrautes Gesicht, ein Stück Vergangenheit.

»Fernandito?«

Ein gesegnetes Lächeln breitete sich auf den Lippen ihres ehemaligen treuen Bewunderers aus. Die Jahre hatten aus einem armen Burschen fiebernden Geistes und galoppierenden Herzens einen nicht unansehnlichen kleinen Mann gemacht. Aber trotz der vergangenen Jahre war sein Blick immer noch so berückt wie an dem Tag, als er zum Abschied auf den Francia-Bahnhof gekommen war.

»Es ist eine große Freude, Sie wiederzusehen, Señorita Alicia. Sie sehen unverändert aus. Was sage ich da: Sie sehen noch besser aus.«

»Du hast mich einfach gern, Fernandito. Wer sich verändert hat, das bist du.«

»So sagt man«, bestätigte er, offensichtlich zufrieden mit der Verbesserung.

»Du hast ordentlich Muskeln zugelegt. Ich bin mir nicht sicher, ob ich dich immer noch Fernandito nennen darf. Jetzt siehst du aus wie Don Fernando.«

Er errötete und senkte die Augen.

»Sie dürfen mich nennen, wie Sie wollen, Señorita Alicia.«

Sie beugte sich zu ihm vor und küsste ihn auf die Wange, die schon leicht kratzte. Der verdatterte Bursche war wie eingefroren, ließ sich dann aber zu einer kräftigen Umarmung hinreißen.

»Ich freue mich, dass Sie heimgekommen sind. Man hat Sie sehr vermisst.«

»Darf ich dich zu einer … Magst du Meringemilch noch immer so gern?«

»Ich bin zu Kaffee mit Schuss übergegangen.«

»Was das Testosteron nicht alles fertigbringt …«

Fernandito lachte. Trotz seines noch jungen Muskelzuwachses, des sanft sprießenden Bartes und seiner tiefen neuen Stimme lachte er noch immer wie ein Kind. Alicia nahm ihn am Arm und zog ihn ins Gran Café, wo sie einen Kaffee mit dem besten kubanischen Rum des Hauses und ein Glas Alella bestellte. Sie stießen auf das Wiedersehen nach Jahren der Abwesenheit an, und Fernandito, berauscht vom Rum und von Alicias Gegenwart, erzählte ihr, dass er bisweilen für ein Lebensmittelgeschäft des Viertels Waren austrug und sich eine Freundin zugelegt hatte, ein junges Mädchen namens Candela, die er in der Katechese der Kirchgemeinde kennengelernt hatte.

»Vielversprechend. Wann heiratest du?«

»Ich, heiraten? Das sind Vorstellungen meiner Tante Jesusa. Mit Mühe und Not habe ich Candela dazu gebracht, mir einen Kuss zu geben. Sie glaubt, wenn kein Geistlicher zugegen ist, sei es Sünde.«

»Wenn ein Geistlicher zugegen ist, ist es nicht lustig.«

»Das sage ich auch immer. Zudem kann ich mit dem, was ich im Laden verdiene, keinen Duro für die Hochzeit sparen. Stellen Sie sich vor, ich habe achtundvierzig Wechsel für die Vespa unterschrieben …«

»Du hast eine Vespa?«

»Ein Bijou. Sie ist aus dritter Hand, aber ich habe sie neu spritzen lassen, und sie ist hübsch anzusehen. Eines Tages muss ich Sie auf eine Spazierfahrt mitnehmen. Aber eben, was sie gekostet hat und weiterhin kosten wird … Unsere ganze Familie ist ein wenig knapp bei Kasse, seit mein Vater krank geworden ist und die Arbeit bei der Chemischen aufgeben musste. Diese ganzen Säuredämpfe. Sie haben dem Ärmsten die Lunge zerfressen.«

»Das tut mir sehr leid, Fernandito.«

»So ist das Leben. Aber im Moment ist mein Lohn das einzige Geld, das reinkommt, und ich muss was Besseres finden.«

»Was würdest du denn gern machen?«

Er sah sie mit rätselhaftem Lächeln an.

»Wissen Sie, was ich schon immer gern gemacht hätte? Mit Ihnen arbeiten.«

»Aber du hast doch gar keine Ahnung, was ich mache!«

»Ich bin nicht so dumm, wie ich aussehe, Señorita Alicia.«

»Ich habe nie gedacht, dass du das bist.«

»Ein Träumer, das ja, und ein bisschen einfältig, was soll ich Ihnen groß erzählen, Sie haben es ja am eigenen Leib erfahren, aber ich habe genug Grips, um zu wissen, dass Sie im Geschäft der Rätsel und Intrigen tätig sind.«

Sie lächelte.

»Das ist vermutlich eine Art, es auszudrücken.«

»Keine Angst, ich werde dichthalten.«

Alicia schaute ihm in die Augen. Fernandito blieb stumm. In diesen Abgrund hinunterzuschauen beschleunigte immer seinen Puls.

»Würdest du wirklich gern für mich arbeiten?«

Er riss die Augen tellergroß auf.

»Nichts auf dieser Welt würde mich glücklicher machen.«

»Nicht einmal, Candelita zu heiraten?«

»Seien Sie nicht so böse, Señorita Alicia, manchmal können Sie sehr böse sein.«

Sie nickte und schluckte den Vorwurf.

»Schauen Sie, Sie sollen nicht denken, ich mache mir irgend-welche Illusionen. Ich weiß zwar, dass ich nie wieder jemanden so lieben werde, wie ich Sie geliebt habe, aber das ist mein Problem. Ich habe schon vor längerem kapiert, dass Sie mich nie lieben wer-den.«

»Fernandito …«

»Lassen Sie mich ausreden – wenn ich mich schon mal traue, offen mit Ihnen zu sprechen, dann will ich nichts auslassen, ich glaube, nie wieder werde ich den Mut haben, Ihnen zu sagen, was ich empfinde.«

Sie nickte.

»Was ich sagen will, und ich weiß, dass es mich nichts angeht, und seien Sie mir nicht böse, dass ich es trotzdem sage: Zwar ist es okay, dass Sie nicht mich lieben, denn ich bin ein armer Dummkopf, aber eines Tages werden Sie jemand lieben müssen, das Leben ist sehr kurz und zu mies, um es so zu verbringen … allein.«

Alicia sah zu Boden.

»Wir können uns nicht aussuchen, wen wir lieben, Fernandito. Vielleicht kann ich einfach niemanden lieben und zulassen, dass jemand mich liebt.«

»Das glaube ich nicht. Ist das nicht Ihr Freund, dieser baumlange Polizist, der da mit Ihnen rumzieht?«

»Vargas? Nein. Das ist nur ein Arbeitskollege. Und ein guter Freund, glaube ich.«

»Vielleicht kann ich das auch sein.«

»Freund oder Arbeitskollege?«

»Beides. Wenn Sie mich lassen.«

Sie schwieg lange. Fernandito wartete wortlos ab, während er sie mit religiöser Ergebenheit anschaute.

»Und wenn es gefährlich wäre?«, fragte sie.

»Gefährlicher, als in diesem Viertel volle Getränkekästen die Treppenhäuser raufzuschleppen?«

Sie nickte.

»Schon als ich Sie kennengelernt habe, wusste ich, dass Sie eine Gefahr sind, Señorita Alicia. Ich bitte Sie ja nur um eine Chance. Wenn Sie sehen, dass ich nichts tauge, entlassen Sie mich. Ohne jede Rücksicht. Was meinen Sie?«

Er reichte ihr die Hand. Sie ergriff sie, doch statt sie zu drücken, küsste sie sie, als wäre er ein Dämchen, und hielt sie an ihre Wange. Das Gesicht des jungen Burschen wurde zum reifen Pfirsich.

»Okay, eine Woche auf Probe. Wenn du nach ein paar Tagen siehst, dass das nichts ist für dich, lösen wir den Vertrag auf.«

»Ehrenwort?«

Sie nickte.

»Tausend Dank. Ich werde Sie nicht enttäuschen, das schwöre ich Ihnen.«

»Das weiß ich doch, Fernandito. Da habe ich gar keinen Zweifel.«

»Werde ich bewaffnet sein müssen? Ich frage nur, weil mein Vater noch immer sein Milizgewehr hat …«

»Wenn du die Vorsicht als Waffe benutzt, genügt es.«

»Und worin besteht die Mission?«

»Darin, dass du meine Augen bist.«

»Wie Sie meinen.«

»Was zahlt man dir im Laden pro Monat?«

»Einen Hungerlohn.«

»Vervierfache ihn, und du kommst auf dein wöchentliches Basisgehalt. Plus Leistungsprämien und Zuschläge. Und ich bezahle den Monatswechsel für die Vespa. Das mal für den Anfang. Findest du das angemessen?«

Er stimmte hypnotisiert zu.

»Sie wissen ja, dass ich für Sie auch umsonst arbeiten würde, ich würde sogar dafür bezahlen.«

Alicia schüttelte den Kopf.

»Schluss mit der Gratisarbeit, Fernandito. Willkommen im Kapitalismus.«

»Soll der nicht ganz schlecht sein?«

»Noch schlechter, als man sagt. Und er wird dir sehr gefallen.«

»Wann soll ich anfangen?«

»Jetzt gleich.«

28

Vargas hielt sich den Magen, als wäre soeben wie von Zauberhand ein Geschwür geplatzt.

»Was haben Sie dieser Rotznase dort gesagt?«

»Er heißt Fernandito. Und von einer Rotznase ist nicht mehr viel übrig. Er ist schon fast so schwer wie Sie. Außerdem hat er eine Vespa.«

»Mein Gott. Reicht es Ihnen nicht, mir das Leben schwerzu-
machen? Müssen Sie jetzt auch noch Ahnungslose in Ihre Machenschaften mit hineinziehen?«

»Genau darum geht es. Was wir in dieser Geschichte brauchen,
ist jemand Ahnungsloses.«

»Ich dachte, dafür gibt's den Idioten Rovira, der mir übrigens
den ganzen Vormittag gefolgt ist. Hatte man ihn nicht geheißen,
Sie zu beschatten?«

»Vielleicht ist er nicht ganz der Idiot, der er zu sein scheint.«

»Und wer ist dieser Fernandito? Frisches Blut fürs Bad der Grä-
fin Báthory?«

»Sie werden immer belesener, Vargas. Aber nein, Fernandito wird keinen einzigen Tropfen Blut vergießen. Höchstens
Schweiß.«

»Und Tränen. Glauben Sie nicht, ich hätte nicht gesehen, dass
er Sie mit den Äuglein eines geköpften Lamms anschaut.«

»Wann wollen Sie das gesehen haben?«

»Als Sie ihn unten im Café hypnotisiert haben. Sie beide sahen
aus wie eine Königskobra und ein Kaninchen.«

»Ich dachte, nur Rovira spioniert mich aus.«

»Ich habe Sie gesehen, als ich von Metrobarna zurückgekommen bin.«

Alicia schüttelte langsam den Kopf und spielte das Ganze herunter, während sie sich Weißwein in eines ihrer vornehmen Gläser einschenkte. Sie probierte einen ersten Schluck und stützte
sich auf dem Tisch auf.

»Erzählen Sie mir, wie es Ihnen ergangen ist, und vergessen Sie
Fernandito für den Moment.«

Vargas schnaubte und ließ sich aufs Sofa fallen.

»Wo soll ich anfangen?«

»Versuchen Sie es mit dem Anfang.«

Vargas resümierte seinen Besuch bei Metrobarna und schilderte seine Eindrücke. Alicia hörte ihm schweigend zu, während
sie mit dem Glas in der Hand durchs Zimmer ging und ab und zu
beipflichtend nickte. Am Ende des Berichts trat sie ans Fenster,

und nachdem sie ausgetrunken hatte, wandte sie sich mit einer Miene um, die Vargas mit Besorgnis erfüllte.

»Ich habe nachgedacht, Vargas«, sagte sie.

»Gott sei uns gnädig.«

»Mit alledem, was Sie heute über den wohlverheirateten Señor Sanchís und seinen Fahrer herausgefunden haben, mit der Spur von Mataix' Büchern, dem Anwalt Brians und den Semperes …«

»Vergessen Sie den unsichtbaren Mann nicht, Ihren Exkollegen Lomana.«

»Den vergesse ich nicht. Was ich sagen will, ist, dass wir beide nicht ausreichen, um all diese Fäden zu verfolgen. Und der Knoten zieht sich zusammen.«

»Um unseren Hals?«

»Sie wissen schon, was ich meine. All diese Fäden sind irgendwie miteinander verbunden. Je mehr wir an ihnen ziehen, desto eher finden wir einen Eingang.«

»Wenn Sie metaphorisch werden, komme ich nicht mehr mit.«

»Wir warten auf einen falschen Schritt, das ist alles.«

»Auf diese Art lösen Sie also die Fälle? Aufgrund falscher Schritte?«

»Es ist effizienter, die anderen Fehler machen zu lassen, als darauf zu vertrauen, dass man selbst gleich ins Schwarze trifft.«

»Und wenn wir einen falschen Schritt tun?«

»Wenn Sie ein besseres System haben, ich bin ganz Ohr.«

Vargas hob die Hände zum Zeichen eines Waffenstillstands.

»Und was wird dieser Fernandito machen?«

»Er wird unsere Augen sein, wo wir selbst nicht anwesend sein können. Niemand weiß, wer er ist, und niemand erwartet ihn.«

»Sie werden allmählich zum Leandro.«

»Ich werde so tun, als hätte ich diese Bemerkung nicht gehört, Vargas.«

»Tun Sie so, wie Sie wollen. Wie beabsichtigen Sie, das Täubchen zu schlachten?«

»Als Erstes wird er Sanchís beschatten. Aufgabenteilung erhöht die Produktivität.«

»Das klingt verdächtig nach meinem Rückzug. Was ist denn für mich vorgesehen?«

»Darüber denke ich grade nach.«

»Sie versuchen doch bloß wieder, mich loszuwerden.«

»Reden Sie keinen Unsinn. Wann sollte ich so was getan haben?«

Vargas ließ ein Grunzen hören.

»Und während Sie nachdenken, was haben Sie sonst noch vor?«

»Der Familie Sempere Zeit und Aufmerksamkeit zu schenken.«

In diesem Moment hörte man ein Geräusch hinter der Wohnungstür, wie ein zu Boden fallendes Gewicht, und gleich darauf wurde geklingelt.

»Erwarten Sie Besuch?«

»Können Sie bitte aufmachen?«

Widerwillig stand Vargas auf und öffnete die Tür. Davor stand schnaufend und erhitzt Fernandito.

»Guten Abend«, sagte er. »Ich bringe die Bücher für Señorita Alicia.« Er streckte die freie Hand zum Gruß aus, aber Vargas übersah sie.

»Alicia, der Kleine mit Ihren Bestellungen.«

»Seien Sie kein Spielverderber und lassen Sie ihn rein.«

Sie stand auf und ging zur Tür.

»Komm rein, Fernandito, beachte ihn nicht.«

Als er sie erblickte, begann sein Gesicht zu strahlen. Er hob die Bücherkiste auf und trat ein.

»Entschuldigung. Wo kommen sie hin?«

»Gleich hier, vors Regal.«

Fernandito tat wie geheißen und atmete heftig, während er sich den Schweiß von der Stirn wischte.

»Hast du sie so hergebracht, auf den Armen?«

»Nun ja, mit der Vespa. Aber da es in diesem Haus keinen Aufzug gibt …«

»Welch eine Hingabe von dir, *Fernandito*«, sagte Vargas. »Leider habe ich gerade keine Medaille zur Hand, sonst …«

Fernandito ignorierte Vargas' Sarkasmus und konzentrierte sich auf Alicia.

»Nicht der Rede wert, Señorita Alicia, ich bin es vom Austragen für den Laden gewohnt.«

»So kräftig bist du also geworden. Los, Vargas, zahlen Sie ihn aus.«

»Wie bitte?«

»Einen Vorschuss für geleistete Dienste.«

»Und das soll *ich* bezahlen?«

»Aus dem Spesenfonds. Sie sind der Schatzmeister. Machen Sie doch nicht so ein Gesicht.«

»Was für ein Gesicht?«

»Als hätten Sie eine Blasenentzündung. Na los, zücken Sie schon die Brieftasche.«

»Hören Sie, wenn das bereits ein Problem ist …«, unterbrach Fernandito, dem Vargas' Leichenbittermiene nicht ganz geheuer war, den Dialog.

»Es ist überhaupt kein Problem«, sagte Alicia. »Hauptmann?«

Mit einem Schnauben zog Vargas die Brieftasche hervor, zählte zwei Scheine ab und gab sie Fernandito.

»Mehr«, flüsterte sie.

»Wie?«

»Geben Sie ihm mindestens das Doppelte.«

Vargas zog zwei weitere Scheine hervor und reichte sie ihm. Fernandito, der in seinem ganzen Leben wohl noch nie so viel Geld auf einmal gesehen hatte, nahm es mit Verwunderung entgegen.

»Gib nicht gleich alles für Näschereien aus«, murmelte Vargas.

»Sie werden es nicht bereuen, Señorita Alicia. Herzlichsten Dank.«

»Na hör mal, Junge, bezahlt habe *ich* dich«, sagte Vargas.

»Darf ich dich um einen Gefallen bitten, Fernandito?«, fragte Alicia.

»Was immer Sie wünschen.«

»Geh runter und hol mir eine Packung Zigaretten.«

»Blonde amerikanische?«

»Du bist ein Schatz.«

Fernandito stürzte die Treppe hinunter, in Sprüngen, wie das Gepolter erkennen ließ.

»Das ist ja vielleicht ein Messknabe«, kommentierte Vargas.

»Sie sind eifersüchtig.«

»Das vor allem.«

»Und das Bild da?« Alicia deutete auf das Aquarell, das Vargas mitgebracht hatte.

»Ich dachte, das würde phantastisch übers Sofa passen.«

»Ist das von Ihrem neuen Freund, dem Lieblingsmaler von Señor Sanchís?«

Er nickte.

»Glauben Sie, Sanchís ist unser Sammler?«

Vargas zuckte mit den Schultern.

»Und der Fahrer?«

»Morgado. Ich habe schon die Zentrale angerufen, um Informationen über ihn zu bekommen. Morgen wird man mich benachrichtigen.«

»Woran denken Sie, Vargas?«

»Daran, dass Sie vielleicht recht haben, sosehr es mir widerstrebt. Der Knoten, oder was auch immer, wird enger.«

»Ich habe aber nicht das Gefühl, dass Sie ganz überzeugt sind.«

»Das bin ich auch nicht. Irgendwas passt nicht.«

»Nämlich?«

»Das werde ich wissen, wenn ich es sehe. Aber ich habe den Eindruck, dass wir das Ganze von der falschen Ecke her angehen. Fragen Sie mich nicht nach dem Grund. Ich hab's im Urin.«

»Ich glaube es auch«, stimmte sie zu.

»Werden Sie es Leandro erzählen?«

»Irgendetwas werde ich ihm erzählen müssen.«

»Wenn Sie mir eine Anregung gestatten, halten Sie Fernandito aus der Tagesschau raus.«

»Ich hatte nicht vor, ihn mit hereinzuziehen.«

Kurz darauf hörte man Fernandito mit Karacho die Treppe heraufstürmen.

»Los, machen Sie ihm auf. Und seien Sie ein wenig netter zu ihm. Er braucht solide männliche Vorbilder, wenn er ein brauchbarer Mensch werden soll.«

Vargas schüttelte den Kopf und öffnete die Tür. Fernandito wartete bereits ungeduldig mit der Schachtel Zigaretten in der Hand.

»Kommen Sie rein, junger Mann. Kleopatra wartet.«

Fernandito brachte ihr eilig die Packung, die Alicia lächelnd aufriss, um sich eine Zigarette zwischen die Lippen zu stecken. Der junge Mann nestelte ein Feuerzeug hervor, um sie ihr anzuzünden.

»Rauchst du, Fernandito?«

»Nein, nein … Ich brauche es als Laterne, die Hälfte der Treppenhäuser im Viertel sind dunkler als ein Wolfsrachen.«

»Sehen Sie, Vargas? Hat Fernandito nun das Zeug zum Detektiv oder nicht?«

»Der eben flügge gewordene perfekte Marlowe.«

»Beachte ihn nicht, Fernandito. Mit dem Älterwerden werden sie auch verbittert. Das ist das Chinin der weißen Haare.«

»Keratin«, sagte Vargas.

Sie machte eine Handbewegung Richtung Fernandito, er solle den anderen nicht zur Kenntnis nehmen.

»Darf ich dich noch um einen Gefallen bitten, Fernandito?«

»Dazu sind wir hier.«

»Das ist ein wenig heikler. Deine erste Mission.«

»Ich bin ganz Ohr.«

»Ich möchte, dass du zum Paseo de Gracia Nummer 6 gehst.«

Vargas, sofort alarmiert, schaute sie an. Alicia bedeutete ihm mit einem Handzeichen, nichts zu sagen.

»Dort befinden sich die Büros einer Gesellschaft namens Metrobarna.«

»Die kenne ich schon.«

»Ach ja?«

»Denen gehören die Häuser des halben Viertels. Sie kaufen sie, werfen die alten Mieter mit zwei Centimos Abfindung raus und verkaufen sie fürs Zehnfache.«

»Clevere Burschen. Nun, der Generaldirektor ist ein gewisser Ignacio Sanchís. Du sollst ihm folgen, sobald er das Büro verlässt, und zu seinem Schatten werden. Dann erzählst du mir, wohin er geht, was er tut, mit wem er spricht … Alles. Wirst du das mit der Vespa schaffen?«

»Sie ist die Königin der Straße. Mit ihr entkommt mir nicht mal ein Nuvolari.«

»Morgen um diese Zeit kommst du her und berichtest, was du rausgefunden hast. Irgendwelche Fragen?«

Vargas hob die Hand.

»Ich meine Fernandito.«

»Alles sonnenklar, Señorita Alicia.«

»Na, dann mal los. Und willkommen in der Welt der Intrigen.«

»Ich werde Sie nicht enttäuschen. Und Sie auch nicht, Hauptmann.«

Fernandito sauste davon, einer vielversprechenden Karriere in der Welt der Spürnasen und Geheimnisse entgegen. Sprachlos schaute Vargas Alicia an, die mit Katzenmiene ihre Zigarette rauchte.

»Sind Sie wahnsinnig geworden?«

Sie überhörte die Frage. Sie schaute zum Fenster und betrachtete die Wolkendecke, die vom Meer herankroch. Die untergehende Sonne färbte sie rot, aber im Inneren ballte sich ein Netz schwarzer Striemen zusammen, trüb und dicht. Sie erhaschte einen Blitz, der in den Wolken zuckte, als wäre ein großes bengalisches Licht in ihnen angezündet worden.

»Ein Gewitter naht«, murmelte Vargas hinter ihr.

»Ich habe Hunger«, sagte Alicia und wandte sich um.

Er war mehr als überrascht.

»Ich hätte nie gedacht, das mal von Ihnen zu hören.«

»Es gibt für alles ein erstes Mal. Laden Sie mich zum Abendessen ein?«

»Ich weiß nicht, womit. Ich habe Ihrem Bewunderer fast alles gegeben, was ich bei mir hatte. Morgen werde ich zur Sparkasse gehen müssen, um wieder Geld zu holen.«

»Es können auch nur ein paar Tapas sein.«

»Sie werden wissen, wo.«

»Kennen Sie die Barceloneta?«

»Ich habe langsam schon vom normalen Barcelona genug.«

»Haben Sie Lust auf eine gute Bombe?«

»Bitte?«

»Pikant. Eine Tapa. Ohne Schießpulver.«

»Und warum habe ich das Gefühl, dass das wieder eine von Ihren Fallen ist?«

29

Unter einem blitzdurchzuckten Himmel spazierten sie zum Hafen hinunter. Eine Kulisse von Masten kämpfte gegen den vom Meer her anbrausenden Wind an, der nach Elektrizität roch.

»Da wird ganz schön was runterkommen«, prognostizierte Vargas.

Sie gingen an den Hangars gegenüber dem Pier entlang, großen, höhlenartigen Gebäuden, die den Markthallen von einst glichen.

»Mein Vater hat hier gearbeitet, in diesen Schuppen da«, sagte Alicia.

Vargas schwieg in der Hoffnung, dass sie noch etwas mehr erzählte.

»Ich dachte, Sie sind eine Waise«, sagte er schließlich.

»Ich bin nicht als Waisenkind geboren worden.«

»In welchem Alter haben Sie sie verloren? Ihre Eltern, meine ich.«

Sie knöpfte den Mantelkragen zu und beschleunigte ihre Schritte.

»Wir beeilen uns besser, sonst werden wir klatschnass.«

Die ersten Tropfen fielen vom Himmel, als sie in der Barceloneta ankamen. Es waren dicke, vereinzelte Tropfen, wie Wasserkugeln, die auf den Pflastersteinen zerplatzten und auf die neben den Molen dahingleitenden Straßenbahnen klatschten. Vor sich erkannte Vargas ein buntscheckiges Viertel enger Straßen, die ein Netz auf einer Halbinsel bildeten, welche ins Meer hinausragte und sich wie ein großer Friedhof ausnahm.

»Sieht aus wie eine Insel«, kommentierte er.

»Da liegen Sie nicht ganz falsch. Jetzt ist es das Fischerviertel.«

»Und vorher?«

»Wollen Sie eine Geschichtsstunde?«

»Um den Appetit auf Ihre Bomben anzuregen …«

»Vor Jahrhunderten war alles Meer, was Sie da sehen. Mit der Zeit wurde mit dem Bau des Wellenbrechers angefangen, und es entstand eine Insel aus am Damm angeschwemmten Sedimenten.«

»Und woher wissen Sie das alles?«

»Weil ich lese. Sollten Sie auch mal versuchen. Im Erbfolgekrieg rissen die Truppen Philipps V. das Ribera-Viertel zum großen Teil ab, um die Ciudadela-Festung zu bauen. Nach dem Krieg zogen viele der Menschen hierher, die ihr Zuhause verloren hatten.«

»Sind Sie, die Barceloner, aus diesem Grund so monarchistisch?«

»Aus diesem Grund und um zu widersprechen, das fördert die Durchblutung.«

Der erste Regenschwall verfolgte sie wütend bis zu einer engen Gasse. Dort erhob sich der Giebel von etwas, was auf den ersten Blick wie eine Kreuzung aus Hafenkneipe und Raststätte aussah, die zwar keinen Wettbewerb der schönen Künste gewonnen hätte, aber einen Duft verströmte, der einem die Eingeweide weitete. La Bombeta, stand auf dem Schild.

Eine Gruppe Gäste, die sich um einen Stapel Karten stritt, blickte kurz auf, als sie eintraten. Vargas merkte, dass sie ihn als Polizisten identifiziert hatten, kaum hatte er seinen Fuß ins Lokal gesetzt. Ein mürrischer Kellner schaute sie hinter der Theke hervor an und deutete auf einen Tisch in einer Ecke, fern von den Stammgästen.

»Das scheint nicht unbedingt ein Ort der Ihren zu sein, Alicia.«

»Hierher kommt man nicht wegen der Aussicht, sondern wegen der Bomben.«

»Und vermutlich wegen noch etwas.«

»Nun, das ist ganz in der Nähe.«

»Wovon?«

Sie zog ein Blatt Papier aus der Tasche und legte es auf den Tisch. Vargas erkannte das Etikett, das sie an diesem Vormittag im Flur von Brians' Kanzlei von einem der Umzugskartons gerissen hatte.

»Von dem Möbellager, wo Brians vorübergehend all seine Papiere und sein Archiv untergebracht hat.«

Er verdrehte die Augen.

»Seien Sie doch nicht so pingelig, Vargas. Sie können nicht erwarten, dass man uns alles schon vorgekaut serviert.«

»Ich habe erwartet, dass ich das Gesetz nicht brechen muss.«

Der schroffe Kellner pflanzte sich vor ihnen auf und schaute sie forschend an.

»Bringen Sie uns vier Bomben und zwei Bier«, sagte Alicia, ohne den Blick von Vargas abzuwenden.

»Estrella oder vom Fass?«

»Estrella.«

»Tomatenbrot?«

»Zwei Scheiben. Getoastet.«

Der andere nickte und entfernte sich.

»Ich habe mich schon immer gefragt, warum man hier Tomatenbrot macht«, sagte Vargas.

»Und ich, warum es sonst niemand macht.«

»Was für Überraschungen haben Sie sonst noch für mich, außer dem Hausfriedensbruch?«

»Technisch gesehen, ist es ein Lager. Ich glaube nicht, dass da außer Ratten und Spinnen sonst noch jemand haust.«

»Na, dann spricht ja nichts dagegen … Was spukt denn sonst noch in diesem teuflischen Köpfchen herum?«

»Ich dachte grade an diesen Idioten, den Sie aufgesucht haben, Cascos, Valls' Angestellten im Verlag Ariadna.«

»Den verbitterten Geliebten.«

»Pablo Cascos Buendía. Ehemaliger Verlobter von Beatriz Aguilar. Er geht mir nicht aus dem Kopf. Ist das Ganze nicht irgendwie merkwürdig?«

»Was ist an dieser ganzen Geschichte nicht merkwürdig?«

»Der allmächtige Minister, der insgeheim in der Familiengeschichte irgendwelcher Barceloner Buchhändler herumschnüffelt …«

»Wir waren uns doch einig, dass sein Interesse daher rührte, dass er vermutete, sie könnten etwas von David Martín wissen, von dem er seinerseits vermutete, er könnte hinter den Drohungen und den Attentaten stehen.«

»Ja, aber was hat David Martín mit den Semperes zu tun? Was für eine Rolle spielen sie in dieser ganzen Geschichte?« Sie schwieg eine Weile nachdenklich und fuhr dann fort: »Da ist irgendwas. An diesem Ort. In dieser Familie.«

»Und darum haben Sie beschlossen, bei Sempere & Söhne einen Hausbesuch zu machen, ohne mir etwas zu sagen?«

»Ich habe Lesestoff gebraucht.«

»Sie hätten sich ja einen Comic kaufen können. Vorzeitig bei den Semperes aufzukreuzen kann gefährlich sein.«

»Sie fürchten sich vor einer Buchhändlerfamilie?«

»Ich fürchte mich davor, den Hasen aufzuscheuchen, bevor wir wissen, wohin wir treten.«

»Ich glaube, dieses Risiko lohnt sich.«

»Das sehen Sie so.«

»Beatriz Aguilar und ich sind sehr gut miteinander ausgekommen. Sie ist eine entzückende junge Frau. Sie würden sich auf den ersten Blick in sie verlieben.«

»Alicia …«

Sie lächelte boshaft. Die zwei Bier und der Teller mit den Bomben kamen genau richtig, um das Gespräch zu unterbrechen. Vargas schaute sich diese seltsame Erfindung an, eine Art große Kugel aus panierten und mit pikantem Fleisch gefüllten Kartoffeln.

»Und wie isst man das?«

Sie spießte eine Bombe mit der Gabel auf und biss wild hinein. Draußen hämmerte das Gewitter mit Macht auf die Straße ein. Der Kellner war in die Tür getreten, um sich den Wolkenbruch anzusehen. Vargas schaute Alicia beim Verschlingen des Leckerbissens zu. Da war etwas an ihr, das er bis dahin nicht bemerkt hatte.

»Der Einbruch der Nacht lässt Sie wieder aufleben …«

Sie trank einen Schluck Bier und schaute ihm in die Augen.

»Ich bin ein Nachtschattengewächs.«

»Beschwören Sie das nicht.«

30

Das Gewitter hatte in die Straßen der Barceloneta einen Nebel gelegt, der im Licht der Laternen leuchtete. Als sie das Lokal verließen, fielen nur noch vereinzelte Tropfen, und das Echo des Unwetters verhallte in der Ferne. Die Adresse, wo Brians' Möbel, Archive und der Rest des jahrzehntelang angehäuften Plunders zwischengelagert werden sollten, verwies sie auf das Gelände von Vapor Barcino, einer ehemaligen Heizkessel- und Lokomotivfabrik, die im Bürgerkrieg stillgelegt worden war. Nach einem knapp zweiminütigen Spaziergang durch eiskalte, menschenleere Gassen gelangten sie zum Eingang der alten Fabrik. Eisenbahnschienen, die aus dem Gelände herausführten, erstarben unter ihren Füßen. Ein großer steinerner Torbogen mit der Aufschrift VAPOR BARCINO dominierte den Eingang zum Gelände. Dahinter tat sich ein Brachland mit nutzlosen Hangars und Werkstätten auf, die einen Friedhof der Dampfära-Wunder bildeten.

»Sind Sie sicher, dass es hier ist?«

Alicia nickte und ging voran. Sie kamen an einer gestrandeten Lok in einer ausgedehnten Lache vorbei, in der Schubkarren, Leitungsrohre und das Gehäuse eines ruinierten Dampfkessels zum Vorschein kamen, in welchem eine Schar Möwen genistet hatte. Mit im Halbdunkel leuchtenden Augen schauten die Vögel ihnen reglos nach. An einer Reihe von Pfosten war ein Kabelwerk befestigt, von dem aus Laternen fahles Licht verbreiteten. Auf Holztafeln waren die Nummern der ehemaligen Fabrikhallen angezeigt.

»Unsere ist die drei«, sagte Alicia.

Vargas schaute sich um. Zwei ausgehungerte Katzen miauten aus dem Schatten heraus. Es roch nach Kohle und Schwefel. Sie kamen an einer leeren Pförtnerloge vorbei.

»Sollte es hier nicht irgendeinen Wächter geben?«

»Ich glaube, Anwalt Brians ist für kostengünstige Lösungen.«

»Anwalt für hoffnungslose Fälle«, rief er ihr in Erinnerung.

»Was man hat, das hat man …«

Sie erreichten den Eingang der gesuchten Halle. Die frischen Reifenspuren des Umzugslasters lösten sich vor einem Holztor im Schlamm auf, dessen Flügel mit Metallstangen verbunden waren. Ein in den großen Türflügel eingepasster Zugang war mit einer Kette und einem faustgroßen, verrosteten Vorhängeschloss verriegelt.

»Wie sieht's mit der rohen Gewalt aus?«, fragte Alicia.

»Sie erwarten ja wohl nicht, dass ich es aufknabbere, wie?«, protestierte Vargas.

»Ich weiß auch nicht. Tun Sie irgendwas.«

Er zog seinen Revolver und hielt den Lauf direkt ans Schlüsselloch des Schlosses.

»Treten Sie beiseite«, befahl er.

Sie hielt sich die Ohren zu. Das Echo des Schusses hallte zwischen den Gebäuden auf dem Gelände wider. Vargas senkte den Revolver, und das Schloss fiel ihm mitsamt der Kette zu Füßen. Mit einem Tritt stieß er die Tür auf.

Das Innere empfing sie mit einem Geflecht von Schatten, aus denen die Ruinen von tausendundeinem Palast herausragten. Ein Kabelnetz mit nackten Glühbirnen hing vom Gewölbe. Vargas folgte der Leitung den Mauern entlang bis zu einem Stromkasten an der Wand und betätigte den Hauptschalter. Die Glühbirnen, bloß Andeutungen gelblich flackernden Lichts, gingen in einer langen Abfolge an, als wäre es eine Geisterkirmes. Der Strom verursachte ein leises Summen wie von einer im Dunkeln umherschwirrenden Wolke Mücken.

Über den Mittelgang drangen sie ins Innere der Halle vor. Zu beiden Seiten befanden sich durch Metallgitter geschützte Abteile. Jedes trug an der Tür eine Tafel mit der Nummer des Lagerguts, dem Monat und Jahr, dem Ablauf der Lagerungsfrist und dem Nach- oder Firmennamen des jeweiligen Nutzers. Jeder einzelne dieser Bereiche beherbergte eine eigene Welt. Im ersten erblickten sie eine Festung aus Hunderten alter Schreib- und Rechenmaschinen sowie Registrierkassen. Im nächsten war eine kolossale Sammlung von Kruzifixen, Heiligenfiguren, Beichtstühlen und Kanzeln untergebracht.

»Mit alldem könnte man ein Kloster eröffnen«, sagte Alicia.

»Vielleicht schaffen Sie das noch …«

Weiter drinnen stießen sie auf ein demontiertes Karussell, hinter dem man die Reste einer Wanderkirchweih erriet. Auf der anderen Seite des Gangs sah man eine Sammlung von Särgen und Bestattungsbrimborium mit einem Beigeschmack von 19. Jahrhundert, dazu einen Baldachin mit verglasten Wänden, die ein Bett umschlossen, in dem noch die Abdrücke irgendeines illustren Verstorbenen zu sehen waren.

»Heiliger Strohsack – woher kommt das bloß alles?«, murmelte Vargas.

»Zum größten Teil aus geschrumpften Vermögen, Familien, die schon vor dem Krieg in Ungnade gefallen waren, und Firmen, die vom Loch der Zeiten verschluckt worden sind …«

»Glauben Sie wirklich, irgendjemand erinnert sich daran, dass all das hier ist?«

»Jemand zahlt weiterhin die Lagermiete.«

»Da sträuben sich einem wirklich die Haare.«

»Barcelona ist ein verhextes Haus, Vargas. Euch Touristen kommt es einfach nie in den Sinn, hinter den Vorhang zu gucken. Sehen Sie, da ist es.«

Sie blieb vor einem der Abteile stehen und deutete auf die Tafel.

FAMILIE
BRIANS-LLORAC
TITEL 28887 - BC - 56.9 - 62

»Sind Sie sicher, dass Sie das machen wollen?«

»Ich habe Sie für weniger zimperlich gehalten, Vargas. Ich übernehme die Verantwortung.«

»Sie müssen es wissen. Was suchen wir eigentlich genau?«

»Ich weiß es nicht. Da gibt es etwas, was Valls, Salgado, David Martín, die Semperes, Brians, diese Liste mit den rätselhaften Nummern, Mataix' Bücher und jetzt Sanchís und seinen gesichtslosen Fahrer verbindet. Wenn wir dieses Teil finden, finden wir auch Valls.«

»Und Sie glauben, es ist hier?«

»Das wissen wir erst, wenn wir es gefunden haben.«

Das Abteil war mit einem einfachen Vorhängeschloss abgeschlossen, wie man es in jeder Eisenwarenhandlung finden konnte; es gab beim fünften Schlag mit dem Revolvergriff klein bei. Alicia verlor keine Sekunde und schlüpfte hinein.

»Es riecht nach Leiche«, sagte Vargas.

»Das ist der Wind vom Meer. Nach so vielen Jahren Madrid ist Ihnen der Geruchssinn abhandengekommen.«

Er stieß eine Verwünschung aus und folgte ihr. Stapel von mit Planen bedeckten Holzkisten bildeten einen Gang, der zu einer Art Innenhof führte, wo man das Gefühl hatte, ein Wirbelsturm habe in vollem Wüten die Reliquien mehrerer Generationen der Dynastie Brians losgelassen.

»Der Anwalt muss das schwarze Schaf der Familie sein. Ich bin kein Antiquar, aber hier liegt mindestens ein Vermögen, wenn nicht zwei«, spekulierte Vargas.

»Dann hoffe ich, dass Sie dank Ihrer Gesetzestreue der Versuchung widerstehen, irgendeinen silbernen Aschenbecher von Oma Brians mitgehen zu lassen …«

Vargas deutete auf das Karussell von Geschirr, Spiegeln, Stühlen, Büchern, Schnitzereien, Truhen, Schränken, Konsolen, Blumenkästen, Fahrrädern, Spielzeugen, Ski, Schuhen, Koffern, Bildern, Krügen und hunderttausend weiterer ineinander verschachtelter Dinge, die ein buntes Mosaik bildeten.

»Bei welchem Jahrhundert wollen Sie anfangen?«

»Bei Brians' Archiven. Wir suchen mittelgroße Kartons. Das dürfte nicht allzu schwierig sein. Die Burschen der Umzugsfirma wollten die Anwaltslast bestimmt am erstbesten freien Platz loswerden. Alles, was nicht zwei Fingerbreit unterm Staub liegt, kommt in Frage. Was ist Ihnen lieber? Rechts oder links? Oder ist das eine dumme Frage?«

Nach mehreren Minuten Herumstreifens in einem Dschungel von Kram, der möglicherweise schon vor ihrer beider Geburt hier gelegen hatte, fanden sie eine Pyramide aus Kartons mit dem gleichen Etiketten wie das von Alicia entwendete. Vargas ging voran und begann sie einen hinter dem anderen in einer Reihe anzuordnen, während Alicia sie einen nach dem anderen öffnete und den Inhalt durchsuchte.

»Haben Sie das gesucht?«, fragte Vargas.

»Ich weiß es noch nicht.«

»Ein perfekter Plan …«

Sie brauchten fast eine halbe Stunde, um die Kartons mit Dokumenten von denen mit Büchern und Büromaterial zu trennen. Das anämische Licht der hoch hängenden Glühbirnen reichte nicht aus, um die Dokumente gewissenhaft zu studieren, so dass sich Vargas auf die Suche nach etwas Lampenähnlichem machte. Kurz darauf kam er mit einem alten Kupferkandelaber und einer Handvoll neuer dicker Kerzen zurück.

»Sind Sie sicher, dass das keine Dynamitpatronen sind?«

Vargas wartete mit der Flamme des Feuerzeugs einen Zentimeter vor der ersten Kerze und hielt sie ihr hin.

»Wollen Sie die Honneurs machen?«

Die Kerzen öffneten einen Lichtkreis, und Alicia begann der Reihe nach die Rücken der Mappen in den Schachteln durchzugehen. Vargas beobachtete sie nervös.

»Was soll ich tun?«

»Das ist chronologisch geordnet und beginnt im Januar 1934. Ich suche nach Daten und Sie nach Namen. Beginnen Sie bei den neuesten, und wir treffen uns in der Mitte.«

»Ich soll was suchen?«

»Sanchís, Metrobarna … irgendwas, womit wir Brians in Verbindung bringen können mit …«

»Okay«, unterbrach Vargas sie.

Fast zwanzig Minuten lang suchten sie schweigend, wechselten nur gelegentlich einen Blick oder ein Kopfschütteln.

»Da gibt's nichts von Sanchís oder Metrobarna«, sagte Vargas. »Ich habe schon fünf Jahre durchgesehen, da ist nichts.«

»Suchen Sie weiter. Vielleicht unter Hypothekenbank.«

»Da gibt's auch nichts von Banken. All diese Kunden sind arme Schlucker, um einen Justizbegriff zu benutzen …«

»Suchen Sie weiter.«

Er nickte und tauchte wieder in den Ozean von Papieren und Dossiers ein, während die Kerzen schwitzten und traubenweise Wachstränen produzierten, die den Kandelaber hinabsickerten. Nach einer Weile bemerkte er, dass von Alicia kein Ton zu hören war und sie aufgehört hatte zu suchen. Er schaute auf und sah, dass sie einen Stapel Mappen anstarrte, den sie aus einem der Kartons geborgen hatte.

»Na?«

Sie zeigte ihm eine besonders dicke.

»Isabella Gispert«, sagte sie.

»Die von den Semperes?«

Sie nickte und zeigte ihm eine weitere Mappe, auf der stand: MONTJUÏC 39 – 45. Vargas trat zu ihr und kniete neben dem Kar ton nieder. Er begann, Dossiers durchzugehen, und zog mehrere heraus.

»Valentín Morgado …«

»Sanchís' Fahrer.«

»Sempere / Martín …«

»Lassen Sie sehen.«

Alicia schlug die Mappe auf. »Ist das unser David Martín?«

»Sieht so aus …«

Vargas hielt inne.

»Alicia?«

Sie blickte von David Martíns Dossier auf.

»Schauen Sie sich das an«, sagte er.

Die Mappe, die er ihr reichte, war mindestens so dick wie zwei Finger. Beim Lesen des Namens spürte sie einen Schauder und konnte ein Lächeln nicht unterdrücken.

»Víctor Mataix …«

»Ich würde sagen, damit haben wir genug«, meinte Vargas.

Sie wollte eben den Karton schließen, als ihr ein gelblicher Umschlag auffiel, der ganz unten lag. Sie untersuchte ihn im Kerzenlicht. Er war im Folioformat und versiegelt. Sie blies die Staubschicht weg und las das mit Feder geschriebene Wort, das einzige auf dem ganzen Umschlag:

Isabella

»All das nehmen wir mit«, sagte sie. »Schließen Sie die Kartons und versuchen Sie, sie mehr oder weniger so zurückzulassen, wie wir sie vorgefunden haben. Es kann Tage, wenn nicht Wochen dauern, bis Brians neue Büroräume hat und bemerkt, dass einige Dossiers fehlen …«

Vargas nickte, aber bevor er den ersten Karton vom Boden aufhob, blieb er plötzlich stehen und wandte sich um. Alicia schaute ihn an. Auch sie hatte es gehört. Schritte.

Das Hallen von Fußtritten auf der Staubschicht. Alicia blies die Kerzen aus. Vargas zog den Revolver. Ein Mann in abgetragener Uniform erschien auf der Schwelle und starrte sie an. Er trug eine Laterne und einen Knüppel, dessen Zittern verriet, dass der Ärmste verängstigter war als ein Hausmäuschen.

»Was machen Sie da?«, stammelte der Wächter. »Nach sieben Uhr darf man hier nicht mehr rein …«

Alicia stand langsam auf und lächelte ihn an. Etwas in ihrem Gesicht musste ihm die Eingeweide gefrieren lassen, denn er tat einen Schritt zurück und schwang drohend den Knüppel. Vargas war näher getreten und hielt ihm den Revolverlauf an die Schläfe.

»Wenn Sie ihn nicht als Zäpfchen benutzen wollen, dann tun Sie mir den Gefallen und lassen Sie den Knüppel los.«

Der Wächter ließ ihn fallen und stand da wie versteinert.

»Wer sind Sie?«, fragte er.

»Freunde der Familie«, antwortete Alicia. »Wir hatten ein paar Dinge vergessen. Ist sonst noch jemand bei Ihnen?«

»Ich bin allein für sämtliche Hallen zuständig. Sie werden mich doch nicht umbringen, oder? Ich habe Frau und Kinder. Ich hab ein Foto in der Brieftasche …«

Vargas zog sie ihm aus der Hosentasche. Er nahm das Geld heraus, ließ es zu Boden fallen und verwahrte sie in seinem Mantel.

»Wie heißen Sie?«, fragte Alicia.

»Bartolomé.«

»Der Name gefällt mir. Sehr maskulin.«

Der Wächter zitterte.

»Schauen Sie, Bartolomé, wir werden Folgendes tun. Wir werden nach Hause gehen, und Sie tun dasselbe. Morgen früh, bevor Sie wieder herkommen, gehen Sie zwei neue Vorhängeschlösser kaufen und ersetzen das beim Eingang und das hier. Und Sie werden vergessen, dass Sie uns gesehen haben. Wie finden Sie den Handel?«

Vargas spannte den Schlagbolzen des Revolvers. Bartolomé hatte es die Sprache verschlagen.

»In Ordnung«, brachte er dann heraus.

»Und wenn Sie demnächst das schlechte Gewissen überfällt oder jemand Sie fragt, denken Sie daran, dass der Lohn, den man Ihnen zahlt, das nicht wert ist und dass Ihre Familie Sie braucht.«

Bartolomé nickte. Vargas löste den Finger vom Abzug und zog den Revolver zurück. Alicia lächelte ihm zu wie einem alten Freund.

»Los, gehen Sie nach Hause und trinken Sie ein Gläschen schön warmen Kognak. Und nehmen Sie Ihr Geld mit.«

»Jawohl, Señora …«

Er bückte sich und las das bisschen Geld auf, das er in der Brieftasche gehabt hatte.

»Vergessen Sie den Knüppel nicht.«

Bartolomé ergriff ihn und hängte ihn an den Gürtel.

»Kann ich jetzt gehen?«

»Niemand hält Sie zurück.«

Er zögerte einige Augenblicke, dann begann er Richtung Ausgang zurückzuweichen. Bevor er im Schatten verschwand, rief Alicia ihn.

»Bartolomé?«

Die Schritte des Wächters verstummten.

»Denken Sie daran, dass wir Ihre Brieftasche haben und wissen, wo Sie wohnen. Zwingen Sie uns nicht, Sie zu besuchen. Mein Kollege da kann plötzlich einen sehr üblen Zornanfall kriegen. Gute Nacht.«

Sie hörten seine Schritte davonstürmen.

31

Miquel brachte ihnen zwei Thermosflaschen heißen Kaffee hoch in die Wohnung und, dank seiner Beziehungen, auch ein Tablett mit frischgebackenen, himmlisch duftenden Krapfen aus der Bäckerei an der Ecke. Sie teilten sich die Mappen auf und setzten sich einander gegenüber auf den Boden. Alicia verdrückte drei

Krapfen auf einen Streich, schenkte sich eine große Tasse Kaffee ein und begann ihn zu schlürfen, während sie sich schon in die erste Mappe versenkte. Nach kurzer Zeit blickte sie auf und sah, dass Vargas sie peinlich berührt anschaute.

»Was ist?«, fragte sie.

Er deutete auf das Kleid, dessen Rock sie gerafft hatte, um sich hinsetzen zu können.

»Seien Sie nicht kindisch. Das wird ja wohl nicht das erste Mal sein, dass Sie so was sehen, hoffe ich doch. Machen Sie sich wieder an die Arbeit.«

Er gab keine Antwort, setzte sich aber in einem anderen Winkel zu ihr hin, um sich den Anblick des Strumpfsaums zu ersparen, der ihn daran hinderte, sich auf die faszinierende Prosa dieser Justizakten und der Prozessanmerkungen des Anwalts für hoffnungslose Fälle zu konzentrieren.

Schweigend tauchten sie in die schwarze Nacht ein, getragen vom Koffein, vom Zucker und von der Landschaft der Figuren, die nach und nach den Papieren entstiegen. Alicia hatte einen großen Zeichenblock vor sich und skizzierte eine Art Karte mit Kommentaren, Daten, Namen, Pfeilen und Kreisen. Ab und zu fand Vargas etwas von Bedeutung und reichte es ihr. Er brauchte nichts dazu zu sagen. Sie warf einen Blick darauf und nickte bloß. Sie schien über eine transzendente Gewandtheit zu verfügen, Zusammenhänge und Verbindungen herzustellen, als drehte sich ihr Hirn hundertmal schneller als das gewöhnlicher Sterblicher. Vargas ahnte allmählich, was für eine Art Prozess den Geist seiner Kollegin steuerte, und weit davon entfernt, ihn anzuzweifeln oder seine innere Logik verstehen zu wollen, beschränkte er sich auf seine Rolle als Filter und versah sie mit immer weiteren Angaben, mit denen sie ihre Karte Stück um Stück aufbaute.

»Ich weiß nicht, wie es Ihnen geht, aber mir fallen gleich die Augen zu«, sagte Vargas nach zweieinhalb Stunden.

Er hatte sämtliche seiner Mappen durchgearbeitet und spürte, wie das Koffein, mit dem er sein Blut ersetzt hatte, langsam an Wirkung verlor.

»Gehen Sie schlafen«, sagte sie. »Es dämmert ja schon.«

»Und Sie?«

»Ich bin nicht müde.«

»Wie ist das möglich?«

»Die Nacht und ich, Sie wissen ja.«

»Macht es Ihnen was aus, wenn ich mich eine Weile aufs Sofa lege?«

»Fühlen Sie sich wie zu Hause, aber ich kann Ihnen nicht versprechen, dass ich geräuschlos bin.«

»Nicht einmal die Stadtkapelle wird mich aufwecken.«

Hingegen weckten ihn die Glockenschläge der Kathedrale. Er öffnete die Augen und sah einen dicken, nach Kaffee und blondem Tabak riechenden Nebel in der Luft hängen. Der Ausschnitt Himmel über den Dächern hatte die Farbe jungen Weins. Alicia saß immer noch auf dem Boden. Sie hatte eine Zigarette zwischen den Lippen und trug nur noch eine Art schwarzen Unterrock oder Negligé, das zu allem anderen als zu Gelassenheit einlud. So gut es ging, schleppte sich Vargas ins Bad, wo er den Kopf unter den Hahn hielt und sich dann im Spiegel betrachtete. An einem Haken an der Rückseite der Tür fand er einen blauen Seidenmorgenrock und warf ihn Alicia zu.

»Bedecken Sie sich.«

Sie packte ihn im Flug, stand auf, rekelte sich und schlüpfte hinein.

»Ich mach mal das Fenster auf, bevor uns die Feuerwehr hier rausholt«, sagte er.

Ein Schwall frische Luft drang ins Zimmer, und der Rauchwirbel verschwand wie der Geist in Aladins Wunderlampe. Vargas betrachtete die beiden fast leeren Thermosflaschen, das auf Puderzucker reduzierte Krapfentablett und die beiden von Kippen überquellenden Aschenbecher.

»Sagen Sie mir bitte, dass sich das alles gelohnt hat.«

Neben den Überbleibseln der Schlacht hatte Alicia ein Dutzend Seiten mit Zeichnungen produziert. Sie sammelte sie ein und befestigte sie mit Klebestreifen an der Wand, bis eine Art Kreis entstand. Vargas trat hinzu. Sie leckte sich die Lippen wie eine satte Katze.

Er schüttelte die Thermosflaschen, um zu sehen, ob noch ein Schluck drin war, und brachte eine halbe Tasse zusammen. Dann stellte er einen Stuhl vor ihr Diagramm und nickte.

»Beeindrucken Sie mich.«

Sie knöpfte den Morgenmantel zu und steckte sich die Haare auf.

»Wollen Sie die Kurzfassung oder die lange Version?«

»Fangen Sie mit dem Inhaltsverzeichnis an, dann sehen wir weiter.«

Alicia stellte sich vor ihren Wandschmuck wie eine Schullehrerin, vielmehr wie eine Schullehrerin in der Aufmachung einer viktorianischen Geisha mit verdächtigen Nachtaktivitäten.

»Kastell Montjuïc, zwischen 1939 und 1944«, hob sie an. »Mauricio Valls ist dort Gefängnisdirektor, nachdem er Elena Sarmiento geheiratet hat, Tochter und Erbin eines erfolgreichen, dem Regime nahestehenden Industriellen, der einer Art Kabbala von Bankiers, Unternehmern und Adeligen angehört, die jemand auf den Namen Francos Kreuzfahrer tauft und die zu einem guten Teil die Schatztruhen der Nationalen füllen. Unter ihnen befindet sich auch Don Miguel Ángel Ubach, Gründer und Hauptaktionär der Hypothekenbank, aus der die Kapitalgesellschaft Metrobarna hervorgeht, die Sie gestern aufgesucht haben.«

»Das steht da?«

»In den Aufzeichnungen von Anwalt Brians, ja.«

»Fahren Sie fort.«

»In den Jahren, da Valls Direktor des Gefängnisses ist, oder kurz danach treffen in einem gewissen Moment als Insassen oder als Mandanten von Fernando Brians folgende Leute aufeinander: erstens Sebastián Salgado, mutmaßlicher Verfasser der über Jahre an Valls geschickten Drohbriefe und soeben Nutznießer einer vom Minister erwirkten Begnadigung geworden, die ihn aus dem Gefängnis holt. Draußen überlebt er ungefähr sechs Wochen. Zweitens Valentín Morgado, ehemaliger Unteroffizier der republikanischen Armee, mitbegünstigt in einer Amnestie des Jahres 45 dank einer heroischen Tat im Gefängnis, als er laut Brians' Aufzeichnungen einem Regimentshauptmann des Kastells nach einem Unfall während des Wiederaufbaus einer der Stadtmauern das Leben gerettet hat. Als er das Gefängnis verlässt und an einem Begnadigungs- und Versöhnungsprogramm unter der Schirmherrschaft einer Vereinigung von Patriziern mit schlechtem Gewissen teilnimmt, wird Morgado im Fuhrpark der Familie Ubach als Hilfskraft angestellt, wo er mit den Jahren zum Fahrer aufsteigt. Nach dem Tod von Bankier Ubach tritt er in die Dienste von dessen Tochter Victoria, die ihren Freund Sanchís geheiratet hat, Generaldirektor von Metrobarna.«

»Noch mehr?«

»Ich fange eben erst an. Drittens David Martín. Verdammter Schriftsteller, der einer Serie fragwürdiger, vor dem Bürgerkrieg begangener Verbrechen beschuldigt wird. 1930 war es ihm gelungen, der Polizei zu entkommen, vermutlich indem er sich nach Frankreich absetzte. Aus ungeklärten Gründen kehrt er inkognito nach Barcelona zurück und wird in Puigcerdà, einem Pyrenäendorf, verhaftet, kurz nachdem er 1939 die Grenze zu Spanien passiert hat.«

»In welcher Beziehung steht David Martín zu dieser Geschichte, abgesehen davon, dass er in jenen Jahren Gefangener war?«

»Da wird die Sache interessant. Martín ist als einziger dieser Gefangenen kein direkter Mandant von Brians. Der Anwalt übernimmt das Mandat seiner Verteidigung auf Ersuchen von Isabella Gispert.«

»Der von Sempere & Söhne?«

»Der Mutter von Daniel Sempere, genau. Gispert war ihr Mädchenname. Angeblich an Cholera gestorben, kurz nach Kriegsende 1939.«

»Angeblich?«

»Laut Brians' persönlichen Aufzeichnungen gibt es Hinweise

darauf, dass Isabella Sempere ermordet wurde. Vergiftet, genau gesagt.«

»Was Sie nicht sagen …«

»Und zwar von Mauricio Valls. Auswuchs einer ungesunden Obsession und eines nicht erwiderten Verlangens, so wenigstens vermutet es Brians, der natürlich nichts beweisen kann oder zu beweisen wagt.«

»Und Martín?«

»David Martín ist Gegenstand einer weiteren ungesunden Obsession von Valls, wie sich denselben Aufzeichnungen entnehmen lässt.«

»Hat der Minister noch Obsessionen gesunder Natur?«

»Offenbar wollte Valls Martín zwingen, im Gefängnis Werke zu verfassen, die der künftige Minister später unter seinem Namen veröffentlichen würde, um seine Eitelkeit und seine Sehnsucht nach literarischem Ruhm zu befriedigen oder was auch immer. Unglücklicherweise ist David Martín laut Brians ein kranker Mann, der allmählich den Verstand verloren hat, der Stimmen hört und in Verbindung mit einer diabolischen Figur eigener Erfindung zu stehen glaubt, einem gewissen Corelli. Bei den Mitgefangenen tragen ihm seine Delirien und der Umstand, dass ihn Valls im letzten Jahr seines Lebens hoch oben im Turm des Kastells in Einzelhaft versetzt, den Spitznamen *Gefangener des Himmels* ein.«

»Das klingt langsam sehr nach Ihnen, Alicia.«

»Nachdem er 1941 eingesehen hat, dass sein Plan, den Schriftsteller zu manipulieren, nicht funktioniert, soll Valls zwei seiner Lakaien angewiesen haben, David Martín in ein altes Haus neben dem Park Güell zu bringen und zu töten. Dort geschieht etwas Unvorhergesehenes, und Martín gelingt es, lebend zu entkommen.«

»Also lebt David Martín?«

»Das wissen wir nicht. Beziehungsweise Brians weiß es nicht.«

»Aber er vermutet es.«

»Und wahrscheinlich auch Valls …«

»… der annimmt, Martín habe ihm die Drohbriefe geschickt und ihn umzubringen versucht. Um sich zu rächen.«

»Das ist meine Hypothese«, bestätigte Alicia. »Aber es ist reine Vermutung.«

»Gibt's noch mehr?«

»Das Beste hab ich mir für den Schluss aufgehoben«, sagte sie lächelnd.

»Schießen Sie los.«

»Viertens Víctor Mataix, Autor der Serie *Das Labyrinth der Lichter*, von der wir ein in Valls' Schreibtisch verstecktes Exemplar gefunden haben, das, wie sich seine Tochter Mercedes erinnert, in der Nacht seines Verschwindens das letzte vom Minister konsultierte Schriftstück war, bevor er vom Angesicht der Erde verschwindet.«

»Was für eine Beziehung gibt es zwischen Mataix und den drei anderen?«

»Anscheinend war Mataix ein Freund und ehemaliger Kollege von David Martín gewesen, als beide in den dreißiger Jahren Fortsetzungsromane schrieben, unter Pseudonym und in Lohn und Brot eines Verlags namens Barrido y Escobillas. Brians' Aufzeichnungen deuten darauf hin, dass auch Mataix einem ähnlichen Plan von Valls hätte zum Opfer fallen können wie Martín. Wer weiß, vielleicht versuchte Valls, Ghostwriter zu rekrutieren, um mit ihnen ein Werk zu akkumulieren, das ihn bekanntgemacht und ihm in der Welt der Literatur Renommee eingetragen hätte. Es war klar, dass es ihn verdross, sich auf die Rolle eines Kerkermeisters des Regimes reduziert zu sehen, die ihm seine Geldheirat eingebracht hatte, wo er doch nach sehr viel Höherem strebte.«

»Da muss es noch mehr geben. Was ist aus Mataix geworden?«

»Mataix wird 1941 vom Modelo-Gefängnis ins Kastell überführt. Im Jahr darauf, will man dem offiziellen Bericht Glauben schenken, begeht er in seiner Zelle Selbstmord. Wahrscheinlicher ist aber, dass man ihn erschossen und seine Leiche auf Nimmerwiedersehen in einem Massengrab verscharrt hat.«

»Und die ungesunde Obsession in diesem Fall ist …«

Alicia zuckte mit den Schultern.

»In diesem Fall gibt es in Brians' Aufzeichnungen keine Vermutungen, aber ich erlaube mir, Sie darauf hinzuweisen, dass Mauricio Valls, als er 1947 seinen eigenen Verlag gründet, diesen Ariadna nennt, so, wie die Protagonistin der Bücher der Serie *Das Labyrinth der Lichter* heißt …«

Vargas seufzte und rieb sich die Augen. Er versuchte alles zu verarbeiten, was ihm Alicia eben berichtet hatte.

»Allzu viele Koinzidenzen«, sagte er schließlich.

»Da stimme ich Ihnen zu.«

»Mal sehen, ob ich's verstehe. Wenn all diese Verbindungen existieren und wir, besser gesagt Sie, sie in drei Tagen haben ausmachen können, wie ist es dann möglich, dass die Polizei und die hohen staatlichen Ränge nach mehreren Wochen Ermittlungsarbeit nicht die blasseste Ahnung haben?«

Alicia biss sich auf die Unterlippe.

»Das beschäftigt mich ja eben.«

»Glauben Sie, die wollen Valls gar nicht finden?«

Alicia dachte über die Frage nach.

»Ich glaube nicht, dass sie sich diesen Luxus leisten können. Valls gehört nicht zu denen, die mir nichts, dir nichts verschwinden können.«

»Also?«

»Vielleicht wollen sie bloß wissen, wo er sich befindet. Und vielleicht sind sie gar nicht daran interessiert, dass die wirklichen Gründe seines Verschwindens rauskommen.«

Vargas schüttelte den Kopf und rieb sich wieder die Augen.

»Glauben Sie denn wirklich, dass Morgado, Salgado und Martín, drei ehemalige Gefängnisinsassen unter Valls' Joch, einen Plan geschmiedet haben, um sich an ihm zu rächen und nebenbei auch noch ihren gefallenen Kumpel zu rächen, Víctor Mataix? Ist es das, was Sie annehmen?«

Sie zuckte mit den Schultern.

»Vielleicht ist es nicht Morgado, der Fahrer. Vielleicht steckt sein Boss mit drin, Sanchís.«

»Warum sollte Sanchís so etwas tun? Er ist ein Mann des Regimes, verheiratet mit der Erbin eines der größten Vermögen des Landes … Ein potentieller kleiner Valls. Warum sollte sich so jemand in die Nesseln setzen?«

»Ich weiß es nicht.«

»Und die Zahlenliste aus Valls' Auto?«

»Könnte sonst was sein. Oder in keiner Beziehung mit alledem stehen. Eine Koinzidenz. Das haben Sie damals selbst gesagt, erinnern Sie sich?«

»Noch eine? In zwanzig Jahren Polizeidienst bin ich weniger wirklichen Koinzidenzen begegnet als Leuten, die die Wahrheit sagten.«

»Ich weiß nicht, Vargas. Ich weiß nicht, was diese Zahlen bedeuten.«

»Wissen Sie, was für mich wirklich nicht aufgeht in dieser Geschichte?«

Sie nickte wieder, als läse sie seine Gedanken.

»Valls«, sagte sie.

»Valls«, bestätigte er. »Ohne auf seine Machenschaften in seinen Jahren auf dem Montjuïc einzugehen oder was immer er tat, ob er nun Isabella Gispert vergiftete und David Martín umbrachte oder es wenigstens versuchte, ebenso Mataix und weiß Gott wen noch … Im Grunde haben wir es mit einem Schlächter der gemeinsten Art zu tun, einem Kerkermeister mit Beziehungen zu den mittleren Rängen des Regimes. Solche wie ihn gibt es wie Sand am Meer, sie begegnen Ihnen täglich auf der Straße. Mit Beziehungen, Freunden und Bekannten auf den wichtigen Pöstchen, das ja, aber letzten Endes reine Arschlecker. Lakaien und Aspiranten. Wie schafft es ein solcher Typ, in so wenigen Jahren von den Kloaken des Regimes auf die höchste Höhe aufzusteigen?«

»Gute Frage, nicht wahr?«, sagte Alicia.

»Schauen Sie zu, dass Ihr privilegiertes Köpfchen sie beantwortet, und Sie werden das Teil finden, das uns fehlt, um in diesem ganzen Unsinn irgendeinen Sinn auszumachen.«

»Und Sie werden mir dabei nicht helfen?«

»Ich fange an zu zweifeln, ob das das Richtige für mich ist. Irgendetwas sagt mir, dass diesen Schlüssel zu Ihrem Puzzle zu suchen sehr viel gefährlicher sein kann, als es bleiben zu lassen, und ich hatte doch vor, in wenigen Jahren mit voller Pension in Rente zu gehen, um die Komödien von Lope de Vega von A bis Z zu lesen.«

Alicia ließ sich entmutigt aufs Sofa fallen. Vargas trank den letzten Schluck kalten Kaffee und seufzte. Er trat ans Fenster und atmete tief durch. Die Glockenschläge der Kathedrale erklangen erneut in der Ferne, und Vargas sah zu, wie die Sonne langsam zwischen Taubenschlägen und Glockentürmen ihre Fäden spann.

»Tun Sie mir einen Gefallen«, sagte er. »Im Moment kein Wort von alledem zu Leandro noch zu sonst jemandem.«

»Ich bin doch nicht wahnsinnig.«

Vargas schloss das Fenster und trat zu Alicia, die inzwischen ebenfalls Anzeichen von Müdigkeit erkennen ließ.

»Wäre es nicht langsam Zeit, dass Sie sich in Ihren Sarg legen?«, fragte er. »Kommen Sie.«

Er nahm sie bei der Hand und führte sie ins Schlafzimmer, wo er die Decke zurückschlug und sie sich hinlegen hieß. Sie ließ den Morgenrock vor seine Füße fallen und schlüpfte zwischen die Laken. Vargas deckte sie bis ans Kinn zu und schaute sie lächelnd an.

»Wollen Sie mir kein Märchen vorlesen?«, fragte Alicia schelmisch.

»Scheren Sie sich zum Teufel.«

Vargas las den Morgenrock auf und ging zur Tür.

»Glauben Sie, man hat uns eine Falle gestellt?«, fragte sie.

Er dachte über ihre Worte nach.

»Warum sagen Sie das?«

»Ich weiß es auch nicht.«

»Die Fallen stellt man sich selbst. Und das Einzige, was ich weiß, ist, dass Sie jetzt schlafen müssen.«

Er wollte die Tür anlehnen.

»Werden Sie hier draußen sein?«

Er nickte.

»Guten Morgen, Alicia.« Er schloss die Schlafzimmertür.

32

Valls hat jedes Zeitgefühl verloren. Er weiß nicht mehr, ob er erst tage- oder schon wochenlang in dieser Zelle sitzt. Seit einer weit zurückliegenden Abenddämmerung hat er das Sonnenlicht nicht mehr gesehen, als er mit dem Auto, Vicente an seiner Seite, die Straße nach Vallvidrera hinauffuhr. Die Hand schmerzt ihn, und wenn er sie sucht, um sie zu reiben, findet er sie nicht. Es piekt ihn in Fingern, die es nicht mehr gibt, und auch in den Knöcheln spürt er einen stechenden Schmerz, als schlüge man ihm eiserne Stacheln in die Knochen. Seit Tagen, oder Stunden, tut ihm die Flanke weh. Er kann die Farbe des in den Eimer fließenden Urins nicht erkennen, aber er glaubt, dass er dunkler ist als üblich und mit Blut gefärbt. Sie ist nicht wiedergekommen, und auch Martín ist noch nicht erschienen. Das versteht er nicht. Ist es nicht das, was dieser wollte? Ihn bei lebendigem Leib in einer Zelle verfaulen zu sehen?

Der namen- und gesichtslose Wärter kommt einmal am Tag, so glaubt er wenigstens. Mittlerweile zählt er die Tage an seinen Besuchen ab. Er bringt ihm Wasser und Essen – immer das Gleiche: Brot, alte Milch und manchmal eine Art dürres Fleisch wie getrockneter Thunfisch, das er kaum kauen kann, denn inzwischen sitzen einige Zähne locker. Zwei sind ihm bereits ausgefallen. Ab und zu fährt er mit der Zunge übers Zahnfleisch und kostet sein eigenes Blut; dabei spürt er, dass die Zähne dem Druck nachgeben.

»Ich brauche einen Arzt«, sagt er, als der Wärter mit der Verpflegung kommt.

Der Wärter sagt fast nie etwas. Er schaut Valls kaum an.

»Wie lange bin ich schon hier?«

Der Wärter überhört seine Fragen.

»Sag ihm, dass ich mit ihr sprechen will. Ihr die Wahrheit sagen.«

Einmal erwacht er und merkt, dass noch jemand in der Zelle ist. Es ist der Wärter, der etwas Glitzerndes in der Hand hält, vielleicht ein Messer. Valls unternimmt nichts, um sich zu schützen.

Er spürt den Stich im Gesäß und die Kälte. Es ist bloß wieder eine Injektion.

»Wie lange wollt ihr mich noch am Leben halten?«

Der Wärter steht auf und steuert die Zellentür an. Valls fasst ihn am Bein. Ein Tritt in den Magen nimmt ihm den Atem. Stundenlang liegt er zusammengeknäuelt und wimmernd vor Schmerzen am Boden.

In dieser Nacht träumt er wieder von seiner Tochter Mercedes, als sie noch ein kleines Mädchen war. Sie befinden sich im Garten des Hauses in Somosaguas. Valls wird vom Gespräch mit einem der Diener abgelenkt und verliert sie aus den Augen. Auf der Suche nach ihr findet er ihre Fußspuren auf dem Weg zum Puppenhaus. Er tritt in den Halbschatten und ruft nach ihr. Er findet ihre Kleider und eine Blutspur.

Die Puppen, die sich genießerisch lecken wie Katzen, haben sie verschlungen.

33

Als Vargas das nächste Mal die Augen öffnete, drang helles Licht durch die Fenster. Die Wanduhr, ein Relikt aus dem 19. Jahrhundert, das Alicia auf irgendeinem Flohmarkt gefunden haben musste, zeigte fast zwölf. Er hörte weibliche Schritte durchs Zimmer klappern und rieb sich die Augen.

»Warum haben Sie mich nicht eher geweckt?«

»Ich mag es, wenn Sie schnarchen. Es ist, als hätte man ein Bärchen.«

Er richtete sich auf und blieb auf der Sofakante sitzen. Er hielt sich die Hände ans Kreuz und rieb sich die Lenden. Er fühlte sich, als hätte man seine Wirbelsäule durch eine Bonbonmaschine gedreht.

»Falls Sie einen Rat wollen: Werden Sie nicht älter. Es bringt gar nichts.«

»Das hatte ich mir auch schon gedacht«, antwortete sie. Er stand auf, Knacklaute und Stiche bekämpfend. Alicia stand vor dem Kommodenspiegel und schminkte sich heimtückisch die Lippen. Sie trug einen schwarzen Wollmantel mit Gürtel, schwarze Nahtstrümpfe und schwindelerregend hohe Absätze.

»Gehen Sie irgendwo hin?«

Sie drehte sich um dreihundertsechzig Grad, als befände sie sich auf dem Laufsteg, und sah ihn lächelnd an.

»Bin ich hübsch?«

»Wen beabsichtigen Sie umzubringen?«

»Ich habe ein Rendezvous mit Sergio Vilajuana, dem Journalisten der *Vanguardia*, von dem mir Barceló erzählt hat.«

»Der Experte in Sachen Víctor Mataix?«

»Und hoffentlich auch in anderen Dingen.«

»Und darf ich fragen, wie Sie ihn eingewickelt haben?«

»Ich habe ihm gesagt, ich hätte ein Buch von Mataix und wolle es ihm zeigen.«

»Sie müssen *hätte* durch *hätte gehabt* ersetzen. Ich darf Sie daran erinnern, dass man Ihnen das Buch gestohlen hat und dass Sie gar nichts haben.«

»Spitzfindigkeiten. Was man hat, das hat man, wie Sie sagen. Und außerdem habe ich mich.«

»Heilige Muttergottes!«

Alicia krönte ihre Aufmachung mit einem Hut, an dem ein Netzchen hing, das ihr Gesicht teilweise verbarg, und schaute ein letztes Mal in den Spiegel.

»Darf man fragen, was Sie da tragen?«

»Pierre Cardin.«

»Das meinte ich nicht.«

»Ich weiß, ich weiß. Ich bin bald zurück«, sagte sie unterwegs zur Tür.

»Darf ich Ihr Bad benutzen?«

»Wenn Sie keine Haare in der Badewanne hinterlassen.«

Das Treffen mit Vilajuana zu arrangieren war nicht ganz so einfach gewesen, wie sie es Vargas dargestellt hatte. Tatsächlich hatte sie zuerst mit einer geriebenen Redaktionssekretärin kämpfen müssen, die sie um ein Haar zum Teufel geschickt hätte. Mehrere Ausflüchte später erreichte sie, dass man sie mit Vilajuana verband, der durchs Telefon skeptischer klang als ein Mathematiker bei einer Bischofsvesper.

»Und Sie sagen, Sie haben ein Buch von Mataix? Aus der Labyrinth-Serie?«

»*Ariadna und der Scharlachprinz.*«

»Ich dachte, es gebe nur noch drei Exemplare.«

»Dann muss meins das vierte sein.«

»Und Sie wollen von Gustavo Barceló hergeschickt sein?«

»Ja. Er sagte mir, Sie seien ein guter Freund von ihm.«

Vilajuana lachte. Alicia konnte die Geschäftigkeit der Redaktion am anderen Ende der Leitung hören.

»Ab zwölf Uhr werde ich in der Bibliothek der Akademie der schöngeistigen Literatur Barcelona sein«, sagte er schließlich. »Kennen Sie sie?«

»Vom Hörensagen.«

»Fragen Sie im Sekretariat nach mir. Und bringen Sie das Buch mit.«

34

Einsam auf einem versteckten Platz im Schatten der Kathedrale erhebt sich eine Säulenhalle, auf deren Bogen zu lesen ist:

KÖNIGLICHE AKADEMIE DER SCHÖNGEISTIGEN
LITERATUR BARCELONA

Alicia hatte schon einmal von diesem Ort gehört, aber wie die meisten ihrer Mitbürger wusste sie kaum etwas über die Institution, die in den Mauern dieses Palastes Unterschlupf gefunden hatte, einer Reliquie des mittelalterlichen Barcelonas. Sie wusste oder ahnte, dass sich die Akademie aus einer Pléiade von in der Bewahrung der Erkenntnis und des geschriebenen Worts verschworenen Weisen, Schriftgelehrten und Literaturbesessenen zusammensetzte, die seit dem Ende des 18. Jahrhunderts zusammenkamen und sich für die Jahr für Jahr zunehmende Abwehr und Abneigung der Außenwelt gegenüber derartigen Extravaganzen blind und taub zeigten. Ihr Wirken schien in einem Ritual auf halbem Weg zwischen okkultem Wissen und literarischem Klub zu bestehen, einer hinter verschlossenen Türen stattfindenden Aufklärung, an der nur einige wenige Auserwählte teilnehmen durften.

Der Geruch nach altem Stein und die obligate geheimnisvolle Aura begleiteten sie, nachdem sie die Schwelle zum Innenhof überschritten hatte, von wo eine breite Treppe zu einem Raum hinaufführte, der als Empfang diente. Ein Mann, der so alt aussah wie eine Inkunabel und den Eindruck vermittelte, seit dem Anbruch des vorangehenden Jahrhunderts hier zu sein, fing sie ab und fragte sie mit einem argwöhnischen Blick, ob sie *Señorita* Gris sei.

»In Person.«

»Das dachte ich mir. Señor Vilajuana ist in der Bibliothek.« Er zeigte hinein. »Wir bitten die Besucher, Schweigen zu bewahren.«

»Seien Sie unbesorgt, ich habe eben heute Morgen ein Gelübde abgelegt.«

Der Zerberus machte keine Anstalten, sich von dem Scherz erheitern zu lassen, so dass sie zu seinem Dank einfach nickte und sich auf die Suche nach der Bibliothek machte, als wüsste sie, wo sie sich befand. Das war stets die wirkungsvollste Methode, um sich an Orten mit beschränktem Zutritt einzuschmuggeln: sich zu verhalten wie jemand, der genau weiß, wohin er will, und dafür weder Ermächtigung noch Orientierungshilfe benötigt. Das Spiel des Eindringens gleicht dem der Verführung: Wer um Erlaubnis nachsucht, hat verloren, noch bevor er begonnen hat.

Alicia bewegte sich nach Belieben, steckte die Nase in Räume voller Statuen und in höfische Gänge, bis sie auf ein bibliophil aussehendes, freundlich gestimmtes Wesen stieß, das sich als Polonio vorstellte und sich erbot, sie zur Bibliothek zu führen.

»Ich habe Sie hier noch nie gesehen«, bemerkte Polonio, der jenseits der Beschäftigung mit den Versen Petrarcas über keine weitere Erfahrung mit dem weiblichen Geschlecht zu verfügen schien.

»Dann ist das Ihr Glückstag.«

Alicia betrat den Saal und überließ dem Echo ihrer Schritte die Ankündigung ihres Kommens. Sie fand Vilajuana in Gesellschaft der Musen und der rund fünfzigtausend Bände, die den editorischen Fundus der Bibliothek bildeten. Er strahlte die meditativ-phlegmatische Anmut eines ins angenehme Mittelmeerklima übersiedelten britischen Gelehrten aus und trug einen grauen Wollstoffanzug, eine mit goldenen Schreibfedern gemusterte Krawatte und über den Schultern einen safrangelben Schal. Er saß an seinem Tisch vor einem kleinen Turm mit Blättern voller Anmerkungen und Streichungen und knabberte an der Kappe eines Füllfederhalters, leise vor sich hin murmelnd und die Metrik eines Satzes bändigend, der ihm nicht nach Wunsch aufs Papier geriet. Als Alicia schon beinahe vor ihm stand, tauchte er aus seiner träumerischen Versenkung auf und sah sie mit halb diplomatischem, halb stechendem Blick an, bevor er die Kappe auf den Füllfederhalter schraubte und höflich aufstand.

»Señorita Gris, nehme ich an.«

»Nennen Sie mich bitte Alicia.«

Sie reichte ihm die Hand, die Vilajuana mit entgegenkommendem und leicht reserviertem Lächeln drückte. Dann lud er sie ein, Platz zu nehmen. Seine kleinen, durchdringenden Augen studierten sie mit einer Mischung aus Misstrauen und Neugier. Sie deutete auf die Seiten, von denen der Tisch übersät war, einige mit noch frischer Tinte.

»Habe ich Sie gestört?«

»Sie haben mich eher errettet.«

»Eine bibliographische Recherche?«

»Meine Antrittsrede hier in diesem Haus.«

»Herzlichen Glückwunsch.«

»Danke. Ich möchte nicht brüsk erscheinen, Señorita Gris, Alicia, aber ich habe Sie schon seit einigen Tagen erwartet und glaube, wir können uns das Kapitel Allgemeinplätze und Höflichkeitsfloskeln sparen.«

»Wenn ich richtig verstehe, hat Ihnen also Don Gustavo von mir erzählt?«

»Ziemlich eingehend sogar, würde ich zu behaupten wagen. Sagen wir, Sie haben einen prägenden Eindruck bei ihm hinterlassen.«

»Das ist eine meiner Spezialitäten.«

»Das habe ich feststellen können. Ja, einige Ihrer ehemaligen Kollegen vom zentralen Polizeirevier bestellen Ihnen herzliche Grüße. Wundern Sie sich nicht. Wir Journalisten stellen Fragen. Dieses Laster ist *unsere* Spezialität.«

Vilajuana hatte jeden Anflug eines Lächelns verloren und fixierte sie jetzt.

»Wer sind Sie?«, fragte er ohne Umschweife.

Alicia überlegte einen Augenblick, ob sie lügen sollte, nur ein wenig oder das Blaue vom Himmel herunter, aber etwas in seinem Blick sagte ihr, dass das ein schwerer taktischer Fehler wäre.

»Jemand, der die Wahrheit über Víctor Mataix herausfinden möchte.«

»Ein Klub, der in letzter Zeit dauernd neue Mitglieder zu gewinnen scheint. Darf ich fragen, warum?«

»Ich fürchte, Ihre Frage nicht beantworten zu können.«

»Ohne zu lügen, meinen Sie.«

Sie nickte. »Was ich aus Respekt nicht tun möchte.«

Wieder erschien Vilajuanas Lächeln, diesmal voller Ironie.

»Und Sie nehmen an, es bringe Ihnen mehr, mir Honig ums Maul zu schmieren, als mich zu belügen?«

Sie klapperte mit den Wimpern und setzte ihr sanftestes Gesicht auf.

»Sie werden mir nicht vorwerfen können, dass ich es nicht wenigstens versucht habe.«

»Ich sehe, Barceló hat nicht übertrieben. Wenn Sie mir die Wahrheit nicht sagen können, dann nennen Sie mir wenigstens den Grund dafür.«

»Weil ich Sie in Gefahr brächte, wenn ich es täte.«

»Das heißt, Sie beschützen mich?«

»In gewisser Weise, ja.«

»Und deshalb soll ich Ihnen dankbar sein und Ihnen helfen. Ist das die Idee?«

»Ich freue mich, dass Sie anfangen, die Dinge wie ich zu sehen.«

»Ich fürchte, ich brauche ein wenig mehr Motivation. Und zwar keine kosmetische. Das Fleisch ist schwach, aber wenn man einmal ein mittleres Alter erreicht hat, gewinnt der gesunde Menschenverstand Terrain zurück.«

»So sagt man. Wie wär's mit einer Gesellschaft gegenseitigen Nutzens? Barceló hat mir gesagt, dass Sie an einem Buch über Mataix und die verlorene Generation jener Jahre arbeiten.«

»Das mit der Generation ist vielleicht ein wenig übertrieben, und das mit verloren ist eine poetische Freiheit, die es erst noch zu bestätigen gilt.«

»Ich meine Mataix, David Martín und andere …«

Vilajuana hob die Brauen.

»Was wissen Sie über David Martín?«

»Dinge, die Sie interessieren könnten.«

»Zum Beispiel?«

»Zum Beispiel die Details der Gerichtsverfahren von Martín, Mataix und anderen angeblich aus dem Montjuïc-Gefängnis zwischen 1940 und 1945 verschwundenen Gefangenen.«

Vilajuana hielt ihrem Blick stand. Seine Augen glänzten.

»Haben Sie mit Anwalt Brians gesprochen?«

Alicia nickte bloß.

»Ich habe festgestellt, dass er total zugeknöpft ist«, sagte Vilajuana.

»Es gibt andere Wege, die Wahrheit zu erfahren.«

»Auf dem Revier heißt es, das sei eine weitere Ihrer Fähigkeiten.«

»Wie böse der Neid sein kann.«

»Der Nationalsport«, bestätigte Vilajuana, der das kleine dialektische Duell wider Willen zu genießen schien.

»Trotzdem glaube ich nicht, dass es eine gute Idee war, im Revier anzurufen, um sich über mich zu informieren, und jetzt noch weniger. Ich meine es nur gut mit Ihnen.«

»Ich bin nicht so ungeschickt, Señorita. Den Anruf habe nicht ich getätigt, und mein Name ist nicht zur Sprache gekommen. Wie Sie sehen, tue auch ich das Menschenmögliche, um mich zu schützen.«

»Freut mich, das zu hören. In diesen Zeiten ist jede Vorsichtsmaßnahme noch zu gering.«

»Worin sich alle einig zu sein scheinen, ist, dass man Ihnen nicht trauen kann.«

»An bestimmten Orten und in bestimmten Momenten ist das die beste Empfehlung.«

»Da widerspreche ich Ihnen nicht. Sagen Sie, Alicia, das hat doch nicht zufällig mit unserem unsäglichen Minister Mauricio Valls und seiner fein säuberlich vergessenen Vergangenheit als Schlächter zu tun?«

»Was bringt Sie auf diesen Gedanken?«

»Sagen wir, ich habe hellseherische Fähigkeiten.«

Sie zögerte einen Augenblick, was Vilajuana in seiner Vermutung bestärkte.

»Und wenn dem so wäre?«

»Das würde dazu beitragen, dass ich ein wenig interessiert wäre. Welche Art Austausch hat Ihnen denn vorgeschwebt?«

»Ausschließlich schöngeistige Literatur. Sie sagen mir, was Sie über Mataix wissen, und ich verspreche Ihnen Zugang zu allen Informationen, über die ich verfüge, sobald ich den Fall gelöst habe, der mich beschäftigt.«

»Und bis dahin?«

»Meine ewige Dankbarkeit und die Befriedigung, zu wissen, dass Sie das Richtige getan haben, als Sie einem armen Dämchen in Not geholfen haben.«

»Hm. Ich muss zugeben, dass Sie wenigstens überzeugender sind als Ihr, wie ich zu vermuten wage, Kollege.«

»Bitte?«

»Ich meine den, der mich vor ungefähr zwei Wochen aufgesucht hat und den ich übrigens nicht wiedergesehen habe. Haben Sie beide in den Pausenstunden denn keine Informationen ausgetauscht? Oder ist er gar ein Konkurrent?«

»Erinnern Sie sich an seinen Namen? Lomana?«

»Könnte sein. Ich habe ihn nicht behalten. Das Alter, wie ich vorhin sagte.«

»Wie hat er ausgesehen?«

»Sehr viel weniger verführerisch als Sie.«

»Hatte er eine Narbe im Gesicht?«

Vilajuana bejahte und verengte die Augen.

»Hat er die vielleicht Ihnen zu verdanken?«

»Er hat sich beim Rasieren geschnitten. Er hatte schon immer zwei linke Hände. Was haben Sie Lomana gesagt?«

»Nichts, was er nicht schon gewusst hätte.«

»Hat er Valls erwähnt?«

»Nicht direkt, aber er schien sehr interessiert an Mataix' Jahren im Kastell Montjuïc und an seiner Freundschaft mit David Martín. Man braucht kein Luchs zu sein, um seine Schlüsse zu ziehen.«

»Und Sie haben ihn nicht wiedergesehen oder noch einmal mit ihm gesprochen?«

Vilajuana verneinte.

»Lomana kann sehr beharrlich sein. Wie sind Sie ihn losgeworden?«

»Ich habe ihm gesagt, was er hören wollte. Oder was er hören zu wollen glaubte.«

»Und das war?«

»Er hatte großes Interesse an dem Haus, in dem Víctor Mataix und seine Familie bis zu seiner Verhaftung 1941 in der Carretera de las Aguas wohnten, unterhalb von Vallvidrera.«

»Warum am Haus?«

»Er fragte mich, was der Ausdruck ›beim Eingang zum Labyrinth‹ bedeute, ob das einen konkreten Ort bezeichne.«

»Und?«

»Ich habe ihm gesagt, in den *Labyrinth*-Romanen sei der ›Eingang‹, also der Ort, wo Ariadna in die unterirdische Welt dieses anderen Barcelonas ›fällt‹, das Haus, in dem sie mit ihren Eltern wohne, und das ist eben das Haus, wo die Mataix' lebten. Ich gab ihm die Adresse und sagte ihm, wie er hinfinde. Nichts, was er nicht selbst in einer Stunde im Grundbuchamt hätte herausfinden können. Vielleicht erwartete er dort einen Schatz zu finden oder etwas noch Besseres. Liege ich richtig?«

»Hat Lomana Ihnen gesagt, für wen er arbeitet?«

»Er zeigte mir seine Marke. Wie im Film. Ich bin kein Experte, aber sie schien echt. Haben Sie auch so eine Marke?«

Sie verneinte.

»Schade. Eine Femme fatale im Dienst des Regimes ist etwas, was meiner Meinung nach nur in einem Roman von Julián Carax vorkommen kann.«

»Sie sind Carax-Leser?«

»Aber selbstverständlich! Der Schutzheilige aller verdammten Schriftsteller Barcelonas. Sie müssten sich kennenlernen – Sie scheinen fast ein Geschöpf von ihm zu sein.«

Alicia seufzte.

»Das ist wichtig, Señor Vilajuana. Das Leben mehrerer Menschen steht auf dem Spiel.«

»Nennen Sie mir einen. Mit Vor- und Familiennamen, wenn möglich. So kann ich das Ganze vielleicht ein wenig ernster nehmen.«

»Das darf ich nicht«, erwiderte sie.

»Natürlich. Zu meiner eigenen Sicherheit vermutlich.«

»Selbst wenn Sie es nicht glauben.«

Der Journalist faltete die Hände im Schoß und lehnte sich

nachdenklich auf seinem Stuhl zurück. Alicia spürte, dass sie dabei war, ihn zu verlieren. Der Moment war gekommen, mehr Fleisch an die Angel zu hängen.

»Wie lange ist es her, dass Sie Minister Valls zum letzten Mal in der Öffentlichkeit gesehen haben?«

Vilajuana entfaltete die Hände mit wiedererwachtem Interesse.

»Weiter.«

»Nicht so hastig. Der Handel besteht darin, dass Sie mir sagen, was Sie über Mataix und Martín wissen, und ich sage Ihnen, was ich sagen kann, sobald ich es sagen kann. Und es wird viel sein, darauf gebe ich Ihnen mein Wort.«

Vilajuana lachte leise, nickte aber nachdenklich.

»Auch über Valls?«

»Auch über Valls«, log sie.

»Vermutlich würde ich Sie vergeblich bitten, mir das Buch zu zeigen.«

Alicia setzte ihr lieblichstes Lächeln auf.

»Haben Sie mich auch darin belogen?«

»Nur zum Teil. Bis vor zwei Tagen hatte ich das Buch, dann habe ich es verloren.«

»Ich ahne, dass Sie es nicht einfach in der Straßenbahn liegenlassen haben.«

Sie verneinte.

»Der Handel, wenn Sie mir die Korrektur gestatten, ist folgender«, sagte Vilajuana. »Sie sagen mir, wo Sie das Buch gefunden haben, und ich erzähle Ihnen, was Sie wissen wollen.«

Alicia hatte schon den Mund halb geöffnet, da hob der Journalist mahnend den Zeigefinger:

»Ein Wort mehr über meine persönliche Sicherheit, und ich muss Ihnen viel Glück und einen guten Tag wünschen. Selbstverständlich bleibt unter uns, was Sie mir sagen.«

Sie dachte lange nach.

»Habe ich Ihr Wort?«

»Ich schwöre es Ihnen bei meiner Antrittsrede für die Königliche Akademie der schöngeistigen Literatur Barcelona.«

Schließlich gab Alicia nach. Sie schaute um sich und vergewisserte sich, dass sie sich allein in der Bibliothek befanden. Vilajuana sah sie erwartungsvoll an.

»Ich habe es in Mauricio Valls' Schreibtisch versteckt gefunden, im Arbeitszimmer seines Wohnsitzes, vor einer Woche.«

»Und darf man erfahren, was Sie da gemacht haben?«

Alicia beugte sich vor.

»Sein Verschwinden untersucht.«

Vilajuanas Blick leuchtete auf wie ein bengalisches Licht.

»Schwören Sie mir, dass ich das Exklusivrecht an dieser Sache habe und an allem, was sich daraus ergibt.«

»Ich schwöre es Ihnen bei Ihrer Antrittsrede.«

Vilajuana schaute ihr fest in die Augen. Sie blinzelte nicht einmal.

Er nahm einen Stapel unbeschriebener Blätter vom Tisch und reichte sie ihr zusammen mit seiner Füllfeder.

»Da, ich glaube, Sie werden daran interessiert sein, sich einige Notizen zu machen.«

35

»Ich lernte Víctor Mataix vor dreißig Jahren kennen, im Herbst 1928. Damals hatte ich gerade im Zeitungsgewerbe angefangen und arbeitete in der Redaktion von *Die Stimme der Industrie*, wo ich Löcher stopfte und Mädchen für alles war. In jener Zeit schrieb Víctor Mataix unter verschiedenen Pseudonymen Fortsetzungsromane für einen Verlag, der zwei ausgebufften Typen gehörte, Barrido und Escobillas, die im Ruf standen, alle Welt zu hintergehen, von ihren Autoren bis zu den Papier- und Druckfarbenlieferanten. Dort wurden auch David Martín, Ladislao Bayona, Enrique Marqués veröffentlicht und alle jungen hungrigen Autoren des Vorkriegsbarcelonas. Wenn ihm die Vorschüsse von Barrido und Escobillas nicht bis zum Monatsende reichten, was oft der Fall war, schrieb Mataix Auftragstexte für mehrere Tageszeitungen, auch für *Die Stimme der Industrie*, von Kurzgeschichten bis zu großartigen Reisereportagen über Orte, wo er nie gewesen war. Ich erinnere mich an eine mit dem Titel *Die Geheimnisse von Byzanz*, die ich seinerzeit für ein Meisterwerk hielt und die sich Mataix von A bis Z aus den Fingern gesogen hatte, ohne weitere Quellen als eine Reihe alter Postkarten aus Istanbul.«

»Und ich glaube immer alles, was in der Zeitung steht«, seufzte Alicia.

»So sehen Sie aus. Aber das waren andere Zeiten, da machten es die Schreiber, wenn sie logen, mit Anmut. Nun, mehr als einmal musste ich Mataix' Texte bei Redaktionsschluss kürzen, damit sie hineinpassten, wenn es Platz zu schaffen galt für eine Eilmeldung oder eine zur Unzeit eintreffende Kolumne irgendeines Spezis des Herausgebers. Eines Tages, als Mataix in die Redaktion kam, um das Honorar für seine Beiträge zu kassieren, kam er auch zu mir. Ich dachte, er werde mich anschnauzen, aber er gab mir bloß die Hand, stellte sich vor, als wäre er ein Unbekannter für mich, und bedankte sich dafür, dass ich und kein anderer bei seinen Texten die Schere ansetzte, wenn es nicht anders ging.

›Sie haben ein gutes Auge, Vilajuana. Hoffentlich verdirbt man Sie hier nicht‹, sagte er.

Er hatte die Gabe der Eleganz. Ich meine nicht die Art, wie er sich kleidete, obwohl er immer einen tadellosen Dreiteiler und eine feine runde Drahtbrille trug, was ihm ein Proust'sches Aussehen gab, nur ohne Madeleines, sondern seine Manieren, die Art, wie er sich an die Menschen wandte, wie er sprach. Er war das, was die affektierten Chefredakteure *einen seltsamen Vogel* nennen. Zudem war er ein großzügiger Mensch, der einem einen Gefallen erwies, ohne darum gebeten zu werden, und keine Gegenleistung erwartete. So war es denn auch er, der mich kurz darauf bei der *Vanguardia* empfahl; dank seiner Hilfe entkam ich der *Stimme der Industrie*. Damals schrieb er schon fast nicht mehr für Zeitungen. Er hatte es nie gern getan und immer nur zur Aufbesserung seiner

Einkünfte in mageren Zeiten. Eine der Fortsetzungsgeschichten, die er für Barrido und Escobillas schrieb, *Die Stadt der Spiegel*, war damals recht populär. Ich glaube, David Martín und er hielten den Rennstall der beiden Verleger allein am Laufen, und sie arbeiteten unermüdlich. Vor allem Martín opferte das bisschen Gesundheit und Vernunft, das ihm blieb, indem er sich an der Schreibmaschine das Hirn ausbrannte. Aus familiären Gründen hatte Mataix in dieser Hinsicht weniger Sorgen.«

»Kam er aus guter Familie?«

»Nicht direkt, aber er war vom Glück begünstigt, oder auch nicht, je nachdem, als er den Besitz eines Onkels erbte, eines ziemlich extravaganten Mannes namens Ernesto, dem man den Spitznamen *Zuckerkaiser* gegeben hatte. Mataix war sein Lieblingsneffe oder zumindest das einzige Familienmitglied, das er nicht hasste. So konnte er kurz nach seiner Verehelichung in ein gewaltiges Haus in der Carretera de las Aguas umziehen, am Hang von Vallvidrera, das ihm der Onkel zusammen mit einigen Aktien der Lebensmittelimportgesellschaft vermacht hatte, die er nach seiner Rückkehr aus Kuba gegründet hatte.«

»Also war dieser Onkel Ernesto einer von denen, die nach Kuba auswanderten und reich zurückkehrten?«

»Wie er im Buche steht. Er war mit siebzehn Jahren ohne einen Centimo von Barcelona weggegangen, nachdem er die Hand gern in anderer Leute Tasche gesteckt hatte. Die Guardia Civil suchte ihn, um ihm beide Beine zu brechen, und wie durch ein Wunder konnte er sich als blinder Passagier auf einem Handelsschiff nach Kuba einschmuggeln.«

»Und wie erging es ihm in Südamerika?«

»Sehr viel besser als Südamerika selbst. Als Onkel Ernesto im eigenen Schiff nach Barcelona zurückkehrte, ganz in Weiß und mit einer dreißig Jahre jüngeren, kurz zuvor per Post zugestellten skandinavischen Gattin, waren mehr als vierzig Jahre vergangen. In dieser ganzen Zeit hatte der Zuckerkaiser Vermögen gewonnen und verloren, eigene und fremde, im Zucker- und Waffengeschäft. Dank einem ganzen Bataillon von Geliebten hatte er genügend

Bastarde gezeugt, um sämtliche Karibikinseln zu bevölkern, und er hatte Übergriffe begangen, die ihm, hätte es einen wachenden Gott und ein wenig Gerechtigkeit gegeben, für zehntausend Jahre Kost und Logis in der Hölle garantiert hätten.«

»Hätte es auch die gegeben«, sagte Alicia.

»Immerhin darf man sagen, dass es, wenn schon keine Gerechtigkeit, so doch eine ironische Pointe gegeben hatte. So ist der Himmel. Kurz nach seiner Rückkehr aus Kuba soll der Zuckerkaiser allmählich den Verstand verloren haben, und zwar durch ein Gift, das ihm eine verbitterte und vor Bosheit und weiß Gott was allem strotzende Mulattenköchin in sein letztes tropisches Abendmahl gemengt hatte. Schließlich sollte er sich im Dachgeschoss seiner eben bezogenen Villa eine Kugel in den Kopf schießen in der Überzeugung, dass dieses Haus von etwas bewohnt sei, von etwas, was sich die Wände und das Dach entlangschlich und wie ein Schlangennest roch, etwas, was allnächtlich in sein Schlafzimmer eindrang und sich neben ihm niederhockte, um ihm die Seele auszusaugen.«

»Beeindruckend. Stammt die Dramaturgie von Ihnen?«

»Ich habe sie bei Mataix ausgeliehen, der die Anekdote mit einigen opernhaften Retuschen in einen der *Labyrinth*-Romane aufgenommen hat.«

»Schade.«

»Die Realität übertrifft nie die Fiktion, wenigstens nicht die gehaltvolle.«

»Und die Realität in diesem Fall war ...?«

»Möglicherweise weltlicher. Die glaubwürdigste Theorie wurde schon am Tag von Onkel Ernestos Beerdigung festgehalten, einem Massenereignis, das in der Kathedrale in Anwesenheit des Bischofs, des Bürgermeisters und der ganzen lebenden Krippe des Stadtkonsistoriums stattfand. Gar nicht zu reden von all denen, die sich von Onkel Ernesto Geld geborgt hatten und nun gekommen waren, um sich zu versichern, dass er auch wirklich tot war und sie es ihm also nicht zurückzuzahlen brauchten. Aber worauf ich hinauswollte: Das Gerücht des Tages war, dass das Einzige, was tatsächlich zu dem dahingegangenen Magnaten unter die Laken geschlüpft war, die Tochter seiner Haushälterin war, ein siebzehnjähriges, resolutes Mädchen, das es Jahre später unter dem Künstlernamen Doris Laplace als Animierdame im Paralelo zu Ruhm und Vermögen brachte, und dass das, was sie ihm allabendlich aussaugte, nicht unbedingt die Seele war.«

»Und dann der Selbstmord?«

»Mutmaßlich unter Beihilfe. Alles scheint darauf hinzudeuten, dass Onkel Ernestos nachsichtiger Ehefrau der Geduldsfaden riss – und dann heißt es wieder, die Nordländerinnen seien kühl –, nachdem sie Jahre nicht nur der Ehe, sondern auch des Gehörntwerdens ertragen hatte, so dass sie an einem San-Juan-Abend beschloss, ihm mit der Jagdflinte, die er für den Fall, dass die Anarchisten kämen, neben dem Bett verwahrte, eins auf den Pelz beziehungsweise ins Gesicht zu brennen.«

»Eine exemplarische Geschichte.«

»Die Leben von Heiligen und Sündern, ein typisches Barceloner Genre. Welches immer die glaubwürdige Version der Ereignisse ist, jedenfalls blieb das alte Haus jahrelang unbewohnt, und der Ruf von Verhexung und Flüchen, der es seit der Grundsteinlegung begleitet hatte, verstummte nicht einmal dann, als sich Mataix und seine Frau Susana, frisch verheiratet, dort niederließen. Man muss allerdings auch sagen, dass das Haus es in sich hatte. Als ich einmal dort war, bot mir Mataix einen exklusiven Rundgang an, und mir standen die Haare zu Berge, wo mir doch Musikkomödien und leichte Romanzen gefallen. Da gab es Treppen, die nirgends hinführten, einen Gang mit Spiegeln, die so angeordnet waren, dass man, wenn man an ihnen vorbeiging, meinte, es folge einem jemand, und einen Keller, in dem der Onkel ein Schwimmbecken hatte einbauen lassen, dessen Mosaikboden das Gesicht seiner ersten Frau in Kuba zeigte, Leonor, ein Mädchen von neunzehn Lenzen, das sich eine Haarspange ins Herz bohrte in der festen Überzeugung, sie sei mit einer Schlange schwanger.«

»Herzzerreißend. Und dorthin haben Sie Lomana geschickt?«

Vilajuana nickte mit maliziösem Lächeln.

»Und Sie haben ihm all das Zeug mit den perfiden Geistern des Jenseits und den Sonderbarkeiten des Hauses erzählt? Lomana kann sehr abergläubisch und ängstlich sein ...«

»Es steht mir nicht an, das zu sagen, aber diesen Eindruck hatte ich auch, und angesichts der geringen Sympathie, die der Mann in mir weckte, wollte ich ihm lieber keine unerbetenen Informationen vorausschicken, um ihm die Überraschung nicht zu verderben.«

»Glauben denn Sie an solche Dinge? Verhexungen und Flüche?«

»Ich glaube an die Literatur. Und ab und zu an die Kunst der Gastronomie, vor allem, wenn ein gutes Reisgericht im Spiel ist. Alles andere ist Lug und Trug oder Placebos, je nachdem, wie man es betrachtet. Etwas sagt mir, dass Sie und ich uns in dieser Hinsicht gleichen. In Bezug auf die Literatur, meine ich, nicht die Gastronomie.«

»Und was geschah dann?«

»Tatsache ist, dass ich Mataix nie über Einwirkungen aus dem Jenseits oder Ähnliches habe klagen hören. Ich würde sagen, er glaubte noch weniger an diesen Quatsch als an die politischen Sermone, die dieses Land schon damals zu einem Hühnerstall gemacht hatten. Er hatte eben Susana geheiratet, in die er vollkommen verschossen war, und arbeitete unermüdlich in einem Büro mit Blick auf das ganze zu seinen Füßen liegende Barcelona. Susana war ein zerbrechliches Geschöpf mit angegriffener Gesundheit. Ihre Haut war fast durchsichtig, und wenn man sie umarmte, hatte man das Gefühl, sie zerbreche gleich. Sie wurde sehr schnell müde, und manchmal musste sie den ganzen Tag im Bett bleiben, da sie zum Aufstehen zu schwach war. Mataix machte sich andauernd Sorgen um sie, aber er liebte sie wie besessen, und sie, glaube ich, erwiderte seine Gefühle. Ich besuchte sie dort zweimal, und obwohl das Haus für meinen Geschmack wie gesagt ein wenig unheilvoll war, hatte ich doch den Eindruck, dass sie glücklich waren. Wenigstens am Anfang. Wenn Mataix in die Stadt hinunterging, wie er zu sagen pflegte, kam er oft zur *Van-*

guardia, und wir gingen zusammen essen oder eine Tasse Kaffee trinken. Er erzählte immer von dem Roman, an dem er gerade arbeitete, und gab mir einige Seiten zu lesen, um meine Meinung zu hören, obwohl er danach meine Kommentare nicht groß beherzigte. Er benutzte mich sozusagen als Versuchskaninchen. Damals war er noch ein Lohnschreiber. Er schrieb unter ich weiß nicht wie vielen Pseudonymen zu einem Festpreis pro Wort. Susanas Gesundheitszustand erforderte ständige Arztbesuche und die Einnahme von Medikamenten, und Mataix ließ nur die besten Spezialisten an ihr Bett. Dass er dafür mit seiner Akkordarbeit seine Gesundheit aufs Spiel setzte, kümmerte ihn wenig. Susana träumte davon, schwanger zu werden. Die Ärzte hatten sie schon vorgewarnt, dass das kompliziert sein würde. Und teuer.«

»Aber das Wunder hat sich ereignet.«

»Ja. Nach mehreren Fehlgeburten und jahrelangen Nöten wurde Susana 1931 wieder schwanger. Mataix ging fast drauf vor Angst, sie würde das Baby abermals verlieren – und dabei vielleicht sogar das Leben. Doch für einmal ging alles gut. Susana hatte immer eine Tochter haben und auf den Namen einer Schwester taufen wollen, die sie als Kind verloren hatte.«

»Ariadna.«

»In den Jahren, in denen sie ein Kind zu bekommen versuchten, bat Susana Mataix, ein neues Buch anzufangen, und zwar ein ganz anderes als die, die er bisher geschrieben hatte. Ein Buch, das ausschließlich für das Mädchen wäre, von dem sie träumte. Buchstäblich. Sie sagte, sie habe es im Traum gesehen und mit ihm gesprochen.«

»War das der Ursprung der *Labyrinth*-Bücher?«

»Ja. Mataix begann, die erste Folge der Reihe mit Ariadnas Abenteuern in einem magischen Barcelona zu schreiben. Ich glaube, er schrieb sie auch für sich selbst, nicht nur für Ariadna. Ich habe immer gedacht, dass die *Labyrinth*-Bücher in gewisser Weise eine Warnung sind.«

»Wovor?«

»Vor dem, was sich da zusammenbraute. Sie müssen damals

noch sehr jung gewesen sein, Alicia, ein kleines Mädchen, aber es sah schon in den Jahren vor dem Krieg gar nicht gut aus. Man konnte es förmlich riechen. Es lag in der Luft …«

»Da haben Sie einen schönen Titel für Ihr Buch.«

Vilajuana lächelte.

»Glauben Sie, Mataix malte sich aus, was geschehen würde?«

»Er und viele andere auch. Man musste schon blind sein, um es nicht zu sehen. Er sprach oft davon. Einmal hörte ich ihn sagen, dass er daran dachte, das Land zu verlassen, doch Susana wollte nicht weg aus Barcelona. Sie glaubte, wenn sie gingen, würde sie nie schwanger werden. Und irgendwann war es dann zu spät.«

»Erzählen Sie mir von David Martín. Haben Sie ihn gekannt?«

»Martín? Ein wenig. Ich traf ein paarmal mit ihm zusammen. Als wir uns einmal im Café Canaletas verabredet hatten, stellte Mataix ihn mir vor. Sie waren seit jungen Jahren gute Freunde gewesen, bevor bei Martín die Sicherungen durchbrannten, aber Mataix schätzte ihn weiterhin sehr. Für mich war er, ehrlich gesagt, der wunderlichste Kauz, den ich in meinem ganzen Leben kennengelernt habe.«

»In welcher Hinsicht?«

Vilajuana zögerte einen Augenblick.

»David Martín war ein brillanter Kopf, wahrscheinlich sogar brillanter, als gut für ihn war. Aber meiner bescheidenen Meinung nach war er vollkommen verrückt.«

»Verrückt?«

»Wahnsinnig. Völlig übergeschnappt.«

»Was bringt Sie dazu, das zu sagen?«

»Nennen Sie es Intuition. Martín hörte Stimmen … Und ich meine nicht die der Musen.«

»Sie meinen, er war schizophren?«

»Also: Was ich weiß, ist, dass sich Mataix Sorgen um ihn machte. Und zwar große. So war er, er machte sich um alle Sorgen, nur nicht um sich selbst. Offenbar hatte Martín sich in irgendwelche Schwierigkeiten gebracht, und sie sahen einander kaum noch. Martín ging allen aus dem Weg.«

»Hatte er denn keine Familie, die sich um ihn kümmerte?«

»Er hatte niemand. Und wenn er jemand hatte, hielt er ihn am Ende immer von sich fern. Seine einzige Verbindung mit der realen Welt war ein junges Mädchen, das er als Assistentin aufgenommen hatte, eine gewisse Isabella. Mataix glaubte, sie sei die Einzige, die ihn noch am Leben erhielt und versuchte, ihn vor sich selbst zu schützen. Mataix sagte immer, der einzige wirkliche Dämon sei sein Hirn, das ihn bei lebendigem Leib auffresse.«

»Der einzige Dämon? Gab es denn noch mehr?«

Vilajuana zuckte mit den Schultern.

»Ich wüsste nicht, wie ich es Ihnen erklären könnte, ohne dass Sie lachen.«

»Versuchen Sie es.«

»Nun, Mataix erzählte mir einmal, David Martín glaube, einen Vertrag mit einem geheimnisvollen Verleger unterschrieben zu haben, um eine Art sakralen Text zu verfassen, sozusagen die Bibel einer neuen Religion. Machen Sie doch nicht so ein Gesicht. Laut Mataix traf sich Martín ab und zu mit diesem Mann, einem gewissen Andreas Corelli, um seine Anweisungen aus dem Jenseits entgegenzunehmen oder so.«

»Und natürlich zweifelte Mataix die Existenz dieses Corelli an.«

»Anzweifeln ist harmlos ausgedrückt. Er siedelte ihn in seiner Liste des Unwahrscheinlichen irgendwo zwischen der Zahnfee und dem Schlaraffenland an. Er bat mich, in der Verlagswelt ein wenig zu recherchieren und nach dem angeblichen Verleger zu suchen. Das tat ich. Ich habe Himmel und Hölle und alles, was dazwischen ist, in Bewegung gesetzt.«

»Und?«

»Der einzige Corelli, den ich fand, war ein Barockkomponist namens Arcangelo Corelli, vielleicht sagt Ihnen der Name etwas.«

»Und wer war nun also der Corelli, für den Martín arbeitete – oder zu arbeiten sich vorstellte?«

»Martín glaubte, es handle sich um einen abartigen Erzengel, um einen gefallenen.«

Vilajuana hielt sich die beiden Zeigefinger als Hörner an die Stirn und lächelte ironisch.

»Der Teufel?«

»Mit Schwanz und Klauen. Ein Mephisto mit teurem Schneider, der aus der Unterwelt heraufgestiegen war, um ihn mit einem faustischen Pakt zu verführen, ein verdammtes Buch als Grundlage einer Religion zu schaffen, die Feuer an die Welt hätte legen sollen. Wie ich sagte – völlig übergeschnappt. Und so hat er geendet.«

»Sie meinen, im Montjuïc-Gefängnis?«

»Das war ein wenig später. Wegen seiner Delirien und der merkwürdigen Allianz mit seinem diabolischen Hinkebeinchen musste David Martín Anfang der dreißiger Jahre die Beine unter den Arm nehmen und aus Barcelona fliehen, als ihn die Polizei beschuldigte, eine Reihe von Verbrechen begangen zu haben, die nie aufgeklärt wurden. Anscheinend konnte er das Land wie durch ein Wunder verlassen. Aber wie verrückt er war, können Sie daraus ersehen, dass ihm nichts Besseres einfiel, als mitten im Bürgerkrieg nach Spanien zurückzukehren. Kurz hinter den Pyrenäen wurde er in Puigcerdà verhaftet und landete im Kastell Montjuïc. Wie so viele andere. Und wie ein wenig später auch Mataix. Dort trafen sie sich wieder, nachdem sie sich so viele Jahre nicht gesehen hatten … Wahrlich ein trauriges Ende.«

»Wissen Sie, warum er zurückgekommen ist? Auch wenn er nicht ganz dicht war, wird er doch wohl gewusst haben, dass man ihn nach einer Rückkehr nach Barcelona über kurz oder lang schnappen würde …«

Vilajuana zuckte mit den Schultern.

»Warum begehen wir die größten Dummheiten in diesem Leben?«

»Aus Liebe, für Geld, aus Verzweiflung …«

»Im Grunde sind Sie eine Romantikerin, ich wusste es ja.«

»Also aus Liebe?«

»Wer weiß. Ich weiß nicht, was er sonst an einem Ort zu finden hoffte, wo das halbe Land wegen einiger bunter Lappen die andere Hälfte umbrachte ...«

»Diese Isabella?«

»Ich weiß es nicht ... Diesen Teil des Puzzles habe ich noch nicht beisammen.«

»War das dieselbe Isabella, die kurze Zeit darauf den Buchhändler Sempere heiratete?«

Vilajuana schaute sie einigermaßen überrascht an.

»Woher wissen Sie das?«

»Sagen wir, ich habe meine Quellen.«

»Es wäre nicht schlecht, sie mit mir zu teilen.«

»Sobald ich kann. Sie haben mein Wort. War es also dieselbe Isabella?«

»Ja. Sie war es. Isabella Gispert, Tochter der Inhaber des Lebensmittelladens Gispert, der sich noch immer hinter der Kirche Santa María del Mar befindet. Sie war dazu bestimmt, Isabella Sempere zu werden.«

»Glauben Sie, dass Isabella in David Martín verliebt war?«

»Ich erinnere Sie daran, dass sie den Buchhändler Sempere heiratete, nicht ihn.«

»Das beweist doch nichts.«

»Vermutlich nicht.«

»Haben Sie sie gekannt? Isabella?«

Vilajuana bejahte.

»Ich war auf der Hochzeit.«

»Und hatten Sie das Gefühl, sie war glücklich?«

»Am Tag ihrer Hochzeit ist jede Braut glücklich.«

Diesmal lachte Alicia maliziös.

»Und wie war sie?«

Vilajuana senkte den Blick.

»Ich habe nur ein- oder zweimal mit ihr gesprochen.«

»Aber irgendeinen Eindruck wird sie doch auf Sie gemacht haben.«

»Ja. Isabella machte Eindruck.«

»Und?«

»Und? Sie erschien mir als einer dieser Ausnahmemenschen, die aus dieser beschissenen Welt einen besuchenswerten Ort machen.«

»Sind Sie zur Beerdigung gegangen?«

Vilajuana nickte langsam.

»Stimmt es, dass sie an Cholera gestorben ist?«

Ein Schatten legte sich über seinen Blick.

»So sagt man.«

»Aber Sie glauben es nicht.«

Er schüttelte den Kopf.

»Warum erzählen Sie mir dann nicht den Rest der Geschichte?«

»Ehrlich gesagt ist es eine sehr traurige Geschichte, die ich am liebsten vergessen würde.«

»Darum schreiben Sie seit so vielen Jahren an einem Buch darüber? An einem Buch, von dem Sie vermutlich wissen, dass Sie es nie werden veröffentlichen können, wenigstens nicht in diesem Land …«

Er lächelte traurig.

»Wissen Sie, was David Martín zu mir gesagt hat, als wir uns zum letzten Mal sahen? Es war ein Abend, an dem wir drei, Mataix, er und ich, im Xampanyet ein wenig zu tief ins Glas geschaut hatten, um zu feiern, dass Víctor den ersten *Labyrinth*-Band beendet hatte. Ich weiß auch nicht, wie das Gespräch zum alten Gemeinplatz von den Schriftstellern und dem Alkohol gelangte. Martín, der imstande war, eine Badewanne Schnaps auszutrinken, ohne die Klarsicht zu verlieren, sagte mir in jener Nacht etwas, was ich nie vergessen habe: ›Man trinkt, um sich zu erinnern, und man schreibt, um zu vergessen.‹«

»Vielleicht war er doch nicht so verrückt, wie es den Anschein hatte.«

Vilajuana nickte schweigend, sein Gesicht war von Erinnerungen gezeichnet.

»Erzählen Sie mir doch, was Sie schon so viele Jahre zu vergessen versuchen.«

»Sagen Sie aber nachher nicht, ich hätte Sie nicht gewarnt.«

Auszug aus

DIE VERGESSENEN
VÍCTOR MATAIX UND
DAS ENDE DER VERLORENEN GENERATION BARCELONAS
von Sergio Vilajuana
(Verlag Destino, Barcelona 1989)

Folgendermaßen lautet der erste Abschnitt eines 1933 von Víctor Mataix verfassten hochironischen Divertimentos mit dem Titel *Tinte und Schwefel*, inspiriert vermutlich von den misslichen Geschicken seines Freundes und Kollegen David Martín:

Man braucht nicht Goethe zu sein, um zu wissen, dass jeder Schriftsteller, der diese Bezeichnung verdient, früher oder später über seinen Mephisto stolpert. Diejenigen guten Herzens, so es sie denn gibt, bieten ihm ihre Seelen dar. Die anderen verkaufen ihm die der Leichtgläubigen, die ihren Weg kreuzen.

Víctor Mataix, der die Bezeichnung verdiente, weil er sie sich erarbeitet hatte, traf an einem Oktobertag des Jahres 1937 auf seinen Mephisto.

War die Schriftstellerexistenz bis zu diesem Moment schon ein Seiltänzerakt gewesen, so riss der Kriegsausbruch alles mit sich fort, was von der prekären Verlagsmaschinerie noch geblieben war, in der Mataix Sinn und Zweck und seinen Unterhalt gefunden hatte. Zwar wurde weiterhin geschrieben und publiziert, doch das neue Königsgenre waren die Propaganda, das Pamphlet und die Lobeshymne im Dienste grandioser lärm- und blutgetränkter Ideale. Innerhalb weniger Monate blieb Mataix, wie noch so vielen, keine andere Wahl, als seinen Lebensunterhalt mit der Barmherzigkeit Dritter und dem Zufall zu verdienen, beides in diesen Zeiten auf dem absteigenden Ast.

Seine letzten Verleger, denen er die Romanserie *Das Labyrinth der Lichter* anvertraut hatte, war ein Duo scharfsinniger Herren namens Revells und Badens. Badens, beachtlicher Gourmet und Connaisseur der feinen Speisen und Produkte des Landes, hatte sich vorübergehend auf seinen Hof im Ampurdán zurückgezogen, um Tomaten zu züchten und die Geheimnisse der Trüffel zu ergründen, bis sich der Wahnsinn der Zeiten mäßigen würde. Er war ein geborener Optimist, den Keilereien anekelten und der zuversichtlich war, dass der Konflikt in zwei, drei Monaten zu Ende wäre, wonach Spanien seinen natürlichen Zustand von Chaos und Absurdität wiedererlangen würde, in dem es immer Raum für die Literatur, gutes Essen und das Geschäft gab. Revells, aufmerksamer Betrachter der Gaukeleien von Macht und Polittheater, hatte sich dafür entschieden, in Barcelona zu bleiben und seine Büros geöffnet zu halten, wenn auch auf Sparflamme. Das Publizieren von Literatur war an eine ungewisse Grenze gelangt, und in der Hauptsache konzentrierte sich das Geschäft jetzt auf den Druck von Sermonen, Pamphleten und exemplarischen Epen zum höheren Ruhme der Helden des Augenblicks, die sich von Woche zu Woche ablösten dank interner Kämpfe und der Androhung eines unterschwelligen Bürgerkriegs innerhalb des erklärten Bürgerkrieges, der den Republikanern zusetzte. Weniger optimistisch als sein Teilhaber, der ihm weiter kistenweise köstliche Tomaten und Gemüse schickte, sah Revells voraus, dass die Angelegenheit lange dauern und schlechter als schlecht enden würde.

Trotzdem zahlten Revells und Badens Mataix aus ihren Ersparnissen weiterhin einen kleinen Lohn, sozusagen als Vorschuss auf künftige Werke. Entgegen seinen Vorbehalten akzeptierte Mataix ihn, wenn auch ungern. Revells überhörte seine Einwände und beharrte darauf. Wenn die Diskussion, wie es stets der Fall war, auf Skrupel zu sprechen kam oder das, was der Verleger *Dummheiten eines Mannes, der noch nicht wirklich hungert* nannte, lächelte Revells verschmitzt und sagte: »Víctor, weinen Sie nicht um uns, ich werde schon dafür sorgen, dass Sie uns für alles, was wir Ihnen vorschießen, eines Tages entschädigen werden.«

Dank der Unterstützung seiner Verleger hatte Mataix' Familie immer etwas zu beißen, was allmählich eine privilegierte Situation war. Die meisten seiner Kollegen befanden sich in einer sehr viel misslicheren Lage mit noch sehr viel misslicheren Zukunftsaussichten. Einige hatten sich, gepackt von Leidenschaft und Romantik, der Miliz angeschlossen.

»Wir werden die Ratte des Faschismus in ihrem fauligen Loch ausrotten«, intonierten sie. Mehr als einer warf ihm vor, dass er sich ihnen nicht anschloss. Es war eine Epoche, in der die an sämtlichen Mauern der Stadt hängenden Propagandaplakate für viele Leute Credo und Gewissen waren. »Wer nicht bereit ist, für seine Freiheit zu kämpfen, verdient sie auch nicht«, sagten sie zu ihm. Mataix, der vermutete, dass sie recht hatten, wurde von Gewissensbissen zerfressen. Sollte er Susana und seine Tochter Ariadna in dem Haus auf dem Hügel verlassen und sich den Truppen der sogenannten Nationalen entgegenstellen? »Ich weiß nicht, von welcher Nation sie reden, meine ist es jedenfalls nicht«, sagte ein Freund zu ihm, von dem sich zu verabschieden er auf den Bahnhof gekommen war, »und deine ist es auch nicht, auch wenn du nicht den Mut hast, etwas zu unserer Verteidigung beizutragen.« Beschämt über sich selbst, kehrte Mataix in sein Haus zurück. Dort umarmte ihn Susana zitternd und brach in Tränen aus. »Lass uns nicht allein«, flehte sie ihn an. »Dein Vaterland sind Ariadna und ich.«

Je weiter der Kampf fortschritt, desto klarer wurde Mataix, dass er nicht schreiben konnte. Stundenlang saß er vor der Maschine, den Blick im Horizont jenseits der Fenster verloren. Mit der Zeit ging er fast täglich in die Stadt hinunter, um, wie er sich sagte, sich nach Arbeitsmöglichkeiten umzusehen oder vor sich selbst zu fliehen. Die meisten seiner Bekannten bettelten inzwischen schon um Gefälligkeiten auf dem trüben Schwarzmarkt von Vasallentum und Knechtschaft, der sich im Schatten des Krieges ausbreitete. Unter den ausgehungerten Literaturbesessenen war das Gerücht umgegangen, Mataix beziehe von Revells und Badens einen Lohn à fonds perdu. Sein alter Freund Martín hatte ihn vorgewarnt: »Der Neid ist das Krebsgeschwür der Schriftsteller: Er lässt uns zu Lebzeiten verfaulen, bis uns die Vergessenheit rücksichtslos niedermäht.« Nach wenigen Monaten wollten ihn seine Bekannten nicht mehr kennen. Wenn sie ihn von fern erblickten, wechselten sie die Straßenseite, tuschelten untereinander und lachten verächtlich. Andere gingen mit gesenktem Blick an ihm vorbei.

Die ersten Kriegsmonate hatten Barcelona in eine seltsame Lethargie von Ängsten und Grabenkämpfen gestürzt. Die faschistische Rebellion war in der Stadt in den ersten Tagen nach dem Putsch gescheitert, und der eine oder andere neigte zu dem Glauben, der Krieg sei in der Ferne geblieben, das Ganze sei bloß eine weitere Drohgebärde von Generälen geringer Statur und noch geringerer Scham, und man werde in wenigen Wochen wieder zu der fiebrigen Abnormität zurückkehren, die das öffentliche Leben des Landes charakterisierte.

Das glaubte Mataix nicht mehr. Und er hatte Angst. Er wusste, dass ein Bürgerkrieg nie ein einzelner Krieg ist, sondern ein Mischmasch kleiner oder großer ineinander verwickelter Kämpfe. Die offizielle Erinnerung daran ist immer die der auf der Sieger- oder Verliererseite verschanzten Chronisten, aber nie die derer, die dazwischen eingekeilt sind und selten das Streichholz an den Scheiterhaufen gelegt haben. Martín hatte immer gesagt, in Spanien verachte man den Feind, hasse aber den Freidenker, der für niemanden Partei ergreife. Damals hatte Mataix ihm nicht geglaubt, aber allmählich dachte auch er, die einzige Sünde, die in Spanien nicht verziehen werde, sei die Weigerung, sich der einen oder der anderen Herde anzuschließen. Und dort, wo es Schafherden gibt, tauchen immer hungrige Wölfe auf. Wider Willen hatte Mataix all das verinnerlicht und begann das Blut in der Luft zu riechen. Später wäre noch genügend Zeit, die Toten zu verbergen und sich der Fabel zu widmen. Jetzt war der Moment gekommen, die Messer zu zücken und den Gemeinheiten die Krone aufzusetzen. Kriege verschmutzen alles, doch sie reinigen die Erinnerung.

An dem unseligen Tag des Jahres 1937, an dem sich sein Schicksal wenden sollte, war Mataix in die Stadt hinuntergegangen, um sich mit Revells zu treffen. Immer wenn sie sich sahen, lud der Verleger ihn zum Essen ins Restaurant Velódromo ein, in der Nähe des Verlags Orbe in der Diagonal, und reichte ihm verstohlen einen Umschlag mit etwas Geld, mit dem er seine Familie zwei weitere Wochen durchbringen konnte. An diesem Tag weigerte sich Mataix zum ersten Mal, es anzunehmen. So beschreibt er die Szene in *Erinnerung an die Dunkelheit*, eine Art romanhafter Bericht über den Krieg und die Jahre, die ihn ins Gefängnis brachten, der nie veröffentlicht wurde und in dem er eine unter vielen Figuren ist, geschildert aus der Perspektive eines allwissenden Erzählers, der die Parze sein konnte oder auch nicht:

Die verglaste Front des großen Restaurants Velódromo erhob sich dort, wo die Calle Muntaner ihre vornehme Seite einbüßt, wenige Schritte von der Diagonal entfernt. Dort gewährten ein Aquariumslicht und Decken wie in einer weltlichen Kathedrale denen, die noch zu glauben behaupteten, das Leben gehe weiter und morgen oder übermorgen sei auch wieder ein Tag, Asyl und einen Zichoriensalon. Revells wählte immer einen Ecktisch, von dem aus er das ganze Lokal überblicken und sehen konnte, wer ein und aus ging.

»Nein, Señor Revells. Ich kann Ihr Almosen nicht weiter annehmen.«

»Das ist kein Almosen, es ist eine Investition. Sie sollen wissen, dass Badens und ich der Überzeugung sind, dass Sie in zehn oder zwanzig Jahren einer der meistgelesenen Autoren Europas sind. Sonst werde ich Geistlicher, und Badens vertauscht die Trüffel gegen Mortadella. Das schwöre ich Ihnen bei diesem Teller überbackener Schnecken.«

»Sie und Ihre Einfälle.«

»Nehmen Sie das Geld, tun Sie mir den Gefallen.«

»Nein.«

»Da gibt es Millionen Spanier, und ich bin auf den einzigen gestoßen, der kein Geld unterm Tisch annimmt.«

»Was sagt Ihre Kristallkugel dazu?«

»Schauen Sie, Víctor, ich würde noch so gern ein Buch von Ihnen gegen die Zahlung eines Vorschusses annehmen, aber jetzt können wir es gar nicht veröffentlichen. Das wissen Sie ja.«

»Dann werde ich eben warten müssen.«

»Das kann Jahre dauern. In diesem Land gibt es Leute, die nicht eher Ruhe geben, bis die einen die anderen massakriert haben. Wenn hier die Leute den Verstand verlieren, was oft geschieht, sind sie imstande, sich in den Fuß zu schießen, weil sie glauben, so den Nachbarn zum Hinken zu bringen. Das hier wird lange dauern. Hören Sie auf mich.«

»Dann ist es sowieso besser zu verhungern, als am Leben zu bleiben und es mit anzusehen.«

»Sehr heroisch. Entschuldigen Sie, wenn ich keine Tränen der Rührung vergieße. Das also wollen Sie für Ihre Frau und Ihre Tochter?«

Mataix schloss die Augen und versank in seinem Elend.

»Sagen Sie das nicht.«

»Dann sagen aber auch Sie keine Dummheiten. Nehmen Sie das Geld.«

»Ich werde Ihnen alles auf Heller und Pfennig zurückzahlen.«

»Das habe ich nie bezweifelt. Los, essen Sie was, Sie haben ja noch keinen Bissen angerührt. Und nehmen Sie dieses Brot mit nach Hause. Übrigens, kommen Sie im Verlag vorbei, Badens hat Ihnen eine Kiste feines Grünzeug aus dem Ampurdán geschickt. Tun Sie mir den Gefallen und nehmen Sie sie mit, mein Büro sieht schon aus wie ein Gemüseladen.«

»Gehen Sie schon?«

»Ich habe noch einiges zu erledigen. Passen Sie auf sich auf, Víctor. Und schreiben Sie – eines Tages werden wir wieder veröffentlichen, Sie werden schon sehen, und Sie müssen uns reich machen.«

Der Verleger trollte sich und ließ ihn allein am Tisch zurück. Mataix wusste, dass Revells nur wegen der Geldübergabe gekommen war und schnell wieder gehen wollte, um ihm das Gefühl der

Schmach und Erniedrigung zu ersparen, weil er seine Familie mit nichts anderem als Nächstenliebe durchbringen konnte. Er aß zu Ende und begann die Brotreste in seinen Taschen zu verstauen, als sich ein Schatten auf dem Tisch ausbreitete. Er schaute auf und sah sich einem jungen Mann gegenüber, der in die Idee eines abgetragenen Anzugs gehüllt war und eine Mappe dabeihatte, wie sie sich in Gerichten und Registrierungsstellen stapeln. Er sah so zerbrechlich und hilflos aus, um ein politischer Kommissar zu sein, der es auf ihn abgesehen hatte.

»Stört es Sie, wenn ich mich setze?«

Mataix verneinte.

»Mein Name ist Brians. Fernando Brians. Ich bin Anwalt, auch wenn es nicht so aussieht.«

»Víctor Mataix, Schriftsteller, obwohl es ebenfalls nicht so aussieht.«

»Was für Zeiten, nicht wahr? Wer jemand ist, scheint niemand zu sein, und wer bis vor zwei Tagen niemand war, gleicht jetzt zu sehr sich selbst.«

»Anwalt und Philosoph, wie ich sehe.«

»Und alles zu einem sehr günstigen Preis«, stimmte Brians zu.

»Ich würde Sie gern damit beauftragen, die Verteidigung meiner Eigenliebe zu übernehmen, aber ich fürchte, meine Mittel reichen dazu nicht aus.«

»Keine Angst, den Mandanten habe ich bereits.«

»Und wer bin ich in dieser Geschichte?«

»Ein vom Schicksal begünstigter Künstler, der für eine überaus lukrative Arbeit ausgesucht worden ist.«

»Ah ja? Und wer ist Ihr Mandant, wenn ich fragen darf?«

»Ein ängstlich auf seine Privatsphäre bedachter Mann.«

»Wer ist das nicht?«

»Jemand, der keine hat.«

»Vergessen Sie für einen Augenblick den Philosophen und holen Sie den Anwalt hervor«, unterbrach ihn Mataix. »Womit kann ich Ihnen dienen, Ihnen oder Ihrem Mandanten?«

»Mein Mandant ist ein sehr wichtiger und noch reicherer Mann. Er ist einer dieser Männer, von denen man sagt, sie haben alles.«

»Das sind die, die immer noch mehr wollen.«

»In diesem Fall schließt dieses *mehr* Ihre Dienste ein.«

»Welche Dienste kann ein Romancier in Kriegszeiten leisten? Meine Leser wollen nicht lesen, sie wollen sich gegenseitig umbringen.«

»Haben Sie einmal daran gedacht, eine Biographie zu schreiben?«

»Nein. Ich schreibe Fiktion.«

»Manche würden sagen, es gebe kein fiktiveres Genre als die Biographie.«

»Mit der möglichen Ausnahme der Autobiographie.«

»Ganz genau. Als Romancier werden Sie die Meinung gelten lassen, dass in der Stunde der Wahrheit eine Geschichte eine Geschichte ist.«

»Als Romancier lasse ich nur Vorschüsse gelten, wenn möglich in bar.«

»Dazu werden wir noch kommen. Aber auch wenn es nur eine theoretische Diskussion ist – eine Reportage besteht aus Worten, aus Sprache, nicht?«

Mataix seufzte.

»Alles besteht aus Worten und Sprache. Auch die Sophismen eines Anwalts.«

»Und was ist ein Schriftsteller anderes als ein Spracharbeiter?«

»Jemand ohne Berufsperspektive, wenn die Leute ihr Hirn nicht mehr benutzen und mit dem Darm denken, um nicht noch weiter zu gehen.«

»Sehen Sie? Sogar dem Sarkasmus geben Sie einen eleganten Anstrich.«

»Warum kommen Sie nicht zur Sache, Señor Brians?«

»Mein Mandant hätte es nicht besser sagen können.«

»Wenn wir schon in sarkastischer Stimmung sind – da Ihr Mandant doch so bedeutend und mächtig ist, sind Sie als Anwalt dann nicht ein wenig zu kärglich, um ihn zu vertreten? Seien Sie nicht gekränkt.«

»Ich bin nicht gekränkt. Sie haben tatsächlich sehr recht. Ich vertrete den Herrn nur indirekt.«

»Werden Sie deutlicher.«

»Ich bin um meine Dienste ersucht worden von einer angesehenen Kanzlei, und die ist es, die den Herrn vertritt.«

»Was haben Sie für ein Glück. Und warum erscheint hier nicht ein Vertreter dieser bedeutenden Kanzlei?«

»Weil sie sich in der nationalen Zone befindet. In übertragenem Sinne natürlich. Persönlich befindet sich der Mandant in der Schweiz, soviel ich weiß.«

»Bitte?«

»Mein Mandant und seine Anwälte befinden sich unter der Schirmherrschaft und dem Schutz von General Franco«, erklärte Brians.

Mataix schaute misstrauisch zu den umstehenden Tischen. Niemand schien ihnen zuzuhören oder sie zu beachten, doch das waren Zeiten der Verdächtigungen, und selbst die Wände spitzten die Ohren.

»Das ist wohl ein Witz«, sagte Mataix etwas leiser.

»Ich versichere Ihnen, dass dem nicht so ist.«

»Tun Sie mir den Gefallen, aufzustehen und von hier zu verschwinden. Ich werde so tun, als hätte ich Sie weder gesehen noch gehört.«

»Glauben Sie mir, ich verstehe Sie vollkommen, Señor Mataix. Aber das kann ich nicht.«

»Und warum nicht?«

»Weil ich, wenn ich hier rausgehe, ohne mich Ihrer Dienste versichert zu haben, nicht glaube, dass ich morgen noch am Leben bin. Und Sie und Ihre Familie auch nicht.«

Ein langes Schweigen trat ein. Mataix packte Anwalt Brians am Revers, der ihn unendlich traurig ansah.

»Sie sagen die Wahrheit«, murmelte er, eher zu sich selbst als zu Brians.

Dieser nickte, und Mataix ließ ihn los.

»Warum gerade ich?«

»Die Gattin des Mandanten ist eine eifrige Leserin von Ihnen. Sie sagt, es gefalle ihr, wie Sie schreiben. Vor allem die Liebesgeschichten, die anderen eher weniger.«

Mataix hielt sich die Hände vors Gesicht.

»Falls es Sie tröstet, der Lohn ist hervorragend«, fügte Brians hinzu.

Mataix schaute ihn zwischen den Fingern hindurch an.

»Und was bezahlt man Ihnen?«, fragte er.

»Man lässt mich atmen und übernimmt meine Schulden, die nicht gering sind. Immer unter der Voraussetzung, dass Sie zustimmen.«

»Und wenn ich nein sage?«

Brians zuckte mit den Schultern.

»Wie ich höre, sind heutzutage die gedungenen Mörder in Barcelona sehr günstig.«

»Wie kann ich … Wie wissen *Sie*, dass diese Drohungen glaubhaft sind?«

Brians senkte den Blick.

»Als ich diese Frage stellte, schickte man mir ein Paket mit dem linken Ohr meines Kanzleipartners, Jusid. Sie sagten, sie würden mir jeden Tag, der ohne Antwort bleibe, weitere Pakete schicken. Ich habe Ihnen ja soeben gesagt, dass die sinistren Arbeitskräfte in dieser Stadt billig sind.«

»Wie heißt Ihr Mandant?«

»Ich weiß es nicht.«

»Was wissen Sie denn überhaupt?«

»Dass die Leute, die für ihn arbeiten, keinen Spaß verstehen.«

»Und er?«

»Ich weiß, dass er Bankier ist. Ein bedeutender. Ich weiß, oder ahne, dass er einer der zwei, drei Bankiers ist, die General Francos Armee finanzieren. Ich weiß, oder man hat mir zu verstehen gegeben, dass er ein eitler Mensch ist und sehr empfindlich im Hinblick auf das Urteil, das die Geschichte über ihn fällen wird, und dass seine Gemahlin, die, wie gesagt, eine eifrige Leserin und Verfolgerin Ihres Werks ist, Ihren Mann davon überzeugt hat, dass er eine Biographie braucht, die seine Erfolge, seine Größe und seinen erstaunlichen Beitrag zum Wohl Spaniens und der Welt nachzeichnet.«

»Jeder Schweinehund braucht eine Biographie, das verlogenste Genre des ganzen Katalogs«, sagte Mataix.

»Darüber werde ich bestimmt nicht mit Ihnen streiten, Señor Mataix. Wollen Sie auch den guten Teil hören?«

»Sie meinen, was das Überleben betrifft?«

»Hunderttausend Peseten, hinterlegt auf einem Konto Ihres Namens bei der Schweizerischen Bankgesellschaft, wenn Sie den Auftrag akzeptieren, und weitere hunderttausend bei der Veröffentlichung des Werks.«

Mataix schaute ihn sprachlos an.

»Während Sie diese Zahl verdauen, erlauben Sie mir, Ihnen das Prozedere zu erläutern. Nach Annahme und Unterschrift des Vertrags werden Sie alle zwei Wochen über meine Kanzlei einen Betrag bekommen, solange die Arbeit fortschreitet, ungeachtet des Gesamtbetrags Ihrer Honorare. Später werden Sie, ebenfalls über mich, ein offenbar bereits existierendes Dokument bekommen, nämlich eine erste Version der Biographie meines Mandanten.«

»Dann bin ich also nicht der Erste?«

Brians zuckte noch einmal mit den Schultern.

»Was ist mit meinem Vorgänger geschehen? Hat man ihn Ihnen auch paketweise zugeschickt?«

»Ich weiß es nicht. Ich glaube verstanden zu haben, dass die Gattin des Mandanten der Ansicht war, seiner Arbeit fehle Stil, Klasse und *savoir faire*.«

»Ich weiß nicht, wie Sie über so was Witze machen können.«

»Das ist besser, als mich vor die Metro zu werfen. Jedenfalls wird Ihnen dieser Text, der sich, soweit man mir gesagt hat, in einem sehr rudimentären Zustand befindet, als Dokumentation und Basis dienen. Ihre Arbeit besteht im Verfassen einer exemplarischen Biographie der Persönlichkeit aufgrund der Angaben, die Ihnen auf diesen Seiten ausgehändigt werden. Dafür haben Sie ein Jahr Zeit. Nach der Durchsicht und Kommentierung durch den Mandanten haben Sie sechs Monate, um die verlangten Änderungen einzuarbeiten, am Text zu feilen und ein publizierbares Manuskript herzustellen. Und wenn Sie mir den Kommentar gestatten, das Beste ist, dass Sie das Buch nicht mit Ihrer Autorschaft versehen müssen und dass niemand zu erfahren braucht, dass Sie es geschrieben haben. Tatsächlich sind Ihr und mein Schweigen unabdingbare Voraussetzungen für das Geschäft.«

»Und warum?«

»Vielleicht hätte ich gleich eingangs sagen müssen, dass das Buch eigentlich eine Autobiographie ist. Sie werden es in der ersten Person verfassen, und mein Mandant wird seinen Namen über den Titel setzen.«

»Den es vermutlich auch schon hat.«

»Einen vorläufigen. *Ich, X. Memoiren eines spanischen Financiers*. Ich glaube, Alternativvorschläge sind zugelassen.«

Nun tat Mataix etwas, was weder er noch Brians erwartet hatten. Er brach in Gelächter aus. Er lachte, bis ihm die Tränen übers Gesicht rannen und die anwesenden Gäste sich umwandten, um sie unverhohlen anzuschauen, und sich fragten, wie jemand bei allem, was da so deutlich anschwoll, noch Lust verspüren konnte, derart zu lachen. Nachdem er sich wieder gefasst hatte, atmete Mataix tief durch und schaute Brians an.

»Verstehe ich das richtig als ein Ja?«, fragte der Anwalt hoffnungsvoll.

»Gibt es eine Alternative?«

»Dass man Ihnen und mir morgen oder übermorgen auf der Straße eine Kugel durch den Kopf jagt und eher früher als später das Gleiche mit Ihrer und meiner Familie macht.«

»Wo soll ich unterschreiben?«

Tage später, nach schlaflosen Nächten voller Sorgen und Vermutungen, hielt Mataix es nicht länger aus und suchte seinen Verleger bei Orbe auf. Revells hatte nicht gelogen: In den Räumen lag ein Duft nach dem deliziösen Gartenland des Ampurdán. Ganze Kisten von Badens' Grünzeugheiligtum reihten sich in den Gängen zwischen Bücherstapeln und offenen Rechnungen. Revells hörte sich Mataix' Bericht aufmerksam an, während er an einer wunderbaren Tomate schnupperte, die er spielerisch in den Händen hin und her wandern ließ.

»Was halten Sie davon?«, fragte Mataix am Ende.

»Göttlich. Allein vom Riechen bekomme ich Hunger«, sagte Revells.

»Ich meine von meinem Dilemma.«

Der Verleger deponierte die Tomate auf dem Tisch.

»Dass Ihnen keine andere Möglichkeit blieb, als zu akzeptieren.«

»Das sagen Sie, weil Sie wissen, dass ich das hören will.«

»Das sage ich, weil ich Sie gern lebend sehe und weil Sie uns Geld schulden, das wir eines Tages wiederzubekommen hoffen. Haben Sie das Bündel Papier schon bekommen?«

»Einen Teil.«

»Und?«

»Zum Kotzen.«

»Haben Sie die Shakespeare-Sonette erwartet?«

»Ich weiß auch nicht, was ich erwartet habe.«

»Wenigstens haben Sie doch bestimmt Vermutungen angestellt und wissen, um wen es sich handelt.«

»Eine Idee habe ich.«

Revells' Augen glänzten vor Neugier.

»Erzählen Sie …«

»Aufgrund dessen, was ich gelesen habe, handelt es sich vermutlich um Ubach.«

»Miguel Ángel Ubach? Verdammt! Der *Pulverbankier*?«

»Offenbar mag er es nicht, wenn man ihn so nennt.«

»Zum Teufel mit ihm! Wenn es ihm nicht gefällt, so soll er halt eine Sozialeinrichtung finanzieren anstelle eines Krieges.«

»Was wissen Sie von ihm, der Sie doch alles über alle wissen?«

»Nur über die, die zählen«, präzisierte Revells.

»Ich weiß, dass die Welt der armen Schlucker und Taugenichtse kein Geschwätz für Sie bereithält.«

Revells überhörte die boshafte Bemerkung, da er von dieser hochfliegenden Intrige fasziniert war. Er schaute zur Tür seines Büros hinaus und rief nach einer seiner Vertrauenspersonen, Laura Franconi.

»Laura, kommen Sie doch einen Augenblick, wenn möglich.«

Während sie warteten, wanderte Revells unruhig im Büro auf und ab. Kurz darauf erschien, zwei Kisten mit Zwiebeln und Lauch ausweichend, Laura Franconi, die bei Mataix' Anblick lächelte, auf ihn zutrat und ihm einen Kuss auf die Wange gab. Klein und wirbelig, war sie eines der aktiven Hirne, die diesen Verlag mit sanfter Hand am Laufen hielten.

»Wie finden Sie unseren Früchte- und Gemüsestand?«, fragte sie. »Darf ich Ihnen ein paar Zucchini geben?«

»Unser Freund Mataix hier hat soeben einen Pakt mit den Kriegsgöttern geschlossen«, sagte Revells.

Mataix seufzte.

»Warum stellen Sie sich nicht gleich ans Fenster und verkünden es übers Megaphon?«, fragte Mataix.

Laura Franconi lehnte die Bürotür an und warf ihm einen besorgten Blick zu.

»Erzählen Sie es ihr«, sagte Revells.

Mataix gab ihr nur eine Zusammenfassung, doch Laura füllte den Raum zwischen den Zeilen selbst. Am Ende legte sie Mataix bloß fassungslos die Hand auf die Schulter.

»Und hat dieser Schweinehund von Ubach für all das auch schon einen Verleger?«, fragte Revells.

Laura warf ihm einen ätzenden Blick zu.

»Ich erwähne ja nur die Möglichkeit eines Geschäfts«, sagte Revells. »Ich weiß nicht, was das zimperliche Getue soll, so wie die Zeiten aussehen.«

»Ich wäre Ihnen für Ihre Hilfe und Ihren Rat dankbar«, rief ihm Mataix in Erinnerung.

Laura nahm seine Hand und schaute ihm in die Augen.

»Nehmen Sie das Geld. Schreiben Sie für diesen Prahlhans, was er will, und verlassen Sie dieses Land für immer. Meine Empfehlung lautet Argentinien. Land im Überfluss und Filets zum Dahinschmelzen, buchstäblich.«

Mataix schaute Revells an.

»Amen«, sagte der. »Ich hätte es nicht besser sagen können.«

»Irgendein Vorschlag, wie es funktionieren könnte, ohne durch die halbe Welt reisen und mit meiner Familie ins Exil gehen zu müssen?«

»Passen Sie auf, Mataix. Was immer Sie tun, Sie riskieren Kopf und Kragen. Wenn Ubachs Seite gewinnt, und er hat mehr als genug Punkte, dann sagt mir meine Nase, dass Sie nach erfüllter Dienstleistung lästig werden und irgendjemand Sie lieber verschwunden sähe. Und wenn die Republik gewinnt und jemand erfährt, dass Sie mit einem von Francos Wucherern kollaboriert haben, dann sehe ich Sie in einem Foltergefängnis, Spesen inbegriffen.«

»Fabelhaft.«

»Wir können Ihnen helfen zu verschwinden. Badens steht in Verbindung mit einer Handelsflottengesellschaft, und Sie und Ihre Familie könnten in wenigen Tagen in Marseille sein. Und von dort aus – das entscheiden Sie dann selbst. Ich würde auf Señorita Laura hören und nach Amerika gehen. Norden oder Süden, das ist nicht entscheidend. Entscheidend ist, dass Sie sich aus dem Staub und über den Ozean machen.«

»Wir kommen Sie besuchen«, sagte Laura. »Entweder das, oder Sie werden uns schließlich alle als Dauergäste beherbergen bei der Geschwindigkeit, die dieses Land aufnimmt …«

»Und wir bringen Ihnen Tomaten und Gemüse als Garnitur für diese Grilladen mit, die Sie mit den zweihunderttausend Peseten Kriegsbeute verschlingen werden«, scherzte Revells.

Mataix schnaubte.

»Meine Frau will nicht aus Barcelona weg.«

»Ich ahne, dass Sie ihr nichts von alledem erzählt haben.«

Mataix schüttelte den Kopf. Revells und Laura Franconi wechselten einen Blick.

»Und ich will ebenfalls nirgends hin«, sagte Mataix. »Das ist mein Zuhause, ob zum Guten oder zum Schlechten. Ich habe es im Blut.«

»So ist das auch mit der Malaria, und es ist nicht immer gesund«, sagte Revells.

»Haben Sie irgendeine Impfung gegen Barcelona?«

»Im Grunde verstehe ich Sie. Mir ginge es genauso. Obwohl ich nicht nein sagen würde zu einer Weltreise mit gutgefülltem Geldbeutel. Sie müssen es ja auch nicht gleich entscheiden. Noch haben Sie schätzungsweise ein Jahr oder anderthalb, um es sich zu überlegen. Solange Sie das Buch noch nicht abliefern und der Krieg fortdauert, bleibt alles im Ungewissen. Machen Sie es wie mit uns, deren Fristen Sie nie einhalten und die Sie ebenfalls im Ungewissen lassen ...«

Laura tätschelte ihm beruhigend die Schulter. Revells nahm das wunderbare Exemplar der wildwachsenden ampurdanischen Flora und reichte es ihm.

»Tomätchen gefällig?«

Das Manuskript von *Erinnerung an die Dunkelheit* hat nur zum Teil überlebt, aber alles scheint darauf hinzudeuten, dass Mataix sich den Umständen ergab. Es gibt keine Anzeichen dafür, dass er vor der Jahresmitte 1939 eine erste Version von Miguel Ángel Ubachs Autobiographie ablieferte. Als der Krieg zu Ende war und Francos Truppen siegreich in Barcelona Einzug hielten, arbeitete Mataix noch an der Durchsicht und an Änderungen, die von ihm verlangt worden waren, vermutlich größtenteils von Federica, Ubachs Gattin, die ihre Ergebenheit für den Faschismus mit einer großen Sensibilität für die Künste und die Literatur verband. Nachdem die Schlussfassung des Buches ausgehändigt war, vergaß Mataix – obwohl er es möglicherweise in Betracht gezogen hatte, dem Rat seiner Verleger zu folgen und mit seiner Familie und seinen Honoraren das Land zu verlassen – die Warnung und beschloss zu bleiben. Das wahrscheinlichste Motiv für diese Entscheidung, die er immer vor sich hergeschoben hatte, war die erneute Schwangerschaft seiner Frau und schließlich die Geburt seiner zweiten Tochter.

Damals war Ubach schon im Triumph nach Spanien zurückgekehrt und genoss auf den obersten Stufen des Regimes wegen seines Wirkens als Bankier des nationalen Kreuzzuges Ruhm und Dankbarkeit in Fülle. Es waren Zeiten der Rache, aber auch der Belohnung. Sämtliche Bereiche des Lebens wurden neu geordnet, und so, wie viele in die Vergessenheit, ins innere Exil oder ins Elend stürzten, so stiegen andere als getreue Schatten in Prestige- und Machtpositionen auf. Es gab keinen einzigen Winkel im öffentlichen Leben, wo diese Säuberung nicht mit unerbittlicher Inbrunst durchgeführt worden wäre. Die Gesinnungswechsel, eine auf der Halbinsel zutiefst verwurzelte Tradition, waren schon fast filigran. Der Krieg hatte Hunderttausende Tote hinterlassen, aber noch mehr Vergessene und Verdammte. Viele von Mataix' alten Bekannten und Kollegen, die ihn so verachtet hatten, tauchten jetzt verzweifelt wieder auf und flehten ihn um Hilfe, seine Empfehlung und sein Mitleid an. Die meisten sollten bald im Gefängnis landen, um dort Jahre auszuharren, bis das wenige, was von ihnen noch übrig war, für immer erlosch. Einige wurden ohne Federlesens exekutiert. Andere nahmen sich das Leben oder starben an einer Krankheit oder an Trauer.

Dritte wiederum, vermutlich die untalentiertesten und zugleich eingebildetsten, wechselten die Seiten und gediehen als Günstlinge und Hofschranzen des Regimes, um wettzumachen, was sie aus eigenen Kräften nicht zustande gebracht hatten. Oft ist die Politik ein Zufluchtsort für mittelmäßige oder gescheiterte Künstler. Da kommen sie voran und erlangen Macht, mit der sie sich aufspielen und insbesondere an all jenen rächen können, die mit Arbeit und Talent erreicht haben, was sie nie auch nur ansatzweise geschafft haben, während sie mit der Miene eines Opferlamms erklären, das alles im Dienst des Vaterlandes zu tun.

Im Sommer 1941, zwei Wochen nach der Geburt von Sonia,

Susana und Víctor Mataix' zweiter Tochter, geschah etwas Ungewöhnliches. Die Familie genoss einen sonnigen, ruhigen Sonntag in ihrem Haus in der Carretera de las Aguas, als sie ein Gefolge von Autos kommen hörten. Aus zwei entstiegen bewaffnete Männer im Anzug. Mataix befürchtete das Schlimmste, doch dann sah er, dass aus dem dritten Wagen, einem Mercedes, der dem Francos glich, ein Herr vornehmer Gestalt ausstieg, gefolgt von einer blonden, juwelenbehängten Dame, die wie für die Krönungsfeier einer Königin gekleidet war. Es waren Miguel Ángel Ubach und seine Gattin Federica.

Mataix, der seiner Frau nie die Wahrheit über das Buch erzählt hatte, das ihn mehr als anderthalb Jahre seines Lebens gekostet und ihm dieses Leben zugleich gerettet hatte, hatte das Gefühl, der Boden breche ihm unter den Füßen ein. Verwirrt fragte Susana, wer denn diese illustren Besucher seien, die durch den Garten auf das Haus zukamen. Es sollte Doña Federica sein, die im Laufe eines langen Nachmittags an seiner statt sprach. Während sich Don Miguel Ángel mit Mataix in dessen Arbeitszimmer zurückzog, um bei Brandy und Havannas (die er als Gastgeschenk mitgebracht hatte) über Männerangelegenheiten zu sprechen, wurde Doña Federica zur besten Freundin dieser armen Plebejerin, die sich, noch geschwächt von der Geburt, nur mit Mühe auf den Beinen hielt. Trotzdem ließ Doña Federica zu, dass Susana in die Küche eilte, um einen Tee zu machen, den sie nicht anzurühren geruhte, und dazu strohtrockenes Gebäck zu servieren, welches sie selbst ihren Hunden nicht hingeworfen hätte, und sah sie hinken, während sie in Gesellschaft der beiden Mädchen blieb, Ariadnas und der kleinen Sonia, die beide unerklärlicherweise das Schönste waren, was sie in ihrem ganzen Leben gesehen hatte. Wie konnten zwei so süße Geschöpfe voller Licht und Leben von diesen beiden Hungerleidern in die Welt gesetzt worden sein? Ja, vielleicht hatte Mataix ein wenig Talent, aber er war und blieb das, was alle Künstler waren, ein Diener, und zudem war *Das Haus der Zypressen* das einzige wirklich gute Buch aus seiner Feder. Alle anderen waren Durchschnittsware und hatten sie mit ihrem unverständlichen, makabren Plot enttäuscht. Und das hatte sie ihm gleich beim ersten Händedruck gesagt, ebenfalls enttäuscht von seiner distanzierten Art, als wäre er nicht glücklich, sie zu sehen. »Wirklich gut war nur das erste«, sagte sie zu ihm. Die Heirat mit dieser einfältigen Ignorantin, die weder sich zu kleiden noch zu sprechen verstand, bestätigte ihren Verdacht. Mataix hatte ihr gedient, um sich die Zeit zu vertreiben, aber nie würde er zu den Großen aufsteigen.

Trotzdem nahm Doña Federica mit ihrem gewinnendsten Lächeln die Gesellschaft dieser Unglücklichen hin, die alles tat, um sie zufriedenzustellen, und fragte sie unaufhörlich nach ihrem Leben aus, als hätte sie auch nur die geringste Aussicht, sie zu verstehen. Ja sie hörte ihr kaum richtig zu, sondern hatte nur Augen und Ohren für die beiden Kinder. Ariadna betrachtete sie argwöhnisch, wie es alle Kinder taten, und als sie sie fragte: »Sag mir, Schätzchen, wen findest du denn hübscher, deine Mama oder mich?«, lief Ariadna eilig zu ihrer Mutter.

Es wurde Abend, als Ubach und Mataix das Arbeitszimmer verließen und Don Miguel Ángel den improvisierten Besuch für beendet erklärte. Er umarmte Mataix und küsste Susana die Hand. »Sie sind ein entzückendes Paar«, sagte er. Die Mataix begleiteten die illustren Gäste zu ihrem Mercedes-Benz und sahen sie, zusammen mit den anderen beiden Autos der Leibwächter, unter einem sternenklaren Himmel davonfahren, der einen friedlichen und, vielleicht, hoffnungsvollen Horizont verhieß.

Eine Woche später fuhren kurz vor der Morgendämmerung zwei weitere Autos bei den Mataix vor. Diesmal waren sie schwarz und trugen keine Nummernschilder. Dem ersten entstieg ein Mann in dunklem Regenmantel, während sein Begleiter, ein sorgfältig gekleideter Mann mit Brille und einem Haarschnitt wie der eines Bürokraten des mittleren Kaders, die Szene vom Beifahrersitz aus verfolgte.

Mataix kam heraus, um sie zu empfangen. Ohne ein Wort hieb ihm der Mann im Regenmantel seinen Revolver ins Gesicht, so dass ihm die Kinnlade brach, und warf ihn zu Boden, wo ihn seine Leute packten und zu einem der Autos schleiften. Mataix schrie. Der Mann wischte sich am Mantel das Blut von den Händen ab, trat dann ins Haus und suchte Susana und die Mädchen. Er fand sie zitternd und weinend in einem Schrank versteckt. Als Susana sich weigerte, ihm die Mädchen zu überlassen, versetzte er ihr einen Tritt in den Magen. Er nahm die kleine Sonia auf den Arm und packte die schockiert weinende Ariadna an der Hand. Er wollte eben das Zimmer verlassen, als Susana sich ihm an den Rücken warf und ihm die Fingernägel ins Gesicht bohrte. Unbeeindruckt übergab der Mann die Mädchen einem seiner Leute, der das Ganze von der Schwelle aus beobachtete, und drehte sich zu ihr um. Er packte sie am Hals und warf sie auf den Boden. Dort kniete er sich auf sie und zerquetschte ihr den Brustkorb, während er ihr in die Augen schaute. Susana, die keinen Atem mehr fand, betrachtete diesen Unbekannten, der lächelnd auf sie herabschaute. Sie sah ihn ein Rasiermesser aus der Tasche ziehen und aufklappen. »Ich werde dir die Därme aufschneiden und dir als Halskette umhängen, du Scheißhure«, sagte er gelassen.

Er hatte ihr die Kleider vom Leib gerissen und begann mit der Klinge zu spielen, als ihm der eiskalt aussehende Bürokrat die Hand auf die Schulter legte und ihn zurückhielt.

»Dafür haben wir keine Zeit, Fumero«, sagte er.

Die Männer ließen sie liegen und gingen. Blutend schleppte sich Susana die Treppen hinab und hörte die Autos zwischen den Bäumen davonfahren. Dann verlor sie die Besinnung.

DIE VERGESSENEN

1

Am Ende seines Berichts hatte Vilajuana glasige Augen und eine trockene Stimme. Alicia senkte den Blick und schwieg. Nach einer Weile räusperte er sich, und sie lächelte matt.

»Susana hat ihren Mann und ihre Töchter nie wiedergesehen. Zwei Monate lang ging sie von Revier zu Revier, von Krankenhaus zu Krankenhaus, von Armenhaus zu Armenhaus und erkundigte sich nach ihnen. Niemand wusste etwas. Eines Tages beschloss sie voller Verzweiflung, Doña Federica Ubach anzurufen. Ein Diener meldete sich und leitete den Anruf an eine Sekretärin weiter. Susana erzählte ihr, was vorgefallen war, und sagte, die Señora sei die Einzige, die ihr helfen könne. »Sie ist eine Freundin von mir.«

»Die Ärmste«, murmelte Alicia.

»Einige Tage später wurde sie auf der Straße aufgelesen und in die Frauenirrenanstalt eingewiesen. Dort verbrachte sie mehrere Jahre. Danach soll sie entkommen sein. Aber wer will das wissen. Ihre Spur hat sich für immer verloren.«

»Und Víctor Mataix?«

»Anwalt Brians, der vor längerer Zeit von Isabella beauftragt worden war, nach Möglichkeit David Martín zu helfen, wusste von diesem, dass auch Mataix im Kastell Montjuïc gelandet war. Dort saß er auf ausdrückliche Weisung des Gefängnisdirektors, Mauricio Valls, in Einzelhaft und durfte nicht mit den Mitgefangenen auf den Hof hinaus oder Besuche empfangen oder sonstwie mit jemandem kommunizieren. Martín, ebenfalls mehr als einmal in Einzelhaft versetzt, war der Einzige gewesen, der mit ihm, über den Gang hinweg, hatte sprechen können. So erfuhr Brians, was geschehen war. Ich kann mir vorstellen, dass darauf das Gewissen an ihm nagte und er sich mitschuldig fühlte, so dass er beschloss, all diesen dort gefangenen armen Teufeln zu helfen. Martín, Mataix …«

»Der Anwalt für hoffnungslose Fälle …«, sagte Alicia.

»Natürlich konnte er keinen von ihnen retten. Martín wurde auf Valls' Anordnung umgebracht, so wenigstens hieß es. Von Mataix hat man nie mehr etwas gehört. Sein Tod bleibt ein Rätsel. Und Isabella, in die sich Brians, wie ich glaube, verliebt hatte, wie sich alle in sie verliebten, war ihnen unter mehr als verdächtigen Umständen vorausgegangen. Nach alledem kam Brians nicht mehr hoch. Er ist ein guter Kerl, aber er hat Angst und kann letztlich auch nichts tun.«

»Glauben Sie, dass Mataix immer noch dort ist?«

»Im Kastell? Ich hoffe, dass Gott nicht so grausam ist und ihn rechtzeitig zu sich geholt hat.«

Alicia nickte und versuchte, all das in sich aufzunehmen.

»Und Sie?«, fragte Vilajuana. »Was haben Sie nun vor?«

»Wie meinen Sie das?«

»Wollen Sie einfach zufrieden die Hände in den Schoß legen nach allem, was ich Ihnen erzählt habe?«

»Mir sind die Hände ebenso gebunden wie Brians. Wenn nicht noch mehr.«

»Wie nützlich.«

»Bei allem Respekt, Sie wissen nichts von mir.«

»Dann erzählen Sie. Helfen Sie mir, die Geschichte zu vervollständigen. Sagen Sie mir, was ich tun kann.«

»Haben Sie Familie, Vilajuana?«

»Eine Frau und vier Kinder.«

»Und lieben Sie sie?«

»Mehr als alles andere auf der Welt. Was soll das?«

»Soll ich Ihnen sagen, was Sie tun müssen? Wirklich?«

Er nickte.

»Schreiben Sie Ihre Rede zu Ende. Vergessen Sie Mataix. Vergessen Sie Martín. Vergessen Sie Valls und alles, was Sie mir erzählt haben. Und vergessen Sie mich, ich bin nie hier gewesen.«

»So hat das Abkommen aber nicht gelautet«, protestierte Vilajuana. »Sie haben mich hintergangen ...«

»Willkommen im Klub«, sagte sie auf dem Weg zum Ausgang.

2

Kurz nachdem sie den alten Palast verlassen hatte, musste Alicia an der Einmündung zu einer Gasse stehen bleiben und sich
übergeben. Sie klammerte sich an den kalten Stein der Mauer und
schloss die Augen, den Geschmack der Galle auf den Lippen. Sie
versuchte, tief zu atmen und sich wieder zu fassen, doch der Ekel
schlug erneut zu, und wenn nicht jemand sie gestützt hätte, wäre
sie in die Knie gegangen. Sie wandte sich um und blickte in das
beflissene, verängstigte Gesicht Roviras, der sie zerknirscht ansah.

»Geht es Ihnen gut, Señorita Gris?«

Sie versuchte, wieder zu Atem zu kommen.

»Darf man erfahren, was du hier zu suchen hast, Rovira?«

»Nun ... Ich habe Sie aus der Ferne taumeln sehen und ... Verzeihen Sie.«

»Mir geht es gut. Geh.«

»Aber Sie weinen ja, Señorita.«

Sie stieß ihn mit beiden Händen weg und rief:

»Hau schon ab, du Trottel!«

Rovira fuhr zusammen und machte sich mit verletztem Blick
in aller Eile davon. Alicia lehnte sich an die Hauswand. Mit den
Händen trocknete sie sich die Tränen. Wütend presste sie die Lippen zusammen und marschierte los.

Auf dem Heimweg begegnete sie einem Straßenhändler und
kaufte ihm Eukalyptusbonbons ab, um den Säuregeschmack im
Mund loszuwerden. Langsam stieg sie die Treppen hinauf. Vor
ihrer Tür angekommen, hörte sie drinnen Stimmen. Sie dachte,
Fernandito sei gekommen, um Anordnungen entgegenzunehmen
oder über seine Mission Bericht zu erstatten, und habe mit Var-

gas Frieden geschlossen. Sie öffnete die Tür und sah Vargas am Fenster stehen. Auf dem Sofa saß, eine Tasse Tee in den Händen und mit ruhigem Lächeln, Leandro Montalvo. Blass erstarrte sie auf der Schwelle.

»Und ich dachte schon, du würdest dich freuen, mich zu sehen, Alicia«, sagte Leandro im Aufstehen.

Sie trat einige Schritte näher, schlüpfte aus dem Mantel und wechselte einen Blick mit Vargas.

»Ich wusste nicht, dass Sie kommen würden«, flüsterte sie, »sonst hätte ich …«

»Das war sozusagen eine Entscheidung der letzten Minute. Ich bin gestern Abend angekommen, sehr spät, aber ich hätte tatsächlich keinen besseren Moment wählen können.«

»Darf ich Ihnen etwas anbieten?«, fragte sie.

Er deutete auf seine Teetasse.

»Hauptmann Vargas war so freundlich, mir eine köstliche Tasse Tee zu machen.«

»Señor Montalvo und ich haben über die einzelnen Punkte des Falls diskutiert«, sagte Vargas.

»Oh, gut …«

»Willst du mich nicht ordentlich begrüßen, Alicia, ich habe dich ja seit Tagen nicht mehr gesehen.«

Sie trat zu ihm und streifte mit den Lippen seine Wangen. Ein Aufblitzen in seinen Augen zeigte ihr, dass er die Galle in ihrem Atem wahrgenommen hatte.

»Alles in Ordnung?«

»Ja. Nur der Magen ist ein wenig durcheinander. Das ist alles.«

»Du musst besser auf dich aufpassen. Wenn ich nicht da bin und dich überwache, lässt du dich gehen.«

Sie nickte und lächelte unterwürfig.

»Los, setz dich. Erzähl. Der Hauptmann sagt, du hättest einen vollgepackten Vormittag gehabt. Besuch bei einem Journalisten, glaube ich, nicht wahr?«

»Am Ende hat er mich versetzt. Vermutlich hatte er mir nichts zu sagen.«

»In diesem Land gibt es keine Zuverlässigkeit.«

»Das sagt Vargas auch«, kommentierte Alicia.

»Glücklicherweise gibt es noch Leute, die arbeiten und gut arbeiten. Wie ihr, die ihr diese Geschichte ja praktisch gelöst habt.«

»Ach ja?«

Alicia schaute Vargas an, der zu Boden blickte.

»Nun, all das mit Metrobarna, dem Fahrer und diesem Sanchís. Ich würde sagen, das ist mehr oder weniger unter Dach und Fach, wie man so sagt. Die Spur ist sehr solide.«

»Das gilt nur für den Augenblick, nichts weiter.«

Leandro lächelte wohlwollend.

»Sehen Sie, was ich meinte, Vargas? Alicia ist nie zufrieden mit sich. Sie ist eine Perfektionistin.«

»Der Apfel fällt nicht weit vom Stamm«, sagte Vargas.

Alicia wollte ihn fragen, was er in Barcelona mache, als plötzlich die Tür aufflog und Fernandito sich, schwer atmend nach seinem Treppenmarathon, mitten ins Zimmer stellte.

»Señorita Alicia, taufrische Nachrichten! Sie werden mir nicht glauben, was ich herausgefunden habe!«

»Hoffentlich, dass ihr meine Bestellung irrtümlich gegenüber abgegeben habt«, unterbrach sie ihn und warf ihm einen scharfen Blick zu.

»Na«, sagte Leandro, »willst du mir diesen eifrigen Herrn nicht vorstellen?«

»Das ist Fernandito. Der Junge vom Lebensmittelladen.«

Dieser war einen Moment sprachlos und nickte dann.

»Na, was ist? Hast du mir nichts mitgebracht?«, fragte sie sauer.

Fernandito starrte sie stumm an.

»Ich habe dir doch gesagt, Eier, Milch, Brot und zwei Flaschen weißen Perelada. Und Olivenöl. Was von alledem hast du nicht begriffen?«

Fernandito las die Not in ihrem Blick und nickte kleinlaut.

»Entschuldigen Sie, Señorita Alicia. Das Ganze war ein Irrtum. Manolo sagt, dass er schon alles vorbereitet hat und dass Sie verzeihen mögen. Es wird nicht wieder vorkommen.«

Sie schnippte mehrmals mit den Fingern.

»Los, los! Worauf wartest du?«

Fernandito nickte wieder und verduftete.

»Es klappt nicht ein einziges Mal«, sagte sie empört.

»Aus diesem Grund wohne ich in einem Luxushotel. Ein Anruf genügt.«

Alicia lächelte gelassen und ging zu Leandro zurück.

»Und welchem Umstand verdanken wir die Ehre, dass Sie die Annehmlichkeiten des Palace gegen meine bescheidene Behausung getauscht haben?«

»Ich würde sagen, ich habe deinen Sarkasmus vermisst, aber die Wahrheit ist, dass ich gute und schlechte Nachrichten habe.«

Alicia schaute Vargas an, der bloß nickte.

»Nimm Platz, bitte. Das wird dir nicht gefallen, aber du sollst wissen, dass es nicht meine Idee war und dass ich nichts habe tun können, um es zu verhindern.«

Sie bemerkte, dass Vargas sich klein machte.

»Was verhindern?«

Leandro stellte die Tasse auf den Tisch und machte eine Pause, als müsse er sich selbst Mut zusprechen, um seine Nachrichten loszuwerden.

»Vor drei Tagen haben die polizeilichen Ermittlungen ans Licht gebracht, dass Don Mauricio Valls im vergangenen Monat dreimal mit Señor Ignacio Sanchís, dem Direktor von Metrobarna, in telefonischem Kontakt stand. Kurz darauf wurden bei einer Durchsuchung der Madrider Büros der Gesellschaft Dokumente gefunden, die darauf hindeuten, dass zwischen Señor Ignacio Sanchís und Don Mauricio Valls mehrere An- und Verkaufsoperationen von Aktien der Hypothekenbank stattgefunden haben, dem Stammhaus von Metrobarna. Diese Operationen weisen nach Meinung der technischen Brigade der Polizei bemerkenswerte Verfahrensunregelmäßigkeiten auf, und es gibt keine Bestätigung dafür, dass sie ordnungsgemäß der Bank von Spanien gemeldet wurden. Als man einen Urkundsbeamten des Zentralbüros befragte, bestritt dieser, irgendwelche Kenntnis oder einen Eintrag der genannten Transaktionen zu haben.«

»Warum sind wir darüber nicht informiert worden?«, fragte Alicia. »Ich dachte, wir beteiligen uns an den Recherchen.«

»Du darfst weder Gil de Partera noch der Polizei die Schuld geben – es war meine Entscheidung. In diesem Moment wusste ich noch nicht, dass eure Ermittlungen euch auf anderem Weg zu Sanchís führen würden. Sieh mich nicht so an. Als Gil de Partera mich von der Geschichte unterrichtete, hielt ich es für besser, zu warten, bis die Polizei sagen konnte, ob wir es mit einem für den Fall relevanten Umstand zu tun hatten oder mit einer schlichten kaufmännischen Unregelmäßigkeit, die außerhalb unserer Kompetenzen liegt. Hätten sich die Linien in irgendeinem Moment überschnitten, so hätte ich es dir selbstverständlich gesagt. Aber ihr seid schneller gewesen.«

»Ich verstehe den Hintergrund dieser Geschichte nicht … Aktien?«, fragte Alicia.

Leandro forderte mit einer Handbewegung Geduld und setzte seinen Bericht fort.

»Die Polizei hat ihre Ermittlungen weitergeführt und noch mehr Indizien für zweifelhafte Transaktionen zwischen Sanchís und Mauricio Valls gefunden. Die meisten schlossen An- und Verkauf von Anteil- und Schuldscheinen der Hypothekenbank ein, vorgenommen in einer Zeitspanne von fast fünfzehn Jahren und hinter dem Rücken des Verwaltungsrats und der administrativen Organe des Unternehmens. Es geht um bedeutende Summen. Millionen von Peseten. Auf Ersuchen oder, besser gesagt, auf Anordnung von Gil de Partera habe ich mich gestern Abend nach Barcelona aufgemacht, wo die Polizei in den Startlöchern saß, um Sanchís zu verhaften und heute oder morgen zu verhören und bestätigt zu bekommen, dass Valls die bei einem betrügerischen Verkauf von Schuldscheinen der Hypothekenbank erhaltenen Mittel zur Tilgung eines Darlehens benutzt hatte, mit dem er den Ankauf des Grundstücks und den Bau der Villa Mercedes finanziert hatte. Der Bericht der Polizei deutet darauf hin, dass Valls

Sanchís jahrelang erpresst hatte, um an Gelder zu kommen, die in den Bilanzen der Banken und ihrer Gesellschaften nicht auftauchten. Gelder, die Sanchís als fiktive Transaktionen zwischen obskuren Gesellschaften tarnte, um die Identität des wahren Empfängers dieser Zahlungen zu verbergen.«

»Sie sagen, Valls hat Sanchís erpresst. Womit?«

»Genau das versuchen wir im Moment herauszufinden.«

»Wollen Sie damit sagen, dass diese ganze Sache auf eine Finanzangelegenheit hinausläuft?«

»Ist es nicht fast immer so?«, entgegnete Leandro. »Natürlich hat sich heute Morgen alles überschlagen, als Hauptmann Vargas mich vom Ergebnis eurer Ermittlungen unterrichtet hat.«

Alicia warf Vargas erneut einen Blick zu.

»Gerade eben habe ich mit Gil de Partera gesprochen, und wir haben eure Rechercheergebnisse mit denen der Polizei verglichen. Es tut mir leid, dass das während deiner Abwesenheit geschehen ist, aber wir hatten keine Zeit zu verlieren.«

Alicia warf Leandro und Vargas abwechselnd wütende Blicke zu.

»Vargas hat getan, was er tun musste, Alicia«, sagte Leandro. »Es schmerzt mich zwar, dass du mich nicht wie vereinbart über eure Ermittlungen auf dem Laufenden gehalten hast, aber ich kenne dich und weiß, dass es nicht in böser Absicht geschehen ist und dass du nicht gern ins Wespennest stichst, bevor du nicht ganz sicher bist. Ich auch nicht. Darum habe ich dir nichts von allem gesagt, bis klar war, dass es mit unseren Ermittlungen zu tun hat. Ehrlich gesagt hat es auch mich überrascht, von alledem zu erfahren. Ich wusste nicht, dass ihr hinter Sanchís her wart. Genau wie du habe ich etwas anderes erwartet. Unter anderen Umständen hätte ich gern ein paar Tage mehr zur Verfügung gehabt, um der ganzen Sache auf den Grund zu gehen und erst dann zu handeln. Leider ist das ein Fall, bei dem wir uns nicht so viel Zeit nehmen können.«

»Was hat man mit Sanchís gemacht?«

»Er wird bereits seit zwei Stunden auf dem Revier verhört.«

Alicia hielt sich die Hände an die Schläfen und schloss die Augen. Sie war kreidebleich. Vargas stand auf, um ein Glas Weißwein einzuschenken, und reichte es ihr.

»Gil de Partera und alle aus seinem Team haben mir ihre Dankbarkeit bekundet und mich ausdrücklich gebeten, euch beide zu der exzellenten Arbeit und dem Dienst am Vaterland zu beglückwünschen«, kommentierte Leandro.

»Aber ...«

»Alicia, ich bitte dich. Nicht.«

Sie trank ihr Glas aus und lehnte den Kopf an die Wand.

»Sie haben gesagt, Sie hätten auch gute Nachrichten«, sagte sie schließlich.

»Das waren die guten Nachrichten. Die schlechten sind die, dass du und Vargas vom Fall abgezogen worden seid und dass die Ermittlungen jetzt ausschließlich in den Händen eines neuen, vom Innenministerium designierten Verantwortlichen liegen.«

»Wessen?«

Leandro presste die Lippen zusammen. Vargas, der bisher geschwiegen hatte, schenkte sich ebenfalls ein Glas Wein ein und blickte Alicia traurig an.

»Hendaya«, sagte er.

Alicia schaute beide bestürzt an.

»Wer zum Teufel ist Hendaya?«

3

Die Zelle stank nach Urin und Elektrizität. Sanchís hatte noch nie bemerkt, dass Elektrizität einen Geruch hatte. Süßlich-metallisch, wie vergossenes Blut. Die verbrauchte Luft war gesättigt von diesem Gestank, der ihm den Magen umdrehte. Das Brummen des Generators in einer Ecke brachte die von der Decke hängende Glühbirne zum Vibrieren, die eine milchige Helligkeit auf die feuchten, mit etwas wie Kratzern bedeckten Mauern warf. Sanchís bemühte sich, die Augen offenzuhalten. Er hatte kaum noch Gefühl in den Armen und Beinen, die so eng mit einem Draht an den Metallstuhl gefesselt waren, dass er ihm in die Haut schnitt.

»Was haben Sie mit meiner Frau gemacht?«

»Ihre Frau ist zu Hause. Es geht ihr bestens. Wofür halten Sie uns?«

»Ich weiß nicht, wer Sie sind.«

Die Stimme bekam ein Gesicht, und Sanchís sah sich erstmals diesem kristallinen Stahlblick aus vor lauter Blau beinahe flüssigen Pupillen gegenüber. Es war ein eckiges Gesicht, aber mit liebenswerten Zügen, und gehörte einem dieser blendend aussehenden Männer, zu denen die Frauen aus gutem Hause auf der Straße verstohlen hinschielen. Der Mann war außerordentlich elegant gekleidet. An den Manschetten seines Hemdes, frisch aus der chemischen Reinigung, prangten goldene Knöpfe mit dem Adler des Staatswappens.

»Wir sind das Gesetz«, sagte der Mann und lächelte, als wären sie gute Freunde.

»Dann soll man mich freilassen. Ich habe nichts getan.«

Der Mann, der einen Stuhl vor Sanchís hingestellt und darauf Platz genommen hatte, nickte verständnisvoll. Sanchís stellte fest, dass sich, im Schatten an den Wänden postiert, mindestens zwei weitere Personen in der Zelle befanden.

»Mein Name ist Hendaya. Es tut mir leid, dass wir uns unter diesen Umständen kennenlernen müssen, aber ich gehe davon aus, dass Sie und ich gute Freunde werden, denn Freunde respektieren sich gegenseitig und haben keine Geheimnisse voreinander.«

Hendaya nickte, und zwei seiner Leute traten zum Stuhl und begannen, Sanchís mit einer Schere die Kleider in Streifen vom Leib zu schneiden.

»Fast alles, was ich weiß, hat mir ein großer Mann beigebracht – Inspektor Javier Fumero, zu dessen Gedenken eine Tafel an diesem Gebäude angebracht worden ist. Fumero gehörte zu dieser Art Männer, die manchmal nicht im angebrachten Maß geschätzt werden. Ich glaube, lieber Sanchís, dass Sie das besser verstehen können als jeder andere, denn Ihnen ist es ja ähnlich ergangen, nicht wahr?«

Sanchís, der angesichts der von der Schere betriebenen Entblößung zu zittern begonnen hatte, stammelte:

»Ich weiß nicht, was ...«

Hendaya hob die Hand, als brauche er keine weiteren Erklärungen.

»Wir sind unter Freunden, Sanchís. Wie ich eben sagte – es gibt keinen Grund, Geheimnisse für sich zu behalten. Ein guter Spanier hat keine Geheimnisse. Und Sie sind ein guter Spanier. Nur sind leider die Leute manchmal bösartig. Das muss man zugeben. Wir sind das beste Land der Welt, das stellt niemand in Frage, aber manchmal verdirbt uns der Neid. Und das wissen Sie. Die Geldheirat mit der Tochter des Chefs, die Generaldirektion, die Sie nicht verdient hatten, dieses und jenes ... Ich sage ja, ich verstehe Sie. Und ich verstehe auch, dass ein Mann zornig wird, wenn man seine Ehre und Bedeutung in Zweifel zieht. Denn ein Mann mit Eiern wird zornig. Und Sie haben sie. Schauen Sie, da sind sie. Zwei schöne Eier.«

»Bitte tun Sie mir nicht weh, nein ...«

Sanchís' Stimme erstickte in einem Geheul, als ihm einer der Männer eine Klemme um die Hoden schloss.

»Weinen Sie doch nicht, Mann, wir haben Ihnen ja noch gar nichts getan. Los, schauen Sie mich an. In die Augen. Schauen Sie mich an.«

Sanchís, der weinte wie ein Kind, blickte auf. Hendaya lächelte ihm zu.

»Sehen Sie, Sanchís. Ich bin Ihr Freund. Das ist ausschließlich eine Angelegenheit zwischen Ihnen und mir. Ohne Geheimnisse. Sie helfen mir, und ich bringe Sie nach Hause zu Ihrer Frau, wo Sie auch hingehören. Sie sollen nicht weinen, Mann. Ich mag keinen Spanier weinen sehen, verdammt. Hier weinen nur Leute, die etwas zu verbergen haben. Aber wir haben hier nichts zu verbergen, nicht wahr? Hier gibt es keine Geheimnisse, wir sind ja unter Freunden. Und ich weiß, dass Sie Mauricio Valls haben. Und ich verstehe Sie. Valls ist ein Schwein. Ich habe die Papiere gesehen. Ich weiß, dass Valls Sie gezwungen hat, das Gesetz zu brechen. Aktien zu verkaufen, die es nicht gab. Ich verstehe nichts von diesen Dingen. Alles, was mit Finanzen zusammenhängt, will mir nicht in den Kopf. Doch selbst ein Ignorant wie ich kann sehen, dass Valls Sie gezwungen hat, in seinem Namen zu stehlen. Ich werde mit Ihnen Klartext reden: Dieser Typ, ob Minister oder nicht, ist ein unverschämter Schurke. Das sage *ich* Ihnen, denn davon verstehe ich etwas, ich muss es mir tagtäglich ansehen. Aber Sie wissen ja, wie dieses Land ist. Man ist so viel wert wie die Freunde, die man hat. Wenn man sie denn hat. Und Valls hat viele Freunde. Freunde, die den Ton angeben. Aber alles hat seine Grenzen. Es kommt der Augenblick, wo man sagen muss, bis hierher und nicht weiter. Sie haben sich auf eigene Faust Gerechtigkeit widerfahren lassen wollen. Schauen Sie, ich verstehe Sie. Aber es ist ein Fehler. Dafür sind wir zuständig. Das ist unsere Arbeit. Im Augenblick wollen wir nichts anderes als diesen Halunken Valls finden, um alles zu klären. Damit Sie nach Hause gehen können, zu Ihrer Gattin. Damit wir Valls endlich ins Gefängnis werfen können, damit er für das, was er getan hat, zur Verantwortung gezogen werden kann. Und damit ich in den Urlaub fahren kann, denn jetzt bin ich an der Reihe. Und hier ist alles in Butter. Sie verstehen mich, nicht wahr?«

Sanchís wollte etwas sagen, aber seine Zähne klapperten so laut, dass man seine Worte nicht verstehen konnte.

»Was sagen Sie, Sanchís? Wenn Sie nicht zu zittern aufhören, kann ich Sie nicht verstehen.«

»Was denn für Aktien?«, brachte er hervor.

Hendaya seufzte.

»Sie enttäuschen mich, Sanchís. Ich dachte, wir sind Freunde. Und Freunde beleidigt man nicht. So geht das nicht. Ich mache es Ihnen wirklich leicht, denn im Grunde verstehe ich, was Sie getan haben. Andere würden es vielleicht nicht verstehen, ich aber schon. Denn ich weiß, was es heißt, sich mit dem Pack herumzuschlagen, das über allem zu stehen glaubt. Also will ich Ihnen noch eine Chance geben. Denn Sie sind mir sympathisch. Aber ein Rat von Freund zu Freund: Manchmal muss man wissen, wann es ratsam ist, nicht den Helden zu spielen.«

»Ich weiß nicht, von welchen Aktien Sie sprechen«, stotterte Sanchís.

»Flennen Sie nicht, verdammt nochmal. Sehen Sie denn nicht, in welch missliche Lage Sie mich bringen? Ich muss diesen Raum mit Ergebnissen verlassen. So einfach ist das. Das verstehen Sie. Im Grunde ist es sehr einfach. Wenn einen das Leben verarscht, ist es klüger, ein Weichei zu sein. Und das Leben ist kurz davor, Sie ganz schön zu verarschen, mein Freund. Machen Sie es sich nicht schwer. Auf diesem Stuhl haben schon hundertmal härtere Typen gesessen als Sie und haben es genau eine Viertelstunde ausgehalten. Sie sind ein verwöhnter Pinkel. Zwingen Sie mich nicht, zu tun, was ich nicht tun will. Zum letzten Mal: Sagen Sie mir, wo Sie ihn haben, und hier ist alles in Butter. Noch heute Abend sind Sie wieder zu Hause bei Ihrer Frau, unversehrt.«

»Bitte …, tun Sie ihr nichts … Es geht ihr nicht gut«, flehte Sanchís.

Hendaya seufzte wieder und näherte sein Gesicht ganz langsam bis auf wenige Zentimeter dem von Sanchís.

»Pass auf, du Unglücksrabe.« Seine Stimme war unendlich viel kälter als bis dahin. »Wenn du mir nicht sagst, wo Valls ist, werde ich dir die Eier braten, bis dir die Scheiße aus dem Mund fließt, und dann werde ich dein Weibchen nehmen und ihr die Haut mit einer heißen Zange von den Knochen reißen, ganz ohne Eile, damit sie auch weiß, dass die Schuld an dem, was ihr da geschieht, die dämliche Heulsuse trägt, die sie geheiratet hat.«

Sanchís schloss die Augen und wimmerte. Hendaya zuckte mit den Schultern und trat zum Generator.

»Du musst es selber wissen.«

Wieder atmete der Bankier diesen metallischen Geruch ein und spürte die Vibration am Boden unter den Fußsohlen. Die Glühbirne flackerte zweimal. Dann war alles nur noch Feuer.

4

Leandro hielt den Hörer in der Hand und nickte. Seit einer Drei-
viertelstunde war er am Telefon. Vargas und Alicia beobachteten
ihn. Gemeinsam hatten sie die Weinflasche leergetrunken. Als
Alicia aufstand, um eine neue zu holen, hielt Vargas sie mit leichtem Kopfschütteln zurück. Stattdessen rauchte sie nun eine Zigarette nach der anderen, auf Leandro starrend, der bedächtig
zuhörte und nickte.

»Verstehe. Nein, natürlich nicht. Sehe ich ein. Jawohl, Señor.
Ich werde es ausrichten. Danke Ihnen.«

Er hängte auf und warf ihnen einen niedergeschlagenen Blick
zu, in dem zu gleichen Teilen Erleichterung und Bestürzung lagen.

»Das war Gil de Partera. Sanchís hat gestanden«, sagte er
schließlich.

»Gestanden? Was?«, fragte Alicia.

»Langsam passen alle Teile zusammen«, begann Leandro. »Es
bestätigt sich, dass die Geschichte weit zurückreicht. Anscheinend hatten sich Valls und der Financier Miguel Ángel Ubach
kurz nach dem Krieg kennengelernt. Damals war Valls ein aufstei-
gender Stern im Regime, nachdem er seine Loyalität und Zuverlässigkeit als Vorsteher des Montjuïc-Gefängnisses unter Beweis
gestellt hatte, eine nicht sehr angenehme Aufgabe. Es scheint so,
als habe Ubach durch ein Konsortium, das geschaffen wurde, um
Leute zu belohnen, die einen außergewöhnlichen Beitrag für die
nationale Sache geleistet hatten, Valls ein Aktienpaket der wieder-
aufgebauten Hypothekenbank übergeben, die mehrere nach dem
Krieg aufgelöste Finanzinstitute umfasste.«

»Sie sprechen von Ausplünderung und Verteilung der Kriegsbeute«, fiel ihm Alicia ins Wort.

Leandro seufzte geduldig.

»Vorsicht, Alicia. Nicht alle Leute sind so großzügig und tole-
rant wie ich.«

Sie biss sich auf die Zunge. Leandro wartete ihren unterwürfi-
gen Blick ab, bevor er weitersprach.

»Im Januar 1949 sollte Valls ein weiteres Aktienpaket erhalten. So hatte das Abkommen gelautet, das mündliche Abkommen. Aber da Ubach im Jahr zuvor ganz unerwartet bei einem Unfall ums Leben gekommen war …«

»Was für ein Unfall?«

»Ein Brand in seinem Haus, bei dem er und seine Frau im Schlaf umkamen. Unterbrich mich bitte nicht, Alicia. Wie gesagt, nach Ubachs Tod gab es einige Diskrepanzen aufgrund des Testaments, das offenbar die genannten Übereinkommen nicht erwähnte. Die Geschichte wurde noch komplizierter, da Ubach als Testamentsvollstrecker einen jungen Mann der Kanzlei bestimmt hatte, die ihn vertrat.«

»Ignacio Sanchís«, sagte Alicia.

Leandro warf ihr einen warnenden Blick zu.

»Ja, Ignacio Sanchís. Als Testamentsvollstrecker wurde Sanchís auch legaler Vormund von Victoria Ubach, der Tochter des Ehepaars, bis zu ihrer Volljährigkeit. Und ja, bevor du mich wieder unterbrichst, als diese neunzehn Jahre alt wurde, heiratete sie ihn, was zu einigem Gerede führte und einen gewissen Skandal hervorrief. Offenbar ging das Gerücht um, Victoria habe schon als Jugendliche mit ihrem künftigen Mann eine unzulässige Beziehung unterhalten. Ebenso hieß es, Ignacio Sanchís sei nichts weiter als ein ehrgeiziger Emporkömmling, da Ubach sein Vermögen größtenteils Victoria vermacht hatte, die darüber hinaus beträchtlich jünger war als Sanchís. Außerdem zeigte sich in ihrem Lebenslauf eine gewisse emotionale Instabilität. Offenbar war sie als Jugendliche von zu Hause abgehauen und sechs Monate lang verschwunden. Aber all das sind Gerüchte. Das Wesentliche ist, dass Sanchís, als er den Vorstandsvorsitz der Ubach-Bank übernahm, Valls verwehrte, was dieser als vom Verstorbenen versprochen einforderte. In diesem Moment musste Valls, wie man gemeinhin sagt, den Schwanz einziehen und die bittere Pille schlucken. Erst Jahre später, als er zum Minister ernannt wurde und mit einer beträchtlichen Machtfülle ausgestattet war, beschloss er, Sanchís zu zwingen, ihm zu überlassen, was er als ihm zustehend empfand, und noch mehr. Er drohte ihm, ihn der Beteiligung an Victorias Verschwinden im Jahr 1948 anzuklagen, um eine Schwangerschaft der Minderjährigen zu verbergen, und sie in einem Sanatorium an der Costa Brava versteckt gehalten zu haben, ich glaube, in der Nähe von Sant Feliu de Guíxols, wo die Guardia Civil sie fünf oder sechs Monate später fand, als sie orientierungslos und mit Anzeichen von Unterernährung den Strand entlangwandelte. Alles scheint darauf hinzudeuten, dass Sanchís nachgab. Er tätigte eine Reihe gesetzwidriger Operationen und übergab Valls eine höchst bedeutende Summe in Form von Aktien und verkäuflichen Schuldscheinen der Hypothekenbank. Ein guter Teil von Valls' Vermögen dürfte von da kommen und nicht von seinem Schwiegervater, wie ab und zu gemunkelt worden war. Doch Valls wollte noch mehr. Er übte weiter Druck auf Sanchís aus, der ihm nie verzieh, dass er seine Frau ins Spiel gebracht und mit seiner Reputation gespielt hatte, um seine Ziele zu erreichen. Sanchís wandte sich an verschiedene Instanzen, um Protest zu erheben, doch überall wurde ihm die Tür vor der Nase zugeschlagen mit dem Hinweis, Valls sei nun ein zu mächtiger Mann, der Spitze des Regimes zu nahe, unantastbar. Hätte man ihn tatsächlich angetastet, so wäre auch wieder in der Affäre mit dem Konsortium und der am Kriegsende verteilten Belohnungen herumgestochert worden, und das wollte niemand. Man gab Sanchís sehr deutlich zu verstehen, er solle das Thema vergessen.«

»Was er aber nicht tat.«

»Ganz offensichtlich nicht. Er vergaß es nicht nur nicht, sondern beschloss, sich zu rächen. Und das war ein echter Fehler. Er holte sich ein paar Leute, die in Valls' Vergangenheit herumschnüffeln sollten. So stießen sie auf einen Halunken, der im Montjuïc-Gefängnis vor sich hin moderte, Sebastián Salgado, und auf eine Reihe von Valls' trüben Machenschaften und Schikanen gegenüber mehreren Häftlingen und ihren Familien. Jedenfalls gab es eine lange Liste potentieller Kandidaten, die Grund hatten, sich an Valls zu rächen. Das Einzige, was noch fehlte, war eine überzeugende Geschichte. Sanchís ersann eine Intrige, um sich am Minister zu rächen und sein Manöver als politische oder persönliche Vendetta erscheinen zu lassen, die im Zusammenhang stand mit Valls' dunkler Vergangenheit. Er nahm mit Salgado Kontakt auf, begann, über ihn Drohbriefe zu verschicken, und versprach ihm als Gegenleistung für seine Komplizenschaft, dafür, dass er sozusagen als Lockvogel fungierte, eine bestimmte Summe, die man ihm nach seiner bereits in die Wege geleiteten Begnadigung aushändigen würde. Sanchís wusste, dass die Briefe kontrolliert und die Spur bei Salgado enden würde. Er nahm auch Verbindung zu einem ehemaligen Insassen des Kastells auf, einem gewissen Valentín Morgado, der mehr als genug Gründe hatte, Valls nicht unbedingt zu lieben. Morgado war im Jahr 47 freigekommen, gab Valls aber die Schuld am Tod seiner Frau, die während seiner Gefangenschaft erkrankt war. Er wurde als Fahrer der Familie eingestellt. Er war es, der mit der Hilfe eines ehemaligen Gefangenenwärters namens Bebo, dem Sanchís eine beträchtliche Summe zahlte und in Pueblo Seco eine der Metrobarna gehörende Wohnung zu günstigem Mietzins verschaffte, seinem Wohltäter die Informationen über die von Valls meistgezüchtigten Gefangenen lieferte. Einer von ihnen, der Schriftsteller David Martín, der ernsthafte geistige Probleme hatte und dem die Insassen den Spitznamen *Gefangener des Himmels* gegeben hatten, erwies sich als der ideale Kandidat für Sanchís' Intrige. Martín sollte unter merkwürdigen Umständen verschwinden, nachdem Valls zwei seiner Leute den Auftrag gegeben hatte, ihn in ein altes Haus beim Park Güell zu bringen und dort zu ermorden. Martín gelang wohl die Flucht, und Valls fürchtete immer, dass dieser Mann, der offenbar nach der Einzelhaft in einem der Türme des Kastells den Verstand verloren hatte, eines Tages zurückkäme und sich an ihm zu rächen versuchte, weil er in ihm den Mörder einer Frau namens Isabella Gispert sah … Kannst du mir folgen?«

Alicia bejahte.

»Sanchís' Plan ging dahin, Valls zu der Überzeugung zu bringen, dass ein Komplott gegen ihn geschmiedet wurde mit dem Ziel, die unter seiner Leitung begangenen Missbräuche und Verbrechen an Gefangenen publik zu machen. Als die schwarze Hand hinter alledem sollte er Martín und andere ehemalige Gefangene vermuten. Das sollte ihn nervös machen und ihn zwingen, den sicheren Kokon zu verlassen, den ihm sein Posten verschaffte, und sich ihnen persönlich zu stellen. Das wäre die einzige Möglichkeit, sie zum Schweigen zu bringen: indem er sie vernichtete, bevor sie ihn vernichten könnten.«

»Aber das war nichts weiter als ein Plan, um ihn in die Falle zu locken«, bemerkte Alicia.

»Ein perfekter Plan, denn wenn die Polizei Ermittlungen anstellte, würde sie auf ein Geflecht persönlicher Rachegelüste stoßen sowie auf eine Finanzaffäre, die zu vertuschen in Valls' ureigenem Interesse stand. Salgado war der perfekte Lockvogel, weil man ihn leicht mit anderen Gefangenen in Verbindung bringen konnte, insbesondere mit David Martín, die mutmaßliche schwarze Hand im Schatten. Trotzdem behielt Valls jahrelang seine Kaltblütigkeit. Doch nach dem gescheiterten Attentat 1956 im Círculo de Bellas Artes, das ganz offensichtlich Morgado verübte, verlor er allmählich die Nerven. Er stimmte Salgados Freilassung zu, um ihm auf den Fersen bleiben zu können und so zu Martín geführt zu werden, doch Salgado wurde liquidiert, als er eine alte Beute holen wollte, die er kurz vor seiner Verhaftung 1939 in einem Schließfach im Nordbahnhof versteckt hatte – er war nicht mehr nützlich, und ihm Schweigegeld zu zahlen würde nur überflüssige Spuren hinterlassen. Auch Valls beging gewichtige Fehler, die falsche Fährten ergaben. Er zwang Pablo Cascos, einen Angestellten seines Verlags Ariadna, wieder Kontakt zu Beatriz Aguilar aufzunehmen, Angehörige der Familie Sempere, mit der Cascos einmal eine Beziehung gehabt hatte. Die Semperes besitzen eine Buchhandlung, die Martín, wie Valls glaubte, als Zufluchtsort hätte benutzen können, ja sie könnten sogar Komplizen gewesen sein, da Martín einmal eine gewisse Beziehung zu Isabella Sempere gehabt hatte, der verstorbenen Frau des Inhabers der Buchhandlung und Mutter des derzeitigen Geschäftsführers und Mannes von Beatriz, Daniel Sempere. Und ja, jetzt darfst du mich wieder unterbrechen, sonst kriegst du noch einen Ohnmachtsanfall.«

»Und Mataix' Bücher? Wie lässt sich erklären, dass ich in Valls' Schreibtisch dieses Buch versteckt fand, das er, wie mir seine Tochter Mercedes sagte, als Letztes vor seinem Verschwinden konsultierte?«

»Das gehört zu dieser selben Strategie. Mataix war ein Freund und Kollege von David Martín gewesen und hatte im Kastell auf dem Montjuïc eingesessen. Nach und nach machten der Druck, die Drohungen und die Vorstellung einer schattenhaften Verschwörung Valls fertig, so dass er beschloss, zusammen mit Vicente, seinem Vertrauensmann, persönlich nach Barcelona zu fahren, um dem Mann gegenüberzutreten, den er für seine Nemesis hielt, David Martín. Die Polizei nimmt an, und ich bin derselben Meinung, Valls habe geglaubt, er gehe zu einem heimlichen Treffen mit Martín in der Absicht, ihn ein für alle Mal zu beseitigen.«

»Aber Martín war doch seit Jahren tot, genau wie Mataix.«

»Genau. Wer ihn wirklich erwartete, das waren Sanchís und Morgado.«

»Wäre es nicht einfacher für ihn gewesen, Martín der Polizei zu überlassen?«

»Doch, aber das hätte das Risiko eingeschlossen, dass Martín, den er noch am Leben glaubte, bei seiner Festnahme Aussagen zu Isabella Gisperts Tod und anderen Affären hätte machen können, die Valls' Ruf ruiniert hätten.«

»Das ergibt vermutlich Sinn. Und dann?«

»Nachdem er in ihrer Gewalt war, brachten Sanchís und Morgado Valls in die seit Jahren stillgelegte alte Fabrik Castells in Pueblo Nuevo, die dem Immobilienkonsortium Metrobarna gehört ... Sanchís hat gestanden, dass sie ihn stundenlang folterten und seine Leiche anschließend in einem der Öfen der Fabrik verbrannten. Während ich mich mit Gil de Partera unterhalten habe, hat er die Bestätigung bekommen, dass die Polizei dort Knochenreste gefunden hat, die von Valls stammen könnten. Man hat die

Röntgenaufnahmen seines Gebisses angefordert, um festzustellen, ob die Überreste tatsächlich die des Ministers sind, was wir wenn nicht heute Abend, so doch morgen erfahren werden.«

»Dann ist der Fall also abgeschlossen?«

Leandro nickte.

»Der Teil, der uns betrifft, ja. Es muss noch geklärt werden, ob es weitere Komplizen gab und wie weit die Implikationen der von Ignacio Sanchís ausgeheckten Intrige reichten.«

»Und das wird man der Presse mitteilen?«

Leandro lächelte.

»Selbstverständlich nicht. In diesem Moment findet eine Sitzung im Innenministerium statt, was und wie man es mitteilen wird. Weitere Details sind mir nicht bekannt.«

Es trat ein langes Schweigen ein, unterbrochen nur von Leandro, wenn er an seinem inzwischen kalt gewordenen Tee schlürfte, während er kein Auge von Alicia ließ.

»All das ist ein Irrtum«, murmelte sie schließlich.

Leandro zuckte mit den Schultern.

»Mag sein, aber es liegt nicht mehr in unserer Hand. Die Aufgabe, für die man unsere Dienste beansprucht hat, nämlich Hinweise zu Valls' Verbleib zu finden, ist erfüllt. Und sie war von Erfolg gekrönt.«

»Das stimmt nicht«, protestierte Alicia.

»So verstehen es Stimmen mit mehr Autorität als meine, und als deine natürlich, Alicia. Es wäre falsch, nicht zu wissen, wann man die Dinge belassen soll, wie sie sind. Jetzt bleibt uns nur noch, Diskretion zu wahren und der Sache ihren natürlichen Lauf zu lassen.«

»Señor Montalvo hat recht, Alicia«, sagte Vargas. »Da gibt es nichts, was wir noch tun könnten.«

»Es scheint, wir haben schon genug getan«, sagte sie frostig.

Leandro schüttelte missbilligend den Kopf.

»Hauptmann, würde es Ihnen was ausmachen, uns ein paar Minuten allein zu lassen?«

Vargas stand auf.

»Natürlich nicht. Ich wollte ohnehin vom Café aus im Präsidium anrufen, um meine Anweisungen entgegenzunehmen.«

»Das scheint mir eine ausgezeichnete Idee.«

Als Vargas an Alicia vorüberging, vermied er es, sie anzuschauen. Er gab Leandro die Hand, der sie herzlich drückte.

»Vielen Dank für Ihre Hilfe, Hauptmann. Und dafür, dass Sie sich so um meine Alicia gekümmert haben. Ich stehe in Ihrer Schuld. Zögern Sie nicht, bei mir anzuklopfen, wann immer Sie etwas brauchen.«

Vargas nickte und zog sich zurück. Sowie sie allein waren, bedeutete Leandro Alicia, sich neben ihn aufs Sofa zu setzen. Sie gehorchte widerwillig.

»Ein großer Mann, dieser Vargas.«

»Und mit einem noch größeren Mundwerk.«

»Sei nicht ungerecht. Er hat bewiesen, dass er ein guter Polizist ist. Ich mag ihn.«

»Ich glaube, er ist noch zu haben.«

»Alicia, Alicia …«

Er legte ihr väterlich den Arm um die Schulter.

»Komm, schieß los, bevor du platzt. Sprich dich aus.«

»Das Ganze ist ein Haufen Scheiße.«

Leandro drückte sie zärtlich an sich.

»Einverstanden. Es ist ein Pfusch. Es ist nicht die Art, wie du und ich die Dinge erledigen, aber im Innenministerium ist man sehr nervös geworden. Und aus dem Pardo hörten wir, dass es jetzt reiche. Es ist besser so. Es würde mir nicht gefallen, wenn sie allmählich gedacht oder gesagt hätten, wir seien es, die zu keinen Ergebnissen kommen.«

»Und Lomana? Ist er wieder aufgetaucht?«

»Bis jetzt nicht.«

»Seltsam.«

»Stimmt. Aber das gehört zu den noch ungeklärten Dingen, die in den nächsten Tagen wahrscheinlich gelöst werden.«

»Viele ungeklärte Dinge.«

»So viele auch wieder nicht. Das mit Sanchís ist stichhaltig.

Es ging um viel Geld und persönliche Rache. Wir haben ein Geständnis und Beweise, die es stützen. Alles passt zusammen.«

»Scheinbar.«

»Gil de Partera, der Innenminister und der Pardo-Palast halten den Fall für gelöst.«

Alicia wollte etwas sagen, schwieg aber.

»Das ist es doch, was du wolltest, Alicia. Siehst du das nicht?«

»Was ich wollte?«

Leandro schaute ihr traurig in die Augen.

»Deine Freiheit. Dich von mir zu befreien, vom perfiden Leandro, für immer. Verschwinden.«

Sie schaute ihn fest an.

»Ist das Ihr Ernst?«

»Ich habe dir mein Wort gegeben. Das war das Abkommen. Ein letzter Fall. Und danach deine Freiheit. Was glaubst du, warum ich nach Barcelona kommen wollte? All das hätte ich regeln können, ohne das Palace zu verlassen. Du weißt doch, wie ungern ich reise.«

»Wozu sind Sie also wirklich gekommen?«

»Um es in deinem Gesicht zu sehen. Und um dir zu sagen, dass ich dein Freund bin und immer sein werde.«

Er ergriff ihre Hand und lächelte.

»Du bist frei, Alicia. Frei für immer.«

Tränen traten ihr in die Augen. Wider Willen umarmte sie Leandro. Dieser sagte:

»Was auch immer geschieht, was auch immer du tust, du sollst wissen, dass ich immer da sein werde. Wann immer du etwas brauchst. Ohne Verpflichtung. Das Ministerium hat mich autorisiert, dir den Betrag von hundertfünfzigtausend Peseten zu überweisen, den du Ende dieser Woche auf deinem Konto haben wirst. Ich weiß, dass du mich weder brauchen noch vermissen wirst, aber wenn es nicht zu viel verlangt ist, so ruf doch ab und zu an, und sei es nur zu Weihnachten. Wirst du das tun?«

Sie nickte. Leandro küsste sie auf die Stirn und stand auf.

»In einer Stunde fährt mein Zug. Es ist besser, ich gehe langsam zum Bahnhof. Komm nicht mit, um dich zu verabschieden. Auf keinen Fall. Solche Szenen mag ich nicht, das weißt du ja.«

Sie begleitete ihn zur Tür. Schon auf der Schwelle, wandte er sich um, und zum ersten Mal hatte sie das Gefühl, als befielen ihn Schüchternheit und Bedenken.

»Ich habe dir nie gesagt, was ich dir jetzt sagen werde, weil ich nicht wusste, ob ich das Recht dazu hatte. Aber jetzt glaube ich es tun zu dürfen. Ich habe dich wie eine Tochter geliebt und liebe dich wie eine Tochter, Alicia. Vielleicht war ich nicht der beste aller Väter, aber du bist die größte Freude in meinem Leben gewesen. Du sollst glücklich sein – und das ist wirklich mein letzter Befehl.«

5

Sie hätte ihm gern geglaubt. Sie hätte ihm gern geglaubt mit dieser Sehnsucht, die von dem Verdacht herrührt, dass die Wahrheit weh tat und die Feiglinge länger und besser lebten, und sei es auch nur in ihren eigenen Lügen gefangen. Vom Fenster aus beobachtete sie Leandro, wie er zu dem an der Ecke wartenden Auto ging. Ein Fahrer mit dunkler Brille hielt ihm die Tür auf. Es war einer dieser imponierenden schwarzen Wagen, ein Panzer mit getönten Scheiben und kryptischem Nummernschild, die man manchmal wie Trauerkarossen sich durch den Verkehr pflügen sah und denen man auswich, weil man genau wusste, dass sich keine normalen Menschen darin befanden. Vor dem Einsteigen drehte sich Leandro einen Augenblick um und schaute zu ihrem Fenster hinauf. Er winkte, und als Alicia schlucken wollte, war ihr Mund trocken. Sie hätte ihm gern geglaubt.

Eine Stunde lang zündete sie eine Zigarette an der anderen an und ging in der Wohnung auf und ab wie ein Tiger in seinem Käfig. Bestimmt zehnmal trat sie ans Fenster und schaute auf die andere Straßenseite hinüber in der Hoffnung, Vargas in seiner

Dachkammer über dem Gran Café zu erblicken, aber es war keine Spur von ihm zu sehen. Er hatte doch reichlich Zeit gehabt, in Madrid anzurufen und seine Anweisungen entgegenzunehmen. Wahrscheinlich war er spazieren und den Kopf auslüften gegangen in diesem Barcelona, von dem er sich bald verabschieden würde. Das Letzte, was er sich in diesem Augenblick wünschte, war bestimmt Alicias Gesellschaft und zu riskieren, dass sie ihm die Augen auskratzte, weil er Leandro alles erzählt hatte. *Er hatte keine andere Wahl.* Auch das hätte sie gern geglaubt.

Kaum war Leandro weggefahren, spürte sie einen ersten Stich in der Hüfte. Anfänglich schenkte sie ihm keine Beachtung, aber jetzt nahm sie einen dumpfen, klopfenden Schmerz wahr. Es war ein Gefühl, wie wenn ihr jemand mit einem Hammer sanft einen Wandhaken in die Flanke schlagen wollte. Sie konnte sich die Metallspitze vorstellen, die an der Emaille des Knochens kratzte und langsam in ihn eindrang. Mit einem weiteren Glas Wein schluckte sie eine halbe Tablette und legte sich dann aufs Sofa, um die Wirkung des Medikaments abzuwarten. Sie wusste, dass sie zu viel trank. Sie brauchte weder Vargas' noch Leandros Blick, um es sich in Erinnerung zu rufen. Sie spürte es im Blut und im Atem, aber es blieb das Einzige, was ihr die Beklemmung nahm.

Sie schloss die Augen und begann, Leandros Bericht zu zerpflücken. Schon als sie noch eine Heranwachsende war, hatte er selbst ihr beigebracht, immer mit weit aufgesperrten Ohren und Augen zuzuhören und zu lesen. »Die Eloquenz eines Berichts ist direkt proportional zur Intelligenz dessen, der ihn formuliert, so wie seine Glaubwürdigkeit zur Dummheit dessen, für den er bestimmt ist«, hatte er immer gesagt.

Sanchís' Geständnis, in der Version, die Gil de Partera Leandro referiert hatte, war scheinbar perfekt, vor allem weil es genau das nicht war. Es erklärte sozusagen alles Vorgefallene, ließ aber einiges ungeklärt, wie es bei den glaubhaftesten Erklärungen immer der Fall ist. Die Wahrheit ist nie vollkommen und passt nie zu sämtlichen Erwartungen. Sie wirft immer Zweifel und Fragen auf.

Nur die Lüge ist hundertprozentig glaubhaft, weil sie die Wirklichkeit nicht zu erklären, sondern uns einfach zu sagen braucht, was wir hören wollen.

Nach einer Viertelstunde begann die Tablette zu wirken, und der Schmerz ebbte allmählich zu einem stechenden Kribbeln ab, das zu ignorieren sie gewohnt war. Sie griff unters Sofa und zog den Karton mit Brians' Unterlagen hervor. Sie kam nicht umhin zu schmunzeln bei dem Gedanken, wie den ganzen Vormittag Leandros erhabenes Gesäß ohne sein Wissen auf diesen Informationen geruht hatte. Sie warf einen Blick auf die Mappen. Zum guten Teil – oder wenigstens soweit es interessierte – war das alles schon in die offizielle Lesart des Falls aufgenommen worden. Als sie jedoch bis auf den Grund der Kiste vordrang, fand sie den handschriftlich mit ISABELLA gekennzeichneten Umschlag wieder. Sie öffnete ihn, förderte ein Notizheft zutage und schlug es auf der ersten Seite auf. Da glitt ein dünnes Kartonstückchen heraus, ein altes Foto, dessen Ränder schon in Auflösung begriffen waren. Das Bild zeigte ein junges Mädchen mit hellen Haaren und lebhaftem Blick, das in die Kamera strahlte, das ganze Leben noch vor sich. Etwas in diesem Gesicht erinnerte sie an den jungen Burschen, dem sie beim Verlassen der Buchhandlung Sempere & Söhne begegnet war. Auf der Rückseite erkannte sie die Handschrift von Anwalt Brians:

Isabella

Der Schriftzug und das Weglassen des Familiennamens bezeugten eine innige Zuneigung. Am Anwalt für hoffnungslose Fälle nagte nicht nur das schlechte Gewissen, sondern auch das Verlangen. Sie legte das Foto auf den Tisch und blätterte das Heft durch. Alle Seiten waren in säuberlicher, glasklarer und offensichtlich weiblicher Handschrift abgefasst. Nur Frauen schreiben so deutlich und ohne sich hinter unsinnigen Schnörkeln zu verstecken. Wenigstens, wenn sie für sich selbst und sonst niemanden schreiben. Alicia blätterte zur ersten Seite zurück und begann zu lesen.

Mein Name ist Isabella Gispert, und ich bin 1917 in Barcelona ge-
boren. Ich bin zweiundzwanzig Jahre alt und weiß, dass ich mei-
nen dreiundzwanzigsten Geburtstag nicht mehr erleben werde. Ich
schreibe diese Zeilen in der Gewissheit, dass ich nur noch wenige
Tage zu leben habe und bald alle verlassen werde, denen ich auf
dieser Welt am meisten zu verdanken habe: meinen Sohn Daniel
und meinen Mann Juan Sempere, den gütigsten Menschen, den ich
je kennengelernt habe. Ich werde sterben, ohne sein Vertrauen, seine
Liebe und Ergebenheit verdient zu haben. Ich schreibe für mich
selbst, nehme Geheimnisse mit, die nicht mir gehören, und weiß,
dass nie jemand diese Seiten lesen wird. Ich schreibe, um mich zu
erinnern und mich am Leben festzuhalten. Mein einziges Bestreben
besteht darin, mich erinnern und verstehen zu können, wer ich war
und warum ich tat, was ich tat, solange ich dazu noch in der Lage
bin und bevor mich das Bewusstsein, das schon schwächer wird,
ganz verlässt. Ich schreibe, auch wenn es mich schmerzt, denn der
Verlust und der Schmerz sind das Einzige, was mich noch am Leben
erhält, und ich habe Angst vor dem Sterben. Ich schreibe, um die-
sen Seiten anzuvertrauen, was ich meinen Liebsten nicht erzählen
kann, weil ich sonst Gefahr laufe, sie zu verletzen und ihr Leben zu
gefährden. Ich schreibe, weil ich eine Minute länger bei ihnen sein
kann, solange ich noch fähig bin, mich zu erinnern …

Eine Stunde lang verlor sich Alicia in diesen Seiten, weit weg
von der Welt, von den Schmerzen und der Ungewissheit, in der
Leandros Besuch sie zurückgelassen hatte. Eine Stunde lang gab
es nur die Geschichte, die diese Worte erzählten und von der sie
noch vor der letzten Seite wusste, dass sie sie nie würde vergessen
können. Als sie am Ende angekommen war und Isabellas Beichte
auf der Brust schloss, waren ihre Augen tränenverschleiert, und
sie konnte einen Schrei nur ersticken, indem sie sich mit den Händen den Mund zuhielt.

So fand Fernandito sie ein wenig später, als er, nach mehrfachem
Anklopfen ohne Antwort geblieben, die Tür öffnete und sie zu-

sammengekauert auf dem Boden weinen sah, wie er noch nie jemanden hatte weinen sehen. Es kam ihm nichts anderes in den Sinn, als neben ihr niederzuknien und sie zu umarmen, während sie vor Schmerz wimmerte, als hätte jemand in ihrem Inneren Feuer gelegt.

6

Es gibt Menschen, die ohne Glück geboren werden, dachte er. Jahrelang hatte er davon geträumt, sie in den Armen halten zu können, und als es endlich so weit war, war es die traurigste aller Szenen, die Fernandito sich hätte ausmalen können. Er hielt sie fest, streichelte sanft ihren Kopf, bis sie sich langsam beruhigte. Er wusste nicht, was er tun oder sagen sollte. Noch nie hatte er sie so gesehen. In der Phantasie, die er auf dem Altar seines jugendlichen Verlangens geweiht hatte, war Alicia Gris unzerstörbar und hart wie ein Diamant, der alles zerschnitt. Als ihr Schluchzen schließlich verebbte und sie aufschaute, sah er eine zerbrochene Alicia mit geröteten Augen und einem so schwächlichen Lächeln, dass er das Gefühl hatte, sie könne jeden Augenblick in tausend Stücke zerfallen.

»Geht es Ihnen besser?«, flüsterte er.

Sie sah ihm in die Augen und küsste ihn ohne Vorwarnung auf die Lippen. Fernandito, in dessen Körper an verschiedenen Orten Feuer und Jucken ausbrachen und von dessen Hirn eine allgemeine Betäubung Besitz ergriff, stoppte sie.

»Señorita Alicia, ich glaube nicht, dass Sie in diesem Moment gerade das tun wollen. Sie sind verwirrt.«

Sie senkte den Kopf und leckte sich die Lippen. Er wusste, dass er sich bis zum Tag des Jüngsten Gerichts an dieses Bild erinnern würde.

»Verzeih mir, Fernandito«, sagte sie im Aufstehen.

Er erhob sich ebenfalls und bot ihr einen Stuhl an.

»Das muss unter uns bleiben, ja?«

»Selbstverständlich.« Er dachte, selbst wenn er versucht hätte, es jemandem zu erzählen, er hätte nicht gewusst, was genau und wem.

Sie schaute sich um, und ihr Blick blieb an einer mitten im Zimmer stehenden Kiste mit Flaschen und Lebensmitteln hängen.

»Ihre Bestellung«, erklärte er. »Ich dachte, ich komme besser mit Ihrem Einkauf zurück, falls der Herr von vorhin noch da wäre.«

Sie lächelte zustimmend.

»Was schulde ich dir?«

»Das geht aufs Haus. Sie hatten keinen Perelada, aber ich habe einen Priorato gebracht, von dem Manolo sagt, er sei phantastisch. Von Wein verstehe ich nichts. Aber wenn Sie mir die Empfehlung gestatten …«

»Ich sollte nicht so viel trinken, ich weiß. Danke, Fernandito.«

»Darf ich fragen, was geschehen ist?«

Sie zuckte mit den Schultern.

»Ich bin nicht sicher.«

»Aber es geht Ihnen besser, nicht wahr? Sagen Sie ja.«

»Viel besser. Dank dir.«

Er zweifelte an der Richtigkeit dieser Worte und nickte bloß.

»Eigentlich war ich gekommen, um Ihnen zu sagen, was ich herausgefunden habe.«

Alicia schaute ihn fragend an.

»Über den Typ, dem ich folgen sollte. Sanchís?«

»Das hatte ich ganz vergessen. Leider sind wir zu spät gekommen, glaube ich.«

»Sagen Sie das wegen der Verhaftung?«

»Du hast gesehen, wie sie ihn festgenommen haben?«

Er nickte.

»Heute Morgen in aller Frühe habe ich vor seinem Büro auf dem Paseo de Gracia Posten bezogen, wie Sie es mir aufgetragen hatten. Da war ein sympathisches Großväterchen, ein Straßenmaler, der mir Grüße für Hauptmann Vargas mitgab, als er mich den Eingang überwachen sah. Arbeitet er auch für Sie?«

»Er ist selbständiger Mitarbeiter. Künstler. Und was ist geschehen?«

»Sanchís habe ich erkannt, weil er wie aus dem Ei gepellt war, und der Maler bestätigte, dass es sich tatsächlich um den fraglichen Mann handelte. Er stieg in ein Taxi, und ich folgte ihm mit der Vespa in die Bonanova hinauf. Er wohnt in der Calle Iradier, in einem dieser umwerfenden Häuser. Er muss ein gutes Auge für Geschäfte haben, denn das Viertel ist piekfein, und das Haus …«

»Er hat ein gutes Auge für die richtige Partie.«

»Aha. Da hätte ich auch nichts dagegen. Jedenfalls war er kaum zu Hause, da kamen ein Auto und ein Kleinbus der Polizei, aus dem ein Trupp Beamter ausstieg, mindestens sieben oder acht. Zuerst umstellten sie das Haus, und dann klingelte einer an der Tür, ein regelrechter Dandy.«

»Und wo warst du bei alledem?«

»In Deckung. Auf der gegenüberliegenden Straßenseite wird ein altes Haus umgebaut, wo man sich leicht verstecken kann. Sie sehen, ich bin vorsichtig.«

»Und dann?«

»Wenige Minuten später brachten sie Sanchís mit Handschellen und in Hemdsärmeln heraus. Er protestierte, aber einer der Polizisten hieb ihm die Keule in die Kniekehle, so dass sie ihn zum Kleinbus schleppen mussten. Ich wollte ihnen folgen, aber ich hatte den Eindruck, dass einer von ihnen, der Dandy, zu mir herüberblickte und mich sah. Der Wagen raste davon, nur das andere Auto blieb zunächst stehen, bewegte sich dann etwa zwanzig Meter weiter bis zur anderen Ecke der Calle Margenat, damit man es vom Haus aus nicht sehen konnte. Für alle Fälle beschloss ich, in meinem Versteck zu bleiben.«

»Gut gemacht. In solchen Fällen darfst du dich nie exponieren. Wenn du die Spur verlierst, verlierst du sie eben. Besser als Kopf und Kragen.«

»Das habe ich mir auch gedacht. Mein Vater sagt immer, zuerst verliert man den Hintern und am Schluss den Kopf.«

»Weise Worte.«

»Aber langsam wurde ich nervös und überlegte schon, ob ich mich davonmachen sollte, als ein zweiter Wagen vor dem Haus vorfuhr. Ein imposanter Mercedes. Ausgestiegen ist ein höchst merkwürdiger Typ.«

»Merkwürdig?«

»Er trug eine Art Maske, als fehlte ihm das halbe Gesicht oder so.«

»Morgado.«

»Kennen Sie ihn?«

»Er ist Sanchís' Fahrer.«

Fernandito nickte, erneut begeistert von den Mysterien seiner angebeteten Alicia.

»So was hab ich mir gedacht, als ich sah, wie er angezogen war. Nun, er stieg aus und ging ins Haus. Kurz danach kam er wieder raus, diesmal in Begleitung einer Frau.«

»Wie war die Frau?«

»Jung. Wie Sie.«

»Komme ich dir jung vor?«

Fernandito schwieg einen Augenblick.

»Bringen Sie mich nicht durcheinander. Sie war jung, wie gesagt. Nicht älter als dreißig, aber angezogen, als wäre sie viel älter. Wie eine reiche Dame. Da ich nicht wusste, wer sie war, habe ich ihr einen Arbeitsnamen gegeben: Mariona Rebull.«

»Sie taugt tatsächlich zur Romanfigur. Ihr richtiger Name ist Victoria Ubach oder Sanchís, und sie ist die Frau des verhafteten Bankiers.«

»So sah sie auch aus. Diese Gewohnheitsverbrecher heiraten immer eine viel Jüngere und viel Reichere.«

»Dann weißt du ja jetzt, was du zu tun hast.«

»Dazu tauge ich nicht. Aber um auf die Ereignisse zurückzukommen: Die beiden sind in den Mercedes gestiegen. Sie setzte sich ebenfalls nach vorn, neben den Fahrer. Das kam mir seltsam vor. Sowie sie losfuhren, nahm der Polizeiwagen die Verfolgung auf.«

»Und du hinterher.«

»Natürlich.«

»Bis wohin bist du ihnen gefolgt?«

»Nicht sehr weit von dort. Der Mercedes fuhr durch einen Haufen enger, herrschaftlicher Straßen, die nach Eukalyptus riechen und wo nur Kindermädchen und Gärtner zu sehen sind, bis zur Calle de los Cuatro Caminos und von dort zur Avenida del Tibidabo, wo mich die Blaue Straßenbahn nicht überfahren hat, weil Gott es nicht so gewollt hat.«

»Du solltest einen Helm tragen.«

»Ich habe einen wie die amerikanischen Soldaten, den ich auf dem Encantes-Trödelmarkt gekauft habe. Sitzt wie angegossen. Ich habe mit dickem Filzstift draufgeschrieben *Private Fernandito*, was auf Englisch nicht *privat* bedeutet, sondern …«

»Zur Sache, Fernandito.«

»Tschuldigung. Ich bin ihnen die Avenida hinauf gefolgt bis zum Ende der Straßenbahnlinie.«

»Sind sie zur Zahnradbahnstation gegangen?«

»Nein. Der Fahrer und Señora Ubach sind der Straße gefolgt, die um sie herumführt, und mit dem Auto direkt zu dem Haus auf dem Hügel unmittelbar über der Avenida gefahren, dem Haus, das wie ein Märchenschloss aussieht und von überallher sichtbar ist. Das muss das schönste Haus ganz Barcelonas sein.«

»Ist es auch. Es heißt El Pinar.« Alicia erinnerte sich, es als kleines Mädchen tausendmal gesehen zu haben, wenn sie sonntags aus der Ribas-Stiftung hinaus durfte, und sie hatte sich ausgemalt, sie würde dort wohnen, in Gesellschaft einer unermesslichen Bibliothek und mit einem Blick auf die nächtliche Stadt zu ihren Füßen wie ein verzauberter Lichterteppich. »Und die Polizei?«

»Im Polizeiauto saßen zwei Profischläger, die Gesichter machten wie tollpatschige Hunde. Einer postierte sich beim Hauseingang, und der andere ging zum Telefonieren ins Restaurant La

Venta. Ich habe ungefähr eine Stunde dort gewartet, und es rührte sich nichts. Als mir schließlich einer der Polizisten einen Blick zuwarf, der mir nicht gefallen wollte, bin ich hergekommen, um zu erzählen, was geschehen war, und um auf Ihre Anweisungen zu warten.«

»Du hast großartige Arbeit geleistet, Fernandito. Du hast das Zeug dazu.«

»Meinen Sie?«

»Vom *Private* Fernandito befördere ich dich zum *Corporal*.«

»Und was heißt das?«

»Schlag im Wörterbuch nach, Fernandito. Wer keine Sprachen lernt, hat am Ende ein Hirn aus Blumenkohlpüree.«

»Was Sie nicht alles wissen … Was sind denn nun die Anweisungen für mich?«

Alicia dachte einige Sekunden nach.

»Du sollst dich anders anziehen und dir eine Mütze aufsetzen. Dann fährst du dorthin zurück und sperrst die Augen auf. Aber lass den Roller in einiger Entfernung stehen, sonst erkennt dich am Ende der Polizist wieder, der dich angeschaut hat.«

»Ich lass ihn bei der Rotonda stehen und fahre mit der Straßenbahn hinauf.«

»Gute Idee. Und dann versuch zu sehen, was im Haus geschieht, aber geh kein Risiko ein. Keins. Sobald du das Gefühl hast, jemand erkennt dich oder beachtet dich über Gebühr, haust du sofort ab. Hast du mich verstanden?«

»Vollkommen.«

»In zwei oder drei Stunden kommst du wieder her und erzählst.«

Fernandito stand auf, ganz Einsatzbereitschaft.

»Und was werden Sie inzwischen tun?«, fragte er.

Mit einer Handbewegung schien sie auszudrücken, dass sie ebenso gut eine Menge wie gar nichts tun könnte.

»Sie werden doch keine Dummheit begehen, nicht wahr?«

»Warum sagst du das?«

Ein wenig bestürzt schaute er sie von der Tür aus an.

»Ich weiß auch nicht.«

Diesmal stieg er mit normalen Schritten das Treppenhaus hinunter, als schmecke ihm jede Stufe nach Gewissensbiss. Als sie endlich allein war, verwahrte Alicia Isabellas Heft wieder in dem Karton unter dem Sofa. Sie ging ins Bad und wusch sich mit kaltem Wasser das Gesicht. Dann zog sie sich aus und öffnete den Schrank.

Sie wählte ein schwarzes Kleid, mit dem, wie Fernandito gesagt hätte, Mariona Rebull an einem Premierenabend in ihrer Loge des Liceo-Theaters hätte sitzen können. Als sie zweiundzwanzig geworden war, dasselbe Alter, in dem Isabella Gispert starb, hatte ihr Leandro gesagt, er werde ihr schenken, was sie wolle. Sie hatte ihn um dieses Kleid gebeten, das sie bereits zwei Monate lang in einer Boutique in der Calle Rosellón bestaunt hatte, und ein Paar dazu passende französische Wildlederschuhe. Ohne mit der Wimper zu zucken, hatte er ein Vermögen dafür ausgegeben. Die Verkäuferin, die nicht wusste noch zu fragen wagte, ob Alicia die Tochter oder die Geliebte sei, sagte, nur wenige Frauen könnten ein solches Stück tragen. Nach dem Verlassen der Boutique führte Leandro sie ins La Puñalada zum Abendessen aus, wo fast sämtliche Tische von sogenannten Geschäftsleuten besetzt waren, die sich wie hungrige Raubtiere die Lippen leckten, als sie vorbeiging, um danach Leandro neidische Blicke zuzuwerfen. »Sie schauen dich so an, weil sie dich für eine Luxushure halten«, sagte er, ehe er auf ihr Wohl anstieß.

Bis zu diesem Tag hatte sie dieses Kleid nicht wieder angezogen. Während sie sich vor dem Spiegel zurechtmachte, Lidschatten auflegte und Lippenstift auftrug, lächelte sie. Das ist es, was du letztlich bist, sagte sie zu sich, eine Luxushure.

7

Als sie an diesem Nachmittag auf die Straße hinunterging, beschloss sie, ziellos dahinzuschlendern, aber im Grunde wusste sie, dass Fernandito recht gehabt hatte und dass sie vielleicht, den gesunden Menschenverstand ignorierend, tatsächlich eine Dummheit begehen würde – sie ahnte schon, wohin ihre Schritte sie lenken würden. Die Geschäfte in der Calle Fernando hatten schon ihre Lichter angemacht, die bunte Spritzer auf das Pflaster warfen. Die rote Tönung des Himmels löste sich auf und reduzierte die Gesimse und Dächer in der Höhe auf ihre Umrisse. Die Menschen kamen von ihrem Tagewerk und waren unterwegs zur Metro, zum Einkauf oder zum Vergessen. Alicia mischte sich unter die Menge und ging bis zur Plaza del Ayuntamiento, wo sie an einem Geschwader Nonnen in perfekter Formation vorbeikam, die sie an den Exodus der Pinguine erinnerten. Sie lächelte ihnen zu, und eine von ihnen bekreuzigte sich, als sie sie sah. Sie folgte dem Passantenfluss durch die Calle del Obispo, bis sie auf eine Gruppe Touristen stieß, die verdutzt einem Führer folgten, welcher in einer Sprache auf sie einredete, die mit dem Englischen etwa so viel gemeinsam hatte wie der Gesang der Fledermäuse.

»Señor, is this where they used to have the running of the bulls in times of the Romans?«

»Iäss, diss is de casidräl, mileidi, böt it is oundli oupen after de flamenco schou.«

Sie ging weiter, unter der ehrwürdigen gotischen Pappmachébrücke hindurch und ließ sich wie die Besucher einlullen vom Charme dieser mittelalterlich geprägten Zitadelle, deren Dekoration zu einem großen Teil nur zehn Jahre älter war als sie. Wie barmherzig war doch die Illusion und wie warm die Umarmung der Ignoranz! Auf der anderen Seite der Brücke hatte ein schattenjagender Fotograf eine prächtige Hasselblad auf einem Stativ montiert und studierte anscheinend den Bildausschnitt und die adäquate Belichtungszeit für dieses Märchenbild. Er war ein streng blickender Mann mit schlauen Augen, die sich hinter einer enormen viereckigen Brille verschanzten, was ihm etwas von einer weisen, geduldigen Riesenschildkröte gab. Er bemerkte sie und schaute sie neugierig an.

»Möchten Sie mal durchs Objektiv gucken, Mademoiselle?«, fragte er.

Sie nickte befangen. Er bat sie hinter die Kamera, und sie schlüpfte in seine Augen und lachte angesichts der Kunstfertigkeit von Schatten und Perspektive, die er arrangiert und mit der er einen Barceloner Winkel neu erfunden hatte, an dem sie in ihrem Leben Hunderte, wenn nicht Tausende Male vorbeigekommen war.

»Das Auge sieht, die Kamera beobachtet«, erklärte er. »Na?«

»Wundervoll!«, musste sie zugeben.

»Das ist erst die Komposition und die Perspektive. Das Geheimnis wird das Licht sein. Sie müssen beim Schauen daran denken, dass die Helligkeit flüssig sein wird. Der Schatten wird von einer leichten, verschwimmenden Schicht markiert sein, als hätte es Licht geregnet …«

Er war offensichtlich ein Profi, und Alicia fragte sich, wofür das Bild wohl bestimmt war. Die lichtmagische Riesenschildkröte las ihre Gedanken.

»Es ist für ein Buch. Wie heißen Sie?«

»Alicia.«

»Ich möchte Ihnen nicht zu nahe treten, aber ich würde Sie gern fotografieren, Alicia.«

»Mich? Warum?«

»Weil Sie ein Wesen aus Licht und Schatten sind, wie diese Stadt. Was halten Sie davon?«

»Jetzt? Hier?«

»Nein. Nicht jetzt. Heute schleppen Sie etwas mit sich herum, das zu schwer auf Ihnen lastet und Sie nicht Sie selbst sein lässt. Und das fängt die Kamera ein. Wenigstens meine. Ich möchte Sie aufnehmen, wenn Sie dieses Gewicht losgeworden sind und das Licht Sie so finden kann, wie Sie sind, nicht, wie man Sie gemacht hat.«

Zum ersten Mal in ihrem Leben errötete Alicia. Noch nie hatte sie sich derart entblößt gefühlt wie vor dem Blick dieses eigenartigen Fotografen.

»Denken Sie darüber nach«, sagte er. Er zog eine Karte aus der Jackentasche und reichte sie ihr mit einem Lächeln.

FRANCESC CATALÀ-ROCA
Fotostudio
Gegr. 1947
Calle Provenza, 366. Erdgeschoss
Barcelona

Sie steckte die Karte ein, überließ den Meister seiner Kunst und seinem klinischen Auge und ging in aller Eile davon. Sie verbarg sich in der Menschenmenge, die das Umfeld der Kathedrale überschwemmte, und beschleunigte ihre Schritte. Sie bog in die Puerta del Ángel ein und blieb erst an der Ecke zur Calle Santa Ana stehen, von wo aus sie das Schaufenster der Buchhandlung Sempere & Söhne sehen konnte.

Noch hast du Zeit, nicht alles zu zerstören. Geh einfach dran vorbei und setz deinen Weg fort.

Sie stellte sich auf der anderen Straßenseite im Schutz eines Hauseingangs auf, so dass sie in den Laden hineinsehen konnte. Die blaue, schattige Abenddämmerung des Barceloner Winters setzte ein, die einen der Kälte trotzen lässt und zu ziellosem Flanieren lädt.

Geh weg von hier. Was glaubst du, was du tun kannst?

Sie sah Bea einen Kunden bedienen. Neben ihr stand ein schon reiferer Herr, in dem Alicia ihren Schwiegervater erahnte, Señor Sempere. Der kleine Julián saß auf dem Ladentisch, an die Registrierkasse gelehnt und in ein Buch auf seinen Knien versunken, das fast größer war als er selbst. Alicia lächelte. Unversehens trat Daniel mit einem Stapel Bücher aus dem Hinterraum und deponierte sie auf dem Ladentisch. Julián schaute auf und seinen Vater an, der ihm das Haar zauste. Der Kleine sagte etwas, und Daniel lachte. Er beugte sich hinunter und drückte seinem Sohn einen Kuss auf die Stirn.

Du hast kein Recht, hier zu stehen. Das ist weder dein Leben noch deine Familie. Geh schon und versteck dich in dem Loch, aus dem du gekommen bist.

Sie schaute zu, wie Daniel die Bücher auf dem Ladentisch in drei Stapel teilte und beinahe liebkoste, als er sie vom Staub befreite und fein säuberlich aufreihte. Sie fragte sich, wie wohl die Berührung dieser Hände und dieser Lippen auf der Haut war, und zwang sich, wegzublicken und sich ein paar Schritte zu entfernen. War es etwa ihre Pflicht – oder ihr Recht –, denen, die in ihrem Nichtwissen zweifellos glücklicher und sicherer lebten, zu enthüllen, was sie wusste? Das Glück, oder was ihm am nächsten kommt, das jede denkende Kreatur anstreben kann, der Friede des Geistes, ist zugleich das, was sich auf dem Weg vom Glauben zum Wissen verflüchtigt.

Ein letzter Blick. Um auf Wiedersehen zu sagen. Auf Nimmerwiedersehen.

Bevor sie es recht merkte, stand sie erneut vor dem Schaufenster der Buchhandlung. Sie war fast so weit, dass sie den Rückzug antreten konnte, als sie sah, wie Julián sie anschaute, als hätte er ihre Anwesenheit gespürt. Reglos blieb sie mitten auf der Straße stehen, während die Leute ihr wie einer Statue auswichen. Mit bemerkenswertem Geschick hangelte sich Julián, den Hocker als Stufe benutzend, vom Ladentisch herunter. Ohne dass Daniel, der mit den Bücherpaketen beschäftigt war, oder Bea, die zusammen mit ihrem Schwiegervater weiterhin den Kunden bediente, es sahen, ging Julián auf die Tür zu und öffnete sie. Auf der Schwelle stehend, blickte er sie an und strahlte von einem Ohr zum anderen. Alicia schüttelte den Kopf. Julián lief auf sie zu. Inzwischen hatte Daniel bemerkt, was vor sich ging, und von seinen Lippen war der Name seines Sohnes abzulesen. Bea wandte sich um und stürzte auf die Straße hinaus. Julián war vor Alicias Füßen angelangt und schlang die Arme um ihre Beine. Sie nahm ihn hoch, und so trafen Bea und Daniel sie an.

»Señorita Gris?«, fragte Bea ebenso überrascht wie beunruhigt.

Alle Liebenswürdigkeit und Güte, die sie am Tag ihres Kennenlernens an ihr wahrgenommen hatte, schienen jetzt zu verfliegen, da sie sie mit ihrem Sohn auf den Armen erblickte. Alicia übergab ihr Julián und wusste nicht, was sie sagen sollte. Bea umarmte ihn fest und atmete tief ein. Daniel starrte sie mit einer Mischung aus Faszination und Feindseligkeit an, tat einen Schritt vorwärts und stellte sich zwischen sie und seine Familie.

»Wer sind Sie?«

»Das ist Señorita Alicia Gris«, erklärte Bea hinter ihm. »Sie ist eine Kundin von uns.«

Daniel nickte mit leicht zweifelnder Miene.

»Das tut mir sehr leid. Ich wollte Ihnen keinen solchen Schrecken einjagen. Der Kleine muss mich erkannt haben, und …«

Julián starrte sie weiterhin freudestrahlend an, ohne etwas von der Beunruhigung seiner Eltern mitzubekommen. Nun trat auch Señor Sempere in die Tür.

»Ist mir da etwas entgangen?«

»Nichts, Papa, beinahe ist uns Julián entwischt …«

»Es ist meine Schuld«, sagte Alicia.

»Und Sie sind …?«

»Alicia Gris.«

»Die Dame mit der Bestellung? Aber so treten Sie doch bitte ein, es ist kalt da draußen.«

»Ja, aber eigentlich wollte ich schon gehen …«

»Keinesfalls. Und zudem sehe ich ja, dass Sie sich mit meinem Enkel schon angefreundet haben. Glauben Sie nicht, er fliegt auf alle, überhaupt nicht.«

Er hielt ihr die Tür auf und bat sie in den Laden. Alicia wechselte einen Blick mit Daniel, der nickte, inzwischen ruhiger.

»Kommen Sie herein, Alicia«, pflichtete Bea bei.

Julián streckte eine Hand nach ihr aus.

»Sie sehen ja, Sie können gar nicht anders«, sagte Sempere senior.

Alicia nickte und trat schließlich ein. Der Geruch der Bücher umfing sie. Julián, der immer noch ihre Hand hielt, zog sie zum Ladentisch.

»Er ist in Sie verliebt«, bemerkte Sempere senior. »Sagen Sie, kennen wir uns nicht?«

»Ich bin als Kind immer hergekommen, mit meinem Vater.«

Sempere schaute sie fest an.

»Gris? Juan Antonio Gris?«

Sie nickte.

»Heiliger Himmel! Das kann ich fast nicht fassen … Wie viele Jahre habe ich ihn schon nicht mehr gesehen, ihn und seine Frau? Sie sind ja fast jede Woche vorbeigekommen. Sagen Sie, wie geht es ihnen?«

Alicia spürte, dass ihr Mund trocken war.

»Sie sind gestorben. Im Krieg.«

Sempere senior seufzte.

»Das tut mir sehr leid. Das wusste ich nicht.«

Alicia versuchte zu lächeln.

»Dann haben Sie keine Familie mehr?«

Sie verneinte. Daniel bemerkte den wässrigen Glanz in ihren Augen.

»Papa, stell kein Verhör an mit der Señorita.«

Der alte Sempere war niedergedrückt.

»Ihr Vater war ein großer Mann. Und ein guter Freund.«

»Danke«, flüsterte Alicia kaum hörbar.

Es trat ein allzu langes Schweigen ein, dem Daniel abhalf.

»Trinken Sie ein Gläschen? Mein Vater hat heute Geburtstag, und wir laden alle Kunden zu einem Gläschen Likör ein, Eigenbräu unseres Fermín.«

»Ich rate Ihnen ab«, flüsterte Bea hinter ihr.

»Übrigens, wo steckt denn Fermín? Müsste er nicht längst zurück sein?«, fragte der alte Sempere.

»Doch, müsste er«, sagte Bea. »Ich habe ihn Champagner fürs

Abendessen holen lassen, aber da er nicht die geringste Lust hat, in Don Dionisios Laden zu gehen, ist er wohl in irgend so ein Loch neben dem Borne-Markt gegangen; er behauptet, Dionisio füllt alten Messwein mit Limonade und einigen Tropfen Katzenpisse, wegen der Farbe, in Flaschen ab. Und ich habe es satt, mich mit ihm herumzustreiten.«

»Keine Sorge«, sagte Sempere senior zu Alicia. »So ist eben unser Fermín. Als junger Mensch war Dionisio Falangist, und für Fermín ist er damit gestorben. Eher verdurstet er, als dass er ihm eine Flasche von irgendwas abkauft.«

»Herzlichen Glückwunsch zum Geburtstag«, sagte Alicia mit einem Lächeln.

»Hören Sie, ich weiß, dass Sie ablehnen werden, aber … Warum bleiben Sie nicht zum Abendessen bei uns? Wir werden eine größere Gruppe sein, aber … Mir wäre es eine Ehre, wenn Juan Antonio Gris' Tochter heute Abend dabei wäre.«

Alicia schaute Daniel an, der matt lächelte.

»Ganz herzlichen Dank, aber …«

Julián packte sie fest an der Hand.

»Wie Sie sehen, beharrt mein Enkel darauf. Na, geben Sie sich einen Ruck. Sie werden sich wie zu Hause fühlen.«

Alicia blickte zu Boden und schüttelte langsam den Kopf. Da spürte sie Beas Hand auf dem Rücken und hörte sie flüstern:

»Bleiben Sie, Alicia.«

»Ich weiß nicht, was ich sagen soll …«

»Sagen Sie einfach nichts. Julián, warum zeigst du Señorita Alicia nicht dein erstes Buch? Sie werden sehen, Sie werden schon sehen …«

Der Kleine, nicht faul, lief ein Heft holen, das er mit Zeichnungen, Kritzeleien und unleserlichen Buchstaben vollgekleckst hatte. Begeistert hielt er es ihr unter die Nase.

»Sein erster Roman«, sagte Daniel.

»Roman«, bestätigte Julián und schaute sie erwartungsvoll an.

»Das sieht aber sehr interessant aus …«

Der Kleine klatschte in die Hände, zufrieden mit der Kritik.

Sempere senior, der im Alter ihres verstorbenen Vaters sein musste, sandte ihr einen traurigen Blick zu, wie er ihn wahrscheinlich ein Leben lang begleitet hatte.

»Willkommen in der Familie Sempere, Alicia.«

8

Die Blaue Straßenbahn, ein kleines Floß aus goldenem Licht, bahnte sich gemächlich einen Weg bergauf durch den nächtlichen Nebel. Fernandito stand auf der hinteren Plattform, nachdem er seine Vespa beim Rotonda-Gebäude abgestellt hatte. Er sah sie in der Ferne klein und kleiner werden und lehnte sich vor, um die lange, von Palästen gesäumte Allee zu betrachten. Verzauberte, verlassen daliegende Schlösser, geschützt von Bäumen, Brunnen und Parks voller Statuen, in denen nie jemand zu sehen war. Die großen Vermögen lagern nie zu Hause.

Am Ende der Allee sah man die kathedralenähnlichen Umrisse von El Pinar, das aus niedrigen Wolkenfetzen hervorlugte. Das Haus war ein Zauberwerk aus Türmen, Winkeln und ausgesägten Mansarden, das wie ein Heiligtum auf einer Anhöhe ruhte, von der aus man ganz Barcelona und einen guten Teil seiner Küste nach Norden und Süden überblickte. An wolkenlosen Tagen konnte man von hier aus wahrscheinlich sogar die Insel Mallorca erkennen, dachte Fernandito. An diesem Abend jedoch hüllte eine dichte Dunkelheit das Haus ein.

Er fühlte sich beklommen. Alicias Auftrag beunruhigte ihn zunehmend. Man ist erst ein Held, sobald man Angst verspürt, sagte ein Onkel von ihm immer, der im Krieg einen Arm und ein Auge eingebüßt hatte. Wer der Gefahr ohne Angst entgegentritt, ist schlicht ein Dummkopf. Er wusste nicht, ob Alicia in ihm einen Helden oder einen Dummkopf sah. Vielleicht eine raffinierte Mischung aus beidem, überlegte er. Zwar war die Bezahlung unvergleichlich, aber die Erinnerung an Alicia, wie sie verzweifelt schluchzend in seinen Armen lag, hätte genügt, um ihn auf Zehenspitzen in die Hölle eintreten zu lassen und dafür auch noch zu zahlen.

Die Straßenbahn setzte ihn am Ende der Allee ab und verlor sich bergab wieder im Nebel. Um diese Zeit war der Platz menschenleer. Im Licht einer einsamen Straßenlaterne waren zwei schwarze Autos zu sehen, die vor dem Restaurant La Venta parkten. Polizei, dachte er. Da hörte er Motorengeräusch und schaute sich eilig nach einem dunklen Winkel bei der Zahnradbahnstation um. Der Wagen, ein Ford, hielt wenige Meter von seinem Versteck entfernt.

Ihm entstieg einer der Männer, die er an diesem Morgen den Bankier Sanchís hatte verhaften sehen. Da gab es etwas, was ihn von anderen unterschied. Er strahlte etwas Patrizisches aus, eine gehobene Herkunft, eine erlesene Gestik. Er war angezogen wie ein Gentleman, der sich in den Salons der Stadt zu bewegen wusste, trug die Art vornehme Kleidung, die in den Schaufenstern von Gales oder Gonzalo Comella ausgestellt war und die nicht recht zum bescheideneren Aufzug der übrigen Zivilbeamten in seiner Begleitung passen wollte. Seine Manschettenknöpfe leuchteten im Halbdunkel, aber in dem kurzen Augenblick, da er durchs Licht der Straßenlaterne schritt, sah Fernandito, dass die Manschetten selbst voller dunkler Spritzer waren. Blut.

Der Polizist blieb stehen und ging wieder zum Auto. Einen Augenblick dachte Fernandito, er habe ihn bemerkt, und spürte seinen Magen auf Murmelgröße schrumpfen. Der Mann wandte sich an den Fahrer und sagte höflich zu ihm:

»Luis, das hier wird eine Weile dauern. Wenn du willst, kannst du schon losfahren. Denk dran, den Rücksitz zu reinigen. Ich sage dir Bescheid, wenn ich dich brauche.«

»Zu Befehl, Hauptmann Hendaya.«

Hendaya zog eine Zigarette hervor und zündete sie an. Er genoss den ersten Zug, während er dem Wagen nachschaute. Er wirkte auffallend gelassen, als könnte keine Sorge, kein Hindernis diesen allein mit sich selbst verbrachten Moment trüben. Im Schatten versteckt, beobachtete ihn Fernandito, der sich kaum zu atmen traute. Hendaya rauchte, wie es der jugendliche Liebhaber in den Filmen zu tun pflegte – eine Demonstration von Stil und Präsenz. Dann drehte er ihm den Rücken zu und ging zum Aussichtspunkt, von dem aus man auf die Stadt hinuntersah. Nach einer Weile warf er die Kippe auf den Boden, trat sie gewissenhaft mit der Spitze seines Lackschuhs aus und schritt auf das Haus zu.

Nachdem er auf der Straße, die um El Pinar herumführte, verschwunden war, verließ Fernandito sein Versteck. Seine Stirn war bedeckt von kaltem Schweiß. Da hatte sich Señorita Alicia einen wahren Helden ausgesucht. Eilig folgte er Hendaya, der durch einen Torbogen auf das Gelände getreten war. Das durch ein Metallgitter geschützte Tor trug am Schlussstein den Namen *El Pinar* und führte auf einen Treppenweg, der den Garten bis zum Haus durchquerte. Er trat näher und erblickte Hendaya, der gemächlich die Stufen hinaufstieg und eine blaue Rauchspur hinter sich zurückließ.

Er wartete, bis Hendaya oben angekommen war. Zwei Beamte waren herausgekommen und unterrichteten ihn anscheinend über die Ereignisse. Nach einem kurzen Gespräch trat Hendaya ins Haus, gefolgt von einem der beiden Männer. Der andere blieb bei der Treppe stehen und bewachte den Zugang. Fernandito wog seine Chancen ab. Unmöglich, sich auf diesem Weg ungesehen zu nähern. Das Bild vom Blut auf Hendayas Manschetten lud nicht dazu ein, sich auch nur einen Zentimeter mehr als nötig zu exponieren. Er zog sich ein paar Schritte zurück und nahm die Mauer in Augenschein, die das Grundstück umfasste. Die schmale Straße, die sich den Hügel hinabschlängelte, lag verwaist da. Er folgte ihr bis zur Rückseite des Hauses und kletterte vorsichtig auf die Mauer. Dort bekam er einen Ast zu fassen, mit dessen Hilfe er sich in den Garten schwang. Erst da kam ihm in den Sinn, dass es möglicherweise Hunde gab, die ihn sekundenschnell wittern würden, doch nach einigen Augenblicken bemerkte er etwas noch Beunruhigenderes. Es war kein einziges Geräusch zu hören. An keinem Baum bewegte sich ein Blatt, noch vernahm man das Sirren von Vögeln oder das Summen von Insekten. Es war ein toter Ort.

Die erhöhte Lage des Hauses auf dem Hügel erweckte den Eindruck, es liege näher an der Straße, als es tatsächlich der Fall war. Er musste zwischen Bäumen und auf von Gebüschen überwachsenen Pfaden den Hang hinaufklettern, um zu dem gepflasterten Weg zu gelangen, dem er bis zur Rückseite des Hauses folgte. Sämtliche Fenster waren dunkel mit Ausnahme von zwei kleinen Scheiben in einem versteckten Winkel zwischen dem Haupthaus und dem höher gelegenen Teil des Hügels, die, wie er annahm, zur Küche gehörten. Er kroch auf sie zu und schaute, das Gesicht vor der Helligkeit des Fensters schützend, hinein.

Sogleich erkannte er sie. Es war die Frau, die er zusammen mit dem Fahrer aus dem Haus von Bankier Sanchís hatte kommen sehen. Sie saß auf einem Stuhl, seltsam reglos, das Gesicht seitlich abgedreht, als wäre sie bewusstlos. Die Augen aber waren geöffnet.

Erst jetzt bemerkte er, dass ihre Hände und Füße am Stuhl festgebunden waren. Ein Schatten fiel auf sie, und Fernandito sah, dass Hendaya und der andere Polizist eingetreten waren.

Hendaya nahm einen Stuhl und setzte sich vor die Frau. Ein paar Minuten lang sprach er auf sie ein, doch nichts deutete darauf hin, dass sie ihn hörte. Ihr Blick war abgewandt, und sie ignorierte Hendaya vollkommen. Nach einer Weile zuckte der mit den Schultern. Dann fasste er sanft mit den Fingern ihr Kinn und drehte ihr Gesicht zu sich hin. Er sprach erneut mit ihr, da spuckte sie ihm ins Gesicht. Auf der Stelle versetzte ihr Hendaya eine Ohrfeige, die sie zu Boden warf, wo sie, am Stuhl festgebunden, liegenblieb. Der andere Polizist sowie ein weiterer, den Fernandito nicht bemerkt hatte, weil er vermutlich an der Wand mit dem Fenster gestanden hatte, traten hinzu und stellten den Stuhl wieder auf. Hendaya wischte sich mit der Hand den Speichel aus dem Gesicht und trocknete sie an der Bluse von Sanchís' Frau ab.

Auf ein Zeichen von ihm hin verließen die beiden Beamten

die Küche. Gleich darauf brachten sie den Fahrer in Handschellen herein, den Fernandito am Morgen gesehen hatte. Hendaya nickte, und die beiden Männer drückten ihn gewaltsam auf den Holztisch in der Mitte der Küche und banden ihm Füße und Hände an den vier Tischbeinen fest. Inzwischen zog Hendaya sein Jackett aus und legte es säuberlich zusammengefaltet auf den Stuhl. Er trat an den Tisch, beugte sich über den Fahrer und riss ihm die Maske weg, so dass eine grauenhafte Narbe zum Vorschein kam, die sein Gesicht vom Kinn bis zur Stirn verunstaltete, da ein Teil der Kiefer- und Backenknochen fehlte. Sowie er sich nicht mehr bewegen konnte, schleiften die beiden Beamten den Stuhl mit Sanchís' Frau zum Tisch. Einer hielt ihren Kopf fest, damit sie nicht wegschauen konnte. Fernandito spürte Übelkeit aufsteigen und schmeckte schon Galle auf den Lippen.

Hendaya kniete neben der Frau nieder und flüsterte ihr etwas ins Ohr. Sie tat den Mund nicht auf, ihr Gesicht war wutverzerrt. Der Polizist stand auf. Er hielt einem der Beamten die offene Hand hin, und der Mann reichte ihm eine Waffe. Hendaya schob eine Kugel ins Patronenlager und setzte den Lauf genau aufs rechte Knie des Fahrers. Einen Augenblick schaute er erwartend die Frau an, dann zuckte er mit den Schultern.

Der Knall des Schusses und das Schmerzgeheul des Fahrers drangen durch die Scheiben und die Steinmauern. Eine Wolke aus Blut und zerstäubten Knochen bespritzte das Gesicht der Frau, die zu schreien begann. Der Körper des Fahrers zuckte krampfartig, als durchfahre ihn elektrischer Strom. Hendaya ging um den Tisch herum, steckte eine weitere Kugel ins Patronenlager und setzte den Revolverlauf auf die andere Kniescheibe. Eine Blut- und Urinlache breitete sich auf dem Tisch aus, und das Gemisch tropfte auf den Boden. Eine Sekunde lang schaute Hendaya die Frau an. Fernandito schloss die Augen und hörte den zweiten Schuss. Als er die Schreie vernahm, übermannte ihn die Übelkeit, er krümmte sich zusammen und erbrach sich auf die Brust.

Er zitterte noch, als er den dritten Schuss hörte. Der Fahrer schrie nicht mehr. Das Gesicht der Frau auf dem Stuhl war tränen- und blutüberströmt. Sie stammelte etwas. Hendaya kniete erneut neben ihr nieder und hörte ihr zu, während er zugleich ihr Gesicht streichelte und nickte. Nachdem er gehört zu haben schien, was er hatte hören wollen, stand er auf und schoss, ihn kaum eines letzten Blickes würdigend, den Fahrer in den Kopf. Anschließend gab er dem Beamten die Waffe zurück, wusch sich in einem Spülbecken in einer Ecke die Hände und schlüpfte in Jackett und Mantel. Fernandito bezähmte den erneuten Brechreiz, zog sich vom Fenster zurück und glitt durchs Gebüsch. Er versuchte den Rückweg über den Hügel bis zu dem Baum zu finden, dank dem er von der Mauer hatte springen können. Er schwitzte wie noch nie in seinem Leben, kalten Schweiß, der ihm auf der Haut brannte. Mit zitternden Händen und Beinen erklomm er die Mauer. Nach dem Sprung auf die andere Seite fiel er auf die Nase und übergab sich noch einmal. Als er annahm, seine Eingeweide gäben nichts mehr her, torkelte er die Straße hinab. Er ging an dem Torbogen vorbei, durch den er Hendaya hatte eintreten sehen, und hörte Stimmen näher kommen. Er beschleunigte seine Schritte und lief auf den Platz zu.

An der Haltestelle wartete eine Straßenbahn, eine helle Oase in der Dunkelheit. Kein Fahrgast war zu sehen, im Inneren befanden sich nur der Fahrer und der Schaffner, die sich unterhielten und eine Thermosflasche Kaffee gegen die Kälte teilten. Fernandito stieg ein, ohne auf den Blick des Schaffners zu achten.

»Junger Mann?«

Er suchte in der Jackentasche nach einigen Münzen und händigte sie dem Schaffner gegen einen Fahrschein aus.

»Hier kotzen Sie mir aber nicht, ja?«

Fernandito schüttelte den Kopf. Er setzte sich an ein Fenster und schloss die Augen. Er versuchte, tief zu atmen und das Bild seiner Vespa heraufzubeschwören, die ihn unten erwartete. Da hörte er jemanden mit dem Schaffner sprechen. Die Bahn schaukelte leicht, als der zweite Fahrgast einstieg. Seine Schritte kamen näher, und Fernandito biss die Zähne zusammen. Nun spürte er die Berührung – eine Hand legte sich auf sein Knie. Er öffnete die Augen.

Mit herzlichem Lächeln blickte ihn Hendaya an.

»Alles in Ordnung?«

Fernandito blieb stumm. Er versuchte, nicht auf die roten Punkte auf Hendayas Hemdkragen zu blicken, und nickte.

»Bist du sicher?«

»Ich glaube, ich habe zu viel getrunken.«

Hendaya lächelte verständnisvoll. Die Straßenbahn nahm ihre Talfahrt auf.

»Ein wenig Bikarbonat mit dem Saft einer halben Zitrone. Als junger Mann war das mein Geheimnis. Und dann ab in die Heia.«

»Danke, das werde ich zu Hause sogleich tun.«

Die Straßenbahn fuhr unerträglich langsam und nahm die angelhakenförmige Kurve zuoberst in der Allee wie eine Liebkosung. Hendaya lehnte sich auf dem Sitz gegenüber Fernandito zurück und ließ ihn nicht aus den Augen.

»Wohnst du weit von hier?«

Fernandito schüttelte den Kopf.

»Nein. Zwanzig Minuten mit der Metro.«

Hendaya betastete seinen Mantel und zog eine kleine Papiertüte aus einer Innentasche.

»Eukalyptusbonbon?«

»Nicht nötig, danke.«

»Komm schon, nimm eins. Das wird dir guttun.«

Fernandito nahm sich ein Bonbon und begann es mit zitternden Fingern auszupacken.

»Wie heißt du?«

»Alberto. Alberto García.«

Er steckte sich das Bonbon in den Mund. Da ihm kein Speichel geblieben war, klebte es an der Zunge fest. Er rang sich ein zufriedenes Lächeln ab.

»Sehr gut, vielen Dank. Ja, es tut wirklich gut.«

»Sagte ich ja. Sag mal, Alberto García, kann ich deine Papiere sehen?«

»Wie bitte?«

»Die Papiere.«

Fernandito schluckte den Speichel, den er nicht hatte, und begann, seine Taschen zu durchwühlen.

»Ich weiß auch nicht … Ich glaube, ich hab sie zu Hause gelassen.«

»Aber du weißt, dass man ohne Papiere nicht auf die Straße darf?«

»Jawohl, Señor. Mein Vater erinnert mich immer daran. Ich bin ziemlich unmöglich.«

»Keine Bange. Ist mir klar. Aber dass du sie mir nicht noch einmal vergisst, ich sag es zu deinem Besten.«

»Es wird nicht wieder vorkommen.«

Nun bog die Straßenbahn in die letzte Gerade vor der Endhaltestelle ein. Fernandito sah die Kuppel des Hotels La Rotonda und einen weißen Punkt, der im Scheinwerferlicht der Bahn aufleuchtete. Die Vespa.

»Sag mal, Alberto, was hast du zu dieser späten Stunde da oben gemacht?«

»Ich habe einen Onkel von mir besucht. Der Arme ist schwer krank. Die Ärzte geben ihm nicht mehr lange.«

»Das tut mir sehr leid.«

Hendaya zog eine Zigarette hervor.

»Das stört dich doch nicht, oder?«

Fernandito schüttelte den Kopf und lächelte, so gut es ging. Der andere zündete sich die Zigarette an. Dabei färbte die Glut des Tabaks seine Pupillen kupferfarben. Fernandito spürte, wie sich ihm diese Augen in den Geist einbrannten wie Nadelspitzen. *Sag was.*

»Und Sie?«, fragte er. »Was haben Sie zu dieser späten Stunde da oben gemacht?«

Hendaya ließ den Rauch zwischen den Lippen durchsickern. Er grinste wie ein Schakal.

»Gearbeitet.«

Den letzten Meter legten sie schweigend zurück. Nachdem die Straßenbahn angehalten hatte, stand Fernandito auf, nickte

Hendaya zum Abschied herzlich zu und stieg hinten aus dem Waggon aus. Ohne Eile ging er zur Vespa. Dort kniete er nieder, um das Vorhängeschloss aufzuschließen. Hendaya beobachtete ihn kalt vom Trittbrett der Bahn aus.

»Ich dachte, du wolltest mit der Metro heimfahren.«

»Nun, ich habe gemeint, dass ich ganz hier in der Nähe wohne, wenige Stationen weiter.«

Er setzte sich den Helm auf und schnallte ihn fest. Langsam, sagte er sich. Er schubste die Vespa vom Ständer und schob sie einen Meter weit auf dem Gehsteig bis zur Fahrbahn. Da sah er Hendayas Schatten und spürte seine Hand auf der Schulter. Er wandte sich um. Der Polizist lächelte ihm väterlich zu.

»Los, steig ab und gib mir die Schlüssel.«

Fernandito merkte kaum, dass er nickte, und gab ihm mit zittriger Hand die Schlüssel.

»Ich glaube, du begleitest mich besser aufs Revier, *Alberto*.«

9

Sempere senior lebte in einer kleinen, auf die Calle Santa Ana hinausgehenden Wohnung direkt über der Buchhandlung. Soweit die Erinnerung zurückreichte, hatten die Semperes immer in diesem Haus gelebt. In der nämlichen Wohnung war Daniel geboren und aufgewachsen, bevor er nach der Heirat mit Bea in die Dachwohnung hinauf gezogen war. Vielleicht würde sich auch der kleine Julián dereinst zwischen diesen Mauern niederlassen. Die Semperes reisten durch die Bücher, nicht durch die Landkarte. Die Wohnung von Sempere senior war ein bescheidenes, von Erinnerungen belastetes Heim. Wie so viele andere Wohnungen in der Altstadt war auch diese ziemlich dunkel, und an der für Barcelona so typischen Möblierung im Stil des 19. Jahrhunderts änderte sich nie etwas, wie wenn die Unschuldigen vor den Täuschungen der Gegenwart zu schützen wären.

Als sie die Szenerie überblickte, spürte Alicia, der Isabella Gisperts Worte noch frisch im Gedächtnis hafteten, in diesem Raum unvermeidlich deren Gegenwart. Sie sah sie auf ebendiesen Fliesen umhergehen und mit Señor Sempere das Bett in dem winzigen Schlafzimmer teilen, in das man vom Gang aus hineinsehen konnte. Sie blieb einen Augenblick vor der halbgeöffneten Tür stehen und malte sich aus, wie Isabella in diesem Bett mit Daniel niedergekommen war und in ihm nur vier Jahre später vergiftet starb.

»Na, kommen Sie, Alicia, ich stelle Sie den anderen vor«, drängte Bea sie in ihrem Rücken, während sie die Schlafzimmertür anlehnte.

Indem sie zwei Tische zusammengeschoben hatte, die den Raum von einem Ende zum anderen füllten und noch in den Gang hinausragten, hatte Bea das Wunder vollbracht, alle elf zur Geburtstagsfeier des Patriarchen geladenen Gäste unterzubringen. Daniel war in der Buchhandlung geblieben, um sie zu schließen, während sein Vater, Julián und Bea Alicia die Treppe hinauf begleitet hatten. Oben erwartete sie schon die Bernarda, Fermíns Gattin, die den Tisch gedeckt hatte und mit dem Löffel in der Hand einem Gericht den letzten Schliff gab, das nach anderthalb Paradiesen duftete.

»Bernarda, kommen Sie, ich stelle Ihnen Señorita Alicia Gris vor.«

Die Angesprochene wischte sich die Hände an der Schürze ab und hüllte Alicia in eine Umarmung.

»Wissen Sie, wann Fermín kommt?«, fragte Bea.

»Ach, Señora Bea, dieser schamlose Kerl geht mir furchtbar auf den Geist mit der Geschichte von diesem Pissesprudel, wie er ihn nennt. Sie entschuldigen schon, Señorita Alicia, aber mein Mann hat einen dickeren Schädel als ein Kampfstier und redet nichts als Unsinn zusammen. Beachten Sie ihn überhaupt nicht.«

»Wenn er nicht bald kommt, sehe ich mich schon mit Leitungswasser anstoßen«, sagte Bea.

»Davon kann keine Rede sein«, deklamierte eine theatralische

Stimme auf der Schwelle zum Esszimmer. Der Besitzer des sonoren Organs erwies sich als der Nachbar und Freund der Familie, Don Anacleto, Studienrat und, wie Bea sagte, Gelegenheitsdichter. Er küsste Alicia die Hand mit einem Zeremoniell, das schon bei der Hochzeit Kaiser Wilhelms als veraltet gegolten hätte.

»Ich werfe mich Ihnen zu Füßen, schöne Unbekannte«, begrüßte er sie.

»Plagen Sie mir die Gäste nicht, Don Anacleto«, unterbrach ihn Bea. »Sie sagen, Sie hätten etwas zu trinken mitgebracht?«

Er zeigte zwei in Packpapier gehüllte Flaschen.

»Der kluge Mann baut vor«, verkündete er. »Da ich sensibilisiert bin für die zwischen Fermín und diesem dem Steinzeitfaschismus huldigenden Lebensmittelhändler aufgebrochene Polemik, habe ich beschlossen, jedweder zeitweiligen Knappheit an geistigen Getränken mit zwei Flaschen Affenanis Abhilfe zu schaffen.«

»Einem Christen geziemt es nicht, mit Anis anzustoßen«, bemerkte die Bernarda.

Don Anacleto, der nur für Alicia Augen hatte, lächelte weltmännisch, als könnten derartige Erwägungen bestenfalls provinzielle Geister bekümmern.

»Unter Veneris Einfluss wird der Toast also heidnisch ausfallen«, sagte er und zwinkerte Alicia zu. »Sagen Sie, junge Dame von so exzellenter Erscheinung, würden Sie mir die Ehre erweisen, sich mir zur Seite zu setzen?«

Bea schob den Studienrat ans andere Ende und rettete Alicia so aus der Verlegenheit.

»Don Anacleto, gehen Sie weiter und erschöpfen Sie mir Alicia nicht mit Wortgeklingel«, ermahnte ihn Bea. »Sie setzen sich dort hinten hin. Und benehmen Sie sich – für Kindereien sorgt bereits Julián.«

Don Anacleto zuckte mit den Schultern und schenkte dem Gefeierten seine Glückwünsche, während zwei weitere Gäste zur Tür hereinkamen. Einer war ein gutaussehender Herr im Anzug, offensichtlich ein Modegeck, der sich als Don Federico Flavià vorstellte, Uhrmacher des Viertels, und mit Präzisionsmanieren glänzte.

»Entzückende Schuhe haben Sie«, sagte er zu Alicia. »Sie müssen mir sagen, wo Sie sie gekauft haben.«

»Bei Calzados Summun auf dem Paseo de Gracia«, erwiderte sie.

»Na klar. Das konnte ja gar nicht anders sein. Sie verzeihen, ich muss meinem Freund Sempere gratulieren.«

Don Federico war in Begleitung einer vergnügten jungen Frau namens Merceditas gekommen, die offensichtlich in den eleganten Uhrmacher verliebt war. Als sie Alicia vorgestellt wurde, taxierte sie sie alarmiert, und nachdem sie ihre Schönheit, Eleganz und Stilsicherheit gepriesen hatte, eilte sie zu Don Federico, um ihn so fern von ihr zu halten, wie es auf diesem engen Raum nur möglich war. War das Zimmer schon jetzt proppenvoll, so wurde beim Eintritt Daniels, der sich zwischen den Gästen durchschieben musste, die Bewegungsfreiheit auf ein fast gefährliches Maß reduziert. Als Letzte erschien, die Leuchtkraft und natürliche Schönheit der frühen Jahre ausstrahlend, ein junges Mädchen von noch nicht zwanzig Jahren.

»Das ist Sofía, eine Cousine von Daniel«, erklärte Bea.

»Piacere, signorina«, sagte sie.

»Aber bitte auf Spanisch, Sofía«, korrigierte Bea sie.

Bea erklärte Alicia, das junge Mädchen stamme aus Neapel und wohne bei ihrem Onkel, solange sie an der Barceloner Universität studiere.

»Sofía ist eine Nichte von Daniels Mutter, die schon vor vielen Jahren gestorben ist«, flüsterte Bea, welche Isabella ganz offensichtlich nicht namentlich nennen mochte.

Alicia bemerkte, dass der alte Sempere sie mit einer Zuneigung und einem Hauch von Melancholie umarmte, die einem in den Augen weh taten. Kurz darauf entdeckte sie in einer Vitrine ein gerahmtes Foto, das Isabella im Brautkleid neben einem um eine Million Jahre jüngeren Señor Sempere zeigte. Sofía war das lebende Ebenbild Isabellas. Alicia sah aus dem Augenwinkel den alten Sempere sie mit einer solchen Verehrung und Traurigkeit anschauen, dass sie wegschauen musste. Bea, der nicht entgangen war, dass Alicia beim Anblick des Hochzeitsbilds der Semperes ihre Schlüsse gezogen hatte, schüttelte unauffällig den Kopf.

»Sie tut ihm überhaupt nicht gut«, sagte sie. »Sie ist ein sehr liebes Mädchen, aber ich kann kaum erwarten, dass sie nach Neapel zurückkehrt.«

Alicia nickte bloß.

»Warum setzen Sie sich nicht endlich?«, rief die Bernarda im Kasernenton aus der Küche. »Sofia, mein Schätzchen, kommen Sie her und helfen Sie mir, ich brauche ein wenig Jugend.«

»Und die Torte, Daniel?«, fragte Bea. Daniel schnaubte und verdrehte die Augen.

»Hab ich vergessen. Ich geh sie gleich holen.«

Alicia bemerkte Don Anacletos Versuch, ungestüm zu ihrem Winkel im Esszimmer vorzudringen, und entwarf sogleich eine Strategie. Als Daniel unterwegs in Richtung Tür an ihr vorbeiging, folgte sie ihm.

»Ich begleite Sie. Zur Torte lade *ich* ein.«

»Aber …«

»Ich bestehe drauf.«

Bea sah die beiden durch die Tür verschwinden und saß mit gerunzelter Stirn da.

»Alles in Ordnung?«, fragte die Bernarda neben ihr.

»Ja, natürlich …«

»Sie ist sicherlich eine Heilige«, murmelte sie, »aber ich will nicht, dass sie sich neben meinen Fermín setzt. Und wenn Sie mir die Bemerkung gestatten, neben Danielito auch nicht, obwohl er ein herzensguter Mensch ist.«

»Reden Sie keinen Unsinn, Bernarda. Irgendwo werden wir sie hinsetzen müssen.«

»I wo! Ich weiß schon, was ich sage.«

Sie gingen schweigend die Treppen hinunter, Daniel voran. Im Erdgeschoss hielt er ihr die Tür auf.

»Die Bäckerei ist gleich da, mehr oder weniger an der Ecke«, sagte er, als wäre es bei dem hell erleuchteten Konditoreischild wenige Schritte weiter nicht offensichtlich genug.

Als sie eintraten, hob die Verkäuferin erleichtert die Hände zum Himmel.

»Zum Glück. Ich dachte schon, du würdest nicht mehr kommen, und wir müssten die Torte selber essen.«

Ihre Stimme verebbte, als sie Alicia erblickte.

»Was darf es sein, Señorita?«

»Wir sind zusammen da, danke«, sagte Alicia.

Dieser Satz katapultierte die Augenbrauen der Zuckerbäckerin in Giebelnähe und entlockte ihr einen bosheittriefenden Blick, den die beiden Hilfskräfte hinter dem Ladentisch übernahmen.

»Na, da schau dir Danielito an«, flüsterte die eine schmeichlerisch. »Wo er doch so unbeholfen wirkte.«

»Gloria, halt den Schnabel und hol die Torte für den Señor«, fuhr die Chefin dazwischen und ließ keinen Zweifel aufkommen, dass hier selbst üble Nachrede der hierarchischen Ordnung folgte.

Die dritte Hilfskraft, ein katzenhaft aussehendes Geschöpf von molliger Beschaffenheit, die in der Zufuhr überschüssiger hauseigener Küchlein und Cremes zu wurzeln schien, betrachtete ihn lustvoll und genoss seine Verwirrung.

»Hast du nichts Besseres zu tun, Felisa?«, fragte die Chefin.

»Nein.«

Mittlerweile hatte sich Daniel zur vollreifen Johannisbeere gerötet und sehnte sich nach dem Moment, in dem er, mit oder ohne Kuchen, hier wieder rauskäme. Das Konditorinnenduo schoss unablässig Blicke auf Alicia und Daniel ab, die im Fluge hätten Krapfen ausbacken können. Schließlich erschien Gloria mit der Torte, einem wettbewerbsreifen Stück, das die Konditorinnen mit Zierbögen aus Karton schützten, um es schließlich mit einer großen, rosafarbenen Schachtel zu weihen.

»Sahne, Erdbeeren und viel Schokolade«, sagte die Chefin. »Die Kerzen leg ich dir dazu.«

»Mein Vater liebt Schokolade«, erklärte Daniel Alicia, als wäre diese Erklärung nötig gewesen.

»Vorsicht mit der Schokolade, die treibt dir die Röte ins Gesicht«, stichelte Gloria die Maliziöse.

»Und schürt das Feuer«, schloss Felisa.

»Was bin ich schuldig?«

Alicia kam ihm zuvor und legte einen 25-Peseten-Schein auf den Ladentisch.

»Und dann zahlt sie auch noch …«, flüsterte Gloria. Die Chefkonditorin zählte bedächtig das Wechselgeld ab und gab es Alicia Münze für Münze in die Hand. Daniel nahm die Tortenschachtel und ging auf den Ausgang zu.

»Grüß mir Bea!«, rief Gloria.

Das Gelächter der Konditorinnen verfolgte sie bis auf die Straße hinaus, und ihre Blicke hafteten auf ihnen wie die eingelegten Früchte auf einem Osterfladen.

»Morgen werden Sie im ganzen Viertel berühmt sein«, sagte Daniel.

»Hoffentlich habe ich Sie nicht in Schwierigkeiten gebracht, Daniel.«

»Machen Sie sich keine Sorgen. Normalerweise brauche ich keine fremde Hilfe, um in Schwierigkeiten zu geraten. Achten Sie nicht auf dieses Medusentrio. Fermín sagt, denen ist die Meringe zu Kopf gestiegen.«

Diesmal ließ ihr Daniel beim Hinaufgehen den Vortritt und folgte ihr erst, nachdem sie die Treppe schon bis zur ersten Biegung hinter sich gebracht hatte. Offensichtlich lag ihm gar nichts daran, sich das Spiel ihrer Hüften anschauen zu müssen.

Das Eintreffen der Torte wurde mit Applaus und Hochrufen gefeiert, wie sie eines großen sportlichen Sieges würdig gewesen wären. Daniel hob die Schachtel fürs Publikum in die Höhe, als handele es sich um eine Olympiamedaille, und brachte sie dann in die Küche. Alicia sah, dass Bea ihr einen Stuhl zwischen Sofia und Julián reserviert hatte, der seinerseits neben seinem Großvater saß. Sie setzte sich im Bewusstsein, dass alle Anwesenden sie verstohlen anblickten. Als Daniel aus der Küche zurückkam, nahm er am entgegengesetzten Tischende neben Bea Platz.

»Soll ich nun also die Suppe auftragen, oder warten wir auf Fermín?«, fragte die Bernarda.

»Wassersuppe wartet nicht auf Helden«, ließ sich Don Anacleto vernehmen.

Die Bernarda begann eben, die Suppenteller zu füllen, als vor der Tür ein kleineres Getöse und das Klirren mehrerer Flaschen zu hören war, die nachdrücklich auf dem Boden landeten. Nach wenigen Sekunden nahm ein siegreicher Fermín Gestalt an, in jeder Hand zwei Flaschen Champagner.

»Fermín, Sie haben uns hier auf altem Muskateller sitzenlassen«, beklagte sich Don Anacleto.

»Entledigen sich Ihro Hochwohlgeboren dieses infamen Gebräus, das Ihre Gläser befleckt, denn soeben hat der fahrende Ritter seine Aufwartung gemacht, auf dass dem Gaumen mit einigen Gewächsen, dank denen Sie Blumen urinieren werden, Gerechtigkeit widerfahre«, erwiderte Fermín.

»Fermín!«, sagte die Bernarda, »diese Sprache!«

»Aber mein Levkojenknöspelchen, wo doch hier das Urinieren im Schatten des Windes so natürlich und lustvoll ist wie das …«

Fermíns locker rhapsodierende Zunge fror schlagartig ein. Versteinert starrte er Alicia an, als hätte er gerade ein Gespenst aus dem Jenseits zurückkommen sehen. Daniel packte ihn am Arm und setzte ihn mit Gewalt hin.

»Also dann, wir essen, hat es geheißen«, sagte Señor Sempere, dem Fermíns Lapsus ebenso wenig entgangen war.

Allmählich bemächtigte sich das Ballett von Gläsern, Lachsalven und Zoten des Mahls. Fermín, den leeren Löffel in der Hand, wandte den Blick nicht von Alicia und war stumm wie ein Grab. Sie tat so, als bemerkte sie es nicht, aber selbst Bea begann sich unwohl zu fühlen. Daniel gab Fermín mit dem Ellbogen einen Stoß und flüsterte ihm mahnend etwas zu. Angespannt schlürfte Fermín einen Löffel Suppe. Aber während die Zunge des bibliographischen Beraters zum Verstummen gebracht worden war, erlebte diejenige Don Anacletos dank dem Champagner einen zweiten Frühling, und bald wurde der Runde seine übliche Analyse der aktuellen Lage des Landes zuteil.

Der Studienrat, der sich selbst als gefühlsmäßigen Erben und Träger der ewigen Flamme Don Miguel de Unamunos betrachtete, mit dem ihn eine gewisse physische Ähnlichkeit und ein ausgedehnter, in Salamanca wurzelnder Pedigree verbanden, glossierte ganz nach seiner Gepflogenheit ein apokalyptisches Panorama, das den unmittelbar bevorstehenden Untergang der Iberischen Halbinsel im Ozean der schwärzesten Schande vorhersah. Fermín, der ihm normalerweise aus sportlichen Gründen widersprach und mit Vorliebe seine improvisierten Stammtischreden und Debatten mit vergifteten Pfeilen sabotierte, etwa von der Art »Der Literatengequatsche-Index einer Gesellschaft ist umgekehrt proportional zu dem ihrer intellektuellen Solvenz: wenn nur ins Blaue hineingeplappert, wenig gedacht und noch weniger getan wird«, war so in sich gekehrt, dass ihn der Studienrat, jetzt ohne Rivalen und Protestler, zu provozieren suchte.

»Die Führer in diesem Lande wissen schon gar nicht mehr, was tun, um den Leuten das Hirn zu waschen. Finden Sie nicht auch, Fermín?«

Dieser zuckte mit den Schultern.

»Ich weiß nicht, warum die sich so viele Umstände machen. In den meisten Fällen geht das schon mit einer leichten Spülung spielend.«

»Und schon kommt wieder der Anarchist zum Vorschein«, empörte sich die Merceditas.

Don Anacleto lächelte zufrieden, als er sah, dass er endlich den Funken an die Debatte hatte legen können, seine Lieblingsbeschäftigung. Fermín schnaubte.

»Schauen Sie, Merceditas, ich weiß genau, dass Sie die Zeitungslektüre beim Horoskop beginnen und auch beenden, und Sie könnten in den Ephemeriden feststellen, dass wir heute ein denkwürdiges Ereignis im Leben der höchsten Persönlichkeit dieses Hauses feiern …«

»Fermín, geben Sie mir bitte das Brot?«, unterbrach ihn Bea, um aufkommenden Streit im Keim zu ersticken.

Fermín nickte und trat den Rückzug an. Der Uhrmacher Don Federico suchte einen Ausweg aus dem dichten Schweigen.

»Sagen Sie uns, Alicia, welchen Beruf üben Sie denn aus?«

Die Merceditas, der es nicht passte, dass dem Überraschungsgast von allen so viel Ehrerbietung und Aufmerksamkeit gezollt wurde, trat in den Ring.

»Und warum sollte eine Frau einen Beruf ausüben? Reicht es etwa nicht, dass sie sich um das Heim, den Mann und die Kinder kümmert, wie es uns unsere Eltern beigebracht haben?«

Fermín wollte etwas sagen, doch die Bernarda legte ihm die Hand auf den Arm, und so biss er sich auf die Zunge.

»Nun ja, Señorita Alicia ist aber ledig. Oder ist es nicht so?«, beharrte Don Federico.

Alicia bejahte höflich.

»Nicht einmal ein Verlobter?«, fragte Don Anacleto ungläubig.

Sie lächelte bescheiden und verneinte.

»Das ist doch der Gipfel! Untilgbarer Beweis dafür, dass es in diesem Land keine brauchbaren Junggesellen mehr gibt. Wäre ich zwanzig Jahre jünger …«

»Er meint fünfzig Jahre jünger«, präzisierte Fermín.

»Männlichkeit kennt kein Alter«, erwiderte Don Anacleto.

»Bringen wir Epik und Urologie nicht durcheinander.«

»Fermín, es befinden sich Minderjährige am Tisch«, mahnte Señor Sempere.

»Wenn Sie das wegen der Merceditas sagen …«

»Sie müssten sich Mund und Gedanken mit Lauge waschen, wenn Sie nicht in der Hölle landen wollen«, sagte die Merceditas.

»Was ich mir da an Heizkosten sparen würde …«

Don Federico hob die Hand, um die Debatte zu beenden.

»Wenn alle ihren Senf dazugeben, kommt sie ja gar nicht zu Wort.«

Stille trat ein, und alle blickten Alicia an.

»Also«, forderte Don Federico sie erneut auf, »Sie wollten uns erzählen, was Sie so machen …«

Alicia schaute ihr Publikum an, das ausnahmslos an ihren Lippen hing.

»Tatsächlich war heute mein letzter Arbeitstag. Und ich weiß noch nicht, was ich von jetzt an machen werde.«

»Etwas werden Sie sich bestimmt überlegt haben«, meinte Señor Sempere.

Sie senkte den Kopf.

»Ich hatte gedacht, dass ich gern schreiben würde. Oder es wenigstens versuchen.«

»Bravo!«, freute sich der Buchhändler. »Sie werden unsere Laforet sein.«

»Sagen Sie lieber unsere Pardo Bazán«, mischte sich Don Anacleto ein, der dem weitverbreiteten Nationalempfinden anhing, ein lebender Literat, wenn er nicht gerade am Verröcheln war und die eigenen Wimpern nicht mehr ertrug, sei keiner Wertschätzung würdig. »Wollen Sie da nicht mitstreiten, Fermín?«

Dieser schaute alle an und richtete den Blick dann auf Alicia.

»Ich würde schon mitstreiten, lieber Freund, wenn ich nicht den Eindruck hätte, dass die Pardo Bazán im Spiegel ein wenig an einen Dachshund erinnerte, während unsere *Señorita Alicia* hier wie eine Heldin der Dunkelheit aussieht und ich noch nicht ganz sicher bin, dass sie im Spiegel überhaupt zu sehen ist.«

Betretenes Schweigen machte sich breit.

»Und was darf man darunter verstehen, Sie Neunmalkluger?«, zeterte die Merceditas.

Daniel packte Fermín am Ärmel und zerrte ihn in die Küche.

»Darunter darf man verstehen, dass die Welt besser funktionieren würde, wenn das Hirn der Menschen auch nur halb so groß wäre wie ihr Mundwerk, um es mal so zu sagen«, sagte Sofía, die bis dahin geistesabwesend zu sein oder in diesem trüben Gedankenland zu weilen schien, das nur von sehr jungen Leuten oder von Schwärmern bewohnt wird.

Señor Sempere wandte den Blick dieser Nichte zu, die ihm das

Leben gesandt hatte, um ihm seine goldenen Jahre zu segnen oder qualvoll zu machen, und wie so oft glaubte er für einen Augenblick über den Ozean der Zeit hinweg seine Isabella zu sehen und zu hören.

»Wird das jetzt an der geisteswissenschaftlichen Fakultät gelehrt?«, fragte Don Anacleto.

Sofia zuckte mit den Schultern und kehrte in ihre Selbstversunkenheit zurück.

»Um Gottes willen, was für eine Welt erwartet uns!«

»Machen Sie sich keine Sorgen, Don Anacleto. Die Welt ist immer dieselbe«, beruhigte ihn Señor Sempere. »Und die Wahrheit ist, dass sie niemanden erwartet und uns bei der erstbesten Gelegenheit links liegenlässt. Wie wär's, wenn wir auf die Vergangenheit, die Zukunft und diejenigen anstießen, die wir uns zwischen den beiden befinden?«

Julián folgte der Aufforderung, indem er begeistert sein Glas Milch hob.

Inzwischen hatte Daniel Fermín in einer Ecke der Küche eingekesselt, fern von den Augen und Ohren der Gäste.

»Darf man erfahren, welche Laus Ihnen über die Leber gekrochen ist, Fermín? Sie muss mindestens so groß sein wie eine Wassermelone.«

»Diese Frau ist nicht, was sie zu sein vorgibt, Daniel. Da ist etwas faul.«

»Und was soll das sein, wenn man fragen darf?«

»Ich weiß es nicht, aber ich werde schon herausfinden, was sie im Schilde führt. Ich riech es von hier aus. Wie dieses billige Parfüm, das die Merceditas trägt, um den Uhrmacher zu betäuben, damit er wieder das Ufer wechselt.«

»Und wie wollen Sie das herausfinden?«

»Mit Ihrer Hilfe.«

»Davon kann keine Rede sein. Ziehen Sie mich da nicht mit rein.«

»Lassen Sie sich nicht dumm machen durch die Ausflüsse einer Vampirin. Die ist ein Luder, so wahr ich Fermín heiße.«

»Ich erinnere Sie daran, dass das Luder Ehrengast meines Herrn Vaters ist.«

»Ah! Und haben Sie sich gefragt, wie es zu diesem passenden Zufall gekommen ist?«

»Ich weiß es nicht. Und es interessiert mich auch nicht. Zufälle stellt man nicht in Frage.«

»Wer spricht da – Ihr beschränkter Intellekt oder die nachpubertierenden Drüsen?«

»Da spricht der gesunde Menschenverstand, den man bei Ihnen offenbar am selben Tag entfernt hat wie die Scham.«

Fermín lachte sarkastisch.

»Großartig. Sie hat den Vater und den Sohn gleichzeitig eingeseift. Und das unter den schönen Augen Ihrer Frau Gemahlin.«

»Lassen Sie diesen Quatsch – man wird uns hören.«

»Dann soll man mich eben hören«, sagte er und erhob die Stimme. »Laut und deutlich.«

»Fermín, ich flehe Sie an. Lassen wir meinen Vater in Frieden seinen Geburtstag feiern.«

»Nur unter einer Bedingung.«

»Einverstanden. Welche?«

»Dass Sie mir helfen, ihr die Maske vom Gesicht zu reißen.«

Daniel verdrehte die Augen und seufzte.

»Und wie wollen Sie das angehen? Mit weiteren Alexandrinern?«

Fermín senkte die Stimme.

»Ich habe einen Plan.«

Getreu seinem Versprechen legte er während der restlichen Mahlzeit ein beispielhaftes Verhalten an den Tag. Er spendete Don Anacleto Beifall, behandelte die Merceditas wie Madame Curie, und ab und zu warf er Alicia Messknabenblicke zu. Als der Moment des Anstoßens gekommen war und die Torte angeschnitten wurde, gab er einen glühenden Sermon in Form einer Glosse über den Mann des Tages von sich, der großen Applaus und eine innige Umarmung des Geehrten nach sich zog.

»Mein Enkel wird mir beim Ausblasen der Kerzen helfen, nicht wahr, Julián?«

Bea machte das Licht im Raum aus; einige Augenblicke lang saß man im flackernden Kerzenschein.

»Sprechen Sie einen Wunsch aus, mein Lieber«, sagte Don Anacleto. »Wenn möglich in Form einer molligen, vor Vitalität strotzenden Witwe.«

Unbemerkt ersetzte die Bernarda das Champagnerglas des Studienrats durch ein Glas Mineralwasser und wechselte mit Bea einen einvernehmlichen Blick.

Alicia folgte diesem Schauspiel fast in Trance. Sie spielte die freundlich Heitere, aber ihr Herz klopfte wie wild. Noch nie war sie auf diese Art mit Leuten zusammen gewesen. Fast alle Geburtstage, an die sie sich erinnern konnte, hatte sie mit Leandro oder allein verbracht, normalerweise im Kino versteckt, im selben, in dem sie sich auch an den Silvesterabenden abschottete, um die Manie zu verfluchen, mit der um Mitternacht der Film unterbrochen und vor der Fortsetzung für zehn Minuten die Saalbeleuchtung eingeschaltet wurde, als wäre es nicht schon Hohn genug, diesen Abend in einem fast leeren Parkett mit sechs oder sieben einsamen Seelen verbringen zu müssen, die niemand nirgends erwartete, und als müsste man ihr das auch noch ins Gesicht spucken. Sie wusste nicht, wie sie dieses Gefühl von Kameradschaft, von Zusammengehörigkeit und Zuneigung, das weit über Scherze und Wortwechsel hinausging, verdauen sollte. Julián hatte unter dem Tisch ihre Hand ergriffen und drückte sie kräftig, als vermöchte ein wenige Jahre altes Kind als einziger von allen Anwesenden zu verstehen, was sie empfand. Wäre es nicht seinetwegen gewesen, sie wäre in Tränen ausgebrochen.

Nach den letzten Toasts, als die Bernarda Kaffee oder Tee anbot und Don Anacleto Zigarren verteilte, stand Alicia auf. Alle schauten sie überrascht an.

»Ich möchte Ihnen allen für Ihre Gastfreundschaft und Ihre Liebenswürdigkeit danken. Und ganz besonders Ihnen, Señor Sempere. Mein Vater hatte Sie immer sehr hoch geschätzt, und ich weiß, dass er sehr glücklich wäre, wenn er wüsste, dass ich diesen so besonderen Abend mit Ihnen habe teilen dürfen. Vielen herzlichen Dank.«

Alle schauten sie mit einer Art Mitleid an, oder vielleicht sah sie in ihren Augen nur das, was sie in ihrem Inneren spürte. Sie gab Julián einen Kuss und ging auf die Tür zu. Bea stand auf und folgte ihr, die Serviette noch in der Hand.

»Ich begleite Sie hinunter, Alicia …«

»Nein, bitte nicht. Bleiben Sie bei Ihrer Familie.«

Vor dem Hinausgehen kam sie an der Vitrine vorbei und warf einen letzten Blick auf Isabellas Foto. Mit einem erleichterten Seufzer verschwand sie treppab. Sie musste diesen Ort verlassen, ehe sie zu glauben begann, es könnte einmal ihrer werden.

Ihr Abgang löste eine Flut von Gerede unter den Gästen aus. Señor Sempere hatte Julián auf die Knie genommen und schaute ihn an.

»Hast du dich schon verliebt?«, fragte er.

»Mmmh …«, ließ der nur verlauten.

»Ich glaube, jetzt ist Schlafenszeit für unseren kleinen Casanova«, sagte Bea.

»Und für mich, daraus eine Lehre zu ziehen«, fügte Don Anacleto hinzu, während er sich erhob. »Ihr jungen Leute sollt weiterfeiern, das Leben ist kurz …«

Daniel wollte schon erleichtert seufzen, als ihn Fermín am Arm nahm und aufstand.

»Ach, Daniel, jetzt haben wir doch ganz vergessen, diese Kartons aus dem Keller heraufzubringen.«

»Was denn für Kartons?«

»Diese Kartons.«

Unter dem halb schläfrigen, halb überraschten Blick des Buchhändlers Sempere gingen die beiden zur Tür.

»Ich verstehe diese Familie immer weniger«, sagte Señor Sempere.

»Ich dachte schon, ich wäre die Einzige«, murmelte Sofia.

Als sie aus dem Haus traten, warf Fermín einen Blick auf den blauen Streifen, den die Straßenlaternen auf die Calle Santa Ana warfen, und bedeutete Daniel, ihm zu folgen.

»Wohin sollen wir denn um diese Nachtzeit gehen?«

»Auf die Jagd nach der Vampirin.«

»Kommt nicht in Frage.«

»Na los, versuchen Sie nicht, sich zu drücken, sonst entwischt sie uns noch …«

Ohne eine Antwort abzuwarten, spurtete Fermín Richtung Ecke Puerta del Ángel los. Dort suchte er Zuflucht unter dem Vordach der Casa Jorba und spähte durch das nächtliche Halbdunkel mit den niedrigen Wolken zwischen den Dächern. Daniel gesellte sich zu ihm.

»Da ist sie, wie die Schlange des Paradieses.«

»Um Himmels willen, Fermín, tun Sie das nicht.«

»Hören Sie, ich hab mich anständig benommen. Sind Sie ein Mann des Wortes oder ein Hosenscheißer?«

Daniel verfluchte sein Schicksal, und in ihre verlorenen Zeiten als zweitklassige Detektive zurückkehrend, nahmen die beiden Alicia Gris' Spur auf.

10

Sie folgten ihr entlang dunkler Hauseingänge und Markisen zur Avenida de la Catedral. Hier tat sich eine Agora auf, die vor dem Gotteshaus zurückgeblieben war, nachdem die Kriegsbomben das Viertel zerstört hatten, das sich ehemals hier befunden hatte. Ein flüssiger Mond sprenkelte das Straßenpflaster, und Alicias Gestalt hinterließ Schatten in der Luft.

»Haben Sie es bemerkt?«, fragte Fermín, während sie in die Calle de la Paja einbogen.

»Was denn?«

»Dass man uns folgt.«

Daniel drehte sich um und schaute forschend in den silbernen Dämmer der Straßen.

»Dort. Im Eingang zum Spielwarenladen. Sehen Sie?«

»Ich sehe gar nichts.«

»Die Glut einer Zigarette.«

»Und?«

»Die verfolgt uns, seit wir aus dem Haus gegangen sind.«

»Und warum sollte uns jemand folgen wollen?«

»Vielleicht folgt er gar nicht uns, vielleicht beschattet er sie.«

»Das ergibt immer weniger Sinn, Fermín.«

»Im Gegenteil. Es wird immer deutlicher, dass da ein dicker Hund begraben liegt.«

Sie folgten Alicia durch die Calle de Baños Viejos, ein schmales Tal aus hundertjährigen Häusern, deren gewundener Verlauf sie in einer dunklen Umarmung miteinander zu verschmelzen schien.

»Wo mag sie hingehen?«, flüsterte Daniel.

Die Antwort ließ nicht lange auf sich warten. In der Calle Aviñón blieb Alicia vor einem Eingang gegenüber dem Gran Café stehen und verschwand im Haus. Sie gingen daran vorbei und suchten zwei Hauseingänge weiter Zuflucht.

»Und was nun?«

Fermín deutete bloß auf die Erdgeschossbögen des Espadrilleladens La Manual Alpargatera. Daniel sah, dass sein Freund recht hatte – man beschattete sie, sie oder Alicia. Versteckt unter diesen Bögen erkannte man eine kleine, in einen Mantel gehüllte Gestalt mit einer Melone vom Trödelmarkt auf dem Kopf.

»Wirkt nicht sehr angsteinflößend«, bemerkte Fermín.

»Was spielt denn das für eine Rolle?«

»Es ist ein Vorteil, falls Sie Ohrfeigen einstecken oder austeilen müssen.«

»Großartig. Und warum gerade ich?«

»Weil Sie jünger sind, und bei einer Prügelei zählt nur die rohe Kraft. Ich trage schon den strategischen Anteil bei.«

»Ich habe nicht die Absicht, mich mit jemandem zu prügeln.«

»Was soll denn diese ganze Ziererei, Daniel? Schließlich haben Sie schon einmal Ihre kriegerische Glut gezeigt, als Sie diesem Idioten von Cascos Buendía im Ritz die Fresse poliert haben. Glauben Sie nicht, ich würde das vergessen.«

»Das war nicht mein bester Moment.«

»Entschuldigen Sie sich nicht. Ich erinnere Sie daran, dass dieses Ferkel Ihrer Frau Gemahlin Liebesbriefe geschickt hat, um sie auf Anordnung des Dreckskerls von Valls zu verführen. Doch, doch, derselbe Dreckskerl, dem Sie im Athenäumsarchiv seit vergangenem Frühling nachgeforscht haben, auch wenn Sie meinen, ich hätte es nicht mitbekommen.«

Niedergeschlagen senkte Daniel den Blick.

»Noch ein Geheimnis, das Sie nicht wüssten?«

»Haben Sie sich denn nicht gefragt, warum zum Teufel Valls seit langem nirgends mehr auftaucht?«

»Jeden Tag«, gab Daniel zu.

»Oder wo die Beute gelandet ist, die Salgado im Nordbahnhof versteckt hatte?«

Daniel nickte.

»Wer sagt uns denn, dass dieses durchtriebene Stück nicht ebenfalls für Valls arbeitet?«

Daniel schloss die Augen.

»Eins zu null für Sie, Fermín. Was machen wir?«

Als sie an ihrer Wohnungstür ankam, bemerkte Alicia den Streifen Licht darunter und roch den Rauch von Vargas' Zigaretten. Sie trat wortlos ein und deponierte Mantel und Tasche auf dem Esstisch. Vargas stand mit dem Rücken zur Tür vor dem Fenster und rauchte schweigend. Sie schenkte sich ein Glas Weißwein ein und setzte sich aufs Sofa. In ihrer Abwesenheit hatte Vargas den Karton mit Brians' Dokumenten unter dem Sofa hervorgeangelt. Auf dem Tisch lag Isabellas Heft.

»Wo haben Sie denn den ganzen Tag gesteckt?«, fragte Alicia schließlich.

»Ich bin rumgelaufen und habe versucht, einen klaren Kopf zu kriegen.«

»Und ist es Ihnen gelungen?«

Er wandte sich um und schaute sie argwöhnisch an.

»Werden Sie mir verzeihen, dass ich Leandro alles erzählt habe?«

Sie trank einen Schluck Wein und zuckte mit den Schultern.

»Wenn Sie einen Beichtvater suchen, da gibt's eine Kirche, noch bevor Sie zu den Ramblas kommen. Ich glaube, dort haben sie Schicht bis Mitternacht.«

Er schaute zu Boden.

»Falls es Ihnen ein Trost ist, ich hatte den Eindruck, dass Leandro den größten Teil von dem, was ich ihm gesagt habe, schon wusste. Dass er nur noch eine Bestätigung brauchte.«

»Das ist bei Leandro immer so. Man enthüllt ihm nie etwas, sondern stellt bloß ein Detail richtig.«

Vargas seufzte.

»Ich hatte keine andere Wahl. Er hatte den Braten schon gerochen. Hätte ich ihm nicht gesagt, was wir herausgefunden hatten, hätte ich Sie bloßgestellt.«

»Mir brauchen Sie keine Erklärungen abzugeben, Vargas. Was geschehen ist, ist geschehen.«

Das Schweigen wurde dichter.

»Und Fernandito?«, fragte sie. »Ist er nicht zurückgekommen?«

»Ich dachte, er wäre bei Ihnen.«

»Was gibt es noch, was Sie mir nicht erzählen, Vargas?«

»Sanchís …«

»Schießen Sie schon los.«

»Er ist tot. Herzstillstand beim Transport vom Präsidium zum Hospital Clínico. So heißt es im Bericht.«

»Schweinehunde …«, murmelte sie.

Vargas ließ sich neben sie aufs Sofa fallen.

Sie schauten sich schweigend an. Sie füllte ihr Weinglas und gab es ihm, und er leerte es in einem Zug.

»Wann müssen Sie nach Madrid zurück?«

»Ich habe fünf Tage Urlaub bekommen. Und einen Bonus von fünftausend Peseten.«

»Herzlichen Glückwunsch. Vielleicht möchten Sie, dass wir sie auf einer Wanderung nach Montserrat durchbringen. Wer die Moreneta nie berührt hat, weiß nicht, was ihm entgangen ist.«

Vargas lächelte traurig.

»Ich werde Sie vermissen, Alicia. Auch wenn Sie es mir nicht glauben.«

»Natürlich glaube ich es. Aber machen Sie sich keine Illusionen – ich Sie nicht.«

Vargas lächelte weiter vor sich hin.

»Und wo waren Sie?«

»Zu Besuch bei den Semperes.«

»Wie das?«

»Eine Geburtstagsfeier. Das ist eine lange Geschichte.«

Er nickte, als ergebe das allen Sinn der Welt. Alicia deutete auf Isabellas Heft.

»Haben Sie während des Wartens darin gelesen?«

Er nickte wieder.

»Isabella Gispert starb im Wissen, dass dieser Drecksack Valls sie vergiftet hatte«, sagte Alicia.

Er hielt sich die Hände vors Gesicht und fuhr sich dann durch die Haare. Er machte den Eindruck, als laste ihm jedes einzelne seiner Jahre auf der Seele.

»Es hängt mir zum Hals heraus«, murmelte er schließlich. »Diese ganze Scheiße hängt mir zum Hals heraus.«

»Warum gehen Sie nicht nach Hause? Tun Sie denen den Gefallen. Kassieren Sie die Rente, und ziehen Sie sich nach Toledo in Ihr schönes Häuschen mit Garten zurück, um Lope de Vega zu lesen. Das war doch Ihr Plan, nicht?«

»Und es so zu machen wie Sie? Von der Literatur zu leben?«

»Das halbe Land lebt von Märchen. Auf zwei weitere kommt's da nicht an.«

»Wie war's bei den Semperes?«, erkundigte sich Vargas.

»Gute Menschen.«

»Hm. Und das sind Sie nicht gewohnt, nicht wahr?«

»Nein.«

»Mir ging es auch mal so. Das geht vorüber. Was haben Sie mit Isabellas Heft vor? Es ihnen zu geben?«

»Ich weiß es nicht. Was würden Sie tun?«

Vargas dachte nach.

»Ich würde es vernichten«, sagte er schließlich. »Im Grunde hilft es keinem. Es würde sie sogar in Gefahr bringen.«

Alicia stimmte zu.

»Es sei denn …«

»Überlegen Sie es sich gut, bevor Sie es sagen, Alicia.«

»Ich glaube, ich habe es mir schon überlegt.«

»Ich dachte, wir würden nun allem seinen Lauf lassen und glücklich sein.«

»Sie und ich, wir werden nie glücklich sein, Vargas.«

»Himmel, wenn Sie es so darstellen, kann man sich ja wohl nicht verweigern.«

»Sie brauchen mir nicht zu helfen. Es ist mein Problem.«

Vargas lächelte sie an.

»Mein Problem sind Sie, Alicia. Oder meine Rettung, auch wenn Sie diese Vorstellung zum Lachen bringt.«

»Ich habe nie jemanden gerettet.«

»Es ist nie zu spät, damit anzufangen.«

Er stand auf, nahm ihren Mantel und hielt ihn ihr hin.

»Was meinen Sie? Wollen wir uns das Leben für immer versauen oder sollen wir die Jahre verstreichen lassen, um dann zu merken, dass Sie kein Talent zum Schreiben haben, und ich, dass man Lope auf der Bühne sehen muss?«

Alicia schlüpfte in den Mantel.

»Wo wollen Sie anfangen?«

»Beim Eingang zum Labyrinth.«

Daniel schlotterte vor Kälte in dem Hauseingang; auf einmal sah er, dass Fermín, spindeldürres, aber robustes Skelett und reine Knorpelessenz, offenbar quietschfidel war und zum Zeitvertreib einen kubanischen Montuno trällerte, sich dabei à la tropicana leicht in den Hüften wiegend.

»Ich kann nicht verstehen, dass Sie nicht einfrieren, Fermín. Es ist scheißkalt.«

Fermín öffnete zwei Knöpfe und ließ das Futter aus Zeitungspapier unter den Kleidern sehen.

»Angewandte Wissenschaft«, erklärte er. »Das und ein paar wohlgewählte Erinnerungen an die kleine Mulattin, die ich als junger Mann in Havanna kannte. Das ist das, was man als Golfstrom kennt.«

»Mein Gott …«

Daniel war drauf und dran, ins Gran Café zu gehen, um eine Tasse siedend heißen Milchkaffee mit einem ordentlichen Schuss Kognak zu bestellen, als Alicias Haustür knarrte und sie in Gesellschaft eines stämmigen, militärisch aussehenden Mannes auf die Straße trat.

»Nun schauen Sie mal, der Tarzan, der das durchtriebene Stück abgeholt hat«, sagte Fermín.

»Hören Sie schon auf, sie so zu nennen. Sie heißt Alicia.«

»Vielleicht wachsen wir ja nächstens mal über die Pubertät hinaus, jetzt, da Sie Familienvater sind. Los, kommen Sie.«

»Und was machen wir mit dem anderen?«

»Dem Spion? Keine Bange. Ich bin soeben dabei, mir einen meisterhaften Plan zurechtzulegen.«

Alicia und der Muskelprotz, offensichtlich Mitglied der Ordnungskräfte, bogen in die Calle Fernando Richtung Ramblas ein. Plangemäß gingen Fermín und Daniel an dem Spion vorbei, der sich ganz in die Schatten zurückgezogen hatte, ohne sich anmerken zu lassen, ob er sie überhaupt wahrgenommen hatte. Um diese Zeit war die Straße belebter als sonst dank einer Horde britischer Matrosen auf der Suche nach kulturellem Austausch und dem einen oder anderen Luftikus aus den höher gelegenen Vierteln, der ins Gekröse der Stadt heruntergekommen war, um die Verdauung seiner unaussprechlichen Schlafzimmergelüste zu fördern. Fermín und Daniel benutzten die Schichten der Müßiggänger als Vorhänge, bis sie bei den Bögen ankamen, durch die man auf die Plaza Real gelangte.

»Schauen Sie, Daniel, hier haben wir beide uns kennengelernt. Erinnern Sie sich noch? Die Jahre vergehen, aber es riecht immer noch nach Pisse. Das ist das ewige, das unvergängliche Barcelona …«

»Werden Sie jetzt nicht auch noch romantisch.«

Alicia und der Polizist gingen quer über den Platz in Richtung der Bögen, die auf die Ramblas hinausführten.

»Sie wollen ein Taxi nehmen«, schloss Fermín. »Das ist der Moment, Ballast abzuwerfen.«

Sie wandten sich um und erblickten den Spion, der zwischen den Bögen hervorguckte.

»Und was sollen wir Ihrer Meinung nach tun?«

»Sie könnten zu ihm gehen und ihm das Knie in die Weichteile hauen. Er ist klein und hat sicher nichts dagegen.«

»Haben Sie vielleicht einen Alternativplan?«

Fermín stöhnte leicht säuerlich. Da bemerkte er einen Polizisten, der bedächtig auf dem Platz patrouillierte und hingebungsvoll den großzügigen Ausschnitt zweier vor dem Gasthaus Ambos Mundos postierter Huren begutachtete.

»Passen Sie auf, dass Sie Ihr Seelenengelchen und den Langen nicht aus den Augen verlieren«, bedeutete ihm Fermín.

»Und was haben Sie vor?«

»Schauen Sie zu und lernen Sie vom Meister.«

Stracks ging Fermín auf den Polizisten zu, den er mit militärischem Zeremoniell grüßte.

»Mein Kommandant, ich habe die unangenehme Pflicht, ein Verbrechen gegen Schicklichkeit und Anstand zu melden.«

»Und was für ein Verbrechen wäre das?«

»Sehen Eure Exzellenz diesen unter einem Ausverkaufsmantel versteckten mickrigen Taugenichts dort? Ja, der dort, der sich blind und taub stellt.«

»Das Bürschchen dort?«

»Von Bürschchen kann keine Rede sein. Bestürzt musste ich feststellen, dass er unter dem Mantel splitternackt ist und einigen Damen unter Zoten, die ich nicht einmal vor einer Gruppe Straßendirnen zu wiederholen wagte, den aufgerichteten Schniepel gezeigt hat.«

Der Polizist umklammerte fest seinen Knüppel.

»Was sagen Sie da?«

»Was Sie gehört haben. Da ist er, ein ausgekochtes Schwein, unterwegs zu neuen Schandtaten.«

»Na, dem will ich zeigen, was 'ne Harke ist.«

Er zog seine Pfeife und visierte mit dem Knüppel den Verdächtigen an.

»He, Sie da! Stehengeblieben!«

Als der Spion merkte, in was für eine Klemme er geraten war, rannte er los, den Polizisten dicht auf den Fersen. Fermín, zufrieden mit dem Ablenkungsmanöver, überließ dem Vorkämpfer der Sicherheit und guten Sitten seiner Jagd auf den illustren Schnüffler und gesellte sich eilig wieder zu Daniel, der beim Taxistand wartete.

»Wo sind sie?«

»Soeben in ein Taxi gestiegen. Dort fahren sie.«

Fermín stieß Daniel ins nächste Taxi hinein. Der Fahrer, ein Meister der Zahnstocherjonglage, schaute sie im Rückspiegel an.

»Nach Pueblo Nuevo fahre ich nicht«, kündigte er an.

»Selber schuld. Sehen Sie das Taxi da vorn?«

»Das von Cipriano?«

»Genau. Folgen Sie ihm und verlieren Sie es nicht aus den Augen. Es geht um Leben oder Tod. Und um ein gutes Trinkgeld.«

Der Fahrer stellte das Taxameter an und lachte ironisch.

»Ich dachte, so was kommt nur in amerikanischen Filmen vor.«

»Ihre Bittgebete sind erhört worden. Schließen Sie auf, aber diskret.«

11

Die zwanzig Minuten, die sie bis zum Revier brauchten, kamen ihm vor wie zwanzig Jahre. Fernandito saß auf dem Rücksitz neben Hendaya, der schweigend rauchte und ihm ab und zu ein Lächeln und ein *Ganz ruhig, nur keine Angst* widmete, das ihm das Blut zum Gefrieren brachte. Zwei von Hendayas Leuten saßen vorn, und keiner von ihnen machte auf der ganzen Fahrt den Mund auf. Es war eine kalte Nacht, aber obwohl der Wagen ein Kühlschrank war, rann Fernandito der Schweiß die Flanken hinunter. Hinter den Fenstern sah er die Stadt vorüberziehen wie eine ferne Fata Morgana, zu der er nie wieder zurückkehren würde. Fußgänger und Fahrzeuge, die nur wenige Meter entfernt an ihnen vorbeiglitten, schienen unerreichbar. Als sie an die Kreuzung Balmes und Gran Vía gelangten, spürte er den Impuls, die rote Ampel zu nutzen und davonzulaufen, doch der Körper gehorchte ihm nicht. Sekunden später, als der Wagen wieder anfuhr, stellte er fest, dass die Türen verschlossen waren. Hendaya tätschelte ihm freundschaftlich das Knie.

»Ganz ruhig, Alberto, es wird nur ein Minütchen dauern.«

Als sie vor dem Revier hielten, traten zwei uniformierte Beamte, die den Eingang bewachten, heran, und nachdem sie Hendaya die Tür aufgerissen und seine hingemurmelten Anweisungen entgegengenommen hatten, packten sie Fernandito am Arm und führten ihn hinein. Der Beamte auf dem Beifahrersitz, der nicht ausstieg, schaute ihm nach, und Fernandito, der sich einen Moment umdrehte, sah, dass er lächelnd etwas zu seinem Kollegen am Steuer sagte.

Noch nie war er auf dem zentralen Polizeirevier in der Vía Layetana gewesen. Er war einer von vielen Barcelonern, die, wenn sie sich zufälligerweise in diesem Viertel aufhielten und an dem ominösen Gebäude vorbeikamen, auf die andere Straßenseite wechselten und ihre Schritte beschleunigten. Das Innere war so dunkel und höhlenartig, wie er es sich vorgestellt hatte. Sowie das Licht von der Straße hinter ihm verschwand, nahm er einen leichten Ammoniakgeruch wahr. Die beiden Beamten führten ihn an den Armen, und seine Füße folgten mit einer Mischung aus langsamen Schritten und Geschleiftwerden. Die Gänge verzweigten sich vielfach, und Fernandito spürte, dass ein gefräßiges Tier seinen Darmtrakt aufsog. Das Echo von Stimmen und Schritten hing in der Luft, ein graues, eisiges Halbdunkel durchdrang alles. Für Augenblicke setzten sich flüchtige Blicke auf ihn, um sich gleich wieder desinteressiert abzuwenden. Er wurde über einige Treppen geschleppt, hätte aber nicht sagen können, ob hinauf oder hinunter. Ab und zu flackerten die Glühbirnen an den Decken, als würde ihnen der Strom mit dem Tropfenzähler zugeführt. Sie überschritten die Schwelle einer Tür, auf deren Mattglasscheibe stand: ERMITTLUNGSABTEILUNG.

»Wohin gehen wir?«, stammelte er.

Die beiden Beamten überhörten die Frage, so wie sie auch seine Person auf dem ganzen Weg nicht zur Kenntnis genommen hatten, als schleppten sie ein Bündel mit.

Sie führten ihn durch einen düsteren Raum mit mehreren Metalltischen ohne weitere Ausstattung als eine Architektenleuchte, die auf jeden von ihnen eine Blase gelblichen Lichts warf. Im Hintergrund wartete ein Büro mit verglasten Wänden. Darin standen ein Edelholzschreibtisch und zwei Stühle. Einer der Beamten öffnete die Tür und bedeutete ihm einzutreten.

»Setz dich hin«, sagte er, ohne ihn anzuschauen, »und bleib hübsch ruhig sitzen.«

Fernandito tat ein paar Schritte, die Tür schloss sich hinter ihm. Gehorsam setzte er sich auf einen der beiden Stühle und atmete tief. Als er über die Schulter nach hinten schaute, sah er, dass die beiden Beamten an einem der Metalltische Platz genommen hatten. Einer bot dem anderen eine Zigarette an. Sie lachten. Wenigstens steckst du nicht in einer Zelle, dachte er.

Eine lange Stunde verging, und die einzige Mutprobe, die er sich erlaubte, bestand nach vierzig verzweifelten Minuten im Wechseln des Stuhls. Unfähig, auch nur eine Sekunde länger auf diesen Sitzgelegenheiten, die von Minute zu Minute zu schrumpfen schienen, verankert zu bleiben, stand er auf, und indem er sich mit etwas wappnete, was noch nicht Mut zu nennen war, sondern sich eher der Panik näherte, wollte er schon an die Glaswand hämmern, um seine Unschuld zu beteuern und über den Irrtum aufzuklären, der ihn hergeführt hatte, und von den beiden Beamten zu verlangen, dass sie ihn gehen ließen, da öffnete sich hinter ihm eine Tür, und Hendayas Gestalt zeichnete sich im Gegenlicht ab.

»Entschuldige die Verspätung, Alberto. Eine kleine Verwaltungssache hat mich zurückgehalten. Hat man dir einen Kaffee angeboten?«

Hätte Fernandito überhaupt etwas schlucken können, so hätte er längst seinen Speichel geschluckt, aber sein Mund fühlte sich sandig an, und er setzte sich wieder, ohne die entsprechende Aufforderung abzuwarten.

»Warum bin ich hier?«, fragte er. »Ich habe nichts verbrochen.«

Hendaya lächelte ruhig, als flößte ihm die Verwirrung des jungen Burschen eine gewisse Zärtlichkeit ein.

»Niemand sagt, du hättest etwas verbrochen, Alberto. Willst du wirklich keinen Kaffee?«

»Ich will nur, dass Sie mich nach Hause gehen lassen.«

»Aber selbstverständlich. Sofort.«

Hendaya griff nach dem Telefon auf dem Schreibtisch und schob es Fernandito zu. Er hob den Hörer ab und reichte ihn ihm.

»Los, Alberto, ruf deinen Vater an, damit er deine Papiere bringt und dich abholen kommt. Sicher macht sich deine Familie schon Sorgen um dich.«

12

Eine Wolkenkrone zog an der Bergflanke vorüber. Im Scheinwerferlicht erkannte man herrschaftliche Häuser hinter den Bäumen, die die Straße nach Vallvidrera hinauf säumten.

»In die Carretera de las Aguas darf ich aber nicht reinfahren«, sagte der Taxifahrer. »Seit vergangenem Jahr dürfen das nur Anwohner und Fahrzeuge der Stadtverwaltung. Du brauchst nur die Schnauze hineinzustrecken, und schon kriecht ein hinter den Büschen versteckter Wachmann mit dem ganzen Bußgeldkatalog hervor, um dir einen Strafzettel zu verpassen. Aber ich kann Sie bei der Einmündung absetzen …«

Vargas hielt ihm einen Fünfzig-Peseten-Schein unter die Nase, und die Augen des Fahrers blieben daran kleben wie Fliegen auf dem Honig.

»Hören Sie, für so was hab ich kein Wechselgeld …«

»Brauchen Sie auch nicht, wenn Sie auf uns warten. Und die Stadtverwaltung kann uns mal.«

Der Fahrer schnaubte, schickte sich aber in die monetäre Logik.

»Gott befohlen«, sagte er.

Als sie zur Einmündung in die Carretera de las Aguas gelangten, nicht mehr als eine unasphaltierte, sich dem Amphitheater der Hügel, in dessen Schutz Barcelona lag, entlangziehende Piste, fuhr der Fahrer mit großer Vorsicht weiter.

»Sind Sie sicher, dass es hier ist?«

»Fahren Sie nur immer geradeaus.«

Das ehemalige Haus der Mataix stand etwa dreihundert Meter von der Einmündung entfernt. Nach kurzer Zeit bestrichen die Scheinwerfer ein nur angelehntes Gittertor. Dahinter erkannte man die Umrisse von Mansarden und Türmen, die zwischen den Überbleibseln eines allzu lange seinem Schicksal überlassenen Gartens hervorragten.

»Da ist es«, sagte Alicia.

Der Fahrer warf einen flüchtigen Blick über das Ganze und schaute sie im Rückspiegel mit wenig Begeisterung an.

»Also ich habe das Gefühl, da wohnt keiner …«

Alicia überhörte seine Worte und stieg aus.

»Sie haben nicht zufällig eine Taschenlampe, oder?«, fragte Vargas.

»Die Extras sind im Grundpreis nicht inbegriffen. Reden wir immer noch von zehn Duros?«

Vargas zog erneut seinen Fünfzig-Peseten-Schein hervor und zeigte ihn ihm.

»Wie heißen Sie?«, fragte er.

Die hypnotische Wirkung des Geldes in seinem Reinzustand bezauberte den Blick des Fahrers.

»Cipriano Ridruejo Cabezas, Ihnen und dem Taxenverband zu dienen.«

»Das ist Ihre Glücksnacht, Cipriano. Haben Sie vielleicht eine Taschenlampe für die Señorita? Nicht, dass sie uns noch strauchelt und sich einen Knöchel verstaucht.«

Der Fahrer beugte sich nach vorn, um ins Handschuhfach einzutauchen, und kam mit einer Stabtaschenlampe beträchtlichen Ausmaßes wieder zum Vorschein. Vargas ergriff sie und stieg aus, nicht ohne vorher den Geldschein in zwei Hälften zu zerreißen und dem Fahrer die eine zu geben.

»Die andere Hälfte bei der Rückfahrt.«

Cipriano seufzte und studierte die halbe Banknote wie ein abgelaufenes Zehntellos.

»Ja, falls Sie überhaupt zurückkommen …«, murmelte er.

Alicia hatte sich schon durch die enge Toröffnung gezwängt. Sie glitt über einen mondbeschienenen Pfad durchs Gestrüpp. Vargas, zwei- oder dreimal voluminöser, tat sich schwer mit den verrosteten Gitterstäben. Auf der anderen Seite des Tors erstreckte sich ein gepflasterter Weg, der ums Haus herum bis zum Haupteingang führte. Die Pflastersteine waren laubbedeckt. Vargas folgte Alicia durch den Garten bis zu einer Art schwebender Terrasse am Rand der Bergflanke, von der aus ganz Barcelona zu sehen war. Noch weiter entfernt leuchtete das Meer im Mondlicht wie eine glühende Silberbarke.

Alicia betrachtete die Fassade des Hauses. Die Bilder, die bei Vilajuanas Erzählung in ihr aufgestiegen waren, wurden vor ihren Augen Wirklichkeit. Sie stellte sich das Haus in besseren Zeiten vor, wie die Sonne die ockerfarbenen Mauern liebkoste und das Wasserbecken des Brunnens sprenkelte, der jetzt trocken und von Rissen durchzogen dalag. Sie stellte sich Mataix' Tochter Ariadna vor, wie sie in diesem Garten spielte, und den Schriftsteller und seine Frau, die ihr vom Wohnzimmerfenster aus zuschauten. Das Mataix'sche Heim war auf ein verlassenes Mausoleum reduziert, die Fensterläden bewegten sich leicht im Wind.

»Eine Kiste vom besten Weißen, wenn wir es auf morgen verschieben und bei Tageslicht wiederkommen«, schlug Vargas vor. »Zwei, wenn's sein muss.«

Sie entrang ihm die Taschenlampe und ging auf den Eingang zu.

Die Tür stand offen. Auf der Schwelle lagen die Überreste eines Vorhängeschlosses. Sie richtete den Lichtstrahl auf die Metallteile und kniete nieder, um sie zu untersuchen. Ein Stück, das zum Hauptteil des Schlosses gehört zu haben schien, betrachtete sie aus der Nähe. Das Metall sah aus, als wäre es innen geplatzt.

»Ein Schuss direkt ins Schlüsselloch«, urteilte Vargas hinter ihr. »Einbrecher hohen Kalibers.«

»Wenn es denn Einbrecher waren.« Sie ließ das Teil fallen und stand auf.

»Riechen Sie, was ich rieche?«, fragte Vargas.

Sie nickte bloß und trat in die Eingangshalle, wo sie vor einer weißlichen Marmortreppe stehen blieb, die ins Dunkel hinaufführte. Das Schein der Taschenlampe verlor sich darin. Oben schaukelte das Skelett einer alten Glaslampe.

»Ich würde dieser Treppe nicht trauen«, warnte Vargas.

Auf jeder Stufe verweilend, stiegen sie langsam hinauf. Der Lichtstrahl durchdrang die Schatten auf vier bis fünf Meter, ging dann in einen blassen Schein über und versank im Dunkeln. Der Gestank, den sie beim Eintreten wahrgenommen hatten, war noch immer da, doch je weiter sie die Stufen hinaufstiegen, desto kräftiger strich ihnen eine feucht-frische Brise, die aus der oberen Etage zu kommen schien, übers Gesicht.

Im ersten Stock angelangt, sahen sie sich einer Galerie gegenüber, von der ein langer Korridor ausging, an dessen Ende das Mondlicht durch eine Reihe von Innenfenstern hereinsickerte. Die meisten Türen waren ausgehängt, die Zimmer ohne Möbel oder Vorhänge. In all die toten Räume hineinspähend, gingen sie durch den Korridor. Der Boden war mit einer Staubschicht bedeckt, einem Ascheteppich, der unter ihren Füßen knirschte. Alicia richtete die Taschenlampe auf eine Spur von Tritten, die sich im Schatten verloren.

»Die sind noch nicht alt«, flüsterte sie.

»Wahrscheinlich ein Bettler oder sonst ein Strolch, der sich eingeschlichen hat, um allenfalls noch etwas mitlaufen zu lassen.«

Alicia hörte nicht auf ihn und folgte der Spur. Sie gingen auf der Galerie weiter bis zur Südostecke des Hauses, wo sich die Spur verlor. Vor der Schwelle des Zimmers, das offensichtlich der Hauptraum gewesen sein musste, das Schlafzimmer des Ehepaars Mataix, blieb Alicia stehen. Es war sozusagen leer, und die Einbrecher hatten sogar die Tapete von den Wänden gerissen. Die Deckentäfelung hatte bereits ein wenig nachgegeben, so dass ein Teil davon wie ein ausgezogener Balg aussah, der eine falsche Perspektive und die Illusion hervorrief, das Zimmer sei tiefer, als es wirklich war. Ganz hinten sah man das schwarze Loch des Schranks, wo sich Mataix' Frau umsonst versteckt hatte, um ihre Töchter zu beschützen. Sie spürte einen Anflug von Übelkeit.

»Da gibt's nichts mehr«, bemerkte Vargas.

Alicia machte sich wieder auf den Rückweg. Der Gestank nahm erneut zu, ein fauliges Parfüm, das gleichsam aus den Eingeweiden des Hauses zu stammen schien. Langsam stieg sie die Stufen hinunter, Vargas' Schritte hinter sich. Als sie auf den Ausgang zustrebte, bemerkte sie eine Bewegung zu ihrer Rechten und blieb stehen. Sie näherte sich der Schwelle eines Raums mit einer großen Fensterfront. Teilweise war das Parkett herausgerissen, und

in den Überresten eines improvisierten Feuers erkannte man ver-
kohlte Stuhlbeine und Buchrücken.

Zuhinterst im Raum schaukelte eine Holzplatte hin und her,
hinter der sich ein schwarzer Schacht auftat. Vargas blieb neben
ihr stehen und zog den Revolver. Ganz langsam gingen sie auf
die Platte zu, beide je auf einer Seite. Bei der Wand angekommen, öffnete Vargas die in die Intarsienarbeit eingelassene Tür, als
die sich die Holzplatte entpuppte, und nickte. Alicia richtete den
Strahl der Taschenlampe hinein. Eine lange Treppe führte in den
Keller hinunter. Sie nahm einen von unten heraufsteigenden, von
Aasgeruch gesättigten Luftstrom wahr und hielt sich die Hand vor
Mund und Nase. Vargas nickte noch einmal und ging voran. Sich
an den Wänden entlangtastend und jede Stufe prüfend, um keinen Fehltritt zu machen und ins Leere zu stürzen, stiegen sie vorsichtig hinunter.

Am Fuß der Treppe fanden sie sich in einer Art Gewölbe wieder, das die gesamte Grundfläche des Hauses einnahm. Das ganze
Gewölbe war mit einer Reihe horizontaler Fenster ausgestattet,
durch die ein fahles Licht eindrang, das in einem dunstigen Hauch
auf dem Boden festsaß. Alicia wollte einen Schritt vorwärts tun,
doch Vargas hielt sie zurück. Erst da ging ihr auf, dass das, was
sie für einen Fliesenboden gehalten hatte, in Wirklichkeit Wasser
war. Das unterirdische Schwimmbecken des Zuckerkaisers hatte
seine smaragdgrüne Farbe eingebüßt und war nun ein schwarzer
Spiegel. Sie traten an seinen Rand, und Alicia ließ den Lichtstrahl
über die Oberfläche wandern. Ein Netz von grünlichen Algen bewegte sich darunter. Von da kam der Gestank. Sie deutete auf den
Grund des Beckens.

»Da unten ist was.«

Sie hielt die Lampe näher ans Wasser, das nun gespenstisch hell
wurde.

»Sehen Sie's?«, fragte sie.

Auf dem Grund bewegte sich langsam eine schwärzliche Masse.
Vargas schaute sich um und entdeckte den Stiel eines Rechens
oder dicken Besens, der zur Reinigung des Schwimmbeckens

gedient hatte. Vargas tauchte ihn ein und versuchte, die dunkle Form zu erwischen. Als er sie streifte, drehte sie sich um sich selbst und schien sich ganz langsam auseinanderzufalten.

»Vorsicht«, warnte er.

Er spürte, wie der Metallstiel auf etwas Festes stieß, und bewegte ihn kräftig. Der Schatten stieg langsam vom Grund empor. Alicia trat ein paar Schritte zurück. Vargas begriff als Erster, worum es sich handelte.

»Schauen Sie weg«, murmelte er.

Zuerst erkannte sie den Anzug, denn sie hatte ihn an dem Tag begleitet, da er ihn in einer Schneiderei in der Gran Vía gekauft hatte. Das Gesicht, nun an der Oberfläche, war kreideweiß, die Augen zwei polierte Marmorovale, die um die Pupillen herum in einem Netz von Kapillaren von dunklen Linien durchzogen waren. Die Narbe auf der Wange, die auf Alicias Konto ging, hatte sich purpurn verfärbt und leuchtete wie ein Brandmal. Der Kopf neigte sich zur Seite, so dass der tiefe Schnitt, der ihm am Hals beigebracht worden war, offen dalag.

»Lomana«, stammelte sie.

Als sie die Augen wieder öffnete, versank die Leiche eben, um dann irgendwo im Wasser zu schwimmen und sich mit zum Kreuz gebreiteten Armen zu drehen. Alicia wandte sich zu Vargas um, der sie fassungslos anschaute.

»Vilajuana hatte mir gesagt, er habe ihn hierhergeschickt«, sagte sie. »Jemand muss ihm gefolgt sein.«

»Oder vielleicht fand er etwas vor, was er nicht erwartet hatte.«

»Wir können ihn nicht dalassen. So nicht.«

»Ich übernehme das. Aber inzwischen hauen wir hier ab«, sagte er, nahm sie am Arm und führte sie sanft zur Treppe.

»Die Leiche liegt seit mindestens zwei oder drei Wochen hier, Alicia. Lange vor Ihrem Eintreffen in Barcelona.«

Sie schloss die Augen und nickte.

»Das heißt, dass der, der in Ihre Wohnung eingedrungen ist und das Buch mitgehen ließ, nicht Lomana war.«

»Ich weiß.«

Sie wollten eben hinaufsteigen, als Vargas stehen blieb und sie zurückhielt. Knarrende Schritte im oberen Stock widerhallten im Gewölbe. Vargas folgte dem Geräusch der Schritte mit undurchdringlichem Blick.

»Da ist mehr als einer«, sagte er mit kaum hörbarer Stimme.

Einen Augenblick schienen die Schritte innezuhalten, dann entfernten sie sich. Alicia wollte erneut die Treppe hinaufsteigen, als sie oben wieder ein Geräusch vernahmen. Sie hörten die Treppe knarren und das Echo einer Stimme und wechselten einen Blick. Alicia knipste die Taschenlampe aus. Jeder stellte sich auf einer Seite der untersten Stufen in den Schatten. Vargas richtete den Revolverlauf auf das Ende der Treppe und spannte den Bolzen. Die Schritte kamen näher. Einige Sekunden später erschien eine Gestalt auf den letzten Stufen. Bevor sie einen weiteren Schritt tun konnte, setzte Vargas dem Fremden den Revolver auf die Schläfe, bereit, ihm das Hirn in die Luft zu blasen.

13

Die Berührung einer Feuerwaffe auf der Haut war wie Tütenpudding: etwas, woran sich Fermín nie gewöhnen konnte, obwohl er es unendlich oft erlebt hatte.

»Es sei vorweggenommen – wir kommen in friedlicher Absicht«, sagte er mit geschlossenen Augen und erhobenen Händen zum Zeichen bedingungsloser Kapitulation.

»Fermín, Sie sind es?«, fragte Alicia verdutzt.

Noch bevor er eine Antwort formulieren konnte, erschien Daniel auf der Schwelle und blieb wie versteinert stehen, als er Vargas' Waffe am Kopf seines Freundes sah. Vargas stieß hörbar Luft aus und ließ den Revolver sinken. Fermín entfuhr ein ängstlicher Seufzer.

»Darf man erfahren, was zum Teufel Sie hier zu suchen haben?«, fragte Alicia.

»Sieh an, Sie haben meine Gedanken gelesen«, sagte Fermín.

Alicia sah sich den anklagenden Blicken Daniels und Fermíns gegenüber und wog ihre Möglichkeiten ab.

»Ich hab es Ihnen ja gesagt, Daniel. Schauen Sie sie an, wie sie Böses ausheckt, perfide Lamia, die sie ist.«

»Was ist denn eine Lamia?«, fragte Vargas.

»Ohne Ihnen nahetreten zu wollen, Herr Kanonier, aber wenn Sie ein bisschen weniger mit dem Revolver spielten und dafür öfter im Wörterbuch blätterten, hätten Sie das nicht zu fragen brauchen.«

Vargas trat einen Schritt vor und Fermín fünf zurück. Alicia hob die Hände zum Zeichen des Waffenstillstands.

»Ich glaube, Sie sind uns eine Erklärung schuldig, Alicia«, sagte Daniel.

Sie schaute ihm fest in die Augen und nickte, während sie zu einem so sanften Blick wechselte, dass er die Verdächtigungen der ganzen Welt hinweggefegt hätte. Fermín stieß Daniel mit dem Ellbogen an.

»Behalten Sie die Durchblutung oberhalb des Halses, Daniel, und lassen Sie sich nicht einseifen.«

»Hier will niemand jemanden einseifen, Fermín«, sagte Alicia.

»Das sollte man der schwimmenden Leiche hier sagen«, murmelte Fermín und zeigte in das trübe Wasser des Schwimmbeckens. »Ein Bekannter von Ihnen?«

»Für all das gibt es eine Erklärung«, begann sie.

»Alicia …«, sagte Vargas mahnend.

Sie machte eine versöhnliche Handbewegung und trat auf Fermín und Daniel zu.

»Leider ist es keine einfache Erklärung.«

»Geben Sie uns eine Chance. Wir sind ziemlich viel weniger blöd, als wir aussehen, zumindest meine Wenigkeit, während mein Freund Daniel da noch mit der Überwindung des Dummkopfalters kämpft.«

»Lassen Sie sie doch reden, Fermín«, unterbrach ihn Daniel.

»Ich habe schon weniger giftige Schlangenzungen gesehen.«

»Warum gehen wir nicht zuerst einmal hier raus und irgendwohin, wo wir uns in Ruhe unterhalten können?«, schlug Alicia vor.

Vargas schüttelte den Kopf und gab deutlich zu verstehen, dass er den Vorschlag missbilligte.

»Und wie sollen wir wissen, dass das kein Hinterhalt ist?«, fragte Fermín.

»Weil Sie beide den Ort aussuchen.«

Daniel und Fermín wechselten einen Blick.

Sie durchquerten den Garten und gingen zum Taxi zurück, wo sich Cipriano einer Wolke von Celtas ohne Filter überlassen hatte und sich dazu eine tiefschürfende Rundfunkplauderei über die entscheidenden Probleme der Bürger anhörte: die Fußballliga und die Entwicklung eines Hallux an Kubalas linkem Fuß im Hinblick auf das Spiel Madrid–Barcelona am kommenden Sonntag. Dem Imperativ des Körperumfangs gehorchend, setzte sich Vargas auf den Beifahrersitz, und die übrigen drängten sich auf der Rückbank so gut wie möglich zusammen.

»Waren Sie nicht zu zweit?«, erkundigte sich der Fahrer und überlegte, ob er es wohl mit den Celtas übertrieben hatte.

Vargas ließ ein Grunzen hören. Alicia hatte sich in ihre Geheimnisse verkrochen (wahrscheinlich um sich das gewaltige Lügenmärchen zurechtzulegen, das sie ihnen aufzutischen versuchen würde, wie Fermín vermutete). Daniels Verstand schien zu getrübt durch den Kontakt, den der Schenkel der verschlagenen jungen Dame mit seinem rechten Bein anknüpfte, um einen Gedanken zu fassen oder ein Wort zu artikulieren. Da nur Fermín die Kontrolle über seine Fähigkeiten und sein Urteilsvermögen aufrechterhielt, ergriff der das Wort und erteilte die Navigationsinstruktionen.

»Passen Sie auf, Chef, seien Sie so gut und bringen Sie uns ins Raval, wo Sie uns beim Can Lluís absetzen wollen.«

Allein die Nennung seines Lieblingsrestaurants im ganzen bekannten Universum und geistigen Zufluchtsorts in Momenten der Kümmernis gab ihm die vitale Spannkraft zurück, denn Reibereien mit den Ordnungshütern, die ihm das Hirn in die Luft jagen wollten, lösten immer einen Bärenhunger in ihm aus. Cipriano fuhr im Rückwärtsgang bis zur Carretera de Vallvidrera und dann in das dem Hügel zu Füßen liegende Barcelona zurück. Auf der Fahrt bergab Richtung Sarriá betrachtete Fermín verstohlen den Nacken des Mannes auf dem Beifahrersitz, Alicias Begleiter, der Leibwache und brutale Kraft verkörperte. Er roch von Kopf bis Fuß nach Polizist, und zwar nach einem der hochkarätigen Sorte. Vargas spürte offenbar Fermíns Blick wie eine dicke Nadel im Genick – er wandte sich um und gab ihm einen der seinen zurück, von der Art, wie sie das Gedärm der Unglücklichen lockerten, wenn sie unterwegs zum Gefängnis waren. Dieses Männchen, von Alicia Fermín genannt, kam ihm vor wie ein aus einer apokryphen Romanze von Lazarillo de Tormes Entsprungener.

»Verlassen Sie sich nicht allzu sehr auf mein Aussehen als Schwachmatikus«, sagte das Männchen. »Alles, was Sie da sehen, sind Muskeln und Kampfgeist. Betrachten Sie mich eher als valenzianische Riesenpuppe in Zivil.«

»Fermín, nicht wahr?«

»Und wer stellt diese Frage?«

»Nennen Sie mich Vargas.«

»Oberleutnant?«

»Hauptmann.«

»Hoffentlich haben Euer Exzellenz keine Einwände religiöser Natur gegen gutes Tafeln und die katalanische Küche.«

»Nicht im Geringsten. Und tatsächlich habe ich ziemlich Hunger. Ist dieses Can Lluís gut?«

»Sublim. Wie ein Schenkel von Rita Hayworth in Netzstrümpfen.«

Vargas lächelte.

»Die beiden sind schon Freunde geworden«, sagte Alicia. »Die Diktate von Magen und Schamteilen verbinden die Männer.«

»Beachten Sie sie nicht, Fermín. Alicia isst nie, wenigstens nichts Festes«, erklärte Vargas. »Sie ernährt sich, indem sie den Unbedachten die Seele ausschlürft.«

Gegen ihren Willen tauschten Fermín und Vargas ein komplizenhaftes Lächeln.

»Hören Sie das, Daniel?«, ließ Fermín fallen. »Bestätigt durch die Polizeidirektion im Hauptmannsgrad.«

Alicia drehte den Kopf und bemerkte, dass Daniel sie aus dem Augenwinkel ansah.

»Auf närrische Worte gehören taube Ohren«, sagte sie.

»Keine Angst, ich glaube nicht, dass er neben dem Schlürfen noch etwas registriert hat.«

»Warum halten Sie nicht alle den Mund, und wir fahren in Frieden?«, sagte Daniel.

Und so gelangten sie, alle in ihr Schweigen gehüllt und dem Radio und seinem epischen Bericht über die Fußballliga ausgeliefert, vors Can Lluís.

14

Fermín entstieg dem Taxi wie ein halbverhungerter Schiffbrüchiger, wenn er nach Wochen an ein Stück Holz geklammert die Küste erreicht. Der Wirt des Lokals, ein alter Freund von ihm, empfing ihn mit einer Umarmung und grüßte Daniel herzlich. Als er Vargas und Alicia bemerkte, maß er sie mit einem argwöhnischen Blick, doch Fermín flüsterte ihm etwas ins Ohr, und er nickte und bat sie herein.

»Eben heute haben wir mit Professor Albuquerque beim Mittagessen von Ihnen gesprochen und uns gefragt, in was für ein Abenteuer Sie wohl wieder verwickelt sind.«

»Nichts weiter, unbedeutende häusliche Verstrickungen. Man ist nicht mehr der von ehedem.«

»Wenn es Ihnen recht ist, gebe ich Ihnen das Tischchen dort hinten, da sind Sie ungestört.«

Sie ließen sich in einer Ecke des Restaurants nieder, Vargas wählte instinktiv den Stuhl mit Blick auf den Eingang.

»Was darf ich Ihnen bringen?«, fragte der Wirt.

»Überraschen Sie uns, mein Freund. Ich habe bereits gegessen, aber bei all diesen Aufregungen würde ich einen schönen nächtlichen Imbiss nicht ablehnen, und der Hauptmann da sieht aus, als würde er nur Gefängniskost kennen. Den jungen Menschen hier dürfen Sie Limonade bringen, und sie mögen schauen, wie sie zurechtkommen, brav, wie sie sind«, sagte Fermín.

»Für mich ein Glas Weißwein, bitte«, sagte Alicia.

»Ich habe einen hervorragenden Penedès.«

Sie nickte.

»Ich bring Ihnen also ein paar Häppchen, und wenn Sie sonst noch etwas wollen, sagen Sie es mir jederzeit.«

»Antrag einstimmig angenommen«, erklärte Fermín.

Der Wirt ging mit der Bestellung in die Küche und ließ sie in ihrem dichten Schweigen zurück.

»Was sagten Sie eben, Alicia?«, forderte Fermín sie zum Sprechen auf.

»Was ich Ihnen erzählen werde, muss unter uns bleiben.«

Daniel und Fermín schauten sie unverwandt an.

»Sie werden mir Ihr Wort geben müssen«, beharrte sie.

»Das Wort gibt man dem, der es hat«, entgegnete Fermín. »Und Sie haben uns bis dahin, bei allem Respekt, noch keinen Beweis geliefert, dass dem so ist.«

»Sie werden mir eben vertrauen müssen.«

Fermín tauschte einen Blick mit Vargas. Der zuckte mit den Schultern.

»Mich brauchen Sie nicht anzuschauen«, sagte er. »Dasselbe hat sie mir vor ein paar Tagen gesagt, und hier haben Sie mich.«

Nun erschien ein Kellner mit einem Tablett und lud einige Tapas und etwas Brot auf dem Tisch ab. Fermín und Vargas griffen zu, ohne sich bitten zu lassen, während Alicia bedächtig ihren Wein genoss und eine Zigarette rauchte. Daniel versenkte den Blick im Tisch.

»Wie finden Sie das Essen?«, fragte Fermín.

»Kolossal. Um Tote zum Leben zu erwecken.«

»Dann versuchen Sie mal diese Frikandeau-Tapa, mein Hauptmann, und Sie werden diesen Ort mit dem Loblied der Jungfrau von Montserrat auf den Lippen verlassen.«

Daniel betrachtete diese beiden Gestalten, die unterschiedlicher nicht hätten sein können, wie sie alles verschlangen, was vor ihnen stand, wie Löwen ihre Beute.

»Wie oft können Sie zu Abend essen, Fermín?«

»So oft, wie es vor mich hingestellt wird. Diese jungen Leute, die den Krieg nicht an vorderster Front erlebt haben, können das nicht verstehen, mein Hauptmann.«

Vargas nickte und leckte sich die Finger. Alicia, die die Szene mit schicksalergebenem Blick verfolgte, bedeutete dem Kellner, ihr noch ein Glas Wein zu bringen.

»Steigt Ihnen das nicht in den Kopf, wenn Sie dabei nichts Festes zu sich nehmen?«, fragte Fermín und säuberte seinen Teller mit einem großen Stück Brot.

»Es ist mir egal, wenn er hinaufsteigt. Wichtiger ist mir, dass er nicht hinunterfließt.«

Bei Kaffee und einer Batterie Schnaps lehnten sich Fermín und Vargas zufrieden zurück, und Alicia drückte die Zigarette im Aschenbecher aus.

»Ich weiß nicht, wie es Ihnen geht, aber ich bin ganz Ohr«, sagte Fermín.

Sie beugte sich vor und senkte die Stimme.

»Ich gehe davon aus, dass Sie wissen, wer Minister Mauricio Valls ist.«

»Mein Freund Daniel vom Hörensagen«, lächelte Fermín maliziös, »während ich direkt mit ihm in Berührung gekommen bin.«

»Dann werden Sie festgestellt haben, wenn Sie dem Fall Ihre Aufmerksamkeit gewidmet haben, dass man ihn seit längerer Zeit nicht mehr in der Öffentlichkeit gesehen hat.«

»Jetzt, da Sie es sagen …«, stimmte Fermín bei. »Obwohl der

eigentliche Experte in Sachen Valls Daniel hier ist, der in freien Stunden ins Athenäumsarchiv geht, um Nachforschungen über das Leben und die Wunder dieses wichtigen Mannes anzustellen, ein alter Bekannter der Familie.«

Alicia wechselte einen Blick mit Daniel.

»Vor drei Wochen ist Valls aus seinem Haus in Somosaguas verschwunden, ohne eine Spur zu hinterlassen. Er ist im Morgengrauen in Begleitung seines Chefleibwächters in seinem Wagen weggefahren, der nach einigen Tagen verlassen in Barcelona aufgefunden wurde. Seither hat ihn niemand mehr gesehen.«

Sie sah, wie ein Schwall trüber Emotionen Daniels Blick aufweckte.

»Die Ermittlungen der Polizei deuten darauf hin, dass Valls das Opfer einer Verschwörung geworden ist, mit der angebliche betrügerische Transaktionen mit den Aktien einer Bank hätten gerächt werden sollen.«

Daniel schaute sie verdutzt und mit wachsender Empörung an.

»Wenn Sie Ermittlungen sagen«, meldete sich Fermín zu Wort, »wen meinen Sie damit?«

»Die Generaldirektion der Polizei und andere Kräfte der öffentlichen Ordnung.«

»Hauptmann Vargas kann ich zwar in dieser Funktion sehen, aber Sie, ehrlich …«

»Ich arbeite, oder besser gesagt: habe gearbeitet, für einen dieser Dienste, die die Polizei bei diesen Ermittlungen unterstützt haben.«

»Hat dieser Dienst auch einen Namen?«, fragte Fermín skeptisch. »Denn wie eine Guardia Civil sehen Sie nicht gerade aus.«

»Nein.«

»Aha. Und der Verstorbene, den schwimmen zu sehen wir heute Abend das Vergnügen hatten?«

»Ein ehemaliger Kollege von mir.«

»Also ist es vermutlich der Kummer, der Ihnen den Appetit verschlagen hat …«

»Das Ganze ist eine riesige Lügengeschichte«, fiel Daniel ein.

»Daniel«, sagte sie und legte versöhnlich eine Hand auf die seine.

Er zog sie zurück und starrte sie an.

»Was sollte es dann also, sich für eine alte Freundin der Familie auszugeben, die Buchhandlung, meine Frau und meinen Sohn zu besuchen und sich in die Familie einzuschleichen?«

»Daniel, das ist kompliziert, erlauben Sie mir …«

»Ist Ihr Name tatsächlich Alicia? Oder haben Sie den bei einer alten Erinnerung meines Vaters ausgeliehen?«

Jetzt war es Fermín, der sie anstarrte, als säße er einem Gespenst aus seiner Vergangenheit gegenüber.

»Ja. Mein Name ist Alicia Gris. Und ich habe Sie hinsichtlich meiner Person nicht belogen.«

»Nur in Bezug auf alles andere«, sagte Daniel.

Vargas behielt sein Schweigen bei und überließ Alicia das Wort. Sie seufzte, zeigte eine überzeugende Verwirrung und einen Ausdruck von Schuldbewusstsein, den Vargas keine Sekunde für echt hielt.

»Im Verlauf unserer Ermittlungen haben wir Indizien gefunden, dass Mauricio Valls mit Ihrer Mutter in Verbindung gestanden hatte, Doña Isabella, und mit einem ehemaligen Gefangenen im Montjuïc-Gefängnis namens David Martín. Der Grund, warum ich Sie in diese Geschichte mit hineingezogen habe, war der, dass ich Verdächtigungen ausräumen und mich vergewissern musste, dass die Familie Sempere nichts zu tun gehabt hatte mit …«

Daniel ließ ein bitteres Lachen hören und schaute sie mit tiefer Verachtung an.

»Sie müssen mich wohl für einen Vollidioten halten. Und wahrscheinlich bin ich das auch, da ich bisher noch nicht gemerkt hatte, wer Sie sind, Alicia, oder wie zum Teufel Sie heißen mögen.«

»Daniel, bitte …«

»Rühren Sie mich nicht an.«

Er stand auf und ging zum Ausgang. Alicia vergrub das Gesicht in den Händen. Sie suchte Unterstützung in Fermíns Blick, aber das Männchen schaute sie an wie eine auf frischer Tat ertappte Taschendiebin.

»Als ersten Versuch empfinde ich das als ziemlich schwach«, urteilte er. »Ich glaube, Sie schulden uns noch immer eine Erklärung, und zwar jetzt mehr denn je angesichts des Bären, den Sie uns aufzubinden versucht haben. Und dabei nicht mitgerechnet, was Sie mir schuldig sind. Wenn Sie denn wirklich *Alicia Gris* sind.«

Sie lächelte niedergeschlagen.

»Erinnern Sie sich wirklich nicht an mich, Fermín?«

Dieser schaute sie an wie ein Gespenst.

»Ich weiß schon gar nicht mehr, woran ich mich erinnere. Sind Sie von den Toten auferstanden?«

»Das könnte man so sagen.«

»Und wozu?«

»Ich versuche nur, Sie zu beschützen.«

»Das würde niemand meinen …«

Alicia stand auf und schaute Vargas an, der nickte.

»Gehen Sie ihm nach«, sagte er. »Ich kümmere mich um Lomana und gebe Ihnen sobald wie möglich Bescheid.«

Sie nickte und machte sich auf die Suche nach Daniel. Fermín und Vargas blieben allein zurück und schauten sich schweigend an.

»Ich glaube, Sie behandeln sie allzu hart«, sagte Vargas.

»Wie lange kennen Sie sie schon?«

»Ein paar Tage.«

»Dann sind Sie ja wohl in der Lage zu bestätigen, dass sie ein lebendes Wesen und kein Gespenst ist?«

»Ich glaube, sie wirkt nur so.«

»Trinken tut sie allerdings wie ein Schwamm, das stimmt.«

»Sie machen sich keine Vorstellung.«

»Ein kleiner Kaffee mit Schnaps vor der Rückkehr ins Haus des Horrors?«, bot Fermín an.

Vargas nickte.

»Benötigen Sie Begleitung und logistische Unterstützung bei der Bergung des Leichnams?«

»Vielen Dank, Fermín, aber das erledige ich besser allein.«

»Dann sagen Sie mir doch eines, und bitte täuschen Sie mich nicht, denn wir haben beide schon zu viele Stierkämpfe hinter uns gebracht, um die Banderilleros zu spielen. Meine ich das nur, oder ist diese Geschichte wirklich noch viel fauler, als sie riecht?«

Vargas zauderte und sagte schließlich:

»Sehr viel fauler.«

»Aha. Und dieses zweibeinige Exkrement von Valls, lebt er noch, oder züchtet er vergiftete Malven?«

Vargas, den die in diesen Tagen angehäufte Müdigkeit unvermittelt überfallen zu haben schien, schaute ihn geschlagen an.

»Ich glaube, das, mein lieber Freund, ist das Allerwenigste.«

15

In der Ferne war Daniels Gestalt zu sehen, ein Schatten im Schutz der Straßenlaternen und Gässchen des Raval. Alicia ging, so schnell sie konnte. Nach kurzer Zeit erwachten die Schmerzen in der Hüfte. Je mehr sie nach Kräften den Abstand zu Daniel zu verringern versuchte, desto schwerer fiel ihr das Atmen, und ein Stich durchbohrte ihre Knochen. Auf den Ramblas angelangt, wandte sich Daniel um und warf ihr einen wütenden Blick zu, als er sie sah.

»Daniel, bitte, warten Sie auf mich«, sagte sie und hielt sich an einem Laternenpfahl fest.

Er ignorierte sie und ging mit raschen Schritten davon. Sie schleppte sich hinter ihm her. Der Schweiß lief ihr von der Stirn, und die ganze Flanke war nun eine offene, brennende Wunde.

An der Ecke zur Calle Santa Ana schaute Daniel über die Schulter zurück. Alicia war noch da, humpelte aber, was ihn verwirrte. Einen Augenblick blieb er stehen, um sie zu beobachten, und sah sie winken, um ihn auf sich aufmerksam zu machen. Er schüttelte den Kopf. Er wollte eben die letzten Meter nach Hause in Angriff nehmen, da sah er sie umkippen, als wäre etwas in ihr zerbrochen. Er wartete einige Sekunden, doch sie stand nicht auf. Zögernd trat er näher und sah, dass sie sich am Boden wand. Das Licht der Laterne entblößte den Schweiß auf ihrer Stirn und das schmerzverzerrte Gesicht. Er war versucht, sie einfach ihrem Schicksal zu überlassen, doch dann trat er zu ihr und kniete neben ihr nieder. Sie schaute ihn mit tränenüberströmtem Gesicht an.

»Spielen Sie Theater?«, fragte er.

Sie streckte die Hand nach ihm aus. Er ergriff sie und half ihr beim Aufstehen. Unter seinen Händen zitterte ihr Körper vor Schmerzen, und er verspürte einen Anflug von schlechtem Gewissen.

»Was ist mit Ihnen?«

»Eine alte Verletzung«, keuchte sie. »Ich muss mich setzen, bitte.«

Er legte seinen Arm um ihre Hüfte und führte sie zu einem Café an der Mündung zur Calle Santa Ana, das immer erst spät schloss. Der Kellner kannte ihn, und Daniel wusste, dass sich bis am nächsten Tag im halben Viertel die detaillierte Nachricht verbreitet hätte, dass er gegen Mitternacht mit einer jungen Frau von anrüchigen Reizen in den Armen hier aufgekreuzt war. Er führte sie an einen Tisch beim Eingang und half ihr, sich zu setzen.

»Wasser«, flüsterte sie.

Er trat an die Theke und sagte zum Kellner:

»Gib mir ein Wasser, Manuel.«

»Bloß ein Wasser?«, fragte der und blinzelte ihm komplizenhaft zu.

Daniel hielt sich nicht mit Erklärungen auf und ging mit der Flasche und einem Glas zum Tisch zurück. Alicia hielt eine Tablettendose in der Hand und versuchte umsonst, sie zu öffnen. Er übernahm es für sie. Sie schluckte zwei Pillen mit etwas Wasser, das ihr übers Kinn rann und dann den Hals hinunterlief. Daniel schaute sie besorgt und ratlos an. Sie öffnete die Augen und schenkte ihm die Andeutung eines Lächelns.

»Es wird mir gleich wieder bessergehen.«

»Vielleicht wirkt es schneller, wenn Sie etwas essen.«

Sie schüttelte den Kopf.

»Ein Glas Weißwein, bitte.«

»Sie glauben, es ist eine gute Idee, Alkohol mit diesen …«

Sie nickte, und er ging den Wein holen.

»Manuel, ein Glas Weißwein und etwas zum Knabbern.«

»Ich habe leckere Schinkenkroketten.«

»Was auch immer.«

Wieder am Tisch, redete er so lange auf sie ein, bis sie anderthalb Kroketten zum Wein und diesen weißen Tabletten aß. Nach und nach bekam sie die Kontrolle über sich zurück und lächelte ihn an, als wäre nichts gewesen.

»Es tut mir leid, dass Sie mich so sehen mussten.«

»Fühlen Sie sich jetzt besser?«

Sie bejahte, obwohl ihre Augen eine glasige, flüssige Färbung angenommen hatten, als befände sich ein Teil von ihr in weiter Ferne.

»Das ändert aber nichts«, sagte Daniel.

»Kann ich verstehen.«

Er merkte, dass sie beim Sprechen die Wörter gleichsam nachschleppte.

»Warum haben Sie uns angelogen?«

»Ich habe Sie nicht angelogen.«

»Nennen Sie es, wie Sie wollen. Sie haben mir nur einen Teil der Wahrheit erzählt, das kommt auf eins heraus.«

»Die Wahrheit kenne nicht einmal ich, Daniel. Noch nicht. Selbst wenn ich wollte, könnte ich sie Ihnen nicht erzählen.«

Gegen seinen Willen fühlte er sich versucht, ihr zu glauben. Es würde sich ja zeigen, ob er noch blöder war, als Fermín annahm.

»Aber ich werde sie herausfinden. Ich werde dieser Geschichte auf den Grund gehen und versichere Ihnen, dass ich nichts vor Ihnen geheim halten werde.«

»Dann lassen Sie mich Ihnen helfen. In meinem eigenen Interesse.«

Sie verneinte.

»Ich weiß, dass Mauricio Valls meine Mutter umgebracht hat. Ich habe alles Recht der Welt, ihm ins Gesicht zu schauen und ihn zu fragen, warum. Mehr als Sie und Vargas.«

»Das stimmt.«

»Dann lassen Sie mich Ihnen helfen.«

Alicia lächelte ihm zärtlich zu, und Daniel blickte weg.

»Sie können mir helfen, indem Sie dafür sorgen, dass Ihrer Familie und Ihnen selbst nichts zustößt. Vargas und ich sind nicht die Einzigen, die diese Spur verfolgen. Es gibt noch mehr Leute – gefährliche Leute.«

»Ich habe keine Angst.«

»Gerade das macht mir Sorgen, Daniel. Haben Sie Angst. Große Angst. Lassen Sie mich das machen, was ich zu machen verstehe.«

Sie suchte seinen Blick und ergriff seine Hand.

»Ich schwöre Ihnen bei meinem Leben, dass ich Valls finden und sicherstellen werde, dass Ihnen und Ihrer Familie nichts geschieht.«

»Ich will nicht, dass mir nichts geschieht, ich will die Wahrheit wissen.«

»Was Sie wollen, Daniel, ist Rache.«

»Das geht nur mich etwas an. Und wenn Sie mir nicht erzählen, was sich da wirklich abspielt, werde ich es auf eigene Faust herausfinden. Ich meine es ernst.«

»Ich weiß. Darf ich Sie um einen Gefallen bitten?«

Er zuckte mit den Schultern.

»Geben Sie mir vierundzwanzig Stunden. Wenn ich diese Geschichte nicht in vierundzwanzig Stunden gelöst habe, verspreche ich Ihnen bei allem, was Sie lieben, dass ich Ihnen alles sagen werde, was ich weiß.«

Er schaute sie misstrauisch an.

»Vierundzwanzig Stunden«, gestand er ihr schließlich zu. »Ich muss Sie aber auch um einen Gefallen bitten.«

»Was immer es sei.«

»Erzählen Sie mir, warum Fermín sagt, dass Sie ihm eine Erklärung schulden. Eine Erklärung wofür?«

Sie senkte den Blick.

»Vor vielen Jahren, als ich ein kleines Mädchen war, hat er mir das Leben gerettet. Das war während des Krieges.«

»Weiß er das?«

»Wenn er es nicht weiß, dann ahnt er es zumindest. Er dachte, ich wäre tot.«

»Stammt diese Verletzung, die Sie da haben, von damals?«

»Ja.«

Die Art, wie sie das sagte, ließ ihn annehmen, dass das nur gerade eine der vielen Verletzungen war, die sie verbarg.

»Fermín hat auch mich gerettet«, sagte er. »Sehr oft.«

Sie lächelte.

»Manchmal schenkt uns das Leben einen Schutzengel.«

Sie machte Anstalten aufzustehen. Daniel ging um den Tisch herum, um ihr zu helfen, doch sie stoppte ihn.

»Es geht allein, danke.«

»Sind Sie sicher, dass diese Tabletten Sie nicht ein wenig …«

»Machen Sie sich keine Gedanken. Ich bin schon ein großes Mädchen. Los, kommen Sie, ich begleite Sie bis zu Ihrer Haustür. Das liegt auf meinem Weg.«

Sie gingen bis zum Eingang der Buchhandlung. Daniel zog den Schlüssel hervor. Sie schauten sich schweigend an.

»Ich habe Ihr Wort«, sagte er.

Sie nickte.

»Gute Nacht, Alicia.«

Sie blieb stehen und sah ihn reglos mit diesem glasigen Blick an, von dem Daniel nicht wusste, ob er dem Medikament oder dem bodenlosen Schacht zuzuschreiben war, der hinter diesen grünen Augen zu erraten war. Als er hineingehen wollte, stellte sich Alicia auf die Zehenspitzen und näherte ihre Lippen den seinen. Er wandte das Gesicht ab und der Kuss streifte seine Wange. Ohne ein weiteres Wort machte sie kehrt und ging davon, bis sie mit den Schatten verschmolz.

Bea hatte sie vom Fenster aus beobachtet. Sie hatte sie das Café verlassen und langsam auf die Haustür zukommen sehen, als die mitternächtlichen Glockenschläge über die Dächer der Altstadt hinwegklangen. Als Alicia sich Daniel näherte und er, verloren in ihrem Blick, reglos stehen blieb, krampfte sich ihr der Magen zusammen. Sie sah, wie sie sich auf die Zehenspitzen stellte und ihn auf die Lippen küsste. Da wandte sie den Blick ab.

Ganz langsam ging sie Richtung Schlafzimmer. Einen Augenblick blieb sie vor Juliáns Zimmer stehen, der tief schlief. Sie ließ die Tür angelehnt und ging dann ins Schlafzimmer zurück, wo sie sich ins Bett legte und auf das Geräusch der sich öffnenden Tür wartete. Daniels Schritte tappten leise durch den Gang. Sie blieb im Halbdunkel liegen, den Blick auf den wolkenlosen Himmel gerichtet. Sie hörte, wie er sich am Fußende des Bettes auszog und in den Pyjama schlüpfte, den sie ihm auf dem Stuhl bereitgelegt hatte. Sie spürte, wie sein Körper zwischen die Laken glitt. Als sie die Augen öffnete, sah sie, dass er ihr den Rücken zudrehte.

»Wo warst du?«

»Mit Fermín zusammen.«

16

Hendaya bot ihm eine Zigarette an, die Fernandito ablehnte.

»Ich bin Nichtraucher, danke.«

»Ein weiser Mann. Darum verstehe ich ja nicht, warum du nicht deinen Vater anrufst, damit er dich mit deinen Papieren abholt und sich hier alles klärt. Oder verbirgst du mir etwas?«

Fernandito schüttelte den Kopf. Hendaya lächelte freundlich, und Fernandito erinnerte sich, wie er erst vor wenigen Stunden dem Fahrer die Knie zerschossen hatte. Der dunkle Fleck am Hemdkragen war gut zu sehen.

»Ich verberge nichts.«

»Also?«

Hendaya schob ihm das Telefon wieder zu.

»Ein Anruf, und du bist frei.«

Mit Mühe brachte Fernandito heraus:

»Ich möchte Sie bitten, mich nicht zu diesem Anruf zu zwingen. Aus gutem Grund.«

»Aus gutem Grund? Und der wäre, lieber Alberto?«

»Wegen meinem Vater, er ist krank.«

»Ach ja?«

»Herzkrank. Vor zwei Monaten hatte er einen Infarkt und lag dann mehrere Wochen im Hospital Clínico. Jetzt ist er wieder zu Hause und erholt sich, aber sein Zustand ist sehr heikel.«

»Das tut mir leid.«

»Mein Vater ist ein guter Mensch. Ein Kriegsheld.«

»Ein Kriegsheld?«

»Er ist mit den nationalen Truppen in Barcelona eingezogen. Es gibt ein Foto von ihm, wie er durch die Diagonal defiliert, auf der Frontseite der *Vanguardia*. Sie steht eingerahmt in unserem Esszimmer. Er ist der Dritte von rechts. Sie sollten ihn sehen. Man ließ ihn in der vordersten Reihe marschieren wegen seinem heldenhaften Verhalten in der Ebroschlacht. Er war Obergefreiter.«

»Da seid ihr bestimmt alle sehr stolz auf ihn.«

»Das stimmt, aber seit der Sache mit meiner Mutter ist der Ärmste nicht mehr derselbe.«

»Mit deiner Mutter?«

»Sie ist vor vier Jahren gestorben.«

»Herzliches Beileid.«

»Danke. Wissen Sie, was sie mir als Letztes gesagt hat, bevor sie starb?«

»Nun?«

»Sorge für deinen Vater, und bereite ihm keinen Verdruss.«

»Und hast du auf sie gehört?«

Zerknirscht senkte Fernandito den Blick und schüttelte den Kopf.

»Ich bin wirklich nicht der Sohn gewesen, wie ihn meine Mutter erzogen hat, und auch nicht der, den mein Vater verdient. So wahr ich hier stehe, ich bin ein Spinner.«

»Und ich habe dich für einen guten Jungen gehalten …«

»Keine Rede. Ein verrückter Kerl, das bin ich. Ich mache nichts anderes als meinem armen Vater Verdruss bereiten, als hätte er nicht sonst schon genug Kummer. Wenn man mich bei der Arbeit einmal nicht rausschmeißt, stromere ich rum und vergesse natürlich meine Papiere, Sie sehen ja. Der Vater ein Kriegsheld und der Sohn ein Taugenichts.«

Hendaya betrachtete ihn wachsam.

»Muss ich aus alledem schließen, dass du, wenn du deinen Vater anrufst und ihm sagst, dass man dich auf dem Revier festhält, weil du deine Papiere nicht bei dir hast, ihm schon wieder Verdruss bereitest?«

»Und zwar den letzten, glaube ich. Wenn ihn ein Nachbar im Rollstuhl herbringen muss, um mich abzuholen, dann, glaube ich, stirbt er vor Scham und Kummer, dass sein Sohn so ein unmöglicher Kerl geworden ist.«

»Verstehe, Alberto, aber du musst auch mich verstehen. Du bringst mich in eine Zwickmühle.«

»Ja, und das, nachdem Sie doch schon so viel Geduld mit mir gehabt haben, wo ich sie gar nicht verdiene. Wäre es bloß meinetwegen, würde ich sagen, Sie sollen mich einlochen zusammen mit dem größten Abschaum, damit ich meine Lektion lerne. Aber ich flehe Sie an, noch einmal darüber nachzudenken wegen meinem armen Vater. Ich schreibe Ihnen auf der Stelle meinen Namen und die Adresse auf, und Sie können morgen kommen und einen x-beliebigen Nachbarn fragen, wenn möglich am Morgen, denn dann schläft mein Vater wegen den Medikamenten.«

Hendaya nahm den Zettel, den ihm Fernandito reichte, und las:

»Alberto García Santamaría, Calle Comercio 37, fünfter Stock, erste Tür. Und wenn dich nun einige Beamte begleiten?«

»Wenn mein Vater, der nachts nicht schläft, sondern aus dem Fenster schaut und Radio hört, mich mit der Polizei anrücken sieht, wirft er mich raus, was nichts als recht wäre, und danach klappt er zusammen.«

»Und das wollen wir doch nicht.«

»Nein.«

»Und wie kann ich wissen, wenn ich dich gehen lasse, dass du nicht wieder ins gleiche Fahrwasser gerätst?«

Fernandito schaute das offizielle Porträt Francos an der Wand an und wurde feierlich.

»Weil ich es Ihnen bei Gott und dem Generalísimo schwöre, und wenn es nicht stimmt, dann soll ich auf der Stelle tot umfallen.«

Einige Augenblicke lang schaute ihn Hendaya neugierig und mit einer Spur Sympathie an.

»Ich sehe, dass du noch aufrecht bist, also musst du wohl die Wahrheit sagen.«

»Ja.«

»Pass auf, Alberto. Ich mag dich irgendwie, und es ist wirklich schon sehr spät, und ich bin müde. Ich will dir eine Chance geben. Das dürfte ich zwar nicht, denn Vorschrift ist Vorschrift, aber ich war auch einmal Sohn und nicht immer der beste. Du kannst gehen.«

Fernandito schaute ungläubig auf die Tür.

»Na los, bevor ich meine Meinung ändere.«

»Tausend Dank!«

»Du kannst dich bei deinem Vater bedanken. Und dass es nicht wieder vorkommt.«

Ohne sich lange zu besinnen, stand Fernandito auf, trocknete sich den Schweiß von der Stirn und verließ das Büro. In aller Ruhe durchquerte er den langen Raum der Politischen Polizei, und als er an den beiden Beamten vorbeikam, die ihn schweigend betrachteten und ihm bloß zunickten, erwiderte er ihren Gruß:

»Gute Nacht.«

Sowie er den Korridor erreichte, beschleunigte er seinen Schritt und ging auf die ins Erdgeschoss führenden Treppen zu. Erst als er die Schwelle hinter sich gebracht hatte und auf der Vía Layetana stand, erlaubte er sich, tief durchzuatmen und für sein Glück den Himmel, die Hölle und alles, was dazwischenlag, zu segnen.

Hendaya beobachtete ihn, wie er die Vía Layetana überquerte und die Straße hinunter losmarschierte. Er hörte die Schritte der beiden Beamten, die ihn hinter ihm bewacht hatten.

»Ich will wissen, wer er ist, wo er wohnt und wer seine Freunde sind«, sagte er, ohne sich umzudrehen.

17

Ein dicker, feuchter Nebel, der sich in den Kleidern festsetzte, lag in den Straßen von Vallvidrera, als Vargas aus dem Taxi stieg und auf die Lichter des Lokals neben der Zahnradbahnstation zuging. Um diese Zeit war es menschenleer, und an der Tür hing das *Geschlossen*-Schild. Vargas trat dicht an die Scheibe und spähte hinein. Hinter der Theke polierte ein Kellner Gläser auf Hochglanz in Gesellschaft des Radios und eines halbblinden Köters, den ein Floh nicht einmal für Geld angesprungen hätte. Vargas klopfte. Der Kellner blickte von seiner Langeweile auf, sah kurz zu ihm hin und schüttelte den Kopf. Vargas zückte seine Erkennungsmarke und klopfte erneut an die Scheibe, diesmal kräftiger. Der Kellner ging um die Theke herum und kam zur Tür. Der Hund, aus seiner Benommenheit gerissen, schleppte sich als hinkende Leibwache hinterher.

»Polizei«, sagte Vargas. »Ich muss Ihr Telefon benutzen.«

Der Kellner schloss auf, ließ ihn eintreten und deutete auf den Telefonapparat am Ende der Theke.

»Darf ich Ihnen was anbieten, wo Sie schon mal hier sind?«

»Einen kleinen Milchkaffee, wenn's genehm ist.«

Der Kellner machte sich ans Werk, und Vargas rief im Zentralrevier an. Der Hund setzte sich neben ihn, mit niedertourigem Schwanzwedeln, und betrachtete ihn aus schläfrigen Augen.

»Chusco, lass den Herrn in Ruhe«, warnte ihn der Kellner.

Während Vargas auf Antwort wartete, taxierten er und Chusco sich gegenseitig und verglichen Alter und Abnutzung.

»Wie alt ist der Hund?«

Der Kellner zuckte mit den Schultern.

»Als ich das Lokal übernahm, war er schon da und konnte nicht mal seine Fürze halten. Und das ist zehn Jahre her.«

»Was ist das für eine Rasse?«

»Tuttifrutti.«

Chusco ließ sich auf die Seite fallen und zeigte einen rosafarbenen, gerupften Bauch. Da räusperte sich in der Leitung eine Stimme, und Vargas sagte:

»Vargas, vom Zentralpräsidium. Verbinden Sie mich bitte mit Linares.«

Nach einer Weile vernahm er ein Knacken in der Leitung und dann Linares' leicht ironisch gefärbte Stimme.

»Ich dachte, du wärst schon wieder in Madrid und holst dir deine Medaillen ab, Vargas.«

»Ich bin noch ein paar Tage geblieben, in der Hoffnung, ein paar Barceloner Riesen und Großkopfzwerge zu sehen.«

»Begeistere dich nicht allzu sehr dafür, hier sind schon alle einschlägigen Stellen besetzt. Was kann ich zu dieser nachtschlafenden Zeit für dich tun? Und komm mir nicht mit schlechten Nachrichten.«

»Wird sich zeigen. Ich bin in Vallvidrera, in dem Lokal neben der Zahnradbahnstation.«

»Die schönste Aussicht von ganz Barcelona.«

»Das kannst du wohl sagen. Vor einer Weile habe ich in einem Haus in der Carretera de las Aguas eine Leiche gefunden.«

Er genoss Linares' Schnauben.

»Verdammte Scheiße, musste das sein?«

»Und willst du nicht wissen, wer der Dahingegangene ist?«

»Du würdest es mir ja doch nicht sagen.«

»Schon, wenn ich wüsste, wer es ist.«

»Vielleicht kannst du mir wenigstens sagen, warum du um diese Zeit dort oben alte Häuser inspizierst. Alpinismus?«

»Ich habe versucht, ungeklärte Fragen zu klären. Du weißt ja, wie das ist.«

»Jaja. Und vermutlich soll ich jetzt einen Richter aus dem Bett holen, um die Leiche zu beschauen.«

»Wenn es nicht zu viel verlangt ist.«

Linares schnaubte wieder. Vargas hörte ihn etwas rufen.

»Gib mir eine oder anderthalb Stunden. Und tu mir den Gefallen und finde keine weiteren Leichen mehr, wenn es dir nichts ausmacht.«

»Zu Befehl, mein Lieber.«

Vargas hängte auf und zündete sich eine Zigarette an. Auf der Theke erwartete ihn ein dampfender Kaffee. Der Kellner konnte seine Neugier nicht ganz verbergen.

»Sie haben nichts gehört«, wies ihn Vargas an.

»Seien Sie unbesorgt, ich bin noch tauber als Chusco.«

»Darf ich noch einen Anruf machen?«

Der Kellner nickte gleichgültig. Vargas wählte die Nummer der Calle Aviñón und musste mehrere Minuten auf eine Antwort warten. Schließlich hörte er, wie der Hörer abgehoben wurde und jemand atmete.

»Ich bin's, Alicia. Vargas.«

»Vargas?«

»Sagen Sie nicht, Sie hätten mich schon vergessen.«

Lange Pause. Ihre Stimme klang wie aus einem Goldfischglas heraus.

»Ich dachte, es wäre Leandro«, sagte sie schließlich schleppend.

»Sie klingen seltsam. Haben Sie getrunken?«

»Wenn ich trinke, klinge ich nicht seltsam, Vargas.«

»Was haben Sie denn genommen?«

»Ein Gläschen heiße Milch vorm Beten und Zubettgehen.«

»Wo haben Sie gesteckt?«

»Ich habe etwas getrunken mit Daniel Sempere.«

Vargas schwieg lange.

»Ich weiß, was ich tue, Vargas.«

»Wenn Sie meinen.«

»Und wo sind Sie?«

»In Vallvidrera. Ich warte auf die Polizei und den Richter, damit sie die Leiche zur Obduktion freigeben.«

»Was haben Sie ihnen gesagt?«

»Dass ich zu Mataix' Haus gegangen bin, um einige ungeklärte Fragen zu klären, und dabei auf eine Überraschung gestoßen bin.«

»Und das haben sie geschluckt?«

»Nein, aber ich habe gute Freunde im Präsidium.«

»Und was gedenken Sie ihnen über die Leiche zu erzählen?«

»Dass ich den Mann nie zuvor gesehen habe. Was technisch gesehen sogar stimmt.«

»Wissen Ihre Freunde, dass Sie von dem Fall abgezogen wurden?«

»Vermutlich haben sie es noch vor mir erfahren. Wer nicht zuerst kommt, mahlt zuletzt.«

»Sobald die Leiche identifiziert ist, wird die Nachricht nach Madrid gelangen. Und zu Leandro.«

»Was uns ein paar Stunden Spielraum gibt. Wenn wir Glück haben.«

»Hat Ihnen Fermín etwas gesagt?«

»Geschraubte Weisheiten. Und dass Sie beide noch miteinander sprechen müssen.«

»Ich weiß. Hat er auch gesagt, worüber?«

»Wir haben uns angefreundet, aber so sehr auch wieder nicht. Ich habe den Eindruck, dass Sie für ihn jemand aus seiner Vergangenheit sind.«

»Und was nun?«

»Wenn der Richter alles protokolliert hat, werde ich die Leiche in die Gerichtsmedizin begleiten und sagen, sie sei möglicherweise Teil meiner Ermittlungen. Den Gerichtsmediziner kenne ich noch von meinen Jahren in Leganés. Er ist ein Goldjunge. Ich werde ja sehen, was ich rauskriege.«

»Das wird mindestens bis Sonnenaufgang dauern.«

»Mindestens. Ich kann ja in der Gerichtsmedizin ein Nickerchen machen. Man wird mir sicher einen Autopsietisch zur Verfügung stellen«, scherzte Vargas lustlos. »Gerichtsmediziner sind immer für einen Spaß gut.«

»Seien Sie vorsichtig. Und rufen Sie mich an, sobald Sie etwas wissen.«

»Keine Bange. Versuchen Sie, ein wenig zu schlafen und sich auszuruhen.«

Vargas hängte auf und trank seinen mittlerweile lauwarmen Kaffee in einem Schluck.

»Noch einen?«

»Ich würde fast sagen, diesmal einen großen Milchkaffee.«

»Ein Gebäck dazu, um alles runterzuspülen? Geht aufs Haus. Morgen kann ich sowieso alles wegschmeißen.«

»Also, her damit.«

Vargas riss eine Spitze von dem faserigen Hörnchen und hielt sie misstrauisch gegen das Licht, weil er sich nicht schlüssig war, ob die Einnahme eines solchen Gebildes eine gute Idee sei. Chusco schaute ihm zu und sabberte schon im Voraus. Vargas ließ ein Stück des Gebäcks fallen, und der Hund schnappte es sich im Flug, um es gierig zu verschlingen und Vargas ein Keuchen ewiger Dankbarkeit zu widmen.

»Vorsicht, nachher werden Sie ihn nicht mehr los!«

Vargas wechselte einen weiteren Blick mit seinem neuen besten Freund und vermachte ihm den Rest des Hörnchens, den Chusco auf einen Sitz verschlang. Wenn man in dieser beschissenen Welt alt wird und einem sogar der gesunde Menschenverstand weh tut, dachte er, ist ein Stück Nettigkeit oder Mitleid ein Festschmaus für die Götter.

Die von Linares in Aussicht gestellten neunzig Minuten dehnten sich zu zwei langen Stunden aus. Als er die Scheinwerfer des Polizeiautos und des Leichenwagens bei ihrer Anfahrt den Nebel durchschneiden sah, bezahlte Vargas die Zeche, fügte ein großzügiges Trinkgeld hinzu und ging mit einer Zigarette in der Hand hinaus.

Linares stieg nicht aus. Er kurbelte das Fenster hinunter und gab Vargas ein Zeichen, sich zu ihm in den Fond zu setzen. Am

Steuer saß einer seiner Leute, auf dem Beifahrersitz ein pummeliger Typ mit mürrischer Miene.

»Euer Gnaden«, begrüßte ihn Vargas.

Der Richter bequemte sich nicht, den Gruß zu erwidern oder seine Anwesenheit zur Kenntnis zu nehmen. Linares schenkte ihm einen sauren Blick und lächelte schulterzuckend.

»Wohin geht's?«, fragte er.

»Es ist ganz in der Nähe. Carretera de las Aguas.«

Während sie zur Einmündung der Straße hinabfuhren, schaute Vargas seinen alten Kollegen aus dem Augenwinkel an. Die zwanzig Jahre im Korps hatten aus ihm gemacht, was sie hatten machen wollen – und noch mehr.

»Gut siehst du aus«, flunkerte er.

Linares lachte leise vor sich hin. Im Rückspiegel traf Vargas auf den Blick des Richters.

»Alte Freunde?«, fragte der.

»Vargas hat keine Freunde«, antwortete Linares.

»Ein weiser Mann«, urteilte der Richter.

Vargas leitete den Fahrer über die Schattenstraße, bis die Scheinwerfer das Gittertor vor dem Mataix-Haus beleuchteten. Der Leichenwagen folgte ihnen dichtauf. Sie stiegen aus, und der Richter ging einige Schritte voraus, um das zwischen den Bäumen liegende dunkle Haus zu betrachten.

»Die Leiche liegt im Keller«, sagte Vargas. »In einem Schwimmbecken. Sie muss schon seit zwei oder drei Wochen dort sein.«

»Verdammter Mist«, sagte einer der Burschen aus der Gerichtsmedizin, der wie ein Neuling aussah.

Der Richter trat zu Vargas und sah ihm in die Augen.

»Linares sagt, Sie haben sie im Zuge einer Ermittlung gefunden?«

»So ist es, Euer Gnaden.«

»Und Sie hätten sie nicht identifizieren können?«

»Nein, Euer Gnaden.«

Nun schaute der Richter Linares an, der sich, gegen die Kälte ankämpfend, die Hände rieb. Der zweite Bursche, älter und mit undurchdringlicher Miene, schloss sich dem Gefolge an und suchte Vargas' Blick.

»Am Stück oder in mehreren?«

»Wie bitte?«

»Der Verstorbene.«

»Am Stück. Glaube ich.«

Der Bursche nickte.

»Manolo, den großen Beutel, den Bootshaken und zwei Schaufeln«, befahl er seinem Lehrling.

Eine halbe Stunde später, während die Burschen den Leichnam in den Wagen verfrachteten und der Richter auf der Kühlerhaube im Licht der Taschenlampe, die ihm Linares' Untergebener hinhielt, die Papiere ausfertigte, nahm Vargas neben sich seinen ehemaligen Kollegen wahr. Sie schauten schweigend zu, wie sich die Männer damit abrackerten, die Leiche, die schwerer war, als sie sich ausgerechnet hatten, in das Gefährt hievten. In einigen kritischen Momenten bekam sie mehrmals einen oder zwei Schläge auf das, was der Kopf gewesen sein musste. Sie stritten sich und stießen leise Flüche aus.

»Wir sind nichts«, murmelte Linares. »Ist es einer der Unseren?«

Vargas versicherte sich, dass der Richter außer Hörweite war.

»So was Ähnliches. Ich werde ein wenig Zeit brauchen.«

Linares senkte den Blick.

»Zwölf Stunden, höchstens. Mehr kann ich dir nicht geben.«

»Hendaya ...«

Linares nickte.

»Ist Manero in der Gerichtsmedizin?«

»Er erwartet dich. Ich hab ihm schon gesagt, du würdest vorbeischauen.«

Vargas schenkte ihm ein dankbares Lächeln.

»Gibt es etwas, das ich wissen müsste?«, fragte Linares.

Vargas verneinte.

»Wie geht es Manuela?«

»Dick wie eine Robbe, genau wie ihre Mutter.«

»Und wie du es magst.«

Linares nickte feierlich.

»Sie erinnert sich bestimmt nicht mehr an mich«, sagte Vargas.

»An den Namen nicht, aber sie redet von dir noch immer als vom *Dreckskerl*. Liebevoll.«

Vargas bot seinem Freund eine Zigarette an, der sie ablehnte.

»Was ist mit uns geschehen, Linares?«

Dieser machte eine nichtssagende Geste.

»Spanien, vermutlich.«

»Es könnte schlimmer sein. Wir könnten auch die Radieschen von unten betrachten.«

»Abwarten und Tee trinken.«

18

Er wusste, dass sie ihm auf den Fersen waren, ohne dass er sich umschauen musste. Als er in die Avenida de la Catedral einbog, blickte er kurz über die Schulter zurück und sah sie. Zwei dunkle Gestalten, die ihm gefolgt waren, seit er das Revier verlassen hatte. Er beschleunigte seine Schritte und hielt sich im Schatten der Hausmauern, bis er einen Platz überquert hatte. Er blieb einen Augenblick unter der Markise eines geschlossenen Cafés versteckt stehen und stellte fest, dass die beiden Hendaya-Schergen seine Spur nicht verloren hatten. Er beabsichtigte keineswegs, sie zu sich nach Hause oder gar zu Alicia zu führen, sondern beschloss, sie zu einem Sightseeing durchs nächtliche Barcelona zu nötigen in der Hoffnung, ihnen mit Glück, wegen Erschöpfung ihrerseits oder sogar durch einen Geniestreich zu entkommen.

Er marschierte in der Mitte der Straße Richtung Calle Puertaferrisa los, so sichtbar wie eine Zielscheibe auf einem Schießplatz. Zu dieser späten Stunde waren die Straßen fast menschenleer, und Fernandito schlenderte ohne Eile dahin, begegnete ab und zu einem Lustmolch, einem Nachtwächter und der üblichen Zahl verlorener Seelen, die ständig bis zum Morgengrauen in Barcelonas Straßen patrouillierten. Immer wenn er sich umblickte, waren Hendayas Bluthunde noch da, stets im gleichen Abstand, ob er nun schneller oder langsamer ging.

Als er auf die Ramblas gelangte, überlegte er sich einen Moment, ob er losrennen und sich in den Gassen des Raval verlieren sollte, dachte dann aber, dass ihn dieser Schachzug bloß verriete und seine Erfolgschancen angesichts der Erfahrung seiner Verfolger minimal waren. So beschloss er, die Ramblas bis zu den Toren des Bocquería-Markts hinunterzugehen. Vor dem Eingang war eine Reihe Lastwagen geparkt. Zahlreiche Stauer schufteten unter der Girlande aus Glühbirnen, die in der Markthalle leuchteten, luden Kisten ab und versorgten die Stände für den nächsten Tag mit Ware. Ohne lange zu zaudern, verschwand er zwischen den Kistenstapeln und verschmolz mit den Dutzenden Arbeitern, die in den Gängen hin und her eilten. Sowie er sich vor den Blicken seiner Verfolger sicher fühlte, begann er auf den hinteren Teil des Areals zuzulaufen. Die riesige Kuppel der Markthalle tat sich über ihm auf wie eine der Kunst der Leckerbissen gewidmete Kathedrale, wo weder die Farben darben noch der Küche Gerüche fehlen durften, sie vielmehr wie in einem großen Basar zusammenfanden, um die Gelüste der Stadt zu stillen.

Er ging um Berge von Obst und Gemüse, Gewürzen und Konserven, Eiskästen und gallertartigen Wesen herum, die sich noch bewegten. Er wich blutigen Kadavern an Haken aus und steckte von Metzgern, Trägern und Gemüsehändlerinnen in Gummistiefeln Verwünschungen und Püffe ein. Als er sich dem Ausgang der Halle näherte, sah er vor sich einen Platz, auf dem stapelweise leere Holzkisten standen. Eilig versteckte er sich hinter einer Säule von Kisten und prüfte mit zusammengekniffenen Augen den Hinterausgang. Fast dreißig Sekunden vergingen, ohne dass er etwas von den Beamten sah. Er atmete tief durch und gestattete sich ein erleichtertes Lächeln. Doch die sorglose Pause dauerte nur einen Augenblick. Die beiden Polizisten schauten aus der

Markthalle heraus und nahmen den Platz in Augenschein. Fernandito versank im Schatten und glitt rasch in eine Gasse, die entlang des ehemaligen Hospital de la Santa Creu führte, und dann Richtung Calle del Carmen.

Sowie er um die Ecke bog, stieß er mit ihr zusammen: kunstblond, in einem knallengen Rock und mit dem Gesicht einer verkommenen Madonna und höllenrot geschminkten Lippen.

»Hallo, mein Süßer«, flötete sie. »Müsstest du dir jetzt nicht eigentlich die Pausenmilch für die Schule richten?«

Fernandito betrachtete die Nutte, vor allem aber den verheißungsvollen Zufluchtsort, der sich mit der Eingangstür hinter ihr öffnete, obwohl das Haus alles andere als einladend aussah. Ein Typ mit grüngelbem Gesicht in einer Loge von den Ausmaßen eines Beichtstuhls spielte den Empfangschef.

»Wie viel?«, fragte Fernandito und spähte zur Einmündung der Gasse.

»Das variiert je nach Dienstleistung. Heute habe ich ein Sonderangebot für Ministranten und Säuglinge, denn was das Saugen betrifft …«

»Okay.«

Die Frau betrachtete die Aufzählung des Angebots für beendet und zog ihn am Arm zur Treppe. Schon beim dritten Schritt blieb der Kunde stehen, um zurückzuschauen, vielleicht gewarnt von jenem gottesfürchtigen Radar, den jeder Einfaltspinsel in sich trägt, oder den Gerüchen aus dem Hausinneren. Einen zu Buche schlagenden Verlust in einer an sich schon ausgetrockneten Nacht befürchtend, drückte ihn die Frau feurig an sich und flüsterte ihm mit feuchtem Atem und der Intonation des erlesenen Flittchens ins Ohr, dass sie bei zur Schlaffheit neigenden Bengeln Wunder wirken könne.

»Komm, mein Täubchen, komm nur, ich werde dir einen Schulausflug bescheren, dass du Bauklötze staunst.«

Sie gingen an der Loge vorbei, wo ihnen der Empfangschef im Flug das logistische Kit mit Seife, Parisern und weiteren Utensilien des Gewerbes aushändigte. Fernandito folgte der Mietvenus, ohne den Hauseingang aus den Augen zu verlieren. Nach der ersten Treppenbiegung, auf dem Absatz des ersten Stocks, von wo ein höhlenartiger Gang mit nach Salzsäure duftenden Zimmern ausging, bedachte ihn die Nutte mit einem besorgten Blick.

»Du scheinst es aber sehr eilig zu haben«, sagte sie.

Fernandito seufzte, und sie suchte seine flackernden Augen. Das im Eiltempo auf dem Straßenstrich erworbene Psychologiediplom und die Feldforschung hatten sie gelehrt, dass von einem Kunden, der nicht schon angesichts der Verheißung eines guten Gerammels und ihres buschigen Dreiecks geil wurde, beim Betreten des miesen Zimmers, das ihr als Arbeitszimmer diente, ein Rückzieher zu erwarten war, ehe er auch nur die Hose fallen ließ, und sich so die Aussicht auf eine Einkunft in nichts auflöste.

»Schau, mein Herz, Eile ist in diesen Dingen keine gute Ratgeberin, und schon gar nicht in deinem Alter – mehr als einer hat bei der schlichten Berührung dieses Saftbusens alles um sich herum vergessen. Das muss man genießen wie ein Sahnetörtchen. Bissen um Bissen.«

Fernandito stammelte etwas, was die Frau als Kapitulation angesichts der nicht zu widerlegenden Darstellung ihres straffen Fleisches verstand. Das Zimmer befand sich ganz hinten im Gang. Unterwegs dorthin konnte er durch die Türen leises Keuchen und Erschütterungen wahrnehmen. Etwas in seinem Gesicht musste sein geringes kulturelles Gepäck verraten.

»Das erste Mal?«, fragte die Frau, während sie die Tür öffnete und ihm den Vortritt ließ.

Er nickte verängstigt.

»Mach dir keine Sorgen, ich bin auf Novizen spezialisiert. Die Hälfte aller Barceloner Herrensöhnchen ist durch mein Sprechzimmer gegangen, um zu lernen, wie man die Windeln ganz allein wechselt. Los, komm.«

Er warf einen Blick in sein momentanes Refugium. Es war noch schlimmer als befürchtet. Der Raum war ein Katalog der Schäbigkeit und des Gestanks, in vor Feuchtigkeit abblätternde grüne Farbe gefasst. Die zum Zimmer hin offene Andeutung von Bad bestand aus einem Klosett ohne Deckel, einem ockerfarbenen Handwaschbecken und einem Schießschartenfenster, durch das ein bleiernes Licht hereinsickerte. Die Rohrleitungen flüsterten eine seltsame Melodie aus Gesprudel und Getropfe, das zu keinerlei Liebesausflüssen inspirierte. Eine Waschschüssel beträchtlichen Ausmaßes am Fußende des Betts deutete Rätselhaftes an, das man besser nicht erklärt bekam. Das Bett bestand aus einem Metallrahmen, einer vor Jahrzehnten vermutlich weißen Matratze und uralten Kopfkissen.

»Ich glaube fast, ich gehe besser nach Hause«, sagte Fernandito.

»Ganz ruhig, mein Junge, jetzt fängt das Gute an. Wenn ich dir erst die Hose ausziehe, fühlst du dich wie in der Hochzeitssuite des Ritz.«

Sie führte ihn zum Bett und setzte ihn unter Püffen auf die Kante. Er gab nach, und sie kniete vor ihm nieder und lächelte ihn so zärtlich an, dass das Make-up und die Traurigkeit in ihrem Blick Sprünge bekamen. Ein kaufmännischer Lack in ihrem Ausdruck ruinierte das bisschen Vorstadtpoesie, die er sich gern vorgestellt hätte. Sie schaute ihn erwartungsvoll an.

»Ohne Moos nichts los, mein Süßer.«

Er nickte und nestelte den Geldbeutel aus seiner Tasche. Die Augen der Frau leuchteten gierig auf. Er gab ihr das Geld, das er bei sich hatte, ohne es zu zählen.

»Das ist alles, was ich habe. Reicht es?«

Sie legte das Geld auf den Nachttisch und schaute ihm mit erkünstelter Anmut in die Augen.

»Ich bin Matilde, aber du kannst mich nennen, wie du willst.«

»Und wie nennen die Leute Sie?«

»Nach Belieben. Nutte, Hure, Schlampe oder auch beim Namen ihrer Frau oder Mutter … Einmal nannte mich ein reumütiger Seminarist *Mater*. Ich verstand Vater und dachte, der hat sie nicht alle oder er ist schwul, aber dann stellte sich heraus, dass das Mama auf Lateinisch heißt.«

»Ich bin Fernando, aber alle nennen mich Fernandito.«

»Sag, Fernando, warst du schon mal mit einer Frau zusammen?«

Er nickte mit wenig Überzeugung. Schlechtes Zeichen.

»Weißt du denn, was man zu tun hat?«

»Eigentlich möchte ich nur ein Weilchen hierbleiben. Wir brauchen gar nichts zu tun.«

Sie runzelte die Stirn. Die Verkorksten waren am schlimmsten. Fest entschlossen, die Situation in den Griff zu bekommen, schnallte sie seinen Gürtel auf und begann, ihm die Hose herunterzuziehen. Fernandito hielt sie zurück.

»Hab keine Angst, Herzchen.«

»Ich habe keine Angst vor Ihnen, Matilde.«

Sie hielt inne und schaute ihn fest an.

»Verfolgt dich jemand?«

Er nickte.

»Aha. Die Bullen?«

»Ich glaube.«

Sie stand auf und setzte sich neben ihn.

»Bist du sicher, dass du nichts tun willst?«

»Nur eine Weile hierbleiben. Wenn es Ihnen recht ist.«

»Gefalle ich dir nicht?«

»Das wollte ich nicht sagen. Sie sind sehr attraktiv.«

Sie lachte leise.

»Hast du ein Mädchen, das dir gefällt?«

Er gab keine Antwort.

»Bestimmt. Los, sag schon, wie heißt deine Freundin?«

»Sie ist nicht meine Freundin.«

Sie schaute ihn fragend an.

»Sie heißt Alicia.«

Matilde legte ihm die Hand auf den Schenkel.

»Ich kann bestimmt Dinge machen, die deine Alicia nicht kann.«

Da ging Fernandito auf, dass er nicht die leiseste Ahnung hatte, was Alicia konnte und was nicht, und nicht aus Mangel an Phantasie. Matilde betrachtete ihn neugierig. Sie legte sich aufs Bett und nahm seine Hand. Als er sie im Licht dieser anämischen Glühbirne betrachtete, die eine gelbe Farbe auf sie projizierte, sah er, dass sie sehr viel jünger war, als er angenommen hatte, möglicherweise nur vier oder fünf Jahre älter als er.

»Wenn du willst, kann ich dir zeigen, wie man ein Mädchen streichelt.«

Fernandito verschluckte sich am eigenen Speichel.

»Ich weiß, wie man es macht«, sagte er ohne viel Feuer.

»Kein Mann weiß, wie man eine Frau streichelt, Herzchen. Hör auf mich. Selbst der Raffinierteste hat Finger wie Maiskolben. Komm, leg dich neben mich.«

Fernandito zögerte.

»Zieh mich aus. Langsam. Je langsamer man eine Frau auszieht, desto schneller hat man sie erobert. Denk einfach, ich sei Alicia. Ich gleiche ihr sicher sogar ein wenig.«

Wie ein Ei einer Kastanie, dachte er, aber das Bild von Alicia, die mit ausgebreiteten Armen vor ihm auf dem Bett lag, trübte ihm die Netzhaut. Er ballte die Fäuste, um das Zittern zu bändigen.

»Alicia braucht es ja nicht zu wissen. Ich werde das Geheimnis gut hüten. Komm.«

19

Versteckt und vergessen an einer dunklen Ecke, wo die Calle Hospital ihren anständigen Namen verlor, stand ein düsteres Gebäude, das aussah, als wäre es noch nie in den Genuss eines Sonnenstrahls gekommen. Ein Eisenportal verwehrte den Eingang, und weder eine Tafel noch sonst etwas wies darauf hin, was es in seinem Inneren verbarg. Vor diesem Gebäude hielt das Polizeiauto an; Vargas und Linares stiegen aus.

»Ob der unglückliche Kerl noch immer da ist?«, fragte Vargas.

»Ich glaube nicht, dass es bei ihm Stellenangebote hagelt«, sagte Linares, während er klingelte.

Sie warteten fast eine Minute, bis die Tür nach innen aufging, und wurden dann vom Reptilienblick eines Individuums unseligen Aussehens empfangen und mit einer unfreundlichen Geste eingelassen.

»Ich dachte schon, Sie wären tot«, begrüßte er Vargas, als er ihn erkannte.

»Auch ich habe Sie vermisst, Braulio.«

Die Ältestgedienten wussten, dass Braulio, Homunkulus mit formolgegerbter Haut und gebrochenem Gang, hier als Mädchen für alles, Assistent des Gerichtsmediziners und offizielle Seele im Fegefeuer wirkte. Böse Zungen behaupteten, dass er in den Kellerräumen dahinvegetierte, wo er den Schmutz zur Kunst erhob und mit nichts als einer verwanzten Pritsche und einer einzigen Garnitur Wäsche, die er schon bei seinem Eintritt – mit sechzehn Jahren und unter unglücklichen Umständen – getragen hatte, langsam alt wurde.

»Der Doktor erwartet Sie.«

Vargas und Linares folgten ihm durch die Litanei feuchter, in grünlichem Halbdunkel liegender Gänge, die ins Herz des Obduktionssaals führten. Die schwarze Legende erzählte, dass Braulio vor dreißig Jahren hierhergekommen war, nachdem er vor dem San-Antonio-Markt von einer Straßenbahn überfahren worden war, als er nach einem unbedeutenden Diebstahl (will heißen, nach dem fehlgeschlagenen Versuch, ein ausgemergeltes Huhn und eine Handvoll Unterröcke zu entwenden) das Weite suchte. Beim Anblick des Durcheinanders absurd verknoteter Gliedmaßen erklärte ihn der Fahrer des Krankenwagens, der ihn abholen sollte, auf der Stelle für tot, schmiss ihn wie einen Sack Bauschutt in den Wagen und trank unterwegs in einer Bar in der Calle Comercio mit einigen Kumpeln ein paar Gläser Wein, bevor er den Haufen blutiger Knochen in die Gerichtsmedizin brachte, die die Polizei im Raval in Betrieb hatte und die eher auf seinem Weg lag als das Hospital Clínico. Als der Gerichtsmediziner, ein Arzt im Praktikum, das Skalpell zum Aufschlitzen ansetzte, öffnete die vermeintliche Leiche die Augen tellergroß und kehrte schlagartig ins Leben zurück. Der Vorgang wurde als Wunder des nationalen Gesundheitswesens deklariert und in der Lokalpresse ausführlich kommentiert, denn es war Hochsommer, und die Zeitungen berichteten gern über Kuriositäten und fliegengewichtigen Unsinn, um die Hundstage zu verschönern. *Unglücksrabe kehrt wie durch Zauber einen Schritt vor dem Tod ins Leben zurück*, stand auf der Titelseite des *Noticiero Universal*.

Doch Braulios Ruhm und Glanz erwies sich als mit der Oberflächlichkeit der Zeit im Einklang stehende Eintagsfliege, denn es wurde ruchbar, dass besagter Scheintoter furchtbar hässlich war und an chronischen Blähungen litt, da sein Dickdarm nach dem Abenteuer wie ein Zopf geformt war, so dass sich die geneigten Leser in der bedauerlichen Situation sahen, ihn eiligst zu vergessen und sich wieder auf das Leben von Chansonsängerinnen und Fußballstars zu konzentrieren. Nachdem er den honigsüßen Ruhm gekostet hatte, bekam dem armen Braulio die Rückkehr in die schmachvollste Anonymität gar nicht. Er wollte sich durch eine übermäßige Zufuhr von abgelaufenen Fastenzeitbrötchen das Leben nehmen, doch als er der sich dergestalt eingehandelten ernsthaften Dickdarmentzündung wegen auf dem Abort saß, überkam ihn ein mystischer Moment – er erblickte das Licht und begriff, dass ihn der Herr in seinen verschlungenen Absichten zu einem Leben im Dunkeln und im Dienste der Leichenstarre und anverwandter Vorgänge ausersehen hatte.

»Und, haben Sie sich immer noch keine Freundin zugelegt, Braulio?«, fragte Linares. »Mit diesem Düftchen nach ranziger schwarzer Bratwurst, den Sie verströmen, müssen Ihnen doch die Herzen nur so zufliegen.«

»Freundinnen habe ich mehr als genug.« Braulio blinzelte mit einem Auge, dessen kaum zu hebendes violettes Lid eher einem Pflaster glich. »Und sie halten hübsch still.«

»Hören Sie auf, Schweinereien zu erzählen, und holen Sie die Leiche«, klang es aus dem Dunkeln.

Als er die Stimme seines Herrn hörte, humpelte Braulio eilig davon, und Vargas erblickte Dr. Andrés Manero, Gerichtsmediziner und alter Leidensgenosse. Manero kam ihm zuvor und gab ihm die Hand.

»Es gibt Leute, die sieht man nur auf Beerdigungen, aber wir beide nicht einmal das: bloß bei Obduktionen und anderen gebotenen Feiertagen«, sagte er.

»Ein Zeichen, dass wir noch leben.«

»Wenigstens du, Vargas, du bist ja wirklich ein Stier. Wie lange her ist es seit dem letzten Mal?«

»Mindestens fünf oder sechs Jahre.«

Manero nickte lächelnd. Selbst im spärlichen Licht, das im Raum hing, konnte Vargas sehen, dass er über das Unerlässliche hinaus gealtert war. Kurz darauf war der Hinkeschritt Braulios zu hören, der die Bahre vor sich herschob. Der Leichnam war mit einem Leinentuch zugedeckt, das an ihm klebte und durch die Feuchtigkeit langsam durchsichtig wurde. Manero hob das Tuch auf Höhe des Gesichts an. Sein Ausdruck zeigte keinerlei Erschütterung, aber er blickte kurz zu Vargas.

»Braulio, lassen Sie uns allein.«

Verärgert hob der Gehilfe die Brauen.

»Aber ich dachte, ich würde Ihnen assistieren bei …«

»Da haben Sie falsch gedacht. Gehen Sie eine Weile raus, und paffen Sie eine Zigarette.«

Braulio warf Vargas einen feindseligen Blick zu; es stand für ihn außer Frage, dass er es diesem zu verdanken hatte, nicht am bevorstehenden Festmahl teilhaben zu dürfen.

Kaum war er verschwunden, zog Manero das Leichentuch ganz weg, und knipste die Gondel mit regulierbaren Lampen an, die an der Decke hing. Ein dampf- und eisblasses Licht betonte den Umriss der Leiche. Linares trat als Erster hinzu, und nachdem er einen kurzen Blick darauf geworfen hatte, entfuhr ihm ein Seufzer.

»Mein Gott …«

Er sah weg und stellte sich neben Vargas.

»Ist es der, dem er gleicht?«, flüsterte er.

Vargas schaute ihn an, ohne zu antworten.

»Das kann ich nicht unter Verschluss halten«, sagte Linares.

»Verständlich.«

Linares schüttelte den gesenkten Kopf.

»Kann ich sonst noch was für dich tun?«, fragte er.

»Du kannst jederzeit den Spitzel von mir abziehen.«

»Ich kann dir nicht folgen.«

»Aber jemand folgt mir. Einer von deinen Leuten beschattet mich.«

Linares schaute ihn fest an.

»Ich hab niemand, der dich beschattet.«

»Dann wird das von oben verordnet worden sein.«

Linares schüttelte den Kopf.

»Wenn dich jemand beschatten würde, wüsste ich es. Ob es einer von meinen Leuten ist oder nicht.«

»Ein junger Kerl. Anfänger. Hat nichts drauf. Klein. Er heißt Rovira.«

»Der einzige Rovira, der im Präsidium arbeitet, ist im Archiv, ist sechzig und hat so viel Schrapnell in den Beinen, dass er eine Eisenwarenhandlung aufmachen könnte. Der Ärmste wäre nicht einmal in der Lage, seinen eigenen Schatten zu beschatten, selbst wenn er es bezahlt kriegte.«

Vargas runzelte die Stirn. Linares' Gesicht spiegelte Enttäuschung.

»Ich mag vieles sein, Vargas, aber ich gehöre nicht zu denen, die einen Freund meuchlings ermorden.«

Vargas wollte etwas antworten, doch Linares brachte ihn mit erhobener Hand zum Schweigen. Das Unglück war geschehen.

»Du hast Zeit bis um elf. Danach muss ich Bericht erstatten. Das wird ein Stich ins Wespennest sein, das weißt du ja«, sagte er auf dem Weg zum Ausgang. »Nacht, Doktor.«

Braulio sah Linares nach, wie der, sich im Schatten des Gässchens haltend, in der Nacht verschwand. Dich erwisch ich schon noch, du Dreckskerl, dachte er. Früher oder später endeten diese ganzen Großkotze, die nur auf die Welt gekommen waren, um es ihm gegenüber an Respekt fehlen zu lassen, genau wie alle anderen: als ein Stück aufgedunsenes Fleisch auf einer Marmorplatte, dem scharfgeschliffenen Stahl und der Laune dessen preisgegeben, der damit zu arbeiten wusste. Und er war dazu da, sie so zu verabschieden, wie sie es verdienten. Wer glaubte, der Tod sei die endgültige vom Leben bescherte Niederträchtigkeit, der irrte sich. Ein ganzer Katalog von Spott und Erniedrigung wartete hinter den Kulissen, wenn der Vorhang einmal gefallen war, und der gute Braulio war immer da, um für seine Trophäengalerie ein oder zwei Souvenirs abzuzweigen und dafür zu sorgen, dass jeder mit seiner gerechten Belohnung in die Ewigkeit einging. Linares hatte er schon seit langem auf dem Kieker. Und sein Freundchen Vargas hatte er ebenfalls nicht vergessen. Nichts ist der Erinnerung dienlicher als das Ressentiment.

»Dich werde ich entbeinen wie einen Schinken, und aus deinen Eiern werde ich mir einen Schlüsselring machen, du Mistkerl«, murmelte er. »Und zwar, bevor du es erwartest.«

Daran gewohnt, sich selber gerne zuzuhören, lächelte sich Braulio zufrieden zu und beschloss, das Glück seines Genies mit einer Zigarette zu feiern und so auch die Kälte etwas zu mildern, die die Calle Hospital in diesen frühen Morgenstunden durchdrang. Er tastete die Taschen seines Mantels ab, Erbstück eines Verstorbenen mit Neigung zur Subversion, der vor einigen Wochen vorbeigekommen war und dessen Zustand bezeugte, dass es im Präsidium noch ganze Kerle gab. Das Celtas-Paket war leer. Er vergrub die Hände in den Taschen und schaute zu, wie sein Atem Dunstringe in die Luft setzte. Mit dem, was ihm Hendaya zahlen würde, wenn er ihm erzählte, was er eben gesehen hatte, könnte er sich mehrere Stangen Celtas kaufen und sogar eine Dose fein parfümierte Vaseline, wie sie Genaro der Chinese in seinem Laden für Waschungen verkaufte – einige Kunden wollten stilvoll behandelt sein.

Das Echo von Schritten im Dunkeln riss ihn aus seinen Träumereien. Als er die Augen zusammenkniff, sah er eine Gestalt durch den Dunst auf sich zukommen. Er trat einen Schritt zurück und stieß an die Eingangstür. Der Besucher wirkte nicht sehr viel größer als er, vermittelte aber eine seltsame Ruhe und Entschlossenheit, die ihm seine paar am Nacken hängenden Härchen zu

Berge stehen ließ. Der Mann blieb vor ihm stehen und hielt ihm eine offene Schachtel Zigaretten hin.

»Sie müssen Señor Don Braulio sein«, sagte er.

In seinem ganzen Leben hatte ihn noch nie jemand so genannt, und er stellte fest, dass ihm der Klang dieser Anrede aus dem Mund des Fremden nicht gefiel.

»Und wer sind Sie? Schickt Sie Hendaya?«

Der Mann lächelte nur und hielt Braulio die Zigarettenschachtel vors Gesicht, der sich eine nahm. Der andere zog ein Benzinfeuerzeug hervor und bot ihm die Flamme an.

»Danke«, murmelte Braulio.

»Nicht der Rede wert. Sagen Sie, Don Braulio, wer ist denn hier drin?«

»Ein Berg Leichen, was denn sonst …«

»Ich meine die Lebenden.«

Braulio zögerte.

»Also schickt Sie Hendaya, nicht?«

Der Fremde schaute ihn nur direkt an und lächelte weiter. Braulio erschrak.

»Der Gerichtsmediziner und ein Polizist aus Madrid.«

»Vargas?«

Braulio nickte.

»Wie schmeckt sie?«

»Wie bitte?«

»Die Zigarette. Schmeckt sie?«

»Sehr gut. Importware?«

»Wie alles Gute. Sie haben die Schlüssel, nicht wahr, Don Braulio?«

»Schlüssel?«

»Zum Obduktionssaal. Ich fürchte, ich werde sie brauchen.«

»Hendaya hat nichts davon gesagt, dass ich irgendjemandem die Schlüssel geben soll.«

Der Fremde winkte ab.

»Änderung im Plan«, sagte er, während er sich bedächtig Handschuhe überstülpte.

»Was machen Sie denn da?«

Der Stahl blitzte nur einen Augenblick auf. Braulio spürte, wie ihm das Messer, die schneidendste Kälte, die er in seinem elenden Leben je kennengelernt hatte, in die Eingeweide drang. Zuerst empfand er kaum Schmerzen, nur das Gefühl von äußerster Helligkeit und Schwäche, je tiefer die Klinge in den Körper fuhr. Dann, als ihm das Messer erneut bis zum Griff in den Bauch gerammt und nach oben gezogen wurde, spürte er, dass die Kälte zu Feuer wurde. Eine Klaue aus glühendem Eisen arbeitete sich zu seinem Herzen durch. Der Hals wurde von Blut überschwemmt, das seine Schreie erstickte, während ihn der Fremde in die Gasse hineinzerrte und ihm den Schlüsselbund vom Gürtel löste.

20

Im Halbdunkel schritt er die Gänge ab, bis er in denjenigen gelangte, der zum Obduktionssaal führte. Grünliches Licht drang durch die Türritzen. Die Stimmen der beiden Männer waren deutlich hörbar. Sie unterhielten sich scherzend wie alte Freunde, die Momente des Schweigens riefen nicht nach einer Entschuldigung. Er stellte sich auf die Zehenspitzen, um durch das getönte Kristallrund in der Tür zu gucken. Er sah Vargas auf einer der Marmorplatten sitzen und den über die Leiche gebeugten Gerichtsmediziner. Er hörte ihn die Ergebnisse seiner Arbeit detailliert beschreiben und konnte sich eines Lächelns nicht erwehren angesichts der Vorstellungskraft, mit der dieser die Einzelheiten von Lomanas letzten Augenblicken darlegte und ohne Zimperlichkeit den hervorragenden Schnitt, die Präzision beim Durchtrennen der Schlagadern und der Luftröhre dieses Lümmels beschrieb, bevor er ihn auf den Knien sterben sah, die Augen panikerfüllt und das Blut zwischen seinen Händen hervorsprudelnd. Unter Meistern war es gentlemanlike, einer gutgemachten Arbeit Anerkennung zu zollen.

Der Arzt beschrieb auch die Dolchstiche, die er Lomana im Oberkörper beigebracht hatte, als dieser sich umsonst an seine Beine geklammert hatte, um zu verhindern, an den Rand des Schwimmbeckens gestoßen zu werden. In seiner Lunge befinde sich kein Wasser, nur Blut, erklärte er. Lomana sei an seinem eigenen Blut erstickt, bevor er im fauligen Wasser versunken sei. Der Gerichtsmediziner war ein erfahrener Mann, ein Profi auf seinem Gebiet, dessen Meisterschaft ihm Respekt und Bewunderung abnötigte. Viele wie ihn gab es nicht mehr. Allein aus diesem Grund würde er ihn verschonen.

Vargas, ein alter Fuchs, ließ da und dort mit bemerkenswertem Scharfsinn eine Frage fallen. Das musste er ihm lassen, aber ganz offensichtlich tappte er im Dunkeln und würde mit seinem Besuch in der Gerichtsmedizin abgesehen von den Details zu Lomanas Tod wenig herausfinden. Während er ihnen zuhörte, war er hin- und hergerissen, ob er sich zurückziehen und einige Stunden ausruhen oder sich eine Nutte suchen sollte, die ihm bis zum Tagesanbruch die Füße wärmen konnte. Vargas' Ermittlungen schienen eindeutig in eine Sackgasse geraten zu sein, so dass er nicht würde eingreifen müssen. So lauteten ja auch die Anweisungen. Keine Figur bewegen, außer es blieb keine andere Wahl. Im Grunde tat es ihm leid. Es wäre interessant gewesen, sich den alten Polizisten vorzuknöpfen und zu sehen, ob er noch genug Schneid hatte, um sich ans Leben zu klammern. Die sich gegen das Unvermeidliche wehrten, waren ihm am liebsten. Und was die süße Alicia betraf, für sie bewahrte er sich die höchste Ehre zum Schluss. Mit ihr würde er sich alle Zeit der Welt nehmen und die Belohnung für seine ganzen Mühen genießen. Er wusste, dass sie ihn nicht enttäuschen würde.

Er wartete noch eine halbe Stunde, bis der Gerichtsmediziner seine Untersuchung beendet hatte und Vargas ein Gläschen Likör anbot, den er im Instrumentenschrank verwahrte. Das Gespräch wandte sich den üblichen Themen zwischen Freunden zu, deren Wege sich irgendwann getrennt haben, wenig originelle Lobreden zur Entwicklung der Zeit, über die unterwegs Gefallenen und andere Banalitäten des Alterns. Gelangweilt wollte er sich bereits zurückziehen und Vargas und den Arzt nach nirgendwo abschweifen lassen, als er den Polizisten einen Zettel aus der Tasche ziehen und unter der Lampe untersuchen sah. Die Stimmen ebbten zu einem Gemurmel ab, und er musste das Ohr an die Tür pressen, um ihre Worte zu verstehen.

Manero bemerkte, dass sich die Tür leicht bewegte.

»Braulio, sind Sie das?«

Da er keine Antwort erhielt, seufzte er und schüttelte den Kopf.

»Wenn ich ihn nicht hierbleiben lasse, versteckt er sich manchmal hinter den Türen, um zu lauschen.«

»Ich weiß nicht, warum du das hinnimmst«, sagte Vargas.

»Ich denke, es ist fast besser, dass er hier ist, anstatt irgendwo herumzustreichen. Hier können wir ihn wenigstens im Auge behalten. Gutes Tröpfchen, was?«

»Was ist es? Flüssigkeit zum Einbalsamieren?«

»Die bewahre ich mir für Hochzeiten und Kommunionen in der Familie meiner Frau auf, wenn ich was mitbringen muss. Magst du mir etwas über den Fall erzählen? Was hatte der unglückliche Lomana im Schwimmbecken eines verlassenen Hauses in Vallvidrera verloren?«

Vargas zuckte mit den Schultern.

»Ich weiß es nicht.«

»Dann werde ich es mit den Lebenden versuchen. Was tust du in Barcelona? Wenn ich mich richtig erinnere, hast du versprochen, nie wieder herzukommen.«

»Ein Versprechen, das nicht gebrochen wird, verdient es nicht, so genannt zu werden.«

»Und das, was du da hast? Ich dachte immer, du bist ein Buchstabenmensch.«

Er deutete auf die Liste mit Zahlen in Vargas' Hand.

»Das trage ich seit Tagen mit mir herum und weiß immer noch nicht, was es bedeutet.«

»Darf ich's mir einen Moment ansehen?«

Vargas gab ihm den Zettel, und der Arzt warf zu einem Schluck Likör einen Blick darauf.

»Ich dachte, es könnte sich um Kontonummern handeln«, sagte Vargas.

Der Arzt verneinte.

»Was die in der linken Spalte bedeuten, könnte ich dir nicht sagen, aber die rechts sind fast ganz sicher Nummern von Urkunden.«

»Von Urkunden?«

»Sterbeurkunden, meine ich.«

Vargas sah ihn verständnislos an. Manero zeigte auf die rechte Spalte.

»Siehst du die Nummerierung? Die folgen noch dem alten System. Vor Jahren wurde eine neue Nummerierung eingeführt. Aber da sieht man noch die Nummer des Dokuments, Buch und Seite. Die beiden Letzteren werden später hinzugefügt, aber hier generieren wir jeden Tag solche Nummern. Sogar dein Freund Lomana wird für den Rest der Ewigkeit eine erhalten.«

Vargas leerte sein Glas in einem Zug und studierte erneut die Liste, als handele es sich um ein Puzzle, mit dem er seit Jahren kämpfte und das auf einmal einen Sinn bekam.

»Und die in der linken Spalte? Sieht aus, als stünden sie in einer Wechselbeziehung, aber die Sequenz der Nummerierung ist anders. Könnten es ebenfalls Urkundennummern sein?«

Manero schaute sie sich sehr genau an und zuckte mit den Schultern.

»Könnten, sie stammen aber nicht aus meiner Abteilung.«

Vargas entfuhr ein Seufzer.

»Bringt dich das irgendwie weiter?«, fragte der Arzt neugierig.

Vargas nickte.

»Und wo kann ich die Unterlagen finden, zu denen diese Urkundennummern gehören?«

»Wo wohl? Da, wo alles in diesem Leben anfängt und aufhört: auf dem Standesamt.«

21

Das bisschen Licht, das ins Zimmer hereindrang, zeigte ihm, dass es allmählich Tag wurde. Er setzte sich im Bett auf und betrachtete Matilde, die neben ihm eingeschlafen war. Mit den Blicken liebkoste er ihren nackten Körper und lächelte. Sie öffnete die Augen und sah ihn heiter an.

»Wie geht's, Künstler? Bist du ein wenig ruhiger?«

»Ob sie wohl endlich abgezogen sind?«, fragte er.

Matilde räkelte sich und suchte ihre vor dem Bett verstreuten Kleider zusammen.

»Kletter für alle Fälle durch die Luke raus, sie führt auf die Gasse, zu einem der Eingänge zum Markt.«

»Danke.«

»Danke dir, mein Goldschatz. Hast du ein wenig Spaß gehabt?«

Fernandito nickte errötend, während er sich im spärlichen Licht anzog. Matilde streckte den Arm nach der Zigarettenschachtel auf dem Nachttisch aus und zündete sich eine an. Sie schaute Fernandito zu, wie er in aller Eile in die Kleider schlüpfte, bemerkte seine trotz der gerade erhaltenen didaktischen Sitzung fast unverhohlene Scham und Verzagtheit. Als er fertig war, schaute er sie an und deutete auf die Luke.

»Hier?«

Sie nickte.

»Aber sei vorsichtig, nicht, dass du dir noch das Genick brichst. Ich will, dass du am Stück wieder zu mir kommst. Du wirst doch wiederkommen, nicht wahr?«

»Natürlich«, flunkerte er. »Sobald ich den Lohn kriege.«

Er steckte den Kopf hinaus und betrachtete den Innenhof, der zu der schmalen Passage führte, von der sie gesprochen hatte.

»Verlass dich nicht auf die Treppe, die ist ein bisschen wacklig. Besser, du springst, du bist ja noch jung.«

»Danke. Und tschüs!«

»Tschüs, mein Kleiner. Und alles Gute.«

»Alles Gute.«

Er wollte eben durch das schmale Fensterchen schlüpfen, als er noch einmal ihre Stimme vernahm.

»Fernando?«

»Ja?«

»Behandle sie gut. Deine Freundin. Wie sie auch heißt. Behandle sie gut.«

Sowie er das Gebäude der Gerichtsmedizin verließ, hatte Vargas das Gefühl, er kehre nach einem langen Intermezzo vom Fegefeuer ins Leben zurück. Der von Manero kredenzte Likör und vor allem die Enthüllung, was die eine Hälfte der Zahlenreihen seiner Liste bedeutete, hatten ihn ermuntert. Beinahe vergaß er, dass er schon viel zu lange kein Auge mehr zugetan hatte. Sein Körper verriet die Müdigkeit, und hätte er innegehalten, um darüber nachzudenken, hätte er bemerkt, dass ihn die Knochen, ja sogar die Erinnerung schmerzten, aber dank der Hoffnung, diese winzige brandneue Information könnte ihm etwas Klarheit bringen, blieb er wach und sein Schritt fest. Einen Augenblick war er drauf und dran, zu Alicia zu gehen, um das neue Wissen mit ihr zu teilen, aber da er nicht sicher war, ob die Liste mit den Nummern der Sterbeurkunden, die Valls auf seine geheime Fahrt von Madrid nach Barcelona mitgenommen hatte, auf eine konkrete Spur führte, wollte er zuerst auf Nummer Sicher gehen. Er marschierte Richtung Plaza Medinaceli, eine Oase mit Palmen und Parkanlagen zwischen den halbverfallenen Palästen und dem Dunst von der Hafenmole, wo bald das Barceloner Standesamt seine Tore öffnen würde.

Unterwegs legte er einen Zwischenhalt beim Ambos Mundos auf der Plaza Real ein, da hier den Nachtschwärmern, die zu einem letzten Imbiss einkehrten, schon ein Frühstück und Kaffee serviert wurden. Vargas setzte sich an die Theke, bestellte beim Kellner, ganz Backenbart und Kinnlade, ein Schinkensandwich, ein Bier und einen doppelten Espresso mit einem Schuss Kognak.

»Kognak hab ich nur noch vom teuren«, sagte der Kellner.

»Dann also einen doppelten.«

»Wenn Sie schon was zu feiern haben, möchten Sie vielleicht einen Romeo und Julia zum Nachtisch. Die krieg ich direkt aus Kuba. Feiner Zimt, wie ihn die Mulattenmädchen zwischen den Schenkeln rollen ...«

»Da sag ich nicht nein.«

Er hatte immer gehört, das Frühstück sei die wichtigste Mahlzeit am Tag, zumindest bis zur Stunde des Mittagessens. Es mit einer guten Havanna abzuschließen konnte nur Glück bringen. Einen Hauch von Karibik zurücklassend, den Magen gut gefüllt und das Bewusstsein im Zustand der Verheißung, so machte er sich wieder auf den Weg. Der Himmel hatte sich bernsteinfarben getönt, und angesichts des dunstigen Lichts auf den Fassaden dachte er, das würde einer dieser – wenigen – Tage sein, da er die Wahrheit fände oder wenigstens etwas, was ihr nahe genug käme. Oder wie in kommenden Jahren Joan Manuel Serrat, ein Poet, der diese Straßen genau kannte, singen sollte: Das konnte ein großer Tag werden.

Etwa fünfzig Meter hinter ihm verfolgte ihn ununterbrochen der Blick des Beobachters. Mit der Zigarre in der Hand, dem vollen Bauch und dem Kopf voller falscher Hoffnungen kam ihm Vargas erledigter vor denn je. Das kleine bisschen Respekt, das er irgendwann für ihn empfunden hatte, verflüchtigte sich wie der sich noch zu seinen Füßen übers Pflaster dahinziehende Nebelschleier.

Er dachte, so würde er nie sein, niemals würde er dem Schnaps und der Genugtuung gestatten, ihm den Verstand zu vernebeln noch aus seinem Körper einen verzagten Sack Knochen zu machen. Die Alten hatten ihn immer angeekelt. Wer nicht mehr die Würde besaß, aus dem Fenster zu springen oder sich vor die Metro zu werfen, wenn ihn der Verfall heimsuchte, dem musste jemand im Interesse des öffentlichen Wohls den Gnadenschuss verpassen wie einem räudigen Hund. Der Beobachter lächelte, immer empfänglich für seine witzigen Einfälle. Er würde immer jung bleiben, denn er war intelligenter als die anderen. Er würde nicht die Fehler begehen, derentwegen ein Mann mit einem gewissen Potential wie Vargas zu einem traurigen Abglanz dessen wurde, was er hätte sein können. Wie dieser Trottel Lomana, der auf dem letzten Loch gepfiffen hatte und auf den Knien gestorben war und sich dabei mit beiden Händen an die Kehle gegriffen hatte, während er nur zugesehen hatte, wie in Lomanas Augen die Kapillaren platzten und die Pupillen sich in einem schwarzen Spiegel weiteten. Noch so ein Stück Abfall, das sich nicht rechtzeitig zurückgezogen hatte.

Er hatte keine Angst vor ihm. Er hatte keine Angst vor dem, was er herausfinden konnte – oder glaubte herausfinden zu können. Er musste sich auf die Zunge beißen, um nicht zu lachen. Es fehlte nur noch wenig. Und wenn er ihn einmal nicht mehr beschatten müsste und die ganze Geschichte abgeschlossen wäre, könnte er endlich seine Belohnung genießen: Alicia. Sie beide ganz allein, ohne Eile, so, wie es ihm der Meister versprochen hatte. Mit genug Zeit und seiner ganzen Kunstfertigkeit, um dieser samtenen Nutte zu zeigen, dass er von ihr nichts mehr zu lernen hatte und dass er sie, bevor er sie in die Vergessenheit beförderte, aus der sie gar nie hätte auftauchen dürfen, gründlichst bearbeiten und ihr beibringen würde, was Schmerz wirklich war.

Als Alicia die Augen öffnete, glänzte das Morgenlicht in den Fenstern. Sie drehte den Kopf zur Seite und vergrub das Gesicht im Sofakissen. Sie trug noch das Kleid vom Vortag und hatte den Bittermandelgeschmack im Mund, den die alkoholgetränkten Tabletten im Mund hinterließen. In ihren Ohren hämmerte etwas. Sie öffnete die Augen erneut ein wenig und sah auf dem Tisch das Pillenfläschchen neben einem Glas mit einem Rest Weißwein, das sie in einem Zug austrank. Als sie sich nachschenken wollte, sah sie, dass die Flasche leer war. Erst als sie im Dunkeln in die Küche tappte, um eine neue Flasche zu holen, ging ihr auf, dass das Hämmern in den Schläfen nicht ihr Puls oder die Nachwirkung des Medikaments war, sondern Schläge an die Tür. Sie stützte sich auf einen Esszimmerstuhl und rieb sich die Augen. Eine Stimme im Treppenhaus rief immer wieder ihren Namen. Sie schleppte sich zur Tür und öffnete. Fernandito, der aussah, als wäre er einmal ans Ende der Welt und zurück gereist, schaute sie eher alarmiert als erleichtert an.

»Wie spät ist es?«, fragte sie.

»Noch früh. Geht es Ihnen gut?«

Sie nickte mit halbgeschlossenen Augen und taumelte Richtung Sofa. Fernandito schloss die Tür, und noch bevor sie unterwegs stürzen konnte, fing er sie auf und half ihr, heil auf den Kissen zu landen.

»Was schlucken Sie denn da?«, fragte er, während er das Pillenfläschchen studierte.

»Aspirin.«

»Aber wohl eine Superdosis.«

»Was machst du hier so früh?«

»Ich war gestern Abend bei El Pinar. Ich habe Ihnen einiges zu erzählen.«

Sie tastete den Tisch nach Zigaretten ab. Er schob sie weg, ohne dass sie es merkte.

»Ich bin ganz Ohr.«

»Sieht mir nicht so aus. Warum nehmen Sie nicht eine Dusche, während ich Kaffee mache?«

»Stinke ich?«

»Nein. Aber ich glaube, das würde Ihnen guttun. Los, ich helfe Ihnen.«

Bevor sie protestieren konnte, hob er sie vom Sofa hoch und führte sie ins Badezimmer, wo er sie auf den Wannenrand setzte und das Wasser laufen ließ, mit der einen Hand die Temperatur prüfend, sich mit der anderen versichernd, dass Alicia nicht zusammenbrach.

»Ich bin kein Baby mehr«, sagte sie.

»Manchmal sieht es aber so aus. Los, rein da. Entweder ziehen Sie sich aus, oder ich tu es.«

»Das würde dir so passen.«

Sie schob ihn aus dem Bad und schloss die Tür. Dann ließ sie die Kleider Stück für Stück zu Boden gleiten, als stieße sie tote Schuppen ab, und schaute sich im Spiegel an.

»Um Gottes willen«, murmelte sie.

Sekunden später verbrannte ihr ein Schwall eiskalten Wassers rücksichtslos die Haut und beförderte sie in die Welt der Lebenden zurück. Fernandito, der in der Küche eine Kanne starken Kaffee machte, konnte sich ein Lächeln nicht verkneifen, als er den Schrei aus dem Bad hörte.

Eine Viertelstunde später hörte sich Alicia, in einen zu großen Morgenrock gehüllt und ein Tuch um den Kopf gewickelt, den Bericht der Ereignisse von der Nacht zuvor an. Während Fernandito erzählte, schlürfte sie, die Tasse mit beiden Händen festhaltend, den schwarzen Kaffee. Als er geendet hatte, trank sie die Tasse aus und schaute ihm in die Augen.

»Ich hätte dich nicht auf diese Art in Gefahr bringen dürfen, Fernandito.«

»Das ist das wenigste. Dieser Typ, Hendaya, hat keine Ahnung, wer ich bin. Aber ich bin sicher, dass er weiß, wer Sie sind, Alicia. Sie sind es, die in Gefahr ist.«

»Wo warst du, nachdem du die beiden Polizisten abgehängt hattest?«

»Ich habe hinter dem Boquería-Markt eine Art Pension gefunden, wo ich warten konnte.«

»Eine Art Pension?«

»Die schlüpfrigen Details ein andermal. Was werden wir jetzt machen?«

Sie stand auf.

»Du gar nichts. Du hast schon genug getan.«

»Was heißt da nichts? Nach allem, was geschehen ist?«

Sie trat zu ihm. Etwas war anders an ihm, an der Art, wie er sie anschaute und sich benahm. Sie beschloss, der Sache im Moment nicht nachzugehen, sondern das auf eine günstigere Gelegenheit zu verschieben.

»Du wirst hier auf Vargas warten und ihm haarklein genau das erzählen, was du auch mir erzählt hast.«

»Und wohin gehen Sie?«

Sie zog den Revolver aus der Tasche auf dem Tisch und prüfte, ob er geladen war. Als er die Waffe in ihren Händen sah, fiel Fernandito wieder in seinen natürlichen Zustand des Hingerissenseins zurück.

»Hören Sie …«

22

Von einem bestimmten Moment seiner Gefangenschaft an dachte Valls, das Licht sei das Vorspiel zum Schmerz. Im Schatten konnte er sich vorstellen, dass ihn die Gitterstäbe nicht von der Außenwelt trennten und die Zellenmauern nicht den feuchtschmutzigen Film ausschwitzten, der wie schwarzer Honig über den Stein glitt und zu seinen Füßen eine gallertähnliche Pfütze bildete. Vor allem konnte er sich im Schatten nicht selbst sehen.

Das Dämmerlicht, in dem er lebte, brach kaum auf, wenn sich einmal am Tag oben an der Treppe eine Armbreit Helligkeit öffnete und er die Gestalt erkennen konnte, die ihm eine Schöpfkelle schmutzigen Wassers und ein Stück Brot brachte, das er in Sekundenschnelle verschlang. Der Wärter selbst war ein anderer, nicht aber seine Art. Auch der neue hielt sich nie damit auf, ihm ins Gesicht zu sehen noch ein einziges Wort an ihn zu richten. Er ignorierte seine Fragen, Bitten, Beschimpfungen oder Flüche und beschränkte sich darauf, ihm das Essen und Trinken neben die Stäbe zu stellen und gleich wieder zu gehen. Das erste Mal, als er zu ihm heruntergekommen war, hatte er sich übergeben, sowie ihm der Gestank der Zelle und des Gefangenen in die Nase gedrungen war. Seither kam er immer mit einem Taschentuch vor dem Mund und verzog sich so schnell wie möglich wieder. Valls roch nichts mehr, wie er auch den Schmerz im Arm und das dumpfe Pochen der purpurfarbenen Linien kaum noch wahrnahm, die wie ein Netz von seinem Stumpf aufstiegen. Man ließ ihn bei lebendigem Leib verfaulen, und es bekümmerte ihn nicht mehr.

Allmählich dachte er, eines Tages werde niemand mehr diese Stufen herunterkommen, die Tür oben werde nie wieder aufgehen, und er werde den Rest seines bisschen Lebens im Dunkeln verbringen und dabei spüren, wie sein Körper Stück für Stück verfaulte und sich selbst aufzehrte. Diesem Ritual hatte er in seinen Jahren als Direktor des Montjuïc-Gefängnisses oft beigewohnt. Mit etwas Glück war es nur eine Frage von Tagen. Er hatte von dem Zustand der Schwäche und des Deliriums zu phantasieren begonnen, der sich seiner bemächtigen würde, sobald die anfängliche Hungeragonie alle Brücken abgebrochen hätte. Am grausamsten war das fehlende Wasser. Vielleicht würde sein Herz, wenn die Verzweiflung und die Qual ihn noch stärker zerfräßen und er das Fäkalwasser an den Mauern zu lecken begänne, zu schlagen aufhören. Einer der Ärzte, die vor zwanzig Jahren in seinem Schloss für ihn gearbeitet hatten, hatte immer gesagt, dass sich Gott zuallererst der Schweinehunde erbarme. Sogar hierin war das Leben eine einzige große Hure. Vielleicht würde sich Gott im letzten Moment auch seiner erbarmen, so dass ihn die Infektion, die sich, wie er spürte, in seinen Adern einen Weg fraß, vor dem allerschlimmsten Ende bewahren würde.

Er träumte, er sei schon gestorben und stecke in einem der Segeltuchbeutel, in denen die Leichen im Kastell Montjuïc weggebracht worden waren, als er hörte, wie die Tür oben erneut aufging. Er erwachte aus seiner Benommenheit und merkte, dass seine Zunge geschwollen war und schmerzte. Er führte die Finger an den Mund und spürte, dass sein Zahnfleisch blutete und die Zähne sich bei der geringsten Berührung bewegten, als wären sie in weicher Tonerde aneinandergefügt.

»Ich habe Durst«, brüllte er. »Bitte – Wasser …«

Schritte, schwerer als üblich, stiegen die Treppe herunter. Da unten waren Geräusche viel verlässlicher als das Licht. Die Welt hatte sich auf die Schmerzen, die langsame Zersetzung seines Körpers und das Echo von Schritten und von in den Mauern leise gurgelnden Rohrleitungen reduziert. Mit weißem Getöse ging ein

Licht an. Valls verfolgte mit den Ohren den Weg der sich nähernden Schritte. Er erriet eine Gestalt am Fuß der Treppe.

»Wasser, bitte«, flehte er.

Er kroch zu den Gitterstäben und versuchte, genau zu sehen. Blendendes Licht verbrannte ihm die Netzhaut. Eine Taschenlampe. Valls wich zurück und bedeckte sich die Augen mit der Hand. Sogar so spürte er, wie das Licht über sein Gesicht und seinen mit Exkrementen, getrocknetem Blut und Lumpen bedeckten Körper glitt.

»Sieh mich an«, sagte die Stimme endlich.

Valls nahm die Hand von den Augen und öffnete sie ganz langsam. Die Pupillen brauchten eine Weile, bis sie sich an die Helligkeit gewöhnten. Das Gesicht auf der anderen Seite der Gitterstäbe kam ihm seltsam vertraut vor.

»Ich habe gesagt, du sollst mich ansehen.«

Valls gehorchte. War erst einmal die Würde verloren, war Gehorchen sehr viel einfacher, als Befehle zu erteilen. Der Besucher trat an die Stäbe und schaute ihn aufmerksam an, während er den Lichtkegel der Laterne über seine Glieder und seinen ausgezehrten Körper gleiten ließ. Erst jetzt ging Valls auf, warum ihm dieses Gesicht bekannt vorkam.

»Hendaya?«, stammelte er. »Hendaya, sind Sie es?«

Hendaya nickte. Valls hatte das Gefühl, der Himmel tue sich auf und er atme zum ersten Mal seit Tagen oder Wochen. Es musste sich wieder um einen Traum handeln. Manchmal, im Dunkeln gestrandet, führte er Gespräche mit Menschen, die gekommen waren, um ihn zu retten. Er strengte wieder die Augen an und lachte. Es war Hendaya. Aus Fleisch und Blut.

»Gott sei Dank, Gott sei Dank«, schluchzte er. »Ich bin's, Mauricio Valls. Minister Valls. Ich bin's ...«

Er streckte den Arm zum Polizisten aus, weinend vor Dankbarkeit, und schämte sich nicht, so gesehen zu werden, halb nackt, verstümmelt und voller Scheiße und Urin. Hendaya trat einen Schritt vor.

»Wie lange bin ich schon hier?«

Er bekam keine Antwort.

»Geht es meiner Tochter Mercedes gut?«

Wieder bekam er keine Antwort. Er rappelte sich mühsam auf, zog sich an den Stäben hoch, bis er in Augenhöhe war. Der Polizist betrachtete ihn vollkommen ausdruckslos. Träumte er etwa schon wieder?

»Hendaya?«

Der andere zog eine Zigarette hervor und steckte sie an. Valls roch den Tabak, das erste Mal seit Jahren, wie ihm schien. Es war der köstlichste Duft, den er je gerochen hatte. Er dachte, die Zigarette wäre für ihn, bis er sah, dass Hendaya sie an seine Lippen führte und einen tiefen Zug tat.

»Hendaya, holen Sie mich hier raus«, flehte er.

Die Augen des Polizisten glänzten zwischen den Rauchspiralen, die von seinen Fingern aufstiegen.

»Das ist ein Befehl, Hendaya. Holen Sie mich hier raus.«

Der Polizist lächelte und tat ein paar weitere Züge.

»Du hast schlechte Freunde«, sagte er schließlich.

»Wo ist meine Tochter? Was habt ihr mit ihr gemacht?«

»Nichts, noch nichts.«

Valls hörte eine Stimme verzweifelt aufschreien, ohne zu merken, dass es seine war. Hendaya warf den Stummel in die Zelle zu Valls' Füßen. Er ließ sich nicht beeindrucken, als Valls, sowie er ihn die Treppe hinaufsteigen sah, zu schreien begann und mit seinen letzten Kräften an die Gitterstäbe schlug, bis er kraftlos auf die Knie fiel. Die Tür oben an der Treppe schloss sich wie über einem Grab, und die Dunkelheit zog sich kälter denn je über ihm zusammen.

23

Unter den vielen Abenteuern, die Barcelona in seinem Zentrum verbirgt, gibt es uneinnehmbare Orte, geheime Abgründe und, für die Mutigen, das Standesamt. Vargas erblickte schon von weitem die uralte, mit Feinkohle aufgemöbelte Fassade und seufzte. Die verhüllten Fenster und der durch Skulpturen noch gesteigerte Mausoleumscharakter schienen den Unbedarften davor zu warnen, einen Überfall auch nur in Betracht zu ziehen. Hinter dem schweren Eichenholztor, das gewöhnliche Sterbliche in Schach hielt, erwartete ihn ein wie hingemauerter Schalter, hinter dem ein Männchen mit Eulenblick dem Fluss des Lebens ohne den Anflug eines Willkommens zuschaute.

»Guten Morgen«, sagte Vargas friedlich.

»Das wäre er, wenn wir uns in der Öffnungszeit fürs Publikum befänden. Wie auf der Tafel draußen zu lesen steht: Dienstag bis Freitag von elf bis eins. Und heute ist Montag, und es ist acht Uhr dreizehn morgens. Können Sie nicht lesen?«

Vargas, beschlagen in der Kunst, mit dem kleinen Tyrannen zu kämpfen, den manche niedrige Beamte mit Siegel und offiziellem Stempel in sich haben, verbannte die Freundlichkeit aus seinem Gesicht und hielt dem Männchen die Erkennungsmarke zwei Zentimeter vor die Nase. Der andere brachte kein Wort heraus. Vargas sagte:

»Dafür können bestimmt *Sie* lesen.«

Das Männchen schluckte seinen Ärger und die schlechte Stimmung eines ganzen Monats hinunter.

»Zu Befehl, mein Hauptmann. Entschuldigen Sie das Missverständnis. Womit kann ich Ihnen dienen?«

»Ich möchte mit demjenigen sprechen, der hier das Sagen hat, wenn möglich nicht mit einem Schwachkopf wie Ihnen.«

Der andere hob eilig den Hörer ab und fragte nach einer gewissen Señora Luisa.

»Das ist mir egal«, murmelte er ins Telefon, »sagen Sie ihr, sie soll auf der Stelle kommen.«

Er legte auf, zupfte sich die Kleider zurecht und schaute dann wieder Vargas an.

»Die Direktionssekretärin wird Sie sogleich in Empfang nehmen.«

Vargas setzte sich auf eine lange Holzbank, ohne den Blick vom Eulenmännchen abzuwenden. Nach zwei Minuten erschien eine winzige Frau mit hochgestecktem Haar, einer randlosen Brille und durchdringendem Blick. Sie zog eine Braue in die Höhe und begriff sofort und ohne Vorspann, was geschehen war.

»Seien Sie Carmona nicht böse, mehr kann man von ihm nicht erwarten. Ich bin Luisa Alcaine. Was kann ich für Sie tun?«

»Mein Name ist Vargas, Polizeipräsidium Madrid. Ich müsste die Nummern einiger Urkunden überprüfen. Es ist wichtig.«

»Sagen Sie nicht, dass es auch dringend ist, das bringt in diesem Haus Unglück. Lassen Sie diese Nummern mal sehen.«

Er gab ihr die Liste. Doña Luisa warf einen oberflächlichen Blick darauf und nickte langsam.

»Ein- oder Ausgang?«

»Wie bitte?«

»Die da sind Sterbeurkunden und diese anderen Geburtsurkunden.«

»Sind Sie sicher?«

»Ich bin mir immer sicher. Der kleine Wuchs ist bloß, um in die Irre zu führen.«

Sie hatte das Lächeln einer gewieften Katze.

»Dann möchte ich beide sehen, wenn es möglich ist.«

»Alles ist möglich in der wundersamen Welt der spanischen Bürokratie. Wenn Sie mir bitte folgen wollen, mein Oberst«, sagte sie und hielt ihm eine Tür hinter dem Empfangstisch auf.

»Bloß Hauptmann.«

»Ein Jammer. Nachdem Sie Carmona einen solchen Schrecken eingejagt haben, hätte ich einen höheren Rang von Ihnen erwartet. Werden bei Ihnen die Adelstitel nicht nach Maßgabe der Statur verliehen?«

»Ich schrumpfe schon seit geraumer Zeit. Das sind die Jahre.«

»Ich verstehe Sie, glauben Sie mir. Als ich hier eintrat, habe ich ausgesehen wie eine Balletttänzerin, und jetzt …«

Vargas folgte ihr durch einen endlos scheinenden Korridor.

»Meine ich das nur, oder ist dieses Gebäude von innen wirklich größer als von außen?«, fragte Vargas.

»Sie sind nicht der Erste, der das feststellt. Jede Nacht wächst es ein bisschen. Man munkelt, es ernähre sich von überzähligen Beamten und von Passanten, die eine Akte konsultieren kommen und bei der Lektüre einschlafen. Ich an Ihrer Stelle würde wachsam bleiben.«

Am Ende des Korridors blieb Luisa vor einer großen Tür stehen, die zu einer Kathedrale gepasst hätte. An den Rahmen hatte jemand einen Zettel gehängt, auf dem zu lesen stand:

Lasset, die ihr
diese Schwelle übertretet,
alle Geduld fahren!

Luisa stieß die Tür auf und zwinkerte ihm zu.

»Willkommen in der magischen Welt des Stempelpapiers und der Zwei-Peseten-Gebührenmarke.«

Unter einem Spitzbogengewölbe erstreckte sich in florentinischen Perspektiven ein schwindelerregendes Gewimmel von Regalen, Treppen und Aktenschränken. Die Lampen des Schnürbodens gaben ein staubiges Licht ab, das wie ein abgeschabter Vorhang im Raum hing.

»Heilige Muttergottes«, murmelte Vargas. »Wie kann man hier etwas finden?«

»Die Idee ist, dass man es nicht findet, aber mit Phantasie, einer langen Stange und der erfahrenen Hand meiner Wenigkeit findet man hier sogar den Stein der Weisen.«

Er folgte ihr zu einer Wand, deren nummerierte Aktendeckel bis in den Himmel hinauf zu reichen schienen. Die Sekretärin schnalzte mit den Fingern, worauf zwei beflissen aussehende Angestellte erschienen.

»Holt mir die Bücher der Sektionen 1 bis 8B von 1939 bis 1943 und 6C bis 14 derselben Jahre runter.«

Die beiden Männer gingen auf Leitersuche, und Luisa lud Vargas ein, an einem der Tische für Besucher in der Mitte des Saals Platz zu nehmen.

»1939?«, fragte Vargas.

»Alle diese Akten sind noch nach der alten Art nummeriert. Das System hat 1944 gewechselt, mit der Einführung des Personalausweises DNI. Sie haben Glück, denn viele Archive aus der Vorkriegszeit sind verlorengegangen, aber die Zeit zwischen 1939 und 1944 befindet sich in einer eigenen Sektion, die vor schätzungsweise zwei Jahren neu geordnet wurde.«

»Sie wollen also sagen, dass all diese Urkunden von kurz nach dem Bürgerkrieg sind?«

Sie bejahte.

»In der Vergangenheit wühlen, was?«, fragte sie. »Ich begrüße Ihren Mut – ob es allerdings auch klug ist, weiß ich nicht recht. Es gibt nicht viele, die Interesse oder Lust haben, da zu stochern.«

Während sie auf die erbetenen Bücher warteten, studierte Luisa Vargas mit klinischer Neugier.

»Wie viele Stunden haben Sie kein Auge mehr zugetan?«

Er schaute auf die Uhr.

»Etwas mehr als vierundzwanzig.«

»Darf ich Ihnen einen Kaffee bestellen? Das hier kann noch eine ganze Weile dauern.«

Zweieinhalb Stunden später, nachdem Luisa und ihre Gehilfen durch Ozeane von Papier gekreuzt waren und ihre Überfahrt beendet hatten, stapelte sich vor Vargas, der sich kaum mehr auf den Beinen halten konnte, eine kleine Insel aus Büchern. Er betrachtete die ihn erwartende Arbeit und seufzte.

»Wären Sie so freundlich, Señora Luisa?«

»Aber selbstverständlich.«

Während Vargas an seiner dritten Tasse Kaffee nuckelte, bedeutete Luisa ihre Gehilfen, sich zurückzuziehen, und begann die Registerbände zu zwei langsam wachsenden Stapeln zu ordnen.

»Wollen Sie mich nicht fragen, worum es bei alledem geht?«

»Sollte ich das?«

Er lächelte. Nach einer Weile atmete Luisa hörbar erleichtert aus.

»Nun, da müsste alles drin sein. Gehen wir also die Liste wieder durch, bitte.«

Die Nummern vergleichend, nahm sie Band für Band vor. Je weiter sie kam, desto mehr legte sie die Stirn in Falten.

»Was ist?«, fragte Vargas.

»Sind Sie sicher, dass diese Zahlen richtig sind?«

»Es sind die, die ich habe … Warum?«

Sie schaute von den Seiten auf und sah ihn befremdet an.

»Darum. Es sind alles kleine Kinder.«

»Kinder?«

»Ja, sehen Sie.«

Sie legte die Bücher vor Vargas hin und begann Nummer um Nummer zu vergleichen.

»Sehen Sie die Daten?«

Vargas versuchte das unverständliche Gekritzel zu entziffern. Sie führte ihn mit der Bleistiftspitze.

»Sie sind paarweise angeordnet. Für jede Sterbeurkunde gibt es auch eine Geburtsurkunde. Am selben Tag ausgestellt, vom selben Beamten, in derselben Abteilung und um dieselbe Zeit.«

»Wie können Sie das wissen?«

»Durch den Kontrollcode. Sehen Sie da?«

»Und was bedeutet das?«

»Ich weiß es nicht.«

»Ist es normal, dass ein und derselbe Beamte zwei Urkunden simultan bearbeitet?«

»Nein. Und schon gar nicht aus zwei verschiedenen Abteilungen.«

»Wie hätte es dazu kommen können?«

»Das ist nicht der normale Gang. Früher wurden die Bescheinigungen per Distrikt ausgefertigt. Die hier stammen alle aus der Zentrale.«

»Und das ist regelwidrig?«

»Ziemlich. Hinzu kommt, dass diese Akten, wenn denn stimmt, was hier verzeichnet ist, alle an einem einzigen Tag ausgefertigt wurden.«

»Und das ist merkwürdig.«

»Merkwürdiger als ein grüner Hund. Aber das ist erst der Anfang.«

Vargas schaute sie an.

»Alle Sterbeurkunden stammen aus dem Militärkrankenhaus. Wie viele Kinder sterben in einem Militärkrankenhaus?«

»Und die Geburten?«

»Aus dem Herz-Jesu-Krankenhaus. Alle ohne Ausnahme.«

»Könnte das auch Zufall sein?«

»Wenn Sie ein Mann des Glaubens sind … Und schauen Sie sich das Alter der Kinder an. Ebenfalls paarweise, sehen Sie.«

Vargas strengte seine Augen an, aber die Müdigkeit zehrte an seinem Begriffsvermögen.

»Für jede Sterbe- gibt es auch eine Geburtsurkunde«, erklärte Luisa.

»Versteh ich nicht.«

»Die Kinder. Jedes einzelne von ihnen wurde am selben Tag geboren wie eines der Verstorbenen.«

»Darf ich das leihweise mitnehmen?«

»Die Originale dürfen das Haus nicht verlassen. Man müsste Kopien anfertigen lassen, und das würde mindestens einen Monat dauern, und auch das nur, wenn man alle Hebel in Bewegung setzt.«

»Gäbe es keinen schnelleren Weg?«

»Und einen diskreteren?«, ergänzte sie.

»Auch das.«

»Treten Sie beiseite.«

Luisa nahm Papier und Feder und notierte eine halbe Stunde lang auf mehrere Blätter einen Auszug mit Namen, Daten, Urkundennummern und Codes jedes einzelnen Dokuments. Vargas verfolgte ihre reinliche Schrift und versuchte den Schlüssel zu alledem zu finden. Erst als sein Blick auf den unzähligen Wörtern und Zahlen ausglitt, bemerkte er, welche Namen Luisa gerade aufgeschrieben hatte.

»Einen Augenblick«, unterbrach er sie.

Sie machte ihm Platz. Er suchte in den Urkunden und fand schließlich, was er wollte.

»Mataix«, murmelte er.

Luisa beugte sich über die Dokumente, die er studierte.

»Zwei Mädchen. Am selben Tag verstorben … Sagt Ihnen das was?«, fragte sie.

Vargas' Blick wanderte ans Ende der Urkunden.

»Und was ist das?«

»Die Unterschrift des Beamten, der die Akte beglaubigt.« Der Schriftzug war sauber und elegant, die Schrift eines Menschen, der etwas von Schein und Protokoll verstand. Vargas formte lautlos den Namen auf den Lippen und spürte, wie ihm das Blut in den Adern gefror.

24

Die Wohnung roch nach Alicia, nach ihrem Parfüm, ihrer Anwesenheit und nach der Essenz, die die Berührung mit ihrer Haut hinterließ. Fernandito saß auf ihrem Sofa, allein mit diesem Duft und einer Beklemmung, die an ihm zehrte. Alicia war mit ihrem Revolver erst vor einer Viertelstunde verschwunden, aber das Warten kam ihm jetzt schon wie anderthalb Ewigkeiten vor. Unfähig, eine weitere Sekunde ruhig dazusitzen, stand er auf, um die Fenster zu öffnen und etwas frische Luft hereinzulassen. Mit ein wenig Glück würde dieser verwirrende Duft verfliegen und sich ein anderes Opfer suchen. Er ließ die eisige Brise sein Bewusstsein auslüften und ging wieder hinein, um zu warten, so, wie Alicia es von ihm verlangt hatte. Sein edles Bemühen dauerte ganze fünf Minuten. Dann begann er, im Esszimmer herumzuspazieren, las die Titel auf den Buchrücken in den Regalen, strich mit den Fingern über die Möbel, betrachtete ausgiebig Gegenstände, die er bei vorhergehenden Besuchen nicht bemerkt hatte, und stellte sich vor, wie Alicia die gleichen Schritte tat und dieselben Dinge berührte. Das ist nicht gut für dich, Fernandito, dachte er, setz dich wieder hin.

Er mied die Stühle. Als er dachte, jetzt finde er keine neuen Wege mehr durch den Raum, wagte er sich in den Gang hinein, an dessen Ende sich zwei Türen befanden. Die eine führte ins Bad, die andere musste die zum Schlafzimmer sein. Er errötete vor Scham und Unruhe, und bevor er auch nur vor der Badezimmertür stand, machte er kehrt und ging ins Esszimmer zurück. Er setzte sich auf einen Stuhl und wartete. Die Minuten verstrichen zähflüssig, und das einzig Tröstende war das regelmäßige Ticken einer Wanduhr. Die Zeit, begriff er, fließt genau dann am langsamsten, wenn man sie am liebsten beschleunigen möchte.

Wieder stand er auf und trat ans Fenster. Von Vargas keine Spur. Fünf Stockwerke tiefer spielte sich die Welt in der Ferne und banal ab. Ohne recht zu wissen, wie, fand er sich wieder im Gang. Vor der Badezimmertür. Er trat ein und betrachtete sich im Spiegel. Auf einer Konsole lag ein Lippenstift ohne Verschlusskappe. Er nahm ihn in die Hand und drehte ihn hin und her. Blutrot. Errötend legte er ihn wieder hin und ging hinaus. Gegenüber befand sich die Schlafzimmertür. Auf der Schwelle stehend, sah er, dass das Bett gemacht war. Alicia hatte nicht hier geschlafen. Tausend Gedanken stürmten auf ihn ein, und er verbannte sie alle, ehe sie seinen Mund öffnen konnten.

Er ging einige Schritte hinein und betrachtete das Bett. Er stellte sich vor, wie sie dalag, und schaute weg. Er fragte sich, wie viele Männer hier an ihrer Seite gelegen und mit Händen und Lippen ihren Körper erforscht haben mochten. Er trat zum Schrank und öffnete ihn. Im Halbdunkel sah er ihre Garderobe. Mit den Fingerspitzen streifte er die Kleider an ihren Bügeln und schloss die Tür wieder. Vor dem Bett stand ein Schränkchen mit Schubladen. Er zog die erste heraus und erblickte ein Arsenal von säuberlich zusammengefalteten seidenen und gestrickten Wäschestücken. Schwarz, rot und weiß. Ihre Unterwäsche. Er hatte eine trockene Kehle. Seine Finger blieben zwei Zentimeter vom Stoff entfernt in der Luft hängen. Er zog die Hand zurück, als hätte ihn die Seidenspitze verbrannt, und schloss die Schublade.

Du bist ein Idiot, sagte er sich.

Idiot oder nicht, er zog die zweite Schublade heraus. Darin lagen Seidenstrümpfe und irgendwelche Dinge mit Bändern, vermutlich Strumpfhalter, die ihn schwindelig machten. Er wollte eben die Schublade schließen, da ertönte ein wütender Klingelton, und vor Schreck sprang ihm fast sein Herz aus dem Leib. Das Telefon. Er knallte die Schublade zu und rannte atemlos ins Esszimmer zurück. Der Apparat hämmerte anklagend, wie Feueralarm.

Er wusste nicht, was er tun sollte. Eine Minute oder länger klingelte es unaufhörlich weiter. Als er endlich zitternd die Hand auf den Hörer legte und ihn abhob, verstummte die Klingel. Er ließ den Hörer fallen und atmete tief. Er setzte sich und schloss die Augen. Das Herz hämmerte ihm von der Brust bis hinauf zur Kehle. Er lachte über sich selbst und fand Trost in der Lächerlichkeit seines Verhaltens. Wenn Alicia ihn sähe …

Er taugte nicht für diese Geschichte. Je eher er den Tatsachen ins Auge sah, desto besser. Die Ereignisse der Nacht und seine kurze Erfahrung in Alicias Dienst hatten ihm gezeigt, dass sein Weg nicht durch die Welt der Intrigen führte, sondern durch die des Handels und des Diensts am Kunden. Sobald sie wiederkäme, würde er die Kündigung einreichen. Und den Besuch im Heiligtum der Unterwäsche seiner Chefin vergaß er besser. Bedeutendere Männer hatten sich für viel weniger ruiniert.

Bei diesen erbaulichen Gedanken gewann er seine Standfestigkeit zurück, da explodierte das Telefon neben ihm schon wieder, und diesmal hob er reflexartig ab und meldete sich mit hauchdünner Stimme.

»Wer ist da?«, donnerte es am anderen Ende der Leitung.

Vargas' Stimme.

»Ich bin's, Fernandito«, antwortete er.

»Gib mir Alicia.«

»Señorita Alicia ist weggegangen.«

»Wohin?«

»Das weiß ich nicht.«

Vargas fluchte leise.

»Und was machst du dort?«

»Señorita Alicia hat mir aufgetragen, auf Sie zu warten und Ihnen zu erzählen, was letzte Nacht passiert ist.«

»Was ist denn passiert?«

»Ich glaube, das erzähle ich Ihnen besser persönlich. Wo sind Sie?«

»Auf dem Standesamt. Hat Alicia gesagt, wann sie zurück ist?«

»Sie hat gar nichts gesagt. Sie hat eine Pistole genommen und ist gegangen.«

»Eine Pistole?«

»Na ja, technisch gesehen war es ein Revolver, einer von denen mit einer Trommel, der …«

»Ich hab schon verstanden.«

»Kommen Sie hierher?«

»Ich nehm zu Hause noch eine Dusche und zieh mich um, ich seh zum Fürchten aus. Danach komme ich.«

»Ich werde Sie erwarten.«

»Das ist auch besser für dich. Ach, und – Fernandito?«

»Bitte?«

»Dass du mir nichts anfasst, was du nicht anfassen sollst!«

Die Blaue Straßenbahn zuckelte zum Einschlafen langsam dahin. Alicia war gerade rechtzeitig bei der Haltestelle eingetroffen, um noch aufspringen zu können, als der Fahrer schon an der Kurbel zur Bergfahrt durch die Avenida del Tibidabo drehte. Eine Gruppe Schüler, offensichtlich aus einem Internat, füllte den Waggon wie eine Sardinenbüchse. Sie befanden sich in der Obhut zweier ernst dreinschauender Geistlicher und waren, wie Alicia vermutete, unterwegs zur Herz-Jesu-Kirche oben auf dem Tibidabo. Sie war der einzige weibliche Fahrgast. Sowie sie sich gesetzt hatte, nachdem einer der Geistlichen einen Schüler hatte aufstehen heißen, verstummte das Geschwätz der Knaben, so dass man das Magenknurren der Horde hören konnte – oder vielleicht waren es auch nur ihre frech durch die Adern galoppierenden Hormone. Alicia senkte den Blick und tat so, als bemerke sie sie nicht. Die Schüler, die sie auf dreizehn oder vierzehn Jahre schätzte, schauten sie verstohlen an, als hätten sie noch nie so ein Geschöpf gesehen. Einer von ihnen, ein rothaariger, mit Sommersprossen übersäter Bursche, saß ihr genau gegenüber und schien wie hypnotisiert von ihr. Sein Blick hatte sich in einem dauernden Hin und Her zwischen ihren Knien und ihrem Gesicht eingependelt. Alicia schaute auf und sah ihn einige Sekunden lang an. Der Arme schien sich zu verschlucken, bis ihm einer der Geistlichen einen Schlag auf dem Hinterkopf verpasste.

»Wir wollen doch keine Scherereien, Manolito!«

Der Rest der Fahrt fand zwischen Schweigen, flüchtigen Blicken und einem gelegentlichen erstickten Lachen statt. Das Schauspiel der saftstrotzenden Jugend ist die wirkungsvollste Impfung gegen die Nostalgie, dachte sie.

An der Endhaltestelle angekommen, blieb sie sitzen, bis die beiden Geistlichen die Schüler wie Vieh aus dem Waggon getrieben hatten. Sie sah den Schwarm zur Zahnradbahnstation gehen, Püffe und obszöne Lacher austauschend. Die Brünstigsten wandten sich um, schauten sie noch einmal an und gaben ihren Kameraden Kommentare ab. Alicia wartete, bis die Geistlichen sie alle ins Stationsgebäude hinein verfrachtet hatten wie in ein Gehege, und stieg aus. Sie überquerte den Platz, immer die imponierende Fassade von El Pinar im Blick, der die vor ihr liegende Anhöhe krönte. Zwei schwarze Autos waren vor dem nur wenige Meter von der Straßenbahnhaltestelle entfernten Restaurant La Venta geparkt. Alicia kannte es gut, denn es war Leandros Barceloner Lieblingslokal, und mehr als einmal hatte er sie dahin ausgeführt, um ihr bei einem schönen Essen die Tischsitten und das Protokoll beizubringen. *Eine Señorita mit Stil ergreift das Besteck nicht, sondern streichelt es.* Sie steckte die Hand in die Tasche, betastete den Revolver und entsicherte ihn.

Das Anwesen von El Pinar verfügte über zwei Eingänge. Der Haupteingang, eine Einfahrt, die auch die Fahrzeuge benutzten, befand sich in der Calle de Manuel Arnús, etwas mehr als hundert Meter vom Platz entfernt, wenn man dem Weg den Hügel entlang Richtung Nordende der Carretera de las Aguas folgte. Der zweite, ein Eisentor, das zu einem Pfad mit Treppen durch den Garten führte, war nur wenige Schritte von der Straßenbahn entfernt. Als sie davorstand, stellte sie erwartungsgemäß fest, dass es geschlossen war. Sie folgte der Mauer Richtung Haupteingang. Dort stand ein zweites Haus, vermutlich die ehemalige Pförtnerunterkunft, von dem sie annahm, dass es bewacht war. Zumindest sah sie auf ihrem Weg den Hügel entlang eine Gestalt im Obergeschoss, die die Umgebung des Hauses überwachte. Möglicherweise hatte Hendaya innen und außen noch mehr Leute postiert. Auf halbem Weg blieb sie stehen, in einem Winkel, wo sie vom Haupteingang aus nicht gesehen werden konnte, und betrachtete die Mauer. Ihre Augen fielen bald auf die Stelle, wo sich Fernandito in der Nacht zuvor Zutritt zum Gelände verschafft haben musste. Bei Tageslicht schien ihr das ohne Hilfe undurchführbar. Sie ging auf den Platz zurück, wo die Straßenbahn eben die Rückfahrt aufnahm, und wandte sich in Richtung La Venta. Sie trat ein und fand sich um diese Zeit mutterseelenallein, die Küche würde erst Stunden später ihren Betrieb aufnehmen. Sie setzte sich auf einen Barhocker. Ein Kellner schaute hinter einem Vorhang hervor und trat mit höflichem Lächeln näher.

»Ein Glas Weißwein, bitte.«

»Irgendwelche Vorlieben?«

»Überraschen Sie mich.«

Er nickte und füllte mit professioneller Hand ein Glas, ohne einen Blick mit ihr zu wechseln.

»Kann ich das Telefon benutzen?«

»Aber selbstverständlich, Señorita. Es steht da hinten, am Ende der Theke.«

Sie wartete, bis er wieder hinter dem Vorhang verschwunden war, trank einen Schluck Wein und ging zum Telefon.

Fernandito schaute aus dem Fenster, um Vargas unter den Passanten in der Calle Aviñón auszumachen, als das Telefon hinter ihm wieder klingelte. Diesmal ging er ohne Zögern dran und sagte:

»Wo stecken Sie denn? Wollten Sie nicht kommen?«

»Wer wollte kommen?«, fragte Alicia am anderen Ende der Leitung.

»Verzeihung, ich dachte, es sei Hauptmann Vargas.«

»Hast du ihn gesehen?«

»Er hat angerufen und gesagt, er kommt her.«

»Und wann war das?«

»Vor ungefähr einer Viertelstunde. Er hat gesagt, er ist auf dem Standesamt.«

Alicia schob ein Schweigen ein, das Fernandito als Bestürztheit interpretierte.

»Hat er gesagt, was er da macht?«

»Nein. Geht es Ihnen gut?«

»Es geht mir gut, Fernandito. Wenn Vargas kommt, erzählst du ihm zuerst, was du mir erzählt hast, und dann sagst du ihm, ich erwarte ihn im Restaurant bei der Tibidabo-Zahnradbahnstation. Notier die Telefonnummer.«

»Das ist gleich neben El Pinar ...«

»Sag ihm, er soll sich beeilen.«

»Brauchen Sie Hilfe? Soll ich kommen?«

»Untersteh dich! Du wirst dort warten, bis Vargas kommt, und das tun, was ich dir gesagt habe. Verstanden?«

»Ja ... Señorita Alicia?«

Sie hatte bereits aufgehängt. Er schaute noch den Hörer an, als er aus dem Augenwinkel etwas wahrnahm. Eine Bewegung hinter dem Fenster von Vargas' Zimmer auf der gegenüberliegenden Straßenseite. Vermutlich war der Polizist hinaufgegangen, während er mit Alicia telefoniert hatte. Er blickte wieder hinüber, um sich zu vergewissern, dass er sich nicht getäuscht hatte, als er Vargas auf der Straße aufs Gran Café zugehen sah.

»Hauptmann! Vargas!«, schrie er.

Der andere verschwand im Eingang. Wieder schaute Fernandito zu dem Fenster gegenüber und sah genau in diesem Augenblick eine Gestalt die Vorhänge zuziehen. Er wollte die Nummer wählen, die ihm Alicia gegeben hatte, da befiel ihn eine seltsame Unruhe. Er ging zur Tür und rannte, immer schneller werdend, die Treppe hinunter.

25

Als Vargas den Schlüssel ins Schloss steckte, bemerkte er sofort, dass etwas nicht stimmte. Der Schlüssel drang nur mit Mühe ein, und beim Drehen war kaum ein Widerstand zu spüren. Das Schloss war aufgebrochen worden. Er zog den Revolver und stieß die Tür sanft mit dem Fuß auf. Die Dachkammer, zwei kleine, durch einen Perlenvorhang getrennte Räume, lag im Halbdunkel. Die Vorhänge waren zugezogen. Er erinnerte sich, sie offen gelassen zu haben. Er spannte den Hahn. Reglos wartete die Gestalt in der Ecke. Vargas hob die Waffe und zielte.

»Bitte nicht schießen! Ich bin's!«

Vargas tat einige Schritte auf ihn zu, und die Gestalt löste sich mit erhobenen Armen aus dem Schatten.

»Rovira? Was zum Teufel tun Sie denn hier? Ich hätte Ihnen fast das Hirn aus dem Kopf geblasen.«

Der kleine Spion, noch in seinem ärmlichen Mantel steckend, schaute ihn zitternd an.

»Nehmen Sie die Hände runter«, sagte Vargas.

Der andere nickte mehrmals und gehorchte.

»Verzeihen Sie, Hauptmann. Ich wusste nicht, was ich tun sollte. Ich wollte unten auf der Straße auf Sie warten, aber ich wurde beschattet, ganz sicher, und da dachte ich …«

»Jetzt mal ganz ruhig, Rovira. Wovon reden Sie eigentlich?«

Rovira atmete tief ein und gestikulierte, als wüsste er nicht, wo er beginnen sollte. Vargas schloss die Tür, führte ihn zu einem Sessel und hieß ihn sich hinsetzen. Dann griff er nach einem Stuhl und nahm Rovira gegenüber Platz.

»Fangen Sie von vorn an.«

»Ich bringe Ihnen eine Nachricht von Kommissar Linares.«

»Von Linares?«

Rovira bejahte.

»Er war es, der mir den Auftrag gab, Sie und Señorita Alicia zu beschatten. Aber ich versichere Ihnen, dass ich Ihre Anweisungen befolgt und immer Distanz gehalten habe, um nicht lästig zu fallen. Und denen habe ich gerade so viel erzählt, dass die Akte etwas aufweisen konnte.«

»Was für eine Nachricht?«, unterbrach ihn Vargas.

»Als Kommissar Linares wieder im Präsidium war, bekam er einen Anruf. Jemand aus Madrid. Von ganz oben. Er hat gesagt, ich soll Ihnen ausrichten, dass Sie sich in Gefahr befinden, dass Sie die Stadt besser verlassen. Sie und Señorita Alicia. Er hat mir aufgetragen, Sie in der Gerichtsmedizin aufzusuchen und es Ihnen zu sagen. Aber dort hat man mir gesagt, Sie seien schon aufs Standesamt gegangen.«

»Weiter.«

»Haben Sie dort etwas Interessantes rausgefunden?«, fragte Rovira.

»Nichts, was Sie etwas anginge. Was weiter?«

»Nun, da bin ich also aufs Standesamt gegangen, wo man mir ebenfalls sagte, Sie seien schon wieder weg, und so bin ich hierhergelaufen, um auf Sie zu warten. Und dabei habe ich bemerkt, dass Sie überwacht werden.«

»War das nicht Ihre Arbeit?«

»Außer mir noch jemand.«

»Wer?«

»Das weiß ich nicht.«

»Und wie sind Sie hier reingekommen?«

»Die Tür war offen. Ich glaube, man hat das Schloss aufgebrochen. Ich habe mich versichert, dass sich hier drin keiner versteckt hat, habe die Tür wieder geschlossen und die Vorhänge zugezogen, damit niemand sähe, dass ich hier auf Sie warte.«

Vargas schaute ihn lange schweigend an.

»Hab ich etwas falsch gemacht?«, fragte Rovira ängstlich.

»Warum hat mich Linares nicht in der Gerichtsmedizin angerufen?«

»Der Kommissar hat gesagt, die Telefone des Präsidiums seien nicht sicher.«

»Und warum ist er nicht persönlich gekommen?«

»Er hat eine Sitzung mit dem Offizier, den das Ministerium hergeschickt hat. Ein gewisser Alaya oder so.«

»Hendaya.«

»Genau.«

Rovira zitterte noch immer wie ein junger Hund.

»Könnten Sie mir ein Glas Wasser geben, bitte?«

Vargas zögerte einen Augenblick. Er ging zur Kommode und füllte aus dem halbvollen Krug ein Glas.

»Und Señorita Alicia?«, fragte Rovira hinter ihm. »Ist sie nicht bei Ihnen?«

Vargas bemerkte, dass Roviras Stimme aus nächster Nähe kam, und als er sich mit dem Glas in der Hand umdrehte, stand dieser kaum eine Handbreit von ihm entfernt. Er zitterte nicht mehr, und sein verängstigter Ausdruck hatte einer undurchdringlichen Maske Platz gemacht.

Vargas sah nicht einmal die Messerklinge.

Er spürte einen bestialischen Stich in der Seite, als hätte jemand mit einem Hammer auf seine Rippen eingeschlagen, und begriff, dass die Schneide bis in die Lunge eingedrungen war. Er hatte den Eindruck, dass Rovira lächelte, und als er nach dem Revolver greifen wollte, ereilte ihn zum zweiten Mal das Messer, diesmal bohrte es sich bis zum Schaft in seinen Hals, so dass er schwankte. Sein Blick trübte sich, und er klammerte sich an die Kommode. Ein dritter Stich traf ihn in den Magen. Er brach zusammen und blieb auf dem Boden liegen. Ein Schatten fiel auf ihn. Während sein Körper zuckend ums Überleben kämpfte, entriss ihm Rovira die Waffe, besah sie sich ohne Interesse und warf sie dann auf den Boden.

»Spielzeug«, sagte er.

Vargas verlor sich in diesen Augen ohne Grund. Rovira wartete einige Sekunden und stach ihm dann noch zwei weitere Male in den Magen, wobei er die Schneide umdrehte. Vargas spuckte einen Blutstrom aus und versuchte, Rovira zu schlagen, oder wer diese Kreatur auch sein mochte, die ihn zerstückelte. Seine Fäuste streiften kaum dessen Gesicht. Rovira zog das blutbesudelte Messer heraus und hielt es ihm vor die Nase.

»Du Schweinehund«, röchelte Vargas.

»Schau mich genau an, du alter Scheißkerl. Du sollst sterben im Wissen, dass ich mit ihr nicht so barmherzig umgehen werde. Bei ihr werde ich es hinauszögern, und ich schwöre dir, dass sie dich verfluchen wird, weil du versagt hast, während ich ihr alles zeige, was ich kann.«

Vargas spürte, dass ihn Eiseskälte befiel und ihm die Glieder lähmte. Sein Herz schlug sehr schnell, und er konnte kaum noch atmen. Ein lauwarmes, zähflüssiges Leinentuch breitete sich unter seinem Körper aus. Seine Augen füllten sich mit Tränen, und eine Angst packte ihn, wie er sie noch nie verspürt hatte. Sein Mörder wischte die Klinge an Vargas' Revers ab und steckte das Messer ein. Er blieb neben ihm hocken, schaute ihm in die Augen und genoss seinen Todeskampf.

»Spürst du's schon? Was empfindet man?«

Vargas schloss die Augen und beschwor Alicias Bild herauf. Er starb mit einem Lächeln auf den Lippen, und als der Mann, den er als Rovira kennengelernt hatte, das sah, wurde er so wütend, dass er, obwohl er wusste, dass der andere tot war, mit den Fäusten auf sein Gesicht einschlug, bis ihm die Knöchel bluteten.

Fernandito war die Treppen heraufgerannt, und als er vor Vargas' Tür ankam, blieb er einen Augenblick stehen, bevor er die Hand zum Klopfen hob. Das Geräusch der dumpfen Schläge auf der anderen Seite hielt ihn davon ab. Eine brechende Stimme stieß wütende Schreie aus, während man die schrecklichen Schläge vernahm, die sich auf Fleisch und Knochen entluden. Vergeblich versuchte Fernandito, die Tür zu öffnen. Nach einer Weile hörten die Schläge auf, und er hörte Schritte auf die Tür zukommen. Die Angst war stärker, er schluckte die Scham hinunter und rannte treppauf Richtung Dachterrasse, um sich zu verstecken. Er drückte sich eng an die Wand des Treppenabsatzes und hörte unten die Tür aufgehen. Schritte stiegen die Stufen hinunter. Er schaute das Treppenhaus hinab und sah diesen kleingewachsenen Mann in seinem schwarzen Mantel. Nach ein paar Sekunden schlich er sich zu Vargas hinunter. Die Tür war angelehnt. Von der Schwelle aus sah er den Körper des Polizisten in einer dicken, dunklen Flüssigkeit liegen. Blut. Als er näher trat, rutschte er aus und fiel neben Vargas' Leiche, die weiß war wie eine Marmorfigur. Einen Augenblick lang wusste er nicht weiter. Dann, als er die Waffe des Polizisten auf dem Boden sah, nahm er sie an sich und stürzte die Treppen hinunter.

26

Vom Meer her zog rasch eine dichte Wolkendecke auf und begrub Barcelona unter sich. Alicia, an der Theke des Lokals sitzend, wandte sich um, als sie den Widerhall des ersten Donners hörte. Sie schaute zu, wie die Schattenfront unerbittlich vorrückte. Eine elektrische Entladung erleuchtete den Wolkenwirbel, und gleich darauf klatschten die ersten Tropfen an die Scheiben. Nach wenigen Minuten begann sich der Wolkenbruch zu entladen, und die Welt versank in undurchdringlichem Grau.

Das Gewittergetöse begleitete sie auf ihrem Gang vom Restaurant zur Mauer um das Grundstück von El Pinar. Der Wasservorhang ließ die Umrisse bis auf wenige Meter verschwimmen und verschleierte ihre Bewegungen. Als sie erneut am Eingang zum Garten vorbeikam, konnte sie die Fassade des Hauses kaum noch erkennen. Sie ging wieder um das Grundstück herum und kletterte an der Stelle auf die Mauer, die sie sich vorher ausgeguckt hatte. Der Sprung auf die andere Seite endete auf einer dichten, vom Regen bereits aufgeweichten Laubschicht, die ihre Landung dämpfte. Im Schutz der Bäume durchquerte sie den Garten, bis sie auf den Hauptweg gelangte. Sie folgte ihm bis zum Hintereingang des Hauses, wo sie die Küchenfenster sah, von denen Fernandito erzählt hatte. Der Regen peitschte wütend die Fassade und lief in Strömen herab. Sie trat an eines der Fenster und blickte hinein. Sie erkannte den mit Blut befleckten Holztisch, wo Fernandito Valentín Morgado hatte sterben sehen. Niemand war in Sichtweite. Der Lärm des Gewitters schien auch im Haus widerzuhallen. Sie schlug mit dem Revolverschaft auf die Scheibe ein, bis sie zerbrach. Sekunden später war sie drinnen.

Fernandito folgte ihm dichtauf. Der Fremde schritt bedächtig dahin, als hätte er nicht soeben kaltblütig einen Menschen umgebracht, sondern bloß auf einen Spaziergang das Haus verlassen. Der erste Blitz erleuchtete die Straßen, und eilig flüchteten sich die Leute vor dem Regen unter die Bögen der Plaza Real. Der Mörder beschleunigte weder seine Schritte, noch machte er Anstalten, sich irgendwo unterzustellen, sondern ging langsam auf die Ramblas zu. Dort angekommen, blieb er auf dem Bordstein stehen. Fernandito rückte auf und stellte fest, dass seine Kleider klatschnass waren. Einen Augenblick fühlte er sich versucht, Vargas' Waffe aus der Tasche zu ziehen und ihm eine Kugel in den Rücken zu feuern. Der Mörder blieb reglos stehen, wie wenn er seine Anwesenheit spürte und ihn erwartete. Dann ging er auf einmal weiter und überquerte die Ramblas Richtung Calle Conde del Asalto, aufs Zentrum des Raval zu.

Fernandito folgte ihm und gewährte ihm einen kleinen Vorsprung. Als er links in die Calle Lancaster einbog, rannte er ihm eilig nach und sah ihn eben noch in einer Haustür auf halbem

Weg zur nächsten Kreuzung verschwinden. Er wartete einige Sekunden und ging dicht an der Mauer langsam näher. Das schmutzige Wasser von den Dächern spritzte ihm ins Gesicht und lief durch seinen Mantelkragen. Vor der Tür, durch die er den Mörder hatte eintreten sehen, blieb er stehen. Von fern hatte es wie der Eingang zu einem Treppenhaus ausgesehen, doch jetzt entpuppte sich das Erdgeschoss als Ladenlokal. Eine Rolljalousie füllte den Rahmen aus. Darin war eine kleine, jetzt angelehnte Tür eingelassen. Eine verblichene Tafel am Rahmen verkündete:

SCHAUFENSTER-PUPPEN-FABRIK GEBR. CORTÉS

SCHNEIDEREI- & CONFEKTIONSARTIKEL
Gegr. 1909

Ganz offensichtlich war das Atelier seit Jahren geschlossen, es wirkte vernachlässigt. Fernandito zögerte einen Moment. Alles in ihm schrie danach, diesen Ort zu verlassen, um Hilfe zu holen. Er war schon fast bis an die Ecke zurückgegangen, als ihn das Bild von Vargas' auf dem Boden liegender Leiche und seinem blutüberströmten Gesicht stehen bleiben ließ. Er machte kehrt und ging bis zur Tür des Ateliers zurück, quetschte die Finger in den Spalt und drückte sie einige Zentimeter auf.

Drinnen herrschte vollkommene Dunkelheit. Er öffnete die Tür ganz, so dass das spärliche durch den Regen dringende Licht knapp die Konturen eines Ladenlokals erkennen ließ, wie er sie aus seiner Kindheit in Erinnerung hatte. Ladentische aus Holz, Vitrinen und einige umgekippte Stühle. Alles war bedeckt mit etwas, was er zunächst für durchsichtige Seidenstücke hielt; doch nach einigen Sekunden sah er verblüfft, dass es Spinnweben waren. In einer Ecke standen zwei nackte, in Spinnennetzen gefangene Puppen, als hätte ein Rieseninsekt sie dorthin geschleppt, um sie zu verschlingen.

Aus dem Inneren vernahm er ein metallisches Echo. Er kniff die Augen zusammen und sah, dass sich hinter dem staubbedeckten Ladentisch ein Vorhang befand, durch den man in den Raum hinter dem Laden gelangte. Er bewegte sich noch ein wenig. Fast ohne zu atmen, trat Fernandito näher und schob den Vorhang eine knappe Handbreit beiseite. Vor ihm tat sich ein langer Gang auf. Plötzlich bemerkte er, dass die Helligkeit in seinem Rücken erlosch, und er drehte sich gerade rechtzeitig um, um zu sehen, wie der Wind oder vielleicht eine unbekannte Hand die Tür ganz langsam ins Schloss drückte.

Alicia ging durch die Küche, den Blick starr auf eine Tür gerichtet, hinter der sie, gedämpft durch den prasselnden Regen, Stimmen vernehmen konnte. Sie hörte Schritte und den dumpfen Schlag einer ins Schloss fallenden schweren Tür. Abwartend blieb sie stehen. Dabei betrachtete sie die Küche näher. All die Herdflammen, Backöfen und Kochplatten sahen aus, als wären sie schon lange nicht mehr benutzt worden. Noch hingen an der Wand Bratpfannen, Kochtöpfe, Messer und andere Utensilien an Stangen. Das Metall hatte eine dunkle Färbung angenommen. Ein großes marmornes Spülbecken war mit Schutt gefüllt. Mitten im Raum stand der Holztisch. Alicia bemerkte die Ketten und Riemen an seinen Beinen und das eingetrocknete Blut auf der Platte. Sie fragte sich, was man wohl mit der Leiche von Sanchís' Fahrer gemacht hatte und ob Sanchís' Frau noch am Leben war.

Sie trat an die Tür und presste das Ohr daran. Die Stimmen schienen aus einem nahen Raum zu kommen. Eben wollte sie die Tür zwei Zentimeter öffnen, um einen Blick hineinzuwerfen, als sie wieder hörte, was sie zunächst für das Prasseln des Regens an den Fenstern gehalten hatte. Es war ein metallisches Scheppern, das aus den Tiefen des Hauses zu kommen schien. Sie hielt den Atem an und hörte es erneut. Etwas oder jemand hämmerte an eine Wand oder auf eine Rohrleitung, und zwar an einem Ort, der mit der Küche verbunden sein musste. Sie trat an die Öffnung eines Warenaufzugs, wo sie es deutlicher hören konnte. Das Geräusch kam von unten – unter der Küche befand sich etwas.

Sie ging an den Wänden entlang, tastete sie ab und beklopfte sie mit den Knöcheln. Sie schienen solide. In einer Ecke befand sich eine Metalltür. Sie schob den Hebel nach unten und öffnete sie. Auf der anderen Seite befand sich ein rund sechs Quadratmeter großer Raum, an dessen Wänden staubige Regale standen, möglicherweise die ehemalige Speisekammer. Hier hörte man das Scheppern noch deutlicher. Sie ging ein Stückchen hinein und spürte die Vibration unter den Füßen. Da entdeckte sie an der Rückwand des Räumchens eine dunkle Linie, eine vertikale Spalte. Sie trat näher heran und klopfte die Wand ab. Als sie mit beiden Händen dagegen drückte, gab die Wand nach und öffnete sich zur anderen Seite. Ein intensiver, tierischer Gestank nach Fäulnis und Exkrementen schlug ihr entgegen. Ihr wurde übel, und sie bedeckte sich das Gesicht mit der Hand.

Vor ihr tat sich ein in den Fels gehauener, in einem Winkel von fünfundvierzig Grad abfallender Tunnel auf. Eine Treppe mit unregelmäßigen Stufen verlor sich im Dunkeln. Plötzlich verstummte das Geräusch. Alicia trat vor die erste Stufe und lauschte. Sie hörte etwas wie das Säuseln eines Atems. Mit gestrecktem Revolver wagte sie sich eine weitere Stufe vor.

Auf der einen Seite hing an einem Metallhaken ein länglicher Gegenstand. Eine Taschenlampe. Sie nahm sie und machte sie mit einer Drehung des Griffs an. Ein weißer Lichtstrahl durchdrang die dicke, feuchte Dunkelheit, die der Tiefe entstieg.

»Hendaya? Sind Sie es? Lassen Sie mich nicht hier …«

Die Stimme kam vom Ende des Tunnels. Sie war gebrochen und klang kaum noch wie aus einem Menschenmund. Langsam stieg Alicia die Stufen hinunter, bis sie die Gitterstäbe sah. Sie hob die Taschenlampe und ließ das Licht durch die Zelle wandern. Als ihr aufging, was sie da erblickte, gefror ihr das Blut.

Er sah aus wie ein verwundetes, verdrecktes, in Lumpen gehülltes Tier. Unter dem schmutzverklebten Haar und dem dichten Bart war ein gelbliches, zerkratztes Gesicht zu erkennen. Das Wesen schleppte sich zum Gitter und streckte flehentlich eine Hand aus. Alicia ließ die Waffe sinken und starrte ihn sprachlos an. Der Gefangene stützte sich mit dem anderen Arm an eine Stange, und sie sah, dass ihm eine Hand fehlte. Sie war auf der Höhe des Gelenks brutal amputiert und der Stumpf mit Teer versiegelt worden. Der ganze Arm zeigte eine violette Farbe. Sie kämpfte die Übelkeit nieder und trat ans Gitter.

»Valls?«, fragte sie ungläubig. »Sind Sie Mauricio Valls?«

Er öffnete den Mund, wie um etwas zu sagen, doch als Einziges kam ihm ein schaudererregendes Wimmern über die Lippen. Sie prüfte, wie die Zellentür geschlossen war. Ein schmiedeeisernes Vorhängeschloss hielt die Ketten um die Stäbe zusammen. Sie hörte Schritte durch die Mauern hindurch und begriff, dass ihr nicht viel Zeit blieb. Auf der anderen Seite schaute Valls sie aus verzweifelten Augen an. Sie wusste, dass sie ihn da jetzt nicht herausbekam. Selbst wenn es ihr möglich wäre, das Schloss aufzuschießen, musste sie davon ausgehen, dass Hendaya mindestens zwei oder drei Leute im Haus hatte, an denen sie nicht vorbeikämen. Sie würde Valls in seiner Zelle lassen und Vargas holen müssen. Der Gefangene schien ihre Gedanken zu lesen: Er streckte die Hand aus und versuchte, Alicia zu packen, doch er hatte kaum noch Kraft.

»Lassen Sie mich nicht hier.« Sein Ton war halb flehend, halb befehlend.

»Ich werde wiederkommen und Hilfe mitbringen«, flüsterte sie.

»Nein!«, schrie Valls.

Den Ekel überwindend, den ihr die Berührung mit diesem Sack Knochen verursachte, den jemand in diesem Loch verfaulen zu lassen beschlossen hatte, ergriff sie seine Hand.

»Sie dürfen auf keinen Fall jemandem sagen, dass ich hier gewesen bin!«

»Wenn du gehst, werde ich schreien, du Scheißhure, und sie werden dich hier zu mir reinstecken!«

Sie sah ihm in die Augen und glaubte, in diesem lebenden Kadaver einen Moment lang den echten Valls zu sehen, oder wenigstens das, was von ihm übrig geblieben war.

»Wenn Sie das tun, werden Sie Ihre Tochter nie wiedersehen.«

Valls' Gesicht zerfiel, die ganze Wut und Verzweiflung hatte sich aufgelöst.

»Ich habe Mercedes versprochen, dass ich Sie finden würde.«

»Ist sie am Leben?«

Alicia nickte.

Valls stützte den Kopf ans Gitter und weinte.

»Lassen Sie nicht zu, dass man sie findet und ihr etwas antut«, flehte er.

»Wer? Wer sollte Mercedes etwas antun wollen?«

»Bitte …«

Wieder hörte sie Schritte über dieser Höhle und richtete sich auf. Valls schaute sie zum letzten Mal voller Resignation und Hoffnung an.

»Beeilen Sie sich«, wimmerte er.

27

Fernandito starrte die Tür an, die langsam ins Schloss fiel. Die Dunkelheit um ihn herum wurde dichter, so dass sich die Puppen und die Vitrinen darin auflösten. Als nur noch ein schmaler Spalt fahler Helligkeit übrig blieb, atmete er tief durch und dachte, wenn er diesem Menschen bis zu seinem Schlupfwinkel gefolgt war, dann schließlich in einer bestimmten Absicht. Alicia zählte auf ihn. Er umklammerte kräftig den Revolver und wandte sich dem dunklen Gang zu, der im Herzen des Ateliers versank.

»Ich habe keine Angst«, murmelte er vor sich hin.

Ein schwaches Geräusch drang an seine Ohren. Er hätte schwören können, dass es ein Kinderlachen war. Ganz nahe. Wenige Meter von seinem Standort entfernt. Er hörte schnelle Schritte im

Dunkeln auf sich zuschlurfen, und Panik befiel ihn. Er hob die Waffe und drückte ab, ohne genau zu wissen, was er tat. Ein ohrenbetäubender Lärm donnerte auf sein Trommelfell, und seine Arme schossen nach oben, als hätte ihm jemand mit einem Hammer auf die Handgelenke geschlagen. Für eine Hundertstelsekunde erfüllte ein schwefelgelber Blitz den Gang, und Fernandito sah ihn. Er kam mit erhobenem Messer und glühenden Augen auf ihn zu, das Gesicht verborgen hinter einer Maske, die aus Haut zu bestehen schien.

Er schoss wieder und wieder, bis ihm der Revolver aus den Händen und er selbst auf den Rücken fiel. Einen Moment lang glaubte er, die dämonische Gestalt, die er auf sich hatte zukommen sehen, befinde sich an seiner Seite und er werde jeden Moment den kalten Stahl auf der Haut spüren, noch bevor er wieder zu Atem käme. Er schleppte sich zurück, und als er endlich das Gleichgewicht wiederfand, warf er sich gegen die Tür, riss sie auf und landete auf der regennassen Straße. Er stand auf und rannte davon, ohne zurückzuschauen, als wäre ihm der Leibhaftige auf den Fersen.

Alle nannten ihn Bernal. Das war zwar nicht sein richtiger Name, aber er hatte sich nicht bemüßigt gefühlt, sie zu korrigieren. Zwar arbeitete er erst wenige Tage für Hendaya in diesem alten Haus, das einem die Haare zu Berge stehen ließ, doch er hatte schon genug gesehen. Genug, um zu wissen, dass dieser Schlächter und sein Totschlägertrupp am besten gar nichts von ihm wussten. Es dauerte nicht einmal mehr zwei Monate, bis er pensioniert und mit einer jämmerlichen Rente für ein ganzes im obersten Polizeikorps ausgebranntes Leben entschädigt würde. An diesem Punkt der Komödie war es sein größter Traum, allein und vergessen im dunklen, feuchten Zimmer einer Pension in der Calle Joaquín Costa zu sterben. Lieber starb er wie eine alte Hure, als sich in Schale zu werfen wie ein Held zum höheren Ruhme dieser Herrensöhnchen, die das Innenministerium herschickte. Die neuen Zenturionen, alle aus demselben Holz geschnitzt, alle fest entschlossen, die Straßen Barcelonas von Unglücklichen und miesen Roten zu säubern, die mit Müh und Not im Stehen pinkeln konnten, nachdem sie das halbe Leben im Verborgenen oder in bienenstockähnlichen Gefängnismauern verbracht hatten. Es gibt Zeiten, in denen es ehrenvoller ist, in der Vergessenheit zu sterben denn im Ruhm.

In diese Überlegungen versunken, öffnete der falsch benannte Bernal die Küchentür. Hendaya verlangte nachdrücklich Wachrunden durchs Haus, und er erfüllte die Befehle wortwörtlich. Das war seine Spezialität. Er brauchte nur drei Schritte, um zu sehen, dass etwas nicht stimmte. Ein feuchter Luftzug strich ihm übers Gesicht. Mit dem Blick suchte er das andere Ende der Küche. Für einen Augenblick hob der Widerschein eines Blitzes die ausgezackten Reste der zerbrochenen Scheibe hervor. Er trat hinzu und kniete vor den Scherben nieder. Im Staub war eine Fußspur auszumachen. Leichte Füße und winzige Sohlen mit einer Andeutung von dazu passendem Absatz. Eine Frau. Der falsche Bernal ließ sich das Offenkundige durch den Kopf gehen. Er stand auf und ging in die Speisekammer, wo er auf die hintere Wand drückte und so den Eingang zum Tunnel öffnete. Er stieg einige Stufen hinunter, bis der heraufdringende Gestank es ihm ratsam erscheinen ließ, stehen zu bleiben. Er machte kehrt und wollte den Eingang schon wieder schließen, als sein Blick auf die an ihrem Haken hängende Taschenlampe fiel – sie bewegte sich leicht. Der Mann schloss die Tür und ging in die Küche zurück. Er schaute sich flüchtig um und verwischte nach einem Augenblick des Grübelns die Spuren mit dem Fuß und schob die Scherben in eine schattige Ecke. Bestimmt wäre er nicht derjenige, der Hendaya bei dessen Rückkehr sagte, jemand habe dem Haus einen Überraschungsbesuch abgestattet. Der letzte Pechvogel, der ihm schlechte Nachrichten überbracht hatte, hatte es mit einer gebrochenen Kinnlade gebüßt. Und das war einer seiner Vertrauensleute gewesen. Auf ihn jedoch durften sie nicht zählen. Mit etwas Glück würde ihm in sieben Wochen eine kleine Medaille ausgehändigt, die er versetzen würde, um sich die Dienste einer hochkarätigen Edelnutte zu leisten und sich so vom irdischen Dasein zu verabschieden, und falls er diesen kritischen Augenblick überlebte, hätte er das ganze verdammte graue Alter vor sich, um zu vergessen, was er in diesen letzten Tagen in El Pinar gesehen hatte, und sich davon zu überzeugen, dass alles, was er im Namen der Pflicht getan hatte, aufs Konto dieses Bernal ging, der er nie gewesen war und nie sein würde.

Im Garten vor dem Fenster versteckt, sah Alicia, wie der Mann bedächtig durch die Küche ging, den Eingang zum Tunnel überprüfte und danach unverständlicherweise die Fußspuren tilgte, die sie hinterlassen hatte. Der Mann schaute sich ein letztes Mal um und wandte sich dann wieder zur Tür. Sie beschloss, im Schutz des immer stärker werdenden Regens und ohne ganz sicher zu wissen, ob dieser Beamte seine Vorgesetzten über das Gesehene unterrichten würde, tollkühn durch den Garten zu laufen und den Abhang hinunterzurennen und über die Mauer zu klettern. In jeder einzelnen der sechzig Sekunden, die sie dafür benötigte, erwartete sie, einen Schuss zwischen die Schulterblätter abzubekommen, doch er kam nicht. Nachdem sie auf der anderen Seite der Mauer gelandet war, lief sie zum Platz zurück, wo die Blaue Straßenbahn eben die Talfahrt durchs Gewitter begonnen hatte. Sie sprang noch auf, übersah den missbilligenden Blick des Schaffners und ließ sich auf einen der Sitze fallen, klatschnass und schlotternd. Ob vor Kälte oder Erleichterung, das wusste sie nicht.

Fernandito kauerte im Regen auf der Stufe des Hauseingangs. Ohne auf die Pfützen der überschwemmten Calle Aviñón zu achten, ging sie zum Haus und blieb vor ihm stehen. Sie wusste es, ohne dass er etwas zu sagen brauchte. Er blickte auf und schaute sie mit Tränen in den Augen an.

»Wo ist Vargas?«

Er senkte den Kopf.

»Gehen Sie nicht hinauf«, flüsterte er.

Zwei Stufen auf einmal nehmend und ohne sich um die Schmerzen zu kümmern, die ihr die Hüften durchbohrten und lähmten, lief sie hinauf.

Im vierten Stock blieb sie vor der angelehnten Tür zu Vargas' Zimmer stehen. Ein süßlich-metallischer Geruch hing in der Luft. Sie stieß die Tür auf und sah die Leiche in einer dunkelglänzenden Lache liegen. Kälte überfiel sie und nahm ihr den Atem, und sie hielt sich am Türrahmen fest. Die Beine drohten ihr den Dienst zu versagen, als sie auf die Leiche zuging. Vargas hatte die Augen geöffnet. Sein Gesicht war eine bis zur Unkenntlichkeit zertrümmerte wächserne Maske. Sie kniete neben ihm nieder und streichelte seine Wange. Sie war kalt. Tränen der Wut vernebelten ihr den Blick, und sie erstickte ein Wimmern.

Neben der Leiche lag ein umgekippter Stuhl. Sie stellte ihn auf und setzte sich, um den toten Körper still zu betrachten. Das Feuer in der Hüfte bahnte sich einen Weg durch die Knochen. Mit der Faust schlug sie auf die alte Verletzung ein, für einige Sekunden blendeten sie die Schmerzen, und sie wäre beinahe zu Boden gefallen. Sie schlug weiter auf sich ein, bis Fernandito, der die Szene auf der Schwelle mitverfolgt hatte, ihre Arme festhielt. Er umklammerte sie, dass sie sich nicht mehr bewegen konnte, und ließ sie vor Schmerzen heulen, bis sie kaum noch Luft bekam.

»Es ist nicht Ihre Schuld«, sagte er ein ums andere Mal.

Als sie zu zittern aufhörte, nahm Fernandito eine Decke von einem Sessel und legte sie über die Leiche.

»Guck in seine Taschen«, befahl Alicia.

Er durchsuchte Mantel und Jackett des Polizisten und fand die Brieftasche, einige Münzen, einen Zettel mit einer Liste von Zahlen und eine Visitenkarte:

Er reichte ihr, was er gefunden hatte, und sie prüfte es. Die Liste und die Visitenkarte steckte sie ein. Alles andere gab sie ihm zurück und wies ihn an, es wieder an seinen ursprünglichen Ort zu legen. Sie starrte auf Vargas' sich unter der Decke abzeichnende Gestalt. Fernandito wartete eine Weile und trat dann wieder zu ihr.

»Hier können wir nicht bleiben«, sagte er schließlich.

Sie schaute ihn an, als verstünde sie nicht oder könnte ihn nicht hören.

»Geben Sie mir die Hand.«

Sie lehnte die Hilfe ab und machte Anstalten, allein aufzustehen. Fernandito bemerkte den schmerzverzerrten Zug in ihrem Gesicht. Er legte die Arme um sie und half ihr beim Aufstehen. Sowie sie aufrecht dastand, tat sie einige Schritte und versuchte das Hinken zu verbergen.

»Ich schaff's allein.«

Ihre Stimme war eiskalt geworden. Ihr undurchdringlicher Blick verriet keinerlei Emotionen mehr, selbst als sie sich zum letzten Mal zu Vargas umwandte. Sie hat die Türen geschlossen und sämtliche Riegel vorgeschoben, ging Fernandito durch den Sinn.

»Gehen wir«, sagte sie, zum Ausgang humpelnd.

Er stützte sie am Arm und führte sie zur Treppe.

Sie setzten sich an einen Tisch in der hinteren Ecke des Gran Café. Fernandito bestellte zwei Tassen Milchkaffee und ein Glas Kognak, den er in Alicias Tasse goss.

»Trinken Sie. Das wird Sie wärmen.«

Sie nahm die Tasse und trank in kleinen Schlucken. Der Regen schlug ans Fenster und lief in Bächen herunter, so dass die graue Decke über der Stadt nicht mehr zu sehen war. Sobald Alicias Gesicht wieder Farbe angenommen hatte, erzählte ihr Fernandito, was geschehen war.

»Du hättest ihm nicht dorthin folgen dürfen«, sagte sie.

»Ich wollte ihn nicht entkommen lassen.«

»Bist du sicher, dass er tot ist?«

»Ich weiß es nicht. Ich habe zwei- oder dreimal mit Hauptmann Vargas' Waffe geschossen. Er konnte nicht weiter als zwei Meter entfernt sein. Alles lag im Dunkeln …«

Sie legte ihre Hand auf die Fernanditos und lächelte schwach.

»Mir geht es gut«, log er.

»Hast du die Waffe noch?«

»Sie fiel mir aus der Hand, als ich von dort floh. Was sollen wir jetzt tun?«

Sie schwieg einige Augenblicke und schaute gedankenverloren auf die Fensterscheibe. Der Schmerz in der Hüfte pulsierte im Rhythmus des Herzschlags.

»Sollten Sie nicht eine von Ihren Tabletten schlucken?«

»Nachher.«

»Wonach?«

Sie schaute ihm in die Augen.

»Du musst etwas für mich tun.«

Er nickte.

»Was immer es sei.«

Sie suchte in ihren Taschen und gab ihm einen Schlüssel.

»Das ist mein Wohnungsschlüssel. Nimm ihn.«

»Ich verstehe Sie nicht.«

»Du sollst in die Wohnung hinaufgehen. Versichere dich, dass niemand drin ist, bevor du eintrittst. Wenn die Tür offen ist oder das Schloss Anzeichen aufweist, dass es aufgebrochen wurde, lauf so schnell wie möglich davon und bleib erst stehen, wenn du zu Hause bist.«

»Sie kommen nicht mit?«

»Wenn du im Esszimmer bist, such unter dem Sofa. Da wirst du einen Karton mit Dokumenten finden. In diesem Karton befindet sich ein Umschlag mit einem Heft darin. Auf dem Umschlag steht *Isabella*. Hast du mich verstanden?«

Er nickte.

»*Isabella.*«

»Diesen Karton sollst du mitnehmen. Verwahre ihn. An einem Ort, wo ihn niemand finden kann. Wirst du das für mich tun?«

»Ja. Machen Sie sich keine Sorgen. Aber ...«

»Ohne Aber. Wenn mir etwas zustößt ...«

»Sagen Sie das nicht.«

»Wenn mir etwas zustößt, darfst du nicht einmal zur Polizei gehen. Wenn ich diese Dokumente nicht abhole, lass einige Tage vergehen und bring sie dann in die Buchhandlung Sempere & Söhne in der Calle Santa Ana. Weißt du, wo das ist?«

»Ich kenne sie ...«

»Bevor du dort hineingehst, schau dich genau um, ob niemand die Buchhandlung überwacht. Wenn dir irgendetwas verdächtig vorkommt, geh weiter und warte einen anderen Moment ab. Wenn du dort bist, fragst du nach Fermín Romero de Torres. Wiederhol den Namen.«

»Fermín Romero de Torres.«

»Trau sonst keinem. Du darfst sonst niemandem vertrauen.«

»Sie machen mir Angst, Señorita Alicia.«

»Wenn mir etwas zustößt, gibst du ihm die Dokumente. Sag ihm, dass ich dich geschickt habe. Erzähl ihm, was geschehen ist. Sag ihm, unter diesen Dokumenten befinde sich das Tagebuch von Isabella Gispert, Daniels Mutter.«

»Wer ist Daniel?«

»Sag Fermín, er müsse es lesen und dann entscheiden, ob er es Daniel geben will oder nicht. Er wird der Richter sein.«

Fernandito nickte. Alicia lächelte traurig. Sie nahm seine Hand und drückte sie kräftig. Er führte sie an seine Lippen und küsste sie.

»Es tut mir leid, dass ich dich da mit hereingezogen habe, Fernandito. Und dir diese Verantwortung aufbürde. Ich hatte nicht das Recht dazu.«

»Ich freue mich, dass Sie es getan haben. Ich werde Sie nicht enttäuschen.«

»Ich weiß … Noch etwas. Wenn ich nicht zurückkomme …«

»Sie werden zurückkommen.«

»Wenn ich nicht zurückkomme, erkundige dich nicht in Krankenhäusern oder auf Polizeirevieren noch sonstwo nach mir. Versuch dir vorzustellen, du hättest mich nie gekannt. Vergiss mich.«

»Ich werde Sie nie vergessen, Señorita Alicia. So blöde bin ich …«

Sie erhob sich. Ganz offensichtlich peinigten sie die Schmerzen, aber sie lächelte Fernandito an, als handle es sich nur um eine vorübergehende Unpässlichkeit.

»Sie werden diesen Mann suchen, nicht wahr?«

Sie gab keine Antwort.

»Wer ist es?«

Alicia rief sich die Beschreibung ins Gedächtnis, die ihr Fernandito von Vargas' Mörder gegeben hatte.

»Er nennt sich Rovira«, sagte sie, »aber ich weiß nicht, wer er ist.«

»Wer er auch sei – falls er noch am Leben ist, ist er sehr gefährlich.«

Fernandito stand auf, um sie zu führen. Alicia schüttelte den Kopf und hielt ihn zurück.

»Du sollst jetzt zu mir gehen und tun, worum ich dich gebeten habe.«

»Aber …«

»Nichts aber. Und schwöre, dass du haargenau das tun wirst, was ich dir gesagt habe.«

Er seufzte.

»Ich schwöre es.«

Alicia schenkte ihm eines ihrer verheerenden Lächeln, wie sie ihm so oft das bisschen seines von Gott zugebilligten Verstands getrübt hatten, und hinkte zur Tür. Er schaute ihr nach, wie sie, zerbrechlicher denn je, im Regen davonging, bis sie straßauf verschwunden war, legte ein paar Münzen auf den Tisch und ging zu ihrem Haus hinüber. Im Flur traf er auf die Pförtnerin, seine Tante Jesusa, die mit einem um einen Besen gewickelten Tuch das ins Haus eindringende Regenwasser in Schach zu halten versuchte. Als sie ihn mit einem Schlüssel in der Hand eintreten sah, runzelte sie missbilligend die Stirn. Da ging ihm auf, dass sie mit ihrem klinischen Auge für den Klatsch und dem Falkenblick für alles, was sie nichts anging, die kleine Episode im Gran Café gegenüber mitbekommen haben musste, Handkuss inbegriffen.

»Wir werden wohl nie klüger, was, Fernandito?«

»Es ist nicht so, wie es aussieht, Tante.«

»Das, wonach es aussieht, behalte ich besser für mich, aber als deine Tante und die Einzige, die in dieser Familie offenbar noch über gesunden Menschenverstand verfügt, muss ich dir sagen, was ich dir schon tausendmal gesagt habe.«

»Dass Señorita Alicia nicht die richtige Frau für mich ist«, rezitierte er.

»Und dass sie dir eines Tages das Herz brechen wird, wie man im Radio sagt.«

Dieser Tag lag schon Jahre zurück, aber Fernandito wollte die Geschichte lieber nicht wieder aufrollen. Jesusa trat zu ihm, lächelte ihn liebevoll an und tätschelte seine Wange wie einem Zehnjährigen.

»Ich will ja nur, dass du nicht leidest. Und Señorita Alicia – und denk dran, ich liebe sie, als gehörte sie zur Familie – ist eine wandelnde Zeitbombe – eines schönen Tages explodiert sie und reißt jeden mit, den sie in ihrer Nähe hat, und Gott verzeih mir, dass ich das sage.«

»Ich weiß schon, Tante. Machen Sie sich keine Sorgen, ich weiß, was ich tue.«

»Das hat dein Onkel an dem Tag gesagt, an dem er ertrunken ist.«

Fernandito beugte sich zu ihr hinunter, um sie auf die Stirn zu küssen, und stieg dann treppauf. Er schloss die Tür zu Alicias

Wohnung auf und ließ sie offen, während er ihre Anweisungen befolgte. Unter dem Sofa des Wohnzimmers fand er den genannten Karton. Er öffnete ihn und warf einen raschen Blick auf den Stapel Dokumente, darunter der Umschlag mit dem Namen ISABELLA darauf. Er getraute sich nicht, es aufzuschlagen. Er schloss den Karton wieder und fragte sich, wer dieser Fermín Romero de Torres sein mochte, der Alicias ganzes Vertrauen zu haben schien und der ihm als letzte Rettung ans Herz gelegt worden war. Vermutlich gab es in diesem ganzen Durcheinander viele weitere Personen in Alicias Leben, die er nicht kannte und die eine unendlich viel wichtigere Rolle spielten als er.

Hast du etwa gedacht, du seist der Einzige …?

Er nahm den Karton und ging zur Tür. Bevor er die Wohnung verließ und abschloss, warf er einen letzten Blick hinein, in der festen Überzeugung, dass er nie wieder einen Fuß dort hinein setzen würde. Im Hausflur sah er seine Tante immer noch mit Besen und Tuch gegen den unter der Tür hereindringenden Regen ankämpfen. Er blieb einen Augenblick stehen.

»Feigling«, murmelte er vor sich hin. »Du hättest sie nicht gehen lassen dürfen.«

Jesusa unterbrach ihre Plackerei und schaute ihn neugierig an.

»Was sagst du, mein Lieber?«

Er seufzte.

»Tante? Darf ich Sie um einen Gefallen bitten?«

»Aber natürlich. Mit diesem Honigmäulchen darfst du um alles bitten.«

»Sie müssen mir diesen Karton irgendwo verwahren, wo kein Mensch ihn finden kann. Das ist sehr wichtig. Sagen Sie niemandem, dass Sie ihn haben. Nicht einmal der Polizei, falls sie kommen und fragen sollte. Niemandem.«

Jesusas Gesicht verdüsterte sich. Sie warf einen Blick auf den Karton und bekreuzigte sich.

»O weh, o weh, o weh … In was für Scherereien seid ihr geraten?«

»Nichts, was nicht geregelt werden könnte.«

»Das hat dein Onkel auch immer gesagt.«

»Ich weiß. Werden Sie mir diesen Gefallen tun? Es ist sehr wichtig.«

Sie nickte feierlich.

»Ich werde gleich zurückkommen.«

»Schwörst du das?«

»Aber natürlich.«

Er floh vor dem ängstlichen Blick seiner Tante und trat auf die Straße hinaus in den Regen, wo ihn die Furcht in seinem Körper kaum die Kälte spüren ließ, die ihm in die Knochen drang. Unterwegs zum möglicherweise letzten Tag seines kurzen Lebens dachte er, dank Alicia habe er wenigstens zwei Dinge gelernt, die ihm für immer nützlich sein würden – falls er denn überhaupt so lange lebte, um es so ausdrücken zu können. Das erste war zu lügen. Das zweite, und er spürte es noch auf der wunden Haut, war, dass Schwüre ein bisschen waren wie Herzen: war der erste einmal gebrochen, waren die kommenden ein Kinderspiel.

28

Nachdem sie um die Ecke in die Calle Lancaster eingebogen war, blieb Alicia stehen und beobachtete ein paar Minuten lang den Eingang der ehemaligen Schaufensterpuppenfabrik. Das Türchen, durch das Fernandito eingetreten war, stand noch immer ein wenig offen. Das Gebäude stand eingepresst zwischen zwei anderen Häusern, war zweistöckig, aus dunklem Stein und mit einem gewölbten Dach. Die Fenster des oberen Stocks waren mit schmutzigen Ziegelsteinen und Brettern darüber zugemauert. Ein aus den Fugen geratener Kabelkasten hing an der Mauer, und aus zwei in den Stein gebohrten Löchern ragte ein Knoten aus Telefonleitungen hervor. Auch sonst wirkte das ganze Haus verlassen wie die meisten noch verbliebenen ehemaligen Industriewerkstätten in diesem Teil des Raval.

Alicia ging dicht an den Fassaden entlang, um vom Eingang aus nicht gesehen zu werden. Der Wolkenbruch hatte die Straßen leergefegt, und so zog sie ungeniert die Waffe, ging zu dem Türchen und stieß es bis zum Anschlag auf. Sie richtete den Revolverlauf ins Innere und lauschte in das bisschen Licht hinein, das von der Straße in den Vorraum gelangte. Die erhobene Waffe mit beiden Händen festhaltend, trat sie ein. Ein schwacher Luftzug kam aus dem Inneren und trug den Geruch nach alten Leitungen und etwas Kerosin- oder Brennstoffähnlichem mit sich.

Sie stand im ehemaligen Verkaufsbereich des Ateliers. Ladentische, zwei leere Vitrinen und zwei weißlich und durchscheinend verhüllte Puppen dominierten das Lokal. Sie ging um einen Verkaufstisch herum und auf den Holzperlenvorhang zu, der zum Raum hinter dem Laden führte. Als sie durchgehen wollte, trat sie auf einen Metallgegenstand. Ohne den Revolver zu senken, warf sie einen raschen Blick auf den Boden und erblickte Vargas' Waffe. Sie las sie auf, steckte sie in die linke Jackentasche und schob den Perlenvorhang beiseite. Vor sich sah sie einen Gang, der im Herzen des Hauses versank. Noch roch man das Schießpulver in der Luft. Eine Spur schwacher Reflexe tanzte an der Decke. Alicia tastete die Wände ab, bis sie auf einen Drehschalter stieß. Sie betätigte ihn, und im Gang entzündete sich eine Reihe Niedervoltbirnen. Das rötliche Schummerlicht enthüllte einen engen, leicht abfallenden Gang. Einige Meter nach dem Eingang war die Wand dunkel gesprenkelt, als hätte ein Schwall roter Farbe die Mauer bespritzt. Mindestens eine der von Fernandito abgefeuerten Kugeln hatte ihr Ziel erreicht. Möglicherweise auch mehr. Die Blutspur ging auf dem Boden weiter und verlor sich allmählich. Einige Schritte weiter fand sie das Messer, mit dem Rovira ihn anzugreifen versucht hatte. Die Schneide war blutbefleckt, und Alicia hatte keinen Zweifel, dass es Vargas' Blut war. Sie ging weiter und blieb erst stehen, als sie am Ende des Tunnels einen geisterhaften Schimmer sah.

»Rovira?«, rief sie.

Ganz hinten waren ein Tanz aus Schatten und das Summen von

etwas, was sich durch die Dunkelheit zog, wahrzunehmen. Alicia versuchte zu schlucken, doch ihre Kehle war ausgetrocknet. Sie bemerkte nicht einmal, dass sie seit dem Betreten dieses Gangs keine Schmerzen in der Hüfte mehr hatte und auch die Kälte der nassen Kleider nicht mehr spürte. Nur Angst.

Sie legte den Rest bis zum Tunnelende zurück, ohne sich um das Geräusch ihrer Schuhe auf dem feucht-schleimigen Boden zu kümmern.

»Rovira, ich weiß, dass Sie verwundet sind. Kommen Sie raus, und wir unterhalten uns.«

Der Klang der eigenen Stimme erschien ihr zerbrechlich und ängstlich, aber die Richtung, in die sie sich ausdehnte, leitete sie. Am Ende des Tunnels blieb sie stehen. Ein großer, hoher Raum tat sich vor ihr auf. Sie sah die Überbleibsel der Arbeitstische, Werkzeuge und Maschinen längs den Wänden des Saals. Ein Mattglasdachfenster im Hintergrund warf eine blasse Phantasmagorie in den Raum.

Wie Erhängte hingen sie an Seilen von der Decke – Männer, Frauen und Kinder in Galakleidung aus anderen Zeiten, die sich im Halbdunkel einen halben Meter über dem Boden wiegten wie in einem geheimen Fegefeuer gefangene Seelen. Es gab Dutzende von ihnen, einige mit lächelnden Gesichtern und glasigem Blick, andere noch unvollendet. Alicia fühlte ihr Herz in der Kehle schlagen. Sie atmete tief ein und trat in die Menge der hängenden Gestalten ein. Arme und Hände strichen ihr über Haar und Gesicht, während sie langsam weiterging und dabei die Puppen in eine leichte Schwingung versetzte.

Das Echo der Berührung mit den Holzfiguren breitete sich im Saal aus. Dahinter war ein mechanisches Geräusch zu vernehmen. Der Kerosingeruch wurde stärker, je näher sie dem Ende der Werkstatt kam. Sie ließ den Körperwald hinter sich und erblickte eine Industriemaschine, die vibrierte und Dampf absonderte. Ein Generator. Auf einer Seite stapelten sich aussortierte Köpfe, Hände und Oberkörper ohne Gliedmaßen in einem Mischmasch, der sie an die aufgehäuften Leichen erinnerte, die sie im Krieg nach den Bombenangriffen in den Straßen von Barcelona gesehen hatte.

»Rovira?« Sie rief eher, um ihre Stimme zu hören, als in Erwartung einer Antwort.

Sie war sicher, dass er sie aus einem Winkel im Schatten beobachtete, und während sie suchend den Blick durch den Saal gleiten ließ, probierte sie, die Reliefs zu lesen, die man im Dämmerlicht erahnen konnte. Sie bemerkte keinerlei Bewegung. Hinter den aufgestapelten Figurenresten sah man undeutlich eine Tür, unter der an den Generator angeschlossene Kabel durchliefen. Ein Hauch von elektrischem Licht zeichnete den Rahmen nach. Alicia hoffte inständig, Roviras entseelter Körper möge dort drin auf dem Boden liegen. Sie trat zur Tür und stieß sie mit einem Fußtritt auf.

29

Der rechteckige kleine Raum hatte schwarze, fensterlose Wände, roch nach Feuchtigkeit und glich einer Krypta. An der Decke hing eine Reihe nackter Glühbirnen, die ein gelbliches Licht abgaben und leicht knisternd summten, als kröche ein Schwarm Insekten über die Mauern. Bevor sie eintrat, spähte sie jeden Quadratzentimeter des Raums ab. Von Rovira keine Spur.

In einer Ecke stand eine Metallpritsche, darauf lagen zwei alte Wolldecken. Eine Kiste auf der einen Seite diente als Nachttisch. Darauf befanden sich ein schwarzes Telefon, Kerzen und ein Weckglas voller Münzen. Unter der Pritsche sah man einen alten Koffer, ein Paar Schuhe und einen Eimer. Daneben stand ein großer Kleiderschrank aus Holz mit Schnitzwerk, ein Antiquariatsstück, das man eher in einer Luxuswohnung anzutreffen erwartete als in einer Industriewerkstatt. Die Schranktüren waren bis auf einen Spalt von zwei Zentimetern geschlossen. Alicia ging darauf zu, bereit, den Revolver leerzuschießen. Eine Sekunde lang stellte sie sich Rovira vor, lächelnd und darauf wartend, dass sie beim Öffnen der Türen in ihrer Wachsamkeit nachließe.

Sie hielt die Waffe fest in den Händen und versetzte der Tür einen Tritt, so dass sie an den Rahmen prallte und dann aufsprang. Der Schrank war leer. An einer Stange hing ein Dutzend nackter Kleiderbügel. Unten im Schrank erblickte sie einen Karton, auf dessen Deckel ein einziges Wort stand:

SALGADO

Sie zog ihn heraus, und der Inhalt ergoss sich ihr zu Füßen. Juwelen, Uhren und andere Wertgegenstände. Mit Schnur zusammengebundene Bündel mittlerweile ungültiger Banknoten. Eilig und unsauber gegossene Goldbarren. Alicia kniete nieder und betrachtete diese Kriegsbeute, ein kleines Vermögen, und dachte, das müsse der Schatz sein, den Sebastián Salgado, ehemaliger Gefangener auf dem Montjuïc und Hauptverdächtiger im Fall von Valls' Verschwinden, in einem Schließfach des Nordbahnhofs versteckt und wiederzufinden sich erträumt hatte, als der Minister zwei Jahrzehnte später seine Begnadigung und Freilassung erwirkte. Salgado war nie in den Genuss der Früchte seiner Verbrechen und Plünderungen gekommen. Als er das Schließfach öffnete, fand er einen leeren Koffer vor und starb im Wissen, dass er ein bestohlener Dieb war. Jemand war ihm zuvorgekommen. Jemand, der um diese Beute und die ganzen anonymen Briefe wusste, die Valls jahrelang erhalten hatte. Jemand, der die Fäden dieser Geschichte schon Jahre vor dem Verschwinden des Ministers in der Hand gehalten hatte.

Einen Augenblick flackerte das Licht, und Alicia wandte sich erschrocken um. Da erblickte sie es. Es füllte eine ganze Wand vom Boden bis zur Decke. Langsam trat sie hinzu, und als ihr aufging, was sie da sah, wurden ihre Knie schwach, und sie ließ die Arme sinken.

Das Mosaik bestand aus Dutzenden, Hunderten Fotos, Zeitungsausschnitten und Notizen. Es war mit außerordentlicher Exaktheit und der Beharrlichkeit eines Goldschmieds zusammengestellt worden. Ausnahmslos alle Bilder waren von ihr, Alicia. Sie erkannte Schnappschüsse aus ihrer ersten Zeit bei der Einheit neben alten Fotos, auf denen sie noch ein kleines Mädchen war, aus den Jahren im Waisenhaus der Ribas-Stiftung. Die Sammlung umfasste Dutzende Schnappschüsse aus der Ferne, die sie auf den Straßen Madrids oder Barcelonas zeigten, im Eingang zum Hotel Palace, mit einem Buch in einem Café sitzend, die Treppen der Nationalbibliothek hinabsteigend, in Läden der Hauptstadt einkaufend und sogar neben dem Kristallpalast im Retiropark spazierend. Auf einem der Fotos war die Tür ihres Zimmers im Hispania zu sehen.

Daneben Zeitungsausschnitte, wo über Fälle berichtet wurde, an deren Lösung sie mitgewirkt hatte, wo aber natürlich weder sie noch die Einheit genannt, sondern die ganzen Verdienste der nationalen Polizei oder der Guardia Civil zugeschrieben wurden. Vor dem Mosaik stand wie ein Altar ein Tisch mit Gegenständen aller Art, die mit ihr zu tun hatten: Speisekarten aus Restaurants, in denen gegessen zu haben sie sich erinnerte, Papierservietten, auf die sie etwas gekritzelt hatte, von ihr unterschriebene Rechnungen, ein Weinglas mit einer Lippenstiftspur am Rand, ein Zigarettenstummel, die Überreste ihres Fahrscheins Madrid–Barcelona …

Am einen Ende des Tischs stand ein Glasgefäß, in dem sich, wie Reliquien ausgestellt, einige Stücke ihrer Unterwäsche befanden, die sie vermisst hatte seit jener Nacht, da jemand in ihre Wohnung eingedrungen war, als sie unter der Einwirkung der Medikamente stand. Ein Paar Strümpfe lagen fein säuberlich und mit Stecknadeln befestigt ausgebreitet auf dem Tisch. Daneben Víctor Mataix' Buch *Ariadna und der Scharlachprinz*, ebenfalls aus ihrer Wohnung gestohlen. Sie musste weg von diesem albtraumhaften Ort.

Sie sah nicht die Gestalt, die hinter ihr in dem Berg gliederloser Puppen auf der anderen Seite der Tür langsam aufstand und ihr entgegenkam.

30

Zu spät ging ihr auf, was geschah. Sie hörte stockenden Atem hinter sich, und als sie sich umdrehte, hatte sie keine Zeit mehr zum Abdrücken.

Ein brutaler Stoß warf ihr die Eingeweide durcheinander. Der Stich nahm ihr den Atem und zwang sie auf die Knie. Erst jetzt erkannte sie ihn deutlich und begriff, warum sie ihn beim Eintreten nicht gesehen hatte. Er trug eine weiße, das ganze Gesicht bedeckende Maske. Er war nackt und hielt eine Art Industriestichel in der Hand.

Alicia versuchte, auf ihn zu schießen, doch Rovira spießte ihr die Hand mit dem Stichel auf. Der Revolver fiel zu Boden. Rovira packte sie am Hals und schleppte sie zur Pritsche, wo er sie fallen ließ und sich auf ihre Beine setzte, damit sie sie nicht bewegen konnte.

Er packte ihre rechte Hand, die er mit dem Stichel durchbohrt hatte, und beugte sich hinab, um sie mit Draht an die Stangen der Pritsche zu binden. Dabei entglitt ihm die Maske, und sie sah sein verzerrtes Gesicht wenige Zentimeter über ihrem. Seine Augen waren glasig und die Haut auf der einen Gesichtshälfte übersät von den Verbrennungen eines Schusses aus nächster Nähe. Er blutete aus einem Ohr und lächelte wie ein Kind, das sich darauf freut, einem Insekt die Flügel auszureißen und sich an seinem Todeskampf zu ergötzen.

»Wer bist du?«, fragte sie.

Er schaute sie an und genoss den Augenblick.

»So clever, wie du dir vorkommst, und hast es noch nicht kapiert? Ich bin du. Alles, was du hättest sein sollen. Am Anfang habe ich dich bewundert. Aber dann habe ich gemerkt, dass du schwach bist und ich von dir nichts mehr zu lernen habe. Ich bin besser als du. Ich bin besser, als du je hättest sein können …«

Er hatte den Stichel aufs Bett gelegt. Alicia rechnete sich aus, dass sie ihn, wenn sie Rovira eine Sekunde ablenken konnte, vielleicht mit der linken, noch freien Hand zu fassen kriegte, um ihn ihm in den Hals oder die Augen zu bohren.

»Tu mir nicht weh«, flehte sie. »Ich werde tun, was du willst.«

Er lachte.

»Das ist ja gerade, was ich will, meine Beste, dir weh tun. Sehr weh tun. Das habe ich verdient …«

Dann drückte er sie an den Haaren auf die Matratze und leckte ihr Lippen und Gesicht. Sie schloss die Augen und tastete auf der Decke nach dem Stichel. Roviras Hände strichen über ihren Oberkörper und verharrten auf der alten Verletzung in der Flanke. Alicia hatte eben den Griff berührt, als er ihr ins Ohr raunte:

»Mach die Augen auf, du Hure. Ich will dein Gesicht genau sehen, wenn du es fühlst.«

Sie öffnete die Augen – sie wusste genau, was kam, und betete darum, beim ersten Schlag das Bewusstsein zu verlieren. Rovira richtete sich auf, hob die Faust und rammte sie mit aller Kraft in ihre Narbe. Ein ohrenbetäubendes Heulen entfuhr ihr. Rovira, der Raum, das Licht und die Kälte im Inneren, alles war vergessen. Es gab nur noch den Schmerz, der ihr wie elektrischer Strom durch die Knochen fuhr und sie vergessen machte, wer und wo sie war.

Rovira lachte, als er sah, wie ihr Körper sich spannte wie ein Seil und ihr die Augen aus den Höhlen zu treten drohten. Er schob ihren Rock nach oben, bis die Narbe zum Vorschein kam, die ihre Hüfte wie ein schwarzes Spinnennetz bedeckte, und erkundete mit den Fingerspitzen die Haut. Er beugte sich herab, um sie darauf zu küssen, dann schlug er immer wieder und wieder zu, bis er sich die Faust an ihrem Hüftknochen verletzte. Als ihr endlich kein Laut mehr aus der Kehle drang, hörte er auf. Sie war in einem Schacht von Agonie und Dunkelheit versunken und wand sich in Krämpfen. Rovira nahm den Stichel und strich mit der Spitze über das Netz dunkler Kapillaren, die unter ihrer blassen Haut auf der Hüfte zu erkennen waren.

»Sieh mich an«, befahl er. »Ich bin dein Ersatz. Ich werde sehr viel besser sein als du. Von jetzt an werde ich der Liebling sein.«

Sie schaute ihn herausfordernd an. Er blinzelte ihr zu.

»Das ist meine Alicia«, sagte er.

Er starb mit einem Lächeln. Er sah gar nicht erst, dass sie an den Revolver gelangte, den sie in ihrer linken Jackentasche verwahrt hatte. Als er mit dem Stichel in der Wunde zu stochern begann, hatte sie ihm den Lauf schon unters Kinn gesetzt.

»Cleveres Ding«, murmelte er.

Einen Augenblick später zerstob sein Gesicht in einer Wolke aus Knochen und Blut. Der zweite Schuss warf ihn nach hinten. Der nackte Körper fiel mit einem rauchenden Loch in der Brust und dem Stichel noch in der Hand auf den Rücken und von der Pritsche. Alicia ließ die Waffe fallen und mühte sich, ihre rechte Hand von der Stange zu lösen. Das Adrenalin hatte einen Schleier über ihre Schmerzen gebreitet, aber sie wusste, dass das nur vorübergehend war und sie das Bewusstsein verlieren würde, sobald sie über kurz oder lang wiederkämen. Sie musste so schnell wie möglich hier weg.

Sie schaffte es, sich aufzurichten und sich auf die Bettkante zu setzen. Sie versuchte aufzustehen, aber sie musste einige Augenblicke warten, da ihre Beine nachgaben und eine Schwäche sie befiel, die sie nicht wirklich begriff. Ihr war kalt. Sehr kalt. Schließlich gelang es ihr, aufzustehen, zitternd vor Kälte, und sich auf den Beinen zu halten, wenn sie sich an der Wand abstützte. Ihr Körper und die Kleider waren voll von Roviras Blut. Ihre rechte Hand spürte sie bloß als dumpfes Pochen. Sie untersuchte die Wunde, die der Stichel hinterlassen hatte. Sie sah nicht gut aus.

Genau in diesem Augenblick klingelte das Telefon neben dem Bett. Sie erstickte einen Schrei.

Sie ließ es beinahe eine Minute klingeln und schaute es an wie eine Bombe, die jeden Moment explodieren konnte. Schließlich nahm sie den Hörer ab und hielt ihn sich ans Ohr. Den Atem anhaltend, horchte sie. Ein langes Schweigen in der Leitung und nach dem leichten Summen des Ferngesprächs ein ruhiges Atmen.

»Bist du da?«, fragte die Stimme schließlich. Alicia spürte, dass ihr der Hörer in den Händen zitterte.

Leandros Stimme.

Der Hörer entglitt ihrer Hand. Sie wankte zur Tür. Vor dem Heiligtum, das Rovira geschaffen hatte, blieb sie stehen. Die Wut verlieh ihr die nötige Kraft, um die Werkstatt zu verlassen und einen der Kerosinbehälter neben dem Generator auszugießen. Der schleimige Flüssigkeitsfilm verteilte sich im Raum, umfloss Roviras Leiche und breitete einen schwarzen Spiegel aus, von dem schillernde Dämpfe aufstiegen. Als sie am Generator vorbeiging, riss sie eines der Kabel raus und ließ es auf den Boden fallen. Zwischen den aufgehängten Puppen hindurch in Richtung Gang schwankend, der zum Ausgang führte, hörte sie ein Sprühen hinter sich. Ein plötzlicher Luftzug schüttelte die Gestalten um sie herum, als sich die Flamme entzündete. Ein bernsteinfarbener Widerschein begleitete sie durch den Gang. Sie wankte zwischen den Mauern dahin und musste sich immer wieder abstützen, um sich auf den Füßen zu halten. Noch nie war ihr so kalt gewesen.

Sie flehte den Himmel oder die Hölle an, sie nicht in diesem Tunnel sterben, sie die Schwelle zur Helligkeit erreichen zu lassen, die sie in der Ferne erahnte. Die Flucht kam ihr endlos vor. Sie wusste, dass sie den Darm einer Bestie durchkletterte, die sie verschluckt hatte, und zu ihrem Schlund zurückkehren musste, um nicht endgültig gefressen zu werden. Die Hitze, die von den Flammen hinter ihr ausging, vermochte kaum die eisige Umarmung zu durchbrechen, die sie umhüllte. Sie blieb erst stehen, nachdem sie das Ladenlokal hinter sich gebracht und die Straße erreicht hatte. Sie konnte wieder atmen und spürte, wie der Regen ihre Haut streichelte. Eine Gestalt kam auf sie zugerannt.

Sie ließ sich in Fernanditos Arme fallen, der sie festhielt. Sie lächelte, doch er schaute sie entsetzt an. Sie hielt sich die Hand an den Bauch, wo sie den ersten Schlag empfangen hatte. Das lauwarme Blut floss ihr zwischen den Fingern hindurch und löste sich im Regen auf. Sie spürte keine Schmerzen mehr, nur Kälte, eine Kälte, die ihr zuflüsterte, sie solle sich gehenlassen, die Augen schließen und sich einem ewigen Schlaf übergeben, der Frieden und Wahrheit verhieß. Sie schaute Fernandito in die Augen und lächelte.

»Lass mich nicht hier sterben«, flüsterte sie.

31

Das Unwetter hatte die Menschen von den Straßen gescheucht und für gähnende Leere in der Buchhandlung gesorgt. Angesichts der Sintflut entschloss sich Fermín, den Tag in Verwaltungsaufgaben und kontemplative Arbeiten zu investieren. Fern von Blitz und Donner und den stürmischen Angriffen des Regens aufs Schaufenster, schaltete er das Radio ein. Geduldig, als gälte es, die Zahlenkombination eines Tresors zu verführen, wanderte er durch die Sender, bis er auf die Klänge eines großen Orchesters stieß, das eben zu den Eingangstakten von *Siboney* anhob. Beim ersten Paukenwirbel begann er sich im karibischen Rhythmus zu wiegen und machte sich an die Restaurierung einer sechsbändigen Ausgabe von Eugène Sues *Die Geheimnisse von Paris* mit Daniel als Lehrling und Gehilfen zur Seite.

»Das habe ich in meinen jungen Jahren mit meinem Mulattchen im Tropicana in Havanna getanzt, als meine Hüften noch etwas taugten. Was da für Erinnerungen aufsteigen ... Wenn ich statt meines Adonisgesichts Talent für die Literatur gehabt hätte, hätte ich *Die Geheimnisse von Havanna* geschrieben.«

»Eros hat gewonnen und Parnass verloren«, kommentierte Bea.

Mit ausgebreiteten Armen, schwingenden Hüften und den Schritt vorgebend, wandte sich Fermín an sie.

»Los, Señora Bea, ich bringe Ihnen die Grundschritte des Montuno bei – Ihr Mann da tanzt ja wie in Zementclogs, und Sie haben keine Ahnung, was frenetisches afrokubanisches Tempo ist ... Auf zum Genuss!«

Bea flüchtete sich in den hinteren Raum, um das Rechnungsbuch à jour und Abstand zwischen sich und Fermíns trällerndes Gehopse zu bringen.

»Hören Sie, Ihre Frau ist manchmal langweiliger als die Gebührenrechnung des Katasteramts.«

»Wem sagen Sie das«, antwortete Daniel.

»Man hört alles hier«, tönte Beas Stimme hinter dem Vorhang hervor.

Die beiden wollten es sich bei Arbeit und Musik schon gemütlich machen, als auf der nassen Straße draußen scharf gebremst wurde. Ein Taxi hatte vor dem Schaufenster von Sempere & Söhne gehalten. Ein Blitz zündete am Himmel, und einen Augenblick lang sah das Auto aus wie eine glühende, im Regen dampfende Bleikutsche.

»Natürlich ein Taxi, wie man früher sagte«, bemerkte Fermín.

Der Rest ereignete sich im Katastrophentempo. Ein bis auf die Knochen durchnässter Bursche mit schreckverzerrtem Gesicht stieg aus dem Taxi aus und begann, als er das *Geschlossen*-Schild sah, mit den Fäusten auf die Tür einzuhämmern. Fermín und Daniel wechselten einen Blick.

»Und nachher heißt es wieder, in diesem Land würden nicht gern Bücher gekauft.«

Daniel ging zur Tür und öffnete. Der Bursche, der am Rand einer Ohnmacht schien, hielt sich die Hand an die Brust, atmete tief durch und fragte beinahe schreiend:

»Wer von Ihnen ist Fermín Romero de Torres?«

Fermín hob die Hand.

»Hier, der Muskelprotz.«

Fernandito stürzte auf ihn zu, packte ihn am Arm und zerrte ihn mit.

»Ich brauche Sie«, flehte er.

»Passen Sie auf, junger Mann, nehmen Sie es mir nicht übel, aber das haben mir schon oft ganz tolle Weibsbilder gesagt, und ich habe widerstehen können.«

»Es ist Alicia«, keuchte Fernandito. »Ich glaube, sie stirbt …«

Fermín erbleichte. Er warf Daniel einen alarmierten Blick zu und ließ sich ohne ein weiteres Wort auf die Straße hinaus- und in das Taxi hineinzerren, das sogleich davonsauste.

Bea, die den Vorhang beiseitegeschoben und die Szene mitverfolgt hatte, schaute bestürzt Daniel an.

»Was war das?«

Er seufzte bekümmert.

»Schlechte Nachrichten«, murmelte er.

Kaum war er im Taxi gelandet, traf Fermín auf den Blick des Fahrers.

»Der hat noch gefehlt. Wohin soll's jetzt gehen?«

Fermín versuchte, seinem Kopf Klarheit über die Lage zu verschaffen. Er brauchte einige Sekunden, um zu begreifen, dass die wachsbleiche Person mit dem irren Blick auf der Rückbank Alicia war. Fernandito hielt ihren Kopf in den Händen und versuchte, die Tränen seiner Panik zurückzuhalten.

»Fahren Sie zu«, befahl Fermín.

»Wohin denn?«

»Im Moment einfach geradeaus. Und zwar wie ein geölter Blitz.«

Er suchte Fernanditos Blick.

»Ich wusste nicht mehr weiter«, stammelte der Bursche. »Sie wollte nicht, dass ich sie in ein Krankenhaus oder zu einem Arzt bringe, und ...«

In einem Moment der Klarheit schaute Alicia Fermín an und lächelte sanft.

»Fermín, mein ewiger Lebensretter ...«

Als er ihre gebrochene Stimme hörte, zogen sich Fermín der Magen und die anliegenden Eingeweide zusammen, was ihm aufgrund des Umstands, dass er zum Frühstück eine ganze Tüte Mandelbrötchen verschlungen hatte, dreifach weh tat. Alicia schwebte zwischen Bewusstsein und Abgrund, so dass Fermín es für das Beste hielt, sich die Geschichte Fernanditos anzuhören, der von allen dreien am meisten erschrocken schien.

»Wie heißt du?«

»Fernandito.«

»Darf man erfahren, was geschehen ist?«

Fernandito fasste die Geschehnisse der letzten vierundzwanzig Stunden so überstürzt zusammen und brachte so viele Einzelheiten durcheinander, dass ihn Fermín stoppte, um pragmatische Prioritäten zu setzen. Er betastete Alicias Bauch und untersuchte ihre blutigen Finger.

»Steuermann, zum Hospital de Nuestra Señora del Mar. Schnell.«

»Da hätten Sie besser einen Ballon genommen. Sehen Sie sich doch den Verkehr an.«

»Wir sind in weniger als zehn Minuten dort, oder ich stecke Ihre Klapperkiste in Brand. Sie haben mein Wort.«

Der Fahrer grummelte und trat aufs Gas. Sein misstrauischer Blick traf im Rückspiegel auf den Fermíns.

»Sagen Sie, sind Sie nicht der von damals? Sind Sie mir nicht schon einmal fast in meinem Wagen weggestorben?«

»Außer aufgrund des Gestanks, der von Ihnen ausgeht, sehe ich keine Möglichkeit, wie ich hier sterben könnte oder wollte. Eher stürze ich mich mit Claríns *Präsidentin* um den Hals von der Vallcarca-Brücke.«

»Meinetwegen …«

»Streiten Sie sich doch nicht«, bat Fernandito. »Señorita Alicia stirbt uns noch weg.«

»Verdammte Scheiße«, fluchte der Fahrer und schlängelte sich durch den Verkehr auf der Vía Layetana Richtung Barceloneta.

Fermín zog ein weißes Taschentuch hervor und gab es Fernandito.

»Streck das Taschentuch aus dem Fenster«, befahl er.

Fernandito tat wie geheißen. Fermín lüftete behutsam Alicias Bluse und sah das Loch, das ihr der Stichel in den Bauch gestochen hatte. Das Blut strömte nur so heraus.

»Jesus, Maria und Josef …«

Er presste die Hand auf die Wunde und sah sich nach dem Verkehr um. Grunzend und mit schwindelerregender Geschwindigkeit jonglierte der Fahrer zwischen Autos, Bussen und Fußgängern hindurch. Fermín spürte, wie ihm das Frühstück zusehends den Hals heraufstieg.

»Die Idee ist, wenn möglich lebend im Krankenhaus anzukommen. Sie haben eine Sterbende im Wagen und fahren wie der Henker!«

»Wunder vollbringen nur die Heiligen Drei Könige. Und sonst setzen doch Sie sich ans Steuer. Wie geht's da hinten?«

»Könnte besser sein.«

Fermín streichelte Alicias Gesicht und versuchte sie mit sanften Klapsen wiederzubeleben. Sie öffnete die Augen. Die Äderchen waren von den Schlägen geplatzt.

»Jetzt dürfen Sie mir nicht einschlafen, Alicia. Geben Sie sich Mühe, wach zu bleiben. Tun Sie es mir zuliebe. Wenn Sie wollen, erzähle ich Ihnen schlüpfrige Witze oder singe Ihnen Hits von Antonio Machín.«

Sie lächelte moribund. Wenigstens konnte sie noch hören.

»Denken Sie an den Generalísimo in Jagdkleidung mit Mützchen und Stiefeln, davon kriege ich immer Albträume und kann nicht einschlafen.«

»Mir ist kalt«, murmelte sie kaum hörbar.

»Wir sind gleich da ...«

Fernandito schaute sie bestürzt an.

»Es ist meine Schuld. Sie sagte immer wieder, ich dürfe sie in kein Krankenhaus bringen, und ich hab's mit der Angst zu tun bekommen. Sie sagte, dort würde man sie suchen ...«

»Entweder Krankenhaus oder Friedhof«, fiel ihm Fermín ins Wort.

Fernandito schluckte den Ernst der Antwort, als hätte er eine Ohrfeige bekommen. Fermín ging auf, wie jung er war. Wahrscheinlich hatte er mehr Angst als alle anderen in diesem Taxi.

»Machen Sie sich keine Gedanken, Fernando. Sie haben getan, was Sie tun mussten. In solchen Momenten bekommen alle einen Seemannsknoten in die Unterhose.«

Fernandito seufzte, aufgezehrt von Schuldgefühlen.

»Wenn Señorita Alicia etwas zustößt, sterbe ich ...«

Sie nahm seine Hand und drückte sie schwach.

»Und wenn dieser Mann Sie findet …, Hendaya?«, flüsterte er.

»Weder dieser noch ein anderer Scheißkerl wird sie finden«, sagte Fermín. »Dafür werde ich schon sorgen.«

Mit halbgeöffneten Augen versuchte Alicia, dem Gespräch zu folgen.

»Wohin fahren wir?«, fragte sie.

»Ins Can Solé, da machen sie Knoblauchgarnelen, die Tote auferwecken. Sie werden sehen, wie köstlich die sind.«

»Bringen Sie mich nicht in ein Krankenhaus, Fermín …«

»Wer hat denn was von Krankenhäusern gesagt? Dort wird ja gestorben. Krankenhäuser sind statistisch gesehen die gefährlichsten Orte der Welt. Ganz ruhig, nicht einmal mit einer Ladung Läuse würde ich ins Krankenhaus fahren.«

Im unteren Teil der Vía Layetana geriet der Fahrer beim Versuch, den dichten Verkehr zu umkurven, auf die Gegenfahrbahn. Fermín sah einen Autobus zwei Zentimeter vom Fenster entfernt vorbeifahren.

»Vater, sind Sie es?«, rief Alicias Stimme. »Vater, lassen Sie mich nicht …«

Erschrocken schaute Fernandito Fermín an.

»Beachte sie nicht, mein Junge. Die Arme deliriert und leidet unter Halluzinationen. Das gehört zum spanischen Temperament und ist üblich. Chef, wie sieht's da vorn aus?«

»Entweder kommen wir alle lebend an, oder wir bleiben alle auf der Strecke.«

»Voilà. Korpsgeist.«

Fermín sah, dass sie sich dem Paseo de Colón im Kreuzfahrttempo näherten. Eine dicke Mauer von Straßenbahnen, Autos und Menschen erhob sich fünf Sekunden weiter vorne. Der Taxifahrer umklammerte mit aller Kraft das Lenkrad und fluchte leise. Fermín empfahl sich der Schicksalsgöttin oder dem sonstigen Diensttuenden und lächelte Fernandito schwach zu.

»Halt dich gut fest, Kleiner.«

Noch nie hatte etwas Vierrädriges den Verkehr auf dem Paseo

de Colón so tollkühn durchschnitten. Die Überquerung trug ihnen Gehupe, Schmähungen und Flüche ein. Auf der anderen Seite des Paseo angekommen, peilte der Fahrer die Barceloneta an, wo er eine Gasse von der Breite eines Abzugskanals wählte und beinahe einen halben am Bordsteig geparkten Rennstall Motorräder mitgerissen hätte.

»Torero«, sagte Fermín.

Endlich erblickten sie den Strand und ein purpurn gefärbtes Mittelmeer. Das Taxi fuhr zum Eingang des Krankenhauses und hielt mit einem tiefen mechanischen Quietschen der Kapitulation und Schrottreife gegenüber von zwei Rettungswagen, und ein Dampfschleier stieg aus den Fugen der Kühlerhaube auf.

»Sie sind ein Künstler«, erklärte Fermín und klopfte dem Fahrer auf die Schulter. »Fernandito, schreib dir Namen und Zulassungsnummer dieses Champions auf, wir werden ihm zu Weihnachten einen Fresskorb samt Schinken und Turrón schicken.«

»Ich bin schon zufrieden, wenn Sie nicht mehr in mein Taxi steigen.«

Zwanzig Sekunden später zog ein Geschwader von Pflegern Alicia aus dem Wagen, bettete sie auf eine Trage und brachte sie in aller Eile zum Operationssaal, während Fermín neben ihr herlief und die Hand auf ihre Wunde presste.

»Sie werden mehrere Hektoliter Blut benötigen«, warnte er die Pfleger vor. »Mir können Sie so viel abzapfen, wie Sie wollen, auch wenn ich gut abgehangen aussehe, so habe ich doch mehr natürliche Reserven als die Wasserader von Aigüestortes.«

»Sind Sie ein Angehöriger der Patientin?«, fragte ein Wächter, der sich ihm am Eingang zur Chirurgie in den Weg stellte.

»Vermutlicher Vater im Versuchsgrad.«

»Und was soll das bedeuten?«

»Dass Sie aus dem Weg gehen sollen, oder ich sehe mich in der schmerzlichen Lage, Ihnen mit dem Knie den Hodensack ins Genick zu befördern. Verstanden?«

Der Mann trat beiseite, und Fermín begleitete Alicia, bis sie ihm aus den Händen gerissen wurde und er sie auf einem gespens-

tisch durchsichtigen Operationstisch landen sah. Die Krankenschwestern schnitten ihr mit einer Schere die Kleider auf, und ihr
misshandelter Körper voller Quetschungen, Kratzer und Schnitte
lag offen zutage und zeigte die Wunde, aus der ununterbrochen
Blut strömte. Fermín sah den dunklen Fleck auf einer ihrer Hüften, der sich über ihren Körper zog wie ein Netz, bereit, sie zu
verschlingen. Da ballte er die Fäuste, damit ihm nicht die Hände
zitterten.

Alicia suchte ihn mit tränenverschleierten Augen und einem
lauwarmen Lächeln auf den Lippen. Fermín flehte das hinkende
Teufelchen an, dem er immer das Hoffnungsloseste anvertraute,
sie noch nicht zu sich zu holen.

»Welche Blutgruppe haben Sie?«, fragte eine Stimme neben
ihm.

Fermín, Alicias Blick festhaltend, streckte den Arm aus.

»Null negativ, universell und 1-A-Qualität.«

32

In jenen Jahren hatte die Wissenschaft das Rätsel noch nicht gelöst, warum die Zeit in einem Krankenhaus im Schneckentempo
verstreicht. Nachdem Fermín, Pi mal Daumen gerechnet, ein Fass
Blut entleert hatte, ließen sich Fernandito und er in einem Wartezimmer mit Blick auf den Strand nieder. Durchs Fenster konnte
man zwischen dem Meer und einem bleiverhangenen Himmel
das Barackenviertel Somorrostro sehen. Noch weiter entfernt
erhob sich das Mosaik aus Kreuzen, Engeln und Pantheons des
Friedhofs von Pueblo Nuevo, eine unheilvolle Mahnung für die
Besucher, die auf reihenweise eigens zur Erzeugung von Hüftver-
letzungen und damit zur Schaffung frischer Klientel entworfenen
Stühlen ihre Wartezeit absaßen. Fernandito betrachtete dieses
Panorama mit dem Blick eines Verurteilten, während der prosai-
schere Fermín ein kolossales Dauerwurstsandwich vertilgte, das

er in der Cafeteria aufgetan hatte und mit Moritz-Bier hinunterspülte.

»Ich weiß nicht, wie Sie jetzt essen können, Fermín.«

»Nachdem ich achtzig Prozent meines Blutvorrats und wahrscheinlich die Gesamtsumme meiner Leber gespendet habe, muss ich mich regenerieren. Wie Prometheus, aber ohne den grässlichen Adler.«

»Prometheus?«

»Man muss lesen, Fernandito, in der Jugend darf man nicht bloß wichsen wie ein Makak. Außerdem habe ich als Mann der Tat, der ich bin, einen lebhaften Stoffwechsel und muss mir jede Woche das Dreifache meines Gewichts an Köstlichkeiten zuführen, um diesen robusten Körper perfekt in Form zu halten.«

»Señorita Alicia isst fast nichts. Trinken, das ist ein anderes Thema …«

»Jeder ficht mit seinen Gelüsten einen persönlichen Kampf aus. Ich beispielsweise habe seit dem Krieg immer Hunger. Sie sind noch jung und können das nicht verstehen.«

Resigniert schaute ihm Fernandito beim Verzehren seines Festmahls zu. Nach einer Weile trat ein wie ein Versicherungsvertreter aussehender Mann mit einem Aktendeckel in die Tür des Wartezimmers und machte räuspernd auf sich aufmerksam.

»Sind Sie die Angehörigen der Patientin?«

Fernandito suchte den Blick Fermíns, der ihm nur die Hand auf die Schulter legte zum Zeichen, dass die Rolle des Wortführers fortan ausschließlich ihm zustand.

»Das Wort Angehöriger wird den Banden nicht gerecht, die uns einen«, sagte er, während er die Brosamen vom Jackett schüttelte.

»Und welches Wort würden Sie verwenden, um diese Bande zu definieren, wenn die Frage erlaubt ist?«

Fernandito hatte gedacht, er habe die Wissenschaft und Kunst, sich Schwindelgeschichten auszudenken, begriffen – bis er Zeuge des Rezitals wurde, das der Meister, Fermín Romero de Torres, dortselbst zum Besten zu geben geruhte, während Alicia ins Dunkel der Chirurgie hinabsank.

Sowie der Mann sich als Mitarbeiter der Krankenhausleitung vorstellte und seine Absichten deutlich machte, das Vorgefallene zu ermitteln und Papiere zu verlangen, ließ Fermín eine mit so viel Spitzen und Borten geklöppelte Rhapsodie vom Stapel, dass es ihm die Sprache verschlug. Als Erstes identifizierte er sich als Vertrauensmann des Zivilgouverneurs von Barcelona, Lieblingskind des Regimes in der Provinz.

»Sämtliche Diskretion ist noch zu wenig nach Maßgabe dessen, was ich Euer Exzellenz zu bekunden habe.«

»Die Verletzungen der Señorita sind außerordentlich schwer und stammen eindeutig von Gewalteinwirkung. Ich bin von Gesetzes wegen dazu verpflichtet, die Polizei zu benachrichtigen …«

»Das möchte ich Ihnen nicht empfehlen, es sei denn, Sie wollen morgen als Empfangsgehilfe in der Überlandambulanz hinter Castellfollit debütieren.«

»Ich verstehe Sie nicht.«

»Ganz einfach. Setzen Sie sich und konzentrieren Sie sich.«

Fermín spann eine Geschichte, in der Alicia alias Violeta Leblanc in der Welt der käuflichen Liebe eine Spitzenposition einnahm, deren Dienste vom Gouverneur und einigen seiner Saufkumpane vom Unternehmerverband für Wirtschaftsförderung in Anspruch genommen worden waren, um mit den Beiträgen der Gewerkschaftsorganisation eine Orgie zu veranstalten.

»Sie wissen ja, wie so was läuft. Ein paar Gläschen Kognak, ein paar Spitzenunterröcke, und sogleich werden alle zu bewusstlosen Kreaturen. Der iberische Macho ist ein Supermacho, von der Mittelmeerküstenvariante ganz zu schweigen.«

Fermín behauptete, im Verlauf einiger Blumen- und Erotikspiele sei dem mächtigen Mann die Hand ausgerutscht und die süße Violeta habe schwere Verletzungen davongetragen.

»Die heutigen Dirnen vertragen ja auch nichts mehr«, schloss er.

»Aber …«

»Ganz unter uns: Es erübrigt sich wohl, zu sagen, welchen Skandal das Durchsickern eines solchen Ausrutschers verursachen würde. Denken Sie daran, dass der Herr Gouverneur eine heilige Gattin und acht Kinder hat und fünffacher Vizepräsident von Sparkassen und Mehrheitsaktionär bei drei Baugenossenschaften ist, unter Beteiligung von Schwiegersöhnen, Vettern und Familienangehörigen in hohen Stellungen unserer erhabenen Administration, nach allen Regeln unseres so geliebten Vaterlandes.«

»Ja, ja, ich verstehe, aber Gesetz ist Gesetz, und ich bin verpflichtet …«

»Sie sind Spanien und dem guten Namen seiner Besten verpflichtet, wie ich und mein Knappe Miguelito da, der hier sitzt mit einem Gesicht, als hätte er sich vor Angst die Hose vollgemacht, und der, so wahr er Miguelito heißt, zweites Patenkind von keinem Geringeren ist als dem Marquis von Villaverde, nicht wahr, Miguelito?«

Fernandito nickte wiederholt.

»Und was soll ich also tun?«, protestierte der Verwaltungsbeamte.

»Schauen Sie, was ich in solchen Fällen immer tue – und glauben Sie mir, ich habe Erfahrung –, ist, die Papiere mit Namen aus dem Werk des berühmten Ramón María del Valle Inclán auszufüllen, denn nachgewiesenermaßen hat diese erlesene Feder in der von der obersten Polizeidirektion empfohlenen Lektüreliste kaum einen Niederschlag gefunden, und so bemerkt niemand die Änderung.«

»Aber wie komme ich dazu, einen solchen Unfug zu machen?«

»Überlassen Sie den Papierkram mir, und Sie selbst konzentrieren sich ausschließlich auf die großzügigen Bezüge, die Ihnen zufließen werden, wenn Sie Ihre patriotische Pflicht wie ein mutiger Mann erfüllen. So wird Spanien gerettet, jeden Tag ein bisschen. Das ist nicht wie Rom. Hier bezahlt man Verräter.«

Der Mann, der eine dunkelviolette Färbung angenommen hatte und die vernünftigen Grenzen des Blutdrucks herauszufordern schien, schüttelte den Kopf und setzte eine prachtvoll entrüstete Miene auf.

»Und darf man wissen, wie Sie heißen?«

»Raimundo Lulio, um Ihnen und Spanien zu dienen.«

»Das ist eine Schande.«

Fermín schaute ihm fest in die Augen und nickte.

»Ganz genau. Und was stellen wir hier mit der Schande an außer sie unter die Decke kehren und mit ihr Kasse machen?«

Eine Stunde später warteten Fermín und Fernandito im Wartezimmer noch immer auf Nachrichten aus dem Operationssaal. Auf inständiges Bitten Fermíns hatte der junge Mann eine Tasse heißen Kakao getrunken, lebte allmählich wieder auf und kam ein wenig zur Ruhe.

»Fermín, glauben Sie, die haben geschluckt, was Sie ihnen erzählt haben? Sind Sie mit den anstößigen Details nicht ein wenig zu weit gegangen?«

»Wir haben Zweifel gesät, Fernandito, das ist es, was zählt. Wenn es ums Lügen geht, muss man nicht auf die Plausibilität des Schummelns achten, sondern auf die Habsucht, Eitelkeit und Dummheit der Zielperson. Man belügt nie die Leute, sie belügen sich selbst. Ein guter Schwindler gibt den Tölpeln, was sie hören wollen. Das ist das ganze Geheimnis.«

»Schrecklich, was Sie da andeuten.«

Fermín zuckte mit den Schultern.

»Wie man es anschaut. In diesem Schwank von in Seide gekleideten Äffinnen, der die Welt ist, ist die Falschheit der Mörtel, der alle Teile der Krippe zusammenhält. Sei es aus Angst, Eigennutz oder Trotteligkeit, die Leute gewöhnen sich so ans Lügen und an die Wiederholung der Lügen der anderen, dass sie schließlich sogar lügen, wenn sie die Wahrheit zu sagen glauben. Das ist das Krebsübel unserer Zeit. Der aufrichtige, ehrliche Mensch ist eine im Aussterben begriffene Spezies, wie die Coupletsängerin oder der Plesiosaurus, falls es ihn denn überhaupt je gegeben hat und er nicht bloß eine Art Einhorn war.«

»Ich kann nicht akzeptieren, was Sie da sagen. Die meisten Menschen sind anständig und gut. Aber ein paar faule Äpfel bringen auch den Rest in Verruf. Da habe ich gar keinen Zweifel.«

Fermín tätschelte ihm voller Zuneigung das Knie.

»Das ist, weil Sie noch sehr jung sind und ein bisschen dumm. Wenn man jung ist, sieht man die Welt, wie sie sein sollte, und wenn man alt ist, sieht man sie, wie sie ist. Das wird schon vorübergehen.«

Fernandito ließ niedergeschlagen den Kopf sinken. Während er gegen die Attacken des Fatalismus ankämpfte, spähte Fermín den Horizont ab und sah auf dem Gang zwei straff uniformierte und gesund aussehende Krankenschwestern daherkommen. Ihre geglückte Architektur und ihr Hüftschwung kitzelten ihn im Untergeschoss der Seele. Da er die Wartezeit mit nichts Wichtigerem zu füllen hatte, durchleuchtete er sie professionell. Die eine, nach Novizin aussehend und kaum älter als neunzehn, widmete ihm im Vorübergehen einen Blick, der ihm zu verstehen gab, dass ein armer Schlucker wie er einen solchen Leckerbissen nicht in tausend Jahren zu kosten kriegte, und lachte dazu. Die andere, die beschlagener wirkte im Umgang mit müßigen Leuten, die sich auf dem Gang herumtrieben, schaute ihn strafend an.

»Lustmolch«, murmelte sie.

»Ach, was da alles zu Wurmfutter wird«, sagte Fermín.

»Ich weiß nicht, wie Sie an solche Dinge denken können, wenn Alicia in Lebensgefahr schwebt.«

»Reden Sie eigentlich immer in Gemeinplätzen, oder haben Sie der Wochenschau die Satzmelodien abgeguckt?«

Ein langes Schweigen trat ein, bis Fermín, der unter die mit einem Pflaster angeklebte Watte zu schauen begann, die ihm die Blutentnahme beschert hatte, bemerkte, dass Fernandito ihn von der Seite anschaute und sich nicht wieder getraute, den Mund aufzumachen.

»Was ist denn jetzt? Müssen Sie Pipi?«

»Ich habe mich gefragt, ob Sie Alicia schon lange kennen.«

»Man könnte sagen, wir sind alte Freunde.«

»Sie hat vorher aber nie von Ihnen gesprochen.«

»Weil wir uns seit über zwanzig Jahren nicht mehr gesehen haben und voneinander dachten, der andere lebe nicht mehr.«

Fernandito schaute ihn bestürzt an. Fermín sagte:

»Und Sie? Ein leicht entzündlicher, im Netz der Königin der Nacht gefangener Tölpel oder ein eigenwilliger Frömmler?«

Fernandito überlegte.

»Eher das Erste, nehme ich an.«

»Sie brauchen sich nicht zu schämen, so ist das Leben. Den Unterschied zu begreifen zwischen dem, warum man etwas wirklich tut, und dem, warum man es zu tun vorgibt, ist der erste Schritt auf dem Weg der Selbsterkenntnis. Und der Weg von dort bis man aufhört, ein Dummkopf zu sein, ist ordentlich lang.«

»Sie reden wie ein Buch, Fermín.«

»Wenn die Bücher sprächen, gäbe es nicht so viele taube Ohren. Was Sie tun müssen, Fernandito, ist, sich nicht mehr von anderen die Dialoge schreiben zu lassen. Benutzen Sie den Kopf, den Ihnen Gott auf die Halswirbel gesetzt hat, und verfassen Sie sich das Libretto selbst, denn im Leben wimmelt es von Schiebern, die darauf versessen sind, dem Publikum die Hirnwindungen mit den Dummheiten zu füllen, die ihnen zupasskommen, um mit vorgehaltener Karotte auf dem Esel sitzen zu bleiben, verstehen Sie?«

»Ich glaube nicht.«

»Das haben Sie davon. Aber nun gut, da Sie schon ein wenig gelassener sind, nutze ich das, um Sie zu bitten, mir noch einmal alles zu erzählen, was geschehen ist. Und diesmal von Anfang an, der Reihe nach und ohne avantgardistische Stilmätzchen. Ist das machbar?«

»Ich kann's versuchen.«

»Na, dann mal los.«

Diesmal erzählte Fernandito alles haarklein. Fermín hörte ihm fassungslos zu und ergänzte dabei mit Hypothesen und Spekulationen die Teile des Puzzles, das sich allmählich in seinem Kopf bildete.

»Und wo befinden sich jetzt die erwähnten Dokumente und Isabellas Tagebuch?«

»Ich habe sie bei meiner Tante Jesusa gelassen. Sie ist Pförtnerin in dem Haus, wo Alicia wohnt. Sie ist vertrauenswürdig.«

»Das bezweifle ich nicht, aber wir werden einen sichereren Ort finden müssen. Aus tonnenweise Kriminalfällen wissen wir, dass die Portiersloge der Wohnhäuser zwar viele Vorteile bietet, aber die Vertrauenswürdigkeit gehört nicht dazu.«

»Wie Sie meinen.«

»Und ich muss Sie bitten, dass alles, was Sie mir erzählt haben, unter uns bleibt. Kein Wort davon zu Señor Daniel Sempere.«

»Verstanden. Wie Sie meinen.«

»So ist's recht. Sagen Sie, haben Sie ein wenig Geld bei sich?«

»Ein paar Münzen, glaube ich.«

Fermín hielt ihm fordernd die offene Hand hin.

»Ich muss einen Anruf tätigen.«

Daniel antwortete beim ersten Klingeln.

»Um Gottes willen, Fermín, wo stecken Sie denn?«

»Hospital del Mar.«

»Im Krankenhaus? Was ist geschehen?«

»Man hat versucht, Alicia umzubringen.«

»Was? Wer? Warum?«

»Bitte beruhigen Sie sich, Daniel.«

»Wie soll ich mich beruhigen?«

»Ist Bea da?«

»Ja, natürlich, aber …«

»Sie soll an den Apparat kommen.«

Eine Pause, Stimmengewirr und schließlich Beas gelassener Ton.

»Ja, bitte, Fermín.«

»Ich habe keine Zeit, mich auf Einzelheiten einzulassen, aber Alicia wäre um ein Haar gestorben. Eben jetzt befindet sie sich im Operationssaal, und wir warten auf einen Bescheid.«

»Wir?«

»Ich und ein junger Bursche namens Fernandito, der anscheinend als Alicias Untergebener und Zuträger gearbeitet hat. Ich weiß, wie es klingt, aber haben Sie Geduld.«

»Was brauchen Sie, Fermín?«

»Ich habe versucht, das Ganze mit raffinierter Rhetorik im

Zaum zu halten, aber ich habe das Gefühl, sehr lange werden wir da nicht mehr bleiben können … Wenn Alicia das überlebt, dann halte ich das Krankenhaus nicht für einen sicheren Ort. Jemand könnte versuchen, die Arbeit zu Ende zu führen.«

»Was schlagen Sie vor?«

»Sie an einen Ort zu bringen, wo keiner sie finden kann, sobald das möglich ist.«

Bea schwieg lange.

»Denken wir dasselbe?«, fragte sie schließlich.

»Große Geister treffen sich immer bei großen Ideen.«

»Und wie gedenken Sie, sie aus dem Krankenhaus zu schaffen und dorthin zu bringen?«

»Ich bin eben dabei, eine Strategie auszuarbeiten.«

»Um Gottes willen!«

»Eine Frau von geringem Glauben.«

»Was soll ich tun?«

»Dr. Soldevila um seine Hilfe ersuchen.«

»Dr. Soldevila ist pensioniert und praktiziert seit mindestens zwei Jahren nicht mehr. Sollen wir nicht lieber …«

»Wir brauchen eine Vertrauensperson. Außerdem ist Soldevila eine Eminenz und mit allen Wassern gewaschen. Sicherlich freut er sich, wenn Sie ihm sagen, dass ich ihn darum gebeten habe.«

»Das Letzte, was ich von ihm gehört habe, war, dass Sie ein schamloser Kerl sind, dass er die Nase voll hatte davon, dass Sie seine Krankenschwestern in den Hintern kneifen, und dass er Sie um keinen Preis je wiedersehen wollte.«

»Schnee von gestern. Er schätzt mich sehr.«

»Wenn Sie es sagen … Was ist sonst noch nötig?«

»Verpflegung für mindestens eine Woche für eine Patientin, die eben einen Stich in den Bauch überlebt hat, einen weiteren in die Hand und eine Tracht Prügel, die einen baskischen Gewichtheber außer Gefecht gesetzt hätte.«

»Großer Gott …«, murmelte Bea.

»Konzentrieren Sie sich, Bea. Versorgung. Der Doktor weiß, was nötig ist.«

»Das Ganze wird ihm überhaupt nicht gefallen.«

»Da kommen Ihr Charme und Ihre Überzeugungskraft ins Spiel.«

»Sehr schön. Vermutlich wird es frische Wäsche und solche Dinge brauchen.«

»Solche Dinge. Das überlasse ich Ihrem treffsicheren Kriterium. Ist Daniel noch da?«

»Er klebt mit dem Ohr an mir. Soll ich ihn dorthin schicken?«

»Nein. Er soll stillhalten und sich beruhigen. Ich werde Sie anrufen, sobald ich mehr weiß.«

»Wir sind hier.«

»Was ich immer sage – soll alles gut ausgehen, muss man das Kommando einer Frau überlassen.«

»Schmeicheln Sie mir nicht, Fermín, ich sehe schon, worauf Sie hinauswollen. Sonst noch was?«

»Seien Sie beide vorsichtig. Es würde mich nicht erstaunen, wenn die Buchhandlung überwacht würde.«

»Das hat grade noch gefehlt. Verstanden. Fermín?«

»Ja, bitte?«

»Sind Sie sicher, dass man dieser Frau vertrauen darf?«

»Alicia?«

»Wenn das denn ihr richtiger Name ist …«

»Er ist es.«

»Und alles andere? Stimmt das auch?«

Fermín seufzte.

»Wir werden ihr eine Chance geben. Wollen Sie das für mich tun, Bea?«

»Aber natürlich, Fermín. Was Sie wünschen.«

Er hängte auf und ging ins Wartezimmer zurück. Fernandito schaute ihm nervös entgegen.

»Mit wem haben Sie gesprochen?«

»Mit dem gesunden Menschenverstand.«

Er setzte sich und schaute diesen Burschen an, der ihn so sehr an Daniel in seinen Jünglingsjahren erinnerte, dass er ihm langsam sympathisch wurde.

»Sie sind ein guter Kerl, Fernandito. Alicia wird stolz sein auf Sie.«

»Ja, wenn sie überlebt.«

»Sie wird überleben. Ich habe sie schon einmal von den Toten auferstehen sehen, und wer den Trick gelernt hat, vergisst ihn nicht wieder. Ich spreche aus Erfahrung. Auferstehen ist ein wenig wie Radfahren oder einem jungen Mädchen den Büstenhalter mit einer Hand öffnen. Man muss nur den Dreh raushaben.«

Fernandito lächelte schwach.

»Und wie macht man das?«

»Sie wollen mir ja wohl nicht weismachen, Sie können nicht Rad fahren.«

»Ich meine, einen Büstenhalter mit nur einer Hand öffnen.«

Fermín lächelte ihm kumpelhaft zu und tätschelte sein Knie.

»Sie und ich, wir müssen über vieles reden.«

Das Schicksal wollte es, dass, bevor Fermín Fernandito die erste Lektion seines Schnellkurses in Lebensweisheiten erteilen konnte, der Chirurg im Wartezimmer erschien und sich mit einem langen Seufzer erschöpft auf einen Stuhl fallen ließ.

33

Der Chirurg war einer dieser jungen Männer, denen vor lauter Denken die Haare ausgehen, ehe sie dreißig sind. Er war großgewachsen und schlank, hatte das Profil eines Bleistifts und einen intelligenten Blick, der den Horizont durchkämmte hinter einer Brille, die man damals Truman nannte, zu Ehren des amerikanischen Präsidenten mit der schwachen Hand, der Atombomben von der Größe einer Eidechse auf das Land der aufgehenden Sonne werfen ließ.

»Wir haben sie stabilisieren, die Wunde schließen und die Blutung stillen können. Im Moment ist keine Infektion festzustellen, aber ich habe ihr Antibiotika gegeben, um auf Nummer Sicher zu gehen. Die Wunde war tiefer, als es den Anschein hatte. Wie durch ein Wunder hat er ihr nicht die Oberschenkelschlagader durchgeschnitten, aber die Naht ist sehr kompliziert gewesen und hat zuerst nicht gehalten. Ob sie jetzt hält oder nicht, hängt davon ab, dass die Entzündung zurückgeht und keine Infektion eintritt – und dass wir Glück haben. Gott wird entscheiden.«

»Aber wird sie überleben, Doktor?«

Der Chirurg zuckte mit den Schultern.

»Es kommt ganz darauf an, wie sie sich in den nächsten achtundvierzig Stunden entwickelt. Die Patientin ist jung und hat ein starkes Herz. Ein Schwächerer hätte die Operation nicht überlebt, aber das heißt noch lange nicht, dass sie über dem Berg ist. Und wenn es eine Infektion gibt ...«

Fermín nickte und verinnerlichte den Bericht. Die Augen des Arztes betrachteten ihn mit chirurgischer Neugier.

»Darf ich fragen, woher die Verletzung stammt, die die Patientin auf der rechten Hüfte hat?«

»Ein Unfall während der Kindheit. Im Krieg.«

»Hm ... Die muss ihr schreckliche Schmerzen bereiten.«

»Sie ist hart im Nehmen. Obwohl sie tatsächlich manchmal Einfluss auf ihren Charakter haben.«

»Wenn sie jetzt das überlebt, könnte ich ihr helfen. Es gibt mittlerweile Rekonstruktionsmethoden, die man vor zwanzig Jahren noch nicht gekannt hat und die ihr die Schmerzen lindern könnten. Niemand sollte so leben müssen.«

»Das wird das Erste sein, was ich Violeta sagen werde, wenn sie aufwacht.«

»Violeta?«, fragte der Arzt.

»Die Patientin«, präzisierte Fermín.

Der Chirurg, der zwar wenig Haare auf dem Kopf haben mochte, aber keineswegs auf diesen gefallen war, blickte ihn argwöhnisch an.

»Schauen Sie, mich geht es ja nichts an, und ich weiß nicht, welchen Bären Sie dem Dummkopf von Coll aufgebunden haben, aber jemand hat diese Frau brutal geschlagen und fast umgebracht. Wer auch immer es war, der …«

»Ich weiß«, unterbrach ihn Fermín. »Glauben Sie mir, ich bin mir dessen bewusst. Wann können wir sie Ihrer Meinung nach hier rausholen?«

Verdutzt hob der andere die Brauen.

»Hier rausholen? Günstigstenfalls hat die Patientin einen Monat absolute Ruhe vor sich. Violeta, oder wie immer sie heißt, wird gar nirgends hingehen, es sei denn, Sie wollen ihr eine Expressbestattung bescheren. Das meine ich ernst.«

Fermín studierte das Gesicht des Arztes.

»Und sie anderswohin bringen?«

»Das müsste dann ein anderes Krankenhaus sein. Aber ich würde davon abraten.«

Fermín nickte ernsthaft.

»Danke, Doktor.«

»Keine Ursache. Wenn alles gutgeht, bringen wir sie in zwei Stunden auf die Station. Bis dahin können Sie sie nicht sehen. Ich meine nur, falls Sie eine Weile rausgehen und Luft schnappen wollen. Oder falls Sie irgendetwas in Ordnung zu bringen haben, Sie verstehen schon, was ich meine. Im Moment ist die Patientin, wie gesagt, stabil, und die Prognose ist mäßig optimistisch.«

»Mäßig?«

Der Chirurg lächelte zweideutig.

»Wenn Sie meine persönliche Meinung hören wollen und nicht die des Chirurgen, dann will diese junge Dame noch nicht sterben. Manchmal gibt es Leute, die aus schierer Wut überleben.«

Fermín nickte.

»Die Frauen sind so. Wenn sie sich etwas in den Kopf gesetzt haben, dann …«

Er wartete, bis der Arzt sie allein ließ, um auf den Gang hinauszutreten und das Terrain zu sondieren. Fernandito schloss sich ihm an. Zwei Gestalten in ziemlich unsanitäterhaften Uniformen schritten bedächtig hinten im Gang daher.

»Hören Sie, sind das nicht zwei Polypen?«

»Wie meinen Sie?«, fragte Fernandito.

»Polizisten. Lesen Sie denn keine Comics oder wie oder was?«

»Jetzt, da Sie es sagen, doch, es scheinen ...«

Fermín grunzte und stieß Fernandito wieder ins Wartezimmer hinein.

»Glauben Sie, der Krankenhausleitungsadjunkt hat die Polizei benachrichtigt?«, fragte der Bursche.

»Das wird komplizierter sein, als ich dachte. Wir haben keine Zeit zu verlieren. Fernandito, Sie werden mir zur Hand gehen müssen.«

»Wenn nötig, gehe ich Ihnen zu beiden Händen. Befehlen Sie.«

»Sie müssen in die Buchhandlung Sempere & Söhne und mit Bea sprechen.«

»Bea?«

»Daniels Frau.«

»Und wie soll ich wissen ...«

»Kein Irrtum möglich. Sie ist von allen dort die Cleverste und außerdem ein süßes Ding. Aber züchtig, damit Sie's gleich wissen.«

»Und was soll ich ihr sagen?«

»Wir werden vorzeitig ein Damengambit machen müssen.«

»Ein Damengambit?«

»Sie wird es schon verstehen. Und Daniel soll Isaac benachrichtigen.«

»Isaac? Was für einen Isaac?«

Fermín schnaubte, verzweifelt ob Fernanditos Begriffsstutzigkeit.

»Wenn Sie wollen, Isaac, der Erfinder des U-Boots. Einfach Isaac. Muss ich es Ihnen aufschreiben?«

»Nein, ich habe alles im Kopf.«

»Dann machen Sie sich schleunigst aus dem Staub, wir sind eh schon spät dran.«

»Und wohin gehen Sie?«

Fermín blinzelte ihm zu.

»Ohne Infanterie ist kein Krieg zu gewinnen ...«

34

Das Gewitter war abgezogen, als Fermín das Krankenhaus verließ und am Strand die Richtung nach Somorrostro einschlug. Der Ostwind schleppte Wellen an, die sich am Ufer brachen, wenige Meter von der Barackensiedlung entfernt, welche sich bis zur Mauer des Friedhofs von Pueblo Nuevo hinzog. Selbst die Toten waren besser untergebracht als diese Schar namenloser Seelen, die am Meeresufer dahinvegetierten, dachte Fermín.

Gebündeltes Misstrauen lag in den Blicken, als er in die erste von Baracken gesäumte Gasse einbog. Zerlumpte Kinder, Frauen mit vom Elend dunkel gewordenen Gesichtern und vorzeitig gealterte Männer schauten ihm nach. Kurz darauf kam ihm ein Quartett junger Burschen mit feindseliger Miene entgegen, die ihn umzingelten und den Weg versperrten.

»Hast du dich verirrt, Gadscho?«

»Ich suche Armando«, sagte Fermín, ohne Unruhe oder Angst erkennen zu lassen.

Das Gesicht eines der Burschen war von einer Narbe gezeichnet, die von der Stirn bis zur Wange hinunterlief. Mit bedrohlichem Grinsen trat er vor und schaute ihm herausfordernd in die Augen. Fermín wich seinem Blick nicht aus.

»Armando. Ich bin ein Freund von ihm.«

Der Bursche versuchte sein Gegenüber einzuschätzen; er hätte ihn ohne weiteres mit einem Handkantenschlag erledigen können, lächelte aber schließlich.

»Warst du nicht der Tote?«

»Ich habe mich im letzten Moment umbesonnen.«

»Am Strand«, sagte der andere und deutete mit dem Kopf in die entsprechende Richtung.

Fermín bedankte sich mit einem Nicken, und die Burschen gaben ihm den Weg frei. Er folgte dem Gässchen rund hundert Meter, ohne noch weiter beachtet zu werden. Nun krümmte sich die Gasse dem Meer zu, und vom Strand her hörte er Stimmen und Kinderlachen. Er ging geradeaus weiter und sah nach kurzer Zeit die Szene, die die Kinder am Strand zusammengeführt hatte.

Das Unwetter hatte wenige Meter vom Ufer entfernt ein altes Frachtschiff stranden lassen. Der Rumpf hatte Schlagseite nach Backbord, und der Kiel und die Schrauben ragten aus dem Schaum heraus. Die Wellen hatten einen guten Teil der Fracht vom Schiff gespült, die nun in der Flut trieb. Zwischen den Überresten des verunglückten Schiffs flatterte eine Schar Möwen, während die Besatzung zu retten suchte, was noch zu retten war, und die Kinder die Katastrophe wie ein Fest feierten.

»Fermín«, sagte eine tiefe, gelassene Stimme neben ihm.

Als er sich umdrehte, erkannte er Armando, Zigeunerfürst und Herrscher über diese vergessene Welt. Er steckte in einem untadeligen schwarzen Anzug und hielt seine Lackschuhe in der Hand. Er hatte sich die Hosenbeine hochgekrempelt, um im feuchten Sand waten zu können und die Kinder zwischen den Wellen spielen zu sehen. Er deutete auf das Schiff und sagte mit einem Nicken:

»Das Unglück der einen ist der Aufschwung der anderen. Was führt Sie in diese Breiten, mein Freund? Unglück oder Aufschwung?«

»Verzweiflung.«

»Ist nie eine gute Ratgeberin.«

»Aber eine sehr überzeugende.«

Armando lächelte zustimmend. Er zündete sich eine Zigarette an und bot Fermín das Päckchen an. Der lehnte ab.

»Man hat Sie offenbar das Hospital del Mar verlassen sehen«, sagte Armando.

»Sie haben überall Augen.«

»Vermutlich brauchen Sie Hände, keine Augen. Wobei kann ich Ihnen helfen?«

»Ein Leben zu retten.«

»Ihres?«

»Das habe ich Ihnen bereits zu verdanken, Armando. Dasjenige, das mich jetzt herführt, hätte ich schon vor vielen Jahren retten sollen. Das Schicksal hatte es in meine Hände gelegt, und ich habe versagt.«

»Das Schicksal kennt uns besser, als wir uns selbst kennen, Fermín. Ich glaube nicht, dass Sie irgendjemandem gegenüber versagt haben. Aber ich ahne, dass Eile geboten ist. Nennen Sie mir die Einzelheiten.«

»Das kann kompliziert sein. Und gefährlich.«

»Wenn es einfach und sicher wäre, weiß ich, dass Sie mich nicht damit beleidigen würden, mich um meine Hilfe zu ersuchen. Wie heißt sie?«

»Alicia.«

»Eine Liebe?«

»Eine Schuld.«

Hendaya kniete neben der Leiche nieder und zog die Decke weg.

»Ist er es?«, fragte er.

Da er keine Antwort bekam, wandte er sich um. Linares hinter ihm schaute die Leiche an, als wäre er eben geohrfeigt worden.

»Ist er es oder nicht?«

Der andere bejahte und schloss kurz die Augen. Hendaya deckte das Gesicht des Toten wieder zu und stand auf. Langsam schritt er den Raum ab und betrachtete ohne allzu große Aufmerksamkeit die überall verstreuten Kleider und Gegenstände. Außer Linares waren noch zwei seiner Leute anwesend, die geduldig und schweigend warteten.

»Bevor er hierher zurückkehrte, soll Vargas mit Ihnen in der Gerichtsmedizin gewesen sein. Können Sie mich ins Bild setzen?«

»Hauptmann Vargas hatte in der Nacht zuvor eine Leiche gefunden und rief mich an, um Bericht zu erstatten.«

»Hat er gesagt, unter welchen Umständen er die Leiche fand?«, fragte Hendaya.

»Im Verlauf von Ermittlungen, mit denen er beschäftigt war. Über Einzelheiten des Falls hat er mit mir nicht gesprochen.«

»Und Sie haben ihn auch nicht danach gefragt?«

»Ich bin davon ausgegangen, dass er mich im gegebenen Moment über die Details informieren würde.«

»So großes Vertrauen hatten Sie zu ihm?«

»Wie zu mir selbst.«

»Interessante Analogie. Es gibt nichts Besseres, als im Präsidium gute Freunde zu haben. Sagen Sie, hat man die Leiche identifizieren können?«

Linares zögerte einige Augenblicke.

»Vargas vermutete, dass es sich um einen gewissen Ricardo Lomana handelte. Der Name wird Ihnen bekannt sein. Er war ein Kollege von Ihnen, glaube ich.«

»Von mir nicht. Aber bekannt ist er mir. Haben Sie die zuständigen Instanzen über die Tatsachen informiert?«

»Nein.«

»Und warum nicht?«

»Ich wollte zuerst die Bestätigung des Gerichtsmediziners.«

»Aber Sie hatten vor, es zu tun?«

»Selbstverständlich.«

»Natürlich. Haben Sie in der Zwischenzeit mit jemandem auf dem Revier über Vargas' Vermutung hinsichtlich Lomanas Identität gesprochen?«

»Nein.«

»Nein?«, insistierte Hendaya. »Mit keinem Untergebenen?«

»Nein.«

»Abgesehen vom Gerichtsmediziner und seinen Leuten, dem Richter und den Beamten, die Sie begleitet haben, weiß sonst noch jemand über die Leichenschau Bescheid?«

»Nein. Was wollen Sie andeuten?«

Hendaya zwinkerte ihm zu.

»Nichts. Ich glaube Ihnen. Und wissen Sie, wohin Vargas nach dem Verlassen der Gerichtsmedizin gegangen ist?«

Linares verneinte.

»Aufs Standesamt«, sagte Hendaya.

Linares runzelte die Stirn.

»Wussten Sie das nicht?«

»Nein. Woher sollte ich das wissen?«

»Hat es Ihnen Vargas nicht gesagt?«

»Nein.«

»Sicher? Hat Vargas Sie nicht aus der Gerichtsmedizin angerufen, um sich nach etwas zu erkundigen?«

Linares hielt seinem Blick stand. Hendaya lächelte, er genoss das Spiel.

»Nein.«

»Sagt Ihnen der Name Rovira etwas?«

»Ist ein ziemlich verbreiteter Name.«

»Auch auf dem Revier?«

»Ich glaube, da gibt es einen Mann dieses Namens. Er arbeitet im Archiv und steht kurz vor der Pensionierung.«

»Hat sich neulich jemand bei Ihnen nach ihm erkundigt?«

Wieder verneinte Linares.

»Darf man erfahren, wovon wir sprechen?«

»Von einem Verbrechen, mein lieber Linares. Von einem gegen einen der Unseren, gegen einen der Besten begangenen Verbrechen. Wer könnte so etwas getan haben?«

»Offensichtlich ein Profi.«

»Sind Sie sicher? Mir scheint das eher das Werk eines Einbrechers zu sein.«

»Eines Einbrechers?«

Hendaya bejahte überzeugt.

»Das ist kein vertrauenerweckendes Viertel, und diese Katalanen sind weiß Gott imstande, ihrer Mutter auf dem Totenbett die Unterhosen zu klauen, wenn sie noch warm sind. Die haben das im Blut.«

»Kein mieser Einbrecher hätte gegenüber Vargas auch nur die geringste Chance gehabt. Das wissen Sie genauso gut wie ich. Das hat kein Amateur getan.«

Hendaya sah ihn lange und gelassen an.

»Na, kommen Sie, Linares. Es gibt auch professionelle Einbrecher. Harte, skrupellose Kerle. Das wissen Sie auch. Und Ihr

Freund Vargas war nicht mehr in Form, das müssen Sie zugeben. Die Jahre sind die Jahre.«

»Das wird die Ermittlung bestimmen müssen«, sagte Linares.

»Die wird es leider nicht geben.«

»Weil Sie das so veranlassen«, warf ihm Linares an den Kopf.

Hendaya lächelte selbstgefällig.

»Nein, nicht weil ich es veranlasse. Ich bin niemand. Aber wenn man weiß, was für einen gut ist, wartet man nicht darauf, dass es einem ein anderer sagt.«

Linares biss sich auf die Zunge.

»Das werde ich nicht akzeptieren. Weder von Ihnen noch von sonst jemandem.«

»Sie haben eine gute Laufbahn hinter sich, Linares. Machen wir uns nichts vor – Sie sind nicht so weit gekommen, weil Sie den Comicdetektiv gespielt haben. Mancher Held bleibt auf der Strecke. Also seien Sie jetzt nicht albern, zwei Minuten vor der goldenen Pensionierung. Und Sie wissen, dass ich das zu Ihrem Besten sage.«

Linares schaute ihn verächtlich an.

»Was ich weiß, ist, dass Sie ein Schweinehund sind, und es interessiert mich einen Scheißdreck, für wen Sie arbeiten. Das wird noch Folgen haben. Rufen Sie an, wen immer Sie anrufen müssen.«

Hendaya zuckte mit den Schultern. Linares machte kehrt und ging auf die Tür zu. Hendaya fing den Blick einer seiner Männer auf und nickte. Der Beamte folgte Linares. Der andere trat zu seinem Chef und schaute ihn fragend an.

»Irgendeine Spur von dieser Nutte?«

»Im Ladenlokal gab es nur eine Leiche. Von ihr keine Spur. Wir haben die Wohnung im Haus gegenüber durchsucht. Nichts. Kein Nachbar hat sie gesehen, und die Pförtnerin versichert, sie habe sie gestern zum letzten Mal gesehen, als sie aus dem Haus ging.«

»Sagt sie die Wahrheit?«

»Ich würde sagen ja, aber wenn Sie wollen, können wir ein wenig Druck ausüben.«

»Das wird nicht nötig sein. Kämmt die Krankenhäuser und Gesundheitszentren durch. Wenn sie sich in einem von ihnen befindet, wird sie sich unter falschem Namen eingetragen haben. Sie kann nicht sehr weit sein.«

»Und wenn Madrid anruft?«

»Kein Wort, bevor wir sie nicht gefunden haben. Wir wollen so wenig Lärm wie möglich machen.«

»Aye, aye, Sir.«

35

Es war der schönste Traum ihres Lebens. Alicia erwachte in einem nach Kampfer riechenden, weißgetünchten Raum. Fernes Stimmengewirr kam und ging in raunenden Wellen. Als Erstes bemerkte sie das Ausbleiben der Schmerzen. Zum ersten Mal in zwanzig Jahren spürte sie sie nicht. Sie waren völlig verschwunden und hatten so die Welt mitgenommen, in der sie fast ihr ganzes Leben lang gehaust hatte. An ihrer Stelle fand sie einen Raum, wo das Licht durch die Atmosphäre reiste wie eine dicke Flüssigkeit und auf Staubfäserchen traf, die mit schillerndem Funkeln in der Luft hingen. Sie lachte. Sie konnte atmen und ihren ruhenden Körper spüren. Sie spürte die Knochen geläutert von Agonie und den Geist befreit von der Kneifzange, die sie immer in ihren Fängen gehalten hatte. Das Gesicht eines Engels beugte sich über sie und schaute ihr in die Augen. Der Engel war sehr groß, trug einen weißen Kittel und besaß keine Flügel. Und Haare hatte er sozusagen keine mehr, doch in der Hand hielt er eine Spritze, und als sie ihn fragte, ob sie tot und das die Hölle sei, sagte er lächelnd, das komme darauf an, sie solle sich aber keine Sorgen machen. Sie spürte einen kleinen Stich, und ein Sturzbach von flüssigem Glück breitete sich in ihren Adern aus und hinterließ einen warmen Abgang von Frieden. Hinter dem Engel erschien ein schmächtiges, an einer riesigen Nase hängendes Teufelchen, einer Nase, die Molière zu Komödien und Cervantes zu Heldentaten inspiriert hätte.

»Alicia, wir gehen nach Hause«, verkündete das Teufelchen mit vage bekannter Stimme.

Er war in Begleitung eines Geistes mit pechschwarzem Haar und so vollkommenen Gesichtszügen, dass sie den Wunsch verspürte, ihn auf die Lippen zu küssen, mit den Fingern durch diese Märchenmähne zu streichen und sich in ihn zu verlieben, und sei es nur für eine Weile, lange genug, um zu denken, sie sei wach und auf das Glück gestoßen, das ein Unbedachter unterwegs verloren habe.

»Darf ich Sie streicheln?«, fragte sie.

Der dunkle Prinz, denn es musste sich mindestens um einen Prinzen handeln, schaute zweifelnd das Teufelchen an. Dieses gab ihm mit einer Handbewegung zu verstehen, er solle sie nicht beachten.

»Das ist mein Blut, das jetzt durch ihre Adern rauscht und sie vorübergehend jedes Schamgefühls beraubt und ihr etwas Flittchenhaftes gegeben hat. Nehmen Sie es ihr nicht übel.«

Auf ein Zeichen des Prinzen hin nahm eine Schar Zwerglein Gestalt an, obwohl sie gar keine Zwerge und allesamt weiß gekleidet waren. Zu viert zogen sie an den Laken, um sie aus dem Bett zu hieven und auf eine Trage zu betten. Der Prinz ergriff ihre Hand und drückte sie. Sicherlich wäre er ein wundervoller Vater, dachte Alicia. Dieser Händedruck, diese samtweiche Berührung bestätigten es.

»Möchten Sie ein Kind haben?«, fragte sie.

»Ich habe siebzehn, mein Herz«, sagte der Prinz.

»Schlafen Sie, Alicia, Sie bereiten mir Schande«, sagte das Teufelchen.

Doch sie schlief nicht. An der Hand ihres Prinzen und auf der magischen Trage träumte sie weiter und legte unendlich viele Korridore mit einem Kamm weißer Lichter zurück. Sie navigierten durch Fahrstühle, Tunnel und von Jammerlauten verhexte Säle, bis sie spürte, dass die Luft kalt wurde und die blassen Decken einem Gewölbe Platz machten, in dem von der Berührung mit einer wattigen Sonne gerötete Wolken hingen. Das Teufelchen legte eine Decke auf sie, und die Zwerge hoben sie gemäß den Anweisungen des Prinzen in ein Fuhrwerk, das nicht so wie im Märchen aussah, denn es waren ihm keine Pferde vorgespannt, noch hatte es Kupferbeschläge, sondern trug auf der Seite die rätselhafte Aufschrift:

WURSTWAREN
LA PONDEROSA
Großhandel und
Hauslieferungen

Der Prinz schloss eben die Türen des Fuhrwerks, als Alicia Stimmen vernahm und jemanden hörte, der sie aufforderte stehen zu bleiben und Drohungen von sich gab. Einige Minuten blieb sie allein, während ihre Helden sich mit einer niederträchtigen Verschwörung auseinandersetzten, denn die Luft füllte sich mit dem unverwechselbaren Echo von Ohrfeigen und Knüppelschlägen. Als das Teufelchen zu ihr zurückkam, standen seine Haare zu Berge, eine Lippe war gesprungen und sein Lächeln siegverkündend. Das Fuhrwerk setzte zu seinem Geholper an, und Alicia hatte das seltsame Gefühl, es rieche nach billiger Dauerwurst.

Die Fahrt wollte kein Ende nehmen. Sie zogen durch Alleen und Gässchen, wanden sich durch die Karte des Labyrinths, und als die Türen des Fuhrwerks aufgingen und die Zwerglein, die inzwischen zu normal aussehenden Männern gewachsen waren, sie auf der Trage herausholten, bemerkte sie, dass sich das Fuhrwerk wie durch ein Wunder in einen Lieferwagen verwandelt hatte und sie sich in einer engen Gasse befanden, die eine Bresche in die Dunkelheit schlug. Das Teufelchen, auf einmal unverkennbar mit Fermíns Gesichtszügen ausgestattet, verkündete ihr, sie sei sozusagen in Sicherheit. Sie wurde zu einem großen geschnitzten

Eichenholztor gerollt, aus dem ein Mann mit spärlichen Haaren und Raubvogelblick herausschaute, nach links und rechts guckte und »Kommen Sie rein« flüsterte.

»Hier verabschiede ich mich«, sagte der Prinz.

»Geben Sie mir wenigstens einen Kuss«, flüsterte Alicia.

Fermín, der die Augen verdrehte, beschwor den edlen Kavalier:

»Geben Sie ihr verdammt nochmal den Kuss, sonst nimmt das kein Ende.«

Und Prinz Armando küsste sie mit seiner ganzen Dunkelheit. Er hatte Zimtlippen und wusste offensichtlich, wie man eine Frau küsst, mit Geschick, guter Laune und der langen Erfahrung eines Künstlers, der auf sein Hand- beziehungsweise Lippenwerk stolz ist. Alicia spürte, wie ein Schauer sie durchlief, der Winkel in ihrem Körper in Bewegung versetzte, die sie längst vergessen hatte, und schloss die Augen, um die Tränen für sich zu behalten.

»Danke«, flüsterte sie.

»Unglaublich«, sagte Fermín. »Als wäre sie noch keine fünfzehn. Zum Glück muss sich das ihr Vater nicht mit ansehen.«

Ein Mechanismus verschloss das Portal mit kathedralartigem Glockenspiel. Sie legten einen langen, palastähnlichen Korridor voller Fresken mit Fabelwesen zurück, die erschienen und sich wieder verflüchtigten, wenn das Öllicht in der Hand des Wächters sie streifte. Es roch nach Papier und Magie, und als der Korridor in ein großes Gewölbe mündete, erblickte Alicia die wundersamste Architektur, die sie je gesehen hatte oder vielleicht in ihren Träumen erinnerte.

Ein wahnwitzig angelegtes Labyrinth stieg zu einer riesigen Glaskuppel empor. Das Mondlicht, in tausend Klingen zerlegt, ergoss sich herab und verlieh der unmöglichen Geometrie eines Zauberwerks Konturen, das von allen Büchern, allen Geschichten und allen Träumen der Welt geschaffen war. Alicia erkannte den Ort wieder, von dem sie so oft geträumt hatte, und streckte die Arme aus, um ihn zu berühren, da sie befürchtete, er werde sich in Luft auflösen. Neben sich sah sie die Gesichter von Daniel und Bea.

»Wo bin ich? Was ist das für ein Ort?«

Isaac Monfort, der ihnen die Tür geöffnet hatte und den Alicia nach all den Jahren wiedererkannte, kniete neben ihr nieder und streichelte ihr übers Gesicht.

»Zum zweiten Mal willkommen im Friedhof der Vergessenen Bücher, Alicia.«

36

Mit der Zeit vermutete Valls, er habe sich alles nur eingebildet. Die Bilder verflüchtigten sich, und er wusste nicht mehr mit Gewissheit, ob er diese Frau nur geträumt hatte, die die Treppe bis zur Zellentür herabgestiegen war und ihn gefragt hatte, ob er Minister Valls sei. Manchmal zweifelte er selbst daran, dass er es war. Vielleicht hatte er auch das geträumt. Vielleicht war auch er nichts anderes als ein Stück Abfall, das in den Zellen des Kastells auf dem Montjuïc vor sich hin faulte und das, in den Klauen des Deliriums, mittlerweile glaubte, es sei sein eigener Kerkermeister und nicht mehr, der er wirklich war. Er erinnerte sich an einen ähnlichen Fall. Mitjans hieß der Mann. Mitjans, ein in den Jahren der Republik gefeierter Dramatiker, von Valls immer unendlich verachtet, weil diesem das Leben alles gegeben hatte, wonach er selbst sich vergeblich gesehnt hatte. Mitjans, der wie so viele andere Opfer seines Neids im Kastell gelandet war und geendet hatte, in Zelle 19, und nicht einmal mehr gewusst hatte, wer er war.

Doch Valls wusste, wer er war, weil er sich erinnerte, und wie ihm der teuflische David Martín einmal gesagt hatte, war man das, woran man sich erinnerte. Deshalb wusste er, dass diese Frau, wer sie auch sein mochte, da gewesen war und dass sie – oder jemand wie sie – eines Tages wiederkäme, um ihn da rauszuholen und zu befreien. Denn er war nicht wie Mitjans und all diese Unglücksraben, die während seiner Zeit als Direktor gestorben waren. Er, Mauricio Valls, würde nicht hier sterben. Das war er seiner Tochter Mercedes schuldig, denn sie war es, die ihn diese ganze Zeit am Leben erhalten hatte. Vielleicht aus diesem Grund schaute er jedes Mal voller Erwartung auf, wenn er die Kellertür aufgehen und die Schritte im Dämmerlicht herunterkommen hörte. Denn das konnte der Tag sein.

Es musste frühmorgens sein; er hatte die Tageszeit anhand der Kälte zu unterscheiden gelernt. Er wusste, dass diesmal etwas anders war, denn so früh am Morgen war noch nie jemand gekommen. Er hörte die Tür und dann schwere Schritte. Ohne Eile. Der Dunkelheit entwuchs eine Gestalt. Sie trug ein Tablett, von dem ihm der köstlichste Duft entgegenströmte, den er je gewittert hatte. Hendaya stellte das Tablett auf den Boden, zündete eine Kerze an und steckte sie in einen Kandelaber.

»Guten Morgen, Minister. Ich bring dir das Frühstück.«

Er schob das Tablett an die Gitterstäbe und hob die Cloche von einem Teller. Die Fata Morgana hatte das Aussehen eines saftigen Lendenstücks in einer cremigen Pfeffersoße und war mit Ofenkartoffeln und gedämpftem Gemüse garniert. Valls lief das Wasser im Munde zusammen, und sein Magen wusste nicht, wie ihm geschah.

»À point, wie du es magst.«

Auf dem Tablett befanden sich ferner ein Korb mit köstlichen Brötchen, Silberbesteck und Leinenservietten. Das Getränk, ein erlesener Rioja, ruhte in einem Muranoglas.

»Heute ist ein großer Tag, Minister, du hast es verdient.«

Hendaya schob das Tablett unter den Gitterstäben durch. Valls ignorierte Besteck und Serviette und packte das Stück Fleisch mit der Hand, führte es zu seinem zahnlosen Mund und begann es so wild zu verschlingen, wie er es nicht von sich kannte. Er schluckte Fleisch, Kartoffeln und Brötchen hinunter. Dann leckte er den Teller glänzend sauber und trank den köstlichen Wein bis auf den letzten Tropfen. Hendaya schaute ihm in aller Ruhe zu, lächelte freundlich und rauchte eine Zigarette.

»Ich muss dich um Verzeihung bitten – ich habe einen Nachtisch bestellt, aber man hat ihn nicht gebracht.«

Valls schob das Tablett beiseite, klammerte sich mit seiner einen Hand an einen Gitterstab und starrte Hendaya an.

»Ich sehe, dass du überrascht bist, Minister. Ich weiß nicht, ob über das Festmenü oder weil du jemand anders erwartet hast.«

Die Genüsse des Festschmauses traten den Rückzug an. Valls ließ sich wieder zuhinterst in der Zelle auf den Boden fallen. Hendaya blieb einige Minuten stehen, blätterte in einer Zeitung und rauchte seine Zigarette zu Ende. Dann warf er den Stummel auf den Boden und faltete die Zeitung zusammen. Als er sah, wie sie Valls' Blick gefangennahm, fragte er:

»Möchtest du vielleicht etwas Lektüre? Ein gebildeter Mann wie du vermisst sie sicherlich.«

»Bitte«, bat Valls.

»Aber selbstverständlich.« Hendaya trat ans Gitter.

Valls streckte mit flehentlicher Miene seine Hand aus.

»Tatsächlich stehen heute gute Nachrichten drin. Ehrlich gesagt, habe ich am frühen Morgen, als ich es gelesen habe, gedacht, dass du eine Feier nach allen Regeln der Kunst verdienst.«

Er warf die Zeitung in die Zelle hinein und begann die Treppe hinaufzusteigen.

»Alles für dich. Du kannst die Kerze behalten.«

Valls stürzte sich auf die Zeitung. Die Seiten waren in der Luft durcheinandergeraten, so dass er sie erst wieder in die richtige Reihenfolge bringen musste, was einhändig ziemlich mühsam war. Nachdem er es geschafft hatte, hielt er die Kerze davor und ließ den Blick über die Frontseite gleiten.

Zunächst konnte er die Buchstaben nicht entziffern. Zu lange waren seine Augen schon an diesen Ort verbannt. Was er jedoch erkennen konnte, war das großflächige Bild, eine Momentaufnahme aus dem Pardo-Palast, auf dem er in dem marineblauen Anzug mit den weißen Streifen, den er sich vor drei Jahren in London hatte schneidern lassen, vor einem großen Wandbild posiert hatte. Das war das letzte offizielle von Mauricio Valls' Ministerium veröffentlichte Bild. Langsam tauchten die Worte aus der Tiefe an die Oberfläche.

TOD EINES GROSSEN SPANIERS

MINISTER MAURICIO VALLS KOMMT BEI VERKEHRSUNFALL UMS LEBEN

Der Generalísimo ordnet dreitägige Staatstrauer an

Die Bildlegende besagte: »Er war ein leuchtendes Licht am Firmament eines neuen, großen, freien Spaniens, wiedergeboren im Ruhme aus der Asche des Krieges. Er verkörperte die höchsten Werte der Bewegung und führte die spanische Literatur und Kultur auf den Gipfel des Parnass.«

»*Madrid, 9. Januar 1960 (Ag./Red.)*

Ganz Spanien hat heute früh tiefbewegt die Nachricht des unermesslichen Verlusts eines seiner herausragenden Söhne vernommen, Don Mauricio Valls y Echevarría, Nationaler Bildungsminister. Die Tragödie ereignete sich heute im Morgengrauen, als der Wagen, in dem sich der Minister mit seinem Fahrer und Leibwächter befand, bei Kilometer vier der Straße nach Somosaguas eine Kollision erlitt. Nach einer Sitzung mit anderen Kabinettsmitgliedern im Pardo-Palast, die bis in die Morgenstunden angedauert hatte, war der Minister zu diesem Zeitpunkt auf dem Weg nach Hause. Erste Berichte deuten darauf hin, dass sich der Unfall ereignete, als einem entgegenkommenden Tankwagen ein Reifen platzte, so dass sein Fahrer die Herrschaft über das Fahrzeug verlor, auf die Gegenspur geriet und mit dem sehr schnell fahrenden Wagen des Ministers zusammenstieß. Der Lastwagen transportierte Kraftstoff, so dass die Kollision zu einer gewaltigen Explosion führte, welche die Anwohner der Gegend alarmierte, die sogleich die Polizei benachrichtigten. Minister Valls und sein Leibwächter waren sofort tot.

Der Fahrer des Tankwagens, Rosendo M. S., wohnhaft in Alcobendas, verschied noch vor dem Eintreffen der Rettungsmannschaft. Nach dem Zusammenstoß brach ein großflächiger Brand aus, und alles deutet darauf hin, dass die Leichen des Ministers und seines Leibwächters völlig verbrannten.

Die Regierung hat für heute Vormittag eine Krisensitzung einberufen und der Staatschef bei einem kurzen Erscheinen im Pardo-Palast für den Mittag ein offizielles Kommuniqué angekündigt.

Mauricio Valls war neunundfünfzig Jahre alt und hatte mehr als zwei Jahrzehnte im Dienst des Regimes gestanden. Mit seinem Tod sind die spanische Literatur und Kunst verwaist, sowohl bezüglich seiner Arbeit an der Spitze des Ministeriums als auch seiner herausragenden Laufbahn als Herausgeber, Schriftsteller und Akademiemitglied. Leiter sämtlicher öffentlicher Institutionen und die hervorragendsten Figuren unserer Literatur und Kunst haben heute Vormittag im Ministerium ihre Aufwartung gemacht, um ihrer Bestürzung Ausdruck zu verleihen und ihre Bewunderung und ihren Respekt zu bekunden, den Don Mauricio bei allen hervorrief, die ihn kannten.

Don Mauricio Valls hinterlässt eine Gattin und eine Tochter. Aus Regierungsquellen verlautet, dass seine sterblichen Überreste für all diejenigen, die sich von diesem universellen Spanier verabschieden möchten, von heute 17 Uhr an im Königlichen Palast aufgebahrt sein werden. Die Chefredaktion und die Redaktionsmitglieder dieser Zeitung möchten ebenfalls ihrer Erschütterung und Trauer Ausdruck geben, die der Verlust von Don Mauricio Valls für alle bedeutet, lebendes Beispiel für das Höchste, wonach ein Angehöriger unserer Nation streben kann.

Hoch lebe Franco! Hoch lebe Spanien! Hoch lebe Don Mauricio Valls!«

AGNUS DEI

Januar 1960

1

Victoria Sanchís erwachte in gebügelten und nach Lavendel duftenden Laken. Sie trug einen wie angegossen sitzenden Seidenpyjama. Als sie die Hand ans Gesicht hielt, merkte sie, dass ihre Haut nach Badesalz roch. Ihr Haar schien sauber zu sein, obwohl sie sich nicht erinnern konnte, es gewaschen zu haben. Sie erinnerte sich überhaupt an nichts.

Sie richtete sich auf, um sich mit dem Rücken ans samtbezogene Kopfende zu lehnen, und versuchte herauszufinden, wo sie sich befand. Das große Bett mit den vielen Kissen, die zum Entspannen einluden, nahm das Zentrum eines geräumigen, elegant eingerichteten Schlafzimmers ein. Durch ein großes Fenster hinter weißen Vorhängen drang schwaches Licht herein, so dass sie eine Kommode mit einem Krug frischer Blumen sehen konnte. Daneben deuteten sich vor einem Spiegel ein Frisiertisch sowie ein Schreibtisch an. Die Wände waren mit Relieftapeten bezogen und mit ein wenig pompös gerahmten Hirtenaquarellen behangen. Sie schob die Laken weg und setzte sich auf die Bettkannte. Der pastellfarbene Teppich unter ihren Füßen passte perfekt zum Rest des Zimmers. Die gesamte Einrichtung ließ professionellen Geschmack und eine erfahrene Hand erkennen, warm und unpersönlich zugleich. Victoria fragte sich, ob das die Hölle war.

Sie schloss die Augen und versuchte zu verstehen, wie sie hierhergelangt war. Das Letzte, woran sie sich erinnern konnte, war das Haus El Pinar. Langsam kehrten die Bilder zurück. Die Küche. Sie war an Händen und Füßen mit Draht an einen Stuhl gebunden. Hendaya kniete vor ihr nieder und befragte sie. Sie spuckte ihm ins Gesicht. Eine brutale Ohrfeige warf sie zu Boden. Einer seiner Leute stellte den Stuhl wieder auf. Weitere zwei führten

Morgado herein und banden ihn auf einem Tisch fest. Hendaya befragte sie von neuem. Sie bewahrte Schweigen. Hierauf zog er eine Waffe und zerschmetterte Morgado mit einem Schuss aus nächster Nähe die Kniescheibe. Die Schreie des Fahrers zogen ihr die Seele zusammen. Nie zuvor hatte sie einen Mann vor Schmerz so aufheulen hören. Abermals befragte Hendaya sie, als wäre nichts geschehen. Sie zitterte vor Angst und Schrecken. Hendaya zuckte mit den Schultern, ging um den Tisch herum und setzte den Revolverlauf auf das andere Knie des Fahrers. Einer von seinen Schergen hielt ihren Kopf fest, damit sie ihn nicht wegdrehen konnte. *Schau nur, was mit denen geschieht, die mir auf die Eier gehen, du Nutte.* Hendaya drückte ab. Ein Sprühregen aus Blut und Knochensplittern bespritzte sein Gesicht. Morgados Körper zuckte konvulsiv, als wäre er unter Hochspannung gesetzt, doch er gab keinen Laut mehr von sich. Victoria schloss die Augen. Kurz darauf fiel ein dritter Schuss.

Schlagartig wurde ihr übel, und sie sprang vom Bett. Eine angelehnte Tür führte ins Badezimmer. Vor der WC-Schüssel fiel sie auf die Knie und erbrach Galle. Das Würgen ging weiter, bis sie keinen Tropfen Speichel mehr herausbrachte und sich, keuchend auf dem Boden sitzend, an die Wand lehnte. Sie schaute sich um. Das Bad, ein in rosafarbenem Marmor gehaltenes Meisterwerk, war angenehm geheizt. Ein in die Wand eingelassener Lautsprecher raunte die zu Sirup arrangierte Streicherversion eines Bach-Adagios.

Victoria war wieder zu Atem gekommen und stand auf, sich an den Wänden abstützend. Ihr Kopf drehte sich. Sie trat ans Waschbecken, ließ das Wasser laufen, wusch sich das Gesicht und spülte sich den sauren Geschmack aus dem Mund. Dann trocknete sie sich mit einem weichen Handtuch ab und ließ es auf den Boden fallen. Schwankend ging sie ins Zimmer zurück und sank wieder aufs Bett. Sie versuchte, die Bilder aus ihrem Kopf zu verbannen, aber Hendayas blutbespritztes Gesicht schien auf ihrer Netzhaut eingebrannt. Wieder betrachtete sie diesen seltsamen Ort, an dem sie erwacht war. Sie wusste nicht, wie viel Zeit sie hier schon verbracht hatte. Wenn das wirklich die Hölle war, die es gut und gerne sein konnte, dann sah sie wie ein Luxushotel aus. Kurz danach schlief sie erneut ein und betete darum, nie mehr aufzuwachen.

2

Als sie die Augen wieder öffnete, blendete die Sonne sie hinter den Vorhängen. Es roch nach Kaffee. Sie stand auf und fand neben dem Bett einen zum Pyjama passenden seidenen Morgenmantel und Pantoffeln. Auf der anderen Seite der Tür, die zu einem weiteren Raum der Suite zu führen schien, hörte sie eine Stimme. Sie näherte sich der Tür und horchte. Das sanfte Klingeln eines Löffelchens in einer Porzellantasse. Sie öffnete die Tür.

Ein kurzer Gang mündete in einen ovalen Raum, in dessen Mitte ein Tisch für zwei aufgedeckt war mit allem, was zu einem Frühstück gehörte: ein Krug Orangensaft, ein Korb mit Feingebäck, eine Auswahl an Marmeladen, verschiedene Käse, Butter, Rühreier, knuspriger Speck, sautierte Champignons, Kaffee, Tee, Milch, Sahne, Würfelzucker in zwei Farben. Das alles verströmte einen köstlichen Duft, und ganz gegen ihren Willen lief ihr das Wasser im Mund zusammen.

Am Tisch saß ein Mann mittleren Alters, mittlerer Statur, mittlerer Glatze und mittlerer Mittelkeit. Als er sie eintreten sah, stand er zuvorkommend auf, lächelte ihr freundlich zu und rückte ihr den Stuhl ihm gegenüber zurecht. Er trug einen schwarzen Dreiteiler und war von einer Blässe, wie sie Leute aufweisen, die ihr Leben im Inneren verbringen. Wenn sie ihm auf der Straße begegnet wäre, hätte sie ihn kaum wahrgenommen oder dann für einen Ministerialbeamten mittleren Ranges oder vielleicht für einen Provinzanwalt gehalten, der der Großstadt einen Besuch abstattete, um ins Theater zu gehen.

Erst bei näherem Hinsehen wurde man auf seine durchdringenden, kristallklaren Augen aufmerksam. Sein Blick schien in ein ständiges Berechnen gehüllt, und hinter Gläsern, die seine von einem zu großen, leicht feminin wirkenden Schildpattgestell gerahmten Augen anwachsen ließen, schaute er sie an, fast ohne zu blinzeln.

»Guten Morgen, Ariadna«, sagte er. »Bitte nimm Platz.«

Victoria schaute sich um. Sie ergriff einen Kandelaber, den sie auf einer Konsole sah, und schwang ihn bedrohlich. Der Mann ließ sich nicht beeindrucken, sondern beugte sich leicht vornüber und beschnupperte die Speisen.

»Riecht köstlich. Sicherlich bist du hungrig.«

Der Mann machte keinerlei Anstalten, sich ihr zu nähern; trotzdem behielt Victoria den Kandelaber in der erhobenen Hand.

»Ich glaube nicht, dass du das brauchen wirst, Ariadna«, sagte er ruhig.

»Ich heiße nicht Ariadna. Ich heiße Victoria. Victoria Sanchís.«

»Setz dich doch bitte. Hier bist du in Sicherheit und hast nichts zu befürchten.«

Sie verlor sich in diesem hypnotischen Blick. Wieder bemerkte sie den Frühstücksduft. Da ging ihr auf, dass der pochende Schmerz in ihrem Leib nichts anderes als Hunger war. Sie ließ den Kandelaber sinken und stellte ihn auf die Konsole zurück. Ganz langsam ging sie auf den Tisch zu. Ohne die Augen von dem Mann abzuwenden, setzte sie sich, und erst jetzt machte er sich daran, ihr eine Tasse Kaffee einzuschenken.

»Du musst mir sagen, wie viele Stück Zucker du möchtest. Ich mag ihn süß, aber der Arzt meint, das sei nicht gut für mich.«

Sie schaute ihm beim Einschenken des Kaffees und der Milch zu.

»Warum haben Sie mich Ariadna genannt?«

»Weil das dein richtiger Name ist. Ariadna Mataix. Ist es etwa nicht so? Aber wenn es dir lieber ist, nenne ich dich Victoria. Ich bin Leandro.«

Er stand kurz auf und streckte ihr die Hand entgegen. Sie ergriff sie nicht. Ganz Herzlichkeit bleibend, setzte er sich wieder.

»Rührei? Ich habe es probiert, und es war nicht vergiftet. Hoffentlich.«

Victoria wünschte sich, dieser Mann würde aufhören, so zu lächeln, dass sie sich schuldig fühlte, weil sie seine ausgesuchte Liebenswürdigkeit nicht erwiderte.

»Das ist ein Witz. Natürlich ist nichts von alledem vergiftet. Rührei mit Speck?«

Mit Erstaunen nahm sie zur Kenntnis, dass sie bejahte. Leandro lächelte zufrieden und bediente sie; über das dampfend aufgehäufte Rührei streute er eine Prise Salz und Pfeffer. Ihr Gastgeber benahm sich wie ein erfahrener Küchenchef.

»Wenn du sonst was möchtest, bestellen wir es. Der Küchenservice hier ist hervorragend.«

»Es ist gut so, danke.«

Fast hätte sie sich auf die Zunge gebissen, als sie sich bedankte. Danke wofür? Und wem?

»Die Hörnchen sind phantastisch. Versuch mal. Die besten in der Stadt.«

»Wo bin ich?«

»Wir befinden uns im Hotel Palace.«

Sie runzelte die Stirn.

»In Madrid?«

Leandro nickte und reichte ihr den Korb mit den Brötchen. Sie zögerte.

»Sie sind frisch gebacken. Nimm eines, sonst ess ich sie alle auf, dabei bin ich auf Diät.«

Victoria griff nach einem Hörnchen und dabei bemerkte sie die Einstiche auf ihrem Unterarm.

»Wir haben dich sedieren müssen, tut mir leid. Nach allem, was in El Pinar geschehen ist …«

Victoria ließ ihren Arm zurückschnellen.

»Wie bin ich hierher gelangt? Wer sind Sie?«

»Ich bin dein Freund, Ariadna. Hab keine Angst. Hier bist du in Sicherheit. Dieser Mann, Hendaya, wird dir nichts mehr antun können. Ich gebe dir mein Wort.«

»Wo ist Ignacio, mein Mann? Was hat man mit ihm gemacht?«
Leandro schaute sie zärtlich an und lächelte matt.

»Los, iss zuerst etwas, um wieder zu Kräften zu kommen. Danach erzähle ich dir alles, was geschehen ist, und beantworte alle deine Fragen. Ich gebe dir mein Wort. Vertrau mir, und sei ganz ruhig.«

Er hatte eine honigsüße Stimme und baute seine Sätze in einer entspannenden Architektur. Er wählte seine Worte, wie ein Parfümhersteller die Wohlgerüche mischt, mit denen er seine Formeln schafft. Widerwillig stellte Victoria fest, dass sie sich langsam beruhigte und die peinigende Angst verflog. Das warme, köstliche Essen, die angenehm laue Temperatur der Heizung und Leandros gelassene, entspannte Vaterfigur versetzten sie in einen Zustand der Ruhe und Hingabe. *Würde das doch alles wahr sein.*

»Na, hatte ich recht oder nicht? Ich meine die Hörnchen.«

Victoria nickte schüchtern. Leandro wischte sich mit der Serviette die Lippen ab, faltete sie bedächtig und betätigte die Klingel auf dem Tisch. Sogleich ging eine Tür auf, und ein Kellner trat ein, um den Tisch abzuräumen, ohne dabei mit Victoria einen Blick zu wechseln oder ein einziges Wort zu sagen. Als sie wieder allein waren, setzte Leandro eine zerknirschte Miene auf, faltete die Hände im Schoß und senkte die Augen.

»Ich fürchte, ich habe schlechte Nachrichten, Ariadna. Dein Mann Ignacio ist gestorben. Es tut mir sehr, sehr leid. Wir sind zu spät gekommen.«

Ariadna spürte, wie sich ihre Augen mit Tränen füllten. Es waren Tränen der Wut, denn dass Ignacio tot war, brauchte man ihr nicht erst zu sagen. Sie presste die Lippen aufeinander und schaute Leandro an, der ihre Standfestigkeit abzuschätzen schien.

»Sagen Sie mir die Wahrheit!«

Er nickte wiederholt.

»Das wird nicht leicht sein, aber ich bitte dich, mir zuzuhören. Danach wirst du mich fragen können, was du willst. Aber zunächst sollst du etwas sehen.«

Er stand auf, holte eine Zeitung, die zusammengefaltet auf

einem Teetischchen in einer Ecke des Raums lag, und gab sie Victoria.

»Schlag sie auf.«

Sie hatte die Zeitung genommen, ohne zu begreifen. Als sie auf der Frontseite die Schlagzeile

MINISTER MAURICIO VALLS
KOMMT BEI VERKEHRSUNFALL
UMS LEBEN

las, entfuhr ihr ein erstickter Schrei. Die Zeitung fiel ihr aus den Händen, und sie begann unkontrolliert zu schluchzen. Mit äußerster Behutsamkeit trat Leandro zu ihr und nahm sie sanft in die Arme. Zitternd wie ein kleines Mädchen flüchtete sie sich in die Umarmung dieses Fremden. Sie lehnte den Kopf an seine Schulter, und Leandro strich ihr sanft durchs Haar, während sie mit ihren Tränen den ein ganzes Leben lang angesammelten Schmerz vergoss.

3

»Wir hatten schon seit geraumer Zeit gegen Valls ermittelt. Eröffnet haben wir den Fall, nachdem ein Gutachten der Wertpapierkommission der Bank von Spanien Unregelmäßigkeiten in den Transaktionen des sogenannten Nationalen Umgruppierungs-Finanzkonsortiums entdeckt hatte, dessen Präsident dein Vater Miguel Ángel Ubach gewesen war – oder vielleicht müsste ich sagen, der Mann, der sich als dein Vater ausgab. Schon lange hatten wir den Verdacht gehegt, das Konsortium sei nichts weiter als ein Rauchschleier mit Regierungsstempel, damit alles, was während des Krieges und danach enteignet oder schlicht gestohlen worden war, unter einigen wenigen aufgeteilt werden konnte. Wie jeder Krieg trieb auch dieser Krieg das Land in den Ruin und machte einige wenige reich, die schon vor seinem Beginn reich gewesen waren. Dazu werden Kriege geführt. In diesem Fall wurde das Konsortium auch dazu benutzt, um Gefälligkeiten, Fälle von Verrat und Freundschaftsdienste zu bezahlen und Schweigen und Komplizenschaft zu erkaufen. Das war für viele ein Aufstiegsmechanismus. Unter ihnen befand sich Mauricio Valls. Wir wissen, was Valls getan hat, Ariadna. Was er dir und deiner Familie angetan hat. Aber damit noch nicht genug. Wir benötigen deine Hilfe, um dieser Geschichte auf den Grund zu gehen.«

»Wozu? Valls ist tot.«

»Um Gerechtigkeit zu schaffen. Valls ist tot, ja, aber viele von den Hunderten Menschen, deren Leben er zerstört hat, leben noch und verdienen Gerechtigkeit.«

Victoria schaute ihn argwöhnisch an.

»Das suchen Sie? Gerechtigkeit?«

»Wir suchen die Wahrheit.«

»Und wer genau sind wir?«

»Wir sind eine Gruppe Bürger, die sich geschworen haben, dem Land zu dienen, um aus Spanien einen gerechteren, ehrlicheren und offeneren Ort zu machen.«

Victoria lachte. Leandro schaute sie ernst an.

»Ich erwarte nicht, dass du mir glaubst. Noch nicht. Aber ich werde dir beweisen, dass wir es sind, die die Dinge aus dem Inneren des Regimes heraus zu ändern versuchen, denn eine andere Möglichkeit, sie zu ändern, gibt es nicht. Um dieses Land zu regenerieren und es den Menschen zurückzugeben. Wir sind die, die ihr Leben aufs Spiel setzen, damit nie wieder geschehen wird, was mit dir und deiner Schwester, was mit deinen Eltern geschehen ist, und damit die, die diese Verbrechen begangen haben, für sie büßen und die Wahrheit ans Licht kommt, denn ohne Wahrheit gibt es auch keine Gerechtigkeit, und ohne Gerechtigkeit gibt es keinen Frieden. Wir stehen für die Veränderung und einen Anstoß zum Fortschritt. Wir sind die, die dazu da sind, mit einem Staat Schluss zu machen, der nur einigen wenigen nützt und der sich der Institutionen bedient hat, um ihre Privilegien auf Kosten des arbeitenden, benachteiligten Volks abzuschirmen. Und nicht, weil wir Helden sind, sondern weil irgendjemand es tun muss. Und es gibt niemand anders. Darum brauchen wir deine Hilfe. Denn wenn wir uns zusammenschließen, ist es möglich.«

Sie sahen sich ein langes Schweigen lang an.

»Und wenn ich Ihnen nicht helfen will?«

Er zuckte mit den Schultern.

»Niemand kann dich dazu zwingen. Wenn du entscheidest, dich uns nicht anzuschließen, und es dir egal ist, dass anderen, die dasselbe Schicksal erlitten haben wie du, keine Gerechtigkeit widerfahren wird, werde ich nicht derjenige sein, der dich dazu nötigt. Es liegt in deiner Hand. Valls ist tot. Für jemanden in deiner Situation wäre es am einfachsten, all das hinter sich zu lassen und ein neues Leben zu beginnen. Wer weiß, vielleicht würde ich es an deiner Stelle auch tun. Aber ich glaube, du bist nicht der Mensch dazu. Ich glaube, im Grunde ist dir nicht die Rache wichtig, sondern die Gerechtigkeit und die Wahrheit. Ebenso sehr wie uns oder sogar noch mehr. Ich glaube, du möchtest, dass die Schuldigen für ihre Verbrechen büßen müssen und dass die Opfer wieder ihr normales Leben führen können in der Gewissheit, dass die, die ihretwegen das Leben verloren haben, es nicht umsonst verloren haben. Ich werde dich nicht zurückhalten. Dort ist die Tür. Du kannst von hier weggehen, wann immer du willst. Der einzige Grund, warum wir dich hierhergebracht haben, ist, weil du hier in Sicherheit bist. Hier können wir dich beschützen, während wir dieser Geschichte auf den Grund zu gehen versuchen. Es hängt ganz von dir ab.«

Victoria blickte zur Tür hin. Leandro schenkte sich noch eine Tasse Kaffee ein, löste fünf Stück Zucker in ihm auf und trank in aller Ruhe.

»Sobald du es verlangst, wird dich ein Wagen abholen und dorthin bringen, wo du willst. Du wirst mich nie mehr sehen oder etwas von uns hören. Du musst es bloß verlangen.«

Victoria spürte, wie sich etwas in ihr zusammenzog.

»Du musst es auch nicht jetzt entscheiden. Ich weiß, was du

durchgemacht hast, und ich weiß, dass du verwirrt bist. Dass du weder mir noch sonst jemandem traust. Das ist absolut verständlich. Ich würde es an deiner Stelle auch nicht tun. Aber du verlierst nichts dabei, wenn du uns eine Chance gibst. Nur einen weiteren Tag. Oder ein paar Stunden. Du kannst jederzeit gehen, ohne jemandem eine Erklärung abzugeben. Aber ich hoffe, ich bitte dich, es nicht zu tun. Dass du uns diese Chance gibst, anderen zu helfen.«

Victoria merkte, dass ihre Hände zitterten. Leandro lächelte ihr mit unendlichem Zartgefühl zu.

»Bitte.«

Irgendwann nickte sie unter Tränen.

4

Anderthalb Stunden lang resümierte Leandro, was sie herausgefunden hatten.

»Seit langem versuche ich, die Fakten zu sammeln. Jetzt werde ich für dich zusammenfassen, was wir wissen oder zu wissen glauben. Wie du sehen wirst, gibt es Lücken, und sicherlich liegen wir bei einigen Dingen schief. Oder bei vielen. Und da kommst du ins Spiel. Wenn es dir recht ist, werde ich dir erzählen, was geschehen ist, und du wirst mich korrigieren, wenn ich mich irre. Einverstanden?«

Leandros Stimme war einlullend und lud zur Kapitulation ein. Am liebsten hätte sie die Augen geschlossen und eine Zeitlang in der Umarmung dieser Stimme gelebt, in der samtenen Umgebung von Worten, die Sinn hatten, ohne dass ihre Bedeutung eine Rolle spielte.

»Einverstanden. Ich werd's versuchen.«

Er lächelte dankbar und so warm, dass sie sich sicher fühlte und geschützt vor allem, was außerhalb dieser Wände lauern mochte. Gemächlich erzählte er ihr eine Geschichte, die sie nur zu gut kannte. Der Bericht setzte ein, als sie noch ein kleines Mädchen war und ihr Vater, Víctor Mataix, einen Mann namens Miguel Ángel Ubach kennenlernte. Dieser mächtige Bankier ließ sich von seiner Frau, einer regelmäßigen Leserin der Bücher ihres Vaters, dazu überreden, Mataix damit zu beauftragen, für ein beträchtliches Honorar seine vorgebliche Autobiographie verfassen.

Da ihr Vater in wirtschaftlichen Schwierigkeiten steckte, nahm er den Auftrag an. Nach dem Krieg statteten der Bankier und seine Frau den Mataix in ihrem Haus in der Carretera de las Aguas in Vallvidrera einen unerwarteten Besuch ab. Señora Ubach, um einiges jünger als ihr Mann, war eine Schönheit wie aus den Modezeitschriften. Sie wollte ihre Traumfigur nicht mit einer Schwangerschaft verunstalten, aber sie mochte Kinder – oder die Vorstellung, welche zu haben –, die dann von den Bediensteten großgezogen wurden, so, wie sie Schoßkätzchen oder Wodka Martini mochte. Die Ubachs verbrachten den Tag mit den Mataix. Zu jener Zeit hatten ihr die Eltern bereits eine kleine Schwester geschenkt, Sonia, noch ein Baby. Beim Abschied küsste Señora Ubach die beiden Mädchen und sagte, sie seien sehr hübsch. Wenige Tage später kamen einige bewaffnete Männer in ihr Haus in Vallvidrera, verhafteten ihren Vater, um ihn ins Gefängnis auf dem Montjuïc zu werfen, und nahmen ihre Schwester und sie mit, während sie die schwerverletzte Mutter, die sie für tot hielten, liegen ließen.

»Stimmt es bis dahin?«

Victoria nickte und trocknete sich die Wuttränen.

Noch am selben Abend trennten die Männer die beiden Mädchen, und sie sah ihre Schwester Sonia nie wieder. Sie sagten, wenn sie nicht wolle, dass ihre kleine Schwester getötet werde, müsse sie ihre Eltern vergessen, denn sie seien Verbrecher, und fortan werde sie nicht mehr Ariadna Mataix heißen, sondern Victoria Ubach. Man erklärte ihr, ihre neuen Eltern seien Don Miguel Ángel Ubach und seine Frau Federica, und sie habe großes Glück. Sie werde mit ihnen im schönsten Haus ganz Barcelonas wohnen, einer Villa mit dem Namen El Pinar. Dort würde sie Bedienstete haben und alles, was sie sich nur wünschte. Ariadna war zehn.

»Von hier an ist die Geschichte konfus«, sagte Leandro.

Wie er erklärte, hatten sie herausgefunden, dass Víctor Mataix im Kastell Montjuïc gleich so vielen anderen erschossen worden war, und zwar auf Anweisung des damaligen Gefängnisdirektors Mauricio Valls, obwohl in der offiziellen Akte stand, er habe sich das Leben genommen. Leandro glaubte, Valls habe Ariadna den Ubachs für einige Gefälligkeiten verkauft, um im Regime aufzusteigen, und für ein Aktienpaket einer neugegründeten Bank, die finanziert wurde aus dem geplünderten Vermögen Hunderter Gefangener, welche enteignet und in vielen Fällen kurz nach Kriegsende hingerichtet worden waren.

»Weißt du, was aus deiner Mutter geworden ist?«

Sie nickte und presste die Lippen zusammen.

Leandro erzählte, nach ihren Informationen habe ihre Mutter Susana am Tag nach der Entführung ihres Mannes und ihrer Töchter Kräfte gesammelt und den Fehler begangen, zur Polizei zu gehen und Anzeige zu erstatten. Sie wurde auf der Stelle verhaftet und ins Irrenhaus Horta gesteckt, wo sie in eine Einzelzelle gesteckt und danach fünf Jahre lang mit Elektroschocks behandelt wurde, bis man beschloss, sie auf freiem Feld außerhalb Barcelonas sich selbst zu überlassen, nachdem man festgestellt hatte, dass sie sich nicht einmal an ihren Namen erinnern konnte.

»Das meinten sie wenigstens.«

Leandro erklärte, Susana habe mit Betteln in den Straßen Barcelonas überlebt, unter freiem Himmel geschlafen und sich von Abfall ernährt, immer in der Hoffnung, eines Tages ihre beiden Töchter wiederzufinden. Diese Hoffnung hielt sie am Leben. Jahre später fand sie unter dem Schutt in einem Gässchen des Raval eine Zeitung, in der Mauricio Valls mit seiner Familie abgebildet war. Jetzt war er ein sehr wichtiger Mann, der seine Vergangenheit als Kerkermeister weit hinter sich gelassen hatte. Auf dem Foto posierte Valls mit einem Mädchen, Mercedes.

»Mercedes war niemand anders als deine kleine Schwester Sonia. Deine Mutter erkannte sie, weil Sonia mit einem Leberfleck geboren worden war, den sie nie hatte vergessen können.«

»Ein sternförmiges Mal am Halsansatz«, hörte Victoria sich selbst sagen.

Leandro lächelte und nickte.

»Valls' Frau litt an einer chronischen Krankheit, die eine Mutterschaft ausschloss. So beschloss Valls, deine Schwester zu behalten und sie wie eine eigene Tochter aufzuziehen. Er nannte sie Mercedes in Erinnerung an seine Mutter. Susana stahl zusammen, was sie nur konnte, und brachte so das Geld auf, um mit dem Zug nach Madrid zu fahren, und dort spionierte sie monatelang alle Schulen der Stadt aus in der Hoffnung, deine Schwester zu finden. Inzwischen hatte sie sich eine neue Identität zugelegt. Sie wohnte in einem elenden Pensionszimmer im Chueca-Viertel und arbeitete nachts in einem Atelier als Näherin. Tagsüber ging sie von Schule zu Schule. Als sie schon fast alle Hoffnung aufgegeben hatte, fand sie sie. Sie erblickte sie von fern und wusste, dass sie es war. Nun ging sie jeden Vormittag dorthin. Sie trat ans Gitter des Pausenhofs und versuchte, sie auf sich aufmerksam zu machen. Es gelang ihr, ein paarmal mit ihr zu sprechen. Sie wollte sie nicht erschrecken. Als sie feststellte, dass Mercedes …, dass Sonia sich nicht mehr an sie erinnerte, war sie drauf und dran, sich das Leben zu nehmen. Doch sie gab nicht auf. Sie ging weiterhin allmorgendlich dorthin, in der Hoffnung, sie zu sehen, und sei es nur für einige Sekunden, oder dass sie ans Gitter träte und mit ihr spräche. Eines Tages beschloss sie, ihr die Wahrheit zu sagen. Sie wurde von Valls' Gorillas am Gitter der Schule ertappt, als sie sich mit deiner Schwester unterhielt. Vor den Augen des Mädchens jagten sie ihr eine Kugel in den Kopf. Sollen wir eine kleine Pause machen?«

Victoria schüttelte den Kopf.

Leandro erzählte weiter, was er von Victorias Leben im goldenen Käfig von El Pinar wusste. Mit der Zeit wurde Miguel Ángel Ubach vom Caudillo berufen, eine Gruppe Bankiers und Prominenzen zu leiten, die seine Armee finanziert hatten, und er beauftragte ihn ebenfalls mit der Schaffung der neuen Wirtschaftsstruktur des Staats. Ubach verließ Barcelona und zog mit seiner

Familie in das große Madrider Haus, das Victoria immer gehasst hatte und aus dem sie ausriss. Sie blieb während Monaten verschwunden, bis sie unter merkwürdigen Umständen am Strand von Sant Feliu de Guíxols aufgefunden wurde, einem Dorf etwa hundert Kilometer von Barcelona entfernt.

»Das ist eine der großen Lücken in der Zusammenstellung, die wir gemacht haben. Niemand weiß, wo du in diesen Monaten warst und mit wem. Alles, was wir wissen, ist, dass kurz nach deiner Rückkehr nach Madrid das Ubach-Haus in einer Nacht des Jahres 1948 von einer gewaltigen Feuersbrunst bis auf die Asche zerstört wurde, ein Brand, in dem der Bankier und seine Frau Federica ums Leben kamen.«

Leandro suchte ihren Blick, doch Victoria tat den Mund nicht auf.

»Ich verstehe, dass es sehr schwer und schmerzhaft ist, davon zu sprechen, aber wir müssen unbedingt wissen, was in den Monaten geschehen ist, in denen du verschwunden warst.«

Sie presste die Lippen zusammen, und Leandro nickte geduldig.

»Es muss nicht unbedingt heute sein.«

Er setzte seine Schilderung fort.

Waise und Erbin eines großen Vermögens, wurde Victoria Ubach unter die Vormundschaft eines jungen Anwalts namens Ignacio Sanchís gestellt, der zum Testamentsvollstrecker der Ubachs ernannt worden war. Er war ein brillanter Geist, seit jungen Jahren ein Protegé von Ubach. Er war Waise und hatte mit Hilfe eines Stipendiums der Ubach-Stiftung studiert. Man munkelte, in Wahrheit sei er ein uneheliches Kind des Bankiers, Frucht einer Beziehung mit einer damals bekannten Schauspielerin.

Die kleine Victoria spürte immer eine ganz besondere Verbindung zu ihm. Beide waren umgeben von allem Luxus und den Privilegien, die sich das Ubach-Imperium kaufen konnte, und trotzdem waren sie allein auf der Welt. Ignacio Sanchís besuchte die Ubachs oft zu Hause, um im Garten mit dem Bankier Geschäftliches zu besprechen. Durchs Fenster der Dachkammer beobachtete ihn Victoria. Eines Tages überraschte er sie beim Baden im Schwimmbecken und erzählte ihr, er habe seine Eltern nie gekannt und sei in einem Waisenhaus in La Navata aufgewachsen. Von da an verbarg sich Victoria nicht mehr, wenn er zu ihnen kam, sondern ging hinunter, um ihn zu begrüßen.

Señora Ubach mochte Ignacio nicht, und sie hatte ihrer Tochter verboten, mit ihm zu sprechen. Er sei ein armer Schlucker, sagte sie. Sie vertrieb ihre Langeweile bei Begegnungen mit ihren zwanzigjährigen Liebhabern in Madrider Luxushotels oder indem sie in ihrem Zimmer im dritten Stock ihre Räusche ausschlief. Sie erfuhr nie, dass Victoria und der junge Anwalt gute Freunde geworden waren, dass sie gemeinsam Bücher lasen und auf eine Weise zu Verbündeten geworden waren, wie es sich niemand hätte vorstellen können, nicht einmal Señor Ubach.

»Eines Tages habe ich zu ihm gesagt, wir seien genau gleich«, gestand sie.

Nach dem tragischen Tod der Ubachs in den Flammen, die ihr Haus zerstörten, wurde Ignacio Sanchís ihr Vormund und, nachdem sie volljährig geworden war, ihr Ehemann. Natürlich gab es viel Gemunkel. Einige bezeichneten diese Eheschließung als die Geldheirat des Jahrhunderts. Als Victoria diese Worte hörte, lächelte sie bitter.

»Ignacio Sanchís war nie ein Gatte für dich, wenigstens nicht in dem Sinn, wie alle Welt glaubte«, sagte Leandro. »Er war ein guter Mensch, der die Wahrheit herausgefunden und dich geheiratet hat, um dich zu beschützen.«

»Ich habe ihn geliebt.«

»Und er dich. Er hat sein Leben für dich gegeben.«

Sie versank in einem langen Schweigen.

»Jahrelang hast du versucht, auf eigene Faust Gerechtigkeit zu schaffen, mit Hilfe von Ignacio und Valentín Morgado, der mit deinem Vater im Gefängnis gesessen hatte und den dein Mann als Fahrer für euch einstellte. Gemeinsam hecktet ihr einen Plan aus, um Valls eine Falle zu stellen, und tatsächlich gelang es euch, ihn zu kriegen. Was du nicht wissen konntest, ist, dass euch jemand überwachte. Jemand, der nicht zulassen konnte, dass die Wahrheit ans Licht käme.«

»Hat man Valls deshalb umgebracht?«

Leandro nickte.

»Hendaya?«, fragte sie.

Er verneinte.

»Hendaya ist bloß ein Handlanger. Wir suchen den, der die Fäden zieht, an denen er hängt.«

»Wer soll das sein?«

»Ich glaube, du weißt, wer.«

Langsam und verwirrt schüttelte sie den Kopf.

»Vielleicht bist du dir dessen jetzt nicht bewusst.«

»Wenn ich es wüsste, wäre ich in derselben Zelle gelandet wie Valls.«

»Dann können wir es vielleicht gemeinsam herauskriegen. Mit deiner Hilfe und unseren Mitteln. Du hast bereits genug gelitten und riskiert. Jetzt sind wir dran. Denn du und deine Schwester, ihr wart nicht die Einzigen. Das weißt du. Es gibt viel, viel mehr. Viele, die nicht einmal wissen, dass ihr Leben eine Lüge ist, dass man ihnen alles gestohlen hat …«

Sie nickte.

»Wie habt ihr es erfahren? Wie habt ihr herausbekommen, dass du und deine Schwester nicht die Einzigen wart?«

»Wir haben eine Liste mit Aktennummern in die Hände bekommen. Von Valls gefälschte Nummern von Geburts- und Sterbeurkunden.«

»Zu wem gehörten sie?«, fragte Leandro.

»Zu Kindern von Gefangenen, die nach dem Krieg im Kastell auf dem Montjuïc eingekerkert waren, als er Gefängnisdirektor war. Alle verschwunden. Valls hatte zuerst die Eltern ins Gefängnis geworfen und ermorden lassen. Dann brachte er ihre Kinder in seine Gewalt. Er fertigte eine Sterbeurkunde und gleichzeitig eine falsche Geburtsurkunde mit einer neuen Identität für die Kinder aus und verkaufte sie dann an gutgestellte Familien innerhalb des Regimes im Tausch für Einfluss, Geld und Macht.

Es war ein perfekter Plan, denn wenn die neuen Eltern einmal die gestohlenen Kinder hatten, waren sie zu Komplizen geworden und mussten für immer Schweigen bewahren.«

»Weißt du, wie viele solcher Fälle es gegeben hat?«

»Nein. Ignacio fürchtete, Hunderte.«

»Wir sprechen von einer sehr komplexen Operation. Valls hätte das alles unmöglich allein machen können …«

»Ignacio vermutete, dass er einen oder mehrere Komplizen hatte.«

»Einverstanden. Ja ich würde sogar sagen, möglicherweise war Valls in dem ganzen Komplott nur ein einfaches Instrument. Er hatte den Zugang, die Gelegenheiten und die Habsucht, um zu handeln. Aber es fällt mir schwer, zu glauben, dass er sich eine so komplexe Geschichte ausdenken konnte.«

»Das hat auch Ignacio gesagt.«

»Jemand anderes, jemand, den wir noch nicht entdeckt haben, ist das Hirn der ganzen Operation.«

»Die schwarze Hand.«

»Wie bitte?«

Sie lachte schwach.

»Das stammt aus einem Märchen, das mir mein Vater erzählte, als ich noch ein kleines Mädchen war. Die schwarze Hand. Das Böse, das sich immer im Schatten aufhält und die Fäden zieht …«

»Du musst uns helfen, ihn zu finden, Ariadna.«

»Glauben Sie also, dass Hendaya dem Kommando von Valls' Partner unterstellt ist?«

»Das ist das Wahrscheinlichste, ja.«

»Das heißt, es muss jemand innerhalb des Regimes sein. Jemand Mächtiges.«

»Ja, und darum ist es so wichtig, nichts zu überstürzen und mit großer Behutsamkeit vorzugehen. Wenn wir ihn erwischen wollen, müssen wir zuerst die ganze Wahrheit kennen, mit Namen, Daten und Details, wissen, wer die Geschichte gekannt hat und wer darin verwickelt ist. Erst wenn wir herausgefunden haben, wer all das wusste, können wir den Kopf anpeilen.«

»Und was kann ich tun?«

»Wie ich dir gesagt habe, mir beim Rekonstruieren der Geschichte helfen. Ich bin überzeugt, dass wir, wenn wir alle Teile des Puzzles zusammenkriegen, das Hirn des Komplotts finden. Bis dahin wirst du nicht sicher sein. Aus diesem Grund musst du hierbleiben, damit wir dich beschützen können. Wirst du das tun?«

Sie zögerte und willigte dann ein. Leandro beugte sich vor und nahm ihre Hände zwischen seine.

»Du sollst wissen, dass ich dir dankbar bin für deinen Mut. Ohne dich, ohne deinen Kampf und dein Leiden wäre nichts von dem möglich, was wir zu tun versuchen.«

»Ich will nur, dass Gerechtigkeit geschieht. Nichts weiter. Mein ganzes Leben lang habe ich gedacht, was ich wollte, sei Rache. Rache gibt es nicht. Das einzig Wichtige ist die Wahrheit.«

Leandro küsste sie auf die Stirn. Es war ein väterlicher, behütender, edler Kuss, der ihr das Gefühl gab, weniger allein zu sein, und sei es nur für einen Augenblick.

»Ich glaube, für heute haben wir schon viel getan. Du musst ausruhen. Eine schwierige Aufgabe erwartet uns.«

»Sie gehen?«, fragte sie.

»Keine Bange. Ich werde ganz in der Nähe sein. Und du sollst wissen, dass du bewacht und beschützt wirst. Ich muss dich um Erlaubnis bitten, diese Tür abzuschließen. Nicht, um dich hier drin einzusperren, sondern damit kein Unbefugter hereinkann. Glaubst du, du wirst das akzeptieren können?«

»Ja.«

»Wenn du irgendetwas brauchst, musst du nur hier klingeln, und in wenigen Sekunden wird jemand kommen. Was es auch sei.«

»Ich möchte etwas zum Lesen. Könnten es einige Bücher meines Vaters sein?«

»Selbstverständlich. Ich lasse sie dir heraufbringen. Jetzt musst du versuchen, dich auszuruhen und zu schlafen.«

»Ich weiß nicht, ob ich schlafen kann.«

»Wenn du willst, können wir dir helfen …«

»Mir wieder Beruhigungsmittel geben?«

»Das ist nur eine Hilfe, damit du dich besser fühlst. Aber nur, wenn du willst.«

»Einverstanden.«

»Ich werde morgen Vormittag wiederkommen. Wir werden anfangen, nach und nach alles zu rekonstruieren, was geschehen ist.«

»Wie lange werde ich hierbleiben müssen?«

»Nicht lange. Ein paar Tage. Höchstens eine Woche. Bis wir wissen, wer hinter alledem steckt. Bevor der Schuldige gefasst ist, bist du an keinem anderen Ort sicher. Hendaya und seine Leute suchen dich. Wir haben dich aus El Pinar retten können, aber dieser Mann wird nicht aufgeben. Er gibt nie auf.«

»Wie kam das alles …? Ich kann mich an nichts erinnern.«

»Du warst verwirrt. Zwei von den unseren haben ihr Leben dabei verloren, dich dort rauszuholen.«

»Und Valls?«

»Es war schon zu spät. Denk jetzt nicht daran. Ruh dich aus, Ariadna.«

»Ariadna«, wiederholte sie. »Danke.«

»Ich danke dir«, sagte Leandro, während er auf die Tür zuging.

Sowie sie allein war, wurde sie von einem Kummer und einer Leere erfasst, die sie sich nicht erklären konnte. Im ganzen Raum gab es keine einzige Uhr, und als sie die Vorhänge zurückziehen wollte, sah sie, dass die Fenster keine Griffe hatten und außen mit weißem, durchscheinendem Papier verkleidet waren, das zwar Licht durchließ, aber keinen Blick nach draußen erlaubte.

Sie begann, ziellos im Raum herumzustreichen, und kämpfte gegen den Wunsch an, die Glocke auf dem Tisch zu betätigen. Als sie erschöpft war vom Auskundschaften der Grenzen der Suite, ging sie ins Schlafzimmer zurück. Sie setzte sich an den Frisiertisch, betrachtete ihr Gesicht im Spiegel und lächelte sich zu.

»Die Wahrheit«, hörte sie sich murmeln.

5

Leandro studierte das blasse, zerknirschte Gesicht auf der anderen Seite des Spiegels. Von Ariadna ging der Duft der gebrochenen Seelen aus, die sich unterwegs verlaufen haben und glauben, auf irgendeinen Ort zuzugehen. Immer hatte es ihn fasziniert, wie man, wenn man die Sprache der Blicke und der Zeit zu lesen wusste, in einem Antlitz das Gesicht des Kindes, dem es einmal gehört hatte, erraten und den Augenblick genießen konnte, in dem die Welt es mit seinem vergifteten Pfeil getroffen und sein Geist zu altern begonnen hatte. Die Menschen waren wie Aufziehpuppen, alle hatten eine verborgene Feder, mit deren Hilfe man sie bewegen und in der gewünschten Richtung laufen lassen konnte. Das Vergnügen, oder vielleicht bloß der Lebensunterhalt, ergab sich aus dieser Hingabe, dieser verworrenen Versuchung, der sie über kurz oder lang unterlagen, um sich seinem Willen zu beugen, seinen Segen zu bekommen und ihm im Tausch für ein wohlwollendes Lächeln und einen Blick, der ihnen den Glauben schenken sollte, ihre Seele zu opfern.

Hendaya, neben ihm sitzend, betrachtete sie misstrauisch.

»Ich glaube, wir verschwenden nur unsere Zeit, Señor«, sagte er. »Wenn Sie mir eine Stunde mit ihr geben, werde ich alles aus ihr rausholen, was sie weiß.«

»Du hast schon genug Stunden gehabt. Nicht alles ist ein Gemetzel. Tu du deine Arbeit, und ich mache meine.«

»Jawohl, Señor.«

Kurz darauf erschien der Doktor auf der Bildfläche. Leandro hatte ihn mit höchster Sorgfalt ausgesucht. Er hatte das friedliche Aussehen eines Hausarztes, eines freundlichen Sechzigers mit der Brille und dem Schnurrbart eines Weisen, der ebenso gut ein Onkel oder ein honigsüßer Großvater hätte sein können, vor dem sich auszuziehen nicht einmal die Betschwestern Scham empfanden, die zuließen, dass seine lauen Hände ihr Geschlecht abtasteten, während sie den Blick gen Himmel erhoben und säuselten: »Was Sie für Hände haben, Doktor …«

Der Doktor war nicht Arzt, aber niemand hätte das gedacht, wenn man ihn so in seinem grauen Anzug, mit seinem Köfferchen und seinem Altershinken sah. Er war Chemiker. Und zwar einer der besten. Leandro sah zu, wie er Ariadna half, sich auf dem Bett auszustrecken, ihr den Arm entblößte und den Puls suchte. Die Spritze war klein und die Nadel so dünn, dass sie sie nicht einmal spürte. Leandro lächelte vor sich hin, als Ariadnas Blick sich auflöste und ihr Körper seine Steifheit verlor. In einigen Sekunden war sie in eine chemische Benommenheit versunken, in der sie nicht weniger als sechzehn Stunden verharren würde, möglicherweise sogar mehr, da sie eine Frau von zerbrechlicher Konstitution war. Sie würde in einem Zustand traumloser Ruhe und absoluter Wonne dahinschweben, der ihr langsam seine Klauen in Eingeweide, Adern und Hirn bohren würde. Tag für Tag.

»Wird sie das nicht umbringen?«, fragte Hendaya.

»Mit der angemessenen Dosis nicht«, erwiderte Leandro. »Wenigstens nicht im Moment.«

Der Doktor verwahrte seine Utensilien im Köfferchen, deckte Ariadna zu und verließ das Schlafzimmer. Während er am Spiegel vorbeiging, machte er eine Handbewegung respektvoller Zustimmung. Leandro hörte Hendayas ungeduldiges Atmen hinter sich.

»Noch was?«, fragte er.

»Nein, Señor.«

»Dann danke ich dir dafür, dass du sie heil und gesund hergebracht hast, aber jetzt hast du hier nichts mehr verloren. Fahr nach Barcelona zurück und finde Alicia Gris.«

»Höchstwahrscheinlich ist sie tot, Señor …«

Leandro wandte sich um.

»Alicia lebt.«

»Bei allem Respekt – wie können Sie das wissen?«

Leandro sah ihn an wie ein Stalltier, dessen Auffassungsgabe eben beschränkt ist.

»Weil ich es weiß.«

6

Alicia öffnete die Augen in die schwache Helligkeit der Kerzen. Das Erste, was sie wahrnahm, war, dass sie zu durstig war, um tot zu sein. Das Zweite war das Gesicht eines Mannes mit weißem Haar und Bart, der neben ihr saß und sie hinter zwei winzigen runden Brillengläsern hervor anschaute. Seine Züge erinnerten sie vage an die Gottes, wie er in ihren Waisenhausjahren in einem der Katechismen erschien.

»Sind Sie vom Himmel?«, fragte sie.

»Machen Sie sich keine Illusionen. Ich bin aus Matadepera.«

Dr. Soldevila ergriff ihr Handgelenk und fühlte ihr mit Blick auf die Uhr den Puls.

»Wie geht es Ihnen?«

»Ich bin sehr durstig.«

»Das weiß ich.« Doch der Arzt machte keine Anstalten, ihr etwas zu trinken zu geben.

»Wo bin ich?«

»Gute Frage.«

Er schob die Laken beiseite, und Alicia spürte seine Hände auf dem Becken.

»Spüren Sie den Druck?«

Sie nickte.

»Schmerz?«

»Durst.«

»Ich weiß. Aber Sie müssen warten.«

Bevor er sie wieder zudeckte, ließ Soldevila seinen Blick noch auf der schwarzen Narbe auf ihrer Hüfte ruhen. Alicia konnte den Schrecken in seinen Augen lesen, obwohl er ihn zu verbergen suchte.

»Ich werde Ihnen dafür etwas dalassen, aber seien Sie vorsichtig. Sie sind noch sehr schwach.«

»Ich bin die Schmerzen gewohnt, Doktor.«

Soldevila seufzte und deckte sie wieder zu.

»Werde ich sterben?«

»Heute nicht. Ich weiß, das klingt dumm, aber versuchen Sie, sich zu entspannen und auszuruhen.«

»Als wäre ich im Urlaub.«

»Ungefähr so. Versuchen Sie's wenigstens.«

Dr. Soldevila stand auf, und Alicia hörte ihn einige Worte murmeln. Schritte näherten sich, und mehrere Gestalten gruppierten sich rund um ihre Pritsche. Sie erkannte Fermín, Daniel und Bea. Bei ihnen stand ein Mann mit schütterem Haar und Adlerblick, den sie schon ihr ganzes Leben zu kennen glaubte, ohne zu wissen, woher. Fermín tuschelte mit Soldevila. Daniel lächelte erleichtert. Bea an seiner Seite schaute ihr fest und argwöhnisch in die Augen. Fermín kniete neben ihr nieder und legte ihr die Hand auf die Stirn.

»Das ist jetzt schon das zweite Mal, dass Sie mir beinahe wegsterben, ich habe es langsam ziemlich satt. Sie haben zwar das Gesicht einer Toten, aber sonst wirken Sie wie eine Rose. Wie fühlen Sie sich?«

»Ich habe Durst.«

»Das kann ich mir nicht erklären. Sie haben mindestens achtzig Prozent meines Blutvorrats geschluckt.«

»Bis die Anästhesie nicht ganz abgeklungen ist, dürfen Sie nichts trinken«, sagte Dr. Soldevila.

»Das ist nicht der Rede wert, Sie werden schon sehen«, bemerkte Fermín. »Die Anästhesie geht vorüber wie die Seminaristenjahre, indem man sich ab und zu den Schamteilen widmet.«

Soldevila warf ihm einen Pech-und-Schwefel-Blick zu.

»Versuchen Sie, die Patientin nicht mit Schweinereien zu erschöpfen, falls es nicht zu viel verlangt ist.«

»Ich werde ein Grab sein«, erklärte Fermín und bekreuzigte sich entsprechend.

Soldevila grunzte.

»Ich komme morgen Vormittag wieder. Bis dahin wechseln Sie sich am besten ab. Beim geringsten Anzeichen von Fieber oder einer Entzündung holen Sie mich, egal, zu welcher Stunde. Wer wird die erste Schicht übernehmen? Sie nicht, Fermín, ich kenne meine Pappenheimer.«

Bea trat vor.

»Ich bleibe da.« Ihr Ton duldete keinen Widerspruch. »Fermín, ich habe Julián bei Sofia gelassen, aber ich traue der Sache nicht – er tanzt ihr bestimmt auf der Nase rum. Ich habe die Bernarda angerufen, damit sie kommt und auf den Kleinen aufpasst. Sie können unser Schlafzimmer benutzen. Ich habe frische Laken auf die Kommode gelegt, und die Bernarda weiß, wo alles ist. Daniel wird auf dem Sofa schlafen.«

Der warf seiner Frau einen Blick zu, sagte aber nichts.

»Seien Sie unbesorgt. Ich werde dafür sorgen, dass unser Benjamin schläft wie ein Murmeltier. Ein Schlückchen Kognak mit Honig in der Milch, ein absolutes Wundermittel.«

»Kommen Sie mir ja nicht auf die Idee, meinen Sohn zu alkoholisieren! Und seien Sie so nett und unterhalten Sie sich mit ihm nicht über Politik, sonst wiederholt er nachher alles.«

»Zu Befehl. Nachrichtensperre *sine die* verordnet.«

»Bea, vergessen Sie bitte nicht die Spritze mit dem Antibiotikum. Alle vier Stunden«, sagte der Arzt.

Fermín lächelte Alicia einfältig an.

»Keine Sorge, obwohl sie heute ein wenig den Feldwebel mimt, verpasst Ihnen Doña Bea die Spritzen wie ein Engel. Da ihr Herr Vater zuckerkrank ist, und das hat wenig Süßes an sich, hat sie eine Hand fürs Stechen, wie sie sich die Panther- oder Tigermücke wünschte, oder wie immer das Ungeziefer vom Nil heißt. Sie hat es schon als kleines Mädchen gelernt, weil sich in der Familie sonst niemand getraut hat, und jetzt sticht sie uns alle, sogar mich, der ich mit meinem Stahlgesäß weiß Gott ein schwieriger Patient bin und die Nadeln unter meiner Muskelspannung knicke.«

»Fermín!«, rief Bea.

Der grüßte militärisch und blinzelte Alicia zu.

»Nun denn, meine liebe Vampirin, Sie befinden sich in guten Händen. Versuchen Sie, niemanden zu beißen. Ich werde morgen wiederkommen. Leisten Sie allem Folge, was Señora Bea sagt, und bemühen Sie sich nach Möglichkeit, nicht zu sterben.«

»Ich werde tun, was ich kann. Danke für alles, Fermín. Noch einmal.«

»Erinnern Sie mich nicht daran. Kommen Sie, Daniel, diese Glotzaugen beschleunigen die Vernarbung nicht.«

Fermín schleppte Daniel zum Ausgang.

»Alles klar so weit«, sagte der Arzt. »Und wie findet man jetzt hier raus?«

»Ich gehe mit Ihnen, Doktor«, sagte der Wächter.

Sie waren allein. Bea stellte einen Stuhl ans Bett und setzte sich zu Alicia. Sie schauten sich schweigend an. Alicia versuchte es mit einem dankbaren Lächeln. Beas Blick blieb undurchdringlich. Nach einer Weile erschien der Wächter auf der Schwelle und versuchte, die Lage einzuschätzen.

»Doña Beatriz, wenn Sie irgendwas brauchen, wissen Sie ja, wo ich bin. Ich habe Ihnen einige Decken hingelegt, und die Medikamente mit den Anweisungen des Arztes stehen auf der Konsole.«

»Danke, Isaac. Gute Nacht.«

»Gute Nacht dann. Gute Nacht, Alicia.« Seine Schritte entfernten sich im Gang.

»Alle scheinen mich hier zu kennen«, sagte Alicia.

»Ja, alle scheinen Sie zu kennen. Zu schade, dass niemand weiß, wer Sie wirklich sind.«

Alicia nickte mit einem gefügigen Lächeln, das ebenfalls nicht erwidert wurde. Ein langes, dichtes Schweigen legte sich zwischen sie. Alicias Blick glitt über die Wände, die vom Boden bis zur Decke mit Büchern tapeziert waren. Sie spürte, dass Bea sie keinen Moment aus den Augen ließ.

»Darf man erfahren, worüber Sie lachen?«, fragte Bea.

»Albernheiten. Vorher hatte ich geträumt, ich küsse einen sehr hübschen Mann, und weiß nicht, wer es war.«

»Küssen Sie gewohnheitsmäßig fremde Männer oder nur unter Narkose?«

Der Ton war schneidend wie eine Klinge, und sowie ihr die Worte aus dem Mund kamen, bereute Bea sie auch schon.

»Tut mir leid«, murmelte sie.

»Es muss Ihnen nicht leidtun. Ich hab es verdient.«

»In etwas über drei Stunden müssen Sie das Antibiotikum nehmen. Warum versuchen Sie nicht, ein wenig zu schlafen, wie der Arzt es gesagt hat?«

»Ich glaube nicht, dass ich kann. Es macht mir Angst.«

»Ich dachte, Ihnen macht nichts Angst.«

»Ich kann es sehr gut verbergen.«

Bea wollte etwas sagen, biss sich aber auf die Zunge.

»Bea?«

»Ja?«

»Ich weiß, dass ich nicht das Recht habe, Sie um Vergebung zu bitten, aber …«

»Vergessen Sie das jetzt. Sie brauchen mich für nichts um Vergebung zu bitten.«

»Aber wenn ich Sie darum bäte, würden Sie mir dann vergeben?«

»Ihr Freund Fermín sagt immer, wer Vergebung will, soll den Beichtvater aufsuchen oder sich einen Hund kaufen. Ausnahmsweise, und weil er mich nicht hört, gebe ich ihm recht.«

»Fermín ist ein weiser Mann.«

»Manchmal trifft er ins Schwarze. Aber sagen Sie es ihm nicht, sonst wird er unerträglich. Und jetzt schlafen Sie.«

»Darf ich Ihre Hand halten?«

Bea zögerte einen Augenblick, aber schließlich akzeptierte sie Alicias Hand. Lange verharrten sie in Schweigen. Alicia schloss die Augen und begann, langsam zu atmen. Bea betrachtete dieses seltsame Wesen, das ihr gleichzeitig Angst und Mitleid einflößte. Kurz nachdem sie gekommen war, als Alicia noch im Delirium war, hatte der Arzt sie untersucht, und Bea hatte ihm geholfen, sie zu entkleiden. Unauslöschlich hatte sich ihr das Bild der grauenvollen Verletzung in ihrer Flanke eingeprägt.

»Daniel ist ein glücklicher Mann«, murmelte Alicia.

»Bemühen Sie sich um meine Gunst?«

»Verheiratet und Mutter. Das würde ich nie wagen.«

»Ich dachte, Sie schlafen.«

»Ich auch.«

»Tut sie Ihnen weh?«

»Meinen Sie die Narbe?«

Bea gab keine Antwort. Alicia hielt die Augen geschlossen.

»Nur ein wenig. Die Schmerzmittel haben sie eingeschläfert.«

»Woher haben Sie sie?«

»Vom Krieg. Bei den Bombardierungen.«

»Das tut mir leid.«

Alicia verzog nur leicht den Mund.

»Sie hilft mir, die Freier in die Flucht zu schlagen.«

»Ich stelle mir vor, davon haben Sie einen Haufen.«

»Keinen, der es lohnte. Die Männer, die etwas wert sind, verlieben sich in Frauen wie Sie. Mich wollen sie nur, um zu prahlen.«

»Mein Mitleid bekommen Sie nicht.«

Alicia lächelte.

»Glauben Sie nicht, dass sie mit mir nicht prahlen«, sagte Bea und lachte leise.

»Da habe ich nicht den geringsten Zweifel.«

»Warum sind sie bloß manchmal so blöd?«

»Die Männer? Wer weiß. Vielleicht weil die Natur Mutter ist, wenn auch eine grausame, und sie von Geburt aus dumm macht. Aber einige sind gar nicht so übel.«

»Das sagt auch die Bernarda«, stimmte Bea zu.

»Und Ihr Daniel?«

Beas Blick schärfte sich.

»Was ist mit meinem Daniel?«

»Nichts. Scheint ein guter Bursche zu sein. Eine reine Seele.«

»Er hat auch seine dunklen Seiten, kann ich Ihnen sagen.«

»Wegen dem, was mit seiner Mutter passiert ist, Isabella?«

»Was wissen Sie von Isabella?«

»Sehr wenig.«

»Ohne Betäubung haben Sie sehr viel besser gelogen.«

»Darf ich Ihnen vertrauen?«

»Ich glaube, Sie haben gar keine andere Wahl. Die Frage ist, ob ich Ihnen vertrauen kann.«

»Zweifeln Sie daran?«

»Und wie.«

»Es gibt Dinge über Isabella, über ihre Vergangenheit …«, begann Alicia. »Ich glaube, Daniel hat ein Recht, sie zu kennen, aber ich weiß nicht, ob es im Grunde besser wäre, er würde sie nie erfahren.«

»Alicia?«

Alicia öffnete die Augen und sah, dass Beas Gesicht eine Handbreit von ihrem entfernt war, und spürte den kräftigen Druck ihrer Hand.

»Ja?«

»Ich möchte Sie um etwas bitten. Ich sage es Ihnen nur einmal.«

»Was immer es sei.«

»Kommen Sie mir nicht auf die Idee, Daniel oder meiner Familie weh zu tun.«

Alicia hielt diesem Blick stand, der so tief war, dass sie sich kaum zu atmen getraute.

»Schwören Sie es mir.«

Alicia hörte ihre Worte und schwieg. Dann sagte sie:

»Ich schwöre es.«

Bea nickte und lehnte sich auf dem Stuhl wieder zurück. Alicia sah, wie sie die Augen halb schloss.

»Bea?«

»Was ist denn jetzt?«

»Da gibt es etwas … Neulich abends, als ich Daniel zu seiner Haustür begleitet habe …«

»Schweigen Sie und schlafen Sie.«

7

Das Gewitter vom Vortag hatte Barcelona mit dem tiefen Blau getüncht, das man nur an einigen Wintermorgen zu Genuss bekommt. Die Sonne hatte die Wolken weggefegt, und ein reines Licht lag in der Luft, ein flüssiges Licht, das man am liebsten in Flaschen gefüllt hätte. Señor Sempere, der mit blühendem Optimismus aufgewacht war und entgegen den Ratschlägen des Arztes eine große, köstlich und nach Rebellion schmeckende Tasse schwarzen Kaffee getrunken hatte, beschloss, diesen Tag in die Annalen eingehen zu lassen.

»Heute werden wir mehr Kasse machen als das Molino zur Fastenzeit«, verkündete er. »Ihr werdet schon sehen.«

Während er das *Geschlossen*-Schild von der Tür nahm, bemerkte er, dass Fermín und Daniel in einer Ecke tuschelten.

»Und was führt ihr beide im Schilde?«

Sie wandten sich um und sahen ihn mit dem einfältigen Blick an, der eine beginnende Verschwörung verriet. Sie sahen aus, als hätten sie eine Woche lang kein Auge zugetan, und wenn den Alten die Erinnerung nicht trog, steckten sie immer noch in den Kleidern vom Vortag.

»Wir sagten eben, dass Sie mit jedem Tag jünger und schneidiger aussehen«, sagte Fermín. »Die heiratsfähigen Töchter müssen Ihnen nur so zu Füßen liegen.«

Noch bevor Señor Sempere antworten konnte, klingelte die Türglocke. Ein tadellos gekleideter Herr mit kristallenem Blick trat an den Ladentisch und lächelte sanft.

»Guten Morgen, der Herr, womit können wir dienen?«

Der Besucher schlüpfte gemächlich aus den Handschuhen.

»Ich hoffe, Sie können mir einige Fragen beantworten«, sagte Hendaya. »Polizei.«

Der Buchhändler runzelte die Stirn und sah Daniel an, der zur Tönung des Dünndruckpapiers erblasst zu sein schien, auf dem Neuausgaben der Klassiker der Weltliteratur gedruckt werden.

»Ich höre.«

Hendaya lächelte höflich, zog eine Fotografie hervor und legte sie auf den Ladentisch.

»Wenn Sie so freundlich wären und einen Blick darauf werfen könnten.«

Die drei stellten sich hinter den Ladentisch und besahen sich das Foto, ein Porträt der etwa fünf Jahre jüngeren Alicia Gris, die mit einem Unschuldsgesicht in die Kamera lächelte, das ihr nicht einmal ein Säugling abgenommen hätte.

»Erkennen Sie diese Señorita?«

Señor Sempere nahm das Bild und studierte es eingehend. Er zuckte mit den Schultern und gab es Daniel weiter, der es ihm gleichtat. Als Letzter war Fermín dran, der, nachdem er das Foto wie einen möglicherweise gefälschten Geldschein gegen das Licht gehalten hatte, den Kopf schüttelte und es Hendaya zurückgab.

»Ich fürchte, wir kennen diese Person nicht«, sagte der alte Buchhändler.

»Man muss sagen, dass sie ein wenig nach Schlitzohr aussieht, aber gesehen habe ich sie noch nie«, sagte Fermín.

»Nein? Sind Sie sicher?«

Alle drei schüttelten den Kopf.

»Sind Sie nicht sicher, oder haben Sie sie nicht gesehen?«

»Ja und nein«, antwortete Daniel.

»Aha.«

»Darf ich fragen, um wen es sich handelt?«, fragte der Buchhändler.

Hendaya steckte das Bild wieder ein.

»Sie heißt Alicia Gris und ist eine Justizflüchtige. Sie hat in den letzten Tagen drei Morde begangen, soweit wir wissen. Den letzten gestern, an einem Polizeihauptmann namens Vargas. Sie ist sehr gefährlich und wahrscheinlich bewaffnet. In den letzten Tagen ist sie in diesem Viertel gesehen worden, und einige Anwohner haben bestätigt, sie hätten sie die Buchhandlung betreten sehen. Eine der Verkäuferinnen der Bäckerei an der Ecke sagt aus, sie habe sie in Begleitung eines Angestellten dieses Ladens gesehen.«

»Sie muss sich getäuscht haben«, antwortete Señor Sempere.

»Möglicherweise. Arbeitet außer Ihnen drei sonst noch jemand in der Buchhandlung?«

»Meine Schwiegertochter.«

»Vielleicht erinnert sie sich an sie?«

»Ich werde sie fragen.«

»Wenn Sie sich an irgendetwas erinnern oder wenn Ihre Schwiegertochter es tut, bitte ich Sie, mich unter dieser Nummer anzurufen. Rund um die Uhr. Hendaya.«

»Das werden wir tun.«

Hendaya nickte freundlich und ging zur Tür.

»Danke für Ihre Hilfe. Einen schönen Tag noch.«

Schweigend blieben sie hinter dem Ladentisch stehen und schauten Hendaya nach, der langsam über die Straße ging und vor dem Café gegenüber stehen blieb. Dort trat ein Mann in einem schwarzen Mantel auf ihn zu, und die beiden unterhielten sich eine Minute lang. Der Schwarzmantel nickte, und Hendaya ging die Straße hinunter davon. Der andere warf einen Blick auf die Buchhandlung und trat ins Café, wo er sich an einen Fenstertisch setzte und den Laden nicht mehr aus den Augen ließ.

»Darf man fragen, was da vor sich geht?«, fragte Señor Sempere.

»Das ist kompliziert«, begann Fermín.

In diesem Moment kam seine Nichte Sofía mit Julián zurück, mit dem sie in den Park gegangen war, und Señor Sempere strahlte von einem Ohr zum anderen.

»Was war denn das für ein Mannsbild, das da eben rausgekommen ist?«, fragte sie noch in der Tür. »Ist was geschehen? Ist jemand gestorben?«

Die Besprechung fand im Hinterzimmer statt. Fermín nahm übergangslos die Zügel in die Hand.

»Sofía, ich weiß, dass man als Jugendliche das Hirn brachliegen hat und darauf wartet, dass das hormonale Seebeben nachlässt, aber wenn der wie aus dem Ei gepellte Blödmann, den Sie gerade die Buchhandlung haben verlassen sehen, oder sonst ein Individuum unter irgendeinem Vorwand hier aufkreuzt und Sie fragt, ob Sie Señorita Alicia Gris gesehen haben, kennen, von ihr gehört oder auch nur die leiseste Vorstellung davon haben, dass es sie gibt, werden Sie sie mit dem neapolitanischen Charme anlügen, den Gott Ihnen geschenkt hat, und sagen nein, Sie hätten sie in keinster Weise gesehen, und dabei werden Sie ein Dummchengesicht aufsetzen, als wären Sie die Nachbarin Merceditas, oder ich schwöre Ihnen, obwohl ich weder Ihr Vater noch Ihr gesetzlicher Vormund bin, dass ich Sie in ein Kloster stecken werde, wo man Sie erst rauslassen wird, wenn Sie Gil Robles einen hübschen Mann finden. Ist das klar?«

Sofia nickte zerknirscht.

»Und jetzt gehen Sie zum Ladentisch und machen sich nützlich.«

Als sie draußen war, fasste Señor Sempere seinen Sohn und Fermín ins Auge.

»Ich warte immer noch auf eine Erklärung. Was zum Teufel geht hier vor?«

»Haben Sie das Pulsmedikament schon genommen?«

»Mit dem Kaffee.«

»Eine großartige Idee. Jetzt müssen Sie nur noch eine Dynamitpatrone wie einen Honigpfannkuchen in den Kaffee tauchen, und wir landen am Ende der Straße.«

»Lenken Sie nicht ab, Fermín.«

Der zeigte auf Daniel.

»Das übernehme ich. Sie gehen raus und verhalten sich so, als wären Sie ich.«

»Und was heißt das?«

»Dass Sie sich nicht dumm anstellen sollen. Diese Levkojenknospen überwachen den Laden und warten darauf, dass wir einen falschen Schritt tun.«

»Ich wollte Bea ablösen gehen.«

»Bea ablösen?«, fragte Señor Sempere. »Wovon ablösen?«

»Unterschiedliche Themen«, schnitt Fermín das Gespräch ab. »Daniel, Sie rühren sich nicht von der Stelle. *Ich* werde gehen, ich habe Geheimdiensterfahrung und schlüpfe zwischen den Maschen durch wie ein Aal. Los, ab in den Laden, sonst sieht es noch aus, als planten wir eine Verschwörung.«

Widerwillig ging Daniel durch den Vorhang und ließ sie allein.

»Also?«, fragte Señor Sempere. »Wollen Sie mir verdammt nochmal endlich sagen, was da gespielt wird?«

Fermín lächelte nachgiebig.

»Möchten Sie ein Sugus?«

8

Der Tag kam ihm endlos vor. Daniel schleppte die Stunden mit, während er auf Beas Rückkehr wartete und die Bedienung der meisten Kunden seinem Vater überließ. Fermín hatte sich verdrückt, kurz nachdem er Señor Sempere einen seiner Bastarde aus Monumentalschwindel und Schwachstromvertraulichkeit angedreht hatte, um wenigstens für einige Stunden seinen Fragen und seiner Beunruhigung einen Riegel vorzuschieben.

»Wir müssen uns jetzt noch normaler als sonst geben, Daniel«, hatte er noch gesagt, ehe er sich, ungesehen von Hendayas Beamten, aus dem Hinterzimmer durch ein enges Fensterchen auf den Platz der Santa-Ana-Kirche stahl.

»Wann sind wir schon normal gewesen?«

»Kommen Sie mir jetzt nicht existentiell daher. Sobald ich sehe, dass die Luft rein ist, mache ich mich dünn und löse Bea ab.«

Gegen Mittag erschien endlich Bea, als Daniel bereits weiße Haare gezüchtet und sich die Nägel bis zu den Ellbogen abgekaut hatte.

»Fermín hat mir alles erzählt«, sagte sie.

»Ist er gut bei Alicia angekommen?«

»Unterwegs hat er ein paar Süßigkeiten gekauft, denen er nicht widerstehen konnte, weil sie Nonnenfürze heißen, sowie Weißwein.«

»Weißwein?«

»Für Alicia. Dr. Soldevila hatte ihn konfisziert.«

»Wie geht es ihr?«

»Stabil. Der Arzt sagt, sie ist noch schwach, aber sie hat weder eine Infektion noch Fieber.«

»Hat sie sonst noch was gesagt?«, hakte er nach.

»Worüber?«

»Warum habe ich bloß den Eindruck, dass alle etwas vor mir geheim halten?«

Sie streichelte sein Gesicht.

»Niemand hält etwas vor dir geheim, Daniel. Und Julián?«

»Im Kindergarten. Sofia hat ihn hingebracht.«

»Am Nachmittag hole ich ihn ab. Wir müssen Normalität vorgaukeln. Und dein Vater?«

»Da hinten, er schäumt.«

Sie senkte die Stimme.

»Was habt ihr ihm erzählt?«

»Fermín hat ihm eines seiner epischen Gedichte aufgetischt.«

»Aha. Ich geh zum Boquería-Markt ein paar Sachen kaufen. Möchtest du was Bestimmtes?«

»Ein normales Leben.«

Am Nachmittag ließ ihn sein Vater im Laden allein. Bea war noch nicht zurück, und Señor Sempere, der sich Sorgen machte und eine Hundelaune hatte, weil er sich hintergangen fühlte, hatte beschlossen, in die Wohnung hinaufzugehen unter dem Vorwand, ein Nickerchen zu machen. Daniel hatte seit Tagen den Verdacht, dass Alicia und Fermín etwas vor ihm geheim hielten. Und jetzt hatte sich ihnen anscheinend auch Bea angeschlossen. Ein paar Stunden lang überlegte er sich alles hin und her, setzte sich selbst zu und zerfraß sich die Seele. Die Erfahrung hatte ihn gelehrt, dass es in solchen Fällen am ratsamsten war, den Ahnungslosen zu spielen. Letzten Endes war das immer die Rolle, die er bei der Aufführung zu spielen hatte. Niemand erwartete, dass der gute Daniel, die arme Halbwaise, der Dauerjugendliche mit dem reinen Gewissen, irgendetwas mitbekam. Dafür waren die anderen zuständig, die ihm die Antworten immer schriftlich zuzutragen schienen – wenn nicht sogar die Fragen. Um ihn herum hatte noch niemand bemerkt, dass er seit Jahren keine kurzen Hosen mehr trug. Manchmal schaute ihn sogar sein Sohn Julián schief an und lachte, als wäre sein Vater nur dazu geboren worden, den Dummkopf zu spielen und baff in die Welt zu gucken, wenn andere ihm Geheimnisse enthüllten.

Ich würde ja selbst über mich lachen, wenn ich könnte, dachte er. Vor nicht allzu langer Zeit hatte er sich noch über seinen eigenen Schatten lustig gemacht, nach Fermíns Pfeife getanzt und dessen Zoten belacht und den ewigen, von seinem quijotesken Schutzengel adoptierten Einfaltspinsel verkörpern können. Das war eine gute Rolle gewesen, in der er sich wohl gefühlt hatte. Gern wäre er der Daniel geblieben, wie alle um ihn herum ihn sahen, und nicht der Daniel, der sich in aller Herrgottsfrühe, wenn Bea und Julián noch schliefen, im Dunkeln in den Laden hinunterschlich und im Hinterzimmer Zuflucht suchte, um den defekten alten Radiator wegzuschieben, hinter dem sich ein Stück Gips aus der Mauer herauslösen ließ.

Dort lag in einer Schachtel unter zwei Handbreit alten, verstaubten Büchern die Mappe mit allen Zeitungsausschnitten über Mauricio Valls, die er bei seinen Besuchen im Archiv der Athenäumsbibliothek hatte mitgehen lassen. Auf diesen Seiten war das öffentliche Leben des Ministers Jahr für Jahr dokumentiert. Er kannte jede einzelne dieser Meldungen auswendig. Die letzte, die von seinem Tod bei einem Verkehrsunfall, war die schmerzlichste: Valls, der Mann, der ihm seine Mutter genommen hatte, war ihm entwischt.

Er hatte dieses Gesicht hassen gelernt, das sich mit solcher Hingabe in gloriosen Posen hatte ablichten lassen. Er hatte gelernt, dass man nicht weiß, wer man wirklich ist, bis man zu hassen lernt. Und wenn man von ganzem Herzen hasst, wenn man sich der Wut hingibt, die einen innerlich verbrennt, die langsam das wenige Gute aufzehrt, das man in seinem Gepäck mitzuführen glaubt, dann tut man es im Geheimen. Daniel lächelte bitter. Niemand hielt ihn für fähig, ein Geheimnis für sich zu behalten. Das hatte er noch nie gekonnt, nicht einmal als Kind, wenn Geheimniskrämerei eine Kunst ist und ein Mittel, die Welt und ihre Leere in Schach zu halten. Nicht einmal Fermín oder Bea hatten die leiseste Ahnung, dass er hier diese Mappe versteckt hatte, bei der er so oft Zuflucht gesucht hatte, um die Dunkelheit zu nähren, die in seinem Inneren gewachsen war, seit er erfahren hatte, dass der große Mauricio Valls, die hehre Hoffnung des Regimes, seine Mutter vergiftet hatte. Alles nur Vermutungen, hieß es. Niemand kann wissen, was wirklich geschehen war. Daniel hatte die Vermutungen hinter sich gelassen und lebte in einer Welt der Gewissheiten.

Und die schlimmste davon, die am schwierigsten in Betracht zu ziehende war, dass nie Gerechtigkeit geschaffen würde.

Nie würde der Tag kommen, von dem er geträumt und mit dem er seine Seele vergiftet hatte, der Tag, an dem er Mauricio Valls fände. Er hätte ihm in die Augen geschaut, so dass er in ihnen den lange genährten Hass gesehen hätte. Dann hätte er die Waffe ergriffen, die er einem Schwarzhändler abgekauft hatte, der manchmal im Can Tunis Handel trieb, und die er zuhinterst in der Schachtel in Lappen gehüllt verborgen hatte. Es war eine alte Waffe aus den Kriegsjahren, aber die Munition war neu, und der Schwarzhändler hatte ihm gezeigt, wie er mit ihr umzugehen hatte.

»Zuerst schießt du ihm in die Beine, unterhalb der Knie. Und wartest. Du siehst, wie er sich dahinschleppt. Dann feuerst du ihm einen Schuss in den Bauch. Und wartest. Bis er sich krümmt. Danach jagst du ihm eine Kugel in die rechte Brustseite. Und wartest. Wartest, bis sich seine Lunge mit Blut füllt und er an seiner eigenen Scheiße erstickt. Erst jetzt, wenn es so aussieht, als wäre er schon tot, gibst du die verbleibenden drei Schüsse auf seinen Kopf ab. Einen in den Nacken, einen in die Schläfe und einen unters Kinn. Die Waffe wirfst du in den Besós-Fluss in der Nähe des Strandes, damit sie von der Strömung weggetragen wird.«

Dann hätte die Strömung vielleicht auch die Wut und den Schmerz für immer weggespült, die jetzt in ihm dahinfaulten.

»Daniel?«

Er schaute auf und erblickte Bea. Er war so in Gedanken versunken gewesen, dass er nicht einmal die Türglocke gehört hatte.

»Geht es dir gut, Daniel?«

Er nickte.

»Du bist kreidebleich. Ist wirklich alles in Ordnung?«

»Absolut. Ich bin nur ein wenig müde, weil ich nicht geschlafen habe. Sonst nichts.«

Er lächelte sein gesegnetes Lächeln, das er seit seiner Schulzeit beibehalten hatte und mit dem man ihn im Viertel kannte. Der gute Daniel Sempere, der Schwiegersohn, den sich jede anständige Mutter für ihre Tochter wünschte. Der Mann, der in seinem Herzen keine Schatten beherbergte.

»Ich habe dir Orangen gekauft. Dass Fermín sie nicht sieht, sonst isst er sie wieder alle auf einmal auf, wie letztes Mal.«

»Danke.«

»Daniel, was ist los? Willst du es mir nicht sagen? Ist es wegen der Geschichte mit Alicia? Wegen dieses Polizisten?«

»Nichts ist los. Ich mach mir nur ein wenig Sorgen. Das ist doch normal. Aber wir sind schon aus größeren Patschen wieder rausgekommen. Wir werden es auch diesmal schaffen.«

Noch nie hatte Daniel sie anlügen können. Bea schaute ihm in die Augen. Schon seit Monaten machte ihr Angst, was sie in ihnen sah. Sie trat zu ihm und umarmte ihn. Daniel ließ sich die Umarmung gefallen, sagte aber nichts, als wäre sie gar nicht da. Langsam zog sich Bea wieder zurück. Sie ließ die Tüte mit den Einkäufen auf dem Tisch und senkte den Blick.

»Ich geh Julián abholen.«

»Ich warte auf euch.«

9

Erst nach vier Tagen konnte Alicia ohne fremde Hilfe aufstehen. Seit sie hergekommen war, schien die Zeit in der Luft stillgestanden zu sein. Sie verbrachte den größten Teil des Tages in der Schwebe zwischen Wachen und Träumen, ohne den Raum zu verlassen, in dem sie untergebracht war. Da gab es ein Kohlenbecken, das Isaac alle paar Stunden nachfüllte, und eine schwache, vom Licht einer Kerze oder einem Öllämpchen kaum aufgebrochene Helligkeit. Die von Dr. Soldevila verschriebenen Medikamente zur Schmerzlinderung tauchten sie in eine Gelatine der Benommenheit, aus der sie von Zeit zu Zeit an die Oberfläche kam, um Fermín oder Daniel zu erblicken, die bei ihr wachten. Geld mag nicht glücklich machen, die Chemie aber schafft es zuweilen beinahe.

Als sie langsam wieder einigermaßen wusste, wer sie war und wo sie sich befand, kamen die Worte wieder flüssiger. Die meisten ihrer Fragen wurden beantwortet, bevor sie sie formuliert hatte. Nein, hier würde niemand sie finden. Nein, die befürchtete Infektion war nicht eingetreten, und nach Dr. Soldevilas Einschätzung machte sie die gewünschten Fortschritte, obwohl sie noch schwach war. Ja, Fernandito war gesund und munter. Señor Sempere hatte ihm eine Teilzeitbeschäftigung angeboten, um Hauslieferungen zu machen und von Privatleuten erstandene Bücher abzuholen. Er erkundigte sich oft nach ihr, aber laut Fermín und um der Wahrheit die Ehre zu geben, etwas weniger oft, seit er im Laden auf Sofia getroffen war und es geschafft hatte, seinen eigenen Begeisterungsrekord zu überbieten. Alicia freute sich für ihn. Wenn schon gelitten werden musste, dann wenigstens für jemanden, der es verdiente.

»Sehen Sie, der Arme ist so leicht entzündbar«, sagte Fermín. »Er wird noch grauenhaft leiden müssen in diesem Leben.«

»Noch viel mehr leidet, wer unfähig ist, sich zu verlieben«, ließ sie fallen.

»Ich glaube, diese Medikamente greifen Ihr Kleinhirn an,

Alicia. Wenn Sie eine Gitarre ergreifen und Katecheselieder zu singen beginnen, werde ich den Doktor bitten müssen, die Medizinalkost aufs Niveau von Kinderaspirin herunterzuschrauben.«

»Nehmen Sie mir nicht auch noch das wenige Gute, das mir bleibt.«

»Mein Gott, wie sehr Sie schon dem Laster frönen.«

Die Tugend des Lasters wurde unterschätzt. Alicia fehlten ihre Gläser Weißwein, die Importzigaretten und ihr Raum für Einsamkeit. Die Medikamente hielten sie in ausreichender Benommenheit, damit die Tage in der lauwarmen Gesellschaft dieser liebenswerten Menschen vergingen, die sich verschworen hatten, um ihr das Leben zu retten, und besorgter um ihr Überleben schienen als sie selbst. Manchmal, wenn sie in diesen chemischen Balsam hinabreiste, sagte sie sich, am besten wäre es, bis ganz nach unten zu gehen und dort in Dauerlethargie zu verharren. Doch über kurz oder lang wachte sie wieder auf und erinnerte sich, dass nur die zu sterben verdienen, die alle Rechnungen beglichen haben.

Mehr als einmal war sie aus dunklem Schummer erwacht und hatte Fermín nachdenklich auf einem Stuhl vor sich sitzen sehen.

»Wie viel Uhr ist es, Fermín?«

»Die Stunde der Hexen. Also Ihre.«

»Schlafen Sie eigentlich nie?«

»Ich war noch nie der Siestatyp. Ich halte es mit der zur Kunst erhobenen Schlaflosigkeit. Wenn ich dann sterbe, werde ich mich in puncto Schlafstunden schon à jour bringen.«

Er sah sie mit einer Mischung aus Zärtlichkeit und Argwohn an, die sie zur Verzweiflung brachte.

»Haben Sie mir immer noch nicht verziehen, Fermín?«

»Helfen Sie meiner Erinnerung auf die Sprünge, was ich Ihnen verzeihen muss, es kommt mir jetzt gerade nicht in den Sinn.«

Alicia seufzte.

»Dass ich Sie im Glauben gelassen habe, ich wäre in jener Kriegsnacht gestorben. Dass ich Sie mit dem Schuldgefühl zurückgelassen habe, Sie hätten mir und meinen Eltern gegenüber versagt. Dass ich, als ich nach Barcelona zurückkam und Sie im

Francia-Bahnhof erkannte, so getan habe, als würde ich Sie nicht kennen, und Sie im Glauben gelassen habe, Sie seien verrückt und sähen Gespenster …«

»Ach so, das.«

Er schenkte ihr ein saures Lächeln, aber das Kerzenlicht zeigte in seinen Augen den Glanz von Tränen.

»Werden Sie mir also verzeihen?«

»Ich werde darüber nachdenken.«

»Sie müssen mir verzeihen. Ich will nicht mit diesem Stein auf dem Herzen sterben.«

Sie sahen sich schweigend an.

»Sie sind eine miserable Schauspielerin.«

»Ich bin eine hervorragende Schauspielerin. Bloß vergesse ich bei all den Schweinereien, die mir der Doktor gibt, meine Rolle.«

»Damit Sie's wissen, Sie tun mir überhaupt nicht leid.«

»Ich will auch gar nicht, dass Sie Mitleid mit mir haben, Fermín. Weder Sie noch sonst jemand.«

»Ihnen ist es lieber, wenn man Angst vor Ihnen hat.«

Sie zeigte lächelnd die Zähne.

»Aber ich habe auch keine Angst vor Ihnen«, sagte er.

»Weil Sie mich nicht gut kennen.«

»Vorher haben Sie mir besser gefallen, als Sie ein armes, fast todgeweihtes Mädchen waren.«

»Dann verzeihen Sie mir also?«

»Was spielt das für Sie für eine Rolle?«

»Ich mag den Gedanken nicht, dass Sie meinetwegen hier den Schutzengel spielen müssen, für Daniel und seine Familie.«

»Ich bin bibliographischer Berater von Sempere & Söhne. Die Engelattribute stammen von Ihnen.«

»Sind Sie sicher, dass Sie nicht glauben, wenn Sie jemand Anständiges retten, würden Sie auch die Welt retten, oder wenigstens die Möglichkeit, dass etwas Gutes in ihr zurückbleibt?«

»Wer hat Ihnen gesagt, Sie seien jemand Anständiges?«

»Ich habe von den Semperes gesprochen.«

»Tun Sie im Grunde nicht genau dasselbe, meine liebe Alicia?«

»Ich glaube, dass es in der Welt nichts Anständiges zu retten gibt, Fermín.«

»Das glauben Sie nicht wirklich. Aber es macht Ihnen Angst, zu konstatieren, dass es das Anständige doch gibt.«

»Oder Ihnen das Gegenteil.«

Fermín brummelte etwas und vergrub seine Hand in der Manteltasche auf der Suche nach Naschwerk.

»Besser, wir werden nicht kitschig«, schloss er. »Sie sollen bei Ihrem Nihilismus bleiben und ich bei meinen Sugus.«

»Zwei sichere Werte.«

»Wie sie im Buche stehen.«

»Kommen Sie, geben Sie mir einen Gutenachtkuss, Fermín.«

»Wie weit wir mit den Küssen gekommen sind!«

»Auf die Wange.«

Er zögerte, aber schließlich beugte er sich hinab und streifte mit den Lippen ihre Stirn.

»Schlafen Sie zum Teufel endlich ein, Sukkubus!«

»Ich habe Sie sehr lieb, Fermín.«

Als sie ihn lautlos weinen hörte, streckte sie die Hand nach seiner aus, und Hand in Hand schliefen sie im warmen Flackern einer erlöschenden Kerze ein.

10

Isaac Monfort, der Wächter des Orts, brachte ihr zwei-, dreimal täglich ein Tablett mit einem Glas Milch, mit Butter und Marmelade bestrichenen Toastscheiben und ein wenig Obst oder etwas Süßem aus der Konditorei Escribá, wie er es sonntags für sich kaufte – auch er hatte jenseits von Literatur und seinem Eremitenleben seine Laster, insbesondere wenn sie Pinienkerne und Sahne beinhalteten. Nach vielem Bitten brachte er ihr alte Zeitungen, obwohl Dr. Soldevila das gar nicht gern sah. So konnte sie alles lesen, was die Presse über Mauricio Valls' Tod gebracht hatte, und sie spürte, wie ihr Blut wieder in Wallung geriet. Das hat dich gerettet, Alicia, dachte sie.

Der gute Isaac war ein wild aussehendes, aber zärtlich veranlagtes Männchen, der seine Schwäche für Alicia kaum verbergen konnte. Er sagte ihr, sie erinnere ihn an seine verstorbene Tochter Nuria. Er hatte immer zwei Fotos von ihr bei sich: Auf dem einen war eine rätselhaft wirkende Frau mit traurigen Augen zu sehen, auf dem anderen ein lächelndes Mädchen, das einen Mann umarmte, in dem Alicia einen um mehrere Jahrzehnte jüngeren Isaac erkannte.

»Sie ist von mir gegangen, ohne wirklich zu wissen, wie sehr ich sie liebte«, sagte er.

Manchmal, wenn er ihr das Tablett mit dem Essen brachte und Alicia kämpfte, um zwei oder drei Bissen zu sich zu nehmen, verlor er sich in einem tiefen Schacht der Erinnerungen und begann, von seiner Tochter Nuria und seinen Gewissensbissen zu erzählen. Sie vermutete, der alte Mann habe seinen Kummer nie mit jemandem geteilt und die Vorsehung habe ihm nun also sie, diese Fremde, geschickt, die ihn an das erinnerte, was er am meisten geliebt hatte, damit er jetzt, da es schon zu spät war, Trost finden konnte im Versuch, sie zu retten und ihr eine Zärtlichkeit zu bescheren, die nicht ihr zustand. Wenn er, von den Erinnerungen übermannt, von seiner Tochter erzählte, fing er manchmal zu weinen an. Dann zog er sich zurück und kam stundenlang nicht mehr. Den aufrichtigsten Schmerz lebt man allein. Insgeheim fühlte sich Alicia erleichtert, wenn er mit seiner grenzenlosen Trauer in einen Winkel ging, um in ihr zu ertrinken, denn der einzige Schmerz, den sie nicht ertragen gelernt hatte, war der, alte Männer weinen zu sehen.

Alle lösten sich ab, um über sie zu wachen und ihr Gesellschaft zu leisten. Daniel las ihr gern aus Büchern vor, die er aus dem Labyrinth entlieh, ganz besonders aus denen eines gewissen Julián Carax, für den er eine spezielle Vorliebe hatte. Carax' Feder ließ sie an Musik und Schokoladekuchen denken. Die Stunden, die sie jeden Tag mit Daniel verbrachte und in denen sie Carax' Seiten lauschte, erlaubten es ihr, sich in einen Wald von Worten und Bildern zu versenken, den sie immer nur höchst ungern verließ. Ihr Lieblingsbuch war die Novelle *Niemand*, deren letzten Absatz sie schließlich auswendig konnte und leise vor sich hin murmelte, wenn sie einzuschlafen versuchte.

Im Krieg machte er ein Vermögen, und in der Liebe verlor er alles. Es stand geschrieben, dass er nicht geboren worden war, um glücklich zu sein, und dass er nie die Frucht würde genießen können, die jener späte Frühling in sein Herz gebracht hatte. Da wurde ihm bewusst, dass er für den Rest seiner Tage im dauernden Herbst der Einsamkeit leben würde, ohne weitere Gesellschaft oder Erinnerung als Sehnsucht und Gewissensbisse, und dass, wenn jemand fragen würde, wer dieses Haus gebaut und wer darin gewohnt habe, ehe es zu verzauberten Ruinen geworden sei, die Leute, die es gekannt hatten und um seine verfluchte Geschichte wussten, den Blick senken und mit leichter Stimme und dem Wunsch, ihre Worte möchten vom Winde verweht werden, sagen würden: Niemand.

Bald entdeckte sie, dass sie mit fast niemandem über Julián Carax sprechen konnte, am wenigsten mit Isaac. Zu einem Teil der Geschichte der Semperes gehörte Carax, und Alicia fand es nicht angebracht, in den Schatten der Familie zu stochern. Besonders Isaac konnte diesen Namen nicht hören, ohne vor Wut dunkelviolett anzulaufen, denn seine Tochter Nuria, so erzählte ihr Daniel, sei in diesen Carax verliebt gewesen. Der Alte war überzeugt, dass alles Elend, das über seine arme Tochter hereingebrochen war und ihren tragischen Tod zur Folge gehabt hatte, auf Carax' Konto ging, eines seltsamen Menschen, der einmal versucht hatte, alle noch vorhandenen Exemplare seiner Bücher zu verbrennen, und der, hätte Isaac nicht den Amtseid geleistet, auf dessen begeisterte Mithilfe hätte rechnen können.

»Es ist besser, Isaac gegenüber den Namen Carax nicht in den Mund zu nehmen«, sagte Daniel. »Genau bedacht, ist es besser, ihn überhaupt niemandem gegenüber zu erwähnen.«

Die Einzige von allen, die Alicia so sah, wie sie war, und sich weder Illusionen hingab noch Vorbehalte ihr gegenüber hatte, war Daniels Frau. Bea badete sie, zog sie aus und an, kämmte sie, verabreichte ihr die Medikamente und vermittelte ihr mit dem Blick den Imperativ, der die Beziehung bestimmte, die die beiden stillschweigend eingegangen waren. Bea würde sie pflegen, ihr bei der Genesung und Erholung helfen, damit Alicia sobald wie möglich für immer aus ihrer aller Leben verschwände, bevor sie ihnen Schaden zufügen konnte.

Bea, die Frau, die Alicia gern gewesen wäre und die sie nie sein würde, wie ihr mit jedem Tag, den sie mit ihr verbrachte, klarer wurde. Bea, die wenig sprach und noch weniger fragte, aber diejenige war, die sie am besten verstand. Alicia war nie eine Freundin von Umarmungen und Herzensergüssen gewesen, aber mehr als einmal verspürte sie den Impuls, Bea zu umarmen. Zum Glück hielt sie sich immer in der letzten Sekunde zurück. Sie brauchte nur ihren Blick aufzufangen und wusste, dass das keine barmherzige Aufführung à la *Vier Schwestern* war und dass beide eine Aufgabe zu erfüllen hatten.

»Ich glaube, bald sind Sie mich los«, sagte Alicia.

Bea biss nie an. Sie beklagte sich nie. Sie machte ihr nie Vorwürfe. Sie wechselte ihr mit größter Sorgfalt die Verbände. Sie pflegte ihre alte Wunde mit einer von Dr. Soldevila bei seinem Vertrauensapotheker in Auftrag gegebenen Salbe, die den Schmerz linderte, ohne das Blut zu vergiften. Wenn sie das tat, zeigte sie kein Bedauern oder Mitleid. Sie war, mit Ausnahme von Leandro, die einzige Person, in deren Augen Alicia weder Entsetzen noch Abscheu gelesen hatte, als sie sie nackt sah und feststellte, einen wie großen Teil ihres Körpers die Kriegsverletzungen zerstört hatten.

Das einzige Gesprächsthema, bei dem sie sich friedlich und unter wolkenlosem Himmel fanden, war der kleine Julián. Ihre längsten, unbeschwertesten Gespräche fanden immer statt, wenn Bea sie mit einem Stück Seife und krugweise lauwarmem Wasser badete, das Isaac auf einer Kochplatte in seinem Zimmer vorbereitete, welches ihm als Büro, Küche und Schlafzimmer diente.

Bea betete ihren Knirps mit einer Zuneigung an, von der Alicia wusste, dass sie sie nie auch nur ansatzweise begreifen würde.

»Neulich hat er zu verstehen gegeben, dass er Sie heiraten will, wenn er groß ist.«

»Ich nehme an, als gute Mutter haben Sie ihm klargemacht, dass es schlechte junge Mädchen auf der Welt gibt, die wahrlich nicht das Richtige für ihn sind.«

»Unter denen Sie sicher die Königin sind.«

»Das haben meine potentiellen Schwiegermütter auch immer gesagt. Und mit vollem Recht.«

»Bei diesen Dingen recht zu haben ist das wenigste. Ich lebe umgeben von Männern und weiß seit langem, dass die meisten von ihnen immun sind gegen die Logik. Das Einzige, was sie lernen, und nicht einmal alle, ist etwas über die Schwerkraft. Bevor sie nicht auf die Nase fallen, erwachen sie nicht.«

»Diese Maxime klingt nach Fermín.«

»Alles bleibt einem im Ohr, und ich höre ihn seit vielen Jahren geschraubte Weisheiten rezitieren.«

»Was sagt Julián sonst noch?«

»Sein letzter Floh ist, dass er Romancier werden will.«

»Ein frühreifer.«

»Sie machen sich keine Vorstellung.«

»Werden Sie noch mehr haben?«

»Kinder? Ich weiß nicht. Eigentlich möchte ich, dass Julián nicht allein aufwächst, dass er ein Schwesterchen hätte ...«

»Eine weitere Frau in der Familie.«

»Fermín sagt, das würde dazu beitragen, das Übermaß an Testosteron zu verdünnen, das den Clan verdummen lässt. Nur nicht das seine, das angeblich nicht einmal terpentinlöslich ist.«

»Und was sagt Daniel?«

Bea bewahrte ein langes Schweigen und bemerkte schließlich:

»Daniel sagt jeden Tag weniger.«

Die Tage vergingen, und Alicia spürte ihre Kräfte wiederkommen. Dr. Soldevila untersuchte sie täglich zweimal. Er war ein eher wortkarger Mann, und die wenigen Worte, die er sprach, galten den anderen. Manchmal ertappte sie ihn dabei, wie er sie aus dem Augenwinkel anschaute, als ob er sich fragte, wer dieses Geschöpf sein mochte, und nicht sicher wäre, ob er die Antwort kennen wollte.

»Sie haben Male vieler alter Verletzungen, einige davon ernst. Sie müssten langsam daran denken, Ihre Gewohnheiten zu ändern.«

»Sie brauchen keine Angst um mich zu haben, Doktor. Ich habe mehr Leben als eine Katze.«

»Ich bin zwar kein Tierarzt, aber die Theorie besagt, dass Katzen nur sieben haben, und bei Ihnen sehe ich den Vorrat zur Neige gehen.«

»Noch eines, das reicht mir.«

»Irgendetwas sagt mir, dass Sie es keinen wohltätigen Werken widmen werden.«

»Das hängt ganz vom Gesichtspunkt ab.«

»Ich weiß nicht, was mir mehr Sorgen macht – Ihre Gesundheit oder Ihre Seele.«

»Nicht nur Arzt, auch noch Seelsorger. Eine bemerkenswerte Partie.«

»In meinem Alter verschwimmt der Unterschied zwischen Arztpraxis und Beichtstuhl. Aber ich halte mich für zu jung für Sie. Wie geht's mit den Schmerzen? An der Hüfte, meine ich.«

»Die Salbe hilft.«

»Aber nicht so wie das, was Sie vorher angewendet haben.«

»Nein«, gab sie zu.

»Was für eine Dosis hatten Sie?«

»Vierhundert Milligramm. Manchmal auch mehr.«

»Heiliger Gott. Das dürfen Sie nicht so weiternehmen. Das wissen Sie, nicht wahr?«

»Nennen Sie mir einen überzeugenden Grund.«

»Fragen Sie Ihre Leber, falls sie überhaupt noch mit Ihnen spricht.«

»Wenn Sie mir den Weißwein nicht konfisziert hätten, könnte ich sie zu einem Gläschen einladen und mit ihr streiten.«

»Ihnen ist nicht zu helfen.«

»Hierin sind wir alle drei einer Meinung.«

Alicia wusste, dass sie dem Fegefeuer entronnen war, wenn auch nur als Wochenendausgang. Sie wusste es, weil sie ihre finstere Weltsicht zurückgewann und gleichzeitig die Wertschätzung für die bewegenden und zärtlichen Szenen der letzten Tage verlor. Der alte dunkle Atem färbte wieder die Dinge, und die stechenden Schmerzen in der Hüfte, die ihr die Knochen wie mit Eisen durchbohrten, riefen ihr in Erinnerung, dass sie die Rolle als Kameliendame nicht mehr lange spielen würde.

Die Tage hatten ihren normalen Rhythmus angenommen, und die Stunden, die ihr bei der Erholung zwischen den Fingern zerrannen, kamen ihr bereits wie verlorene Zeit vor. Am fassungslosesten zeigte sich Fermín, der hin- und herwechselte zwischen voreiligem Klageweib und Hobbytelepath.

»Ich erinnere Sie daran, dass schon der Dichter gesagt hat, dass die Rache ein Gericht ist, das man besser kalt genießt«, sagte er, während er ihre bösen Geister las.

»Sie verwechseln das mit der Vichyssoise, denn Dichter sind normalerweise Hungerleider und haben also von Gastronomie nicht die leiseste Ahnung.«

»Sagen Sie mir, dass Sie nicht daran denken, irgendeine Dummheit zu begehen.«

»Ich denke nicht daran, irgendeine Dummheit zu begehen.«

»Ich meine, Sie sollen es mir versprechen.«

»Holen Sie einen Notar, und wir bringen es in eine juristische Form.«

»Mir reicht es schon mit Daniel und seinen neu erworbenen kriminellen Neigungen. Können Sie sich vorstellen, dass ich bei ihm versteckt eine Pistole gefunden habe? Heilige Muttergottes. Bis vor zwei Tagen war er noch ein Grünschnabel, und jetzt versteckt er Schießeisen, als wäre er eine Marionette der Anarchisten.«

»Und was haben Sie mit der Pistole gemacht?«, fragte sie mit einem Lächeln, das ihm die Haare zu Berge stehen ließ.

»Was sollte ich wohl mit ihr machen? Ich habe sie wieder versteckt. Wo niemand sie finden kann, natürlich.«

»Bringen Sie sie mir«, raunte sie verführerisch.

»Kommt nicht in Frage. Allmählich lernen wir uns kennen. Ihnen würde ich nicht einmal eine Wasserpistole bringen – Sie wären imstande, sie mit Schwefelsäure zu füllen.«

»Sie haben überhaupt keine Ahnung, wozu ich imstande bin.« Fermín schaute sie konsterniert an.

»Langsam kann ich es mir vorstellen, Sie arglistige Person.« Wieder zeigte sie ihr unschuldiges Lächeln.

»Weder Sie noch Daniel können mit einer Waffe umgehen. Geben Sie sie mir, bevor Sie sich Schaden zufügen.«

»Damit Sie dafür anderen Schaden zufügen können?«

»Sagen wir es mal so: Ich verspreche Ihnen, niemandem Schaden zuzufügen, der es nicht verdient.«

»Ah, schön, wenn Sie es so darstellen, dann bring ich Ihnen eine Maschinenpistole und ein paar Granaten. Bevorzugen Sie ein bestimmtes Kaliber?«

»Ich meine es ernst, Fermín.«

»Eben drum. Was Sie tun sollen, ist gesund werden.«

»Das Einzige, was mich gesund macht, ist, zu tun, was ich zu tun habe. Und es ist auch das Einzige, was garantiert, dass Ihnen allen nichts zustößt. Das wissen Sie auch.«

»Alicia, leider muss ich Ihnen sagen, dass mir der Ton und Tenor unseres Gesprächs immer weniger gefällt, je länger ich Sie reden höre.«

»Bringen Sie mir die Waffe, oder ich besorge mir eine.«

»Um wieder in einem Taxi draufzugehen, aber diesmal tatsächlich? Oder erschossen in einem Gässchen? Oder in einer Zelle, den Händen von Schlächtern ausgeliefert, die Sie zum Vergnügen in Stückchen hauen?«

»Das bereitet Ihnen Bauchschmerzen? Dass man mich foltert oder umbringt?«

»Das ist mir durch den Kopf gegangen, ja. Schauen Sie, unter uns, und nehmen Sie es nicht persönlich, es hängt mir mehr als zum Hals heraus, dass Sie so rumsterben. Wie soll ich Kinder zur Welt bringen und ein anständiger Vater sein, wenn ich nicht einmal imstande bin, die erste Kreatur am Leben zu erhalten, für die ich die Verantwortung übernommen habe?«

»Ich bin weder eine Kreatur, noch sind Sie für mich verantwortlich, Fermín. Außerdem sind Sie ein Ass darin, mich am Leben zu erhalten, Sie haben mich schon zweimal gerettet.«

»Beim dritten Mal werde ich mich geschlagen geben müssen.«

»Es wird kein drittes Mal geben.«

»Und es wird keine Waffe geben. Ich werde sie noch heute vernichten. Ich werde sie in kleine Stücke hauen und auf der Hafenmole ins Wasser streuen, damit sie von den Abfallfischen gefressen werden, die mit dem dicken Bauch, die man ganz an der Oberfläche sieht und die von diesem Schlangenfraß dunkelviolett werden.«

»Nicht einmal Sie können das Unvermeidliche verhindern, Fermín.«

»Das ist eine meiner Spezialitäten. Die andere ist der Gesellschaftstanz. Ende der Diskussion. Und Sie können mich durchaus mit diesen Tigeraugen ansehen, Sie machen mir keine Angst. Ich bin weder Fernandito noch einer dieser Einfaltspinsel, die Sie mit Ihren schwarzen Strümpfen um den Finger wickeln können.«

»Sie sind der Einzige, der mir helfen kann, Fermín. Jetzt erst recht, wo das gleiche Blut in unseren Adern fließt.«

»Das Ihnen bei dieser Geschwindigkeit etwa so lange halten wird wie ein Spanferkel am Martinstag.«

»Seien Sie nicht so. Helfen Sie mir, von Barcelona wegzukommen, und verschaffen Sie mir eine Waffe. Alles andere geht auf meine Rechnung. Sie wissen, dass das im Grunde das ist, was für Sie gut ist. Bea würde mir recht geben.«

»Dann verlangen Sie die Pistole von ihr, Sie werden ja sehen, was sie sagt.«

»Bea traut mir nicht.«

»Und warum wohl?«

»Wir verlieren wertvolle Zeit. Wie lautet Ihre Antwort?«

»Dass Sie zum Teufel gehen sollen, aber Sie stürzen ja eh ohne fremdes Zutun kopfüber in die Hölle.«

»So spricht man nicht mit einer jungen Dame.«

»Sie haben etwa so viel von einer jungen Dame wie ich von einem Pelotaspieler. Trinken Sie diesen Schnaps da, und gehen Sie in Ihren Sarg zurück, um den Rausch auszuschlafen, bevor Sie was Böses anstellen.«

Wenn Fermín es satthatte, sich mit ihr zu streiten, ließ er sie allein. Sie aß mit Isaac etwas zu Abend, hörte sich seine Geschichten über Nuria an, und wenn er sich zurückzog, schenkte sie sich ein Glas Weißwein ein (sie hatte vor kurzem entdeckt, wo Isaac die vom Arzt konfiszierten Flaschen versteckte) und verließ das Zimmer. Sie ging durch den Gang bis zum großen Gewölbe und dort betrachtete sie im spärlichen Nachtlicht, das in einer Kaskade von zuoberst in der Kuppel herabfiel, die Fata Morgana des großen Bücherlabyrinths.

Später wagte sie sich mit einer Taschenlampe in die Korridore und Tunnel vor. Hinkend erklomm sie die Kathedralstruktur, umging Räume, Verzweigungen und Brücken zu verborgenen Kammern, durch welche wiederum Wendeltreppen oder Laufstege in Bogen- oder Strebeform führten. Unterwegs streichelte sie die Hunderttausende Bücher, die auf ihren Leser warteten. Manchmal schlief sie unterwegs in einem der Räume auf einem Stuhl ein. Jede Nacht beging sie eine neue Route.

Der Friedhof der Vergessenen Bücher hatte seine eigene Geometrie, und es war nahezu unmöglich, zweimal an derselben Stelle vorbeizukommen. Mehr als einmal hatte sie sich im Inneren verirrt und einige Zeit benötigt, um den Abstieg zum Ausgang zu finden. Eines Nachts, als in der Kuppel bereits die Morgenröte Helligkeit zu verbreiten begann, gelangte sie zum Gipfel des Labyrinths und sah sich an demselben Ort, an dem sie gelandet war, als sie 1938 in der Bombennacht durch die Kuppel gestürzt war. Als sie ins Leere hinabschaute, erkannte sie winzig Isaac Monfort am Fuß des Labyrinths. Unten angekommen, sah sie ihn immer noch dort stehen.

»Ich dachte, nur ich leide unter Schlaflosigkeit«, sagte er.

»Schlafen ist etwas für Träumer.«

»Ich habe Kamillentee gemacht, das hilft mir beim Einschlafen. Möchten Sie auch eine Tasse?«

»Wenn wir einen Spritzer von irgendwas hineingeben können.«

»Das Einzige, was ich noch habe, ist ein alter Brandy, den ich nicht einmal zum Entstopfen einer Rohrleitung benutzen würde.«

»Ich habe keine Vorbehalte.«

»Und was wird Dr. Soldevila sagen?«

»Das, was alle Ärzte sagen, nämlich dass, was nicht tötet, dick macht.«

»Ihnen stünde es nicht übel an, ein wenig zuzunehmen.«

»Es steht auf meiner Agenda.«

Sie folgte ihm zu seinem Zimmer und setzte sich an den Tisch, während er zwei Tassen einschenkte und, nachdem er an der Brandyflasche geschnuppert hatte, in jede ein paar Tropfen goss.

»Nicht schlecht«, sagte sie, als sie den Cocktail probierte.

Friedlich und schweigsam wie zwei alte Freunde, die keine Worte brauchen, um die gegenseitige Gesellschaft zu genießen, schlürften sie ihren Kamillentee.

»Sie sehen viel besser aus«, sagte Isaac schließlich. »Vermutlich bedeutet das, dass Sie uns bald verlassen.«

»Ich täte niemandem einen Gefallen, wenn ich hierbliebe, Isaac.«

»So schlecht ist der Ort nicht.«

»Wenn ich nicht einige Dinge zu erledigen hätte, fände ich auf der ganzen Welt keinen besseren als diesen.«

»Sie sind eingeladen, jederzeit zurückzukommen, obwohl ich irgendwie das Gefühl habe, dass Sie an dem Tag, an dem Sie gehen, für immer gehen.«

Alicia lächelte nur.

»Sie werden neue Kleider und so weiter brauchen. Fermín sagt,

Ihr Haus werde überwacht, also ist es wohl keine gute Idee, dort Dinge zu holen. Hier habe ich ein paar Sachen von Nuria, die Ihnen vielleicht passen.«

»Ich möchte aber nicht …«

»Mir wäre es eine Ehre, wenn Sie die Kleider meiner Tochter annähmen. Und ich glaube, meiner Nuria würde es gefallen, dass Sie sie haben. Zudem haben Sie meiner Meinung nach die gleiche Größe.«

Isaac trat an einen Schrank und zog einen Koffer hervor, den er zum Tisch schleppte. Er öffnete ihn, und sie warf einen Blick hinein. Darin lagen Kleider, Schuhe, Bücher und andere Gegenstände, bei deren Anblick sie sofort Traurigkeit erfasste. Obwohl sie Nuria Monfort nie kennengelernt hatte, hatte sie sich doch langsam an ihre Anwesenheit – die diesen Ort verhexte – und an die Erzählungen ihres Vaters von ihr gewöhnt, der von ihr sprach, als lebte sie noch an seiner Seite. Als sie den in einen Koffer passenden Schiffbruch eines Lebens erblickte, den ein armer alter Mann aufbewahrt hatte, um so die Erinnerung an seine tote Tochter lebendig zu erhalten, fand sie keine Worte und nickte bloß.

»Gute Qualität«, sagte sie mit ihrem klinischen Auge für Marken und Stoffe.

»Meine Nuria hat alles für Bücher und Kleider ausgegeben, das arme Kind. Ihre Mutter sagte immer, sie sei wie eine Filmschauspielerin. Sie hätten sie sehen sollen. Eine Augenweide …«

Alicia suchte sich einige Kleider aus dem Koffer aus und bemerkte, dass zwischen den Stücken etwas hervorlugte. Es war eine etwa zehn Zentimeter große weiße Figur. Sie zog sie hervor und untersuchte sie im Licht der Lampe. Sie war aus bemaltem Gips und stellte einen Engel mit ausgebreiteten Flügeln dar.

»Das habe ich seit vielen Jahren nicht mehr gesehen. Ich wusste nicht, dass Nuria ihn behalten hatte. Er gehörte zu ihren Lieblingsspielzeugen als Mädchen. Ich erinnere mich sogar an den Tag, als wir ihn auf dem Santa-Lucía-Markt gekauft haben, vor der Kathedrale.«

Der Oberkörper der Figur schien hohl. Als sie mit dem Finger darüberstrich, ging ein Türchen auf, und Alicia stellte fest, dass sie ein Geheimfach entdeckt hatte.

»Nuria hat mir gern Mitteilungen im Engel hinterlassen. Sie hatte ihn in der Wohnung versteckt, und ich musste ihn dann finden. Es war ein wunderbares Spiel für beide.«

»Er ist sehr schön«, sagte Alicia.

»Er gehört Ihnen.«

»Auf keinen Fall …«

»Bitte. Seit langem bringt dieser Engel keine Mitteilungen mehr. Sie werden guten Gebrauch davon machen.«

So begann Alicia zum ersten Mal in Gesellschaft eines kleinen Schutzengels zu schlafen, den sie bat, möglichst bald von hier weggehen und diese reinen Seelen verlassen zu können, um sich auf den Weg zu machen, der sie, wie sie wusste, bei ihrer Rückkehr ins Zentrum der Dunkelheit erwartete.

»Dorthin wirst du mich nicht begleiten können«, flüsterte sie dem Engel zu.

11

Leandro kam jeden Tag pünktlich um halb neun. Er erwartete sie im Zimmer mit dem eben aufgetragenen Frühstück und einem Krug frischer Blumen. Da war Ariadna Mataix immer schon eine Stunde wach. Sie zu wecken war Aufgabe des Arztes, der das Zimmer mittlerweile betrat, ohne anzuklopfen, und alle Formalitäten vernachlässigte. Immer war eine Krankenschwester bei ihm, deren Stimme Ariadna noch nie gehört hatte. Als Erstes kam die Morgenspritze, dank der sie überhaupt die Augen aufmachen und sich erinnern konnte, wer sie war. Danach half ihr die Pflegerin auf, zog sie aus, brachte sie ins Badezimmer und stellte sie für zehn Minuten unter die Dusche. Sie zog ihr Kleider an, an die sie sich erinnerte und die sie irgendwann einmal gekauft zu haben glaubte. Sie trug nie zweimal dasselbe. Während der Arzt ihr den

Puls fühlte und den Blutdruck maß, kämmte und schminkte die Pflegerin sie, denn Leandro mochte es, wenn sie hübsch und vorzeigbar war. Wenn sie sich dann zu ihm an den Tisch setzte, war die Welt wieder da, wo sie hingehörte.

»Hast du eine angenehme Nacht gehabt?«

»Was verabreicht man mir?«

»Ein leichtes Beruhigungsmittel, wie ich dir gesagt habe. Wenn es dir lieber ist, sage ich dem Doktor, dass er es dir nicht mehr geben soll.«

»Nein. Nein, bitte nicht.«

»Wie du willst. Möchtest du was essen?«

»Ich habe keinen Hunger.«

»Aber wenigstens ein bisschen Orangensaft.«

Manchmal erbrach Ariadna das Essen oder verspürte tiefe Übelkeit, die sie bewusstlos machte und vom Stuhl fallen ließ. Wenn das geschah, klingelte Leandro, und in Sekundenschnelle erschien jemand, der sie aufhob und noch einmal wusch. Dann gab ihr der Arzt immer eine Spritze, die sie in den Zustand eiskalter Ruhe versetzte, nach dem sie sich so sehr sehnte, dass sie in Versuchung geriet, Ohnmachten vorzutäuschen, damit man ihr eine Dosis verabreichte. Längst hatte sie den Überblick über die Tage verloren, die sie schon hier war. Sie maß die Stunden am Zeitraum zwischen den Injektionen, dem Balsam eines bewusstlosen Schlafs und dem Erwachen. Sie hatte Gewicht verloren, und die Kleider schlotterten ihr um den Leib. Wenn sie sich nackt im Badezimmerspiegel sah, fragte sie sich, wer diese Frau sein mochte. Ständig sehnte sie sich danach, dass Leandro die Tagessitzung für beendet erklärte und der Arzt mit seinem magischen Köfferchen und seinen Vergessensträken zurückkäme. Die Augenblicke, in denen sie ihr Blut brennen fühlte, bis sie das Bewusstsein verlor, bescherten ihr kaum je gekannte Glücksgefühle.

»Wie geht es dir heute Morgen, Ariadna?«

»Gut.«

»Ich habe gedacht, wir könnten heute von den Monaten sprechen, in denen du verschwunden warst, wenn es dir recht ist.«

»Davon haben wir doch schon neulich gesprochen. Und danach noch einmal.«

»Ja, aber ich glaube, nach und nach kommen neue Einzelheiten an den Tag. Die Erinnerung ist so. Sie spielt uns gern einen Streich.«

»Was wollen Sie denn wissen?«

»Ich möchte gern noch einmal zu dem Tag zurückkehren, als du von zu Hause weggelaufen bist. Erinnerst du dich?«

»Ich bin müde.«

»Halt noch ein wenig aus. Der Doktor wird gleich kommen und dir ein Tonikum verabreichen, damit du dich besser fühlst.«

»Könnte das jetzt gleich sein?«

»Lass uns zuerst sprechen, danach kannst du deine Medizin nehmen.«

Sie nickte. Tagtäglich wiederholte sich das gleiche Spiel. Sie erinnerte sich nicht mehr, was sie ihm bereits erzählt hatte und was nicht. Es spielte auch keine Rolle. Es hatte keinen Sinn mehr, etwas vor ihm verbergen zu wollen. Alle waren tot. Und sie würde nie mehr von hier wegkommen.

»Es war der Tag vor meinem Geburtstag«, begann sie. »Die Ubachs hatten für mich ein Fest organisiert. Alle meine Schulkameradinnen waren eingeladen.«

»Deine Freundinnen?«

»Es waren keine Freundinnen von mir. Es war gekaufte Gesellschaft, wie alles in diesem Haus.«

»Und in dieser Nacht hast du zu fliehen beschlossen?«

»Ja.«

»Aber jemand hat dir geholfen, nicht wahr?«

»Ja.«

»Erzähl mir von diesem Mann. David Martín, stimmt's?«

»David.«

»Wie hast du ihn kennengelernt?«

»Er war ein Freund meines Vaters gewesen. Sie hatten zusammen gearbeitet.«

»Hatten sie gemeinsam ein Buch geschrieben?«

»Rundfunkserien. Eine davon hieß *Die Eisorchidee*. Es war eine Kriminalgeschichte, die im Barcelona des 19. Jahrhunderts spielte. Mein Vater verbot mir, sie zu hören, weil sie nicht für kleine Mädchen sei, aber ich entwischte ihm und hörte sie in dem Radio, das im Wohnzimmer des Hauses in Vallvidrera stand. Ganz leise.«

»Laut meinen Berichten wurde David Martín 1939 ins Gefängnis gesteckt, als er bei Kriegsende die spanische Grenze zu überschreiten versuchte, um nach Barcelona zurückzukehren. Eine Zeitlang war er Gefangener im Kastell auf dem Montjuïc, zur selben Zeit wie dein Vater, und dann wurde er gegen Ende 1941 für tot erklärt. Du erzählst mir vom Jahr 48, also mehrere Jahre später. Bist du sicher, dass der Mann, der dir bei der Flucht geholfen hat, Martín war?«

»Er war es.«

»Hätte es nicht jemand sein können, der sich für ihn ausgab? Schließlich hattest du ihn jahrelang nicht mehr gesehen.«

»Er war es.«

»Also gut. Wie kam es zu dem Wiedersehen?«

»Doña Manuela, meine Erzieherin, ging mit mir jeden Samstag in den Retiro-Park. Zum Kristallpalast, das war mein Lieblingsort.«

»Das ist er auch für mich. Bist du Martín dort begegnet?«

»Ja. Ich hatte ihn mehrmals gesehen. Von ferne.«

»Glaubst du, das war Zufall?«

»Nein.«

»Wann hast du zum ersten Mal mit ihm gesprochen?«

»Doña Manuela hatte immer eine Flasche Anislikör in der Handtasche, und manchmal schlief sie ein.«

»Und dann kam David Martín zu dir?«

»Ja.«

»Und was sagte er?«

»Das weiß ich nicht mehr.«

»Ich weiß, dass es schwierig ist, Ariadna. Streng dich an.«

»Ich will meine Medizin.«

»Sag mir zuerst, was dir Martín gesagt hat.«

»Er hat mir von meinem Vater erzählt. Von der Zeit, als sie gemeinsam im Gefängnis saßen. Mein Vater hatte ihm von uns erzählt. Von dem, was geschehen war. Ich glaube, sie hatten so eine Art Pakt geschlossen. Der Erste, der dort rauskäme, würde der Familie des anderen beistehen.«

»Aber David Martín hatte keine Familie.«

»Er hatte Leute, die er liebte.«

»Hat er dir gesagt, wie ihm die Flucht aus dem Kastell gelungen ist?«

»Valls hatte ihn von zwei seiner Leute in ein altes Haus neben dem Park Güell bringen lassen, um ihn zu ermorden. Dort brachten sie immer Leute um und verscharrten sie danach im Garten.«

»Und was geschah?«

»David sagte, da wäre noch jemand gewesen, im Haus, der ihm geholfen habe zu entkommen.«

»Ein Komplize?«

»Er nannte ihn Patron.«

»Patron?«

»Er hatte einen ausländischen Namen, einen italienischen. Ich erinnere mich dran, weil es auch der Name eines berühmten Komponisten war, der meinen Eltern sehr gefiel.«

»Erinnerst du dich an den Namen?«

»Corelli. Er hieß Andreas Corelli.«

»Dieser Name taucht in keinem meiner Berichte auf.«

»Weil es ihn nicht gab.«

»Ich verstehe dich nicht.«

»David ging es nicht gut. Er stellte sich Dinge vor. Leute.«

»Du meinst, David Martín habe sich diesen Andreas Corelli nur eingebildet?«

»Ja.«

»Woher weißt du das?«

»Ich weiß es einfach. David hatte im Gefängnis den Verstand verloren, oder das bisschen, das ihm noch geblieben war. Er war sehr krank und merkte es nicht.«

»Du sprichst von ihm immer als von David.«

»Wir waren Freunde.«

»Geliebte?«

»Freunde.«

»Was hat er an jenem Tag zu dir gesagt?«

»Dass er seit drei Jahren versuchte, an Mauricio Valls heranzukommen.«

»Um sich an ihm zu rächen?«

»Valls hatte jemanden umgebracht, den er sehr geliebt hatte.«

»Isabella.«

»Ja, Isabella.«

»Hat er dir gesagt, wie Valls sie seiner Meinung nach umgebracht hatte?«

»Er hatte sie vergiftet.«

»Und warum hatte er dich gesucht?«

»Um das Versprechen einzulösen, das er meinem Vater abgegeben hatte.«

»Und sonst nichts?«

»Und weil er dachte, wenn ich ihm Zutritt zum Haus meiner Eltern verschaffe, würde über kurz oder lang auch Valls da auftauchen, und dann könnte er ihn umbringen. Valls besuchte Ubach oft. Sie machten gemeinsam Geschäfte. Bankaktien. Anders zu Valls vorzudringen war unmöglich, weil er immer eine Leibwache bei sich hatte oder sonst beschützt wurde.«

»Aber das ist nicht passiert?«

»Nein.«

»Warum nicht?«

»Weil ich ihm sagte, wenn er das zu tun versuchte, würde man ihn umbringen.«

»Das konnte er sich ja selbst ausmalen. Da muss es noch etwas anderes gegeben haben.«

»Etwas anderes?«

»Etwas, das du ihm gesagt hast, damit er seine Pläne änderte.«

»Ich brauche die Medizin. Bitte.«

»Sag mir, was du zu David Martín gesagt hast, dass er sein Vorhaben geändert und den Plan fallengelassen hat, der ihn nach

Madrid geführt hatte, um sich an Valls zu rächen, und dir im Gegenteil zur Flucht verholfen hat.«

»Bitte …«

»Nur noch ein wenig, Ariadna. Danach geben wir dir deine Medizin, und du wirst dich ausruhen können.«

»Ich habe ihm die Wahrheit gesagt. Dass ich schwanger war.«

»Das verstehe ich nicht. Schwanger? Von wem?«

»Von Ubach.«

»Von deinem Vater?«

»Er war nicht mein Vater.«

»Miguel Ángel Ubach, der Bankier. Der Mann, der dich adoptiert hatte.«

»Der Mann, der mich gekauft hatte.«

»Was ist geschehen?«

»In vielen Nächten kam er in mein Zimmer, betrunken. Er sagte, seine Frau liebe ihn nicht, sie habe Liebhaber, sie hätten nichts mehr gemeinsam. Dann begann er zu weinen. Danach vergewaltigte er mich. Wenn er müde wurde, sagte er, alles sei meine Schuld, ich führe ihn in Versuchung, ich sei eine Nutte wie meine Mutter. Er schlug mich und sagte, wenn ich jemandem etwas erzähle, werde er dafür sorgen, dass meine Schwester umgebracht werde, denn er wüsste, wo sie sei, und auf einen einzigen Anruf von ihm hin würde man sie lebendig begraben.«

»Und was tat David Martín, als er das hörte?«

»Er stahl ein Auto und holte mich da raus. Ich brauche die Medizin, bitte …«

»Natürlich. Sogleich. Danke, Ariadna. Danke für deine Aufrichtigkeit.«

12

»Was ist heute für ein Tag?«

»Dienstag.«

»Gestern war auch Dienstag.«

»Es war ein anderer Dienstag. Erzähl mir von deiner Flucht mit David Martín.«

»Er hatte einen Wagen. Er hatte ihn gestohlen und versteckte ihn in einer Garage in Carabanchel. An jenem Tag sagte er, er komme damit am kommenden Samstag um zwölf Uhr mittags zu einem der Eingänge des Parks. Sobald Doña Manuela eingeschlafen sei, solle ich loslaufen und ihn gegenüber der Puerta de Alcalá treffen.«

»Und so geschah es?«

»Wir stiegen ins Auto und versteckten uns bis zum Einbruch der Dunkelheit in der Garage.«

»Die Polizei beschuldigte deine Erzieherin, bei der Entführung als Komplizin mitgewirkt zu haben. Man verhörte sie achtundvierzig Stunden lang, und dann wurde sie in einem Straßengraben auf der Landstraße nach Burgos aufgefunden. Ihr waren die Beine und Arme gebrochen worden, und man hatte ihr einen Schuss in den Nacken verpasst.«

»Erwarten Sie nicht, dass sie mir leidtut.«

»Wusste sie, dass Ubach dich missbrauchte?«

»Sie war die Einzige, der ich es erzählt habe.«

»Und was sagte sie?«

»Dass ich den Mund halten solle. Wichtige Männer hätten ihre Bedürfnisse, und mit der Zeit würde ich merken, dass Ubach mich sehr liebhabe.«

»Was geschah in jener Nacht?«

»Wir fuhren mit dem gestohlenen Auto die ganze Nacht durch.«

»Wohin?«

»Wir waren zwei Tage unterwegs. Wir warteten immer, bis es Nacht wurde, und dann fuhren wir über Nebenstraßen oder Feldwege. David sagte, ich solle mich auf dem Rücksitz ausstrecken und mich zudecken, damit man mich nicht sehen konnte, wenn wir an den Tankstellen hielten. Manchmal schlief ich ein, und wenn ich aufwachte, hörte ich ihn sprechen, als säße jemand auf dem Beifahrersitz.«

»Dieser Corelli?«

»Ja.«

»Und hat dir das keine Angst gemacht?«

»Er tat mir leid.«

»Wohin brachte er dich?«

»An einen Ort in den Pyrenäen, wo er sich bei seiner Rückkehr nach Spanien am Ende des Krieges einige Tage versteckt hatte. Bolvir hieß er. Er befand sich ganz in der Nähe eines Dorfes namens Puigcerdà, beinahe an der Grenze zu Frankreich. Da gab es ein verlassenes altes Haus, das im Krieg ein Krankenhaus gewesen war. *La Torre del Remei* hieß es, wenn ich mich nicht irre. Dort verbrachten wir mehrere Wochen.«

»Sagte er dir, warum er dich dorthin brachte?«

»Er sagte, es sei ein sicherer Ort. Er kannte dort einen Mann, mit dem er sich damals beim Überschreiten der Grenze angefreundet hatte, einen lokalen Schriftsteller, der uns mit Lebensmitteln und Kleidern aushalf, Alfons Brosel. Ohne ihn wären wir verhungert und erfroren.«

»Martín wird sich noch aus einem anderen Grund für diesen Ort entschieden haben.«

»Das Dorf weckte Erinnerungen in ihm. Er sagte mir nie, was da geschehen war, aber ich wusste, dass es für ihn eine ganz besondere Bedeutung hatte. Er lebte in der Vergangenheit. Als der schlimmste Moment des Winters kam, riet uns Alfons zu gehen und gab uns ein wenig Geld, um weiterzureisen. Die Leute im Dorf hatten zu munkeln begonnen. David kannte einen Ort an der Küste, wo ein anderer alter Freund von ihm, ein reicher Mann namens Pedro Vidal, ein Haus besaß, von dem er glaubte, es könnte ein gutes Versteck sein, wenigstens bis zum Sommer. David kannte das Haus gut. Ich glaube, er war zuvor schon dort gewesen.«

»War das das Dorf, wo man dich Monate später gefunden hat? Sant Feliu de Guíxols?«

»Das Haus lag ungefähr zwei Kilometer vom Dorf entfernt, in einem Ort namens S'Agaró, bei der Bucht San Pol.«

»Das kenne ich.«

»Das Haus befand sich zwischen den Felsen, an einem Ort, den man Camino de Ronda nannte. Im Winter lebte niemand dort. Es war eine Art Wohnsiedlung mit großen Sommerhäusern von wohlhabenden Familien aus Barcelona und Gerona.«

»Dort habt ihr jenen Winter verbracht?«

»Ja. Bis zum Frühling.«

»Als man dich fand, warst du allein. Martín war nicht bei dir. Was ist aus ihm geworden?«

»Darüber will ich nicht reden.«

»Wenn du willst, machen wir eine Pause. Ich kann dem Doktor sagen, er soll dir was geben.«

»Ich will weg von hier.«

»Darüber haben wir schon gesprochen, Ariadna. Hier bist du sicher. Beschützt.«

»Wer sind Sie?«

»Ich bin Leandro. Das weißt du doch. Dein Freund.«

»Ich habe keine Freunde.«

»Du bist nervös. Ich glaube, am besten lassen wir's für heute. Ich sage dem Doktor, er soll kommen.«

Es war immer Dienstag in der Suite des Hotels Palace.

»Heute Morgen siehst du sehr gut aus, Ariadna.«

»Ich habe starke Kopfschmerzen.«

»Das ist wegen des Wetters, der Luftdruck ist sehr niedrig. Das habe ich manchmal auch. Nimm das, und es wird vorübergehen.«

»Was ist es?«

»Aspirin. Nichts weiter. Übrigens, wir haben das nachgeprüft, was du mir über das Haus in S'Agaró erzählt hast. Es hatte tatsächlich Pedro Vidal gehört, Angehöriger einer der wichtigsten Barceloner Familien. Wie wir herausgefunden haben, war er eine

Art Mentor von David Martín gewesen. Der Polizeibericht sagt, Martín habe ihn 1930 in seinem Haus in Pedralbes ermordet, weil er die Frau geheiratet hatte, die er liebte, eine gewisse Cristina.«

»Das ist eine Lüge. Vidal hat sich das Leben genommen.«

»Das hat dir David Martín erzählt? Offenbar war er im Grunde ein sehr rachsüchtiger Mann. Valls, Vidal … Aus Eifersucht machen die Leute die verrücktesten Dinge.«

»Wen David wirklich liebte, das war Isabella.«

»Das hast du mir erzählt. Aber es ist nicht mit der Dokumentation in Einklang zu bringen. Was hat ihn mit Isabella verbunden?«

»Sie war sein Lehrling gewesen.«

»Ich habe nicht gewusst, dass Schriftsteller Lehrlinge haben.«

»Isabella war sehr eigensinnig.«

»Hat dir das Martín erzählt?«

»David hat viel von ihr gesprochen. Das hat ihn am Leben erhalten.«

»Aber Isabella war damals schon fast zehn Jahre tot.«

»Manchmal hat er das vergessen. Darum war er dorthin zurückgekehrt.«

»Ins Haus in S'Agaró?«

»Er war schon zuvor dort gewesen. Mit ihr.«

»Weißt du, wann das gewesen ist?«

»Kurz vor Kriegsausbruch. Bevor er nach Frankreich flüchten musste.«

»Ist er aus diesem Grund nach Spanien zurückgekommen, obwohl er wusste, dass er gesucht wurde? Wegen Isabella?«

»Ich glaube schon.«

»Erzähl mir von eurer Zeit dort. Was habt ihr gemacht?«

»David war schon sehr krank. Als wir ins Haus kamen, konnte er kaum noch zwischen der Wirklichkeit und dem, was er zu sehen und zu hören glaubte, unterscheiden. Das Haus weckte viele Erinnerungen in ihm. Ich glaube, im Grunde wollte er dahin zurück, um zu sterben.«

»Also ist David Martín tot?«

»Was glauben Sie?«

»Sag mir die Wahrheit. Was hast du in diesen Monaten getrieben?«

»Für ihn gesorgt.«

»Ich dachte, er hätte für dich sorgen sollen.«

»David konnte für niemanden mehr sorgen, am wenigsten für sich selbst.«

»Ariadna, hast du David Martín umgebracht?«

13

»Keinen Monat nach unserer Ankunft im Haus verschlechterte sich sein Zustand. Ich war weggegangen, um etwas zu essen zu holen. Jeden Vormittag kamen einige Bauern mit einem Planwagen voller Lebensmittel an einen Ort in der Nähe des Strandes, La Taberna del Mar. Anfänglich ging David dorthin oder auch ins Dorf, um Nahrungsmittel zu kaufen, aber bald kam der Moment, wo er das Haus nicht mehr verlassen konnte. Er litt unter grausamen Kopfschmerzen, Fieber, Übelkeit … Fast jede Nacht streifte er delirierend durchs Haus. Er dachte, Corelli würde ihn heimsuchen.«

»Hast du Corelli einmal gesehen?«

»Corelli gab es nicht. Er lebte ausschließlich in seiner Einbildung.«

»Wie kannst du da so sicher sein?«

»Die Vidals hatten einen schmalen Steg aus Holz errichten lassen, der von der kleinen Bucht unterm Haus ins Meer hinausführte. David ging oft da hinunter und setzte sich ganz vorne auf den Steg und schaute aufs Meer hinaus. Dort führte er seine imaginären Gespräche mit Corelli. Manchmal ging auch ich auf den Steg und setzte mich neben ihn. Er nahm mich überhaupt nicht wahr. Ich hörte ihn mit Corelli sprechen, wie er es bei unserer Flucht aus Madrid im Auto getan hatte. Dann erwachte er aus seiner Trance und lächelte mich an. Eines Tages begann es zu regnen, und als ich seine Hand ergriff, um wieder nach Hause zu gehen, umarmte er mich weinend und nannte mich Isabella. Von diesem Augenblick an erkannte er mich nicht mehr und verbrachte die letzten beiden Monate seines Lebens in der Überzeugung, er sei mit Isabella zusammen.«

»Das muss sehr hart für dich gewesen sein.«

»Nein. Die Monate, die ich mit seiner Pflege verbrachte, waren die glücklichsten, aber auch die traurigsten meines Lebens.«

»Wie ist David Martín gestorben, Ariadna?«

»Eines Abends fragte ich ihn, wer Corelli sei und warum er eine solche Angst vor ihm habe. Er antwortete, Corelli sei eine schwarze Seele, das waren seine Worte. Er hatte eine Vereinbarung mit ihm getroffen, sollte in seinem Auftrag ein Buch schreiben. Doch er hatte ihn hintergangen und das Buch vernichtet, ehe es in Corellis Hände gelangte.«

»Was für eine Art Buch?«

»Das weiß ich nicht genau. So etwas wie ein religiöses Traktat oder so. David nannte es *Lux Aeterna*.«

»Also nahm Martín an, Corelli wolle sich an ihm rächen?«

»Ja.«

»Wie? Ariadna?«

»Was spielt das jetzt für eine Rolle. Es hat nichts mit Valls oder sonst was zu tun.«

»Alles hängt miteinander zusammen, Ariadna. Hilf mir, bitte.«

»David war der Überzeugung, das Baby, das ich im Leibe trug, sei jemand, den er gekannt und verloren hatte.«

»Sagte er, wer?«

»Er nannte es Cristina. Er sprach kaum von ihr. Aber wenn er sie erwähnte, schrumpfte seine Stimme vor lauter Gewissensbissen und Schuldgefühlen.«

»Cristina war Pedro Vidals Frau. Die Polizei beschuldigte ihn auch ihres Todes. Sie sagte, er habe sie im See von Puigcerdà ertränkt, ganz in der Nähe des Hauses in den Pyrenäen, wohin er mit dir ging.«

»Alles Lügen.«

»Vielleicht. Aber du sagst, er habe Schuldgefühle gezeigt, wenn er von ihr sprach …«

»David war ein guter Mensch.«

»Aber du selbst hast mir gesagt, er habe vollkommen den Verstand verloren, er habe sich Dinge und Personen eingebildet, die es nicht gab, er habe geglaubt, du seist sein ehemaliger Lehrling Isabella, die zehn Jahre zuvor gestorben war … Hattest du keine Angst um dich, um dein Baby?«

»Nein.«

»Du willst mir doch nicht weismachen, es sei dir nicht durch den Kopf gegangen, ihn in diesem Haus alleinzulassen und zu fliehen?«

»Nein.«

»Na schön. Und was geschah danach?«

14

»Es war Ende März, glaube ich. Seit einigen Tagen ging es David etwas besser. In einem Schuppen unten an der Steilküste hatte er ein kleines Holzboot gefunden, und bald ruderte er jeden Morgen aufs Meer hinaus. Ich war vielleicht im siebten Monat und verbrachte den Tag mit Lesen. Das Haus verfügte über eine riesige Bibliothek, und da gab es auch fast alle Werke von Davids Lieblingsautor, einem Schriftsteller, von dem ich noch nie etwas gehört hatte, Julián Carax. Wenn es dunkel wurde, machten wir den Kamin im Wohnzimmer an, und ich las ihm vor. Wir lasen sie allesamt. Diese beiden letzten Wochen verbrachten wir mit der Lektüre von Carax' letztem Roman, *Der Schatten des Windes*.«

»Kenne ich nicht.«

»Fast niemand kennt ihn. Man glaubt, ihn zu kennen, aber dem ist nicht so. In einer bestimmten Nacht beendeten wir die Lektüre, schon fast am frühen Morgen. Ich ging schlafen, und zwei Stunden später spürte ich die ersten Wehen.«

»Es fehlten aber noch mehrere Wochen …«

»Ich hatte schreckliche Schmerzen, als hätte man mir einen Dolchstoß in den Magen versetzt. Ich geriet in Panik und rief laut nach David. Als er die Laken wegzog und mich in die Arme nahm, um mich zum Arzt zu bringen, war da überall Blut …«

»Das tut mir leid.«

»Allen tut es leid.«

»Habt ihr es bis zum Arzt geschafft?«

»Nein.«

»Und das Baby?«

»Ein Mädchen. Es kam tot zur Welt.«

»Das tut mir aufrichtig leid, Ariadna. Vielleicht sollten wir jetzt besser aufhören, und ich rufe den Doktor, damit er dir etwas gibt.«

»Nein. Ich will jetzt nicht aufhören.«

»Okay. Was geschah dann?«

»David …«

»Ganz ruhig, in deinem Tempo.«

»David nahm die Leiche in die Arme und begann zu wimmern wie ein verwundetes Tier. Das Mädchen hatte eine bläuliche Haut und sah aus wie eine zerbrochene Puppe. Ich wollte aufstehen und die beiden umarmen, aber ich war zu schwach. Am Morgen, als es am Horizont langsam dämmerte, nahm David das Mädchen, schaute mich ein letztes Mal an und bat mich um Verzeihung. Dann ging er aus dem Haus. Ich schleppte mich ans Fenster und sah ihn zwischen den Felsen die Treppe in Richtung Steg hinuntergehen. Dort war das Boot vertäut. Er kletterte mit dem in einige Lumpen gehüllten Körper hinein und begann, ins Meer hinauszurudern, während er die ganze Zeit zu mir herüberblickte. Ich winkte, in der Hoffnung, er würde mich sehen und zurückkommen. Er ruderte weiter bis ungefähr hundert Meter von der Küste entfernt. Die Sonne war schon über den Horizont geklettert, und das Meer sah aus, als hätte es Feuer gefangen. Ich sah David aufstehen und etwas vom Boden des Boots aufnehmen. Er begann, auf den Kiel einzuschlagen, immer und immer wieder. Es dauerte kaum ein paar Minuten, bis es zu sinken begann. David blieb reglos mit dem Mädchen in den Armen stehen und schaute in meine Richtung, bis das Meer sie für immer verschluckte.«

»Und was hast du da getan?«

»Ich hatte viel Blut verloren und war sehr schwach. Einige Tage lang hatte ich Fieber und glaubte, alles sei ein Albtraum gewesen und David würde jeden Augenblick zur Tür hereinkommen. Mit der Zeit, als ich wieder aufstehen und gehen konnte, besuchte ich jeden Tag den Strand. Um zu warten.«

»Um zu warten?«

»Dass sie zurückkämen. Sie werden denken, ich sei ebenso verrückt gewesen wie David.«

»Nein. Das denke ich überhaupt nicht.«

»Die Bauern, die jeden Tag mit ihrem Planwagen kamen, hatten etwas gemerkt, kamen zu mir und fragten mich, ob es mir gutgehe, und gaben mir etwas zu essen. Sie sagten, ich sähe nicht gut aus, und erboten sich, mich ins Krankenhaus nach Sant Feliu zu bringen. Vermutlich waren sie es, die die Guardia Civil benachrichtigten. Sie fanden mich schlafend am Strand und brachten mich ins Krankenhaus. Ich war unterkühlt und hatte eine beginnende Bronchitis und eine innere Blutung, die mich in weniger als zwölf Stunden unter die Erde gebracht hätte, wenn ich nicht ins Krankenhaus eingeliefert worden wäre. Ich sagte ihnen nicht, wer ich war, aber sie fanden es mühelos heraus. In sämtlichen Revieren und Kasernen hingen Steckbriefe mit meinem Bild. Im Krankenhaus verbrachte ich zwei Wochen.«

»Kamen deine Eltern dich nicht besuchen?«

»Sie waren nicht meine Eltern.«

»Ich meine die Ubachs.«

»Nein. Als ich endlich entlassen wurde, brachten mich zwei Polizisten und ein Krankenwagen zum Ubach-Palast in Madrid.«

»Was sagten sie, als sie dich sahen?«

»Die Señora, denn so wollte sie angesprochen werden, spuckte mir ins Gesicht und sagte, ich sei eine undankbare, gottverdammte Schlampe. Ubach zitierte mich in sein Büro. Die ganze Zeit, die ich dort war, geruhte er nicht, auch nur vom Schreibtisch aufzuschauen. Er sagte, man werde mich in ein Internat in der Nähe von El Escorial stecken, und wenn ich mich anständig benähme, könne ich zu Weihnachten ein paar Tage nach Hause kommen. Am nächsten Morgen wurde ich dorthin gebracht.«

»Wie lange warst du in diesem Internat?«

»Drei Wochen.«

»Warum nur so kurz?«

»Die Internatsleitung fand heraus, dass ich meiner Zimmergenossin Ana María erzählt hatte, was vorgefallen war.«

»Was hast du ihr denn erzählt?«

»Alles.«

»Auch das vom Kinderdiebstahl?«

»Alles.«

»Und sie hat dir geglaubt?«

»Ja. Ihr war etwas Ähnliches passiert. Fast alle Mädchen im Internat hatten eine vergleichbare Geschichte.«

»Was geschah dann?«

»Man fand sie ein paar Tage später erhängt im Dachgeschoss des Internats. Sie war sechzehn.«

»Selbstmord?«

»Ja was glauben Sie denn?«

»Und du, was haben sie mit dir gemacht?«

»Sie brachten mich wieder zu den Ubachs.«

»Und?«

»Ubach verpasste mir eine Tracht Prügel und schloss mich in meinem Zimmer ein. Er sagte, wenn ich noch einmal Lügen über ihn verbreite, werde er mich für den Rest meines Lebens in ein Irrenhaus sperren lassen.«

»Und was hast du gesagt?«

»Nichts. Noch in derselben Nacht, als sie schliefen, schlich ich mich aus meinem Zimmer und schloss das Schlafzimmer der Ubachs ab. Dann ging ich in die Küche hinunter und drehte die Gashähne auf. Im Keller verwahrten sie kanisterweise Kerosin für den Generator. Das versprengte ich im ganzen unteren Stockwerk

auf dem Boden und an den Wänden. Dann steckte ich die Vorhänge in Brand und ging in den Garten hinaus.«

»Bist du nicht geflohen?«

»Nein.«

»Warum nicht?«

»Weil ich sie brennen sehen wollte.«

»Verstehe.«

»Das glaube ich nicht. Aber ich habe Ihnen die ganze Wahrheit
erzählt. Und nun sagen Sie mir auch etwas.«

»Natürlich.«

»Wo ist meine Schwester?«

15

»Deine Schwester heißt jetzt Mercedes und befindet sich an einem
sicheren Ort.«

»Wie dem hier?«

»Nein.«

»Ich will sie sehen.«

»Bald. Erzähl mir zuerst von deinem Mann, Ignacio Sanchís.
Ich verstehe immer noch nicht ganz, wie Miguel Ángel Ubach,
dem die exklusivsten Anwaltskanzleien des Landes zu Diensten
standen, einen zwar vielversprechenden, aber sehr unerfahrenen
jungen Mann zum Testamentsvollstrecker ernennen konnte. Hast
du eine Ahnung, warum?«

»Ist das nicht offensichtlich?«

»Nein.«

»Ignacio war Ubachs Sohn. Die Mutter war ein Balletthäschen
vom Paralelo, mit der er als junger Mann verkehrte, Dolores Ri-
bas. Er bezahlte Ignacio das Studium und sah zu, dass er seine
Chancen nutzte und in eine Anwaltskanzlei eintreten konnte, die
nachher für ihn arbeitete.«

»Wusste Sanchís das? Wusste er, dass Ubach sein Vater war?«

»Selbstverständlich.«

»Hat er dich deswegen geheiratet?«

»Er hat mich geheiratet, um mich zu beschützen. Er war mein einziger Freund. Er war ein ehrlicher, anständiger Mann. Der einzige, den ich je kennengelernt habe.«

»Also war es eine Scheinehe?«

»Es war die wirklichste Ehe, die ich in meinem ganzen Leben gesehen habe, aber falls Sie auf das anspielen – nein, er hat mich nie angerührt.«

»Wann hast du deine Rachepläne zu schmieden begonnen?«

»Da Ignacio Zugang zu den gesamten Unterlagen der Ubachs hatte, begann er sich in Bezug auf Valls einen Reim zu machen. Die Idee stammte von ihm. Als wir die Geschichte meines wirklichen Vaters, Víctor Mataix, durchkämmten, erfuhren wir von einigen seiner Gefängnisgenossen, von David Martín über Sebastián Salgado bis zu Morgado, den Ignacio als Fahrer und Leibwächter einstellte. Aber darüber haben wir ja schon gesprochen.«

»Spielt keine Rolle. War es auch seine Idee, David Martíns Geist zu benutzen, um Valls in Angst und Schrecken zu versetzen?«

»Nein, meine.«

»Wer hat die mit Salgado unterzeichneten Briefe an Valls geschrieben?«

»Ich.«

»Was geschah im November 1956 im Círculo de Bellas Artes in Madrid?«

»Mit den Briefen erreichten wir unser Ziel nicht. Die Ausgangsidee war es gewesen, Valls zu verängstigen und ihm weiszumachen, es gebe eine von David Martín inszenierte Verschwörung, mit der Absicht, sich an ihm zu rächen und die Wahrheit über seine Vergangenheit an den Tag zu bringen.«

»Wozu?«

»Um zu erreichen, dass er einen falschen Schritt tat und nach Barcelona zurückkehrte, um sich Martín vorzuknöpfen.«

»Das habt ihr ja erreicht.«

»Ja, aber man musste noch mehr Druck ausüben.«

»Und das war der Mordversuch von 1956?«

»Unter anderem.«

»Wer hat ihn begangen?«

»Morgado. Er sollte ihn nicht umbringen, bloß erschrecken und ihn davon überzeugen, dass er nicht einmal in seinem eigenen Bunker sicher wäre und es auch nie sein würde, bis er nicht persönlich nach Barcelona käme, um David Martín ein für alle Mal zum Schweigen zu bringen.«

»Aber er hätte ihn nie finden können, da er bereits tot war.«

»Genau.«

»Was habt ihr sonst noch unternommen, um ihn unter Druck zu setzen?«

»Ignacio bestach einen von Valls' Bediensteten, in der Nacht des Maskenballs in der Villa Mercedes eines der Bücher meines Vaters, *Ariadna und der Scharlachprinz*, in sein Arbeitszimmer zu legen. Beigefügt waren eine Notiz und die Liste mit den Nummern der gefälschten Urkunden, die wir bis dahin hatten finden können. Es war die letzte, die er bekam. Dann hielt er es wohl nicht länger aus.«

»Warum seid ihr nie zur Polizei gegangen oder an die Presse gelangt?«

»Bringen Sie mich nicht zum Lachen.«

»Ich möchte auf das Thema der Listen zurückkommen.«

»Ich habe Ihnen doch schon alles gesagt, was ich weiß. Warum ist diese Liste so wichtig für Sie?«

»Es geht darum, bis auf den Grund dieser ganzen Geschichte vorzudringen. Um Gerechtigkeit schaffen zu können. Um den eigentlichen Architekten des ganzen Albtraums zu finden, den du und so viele andere haben durchmachen müssen.«

»Also Valls' Verbündeten?«

»Ja. Darum muss ich nachhaken.«

»Was wollen Sie denn wissen?«

»Bitte streng dich an und versuch dich zu erinnern. Du sagst, die Liste bestand nur aus Zahlen? Ohne die Namen der Kinder?«

»Nur die Nummern und Kombinationen mit Buchstaben.«

»Kannst du dich erinnern, wie viele? Ungefähr.«

»Es müssen etwa vierzig gewesen sein.«

»Wie seid ihr zu diesen Zahlen gekommen? Was hat euch auf den Gedanken gebracht, es könnte noch mehr Fälle von Kindern geben, die Eltern gestohlen wurden, welche auf Anordnung von Valls ermordet worden waren?«

»Morgado. Als Valentín für die Familie zu arbeiten begann, erzählte er uns, er habe von ganzen Familien gehört, die verschwunden waren. Viele seiner ehemaligen Gefängnisgenossen, die im Kastell gestorben waren. Ihre Frauen und Kinder, spurlos verschwunden. Ignacio verlangte von ihm eine Liste mit Namen und engagierte einen Anwalt, Brians, damit der diskret auf dem Standesamt nachforschte, was mit all diesen Familien geschehen war. Am einfachsten zu finden waren die Sterbeurkunden. Als er sah, dass die meisten am selben Tag ausgestellt worden waren, schöpfte er Verdacht und prüfte Geburtsurkunden mit demselben Datum.«

»Wie raffiniert, Anwalt Brians. Nicht jedem wäre das in den Sinn gekommen …«

»Als wir all das sahen, dachten wir, wenn Valls wirklich getan hatte, was er in diesen Fällen getan zu haben schien, könnte es auch noch viel mehr geben. In anderen Gefängnissen. Bei Familien im ganzen Land, die wir nicht kannten. Hunderte, vielleicht Tausende.«

»Habt ihr jemandem von diesem Verdacht erzählt?«

»Nein.«

»Und habt ihr selbst über diese Fälle hinaus keine weiteren Nachforschungen angestellt?«

»Ignacio hatte es vor. Aber er wurde verhaftet.«

»Und was geschah mit der Originalliste?«

»Die hat dieser Typ behalten, Hendaya.«

»Gibt es Abschriften davon?«

Sie schüttelte den Kopf.

»Hast nicht du oder dein Mann wenigstens eine angefertigt? Zur Sicherheit?«

»Diejenigen, die es gab, waren zu Hause. Hendaya fand sie und vernichtete sie an Ort und Stelle. Er wusste, was er tat. Das Einzige, was er wissen wollte, war, wo wir Valls versteckt hielten.«

»Bist du sicher?«

»Absolut. Das habe ich Ihnen schon mehrmals gesagt.«

»Ich weiß, ich weiß. Und trotzdem kann ich dir aus irgendeinem Grund nicht ganz glauben. Hast du mich angelogen, Ariadna? Sag mir die Wahrheit.«

»Ich habe Ihnen die Wahrheit gesagt. Hingegen weiß ich nicht, ob Sie das Gleiche getan haben.«

Leandros ausdrucksloser Blick blieb an ihr hängen, als hätte er ihre Anwesenheit eben erst wahrgenommen. Er lächelte schwach und beugte sich vor.

»Ich weiß nicht, was du meinst, Ariadna.«

Sie spürte, wie sich ihre Augen mit Tränen füllten. Die Worte entglitten ihren Lippen, bevor sie merkte, dass sie sie sagte.

»Ich glaube, das wissen Sie sehr wohl. Sie waren im Auto, nicht wahr? An dem Tag, als sie kamen, um meinen Vater zu verhaften, und meine Schwester und mich mitnahmen? Sie waren Valls' Partner … Die schwarze Hand.«

Leandro schaute sie traurig an.

»Ich glaube, du verwechselst mich mit jemandem, Ariadna.«

»Warum?«, fragte sie mit hauchdünner Stimme.

Er stand auf und trat zu ihr.

»Du bist sehr mutig gewesen, Ariadna. Danke für deine Hilfe. Du sollst dir wegen nichts Sorgen machen. Es war ein Privileg, dich kennenzulernen.«

Ariadna blickte auf und sah Leandros Lächeln, ein Balsam des Friedens und Mitleids. Am liebsten hätte sie sich darin verloren und wäre nie wieder aufgewacht. Leandro neigte sich zu ihr hinab und küsste sie auf die Stirn.

Er hatte kalte Lippen.

Als sich in der folgenden Nacht des Doktors Zaubertrank zum letzten Mal in ihren Adern verteilte, träumte Ariadna vom Scharlachprinzen aus den Erzählungen, die ihr Vater für sie geschrieben hatte. Und da kamen die Erinnerungen.

Es waren Jahre vergangen, und sie hatte kaum noch eine Vorstellung vom Gesicht ihrer Eltern oder ihrer Schwester. Das gelang ihr nur im Traum. Träume, die sie immer zu dem Tag zurückführten, an dem diese Männer gekommen waren, um ihren Vater mitzunehmen und sie und die Schwester zu rauben, während sie die Mutter dem Tod nahe im Haus in Vallvidrera liegen ließen.

In dieser Nacht träumte sie, sie höre wieder das Motorengeräusch des Autos, das zwischen den Bäumen zum Haus gefahren kam. Sie erinnerte sich an die Stimme ihres Vaters im Garten. Sie schaute in ihrem Zimmer zum Fenster hinaus und sah den schwarzen Wagen des Scharlachprinzen vor dem Brunnen halten. Die Tür ging auf, und das Licht wurde Schatten.

Ariadna spürte die Berührung von eisigen Lippen auf der Haut, und die leise Stimme drang wie blutendes Gift durch die Wände. Sie wollte sich eilig mit ihrer Schwester ganz hinten im Schrank verstecken, doch der Blick des Scharlachprinzen sah alles und wusste alles. Im Dunkeln kauernd, hörte sie die Schritte des Architekten aller Albträume langsam näher kommen.

16

Ein Geruch nach grellem Kölnischwasser und hellem Tabak ging ihm voraus. Valls hörte zwar seine Schritte die Treppe heruntersteigen, versagte ihm aber die Genugtuung. In verlorenen Schlachten besteht die letzte Verteidigung in der Gleichgültigkeit.

»Ich weiß, dass du wach bist«, sagte Hendaya schließlich. »Erspar es mir, dir einen Eimer kaltes Wasser ins Gesicht gießen zu müssen.«

Valls öffnete die Augen ins Halbdunkel. Aus den Schatten löste sich der Rauch der Zigarette und bildete verschwommene Figuren in der Luft. In Hendayas Blick leuchtete die Glut auf.

»Was wollen Sie?«

»Ich dachte, wir könnten uns unterhalten.«

»Ich habe nichts zu sagen.«

»Möchtest du eine Zigarette? Angeblich verkürzen sie das Leben.«

Valls zuckte mit den Schultern. Hendaya lächelte, zündete eine Zigarette an und reichte sie ihm durch die Gitterstäbe hindurch. Valls nahm sie mit zittrigen Fingern entgegen und zog tief den Rauch ein.

»Worüber wollen Sie sprechen?«

»Über die Liste.«

»Ich weiß nicht, welche Liste Sie meinen.«

»Die Liste, die du in einem Buch in deinem Arbeitszimmer gefunden hast. Die du in der Nacht bei dir hattest, als sie dich schnappten. Die etwa vierzig Nummern von Geburts- und Sterbeurkunden enthielt. Du weißt ganz genau, welche Liste.«

»Die hab ich nicht mehr. Das also sucht Leandro? Sie arbeiten doch für ihn, stimmt's?«

Hendaya machte es sich auf den Stufen bequem und blickte ihn gleichgültig an.

»Hast du eine Abschrift gemacht?«

Valls verneinte.

»Bist du sicher? Denk gut nach.«

»Vielleicht hab ich eine gemacht.«

»Und wo ist sie?«

»Vicente hatte sie. Mein Leibwächter. Bevor wir in Barcelona ankamen, haben wir an einer Tankstelle angehalten. Ich bat Vicente, ein Notizheft zu kaufen, und habe die Nummern abgeschrieben, damit auch er sie hätte, falls etwas dazwischenkäme und wir uns trennen müssten. Er hatte eine Vertrauensperson in der Stadt, die er darum bitten wollte, diese Urkunden ausfindig zu machen und zu vernichten, sowie wir uns Martín vom Leib geschafft und herausgefunden hätten, wem er diese Informationen sonst noch gegeben hatte. Das war der Plan.«

»Und wo ist diese Abschrift jetzt?«

»Das weiß ich nicht. Vicente hatte sie bei sich. Ich weiß nicht, was sie mit seiner Leiche gemacht haben.«

»Gibt es außer dieser noch eine weitere?«

»Nein.«

»Bist du jetzt sicher? Du weißt ja – wenn du mich belügst oder etwas vor mir verbirgst, werde ich dich auf unbestimmte Zeit hier festhalten.«

»Ich belüge Sie nicht.«

Hendaya nickte und hüllte sich in ein langes Schweigen. Valls befürchtete, er würde gehen und ihn wieder zwölf Stunden oder länger allein lassen. Er war an einem Punkt angelangt, an dem Hendayas kurze Besuche das Einzige am Tag waren, was ihn ein wenig aufmunterte.

»Warum hat man mich nicht längst umgebracht?«

Der andere lächelte, als hätte er auf die Frage gewartet, auf die er eine perfekt einstudierte Antwort parat hatte.

»Weil du es nicht verdienst.«

»So sehr hasst mich Leandro?«

»Señor Montalvo hasst niemanden.«

»Was muss ich tun, um es zu verdienen?«

Hendaya schaute ihn neugierig an.

»Nach meiner Erfahrung brechen die, die mit ihrem Wunsch zu sterben den Mund am vollsten nehmen, in letzter Minute zusammen, wenn sie übers Messer springen müssen, und winseln um Gnade wie kleine Mädchen.«

»Man sagt *die Klinge*.«

»Wie bitte?«

»Die Redensart lautet *jemanden über die Klinge springen lassen*. Nicht übers Messer.«

»Ich vergesse immer wieder, dass wir einen berühmten Literaten zu Gast haben.«

»Das also bin ich? Einer von Leandros *Gästen*?«

»Du bist überhaupt nichts mehr. Und wenn man dich springen lässt, und dazu wird es kommen, dann werden dir poetische Spitzfindigkeiten ziemlich egal sein.«

»Ich bin bereit.«

»Ich gebe dir keine Schuld. Glaub nicht, ich würde deine Situation nicht verstehen und was du durchmachst.«

»Ein Schlächter mit Mitleid.«

»Wer selbst stiehlt, hält jeden für einen Dieb. Wie du siehst, verstehe auch ich etwas von Sprichwörtern. Ich schlage dir einen Handel vor. Zwischen uns beiden. Wenn du dich gut benimmst und kooperativ bist, werde ich dich persönlich töten. Das wird eine saubere Sache sein. Ein Nackenschuss. Du wirst es nicht einmal merken. Was hältst du davon?«

»Was muss ich tun?«

»Komm näher. Ich will dir was zeigen.«

Valls trat ans Gitter.

Hendaya nestelte etwas aus seinem Jackett hervor, und eine Sekunde lang hoffte Valls, es möge ein Revolver sein und der andere jage ihm hier und jetzt eine Kugel durch den Kopf. Doch Hendaya zog ein Foto hervor.

»Ich weiß, dass jemand hier war. Versuch gar nicht erst, es zu leugnen. Du sollst dir dieses Foto genau anschauen und mir sagen, ob es diese Person war.«

Hendaya hielt ihm das Bild vor die Augen. Valls nickte.

»Wer ist das?«

»Sie hieß Alicia Gris.«

»Hieß? Ist sie tot?«

»Ja, sie weiß es nur noch nicht.« Er steckte das Foto wieder ein.

»Darf ich es behalten?«

Überrascht zog Hendaya die Brauen in die Höhe.

»Ich hätte dich nicht für gefühlsduselig gehalten.«

»Bitte.«

»Du vermisst weibliche Gesellschaft, was?«

Er lächelte großherzig und ließ das Bild verächtlich in die Zelle flattern.

»Sie gehört ganz dir. Sie ist auf ihre Art tatsächlich ein süßes Ding. So kannst du sie jede Nacht anschauen und dir mit beiden Händen …, Verzeihung, einhändig einen runterholen.«

Valls blickte ihn aus gänzlich ausdruckslosen Augen an.

»Sei weiterhin brav und sammle Punkte. Ich werde für dich eine Kugel mit hohler Spitze reservieren als Abschiedsgeschenk und für all deine Dienste am Vaterland.«

Valls wartete, bis Hendaya treppauf verschwunden war, um niederzuknien und das Foto vom Boden aufzunehmen.

17

Ariadna wusste, dass das der Tag ihres Todes war. Sie wusste es in dem Moment, als sie im Hotel Palace erwachte, die Augen öffnete und sah, dass einer von Leandros Schergen ein mit einer Schleife geschmücktes Paket auf dem Schreibtisch deponiert hatte, während sie schlief. Sie schob die Laken beiseite und taumelte zum Tisch. Es war eine große weiße Schachtel mit dem Aufdruck PERTEGAZ in goldenen Lettern. Unter dem Band der Schleife steckte ein Umschlag mit ihrem von Hand geschriebenen Namen. Darin fand sie eine Karte mit folgenden Worten:

Liebe Ariadna,

der Tag ist gekommen, an dem Du endlich Deine Schwester wiedertreffen wirst. Ich dachte, Du möchtest hübsch aussehen und feiern, dass zu guter Letzt Gerechtigkeit geschaffen wird und Du nie wieder jemanden oder etwas fürchten musst. Hoffentlich gefällt es Dir. Ich habe es persönlich für Dich ausgesucht.

Herzlich
Leandro

Sie strich mit den Fingern über die Kanten der Schachtel, ehe sie sie öffnete. Einen Augenblick lang stellte sie sich vor, wie sich im Innern eine Giftschlange wand, um ihr an den Hals zu springen, sobald sie den Deckel abnähme. Sie lächelte. Die Schachtel war mit Seidenpapier ausgekleidet. Sie entfernte die erste Schicht und fand eine Garnitur weiße Seidenunterwäsche mitsamt Strümpfen. Darunter lagen ein elfenbeinfarbenes Wollstoffkleid, dazu ein Jäckchen, Handschuhe, ein Hut, die passenden Schuhe und eine Ledertasche. Und ein Taschentuch. Leandro schickte ihr den Tod in Jungfrauentracht.

Sie wusch sich allein, ohne Hilfe der Pflegerin. Dann schlüpfte sie gemächlich in die von Leandro für den letzten Tag ihres Lebens ausgesuchten Kleidungsstücke und musterte sich im Spiegel. Jetzt fehlten nur noch der weiße Sarg und das Kruzifix in ihren Händen. Sie setzte sich hin, um zu warten, und fragte sich, wie viele weiße Jungfrauen sich vor ihr in dieser Luxuszelle geläutert haben mochten, wie viele Schachteln mit dem Besten von Pertegaz Leandro bestellt hatte, um sich mit einem Kuss auf die Stirn von seinen Jungfern zu verabschieden.

Sie brauchte nicht lange zu warten. Nach weniger als einer halben Stunde hörte sie, wie der Schlüssel ins Schloss gesteckt wurde. Der Mechanismus gehorchte der Drehung sanft, und der gute Doktor mit seinem freundlichen Hausarztgesicht schaute mit dem milden, mitfühlenden Lächeln herein, das ihn immer begleitete, genau wie sein Wunderköfferchen.

»Guten Morgen, Ariadna. Wie geht es Ihnen heute?«

»Sehr gut, danke, Doktor.«

Er trat langsam näher und deponierte das Köfferchen auf dem Tisch.

»Sie sehen sehr hübsch und elegant aus. Ich weiß, dass heute Ihr großer Tag ist.«

»Ja, heute werde ich meine Familie wiedertreffen.«

»Wie schön. Die Familie ist das Wichtigste in diesem Leben. Señor Leandro hat mich gebeten, Ihnen seine aufrichtige Entschuldigung zu übermitteln, dass er nicht persönlich nach Ihnen sehen kann. Eines wichtigen Geschäftes halber ist er vorübergehend abwesend. Ich werde ihm sagen, dass Sie gestrahlt haben.«

»Danke.«

»Möchten Sie ein kleines Tonikum, um ein wenig zu Kraft zu kommen?«

Gehorsam hielt sie ihm den nackten Arm hin. Der Doktor lächelte, klappte sein schwarzes Köfferchen auf, entnahm ihm eine Lederhülle und rollte sie auf dem Tisch auseinander. Sie erkannte das Dutzend nummerierter, mit Gummibändern zusammengehaltener Fläschchen und das Metalletui mit der Spritze. Er beugte sich über sie und nahm zart ihren Arm.

»Sie erlauben.«

Er begann, ihre Haut abzutasten, die von unzähligen Injektionen mit Einstichen und blauen Flecken übersät war. Während er ihren Unterarm, das Handgelenk, den Raum zwischen den Fingerknöcheln prüfte und mit dem Finger sanft ihre Haut abklopfte, lächelte er ihr zu. Sie schaute ihm in die Augen und zog den Rock hoch, um ihm die Schenkel zu zeigen. Auch hier gab es Einstiche, allerdings weniger.

»Wenn Sie wollen, können Sie mich auch hier stechen.«

Er gab unendliche Zurückhaltung vor und nickte verschämt.

»Danke. Ich glaube, das wäre besser.«

Sie schaute ihm beim Vorbereiten der Spritze zu. Er hatte das Fläschchen Nr. 9 gewählt. Nie zuvor hatte sie ihn diese Nummer benutzen sehen. Sowie die Spritze voll war, suchte er auf der Innenseite ihres linken Schenkels eine geeignete Stelle, direkt oberhalb des Saums des erstmalig benutzten Seidenstrumpfs.

»Möglicherweise tut es am Anfang ein bisschen weh, und Sie spüren Kälte. Das wird aber nur ein paar Sekunden dauern.«

Sie sah, wie er seinen Blick auf die Stelle konzentrierte und die Spritze ihrer Haut näherte. Als die Nadelspitze nur noch einen Zentimeter von ihrem Schenkel entfernt war, sagte sie:

»Heute haben Sie die Watte mit dem Alkohol weggelassen, Doktor.«

Überrascht schaute er auf und lächelte verwirrt.

»Haben Sie Töchter, Doktor?«

»Zwei, Gott segne sie. Señor Leandro ist ihr Taufpate.«

Dann geschah alles in Sekundenschnelle. Noch bevor er diese Worte zu Ende gesprochen hatte und zu seinem Vorhaben zurückkehren konnte, packte Ariadna kräftig seine Hand und bohrte ihm die Spritze in die Kehle. Ein verdutzter Blick überschwemmte seine Augen. Seine Hände sanken herab, und mit der Spritze im Hals begann er zu zittern. Die Lösung im Kolben färbte sich mit seinem Blut. Ariadna hielt seinem Blick stand, ergriff die Spritze und entleerte sie in die Halsvene. Er riss den Mund auf, ohne einen Laut von sich zu geben, und stürzte auf die Knie. Sie setzte sich wieder an den Tisch und sah ihm beim Sterben zu. Es dauerte zwei oder drei Minuten.

Dann beugte sie sich über ihn, zog die Spritze heraus und wischte das Blut am Revers seines Jacketts ab. Sie verwahrte sie wieder im Metalletui und das Fläschchen Nr. 9 an seinem Platz und rollte die Hülle ein. Sie kniete neben der Leiche nieder, tastete die Taschen des Doktors ab, fand einen Geldbeutel und entnahm ihm ein Dutzend Hundert-Peseten-Scheine. Schließlich schlüpfte sie in das elegante Jäckchen und setzte sich den dazugehörigen Hut auf. Zuletzt nahm sie die Schlüssel an sich, die er auf dem Tisch hatte liegen lassen, sowie die Hülle mit den Fläschchen und die Spritze und steckte alles in die weiße Handtasche. Mit der Tasche unterm Arm öffnete sie die Tür und verließ das Schlafzimmer.

Der Wohnraum der Suite war leer. Ein Krug mit weißen Rosen stand auf dem Tisch, an dem sie so oft mit Leandro gefrühstückt hatte. Sie ging zur Tür. Sie war geschlossen. Einen nach dem anderen probierte sie die Schlüssel des Doktors aus, bis sie auf den richtigen stieß. Der Gang, eine geräumige, mit Teppichen ausgekleidete und von Bildern und Statuen flankierte Galerie, ließ an ein großes Luxuskreuzfahrtschiff denken. Sie war ebenfalls leer. Das Echo von Hintergrundmusik und das Summen eines Staubsaugers in einer nahen Suite erfüllten die Luft. Sie ging langsam weiter, kam an einer offenen Tür vorbei, vor der ein Reinigungswägelchen stand, und sah drinnen ein Zimmermädchen Tücher einsammeln. Im Vestibül mit den Aufzügen traf sie auf ein älteres Paar in Galakleidung, das sofort das Gespräch abbrach, als Ariadna näher kam.

»Guten Morgen«, sagte sie.

Die beiden beschränkten sich auf ein leichtes Nicken und starrten dann zu Boden. Man wartete schweigend. Als schließlich die Fahrstuhltüren aufgingen, gewährte ihr der Herr den Vortritt und erntete dafür einen stahlharten Blick seiner Begleiterin. Auf der Fahrt nach unten musterte die Frau sie aus dem Augenwinkel und warf einen leicht raubgierigen Blick auf ihre Aufmachung. Ariadna lächelte freundlich, und die Dame bedachte sie mit einem kalten, schneidenden Lächeln.

»Sie gleichen Evita«, sagte sie.

Der stählerne Ton klang keineswegs nach Kompliment. Ariadna senkte bloß bescheiden den Blick. Als die Türen im Erdgeschoss aufgingen, rührte sich das Paar nicht, bevor sie den Lift verlassen hatte.

»Wahrscheinlich eine Edelnutte«, hörte sie den Herrn hinter sich flüstern.

Die Lobby war voller Menschen. Wenige Meter entfernt erblickte sie eine Boutique mit Luxusartikeln und flüchtete sich dahin. Beim Eintreten schaute eine aufmerksame Verkäuferin sie von oben bis unten an, schätzte den Wert ihrer Kleidungsstücke ab und lächelte ihr zu wie einer alten Freundin. Fünf Minuten später verließ Ariadna den Laden mit einer auffälligen Sonnenbrille, die ihr halbes Gesicht verdeckte, und dem rötesten Lippenstift, den sie hatte finden können. Für die Verwandlung von der Jungfrau zur Luxuskurtisane waren nur einige wenige Accessoires nötig gewesen.

In dieser Aufmachung stieg sie bedächtig die Treppe zum Ausgang hinab. Dabei schlüpfte sie in die Handschuhe und spürte die Blicke von Gästen, Portiers und Hotelangestellten auf sich, die jeden Zentimeter ihres Körpers durchleuchteten. Langsam, sagte sie sich. Beim Ausgang blieb sie stehen, und der Portier, der ihr die Tür aufhielt, schaute sie mit einer Mischung aus Begierde und Komplizenschaft an und sagte:

»Taxi, meine Hübsche?«

18

Ein ganzes der Medizin gewidmetes Leben hatte Dr. Soldevila gelehrt, dass die am schwierigsten zu heilende Krankheit die Gewohnheit ist. An jenem Nachmittag, wie jeden Nachmittag, seit er in einem unseligen Moment auf die Idee gekommen war, die Praxis zu schließen und sich der zweitschlimmsten dem Menschen bekannten Plage zu ergeben, der Pensionierung, streckte der gute Doktor die Nase auf den Balkon seiner Wohnung in der Calle Puertaferrisa hinaus und stellte fest, dass der Tag, wie fast alles auf dieser Welt, im Niedergang begriffen war.

In den Straßen brannten die Laternen, und der Himmel zeigte die gleiche rosa Farbe, wie sie die Cocktails der Bar Boadas aufwiesen, wo Soldevila ab und zu seine Leber dafür entschädigte, dass er ein Leben lang mit gutem Beispiel vorangegangen war. Das war das Zeichen. Er bewaffnete sich mit Mantel, Schal und Köfferchen und ging im Schutz seines grandseigneuralen Barceloner Hutes auf die Straße zu seiner täglichen Begegnung mit diesem seltsamen Geist namens Alicia Gris, die die Winkelzüge Fermíns und der Semperes in seine Obhut gegeben hatten und für die er eine enorme Neugier und eine Schwäche empfand, die ihn in seinen langen schlaflosen Nächten vergessen ließ, dass er seit dreißig Jahren keine gesunde Frau mehr berührt hatte.

Ohne sich ums Getriebe der Stadt zu kümmern, wandelte er die Ramblas hinunter und dachte, es könne kein Zweifel mehr daran bestehen, dass sich Señorita Gris, zu ihrem Glück und zu seinem Pech, von ihren Verletzungen mit einer Geschwindigkeit erholt hatte, die er nicht seiner medizinischen Meisterschaft, sondern der konzentrierten Bosheit in den Adern dieses Schattenwesens zuschrieb. In Kürze, dachte er traurig, würde er sie als genesen entlassen müssen.

Er konnte sie natürlich zu überreden versuchen, gelegentlich bei ihm vorbeizuschauen für das, was die Kollegen eine »Routinekontrolle« nannten, aber zugleich wusste er, dass dieses Bemühen ebenso sinnlos wäre, wie einen soeben aus seinem Käfig befreiten Königstiger zu bitten, jeden Sonntagmorgen vor der Messe auf einen Sprung vorbeizukommen, um sein halbes Gnu zu verschlingen. Wahrscheinlich war es wirklich für alle außer Alicia selbst das Beste, wenn sie möglichst bald aus all ihrer Leben verschwand. Er brauchte ihr nur in die Augen zu sehen, um diese Diagnose zu stellen und zu wissen, dass es die zutreffendste von allen war, die er in seiner langen Berufstätigkeit gestellt hatte.

Die Melancholie, die ihn angesichts der Vorstellung, sich von seiner sicherlich letzten Patientin verabschieden zu müssen, befallen hatte, war dergestalt, dass er beim Einbiegen in den dunklen Tunnel der Calle Arco del Teatro nicht bemerkte, dass sich unter den dräuenden Schatten einer befand, von dem ein eigenwilliger Geruch nach grellem Kölnischwasser und hellem Importtabak ausging.

In der vorangegangenen Woche hatte er endlich gelernt, das Tor zu diesem Ort zu finden, dessen Vorhandensein nicht einmal dem Heiligen Geist zu enthüllen er hatte schwören müssen, wenn er verhindern wollte, dass Fermín sich jeden Tag zum Vespern bei ihm einfände, um ihm schlüpfrige Witze zu erzählen. Es ist besser, Sie gehen allein hin, Doktor, hatte man ihm gesagt. Aus Sicherheitsgründen, führten die Semperes an, die er nie für fähig gehalten hätte, sich in byzantinische Intrigen solchen Kalibers verwickeln zu lassen. Da verbrachte man sein Leben damit, in den Eingeweiden der Leute herumzuwühlen, und merkte dann plötzlich, dass man sie kaum kannte. Das Leben war genauso ein Mysterium wie die Blinddarmentzündung.

Und so, gedankenverloren und im Begriff, wieder in dieses geheimnisvolle Haus einzutauchen, das von allen *Der Friedhof der Vergessenen Bücher* genannt wurde, setzte Dr. Soldevila den Fuß auf die Eingangsstufe des alten Palasts und packte den Türklopfer in Form eines kleinen Teufelchens, um ihn auf das Portal fallen zu lassen. Er wollte eben den ersten Schlag tun, als der Schatten, der ihn seit dem Verlassen seines Hauses gefolgt war, neben ihm zum Leben erwachte und ihm einen Revolverlauf an die Schläfe setzte.

»Guten Abend, Doktor«, sagte Hendaya.

Isaac schaute Alicia ein klein wenig argwöhnisch an. Allen Trivialitäten sonst abhold, hatte er nicht ohne eine gewisse Beunruhigung festgestellt, dass er in den letzten Wochen in sich etwas zu wachsen erlaubt hatte, was einer zärtlichen Zuneigung zu der jungen Frau allzu nahe kam. Schuld waren die Jahre, sie weichten alles auf. Alicias Anwesenheit in diesen Wochen hatte ihn gezwungen, die freigewählte Einsamkeit seiner Pensionierung inmitten von Büchern erneut zu überdenken. Während er zusah, wie sie sich von ihren Verletzungen erholte und ins Leben zurückkehrte, war in ihm die Erinnerung an seine Tochter Nuria wiederaufgelebt. Zwar war sie nie ganz erloschen, sondern hatte sich im Lauf der Zeit eher abgemildert, doch jetzt hatte Alicias Eintreffen hier in seinem Inneren Wunden wiederaufgerissen, von deren Existenz er nicht einmal geahnt hatte.

»Warum schauen Sie mich so an?«

»Weil ich ein alter Dummkopf bin.«

Sie lächelte. Isaac hatte bemerkt, dass sie dabei immer die Zähne zeigte und ein böses Aussehen bekam.

»Ein Dummkopf, der alt wird, oder ein Alter, der verblödet?«

»Machen Sie sich nicht über mich lustig, Alicia, auch wenn ich es verdiene.«

Sie sah ihn zärtlich an, so dass er den Blick abwenden musste. Wenn sie diesen dunklen Schleier ablegte, und war es nur für einige Augenblicke, erinnerte sie ihn so sehr an Nuria, dass sich ihm die Kehle zusammenzog und der Atem wegblieb.

»Was haben Sie da?«

Er zeigte ihr ein hölzernes Etui.

»Für mich?«

»Mein Abschiedsgeschenk.«

»Sie wollen mich schon loswerden?«

»Ich nicht.«

»Und warum meinen Sie, ich gehe schon?«

»Irre ich mich etwa?«

Sie gab keine Antwort, nahm aber das Etui entgegen.

»Machen Sie es auf.«

Darin befanden sich eine goldene Schreibfeder auf einem Mahagonihalter und ein Fläschchen blaue Tinte, das im Licht des Öllämpchens glitzerte.

»Hatte sie Nuria gehört?«

Er nickte.

»Das war das Geschenk zu ihrem achtzehnten Geburtstag.«

Eingehend betrachtete sie die Feder, ein Stück echten Kunsthandwerks.

»Seit vielen Jahren hat niemand mehr damit geschrieben.«

»Und warum tun Sie es nicht?«

»Ich habe nichts zu schreiben.«

Alicia wollte gerade mit ihm darüber streiten, als zwei dumpfe Schläge im Palast widerhallten. Nach einer Pause von fünf Sekunden folgten zwei weitere Schläge.

»Der Doktor«, sagte Alicia. »Endlich hat er den Code gelernt.«

Isaac nickte und stand auf.

»Wer sagt denn, ein alter Fuchs kann nicht noch ausgefuchster werden?«

Er nahm eine der Öllampen und ging auf die Galerie zu, die zum Eingang führte.

»Probieren Sie sie ruhig aus«, sagte er. »Dort finden Sie weißes Papier.«

Mit der Lampe in der Hand ging er durch den langen gebogenen Gang dem Eingang entgegen. Die Lampe benutzte er nur, wenn er jemanden erwartete. Er selbst kannte den Friedhof bis in den letzten Winkel hinein, so dass er sich lieber im ewigen Halbdunkel in ihm bewegte. Vor dem Portal blieb er stehen, stellte die

Lampe auf den Boden und ergriff mit beiden Händen die Kurbel, um den Mechanismus auszulösen. Es war ihm nicht entgangen, dass er jetzt mehr Kraft aufwenden musste als sonst und dass er dabei einen ganz neuen Druck auf der Brust verspürte. Vielleicht waren seine Tage als Wächter bereits gezählt.

Das Räderwerk des Schlosses, so alt wie der Friedhof selbst, setzte sich aus einem komplexen Gewirk von Federn, Hebeln, Rollen und Zahnrädern zusammen, die zehn bis fünfzehn Sekunden brauchten, um alle Verankerungspunkte zu lösen. Sowie das Portal entsperrt war, zog Isaac an der Stange, die das System von Gegengewichten aktivierte, so dass die mächtige, geschnitzte Eichenholzplatte wie durch einen Lufthauch geöffnet wurde. Er hob die Öllampe auf, um den Arzt zu empfangen. Seine Silhouette zeichnete sich auf der Schwelle ab.

»Pünktlich wie immer, Doktor«, hob er an.

Eine Sekunde später fiel der Körper des Arztes kopfüber ins Innere, und eine hochgewachsene, kantige Gestalt versperrte den Eingang.

»Wer ...?«

Hendaya zielte mit dem Revolver zwischen Isaacs Augen und stieß den bewegungslosen Arzt mit einem Fußtritt beiseite.

»Schließen Sie die Tür.«

Alicia tauchte die Feder ins Tintenfass und ließ sie in einer leuchtend blauen Linie übers Papier gleiten. Sie schrieb ihren Namen und schaute zu, wie die Tinte langsam trocknete. Das Vergnügen an einem weißen Blatt, das anfänglich immer nach Rätsel und Verheißung roch, war plötzlich wie weggeblasen. Sowie man die ersten Worte setzte, stellte man fest, dass beim Schreiben genauso wie im Leben die Distanz zwischen Absicht und Ergebnis parallel zur Arglosigkeit verlief, mit der man die eine in Angriff nahm und das andere akzeptierte. Sie wollte eben einen Satz aus einem ihrer Lieblingsbücher hinschreiben, hielt aber plötzlich inne und schaute zur Tür. Sie legte die Feder aufs Papier und horchte in die Stille hinein.

Sogleich war ihr klar, dass etwas nicht stimmte. Das Fehlen des Stimmengemurmels, wie es beim üblichen Gespräch zwischen Veteranen wie Isaac und Dr. Soldevila zu hören war, das merkwürdige Echo unregelmäßiger Schritte und dazwischen eine unheilvolle Stille in der Luft sträubten ihr die Nackenhaare. Sie schaute um sich und verfluchte ihr Los. Immer hatte sie gedacht, sie werde auf eine andere Art sterben.

19

In jeder anderen Situation hätte Hendaya die beiden Alten mit einem Schuss erledigt, sobald er sich Zutritt ins Innere des Gebäudes verschafft hatte, aber er wollte Alicia nicht vorwarnen. Dr. Soldevila war nach dem Schlag in den Nacken, der ihn zu Boden geworfen hatte, mehr oder weniger bewusstlos. Erfahrungsgemäß würde er sich mindestens eine halbe Stunde lang nicht um ihn zu kümmern brauchen.

»Wo ist sie?«, fragte er den Wächter ganz leise.

»Wer?«

Er schlug ihm den Revolver ins Gesicht und hörte einen Knochen knacken. Ächzend fiel Isaac auf die Knie und dann auf eine Seite. Hendaya kniete neben ihm nieder, packte ihn am Kragen und zog ihn daran hoch.

»Wo ist sie?«

Die Nase des alten Mannes blutete kräftig. Hendaya hielt ihm den Revolverlauf unters Kinn und schaute ihm unverwandt in die Augen. Isaac spuckte ihm ins Gesicht. Mutiger Kerl, dachte Hendaya.

»Los, Alterchen, zieh hier keine Show ab und spiel nicht den Helden, dafür ist dein Zug längst abgefahren. Wo ist Alicia Gris?«

»Ich weiß nicht, wen Sie meinen.«

»Soll ich dir die Beine brechen, Opa? In deinem Alter heilt ein Oberschenkelbruch nicht mehr …«

Isaac hielt den Mund geschlossen. Hendaya packte ihn am Nacken und zog ihn weiter. Sie gingen durch eine breite Galerie, die eine Kurve beschrieb, hinter der man ein verblassendes Licht erahnte. Die Wände waren mit Fresken phantastischer Szenen ausgekleidet. Hendaya fragte sich, was das Ganze sein mochte. Am Ende des Gangs tat sich ein riesiges Gewölbe auf, das sich ins Unendliche erhob. Bei diesem Anblick ließ er den Revolver sinken und den alten Mann wie einen Sack Kartoffeln zu Boden fallen.

Es kam ihm wie eine Erscheinung vor, eine Traumvision, die in einer Wolke geisterhaften Lichts schwebte. Eine Verschachtelung von Tunneln, Stegen, Bögen und Brücken hatte sich zu einem riesigen Labyrinth verschworen. Die Konstruktion schien direkt dem Boden zu entwachsen, um in einer unmöglichen Geometrie aufzusteigen und weit oben die große, undurchlässige Glaskuppel zu berühren, die Krönung des Gewölbes. Hendaya musste lächeln. Da gab es doch verborgen in der Dunkelheit eines alten Barceloner Palasts eine verbotene Bücher- und Wörterstadt – an die würde er, sowie er die köstliche Alicia Gris zerstückelt hätte, Feuer legen. Das war sein Glückstag.

Eine Blutspur hinterlassend, schleppte sich Isaac über den Boden. Er wollte die Stimme erheben, brachte aber bloß ein Wimmern zustande und musste alle verbleibenden Kräfte aufbieten, um nicht ohnmächtig zu werden. Abermals hörte er Hendayas Schritte näher kommen und spürte seinen Fuß zwischen den Schultern, der ihn auf den Boden drückte.

»Ganz ruhig, Opa.«

Hendaya packte ihn am Handgelenk und schleifte ihn zu einer der Säulen, auf denen das Gewölbe ruhte. Drei dünne, mit Haken am Stein befestigte Rohrleitungen liefen die Säule herunter. Hendaya zog Handschellen hervor, befestigte den einen Ring an einer Leitung und schloss den anderen so eng um Isaacs Handgelenk, dass er ihm ins Fleisch schnitt. Der Alte gab einen erstickten Schrei von sich.

»Alicia ist nicht mehr hier«, keuchte er. »Sie verlieren bloß Ihre Zeit.«

Hendaya ignorierte ihn und spähte ins Dämmerlicht hinein. In einem Winkel erahnte man einen Türrahmen, durch dessen Spalten die Helligkeit einer Kerze herausdrang. Hendaya hielt die Waffe mit beiden Händen fest und glitt dicht an der Wand zu dieser Tür. Der angsterfüllte Blick des alten Mannes bestätigte ihm, dass er auf der richtigen Fährte war.

Mit erhobener Waffe setzte er einen Fuß in den Raum. In der Mitte stand eine Pritsche mit beiseitegeworfenen Laken, an der Wand eine von Medikamenten und anderen Utensilien vollgestellte Kommode. Bevor er weiterging, schaute er in die Ecken und schattigen Bereiche. Die Luft roch nach Alkohol, Wachs und etwas Süßem, Mehligem, das seinen Speichelfluss förderte. Er trat auf ein Tischchen neben dem Bett zu, auf dem eine Kerze stand. Dort fand er ein offenes Tintenfass und einen Stoß Blätter. Auf dem obersten las er in geneigter, beweglicher Schrift:

Alicia

Er lächelte und ging zur Schwelle zurück. Er schaute zu Isaac hin, der mit den Handschellen kämpfte. Weiter entfernt, beim Eingang zum Bücherlabyrinth, nahm er eine leichte Fluktuation im Halbdunkel wahr, als wäre ein Regentropfen auf einen Teich gefallen, so dass leichte Wellen die Oberfläche kräuselten. Während er an Isaac vorbeiging, hob er die Öllampe vom Boden auf, ohne ihn anzusehen. Mit ihm würde er noch früh genug abrechnen können.

Am Fuß des großen Gewölbes blieb er stehen, betrachtete die Bücherbasilika, die sich vor ihm erhob, und spuckte auf eine Seite. Er versicherte sich, dass die Trommel gefüllt war und sich in der Patronenkammer eine Kugel befand, und betrat das Labyrinth, wo er Alicias Geruch und dem Echo ihrer Schritte folgte.

20

Der Tunnel beschrieb eine leichte, ansteigende Kurve, die ins Zentrum des Labyrinths führte und umso enger wurde, je weiter Hendaya sich vom Eingang entfernte. Die Mauern waren vom Boden bis zur Decke mit Buchrücken angefüllt. Eine mit alten Ledereinbänden gefügte Täfelung, auf denen man noch die Titel in Dutzenden von Sprachen lesen konnte, schloss den Gang ab. Nach einer Weile gelangte er auf einen achteckigen Zwischenboden, in dessen Mitte ein mit aufgeschlagenen Büchern und Lesepulten übersäter Tisch stand, gekrönt von einer schwachgolden leuchtenden Lampe. Verschiedene Gänge taten sich in alle Richtungen auf, einige ab-, andere ansteigend. Er blieb stehen, um dem Klang nachzuhorchen, den das Labyrinth erzeugte, eine Art Gemurmel aus altem Holz und Papier, das wie in dauernder, kaum wahrnehmbarer Bewegung war. Er hatte beschlossen, einen der absteigenden Gänge zu nehmen, da er sich dachte, Alicia suche einen anderen Ausgang in der Hoffnung, er würde sich im Labyrinth verlieren und ihr dadurch Zeit für die Flucht verschaffen. Er wenigstens hätte an ihrer Stelle das getan. Doch eine Sekunde vor dem Betreten des Gangs sah er ein Buch an einem der Regale hängen, als hätte jemand es genau so weit herausgezogen, dass es gerade noch nicht herunterfiel. Hendaya trat hinzu und las den Titel auf dem Umschlag:

ALICE HINTER DEN SPIEGELN
Lewis Carroll

»Die Kleine hat offenbar Lust zu spielen«, sagte er laut.

Seine Stimme verlor sich im Gewirr von Tunneln und Räumen, ohne eine Antwort zu bekommen. Er schob das Buch zurück bis an die Wand und folgte nun diesem Gang, der steiler anstieg und alle vier, fünf Schritte eine Stufe aufwies. Je tiefer er ins Labyrinth eindrang, desto mehr hatte er das Gefühl, durch die Eingeweide eines Fabelwesens zu irren, eines Leviathans aus Wörtern, der sehr wohl um seine Anwesenheit und jeden seiner Schritte wusste. Er hob die Laterne so hoch, wie es das Gewölbe zuließ, und ging weiter. Nach etwa zehn Metern blieb er abrupt stehen, als er auf einen Engel mit Hundeblick stieß. Einen Sekundenbruchteil bevor er einen Schuss auf ihn abgab, stellte er fest, dass die Figur aus Wachs war und in den zangengroßen Händen ein Buch hielt, von dem er noch nie gehört hatte:

DAS VERLORENE PARADIES
John Milton

Der Engel bewachte einen ovalen Raum, doppelt so groß wie der vorherige und gesäumt von Vitrinen, abgerundeten Regalen und wie in einer Bücherkatakombe angeordneten Nischen. Hendaya seufzte.

»Alicia?«, rief er. »Lassen Sie die Kindereien, kommen Sie raus und bieten Sie mir die Stirn. Ich will mich nur mit Ihnen unterhalten. Von Profi zu Profi.«

Er durchquerte den Raum und lauschte in die sich dort verzweigenden Gänge hinein. In der im Halbdunkel verschwimmenden Kurve eines von ihnen ragte wieder ein Buch aus dem Regal. Er presste die Zähne zusammen. Wenn Leandros Hure Katz und Maus spielen wollte, erwartete sie die Überraschung ihres Lebens.

»Ganz wie du willst«, sagte er und wählte diesen Gang, der sehr steil hinaufführte.

Er nahm sich nicht erst die Mühe nachzusehen, welches Buch Alicia auf ihrer Spur zum Zentrum des Labyrinths diesmal gewählt hatte. Fast zwanzig Minuten lang stieg er durch diese gigantische Bühnenmaschinerie empor. Unterwegs traf er auf Salons und zwischen Böden und Stegen hängende Balustraden, von denen aus er sehen konnte, dass er bedeutend höher gekommen war als angenommen. Der ganz unten an die Rohrleitung gefesselte Isaac erschien jetzt winzig klein. Als er zur Kuppel hinaufschaute, wuchs die Konstruktion noch weiter und drängte sich in einer immer ausgeklügelteren Gestalt zusammen. Jedes Mal wenn er die Spur verloren zu haben glaubte, sah er im Eingang zu einem neuen Tunnel wieder einen Buchrücken aus dem Regal gucken, der ihn zu einem weiteren Raum führte, bevor sich der Weg abermals in viele Arabesken gabelte.

Mit der Annäherung an den Gipfel veränderte sich der Charakter des Labyrinths. Die immer launischere Komplexität der Anlage nutzte Bögen und Lichtschächte, um das Eindringen von milchiger Helligkeit zu ermöglichen. Ein Zauberwerk von winkeligen Spiegeln verwaltete die ihm innewohnende Dunkelheit. Jeder neue Raum, den er entdeckte, wies noch mehr Figuren, Bilder und Dinge auf, die er nur mit Mühe identifizieren konnte. Einige der Gestalten sahen wie unvollendete Automaten aus, andere wie Papier- oder Gipsskulpturen, die von der Decke herunterhingen oder in die Mauer eingefügt waren wie in Büchersärgen verborgene Wesen. Zunehmend bemächtigte sich eine Art Schwindel und Unruhe Hendayas, und auf einmal bemerkte er, dass die Waffe aus seinen schweißnassen Fingern zu gleiten drohte.

»Alicia, wenn Sie nicht rauskommen, werde ich diesen ganzen Haufen Scheiße in Brand stecken und zuschauen, wie Sie lebendigen Leibes verschmoren. Wollen Sie das?«

Er hörte ein Geräusch hinter sich und schnellte herum. Ein Gegenstand, den er zuerst für einen Ball oder eine faustgroße Kugel hielt, kullerte aus einem der Tunnel die Stufen herunter. Er kniete nieder, um sie aufzufangen. Es war der Kopf einer Puppe mit beunruhigendem Lächeln und Glasaugen. Einen Augenblick später wurde die Luft vom Geklingel einer metallischen, an ein Wiegenlied erinnernden Melodie erfüllt.

»Verdammtes Miststück«, murmelte er.

Mit in den Schläfen pochendem Puls stürzte er treppauf. Das Echo der Musik führte ihn zu einem kreisrunden Raum, an dessen Ende sich ein Balkon öffnete, durch den ein Schwall Licht hereinströmte. Auf der anderen Seite sah er die Glasplatte der Kuppel und begriff, dass er ganz oben angekommen war. Zu beiden Seiten dieser Schwelle stand je eine weißliche Figur, zwischen den Büchern eingefügt wie ihrem Schicksal überlassene mumifizierte

Körper. Der Boden war mit aufgeschlagenen Büchern übersät, auf denen er zum anderen Ende des Raums trampelte. Dort war ein kleines Schränkchen wie ein Reliquienschrein in die Wand eingelassen. Daraus kam die Musik. Hendaya öffnete langsam das Türchen.

Eine aus Spiegeln gefertigte Musikdose klimperte auf dem Boden des Schränkchens. In der Mitte drehte sich ein Engel mit ausgebreiteten Schwingen langsam wie in hypnotischer Trance. Mit dem Schwächerwerden des Aufziehmechanismus verklang die Musik. Der Engel blieb mitten in seinem Flug hängen. Da nahm er in einem der Glasplättchen der Musikdose eine Spiegelung wahr.

Eine der Figuren, die er beim Eintreten als Gipsleichen angesehen hatte, hatte sich bewegt. Hendaya standen die Haare zu Berge. Rasch drehte er sich um und feuerte drei Schüsse auf die im Licht wie ausgeschnittene Figur ab. Die Papier- und Gipsplättchen, aus denen sie bestand, barsten zu einer in der Luft schwebenden Staubwolke. Er senkte die Waffe einige Zentimeter und kniff die Augen zusammen. Erst jetzt bemerkte er die sanfte Bewegung in der Luft neben sich. Er wandte sich um, und als er den Schlagbolzen wieder spannte, erkannte er den Glanz eines dunklen, durchdringenden Blicks, der aus den Schatten kam.

Die Federspitze durchbohrte ihm die Hornhaut und dann das Hirn bis zum Schädelknochen. Er brach auf der Stelle zusammen wie eine Marionette, der die Fäden durchgeschnitten worden waren. Zuckend blieb der Körper auf den Büchern liegen. Alicia kniete neben ihm nieder, riss ihm die Waffe aus der Hand und stieß den Körper bis zum Balkon vor sich hin. Dann beförderte sie ihn mit einem Fußtritt an den Rand und schaute zu, wie er, noch lebend, in den Abgrund stürzte und auf dem Steinboden mit dumpffeuchtem Echo zerschellte.

21

Isaac sah sie das Labyrinth verlassen. Sie hinkte leicht und hielt eine Waffe in der Hand, und zwar so selbstverständlich, dass ihm das Blut gefror. Er sah, wie sie auf die Stelle zuging, wo Hendaya auf dem Marmorboden aufgeprallt war. Sie war barfuß, zögerte aber keinen Moment, durch die Blutlache zu gehen, die sich um die Leiche ausbreitete. Sie beugte sich darüber und kramte in seinen Taschen, nestelte eine Brieftasche hervor und untersuchte sie. Ein Bündel Geldscheine behielt sie, den Rest warf sie auf den Boden. Dann tastete sie die Jacketttaschen ab und fand ein paar Schlüssel, die sie ebenfalls einsteckte. Nachdem sie die Leiche einige Augenblicke kühl betrachtet hatte, griff sie nach etwas, was aus Hendayas Gesicht ragte, und zog kräftig daran. Isaac erkannte die Feder, die er ihr kurz zuvor geschenkt hatte.

Danach kam sie zu ihm, kniete nieder und befreite ihn aus der Handschelle. Isaac, der nicht bemerkt hatte, dass er zitterte und seine Augen von Tränen überschwemmt waren, suchte ihren Blick. Sie betrachtete ihn vollkommen ausdruckslos, als wollte sie dem armen, träumerischen Greis, der in ihr eine Reinkarnation der verlorenen Tochter hatte sehen wollen, die Wirklichkeit vor Augen führen. Sie wischte die Feder am Saum des Nachthemdes ab und reichte sie ihm.

»Ich könnte nie sein wie sie, Isaac.«

Stumm trocknete er sich die Tränen ab.

Alicia gab ihm die Hand und half ihm beim Aufstehen. Dann ging sie in das kleine Bad neben seinem Schlafzimmer, und er hörte das Wasser laufen.

Nach einer Weile näherte sich torkelnd Dr. Soldevila. Isaac winkte ihn herbei.

»Was ist geschehen? Wer war dieser Mann?«

Isaac deutete mit dem Kopf auf das Gliederknäuel auf dem Boden in etwa zwanzig Meter Entfernung.

»Heiliger Gott …«, murmelte der Arzt. »Und Señorita …?«

In ein Handtuch gehüllt, trat Alicia aus dem Bad. Sie sahen sie in Isaacs Zimmer gehen. Der Arzt blickte den Alten fragend an. Der zuckte mit den Schultern. Soldevila ging zur Tür und schaute hinein. Alicia zog einige Kleider von Nuria Monfort an.

»Geht es Ihnen gut?«, fragte der Arzt.

»Wunderbar.« Sie wandte den Blick nicht vom Spiegel ab.

Erstaunt setzte er sich auf einen Stuhl und sah ihr schweigend zu, während sie ein ehemaliges Necessaire von Isaacs Tochter untersuchte und einige Kosmetika herauszog. Sie schminkte sich gewissenhaft, zog präzise Lippen und Lider nach und baute einmal mehr eine Persönlichkeit auf, die sehr viel besser auf die Bühne ihrer Tätigkeiten passte als der hilflose Körper, den zu pflegen er sich in den vorangegangenen Wochen angewöhnt hatte. Als er im Spiegel ihrem Blick begegnete, zwinkerte Alicia ihm zu.

»Sobald ich gegangen bin, werden Sie beide Fermín benachrichtigen müssen. Sagen Sie ihm, dass die Leiche verschwinden muss. Er soll zu dem Tierpräparator auf der Plaza Real gehen und sagen, ich hätte ihn geschickt. Der hat die nötigen chemischen Produkte.«

Sie stand auf, überprüfte im Spiegel ihre Erscheinung, verwahrte Hendayas Waffe und Geld in einer schwarzen Handtasche und wandte sich zur Tür.

»Wer sind Sie?«, fragte der Arzt, als sie an ihm vorbeiging.

»Der Teufel.«

22

Als Fermín den guten Doktor in die Buchhandlung hereinkommen sah, war ihm klar, dass die Schonzeit vorbei war. Es war nicht zu übersehen, dass Soldevila mitten im Gesicht einen hochprofessionell geführten Schlag eingesteckt hatte. Daniel und Bea, die hinter dem Ladentisch die Zahlen des Monats ins Lot zu bringen versuchten, eilten ihm mit verblüfften Mienen zu Hilfe.

»Was ist denn geschehen, Doktor?«

Dr. Soldevila gab ein Schnauben von sich, das sich wie ein platzender Ballon anhörte, und senkte niedergeschlagen den Kopf.

»Daniel, holen Sie den Fuselkognak, den Ihr Herr Vater hinter den Lehrbüchern zur Bildung des Nationalen Geistes versteckt«, befahl Fermín.

Bea führte den Arzt zu einem Stuhl und half ihm, sich zu setzen.

»Geht es Ihnen gut? Wer hat Ihnen das angetan?«

»Ja, und ich weiß es nicht genau. In dieser Reihenfolge.«

»Und Alicia?«

»Um sie würde ich mir keine Sorgen machen, ehrlich …« Fermín seufzte.

»Ist sie auf- und davongeflogen?«, fragte er.

»In einer Schwefelwolke«, sagte der Arzt.

Daniel reichte ihm ein Glas Kognak, gegen das Soldevila nichts einzuwenden hatte. Er leerte es in einem Zug und ließ den Fusel seine Alchemie in Gang setzen.

»Noch einen, bitte.«

»Und Isaac?«, fragte Fermín.

»Ist in Meditation zurückgeblieben.«

Fermín kauerte neben dem Arzt nieder und suchte seinen Blick.

»Also, Euer Eminenz, packen Sie aus, und wenn möglich nicht in Form eines Leitartikels.«

Am Ende seines Berichts bat der Arzt um einen weiteren Kognak als eine Art Schlummertrunk. Bea, Daniel und Fermín schlossen sich ihm zurückhaltend an. Nach einem angemessenen Schweigen eröffnete Daniel die Debatte.

»Wohin kann sie gegangen sein?«

»Vermutlich die Gerechtigkeit retablieren«, antwortete Fermín.

»Bitte drücken sich Euer Gnaden doch klar und deutlich aus, in der Universität standen die Geheimnisse der Familie Sempere nämlich nicht auf der Themenliste«, bemerkte der Arzt.

»Glauben Sie mir, ich tue Ihnen einen Gefallen, wenn ich Ihnen vorschlage, nach Hause zu gehen und sich ein großes Kalbsschnitzel als Mütze aufzusetzen und dafür die Ergründung dieses Wirrwarrs uns zu überlassen«, sagte Fermín.

Soldevila stimmte zu.

»Habe ich weitere Killer zu erwarten? Ich frage nur, um darauf gefasst zu sein.«

»Im Moment nicht, glaube ich. Aber vielleicht wäre es nicht schlecht, die Stadt zu verlassen und für zwei Wochen in Begleitung einer zärtlichen Witwe nach Montgat in ein Kurhotel zu fahren, um sich den Nierenstein oder irgendein anderes Korpuskelchen entfernen zu lassen, das sich in den Harnwegen angestaut hat.«

»Ausnahmsweise sage ich nicht nein«, brummte Soldevila.

»Daniel, seien Sie doch so gut und begleiten Sie den Doktor nach Hause, und sorgen Sie dafür, dass er unversehrt ankommt«, empfahl Fermín.

»Und warum ich?«, protestierte Daniel. »Wollen Sie mich schon wieder loswerden?«

»Wenn es Ihnen recht ist, beauftrage ich Ihren Sohn Julián damit, obwohl ich für diese Mission jemanden, der die Erstkommunion schon hinter sich hat, für geeigneter halte.«

Zähneknirschend gab Daniel nach. Fermín bemerkte, dass Beas Blick in seinem Nacken festsaß, beschloss aber, es im Moment zu ignorieren. Bevor er den Arzt verabschiedete, schenkte er ihm ein letztes Glas Kognak ein, und als er sah, dass nur noch ein Fingerbreit zurückblieb, trank er den Rest direkt aus der Flasche. Nachdem Soldevila und Daniel verschwunden waren, ließ er sich auf den Stuhl fallen und hielt sich die Hände vors Gesicht.

»Und all das, was der Doktor gesagt hat von wegen Tierpräparator und eine Leiche verschwinden lassen?«, fragte Bea.

»Eine heikle Sache, die es leider zu lösen gilt. Eine der beiden schlechtesten Eigenschaften von Alicia ist, dass sie sich normalerweise nicht irrt.«

»Und die andere?«

»Dass sie nicht verzeiht. Hat sie Ihnen in diesen Tagen irgendwas gesagt, woraus man schließen könnte, was ihr durch den Kopf ging? Denken Sie gut nach.«

Bea zögerte, verneinte aber schließlich. Fermín nickte und stand auf. Er nahm den Mantel vom Bügel und bereitete sich auf einen Winterabend vor, der ziemlich unangenehm zu werden versprach.

»Somit ist es besser, ich geh mal zu diesem Tierpräparator. Dann seh ich ja, was mir unterwegs einfällt.«

»Fermín?«, rief ihm Bea nach, bevor er bei der Tür war.

Er blieb stehen, drehte sich jedoch nicht um.

»Da gibt es etwas, was uns Alicia nicht erzählt hat, nicht wahr?«

»Ich ahne, dass es sogar vieles gibt, Doña Bea. Und ich glaube, sie hat es zu unserem Besten getan.«

»Aber da ist etwas, was Daniel betrifft. Etwas, was ihm sehr weh tun kann.«

Nun wandte sich Fermín um und lächelte traurig.

»Aber dafür sind Sie und ich da, um zu verhindern, dass so etwas geschieht, nicht wahr?«

Bea schaute ihm fest in die Augen.

»Seien Sie sehr vorsichtig, Fermín.«

Sie sah ihn in einem Dämmerungsblau davongehen, das Schneeregen verhieß. Sie betrachtete die Leute, die in Schals und lange Mäntel eingemummt durch die Calle Santa Ana zogen. Irgendetwas sagte ihr, dass der Winter, der echte Winter, soeben unangekündigt über sie hereingebrochen war. Und dass er diesmal seine Spuren hinterlassen würde.

23

Fernandito lag ausgestreckt auf dem Bett in seinem Zimmer, den Blick im kleinen Dachfenster verloren. Das Zimmer – die Bude, wie alle es nannten – befand sich Wand an Wand mit der Waschküche und erinnerte ihn immer an die U-Boot-Szenen in den

Filmen, die er im Capitol sah, es war aber noch düsterer und ungemütlicher. Trotzdem war er an diesem Nachmittag dank einem, wie er glaubte, geistig-mystischen Hormonschub im siebenten Himmel. Die Liebe, in lauter Großbuchstaben und mit tailliertem Rock, hatte an seine Tür geklopft. Rein technisch gesehen hatte sie nicht angeklopft, sondern war daran vorbeidefiliert, doch Fernandito glaubte, das Schicksal entlasse einen genauso wenig wie die Zahnschmerzen, bevor man sich ihm nicht mannhaft gestellt hatte, und das ganz besonders in Liebesdingen.

Die Epiphanie, die es geschafft hatte, ihm das Gespenst der perfiden Alicia und ihre ebenso gespenstischen, seine frühe Jugend verhexenden Reize ein für alle Mal zu exorzieren, hatte sich einige Tage zuvor ereignet. Auch wenn sie scheitert, führt eine Liebe zur nächsten. Das behaupteten die Boleros, die, selbst wenn sie sich süßer anhörten als eine Cremeschnecke, in Angelegenheiten der Liebeskunde fast immer recht hatten. Seine närrische, illusorische Liebe zu Alicia hatte ihn in jener Zeit der Schrecken und Gefahren zur Familie Sempere geführt, wo ihm der gute Buchhändler eine Arbeit anbot. Und von da bis zum Paradies hatte einzig die günstige Gelegenheit vermittelt.

Es hatte sich eines Morgens ereignet, als er in den Laden gekommen war, um seine Arbeit als Ausfahrer der Buchhandlung aufzunehmen. Ein Wesen mit verwirrenden Reizen und glitschigem Akzent eilte im Laden hin und her. Wie er dem Gespräch der Semperes entnehmen konnte, hörte sie auf den Namen Sofia, und nach einigen Nachforschungen brachte Fernandito in Erfahrung, dass die Genannte die Nichte des Buchhändlers Sempere und Daniels Cousine war.

Fünfundachtzig Prozent von Fernanditos Hirnmasse – um mindere Innereien gar nicht zu erwähnen – waren der Betrachtung und Verehrung Sofias gewidmet. Das junge Mädchen war wohl um die neunzehn. Mit enormer Grausamkeit gegenüber den immer noch verzagten jungen Männern im Heiratsalter hatte die Natur sie mit einem Paar Rundungen, schrägen Kurven und einem Kurzschrittgang ausgestattet, deren rein optische Wirkung in ihm fast einen Atemstillstand auslöste. Ihre Augen, das Profil der Lippen und die weißen Zähne, die rosa Zunge, die beim Lachen zum Vorschein kam, all das verblendete den armen Burschen, der Stunden mit der Vorstellung verbringen konnte, wie seine Finger diesen Renaissancemund liebkosten und den blassen Hals hinabwanderten ins Tal des Paradieses, das von den engen Wollpullovern noch betont wurde, die sie gern trug und die ein Beweis dafür waren, dass die Italiener schon immer meisterhafte Architekten gewesen waren.

Fernandito schloss halb die Augen und vergaß das laute Radio im Esszimmer und das Geschrei in der Nachbarschaft, um das Bild einer schmachtend auf einem mit Rosen oder den Blütenblättern einer herkömmlichen Pflanze bedeckten Bett liegenden Sofia heraufzubeschwören, die sich ihm in ihrem zartesten Lenz darbot, damit er mit fester, in jeder Art Schließe, Reißverschluss und anderen Geheimnissen des ewig Weiblichen kundiger Hand sie unter Küssen, wenn nicht Bissen entblättere, um schließlich sein Gesicht in diese unvergleichliche Insel der Vollkommenheit zu tauchen, die der Himmel zwischen Nabel und Oberschenkel einer jeden Frau zu setzen die Güte hatte. Dort verharrte er traumschlafend und überzeugt, dass, wenn Gott Unser Herr ihn in diesem Augenblick wegen Ferkelei mit einem zerstörerischen Blitz niederschmettern würde, es sich wenigstens gelohnt hätte.

Statt eines reinigenden Blitzes klingelte das Telefon. Wie ein Bagger näherten sich Schritte im Gang, und die Kajütentür wurde aufgerissen, um die korpulente Gestalt seines Vaters zu offenbaren, der in Unterhemd und -hose und mit einem Chorizosandwich in der Hand verkündete:

»Aufstehen, du Nichtsnutz, ist für dich.«

Den Fängen des Paradieses entrissen, schleppte sich Fernandito ans Ende des Gangs. Dort gab es einen kleinen Winkel mit dem Telefon, über dem ein von seiner Mutter in Montserrat gekauftes Plastikkruzifix hing, dessen Augen auf Knopfdruck aufleuchteten und ihm einen übernatürlichen Glanz verliehen, der Fernandito jahrelang Albträume beschert hatte. Als er den Hörer ergriff, streckte sein Bruder Fulgencio den Kopf herein, um herumzualbern und Grimassen zu schneiden, was sein großes Talent war.

»Fernandito?«, fragte die Stimme.

»Ja, am Apparat.«

»Alicia hier.«

Das Herz schlug ihm bis zum Hals.

»Kannst du sprechen?«

Er warf Fulgencio eine Espadrille an den Kopf, und der floh in sein Zimmer.

»Ja. Geht's Ihnen gut? Wo sind Sie?«

»Hör mir gut zu, Fernandito. Ich muss eine Zeitlang weg von hier.«

»Das klingt übel.«

»Du musst mir einen Gefallen tun. Es ist wichtig.«

»Was immer Sie wollen.«

»Hast du die Papiere aus dem Karton noch, den du aus meiner Wohnung holen solltest?«

»Ja. Sie sind an einem sicheren Ort.«

»Du sollst einen Umschlag suchen, auf dem ISABELLA steht, mit einem handgeschriebenen Heft darin.«

»Ich weiß, was Sie meinen. Ich hab es nicht aufgeschlagen. Nicht, dass Sie das denken.«

»Ich weiß, dass du es nicht getan hast. Ich möchte, dass du es Daniel Sempere gibst. Und nur ihm. Hast du mich verstanden?«

»Ja.«

»Sag ihm, dass du es ihm in meinem Namen bringst. Dass es ihm und nur ihm gehört.«

»Ja, Señorita Alicia. Wo sind Sie?«

»Das spielt keine Rolle.«

»Sind Sie in Gefahr?«

»Mach dir meinetwegen keine Sorgen, Fernandito.«

»Natürlich mache ich mir Sorgen …«

»Vielen Dank für alles.«

»Das klingt nach Abschied.«

»Wir beide wissen, dass sich nur kitschige Leute verabschieden.«

»Und Sie könnten nie kitschig sein. Selbst wenn Sie es versuchten.«

»Du bist ein guter Freund, Fernandito. Und ein guter Mensch. Sofia hat großes Glück.«

Er wurde glühend rot.

»Woher wissen Sie …?«

»Ich freue mich, dass du endlich eine Frau gefunden hast, die dich verdient.«

»Nie wird je eine sein wie Sie, Señorita Alicia.«

»Wirst du tun, worum ich dich gebeten habe?«

»Seien Sie unbesorgt.«

»Ich habe dich sehr gern, Fernandito. Behalte meine Schlüssel. Es ist jetzt deine Wohnung. Sei glücklich. Und vergiss mich.«

Bevor er ein weiteres Wort sagen konnte, hatte sie schon aufgelegt. Er schluckte, legte ebenfalls auf und trocknete seine Tränen.

24

Alicia verließ die Telefonzelle. In einigen Metern Entfernung wartete das Taxi auf sie. Der Fahrer hatte das Fenster heruntergekurbelt und rauchte nachdenklich eine Zigarette. Als er sie kommen sah, wollte er die Kippe wegschmeißen.

»Fahren wir gleich weiter?«

»Nur noch einen Augenblick. Rauchen Sie ruhig fertig.«

»In zehn Minuten werden die Tore geschlossen«, sagte er.

»In zehn Minuten sind wir draußen.«

Sie ging den Hügel hinauf dem Wald von Mausoleen, Kreuzen, Engeln und Wasserspeiern entgegen, die den ganzen Hang bedeckten. Die Dämmerung hatte eine rote Wolkendecke über den großen Friedhof von Montjuïc gezogen. Ein Schneeregenvorhang wiegte sich leicht im Wind und breitete einen Schleier von Kristallkrümelchen um sie aus. Sie nahm einen schmalen Pfad und stieg eine Steintreppe hinauf, die zu einer Terrasse mit Gräbern und geisterhaften Skulpturen führte. Sich gegen das spärliche Mittelmeerlicht behauptend, erhob sich dort ein leicht seitlich geneigter Grabstein:

ISABELLA SEMPERE
1917-1939

Alicia kniete vor dem Grab nieder und legte die Hand auf den Stein. Sie rief sich das Gesicht in Erinnerung, das sie auf den Porträts bei Señor Sempere gesehen hatte, sowie das Bild, das Anwalt Brians von seiner ehemaligen Mandantin und mutmaßlichen uneingestandenen Liebe bewahrt hatte. Sie erinnerte sich an die Worte, die sie in dem Heft gelesen hatte, und spürte, dass sie sich, obwohl sie sie nie kennengelernt hatte, nie einem Menschen so nahe gefühlt hatte wie dieser Frau, deren Gebeine vor ihr ruhten.

»Wahrscheinlich wäre es am besten, wenn Daniel die Wahrheit niemals erfahren hätte, wenn er Valls niemals finden könnte und damit auch nicht die ersehnte Rache. Aber ich kann nicht für ihn entscheiden. Verzeih mir.«

Sie schlug den Mantel auf und zog den kleinen Gipsengel mit den ausgebreiteten Flügeln, Isaacs Geschenk, aus der Tasche. Sie öffnete das Geheimfach und überlas noch einmal die Notiz, die sie auf der Fahrt zum Friedhof auf einen Papierfetzen geschrieben hatte:

Mauricio Valls
El Pinar
Calle de Manuel Arnús
Barcelona

Sie rollte die Notiz wieder zusammen und steckte sie in die Öffnung. Dann verschloss sie sie und stellte den Engel vor den Grabstein zwischen die Krüge mit den vertrockneten Blumen.

»Soll das Schicksal entscheiden«, murmelte sie.

Als sie zum Taxi zurückkehrte, erwartete sie der Fahrer an den Wagen gelehnt. Er öffnete ihr die Tür, setzte sich wieder hinters Lenkrad und schaute sie im Rückspiegel an. Sie schien in sich selbst versunken. Er sah sie die Handtasche aufklappen und ein Fläschchen mit weißen Pillen herausziehen. Sie nahm eine Handvoll in den Mund und zerkaute sie. Der Fahrer reichte ihr die Feldflasche nach hinten, die er auf dem Beifahrersitz liegen hatte. Sie trank und blickte schließlich auf.

»Und jetzt?«, fragte der Taxifahrer.

Sie zeigte ihm ein Bündel Geldscheine.

»Das sind mindestens vierhundert Duros«, schätzte er.

»Sechshundert«, korrigierte sie. »Sie gehören Ihnen, wenn wir vor Tagesanbruch in Madrid sind.«

25

Fernandito blieb auf der anderen Straßenseite stehen und schaute durchs Schaufenster Daniel zu. Als er von zu Hause weggegangen war, hatte es zu schneien begonnen, und die Straßen waren beinahe menschenleer. Er blieb einige Minuten stehen, bis er sicher war, dass sich Daniel allein im Laden befand. Als dieser zur Tür trat, um die *Geschlossen*-Tafel aufzuhängen, trat Fernandito aus dem Schatten und stellte sich mit eingefrorenem Lächeln vor die Tür. Daniel schaute ihn überrascht an und machte auf.

»Fernandito? Falls du Sofia suchst – sie bleibt heute Nacht bei einer Freundin in Sarriá, weil sie irgendwas fertigmachen müssen oder …«

»Nein. Ich suche Sie.«

»Mich?«

Er nickte.

»Komm rein.«

»Sind Sie allein?«

Daniel sah ihn befremdet an. Fernandito trat in den Laden und wartete, bis Daniel abgeschlossen hatte.

»Ich höre.«

»Ich bringe etwas im Auftrag von Señorita Alicia.«

»Weißt du, wo sie ist?«

»Nein.«

»Was ist es?«

Fernandito zögerte einen Moment und zog dann einen Umschlag aus seinem Jackett und reichte ihn ihm. Daniel nahm ihn entgegen, lächelnd angesichts dieser ganzen Geheimniskrämerei. Sowie er den Namen darauf las, versiegte das Lächeln. Er öffnete ihn und zog etwas hervor, das wie ein Schulheft aussah.

»Nun ...«, sagte Fernandito. »Ich lasse Sie allein. Gute Nacht, Don Daniel.«

Daniel nickte, ohne vom Heft aufzublicken. Nachdem Fernandito die Buchhandlung verlassen hatte, machte er das Licht aus und verzog sich ins Hinterzimmer. Er setzte sich an den alten Schreibtisch, der schon seinem Großvater gehört hatte, knipste die Tischlampe an und schloss einige Sekunden die Augen. Er spürte den Puls schneller werden und seine Hände zittern.

In der Ferne schlugen die Glocken der Kathedrale, als er das Heft aufschlug und zu lesen begann.

ISABELLAS HEFT

1939

Ich heiße Isabella Gispert und bin 1917 in Barcelona geboren. Ich bin zweiundzwanzig Jahre alt und weiß, dass ich den dreiundzwanzigsten Geburtstag nicht mehr erleben werde. Ich schreibe diese Zeilen in der Gewissheit, dass ich nur noch wenige Tage zu leben habe und bald all diejenigen verlassen werde, denen ich auf dieser Welt am meisten zu verdanken habe: meinen Sohn Daniel und meinen Mann Juan Sempere, den gütigsten Menschen, den ich je kennengelernt habe. Ich werde sterben, ohne sein Vertrauen, seine Liebe und Ergebenheit verdient zu haben. Ich schreibe für mich selbst, nehme Geheimnisse mit, die nicht mir gehören, und weiß, dass nie jemand diese Seiten lesen wird. Ich schreibe, um mich zu erinnern und mich am Leben festzuhalten. Mein einziger Ehrgeiz besteht darin, mich erinnern und verstehen zu können, wer ich war und warum ich tat, was ich tat, solange ich dazu noch in der Lage bin und bevor mich das Bewusstsein, das schon schwächer wird, ganz verlässt. Ich schreibe, auch wenn es mich schmerzt, denn der Verlust und der Schmerz sind das Einzige, was mich noch am Leben erhält, und ich habe Angst vor dem Sterben. Ich schreibe, um diesen Seiten anzuvertrauen, was ich meinen Liebsten nicht erzählen kann, weil ich sonst Gefahr laufe, sie zu verletzen und ihr Leben zu gefährden. Ich schreibe, weil ich eine Minute länger bei ihnen sein kann, solange ich noch fähig bin, mich zu erinnern …

1

Das Bild meines zerfallenden Körpers im Spiegel dieses Schlafzimmers macht es mir schwer, es zu glauben, aber einmal, vor langer Zeit, war ich ein kleines Mädchen. Meine Familie hatte einen Lebensmittelladen neben der Santa-María-del-Mar-Kirche. Wir wohnten in einem Haus hinter dem Laden. Dort hatten wir einen Hof, von dem aus man den First der Kirche sah. Als Mädchen stellte ich mir gern vor, dass sie ein verzaubertes Schloss war, das allnächtlich einen Spaziergang durch Barcelona machte und bei Tagesanbruch zurückkam, um in der Sonne zu schlafen. Die Familie meines Vaters, die Gisperts, entstammte einer langen Dynastie von Barceloner Kaufleuten und die meiner Mutter, die Ferratini, aus einem Geschlecht von Neapolitaner Seeleuten und Fischern. Ich habe den Charakter meiner Großmutter mütterlicherseits geerbt, einer Frau von ziemlich vulkanischem Temperament, der man den Spitznamen Die Vesuvin gegeben hatte. Wir waren drei Schwestern, aber mein Vater sagte immer, er habe zwei Töchter und ein Maultier. Ich habe ihn sehr geliebt, obwohl ich ihn so unglücklich machte. Er war ein guter Mensch, der besser mit den Lebensmitteln zurechtkam als mit seinen Mädchen. Der Beichtvater der Familie pflegte zu sagen, dass jedermann mit einer Bestimmung auf die Welt komme und dass meine es sei, immer zu widersprechen. Meine beiden älteren Schwestern waren gefügiger. Sie hatten das klare Ziel, eine gute Ehe einzugehen und nach dem Diktat der gesellschaftlichen Etikette in der Welt voranzukommen. Ich dagegen bekannte mich zum Leidwesen meiner armen Eltern schon mit acht Jahren zur Rebellion und verkündete, ich würde niemals heiraten und eine Küchenschürze anziehen, nicht einmal wenn mir ein Erschießungskommando drohte, und ich wolle Schriftstellerin oder Besatzungsmitglied eines U-Boots werden (eine Zeitlang war ich diesbezüglich wegen Jules Verne ein wenig durcheinander). Mein Vater schob die Schuld den Schwestern Brontë in die Schuhe, auf die ich mich immer voller Verehrung berief. Er dachte, es handle sich um eine Gruppe neben dem Santa-Madrona-Portal verschanzter anarchistischer Nonnen, die bei den Unruhen der Tragischen Woche den Verstand verloren hatten und nun Opiate rauchten und nach Mitternacht eng umschlungen miteinander tanzten. »Das wäre nie passiert, wenn wir sie zu den Theresianerinnen gebracht hätten«, klagte er. Ich gestehe, dass ich nie die Tochter sein konnte, die sich meine Eltern gewünscht hätten, noch das junge Mädchen, das die Welt erwartete, in die ich hineingeboren wurde. Oder besser gesagt: Ich wollte es nicht sein. Immer widersprach ich allen, meinen Eltern, meinen Lehrern und, wenn alle es satthatten, sich mit mir herumzuschlagen, mir selbst.

Ich spielte nicht gern mit den anderen Mädchen; meine Spezialität war es, mit einer Steinschleuder den Puppen den Kopf zu zerschmettern. Lieber spielte ich mit den Jungen, die sich leicht herumkommandieren ließen, aber früher oder später merkten sie, dass ich immer besser war als sie, und so musste ich lernen, allein zu spielen. Ich glaube, damals gewöhnte ich mich an die Situation, immer fern von den anderen zu sein. Darin glich ich meiner Mutter, die stets sagte, im Grunde seien wir alle allein, vor allem wenn man als Frau geboren werde. Meine Mutter war eine melancholische Frau, mit der ich nie gut auskam, vielleicht weil sie die Einzige in der ganzen Familie war, die mich ein wenig verstand. Sie starb, als ich noch ein Kind war. Mein Vater heiratete wieder, und zwar eine Witwe aus Valladolid, die mich nie mochte und die mich, wenn wir allein waren, Hürchen nannte.

Erst nach dem Tod meiner Mutter wurde mir bewusst, wie viel sie mir bedeutet hatte. Vielleicht begann ich aus diesem Grund, die Universitätsbibliothek aufzusuchen, für die meine Mutter mir einen Benutzerausweis beschafft hatte, bevor sie gestorben war, und ohne es meinem Vater zu sagen, welcher der Ansicht war, ich solle bloß den Katechismus studieren und Heiligenleben lesen. Meine Stiefmutter hasste Bücher. Ihr Vorhandensein beleidigte sie, und sie versteckte sie zuhinterst in den Schränken, damit sie die Wohnungseinrichtung nicht verunstalteten.

In der Bibliothek änderte sich mein Leben. Den Katechismus berührte ich nicht einmal zufällig, und die einzige Hagiographie, die ich mit Genuss las, war die der heiligen Teresa, zutiefst beunruhigt durch diese mysteriösen Ekstasen, die ich mit unnennbaren Praktiken in Verbindung brachte, welche ich nicht einmal diesen Seiten zu erzählen wage. In der Bibliothek las ich alles, was man mich lesen ließ, und besonders alles, was mir einige Leute zu lesen untersagten. Doña Lorena, eine weise Bibliothekarin, die jeweils nachmittags dort war, bereitete mir immer einen Stapel Bücher vor, die sie als »Lektüre, die jede Señorita lesen sollte, obwohl keiner will, dass sie sie liest« bezeichnete. Sie sagte, das Niveau der Barbarei einer Gesellschaft messe sich an der Distanz, die sie zwischen die Frauen und die Bücher zu bringen versuche. »Nichts erschüttert einen Kaffer so sehr wie eine Frau, die lesen, schreiben und denken kann und obendrein noch die Knie zeigt.« Während des Krieges wurde sie ins Frauengefängnis gesteckt, und man sagte, sie hätte sich in der Zelle erhängt.

Von Anfang an war mir klar, dass ich unter Büchern leben wollte, und ich begann davon zu träumen, dass eines Tages meine eigenen Geschichten in einem dieser Bände landen könnten, die ich so sehr verehrte. Die Bücher lehrten mich denken, fühlen und tausend Leben leben. Ich schäme mich nicht zu gestehen, dass, so wie Lorena es vorhergesagt hatte, der Tag kam, an dem mir auch die Männer zu gefallen begannen. Allzu sehr. Diesen Seiten darf ich das anvertrauen, und hier darf ich über meine zitternden Beine lachen, wenn ich einige der Burschen vorbeigehen sah, die im Borne Kisten abluden und mich mit hungrigem Blick ansahen, ihre schweißbedeckten Oberkörper und sonnengebräunte Haut, die in meiner Vorstellung salzig schmeckte.

»Was ich dir geben könnte, meine Süße«, sagte einmal einer zu mir, bevor mich mein Vater eine Woche lang zu Hause einsperrte, eine Woche, in der ich Phantasien entwickelte, was mir dieser beherzte Mann wohl geben wollte, und mich ein wenig wie die heilige Teresa fühlte.

Ehrlich gesagt interessierten mich die Jungen in meinem Alter nicht besonders, und zudem hatten alle ein wenig Angst vor mir, weil ich ihnen in allem überlegen gewesen war außer in ihrem Wettkampf, wer am weitesten gegen den Wind pinkeln konnte. Wie *fast allen jungen Mädchen meines Alters, ob sie es zugeben oder nicht, gefielen auch mir die älteren Burschen und vor allem die, die laut Definition aller Mütter der Welt »nichts für dich sind«. Ich wusste mich weder herauszuputzen noch das Beste aus mir zu machen, wenigstens am Anfang, aber bald erkannte ich, wie ich sie amüsieren konnte. Die meisten waren das genaue Gegenteil von Büchern: schlichte Gemüter, die man auf der Stelle lesen konnte. Vermutlich war ich nie das, was man als anständiges Mädchen bezeichnet. Ich mag mich nicht selbst belügen. Wer will schon von sich aus ein anständiges Mädchen sein? Ich jedenfalls nicht. Ich drängte die Burschen, die mir gefielen, in einen Hauseingang und bestand darauf, dass sie mich küssten. Da die meisten fast starben vor Angst oder nicht wussten, wie sie es anzustellen hatten, küsste ich sie. Mein Lebenswandel kam dem Geistlichen des Viertels zu Ohren, der es für angezeigt hielt, angesichts der eindeutigen Anzeichen von Besessenheit eine Teufelsaustreibung vorzunehmen. Meine Stiefmutter erlitt eine einmonatige Nervenkrise wegen der Schande, die ich ihr gemacht hatte. Nach dieser Episode erklärte sie, ich sei auf dem besten Weg, eine Animierdame zu werden oder direkt »in der Gosse zu landen«, ihr Lieblingsausdruck. »Und danach will dich keiner mehr, du Hürchen.« Mein Vater, der nicht mehr wusste, was er mit mir machen sollte, setzte die Formalitäten in Gang, um mich in ein sehr strenges Nonneninternat zu stecken, aber mein Ruf eilte mir voraus, und sowie sie erfuhren, um wen es sich handelte, verweigerten sie die Zulassung aus Angst, ich könnte die anderen Mädchen anstecken. Ich schreibe all das ganz ohne Scham, weil ich glaube, dass ich in meiner Jugend schlicht und einfach zu naiv war. Ich brach gelegentlich ein Herz, aber nie in böser Ansicht, und ich glaubte immer noch, mir würde es nie jemand brechen.*

Meine Stiefmutter, die der Jungfrau von Lourdes sehr ergeben war, verlor die Hoffnung nicht und betete pausenlos zu ihr, dass ich eines Tages Vernunft annähme oder aber dass mich eine Straßenbahn überfahren würde, so dass sie mich ein für alle Mal los wäre. Meine Rettung, empfahl der Geistliche, bestehe im Kanalisieren meiner trüben Instinkte auf dem katholischen und apostolischen

Weg. Er plante eiligst, mich, freiwillig oder gezwungenermaßen, mit dem Sohn des Ehepaars zu verheiraten, das am Ende der Calle Flassaders eine Konditorei betrieb, Vicentet, der in den Augen meiner Eltern eine gute Partie war. Vicentet hatte eine puderzuckerweiche Seele und war zärtlich und sanft wie die Madeleines, die seine Mutter machte. Ich hätte ihn in einem halben Morgen verschlungen, und das wusste der Ärmste, aber unsere Familien hatten beide das Gefühl, mit dieser Verbindung ließen sich zwei Fliegen mit einer Klappe schlagen: den »Kleinen« unter die Haube und das Hürchen Isabella auf den rechten Weg zurückzubringen.

Vicentet, gesegnet sei er unter allen Konditoren, betete mich an. Er sah in mir das Schönste und Reinste des ganzen Universums, der Ärmste, und blickte mich, wenn ich vorbeiging, mit dem Gesicht eines enthaupteten Lamms an, träumte von unserem Hochzeitsbankett in Las Siete Puertas und einer Hochzeitsreise an Bord eines der Rundfahrtschiffe bis zum Ende der Hafenmole. Ich machte ihn natürlich so unglücklich, wie ich nur konnte. Zum Elend sämtlicher Vicentets dieser Welt, und das sind nicht wenige, ist das Herz eines jungen Mädchens wie ein Verkaufsstand mit Feuerwerk in der Sommersonne. Armer Vicentet, was hatte er meinetwegen zu leiden. Wie ich hörte, soll er schließlich eine Cousine zweiten Grades aus Ripoll geheiratet haben, die eigentlich Novizin hätte werden sollen und das Denkmal des Unbekannten Soldaten geheiratet hätte, wenn das sie vor dem Kloster gerettet hätte. Gemeinsam setzen sie immer noch Kinder und Madeleines in die Welt. Da ist er mit einem blauen Auge davongekommen.

Wie vorauszusehen war, blieb ich unbelehrbar und tat, was mein Vater stets noch mehr fürchtete als die Möglichkeit, dass Oma, die Vesuvin, zu uns zöge. Sein größter Albtraum war, dass ich mich, nachdem die Bücher mein fiebriges Hirn vergiftet hatten, in die schlimmste Art Geschöpf der Welt verlieben könnte, das perfideste, grausamste und böseste Wesen, das je die Erde betreten hat und dessen Hauptbestreben im Leben es ist, nicht nur seine Eitelkeit zu befriedigen, sondern die Armen, die den krassen Irrtum begehen, es zu lieben, unglücklich zu machen: einen Schriftsteller. Und, wenn wir schon dabei sind, nicht einen Dichter, eine Spezies, in der mein Vater mehr oder weniger das sah, was er einen harmlosen Spinner nannte, den man dazu bringen konnte, in einem Gemüseladen eine anständige Stelle zu suchen und sich die Verse für den Sonntagnachmittag nach dem Messebesuch aufzuheben, nein, sondern die übelste Variante der Gattung: einen Romancier. Denen war nicht mehr zu helfen, und man wollte sie nicht einmal in der Hölle.

Der einzige Schriftsteller aus Fleisch und Blut, den es in meiner Welt gab, war ein ziemlich extravaganter Mensch, um es freundlich zu sagen, der im Viertel lebte. Meine Nachforschungen ergaben, dass er in einem alten Haus wenige Meter von der Konditorei von Vicentets Familie entfernt wohnte, einem übel beleumdeten Ort, der, wie die alten Weiber, die Grundbuchbeamten und ein Klatschmaul von Nachtwächter namens Soponcio munkelten, verhext war und dessen Bewohner einen Dachschaden hatte. Er hieß David Martín.

Ich hatte ihn nie gesehen, weil er offenbar nur abends ausging und in für Señoritas und anständige Leute ungeeigneten Milieus und Lokalen verkehrte. Ich hielt mich weder für das eine noch das andere, so dass ich mir einen Plan ausdachte, damit unsere Schicksale aufeinanderprallten wie zwei ungebremste Züge. David Martín, der einzige lebende Romancier in einem Radius von fünf Straßen um mein Zuhause herum, wusste es noch nicht, doch sehr bald sollte sich sein Leben ändern. Zum Besseren. Der Himmel oder die Hölle würden ihm genau das schicken, was er brauchte, um sein ausschweifendes Leben in Ordnung zu bringen: einen Lehrling, die große Isabella.

2

Zu erzählen, wie ich David Martíns offizieller Lehrling wurde, wäre lang und umständlich. So wie ich ihn kenne, würde es mich nicht erstaunen, wenn er selbst irgendwo einen Bericht darüber hinterlassen hätte, in dem meine Person sicherlich nicht gerade mit einer Heldengloriole erscheint. Jedenfalls gelang es mir, seinen eisernen Widerstand zu brechen und mich in sein Haus, sein seltsames Leben und sein Gewissen einzuschleichen, das in sich selbst ein verhexter Ort war. Vielleicht war es das Schicksal, vielleicht auch der Umstand, dass David Martín im Grunde ein gequälter Geist war, dass er mich, ohne dass es ihm bewusst war, mehr brauchte als ich ihn. »Verlorene Seelen, die sich um Mitternacht treffen«, schrieb ich damals als melodramatische Aushilfsdichterin, was mein neuer Mentor als hochgefährlich für Zuckerkranke erklärte. So war er.

Oft habe ich gedacht, dass David Martín in diesem Leben, abgesehen von Doña Lorena, mein erster richtiger Freund war. Er war beinahe doppelt so alt wie ich, und manchmal schien mir, er hätte schon hundert Leben gelebt, bevor er mich kennenlernte, aber selbst wenn er meine Gesellschaft floh oder wir uns wegen irgendeiner Dummheit stritten, fühlte ich mich ihm so nahe, dass ich sogar gegen meinen Willen begriff, dass, wie er einmal im Scherz sagte, »die Hölle Menschen wie uns erschafft und sie sich verschwören«. Wie viele gutmütige Leute versteckte sich David gern hinter einem zynischen, barschen Panzer, aber trotz der vielen boshaften Bemerkungen, die er mir an den Kopf warf (nicht mehr als ich ihm, um gerecht zu sein), und wie sehr er es auch zu verbergen suchte, immer war er mir gegenüber geduldig und großherzig.

Er brachte mir vieles bei: einen Satz zu bilden, an die Sprache und all ihre Kunstgriffe wie an ein vor einem weißen Blatt aufgestelltes Orchester zu denken, einen Text zu analysieren und zu verstehen, wie er aufgebaut ist und warum … Er lehrte mich wieder lesen und schreiben, aber so, dass ich diesmal wusste, was ich tat und warum und wozu. Und vor allen Dingen, wie. Er wurde nicht müde, mir zu sagen, dass es in der Literatur nur ein wirkliches Thema gebe: nicht was man erzählte, sondern wie man es erzählte. Alles andere sei Zierrat. Er sagte auch, den Beruf des Schriftstellers müsse man erlernen, aber es sei unmöglich, ihn zu lehren. »Wer diesen Grundsatz nicht versteht, macht besser etwas anderes, denn in dieser Welt gibt es viel zu tun.« Er war der Ansicht, ich hätte weniger Zukunft als Schriftstellerin denn Spanien als vernünftige Nation, aber er sei eben ein geborener Pessimist oder das, was er einen »informierten Realisten« nenne, so dass ich, mir selber treu, ihm widersprach.

Bei ihm lernte ich, mich so zu nehmen, wie ich war, selbständig zu denken und mich sogar ein wenig gernzuhaben. In der Zeit, in der ich in seinem verzauberten alten Haus wohnte, wurden wir Freunde, gute Freunde. David Martín war ein solidarischer Mensch, der die Brücken zur Welt abbrach, ohne es zu merken, oder vielleicht tat er es auch in voller Ansicht, weil er dachte, über diese Brücken könne kaum etwas Gutes kommen. Seine Seele war zerbrochen, und dieses seit der Kindheit zerbrochene Stück konnte er nie wieder zusammenkitten. Ich begann vorzugeben, dass ich ihn hasste, dann verbarg ich, dass ich ihn bewunderte, und schließlich bemühte ich mich, ihn nicht merken zu lassen, dass er mir leidtat, was ihn auf die Palme brachte. Je mehr er mich von sich fernzuhalten versuchte, und er versuchte es ständig, desto näher fühlte ich mich ihm. Allmählich widersprach ich ihm nicht mehr bei allem und jedem und wollte ihn nur noch beschützen. Die Ironie unserer Freundschaft bestand darin, dass ich als Lehrling und Störenfried in sein Leben trat, aber im Grunde war es, als hätte er sein Leben lang auf mich gewartet. Möglicherweise, um ihn vor sich selbst zu retten oder vor all dem, was in ihm gefangen war und ihn lebendigen Leibes aufzehrte.

Man verliebt sich nur dann wirklich, wenn man nicht merkt, was man tut. Und ich verliebte mich in diesen gebrochenen, zutiefst unglücklichen Mann, lange bevor ich auch nur ahnte, dass er mir überhaupt gefiel. Er, der in mir immer las wie in einem offenen Buch, hatte Angst um mich. Es war seine Idee, dass ich in der Buchhandlung Sempere & Söhne zu arbeiten beginnen sollte, wo er seit eh und je Kunde war. Und es war seine Idee, Juan, der schließlich mein Mann werden sollte und damals Sempere junior war, dazu zu bringen, mir den Hof zu machen. In jenen Tagen war Juan so schüchtern, wie David unverschämt sein konnte. In gewisser Weise verkörperten sie Nacht und Tag, im wahrsten Sinne des Wortes, denn in Davids Herz war es immer Nacht.

Damals war mir schon ziemlich klargeworden, dass ich nie Schriftstellerin sein würde, nicht einmal Besatzungsmitglied eines U-Boots, und dass die Schwestern Brontë auf eine ihnen näher verwandte Nachfolgerin würden warten müssen. Und allmählich war mir auch aufgegangen, dass David Martín krank war. In seinem Inneren hatte sich ein Abgrund aufgetan, und nachdem er ein ganzes Leben lang darum gerungen hatte, die Besonnenheit zu bewahren, hatte er, als ich in sein Leben trat, den Kampf mit sich selbst bereits verloren und verlor jetzt zunehmend den Verstand wie Sand, den man in den Händen festzuhalten versucht. Hätte ich auf den gesunden Menschenverstand gehört, wäre ich davongerannt, aber da hatte ich bereits Gefallen daran gefunden, mir selbst zu widersprechen.

Mit der Zeit waren viele Gerüchte über David Martín im Umlauf, und es wurden ihm schreckliche Verbrechen angedichtet. Ich, die ich ihn vermutlich besser kannte als sonst jemand, bin der festen Überzeugung, dass die einzigen Verbrechen, die er beging, gegen ihn selbst gerichtet waren. Aus diesem Grund verhalf ich ihm zur Flucht aus Barcelona, nachdem ihn die Polizei des Mordes an seinem Wohltäter Pedro Vidal und dessen Gattin Cristina bezichtigt hatte, in die David verliebt zu sein glaubte auf diese dumme, fatale Art, wie einige Männer sich in Frauen verliebt zu haben glauben, die sie nicht von einer Fata Morgana unterscheiden können. Und aus diesem Grund betete ich, er möge nie wieder in diese Stadt zurückkehren und an irgendeinem fernen Ort seinen Frieden finden und ich möge ihn vergessen können oder mich mit der Zeit davon überzeugen, dass es mir gelungen war. Gott hört nur hin, wenn man ihn um etwas bittet, was man nicht braucht.

In den folgenden vier Jahren versuchte ich, David Martín zu vergessen, und glaubte auch, es geschafft zu haben. Nachdem ich meinen Traum zu schreiben aufgegeben hatte, hatte ich wenigstens den verwirklicht, unter Büchern und Wörtern zu leben. Ich arbeitete in der Buchhandlung Sempere & Söhne, wo Juan nach dem Tod des Großvaters jetzt »der Señor Sempere« geworden war. Wir hatten eine typische Vorkriegsfreundschaft mit einer bescheidenen Liebschaft, Wangenstreicheln, Sonntagnachmittagsspaziergängen und verstohlenen Küssen im Schutz der Zelte bei den Festen in Gracia, wenn niemand aus der Familie auflauerte. Es gab keine zitternden Knie, aber das war auch nicht nötig. Man kann nicht ein Leben lang so leben, als wäre man vierzehn.

Es dauerte nicht sehr lange, bis mir Juan die Ehe antrug. Mein Vater nahm seinen Vorschlag in drei Minuten an, bezwungen von Dankbarkeit gegenüber der heiligen Rita, Schutzpatronin des Unmöglichen, als er das unwahrscheinliche Bild seiner Tochter in Weiß vor sich sah, wie sie sich gehorsam vor einem Geistlichen neigte. Barcelona, Stadt der Wunder. Als ich ihm mein Jawort gab, tat ich es in der Überzeugung, dass das der beste Mann war, den ich je kennenlernen würde, dass ich ihn nicht verdiente und ihn nicht nur mit dem Herzen, sondern auch mit dem Kopf lieben gelernt hatte. Es war nicht das Ja eines jungen Mädchens. Wie weise ich mich fühlte. Meine Mutter wäre stolz auf mich gewesen. All diese Bücher waren zu etwas nützlich gewesen. Ich akzeptierte seine Hand, überzeugt, dass ich nichts mehr auf der Welt wünschte, als ihn glücklich zu machen und eine Familie mit ihm zu gründen. Und eine Zeitlang glaubte ich tatsächlich, so werde es sein. Ich war immer noch naiv.

3

Die Hoffnungen sind den Menschen zu eigen, das Schicksal aber teilt der Teufel zu. Die Hochzeit sollte in der Santa-Ana-Kapelle stattfinden, auf dem kleinen Platz direkt hinter der Buchhandlung. Die Einladungen waren verschickt, das Festmahl bestellt, die Blumen gekauft und das Auto, das die Braut vor die Kirchentür bringen sollte, reserviert. Ich redete mir jeden Tag ein, mich zu freuen und endlich glücklich zu werden. An einem Freitag im März, genau einen Monat vor der Zeremonie, war ich allein in der Buchhandlung, da Juan nach Tiana zu einem wichtigen Kunden gefahren war, um eine Bestellung abzuliefern. Ich hörte die Türglocke, und als ich aufschaute, erblickte ich ihn. Er hatte sich kaum verändert.

David Martín war einer der Menschen, die nicht älter werden – oder höchstens innerlich. Jeder hätte im Spaß gesagt, er habe wohl einen Pakt mit dem Teufel geschlossen. Jeder außer mir, denn ich wusste, dass er in der Phantasmagorie seiner Seele nicht bezweifelte, dass es sich so verhielt, auch wenn sein Privatteufel eine imaginäre Figur war, die unter dem Namen Andreas Corelli im Hinterstübchen seines Hirns lebte, ein Pariser Verleger und eine so zwielichtige Gestalt, dass er Martíns eigener Feder entsprungen schien. In seinem Kopf war David überzeugt, dass Corelli ihn beauftragt hatte, ein verdammtes Buch zu schreiben, den Gründungstext für eine neue, fanatische, zürnende, zerstörerische Religion, die die Welt ein für alle Mal in Brand stecken sollte. David schleppte dieses und weitere Delirien mit sich herum und war felsenfest davon überzeugt, dass sein literarisches Teufelchen Jagd auf ihn machte, da ihm, eigenwillig wie er war, nichts Besseres eingefallen war, als ihn zu verraten, die Vereinbarung zu brechen und den Malleus Maleficarum vom Dienst im letzten Augenblick zu vernichten, vielleicht weil die leuchtende Güte seines unerträglichen weiblichen Lehrlings ihm das Licht und das Irrige seines Vorhabens aufgezeigt hatte. Und genau dafür war ich zuständig, die große Isabella, die ich so ungläubig war, dass ich nicht einmal an Lotterielose glaubte und gedacht hatte, das Parfüm meines jugendlichen Charmes und ein vorübergehender Tapetenwechsel fern von der verbrauchten Luft Barcelonas (wo ihn zudem die Polizei suchte) würden ihn dann schon von seinen Wahnvorstellungen kurieren. Sowie ich ihm in die Augen schaute, war mir klar, dass ihn vier Jahre Herumvagabundieren in weiß Gott was für Welten nicht im Geringsten kuriert hatten. Als er mich anlächelte und sagte, er habe mich vermisst, riss es mir die Seele in Stücke. Ich brach in Tränen aus und verfluchte mein Schicksal. Nachdem er mir die Wange gestreichelt hatte, begriff ich, dass ich immer noch in meinen sonderbaren Dorian Gray verliebt war, meinen Lieblingsverrückten und den einzigen Mann, von dem ich mir immer gewünscht hatte, er möchte mit mir machen, was er wolle.

Ich erinnere mich nicht mehr an das, was wir sprachen. Dieser Moment ist in meinem Gedächtnis verschwommen geblieben. Ich glaube, alles, was ich mir in den Jahren seiner Abwesenheit in der Phantasie zurechtgelegt hatte, stürzte in fünf Sekunden auf mich ein, und als ich aus den Trümmern herausfand, brachte ich nichts weiter zustande als eine Notiz für Juan, die ich neben die Registrierkasse legte:

Ich muss gehen. Verzeih mir, mein Liebling.
Isabella

Ich wusste, dass ihn die Polizei noch immer suchte – es verging kein Monat, ohne dass ein Mitglied des Korps in der Buchhandlung aufkreuzte und sich erkundigte, ob wir etwas vom Flüchtigen gehört hätten. Ich verließ den Laden mit David am Arm und schleppte ihn zum Nordbahnhof. Er schien glücklich, nach Barcelona zurückgekehrt zu sein, und schaute alles mit der Nostalgie eines Todgeweihten und der Naivität eines kleinen Jungen an. Ich war halb tot vor Angst und dachte nur daran, wo ich ihn verstecken könnte. Ich fragte ihn, ob es einen Ort gebe, wo ihn niemand finden könnte und wo ihn zu suchen keinem in den Sinn käme.

»Der Saal der Hundert im Rathaus«, sagte er.

»Ich meine es ernst, David.«

Ich war schon immer eine Frau mit großen Einfällen gewesen, und diesmal hatte ich einen grandiosen. David hatte mir einmal erzählt, sein ehemaliger Wohltäter und Freund Vidal habe in einem abgelegenen Winkel namens S'Agaró an der Costa Brava ein Haus am Meer, das ihm seinerzeit als eine Art Junggesellenbude gedient habe, diese Einrichtung des katalanischen Bürgertums, wohin man sich mit Señoritas, Dirnen und anderen Kandidatinnen zwecks kurzer Liebe zurückzog, um das den Herren aus gutem Hause eigene

Feuer zu löschen, ohne die makellose eheliche Verbindung zu be-
flecken.

Vidal, der zu diesem Behuf über mehrere Orte innerhalb der
Stadt mit all ihren Annehmlichkeiten verfügte, hatte David stets seinen Schlupfwinkel am Meer angeboten, wozu auch immer. Er und
seine Cousins benutzten das Haus nur im Sommer und auch dann
nur während zwei Wochen. Der Schlüssel war immer hinter einem
Stein eines Reliefs beim Eingang versteckt. Mit dem Geld, das ich
aus der Ladenkasse genommen hatte, kaufte ich zwei Fahrkarten
nach Gerona und von dort zwei weitere nach Sant Feliu de Guíxols,
einem Ort zwei Kilometer von der San-Pol-Bucht, wo die Enklave
S'Agaró lag. David leistete keinen Widerstand. Auf dem Weg lehnte
er sich an meine Schulter und schlief ein.

»Ich schlafe seit Jahren nicht mehr«, sagte er noch.

Wir trafen in der Abenddämmerung dort ein, nur gerade mit
dem, was wir auf dem Leib trugen. Da uns der Schleier der Dunkelheit schützte, zog ich es vor, zu Fuß zum Haus zu gehen, anstatt
vor dem Bahnhof eine Karre zu nehmen. Der Schlüssel befand sich
am üblichen Ort. Das Haus war seit Jahren geschlossen. Ich riss alle
Fenster auf und ließ sie offen stehen, bis es über dem Meer am Fuß
der Steilküste hell wurde. David hatte die ganze Nacht wie ein Kind
geschlafen, und als die Sonne sein Gesicht berührte, öffnete er die
Augen, stand auf und kam zu mir. Er umarmte mich fest, und als
ich ihn fragte, warum er zurückgekommen sei, sagte er, es sei ihm
bewusst geworden, dass er mich liebe.

»Du hast nicht das Recht, mich zu lieben«, antwortete ich.

Nach Jahren der Untätigkeit kam die Vesuvin hervor, die ich immer in meinem Inneren mitgeführt hatte, und begann, ihn anzu-
schreien und die ganze Wut, die ganze Trauer und die ganze Sehnsucht, mit der er mich zurückgelassen hatte, ans Licht zu zerren. Ich
sagte, ihn kennengelernt zu haben sei das Schlimmste, was mir im
ganzen Leben zugestoßen sei, dass ich ihn hasste, ihn nie wiedersehen wolle und mir wünschte, er bliebe in diesem Haus, um hier auf
immer und ewig zu verfaulen. David nickte und senkte die Augen.
Vermutlich in diesem Moment küsste ich ihn, denn schon immer

war ich es gewesen, die als Erste küssen musste, und vernichtete in einer Sekunde den Rest meines Lebens. Der Geistliche aus meiner Kindheit hatte sich geirrt. Ich war nicht auf die Welt gekommen, um zu widersprechen, sondern um Fehler zu machen. Und an jenem Morgen machte ich in seinen Armen den größten, den ich überhaupt machen konnte.

4

Man wird sich der Leere, in der man die Zeit hat verstreichen lassen, erst bewusst, wenn man wirklich lebt. Manchmal ist das Leben, nicht die verbrannten Tage, nur ein Augenblick, ein Tag, eine Woche oder ein Monat. Man weiß, dass man lebt, weil es schmerzt, weil plötzlich alles eine Bedeutung bekommt und am Ende dieses kurzen Augenblicks der Rest des Lebens zu einer Erinnerung wird, zu der man umsonst zurückzukehren versucht, solange man Kraft im Leib hat. Für mich bestand dieser Moment aus den drei langen Wochen, die ich in diesem Haus am Meer in Davids Gesellschaft verbrachte. Eigentlich sollte ich sagen, in Gesellschaft Davids und der Schatten, die er mitführte und die mit uns zusammenlebten, aber damals war mir das egal. Ich hätte ihn in die Hölle begleitet, wenn er das von mir verlangt hätte. Und vermutlich tat ich das in gewisser Weise auch.

Am Fuß der Steilküste stand eine Hütte mit zwei Ruderbooten und einem Holzsteg, der ins Meer hinausführte. An dessen Ende setzte sich David fast jeden Morgen bei Tagesanbruch, um den Sonnenaufgang zu sehen. Manchmal ging ich mit, und wir badeten in der Bucht. Es war März und das Wasser noch kalt, aber nach einer Weile rannten wir immer ins Haus und setzten uns vors Kaminfeuer. Dann unternahmen wir lange Spaziergänge auf dem Rundweg, der die Küstenfelsen säumte und zu einem menschenleeren Strand führte, welchen die Einheimischen Sa Conca nannten. In den Bäumen hinter dem Strand befand sich eine Zigeunersiedlung, wo

David Lebensmittel kaufte. Wieder zu Hause, kochte er, und dann aßen wir bei hereinbrechender Nacht zu Abend und hörten dazu einige von Vidals alten Schallplatten. An vielen Abenden erhob sich bei Sonnenuntergang ein kräftiger Nordwind, pfiff zwischen den Bäumen hindurch und peitschte die Fensterläden. Dann mussten wir die Fenster schließen und im ganzen Haus Kerzen anzünden. Danach breitete ich vor der Kaminglut ein paar Decken aus und nahm David an der Hand, denn obwohl er doppelt so alt war wie ich und so vieles gelebt hatte, was ich mir nicht einmal ansatzweise ausmalen konnte, war er bei mir schüchtern, und ich musste seine Hände führen, damit er mich langsam auszog, so, wie ich es mochte. Wahrscheinlich müsste ich mich schämen, diese Worte hinzuschreiben und diese Erinnerungen heraufzubeschwören, aber ich habe der Welt kein Schamgefühl mehr anzubieten. Die Erinnerung an jene Nächte, seine Hände und seine Lippen, die meine Haut erkundeten, und an das Glück und die Lust, die ich in diesen vier Wänden erlebte, ist zusammen mit Daniels Geburt und den Jahren, die ich ihn bei mir hatte und wachsen sah, die schönste Erinnerung, die ich mitnehme.

Inzwischen weiß ich, dass die wirkliche Bestimmung meines Lebens, die niemand vorhersehen konnte, nicht einmal ich, in der Empfängnis meines Sohnes Daniel bestand, in den Wochen, die ich mit David verbrachte. Und ich weiß, dass die Welt nach Herzenslust über mich richten und mich verurteilen würde, weil ich diesen Mann liebte, weil ich in Sünde und im Verborgenen ein Kind empfangen hatte und weil ich log. Die Strafe, ob gerecht oder nicht, ließ nicht lange auf sich warten. In dieser Welt ist niemand unentgeltlich glücklich, nicht einmal einen Augenblick lang.

Eines Morgens, als David zum Steg hinunterging, zog ich mich an und ging danach an einen Ort namens La Taberna del Mar neben der San-Pol-Bucht. Von dort aus rief ich Juan an. Seit zweieinhalb Wochen war ich verschwunden.

»Wo bist du? Geht es dir gut, bist du in Sicherheit?«, fragte er.
»Ja.«

»Wirst du zurückkommen?«

»Ich weiß es nicht. Ich weiß überhaupt nichts, Juan.«

»Ich liebe dich sehr, Isabella. Und ich werde dich immer lieben. Ob du zurückkommst oder nicht.«

»Willst du mich nicht fragen, ob auch ich dich liebe?«

»Du brauchst mir nichts zu erklären, wenn du nicht willst. Ich werde auf dich warten. Immer.«

Diese Worte drangen wie ein Dolch in mich ein, und als ich wieder im Haus war, weinte ich noch immer. David, der mich in der Haustür erwartete, umarmte mich.

»Ich kann nicht länger hier bei dir bleiben, David.«

»Ich weiß.«

Einige Tage später kam einer der Zigeuner und teilte uns mit, ein Zivilgardist habe sich nach einem Mann und einer jungen Frau erkundigt, die in der Gegend gesehen worden seien. Sie hatten ein Bild von David, den sie angeblich wegen Mordes suchten. Das war die letzte Nacht, die wir zusammen verbrachten. Als ich am nächsten Tag zwischen den Decken vor dem Feuer erwachte, war David gegangen. Er hatte eine Notiz hinterlassen, in der er mir sagte, ich solle nach Barcelona zurückgehen, Juan Sempere heiraten und für beide glücklich werden. In der Nacht zuvor hatte ich ihm gebeichtet, dass Juan um meine Hand angehalten und dass ich eingewilligt hatte. Noch heute weiß ich nicht, warum ich ihm das sagte. Ob ich ihn von mir fernhalten oder im Gegenteil wollte, dass er mich bäte, gemeinsam in seine Hölle zu flüchten. Er hatte die Entscheidung für mich getroffen. Als ich ihm sagte, er habe nicht das Recht, mich zu lieben, hatte er mir geglaubt.

Ich wusste, dass es sinnlos war, auf ihn zu warten. Dass er weder an diesem Abend noch am nächsten Tag zurückkäme. Ich machte das Haus sauber, deckte die Möbel wieder mit Laken zu und schloss sämtliche Fenster. Dann versteckte ich den Schlüssel hinter dem Stein in der Mauer und machte mich auf den Weg zum Bahnhof.

Sobald ich in Sant Feliu in den Zug gestiegen war, wusste ich, dass ich sein Kind in mir trug. Juan, den ich vor der Abfahrt vom Bahnhof aus angerufen hatte, kam mich abholen. Er umarmte mich *und wollte nicht wissen, wo ich gewesen war. Ich traute mich nicht, ihm in die Augen zu schauen.*

»Ich verdiene nicht, von dir geliebt zu werden«, sagte ich.

»Red keinen Unsinn.«

Ich war feige und hatte Angst. Um mich. Um das Kind, das ich in mir wusste.

Eine Woche später heiratete ich in der Santa-Ana-Kapelle am vorgesehenen Tag Juan Sempere. Die Hochzeitsnacht verbrachten wir in der Fonda España. Als ich am folgenden Morgen erwachte, hörte ich Juan im Bad weinen. Wie schön wäre das Leben, wenn wir imstande wären, den zu lieben, der es verdient.

Neun Monate später wurde Daniel Sempere Gispert, mein Sohn, geboren.

5

Ich habe nie richtig verstanden, warum sich David in den letzten Kriegstagen nach Barcelona zurückzukehren entschied. An dem Morgen, an dem er aus dem Haus in S'Agaró verschwand, dachte ich, ich würde ihn nie wiedersehen. Nach Daniels Geburt ließ ich das junge Mädchen, das ich gewesen war, und die Erinnerung an die gemeinsam verbrachte Zeit hinter mir. In diesen Jahren bestand meine Welt darin, mich um Daniel zu kümmern, für ihn die Mutter zu sein, die ich zu sein hatte, und ihn vor einer Welt zu schützen, die ich mit Davids Augen zu sehen gelernt hatte. Eine Welt der Dunkelheiten, des Grolls und Neids, der Schäbigkeit und des Hasses. Eine Welt, in der alles falsch ist und wo alle lügen. Eine Welt, die es nicht verdiente, zu überleben, aber in die mein Sohn hereingekommen ist und vor der ich ihn schützen muss. Ich wollte nie, dass Daniel etwas von Davids Existenz erführe. Am Tag seiner Geburt schwor ich mir, dass er nie erfahren sollte, wer sein Vater war, denn sein eigentlicher Vater, der Mann, der ihm das Leben gab und ihn mit mir zusammen aufzog, Juan Sempere, war der beste Vater, den er je hätte haben können. Diesen Schwur leistete ich im Wissen, dass Daniel, sollte er irgendwann die Wahrheit herausfinden oder ahnen, es mir nie verzeihen würde. Und trotzdem würde ich es wieder tun. David Martín hätte nie nach Barcelona zurückkommen dürfen. Im Grunde meines Herzens glaube ich, dass er, wenn er es tat, irgendwie die Wahrheit ahnte. Vielleicht war das die tatsächliche Strafe, die sich der in seiner Seele wohnende Teufel für ihn aufgehoben hatte. Mit der Überschreitung der Grenze verurteilte er uns beide.

Vor ein paar Monaten, als er die Pyrenäen überquerte, wurde er festgenommen und nach Barcelona verbracht, wo der Prozess mit den noch anhängigen Anklagepunkten wiederaufgenommen wurde. Zu den schon bestehenden kamen Umsturz, Verrat am Vaterland und noch weiß Gott was für Mumpitz, und er wurde zusammen mit Tausenden weiteren Gefangenen ins Modelo-Gefängnis gesteckt. In diesen Tagen wird in den großen Städten Spaniens und vor allem in Barcelona noch und noch gemordet und eingekerkert. Die Schonzeit für Rache und Revanche, für die Beseitigung des Gegners, diese große nationale Berufung, ist aufgehoben. Wie zu erwarten war, kriechen die frischgebackenen Kreuzritter des Regimes unter den Steinen hervor und beziehen eilig Stellung in der umgestalteten Ordnung, um in dieser neuen Gesellschaft aufzusteigen. Viele von ihnen haben die Linien überschritten und ein- oder mehrmals die Seite gewechselt, je nachdem, wie es ihnen gerade zupasskommt. Niemand, der je mit offenen Augen einen Krieg erlebt hat, kann noch dem Glauben anhängen, die Menschen seien besser als irgendein Tier.

Es sah aus, als könnte es nicht mehr schlimmer werden, aber für die Schäbigkeit, wenn man ihr freien Lauf lässt, gibt es keine Messlatte, die tief genug hängt. Da tauchte eine Persönlichkeit am Horizont auf, die eigens als Verkörperung des Zeitgeistes in diesem Land auf die Welt gekommen zu sein schien. Ich nehme an, dass es unter diesem Abschaum, der immer an die Oberfläche heraufsteigt, wenn alles schiefgeht, viele wie ihn gibt. Er heißt Mauricio Valls und ist, wie alle großen Männer in kleinen Zeiten, ein Niemand.

6

Vermutlich werden die Zeitungen dieses Landes dereinst große Lobeshymnen auf Don Mauricio Valls publizieren und seinen Ruhm in alle Himmelsrichtungen hinausposaunen. Unser Land ist reich gesegnet mit Leuten seines Schlags, und es fehlt ihnen nie an einem Gefolge von Schmeichlern, die hinter ihm her kriechen, um die Krumen aufzulesen, die sie, einmal am Gipfel angekommen, fallen lassen. Einstweilen, ehe dieser Augenblick kommt, und er wird kommen, ist Mauricio Valls noch einer unter vielen, ein vorzüglicher Aspirant. In den letzten Monaten habe ich viel über ihn gelernt. Ich weiß, dass es begann wie bei vielen anderen Literaturbesessenen der Café-Zirkel. Ein mittelmäßiger Mann ohne Talent oder Handwerkszeug, der, wie es immer der Fall ist, seine Erbärmlichkeit mit unendlicher Eitelkeit und einer gefräßigen Sehnsucht nach Anerkennung kompensierte. Da er ahnte, dass ihm seine Verdienste nie einen Heller oder die ersehnte Position eintragen würden, aber davon überzeugt war, dass er sie verdiente, beschloss er, mit Vetternwirtschaft und in Cliquen von seinesgleichen Karriere zu machen, um Pfründe auszutauschen und alle auszuschalten, denen sein Neid galt.

Ja, ich schreibe im Zorn und Groll, und ich schäme mich, weil ich nicht mehr weiß und es mir egal ist, ob meine Worte gerechtfertigt sind oder nicht, ob ich Unschuldige verurteile oder ob mich die Wut und der Schmerz, die mich innerlich aufzehren, blind machen. In den letzten Monaten habe ich zu hassen gelernt, und der Gedanke, mit dieser Bitterkeit im Herzen sterben zu müssen, erschreckt mich.

Ich hörte seinen Namen zum ersten Mal, kurz nachdem ich erfahren hatte, dass David gefasst und hinter Schloss und Riegel gebracht worden war. Damals war Mauricio Valls ein Welpe des neuen Regimes, ein treuer Adept, der sich einen Namen gemacht hatte mit der Heirat der Tochter eines Potentaten aus Unternehmer- und Finanzkreisen, welcher die Nationalen unterstützt hatte. Valls hatte als Möchtegernliterat begonnen, aber seinen großen Treffer landete er, als er eine arme Unglückliche ver- und zum Altar führte, die mit einer grauenhaften Krankheit geboren worden war, welche ihre Knochen auflöste und sie schon als Jugendliche in den Rollstuhl verbannt hatte. Reiche, schwerlich unter die Haube zu bekommende Erbin, goldene Chance.

Vermutlich nahm Valls an, dass ihn dieser Schachzug auf den Gipfel des nationalen Parnass katapultieren würde, auf einen wichtigen Posten in der Akademie oder eine prestigeträchtige Stellung am Hof der spanischen Künste und Kultur. In seinen Berechnungen berücksichtigte er nicht, dass es viele wie ihn gab, die, als sich bereits abzeichnete, dass die eine Seite den Krieg gewinnen würde, wie späte Pilze aus dem Boden schossen und für den glorreichen Tag Schlange zu stehen begannen.

Als die Belohnungen und die Beute verteilt wurden, bekam Valls zwar seinen Anteil, aber dieser war mit einer Lektion über die Spielregeln gekoppelt. Das Regime benötigte keine Dichter, sondern Kerkermeister und Inquisitoren. Und so wurde er unerwartet zum Direktor des Gefängnisses im Kastell auf dem Montjuïc ernannt, was er als unwürdig und weit unter seinem intellektuellen Niveau empfand. Natürlich lässt jemand wie Valls keine Chance ungenutzt vorübergehen, und er verstand es, diese Schicksalswendung gewinnbringend einzusetzen, um Verdienste einzuheimsen, seinen künftigen Aufstieg vorzubereiten und nebenbei alle wirklichen oder eingebildeten Gegner auf seiner langen Liste ins Gefängnis zu bringen, auszumerzen oder nach Lust und Laune über sie zu verfügen. Wie David Martín auf diese Liste kam, werde ich nie verstehen, aber er war nicht der Einzige. Aus irgendeinem Grund war Valls auf krankhafte Weise auf ihn fixiert.

Als er erfuhr, dass Martín im Modelo-Gefängnis einsaß, verlangte er seine Überführung ins Kastell Montjuïc und gab keine Ruhe, bis er ihn hinter den Gittern einer seiner Zellen sah. In unserer Buchhandlung verkehrte ein junger Anwalt, Fernando Brians, den ich aufsuchte, um in Erfahrung zu bringen, was ich tun konnte, um David zu helfen. Unsere Ersparnisse waren gleich null, und Brians, ein guter Mensch, der mir in diesen schwierigen Monaten zu einem engen Freund wurde, war bereit, ohne Honorar zu arbeiten. Er hatte Kontaktpersonen im Montjuïc-Gefängnis, insbesondere einen Wärter namens Bebo, und erfuhr so, dass Valls mit David etwas vorhatte. Er kannte sein Werk, und obwohl er nicht müde wurde, ihn als »schlechtesten Autor der ganzen Welt« zu klassifizieren, versuchte er, ihn dazu zu bringen, unter seinem Namen einen Stapel Seiten zu schreiben oder umzuschreiben, mit denen er seinen Ruf als Literat innerhalb seiner neuen Stellung im Regime zu festigen hoffte. Ich kann mir etwa vorstellen, was ihm David antwortete.

Brians ließ nichts unversucht, aber die Verbrechen, die man David anlastete, waren zu gewichtig, so dass als einzige Möglichkeit blieb, Valls um Milde zu bitten, damit David im Kastell nicht so behandelt würde, wie wir es uns alle ausmalten. Ich überhörte Brians' Ratschläge und suchte Valls auf. Jetzt weiß ich, dass das ein Fehler war, ein schwerer Fehler. Und dass ich, als ich es tat, zum Brennpunkt seiner Begierde wurde, und sei es nur, weil er in mir einen weiteren Besitz des Gegenstandes seines Hasses sah, David Martín.

Wie viele in seiner Situation lernte Valls rasch, mit den Sehnsüchten der Verwandten seiner Gefangenen zu handeln. Brians hatte mich immer gewarnt. Juan, der ahnte, dass meine Beziehung und Zuneigung für David über eine edelmütige Freundschaft hinausging, sah meine Besuche im Kastell mit Argwohn. »Denk an deinen Sohn«, sagte er. Und er hatte recht, aber ich war egoistisch. Es war mir nicht möglich, David dort seinem Schicksal zu überlassen, solange ich etwas tun konnte. Es war keine Frage der Würde mehr. Niemand überlebt einen Bürgerkrieg mit einem Funken Würde, auf die man sich etwas einbilden könnte. Mein Fehler war es, nicht zu verstehen, dass Valls mich nicht besitzen oder erniedrigen, sondern dass er mich vernichten wollte, denn am Ende hatte er begriffen, dass das der einzige Weg war, um David zu beugen und ihm weh zu tun.

Mein ganzes Bestreben, die ganze Naivität, mit der ich ihn zu überreden versuchte, all das wandte sich gegen uns. Egal, wie sehr ich ihm schmeichelte, wie sehr ich ihn zu respektieren und zu fürchten vorgab, wie sehr ich mich vor ihm erniedrigte, indem ich um

Mitleid für seinen Gefangenen winselte. Alles, was ich unternahm, war Öl in das Feuer, das in Valls brannte. Jetzt weiß ich, dass ich David mit meinem Versuch, ihm zu helfen, letztlich zum Tode verurteilte.

Als mir das endlich aufging, war es schon sehr spät. Valls, seiner Arbeit, seiner selbst und der Langsamkeit, mit der er sich dem Ruhm näherte, überdrüssig, füllte seine Zeit mit Phantasien. Eine davon war, dass er sich in mich verliebt hatte. Ich dachte, wenn ich ihn davon überzeugte, dass seine Phantasie eine Zukunft hatte, würde er sich vielleicht großherzig zeigen. Aber er wurde auch meiner überdrüssig. In meiner Verzweiflung bedrohte ich ihn damit, ihn zu entlarven, publik zu machen, wer er wirklich war und wie weit seine Erbärmlichkeit reichte. Er lachte mich und meine Naivität aus, aber ich sollte bestraft werden. Um David zu verletzen und ihm den letzten Schlag zu versetzen.

Vor knapp anderthalb Wochen bestellte mich Valls ins Café de la Ópera auf den Ramblas. Ich ging hin, ohne jemandem ein Sterbenswörtchen zu verraten, nicht einmal meinem Mann. Ich war überzeugt, dass das meine letzte Chance war. Ich versagte. Noch am selben Abend merkte ich, dass etwas schiefgelaufen war. Gegen Morgen weckte mich Übelkeit. Im Spiegel sah ich, dass ich gelbe Augen hatte und dass sich auf der Haut um den Hals und die Brust herum Flecken gebildet hatten. Als es hell wurde, begann ich, Blut zu erbrechen. Dann setzten die Schmerzen ein. Kalte Schmerzen, wie von einem Messer, das die Eingeweide von innen her aufschneidet und sich seinen Weg bahnt. Ich hatte Fieber und war außerstande, Flüssigkeiten oder Speisen bei mir zu behalten. Die Haare fielen mir büschelweise aus. Die Muskeln am ganzen Körper spannten sich wie Kabel und entlockten mir Schmerzensschreie. Ich blutete aus Haut, Augen und Mund.

Die Ärzte haben nichts ausrichten können. Juan glaubt, ich hätte mir eine Krankheit zugezogen und man dürfe hoffen. Er kann den Gedanken, mich zu verlieren, nicht fassen, und ich kann den Gedanken nicht fassen, ihn und meinen Sohn Daniel alleinzulassen, bei dem ich als Mutter versagt habe, indem ich meinen Wunsch, *meine Sehnsucht, den Mann zu retten, den ich als die Liebe meines Lebens betrachtete, über meine Pflicht stellte.*

Ich weiß, dass mich Mauricio Valls an dem Abend im Café de la Ópera vergiftet hat. Ich weiß, dass er es getan hat, um David weh zu tun. Ich weiß, dass mir nur noch ein paar Tage bleiben. Alles ist sehr schnell gegangen. Mein einziger Trost sind die Opiumtinktur, die den Schmerz in den Eingeweiden einschläfert, und dieses Heft, dem ich meine Sünden und Fehler beichten wollte. Brians, der mich jeden Tag besucht, weiß, dass ich schreibe, um am Leben zu bleiben, um das Feuer zurückzuhalten, das mich aufzehrt. Ich habe ihn gebeten, diese Seiten nach meinem Tod ungelesen zu vernichten. Niemand soll lesen, was ich da geschrieben habe. Niemand soll die Wahrheit erfahren, denn ich habe gelernt, dass die Wahrheit in dieser Welt nur Schaden anrichtet und dass Gott den liebt und unterstützt, der lügt.

Ich habe niemanden mehr, zu dem ich beten könnte. Alles, woran ich geglaubt hatte, hat mich verlassen. Manchmal kann ich mich nicht einmal daran erinnern, wer ich bin, und nur beim Wiederlesen dieses Hefts begreife ich, was vor sich geht. Ich werde bis zum Ende schreiben. Um mich zu erinnern. Um zu überleben zu versuchen. Ich möchte meinen Sohn Daniel umarmen und ihm begreiflich machen, dass ich ihn nie verlassen werde, was auch geschehen möge. Dass ich bei ihm sein werde. Dass ich ihn liebe. Mein Gott, vergib mir. Ich wusste nicht, was ich tat. Ich will nicht sterben. Mein Gott, lass mich noch einen Tag am Leben, damit ich Daniel in die Arme schließen und ihm sagen kann, wie sehr ich ihn liebe …

7

Wie so oft war Fermín auch an diesem Tag in aller Herrgottsfrühe durch die Straßen eines reifüberzogenen Barcelonas spaziert. Remigio, der Nachtwächter des Viertels, kannte ihn längst und erkundigte sich bei jeder Begegnung nach seiner Schlaflosigkeit.

Dieses Wort hatte er in einer Ratgebersendung für Damen aufgeschnappt, die er heimlich hörte, da er sich mit fast allen hier ausgebreiteten Nöten identifizieren konnte, auch mit der eines weiteren Begriffs, der ihn überaus neugierig machte, die Menopause, deren Heilung seiner Meinung nach darin bestand, dass man sich die Schamteile mit Bimsstein rubbelte.

»Warum soll man das als Schlaflosigkeit bezeichnen, wenn man doch Bewusstsein meint?«

»Wie mystisch Sie sind, Fermín! Wenn ich eine Frau wie Ihre hätte, die mich schön heiß in den Laken erwartet, dann wäre ich ganz sicher nicht der Einzige, der nicht schlafen kann. Und ziehen Sie sich warm an – der Winter ist dieses Jahr ja vielleicht spät gekommen, aber dafür heftig.«

Nachdem Fermín eine Stunde gegen den schneidenden Wind angekämpft hatte, der die Straßen mit Schneeregen peitschte, kam er zu der Überzeugung, dass er am besten in die Buchhandlung ging. Unerledigte Arbeit wartete auf ihn, und er hatte diese Momente zu genießen gelernt, wo er allein im Laden war, bevor die Sonne aufging oder Daniel zum Aufschließen herunterkam. Er bog in den blauen Korridor der Calle Santa Ana ein und erspähte von weitem das bisschen Helligkeit, das auf dem Schaufenster lag. Eingehüllt ins Echo seiner Schritte, ging er langsam näher und blieb einige Meter vom Eingang entfernt stehen, vor dem Wind in einem Hauseingang geschützt. Das ist selbst für Daniel zu früh, dachte er. Jetzt wollte er doch mal sehen, ob das mit dem Bewusstsein ansteckend war.

Er war hin- und hergerissen, ob er wieder nach Hause gehen und die Bernarda mit einer energischen Demonstration iberischer Männlichkeit wecken oder in die Buchhandlung eintreten und Daniel bei dem, was er gerade tun mochte, stören sollte (vor allem um sicherzugehen, dass seine Tätigkeit keine Feuerwaffen oder spitzen Gegenstände einschloss), als er seinen Freund über die Schwelle des Ladens auf die Straße hinaustreten sah. Er zog sich so heftig in seinen Eingang zurück, dass sich ihm der Türklopfer in die Nieren bohrte, und sah Daniel den Laden abschließen und Richtung Puerta del Ángel losmarschieren. Er war in Hemdsärmeln und trug etwas unter dem Arm, ein Buch oder ein Heft. Fermín seufzte. Das konnte nichts Gutes verheißen. Die Bernarda würde warten müssen, bis sie erführe, was eine Harke ist.

Fast eine halbe Stunde lang folgte er Daniel durch die verknoteten Gassen, die zum Hafen hinabführten. Er benötigte weder Raffinement, noch musste er sich verstecken, denn Daniel schien gedankenversunken und hätte es nicht einmal gemerkt, wenn ihm ein ganzes Korps Stepptänzerinnen gefolgt wäre. Fermín, der vor Kälte zitterte und bereute, die für solche Zwecke poröse und unzuverlässige Sportpresse als Mantelfutter genommen zu haben anstatt des schwereren Papiers der *Vanguardia*-Sonntagsbeilage, fühlte sich versucht, seinen Freund zu rufen, besann sich aber eines Besseren. Daniel ging wie in Trance dahin, ungeachtet des Eiswasserdunstes, der ihm am Körper haften blieb.

Schließlich tat sich vor ihnen der Paseo de Colón auf und dahinter die Phantasmagorie von Hallen, Masten und Dunst, der über der Hafenmole lag. Daniel überquerte den Paseo und ging an zwei gestrandeten Straßenbahnen vorbei, die noch auf ihren Einsatz warteten. Dann betrat er die engen Passagen zwischen den kirchenschiffgroßen Hallen, die Waren aller Art beherbergten, und gelangte zum Damm der Mole, wo einige Fischer, die mit Netzen und anderen Gerätschaften hantierten, um in See stechen zu können, in einem Dieselfass ein wärmendes Feuer entfacht hatten. Daniel trat zu ihnen, und sie machten ihm Platz, als sie ihn erblickten. Etwas in seinem Gesicht musste ihnen gezeigt haben, dass er nicht für ein Schwätzchen zu haben war. Fermín sputete sich, und beim Näherkommen sah er Daniel das Heft unter seinem Arm in die Flammen werfen.

Fermín lächelte ihm von der anderen Seite des Fasses schwach zu. Daniels Augen glänzten im Schein der Flammen.

»Wenn Sie unbedingt eine Lungenentzündung auflesen wollen, mache ich Sie darauf aufmerksam, dass der Nordpol in der entgegengesetzten Richtung liegt«, bemerkte er.

Daniel achtete nicht auf seine Worte und schaute zu, wie die Flammen die Seiten verzehrten, die eine nach der anderen zerknitterten, als schlüge eine unsichtbare Hand sie um.

»Bea wird sich Sorgen machen, Daniel. Warum gehen wir nicht zurück?«

Daniel schaute auf und sah Fermín völlig ausdruckslos an, als hätte er ihn noch nie gesehen.

»Daniel?«

»Wo ist sie?«, fragte der mit kalter, unartikulierter Stimme.

»Bitte?«

»Die Pistole. Was haben Sie mit ihr gemacht, Fermín?«

»Den wohltätigen Schwestern gespendet.«

Ein eisiges Lächeln trat auf Daniels Lippen. Fermín, der spürte, dass er noch nie so nahe daran gewesen war, ihn für immer zu verlieren, trat zu ihm und legte ihm den Arm um die Schultern.

»Lassen Sie uns nach Hause gehen, Daniel. Bitte.«

Der nickte schließlich, und sie gingen langsam und wortlos zurück.

Es wurde hell, als Bea die Tür aufgehen und Daniels Schritte in der Diele hörte. Seit Stunden saß sie mit einer Decke über den Schultern in einem Sessel im Esszimmer. Im Gang zeichnete sich Daniels Gestalt ab. Falls er sie überhaupt sah, ließ er es sich nicht anmerken. Er ging an ihr vorbei zu Juliáns Schlafzimmer im hinteren Teil der Wohnung, das auf den kleinen Platz mit der Santa-Ana-Kapelle hinausführte. Bea stand auf und folgte ihm. Sie fand ihn auf der Schwelle des Zimmers, wie er das ruhig schlafende Kind betrachtete. Sie legte ihm die Hand auf den Rücken.

»Wo warst du?«, murmelte sie.

Er wandte sich um und schaute ihr in die Augen.

»Wann wird das alles ein Ende nehmen, Daniel?«

»Bald«, sagte er, »bald.«

LIBERA ME

Madrid
Januar 1960

1

In der metallisch grauen Morgendämmerung schritt Ariadna über den langen, zypressengesäumten Weg. Sie trug einen Strauß roter Rosen in der Hand, die sie unterwegs vor einem Friedhofstor gekauft hatte. Es herrschte vollkommene Stille. Man nahm weder Vogelgezwitscher wahr noch einen Windhauch, der sich getraut hätte, die Laubdecke auf den Pflastersteinen zu berühren. Mit dem Echo ihrer Schritte als einziger Gesellschaft legte Ariadna den Weg bis zum großen Tor mit den Lanzen zurück, das den Eingang zu dem legendengekrönten Gut bewachte.

VILLA MERCEDES

Mauricio Valls' Palast erhob sich hinter einem Arkadien aus Gärten und Wäldern. Türme und Mansarden ragten wie ausgesägt in den aschfarbenen Himmel. Ariadna, ein weißer Fleck im Schatten, spähte nach den Umrissen des zwischen Statuen, Hecken und Brunnen halb versteckten Hauses aus. Es kam ihr wie ein ungeheuerliches Wesen vor, das sich, tödlich verletzt, in diesen Winkel des Waldes geschleppt hatte. Das Tor stand offen, sie trat ein.

Auf dem Weg zum Haus entdeckte sie schmale Eisenbahnschienen, die zwischen den Gärten die Peripherie des Grundstücks ausmaßen. Ein Miniaturzug mit Dampflok und zwei Waggons stand vergessen zwischen den Büschen. Sie ging auf dem gepflasterten Weg weiter auf das Hauptgebäude zu. Die Brunnen waren ausgetrocknet, die steinernen Engel und marmornen Madonnen schwarz verwittert. Die Äste der Bäume waren voll von weißlichen Knospen, die wie kleine, mit Zuckergarn gesponnene Gräber aufgeblüht waren. Zahllose Spinnen saßen in schwebenden Netzen. Ariadna ging über die das große, ovale Schwimmbecken querende Brücke. Das grünliche, mit einem dünnen, glänzenden Algenschleier überzogene Wasser war mit kleinen toten Vögeln übersät, die wie durch einen Fluch vom Himmel gefallen schienen. Etwas weiter entfernt sah man die leeren Garagen und im Schatten die Nebengebäude für die Angestellten.

Ariadna stieg die breite Treppe zum Haupteingang hinauf und klopfte dreimal an, bis sie merkte, dass diese Tür ebenfalls offen war. Sie schaute zurück und kostete die Atmosphäre von Verlassenheit und Zerfall. Nach dem Sturz des Kaisers mitsamt seinen Pfründen hatte das Gesinde dem Palast Adieu gesagt. Sie stieß die Tür auf und betrat das Haus, das nach Mausoleum und Vergessenheit roch. Ein samtenes Halbdunkel lag über den Gängen und Treppen, die sich vor ihr auftaten. Sie blieb reglos stehen, ein weißes Gespenst vor den Toren des Fegefeuers, und betrachtete den dahingegangenen Glanz, mit dem Mauricio Valls seine glorreichen Tage geschmückt hatte.

Da vernahm sie wie aus weiter Ferne ein schwaches, ans Ächzen eines sterbenden Tiers erinnerndes Wehklagen, das aus dem ersten Stock herunterdrang. Ohne Eile stieg sie die Treppe hinauf. An den Wänden hoben sich die Konturen von abgenommenen Bildern ab. Zu beiden Seiten der Treppe standen leere Sockel, deren Skulpturen und Büsten nur Umrisse im Staub hinterlassen hatten. Im ersten Stock angelangt, vernahm sie wieder das Wimmern. Es musste aus einem Raum am Ende des Korridors kommen. Langsam ging sie darauf zu. Die Tür war angelehnt. Der intensive Gestank darin strich ihr übers Gesicht.

Sie ging durch die nahezu vollkommene Dunkelheit auf ein Himmelbett zu, das wie eine Trauerkarosse im spärlichen Licht stand. Auf der einen Seite des Betts befand sich ein Arsenal von Maschinen, alle ausgeschaltet und an die Wand geschoben. Der Teppich war mit Abfall und leeren Sauerstofftanks bedeckt. Sie ging um diese Hindernisse herum und zog den Vorhang rund ums Bett auf. Da sah sie eine um sich selbst gewundene Gestalt, so, als wären ihre Knochen zu Gelatine geworden und als hätten die Spannung der Haut und der Schmerz ihre Anatomie umgestaltet. Die weitgeöffneten, blutunterlaufenen Augen in einem skeletthaften Gesicht beobachteten sie argwöhnisch. Abermals entrang sich ihrer Kehle das gutturale Wimmern zwischen Ersticken und Weinen. Valls' Ehefrau waren die Haare und die meisten Zähne ausgefallen.

Ariadna betrachtete sie ohne Mitleid. Sie setzte sich an den Bettrand und beugte sich über sie.

»Wo ist meine Schwester?«, fragte sie.

Die Frau versuchte, einige Wörter zu bilden. Ariadna ignorierte den Gestank, den sie verströmte, und näherte das Gesicht ihren Lippen.

»Töte mich«, hörte sie sie flehen.

2

In ihrem Puppenhaus verborgen, hatte Mercedes sie durch das Gittertor kommen sehen. Sie trug ein geisterhaftes Weiß, kam langsam, aber sehr zielstrebig näher und trug einen Strauß Rosen in der Hand. Mercedes lächelte. Seit Tagen erwartete sie sie. Oft hatte sie von ihr geträumt. Endlich besuchte der Tod, von Pertegaz eingekleidet, die Villa Mercedes, bevor die Hölle sie verschluckte und an ihrer Stelle ein Ödland zurückließ, wo nie wieder Rasen wachsen oder der Wind wehen würde.

Sie war an eines der Fenster in ihrem Puppenpavillon hinaufgestiegen, in den sie umgezogen war, als die Angestellten kurz nach dem Bekanntwerden von Valls' Tod das Haus verlassen hatten. Zunächst hatte Doña Mariana, die Sekretärin ihres Vaters, sie zurückzuhalten versucht, doch als es Abend wurde, kamen einige schwarzgekleidete Männer und schleiften sie fort. Mercedes hörte Schüsse hinter den Garagen, mochte aber nicht nachschauen gehen. Nächtelang wurden Bilder, Statuen, Möbel und Kleider, das Besteck und vieles mehr aus dem Haus getragen. Die Männer erschienen in der Dämmerung wie eine hungrige Meute, nahmen auch die Fahrzeuge mit und rissen die Wände der Salons ein, wo sie geheime Schätze suchten und nicht fanden. Als nichts mehr da war, verschwanden sie auf Nimmerwiedersehen.

Eines Tages sah sie zwei Polizeiautos kommen. Unter den Männern waren einige Leibwächter ihres Vaters. Einen Augenblick war sie versucht, zu ihnen hinauszugehen und ihnen alles zu erzählen, was geschehen war, aber als sie sie zum Arbeitszimmer ihres Vaters im Turm hinaufsteigen und es plündern sah, verbarg sie sich wieder in ihrem Pavillon. Dort, zwischen den Hunderten Puppen, die glasäugig ins Leere glotzten, konnte niemand sie finden. Die Dame des Hauses wurde mit dem Ausschalten der Maschinen, die sie in ewiger Folter festhielten, ihrem Schicksal überlassen. Seit Tagen heulte sie, aber noch war sie nicht gestorben. Bis zu diesem Tag.

Als sie den Tod die Treppe zum Eingang emporsteigen und ins Haus hineingehen sah, befielen sie Zweifel. Vielleicht hatte sie sich getäuscht. Vielleicht war diese weiße Gestalt, die sie für den Tod gehalten hatte, bloß Alicia, die sie abholen kam, um sie zu ihrem Vater zu bringen. Das war das einzig Logische. Sie wusste, dass Alicia sie nicht im Stich lassen würde.

Sie trat aus dem Puppenpavillon und ging auf das Haupthaus zu. Drinnen hörte sie die Schritte im oberen Stock und rannte die Treppe hinauf, so dass sie sie eben noch das Zimmer ihrer Mutter betreten sah. Ein grauenhafter Gestank erfüllte den Gang. Sie bedeckte sich Mund und Nase mit der Hand und ging bis zur Schwelle des Raums. Die Gestalt in Weiß beugte sich wie ein Engel über das Bett. Mercedes hielt den Atem an. Da nahm die Gestalt eines der Kissen, legte es ihrer Mutter aufs Gesicht und drückte kräftig zu, während der Körper zuckte, bis er schließlich leblos dalag.

Langsam wandte sich die Gestalt um, und Mercedes spürte, wie eine ungekannte Kälte in sie eindrang. Sie hatte sich geirrt. Es war nicht Alicia.

Der Tod in Weiß kam auf sie zu und lächelte. Er gab ihr eine rote Rose, die sie mit zitternden Händen entgegennahm, und fragte:

»Weißt du, wer ich bin?«

Mercedes nickte. Der Tod umarmte sie unendlich liebevoll und sanft. Das junge Mädchen ließ sich streicheln und hielt die Tränen zurück.

»Schsch …«, raunte der Tod. »Niemals wird uns wieder etwas trennen können. Niemand wird uns mehr ein Leid antun. Wir werden immer beisammen sein. Mit Papa und Mama. Immer zusammen. Du und ich …«

3

Alicia erwachte auf dem Rücksitz des Taxis. Sie richtete sich auf und stellte fest, dass sie allein war. Die Scheiben waren beschlagen. Sie wischte mit dem Ärmel darüber und sah, dass sie bei einer Tankstelle angehalten hatten. Eine Straßenlaterne warf ein gelbliches Lichtbündel ins Dunkel, das jedes Mal vibrierte, wenn ein Lastwagen mit Vollgas auf der Straße vorbeidonnerte. Etwas weiter entfernt erstreckte sich ein bleiernes Morgengrauen, das den Himmel lückenlos bedeckte. Sie rieb sich die Augen und kurbelte das Fenster hinunter. Ein eiskalter Luftstoß riss sie schlagartig aus ihrer Schläfrigkeit. Ein Schmerzensstich fuhr ihr durch die Hüfte. Sie gab ein Wimmern von sich und hielt sich die Seite. Gleich darauf klang der Schmerz zu einem dumpfen Pochen ab, ein Hinweis auf das, was nun kommen würde. Am klügsten wäre es gewesen, eine oder zwei Tabletten zu schlucken, ehe der Schmerz anschwoll, aber sie wollte wachsam bleiben. Sie hatte keine Alternative. Nach einigen Minuten trat der Fahrer mit zwei Pappbechern und einer fettfleckigen Tüte aus der Tür der Tankstellenkneipe. Er nickte ihr zu und ging leichtfüßig um das Auto herum.

»Guten Morgen«, sagte er und setzte sich wieder ans Steuer.

»Es ist eisig kalt. Ich habe Ihnen etwas zum Frühstücken gebracht. Eher typisch für die Meseta als kontinental, aber wenigstens warm. Milchkaffee und Ölstangen, weil sie so lecker ausgesehen haben. Für den Kaffee habe ich zur Hebung der Moral einen Spritzer Kognak verlangt.«

»Vielen Dank. Sie werden mir ja sagen, was ich Ihnen schulde.«

»Alles im Fahrpreis inbegriffen, Vollpension. Los, essen Sie was. Das wird Ihnen guttun.«

Sie frühstückten schweigend. Alicia hatte keinen Appetit, doch sie wusste, dass sie etwas essen musste. Immer wenn wieder ein Schwerlaster vorbeibrauste, vibrierte der Rückspiegel, und der ganze Wagen zitterte.

»Wo sind wir?«

»Zehn Kilometer vor Madrid. Zwei Lastwagenfahrer haben mir gesagt, auf fast allen Zufahrtsstraßen aus dem Osten gebe es Kontrollen der Guardia Civil, so dass ich gedacht habe, wir könnten einen Umweg machen und über die Straße von Casa de Campo oder Moncloa in die Stadt hineinfahren.«

»Und wozu sollten wir das tun?«

»Ich weiß nicht. Ich habe gedacht, vielleicht fällt ein Taxi aus Barcelona auf, das um sieben Uhr früh in Madrid einfährt. Nur wegen der gelben Farbe. Und Sie und ich sind ein etwas seltsames Paar, nehmen Sie es mir nicht übel. Aber Sie entscheiden.«

Alicia trank den Kaffee in einem Zug aus. Der Kognak brannte wie Benzin, gab ihren Knochen aber ein wenig Wärme zurück. Der Fahrer schaute sie im Spiegel an. Alicia hatte ihm bisher nicht allzu viel Beachtung geschenkt. Er war wahrscheinlich jünger, als er aussah, hatte rötliches Haar und einen blassen Teint. Seine Brille war oben auf der Nase mit Isolierband befestigt, und er hatte noch den Blick eines Jugendlichen.

»Wie heißen Sie?«, fragte sie.

»Ich?«

»Nein, Ihre Taxe.«

»Ernesto. Ich heiße Ernesto.«

»Trauen Sie mir, Ernesto?«

»Sind Sie denn vertrauenswürdig?«

»Bis zu einem gewissen Grad.«

»Hm. Darf ich Sie etwas Persönliches fragen? Sie brauchen nicht zu antworten, wenn Sie nicht wollen.«

»Schießen Sie los.«

»Eben. Vorhin, als wir Guadalajara verließen, rutschte in einer engen Kurve etwas aus Ihrer Tasche. Sie haben geschlafen, und ich wollte Sie nicht stören, so habe ich es …«

Sie seufzte und nickte.

»Sie haben den Revolver wieder in die Tasche geschoben.«

»Genau. Und er sah nicht nach Wasserpistole aus, obwohl ich ehrlich gesagt nichts davon verstehe.«

»Sie können mich auch hier rauslassen, wenn Sie sich dann besser fühlen. Ich bezahle Ihnen den vereinbarten Betrag und bitte einen Ihrer Lastwagenfahrerfreunde da drin, mich nach Madrid zu bringen. Einer wird sich bestimmt dazu aufraffen.«

»Das bezweifle ich nicht, aber dann würde ich mich nicht besser fühlen.«

»Meinetwegen brauchen Sie sich keine Sorgen zu machen. Ich komme ganz gut zurecht.«

»Nein – die Lastwagenfahrer beunruhigen mich fast mehr als Sie, im Ernst. Ich bringe Sie hin, so war es vereinbart, und damit basta.«

Er ließ den Motor an und fasste das Lenkrad mit beiden Händen.

»Wohin soll's denn gehen?«

Madrid lag unter dichtem Nebel begraben, so dass die Türme und Kuppeln der herrschaftlichen Gebäude in der Gran Vía verhüllt und kaum die Lichter der Autos und Busse zu erkennen waren. Der Verkehr und die Fußgänger auf den Gehsteigen, die sich wie gefrorene Gespenster ausnahmen, bewegten sich in tastender Zeitlupe.

Als sie am Hotel Hispania vorbeifuhren, schaute Alicia zu ihrem ehemaligen Fenster hinauf. Unter der dunklen Nebeldecke durchquerten sie das Stadtzentrum, bis sie vor sich die Umrisse des Neptunbrunnens erkennen konnten.

»Wohin darf ich Sie bringen?«

»Fahren Sie weiter bis Lope de Vega, dann rechts abbiegen und die Duque de Medinaceli hinauf, das ist die erste. So kommen wir zum hinteren Teil des Palace, dem Kücheneingang.«

Der Fahrer nickte und folgte den Anweisungen. Die Straßen waren fast menschenleer. Das Hotel Palace belegte einen ganzen, trapezförmigen Block, der eine Stadt in sich bildete. Sie fuhren um den Block herum, bis ihm Alicia an einer Ecke anzuhalten bedeutete, direkt hinter einem Lieferwagen, von dem einige Arbeiter Kisten mit Brot, Obst und anderen Lebensmitteln abluden.

Ernesto neigte den Kopf zur Seite, um einen Blick auf die monumentale Fassade zu werfen.

»Da haben Sie das Versprochene«, sagte sie.

Er wandte sich um und sah ein Bündel Geldscheine in ihrer Hand.

»Soll ich nicht lieber warten?«

Sie gab keine Antwort.

»Sie wollen doch wieder zurück, oder nicht?«

»Nehmen Sie das Geld.«

Er zögerte.

»Sie lassen mich Zeit verlieren. Nehmen Sie es schon.«

Er akzeptierte es.

»Zählen Sie es.«

»Ich vertraue Ihnen.«

»Das müssen Sie wissen.«

Er sah, wie sie etwas aus der Handtasche zog und innen im Jackett verwahrte. Er hätte wetten können, dass es kein Lippenstift war.

»Hören Sie, das gefällt mir nicht. Warum fahren wir nicht wieder?«

»*Sie* fahren, Ernesto. Sobald ich ausgestiegen bin, machen Sie sich auf den Weg nach Barcelona und vergessen, dass Sie mich gesehen haben.«

Der Fahrer spürte, wie sich sein Magen verkrampfte. Alicia legte ihm die Hand auf die Schulter, drückte sie freundlich und stieg aus. Ein paar Sekunden später sah er sie im Hotel verschwinden.

4

Im Inneren lief das Palace bereits auf Hochtouren, um die erste Schicht des Frühstücks zu servieren. Ein Heer von Köchen, Küchenjungen, Hilfskräften und Kellnern betrat und verließ Küchen und Tunnel mit Wägelchen und Tabletts. Alicia wich dem in den Duft von Kaffee und tausend Köstlichkeiten getauchten Getöse aus und hatte gelegentlich einen überraschten Blick einzustecken, allzu beschäftigt, um länger auf ihr zu verweilen, die sie ganz offensichtlich ein verirrter Gast war oder, noch wahrscheinlicher, eine Edelkurtisane, welche nach getaner Arbeit diskret hinausglitt. Die Etikette jedes Luxushotels beinhaltete die Wissenschaft des Unsichtbaren, und Alicia spielte diese Karte schamlos aus, bis sie in den Bereich der Dienstbotenaufzüge kam. Sie stieg in den erstbesten, den sie mit einem Zimmermädchen teilte, das sie, beladen mit Tüchern und Seifen, von oben bis unten halb neugierig, halb neidisch musterte. Alicia lächelte ihr freundlich zu, um ihr zu verstehen zu geben, dass sie sich beide auf derselben Straßenseite bewegten.

»So früh?«, fragte das Zimmermädchen.

»Morgenstund hat Gold im Mund.«

Schüchtern nickte das Mädchen; dann stieg sie im vierten Stock aus. Nachdem sich die Türen geschlossen und der Aufzug seine Fahrt in den obersten Stock fortgesetzt hatte, zog Alicia einen Schlüsselbund aus der Tasche und suchte den goldenen, den ihr Leandro zwei Jahre zuvor mit den Worten gegeben hatte: »Das ist ein Hauptschlüssel, der sämtliche Räume im Hotel öffnet, meinen inbegriffen. Verwende ihn mit Bedacht. Betrete nie einen Ort, wenn du nicht weißt, was dich darin erwartet.«

Der Lift öffnete seine Türen auf einen kleinen, zwischen den Putz-schränken verborgenen Gang hinaus, den Alicia auf leisen Sohlen zurücklegte und an dessen Ende sie einige Zentimeter weit die Tür öffnete, die auf den die ganze Etage umrundenden Hauptflur mündete. Leandros Suite befand sich in einer der Ecken über der Plaza de Neptuno. Sie ging Richtung Suite. Unterwegs begegnete ihr ein Gast, der vermutlich nach dem Frühstück wieder sein Zim-mer aufsuchte und ihr ein freundliches Lächeln schenkte, das sie erwiderte. Als sie um die Ecke bog, erblickte sie die Suite. Vor der Tür war keiner von Leandros Leibwächtern postiert. Er hasste die-ses Zeremoniell und bevorzugte stattdessen die Diskretion und den Verzicht auf alles Melodramatische. Aber sie wusste, dass sich mindestens zwei seiner Leute in der Nähe befinden mussten, sei es in einem nahen Zimmer oder auf einem Kontrollgang durchs Hotel. Sie gab sich bestenfalls fünf bis zehn Minuten.

Vor der Tür blieb sie stehen und schaute sich nach beiden Sei-ten um. Leise steckte sie den Schlüssel ins Schloss und drehte ihn sacht. Die Tür ging auf, und sie schlich sich hinein. Dann schloss sie sie wieder hinter sich und lehnte sich einige Sekunden gegen sie. Eine kleine Diele führte zu einem Gang, an dessen Ende sich der ovale Salon unter der Kuppel eines der Türme auftat. Leandro wohnte seit Menschengedenken hier. Sie glitt zum Salon und legte die Hand auf die Waffe. Der Raum lag im Halbdunkeln. Die Tür zum Schlafzimmer war angelehnt und warf einen Winkel Licht heraus. Alicia hörte fließendes Wasser und ein ihr wohlbekanntes Pfeifen. Sie ging zur Tür und öffnete sie ganz. Im Hintergrund sah man das leere Bett mit den verwehten Laken. Die Tür zum Badezimmer links davon stand offen. Ein seifengeschwängerter Dampf strömte heraus. Alicia näherte sich langsam und blieb auf der Schwelle stehen.

Vor dem Spiegel stand, mit dem Rücken zu ihr, Leandro und rasierte sich peinlich genau. Er trug einen scharlachroten Mor-genmantel und dazu passende Pantoffeln. Neben ihm erwartete ihn die randvolle, dampfende Badewanne. Ein Radiogerät gab eine leise Melodie von sich, die er mitpfiff. Alicia wechselte im

Spiegel einen Blick mit ihm, und er lächelte warm, ohne jeden Anflug von Überraschung.

»Ich habe dich schon vor Tagen erwartet. Du hast ja gesehen, dass ich den Burschen gesagt habe, sie sollen sich fernhalten.«

»Danke.«

Er wandte sich um, während er sich mit einem Handtuch den Schaum vom Gesicht wischte.

»Ich habe es zu ihrem Besten getan. Ich weiß, dass dir Teamarbeit nie zugesagt hat. Hast du gefrühstückt? Soll ich dir was bestellen?«

Sie schüttelte den Kopf. Sie zog den Revolver und zielte auf seinen Bauch. Er gab einen Spritzer Rasierwasser in seine Hand und massierte sich mit beiden Händen das Gesicht.

»Das ist vermutlich die Waffe des armen Hendaya. Gut geplant. Ich nehme an, es ist sinnlos, dich zu fragen, wo wir ihn finden können. Das sage ich vor allem, weil er Frau und Kinder hatte.«

»Versuchen Sie es doch in einer Dose Katzenfutter.«

»Wie fremd du mir bist, Alicia. Setzen wir uns doch.«

»Hier sind wir genau richtig.«

Er lehnte sich an den Toilettentisch.

»Ganz wie du willst. Ich höre.«

Sie zögerte einige Sekunden. Am einfachsten wäre es, jetzt abzudrücken. Die Trommel leeren und versuchen, lebend hier rauszukommen. Mit Glück käme sie bis zur Dienstbotentreppe, ja vielleicht schaffte sie es sogar bis zur Lobby, ehe sie niedergeschossen würde. Wie immer las Leandro ihre Gedanken und setzte eine mitleidige, von väterlicher Zuneigung geprägte Miene auf, während er langsam den Kopf schüttelte.

»Du hättest mich nie verlassen dürfen. Du hast ja keine Ahnung, wie sehr mich dein Verrat gekränkt hat.«

»Ich habe Sie nie verraten.«

»Ich bitte dich, Alicia. Du weißt ganz genau, dass ich dich immer bevorzugt habe, dass du mein Meisterwerk warst. Du und ich, wir sind füreinander gemacht. Wie sind das perfekte Team.«

»Und daher haben Sie dieses Ungeziefer geschickt, das mich umbringen sollte?«

»Rovira?«

»So heißt er also?«

»Manchmal. Er war als dein Ersatz vorgesehen. Ich habe ihn nur geschickt, damit er von dir lernen sollte – und um dich zu bewachen. Er hat dich sehr bewundert. Zwei Jahre lang hatte er dich studiert. Jedes Dossier. Jeden Fall. Er hielt dich für die Beste. Es war mein Fehler, zu glauben, vielleicht könnte er deine Stelle einnehmen. Jetzt ist mir klargeworden, dass das niemand kann.«

»Nicht einmal Lomana?«

»Ricardo hat seine Aufgabe nie wirklich begriffen. Er begann, Werturteile zu bilden und in Dingen zu wühlen, die ihn nichts angingen, wo doch als Einziges seine rohe Kraft gefragt war. Er hat seine Loyalitäten durcheinandergebracht. In diesem Metier überlebt keiner, wenn er nicht genau weiß, welche es sind.«

»Und welches sind Ihre?«

Leandro schüttelte den Kopf.

»Warum kommst du nicht zu mir zurück, Alicia? Wer wird so für dich sorgen wie ich? Ich kenne dich doch, als wärst du mein Fleisch und Blut. Ich brauche dich nur anzuschauen, um zu sehen, dass dich in diesem Augenblick die Schmerzen fast umbringen, dass du aber nichts hast nehmen wollen, um wachsam zu bleiben. Ich schaue dir in die Augen und sehe, dass du Angst hast. Angst vor mir. Und das tut mir weh. Das tut mir sehr weh.«

»Wenn Sie eine Tablette möchten, oder noch besser das ganze Fläschchen, nur zu.«

Er lächelte traurig und schüttelte den Kopf.

»Ich gebe zu, dass ich mich geirrt habe. Und ich bitte dich um Verzeihung. Ist es das, was du willst? Wenn nötig, falle ich auf die Knie vor dir. Ich schäme mich nicht. Dein Verrat hat mir sehr weh getan und mich blind gemacht. Ich, der ich dir immer eingetrichtert habe, dass man nie aus dem Groll, dem Schmerz oder der Angst heraus Entscheidungen treffen soll. Wie du siehst, bin auch ich nur ein Mensch, Alicia.«

»Gleich breche ich in Tränen aus.«

Er lächelte hinterhältig.

»Siehst du, wie verwandt wir im Grunde sind? Wo sollst du dich besser fühlen als bei mir? Ich habe große Pläne für uns. In diesen letzten Wochen habe ich viel nachgedacht und habe begriffen, warum du das hier aufgeben willst. Ja ich habe auch begriffen, dass ich es ebenfalls aufgeben will. Ich habe es satt, die Probleme von Inkompetenten und Idioten zu lösen. Du und ich, wir sind zu anderen Aufgaben berufen.«

»Ach?«

»Selbstverständlich. Oder hast du etwa gedacht, wir würden uns immer mit den Schweinereien der anderen herumschlagen? Damit ist es vorbei. Ich habe etwas sehr viel Wichtigeres im Auge. Auch ich gebe das alles auf. Und du sollst bei mir sein und mich dabei begleiten. Ohne dich kann ich es nicht machen. Du weißt, wovon ich spreche, nicht wahr?«

»Ich habe nicht die geringste Ahnung.«

»Ich rede von der Politik. Dieses Land wird sich verändern. Früher oder später. Der General wird sich nicht ewig halten. Es braucht frisches Blut. Leute mit Ideen. Leute, die mit der Realität umzugehen wissen.«

»Wie Sie.«

»Wie du und wie ich. Wir beide zusammen können Großes für dieses Land leisten.«

»Beispielsweise Unschuldige umbringen und ihre Kinder stehlen, um sie zu verkaufen?«

Leandro seufzte angewidert.

»Sei nicht so naiv, Alicia. Das waren andere Zeiten.«

»War es Ihre oder Valls' Idee?«

»Spielt das eine Rolle?«

»Für mich schon.«

»Es war niemandes Idee. Es war einfach so, wie sich die Dinge ergaben. Ubach und seine Frau hatten an Mataix' Töchtern einen Narren gefressen. Da sah Valls eine Chance. Und dann kamen weitere. Es war eine Zeit der Chancen. Und es gibt kein Angebot ohne Nachfrage. Ich habe mich darauf beschränkt, zu tun, was ich zu tun hatte, und mich zu versichern, dass Valls die Dinge nicht entglitten.«

»Offenbar haben Sie das nicht geschafft.«

»Valls ist ein habgieriger Mensch. Leider wissen die Habgierigen nie, wann der Moment gekommen ist, ihre Position nicht weiter zu missbrauchen, und forcieren die Dinge, bis sie aus dem Ruder laufen. Aus diesem Grund stürzen sie über kurz oder lang.«

»Also lebt er noch?«

»Alicia … Was willst du von mir?«

»Die Wahrheit.«

Leandro lachte leise.

»Die Wahrheit? Wir wissen beide, dass es so etwas nicht gibt. Die Wahrheit ist ein Übereinkommen, dank dem die Naiven nicht mit der Realität leben müssen.«

»Ich bin nicht hergekommen, um von Ihnen das Zitatenlexikon vorgelesen zu bekommen.«

Leandros Blick verhärtete sich.

»Nein. Du bist gekommen, um in Dingen zu wühlen, von denen du weißt, dass man nicht in ihnen wühlen darf. Wie immer. Um alles unnötig kompliziert zu machen. Denn so erledigst du die Dinge. Darum hast du mich verlassen. Darum hast du mich verraten. Darum kommst du jetzt her, um über die Wahrheit zu sprechen. Weil ich dir sagen soll, doch, du bist besser als ich, besser als das alles.«

»Ich bin nicht besser als sonst jemand.«

»Natürlich bist du das. Darum bist du immer meine Favoritin gewesen. Darum will ich dich wieder bei mir haben. Weil dieses Land Leute wie dich und mich braucht. Leute, die es zu kontrollieren verstehen. Die es in Schach halten können und dafür sorgen, dass Ruhe herrscht, damit nicht wieder alles zu einem Sack voll Ratten wird, die leben, um ihren Hass, ihren Neid und ihre schäbige Wut zu nähren und sich gegenseitig lebendigen Leibes aufzufressen. Du weißt, dass ich recht habe. Dass dieses Land, obwohl man die Schuld an allem immer uns in die Schuhe schiebt, ohne uns zur Hölle fahren würde. Was meinst du?«

Leandro sah ihr lange in die Augen, und da er keine Antwort bekam, ging er zur Wanne. Er wandte ihr den Rücken zu und ließ den Morgenmantel fallen. Sie schaute seinen nackten Körper an, bleich wie ein Fischbauch. Er hielt sich an der in die Marmorwand eingelassenen goldenen Stange fest und glitt langsam ins Wasser. Als er ausgestreckt dalag, öffnete er die Augen und sah sie mit einem Anflug von Melancholie an, während ihm der Dampf ums Gesicht strich.

»Alles hätte anders sein sollen, Alicia, aber wir sind Kinder unserer Zeit. Im Grunde ist es fast besser so. Mir war immer klar, dass du es sein würdest.«

Sie senkte die Waffe.

»Worauf wartest du?«

»Ich werde Sie nicht töten.«

»Wozu bist du denn dann gekommen?«

»Ich weiß es nicht.«

»Natürlich weißt du es.«

Er griff nach dem Wandtelefon über der Wanne. Alicia legte die Waffe wieder auf ihn an.

»Was machen Sie da?«

»Du weißt doch, wie das ist, Alicia … Vermittlung? Ja. Verbinden Sie mich mit dem Innenministerium. Gil de Partera. Ja. Leandro Montalvo. Ich warte. Danke.«

»Hängen Sie auf der Stelle auf. Bitte.«

»Das kann ich nicht. Der Auftrag war es nie, Valls zu retten. Der Auftrag lautete, Valls zu finden und ihn zum Schweigen zu bringen und damit zu verhindern, dass diese ganze traurige Geschichte ans Licht käme. Und einmal mehr waren wir drauf und dran, die Mission mit Erfolg zu krönen. Aber du wolltest nicht auf mich hören. Aus diesem Grund werde ich zu meinem Leidwesen das Todesurteil für alle unterschreiben müssen, die du in dein Abenteuer verwickelt hast. Für Daniel Sempere, seine Frau und seine Familie, inklusive dieses Geistesgestörten, der für sie arbeitet, und all derer, denen du auf deinem Erlösungskreuzzug unglücklicherweise alles hast erzählen müssen, was sie nie hätten erfahren dürfen. Du hast es so gewollt. Zum Glück hast du uns zu ihnen allen hingeführt. Wie immer – selbst wenn du es gar nicht willst, bist du die Beste. Vermittlung? Ja. Herr Minister. Ebenfalls. So ist es. Ich habe Nachrichten –«

Ein einziger Schuss genügte. Der Hörer entglitt seiner Hand und fiel neben der Wanne auf den Boden. Leandros Kopf neigte sich zur Seite, und er warf ihr einen von Zuneigung und Sehnsucht vergifteten Blick zu. Eine scharlachrote Wolke breitete sich auf dem Wasser aus und verschleierte das Spiegelbild seines Körpers. Alicia blieb reglos stehen und schaute zu, wie er mit jedem Pulsschlag weiter verblutete, bis sich seine Pupillen weiteten und das Lächeln in einer spöttischen Grimasse einfror.

»Ich werde dich erwarten«, murmelte er. »Mach schnell.«

Dann glitt der Körper nach und nach tiefer, und Leandro Montalvos Gesicht versank mit offenen Augen im blutigen Wasser.

5

Alicia hob den Hörer auf und hielt ihn ans Ohr. Die Leitung war tot. Leandro hatte niemanden angerufen. Sie zog das Fläschchen mit den Tabletten hervor und schluckte zwei, die sie zuerst zerkaute und dann mit einem Schluck des teuren Kognaks hinunterspülte, den Leandro in einem kleinen Schrank im Salon verwahrte. Bevor sie sich von der Suite verabschiedete, wischte sie fein säuberlich Hendayas Waffe ab und ließ sie auf den Teppich fallen.

Der Weg zum Dienstbotengang kam ihr endlos vor. Zwei der Aufzüge befanden sich auf der Fahrt nach oben, so dass sie sich entschloss, so schnell wie möglich durchs Treppenhaus hinunterzulaufen. Erneut durchquerte sie das Gewirr von Gängen rund um die Küchen und bog in den letzten, zum Ausgang führenden

Abschnitt ein, während sie damit rechnete, jeden Moment eine Kugel in den Rücken zu bekommen und vornüber zu stürzen, um wie eine Ratte in den Kellertunneln des Palace zu enden, in dem Hof des Scharlachprinzen. Auf der Straße strich ihr ein Hauch von Schneeregen übers Gesicht. Sie blieb einen Augenblick stehen, um wieder zu Atem zu kommen, und da erblickte sie Ernesto, der besorgt neben seinem Wagen wartete, genau dort, wo sie ausgestiegen war. Kaum sah er sie, lief er auf sie zu, packte sie wortlos am Arm und zog sie zum Wagen. Dort platzierte er sie im Fond und setzte sich dann eilig ans Steuer.

In der Ferne hörte man bereits Sirenengeheul, als das Taxi sich Richtung Carrera de San Jerónimo in Bewegung setzte. Vor dem Haupteingang des Palace sah Ernesto drei schwarze Autos stehen sowie mehrere Männer, die ins Innere hasteten und dabei alle wegstießen, die ihnen in den Weg kamen. Der Fahrer blieb ganz ruhig, setzte den Blinker und verschmolz mit dem Verkehr, der in Richtung Recoletos hinabfuhr. Dort angekommen, verborgen in einem Knäuel von Autos, Bussen und Straßenbahnen, die sich im Nebel dahinschleppten, ließ Ernesto einen Seufzer der Erleichterung fahren und traute sich erstmals, Alicia anzuschauen. Ihr Gesicht war tränenüberströmt, und ihre Lippen zitterten.

»Danke, dass Sie gewartet haben«, sagte sie.

»Geht es Ihnen gut?«

Sie gab keine Antwort.

»Fahren wir nach Hause?«, fragte er.

Sie schüttelte den Kopf.

»Noch nicht. Es bleibt mir noch ein letzter Halt …«

6

Das Taxi hielt vor dem Tor mit den Lanzen. Ernesto stellte den Motor ab und betrachtete, was von der Fassade der Villa Mercedes durch die Bäume hindurch zu sehen war. Auch Alicia spähte zu dem Haus hinüber, ohne ein Wort zu sagen. Eine Minute verharrten sie dort und ließen die absolute Stille des Orts in sich eindringen.

»Scheint keiner hier zu sein«, bemerkte Ernesto.

Alicia öffnete die Tür.

»Soll ich mitgehen?«, fragte Ernesto.

»Warten Sie hier auf mich.«

Sie stieg aus und schritt auf das Tor zu. Bevor sie das Grundstück betrat, drehte sie sich kurz um und schaute zu Ernesto zurück, der schwach lächelte und ihr zuwinkte, offenbar halb tot vor Angst. Sie ging durch das offene Tor und auf die Gärten auf die Villa zu. Unterwegs sah sie zwischen den Bäumen die Dampfbahn. Dann kam der Garten mit den Statuen. Als einziges Geräusch vernahm sie ihre Schritte auf dem Laub. In wenigen Minuten durchquerte sie das Grundstück, ohne ein weiteres Lebenszeichen wahrzunehmen als eine Flut schwarzer Spinnen, die von an den Blättern klebenden verpuppten Larven hingen.

Als sie vor die Haupttreppe gelangte und die offene Tür sah, blieb sie stehen. Sie schaute sich um und stellte fest, dass die Garagen leer waren. Eine beunruhigend trostlose, verlassene Atmosphäre umgab die Villa Mercedes, als wären alle, die einmal zu diesem Ort gehört hatten, mitten in der Nacht vor einem Fluch geflohen. Langsam stieg sie die Treppe hinauf und betrat die Halle.

»Mercedes?«

Das Echo ihrer Stimme verlor sich in einer Litanei von öden Salons und Korridoren. Auf den Seiten tat sich ein Fächer von Gängen auf. Sie ging auf die Säulen eines großen Tanzsaals zu, in den der Wind das Laub hineingeweht hatte. Die Vorhänge bauschten sich im Durchzug, und vom Garten her waren die Insekten heraufgekrochen und bildeten nun einen Teppich auf den weißen Marmorfliesen.

»Mercedes?«, rief sie lauter.

Ihre Stimme verlor sich erneut in den Tiefen des Hauses. Da drang ihr von oben ein süßlicher Gestank in die Nase, und sie stieg die Treppe hinauf. Die Spur führte sie zum Zimmer am Ende des Gangs. Sie trat ein, blieb aber auf halbem Weg brüsk stehen. Eine Schicht schwarzer Spinnen bedeckte Señora Valls' Leiche. Sie hatten sie aufzufressen begonnen.

Alicia lief durch den Gang zurück und riss eines der Fenster auf, die auf den inneren Patio hinausführten, um frische Luft zu schnappen. Als sie den Kopf hinausstreckte, bemerkte sie, dass sämtliche Fenster außer einem des dritten Stocks geschlossen waren. Sie stieg in die dritte Etage hinauf, wo sich ein langer Gang im Dämmerlicht verlor. Ganz hinten sah man eine angelehnte weiße Doppeltür.

»Mercedes, ich bin's, Alicia. Bist du da?«

Langsam ging sie weiter, erkannte undeutlich die Reliefs hinter den Vorhängen und Schatten zwischen den Türen auf dem Gang. Schließlich stand sie vor der Tür und legte die Hand auf einen der Flügel.

»Mercedes?«

Sie stieß den Türflügel auf.

Die Wände waren himmelblau gestrichen und bestückt mit von Märchen und Legenden inspirierten Zeichnungen. Ein Schloss, eine Kutsche, eine Prinzessin und allerhand phantastische Figuren bewegten sich in einem Himmel voller ins Deckengewölbe eingelassener Silbersterne. Alicia stand in einem Spielzimmer, ein Paradies für privilegierte Kinder, in dem sie alles fanden, was sie sich nur wünschen konnten. Die beiden Schwestern warteten am anderen Ende des Raums.

Das weiße Bett war gekrönt von einem geschnitzten Kopfende in Gestalt eines Engels mit ausgebreiteten Flügeln, der in größter Andacht das Zimmer überblickte. Ariadna und Mercedes waren weiß gekleidet, lagen Hand in Hand auf dem Bett und umklammerten mit der jeweils anderen eine rote Rose auf der Brust. Auf dem Nachttisch neben Ariadna befanden sich ein Etui mit einer Spritze und mehrere Fläschchen.

Alicias Beine begannen zu zittern, und sie musste sich an einem Stuhl festhalten. Nie konnte sie später sagen, wie lange sie hier verharrt hatte, ob nur eine Minute oder eine ganze Stunde, sie erinnerte sich bloß daran, dass ihre Schritte sie zum großen Tanzsaal führten, nachdem sie wieder unten im Erdgeschoss angelangt war, und dass sie dort zum Kamin ging, wo sie auf der Konsole eine Schachtel mit langen Streichhölzern fand. Sie nahm sie an sich und ging dann, Feuer an Vorhänge und Gemälde legend, rundum durch alle Räume der Villa. Nach kurzer Zeit hörte sie hinter sich die Flammen wüten und verließ das Haus des Todes. Ohne zurückzuschauen, eilte sie durch den Garten, während die Villa Mercedes brannte und eine schwarze Rauchsäule zum Himmel emporstieg.

IN PARADISUM

Barcelona
Februar 1960

1

Wie jeden Sonntag, seit er vor über zwanzig Jahren Witwer geworden war, stand Juan Sempere früh auf, machte sich einen starken Kaffee, zog seinen Anzug an und setzte sich den grandseigneuralen Barceloner Hut auf, um hinunterzugehen in die Santa-Ana-Kirche. Er war nie ein gläubiger Mensch gewesen, es sei denn, Alexandre Dumas zählte als Mitglied *ex cathedra* im Heiligenverzeichnis. Mit Vorliebe setzte er sich in die hinterste Reihe und folgte dem Ritus in aller Stille. Aus Respekt erhob und setzte er sich, wenn der Priester dazu aufforderte, aber er sang und betete nicht mit, und auch an der heiligen Messe nahm er nicht teil. Seit Isabellas Tod hatten sich der Himmel und er, schon vorher nicht die lebhaftesten Gesprächspartner, nur wenig zu sagen.

Der Geistliche, der um seine Überzeugungen beziehungsweise deren Fehlen wusste, hieß ihn jederzeit willkommen und erinnerte ihn daran, dass er sich hier wie zu Hause fühlen konnte, glaube er, woran er glauben möge. »Jeder lebt den Glauben auf seine Art und Weise«, sagte er. »Aber zitieren Sie mich nicht, sonst schickt man mich in eine Missionsstation, damit mich eine Anaconda frisst.« Der Buchhändler antwortete immer, zwar fehle ihm der Glaube, aber hier fühle er sich Isabella näher, vielleicht weil ihre Hochzeit in dieser Kapelle stattgefunden und er nur fünf Jahre später ihre Beerdigung hier gefeiert habe, nach der einzigen glücklichen Zeit seines Lebens.

An diesem Sonntag setzte er sich wie immer in die hinterste Bank, um die Messe zu hören und zu sehen, wie die Frühaufsteher des Viertels, ein Mischmasch aus Betschwestern und Sündern, Alleinstehenden, Schlaflosen, Optimisten und von der Hoffnung Pensionierten, zusammenfanden, um Gott darum zu bitten, sich ihrer und ihres flüchtigen Lebens in seinem immerwährenden Schweigen zu erinnern. Er sah, wie der Atem des Gottesmannes Bittgebete aus Dunst in die Luft zeichnete. Die Gemeinde drängte sich um den einzigen Butangasofen, den das Pfarreibudget erlaubte und der trotz der Mitwirkung von Mütterngottes und Heiligen in ihren Nischen keine Wunder wirkte.

Der Geistliche schickte sich an, die heilige Hostie zu konsekrieren und von dem Wein zu trinken, dem der Buchhändler bei dieser Kälte nicht abgeneigt gewesen wäre, als er aus dem Augenwinkel eine Gestalt in die Bank rutschen und neben sich sitzen bleiben sah. Er wandte den Kopf und erblickte seinen Sohn Daniel, den er seit dem Tag von dessen Hochzeit nicht mehr in einer Kirche gesehen hatte. Jetzt fehlte nur noch Fermín mit einem Messbuch in der Hand, damit er zum Schluss kam, dass der Wecker in den Ausstand getreten war und all das zu einem friedlichen Wintersonntagstraum gehörte.

»Alles in Ordnung?«, fragte er.

Daniel nickte mit sanftem Lächeln und wandte den Blick dem Geistlichen zu, der das Abendmahl unter der Gemeinde zu verteilen begann, während der Organist, ein Musiklehrer, der in mehreren Kirchen des Viertels spielte und Kunde der Buchhandlung war, tat, was er konnte.

»Nach den gegen Johann Sebastian Bach begangenen Verbrechen zu urteilen, muss Meister Clemente heute Morgen tiefgefrorene Finger haben«, bemerkte Sempere.

Daniel nickte bloß wieder. Sempere beobachtete seinen Sohn, der seit Tagen gedankenversunken war. Daniel beherbergte in seinem Inneren eine Welt der Abwesenheiten und Stillen, zu der Sempere nie einen Zugang gefunden hatte. Oft erinnerte er sich an einen frühen Morgen fünfzehn Jahre zuvor, als Daniel schreiend aufgewacht war, weil er sich nicht mehr ans Gesicht seiner Mutter erinnern konnte. An jenem Morgen hatte er seinen Sohn erstmals zum Friedhof der Vergessenen Bücher begleitet, vielleicht in der Hoffnung, dieser Ort könnte mit allem, was er bedeutete, die Leere füllen, die der Verlust in ihrer beider Leben zurückgelassen hatte. Er hatte ihn heranwachsen und zu einem Mann werden, heiraten und einen Sohn in die Welt setzen sehen, und trotzdem stand er jeden Morgen mit Angst um ihn auf und mit dem Wunsch, Isabella möchte bei ihm sein, um ihm die Dinge zu sagen, die er, der Vater, nie würde sagen können. Ein Vater sieht seine Kinder nie älter werden, und vor seinen Augen erscheinen sie immer als das Kind, das sie einst voller Verehrung anblickte, weil es sicher zu sein meinte, der Vater habe auf sämtliche Rätsel der Welt eine Antwort parat.

Doch an diesem Morgen schaute der Buchhändler im Dämmerlicht einer Kapelle fern von Gott und der Welt seinen Sohn an und dachte zum ersten Mal, die Zeit habe auch für ihn zu laufen begonnen und er würde nie mehr den kleinen Jungen sehen, der lebte, um sich ans Gesicht einer Mutter zu erinnern, die nie wiederkehren sollte. Sempere suchte nach Worten, um ihm zu sagen, dass er ihn verstehe, dass er nicht allein sei, aber der Schatten, der wie vergiftet über seinem Sohn zu schweben schien, machte ihm Angst. Daniel wandte sich zu seinem Vater um, und Sempere konnte in seinen Augen eine Wut lesen, wie er sie nicht einmal im Blick alter Leute gesehen hatte, die das Leben bereits zum Elend verurteilt hatte.

»Daniel ...«, flüsterte er.

Da umarmte ihn Daniel innig, so dass er verstummte, und hielt ihn so kräftig fest, als fürchtete er, jemand könnte ihn ihm wegnehmen. Sempere konnte sein Gesicht nicht sehen, aber er wusste, dass Daniel still vor sich hin weinte. Und zum ersten Mal seit Isabellas Tod betete er für ihn.

2

Der Bus setzte sie kurz vor dem Mittag am Eingang zum Friedhof Montjuïc ab. Daniel nahm Julián auf den Arm und ließ Bea zuerst aussteigen. Das war das erste Mal, dass sie mit dem Jungen hierherkamen. Eine kalte Sonne hatte die Wolken aufgezehrt, und das metallische Blau des Himmels passte nicht in diese Umgebung. Sie betraten die Totenstadt und begannen den Aufstieg. Der Weg auf der Flanke des Hügels führte am Rand des alten, Ende des 19. Jahrhunderts erbauten Teils des Friedhofs vorbei, zwischen Mausoleen und Gräbern melodramatischer Architektur hindurch, die Engel und Gespenster in extravagantem Durcheinander zum höheren Ruhme der großen Vermögen und Familien der Stadt beschworen.

Bea hatte diese Totenstadt immer gehasst, da sie in ihr nichts anderes als eine morbide Inszenierung des Todes und den Versuch sah, die erschrockenen Besucher davon zu überzeugen, dass Abstammung und klingender Name selbst in der dunklen Ewigkeit Bestand hätten. Sie bedauerte die Vorstellung, dass ein Heer von Architekten, Bildhauern und Kunsthandwerkern ihr Talent verkauft hatte, um eine prunkvolle Nekropolis zu erschaffen und mit Statuen zu bevölkern, wo Todesgeister sich verneigten, um die Stirn von Infanten aus Vorpenizillinzeiten zu küssen, wo gespenstische Jungfern in ewiger Melancholie festgehalten waren und untröstliche Engel auf Marmorgrabsteinen den Verlust irgendeines Schlächters beweinten, der auf den karibischen Inseln mit Sklavenhandel und mit dem Geschäft blutbesudelten Zuckers zu Vermögen und Ruhm gekommen war. In Barcelona trug sogar der Tod Sonntagskleidung. Bea verabscheute diesen Ort, aber sie würde es Daniel nie sagen können.

Julián bestaunte diesen dantesken Karneval mit tellerweit geöffneten Augen. In einer Mischung aus Angst und Verwunderung blickte er auf die labyrinthischen Figuren und Strukturen der Pantheons.

»Das sind nur Statuen, Julián«, sagte seine Mutter leise zu ihm. »Sie können dir nichts anhaben, weil es hier nichts gibt.«

Kaum hatte sie diese Worte gesagt, tat es ihr leid. Daniel gab nicht zu erkennen, ob er sie gehört hatte. Er hatte kaum den Mund aufgetan, seit er am frühen Morgen nach Hause gekommen war, ohne Erklärungen abzugeben, wo er gewesen war. Er hatte sich schweigend neben sie ins Bett gelegt, aber keine Minute geschlafen.

Als Bea ihn bei Tagesanbruch fragte, was mit ihm los sei, schaute er sie wortlos an. Dann zog er ihr rabiat das Nachthemd aus und legte sich schwer auf sie, ohne ihr in die Augen zu schauen, mit einer Hand ihre Arme über dem Kopf festhaltend und mit der anderen rücksichtslos ihre Beine spreizend.

»Daniel, du tust mir weh. Hör auf, bitte. Hör auf!«

Er nahm keine Notiz von ihrem Protest und drang mit einer ungekannten Raserei in sie ein, bis sie sich von seinen Händen befreien und ihm die Fingernägel in den Rücken bohren konnte. Er stöhnte auf vor Schmerz, und sie stieß ihn mit aller Kraft von sich. Dann sprang sie aus dem Bett und schlüpfte in einen Morgenmantel. Sie wollte ihn anschreien, hielt aber nur die Tränen zurück. Daniel hatte sich auf dem Bett zusammengerollt und mied ihren Blick. Sie atmete heftig.

»Mach das nicht noch einmal, Daniel. Nie wieder. Hast du mich verstanden? Schau mich an und antworte.«

Er sah auf und nickte. Bea schloss sich im Badezimmer ein, bis sie die Wohnungstür hörte. Er kam erst nach einer Stunde zurück. Er hatte Blumen gekauft.

»Ich will keine Blumen.«

»Ich hatte gedacht, ich würde meine Mutter besuchen.«

Am Tisch sitzend, eine Tasse Milch in den Händen, sah Julián seine Eltern an und schien zu spüren, dass etwas nicht stimmte. Man konnte eine ganze Welt täuschen, nie aber Julián, dachte Bea.

»Dann gehen wir mit«, sagte sie.

»Das ist nicht nötig.«

»Ich habe gesagt, wir gehen mit.«

Als sie an den Fuß der Anhöhe gelangten, auf der sich ein Aussichtspunkt zum Meer hin auftat, blieb Bea stehen. Sie wusste, dass Daniel sie allein besuchen wollte. Er machte Anstalten, Julián ihr zu übergeben, doch der Kleine weigerte sich, die Arme des Vaters zu verlassen.

»Nimm ihn mit. Ich warte hier auf euch.«

3

Daniel kniete vor dem Stein nieder und legte die Blumen aufs Grab. Mit den Fingern strich Julián über die eingravierten Buchstaben:

ISABELLA SEMPERE
1917-1939

Mit geschlossenen Augen verharrte er so, bis Julián in dem unverständlichen Ton zu stammeln begann, in den er verfiel, wenn ihm etwas im Kopf herumging.

»Was ist denn, Julián?«

Der Kleine deutete auf den Fuß des Grabsteins. Daniel sah im Schatten eines Glasgefäßes eine kleine Figur zwischen den verwelkten Blütenblättern hervorlugen, offensichtlich eine Gipsstatuette. Er war sicher, dass sie bei seinem letzten Besuch noch nicht da gewesen war. Er hob sie auf und untersuchte sie. Ein Engel.

Julián, der die Statuette fasziniert anstarrte, neigte sich vor, um sie Daniel aus der Hand zu reißen. Bei dem kleinen Gerangel entglitt sie Daniel, fiel auf den Marmor und zerbrach. Da sah er aus einer der beiden Engelhälften etwas herausragen. Ein Papierröllchen. Er setzte Julián auf den Boden, zog das Papier heraus und entrollte es. Er erkannte Alicia Gris' Handschrift.

Mauricio Valls
El Pinar
Calle de Manuel Arnús
Barcelona

»Was ist das?« Julián schaute ihn aufmerksam an. Daniel steckte das Papier ein, lächelte ihm nur zu und nahm ihn wieder hoch.

Am Fuß der Anhöhe wartete Bea auf sie. Daniel umarmte sie wortlos. Eigentlich wollte er sie um Verzeihung bitten, für diesen Morgen und für alles andere, aber er fand die Worte nicht. Sie blickte ihm in die Augen.

»Geht es dir gut, Daniel?«

Er verschanzte sich hinter dem Lächeln, das Julián nicht überzeugt hatte und das Bea noch viel weniger überzeugte.

»Ich liebe dich«, sagte er.

Nachdem sie an diesem Abend Julián zu Bett gebracht hatten, liebten sie sich mit Bedacht und bei gedämpftem Licht. Daniel erkundete mit den Lippen ihren Körper, als fürchtete er, es nie wieder tun zu können. Danach, als sie eng umschlungen unter der Decke lagen, raunte sie ihm ins Ohr:

»Ich hätte gern noch ein Kind, ein Mädchen. Du auch?«

Er nickte und küsste sie auf die Stirn. Er liebkoste sie weiter. Nachdem sie eingeschlafen war, wartete er, bis ihr Atem langsam und tief wurde, stand leise auf, nahm seine Kleider und zog sich im Esszimmer an. Vor dem Verlassen der Wohnung blieb er vor Juliáns Zimmer stehen und öffnete ein wenig die Tür. Sein Sohn schlummerte friedlich mit einem Plüschkrokodil in den Armen, das ihm Fermín geschenkt hatte und das größer war als er selbst. Julián hatte es auf den Namen Carlitos getauft, und es war undenkbar, dass er ohne es schlief, obwohl Bea immer wieder versuchte, ihm etwas Handlicheres unterzuschmuggeln. Daniel versagte es sich, einzutreten und seinen Sohn zu küssen. Julián hatte einen leichten Schlaf und einen ausgeprägten Radar für die Bewegungen seiner Eltern in der Wohnung. Als er die Tür hinter sich zuzog, fragte er sich, ob er ihn wohl wiedersehen würde.

4

Er sprang auf die Nachtstraßenbahn, die von der Plaza de Cataluña abfuhr, als sie sich eben in Bewegung setzte. Im Waggon saßen mit vor Kälte eingezogenen Schultern ein knappes halbes Dutzend Fahrgäste, die sich mit geschlossenen Augen und fernab von der Welt im Schüttelrhyhthmus der Bahn wiegten.

Eine halbe Stunde lang fuhr die Straßenbahn stadtaufwärts und kam kaum mit Verkehr in Berührung. Sie passierten die menschenleeren Haltestellen, an den Kabeln einen Funkenregen und einen Geruch nach Elektrizität und verbranntem Holz hinter sich lassend. Ab und zu kehrte ein Fahrgast ins Leben zurück, wankte zum hinteren Ausgang und stieg aus, noch bevor die Bahn zum Stillstand gekommen war. Auf dem letzten Stück, von der Kreuzung Vía Augusta und Calle Balmes bis zur Avenida del Tibidabo, hatte Daniel keine weiteren Mitfahrer als den lethargischen Schaffner, der an seinen Hocker im Heck gelehnt vor sich hin döste, und den Fahrer, ein mit einer gelblich dampfenden, nach Benzin stinkenden Zigarette an die Welt gebundenes Männchen.

Bei der Endhaltestelle angelangt, stieß der Fahrer zufrieden eine Rauchwolke aus und ließ die Glocke klingen. Daniel stieg aus und ließ die Blase bernsteinfarbenen Lichts hinter sich, die die Straßenbahn einhüllte. Vor ihm stieg die Avenida del Tibidabo mit ihrer langen Reihe von Villen und Palästen an. Schon von hier aus sah man weit oben wie einen schweigsamen, über der Stadt wachenden Posten die Umrisse von El Pinar. Daniel spürte, wie sich sein Puls beschleunigte. Er knöpfte den Mantel zu und marschierte los.

Als er an der Nummer 32 der Avenida vorbeikam, warf er durchs Gittertor einen Blick auf das ehemalige Haus der Aldayas, und die Erinnerungen brachen über ihn herein. In diesem alten Kasten hatte er vor einer Ewigkeit, also vor wenigen Jahren, das Leben gefunden und beinahe auch wieder verloren. Wäre Fermín bei ihm gewesen, so hätte er die Verbindung dieser Avenida mit

seinem Schicksal sicherlich mit einer gewissen Ironie sehen können, die ihm auch vor Augen geführt hätte, dass nur ein Narr auf
die Idee kommen konnte zu tun, was er jetzt im Schilde führte,
während seine Frau und sein Sohn den Schlaf der letzten Nacht
des Friedens auf Erden schliefen. Vielleicht hätte er ihn mitnehmen sollen. Fermín hätte alles Denk- und Undenkbare unternommen, um ihn von einer Wahnsinnstat abzuhalten. Er hätte sich
zwischen ihn und seine Pflicht gestellt, für die er seinen dunklen
Rachedurst hielt. Aber er wusste, dass er sich in dieser Nacht seinem Schicksal allein stellen musste.

Als er den Platz am Ende der Avenida del Tibidabo erreichte,
schmiegte er sich in die Schatten und peilte die Straße an, die
um den Hügel herumführte, auf dem sich düster und kantig El
Pinar erhob. Von fern hatte man den Eindruck, das Haus sei am
Himmel festgebunden. Erst als er in seine Nähe kam, wurde ihm
bewusst, wie groß das Anwesen und der Bau selbst waren. Das
Grundstück, ein begrünter Hügel, wurde von einer Mauer eingefasst, die parallel zur Straße verlief, der Haupteingang von einer
Villa mit Turm bewacht. Er hatte ein netzartiges Tor aus der Zeit,
als die Metallverarbeitung noch eine Kunst war. Weiter unten gab
es einen zweiten Eingang, einen in die Mauer eingelassenen Portikus, auf dem oben der Name des Hauses zu lesen war; dahinter
kündigte sich ein langer Anstieg durch ein Labyrinth von Treppen zwischen den Gärten hindurch an. Das Gittertor dort schien
ebenso solide wie das des Haupteingangs. Daraus folgerte Daniel,
dass seine einzige Chance darin bestand, auf die Mauer zu klettern, in den Garten hinunterzuspringen und sich, ungesehen die
Baumpflanzung durchquerend, Zugang zum Haus zu verschaffen.
Er fragte sich, ob er wohl mit Hunden und verborgenen Wachen
rechnen musste. Von draußen war keinerlei Licht zu sehen. El
Pinar war von einer Grabesstimmung umgeben.

Nachdem er sich zwei Minuten lang umgesehen hatte, entschied er sich für eine Stelle in der Mauer, die von den Bäumen
stärker geschützt war. Der Mauerstein war feucht und glitschig,
und er musste mehrmals ansetzen, ehe er oben war und hinunter

springen konnte. Sowie er auf der Schicht von Piniennadeln und abgebrochenen Zweigen landete, spürte er, dass es kälter um ihn herum wurde, als wäre er in ein Kellergeschoss eingedrungen. Behutsam stieg er den Hügel hinauf und blieb alle paar Meter stehen, um der Brise in den Blättern zu lauschen. Kurz darauf stieß er auf einen gepflasterten Weg, der vom Haupteingang des Grundstücks zum Vorplatz des Hauses hinaufführte. Er folgte ihm, bis die Fassade vor ihm aufragte. Er schaute sich um. Stille und Halbdunkel hüllten ihn ein. Sollte sonst noch jemand hier sein, hatte er jedenfalls nicht die Absicht, sich bemerkbar zu machen.

Das Haus lag im Schatten, die Fenster waren dunkel, und als Einziges hörte er seine Schritte und das Raunen des Windes in den Bäumen. Selbst im schwachen Mondlicht war zu erkennen, dass El Pinar seit Jahren mehr oder weniger verlassen war. Verwirrt schaute Daniel das Haus an – er hatte Wächter, Hunde oder sonst eine Art bewaffnete Aufsicht erwartet. Insgeheim hatte er es sich vielleicht sogar gewünscht. Jemanden, der ihn hätte aufhalten können oder wollen. Doch hier war niemand.

Er trat an eines der Fenster, presste das Gesicht ans gesprungene Glas und schaute ins Dunkel. Er ging ums Haus herum und gelangte zu einer Art Patio, der auf eine verglaste Galerie hinausführte. Er spähte forschend hinein und konnte weder Licht noch irgendeine Bewegung ausmachen. Da hob er einen Stein auf und zerschlug die Scheibe einer Tür, so dass er die Hand hineinstrecken und von innen öffnen konnte. Der Geruch im Inneren umfing ihn wie ein alter, bösartiger Geist, der ihn sehnsüchtig erwartete. Er tat ein paar Schritte und stellte fest, dass er zitterte und immer noch den Stein in der Hand hielt. Er ließ ihn nicht los.

Die Galerie führte zu einem rechteckigen Raum, der seinerzeit ein festlicher Speisesaal gewesen sein musste. Er durchquerte ihn und gelangte in einen Salon mit großen Fenstern in arabischem Stil, durch die man ganz Barcelona sehen konnte, das weiter entfernt war denn je. Nach und nach erforschte er das Haus und hatte das Gefühl, sich im Rumpf eines versunkenen Schiffs zu befinden. Die Möbel waren wie von einem Leichentuch aus weißlicher

Dunkelheit bedeckt, die Wände geschwärzt, die Vorhänge abgenutzt oder lagen auf dem Boden. Mitten im Haus befand sich ein Atrium, das sich bis zum aufgebrochenen Dachwerk hinauf erstreckte. Aus der Höhe vernahm er ein Flügelflattern und ein Rauschen. Auf der einen Seite stieg eine prachtvolle Marmortreppe an, die eher zu einem Operngebäude als zu einem Wohnhaus gepasst hätte. Neben der Treppe befand sich eine alte Kapelle. Das Gesicht eines gekreuzigten Christus war im Halbdunkel zu erkennen, von blutigen Tränen überströmt und mit anklagendem Blick. Weiter entfernt, hinter den Türen mehrerer geschlossener Räume, schien ein großes offenes Tor in den Eingeweiden des Hauses zu versinken. Er trat näher und blieb stehen. Ein leichter Luftzug strich ihm übers Gesicht; er trug den Geruch nach Wachs mit sich.

Er ging einige Schritte durch einen Korridor bis zu einer etwas gewöhnlicheren, wohl den Bediensteten vorbehaltenen Treppe. Einige Meter weiter tat sich ein großer Raum auf, in dessen Mitte zwischen einigen umgekippten Stühlen ein Tisch stand. Er begriff, dass er sich in der ehemaligen Küche befand. Von hier kam der Wachsgeruch. Ein leichtes Flackern huschte über die Wände. Daniel sah einen schwärzlichen Fleck auf dem Tisch. Das Blut, von dem er stammte, war über die Kante hinaus geflossen und hatte auf dem Boden eine Lache flüssigen Schattens gebildet.

»Wer da?«, fragte eine Stimme, die beinahe erschrockener klang, als Daniel es war.

Er blieb stehen und suchte im Dunkel Zuflucht. Da hörte er Schritte ganz langsam näher kommen.

»Wer da?«

Er umklammerte mit aller Kraft den Stein und hielt den Atem an. Eine Gestalt mit einer Kerze in der einen und einem glänzenden Gegenstand in der anderen Hand näherte sich. Plötzlich blieb sie stehen, als ahnte sie seine unmittelbare Gegenwart. Die Gestalt hielt eine Waffe in der zittrigen Hand. Sie schlich einige Schritte in seine Richtung, und in einem bestimmten Augenblick sah Daniel die Hand mit der Pistole an der Schwelle vorbeigleiten, hinter der er sich verborgen hatte.

Seine Angst wurde zu Wut, und bevor er sich richtig bewusst wurde, was er tat, stürzte er sich auf die Gestalt und schlug ihr mit aller Kraft den Stein auf die Hand. Er hörte Knochen splittern und ein Aufheulen. Die Waffe fiel zu Boden, und Daniel warf sich auf den Mann und entlud seinen ganzen Zorn auf ihn. Er schlug mit den Fäusten auf sein Gesicht und die Brust ein. Der Mann versuchte, das Gesicht mit den Armen zu schützen, und schrie panisch wie ein gefangenes Tier. Die zu Boden gefallene Kerze hatte eine kleine Wachslache gebildet, die zu brennen begann. In diesem Bernsteinlicht erschien das vom Schrecken gezeichnete Gesicht eines zerbrechlich aussehenden Mannes. Verwirrt hielt Daniel inne. Der Mann atmete stockend und sah Daniel aus blutendem Gesicht verständnislos an. Daniel ergriff die Pistole und drückte den Lauf auf das eine Auge des Mannes. Dieser ließ ein Wimmern hören.

»Töten Sie mich nicht, bitte …«

»Wo ist Valls?«

Wieder blickte ihn der Mann verwirrt an.

»Wo ist Valls?«, fragte Daniel noch einmal und hörte in seiner Stimme eine stählerne, hasserfüllte Tonlage, die ihm fremd war.

»Wer ist Valls?«, stammelte der Mann.

Daniel wollte schon mit der Pistole auf sein Gesicht einschlagen, während der andere zitternd die Augen schloss, da merkte er, dass er einen Greis vor sich hatte. Er wich zurück und setzte sich mit dem Rücken zur Wand auf den Boden. Er atmete tief und versuchte, die Selbstkontrolle wiederzugewinnen. Der alte Mann hatte sich zusammengekrümmt und wimmerte.

»Wer sind Sie?«, fragte Daniel nach einem Seufzer. »Ich werde Sie nicht töten. Ich will bloß wissen, wer Sie sind und wo Valls ist.«

»Der Wärter. Ich bin der Wärter«, klagte der Mann.

»Was machen Sie hier?«

»Sie sagten, sie würden wiederkommen. Ich solle ihm zu essen geben und auf sie warten.«

»Wem sollten Sie zu essen geben?«

Der Alte zuckte mit den Schultern.

»Valls?«

»Ich weiß nicht, wie er heißt. Sie haben mir diese Pistole gegeben und gesagt, wenn sie in drei Tagen nicht wiederkämen, soll ich ihn töten und in den Brunnen werfen. Aber ich bin kein Mörder …«

»Wie lange ist das her?«

»Ich weiß nicht. Schon einige Tage.«

»Wer hat gesagt, er werde wiederkommen?«

»Ein Polizeihauptmann. Seinen Namen hat er nicht genannt. Er hat mir Geld gegeben. Es gehört Ihnen, wenn Sie es wollen.«

Daniel schüttelte den Kopf.

»Wo ist dieser Mann, Valls?«

»Unten …« Der Alte deutete auf eine Metalltür auf der anderen Seite der Küche.

»Geben Sie mir die Schlüssel.«

»Also sind Sie gekommen, um ihn zu töten?«

»Die Schlüssel.«

Der Alte nestelte in seinen Taschen und gab ihm dann einen Schlüsselbund.

»Gehören Sie zu ihnen? Zur Polizei? Ich habe alles getan, was man mir aufgetragen hat, aber töten konnte ich ihn nicht …«

»Wie heißen Sie?«

»Manuel. Manuel Requejo.«

»Gehen Sie nach Hause, Manuel.«

»Ich habe kein Zuhause … Ich wohne in einem Schuppen, da hinten, im Wald.«

»Gehen Sie hier weg.«

Der andere nickte. Er stand mühsam auf und klammerte sich an den Tisch, um sich auf den Beinen zu halten.

»Ich wollte Ihnen nicht weh tun«, sagte Daniel. »Ich hielt Sie für jemand anderes.«

Der Alte wich seinem Blick aus und schleppte sich zum Eingang.

»Sie werden ihm einen Gefallen tun«, sagte er.

5

Hinter der Metalltür befand sich ein Raum mit mehreren Regalen voller Konserven. In der Öffnung der Rückwand erriet man einen in den Fels gehauenen Tunnel, der steil abfallend in die Tiefe führte. Kaum schaute Daniel hinein, überfiel ihn ein grauenhafter Gestank, der aus der Tiefe heraufstieg, ein animalischer Gestank von Exkrementen, Blut und Angst. Er hielt sich die Hand vors Gesicht und horchte in die Schatten hinein. Da sah er die Taschenlampe an der Wand hängen, nahm sie herunter, drehte am Griff und leuchtete in den Tunnel. Eine Treppe verlor sich in einem schwarzen Schacht.

Langsam stieg er hinunter. Die Mauern waren feucht und der Boden glitschig. Nach etwa zehn Metern kam das Ende der Treppe in Sicht. Nun weitete sich der Tunnel zu einer zimmergroßen Höhlung aus. Der Gestank war so intensiv, dass er die Sinne benebelte. Als Daniel mit der Taschenlampe die Dunkelheit auffächerte, sah er die Gitterstäbe, die den in den Stein gehauenen Raum halbierten. Er leuchtete die Zelle aus und verstand nichts. Sie war leer. Erst als er ein mühsames Atmen hörte und in einem Winkel etwas Skelettähnliches sich aus dem Schatten lösen und auf das Licht zuschleppen sah, merkte er, dass er sich geirrt hatte. Da war etwas gefangen, worin einen Menschen zu erkennen ihm schwerfiel.

Von der Dunkelheit verbrannte Augen, Augen, die nicht zu sehen schienen und von einer weißen Haut verschleiert waren. Diese Augen suchten ihn. Die Gestalt, ein Bündel von Lumpen, die inmitten von getrocknetem Blut, Schmutz und Urin einen Sack Knochen verhüllten, klammerte sich an einen der Stäbe und versuchte aufzustehen. Sie hatte nur noch eine Hand. An der Stelle der anderen befand sich ein Stumpf. Das Wesen klammerte sich ans Gitter, als wolle es an ihm riechen. Plötzlich lächelte es, und Daniel wurde klar, dass das Wesen die Pistole in seiner Hand gesehen hatte.

Er probierte die Schlüssel am Bund durch, bis er den passenden gefunden hatte, und schloss die Zelle auf. Das Wesen schaute ihn erwartungsvoll an. Daniel erkannte in ihm einen blassen Widerschein des Mannes, den er in den letzten Jahren zu hassen gelernt hatte. Von seinem königlichen Gesicht, seiner stolzen Haltung, seiner hochmütigen Präsenz war nichts geblieben. Jemand oder etwas hatte ihm alles ausgerissen, was man einem menschlichen Wesen ausreißen kann, bis von ihm nur noch die Sehnsucht nach Dunkelheit und Vergessen übrig bleibt. Daniel hob die Waffe und zielte auf das Gesicht des Wesens. Valls lachte vor Wonne.

»Du hast meine Mutter getötet«, sagte Daniel.

Valls nickte mehrmals und klammerte sich an seine Knie. Er tastete mit der Hand nach der Waffe und hielt sie sich an die Stirn.

»Bitte, bitte«, flehte er unter Tränen.

Daniel spannte den Bolzen. Valls schloss die Augen und presste das Gesicht mit aller Kraft an den Lauf.

»Schau mich an, du Mistkerl.«

Valls öffnete die Augen.

»Sag mir, warum.«

Valls lächelte verständnislos. Er hatte mehrere Zähne eingebüßt, und das Zahnfleisch blutete. Daniel blickte weg und spürte, wie ihm die Übelkeit die Kehle heraufkroch. Er schloss die Augen und rief sich das Gesicht seines Sohnes in Erinnerung, wie er in seinem Zimmer schlief. Er nahm die Waffe herunter, öffnete die Trommel und ließ die Kugeln auf den Boden in die Pfützen fallen. Dann stieß er Valls von sich.

Der schaute ihn an, zuerst verwirrt, dann in panischer Angst, und begann die Kugeln zusammenzusuchen, um sie ihm mit zitternder Hand zu reichen. Daniel warf die Pistole weit hinten in die Zelle und packte Valls am Kragen. Ein Funken Hoffnung erhellte dessen Blick. Daniel packte ihn kräftig und zerrte ihn aus der Zelle und die Treppe hinauf. In der Küche stieß er mit dem Fuß die Tür auf und trat ins Freie hinaus, ohne Valls, der hinter ihm her torkelte, auch nur einen Augenblick loszulassen. Er sah ihn nicht an, richtete nicht das Wort an ihn, sondern schleppte ihn über die Pfade durch den Garten bis zum Metalltor. Dort suchte er im Bund des Wärters nach dem passenden Schlüssel und öffnete es.

Valls hatte erschrocken zu wimmern begonnen. Daniel schubste ihn auf die Straße hinaus, wo er zu Boden fiel. Dann nahm er ihn erneut am Arm und zwang ihn wieder auf die Beine. Valls tat ein paar Schritte und blieb stehen. Daniel versetzte ihm einen Tritt, so dass er weitergehen musste. Er trieb ihn vor sich her auf den Platz, wo die erste Blaue Straßenbahn des Tages wartete. Es wurde langsam hell, und der Himmel sah aus wie eine rötliche Spinnwebe, die Barcelona überzog und das Meer in der Ferne erglühen ließ. Valls warf sich flehentlich vor Daniel auf die Knie.

»Du bist frei«, sagte der. »Verschwinde.«

Don Mauricio Valls, Leuchte seiner Zeit, humpelte die Avenida del Tibidabo hinab davon. Daniel wartete, bis er mit dem Morgengrauen verschmolz. Dann setzte er sich in den Waggon der Straßenbahn, der noch immer leer dort stand. Er setzte sich auf eine der hinteren Bänke, lehnte die Stirn an die Scheibe und schloss die Augen. Gleich darauf schlief er ein, und als ihn der Schaffner weckte, verscheuchte schon eine helle Sonne die Wolken, und Barcelona roch nach Sauberkeit.

»Wohin soll's denn gehen, Chef?«

»Nach Hause. Ich fahre nach Hause.«

Nach einer Weile setzte sich die Bahn in Bewegung, und er überließ seinen Blick dem Horizont, der sich unten an der großen Allee abzeichnete, und spürte, dass er keinen Groll mehr in der Seele hegte und dass er erstmals in vielen Jahren mit der Erinnerung aufgewacht war, die ihn für den Rest seiner Tage begleiten sollte: mit dem Gesicht seiner Mutter, eines jungen Mädchens, das er an Jahren bereits übertroffen hatte.

»Isabella«, murmelte er vor sich her. »Hätte ich dich doch kennenlernen dürfen.«

6

Er soll zum Eingang der Metro gestolpert sein und die Treppen hinunter zu den Tunneln gestiegen, als wollte er in die Hölle zurückkehren. Als sie seine Lumpen sahen und seinen Gestank rochen, sollen die Leute beiseitegetreten sein und so getan haben, als sähen sie ihn nicht. Dann soll er in einen Zug gestiegen sein und in einer Ecke des Waggons Zuflucht gesucht haben. Niemand habe sich ihm genähert, niemand habe ihn angeschaut und niemand habe später zugeben wollen, ihn gesehen zu haben.

Der unsichtbare Mann soll in der Metro geweint und geschrien und gefleht haben, jemand möge sich seiner erbarmen und ihn töten, aber niemand habe mit einem solchen Stück Dreck auch nur einen Blick wechseln mögen. Den ganzen Tag soll er ziellos in den Tunneln der Metro umhergeirrt und umgestiegen sein und auf dem Bahnsteig auf den nächsten Zug gewartet haben, um durch das versteckte labyrinthische Gewirr unter der Stadt gefahren zu werden, und dann wieder auf den nächsten und noch einen und abermals einen, der nach nirgendwo führte.

Schließlich soll am Abend dieses Tages einer dieser verdammten Züge an der Endstation der Linie gestrandet sein, und als der Bettler sich auszusteigen weigerte und die Anordnungen des Schaffners und des Bahnhofsvorstehers nicht zur Kenntnis zu nehmen schien, hätten Letztere die Polizei gerufen. Als die Beamten eingetroffen seien, seien sie in den Waggon gestiegen und auf den Bettler zugegangen, der auf ihre Anweisungen ebenso wenig reagiert habe. Erst dann habe sich einer der Polizisten vor ihn hingestellt, sich mit der Hand Nase und Mund zugehalten und ihn sachte mit seiner Waffe angetippt. Da sei der Körper leblos zu Boden und auf seine auseinanderfallenden Lumpen gestürzt und habe etwas preisgegeben, was wie eine sich bereits zersetzende Leiche ausgesehen habe.

Als einziges Merkmal zur Identifizierung hielt er das Foto einer unbekannten jungen Frau in der Hand. Einer der Beamten steckte Alicia Gris' Bild ein und ließ es jahrelang in seinem Spind in der

Polizeikaserne liegen im Glauben, das sei niemand anderes als der Tod, der seine Visitenkarte in der Hand dieses armen Teufels zurückgelassen habe, bevor er ihn in die ewige Verdammnis schickte.

Ein Bestattungsunternehmen holte die Leiche, brachte sie in die Leichenhalle, in der alle Bedürftigen, nicht identifizierten Toten und verlassenen Seelen endeten, die die Stadt allnächtlich ausspuckte. Im Morgengrauen steckten ihn zwei Gehilfen in einen Segeltuchsack, der nach den Hunderten Leichen stank, die darin ihre letzte Reise unternommen hatten, und beförderten ihn hinten auf den Lastwagen. Sie fuhren die alte Straße am Hang des Kastells von Montjuïc hinauf, das sich vor dem gleißenden Meer und den tausend Engeln und Geistern in der Totenstadt abhob, die sich eigens versammelt zu haben schienen, um ihm auf dem Weg zum Massengrab eine letzte Beschimpfung ins Gesicht zu spucken, zum selben Grab, wohin der Bettler, der unsichtbare Mann, in einem anderen Leben so viele Menschen hingeschickt hatte, an deren Namen er sich kaum je erinnerte.

Am Rande des Grabes, eines unendlichen Schachts voller kalkbedeckter Leichen, öffneten die beiden Gehilfen den Sack, und Don Mauricio Valls rutschte auf dem Rücken und mit offenen Augen über den Leichenhaufen bis ganz nach unten. Bevor sie sich von diesem Ort entfernten, sollen die Gehilfen als Letztes gesehen haben, wie sich ein schwarzer Vogel auf die Leiche setzte und ihr die Augen aushackte, während in der Ferne alle Glocken Barcelonas läuteten.

BARCELONA

23. April 1960

1

Der Tag war gekommen.

Kurz vor der Morgendämmerung war Fermín brünstig erwacht. Im Ungestüm einer seiner morgendlichen Liebesanwandlungen hatte er die Bernarda, ungeachtet ihrer fortgeschrittenen Schwangerschaft, für eine Woche lendenlahm gestoßen, das Schlafzimmer ummöbliert und den Protest der Nachbarn auf der anderen Seite der Wand heraufbeschworen.

»Das ist der Vollmond«, entschuldigte er sich später bei der Nachbarin, als er sie durch die Luke der Waschküche grüßte. »Ich weiß auch nicht, wie mir geschieht – ich werde ein anderer.«

»Ja, aber statt zu einem Wolf werden Sie zu einem Schwein. Vielleicht kriegen Sie ja mal die Kontrolle über sich zurück, hier wohnen nämlich Kinder, die noch nicht einmal die Erstkommunion hinter sich haben.«

Wie immer, wenn Fermín dem Ruf des primitiven Deckhengsts folgte, der in ihm steckte, befiel ihn anschließend ein Bärenhunger. Er machte sich eine Tortilla aus vier Eiern mit Schinken- und Käsewürfeln, die er mit einem halben Kilo Baguette und einem Piccolosekt verschlang. Als er satt war, krönte er das Ganze mit einem Gläschen Trester. Danach schlüpfte er in die angezeigte Kleidung, um sich für einen Tag zu wappnen, der kompliziert zu werden versprach.

»Darf man erfahren, warum du dich in einen Taucheranzug gestürzt hast?«, fragte die Bernarda in der Küchentür.

»Aus Vorsicht. Eigentlich ist es bloß ein mit *ABC*-Ausgaben gefütterter alter Regenmantel – die Zeitungsseiten lassen nicht einmal Weihwasser durch. Muss wohl an der Druckfarbe liegen, die sie benutzen. Da braut sich anscheinend was zusammen.«

»Heute, an Sant Jordi?«

»Die Wege des Herrn mögen unergründlich sein, aber wenn immer möglich, kommen sie einem in die Quere«, sagte Fermín.

»In diesem Hause wird nicht gelästert, Fermín.«

»Verzeihung, mein Schatz. Jetzt schluck ich meine Anti-Agnostizismus-Pille, und gleich ist es vorbei.«

Er hatte nicht gelogen. Seit einer halben Woche verhieß die Vorhersage einen Tag mit unzähligen biblischen Katastrophen, die Barcelona peitschen würden, ausgerechnet die Stadt der Bücher und Rosen und ausgerechnet am Tag ihres schönsten Fests. Die Prognose der Fachleute war einhellig: vom Nationalen Wetterdienst, von Radio Barcelona, der *Vanguardia* und der Guardia Civil. Das Tüpfelchen aufs i vor der sprichwörtlichen Sintflut hatte die Wahrsagerin Madame Carmanyola gesetzt, die aus zwei Gründen berühmt war. Der eine bestand in ihrer Beschaffenheit eines Nymphchens beleibten Zuschnitts, was verbarg, dass sie in Wahrheit ein stämmiger Herr aus Cornellá namens Cucufate Brotolí war, der nach einer langen Laufbahn als Notar zu raubeiniger Weiblichkeit wiedergeboren worden war und entdeckt hatte, dass es ihm im Grunde viel eher entsprach, sich als Dirne zu kleiden und die Kruppe im sinnlichen Rhythmus der Flamenco-Claqueure zu bewegen. Der zweite Grund bestand in ihren unfehlbaren Wettervorhersagen. Abgesehen von Eigenschaften und technischem Jargon waren sich alle einig. Dieser Sant Jordi verhieß ein miserabler Tag zu werden.

»Dann ist es wahrscheinlich besser, du baust den Stand auf der Straße gar nicht erst auf«, riet die Bernarda.

»Davon kann keine Rede sein. Don Miguel de Cervantes und sein Kollege Don William Shakespeare sind nicht umsonst am, technisch gesehen, gleichen Tag gestorben, an einem 23. April. Wenn die beiden mit solcher Präzision am gleichen Tag übern Jordan gegangen sind, dann wollen wir Buchhändler nicht zurückstehen und verzagen. Heute gehen wir auf die Straße, um Bücher und Leser zusammenzubringen, und wenn General Espartero aus dem Kastell Montjuïc die Stadt bombardiert.«

»Wirst du mir wenigstens eine Rose mitbringen?«

»Ich werde dir einen Planwagen voll der strotzendsten, wohlriechendsten bringen, mein Täubchen.«

»Und vergiss nicht, auch der Señora Bea eine zu geben, denn Danielito ist unmöglich und vergisst es wieder, bis es zu spät ist.«

»Ich habe dem Bürschchen zu viele Jahre die Windeln gewechselt, um heute strategische Details von solcher Tragweite zu vergessen.«

»Versprich mir, dass du nicht klatschnass wirst.«

»Wenn ich klatschnass werde, komme ich umso fruchtbarer und produktiver zurück.«

»Ach, du lieber Gott, wir werden noch in der Hölle landen.«

»Ein Grund mehr, ordentlich befriedigt dort anzukommen.«

Nach einer Tracht Küsse, Gesäßzwicken und Geschmuse verließ Fermín seine angebetete Bernarda und trat in der Überzeugung auf die Straße hinaus, im letzten Moment werde ein Wunder geschehen und eine Sonne wie aus einem Bild von Sorolla erscheinen.

Unterwegs stibitzte er der Pförtnerin die Zeitung, weil sie eine Klatschtante und Falangistin war, und sah die letzten Vorhersagen bestätigt: Es waren Blitze aller Art, Donner, Gewitter mit kastaniengroßen Hagelkörnern und orkanähnliche Winde zu erwarten, die mindestens eine Million Bücher und Rosen verwehen würden, welche schließlich wassern und dort, wo der Horizont seinen lieblichen Namen verliert, eine Insel Barataria bilden würden.

»Wir werden ja sehen«, kommentierte Fermín und überließ die Zeitung einem Unglückseligen, der auf einem Stuhl eingezwängt neben dem Canaletas-Kiosk seinen Rausch ausschlief.

Dieses Gefühl hatte er nicht als Einziger. Der Barceloner ist ein Wesen, das keine Gelegenheit ungenutzt lässt, Klassikern wie der Isobarenkarte oder der aristotelischen Logik zu widersprechen. An diesem Morgen mit seinem totentrompetenfarbenen Himmel standen alle Buchhändler der Stadt sehr zeitig auf, um ihre Bücherstände auf der Straße aufzubauen und wenn nötig einem

Tornado oder Taifun die Stirn zu bieten. Als er die Entfaltung von Korpsgeist auf den Ramblas erblickte, spürte er, dass an diesem Tag die Optimisten den Sieg davontragen würden.

»So ist's recht. Mit vollen Segeln voraus. Jetzt kann es Katzen hageln, man wird uns nicht von der Stelle kriegen.«

Die Blumenhändlerinnen inmitten eines Ozeans von Rosen standen ihnen nicht nach. Punkt neun Uhr waren die Straßen in Barcelonas Zentrum geschmückt für den großen Tag des Buches dank der Hoffnung, dass die düsteren Prophezeiungen Verliebte, Leser und alle Weltfremden nicht abschrecken würden, die seit 1930 pünktlich jeden 23. April zusammenfanden, um das nach Fermíns Ansicht schönste Fest des ganzen bekannten Universums zu feiern. Um neun Uhr vierundzwanzig ereignete sich, völlig unerwartet, das Wunder.

2

Eine Sahara-Sonne bohrte sich durch Vorhänge und Jalousien des Schlafzimmers und ohrfeigte Daniel. Er öffnete die Augen und nahm das Schauspiel ungläubig wahr. Neben ihm lag Beas nackter Rücken, den er von oben bis unten beleckte, bis sie lachend erwachte und sich wie von einer Feder getrieben umdrehte. Daniel umarmte sie und küsste sie langsam auf den Mund, als wollte er sie trinken. Dann warf er das Laken ab, um sich ganz der genussvollen Betrachtung hinzugeben, und streichelte mit den Fingerspitzen ihren Bauch, bis sie seine Hand zwischen den Schenkeln einklemmte und voller Lust seine Lippen leckte.

»Es ist Sant Jordi. Wir werden zu spät kommen.«

»Sicher hat Fermín schon aufgemacht.«

»Fünfzehn Minuten«, gestand sie zu.

»Eine halbe Stunde«, erwiderte er.

Der Saldo belief sich auf ziemlich genau drei Viertelstunden.

Um zehn begannen sich die Straßen zu beleben. Eine samtene Sonne und ein tiefblauer Himmel kleideten die Stadt aus, während Tausende Barceloner ins Sonnenlicht hinaustraten, um an den unzähligen Bücherständen vorbeizuspazieren, von denen Gehsteige und Boulevards überquollen. Señor Sempere hatte bestimmt, dass sein Stand mitten in der Calle Santa Ana direkt vor dem Laden aufgestellt werden sollte. Mehrere sich unter der Bücherlast biegende Tische prangten in der Sonne. Dahinter war die Sempere-Riege in corpore vorhanden, beriet Leser, packte Bücher ein oder sah schlicht und einfach den Leuten beim Vorbeischlendern zu. An vorderster Front Fermín, bereits ohne seinen Regenmantel und in Hemdsärmeln. Neben ihm Daniel und Bea, die Rechnungen und Kasse kontrollierte.

»Und die versprochene Sintflut?«, fragte Daniel.

»Unterwegs nach Tunesien, wo man das Wasser dringender braucht. Hören Sie, Daniel, was für ein laszives Gesicht Sie heute zur Schau stellen! Zwar bringt der Frühling bekanntlich das Blut in Wallung …«

Señor Sempere und Don Anacleto, der sich ihnen immer als Hilfskraft anschloss, wenn er auch kein Händchen zum Büchereinpacken hatte, saßen auf ihren Stühlen und empfahlen den Unentschlossenen Titel. Sofia bezauberte junge Burschen, die eigentlich nur gekommen waren, um ein Auge auf sie zu werfen, und am Ende etwas kauften. Fernandito neben ihr glühte vor Eifersucht – und auch ein wenig vor Stolz. Selbst der Uhrmacher des Viertels, Don Federico, und seine wetterwendische Liebschaft, die Merceditas, hatten ihre Hilfe angeboten.

Aber am meisten genoss das alles der kleine Julián, der vergnügt das Schauspiel der bücher- und rosenbewehrten Menschen verfolgte. Auf einer Kiste neben seiner Mutter platziert, half er ihr beim Münzenzählen und lutschte hemmungslos die Sugusreserven, die er in Fermíns Manteltaschen gefunden hatte. Irgendwann am Mittag schaute Daniel ihn an und lächelte. Schon lange hatte Julián seinen Vater nicht mehr so aufgekratzt gesehen. Vielleicht würde jetzt dieser Schatten von Trauer, der ihn so lange begleitet hatte, endlich verschwinden, wie die Gewitterwolken, von denen alle Welt sprach und die keiner gesehen hatte. Manchmal, wenn die Götter nicht hinschauen und das Schicksal sich unterwegs verirrt, haben sogar rechtschaffene Menschen ein wenig Glück im Leben.

3

Sie war von Kopf bis Fuß in Schwarz gekleidet und versteckte die Augen hinter einer Sonnenbrille, in der sich die menschen-überfüllte Calle Santa Ana spiegelte. Alicia ging ein paar Schritte weiter und verbarg sich im Bogen eines Hauseingangs. Von dort aus schaute sie verstohlen zu, wie die Familie Sempere Bücher verkaufte, mit Passanten plauderte und den Tag in vollen Zügen genoss, wie es ihr nie vergönnt wäre.

Sie lächelte, wenn Fermín unbedarften Lesern Bücher aus den Händen riss und durch andere ersetzte, wenn Daniel und Bea sich berührten und liebevolle Blicke wechselten, die sie mit Eifersucht erfüllten, die sie selbst aber nicht verdient hätte, wenn Fernan-dito hingerissen seine Sofia anbetete und Großvater Sempere zu-frieden seiner Familie und seinen Freunden zuschaute. Sie wäre gern zu ihnen gegangen, um sie zu begrüßen und ihnen zu sagen, dass sie nichts mehr zu befürchten hatten, und ihnen zu danken, dass sie, wenn auch nur für kurze Zeit, ihren Weg hatte kreuzen dürfen. Und lieber als alles andere auf der Welt hätte sie zu ih-nen gehört, aber es musste ihr genügen, diese Erinnerung mitzu-nehmen, um sich vom Glück begünstigt zu fühlen. Eben wollte sie den Rückzug antreten, als sie einen Blick auffing, der die Zeit anhielt.

Der kleine Julián starrte sie mit einem traurigen Lächeln an, als könnte er ihre Gedanken lesen. Er hob die Hand und winkte ihr zum Abschied zu. Sie erwiderte seinen Gruß. Einen Augenblick später war sie verschwunden.

»Wem winkst du denn da, mein Liebling?«, fragte Bea, als sie Julián wie hypnotisiert in die Menge starren sah.

Er wandte sich um, blickte seine Mutter an und nahm wortlos ihre Hand. Fermín, der gleichzeitig hinzugetreten war, um aus der Reserve Sugus nachzutanken, die er naiverweise noch in seinem Regenmantel wähnte, griff in leere Taschen. Er drehte sich zu Julián um, um ihm die Leviten zu lesen, als er ebenfalls sein Winken bemerkte und seinem gefesselten Blick folgte.

Alicia.

In ihrer Abwesenheit hatte er sie gespürt, ohne sie sehen zu müssen, und nun segnete er den Himmel oder wer oder was auch immer diese Wolken sich woanders austoben ließ, dass er sie ihm noch einmal zurückgebracht hatte. Vielleicht hatte die Bernarda letztlich doch recht, und ab und zu endete etwas in dieser Hundewelt so, wie es zu enden hatte.

Er griff nach dem Mantel und beugte sich zu Bea vor, die eben das Geld für einen gesammelten Arthur Conan Doyle von einem jungen Burschen mit Teleskopbrille entgegennahm.

»Hören Sie, Chefin, der kleine Frechdachs da hat meine ganze Munition vertilgt, und mein Zuckerspiegel sinkt langsam tiefer ab, als wenn ich eine Rede der Pasionaria hörte. Angesichts der Tatsache, dass hier alle mit Ausnahme der trotteligen Merceditas für ihre Aufgabe überqualifiziert sind, werd ich mal schauen, ob ich eine Qualitätskonditorei finde, um die Wiederverproviantierung in die Wege zu leiten und auch gleich eine Rose für die Bernarda zu kaufen.«

»Ich habe beim Blumenkiosk vor der Kirche Rosen reserviert«, antwortete Bea.

»Sie denken aber auch an alles …«

Sie sah ihn enteilen und runzelte die Stirn.

»Wohin geht Fermín?«, fragte Daniel.

»Das weiß nur Gott …«

4

Er fand sie am Ende der Mole, wo sie auf einem Koffer saß. Sie rauchte in der Sonne und schaute der Besatzung des Kreuzers, der das Hafenwasser weiß tünchte, beim Einladen von Überseekoffern und Kisten zu. Fermín setzte sich neben sie. Eine Weile blieben sie schweigend so sitzen und genossen die Gesellschaft, ohne die Notwendigkeit zu reden.

»Ein großer Koffer«, bemerkte Fermín schließlich. »Und ich dachte immer, Sie seien die einzige Frau, die es versteht, mit Handgepäck zu reisen.«

»Es ist einfacher, schlechte Erinnerungen zurückzulassen als gute Schuhe.«

»Ich, da ich nur ein Paar habe …«

»Sie sind ein Asket.«

»Wer hat sie dort für Sie geholt? Fernandito? Dieser Halunke – wie schnell er dichthalten lernt.«

»Er musste mir schwören, nichts zu sagen.«

»Wie haben Sie ihn bestochen? Zungenküsschen?«

»Fernandito hat nur für Sofía Küsschen, wie es auch sein soll. Ich habe ihm die Wohnungsschlüssel gegeben, damit er da wohnen kann.«

»Diesen Teil der Information werden wir für Señor Sempere unter Verschluss halten, er ist schließlich rechtmäßiger Betreuer der jungen Dame.«

»Gute Idee.«

Alicia schaute ihn an. Fermín verlor sich in diesen tiefen, unergründlichen Katzenaugen, einem Schacht der Dunkelheit. Sie ergriff seine Hand und küsste sie.

»Wo haben Sie gesteckt?«, fragte er.

»Da und dort. Damit das Ganze abgeschlossen wäre.«

»Und wen haben Sie dabei abgeschossen?«

Sie widmete ihm ein eiskaltes Lächeln.

»Es gab noch einiges zu erledigen. Geschichten miteinander zu verknüpfen. Ich habe meine Arbeit getan.«

»Ich dachte, Sie hätten sich in Pension geschickt.«

»Ich wollte nur einen sauberen, aufgeräumten Schreibtisch. Ich lasse nicht gern Halbfertiges zurück.«

»Und Sie hatten nicht vor, sich zu verabschieden?«

»Sie wissen doch, dass Abschiednehmen nichts für mich ist, Fermín.«

»Es wäre angenehm gewesen, zu erfahren, dass Sie noch am Leben und am Stück sind.«

»Haben Sie etwa daran gezweifelt?«

»Ich hatte meine flauen Momente. Das ist das Alter. Man kriegt desto mehr Schiss, je mehr man den Ernst der Lage erkennt. Das nennt man Mäßigung.«

»Ich hätte Ihnen eine Postkarte geschickt.«

»Woher?«

»Das habe ich noch nicht entschieden.«

»Ich habe fast den Eindruck, dieser Kreuzer fährt nicht an die Costa del Sol.«

Sie schüttelte den Kopf.

»Nein, er fährt ein wenig weiter.«

»Dacht ich's mir doch, bei der Kiellänge, die er hat. Darf ich Sie etwas fragen?«

»Solange es mit dem Zielort nichts zu tun hat.«

»Ist die Familie Sempere in Sicherheit? Daniel, Bea, der Großvater, Julián?«

»Jetzt schon.«

»Und in welche Höllen haben Sie hinabsteigen müssen, um sicherzugehen, dass die Unschuldigen in Frieden oder zumindest in friedlicher Unschuld leben können?«

»In keine, an der ich nicht ohnehin vorbeigekommen wäre.«

»Diese Zigaretten riechen gut. Sehen teuer aus. Natürlich. Ihnen haben ja schon immer schöne, erlesene Dinge gefallen. Ich bin eher fürs Alltägliche und für sparsamen Umgang mit den Mitteln.«

»Möchten Sie eine?«

»Warum nicht? Mangels Sugus muss man dem Raubtier was

vorwerfen. Tatsache ist, dass ich seit dem Krieg keine mehr geraucht habe, als sie noch aus Kippen und verpisstem Unkraut gefertigt wurden. Bestimmt ist die Ware inzwischen besser geworden.«

Sie zündete eine Zigarette an und reichte sie ihm. Er bewunderte den Lippenstiftabdruck auf dem Filter, bevor er einen ersten Zug tat.

»Wollen Sie mir erzählen, was wirklich geschehen ist?«

»Wollen Sie es wirklich wissen?«

»Ich habe die Manie, immer die Wahrheit erfahren zu wollen. Sie wissen nicht, wie viele Enttäuschungen man erlebt, wo man als Trottel eigentlich so gut leben kann.«

»Es ist eine lange Geschichte, und ich muss das Schiff nehmen.«

»Ein klein wenig Zeit werden Sie haben, um die Ignoranz eines armen Dummkopfs zu illuminieren, ehe die Anker gelichtet werden.«

Fast eine halbe Stunde lang erzählte ihm Alicia alles, woran sie sich erinnern konnte, von ihren Tagen im Waisenhaus und auf der Straße bis zu den Aufträgen von Leandro Montalvo. Sie erzählte ihm von ihren Jahren im Dienst, wie sie am Ende geglaubt habe, sie habe unterwegs eine Seele verloren, von der sie nie geahnt hatte, dass sie sie im Hinterzimmer hatte, und von ihrem Verzicht, weiter für Leandro zu arbeiten.

»Es war vorgesehen, dass der Fall Valls der Pass für meine Freiheit wäre, mein letzter Einsatz.«

»Aber so was gibt es nie, nicht wahr?«

»Nein, natürlich nicht. Man ist nur so lange frei, wie man die Wahrheit nicht kennt.«

Sie erzählte ihm von der Begegnung mit Gil de Partera im Palace und von dem Auftrag, den sie und der ihr aufgezwungene Kollege entgegengenommen hatten, Hauptmann Vargas, nämlich die fehlenden Teile in einer Ermittlung zu finden, die in eine Sackgasse geraten war.

»Mein Irrtum war es, nicht zu kapieren, dass der Auftrag eine Finte war. Von Anfang an. Niemand wollte Valls wirklich retten.

Er hatte sich zu viele Feinde gemacht. Er hatte zu viele Ungeschicklichkeiten begangen. Er hatte die Spielregeln missachtet, indem er mit seinen Privilegien Schindluder trieb und die Sicherheit seiner Komplizen gefährdete. Als die Spur seiner Verbrechen zu ihm zurückführte, wurde er alleingelassen. Er dachte, es gebe eine Verschwörung, dass man ihn umbringen wolle, und damit war er nicht völlig auf dem Holzweg. Aber er hatte unterwegs so viel Blut hinterlassen, dass er nicht mehr wusste, wie der Hase lief. Jahrelang glaubte er, die Geister der Vergangenheit hätten ihn eingeholt, um mit ihm abzurechnen – Salgado, dessen alter Zellengenosse oder Gefangener des Himmels, David Martín, und so viele weitere. Womit er nicht gerechnet hatte, war, dass die, die ihm wirklich den Garaus machen wollten, dieselben waren, die er für seine Freunde und Beschützer hielt. Wenn man an der Macht ist, kommen die Dolchstöße nie von vorn, immer von hinten und in Begleitung einer Umarmung. Niemand von den Leuten an der Spitze wollte ihn retten oder auch nur finden. Sie wollten sicher sein, dass er tatsächlich verschwand und dass die Spur all dessen, was er getan hatte, für immer getilgt wäre. Zu viele Hände steckten mit drin. Vargas und ich, wir waren reine Werkzeuge. Aus diesem Grund mussten auch wir am Ende verschwinden.«

»Aber meine Alicia hat mehr Leben als eine Katze und wusste die Parze einmal mehr zu hintergehen …«

»Gerade eben noch … Ich glaube, ich habe bereits alle Leben ausgegeben, die mir noch blieben. Es ist Zeit, dass auch ich von der Bühne abtrete.«

»Darf ich Ihnen sagen, dass ich Sie vermissen werde?«

»Wenn Sie jetzt sentimental werden, schmeiß ich Sie ins Wasser.«

Das Schiff ließ die Hupe dröhnen, und das Echo breitete sich über dem ganzen Hafen aus. Alicia stand auf.

»Darf ich Ihnen mit dem Koffer helfen? Ich verspreche Ihnen, an Land zu bleiben. Die Seefahrt lässt schlechte Erinnerungen in mir aufsteigen.«

Er begleitete sie zur Gangway, wo schon die letzten Passagiere einstiegen. Alicia zeigte dem Obermaat ihre Fahrkarte, und dank einem großzügigen Trinkgeld wies dieser einen Burschen an, das Gepäck der Señora in ihre Kajüte zu bringen.

»Werden Sie eines Tages nach Barcelona zurückkehren? Diese Stadt ist eine Hexe, wissen Sie. Sie setzt sich einem auf der Haut fest und lässt einen nie ziehen …«

»Sie werden sich an meiner Stelle um sie kümmern müssen, Fermín. Und um Bea und Daniel und Señor Sempere und die Bernarda und Fernandito und Sofía und vor allem um sich selbst und den kleinen Julián, der uns alle irgendwann unsterblich machen wird.«

»Das gefällt mir. Unsterblich zu sein, besonders jetzt, da alles an mir zu ächzen beginnt.«

Sie umarmte ihn fest und küsste ihn auf die Wange. Fermín wusste, dass sie weinte, und mochte ihr nicht ins Gesicht schauen. Keiner von ihnen wollte die Würde ausgerechnet dann verlieren, wo sie drauf und dran waren, sich mit knapper Not zu befreien.

»Kommen Sie mir ja nicht auf die Idee, mir auf der Mole zum Abschied zu winken«, warnte ihn Alicia.

»Seien Sie unbesorgt.«

Er senkte den Blick und hörte, wie sich ihre Schritte auf der Gangway verloren. Ohne aufzuschauen, wandte er sich um und trollte sich mit den Händen in den Hosentaschen.

Vorn an der Mole traf er Daniel, der auf der Kante saß und die Beine baumeln ließ. Sie wechselten einen Blick, und Fermín seufzte. Er setzte sich neben ihn.

»Ich dachte schon, Sie wollten ihr aus dem Weg gehen.«

»Das ist dieses neue Parfüm, das sie benutzt. Das riecht man sogar durch die Fischbörse hindurch. Was hat sie Ihnen erzählt?«

»Alicia? Geschichten, die einem den Schlaf rauben.«

»Vielleicht möchten Sie sie mit jemandem teilen.«

»Ein andermal. Ich habe schon genug Erfahrung mit der Schlaflosigkeit und empfehle sie Ihnen nicht.«

Daniel zuckte mit den Schultern.

»Ich glaube, die Warnung kommt ein wenig zu spät.«

Das Echo einer Schiffshupe erschallte im Hafen. Daniel deutete mit dem Kopf auf den Kreuzer, der die Taue löste und sich von der Mole zu entfernen begann.

»Das sind die, die in die USA gehen.«

Fermín nickte.

»Fermín, erinnern Sie sich noch, wie wir vor Jahren hierherkamen und uns auf die Mole setzten, um die Welt zurechtzuzimmern?«

»Das war, als wir noch glaubten, sie könne zurechtgezimmert werden.«

»Das denke ich immer noch.«

»Weil Sie im Grunde ein Einfaltspinsel geblieben sind, auch wenn Sie sich rasieren.«

Sie blieben sitzen und schauten zu, wie der Kreuzer durch die Spiegelung von ganz Barcelona auf dem Hafenwasser fuhr und die größte Fata Morgana der Welt in einer weißen Kielspur zerstörte. Fermín wandte den Blick nicht ab, bis sich das Heck des Schiffs in einem Möwenschwarm und im Dunst der Hafenmündung verlor. Daniel sah ihn nachdenklich an.

»Geht es Ihnen gut, Fermín?«

»Wie einem wilden Stier.«

»Ich glaube, so traurig habe ich Sie noch nie gesehen.«

»Da müssen Sie sich vielleicht wirklich eine Brille besorgen.«

Daniel drang nicht weiter in ihn.

»Was meinen Sie? Gehen wir allmählich? Was halten Sie davon, wenn ich Sie zu einem Schaumwein im Xampanyet einlade?«

»Danke, Daniel, aber heute sage ich eher nein.«

»Erinnern Sie sich denn nicht? Das Leben wartet auf uns!«

Fermín lächelte ihm zu, und zum ersten Mal wurde Daniel bewusst, dass sein alter Freund kein Haar mehr auf dem Kopf hatte, das nicht grau gewesen wäre.

»Auf Sie, Daniel. Auf mich wartet nur noch die Erinnerung.«

Daniel drückte ihm voller Zuneigung den Arm und ließ ihn mit seinen Erinnerungen und seinem Gewissen allein.

»Kommen Sie nicht zu spät«, sagte er.

1964

Immer wenn ihn sein Sohn Nicolás fragte, wie man ein guter Journalist werde, antwortete Sergio Vilajuana mit derselben Maxime:

»Ein guter Journalist ist wie ein Elefant: Er hat einen guten Riecher, kann die Ohren spitzen, und vor allem vergisst er nie.«

»Und die Stoßzähne?«

»Die muss er gut hüten, es gibt immer jemand mit einer Waffe, der sie ihm ausreißen will.«

An diesem Morgen hatte Vilajuana wie jeden Tag seinen jüngeren Sohn zur Schule begleitet und war dann zur *Vanguardia*-Redaktion geschlendert. Der Spaziergang diente ihm zum Ordnen der Gedanken, ehe er in den Redaktionsdschungel eintauchte und sich mit den Themen des Tages herumschlug. Als er beim Sitz der Zeitung in der Calle Pelayo eintraf, fing ihn Jenaro ab, ein zweitklassiger Bürobote, der dem Chefredakteur seit fünfzehn Jahren damit in den Ohren lag, ihn auf Probe im Sportressort arbeiten zu lassen, damit er endlich zur Barça-Präsidentenloge Zutritt hätte, sein größtes Bestreben.

»Das wird dann geschehen, wenn Sie lesen und schreiben können, Jenaro, Wunder werden nicht einmal mehr in Fátima gewirkt, woraus folgert, dass man Sie, außer mit dem Wischmopp, die Loge auch nicht zu den Vorrunden der Kindermannschaften betreten lässt«, antwortete der Chefredakteur Mariano Carolo dann immer.

Sowie Jenaro Vilajuana durch die Tür kommen sah, trat er mit ernster Miene auf ihn zu.

»Señor Vilajuana, der Zensor des Ministeriums wartet auf Sie«, flüsterte er.

»Schon wieder? Haben diese Leute denn nichts Schlechteres zu tun?«

Er warf einen Blick in den Redaktionsraum und sah sofort die unverwechselbare Gestalt seines Lieblingszensors, eines Typs mit pomadisiertem Haar und dem Aussehen einer sauren Birne, neben seinem Schreibtisch Wache stehen.

»Ach, übrigens, da ist ein Paket für Sie gekommen«, sagte Jenaro. »Ich glaube nicht, dass es eine Bombe ist – es ist mir nämlich runtergefallen, und wir sind immer noch ganz.«

Vilajuana nahm es entgegen und beschloss, kehrtzumachen und sich den Besuch des Zensors zu ersparen, eines Dummkopfs, der ihn seit Wochen persönlich zu erwischen versuchte, um ihm den Kopf zu waschen wegen eines Artikels, den er über die Marx Brothers geschrieben hatte und von dem der Zensor glaubte, er breche eine Lanze für die internationale Freimaurerei.

Vilajuana ging in eine Cafeteria in den tiefsten Schatten der Calle Tallers, von den dort verkehrenden Journalisten, Animierdamen und übrigen Geschöpfen des nördlichen Raval-Viertels *Das Stinktier* genannt. Er bestellte einen Kaffee und zog sich an einen Tisch im Hintergrund zurück, wohin niemals auch nur ein einziger Sonnenstrahl gelangt war. Dort untersuchte er das Paket. Es war eher ein dicker Umschlag, verstärkt durch ein Klebeband, auf dem sein Name und die Adresse der *Vanguardia* standen. Der Stempel, halb ausgelöscht nach der langen Reise, stammte aus den USA. Als Absender war nur A. G. zu lesen. Neben dem Namen befand sich eine Zeichnung, die identisch war mit der der Wendeltreppe auf den Titelseiten aller Romane der Serie *Das Labyrinth der Lichter* von Víctor Mataix. Er riss den Umschlag auf und zog ein Bündel verschnürter Dokumente heraus. Unter dem Knoten steckte eine große Karte mit dem Briefkopf des Hotels Algonquin in New York mit folgenden Worten:

*Ein guter Journalist wird die Geschichte zu finden wissen,
die es zu erzählen gilt …*

Vilajuana runzelte die Stirn und löste den Knoten. Er breitete das Durcheinander von Papieren auf dem Tisch aus und versuchte, aus dem Gewirr von Listen, Zeitungsausschnitten, Fotos und handgeschriebenen Notizen klug zu werden. Er brauchte ein paar Minuten, bis ihm aufging, was er da vor sich hatte.

»Heiliger Gott«, murmelte er.

Am nämlichen Nachmittag teilte er der *Vanguardia* mit, er habe einen hochansteckenden Virus erwischt, der seinen Verdauungsapparat zu einem Minenfeld mache, und er könne die ganze Woche nicht in der Redaktion erscheinen, um nicht allen eine Dauerwallfahrt aufs Klosett zu bescheren. Da ihm etwas schwante, stellte sich am Donnerstag Chefredakteur Mariano Carolo mit einer Rolle Toilettenpapier bei Vilajuana ein.

»Der kluge Mann baut vor«, sagte er.

Vilajuana seufzte und bat ihn herein. Carolo ging ins Wohnzimmer, sah eine ganze Wand mit Papieren austapeziert, trat näher und verschaffte sich einen Überblick.

»Ist das das, was es zu sein scheint?«, fragte er nach einer Weile.

»Das ist erst der Anfang, würde ich sagen.«

»Und was ist deine Quelle?«

»Da wüsste ich nicht, wo anfangen.«

»Hm. Ist sie wenigstens glaubwürdig?«

»Ich denke schon.«

»Vermutlich ist dir bewusst, dass sie uns den Laden dichtmachen, wenn wir etwas davon veröffentlichen. Dann werden wir beide in Cerro Muriano Phonetikunterricht erteilen, und unser geliebter Herausgeber muss in irgendein schwer zugängliches Alpenland auswandern.«

»Es ist mir bewusst.«

Carolo warf ihm einen verängstigten Blick zu und rieb sich dazu den Magen. Seit er Chefredakteur der Zeitung war, wuchsen ihm sogar im Traum Geschwüre.

»Wie gut war doch mein Leben als katalanischer Noël Coward«, brummte er in den Bart.

»Ich weiß wirklich nicht, was ich tun soll«, sagte Vilajuana.

»Weißt du denn, wo du weitermachen musst?«

»Ich habe eine Spur, ja.«

»Ich würde sagen, du bereitest eine Reportagenserie über die geheimen, aber auserlesenen Arbeiten des Generalísimo in seiner noch wenig erkundeten Facette als Drehbuchautor vor.«

»Was Hollywood entgangen ist …«

»Eine super Schlagzeile. Halte mich auf dem Laufenden. Du hast vierzehn Tage.«

Die restliche Woche verbrachte Vilajuana mit der Analyse der Dokumente, die er in einem baumähnlichen Diagramm anordnete. Wenn er diesen Baum betrachtete, hatte er das Gefühl, er sei bloß einer von vielen und was ihn selbst jenseits der vier Wände seines Wohnzimmers erwarte, sei ein Wald voll von diesen Bäumen. Nachdem er die Papiere und ihre Auswirkungen verdaut hatte, stellte sich die Frage, ob er die Spur verfolgen sollte oder nicht.

Alicia hatte ihm fast sämtliche Teile des Puzzles geliefert. Jetzt hing es von ihm ab. Zwei schlaflose Nächte gaben ihm die Entscheidung ein. Sein erster Besuch galt dem Standesamt, einem höhlenartigen Gebäude gegenüber dem Hafen, das aus einem Schmelztiegel von Archiven und Bürokraten bestand, die in perfekter Symbiose miteinander verschmolzen waren. Mehrere Tage tauchte er hier in einen Abgrund von Mappen ein, ohne etwas zu finden. Schon dachte er, die von Alicia zugespielte Spur sei falsch, da stolperte er am fünften Tag über einen ehemaligen Pförtner kurz vor der Pensionierung, der in Abhängigkeit von einem Transistorradio lebte, aus dem er sich in einem Kabäuschen für Scheuerlappen und Material gierig Ligaspiele und Ratschläge in Liebesdingen zu Gemüte führte. Die neue Beamtengeneration sprach von ihm als vom Methusalem, denn er hatte als Einziger die letzte Behördensäuberung überlebt. Die neuen Zenturionen, geschliffener und gebildeter als ihre Vorgänger, waren doppelt verschlossen, und trotz seines Insistierens geruhte ihm keiner zu erklären, warum er keine Register mit Sterbe- oder Geburtsurkunden für die Stadt Barcelona vor dem Jahr 1944 fand.

»Das war noch bevor wir ein anderes System hatten«, lautete die immer gleiche Antwort.

Methusalem, der es stets so einzurichten wusste, dass er mit dem Besen unter seinen Füßen fegen konnte, während er durch Dossiers und Kisten von Schriftstücken zu navigieren versuchte, erbarmte sich schließlich seiner.

»Was suchen Sie eigentlich, guter Mann?«

»Langsam denke ich, das Turiner Grabtuch.«

Mit Hilfe von Trinkgeldern und der vom Ostrazismus erzeugten Komplizenschaft teilte ihm Methusalem schließlich mit, was er wirklich suche, seien keine Papiere, sondern eine Person.

»Doña María Luisa. Das waren noch Zeiten, als in diesem Haus sie die Dinge organisierte. Was soll ich Ihnen sagen.«

Die Versuche, diese Doña María Luisa zu finden, scheiterten an der gleichen Mauer.

»Diese Person wurde pensioniert«, informierte ihn der neue Direktor des Hauses in einem Ton, der durchblicken ließ, dass ein weiser Mann das Thema auf sich beruhen lassen und stattdessen einen Spaziergang durch die Barceloneta machen sollte.

Er brauchte zwei Wochen, um sie zu finden. María Luisa Alcaine lebte in einer winzigen Wohnung unter dem Dach eines Hauses ohne Aufzug noch Hoffnung in der Nähe der Plaza Real, inmitten von Taubenschlägen, halbfertigen Dachterrassen und vom Boden bis zur Decke aufgestapelten Kisten mit Papieren. Die Pensioniertenjahre hatten sie nicht nett behandelt. Die Frau, die ihm die Tür öffnete, kam ihm vor wie eine Greisin.

»Doña María Luisa Alcaine?«

»Wer sind Sie?«

Vilajuana hatte die Frage erwartet und eine Antwort bereit, die diese Tür hoffentlich offen halten würde, und wäre es nur für einige Sekunden.

»Mein Name ist Sergio Vilajuana, ich bin Journalist bei der *Vanguardia*. Mich schickt eine Freundin eines alten Bekannten von Ihnen, eines gewissen Hauptmann Vargas. Erinnern Sie sich an ihn?«

Die Frau seufzte und wandte sich um, die Tür hinter sich offen lassend. Sie lebte allein in diesem Loch und würde demnächst sterben, an Krebs oder an Vergessenheit. Sie war Kettenraucherin, als wären die Zigaretten bengalische Lichter zu San Juan, und ihr Husten klang, als würde sie gleich die Seele stückweise auswerfen.

»Jetzt kommt es nicht mehr drauf an«, sagte sie. »Setzen Sie sich. Falls Sie einen Ort dazu finden.«

An diesem Nachmittag erzählte ihm María Luisa, wie vor Jahren, als sie noch Direktionssekretärin war, ein Polizeihauptmann namens Vargas das Standesamt aufgesucht hatte.

»Ein stattlicher Mann von der Art, wie sie nicht mehr hergestellt wird.«

Vargas hatte ihr eine Liste mit Nummern von Sterbe- und Geburtsurkunden gegeben, die in einem bestimmten Zusammenhang zu stehen schienen. Die gleiche, wie sie Vilajuana Jahre später in säuberlicher Schreibmaschinenabschrift erhalten hatte.

»Also erinnern Sie sich?«

»Aber selbstverständlich erinnere ich mich.«

»Wissen Sie, wo ich die Bücher mit diesen Urkunden vor 1944 finden könnte?«

Sie zündete sich eine neue Zigarette an, nahm einen Zug, von dem Vilajuana glaubte, er würde sie mit sich fortreißen, und als sie aus einer Rauchwolke auftauchte, die glauben ließ, in ihrem Inneren sei etwas explodiert, bedeutete sie ihm, ihr zu folgen.

»Helfen Sie mir.« Sie deutete auf einen Kistenstapel in der Speisekammer. »Es sind die ganz hinten. Ich habe sie zu mir mitgenommen, damit man sie nicht vernichten konnte. Ich dachte, eines Tages würde Vargas sie holen kommen und mit Glück auch mich. Nach all den Jahren stelle ich mir vor, dass mich der gute Hauptmann beim Wettlauf ins Paradies überholt hat.«

Sie schilderte ihm, wie sie gleich nach Vargas' Abgang begonnen hatte, zwei und zwei zusammenzuzählen. Als sie in den Papieren zu wühlen begann, fand sie immer mehr sich überkreuzende Nummern und Fälle, bei denen das Prozedere ganz klar manipuliert worden war.

»Hunderte kleine Kinder. Den Eltern weggestohlen, die sie vermutlich umgebracht oder eingekerkert haben, bis sie bei lebendigem Leib verfaulten. Und das ist nur das, was ich in einigen Tagen geschafft habe. Ich habe so viel hierhergeschafft, wie ich konnte, denn sowie sie sich nach Vargas und seinem Besuch zu erkundigen anfingen, konnte ich mir etwa ausrechnen, was geschehen würde. Das hier habe ich retten können. Eine Woche nach Vargas' Besuch im Standesamt wurde ein Brand im Archiv gemeldet. Alles von vor 1944 ging verloren. Zwei Tage später wurde ich entlassen, mit dem Argument, ich sei für die Katastrophe verantwortlich. Hätten sie gewusst, dass ich all das nach Hause mitgenommen hatte – ich male mir lieber nicht aus, was sie mit mir gemacht hätten. Aber sie dachten, der Brand habe das Archiv vollständig vernichtet. Die Vergangenheit verschwindet nicht, auch wenn sich die Narren noch so bemühen, sie zu vergessen, und die Betrüger, sie zu verfälschen, um sie abermals als neu zu verkaufen.«

»Was haben Sie in all diesen Jahren getan?«

»Im Sterben gelegen. In diesem Land werden die anständigen Menschen nach und nach umgebracht. Der schnelle Tod ist den schamlosen Schuften vorbehalten. Leute wie mich bringt man um, indem man sie ignoriert, ihnen sämtliche Türen verschließt und sie für tot ausgibt. Ich habe heimlich zwei Jahre in den Tunneln der Metro Lotterielose verkauft, bis sie dahinterkamen und mir auch das wegnahmen. Ich konnte keine Arbeit mehr finden. Seither habe ich von der Barmherzigkeit der Nachbarn gelebt.«

»Haben Sie keine Familie?«

»Ich hatte einen Sohn, aber sie sagten ihm, seine Mutter sei eine Scheißrote, und ich habe ihn seit Jahren nicht mehr gesehen.«

María Luisa sah ihn mit einem rätselhaften Lächeln an.

»Kann ich irgendetwas für Sie tun, Doña María Luisa?«

»Sie können die Wahrheit erzählen.«

Vilajuana seufzte.

»Um ganz ehrlich zu sein – ich weiß nicht, ob ich das werde tun können.«

»Haben Sie Kinder?«

»Vier.«

Er verlor sich im Blick dieser Todgeweihten. Er konnte sich nirgends verstecken.

»Tun Sie es für sie. Wann und wie Sie können. Aber lassen Sie uns nicht sterben. Wir sind schon so viele. Jemand muss uns seine Stimme leihen.«

Er nickte. Sie reichte ihm die Hand, und er ergriff sie.

»Ich werde tun, was ich kann«, sagte er.

Als er an diesem Abend Nicolás zudeckte, schaute der ihm fest in die Augen und ahnte, dass die Gedanken seines Vaters an einem fernen Punkt der Himmelsgeographie umherschweiften.

»Papa?«

»Ja?«

»Eine Elefantenfrage.«

»Nun?«

»Warum bist du Journalist geworden? Mama sagt, der Großvater wollte eigentlich, dass du was anderes wirst.«

»Dein Großvater wollte, dass ich Anwalt würde.«

»Und du hast nicht auf ihn gehört?«

»In bestimmten Situationen, von denen jetzt und in naher Zukunft keine auf dich zutrifft, um das vorwegzunehmen, muss man einem Vater den Gehorsam verweigern.«

»Warum?«

»Weil sich einige Väter, nicht deiner, bei der Beurteilung dessen irren, was das Beste für ihre Kinder ist.«

»Ich meine, warum du Journalist geworden bist.«

Vilajuana zuckte mit den Schultern.

»Wegen des Millionensalärs und der festen Arbeitszeiten …«

Nicolás lachte.

»Nein, im Ernst. Warum?«

»Ich weiß es nicht, Nico. Das ist schon viele Jahre her. Manchmal, wenn man älter wird, ist vieles, was am Anfang ganz klar zu sein schien, auf einmal nicht mehr so klar.«

»Aber der Elefant vergisst nicht. Nicht einmal, wenn man ihm die Stoßzähne nehmen will.«

»Vermutlich nicht.«

»Also?«

Vilajuana gab sich geschlagen und nickte.

»Um die Wahrheit zu erzählen. Darum bin ich Journalist geworden.«

Nachdenklich wog Nicolás die feierliche Antwort ab.

»Und was ist die Wahrheit?«

Vilajuana knipste das Licht aus und küsste seinen Sohn auf die Stirn.

»Das wirst du deine Mutter fragen müssen.«

Eine Geschichte hat weder Anfang noch Ende, nur Eingangstüren.

Eine Geschichte ist ein unendliches Labyrinth aus Wörtern, Bildern und Geistern, die sich verschwören, um uns die unsichtbare Wahrheit über uns selbst zu enthüllen. Letztlich ist eine Geschichte ein Gespräch zwischen dem Erzähler und dem Zuhörer, und ein Erzähler kann nur so weit erzählen, wie sein Handwerk es zulässt, und ein Leser kann nur so weit lesen, wie es in seiner Seele festgeschrieben ist.

Das ist die Grundregel, auf der jedes Artefakt aus Papier und Tinte fußt, denn wenn die Lichter ausgehen und die Musik verstummt und das Parkett sich leert, dann ist nur noch die optische Täuschung von Bedeutung, die sich dem Theater der Einbildung eingeprägt hat, welches jeder Leser im Geist beherbergt. Das und die jedem Schöpfer von Erzählungen innewohnende Hoffnung, der Leser habe dem einen oder anderen seiner Papiergeschöpfe sein Herz geöffnet und ihm etwas von sich selbst gegeben, um es unsterblich zu machen, und sei es nur für einige Minuten.

Und nachdem das wahrscheinlich feierlicher gesagt worden ist, als es die Gelegenheit verdient, ist es besser, auf der Buchseite zu landen und den geneigten Leser zu bitten, uns zum Abschluss dieser Geschichte zu folgen und uns bei der Suche nach dem Schwierigsten zu helfen für einen armen, in seinem eigenen Labyrinth gefangenen Erzähler: der Ausgangstür.

Präludium zu

Das Labyrinth der Lichter

(*Der Friedhof der Vergessenen Bücher*, Band IV)

von Julián Carax

Éditions de la Lumière, Paris 1992

Herausgegeben von Émile de Rosiers Castellaine

JULIÁNS BUCH

1

Ich wusste schon immer, dass ich eines Tages diese Geschichte schreiben würde. Die Geschichte meiner Familie und die dieses verhexten Barcelonas der Bücher, Erinnerungen und Geheimnisse, in dem ich aufgewachsen bin und das mich ein Leben lang verfolgt hat, obwohl ich wusste, dass es wahrscheinlich nie mehr war als ein Traum aus Papier.

Vor mir hat es schon mein Vater, Daniel Sempere, versucht, und beinahe hätte er bei dem Unterfangen seine Jugend eingebüßt. Jahrelang schlich er zu nachtschlafender Stunde, wenn er glaubte, meine Mutter sei in Morpheus' Armen gelandet, auf Zehenspitzen davon und in die Buchhandlung hinunter, um sich im Hinterzimmer mit einer Öllampe einzuschließen. Dort stellte er sich, mit einer Füllfeder vom Trödelmarkt bewaffnet, bis zum Morgengrauen dem nie endenden Duell mit einem Stapel von Hunderten Seiten.

Meine Mutter tadelte ihn nie deswegen, sondern gab vor, nichts zu merken, so, wie man in einer Ehe so vieles vorgibt, um sie vor allzu heftigem Seegang zu bewahren. Diese Obsession beunruhigte sie beinahe so sehr wie mich, der ich allmählich fürchtete, mein Vater drehe durch wie Don Quijote, bloß umgekehrt, nicht wegen übermäßigen Lesens, sondern wegen übermäßigen Schreibens. Sie wusste, dass er diese Reise allein machen musste, nicht weil er literarische Ambitionen gehabt hätte, sondern weil die Konfrontation mit den Wörtern seine Art und Weise war, herauszufinden, wer er wirklich war, und so die Erinnerung und den Geist der Mutter wiederzufinden, die er als Fünfjähriger verloren hatte.

Ich erinnere mich an einen Tag, da ich kurz vor dem Morgengrauen plötzlich erwachte. Das Herz schlug mir bis zum Hals, und ich konnte kaum atmen. Ich hatte geträumt, mein Vater hätte sich in Nebel aufgelöst und ich hätte ihn für immer verloren. Das war nicht das erste Mal. Ich sprang aus dem Bett und rannte in die Buchhandlung hinunter. Dort fand ich ihn im Hinterzimmer, noch immer in festem Zustand, inmitten eines Ozeans zerknüllter Blätter zu seinen Füßen. Seine Finger waren tintenbefleckt und die Augen gerötet. Auf dem Tisch hatte er ein Bild der neunzehnjährigen Isabella, das er, wie wir alle wussten, immer bei sich zu haben pflegte, da ihn die Vorstellung erschreckte, ihr Gesicht zu vergessen.

»Ich kann nicht«, flüsterte er. »Ich kann ihr das Leben nicht zurückgeben.«

Ich hielt die Tränen zurück und schaute ihm in die Augen.

»Ich werde es für dich tun«, sagte ich, »ich verspreche es dir.«

Mein Vater, den meine gelegentlichen feierlichen Anwandlungen zum Lächeln brachten, umarmte mich. Als er mich wieder losließ und sah, dass ich noch da war und es ernst meinte, gab er mir seine Füllfeder.

»Das wirst du brauchen. Ich weiß schon gar nicht mehr, auf welcher Seite sie noch schreibt …«

Ich betrachtete dieses armselige Gerät und schüttelte den Kopf.

»Ich werde mit der Maschine schreiben«, erklärte ich. »Mit einer Underwood, der Wahl des Profis.«

Das mit der *Wahl des Profis* hatte ich in einer Zeitungsannonce gesehen, und es hatte mich beeindruckt. Wer hätte gedacht, dass man nur eines dieser Möbel von der Größe und dem Gewicht einer Dampflok zu haben brauchte, um von einem Sonntagsschreiberling zu einem Berufsschriftsteller zu werden. Meine Absichtserklärung schien meinen Vater zu überraschen.

»Jetzt willst du ein professioneller Schriftsteller werden? Mit Underwood und allem, was dazugehört?«

Wenn wir schon dabei sind: Mit Büro ganz oben in einem gotischen Wolkenkratzer, Importzigaretten, einem Dry Martini in der linken Hand und einer blutrot und in teure Unterwäsche gekleide-

ten Muse auf dem Schoß, schlug mein linkes Ohrläppchen vor. So wenigstens stellte ich mir damals die Profis vor, zumindest die Verfasser der Kriminalromane, die mir den Schlaf, die Seele und sonst noch was wegsaugten. Aber große Hoffnungen beiseite, die leicht ironische Färbung im sonst liebenswürdigen Ton meines Vaters entging mir nicht. Wenn er meine Berufung in Frage stellen würde, hätten wir keine ruhige Minute mehr.

»Ja«, antwortete ich knapp. »Wie Julián Carax.«

Schreib dir das hinter die Ohren, dachte ich.

Mein Vater hob die Brauen. Der Schlag hatte ihn durcheinandergebracht.

»Und woher weißt du, womit Carax schreibt, um nicht zu sagen, wer er ist?«

Ich wählte den geheimnisvollen Blick, den ich hatte patentieren lassen, um zu verstehen zu geben, dass ich mehr wusste, als man gemeinhin annahm.

»Ich weiß eine ganze Menge.«

Zu Hause war der Name Julián Carax immer nur hinter verschlossenen Türen, außer Hörweite meiner Ohren und auch so nur geflüstert worden, als handelte es sich um eines der Medikamente, auf deren Etikett ein Totenkopf vor zwei gekreuzten Knochen prangte. Meine Eltern hatten keine Ahnung, dass ich schon mit acht in der obersten Tür des Esszimmerschranks, an die ich mit Hilfe eines Stuhls und einer Holzkiste gelangte, hinter zwei Dosen Camprodón-Keksen (die ich ratzekahl verputzte) und einer Flasche Muskateller (der mich im zarten Alter von neun Jahren fast in ein alkoholisches Koma versetzt hätte) die Sammlung von Romanen Julián Carax' entdeckt hatte, die von einem Freund der Familie, Don Gustavo Barceló, neu herausgegeben worden waren.

An meinem zehnten Geburtstag hatte ich alle bereits zweimal gelesen, und obwohl ich sie sicherlich nicht verstand, war ich doch hingerissen von dieser lichtgeschmiedeten Prosa, die meine Phantasie entzündet und mit Bildern, Welten und Figuren bevölkert hatte, welche ich mein Lebtag nicht vergessen sollte. An diesem Punkt der Sinnesvergiftung angelangt, war es für mich keine Frage mehr, dass ich unbedingt das lernen wollte, was Carax machte, um sein vortrefflichster Nachfolger in der Kunst des Geschichtenerzählens zu werden. Aber ich ahnte, dass ich, um so weit zu kommen, zunächst herausfinden musste, wer ich war und warum es meinen Eltern immer lieber gewesen war, wenn ich nichts über ihn wusste.

Zum Glück teilte mein Ehrenonkel, Fermín Romero de Torres, die Informationspolitik meiner Eltern nicht. Damals arbeitete er schon nicht mehr in der Buchhandlung. Zwar besuchte er uns oft, aber immer lag ein geheimnisvoller Schleier über seiner neuen Beschäftigung, und weder er noch sonst ein Familienmitglied fand sich bereit, etwas zu erklären. Eindeutig war hingegen, dass ihm seine neue Tätigkeit, was immer es sein mochte, viel Zeit zum Lesen ließ. Unter seinen neuen Lektüren befanden sich zahlreiche Anthropologiehandbücher, die ihn, typisch für ihn, zum Formulieren spekulativer Theorien gebracht hatten, eine Praxis, die ihm nach seinen eigenen Worten half, Nierenkoliken zu vermeiden, und ihm das Ausscheiden von mispelkerngroßen Nierensteinen auf dem Harnweg erleichterte.

Eine dieser besonderen Theorien besagte, dass die Menschheit nach Tausenden von Jahren vorgeblicher Evolution nicht sehr viel mehr erreicht hatte, als die Körperbehaarung teilweise zu eliminieren, den Lendenschurz zu perfektionieren und den Schlag mit dem Feuerstein zu verfeinern. Aus dieser Prämisse ging unerklärlicherweise ein zweiter Teil der Theorie hervor, die etwa Folgendes besagte: Diese Billigevolution registrierte nicht einmal ansatzweise den Umstand, dass ein Kind umso eifriger suchen würde, je mehr man etwas vor ihm zu verbergen versucht, sei es etwas Süßes oder eine Postkarte mit kecken Revuegirls.

»Und wir können von Glück sagen, dass es so ist, denn wenn dieser Funke der Wissbegierde in uns einmal erlischt und die jungen Leute sich mit dem im Flittergewand daherkommenden Schund begnügen, den ihnen die Krämer heutzutage verkaufen, sei es ein Minihaushaltsgerät oder ein batteriebetriebener Nachttopf, und über ihren Hintern hinaus nichts mehr zu kapieren imstande sind, werden wir ins Nacktschneckenzeitalter zurückkehren.«

»Extravagant«, lachte ich, mit einem Wort brillierend, das ich von Fermín gelernt hatte und das mir jedes Mal, wenn ich es erwähnte, ein Sugus eintrug.

»So ist's recht«, sagte er. »Solange es noch Knäblein in kurzen Hosen gibt, die auf der viertletzten Silbe betonte Wörter benutzen, besteht noch Hoffnung.«

Vielleicht war es sein schlechter Einfluss oder die in all den Krimis, die ich wie Zuckermandeln verschlang, gelernten Spitzfindigkeiten, jedenfalls löste sich das Rätsel bald, wer Julián Carax gewesen war und warum meine Eltern mich auf seinen Namen getauft hatten, dank meiner Neigung, Zusammenhänge herzustellen, flüchtige Gesprächsfetzen aufzuschnappen, in verbotenen Schubladen zu wühlen und, vor allem, all die Seiten zu lesen, die mein Vater unwiederbringlich dem Papierkorb übergeben zu haben glaubte. Und da, wo meine detektivischen und deduktiven Gaben nicht ausreichten, kamen Fermín und seine informativen Broschüren zum Zuge, dank denen ich das Geheimnis unbemerkt entschlüsseln und die einzelnen Erzählstränge miteinander verbinden konnte.

Als hätte er nicht schon genug Sorgen, empfing mein Vater an jenem Morgen die doppelte Nachricht, dass sein zehnjähriger Sohn ein »professioneller« Literat werden wollte und zudem über die ganze Fülle der Dinge Bescheid wusste, die er ihm seit eh und je zu verbergen versuchte, vielleicht mehr aus Scham denn aus sonstwelchen Gründen. Zu seiner Ehre sei gesagt, dass er das alles ziemlich gelassen einsteckte und mich, anstatt einen Schreikrampf zu kriegen und mir mit einem Internat oder einer Hilfsarbeiterstelle in einem Steinbruch zu drohen, anschaute, ohne zu wissen, was er sagen sollte.

»Ich dachte, du wolltest Buchhändler werden wie ich, wie dein Großvater und wie vor ihm mein Großvater und wie fast alle Semperes seit Menschengedenken …«

Als ich sah, dass ich ihn überrumpelt hatte, beschloss ich, meine Position zu untermauern.

»Ich will Schriftsteller werden. Romancier, um dem Fass den Boden auszuschlagen, wie man, glaube ich, sagt.«

Letzteres ließ ich als eine Art humoristisches Anhängsel fallen, aber mein Vater fand es ganz eindeutig nicht lustig. Er verschränkte die Arme, lehnte sich auf dem Stuhl zurück und betrachtete mich vorsichtig. Der Sprössling ließ eine widerspenstige Ader erkennen, die ihm nicht behagte. Willkommen in der Vaterschaft. Und dafür setzt man Kinder in die Welt.

»Das hat deine Mutter immer gesagt, aber ich dachte, sie wolle mich einfach ärgern.«

Noch mehr, was für mich sprach. An dem Tag, an dem meine Mutter sich in etwas irren sollte, müsste schon das Jüngste Gericht mit dem Tag der Unschuldigen Kinder zusammenfallen. Von Geburt an allergisch auf die Resignation, verharrte mein Vater in seiner mahnenden Haltung, und ich fürchtete bereits einen Diskurs, der mich von meiner Idee abbringen sollte.

»In deinem Alter dachte ich ebenfalls, ich hätte das Zeug zum Schriftsteller«, hob er an.

Ich sah ihn kommen wie einen Meteoriten in Flammen. Wenn ich ihn jetzt nicht entwaffnete, dann konnte das zu einer Moralpredigt werden über die Gefahren, sein Leben der Literatur zu widmen, denn wie ich mehr als einen der hungrigen Autoren, die die Buchhandlung besuchten, und die, denen man dauernd auf Kredit verkaufen, wenn nicht gar sie zum Vespern einladen musste, oft hatte versichern hören, erwiderte die Literatur die Treue ihrer Adepten etwa mit derselben Zuneigung wie eine Gottesanbeterin die Spermien ihres Partners. Bevor mein Vater in Wallung geriet, warf ich einen melodramatischen Blick auf die malträtierten Blätter auf dem Boden und sah ihm dann wortlos in die Augen.

»Wie Fermín sagt: Wer weise ist, irrt sich«, gestand er zu.

Da ging mir auf, dass ihm mein Gegenargument als Brücke für seine Grundprämisse dienen könnte, dass die Semperes nämlich nicht zu Schreibern geboren waren und dass man der Literatur auch als Buchhändler diente, ohne sich dem absoluten Ruin und dem finstersten Abgrund gegenüberzusehen. Da ich im Grunde wusste, dass der gute Mann mehr recht hatte als ein Heiliger, ging ich in die Offensive. In einem rhetorischen Duell soll man dem anderen nie die Initiative überlassen, und schon gar nicht, wenn sich der Gegner auf dem Weg zum Sieg befindet.

»Was Fermín meint, ist, dass die Weisen es zugeben, wenn sie sich mitunter irren, während sich die Idioten andauernd irren, aber es nie eingestehen und immer recht zu haben meinen. Er nennt das seinen Archimedischen Grundsatz kommunizierenden Schwachsinns.«

»Ah ja?«

»Ja. Seiner Meinung nach ist ein Schwachkopf ein Tier, das nicht umdenken kann oder will«, drängte ich weiter.

»Du bist ganz offensichtlich sehr beschlagen in Fermíns Philosophie und Wissenschaft.«

»Hat er etwa nicht recht?«

»Was er hat, das ist ein maßloser Hang, *extra cathedram* zu dozieren.«

»Und was bedeutet das?«

»Ins Blaue hinein zu reden.«

»Nun, als er wieder einmal ins Blaue hinein dozierte, hat er mir unter anderem gesagt, da gebe es etwas, was du mir schon lange zeigen solltest.«

Im Moment verlor Daniel die Fassung. Bereits war jeder Ansatz zu einer Predigt verflogen, er war ins Wanken geraten und wusste nicht, woher der nächste Stoß käme.

»Hat er auch gesagt, was?«

»Etwas von Büchern. Und von Toten.«

»Von Toten?«

»Irgendwas von einem Friedhof. Das von den Toten ist auf meinem Mist gewachsen.«

Tatsächlich hatte ich mir zusammengereimt, dass das Ganze mit Carax zu tun haben musste, der in meinem persönlichen

Kanon haargenau die Vorstellung von Buch und Totem vereinte. Mein Vater sann über die Frage nach. Ein Glanz erhellte seinen Blick, wie immer, wenn er eine Idee hatte.

»Vermutlich hat er in diesem Punkt sogar recht.«

Ich erschnupperte von irgendwoher den süßen Duft des Sieges.

»Los, geh rauf und zieh dich an«, sagte er. »Aber weck deine Mutter nicht auf.«

»Gehen wir irgendwohin?«

»Das ist ein Geheimnis. Ich will dir etwas zeigen, was mein Leben verändert hat und was vielleicht auch deines verändern wird.«

Ich merkte, dass ich die Initiative verloren und die Situation sich umgekehrt hatte.

»Um diese Zeit?«

Mein Vater lächelte wieder und zwinkerte mir zu.

»Es gibt Dinge, die man nur im Dunkeln sehen kann.«

2

An diesem frühen Morgen brachte mich mein Vater zum ersten Mal in den Friedhof der Vergessenen Bücher. Es war Herbst 1966, und ein Nieselregen hatte die Ramblas mit kleinen Pfützen gesprenkelt, die beim Vorbeigehen wie kupferne Tränen glänzten. Der Dunst, von dem ich so oft geträumt hatte, begleitete uns, verzog sich aber, als wir in die Calle Arco del Teatro einbogen. Vor uns tat sich eine Kluft von Schatten auf, zwischen denen bald ein großer, mit den Jahren schwarz gewordener Palast erschien. Mein Vater kündigte uns an, indem er das kleine Teufelchen, das als Türklopfer diente, auf das Portal fallen ließ. Zu meiner großen Überraschung war es Fermín Romero de Torres, der uns die Tür öffnete und bei meinem Anblick maliziös lächelte.

»Es war aber auch Zeit«, sagte er. »So viel Geheimniskrämerei und Versteckspiel hat mir ein Geschwür beschert.«

»Da arbeiten Sie jetzt also, Fermín?«, fragte ich neugierig. »Ist das eine Buchhandlung?«

»Etwas Ähnliches, allerdings etwas unterdotiert in der Comicabteilung … Los, kommen Sie rein.«

Er begleitete uns durch eine gebogene Galerie, deren Wände mit Fresken von Engeln und Legendengestalten bemalt waren. Müßig zu sagen, dass ich an diesem Punkt bereits in Trance gefallen war. Ich wusste nicht, dass die Wunder eben erst angefangen hatten.

Die Galerie führte uns zum Eingang eines Gewölbes, das unter einer Kaskade dunstigen Lichts in die Unendlichkeit anstieg. Ich blickte hinauf, und vor meinen Augen nahm ein labyrinthisches Gebilde Gestalt an, das einer Fata Morgana zu entspringen schien. Der Turm zog sich in einer Dauerspirale hinauf und glich einem Riff, an dem sämtliche Bibliotheken der Welt Schiffbruch erlitten zu haben schienen. Mit offenem Mund ging ich langsam auf dieses aus allen je geschriebenen Büchern gewirkte Schloss zu. Ich hatte das Gefühl, in die Seiten einer der Geschichten von Julián Carax eingedrungen zu sein, und fürchtete, wenn ich nur einen einzigen Schritt mehr täte, würde sich dieser Augenblick in Staub auflösen und ich in meinem Schlafzimmer erwachen. Mein Vater trat zu mir. Ich schaute ihn an und ergriff seine Hand, aber nur um mich zu überzeugen, dass ich wach und dieser Ort wirklich war. Er lächelte

»Willkommen im Friedhof der Vergessenen Bücher, Julián.«

Ich brauchte eine ganze Weile, um zu meinem normalen Pulsschlag zurückzufinden und mich wieder in die Schwerkraft zu integrieren. Als ich etwas ruhiger war, flüsterte mein Vater mir zu:

»Dieser Ort ist ein Mysterium, Julián. Ein Heiligtum. Jedes Buch, jeder Band, den du da siehst, hat eine Seele. Die Seele dessen, der es geschrieben hat, und die Seele derer, die es gelesen und gelebt und von ihm geträumt haben. Immer wenn ein Buch in neue Hände kommt, immer wenn jemand den Blick über seine Seiten gleiten lässt, wächst sein Geist und gewinnt an Kraft. Vor vielen Jahren, als mich dein Großvater erstmals hierherbrachte, war das schon ein alter Ort. Vielleicht so alt wie die Stadt selbst.

Niemand weiß mit absoluter Sicherheit, wie lange es ihn schon gibt oder wer ihn erschaffen hat. Ich werde dir sagen, was Großvater mir gesagt hat: Wenn eine Bibliothek verschwindet, wenn ein Buch sich in der Vergessenheit verliert, versichern wir Wächter uns, die wir diesen Ort kennen, dass sie hierher gelangen. Hier leben für immer die Bücher, an die sich keiner mehr erinnert, die sich in der Zeit verirrt haben, und warten, bis sie eines Tages einem neuen Leser, einem neuen Geist in die Hände fallen. Jedes Buch, das du hier siehst, war irgendwann jemandes bester Freund. Jetzt haben sie nur uns, Julián. Glaubst du, du wirst dieses Geheimnis für dich behalten können?«

Mein Blick verlor sich in der Unermesslichkeit des Orts und in seinem verzauberten Licht. Ich nickte, und mein Vater lächelte. Fermín gab mir ein Glas Wasser und schaute mich an.

»Kennt der Junge die Regeln?«, fragte er.

»Darauf wollte ich gerade zu sprechen kommen«, sagte mein Vater.

Nun erklärte er mir in allen Einzelheiten die Gesetze und Verantwortlichkeiten, die jeder Neuling im Geheimbund des Friedhofs der Vergessenen Bücher akzeptieren musste, das Privileg eingeschlossen, ein Buch lebenslänglich zu adoptieren und damit zu seinem Beschützer zu werden.

Beim Zuhören begann ich zu argwöhnen, dass ihn sonst noch ein Grund bewogen hatte, mir ausgerechnet heute mit diesem Anblick die Retina und das Hirn zu sprengen. Vielleicht baute er darauf, dass der Anblick dieser von Hunderttausenden vergessenen Bänden, von so vielen Leben, Gedanken und Welten bewohnten Stadt eine Metapher für die Zukunft wäre, die mich erwartete, wenn ich nicht vom Glauben abzubringen wäre, eines Tages könnte ich mir mit der Literatur den Lebensunterhalt verdienen. Sollte das seine Absicht gewesen sein, so bewirkte, was ich sah, das genaue Gegenteil. Meine Berufung, bis dahin nur ein kindlicher Traum, prägte sich an diesem Tag meinem Herzen ein. Und nichts, was mir mein Vater oder sonst jemand sagen konnte, würde mich umstimmen.

Vermutlich hat das Schicksal für mich entschieden.

Auf meiner langen Reise durch die Tunnel des Labyrinths wählte ich ein Buch mit dem Titel *Die karmesinrote Tunika*, einen Roman aus dem Zyklus *Die Stadt der Verdammten* eines gewissen David Martín, eines Autors, von dem ich noch nie gehört hatte. Oder vielleicht sollte ich sagen, dass das Buch mich wählte, denn als ich schließlich den Umschlag anschaute, hatte ich das merkwürdige Gefühl, das Buch warte hier schon lange auf mich, als wüsste es, dass ich an diesem frühen Morgen auf es stoßen würde.

Als ich endlich den Friedhof verließ und mein Vater den Band in meinen Händen erblickte, wurde er blass. Einen Augenblick lang dachte ich, er werde bewusstlos zu Boden sinken.

»Wo hast du dieses Buch gefunden?«, stammelte er.

»Auf einem Tisch in einem der Räume … Es hat aufrecht dagestanden, als hätte es jemand so hingestellt, damit ich es fände.«

Fermín und er wechselten einen undurchdringlichen Blick.

»Was ist denn? Soll ich mir ein anderes aussuchen?«

Mein Vater schüttelte den Kopf.

»Das ist das Schicksal«, murmelte Fermín.

Ich lächelte erregt. Das war genau das, was ich gedacht hatte, obwohl ich nicht genau wusste, warum.

Die restlichen Tage der Woche las ich wie in Trance die von David Martín erzählten Abenteuer und kostete jede Szene aus, als stünde ich vor einem großen Bild, auf dem ich, je mehr ich es erforschte, desto mehr Details und Bedeutungen entdeckte. Mein Vater verlor sich in seiner eigenen Träumerei, obwohl seine Sorgen alles andere als literarisch zu sein schienen.

Wie es auch anderen geschah, beschlich ihn in dieser Zeit der Gedanke, er habe aufgehört, ein junger Mann zu sein, und oft besuchte er Schauplätze aus seiner frühen Jugend, um Antworten auf Fragen zu finden, die er noch immer nicht sehr genau verstand.

»Was ist eigentlich mit Papa los?«, fragte ich meine Mutter.

»Nichts. Er wächst.«

»Ist er nicht schon aus dem Alter raus?«

Sie seufzte geduldig.

»Ihr Männer seid so.«

»Ich werde schnell wachsen, dann brauchst du dir keine Sorgen zu machen.«

Sie lächelte.

»Wir haben keine Eile, Julián. Überlass das dem Leben.«

Auf einer seiner geheimnisvollen Reisen zu seinem Nabel kam mein Vater vom Postamt mit einem Paket aus Paris zurück, das ein Buch mit dem Titel *Der Engel des Dunstes* enthielt. Alles, was mit Engeln und Nebligem zu tun hatte, konnte mit Sicherheit damit rechnen, auf mein Interesse zu stoßen, so dass ich nachzuforschen beschloss, und sei es nur wegen des Gesichts, das mein Vater beim Öffnen des Pakets und Betrachten des Umschlags aufgesetzt hatte. Meine Ermittlungen ergaben, dass es sich um einen neuen Roman eines gewissen Boris Laurent handelte, was, wie ich später in Erfahrung brachte, nichts anderes als ein Pseudonym von Julián Carax war. Das Buch trug eine Widmung, die meine Mutter, der nicht so leicht die Tränen kamen, zum Weinen brachte und meinen Vater endgültig davon überzeugte, dass uns das Schicksal an einer Stelle gepackt hatte, zu der er sich nicht näher äußern mochte, die aber, wie ich ahnte, eine feinfühlige Behandlung erforderte.

Ich muss gestehen, dass trotzdem ich am meisten überrascht war. Aus irgendeinem Grund hatte ich immer angenommen, Carax sei seit Menschengedenken tot (eine historische Periode, die alle Ereignisse vor meiner Geburt umfasste). Immer hatte ich gedacht, er sei eines der vielen Gespenster der Vergangenheit, die in dem verzauberten Palast lauerten, der das offizielle Familiengedächtnis war. Sowie ich begriff, dass ich mich irrte, dass Carax also sehr wohl noch lebte, und zwar schreibend in Paris, hatte ich eine Offenbarung.

Als ich die Seiten von *Der Engel des Dunstes* liebkoste, sah ich auf einmal klar vor mir, was ich zu tun hatte. So entstand der Plan, dank dem ich meinen Anteil zu diesem Schicksal würde beitragen können, das für einmal beschlossen hatte, einen Hausbesuch zu machen, und das viele Jahre später dieses Buch hervorbringen sollte.

3

Das Leben ging weiter in dem ihm eigenen Tempo zwischen Offenbarungen und Hirngespinsten, wie es seine Gewohnheit ist, ohne dass es allzu sehr auf uns achtet, die wir alle an seinem Steigbügel hängen. Ich hatte zwei Kindheiten: eine vergleichsweise konventionelle, wenn es denn so etwas gibt, die von der Umwelt wahrgenommen wurde, und eine imaginäre, die nur ich selbst lebte. Ich hatte einige gute Freunde, die meisten davon waren Bücher. Da ich mich in der Schule mächtig langweilte, begann ich bald, die Stunden bei den Jesuitenpatern mit dem Kopf in den Wolken zu verbringen, eine Gewohnheit, die ich bis heute beibehalten habe. Glücklicherweise hatte ich einige gute Lehrer, die sich mir mit Geduld widmeten und sich mit der Tatsache abfanden, dass mein immerwährendes Anderssein nicht unbedingt ein bekämpfenswertes Übel war. Auf dieser Welt musste es für alles einen Platz geben, auch für den einen oder anderen Julián Sempere.

Wahrscheinlich lernte ich mehr über die Welt, indem ich in den vier Wänden der Buchhandlung las, auf eigene Faust Bibliotheken aufsuchte oder Fermín zuhörte, der immer irgendeine Theorie, einen Rat oder eine praktische Ermahnung anzubieten hatte, als in meiner ganzen Schulzeit.

»In der Schule sagen sie, ich sei ein bisschen seltsam«, gestand ich Fermín eines Tages.

»Zum Glück. Beginnen Sie sich erst dann Sorgen zu machen, wenn man Ihnen sagt, Sie seien normal.«

Ob das positiv war oder nicht, nie hat mich jemand beschuldigt, es zu sein.

Vermutlich ist meine Jugendzeit nicht ganz ohne biographisches Interesse, denn zumindest lebte ich den größeren Teil von ihr außerhalb meines Kopfs. Meine Papierträume und meine Ambitionen, ein Krieger der Feder zu werden und dabei nicht zu fallen, wurden stärker. Gedämpft allerdings, um der Wahrheit die Ehre zu geben, durch eine gewisse Dosis Realismus, die ich mir im Lauf der Zeit zulegte, je mehr ich sah, wie das Getriebe der Welt funktionierte. Auf halbem Weg hatte ich schon kapiert, dass meine Träume aus Unmöglichkeiten geschmiedet waren, aber wenn ich sie aufgab, ehe ich aufs Schlachtfeld sprengte, würde ich den Krieg nie gewinnen.

Ich hatte nach wie vor großes Vertrauen, dass die Götter des Parnass sich eines Tages meiner erbarmen und mir beibringen würden, wie man Geschichten schrieb. In der Zwischenzeit sammelte ich Rohstoffmunition in Erwartung des Tages, da ich meine eigene Traum- und Albtraumfabrik würde eröffnen können. Nach und nach trug ich auf geraden oder gewundenen Wegen, aber mit bemerkenswerter Ausdauer alles zusammen, was mit meiner Familie zu tun hatte, ihre vielen Geheimnisse und die tausendundein Arglisten, aus denen die kleine Sempere-Welt bestand, das ganze charakteristische Repertoire, das ich *Die Saga des Friedhofs der Vergessenen Bücher* getauft hatte.

Außer dem Ergründen alles Ergründ- und Unergründbaren über meine Familie hatte ich damals zwei große Leidenschaften: eine magisch-ätherische, das Lesen, und eine irdisch-voraussehbare: die jugendlichen Liebeleien.

Was meine literarischen Ambitionen betraf, so zeitigten sie magere bis gar keine Erfolge. In jenen Jahren begann ich unzählige entsetzliche Romane, die auf halbem Weg den Geist aufgaben, Hunderte Erzählungen, Theaterstücke, Hörspielserien und sogar Gedichte, die ich niemandem zum Lesen gab, zu seinem Besten. Ich brauchte sie nur selbst zu lesen, um festzustellen, wie viel ich noch zu lernen hatte und wie geringe Fortschritte ich trotz aller Lust und Begeisterung machte. Unermüdlich las ich Carax' Romane wieder und die von tausendundein anderen Autoren, die ich mir in der Buchhandlung meiner Eltern auslieh. Ich versuchte, sie zu zerlegen wie ein Transistorradio oder einen Rolls-Royce-Motor, in der Hoffnung, auf diese Weise herauszufinden, wie sie konstruiert waren und wie und warum sie geglückt waren.

In einer Zeitung hatte ich eine Reportage über japanische Ingenieure gelesen, die eine als »Umkehrtechnik« bezeichnete Vorgehensweise entwickelt hatten. Anscheinend demontierten diese tüchtigen Japaner einen Mechanismus bis aufs letzte Stück, analysierten die Funktion jedes einzelnen Teils, die Dynamik des Ganzen und das Design des Innenlebens der Anlage, um so die Mathematik abzuleiten, die ihr Funktionieren ermöglichte. Meine Mutter hatte einen Bruder, der als Ingenieur in Deutschland arbeitete, so dass ich mir sagte, in meinen Genen müsse es etwas geben, dank dem ich das Nämliche mit einem Buch oder einer Geschichte machen könne.

Mit jedem Tag sah ich deutlicher, dass gute Literatur wenig oder nichts zu tun hatte mit trivialen Schimären wie »Inspiration« oder »etwas zu erzählen haben«, sondern mehr mit der Ingenieurskunst der Sprache, der Architektur der Erzählung, der Beschreibung von Texturen, Timbres und Farben der Konstruktion, mit der Fotografie der Vorstellung und mit der Musik, die ein Orchester aus Worten produzieren konnte.

Meine zweite wichtige Beschäftigung, oder vielleicht müsste ich sagen die erste, gab viel mehr her für die Komödie, und manchmal grenzte sie an den Schwank. Es gab eine Zeit, da ich mich jede Woche verliebte, etwas, was ich aus jetziger Sicht nicht empfehlen würde. Ein Blick, eine Stimme genügten, damit ich mich verliebte – und vor allem, was ich eng anliegend und stramm unter den feinen Wollkleidern sah, die die jungen Mädchen meiner Zeit trugen.

»Das ist keine Liebe bei Ihnen, das ist Geilheit«, stellte Fermín richtig. »In Ihrem Alter ist es chemisch unmöglich, den Unterschied wahrzunehmen. Mutter Natur bedient sich dieser Tücken, um den Planeten immer weiter zu bevölkern, darum injiziert sie den jungen Menschen Hormone und reichlich Albernheit in die

Adern, damit sie sich wie die Karnickel vermehren, während sie sich aufopfern im Namen dessen, was ihnen Bankiers, Geistliche und schwärmerische Revoluzzer sagen, die Idealisten und andere Plagen benötigen, um zu verhindern, dass sich die Welt weiterentwickelt, sondern dafür sorgen, dass sie immer gleich bleibt.«

»Aber was hat das mit der Unruhe des Herzens zu tun, Fermín?«

»Kommen Sie mir nicht mit Schwindeleien, wir kennen uns doch. Das Herz ist ein Teil der Eingeweide und pumpt Blut, keine Sonette. Mit etwas Glück kommt ein wenig von diesem Strom in den Kopf, aber größtenteils landet er im Bauch beziehungsweise, in Ihrem Fall, in den Schamteilen, die, wenn Sie nicht aufpassen, die Funktion der Hirnrinde übernehmen, bis Sie die ersten fünfundzwanzig Lenze hinter sich haben. Halten Sie die Hodenmasse fern vom Ruder, und Sie werden den Hafen erreichen. Benehmen Sie sich wie ein Narr, und das Leben wird an Ihnen vorüberziehen, ohne dass Sie etwas Nützliches getan haben.«

»Amen.«

Meine freien Stunden verbrachte ich mit Romanzen im Schatten von Hauseingängen, mehr oder weniger glücklichen Forschungsreisen unter Blusen und Röcke in der hintersten Reihe eines Stadtteilkinos, Tanzabenden in La Paloma und Spaziergängen auf dem Wellenbrecher an der Hand von Wochenendlieben. Auf Einzelheiten gehe ich nicht ein, denn es gibt kein bemerkenswertes Vorkommnis zu verzeichnen, bis ich siebzehn wurde und einen Frontalzusammenstoß mit einem besonderen Geschöpf hatte. Jedem Seefahrer, der etwas auf sich hält, wartet das Schicksal mit einem Eisberg auf; meiner hieß Valentina. Sie war drei Jahre älter als ich (was sich in der Praxis wie zehn auswirkte) und versetzte mich für mehrere Monate in einen katatonischen Zustand.

Ich lernte sie an einem Oktobernachmittag kennen, als ich in der alten Französischen Buchhandlung auf dem Paseo de Gracia vor dem Regen Unterschlupf gesucht hatte. Ich sah sie von hinten, und irgendetwas zwang mich, näher zu gehen und sie aus dem Augenwinkel ansehen. Sie blätterte in einem Carax-Roman, *Der Schatten des Windes*, und wenn ich zu ihr zu treten und den

Mund zu öffnen wagte, dann nur, weil ich mich in jener Zeit für unbesiegbar hielt.

»Dieses Buch habe ich auch gelesen«, sagte ich so geistreich, als gälte es, Fermíns Kreislauftheorien zu bestärken.

Sie schaute mich mit smaragdgrünen Augen an, die wie Klingen schnitten, und blinzelte so langsam, dass ich glaubte, die Zeit wäre zum Stillstand gekommen.

»Umso besser für dich«, antwortete sie.

Sie stellte das Buch ins Regal zurück, machte kehrt und ging zum Ausgang. Einige Sekunden blieb ich wie angewurzelt stehen, blass. Wieder bewegungsfähig, zog ich das Buch aus dem Regal, ging damit zur Kasse, zahlte und rannte auf die Straße hinaus in der Hoffnung, mein Eisberg möge nicht für immer versunken sein.

Der Himmel hatte eine Stahlfarbe angenommen, und es fielen Tropfen wie Perlen. Ich holte sie ein, als sie, ohne sich um den einsetzenden Regen zu kümmern, bei der Ampel wartete, um die Calle Rosellón zu überqueren.

»Muss ich die Polizei rufen?«, fragte sie, weiterhin geradeaus schauend.

»Hoffentlich nicht. Ich heiße Julián.«

Sie schnaubte. Dann wandte sie sich um und heftete abermals diese messerscharfen Augen auf mich. Ich lächelte wie ein Idiot und gab ihr das Buch. Sie zog eine Braue in die Höhe und nahm es nach einem Moment des Zögerns entgegen.

»Noch ein Julián? Habt ihr eine Bruderschaft oder so was?«

»Meine Eltern haben mir diesen Namen zu Ehren des Autors dieses Buches gegeben, er war ein Freund von ihnen. Es ist das Beste, was ich je gelesen habe.«

Es war das Bühnenbild, das über mein Schicksal entschied, wie es bei solchen Ereignissen zu sein pflegt. Ein Blitz färbte die Fassaden auf dem Paseo de Gracia silbern, und das Getöse des Gewitters kam bedrohlich näher. Die Ampel sprang auf Grün. Bevor mich Valentina zum Teufel schicken oder einen Polizisten herbeirufen konnte, zündete ich meine letzte Patrone.

»Zehn Minuten. Ein Kaffee. Wenn ich dich in zehn Minuten nicht für mich gewonnen habe, werde ich mich in Luft auflösen, und du wirst mich nie mehr wiedersehen. Ich schwör's.«

Sie schaute mich zögernd an und unterdrückte ein Lächeln. Der Regen trug an allem die Schuld.

»Okay«, sagte sie.

Und ich hatte geglaubt, mein Leben hätte sich an dem Tag verändert, an dem ich Romancier zu werden beschloss.

Valentina wohnte allein in einem Dachstudio in der Calle Provenza. Von dort aus sah man ganz Barcelona, was ich nur selten tat, da ich lieber sie in den verschiedenen Stadien der Nacktheit sah, in die ich sie immer wieder zu bringen versuchte. Ihre Mutter war Holländerin, und ihr Vater war ein renommierter Barceloner Anwalt gewesen, dessen Name sogar ich schon gehört hatte. Nachdem er gestorben war, hatte die Mutter beschlossen, in ihre Heimat zurückzukehren, aber die mittlerweile volljährige Valentina wollte in Barcelona bleiben. Sie beherrschte fünf Sprachen und arbeitete für die von ihrem Vater gegründete Anwaltskanzlei als Übersetzerin von Klageverfahren und millionenschweren Rechtsstreitigkeiten zwischen großen Firmen und Familien, die in der vierten Generation eine Loge im Liceo-Theater hatten. Als ich sie fragte, was sie mit ihrem Leben vorhabe, antwortete sie mit diesem Blick, der mich immer entwaffnete, und sagte: »Reisen.«

Valentina war der erste Mensch, dem ich meine bescheidenen Schreibversuche zu lesen gab. Sie hatte eine gewisse Tendenz, sich ihre Zärtlichkeiten und Liebesbekundungen für den prosaischsten Teil unserer Beziehung aufzusparen. Wenn es darum ging, mir ihre Meinung über meine literarischen Gehversuche zu sagen, meinte sie immer, von Carax hätte ich nur den Vornamen. Da ich im Grunde derselben Meinung war, nahm ich es ihr nicht übel. Vielleicht erzählte ich ihr deshalb und weil ich glaubte, niemand auf der Welt könnte den seit Jahren in mir nistenden Plan besser verstehen, an einem Tag, an dem ich besonders aufs Einstecken von Ohrfeigen vorbereitet war, von meinem Vorhaben, das ich mit achtzehn in die Tat umsetzen wollte.

»Ich hoffe nicht, dass du dann um meine Hand anhalten wirst.«

Vermutlich hätte ich in der Lage sein sollen, die von meinem Schicksal gelegte Spur zu interpretieren, denn alle großen Szenen mit Valentina begannen immer mit dem Regen, der mir dicht auf den Füßen war oder schon an die Fensterscheiben prasselte. Das war jetzt nicht anders.

»Und was ist das für ein Plan?«, fragte sie schließlich.

»Die Geschichte meiner Familie zu schreiben.«

Wir waren nun schon fast ein Jahr zusammen, wenn man dieses Defilee von Nachmittagen in den Laken ihres Wolkenstudios denn Zusammensein nennen konnte, aber obwohl ich ihre Haut auswendig gelernt hatte, verstand ich ihr Schweigen noch immer nicht zu lesen.

»Und?«, fragte sie.

»Findest du, das ist wenig?«

»Jedermann hat eine Familie. Und alle Familien haben eine Geschichte.«

Bei Valentina musste man sich immer alles redlich verdienen. Was immer es zu verdienen galt. Sie drehte sich von mir weg, und so formulierte ich diesem erlesenen nackten Rücken erstmals die Idee aus, über die ich seit Jahren nachgedacht hatte. Es war keine brillante Darlegung, aber ich musste sie von meinen eigenen Lippen hören, um ihr Glauben zu schenken.

Einen Anfang hatte ich schon: den Titel. *Der Friedhof der Vergessenen Bücher*. Jahrelang hatte ich ein leeres Heft mit mir herumgetragen, auf dessen vordere Umschlagseite ich in Druckbuchstaben von großem kalligraphischen Aufwand geschrieben hatte:

Der Friedhof der Vergessenen Bücher
Ein Roman in vier Bänden

von

Julián Sempere

Eines Tages hatte mich Fermín ertappt, wie ich mit der Feder in der Hand gedankenversunken auf die erste, noch weiße Seite des Hefts gestarrt hatte. Er blickte sich die Umschlagseite an, und nachdem er eine Kreuzung von Brummen und Blähungsgas von sich gegeben hatte, sagte er:

»Unglücklich seien die, deren Träume aus Papier und Tinte bestehen, denn sie werden im Fegefeuer der Eitelkeiten und Enttäuschungen enden.«

»Mit Verlaub, hätten Euer Exzellenz die Güte, diesen feierlichen Aphorismus auf gut Spanisch zu übersetzen?«, fragte ich.

»Offenbar lässt mich Dummheit biblisch werden. Wer da dichteln will, das sind Sie. Erraten Sie, was das bedeuten soll.«

Ich hatte mir ausgerechnet, dass dieses meiner fiebrigen jugendlichen Phantasie entsprungene *magnum opus* diabolische Dimensionen erlangen und an die fünfzehn Kilo Lebendgewicht auf die Waage bringen würde. So, wie ich sie mir erträumte, wäre die Geschichte in vier miteinander zusammenhängende Bände unterteilt, die als eine Art Eintrittstor zu einem Geschichtenlabyrinth dienen würden. Je tiefer der Leser in ihre Seiten eindränge, desto deutlicher würde er spüren, dass sich die Erzählung wie ein Satz russischer Puppen ineinanderfügte, so dass jeder Erzählstrang und jede Figur zu einer anderen führte und diese wiederum zu einer weiteren und so fort.

»Das klingt wie die Bedienungsanleitung eines Metallbaukastens oder einer elektrischen Eisenbahn.«

Meine süße Valentina, immer so prosaisch.

»Etwas von einem Metallbaukasten hat es schon«, gab ich zu.

Diese hochtrabende Absichtserklärung hatte ich ihr ohne jede Scham zu verkaufen versucht, denn sie gab Wort für Wort das wieder, was ich mit sechzehn Jahren in der Überzeugung niedergeschrieben hatte, damit wäre schon die halbe Arbeit geleistet. Dass ich diese Idee unverschämterweise von dem Roman kopiert hatte, den ich ihr am Tag unseres Kennenlernens geschenkt hatte, *Der Schatten des Windes*, war noch das wenigste.

»Hat nicht Carax das früher schon gemacht?«, fragte sie.

»Alles im Leben ist früher schon von jemandem gemacht worden, wenigstens das, was zu machen sich lohnt. Der Trick besteht im Versuch, es ein bisschen besser zu machen.«

»Und da trittst du auf den Plan, mit der ganzen Bescheidenheit der Jugend.«

Längst an die Krüge Eiswasser meiner anbetungswürdigen Valentina gewöhnt, setzte ich meine Darlegung mit der Entschlossenheit eines Soldaten fort, der aus dem Schützengraben springt und mit lautem Geschrei auf die Maschinengewehre zuläuft.

Laut meinem unfehlbaren Plan würde sich der erste Band auf die Geschichte eines Lesers konzentrieren, in diesem Fall meines Vaters, und wie er in seinen jungen Jahren die Welt der Bücher entdeckte und damit das Leben, und zwar durch einen rätselhaften Roman eines unbekannten Autors, der ein Riesenrätsel barg, das einem die Spucke wegbleiben ließ. All das würde ermöglichen, mit einem Federstrich einen Roman zu konstruieren, der sämtliche bekannten und noch zu entdeckenden Genres kombinierte.

»Und so nebenbei könnte er auch die Grippe und überhaupt Erkältungen heilen«, bemerkte Valentina.

Der zweite Band, getränkt von einem morbid-unheimlichen Beigeschmack, um die anständigen Leser zu provozieren, sollte den makabren Lebenslauf eines verdammten Romanciers schildern – mit freundlicher Genehmigung David Martíns –, der in der ersten Person schilderte, wie er den Verstand verlor, und uns mitrisse auf seinem Abstieg in die Hölle des eigenen Wahnsinns, um ein weniger glaubwürdiger Erzähler zu werden als der Höllenfürst, der ebenfalls durch diese Seiten geistern würde. Oder vielleicht auch nicht, denn alles war als Spiel gedacht, in dem der Leser das Puzzle selbst vervollständigen und entscheiden würde, welches Buch er läse.

»Und wenn man dich auf dem Altar sitzenlässt und keiner bei diesem Spiel mitmachen mag?«

»Dann hätte es die Mühe trotzdem gelohnt. Es wird immer jemanden geben, der es tut.«

»Schreiben ist eine Sache für Optimisten …«, meinte Valentina.

Der dritte Band sollte uns, falls der Leser die beiden ersten überlebt und es nicht vorgezogen hat, einen anderen Zug, einen Richtung Happy End, zu besteigen, vorübergehend aus der Hölle erretten und uns die Geschichte *der* Persönlichkeit par excellence und Sprechers des offiziellen Gewissens der Geschichte erzählen, nämlich meines Adoptivonkels Fermín Romero de Torres. Sein Bericht würde uns in pikareskem Geist zeigen, wie er zu dem wurde, der er war, und in seinem vielfachen Unglück in den trübsten Jahren des Jahrhunderts träten die Linien zutage, die alle Teile des Labyrinths miteinander verbänden.

»Wenigstens da wird es etwas zu lachen geben.«

»Fermín der Erlöser«, stimmte ich zu.

»Und wie soll diese Ungeheuerlichkeit enden?«

»Mit Feuerwerk, großem Orchester und Bühnenmaschinerie volle Kraft voraus.«

Die vierte Folge, auf bissige Art spektakulär und gewürzt mit den Essenzen der drei vorangegangenen, würde uns schließlich ins Zentrum des Geheimnisses führen und für uns an der Hand meines Lieblingsengels der Dunkelheit, Alicia Gris, sämtliche Rätsel lösen. Die Saga enthielte Schurken und Helden und tausend Tunnel, durch die der Leser eine kaleidoskopische Geschichte erforschen könnte, die der perspektivischen Sinnestäuschung gliche, welche ich mit meinem Vater mitten im Friedhof der Vergessenen Bücher entdeckt hatte.

»Und du selbst kommst nicht vor?«

»Erst am Ende und nur ein kleines bisschen.«

»Wie bescheiden.«

Dem Ton konnte ich entnehmen, was über mich hereinbräche.

»Was ich nicht verstehe, ist, warum du diese Geschichte nicht endlich schreibst, anstatt so viel darum herumzureden.«

Diese Frage hatte ich mir in den vergangenen Jahren immer wieder gestellt.

»Weil ich sie mir besser ausmalen kann, wenn ich darüber rede. Und vor allem, weil ich nicht weiß, wie ich vorgehen soll. Daher mein Plan.«

Valentina wandte sich wieder zu mir um und sah mich verständnislos an.

»Ich dachte, das ist der Plan.«

»Das ist das, was ich will. Der Plan ist ein anderer.«

»Nämlich?«

»Dass Julián Carax ihn für mich schreibt.«

Sie sah mich mit diesem Blick an, der kühl meine Seele durchwehte.

»Und warum sollte er so was tun?«

»Weil es im Grunde auch seine Geschichte ist – und die seiner Familie.«

»Ich dachte, Carax ist in Paris.«

Ich nickte. Sie verengte den Blick, eiskalt und intelligent. Meine angebetete Valentina.

»Das heißt, dein Plan besteht darin, nach Paris zu fahren, Julián Carax zu treffen, wenn er denn noch lebt, und ihn dazu zu bringen, in deinem Namen einen Dreitausend-Seiten-Roman zu schreiben mit dieser Geschichte, die offenbar so wichtig ist für dich.«

»Mehr oder weniger«, gab ich zu.

Ich lächelte sie an, bereit, mein Fett zu bekommen. Jetzt würde sie mir sagen, ich sei ein Träumer, leichtsinnig oder naiv. Ich war bereit, jeglichen Schlag einzustecken außer dem, den sie für mich bereithielt und der natürlich genau der war, den ich verdiente.

»Du bist ein Feigling.«

Sie stand auf, suchte ihre Kleider zusammen und zog sich vor dem Fenster an. Dann zündete sie sich eine Zigarette an und schaute gedankenverloren aufs Dächergewirr des regennassen Ensanche.

»Ich möchte allein sein«, sagte sie.

Fünf Tage später stieg ich erneut die Treppe zu Valentinas Hochsitz hinauf. Die Tür war nicht abgeschlossen, der Raum leer, und vor dem Fenster stand ein kahler Stuhl mit einem Umschlag für mich darauf. Darin steckten zwanzigtausend französische Francs und folgende Notiz:

V.

Als ich auf die Straße hinaustrat, begann es zu regnen.

Drei Wochen später, als wir eines Abends Stammkunden der Buchhandlung und andere Leser eingeladen hatten, um das Erscheinen des ersten Romans eines guten Freundes von Sempere & Söhne zu feiern, Professor Alburquerque, ereignete sich, was viele seit langem erwartet hatten und was die Geschichte des Landes verändern oder zumindest wieder in die Gegenwart zurückführen würde.

Es war schon fast Ladenschlusszeit, als Don Federico, der Uhrmacher des Viertels, mit einem Gerät, das sich als in Andorra gekaufter tragbarer Fernseher entpuppte, ganz aufgeregt in die Buchhandlung gestürzt kam. Er stellte ihn auf den Ladentisch und schaute uns alle feierlich an.

»Schnell, ich brauch eine Verbindung zur Steckdose.«

»Sie und wir alle in diesem Land brauchen gewisse Verbindungen, sonst kommen wir nirgends hin«, witzelte Fermín.

Don Federicos Gesichtsausdruck zeigte, dass er nicht zum Scherzen aufgelegt war. Professor Alburquerque, der schon ahnte, worum es ging, half ihm, den Fernseher anzuschließen, und der Uhrmacher schaltete ihn ein. Ein Bildschirm grauen Rauschens erschien und projizierte flackerndes Licht in den Laden.

Mein Großvater, aufmerksam geworden durch den Aufruhr, erschien in der Tür zum Hinterzimmer und schaute uns alle fragend an. Fermín zuckte mit den Schultern.

»Sagt allen Bescheid«, befahl Don Federico.

Während er die Antennen ausrichtete und den Sender zu finden versuchte, versammelten wir uns vor dem Apparat, als ginge es um eine Liturgie. Fermín und Professor Alburquerque begannen, Stühle aufzustellen. Bald füllten wir alle dieses improvisierte Parkett in Erwartung von weiß Gott was: meine Eltern, mein Großvater, Fermín, Don Anacleto (der von seinem Abendspaziergang zurückkam und eintrat, um zu schnüffeln, da er den Licht-schein gesehen und angenommen hatte, wir seien der Yéyé-Mode erlegen), Fernandito und Sofia, die Merceditas und die Kunden, die zum Anstoßen zu Ehren Professor Alburquerques gekommen waren.

»Habe ich noch Zeit, Pipi zu machen und Popcorn zu kaufen?«, fragte Fermín.

»Ich an Ihrer Stelle würde mich beherrschen«, bemerkte Professor Alburquerque. »Ich habe das Gefühl, da kommt ein dicker Hund.«

Schließlich kippte Don Federico die Antennen, so dass dieses statische Fenster zu einem düsteren Bildausschnitt des gloriosen, samtenen Schwarz-Weiß wurde, in dem Televisión Española damals ausstrahlte. Es erschien das verweinte Gesicht eines Mannes, der wie eine Kreuzung von Provinzanwalt und Supermaus aussah. Don Federico stellte lauter.

»Franco ist gestorben«, verkündete zwischen Schluchzern der damalige Ministerpräsident, Arias Navarro.

Vom Himmel oder sonst woher stürzte ein tonnenschweres Schweigen herein. Wenn die Wanduhr noch funktioniert hätte, wäre das Pendel mitten im Pendeln erstarrt. Was nun kam, geschah mehr oder weniger gleichzeitig.

Die Merceditas brach in Tränen aus. Mein Großvater wurde bleich wie eine Meringe, weil er wahrscheinlich befürchtete, im nächsten Moment würde man das Rasseln der in die Diagonal einbiegenden Panzer hören und es gebe eine neue Kriegserklärung. Don Anacleto mit seiner Liebe zur Rhapsodie und zum Vers verstummte und begann, sich Klosterbrände und andere Lustbarkeiten auszumalen. Meine Eltern schauten sich verwirrt an. Der Nichtraucher Professor Alburquerque schnorrte sich beim Uhrmacher eine Zigarette. Fernandito und Sofia, weit weg von der Erschütterung, lächelten sich aus ihrem Feenland heraus an und hielten weiterhin Händchen. Der eine oder andere Leser aus der im Laden versammelten Gruppe bekreuzigte sich und schlich verschüchtert davon.

Ich blickte mich nach einem Erwachsenen um, der noch im Besitz seiner geistigen Fähigkeiten war, und stieß auf Fermín, welcher sich die Präsidentenansprache mit nüchternem Interesse und absoluter Gelassenheit anhörte. Ich setzte mich neben ihn.

»Schauen Sie ihn sich an, klein und weinerlich, als hätte er sein Lebtag keinen Teller zerbrochen, dabei hat er mehr Todesurteile unterschrieben als Attila«, sagte er.

»Fermín … Und was wird jetzt geschehen?«

Er lächelte gleichmütig und klopfte mir auf die Schultern. Dann gab er mir ein Sugus, wickelte seines aus – Zitrone – und lutschte es lustvoll.

»Sie können beruhigt sein, hier wird gar nichts geschehen. Zwar während einiger Zeit Scharmützel, Getue, Pharisäertum nach Lust und Laune, aber nichts Ernsthaftes. Mit Pech rutscht irgendeiner Witzfigur die Hand aus, aber wer am längeren Hebel sitzt, wird schon dafür sorgen, dass das Ganze nicht aus dem Ruder läuft. Das würde sich nicht bezahlt machen. Es wird viel Getöse geben und die eine oder andere Maßnahme ergriffen, die meisten aber unsinnig. Es werden Rekorde in der Olympiadisziplin Jackettwechsel gebrochen werden, und wir werden Helden unterm Sofa hervorkriechen sehen. Wie es immer zu solchen Situationen gehört. Das wird sein wie eine lange Verstopfung. Es wird schwierig sein, aber der Darm wird sich schon leeren, außer was schon umgesetzt worden ist. Am Schluss wird es nicht allzu schlimm sein, Sie werden schon sehen. Aus dem einfachen Grund, dass niemandem etwas daran gelegen ist. Letzten Endes ist das alles ein Flohmarkt mehr oder weniger gut getarnter Interessen für den Konsum der Volksdummheit. Abgesehen von Marionettennummern zählt einzig und allein, welche Leute die Zügel in der Hand haben und über den Kassenschlüssel verfügen und wie sie das Geld der anderen unter sich aufteilen. Unterwegs zur Beute wird überall ein wenig Kosmetik betrieben, und das ist auch dringend nötig. Es werden neue Schurken, neue Caudillos erscheinen, und ein Chor von gedächtnislosen Unschuldslämmern wird auf die Straße gehen, um zu hören, was sie hören wollen oder müssen. Sie werden dem Rattenfänger von Hameln folgen, der ihnen grade am meisten schmeichelt und ihnen ein Lumpenparadies vorgaukelt. Das ist, was es ist, Julianito, mit seinen Erhabenheiten und Schäbigkeiten, und es gibt so viel her, wie es hergibt, und das ist gar nicht so wenig. Wer das Übel kommen sieht, zieht in die Ferne, wie unsere Alicia, und wir anderen bleiben hier mit den Füßen im Schlamm, weil wir ja doch keinen besseren Ort kennen, wohin wir gehen könnten. Aber wegen des Zirkus brauchst du dir keine Gedanken zu machen, jetzt kommt die Zeit der Clowns, und bei den Trapezkünstlern dauert's noch ein Weilchen. Vielleicht ist es das Beste für uns alle, was passieren konnte. Ich persönlich auf jeden Fall freue mich.«

»Und woher wissen Sie, dass Alicia so weit weg gereist ist?«

Fermín lächelte schelmisch.

»Touché.«

»Was haben Sie mir nicht erzählt, Fermín?«

Er nahm mich am Arm und führte mich in einen Winkel.

»Davon ein andermal. Heute ist Staatstrauer.«

»Aber …«

Er ließ mich mit dem Wort im Mund stehen und ging zu der Gruppe zurück, die noch immer unter dem Schock der Nachricht vom Tod des Mannes stand, der in den vergangenen vier Jahrzehnten Staatschef gewesen war.

»Werden Sie einen Toast vorschlagen?«, fragte Don Anacleto.

»Ich stoße auf niemandes Tod an«, entgegnete Fermín. »Ich weiß nicht, was Sie vorhaben, aber ich gehe nach Hause zur Bernarda und werde mit Gottes Hilfe versuchen, ihr noch ein Kind zu machen. Ich empfehle Ihnen, das Gleiche zu tun, soweit es Ihnen die Logistik erlaubt. Und sonst lesen Sie ein gutes Buch wie das hier von unserem guten Freund Alburquerque. Morgen wird wieder ein neuer Tag sein.«

Und es kam ein neuer Tag und dann noch einer, und so vergingen mehrere Monate, in denen Fermín sich mir mit all seinen Künsten entzog und mich im Ungewissen ließ, was seine Andeutungen über Alicia Gris betraf. Ich nahm einfach an, er würde mir im gegebenen Moment – oder wenn er Lust hätte – schon erzählen, was er zu erzählen hatte, und kaufte mir von Valentinas Geld eine Fahrkarte nach Paris.

Meine Eltern kannten den wirklichen Grund für meine Reise nicht, die ich ihnen gegenüber mit dem Wunsch, mir die Welt anzusehen, gerechtfertigt hatte. Aber meine Mutter ahnte meine tatsächlichen Absichten immer. Nie konnte ich Geheimnisse vor ihr haben, wie ich schon meinem Vater einmal gesagt hatte. Sie wusste um meine Geschichte mit Valentina und um mein Vorhaben, das sie immer unterstützt hatte, selbst wenn ich in schwachen Stunden geschworen hatte, es mangels Talents und Muts aufgegeben zu haben.

»Niemand hat Erfolg, ohne vorher gescheitert zu sein«, sagte sie.

Ich wusste ganz genau, dass mein Vater verärgert war, obwohl er es mir gegenüber nicht zugeben mochte. Er sah es nicht gern, dass ich nach Paris fuhr. Seiner Meinung nach sollte ich einen klaren Kopf bekommen und tun, was immer ich zu tun hatte. Wenn ich denn unbedingt Schriftsteller werden wollte, dann war es besser, ernsthaft mit Schreiben anzufangen. Und wenn ich Buchhändler werden wollte oder Wellensittichdompteur oder was immer, dann nichts wie los.

Ich wusste nicht, wie ich ihm erklären sollte, dass ich es als meine Aufgabe ansah, nach Paris zu fahren war, um Carax zu finden. Mir fehlten die Argumente, um ihm gegenüber diese Idee zu verfechten, ich spürte sie einfach. Er mochte mich nicht zum Bahnhof begleiten, mit dem Argument, er müsse nach Vic, um sich mit seinem distinguierten Kollegen Señor Costa zu treffen, Dekan der Zunft und möglicherweise der weiseste noch Aktive auf dem Gebiet des alten Buches. Als ich auf dem Francia-Bahnhof eintraf, sah ich meine Mutter auf einer Bank am Bahnsteig sitzen.

»Ich habe dir Handschuhe gekauft«, sagte sie. »In Paris soll es bitterkalt sein.«

Ich umarmte sie.

»Glaubst du auch, dass ich einen Fehler mache?«

Sie schüttelte den Kopf.

»Man muss seine eigenen Fehler begehen, nicht die der anderen. Tu, was du tun musst, und komm bald zurück. Oder wann immer du kannst.«

In Paris fand ich die Welt. Mein knappes Budget erlaubte es mir gerade so, eine aschenbechergroße Dachkammer in einem Eckhaus der Rue Soufflot zu mieten, das das architektonische Pendant zu einem Solo von Paganini war. Meine Aussichtsterrasse ging auf die Place du Panthéon hinaus, und ich konnte das ganze Quartier Latin, die Dächer der Sorbonne und das andere Seine-Ufer überblicken.

Vermutlich hatte ich die Kammer gemietet, weil sie mich an Valentina erinnerte. Als ich zum ersten Mal auf die Dachfirste der Mansarden und Schlote hinausschaute, fühlte ich mich als der glücklichste Mensch der Welt. In meinen ersten Pariser Tagen erkundete ich ein großartiges Universum von Cafés, Buchhandlungen und Straßen voller Paläste, Museen und Leute, die eine nach Freiheit riechende Luft atmeten; das alles blendete einen armen Novizen wie mich, der ich mit dem Kopf voller Flausen aus der Steinzeit kam.

Die Stadt des Lichts gestand mir eine sanfte Landung zu. Auf meinen Spaziergängen knüpfte ich in meinem geradebrechten Französisch und in Gebärdensprache unzählige Gespräche mit Jungen, Alten und Geschöpfen aus einer anderen Welt an. Es fehlte auch nicht an der einen oder anderen Schönheit im Minirock, die liebevoll über mich lachte und sagte, obwohl ich noch grüner hinter den Ohren sei als ein Kopfsalat, finde sie mich *très adorable*. Bald dachte ich, in diesem Universum, das aus nichts mehr bestand als einem kleinen Teil von Paris, wimmle es von Valentinas. In meiner zweiten Woche als Adoptivpariser überredete ich eine von ihnen ziemlich mühelos, mich in meine Bohemekammer zu begleiten, um die Aussicht zu genießen. Bald entdeckte ich, dass Paris nicht Barcelona war und dass hier ganz andere Spielregeln galten.

»Fermín, was ist Ihnen entgangen, bloß weil Sie nicht Französisch sprechen!«

»Qui est Fermín?«

Es dauerte ein wenig, bis ich aus meiner Parisverzauberung und ihren optischen Täuschungen erwachte. Dank einer meiner Valentinas, Pascale, einer Rothaarigen mit Frisur und Ausstrahlung von Jean Seberg, bekam ich eine Halbtagsstelle als Kellner. Ich arbeitete vormittags und mittags in einem Café namens Le Comptoir du Panthéon gegenüber der Universität, wo ich nach Schichtende umsonst essen konnte. Der Besitzer, ein freundlicher Herr, dem es einfach nicht in den Kopf wollte, dass ich als Spanier weder Stierkämpfer noch Flamencotänzer war, fragte mich, ob ich nach Paris gekommen sei, um zu studieren, Reichtum und Ruhm zu suchen oder mein Französisch zu vervollkommnen, das weniger nach einer Vervollkommnung als nach einer Operation am offenen Herzen und einem Gehirntransplantat schrie.

»Ich bin gekommen, um einen Mann zu suchen.«

»Und ich dachte, Sie stünden auf Señoritas. Unglaublich, was Francos Tod so auslöst … Zwei Tage ohne Diktator, und gleich sind sämtliche Spanier bisexuell. Gut für Sie. *Vive la différence!*«

Das erinnerte mich daran, dass ich aus einem bestimmten Grund nach Paris gekommen war, nicht um mir selbst zu entkommen.

Und so begann ich am nächsten Tag mit meiner Fahndung nach Julián Carax. Zuerst besuchte ich sämtliche Buchhandlungen, die die Bürgersteige des Boulevard Saint-Germain erleuchteten, und fragte nach ihm. Pascale, mit der ich schließlich eine gute Freundschaft pflegte, obwohl sie klargestellt hatte, dass es für uns keine Zukunft zwischen den Laken gab (anscheinend war ich für ihren Geschmack *trop doux*), arbeitete als Verlagskorrektorin und kannte viele Leute im literarischen Dunstkreis von Paris. Jeden Freitag ging sie zu einem Stammtisch in einem Café des literarischen Viertels, wo Schriftsteller, Übersetzer, Verleger, Buchhändler und die ganze im Dschungel der Bücher und ihrer Umgebung angesiedelte Fauna und Flora verkehrten. Es waren immer wieder andere Teilnehmer anwesend; gleich blieb nur die Regel, übermäßig zu rauchen und zu trinken, sich hitzig über Bücher und Ideen zu streiten und dem Opponenten an die Kehle zu springen, als gehe es um Tod oder Leben. Meistens hörte ich bloß zu und versank in einem halluzinogenen Rauchbad, während ich mit der Hand unter Pascales Rock zu gelangen versuchte, die dieses Getue *gauche*, *bourgeois* und typisch provinziell fand.

Dort hatte ich das Glück, einige von Carax' Übersetzern kennenzulernen, die wegen eines Übersetzungssymposiums an der Sorbonne nach Paris gekommen waren. Eine Londoner Romanautorin namens Lucía Hargreaves, die in Mallorca aufgewachsen und aus Liebesgründen nach London zurückgekehrt war, erzählte mir, sie habe schon sehr lange nichts mehr von Carax gehört. Sein Übersetzer ins Deutsche, ein Herr aus Zürich, der lebhaftere Breiten vorzog und sich auf einem Klapprad durch Paris bewegte, Herr Peter Schwarzenwald, erklärte mir, vermutlich beschränke sich Carax jetzt darauf, Klaviersonaten zu komponieren, und habe einen anderen Namen angenommen. Sein Übersetzer ins Italienische, Signor Bruno Arpaiani, gestand mir, seit Jahren erreichten ihn Gerüchte, bald erscheine ein neuer Carax-Roman, aber er glaube kein Wort davon. Letztlich wusste niemand etwas Konkretes über seinen Aufenthaltsort oder sein Schicksal.

Bei einem dieser Literatengespräche lernte ich auch einen Feingeist mit Namen François Maspero kennen, der Buchhändler und Verleger gewesen war und jetzt mit meisterlicher Hand Romane übersetzte. Maspero, Pascales Mentor, als sie nach Paris gekommen war, lud mich zu einem Kaffee ins Les Deux Magots ein, wo ich ihm meine Überlegungen in groben Zügen erläuterte.

»Ein sehr ehrgeiziger Plan, junger Mann, und noch sehr viel komplizierter, aber …«

Einige Tage später traf ich ihn zufällig im Viertel. Er sagte, er wolle mich einer jungen Deutschen ehernen Charakters und wehenden Hirns vorstellen, die wechselweise in Paris und Berlin lebte, mehr Sprachen beherrschte, als ich aufzuzählen wusste, und es sich zur Aufgabe gemacht hatte, literarische Wunder zu entdecken, die sie dann in verschiedenen europäischen Verlagen unterbrachte. Sie hieß Michi Strausmann.

»Vielleicht weiß sie etwas von Carax …«

Pascale, die mir gestand, als Erwachsene wolle sie sein wie sie, machte mich darauf aufmerksam, dass diese Frau Strausmann nicht eben ein Blümchenzartcharakter sei und sich nicht mit Torheiten abgebe. Monsieur Maspero machte die Honneurs und brachte uns vier an einem Cafétisch im Le Marais zusammen, nicht weit von dem Haus entfernt, wo Victor Hugo gewohnt hatte.

»Frau Strausmann ist Expertin in Sachen Carax«, sagte er einleitend. »Erzählen Sie ihr, was Sie mir erzählt haben.«

Ich tat wie geheißen. Als einzige Antwort traf mich ein Blick, der jedem den Wind aus den Segeln genommen hätte. In perfektem Spanisch fragte sie:

»Sind Sie ein Idiot?«

»In praktischen Dingen schon«, gab ich zu.

Nach einer Weile weichte das Herz der Walküre ein wenig auf. Sie gestand, zu streng mit mir gewesen zu sein, und bestätigte, dass sie zu ihrem Leidwesen wie alle seit langem nichts mehr von Carax gehört hatte.

»Julián schreibt schon lange nicht mehr. Er beantwortet auch keine Briefe. Ich wünsche Ihnen viel Glück für Ihr Vorhaben, aber …«.

»Hätten Sie denn eine Adresse, wohin ich ihm schreiben könnte?«

Sie schüttelte den Kopf.

»Versuchen Sie es bei Currygan und Coliccio. Dorthin habe ich die Post für ihn geschickt, und dort hat sich vor Jahren auch seine Spur verloren.«

Pascale erklärte mir, Madame Currygan und Tommaso Coliccio seien während über fünfundzwanzig Jahren Julián Carax’

Literaturagenten gewesen, und versprach mir, dafür zu sorgen, dass sie mich empfingen.

Madame Currygans Büros befanden sich in der Rue de Rennes. Die Legende in der Zunft besagte, im Lauf der Jahre habe sie aus ihren Arbeitsräumen einen exquisiten Orchideengarten gemacht, und Pascale empfahl mir, ihr sozusagen als Opfergabe ein weiteres Exemplar für ihre Sammlung mitzubringen. Sie war mit der sogenannten *Currygan-Brigade* befreundet, einem hervorragenden Quartett literarischer Damen verschiedener Nationalitäten, die unter Madames Leitung arbeiteten und dank deren Protektion ich eine Audienz bei Carax' Agentin bekam.

Einen Blumentopf in der Hand, stellte ich mich bei ihr ein. Die Mitglieder der *Currygan-Brigade* (Hilde, Claudia, Norma und Tonya) hielten mich für den Boten des Blumenladens an der Ecke. Doch sobald ich den Mund öffnete, war meine Identität kein Geheimnis mehr. Nachdem das Missverständnis geklärt war, führten sie mich in Madame Currygans Büro. Beim Eintreten erblickte ich eine Vitrine mit Carax' gesammelten Werken und einen hochkarätigen botanischen Garten. Eine Zigarette rauchend, die den Raum mit schwebenden Spinnweben füllte, hörte mir Madame Currygan geduldig zu.

»Tatsächlich habe ich Julián einmal von Daniel und Bea sprechen hören«, sagte sie. »Aber das ist Jahre her. Ich habe seit langem nichts mehr von ihm vernommen. Früher schaute er oft hier vorbei, aber …«

»Ist er krank?«

»Vermutlich könnte man das so nennen.«

»Woran leidet er?«

»An Melancholie.«

»Vielleicht wüsste Signor Coliccio etwas über ihn?«

»Das bezweifle ich. Ich spreche jede Woche mit ihm über Geschäftliches, und soviel ich weiß, hat auch er seit mindestens drei Jahren nichts mehr von Julián gehört. Aber Sie können's versuchen. Geben Sie mir Bescheid, wenn Sie etwas rausfinden.«

Ihr Kollege Don Tommaso wohnte in einer mit Büchern angefüllten, einen halben Kilometer östlich von der Île de la Cité verankerten Barkasse am Seine-Ufer mit seiner Frau, der Verlegerin Élaine, die mich mit warmem Lächeln am Ufer empfing.

»Sie müssen der junge Bursche aus Barcelona sein«, sagte sie.

»So ist es.«

»Kommen Sie an Bord. Tommaso liest gerade ein unsägliches Manuskript und wird dankbar sein für die Unterbrechung.«

Signor Coliccio sah aus wie ein Seebär und trug eine Kapitänsmütze. Sein Haar war silbern, aber sein Blick verriet noch immer eine gewisse kindliche Pfiffigkeit. Nachdem er sich meine Geschichte angehört hatte, dachte er eine Weile nach, ehe er sich äußerte.

»Passen Sie auf, junger Mann. Es gibt zwei Dinge, die man in Paris kaum finden kann. Das eine ist eine anständige Pizza. Das andere ist Julián Carax.«

»Dann verzichte ich auf die Pizza und gebe mich mit Carax zufrieden«, sagte ich.

»Verzichten Sie niemals auf eine gute Pizza. Was bringt Sie auf den Gedanken, dass Julián, wenn er denn überhaupt noch lebt, mit Ihnen sprechen will?«

»Warum sollte er tot sein?«

Don Tommaso schaute mich voller Melancholie an.

»Die Menschen sterben, vor allem diejenigen, die besser am Leben blieben. Vielleicht muss Gott Platz schaffen für all die Hundesöhne, mit denen er so genüsslich die Welt würzt.«

»Ich muss einfach daran glauben, dass Carax lebt«, erwiderte ich.

Tommaso Coliccio lächelte.

»Sprechen Sie mit Rosiers.«

Émile de Rosiers war jahrelang Carax' Verleger gewesen. Gelegenheitsdichter und -schriftsteller, hatte Rosiers eine lange Karriere als erfolgreicher Leiter verschiedener Pariser Verlage hinter sich. Im Laufe dieser Jahre hatte er sowohl auf Spanisch wie auf Französisch das Werk einiger vom Regime geächteter oder im Exil lebender spanischer Autoren publiziert sowie Bücher bemerkenswerter lateinamerikanischer Autoren. Don Tommaso erklärte, vor kurzem sei Rosiers zum Leiter eines kleinen, aber traditionsreichen Verlages ernannt worden, der Éditions de la Lumière. Dessen Büros befänden sich ganz in der Nähe; ich machte mich auf den Weg dorthin.

Émile de Rosiers hatte wenig Lücken in seinem Terminkalender, war aber so freundlich, mich in einem Café um die Ecke in der Rue du Dragon zum Mittagessen einzuladen und mich anzuhören.

»Mir gefällt die Idee Ihres Buchs«, sagte er, vielleicht aus reiner Höflichkeit, vielleicht aus echtem Interesse. »*Der Friedhof der Vergessenen Bücher* ist ein großartiger Titel.«

»Das ist das Einzige, was ich habe«, gestand ich. »Für alles andere brauche ich Monsieur Carax.«

»Soviel ich weiß, ist Julián pensioniert. Vor einiger Zeit hat er einen Roman unter Pseudonym veröffentlicht, allerdings nicht bei mir, und danach nichts mehr. Absolutes Schweigen.«

»Glauben Sie, er ist noch in Paris?«

»Das würde mich wundern. Dann hätte ich etwas von ihm gehört oder erfahren. Vergangenen Monat war ich bei seiner ehemaligen holländischen Verlegerin, meiner Freundin Nelleke, und die hat mir gesagt, in Amsterdam habe ihr jemand erzählt, Carax habe sich zwei Jahre zuvor nach Südamerika eingeschifft und sei auf der Überfahrt gestorben. Wenige Tage später habe ihr jemand anderes erzählt, Carax sei sehr wohl auf dem Festland angekommen und schreibe jetzt wieder unter Pseudonym Drehbücher für Fernsehserien. Sie können sich die Version aussuchen, die Ihnen mehr zusagt.«

Offenbar las Rosiers die Verzweiflung in meinem Gesicht, nachdem ich Tag für Tag in eine neue Sackgasse geraten war.

»Wollen Sie einen Rat?«, fragte er.

»Ich bitte darum.«

»Es ist ein praktischer Rat, den ich allen Autoren gebe, die eben anfangen und mich fragen, was sie tun sollen. Wenn Sie

Schriftsteller werden wollen, dann schreiben Sie. Wenn Sie eine Geschichte zu erzählen haben, erzählen Sie sie. Oder versuchen Sie es wenigstens.«

»Wenn es genügte, eine Geschichte erzählen zu wollen, um Schriftsteller zu werden, wäre jedermann Romancier.«

»Stellen Sie sich vor, wie schrecklich – eine Welt voller Romanciers. Das Ende aller Zeiten«, scherzte Rosiers.

»Noch einer mehr ist möglicherweise das, was die Welt am allerwenigsten braucht.«

»Lassen Sie das die Welt entscheiden. Und wenn es sich nicht ergibt, machen Sie sich keine Gedanken. Umso besser für Sie, laut allen Statistiken. Aber sollte es Ihnen eines Tages gelingen, mit einem gewissen handwerklichen Geschick die Idee, die Sie mir geschildert haben, auf Papier festzuhalten, dann suchen Sie mich auf. Vielleicht bin ich daran interessiert.«

»Und bis dahin?«

»Bis dahin vergessen Sie Carax.«

»Die Semperes vergessen nie. Das ist eine Erbkrankheit.«

»In dem Fall tun Sie mir leid.«

»Tun Sie einen Akt der Barmherzigkeit.«

Rosiers zögerte.

»Julián hatte einen guten Freund. Er war sogar sein bester Freund, glaube ich. Er hieß Jean-Raymond Planaux. Er hatte nichts mit unserer absurden kleinen Welt zu tun. Ein intelligenter, gesunder Typ. Ohne Torheiten. Wenn jemand etwas von Julián weiß, dann er.«

»Und wo kann ich ihn finden?«

»In den Katakomben.«

Ich hätte gleich dort beginnen sollen. Da es sich um Carax handelte, führte seine Spur, wenn es denn noch eine Hoffnung gab, eine solche auf der Erdoberfläche zu finden, unvermeidlich über eine Bühne aus einem seiner Romane: die Katakomben von Paris.

Jean-Raymond de Planaux Flavieu war ein kräftiger Mann, der einen auf den ersten Blick einschüchterte, sich aber rasch als liebenswürdig erwies. Er arbeitete im Geschäftsbüro der Gesellschaft, die die Katakomben von Paris verwaltete, und war für ihren Unterhalt und die touristische Ausbeutung zuständig sowie für alles, was mit diesem besonderen Phänomen des Jenseits zusammenhing.

»Willkommen in der Welt der Toten, Junge«, sagte er mit einem Händedruck, der meine Knochen zum Knirschen brachte, »was kann ich für Sie tun?«

»Ich habe mich gefragt, ob Sie mir wohl helfen könnten, einen Freund von Ihnen zu finden.«

»Ist er am Leben?«, fragte er lachend. »Die Welt der Lebenden habe ich ziemlich vergessen.«

»Julián Carax.«

Als ich diesen Namen aussprach, runzelte Monsieur Planaux die Stirn, nahm sein freundliches Gesicht zurück und beugte sich mit bedrohlicher Miene vor, so dass ich knapp vor der Wand eingeklemmt war.

»Wer zum Teufel sind Sie?«

»Julián Sempere. Meine Eltern haben mich zu Ehren von Monsieur Carax so getauft.«

»Von mir aus hätten Sie sie auch zu Ehren des Erfinders des Pissoirs taufen können.«

Ich fürchtete um meine körperliche Unversehrtheit und versuchte, einen Schritt zurückzuweichen. Die Mauer, wahrscheinlich die Katakomben abtrennend, hinderte mich daran. Ich sah mich lebenslänglich zwischen hunderttausend Schädeln eingequetscht.

»Meine Eltern haben Monsieur Carax gekannt. Daniel und Bea«, sagte ich beschwichtigend.

Einige Sekunden lang durchbohrte mich Planaux' Blick. Meiner Einschätzung nach hatte ich eine Chance von fünfzig Prozent, dass er mir einen Kinnhaken versetzte. Die anderen fünfzig waren äußerst ungewiss.

»Sie sind der Sohn von Daniel und Beatriz?«

Ich nickte.

»Von der Buchhandlung Sempere?«

Ich bejahte erneut.

»Beweisen Sie mir das.«

Fast eine Stunde lang ließ ich dieselbe Rede vom Stapel wie schon bei den Literaturagenten und bei Carax' Verleger. Planaux hörte mir aufmerksam zu, und ich hatte das Gefühl, eine gewisse Traurigkeit bei ihm zu erkennen, die umso deutlicher zum Vorschein kam, je länger ich erzählte. Als ich fertig war, zog Planaux eine Havanna aus seinem Jackett, die er mit einem Rauchausstoß anzündete, der ganz Paris einzunebeln drohte.

»Wissen Sie, wie Julián und ich uns kennengelernt haben?«

Ich schüttelte den Kopf.

»In meiner Jugend haben wir beide in einem schäbigen Verlag gearbeitet. Das war, bevor ich begriff, dass das mit dem Tod mehr Zukunft hat als die Literatur. Ich war einer der Vertreter und versuchte, den Schund an den Mann zu bringen, den wir mehrheitlich veröffentlichten. Carax arbeitete gegen Honorar, indem er Horrorgeschichten für uns schrieb. Wie viele Zigarren wie diese haben wir im Café unten im Verlagshaus gepafft, um Mitternacht, und dabei die Mädels im heiratsfähigen Alter vorbeispazieren sehen. Was waren das für Zeiten. Seien Sie nicht dumm und werden Sie nicht alt, das bringt weder Adel noch Erkenntnis noch eine aufgespießte Scheiße. Ich glaube, das ist ein Ausdruck Ihres Landes, den ich einmal von Carax gehört habe und super fand.«

»Wissen Sie, wo ich ihn finden könnte?«

Planaux zog die Schultern hoch.

»Julián hat Paris schon lange verlassen.«

»Wissen Sie, wohin er gegangen ist?«

»Das hat er nicht gesagt.«

»Aber Sie können es sich vorstellen.«

»Sie sind ein Luchs.«

»Wohin?« Ich gab nicht nach.

»Wo versteckt man sich, wenn man alt wird?«

»Ich weiß es nicht.«

»Dann werden Sie ihn nie finden.«

»In den Erinnerungen?«, sagte ich aufs Geratewohl.

Planaux lächelte voller Melancholie.

»Wollen Sie sagen, dass er nach Barcelona zurückgekehrt ist?«

»Nicht nach Barcelona, zu dem, was er liebte.«

»Verstehe ich nicht.«

»Er auch nicht. Wenigstens viele Jahre lang nicht. Er hat das ganze Leben gebraucht, um zu verstehen, was er am meisten geliebt hat.«

Da hatte ich jahrelang Geschichten über Carax gehört, und jetzt fühlte ich mich so hilflos wie an dem Tag, als ich in Paris angekommen war.

»Wenn Sie der sind, der Sie zu sein vorgeben, müssten Sie es wissen«, sagte Planaux. »Und wenn Sie ›Literatur‹ sagen, kriegen Sie eine verpasst, die Ihnen den Kopf um dreihundertsechzig Grad dreht – aber ich glaube nicht, dass Sie so dumm sind.«

Nachdenklich sah ich ihn an.

»Ich glaube, ich weiß jetzt, was Sie meinen. Oder wen.«

»Dann wissen Sie ja, was Sie zu tun haben.«

An diesem Abend verabschiedete ich mich von Paris, von Pascale, von meiner gastronomischen Blitzkarriere und meinem Wolkenkuckucksheim und machte mich auf den Weg zur Gare d'Austerlitz. Ich investierte mein ganzes restliches Guthaben in eine Dritter-Klasse-Fahrkarte und bestieg den Nachtzug nach Barcelona. Ich kam am frühen Morgen an, nachdem ich die Reise dank der Barmherzigkeit eines Rentnerehepaars aus Lyon überlebt hatte, das vom Besuch bei seiner Tochter zurückfuhr und mit mir die noch am Nachmittag auf dem Markt der Rue Mouffetard gekauften Köstlichkeiten teilte, während ich ihnen am frühen Morgen meine Geschichte erzählte.

»*Bonne chance*«, sagten sie beim Aussteigen. »*Cherchez la femme ...*«

Nach meiner Heimkehr kam mir einige Tage lang alles klein, eng und grau vor. Das Pariser Licht hatte sich mir eingeprägt, und die Welt war auf einmal groß und fern geworden.

»Na, haben Sie *Emmanuelle* schon gesehen?«, fragte Fermín.

»Tadelloses Drehbuch«, sagte ich.

»Das dachte ich mir. Das wär auch was für Billy Wilder und Konsorten gewesen. Und sagen Sie, haben Sie das Phantom der Oper getroffen?«

Er grinste wie ein Teufelchen. Ich hätte ja annehmen können, dass er ganz genau wusste, warum ich nach Paris gefahren war.

»Nicht direkt«, gab ich zu.

»Sie wollen mir also nichts Saftiges erzählen.«

»Ich dachte, wer mir etwas Saftiges zu erzählen hätte, das wären Sie. Erinnern Sie sich?«

»Lösen Sie zuerst Ihr Rätsel, und dann sehen wir weiter.«

»Das finde ich ungerecht.«

»Willkommen auf dem Planeten Erde«, antwortete er. »Los, beeindrucken Sie mich. Sagen Sie etwas auf Französisch. *Bonjour* und *oh, là, là* gilt nicht.«

»*Cherchez la femme*«, rezitierte ich.

Er runzelte die Stirn.

»Die klassische Maxime jeder Intrige, die etwas auf sich hält …«

»*Voilà* …«

Nuria Monforts Grab liegt, erhöht, von Bäumen umgeben und nicht sehr weit von Isabellas Grabstätte entfernt, im alten Teil des Friedhofs Montjuïc, von wo aus man das Meer sehen kann. Dort fand ich an einem Spätnachmittag im Sommer 1977, nachdem ich umsonst sämtliche Winkel eines Barcelonas, das sich in der Zeit zu verflüchtigen drohte, abgeklopft hatte, Julián Carax. Er hatte ein paar Blumen auf den Grabstein gelegt und sich auf eine Bank davor gesetzt. Er blieb fast eine Stunde so sitzen und führte Selbstgespräche. Ich wagte es nicht, ihn zu stören.

Am nächsten und übernächsten Tag fand ich ihn am selben Ort. Er hatte zu spät begriffen, dass das, was er auf dieser Welt am meisten geliebt hatte, die Frau, die ihr Leben für ihn hergegeben hatte, seine Stimme nie mehr hören konnte. Tagtäglich kam er zu ihrem Grab und setzte sich davor, um mit ihr zu sprechen und die ihm noch verbleibende Zeit in ihrer Gesellschaft zu verbringen.

Er war es, der eines Tages auf mich zutrat und mich schweigend anschaute. Die Verbrennungen in seinem Gesicht hatten ihn alters- und ausdruckslos gemacht, was er unter einem dichten Bart und einem breitkrempigen Hut zu verbergen suchte.

»Wer sind Sie?«, fragte er mich ohne jegliche Feindseligkeit in der Stimme.

»Mein Name ist Julián Sempere. Ich bin der Sohn von Daniel und Bea.«

Er nickte langsam.

»Geht es ihnen gut?«

»Ja.«

»Wissen sie, dass Sie hier sind?«

»Das weiß niemand.«

»Und darf ich fragen, warum Sie hier sind?«

Ich wusste nicht, wo ich beginnen sollte.

»Darf ich Sie zu einem Kaffee einladen?«

»Ich trinke keinen Kaffee«, sagte er. »Aber Sie dürfen mich zu einem Eis einladen.«

Mein Gesicht musste meine Überraschung verraten.

»Als ich jung war, gab es sozusagen kein Eis. Ich habe es erst später entdeckt, wie so vieles andere auch …«

So kam es, dass ich während jener langsamen sommerlichen Dämmerung, nachdem ich seit Kindesbeinen von diesem Moment geträumt und Paris und Barcelona durchwühlt hatte, um ihn zu finden, schließlich in einem Horchata-Lokal auf der Plaza Real mit Julián Carax am selben Tisch saß und ihn zu einer Waffel mit zwei Kugeln Erdbeereis einlud. Ich bestellte ein Zitronengetränk mit zerstoßenem Eis, da bereits die feuchte Hitze drohte, die die Sommer Barcelonas wie ein Fluch heimsucht.

»Was kann ich für Sie tun, Señor Sempere?«

»Wenn ich es Ihnen sage, werden Sie mich für einen Narren halten.«

»Ich habe den Eindruck, Sie suchen mich schon eine ganze Weile, so dass ich Sie, nachdem Sie mich endlich gefunden haben, für einen Narren hielte, wenn Sie es mir nicht sagten.«

Ich trank meine Limonade in einem Zug bis zur Hälfte, um Kräfte zu sammeln, und schilderte ihm meine Idee. Er hörte aufmerksam zu, ohne sich Missbilligung oder Vorbehalte anmerken zu lassen.

»Sehr geistreich«, sagte er am Ende meiner Darlegung.

»Lachen Sie mich nicht aus.«

»Das käme mir nicht in den Sinn. Ich sage Ihnen, was ich denke.«

»Was denken Sie?«

»Dass diese Geschichte von Ihnen geschrieben werden muss. Sie gehört Ihnen.«

Ich schüttelte den Kopf.

»Ich weiß nicht, wie ich es angehen soll. Ich bin kein Schriftsteller.«

»Kaufen Sie sich eine Underwood.«

»Ich habe nicht gewusst, dass diese Annonce auch in Frankreich erschienen war.«

»Sie ist überall erschienen. Trauen Sie den Annoncen nicht. Auch eine Olivetti würde Ihnen dienen.«

Ich lächelte. Wenigstens den Sinn für Humor teilte ich mit Carax.

»Lassen Sie mich Ihnen etwas zeigen«, sagte er.

»Wie man schreibt?«

»Das werden Sie selbst lernen müssen. Schreiben ist ein Beruf, den man erlernt, den aber niemand lehren kann. An dem Tag, an dem Sie das verstehen, werden Sie anfangen zu lernen, ein Schriftsteller zu sein.«

Er knöpfte sein schwarzes Leinenjackett auf und zog einen glänzenden Gegenstand heraus, legte ihn auf den Tisch und schob ihn mir zu.

»Nehmen Sie ihn«, forderte er mich auf.

Es war der fabelhafteste Füllfederhalter, den ich je gesehen hatte, der König aller Montblancs. An der Spitze steckte eine Feder aus Gold und Platin, die, so hätte ich als kleiner Junge gedacht, nur Meisterwerke zustande bringen konnte.

»Ursprünglich soll er Victor Hugo gehört haben, obwohl ich das nur in metaphorischem Sinn verstanden haben möchte.«

»Gab es zu Hugos Zeiten schon Füllfederhalter?«, fragte ich.

»Den ersten Kolbenfüllfederhalter ließ 1827 ein Rumäne namens Petrache Poenaru patentieren, aber erst in den achtziger Jahren des 19. Jahrhunderts wurde er perfektioniert und allmählich in großem Maßstab vertrieben.«

»Also hätte er tatsächlich Victor Hugo gehören können.«

»Wenn Sie darauf bestehen … Sagen wir, von Monsieur Hugos Händen gelangte die Feder in die nicht weniger illustren und wahrscheinlicheren eines gewissen Daniel Sempere, eines guten Freundes von mir. Irgendwann lief sie mir über den Weg, und ich habe sie diese ganzen Jahre gehütet und auf den Tag gewartet, da jemand – jemand wie Sie – sie holen käme. Es war höchste Zeit.«

Ich schüttelte energisch den Kopf und schob den Füller wieder zu ihm zurück.

»Keinesfalls. Ich kann ihn nicht annehmen. Er gehört Ihnen.«

»Ein Füllfederhalter gehört niemandem. Er ist ein freier Geist, der bei einem bleibt, solange man ihn benötigt.«

»Das sagt eine Ihrer Romanfiguren.«

»Immer wirft man mir vor, ich wiederhole mich. Das ist eine Krankheit, die alle Romanciers befällt.«

»Ich habe sie nie bekommen, was ein Zeichen dafür ist, dass ich keiner bin.«

»Kommt Zeit, kommt Rat. Nehmen Sie ihn.«

»Nein.«

Carax zuckte mit den Schultern und steckte den Füller wieder ein.

»Das bedeutet, dass Sie noch nicht bereit sind. Eine Füllfeder ist wie eine Katze, sie geht nur dem nach, der sie füttern kann. Und so, wie sie kommt, so geht sie auch wieder.«

»Was sagen Sie zu meinem Vorschlag?«

Carax löffelte den Rest seines Eises.

»Wir werden Folgendes tun. Wir schreiben das Buch halbe-halbe. Sie werden die Kraft der Jugend beisteuern und ich die Tricks des alten Hasen.«

Ich war wie versteinert.

»Meinen Sie das ernst?«

Er stand auf und klopfte mir auf die Schulter.

»Vielen Dank für das Eis. Das nächste Mal lade ich Sie ein.«

Es gab ein nächstes und noch viele weitere Male. Carax bestellte immer zwei Kugeln Erdbeereis, ob Sommer oder Winter, aß aber nie die Waffel. Ich brachte die Seiten mit, die ich geschrieben hatte, und er sah sie durch, strich an, strich durch und schrieb um.

»Ich bin mir nicht sicher, ob dieser Anfang der richtige ist«, sagte ich.

»Eine Geschichte hat weder Anfang noch Ende, nur Eingangstüren.«

Bei jeder Begegnung las Carax aufmerksam die neuen Seiten. Er zog seinen Füller aus dem Jackett und machte sich Notizen, anhand deren er mich anschließend mit unendlicher Geduld auf das hinwies, was ich nicht gut gemacht hatte, und das war fast alles. Punkt für Punkt zeigte er mir, was nicht funktionierte, erklärte, was der Grund dafür war, und führte aus, wie es zu verbessern war. Seine Analyse war außerordentlich genau. Für jeden Fehler, den ich gemacht zu haben glaubte, zeigte er mir fünfzehn, von denen ich nicht einmal etwas ahnte. Er zerlegte jedes Wort, jeden Satz und jeden Abschnitt und schrieb sie dann um, als wäre er ein Goldschmied mit Lupe. Das tat er völlig ohne Herablassung, wie ein Ingenieur, der einem Lehrling erklärt, wie ein Verbrennungsmotor oder eine Dampfmaschine funktioniert. Manchmal stellte er Wendungen oder Gedanken in Frage, die ich für das einzig Rettbare des Tages gehalten und von denen ich die meisten bei ihm abgeschrieben hatte.

»Versuchen Sie nicht, mich zu imitieren. Einen anderen Autor zu imitieren ist eine Krücke. Man kann dabei lernen und eine eigene Tonlage finden, aber es ist eine Anfängerkrankheit.«

»Und was bin ich?«

Nie erfuhr ich, wo er die Nächte verbrachte oder die Zeit, die er nicht mit mir zusammen war. Nie sagte er es mir, und nie wagte ich es, ihn zu fragen. Wir trafen uns immer in Cafés oder sonst einem Lokal der Altstadt. Die einzige Bedingung war, dass es dort Erdbeereis gab. Sicher wusste ich, dass er jeden Nachmittag zu seinem Treffen mit Nuria Monfort ging. Als er erstmals die Passage las, in der sie als Figur des Buches erschien, lächelte er so traurig, dass es mir jetzt noch nachgeht. Bei dem Brand, der ihn entstellt hatte, hatte er die Tränenkanäle verloren, so dass er nicht mehr weinen konnte, aber in meinem ganzen Leben habe ich niemanden mehr kennengelernt, auf dem ein Verlust so sehr als Schatten liegt.

Ich möchte gern glauben, dass wir gute Freunde wurden. Wenigstens ich habe nie einen besseren gehabt und werde auch nie einen haben. Vielleicht wegen der Zuneigung, die er für meine Eltern verspürte, vielleicht weil ihm dieses merkwürdige Ritual, die Vergangenheit zu rekonstruieren, half, sich mit dem Schmerz zu versöhnen, der sein Leben aufgezehrt hatte, oder vielleicht einfach, weil er in mir etwas von sich selbst sah, war er an meiner Seite und lenkte meine Schritte und meine Feder in all den Jahren, die ich brauchte, um diese vier Romane zu schreiben, korrigierend, streichend und umschreibend bis zum Ende.

»Schreiben heißt umschreiben«, rief er mir immer wieder in Erinnerung. »Man schreibt für sich selbst, und für die anderen schreibt man um.«

Natürlich gab es auch ein Leben jenseits der Fiktion. In den Jahren, die ich darauf verwandte, jede Seite der Saga ein- und tausendmal umzuschreiben, ereignete sich vieles. Getreu meinem Versprechen, nicht in die Fußstapfen meines Vaters zu treten und also die Buchhandlung nicht zu übernehmen (letztlich waren meine Eltern mehr als genug und genügten sich selbst), hatte ich eine Stelle in einer Werbeagentur gefunden, die sich, eine weitere schicksalhafte Wendung, in der Nummer 32 der Avenida del Tibidabo befand, dem alten Haus der Aldayas, wo meine Eltern mich in einer fernen Gewitternacht des Jahres 1955 gezeugt hatten.

Meine Werke im eigentümlichen Anzeigengenre kamen mir nie besonders denkwürdig vor, aber zu meiner Überraschung wurde mir von Monat zu Monat der Lohn erhöht, und mein Kurs als Söldner der Worte und Bilder befand sich im Steigen. Die Jahre vergingen, und ich hinterließ eine beträchtliche Spur von Fernseh-, Rundfunk- und Presseanzeigen, zum höheren Ruhme teurer Autos, die den vielversprechenden leitenden Angestellten das Wasser im Munde zusammenlaufen ließen, von Banken, die immer darauf aus waren, die Träume des Kleinsparers zu verwirklichen, von Haushaltsgeräten, die das Glück auf Erden verhießen, von Parfüms, die den Weg öffneten zu einem Leben hemmungsloser fleischlicher Genüsse, und von den endlosen Gaben, die im damaligen Spanien prosperierten, welches ohne das alte Regime oder wenigstens ohne seine sichtbarsten Köder mit der Rasanz des Geldes modernisiert wurde und eine Spur von Börsengraphiken des Wachstums in seinem Kielwasser hatte, die die Schweizer Alpen wie in Windeln dastehen ließen. Als mein Vater von der Höhe meines Salärs erfuhr, fragte er, ob eigentlich legal sei, was ich da mache.

»Legal ja. Ob auch ethisch, das ist eine andere Frage.«

Fermín hatte keine Berührungsängste mit meinem Goldregen, sondern war hocherfreut.

»Solange Sie es nicht selbst glauben und die Orientierung nicht verlieren, scheffeln Sie das Geld jetzt, wo Sie noch jung sind und es Ihnen dienlich ist. Und bei einem goldenen Junggesellen wie Ihnen erst recht. All die tollen Miezen, die Sie in diesem Werbegewerbe haben müssen, in dem alles so schön ist und glänzt! Das hätte ich auch gern erlebt in dieser Nachkriegsscheiße, die uns zugefallen ist, wo selbst die Jungfrauen einen Schnurrbart hatten. Bleiben Sie auf jeden Fall diesem Geschäft treu. Genießen

Sie jetzt, das ist der Moment dazu, stürzen Sie sich in Abenteuer, sooft es geht – Sie verstehen schon, was ich meine –, schlagen Sie über die Stränge, wann immer Sie welche sehen, und denken Sie daran, rechtzeitig vom Zug abzuspringen, denn es gibt Berufe, die nur für junge Leute sind, und wenn Sie nicht Mehrheitsaktionär des Ladens sind, als was ich Sie nicht sehe, denn wir wissen beide, dass Sie noch – weniger einträgliche – Literaturangelegenheiten zu erledigen haben, wäre es des Wahnsinns, nach dreißig noch in einem solchen Pulverfass zu bleiben.«

Insgeheim schämte ich mich dessen, was ich tat, und der obszönen Menge Geld, die man mir dafür bezahlte. Oder vielleicht wollte ich das einfach so glauben. Jedenfalls nahm ich mein astronomisches Gehalt sehr gern entgegen und verschleuderte es so mühelos, wie es auf meinem Konto landete.

»Da gibt es nichts Beschämendes«, fand Carax. »Im Gegenteil, es ist ein geistvoller Beruf voller Möglichkeiten, dank denen Sie sich, wenn Sie ihn einmal aufgeben und Ihre Karten auszuspielen wissen, Freiheit und ein wenig Zeit erkaufen können, um der zu werden, der Sie wirklich sind.«

»Und wer bin ich wirklich? Der Erfinder der Erfrischungsgetränke-, Kreditkarten- und Luxusschlittenwerbung?«

»Sie werden der sein, von dem Sie annehmen, dass Sie es sind.«

Im Grunde interessierte es mich weniger, wer ich war, als für wen Carax mich hielt – oder wer ich in seinen Augen sein konnte. Ich arbeitete an unserem Buch weiter, wie ich es gern nannte. Dieses Projekt war zu meinem zweiten Leben geworden, zu einer Welt, an deren Eingang die Maske hing, mit der ich durchs Leben ging, um die Feder in die Hand oder die Underwood unter die Finger oder was auch immer zu nehmen und in eine Geschichte einzutauchen, die für mich unendlich viel realer war als meine erfolgreiche irdische Existenz.

Diese Jahre hatten ein wenig unser aller Leben verändert. Einige Zeit nachdem Alicia Gris sein Gast gewesen war, hatte Isaac Monfort verkündet, nun sei der Moment seines Rückzugs gekommen, und den frischgebackenen Vater Fermín vorgeschlagen, ihn als Wächter des Friedhofs der Vergessenen Bücher abzulösen.

»Höchste Zeit, dass ein unverschämter Kerl das Kommando übernimmt«, sagte er.

Fermín hatte die Bernarda um Erlaubnis gebeten, die schließlich zustimmte, in eine Erdgeschosswohnung genau neben dem Friedhof der Vergessenen Bücher zu ziehen. Dort hatte Fermín ein Geheimtürchen geschaffen, das zu den Tunneln des Palasts führte, in dem sich der Friedhof befand, und Isaacs ehemalige Zimmer zu seinem neuen Büro gemacht.

Da ich zu jener Zeit die Werbekampagne für einen bekannten japanischen Elektronikkonzern betreute, nutzte ich die Gelegenheit, um Fermín einen riesigen Farbfernseher der Spitzenklasse zu schenken, wie man das damals zu nennen begann. Fermín, der das Fernsehen einst als Teufelswerk tituliert hatte, hatte inzwischen seine Meinung geändert, nachdem er entdeckt hatte, dass Filme von Orson Welles ausgestrahlt wurden (»der weiß wirklich, wie der Hase läuft, dieser schamlose Kerl«) und vor allem solche mit Kim Novak, deren spitze Büstenhalter immer noch seinen Glauben an die Zukunft der Menschheit nährten.

Nach einigen bewegten Jahren, in denen ich beinahe dachte, ihre Ehe könnte Schiffbruch erleiden, überwanden meine Eltern die Klippen, die mir gegenüber niemand näher beschrieb, und schenkten mir sogar zu jedermanns Überraschung ein spätes Schwesterchen, das sie auf den Namen Isabella tauften. Großvater Sempere konnte sie eben noch auf die Arme nehmen, bevor ihn wenige Tage später ein plötzlicher Herzanfall dahinraffte, als er eine Kiste mit Alexandre Dumas' gesammelten Werken hochhob. Wir bestatteten ihn neben Isabella mit einem Exemplar von *Der Graf von Monte Christo*. Der Verlust seines Vaters ließ den meinen schlagartig alt werden, und er wurde nie wieder der, der er gewesen war.

»Ich dachte, Großvater würde ewig leben«, sagte er mir eines Tages, als ich ihn im Hinterzimmer der Buchhandlung fand, wohin er sich mit seinen Tränen zurückgezogen hatte.

Fernandito und Sofia heirateten, wie von allen vorhergesehen, und zogen in Alicia Gris' ehemalige Wohnung in der Calle Aviñón, in deren Bett Fernandito heimlich schon das Examen bei ihr bestanden, das heißt alles seinerzeit bei Matilde Gelernte zur Anwendung gebracht hatte. Mit der Zeit beschloss Sofia, eine kleine Kinderbuchhandlung zu eröffnen, die sie auf den Namen *Die kleine Sempere* taufte. Fernandito trat in ein großes Warenhaus ein, wo er nach einigen Jahren Leiter der Buchabteilung wurde.

1981, kurz nach dem vereitelten Staatsstreich, der Spanien beinahe wieder in die Stein- oder eine noch schlimmere Zeit hätte zurückfallen lassen, veröffentlichte Sergio Vilajuana in der *Vanguardia* eine Reportagenserie, in der er den Fall Hunderter von Kindern enthüllte, die ihren Eltern gestohlen worden waren, meistens politische Gefangene, die in den ersten Nachkriegsjahren in Barcelonas Gefängnissen verschwunden und dann umgebracht worden waren, um die Spuren zu verwischen. Der dadurch ausgelöste Skandal riss eine Wunde wieder auf, von der viele nichts gewusst hatten und die andere lieber für immer vernarbt gesehen hätten. Diese Reportagen, die eine Reihe bis heute anhaltender Ermittlungen nach sich zogen, in denen sich Berge von Akten, Klagen und Zivil- und Strafprozesse häuften, ermunterten viele, einen entscheidenden Schritt zu tun und Dokumente und Zeugnisse über die dunkelsten Jahre der Geschichte des Landes zu sammeln, die man hatte in Vergessenheit sinken lassen.

Der geneigte Leser wird sich fragen, ob der unsägliche Julián Sempere, während all dies geschah, bei Tage als Söldner der Werbeindustrie wirkte und bei Nacht der unbefleckten Jungfrau Literatur diente. Nicht direkt. Das Verfassen der vier Bücher, wie ich es mit Carax vorgesehen hatte, wurde von einem Abstecher ins Paradies zu einem Ungeheuer, das allmählich zu verschlingen begann, was in seiner Nähe war, und das war ich. Das Monster, das ich rief, wurde ich nun nicht los, und es musste lernen, mit den anderen Geistern meiner Tage zusammenzuleben. Zu Ehren meines zweiten Großvaters, David Martín, begann auch ich in den Abgrund hinunterzuschauen, den jeder Schriftsteller in sich trägt, und hielt mich schließlich eben noch mit den Fingern am Rand fest.

Im Jahr 1981 kehrte Valentina aus ihrem Dunkel zurück und erschien mir erneut in einer Szene, die Carax mit Vergnügen als eine von ihm anerkannt hätte. Es geschah eines Nachmittags, als mir das Hirn, flüssig geworden, aus den Ohren zu tropfen begann. Ich hatte in der Französischen Buchhandlung Zuflucht gesucht, Schauplatz des Ursprungsdelikts, und schmökerte in den Neuerscheinungen auf den Tischen, als ich sie erblickte. Offenen Mundes, zur Salzsäule erstarrt, blieb ich stehen, bis sie mich sah. Sie lächelte, und ich suchte das Weite.

Sie holte mich bei der Ampel an der Kreuzung mit der Calle Rosellón ein. Sie hatte mir ein Buch gekauft, und als ich es entgegennahm, ohne zu schauen, was es war, legte sie ihre Hand auf meinen Arm.

»Zehn Minuten?«, fragte sie.

Und tatsächlich – der Regen ließ nicht auf sich warten. Aber das war das wenigste. Nach drei Monaten verstohlener Begegnungen in einer weiteren ihrer Dachunterkünfte mit Blick auf die halbe westliche Hemisphäre zogen wir zusammen, besser gesagt, zog Valentina bei mir ein, denn damals hatte ich eine elegante Wohnung in Sarriá, wo es mehr als genug Platz, aber auch mehr als genug Leere gab. Diesmal blieb sie zwei Jahre, drei Monate und einen Tag. Aber anstatt mir das Herz zu brechen, das auch, hinterließ sie mir das größte Geschenk, das man mir machen konnte: eine Tochter.

Wir tauften Alicia Sempere im August 1982. Im folgenden Jahr, nach vielem Kommen und Gehen, das ich nie enträtseln konnte, ging Valentina abermals, diesmal für immer. Alicia und ich blieben zusammen, waren aber nie allein, denn die Kleine rettete mir das Leben, indem sie mir zeigte, dass alles, was ich machte, keinen Sinn hatte, wenn es nicht für sie war. In den Jahren, in denen ich an diesen verdammten Büchern arbeitete und zu einem Ende zu kommen suchte, und sei es nur, um von ihnen endlich befreit zu sein, war Alicia bei mir und gab mir das zurück, woran ich aufgehört hatte zu glauben: die Inspiration.

Es gab kurzfristige Gefährtinnen, Projekte von Adoptivmüttern für Alicia und großzügige Geister, die ich am Ende immer wieder von mir wies. Meine Tochter sagte, sie möge es nicht, dass ich allein sei, und ich sagte ihr, ich sei es nicht.

»Ich habe ja dich.«

Ich hatte sie und meine ganze zwischen Wirklichkeit und Fiktion gefangene Schattengalerie. Im Jahr 1991 gab ich im Glauben, wenn ich es jetzt nicht täte und nicht endlich vom Zug abspränge, würde ich auch noch das bisschen Wahrheit, das in meiner Seele übrig geblieben war, verlieren, meine lukrative Karriere als Luxuswerbeschmied auf und widmete den Rest des Jahres dem Beenden der Bücher.

Inzwischen konnte ich die Augen nicht mehr davor verschließen, dass es Julián Carax nicht gutging. Ich hatte mich an den Gedanken gewöhnt, er sei alterslos und nichts könne ihm zustoßen. Allmählich dachte ich an ihn wie an einen Vater, wie an jemanden, der einen nie verlassen wird. Ich nahm an, er werde ewig leben.

Er bestellte keine Erdbeereiskugeln mehr bei unseren Begegnungen. Wenn ich ihn um seinen Rat bat, brachte er kaum noch Streichungen oder Korrekturen an. Er sagte, ich hätte gelernt, aus eigenem Antrieb zu fliegen, ich hätte meine Underwood verdient und brauche ihn jetzt nicht mehr. Es dauerte lange, bis ich es wahrhaben konnte, aber schließlich war keine Selbsttäuschung mehr möglich, und ich begriff, dass die ungeheuerliche Trauer, die er immer in sich getragen hatte, zurückgekommen war, um ihn zugrunde zu richten.

Eines Nachts träumte ich, ich hätte ihn im Nebel verloren. Am frühen Morgen ging ich hinaus, um ihn zu suchen. Unermüdlich klopfte ich sämtliche Orte ab, wo wir uns in all diesen Jahren getroffen hatten. Am frühen Morgen des 25. September 1991 fand ich ihn auf Nuria Monforts Grab liegend. Seine Hand umklammerte das Etui mit dem Füllfederhalter, der meinem Vater gehört hatte, und einen Zettel:

Julián,

ich bin stolz darauf, Dein Freund gewesen zu sein, und darauf, was ich alles von Dir gelernt habe. Es tut mir leid, dass ich nicht bei Dir sein und sehen kann, wie Du Deinen Erfolg feierst und erreichst, was mir immer verwehrt war, aber es bleibt mir die beruhigende Gewissheit, dass Du, obwohl Du es zuerst nur schwer wirst glauben können, mich nicht mehr brauchst und mich nie gebraucht hast. Ich werde mich zu der Frau gesellen, die ich nie hätte verlassen dürfen. Kümmere Dich um Deine Eltern und all die Menschen unserer Erzählung. Teile der Welt unsere Geschichten mit und vergiss nie, dass es uns gibt, solange sich jemand an uns erinnert.

Dein Freund
Julián Carax

An jenem Nachmittag erfuhr ich, dass der Platz neben Nuria Monforts Grab, wie man mir sagte, der Stadt Barcelona gehörte. Die Geldgier der spanischen Institutionen lässt nichts unbeachtet, und so kamen wir nach langen Erkundigungen auf einen astronomischen Betrag, den ich auf der Stelle zahlte, um wenigstens einmal das viele Geld sinnvoll zu investieren, das ich in der Epik der Sportwagen und der Weihnachtsanzeigen für Schaumwein mit mehr Tänzerinnen, als sie Busby Berkeleys Unterbewusstes bevölkerten, bekommen hatte.

Wir bestatteten meinen Lehrmeister an einem Samstag Ende September. Ich ging in Begleitung meiner Tochter Alicia hin, die, als sie die beiden Gräber nebeneinander sah, meine Hand drückte und sagte, ich solle mir keine Sorgen machen, jetzt sei mein Freund nie mehr allein.

Es fällt mir schwer, über Carax zu sprechen. Manchmal frage ich mich, ob in mir nicht etwas von meinem anderen Großvater steckt, dem unglücklichen David Martín, und ich ihn nicht erfunden habe, wie David seinen Monsieur Corelli erfunden hatte, um erzählen zu können, was nie geschehen war. Zwei Wochen nach der Beerdigung schrieb ich Madame Currygan und Signor Coliccio nach Paris, um sie von Carax' Tod zu unterrichten, und bat sie, die Nachricht nach ihrem Gutdünken ihrem Freund Jean-Raymond und allenfalls weiteren Leuten bekanntzugeben. Madame Currygan teilte mir in ihrem Dankesbrief mit, kurz vor seinem Tod habe ihr Carax geschrieben und ihr von dem Manuskript erzählt, an dem wir all diese Jahre gearbeitet hatten. Sie bat mich, es ihr zu schicken, sobald ich es beendet hätte. Carax hatte mich gelehrt, dass ein Buch nie fertig ist und dass es, wenn wir Glück haben, uns von sich aus verlässt, damit wir es nicht für den Rest der Ewigkeit umschreiben müssen.

Ende 1991 machte ich eine Abschrift des fast zweitausend Schreibmaschinenseiten umfassenden Manuskripts, diesmal mit einer Underwood, und schickte sie Carax' ehemaligen Agenten. Tatsächlich ging ich nicht davon aus, je wieder etwas von ihnen zu hören. Ich begann einen neuen Roman, indem ich einmal mehr einen Ratschlag meines Lehrmeisters befolgte. »Manchmal ist es besser, das Hirn zum Arbeiten und zur Erschöpfung zu bringen, als es im Ruhezustand zu belassen, so dass es einen, sobald es sich langweilt, bei lebendigem Leib zu verschlingen beginnt.«

Über der Arbeit an diesem noch namenlosen Roman und langen Spaziergängen mit Alicia, die mittlerweile alles wissen wollte, verstrichen die Monate.

»Geht es im neuen Buch um Valentina?«

Alicia sprach von ihr nie als von ihrer Mutter, sondern nannte sie immer beim Vornamen.

»Nein. Es handelt von dir.«

»Lügner.«

Auf diesen Gängen lernte ich, die Stadt durch die Augen meiner Tochter neu zu entdecken, und begriff, dass das dunkle Barcelona aus der Zeit meiner Eltern zunehmend an Helligkeit gewonnen hatte, ohne dass wir es auch nur bemerkt hatten. Die Welt, an die ich mich in meiner Vorstellung erinnerte, lag nun demontiert in einer Kulisse, parfümiert und mit Teppichen ausgelegt für die Touristen und die lieben Sonnen- und Strandfreunde, die, wie sehr sie sich auch die Augen aus den Höhlen schauten, den Untergang einer Epoche einfach nicht sehen wollten, welche zwar nicht direkt zusammenbrach, aber zu einer feinen Staubschicht zerfiel, die man heute noch einatmet.

Carax' Schatten verfolgte mich weiterhin auf Schritt und Tritt. Meine Mutter, die oft mit Isabella zu mir kam, damit ihr meine Tochter ihre zahlreichen Spielsachen und Bücher vorführen konnte – worunter keine einzige Puppe war, denn Alicia hasste Puppen und zerschoss ihnen auf dem Pausenplatz mit einer Steinschleuder den Kopf –, fragte mich, ob es mir gutgehe, obwohl sie die negative Antwort kannte, und ob ich etwas von Valentina gehört hätte, obwohl sie die gleichlautende Antwort ebenfalls kannte.

Nie mochte ich ihr etwas von Carax erzählen, von den Geheimnissen und dem Schweigen all jener Jahre. Irgendwie ahnte ich, dass sie etwas vermutete, denn nie hatte ich vor ihr Geheimnisse außer denen, die sie zu akzeptieren vorgab.

»Dein Vater vermisst dich«, sagte sie. »Du solltest öfter mal in der Buchhandlung vorbeischauen. Sogar Fermín hat mich neulich gefragt, ob du ins Kloster gegangen seist.«

»Ich war beschäftigt – ich habe versucht, ein Buch fertigzuschreiben.«

»Fünfzehn Jahre lang?«

»Es war schwieriger, als ich es mir vorgestellt hatte.«

»Darf ich es dann lesen?«

»Ich bin nicht sicher, ob es dir gefallen wird. Tatsächlich weiß ich nicht, ob es überhaupt eine gute Idee ist, es zu veröffentlichen.«

»Darf ich fragen, worum es geht?«

»Um uns. Um uns alle. Es ist die Geschichte unserer Familie.«

Sie sah mich schweigend an.

»Vielleicht sollte ich es aber auch vernichten«, sagte ich nachdenklich.

»Es ist deine Geschichte. Du kannst damit anfangen, was du für richtig hältst. Und jetzt, da Großvater nicht mehr lebt und sich alles verändert hat, glaube ich nicht, dass unsere Geheimnisse noch für jemanden eine Bedeutung haben.«

»Und Papa?«

»Wahrscheinlich bekäme es ihm am ehesten, es zu lesen. Glaube ja nicht, wir hätten uns nicht alle ausgemalt, was du machtest. Gar so dumm sind wir nicht.«

»Also habe ich deine Einwilligung?«

»Meine brauchst du nicht. Und wenn du die deines Vaters willst, musst du ihn selbst darum bitten.«

Ich besuchte ihn eines Tages gleich nach Ladenöffnung, da ich wusste, dass er dann allein in der Buchhandlung wäre. Als er mich erblickte, überspielte er seine Überraschung, und auf meine Frage, wie denn das Geschäft so laufe, erzählte er mir zögerlich, dass die Konten von Sempere & Söhne sich dem Nullpunkt näherten und dass er bereits mehrere Übernahmeangebote bekommen hatte, um aus der Buchhandlung einen Souvenirladen zu machen, der Miniaturen der Sagrada Familia und Barça-T-Shirts feilbieten würde.

»Fermín hat mich schon gewarnt, er würde sich wie ein buddhistischer Mönch da draußen auf der Straße verbrennen, wenn ich das Angebot annehme.«

»Ein echtes Dilemma«, sagte ich.

»Er vermisst dich«, sagte er auf die Art, in der er den anderen die Gefühle zuschrieb, die bei sich selbst zu erkennen er außerstande war. »Und wie läuft es bei dir? Deine Mutter sagt, du hast diese Reklamegeschichte aufgegeben und schreibst jetzt nur noch. Wann werde ich hier etwas von dir verkaufen können?«

»Hat sie dir auch gesagt, um was für eine Art Buch es sich handelt?«

»Ich gehe selbstverständlich davon aus, dass du die Namen und das eine oder andere anstößige Detail geändert hast, und sei es bloß, um bei den Anwohnern keinen Anstoß zu erregen.«

»Aber natürlich. Der Einzige, der seine Schamteile zeigt, ist Fermín, aber das ist ganz in seinem Sinn. Er wird mehr Fans haben als El Cordobés in der Arena.«

»Dann kann ich also schon Platz freischaufeln im Schaufenster?«

Ich hob die Schultern.

»Heute Morgen habe ich einen Brief von zwei Literaturagenten bekommen, denen ich das Manuskript geschickt hatte. Es ist eine Reihe von vier Romanen. Ein Pariser Verleger, Émile de Rosiers, hat sein Interesse an einer Veröffentlichung gezeigt, und eine Deutsche namens Michi Strausmann hat ebenfalls ein Angebot für die Rechte gemacht. Die Agenten sagen, es werde weitere Offerten geben, aber zuerst muss ich noch eine Million Details polieren. Ich habe zwei Bedingungen gestellt: erstens, dass ich zuerst meine Eltern und meine Familie um Erlaubnis bitten müsse, diese Geschichte zu erzählen. Und zweitens, dass der Roman unter dem Namen von Julián Carax veröffentlicht wird.«

Mein Vater senkte die Augen.

»Wie geht es Carax?«, fragte er.

»Er ruhe in Frieden.«

Er nickte.

»Habe ich deine Einwilligung?«

»Erinnerst du dich an den Tag, an dem du mir, als du noch klein warst, versprochen hast, du würdest die Geschichte für mich erzählen?«

»Ja.«

»In all den Jahren habe ich keinen einzigen Tag bezweifelt, dass du es tun würdest. Ich bin stolz auf dich, mein Sohn.«

Mein Vater umarmte mich, wie er es seit meiner Kindheit nicht mehr getan hatte.

Ich besuchte Fermín in seinem Büro im Friedhof der Vergessenen Bücher im August 1992, an dem Tag, an dem die Olympischen

Spiele eröffnet werden sollten. Barcelona hatte sich in Licht gekleidet, und in der Luft lag eine optimistische, erwartungsvolle Stimmung, wie ich sie noch nie erlebt hatte und in den Straßen meiner Stadt wahrscheinlich auch nie mehr erleben würde. Als ich kam, empfing mich Fermín lächelnd und mit militärischem Gruß. Er sah inzwischen sehr alt aus, aber ich mochte es ihm nicht sagen.

»Ich hielt Sie schon für tot«, sagte er.

»Ich bin mehr oder weniger auf dem Weg. Sie aber sehen wie ein Stier aus.«

»Das sind die Sugus, die mich karamellisieren.«

»Das wird es wohl sein.«

»Ein Vögelchen hat mir gezwitschert, dass Sie uns berühmt machen werden.«

»Sie vor allem. Wenn man Ihnen Angebote als Werbeträger einer Kampagne unterbreitet, zögern Sie nicht, mich um Rat zu fragen, davon verstehe ich noch immer etwas.«

»Ich habe vor, nur solche für männliche Unterwäsche anzunehmen.«

»Dann habe ich also Ihre Erlaubnis?«

»Sie haben meinen Segen urbi et orbi. Aber ich glaube nicht, dass Sie nur deswegen kommen.«

»Warum unterstellen Sie mir immer geheime Absichten, Fermín?«

»Weil Sie einen gedrechselten Geist haben wie eine Feder. Das ist als Kompliment gemeint.«

»Und warum bin ich Ihrer Meinung nach also gekommen?«

»Wahrscheinlich, um mein erlesenes Wort zu hören, und vielleicht, weil wir noch eine Rechnung offen haben.«

»Welche nämlich?«

Fermín führte mich zu einem Raum, den er immer abgeschlossen hielt, um ihn vor den Kreuzzügen seiner vielen Sprösslinge zu schützen. Er lud mich ein, in einem auf dem Encantes-Markt gekauften Admiralssessel Platz zu nehmen, und setzte sich neben mir auf einen Stuhl. Dann griff er nach einer Schachtel und platzierte sie auf den Knien.

»Erinnern Sie sich noch an Alicia? Das ist eine rhetorische Frage.«

Ich spürte mein Herz bis zum Hals herauf schlagen.

»Lebt sie? Haben Sie etwas von ihr gehört?«

Er öffnete die Schachtel und zog eine Handvoll Briefe heraus.

»Ich hab es Ihnen nie gesagt, weil ich dachte, so sei es am besten für alle, aber Alicia ist 1960 nach Barcelona zurückgekommen, bevor sie für immer ging. Es war an einem Sant-Jordi-Tag, am 23. April. Sie ist sich verabschieden gekommen, auf ihre Art.«

»Daran erinnere ich mich vollkommen. Ich war noch sehr klein.«

»Und sind es immer noch.«

Wir schauten uns schweigend an.

»Wohin ist sie gegangen?«

»Ich habe sie vorn an der Mole verabschiedet und gesehen, wie sie sich nach den Vereinigten Staaten eingeschifft hat. Seither habe ich immer zu Weihnachten einen Brief ohne Absender bekommen.«

Er reichte mir das Bündel mit über dreißig Briefen, einen für jedes Jahr.

»Sie dürfen sie öffnen.«

Alle Umschläge enthielten ein Foto. Die Briefmarken waren immer an unterschiedlichen Orten abgestempelt: New York, Boston, Washington D. C., Seattle, Denver, Santa Fe, Portland, Philadelphia, Key West, New Orleans, Santa Monica, Chicago, San Francisco …

Ich sah ihn sprachlos an. Er begann die amerikanische Hymne zu trällern, die aus seinem Mund wie eine Sardana klang. Jedes einzelne Bild war gegen die Sonne aufgenommen worden und zeigte einen Schatten, die Silhouette einer Frau, wie ausgeschnitten vor einem Panorama von Parks, Wolkenkratzern, Stränden, Wüsten oder Wäldern.

»Nichts weiter? Eine Notiz? Irgendwas?«

Fermín schüttelte den Kopf.

»Bis auf den letzten Brief nicht. Er kam vergangene Weihnachten.«

Ich runzelte die Stirn.

»Woher können Sie wissen, dass es der letzte war?«

Er gab mir den Umschlag.

Die Briefmarke zeigte, dass er aus Monterey, Kalifornien, stammte. Ich zog das Foto heraus und verlor mich darin. Dieses eine Mal war nicht nur ein Schatten zu sehen. Auf dem Bild befand sich Alicia Gris, dreißig Jahre später, mit Blick in die Kamera und lächelnd, an einem Ort, der mir der schönste auf der ganzen Welt erschien, eine Art Halbinsel mit Steilküsten und geisterhaften Wäldern, die in den Nebel des Pazifischen Ozeans hinausragten. Auf der einen Seite konnte man auf einem Plakat lesen: POINT LOBOS.

Ich drehte das Foto um und sah Alicias Handschrift.

Das Ende des Weges. Er hat sich gelohnt. Noch einmal danke, dass Sie mich gerettet haben, Fermín, ein und so viele Male. Retten auch Sie sich, und sagen Sie Julián, er soll uns alle unsterblich machen, wir bauen immer darauf.
In Liebe,

Alicia

Die Augen füllten sich mir mit Tränen. Ich war sicher, dass sie an diesem von unserem Barcelona so fernen Traumort ihren Frieden und ihre Bestimmung gefunden hatte.

»Darf ich es behalten?«, fragte ich mit gebrochener Stimme.

»Es gehört Ihnen.«

Da wurde mir klar, dass ich endlich das letzte Stück meiner Geschichte gefunden hatte und dass mich von jetzt an das Leben und, mit Glück, die Dichtung erwarteten.

EPILOG

Barcelona
9. August 1992

Ein junger Mann mit schon einigen grauen Haaren spaziert durch die Straßen eines Barcelonas der Schatten unter dem Mond, der sich auf der Rambla de Santa Mónica in ein silbernes, seine Schritte lenkendes Band ergießt. Er hat ein etwa zehnjähriges Mädchen an der Hand, dessen Blick geheimnisberauscht ist angesichts des Versprechens, das ihm sein Vater in der Abenddämmerung gegeben hat, die Verheißung des Friedhofs der Vergessenen Bücher.

»Alicia, was du heute Abend sehen wirst, darfst du niemandem erzählen. Niemandem.«

»Dann wird es unser Geheimnis sein«, sagt sie halblaut.

Ihr Vater seufzt, in das traurige Lächeln gehüllt, das ihn durchs Leben verfolgt.

»Natürlich. Es wird für immer unser Geheimnis bleiben.«

Dann entzündet sich der Himmel in einer Silberweide aus Licht, und das Feuerwerk der Olympiade-Schlusszeremonie friert für einen Augenblick die Nächte eines Barcelonas ein, das nie wiederkehren wird.

Kurz danach verschmelzen Vater und Tochter wie Dunstfiguren in der Menschenmenge, die die Ramblas überschwemmt; ihre Schritte verlieren sich für immer im Labyrinth der Lichter.

Die Illustration wurde einem Foto
von Francesc Català-Roca nachempfunden,
aufgenommen in der Sagrada Familia.

DANK

Der Übersetzer dankt seiner Frau Maya Doetzkies für ihre Anteilnahme,
Schatzmeisterrolle und Langmut während der Übertragung dieses Buches,
Rosa Ibáñez Armendáriz für die kompetente Navigationshilfe bei sprach-
lichen Klippen, Corinna Santa Cruz für die stets animierende, nahtlose
Zusammenarbeit mit dem Verlag und nicht zuletzt Carlos Ruiz Zafón für
die Bereitschaft, bei den Spezialeffekten jederzeit erschöpfende Interpre-
tationshilfe zu leisten.

INHALT